CURSO DE DERECHO ADMINISTRATIVO

JUAN CARLOS CASSAGNE

CURSO DE
DERECHO ADMINISTRATIVO
TOMO I

(Décima Segunda edición)

Editorial Jurídica Venezolana
Caracas, 2015

©   Juan Carlos Cassagne

ISBN 978-980-365-307-1
Depósito Legal lf54020153401708

Editorial Jurídica Venezolana
Sabana Grande, Av. Francisco Solano, Edif. Torre Oasis, Local 4, P.B.
Apartado Postal 17.598, Caracas 1015-A, Venezuela
Teléfonos: 762.2553/762.3842 - Fax: 763.5239
E-mail fejv@cantv.net
http://www.editorialjuridicavenezolana.com.ve

Editado por: Editorial Jurídica Venezolana
Avda. Francisco Solano López, Torre Oasis, P.B., Local 4, Sabana Grande,
Apartado 17.598 – Caracas, 1015, Venezuela
Teléfono 762.25.53, 762.38.42. Fax 763.5239
http://www.editorialjuridicavenezolana.com.ve
Email fejv@cantv.net

Impreso por: Lightning Source, an INGRAM Content company
para Editorial Jurídica Venezolana International Inc.
Panamá, República de Panamá.
Email: editorialjuridicainternational@gmail.com

Diagramación, composición y montaje
por: Mirna Pinto de Naranjo, en letra Times New Roman 10.5
Interlineado 11, mancha 19x12,5

SUMARIO

TOMO I

TÍTULO PRIMERO
INTRODUCCIÓN

CAPÍTULO I
EL ESTADO EN EL ORDEN CONSTITUCIONAL Y ADMINISTRATIVO
(REALIDAD, NORMATIVIDAD Y JUSTICIA)

CAPÍTULO II
LAS FUNCIONES ESTATALES

8

CAPÍTULO III

EL CONTENIDO BÁSICO DEL DERECHO ADMINISTRATIVO

CAPÍTULO IV

RELACIONES DEL DERECHO ADMINISTRATIVO

CAPÍTULO V

LAS FUENTES DEL DERECHO ADMINISTRATIVO

TÍTULO SEGUNDO
LA ORGANIZACIÓN DEL ESTADO Y LAS EMPRESAS PÚBLICAS

CAPÍTULO I
ÓRGANOS Y SUJETOS ESTATALES

CAPÍTULO II

PRINCIPIOS JURÍDICOS DE LA ORGANIZACIÓN ADMINISTRATIVA

CAPÍTULO III

LA ADMINISTRACIÓN CENTRAL

CAPÍTULO V
ENTIDADES AUTÁRQUICAS

1. Origen histórico de la autarquía
2. Autonomía, soberanía y autarcía
3. La crisis de la noción clásica y su significado actual
4. La crisis del "establecimiento público"
5. Condición jurídica y elementos de la entidad autárquica
6. Distintas clases de entidades autárquicas
7. Órgano competente para crear entidades autárquicas institucionales: remisión
8. Clasificación de las entidades autárquicas institucionales
9. Régimen jurídico de la entidad autárquica
10. El control de los actos de la entidad autárquica. Remisión. La intervención
11. Modificaciones de su *status* y órgano competente para disponer la extinción de la entidad

CAPÍTULO VI
LOS NUEVOS ENTES REGULADORES

1. La aparición de los entes reguladores en el escenario de las privatizaciones
2. Creación formal de los entes reguladores. Su condición jurídica
3. Configuración de los fines u objetivos que persiguen y su interpretación integral a la luz del ordenamiento regulatorio
4. Naturaleza de la competencia de los entes reguladores
5. Las potestades de los entes reguladores
   A) Principios aplicables
   B) Sobre las potestades, en particular, de los entes reguladores
6. Las facultades reglamentarias de los entes reguladores y la delegación legislativa
7. Los órganos directivos
8. Control administrativo y judicial
   A) Control administrativo: el recurso de alzada
   B) Control judicial
9. La participación pública en el control de los servicios públicos
   A) Principios constitucionales básicos
   B) La ley como fuente del derecho de participación pública
   C) El fundamento de la idea participativa. Ventajas y desventajas
   D) Tipologías de la participación pública en los entes reguladores

CAPÍTULO VII

LAS EMPRESAS DEL ESTADO

1. Causas de su aparición
2. Su tipicidad y condición jurídica: el encuadramiento de la organización administrativa
3. Objeto de su actividad: los llamados servicios públicos industriales y comerciales
4. Su creación
5. Caracteres
6. Regulación de sus relaciones jurídicas: principios aplicables
7. Relaciones con la Administración Pública y otras entidades: la aplicación de multas
8. Régimen de sus actos y contratos. Los reglamentos de contrataciones
9. La aplicación a las Empresas del Estado de la Ley de Procedimientos Administrativos
10. El personal de las "Empresas del Estado"
11. Lo atinente a la responsabilidad de sus autoridades
12. El control de sus actos por el Poder Ejecutivo. La intervención
13. Transacción y arbitraje. Remisión
14. Modificación de sus estatutos y extinción

CAPÍTULO VIII

OTRAS FORMAS DE INTERVENCIÓN Y PARTICIPACIÓN ESTATAL

Sección 1ª
LAS FORMAS SOCIETARIAS

A) Utilización de las técnicas del Derecho Comercial por el Estado en las formas de personificación
B) Crítica a las posiciones que niegan la existencia de empresas estatales personificadas bajo formas privadas
C) Consecuencias que se derivan de las posturas negatorias
D) La utilización por el Estado de la forma societaria mercantil y el Derecho Público. La Ley Nacional de Procedimientos Administrativos
E) Tribunal judicial competente en caso de contiendas
F) La participación de las provincias en sociedades estatales
G) Conclusiones
1. La Sociedad de Economía Mixta
   A) Antecedentes

TÍTULO TERCERO
RESPONSABILIDAD DEL ESTADO Y DE LOS AGENTES PÚBLICOS

CAPÍTULO I

TEORÍA GENERAL DE LA RESPONSABILIDAD DEL ESTADO

CAPÍTULO II

LA RESPONSABILIDAD EXTRACONTRACTUAL DEL ESTADO EN EL CAMPO DEL DERECHO ADMINISTRATIVO

CAPÍTULO III

SITUACIONES ESPECIALES QUE DETERMINAN LA RESPONSABILIDAD ESTATAL

CAPÍTULO IV

LA RESPONSABILIDAD DE LOS AGENTES PÚBLICOS

CAPÍTULO V

LAS GRANDES LÍNEAS DE LA EVOLUCIÓN DE LA RESPONSABILIDAD PATRIMONIAL DEL ESTADO EN LA JURISPRUDENCIA DE LA CORTE SUPREMA

TÍTULO CUARTO
LA ACTUACIÓN ESTATAL REGULADA POR EL DERECHO ADMINISTRATIVO

CAPÍTULO I

CARACTERIZACIÓN JURÍDICA DE LA ACTUACIÓN DE LA ADMINISTRACIÓN PÚBLICA Y DE LA ACTIVIDAD DE LOS ÓRGANOS LEGISLATIVO Y JUDICIAL

1. Las funciones o actividades del Estado y los actos que emite la Administración

2. Condición y forma jurídica de los distintos actos que regula el Derecho Administrativo emanados de entes y órganos públicos estatales

3. El régimen administrativo como nota peculiar del Derecho Público

4. Contenido del régimen administrativo: las prerrogativas de la Administración

   A) La creación unilateral de deberes y vínculos obligacionales

   B) La presunción de validez o legitimidad de los actos administrativos

   C) El principio de la ejecutoriedad

   D) Prerrogativas relacionadas con la ejecución de los contratos administrativos

   E) Prerrogativas procesales

5. La distinción entre régimen administrativo y la cláusula exorbitante

6. Continuación. Las garantías del administrado

   A) Garantías sustantivas

   B) Garantías adjetivas

CAPÍTULO II

LAS POTESTADES Y SITUACIONES JURÍDICAS SUBJETIVAS

Sección 1ª
LOS PODERES O FACULTADES DEL ADMINISTRADO (SITUACIONES JURÍDICAS SUBJETIVAS DE CARÁCTER ACTIVO)

1. Diversos sentidos en que se emplea la palabra derecho. Su sentido propio para el realismo jurídico

2. El derecho subjetivo y la concepción voluntarista

3. El derecho subjetivo como poder jurídico y la inviolabilidad de los derechos de la persona. Doctrinas negatorias y afirmatorias

4. Principales situaciones jurídicas de carácter activo. Potestades, derechos subjetivos e intereses legítimos

A) Las nociones clásicas y la ampliación de su ámbito original

B) Las nuevas tendencias en materia de legitimación

Sección 2ª
SITUACIONES JURÍDICAS SUBJETIVAS DE CARÁCTER PASIVO

1. Diferentes situaciones pasivas en que se encuentra el administrado frente a la Administración Pública: sujeciones, deberes y obligaciones

2. La carga como situación jurídica accesoria de carácter pasivo. Lo atinente a la facultad y al *status*

CAPÍTULO III
LA TEORÍA DEL ACTO ADMINISTRATIVO

1. El acto administrativo como objeto científico del conocimiento del Derecho Administrativo

2. La interpretación normativa: distintas concepciones

3. Las concepciones continuadoras del positivismo decimonónico

    A) La teoría "normológica" kelseniana

    B) Las líneas esenciales de la concepción "egológica"

4. La interpretación normativa en la teoría trialista del Derecho

5. La denominada carencia histórica de normas

6. Reglas básicas de interpretación constitucional

    A) La voluntad del autor de la norma interpretada en forma dinámica

    B) La Constitución debe interpretarse como un conjunto armónico y sistemático de normas

7. Problemas lingüísticos y metodológicos

CAPÍTULO IV
LOS ACTOS DE LA ADMINISTRACIÓN

Sección 1ª
EL ACTO ADMINISTRATIVO

1. Los diferentes actos que emanan de la Administración y las funciones del Estado

2. La distinta condición jurídica de los actos

3. La actividad de la Administración con relación a terceros

4. Los hechos administrativos

5. Las vías de hecho administrativas

6. El acto administrativo en la LNPA

7. Principales consecuencias de la LNPA en el plano de la realidad jurídica
8. Las tendencias interpretativas
9. Noción de acto administrativo. Delimitación del concepto y función actual
10. La estructura del acto administrativo: carácter unilateral o bilateral de la declaración
11. Su alcance individual
12. Efectos que produce
13. El concepto de acto y reglamento en la LNPA

Sección 2ª
LA ACTIVIDAD REGLAMENTARIA

1. La evolución del concepto de reglamento a partir del constitucionalismo: su carácter normativo
2. Acto administrativo y reglamento: diferencias
   A) La prelación jerárquica del reglamento y la imposibilidad de establecer excepciones singulares y concretas
   B) El régimen de publicidad
3. Continuación. Otros matices diferenciales entre el acto administrativo y el reglamento

Sección 3ª
OTROS SUPUESTOS DE ACTIVIDAD ESTATAL REGULADA POR EL DERECHO ADMINISTRATIVO

1. Los actos interorgánicos
   A) Conflictos de competencia
   B) Actos de control
   C) Actos que afectan derechos de los agentes públicos
2. Los actos que vinculan sujetos de la Administración Pública (actos interadministrativos)
3. Solución de conflictos interadministrativos
   A) Controversias entre entidades estatales que actúan en una misma esfera de competencia constitucional
   B) Conflictos entre personas públicas estatales pertenecientes a diferentes esferas de gobierno
4. Improcedencia de la aplicación de multas en las relaciones interadministrativas
5. Actos emitidos por la Administración reglados parcialmente por el Derecho Privado
6. Actos de sustancia jurisdiccional que dicta la Administración

CAPÍTULO V

LAS CUESTIONES POLÍTICAS Y EL PROCESO DE SU JUDICIALIZACIÓN

Sección 1ª
LAS CUESTIONES POLÍTICAS

1. Síntesis liminar del problema y dificultades que plantea
    A) Concepción limitativa del juzgamiento
    B) Posturas que propugnan el control judicial pleno
2. Las cuestiones políticas
3. Distintos criterios en torno a qué categoría de actos configuran cuestiones políticas

Sección 2ª
LA TEORÍA DEL ACTO DE GOBIERNO O POLÍTICO

1. Orígenes y alcance de la teoría de los actos de gobierno
2. Su desarrollo y posterior evolución
3. La cuestión en otros países
4. Inaplicabilidad de la concepción de los actos de gobierno en el derecho argentino
5. Continuación. La discrecionalidad como nota distintiva del acto de gobierno

Sección 3ª
SUPERACIÓN DE LA CATEGORÍA DEL ACTO POLÍTICO O DE GOBIERNO

1. La doctrina del acto institucional
2. El control judicial de los actos de ejecución de los actos institucionales
3. La supresión del acto político en la doctrina española
4. El desmantelamiento del acto político en la jurisprudencia de la Corte Suprema de Justicia de la Nación
5. Los intentos para delinear criterios restrictivos en torno al juzgamiento de las cuestiones políticas. Su valoración y crítica
6. La configuración del acto constitucional y su control por parte de los jueces

TÍTULO QUINTO
EL RÉGIMEN JURÍDICO DEL ACTO ADMINISTRATIVO

CAPÍTULO I
LOS ELEMENTOS DEL ACTO ADMINISTRATIVO

1. La teoría de los elementos del acto administrativo
2. El papel de la voluntad como presupuesto del acto administrativo
3. Elementos esenciales y accidentales o accesorios
4. El elemento subjetivo
   A) Concepto, clasificación y reglas fundamentales sobre la competencia
   B) Capacidad del agente público y del administrado
5. La causa como elemento del acto administrativo
6. El objeto y sus requisitos
7. La forma: concepto, trascendencia y peculiaridades que reviste en el Derecho Administrativo
   A) Silencio o ambigüedad
   B) Signos y señales
   C) Actos tácitos
8. La clasificación de las formas según el Código Civil y el sentido que corresponde atribuir al concepto de forma esencial
9. El requisito de la motivación
10. Las formas de publicidad: publicación y notificación
11. La finalidad
12. Las denominadas cláusulas accidentales o accesorias y el contenido del acto
    A) Plazo
    B) Condición
    C) Modo
    D) Otras cláusulas particulares: reservas de revocación y de rescate

CAPÍTULO II
EL CARÁCTER REGLADO O DISCRECIONAL DEL ACTO ADMINISTRATIVO

1. Introducción
2. Necesidad de despejar la confusión entre la discrecionalidad y el mérito, oportunidad o conveniencia de un acto administrativo
3. Distintos tipos de discrecionalidad
4. Los conceptos jurídicos indeterminados como técnica de reducción de la discrecionalidad

CAPÍTULO III

EL SISTEMA GENERAL DE LA INVALIDEZ ADMINISTRATIVA

Sección 1ª

EL SISTEMA GENERAL DE LA INVALIDEZ ADMINISTRATIVA

Sección 2ª
LOS VICIOS DEL ACTO ADMINISTRATIVO

1. La clasificación de las nulidades y la regulación de los vicios en el derecho comparado
2. La distinción entre los vicios del acto administrativo según su carácter subjetivo u objetivo
3. Vicios de la voluntad
   A) Error
   B) Dolo
   C) Violencia
4. La simulación
5. Vicios en el elemento subjetivo
   A) Incompetencia
   B) Incapacidad
6. Vicios que afectan a la causa del acto administrativo
7. Defectos en el objeto
8. Vicios de forma
   A) Vicios relativos a las formas del proceso de integración de la voluntad administrativa
   B) Defectos de la declaración
   C) Vicios relativos a la publicidad
9. La desviación del poder
10. Invalidez de cláusulas accesorias

CAPÍTULO IV

SANEAMIENTO O CONVALIDACIÓN

1. Concepto, trascendencia y terminologías existentes. Aplicabilidad genérica de las nociones del Derecho Privado
2. La ratificación: carácter y efectos. Forma del acto de ratificación
3. La confirmación. Diferencias con la ratificación. Críticas al concepto: su refutación. Naturaleza y efectos
4. Acerca de si la confirmación puede operarse a través de la prescripción del acto
5. La conversión como medio de saneamiento
   A) Conversión legal
   B) La conversión como acto bilateral
6. Su fundamento. Tipo de invalidez objeto de la conversión

ABREVIATURAS UTILIZADAS
TOMO I Y II

AGN	Auditoría General de la Nación
Art.	artículo
BO	Boletín Oficial
CN	Constitución Nacional
CNCiv.	Cámara Nacional de Apelaciones en lo Civil
CNCom	Cámara Nacional de Apelaciones en lo Comercial
CNCont.	Adm. Fed. Cámara Nacional de Apelaciones en lo Contencioso Administrativo Federal
CNT	Comisión Nacional de Telecomunicaciones
CCiv	Código Civil
Cód.	Civil Código Civil
Corte Sup.	Corte Suprema de Justicia de la Nación
CPCA	Código de Procedimiento Contencioso Administrativo
Dec.	decreto
ED	Revista Jurídica El Derecho
EDA	El Derecho Administrativo
ENARGAS	Ente Nacional Regulador de la Electricidad
ENRE	Ente nacional Regulador del Gas
ETOSS	Ente Tripartito de Obras y Servicios Sanitarios
inc.	inciso
JA	Revista jurídica Jurisprudencia Argentina
LAF	Ley de Administración Financiera
LNE	Ley Nacional de Expropiaciones
LNPA	Ley Nacional de Procedimientos Administrativos
LRJPAC	Ley de Régimen Jurídico de las Administraciones Públicas y del procedimiento Administrativo Común
MEyJ	Ministerio de Educación y Justicia
p.	página
ps.	páginas
RADA	Revista Argentina de Derecho Administrativo
RAP	Revista Argentina del Régimen de la Administración Pública

PDCO	Revista de Derecho Comercial y de las Obligaciones
REDA	Revista española de Derecho Administrativo
RLNPA	Reglamentación de la Ley Nacional de Procedimientos Administrativos
SC	Secretaría de Comunicaciones
SIGEN	Sindicatura General de la Nación
ss.	siguientes
t.	tomo
t.o.	texto ordenado
v.gr.	verbi gratia

TÍTULO PRIMERO

INTRODUCCIÓN

CAPÍTULO I

EL ESTADO EN EL ORDEN CONSTITUCIONAL Y ADMINISTRATIVO (REALIDAD, NORMATIVIDAD Y JUSTICIA)

1. INTRODUCCIÓN

El Estado, en el campo del Derecho Público, puede ser analizado desde las tres dimensiones que integran el mundo jurídico (conducta, normatividad y valor). Así, en el orden de la realidad, aparece como un régimen en cuyo marco un conjunto de agentes realiza repartos de ventajas o desventajas a los ciudadanos. Desde este punto de vista, el Estado es una institución que se configura como una comunidad organizada con fines superiores y permanentes.

A su vez, en la dimensión normativa, el Estado se concibe como una persona jurídica que reviste de juridicidad positiva a la realidad que exhibe el orden existencial y que se traduce en su reconocimiento como sujeto de derecho, o sea, como un ente susceptible de adquirir derechos y contraer obligaciones, actuar en juicio como actor o demandado, etc. En este sentido, no obstante que en el Estado reposa la unidad del poder de la Nación, su integración es compleja ya que se compone tanto de órganos como de entes con personalidad jurídica diferenciada.

En el Estado Federal, que es el principal ente que la Constitución Nacional ha personificado, se integran los órganos fundamentales en que se divide el ejercicio del poder (Legislativo, Ejecutivo y Judicial) y las entidades descentralizadas que actúan en la órbita del Ejecutivo, así como otros órganos autónomos creados por la Constitución Nacional para el cumplimiento de fines específicos (*v.gr.*, Defensor del Pueblo y Auditoría General de la Nación). Paralelamente, con su autonomía encuadrada en el orden normativo constitucional y el reconocimiento de personalidades jurídicas diferenciadas, también puede decirse que, en sentido amplio, el Estado se integra con las provincias, los municipios y, tras la reforma constitucional de 1994, con la Ciudad de Buenos Aires.

Por su parte, en el orden de la axiología jurídica, el Estado puede ser concebido como un Estado de Derecho, cuando impera el sistema de división de funciones e independencia de poderes, garantizando así los derechos fundamentales de libertad y propiedad de los ciudadanos o bien, como un Estado de Justicia, en el que, además de la defensa de estos derechos, ejerce funciones tendientes a realizar los criterios de justicia, en las distintas especies, incluso la llamada justicia del bien común o justicia social.

En este plano axiológico, y con relación al modelo económico-social que prevalece en la actual etapa histórica (como consecuencia de las transformaciones que ha impulsado la globalización de la economía mundial), se ha operado la sustitución del llamado Estado Benefactor por el llamado Estado Subsidiario que desplaza las fórmulas del Estado totalitario (estatismo) realzando el papel que le corresponde tanto a la sociedad como a los individuos y a los distintos grupos intermedios que la componen.

Finalmente, si bien la forma política que asume el Estado argentino es la correspondiente a una democracia representativa, republicana y federal, la fórmula *"Estado democrático"* refleja sólo un aspecto del Estado vinculado más con el derecho político y constitucional que con el Derecho Administrativo, el cual no se ocupa – por ejemplo– del estudio de los mecanismos de elección de los gobernantes, sino fundamentalmente de la organización de la Administración Pública y de la actividad materialmente administrativa o regida por el Derecho Público, cualquiera fuera el órgano que la despliegue, como veremos más adelante en el curso de esta obra.

2. DISTINTAS CONCEPCIONES ACERCA DEL ESTADO

Las ideas acerca de la configuración histórica y política del Estado han ido variando a través del tiempo sin que apareciera, hasta el final de la Edad Media, un concepto que tradujera, con un alcance general, su expresión jurídica e institucional.

En Grecia no hubo propiamente una instrumentación comprensiva de la organización jurídica que vinculara a los habitantes con el territorio, aunque puede reconocerse que la idea de lo que hoy se designa como Estado se hallaba subyacente dentro del concepto de *polis*, es decir, la organización de la ciudad griega.

Los romanos también carecieron de una conceptualización precisa del Estado y, en forma similar a lo acontecido en Grecia, designaron primero con el nombre de *civitas* al llamado Estado-Ciudad, utilizando finalmente la noción de *res publica* para aludir a la existencia de la propia comunidad política.

El advenimiento del feudalismo tampoco contribuyó a una modificación sustancial de la concepción romanista, aplicándose el término *land* como equivalente al territorio[1].

La institucionalización del Estado constituye la culminación de un proceso que se inicia en las principales ciudades italianas (Florencia, Génova, etc.) durante el siglo XV. Allí aparece la expresión *lo stato* para designar en general a toda organización jurídico-política y su forma de gobierno, ya fuera que esta última tuviera carácter monárquico o republicano[2].

---

[1]   MORTATI, Costantino, Istituzioni *di Diritto Pubblico*, t. I, 8ª ed., Cedam, Padua, 1969, p. 21.

[2]   MAQUIAVELO, Nicolás, en *El Príncipe*, se afilia a la concepción general del Estado como organización jurídico-política. Sobre la evolución histórica del concepto de Estado, véase DEL VECCHIO, Giorgio, *Persona, Estado y* derecho, trad. del italiano, Instituto de Estudios Políticos, Madrid, 1957, ps. 412 y ss.

Después de atravesar por interpretaciones que respondían a particulares circunstancias históricas[3], la consolidación territorial de los Estados, operada a partir del siglo XVII, junto a la aparición de numerosos sistemas políticos y filosóficos, dio lugar a las más variadas concepciones acerca del Estado.

Como consecuencia de ello, dentro de la Teoría del Estado, diversos enfoques se han formulado[4]; sin embargo el concepto de Estado como la perfecta organización jurídico-política de la comunidad que procura el bien común y su consideración como un objeto real, no ideal[5], constituye la concepción con mayor arraigo en el campo de las doctrinas que se inspiran en la filosofía cristiana.

3. TEORÍA DEL ESTADO

Si bien el estudio de la Teoría del Estado pertenece al terreno de la Ciencia Política (o al de la Sociología, según algunos), el Derecho Administrativo – como rama del Derecho Público que estudia primordialmente la organización y la actuación del Estado en sus relaciones con los particulares– no puede prescindir de sus aspectos esenciales, en cuanto aquélla significa el punto de apoyatura de sus instituciones y principios, como también de la actividad de la Administración Pública.

La propia naturaleza de la realidad política, constituida por actos humanos, demuestra que cada Estado posee, en la civilización occidental y cristiana, una singularidad y especificidad que lo diferencia de otro y, al propio tiempo, que existen notas generales que permiten hallar un concepto objetivo y concreto del Estado histórico, al presentar elementos y funciones comunes[6].

Se ha sostenido que "cualquier organización estatal, que es una ordenación humana, está informada por una determinada visión del mundo y del universo, vigente en ella también más allá de sus límites, animando la civilización a la que ese Estado está funcionalizado junto con otros Estados"[7].

Como se ha advertido, la Teoría del Estado no representa el conocimiento de un Estado singular, sino de un tipo general de Estado, válido para todo un grupo de comunidades jurídicamente organizadas[8].

---

[3] La expresión *état* es empleada en Francia desde el siglo XIII para referir el estamento o grupo social. Tal era el sentido de la expresión *"Estados Generales"* que los monarcas franceses usaron muchas veces como instrumento político para restringir los privilegios de los señores feudales.

[4] Para algunos el Estado constituye una corporación constituida por el pueblo y dotada de poder de mando (JELLINEK); para otros, se trata de una agrupación humana establecida en un territorio donde los más fuertes prevalecen sobre los más débiles (DUGUIT).

[5] KELSEN, en cambio, considera que la expresión Estado sirve para referirse a un objeto ideal creado por el conocimiento: el sistema normativo (*Cfr.* KELSEN, Hans, *Teoría general del Derecho y del Estado*, trad. de E. García Máynez, 2ª ed., Universidad Nacional Autónoma de México, México, 1958, p. 255).

[6] SAMPAY, Arturo E., *Introducción a la teoría del Estado*, Bibliográfica Omeba, Buenos Aires, 1964, ps. 360/361.

[7] *Cfr.* SAMPAY, Arturo E., *Introducción a la teoría del Estado, cit.*, ps. 362/363.

[8] DABIN, Jean, *Doctrina general del Estado. Elementos de filosofía política*, trad. del francés por Héctor González Uribe, JUS, México, 1946, ps. 9/10.

El Estado – se ha dicho– "no es otra cosa que una sociedad políticamente organizada, y no puede haber sociedad sin organización política; la realidad del Estado, de la sociedad civil, no es ni la sociedad ni el orden político por sí solos, sino su compuesto, de manera que entre Estado y Sociedad no existe ninguna separación real"[9].

Según Aristóteles, el Estado constituye una asociación política natural y necesaria, cuya esencia radica en la propia naturaleza humana. Tal alianza o asociación es necesaria para la perfección del hombre y no constituye una unión transitoria en búsqueda de un fin individual sino la asociación estable, orgánica y perfecta cuya finalidad es la realización de la virtud y de la felicidad humanas.

La característica esencial que distingue al Estado de otras comunidades, de acuerdo con la concepción aristotélica, es su "autarquía o autosuficiencia", en el sentido de que se halla integrado de tal forma que no precisa ni depende de otra comunidad para la realización de sus fines. Sin embargo, a diferencia de Platón, que no acepta la existencia de asociaciones intermedias entre el Estado y el individuo, Aristóteles las admite como organizaciones convenientes para la ordenación de la convivencia entre los hombres.

Todo ello se condensa en la clásica definición que concibe al Estado como "la comunidad perfecta o soberana"[10].

La comunidad constituye el género próximo de Estado mientras que el concepto *"soberana o perfecta"* permite diferenciarla de otras asociaciones (diferencia específica), significando la alianza o unión estable, consciente y voluntaria de personas para alcanzar un fin común[11]. En cambio, lo específico del Estado reposa en la cualidad de "perfecta o soberana" que posee tal comunidad al bastarse a sí misma[12].

Santo Tomás incorpora a la concepción cristiana la filosofía aristotélica sobre el Estado dando origen a la escuela que, bajo la designación de *"escolástica"*, tendrá una extraordinaria influencia en Occidente y cuya gravitación perdura hasta nuestros días. El Estado es la institución necesaria y fundamental que deriva de la naturaleza

---

[9] SAMPAY, Arturo E., *Introducción a la teoría del Estado, cit.*, ps. 374/375, ha criticado la estructura dualista Estado-Sociedad (entendidos como conceptos contrapuestos) señalando que "la antagónica pareja Estado-Sociedad oculta, en la sociedad lábil de la época moderna, la tensión política entre un sector activo de ciudadanos que ejercen el poder político y otro sector que, por no estar directamente vinculado a la actuación del poder político se considera como Sociedad fuera del Estado y frente a él".

[10] ARISTÓTELES, *Política*, Libro I, cap. III.

[11] SAMPAY, Arturo E., *Introducción a la teoría del Estado, cit.*, p. 395.

[12] "Algo es perfecto cuando no es superado en su género, vale decir, cuando es supremo (por eso, de *supremitas* deriva soberanía), desde que no le falta parte alguna de su excelencia y virtud natural". La propiedad de "perfección o autosuficiencia (*autarkéia*) del Estado se refiere a la perfección o autosuficiencia del hombre, pues éste, como *zoón politikón*, encuentra en el Estado lo suficiente y necesario para vivir bien y alcanzar, por tanto, el fin natural para el que fue creado; y siendo que el grado de suficiencia o *autarkéia* de cada sociedad depende de la suficiencia que proporcione al hombre para vivir bien, el Estado resulta ser la comunidad perfecta, la superior en su género, porque ofrece todas las suficiencias necesarias para el desarrollo de la naturaleza humana" (*Cfr.* SAMPAY, Arturo E., *Introducción a la teoría del Estado, cit.*, ps. 395/396).

social del hombre. Su finalidad es establecer el buen orden de la vida y, sin relegar el fin sobrenatural del hombre ni sus condiciones morales, considera que la persona humana no puede alcanzar la perfección si no se supedita a los medios y fines de la comunidad estatal. Por ello, el bien común es en esta filosofía la fuente en la cual deben inspirarse los gobernantes, sin perjudicar la condición y dignidad individual de cada integrante del Estado.

El principio que unifica y otorga coherencia a la organización estatal es el de la *"autoridad"*, que se mantiene por intermedio del *"poder"*[13], el cual actúa con el fin de asegurar el orden social fundamentalmente a través de la ley, que siempre debe ser justa, conforme a la naturaleza y apropiada a las costumbres del país[14]. El poder del Estado no es absoluto, pues se encuentra limitado por la ley natural, no se localiza en un individuo o conjunto de individuos sino en la propia personalidad del Estado, donde reside en forma exclusiva[15].

4. LAS CAUSAS Y LOS LLAMADOS ELEMENTOS DEL ESTADO

Las causas del ser estatal, considerado como un objeto real, constituyen los principios que explican el ser y condicionan su existencia. Se dividen en intrínsecas o inmanentes (causas material y formal) y extrínsecas o trascendentes (causas eficiente y final).

El principio generador del ser es la causa eficiente que puede ser remota o próxima[16]. La causa eficiente remota o mediata del Estado es Dios, quien determina

---

[13] En el curso de la historia se ha designado el término "poder" con los vocablos *potestas, majestas, imperium*, autoridad, dominación, etc. Se ha dicho que (el texto pertenece a la Encíclica *Pacem in Terris*, de S.S. Juan XXIII), "el poder no es fuerza exenta de control, sino la facultad de mandar según la razón... La convivencia no puede ser ordenada si no la preside una legítima autoridad que salvaguarde la ley y contribuya a la actuación del bien común en grado suficiente". Así, mientras por una parte constituye una capacidad titularizada en el Estado (capacidad de moral cualitativa), por la otra, es *"imperium* jurídico", realizándose a través de los mandatos de la ley y la coacción en caso de que ésta fuera necesaria (*Cfr.* DROMI, José R., *Instituciones de Derecho Administrativo*, Astrea, Buenos Aires, 1973, ps. 38/39). Véase también: DABIN, Jean, *Doctrina general del Estado...*, *cit.*, ps. 64 y ss.

[14] TOMÁS DE AQUINO, *Suma Teológica* (1-2-9, 95 a. 3), t. VI, Biblioteca de Autores Cristianos, Madrid, 1956, ps. 169/171.

[15] Sobre el origen del poder resulta particularmente de interés la opinión de Francisco de Suárez. Al respecto, RECASENS SICHES, al glosar la obra de SUÁREZ, *De Legibus ac de Legislatore*, expresa: "El origen del Poder Público, como todos los poderes, es Dios; mas no de manera inmediata, designando a alguien, ni prefiriendo ésta o aquella forma de gobierno, sino en cuanto es autor de la ley natural, la cual exige que en la comunidad política exista un poder, y determine que su titular primario es la misma comunidad. De aquí que haya que reconocer que el poder político, de modo mediato y en último término, fluye de Dios. Pero jamás como facultad otorgada a éste y aquel individuo sino como atributo esencial de la comunidad" (*Cfr.* RECASENS SICHES, Luis, "Estudios de filosofía del derecho", en DEL VECCHIO, Giorgio, *Filosofía del derecho*, t. II, 9ª ed. española, Bosch, Barcelona, 1969, p. 80).

[16] "Remota es la que constituye la cosa en su esencia con todos sus elementos, próxima es la que actúa esa esencia, existencializada, *hic et nunc* en una determinada cosa" (*Cfr.* SAMPAY, Arturo E., *Introducción a la teoría del Estado*, *cit.*, p. 403).

su existencia al crear al hombre y dotarlo de una naturaleza social que lo lleva a procurar una vida suficiente y ordenarse en una comunidad perfecta o soberana. En cambio, la causa eficiente próxima o inmediata indica que el Estado es una entidad natural producto de la industria humana, que obedece a la sociabilidad natural y que se realiza como una obra de la libertad del hombre, obra de razón y de virtud[17].

La causa material del Estado está constituida por el pueblo y el territorio. El pueblo no es la suma de individuos indeterminados sino la unidad que los aglutina en la idea de un ser común[18]; se trata, en otros términos, de una multitud humana concretada en una Nación y ordenada por la *virtus unitiva* de un fin[19].

Ese conjunto de personas requiere de un territorio que, al hacer posible la convivencia estable en un ámbito geográfico común, determina, junto con el pueblo, la causa material de la existencia del Estado. Tal significación primaria del territorio fundamenta a su vez la consideración del territorio como ámbito de validez normativa de un ordenamiento particular que ha formulado Kelsen[20], afirmación que debe limitarse al campo de la dogmática jurídica y no al de la Ciencia Política[21].

Para la teoría clásica la regulación de las relaciones jurídicas que se generan en el marco del territorio estatal traduce el ejercicio de la soberanía[22] por cuya causa los individuos se hallan sometidos a su poder, no existiendo, en dicho territorio, en principio, un sometimiento temporal a una autoridad distinta del propio Estado. Esta concepción absoluta de la soberanía ha ido relativizándose en todo el mundo a raíz de la creación de jurisdicciones y derechos supranacionales, como el derecho europeo, que prevalecen sobre los derechos nacionales.

Los elementos indicados (pueblo y territorio) que conforman la materia del Estado, se hallan integrados en una "unión u orden" que es la causa formal del Estado,

---

17   SAMPAY, Arturo E., *Introducción a la teoría del Estado*, *cit.*, ps. 403 y ss.

18   BATTAGLIA, Felice, *Estudios de teoría del Estado*, trad. del italiano, Publicaciones del Real Colegio de España en Bolonia, Madrid, 1966.

19   ARIAS PELLERANO, Francisco, *Temas de teoría política*, El Coloquio, Buenos Aires, 1970, p. 118; SAMPAY, Arturo E., *Introducción a la teoría del Estado*, *cit.*, p. 405. Afirma Battaglia que el pueblo "no se agota en elementales vínculos unitarios por los que el querer en cuanto tal constituye un vínculo cualquiera, sino que aparece coloreado y articulado por determinaciones intensas y eficaces. La Nación representa históricamente su más rica concreción, aquella por la que el valor subordina, revaloriza plenamente, cualquier otro factor material, físico o étnico, o cualquier ambiente cultural, instaurándose en una compleja intimidad de querer, que es sentido de la tradición y fe operante en el porvenir, en un común destino. El Estado nacional que se funda en este acto de suprema conciencia por el que todo el pasado se hace intrínseco en el ser presente, físico y moral, en este acto por el que la conciencia se conduce al querer, querer de todo un pueblo por ser uno en las costumbres y en su misión, como lo fue en las glorias y en el genio, es el más real de los Estados" (BATTAGLIA, Felice, *Estudios de teoría del Estado*, *cit.*, ps. 48/49).

20   KELSEN, Hans, *Teoría general del Derecho y del Estado*, *cit.*, p. 246.

21   SAMPAY, Arturo E., *Introducción a la teoría del Estado*, *cit.*, ps. 406/407.

22   BIELSA, Rafael, *Derecho Administrativo*, t. I, El Ateneo, Buenos Aires, 1947, ps. 92 y ss.

o principio que "informa" tales elementos[23] y los transforma en el ser estatal. De ese orden surgen como propios la autoridad y el ordenamiento jurídico positivo.

La concepción del poder estatal no ha variado prácticamente la idea romanista que consideraba al *imperium* como el poder de mando o supremacía sobre todos los individuos, no obstante los distintos sistemas políticos que se han sucedido y las doctrinas que los han sustentado. En tal sentido, puede advertirse que aunque Jellinek se refiere al poder del Estado como una capacidad jurídica, termina por sostener que se trata de un "poder omnipotente, de dominación", que lo distingue de las otras comunidades no estatales[24]. Si bien la función del orden como causa formal del Estado produce el aglutinamiento e integración de los elementos materiales que él contiene, se hace necesaria la presencia del poder estatal que encauce y oriente y, en algunos casos, dirija la acción de la comunidad, que dicte las normas imperativas, ejerciendo la facultad de utilizar la coacción para lograr la aplicación y efectividad de las conductas. Sin ese poder es evidente que la unidad de orden que predica la causa formal no podría subsistir[25].

Claro que ese orden, causa formal del Estado, precisa ser determinado en el terreno existencial por medio de una organización jurídico-política, cuyos caracteres se regulan en el ordenamiento jurídico básico, que hoy se denomina Constitución[26].

En lo que concierne a la causa final o fin del Estado, ella es el bien común, razón de ser del Estado. En la idea de bien (ontológicamente considerado) anida la perfección en sí misma, que debe acompañar al obrar voluntario del hombre singularmente considerado: el bien se torna *"común"* cuando los individuos se agrupan y actúan el mecanismo de la sociabilidad natural, constituyendo las diversas comunidades, de las cuales el Estado constituye la comunidad perfecta.

Ahora bien, ese concepto natural del bien común que persigue el Estado es omnicomprensivo y totalizador de toda su actividad que ha de hallarse orientada hacia aquél, para proporcionar a los individuos las condiciones para la plenitud de su vida espiritual y los recursos suficientes para vivir una vida humana digna y completa.

La doctrina del bien común como razón del ser y fin del Estado se encuentra claramente expuesta en las Encíclicas papales y de un modo especial, en la *Pacem in Terris*, de Juan XXIII, en la que se señala: "Todos los individuos y grupos intermedios tienen el deber de prestar su colaboración personal al bien común. De donde se sigue la conclusión fundamental de que todos ellos han de acomodar sus intereses a

---

23   BIDART CAMPOS, Germán J., *Derecho Político*, 2ª ed., Aguilar Argentina, Buenos Aires, 1972, ps. 300 y ss.

24   JELLINEK, Georges, *Teoría general del Estado*, Buenos Aires, 1954, p. 322.

25   SAMPAY, Arturo E., *Introducción a la teoría del Estado, cit.*, p. 407.

26   "La Constitución, entonces, fija los medios preferidos por un Estado concreto para alcanzar su fin, siempre concatenado a los fines provenientes de su vocación, nacida en la raíz histórica de donde brotó; adapta esta organización a los factores intrínsecos procedentes de las características propias de la población y del territorio; preceptúa la manera de distribuir el poder del Estado y el procedimiento para la determinación de los sujetos de este poder, con lo que caracteriza la individualidad del Estado concreto, informa su realización actual, o sea, le imprime una existencia cualificada" (SAMPAY, Arturo E., *Introducción a la teoría del Estado, cit.*, ps. 412/413).

las necesidades de los demás y la de que deben enderezar sus prestaciones en bienes o servicios al fin que los gobernantes han establecido, según normas de justicia y respetando los procedimientos y límites fijados por el gobierno"[27].

De acuerdo con dicha doctrina no se trata de un bien común exclusivamente temporal sino que, por hallarse íntimamente vinculado a la naturaleza humana, comprende a todo hombre, tanto en sus exigencias materiales como espirituales. Por ello, en la Encíclica *Mater et Magistra* se estableció que el bien común "abarca todo un conjunto de condiciones sociales que permiten a los ciudadanos el desarrollo expedito y pleno de su propia perfección"[28].

Se trata, en consecuencia, de un criterio amplio y totalizador que no puede limitarse al bien común debido a que traduce la realización de la justicia distributiva[29], sino que también debe realizarse en las leyes que tienen por objeto disposiciones sobre particulares[30], y fundamentalmente, en la llamada justicia legal o general.

El bien común también puede alcanzarse por la acción de las llamadas comunidades intermedias en aquellos casos en que sus fines concurren con los del Estado, sin superponerse con la actividad estatal ni pretender hegemonía alguna[31].

En el panorama de la filosofía del derecho y de la teoría del Estado, existen concepciones extremas sobre el bien común que contradicen la concepción que se ha descripto. Así, tomando nada más que el segundo término del concepto (la comunión del bien), aparecen dos corrientes tan antagónicas entre sí como opuestas a la concepción tradicional. Por una parte, la postura individualista "que permite el uso de la fórmula también a los discípulos de Locke y pone la comunidad del bien en su división natural y aritmética, en partes iguales y proporcionales, entre todos los miembros singulares de la comunidad"[32]. De otro lado, se halla la corriente sociologista o del mito estatal, de inspiración *"hegeliana"* que se traduce en la consideración del Estado como único sujeto del bien, al cual los particulares deben sacrificarse y dedicarse, sin poseer el derecho de participar en su distribución.

---

[27]   Encíclica *Pacem in Terris*, Biblioteca de Autores Cristianos, ps. 5 y 225-226.

[28]   *Cfr. Pacem in Terris, cit.*, p. 227.

[29]   CASARES, Tomás D., *La Justicia y el Derecho*, 2ª ed., Cursos de Cultura Católica, Buenos Aires, 1945, ps. 56 y ss.

[30]   El criterio se advierte claramente expuesto en la *Suma Teológica*, de santo Tomás de Aquino, quien al establecer que toda la ley se ordena al bien común aun cuando tenga por objeto bienes privados o particulares expresa: "El precepto lleva consigo la aplicación de la ley a aquellas cosas que la ley regula. Y como la ordenación al bien común, que es propio de la ley, es aplicable a fines particulares, también bajo este respecto se dan preceptos sobre algunas cosas particulares... Pero estos objetos particulares pueden ser ordenados a un bien común que es común no por comunicación genérica o específica sino por comunicación de finalidad, pues que el bien común es también fin común" (TOMÁS DE AQUINO, *Suma Teológica*, t. VI, p. 39).

[31]   Un criterio diferente puede verse en PIEPER, Josef, *Justicia y fortaleza*, trad. del alemán, Madrid, 1968, p. 115, si bien referido al sentido absoluto del concepto.

[32]   *Cfr.* GRANERIS, Giuseppe, *Contribución tomista a la Filosofía del Derecho*, trad. del italiano, Eudeba, Buenos Aires, 1973, ps. 179/180.

La concepción filosófica clásica, que armoniza también con las Encíclicas papales, no acepta el individualismo absoluto ni admite que sólo el Estado pueda ser el único sujeto, porque entonces el bien común sería el bien de nadie. El bien común es el que se confiere de un modo general, es aquel en el cual todos participan y que se resuelve en una *utilitatem civium* y no en el culto del mito estatal[33].

En definitiva, hay quienes han sostenido que el bien común equivale a la justicia, indicando una determinada dirección hacia ella: "la de tener en cuenta los intereses de todos, no sólo los de algunos, o sea, el bien particular"[34].

5. ELEMENTOS DEL ESTADO

El tema que concierne a las causas del Estado suele ser enfocado con una metodología diferente, reveladora, la mayor parte de las veces, de una concepción filosófica distinta de la que se acaba de exponer. De ese modo, al tratar la teoría del Estado, un sector de la doctrina circunscribe su estudio al de los elementos que lo integran sin atender a su origen ni a su finalidad, reduciendo tales elementos (que no serían otros que determinados componentes de las causas material y formal) al pueblo (o población según algunos), territorio y poder[35].

6. LA PERSONALIDAD JURÍDICA DEL ESTADO. LA CUESTIÓN DE LA DOBLE PERSONALIDAD

Si el Estado como persona moral constituye una realidad[36] sociológica es forzoso que, en el orden positivo, se le reconozca una personalidad "jurídica" que le permita actuar en el mundo del derecho, como titular de derechos, obligaciones y deberes que lo vinculan con los administrados y los entes que integran la organización estatal.

---

[33] Afirma GRANERIS que "si la primera tendencia llegaba a disipar el bien común porque, a través de la división igualitaria empujada al infinito, querría hacer de él el bien de todos, la segunda tendencia imita al siervo evangélico que para no perder el talento lo sepulta" (GRANERIS, Giuseppe, *Contribución tomista...*, cit., p. 295).

[34] GOLDSCHMIDT, Werner, *Introducción filosófica al Derecho*, 4ª ed., Depalma, Buenos Aires, 1973, p. 385; BIDART CAMPOS, Germán J., *Derecho político*, cit., p. 295.

[35] BENVENUTI, Feliciano, *L'Ordinamento Repubblicano*, Venecia, 1975, ps. 15 y ss.; DIEZ, Manuel M., *Derecho Administrativo*, t. I, Bibliográfica Omeba, Buenos Aires, 1963, ps. 18 y ss.; MARIENHOFF, Miguel S., *Tratado de Derecho Administrativo*, t. I, 5ª ed. act., Abeledo-Perrot, Buenos Aires, 1995, p. 43 (nota 3); DEL VECCHIO, Giorgio, *Filosofía del Derecho*, t. II, 9ª ed. española, Bosch, Barcelona, 1969, ps. 423 y ss.; KELSEN, Hans, *Teoría general del Derecho y del Estado*, cit., ps. 246 y ss.; BATTAGLIA, Felice, *Estudios de teoría del Estado*, cit., ps. 47 y ss.; HELLER, Hermann, *Teoría del Estado*, trad. del alemán, FCE, México, 1942, ps. 163 y ss.

[36] La personalidad jurídica se deriva – según HAURIOU– de la propia realidad de la personalidad moral "porque no es sino un retoque y una estilización de la personalidad moral reposando, en consecuencia, sobre el mismo fondo de la realidad" (*Cfr.* HAURIOU, Maurice, *La teoría de la Institución y la Fundación*, trad. del francés, Abeledo-Perrot, Buenos Aires, 1968, p. 75).

El origen del principio de la personalidad jurídica del Estado[37] no se halla conectado con el individualismo ético de los iusnaturalistas del siglo XVII, ni, menos, con el empirismo individualista que se desarrolló durante el siglo XIX. El hecho de que la noción de personalidad estatal se haya manifestado como una profunda exigencia del pensamiento del pasado (en el que, al considerar al Derecho como relación, era necesario contraponer a la persona individual la persona del Estado) no permite inferir que dicha personalidad responda a una idea individualista, por cuanto el motivo que la fundamenta no tiende a dividir ni a *disociar individualizando, sino más bien a unir y reasumir sintetizando*"[38].

La idea de la personalidad del Estado encuentra sus raíces en la tradición romanista, que es contraria a la concepción germánica del Medioevo que concebía al señor como titular del poder y no como órgano de la comunidad. Su base reside "en el sentido romano del Derecho que concibe la *auctoritas* no como algo que está fuera del *ius* sino como expresión del mismo *ius*"[39].

En el estado actual de evolución del Derecho Público puede reconocerse que ha sido aceptada la existencia de la personalidad estatal, no obstante la gravitación doctrinaria que en su momento tuvieron algunos de los sostenedores de la tesis negativa[40].

El Estado posee una personalidad jurídica, pero ésta reconoce como sustrato una personalidad preexistente, producto de la realidad social. El Estado constituye un sujeto de derecho que se apoya o basa en una personalidad moral.

Desde ese punto de vista el Estado ha sido concebido como institución, mejor dicho, como la institución de las instituciones, que se caracteriza por: a) una idea de obra a realizar por un grupo social; b) el poder organizado puesto al servicio de esa idea directriz; c) la manifestación de comunión de los integrantes del grupo social, tanto en la idea de obra como en los medios a emplear[41].

A diferencia de la concepción institucional, para Kelsen el Estado constituye la personificación del orden jurídico total, considerando que la persona es la expresión unitaria de un determinado orden normativo[42] y que el Estado es la totalidad del Derecho convertido en sujeto. Llega así esta concepción a identificar Estado y Derecho como expresiones que, en definitiva, designan un mismo objeto.

Pero, el Estado no es nunca, en cuanto tal, objeto de conocimiento jurídico, ya que lo que el conocimiento jurídico capta es solamente el Derecho y no la realidad específica y propia del Estado, que es objeto de una teoría diferente[43].

---

[37]   BENVENUTI, Feliciano, *L'Ordinamento Repubblicano*, cit., ps. 15/17.

[38]   BATTAGLIA, Felice, *Estudios de teoría del Estado*, cit., p. 102, nota 92, *in fine*.

[39]   BATTAGLIA, Felice, *Estudios de teoría del Estado*, cit., p. 103.

[40]   DUGUIT, Léon, *Traité de Droit Constitutionnel*, t. I, 2ª ed., Fontemoing & Cie, París, 1923, ps. 524 y ss.

[41]   HAURIOU, Maurice, *La teoría de la Institución y la Fundación*, cit., ps. 541 y ss.

[42]   KELSEN, Hans, *Teoría general del Derecho y del Estado*, cit., ps. 117 y ss.

[43]   LEGAZ Y LACAMBRA, Luis, *Introducción a la Ciencia del Derecho*, Bosch, Barcelona, 1943, p. 612.

Por otra parte, hay que advertir también que el reconocimiento de la personalidad jurídica del Estado no obsta a su actuación indistinta en el campo del Derecho Público y del Derecho Privado (Civil o Comercial).

La evolución operada superó las doctrinas tradicionales que distinguían dos personas en el seno del Estado (la persona jurídica privada y la política) como consecuencia del desarrollo de la teoría del Fisco[44] y la concepción de la doble personalidad del Estado, pública y privada, conforme procediera de *iure privato* o en el campo del Derecho Administrativo[45].

La personalidad jurídica constituye una cualificación de la persona y la circunstancia de que se acepte la actuación indistinta en los campos del Derecho Público y del Derecho Privado "no tiene nada que ver con la parcialidad de la personalidad... Por ello, hay que hablar de dos actividades dentro de la personalidad única del ente Estado (y de los demás entes menores)"[46].

En suma, ni siquiera aceptando la posibilidad de una doble esfera de actuación del Estado (en el campo del Derecho Público y en el del Derecho Privado) la personalidad de éste admite desdoblamientos, porque "de la naturaleza de las actividades no se puede concluir fundamentalmente que haya una dualidad de seres o personas[47] y ello aun cuando se admita que la distinta naturaleza de sus actos deba estar sometida a regímenes también diferentes"[48].

---

[44] GARCÍA TREVIJANO FOS, José A., *Tratado de Derecho Administrativo*, t. II, 3ª ed., Revista de Derecho Privado, Madrid, 1967, p. 10.

[45] BIELSA, Rafael, *Derecho Administrativo, cit.*, t. I, ps. 112 y ss. Señala Bielsa que cuando el Estado (Nación, provincia o comuna) dispone de sus bienes privados o realiza un acto de administración de un bien de su dominio (privado), efectúa una operación patrimonial, procede *iure privato* y la competencia jurisdiccional, en caso de contienda, es judicial. Pero cuando presta un servicio público realiza un acto de gestión pública. El Estado no obra entonces como persona jurídica civil sino como persona administrativa, y por ende pública. La competencia en tal caso, en buenos principios, es contencioso-administrativa.

[46] GARCÍA TREVIJANO FOS, José A., *Tratado de Derecho Administrativo, cit.*, t. II, ps. 5, 11 y 12. Esta postura, anteriormente sustentada por MICHOUD y FERRARA, es la seguida por la mayoría de la doctrina nacional y extranjera. Véase VILLEGAS BASAVILBASO, Benjamín, *Derecho Administrativo*, t. I, TEA, Buenos Aires, 1949, ps. 157 y ss.; MARIENHOFF, Miguel S., *Tratado de Derecho Administrativo, cit.*, t. I, ps. 385 y ss.; DIEZ, Manuel M., *Derecho Administrativo, cit.*, t. I, ps. 68/69; GARCÍA DE ENTERRÍA, Eduardo - FERNÁNDEZ, Tomás R., *Curso de Derecho Administrativo*, t. I, 1ª ed., Civitas, Madrid, 1974, ps. 211/212; ALESSI, Renato, *Instituciones de Derecho Administrativo*, t. I, trad. del italiano, Bosch, Barcelona, 1970, ps. 15/16; DABIN, Jean, *Doctrina general del Estado..., cit.*, ps. 119 y ss. En contra: SAYAGUÉS LASO, Enrique, *Tratado de Derecho Administrativo*, t. I, Talleres Gráficos Barreiro, Montevideo, 1963, p. 387; GORDILLO, Agustín A., *El acto administrativo*, Abeledo-Perrot, Buenos Aires, 1963, p. 67; FIORINI, Bartolomé A., *Manual de Derecho Administrativo*, t. I, La Ley, Buenos Aires, 1968, p. 277, quienes no admiten la doble actividad del Estado (en el campo público y el privado). Más adelante nos ocuparemos de refutar estas posturas al tratar las diferencias entre la actividad del Estado parcialmente reglada por el Derecho Privado y la actividad administrativa, totalmente reglada por el Derecho Público.

[47] DABIN, Jean, *Doctrina general del Estado..., cit.*, p. 120.

[48] BIDART CAMPOS, Germán J., *Derecho político, cit.*, ps. 266/267.

De esta manera, ya sea que actúe ejercitando sus competencias de Derecho Público o celebre un acto cuyo objeto se regule por el Derecho Civil o Comercial, el Estado – como consecuencia de su personalidad jurídica unitaria– será, en ambos casos, plenamente responsable.

7. DERECHO PÚBLICO Y DERECHO PRIVADO: CRITERIOS DE DISTINCIÓN Y CONSECUENCIAS

La distinción entre el Derecho Público y el Derecho Privado constituye todavía un problema no resuelto en la teoría general del Derecho. Contra cualquier intento de sistematización conspira la característica esencial de categoría histórica que cada uno de esos derechos ha poseído y que hace que aún hoy existan diferencias sustanciales en punto al contenido de lo público y de lo privado entre los distintos países, inclusive entre los adscriptos al mundo occidental[49].

No obstante, la obtención de algún criterio de clasificación, aun con la relatividad que cabe reconocer en esta materia, resulta imprescindible como elemento previo a la noción de Derecho Administrativo (como rama del Derecho Público interno), y también, fundamentalmente, por su vigencia en el terreno de la interpretación y aplicación de las normas, en cuanto, según se trate de una u otra rama, procederán el procedimiento de la analogía[50] o el de la subsidiariedad[51].

La diferenciación no se justifica por razones exclusivamente didácticas tal como lo postula un sector de la doctrina[52] y no obstante haber sufrido los embates de muchos autores (Kelsen, Duguit, Posadas, etc.) ella ha sobrevivido, a pesar de la insuficiencia lógica de las concepciones en que se funda porque responde a una realidad histórica y social del Estado[53].

Para fundamentar la distinción entre ambas especies de derechos se han formulado una gran cantidad y variedad de concepciones, entre las cuales cabe señalar las tituladas: del interés, de los sujetos, de la naturaleza y de la obligatoriedad o autonomía de reparto.

---

[49] En Francia – por ejemplo– el Derecho Penal es considerado un "Derecho Privado" porque regula la sanción de los derechos (*Cfr.* RIPERT, Georges - BOULANGER, Jean, *Tratado de Derecho Civil, según el Tratado de Planiol*, t. I, "Parte general", trad. del francés, La Ley, Buenos Aires, 1963, p. 45).

[50] ZANOBINI, Guido, *Curso de Derecho Administrativo*, t. I, trad. del italiano, Arayú, Buenos Aires, 1954, ps. 34/35.

[51] CASSAGNE, Juan Carlos, *El acto administrativo*, Buenos Aires, 1974, ps. 51/52.

[52] AFTALIÓN, Enrique R. - GARCÍA OLANO, Fernando, *Introducción al Derecho*, 4ª ed., Buenos Aires, 1939, p. 309. Se ha dicho que "la distinción no responde a una mera necesidad didáctica como lo quería DUGUIT. Responde, en verdad, a esa realidad histórica y social del poder del Estado, y a la necesidad de hacer prevalecer, en caso de conflicto, los intereses generales sobre particulares" (*Cfr.* MOUCHET, Carlos - ZORRAQUÍN BECÚ, Ricardo, *Introducción al Derecho*, 2ª ed., Buenos Aires, 1956, p. 280).

[53] RECASENS SICHES, Luis, *Introducción al estudio del Derecho*, 2ª ed., México, 1972, p. 179, sostiene que la clasificación no se encuentra fundamentada sobre ideas de validez intrínseca sino que se apoya en "datos históricos".

La más tradicional – cuya antigüedad se remonta al Derecho Romano– es la teoría del interés: el Derecho Público es aquel que tiene por objetivo la realización de intereses generales colectivos o sociales, y el Derecho Privado, en cambio, es el que se basa en la regulación de intereses particulares o privados. Pero, aparte de que la finalidad del Derecho es siempre, en definitiva, la realización del interés general o bien común, aun cuando regule intereses particulares[54], existen muchas normas de Derecho Público (protección constitucional de la libertad, la propiedad, etc.) que tutelan directamente intereses privados[55].

La doctrina que finca la diferencia en el sujeto de la relación, según que intervenga el Estado (Derecho Público) o se trate de una relación entre particulares (Derecho Privado)[56], resulta tan insuficiente e incompleta como la que pretende visualizar el Derecho Público en la utilización del poder de *imperium* del Estado[57]. En efecto, en muchos casos, el Estado actúa en el campo del Derecho Privado al realizar actividades comerciales, tal como ocurre con los Bancos oficiales. En segundo lugar, existen numerosas relaciones de Derecho Público (*v.gr.*, relaciones interadministrativas, actividades de fomento o promoción, etc.) donde se halla ausente el *imperium* estatal, que se rigen por Derecho Público, principalmente por el Derecho Administrativo. De otra parte, el *imperium* constituye una consecuencia del carácter público de la actividad y no su causa generadora.

Otra de las teorías más conocidas, generalmente aceptada por los iuspublicistas, es la que se apoya en los aspectos de subordinación o coordinación que presentan las normas[58]. El Derecho Público sería aquel caracterizado por regir relaciones de subordinación que traducen una desigualdad entre las partes, mientras en el Derecho Privado ellas serían de coordinación, estando los sujetos en una relación de igualdad. En el primer supuesto, se dice, "la justicia tomaría la forma de justicia distributiva, y en el segundo, de conmutativa"[59].

Sin embargo, hasta Legaz y Lacambra, que admite este criterio distintivo, observa que en el Derecho Privado existen también algunas relaciones de subordinación (la dependencia del obrero respecto del patrón) y que en el Derecho Público aparecen relaciones de igualdad o coordinación (tratados internacionales)[60].

---

[54] ZANOBINI, Guido, *Curso de Derecho Administrativo*, cit., p. 35; VILLEGAS BASAVILBASO, Benjamín, *Derecho Administrativo*, cit., t. I, ps. 64/65.

[55] BORDA, Guillermo A., *Tratado de Derecho Civil argentino. Parte general*, t. I, 4ª ed., Perrot, Buenos Aires, 1965, p. 26.

[56] En nuestro país la sostuvo GORDILLO, Agustín A., *Introducción al Derecho Administrativo*, 2ª ed., Abeledo-Perrot, Buenos Aires, 1966, p. 147.

[57] BORDA, Guillermo A., *Tratado de Derecho Civil argentino...*, cit., t. I, ps. 26/27.

[58] GARCÍA MÁYNEZ, Eduardo, *Introducción al Derecho*, México, 1944, p. 130; MARIENHOFF, Miguel S., *Tratado de Derecho Administrativo*, cit., t. I, p. 150-152, quien reconoce empero que la distinción es incierta e imprecisa (nota 22). Véase también VILLEGAS BASAVILBASO, Benjamín, *Derecho Administrativo*, cit., t. I, ps. 66/70; FIORINI, Bartolomé A., *Manual de Derecho Administrativo*, cit., t. I, p. 41.

[59] BORDA, Guillermo A., *Tratado de Derecho Civil argentino...*, cit., t. I, p. 26.

[60] LEGAZ Y LACAMBRA, Luis, *Introducción a la Ciencia del Derecho*, cit., p. 313.

De otra parte se halla la tesis que fundamenta la clasificación en la idea del reparto autónomo o autoritario[61], o bien en la contraposición de los conceptos de obligatoriedad y libertad[62]. En esta concepción, el Derecho Público constituye la sección del ordenamiento jurídico que regula los repartos autoritarios (obligatoriedad) y el Derecho Privado, por el contrario, aquel que ordena los repartos autónomos (donde los protagonistas del reparto se hallan de acuerdo).

Si bien este criterio acusa una mayor precisión que los anteriores, lo cierto es que termina por complicar el panorama divisorio, ya que, en definitiva, suprime la clasificación del Derecho Público como categoría histórica separada y produce, como consecuencia, la aparición del Derecho Público y Privado, en forma entremezclada, en cada disciplina jurídica.

De aplicarse tal idea a los repartos autónomos del Derecho Administrativo resultará que los contratos de Derecho Administrativo estarán regulados por el Derecho Privado, careciendo de justificación el régimen jurídico exorbitante que actualmente los caracteriza.

Ello no significa desconocer que en la realidad de estas actividades del Estado aparezcan ambos derechos regulando conjuntamente una relación jurídica[63], pero tampoco justifica que se lleve el criterio clasificatorio al plano de cada disciplina en particular.

A igual conclusión se arriba si se repara en el hecho de que en las relaciones interadministrativas (que vinculan a sujetos estatales) pertenecientes al Derecho Público (Administrativo en la especie) no existe, en principio, el reparto autoritario.

Tampoco se ajusta a la realidad la concepción que identifica el Derecho Público con la realización de la justicia distributiva y legal o general, por cuanto la distribución también se realiza a través de la personificación de entidades de propiedad estatal que actúan sometidas al Derecho Privado en sus relaciones con los particulares.

La búsqueda de un criterio uniforme y universal de diferenciación entre los Derechos Público y Privado debe ser abandonada como objetivo, en virtud de que no responde a la lógica sino a una realidad que varía según el predominio de los datos históricos vigentes en cada período determinado.

No se trata, entonces, de establecer una clasificación *a priori* sino de analizar la realidad jurídica concreta en cada caso y la que determine el Derecho Positivo de cada país, según qué se considere, en el caso del Derecho Público, la preeminencia del interés del todo social sobre el interés privado, la situación del sujeto estatal y sus fines, como asimismo las relaciones interorgánicas e interadministrativas de los órganos y entes estatales.

Todo ello traerá como efecto (no como causa) la presencia de un régimen jurídico exorbitante del Derecho Privado que no se agota en la prerrogativa de coacción sino que manifiesta variados aspectos de la regulación del acto. Así, en materia de

---

[61] GOLDSCHMIDT, Werner, *Introducción filosófica al Derecho, cit.*, ps. 327/329.

[62] ZANOBINI, Guido, *Curso de Derecho Administrativo, cit.*, t. I, p. 36.

[63] *Cfr.* GARCÍA DE ENTERRÍA, Eduardo - FERNÁNDEZ, Tomás R., *Curso de Derecho Administrativo, cit.*, t. I, ps. 47 y 252.

promoción, si bien la técnica que lo otorga no utiliza la coacción, el régimen jurídico del acto es exorbitante del Derecho Privado (ej.: caducidad de un beneficio promocional en sede administrativa) y el mecanismo de control de la actividad promovida entraña una actividad de limitación de neto corte publicístico[64].

La utilidad de la distinción entre los Derechos Público y Privado, aparte de la ya señalada, en cuanto a la interpretación y aplicación normativa, se refleja positivamente en la técnica jurídica que diferencia entre:

a) personas de Derecho Público y de Derecho Privado, clasificación que acoge nuestro Derecho Positivo (art. 33, CCiv.);

b) régimen de los actos administrativos unilaterales y de los actos privados de carácter unilateral regidos por el Derecho Civil y Comercial; ello sin perjuicio de la existencia de actos parcialmente reglados por los Derechos Público y Privado;

c) *idem* en materia contractual;

d) dominio público y dominio privado;

e) derechos subjetivos públicos e intereses legítimos y derechos subjetivos privados;

f) el estatuto y regulación legal de los funcionarios y empleados públicos, por una parte, y el régimen de los dependientes sometidos al Derecho Laboral, por la otra, distinción que se aplicaba en las Empresas del Estado[65].

En los últimos tiempos, se han formulado opiniones contrarias al mantenimiento de la concepción dualista (que distingue entre Derecho Público y Derecho Privado) postulando la necesidad de crear un Derecho común que supere la tradicional clasificación[66].

8. EL FENÓMENO DE LA INTERPOLACIÓN ENTRE LO PÚBLICO Y LO PRIVADO

Si bien la conformación de las instituciones y principios que componen el Derecho Público es un fenómeno relativo, derivado de la condición de categoría histórica que es propia de cada ordenamiento jurídico, no puede desconocerse que entre

---

[64] Ley 23.614 y regímenes legales dictados con anterioridad: leyes 21.608, 20.560 y 19.904; en la actualidad, a partir de la sanción de las leyes 23.696 y 23.697, la promoción industrial ha dejado de tener vigencia generalizada.

[65] *Cfr.* ley 13.653, art. 1°, con las reformas de las leyes 14.380 y 15.023. En la actualidad, prácticamente, ya no existen las Empresas del Estado como consecuencia del intenso proceso de privatizaciones llevado a cabo a partir de la sanción de la ley 23.696.

[66] BULLINGER, Martín, *Derecho Público y Derecho Privado*, trad. del alemán, Madrid, 1976, ps. 13 y ss. La tesis de este autor – que reconoce la temporalidad y mutación histórica que caracteriza a la diferenciación en cualquier marco jurídico– procura el abandono de la visión dualista y su reemplazo por un Derecho común que supere la separación entre lo público y lo privado. Sin embargo, al mantener la especialidad de ciertas materias y sus correspondientes reglas o instituciones específicas, es evidente que la teoría expuesta por BULLINGER no borra la dicotomía, sino que al crear un Derecho común (por la selección de principios y normas aplicables a todas las relaciones jurídicas sin distinción) transforma las autonomías que poseen ambas categorías del Derecho, en ramas subordinadas a ese Derecho común.

algunos sistemas existen grandes coincidencias, sobre todo entre los ordenamientos que han recogido, en mayor o menor medida, el modelo del Derecho Administrativo francés.

Sin embargo, la evolución comparatista revela el desarrollo de una compleja trama de relaciones entre lo público y lo privado caracterizadas por la interpolación que, sucesivamente, se ha ido operando entre ambas ramas del Derecho.

Las transformaciones económicas y sociales, el cambio tecnológico y la defensa del mercado (subsidiariedad) han desplazado la influencia de concepciones ideológicas en un acelerado proceso que ha pasado por diferentes etapas. Así, de una huida inicial del Derecho Administrativo (coincidente con el fin del ciclo del Estado benefactor) se pasó a una extensión de su contenido a través de un proceso de interpolación entre lo público y lo privado.

Esta interpolación no implica, necesariamente, unificar los derechos – como ocurre actualmente en Europa– sino sentar una serie de reglas comunes aplicables en el marco del derecho comunitario que, como es sabido, se proyecta al derecho interno de cada Estado, tal como se verá al abordar el tema de las fuentes. Tal es lo que ha ocurrido en el derecho comunitario europeo en el que se han generalizado los sistemas de selección y adjudicación de contratistas a procedimientos contractuales que deben observar, preceptivamente, empresas privadas, antes regidas, en toda su plenitud, por la regla de la autonomía de la voluntad.

Al propio tiempo que se generaliza la posibilidad de una aplicación analógica del Derecho Privado a relaciones en que es parte el Estado y se unifica el derecho comunitario europeo en muchas materias bajo la recíproca influencia de instituciones públicas y privadas, lo notable es que, en el Derecho anglosajón, tanto en Inglaterra[67] como en Estados Unidos de Norteamérica, la tendencia se orienta hacia el crecimiento de derechos distintos del *common law* tradicional (llamado en Estados Unidos derecho estatutario)[68] y hasta se menciona el abandono de la antigua concepción de Dicey[69] comenzando a desarrollarse concepciones que son propias del Derecho Público[70], aceptando finalmente, el control de los hechos determinantes de la actividad administrativa[71], si bien en forma mucho más limitada que en el derecho continental europeo.

No es del caso, entonces, proponer generalizaciones en nuestro Derecho que en el Derecho Comparado están siendo objeto de una profunda transformación y dar recetas equivocadas o mal fundadas, como los que pretenden que el Derecho Administrativo debe seguir el modelo estadounidense, cuando, como se verá más adelante, nuestra Constitución reconoce su origen en diversas fuentes, incluso vernáculas,

---

[67] Véase, BELL, John, "Droit Public et Droit Privé: une nouvelle distinction en Droit anglais", en *Revue Francaise de Droit Administratif*, nro. 1 (3), Dalloz, París, 1985, ps. 400/409.

[68] GONZÁLEZ GARCÍA, Julio V., *El alcance del control judicial de las Administraciones Públicas en los Estados Unidos de América*, McGraw-Hill, Madrid, 1996, p. 21.

[69] *Cfr.* BELL, John, "Droit Public et Droit Privé: une nouvelle distinction en Droit anglais", *cit.*, p. 409.

[70] Ver CASSESE, Sabino, *Trattato di Diritto Amministrativo*, t. I, Giuffrè, Milán, 2000, ps. 55 y ss., esp. ps. 38/44.

[71] GONZÁLEZ GARCÍA, Julio V., *El alcance del control judicial...*, *cit.*, ps. 29 y ss.

tal como lo demostró en su momento el propio Alberdi, cuyas opiniones no se pueden soslayar en la materia con argumentos que, en el mejor de los supuestos, son puramente retóricos.

9. LA JUSTICIA COMO FIN DEL ESTADO. LAS FORMAS DE JUSTICIA: JUSTICIA LEGAL O GENERAL Y JUSTICIA PARTICULAR (DISTRIBUTIVA Y CONMUTATIVA). LA JUSTICIA SOCIAL

El fin del Estado consiste, en definitiva, en la realización de la justicia, cuyo sentido se halla universalmente admitido en todos los pueblos, pese a las dificultades que el positivismo ha tenido para interpretar sus fundamentos racionales en el derecho natural.

La justicia – que constituye siempre una virtud superior– ha sido definida (sin variar fundamentalmente las clásicas concepciones de Ulpiano y de Aristóteles) como "el hábito según el cual uno, con constante y perpetua voluntad, da a cada cual su derecho"[72].

Aunque muchos han criticado esta formulación sobre el objeto de la justicia, atribuyéndole un sentido exageradamente individualista, propio del Derecho Romano, lo cierto es que la noción resulta lo suficientemente amplia como para incluir en ella las distintas formas o especies de justicia, entendiendo dentro de "lo suyo" no sólo el sentido material de las cosas objeto de la posesión en la relación entre particulares, sino también lo debido a la propia sociedad o a los individuos como partes del todo social[73].

La división de la justicia en distintas especies encuentra su origen en Aristóteles y aparece luego adoptada con algunas variantes en la Escolástica. La justicia legal o general es la que considera las relaciones que se fundan en lo debido a la comunidad por los individuos que la componen, ordenando todas las demás virtudes al bien general. Se parte del principio que reconoce que "la parte, en cuanto tal, es algo del todo, donde todo el bien de la parte es ordenable al todo" (Santo Tomás). De ello se sigue que la materia común de esta clase de justicia es la esfera de actuación de las demás virtudes, pues todos los actos del hombre deben orientarse al bien común, "al menos de una manera negativa y mediata"[74]. Pero, existe al lado de esa materia común una materia propia y específica de la justicia legal o general, de la que son ejemplo las normas que gravan con impuestos y toda clase de aportaciones personales o económicas debidas al Estado[75].

Se desprende de esta doctrina que el bien del individuo debe subordinarse al bien de la comunidad "porque no hay plenitud fuera de la sociedad, y la condición

---

[72] TOMÁS DE AQUINO, *Suma Teológica*, t. VII, Biblioteca de Autores Cristianos, Madrid, 1956, p. 271 (2.2 q. 58 a. 1.).

[73] URDANOZ, Teófilo, en la *Introducción a la Cuestión 58 de la Suma Teológica, cit.*, t. VII, p. 247.

[74] URDANOZ, Teófilo, *Introducción a la Cuestión 58 de la Suma Teológica, cit.*, t. VII, p. 264.

[75] Véase: el fallo de la Corte Suprema de Justicia de la Nación en la causa "SPOTA, Alberto A.", Fallos, 300:836 (1978).

primordial de la existencia de la sociedad es la primacía del bien común. Se trata de la relación de reciprocidad entre lo individual y lo social"[76].

Ahora bien: el contenido de la justicia legal o general versa no sólo sobre los deberes establecidos por las normas del llamado Derecho Positivo, sino también sobre aquellos que se deben a la comunidad por derecho natural, lo cual no equivale a reconocimiento de dos especies distintas: se trata siempre de una sola justicia.

Subordinada a la justicia legal o general se encuentra la justicia particular, cuyas especies son las llamadas justicias conmutativa y distributiva. Al explicar estas formas de la justicia Santo Tomás expresa que "la justicia particular se ordena, a una persona privada, que respecto a la comunidad es como la parte del todo. Ahora bien, toda parte puede ser considerada en un doble aspecto: en la relación de parte a parte, al que corresponde en la vida social el orden de una persona privada a otra, y este orden es dirigido por la justicia conmutativa, consistente en los cambios que mutuamente se realizan entre dos personas. Otro es el del todo respecto a las partes, y a esta relación se asemeja el orden existente entre la comunidad y cada una de las personas individuales; este orden es dirigido por la justicia distributiva, que reparte proporcionalmente los bienes comunes"[77].

Interesa señalar que, en ambos casos, el derecho que es objeto de la justicia particular (conmutativa y distributiva) es derecho individual, si bien en la justicia conmutativa la igualdad se establece de objeto a objeto (salvo que la condición personal sea causa de reales distinciones) mientras que en la justicia distributiva la igualdad que se realiza es proporcional a la condición de la persona y a las exigencias del medio social [78]. En cuanto al reparto que se opera en la justicia distributiva hay que tener presente que la medida de esas condiciones debe guardar proporción con la calidad, la aptitud o la función de cada uno de los miembros del cuerpo social[79].

¿Qué es la justicia social? Esta expresión que resulta frecuentemente utilizada en diversas partes de la Encíclica *Quadragesimo anno* aparece identificada siempre

---

[76] CASARES, Tomás D., *La Justicia y el Derecho*, *cit.*, p. 65, puntualiza: "Para nuestra plenitud personal es necesaria la vida en sociedad y cuanto más perfecta sea la vida social, mayores posibilidades de plenitud o perfección personal existirán para cuantos integran la comunidad. Y la medida de la perfección social la dará desde un cierto punto de vista nuestra perfección personal. Se desnaturaliza este movimiento circular del bien común y del bien individual sustituyendo la perfección personal por la libertad individual, con lo cual se desarticulan a un tiempo la persona y la sociedad, porque la libertad no es nunca un fin sino sólo un medio; o atribuyendo toda la virtud a la acción de la comunidad por el órgano de gobierno".

[77] *Cfr. Suma Teológica*, t. VII, Biblioteca de Autores Cristianos, ps. 350/351 (2.2. q. 61 a. 1). Véase especialmente PIEPER, Josef, *Justicia y fortaleza*, *cit.*, ps. 78 y ss. y los fallos de la Corte Suprema, "VALDEZ, José Raquel c/ Nación", Fallos, 295:937 (1976) y "Vieytes de Fernández, Juana suc. c/ Prov. de Buenos Aires", Fallos, 295:973 (1976) sobre justicia conmutativa. Ver, también, para un ejemplo de justicia distributiva en las relaciones privadas, "SA Barbarella CIFI", Fallos, 300:1087 (1978).

[78] PIEPER, Josef, *Justicia y fortaleza, cit.*, ps. 111/112.

[79] "De ahí que en la justicia distributiva la comunidad deba a la persona en proporción a lo que merece − criterio moral− y en atención al beneficio que la distribución procura a la comunidad perfeccionando su estructura. A una persona puede deberle la comunidad una jerarquía del punto de vista moral, y sin embargo, no le deberá mando, porque puede no tener aptitud para ejercerlo" (*Cfr.* CASARES, Tomás D., *La Justicia y el Derecho, cit.*, ps. 63/64).

con las exigencias del bien común[80]. Por eso, la doctrina no la considera tanto como equivalente de la justicia legal o general, sino que explica su configuración como la forma que une y fusiona las dos especies de justicia relacionadas con la administración del bien común[81] en un plano opuesto a la justicia estrictamente interindividual (justicia conmutativa).

El equilibrio de la doctrina sobre la justicia descansa en la subordinación de lo político, social, económico y jurídico a la moral y, en definitiva, en la perfección del hombre, sin la cual no pueden existir ni imponerse el orden y la paz, por la sencilla razón de que la comunidad no puede proporcionar lo que las partes integrantes no hubieran puesto en ella[82].

Seguimos pensando que el desarrollo actual de los Derechos Público y Privado no admite en absoluto la identificación del Derecho Público con la justicia legal y distributiva, ni del Derecho Privado con la justicia conmutativa[83].

Los numerosos ejemplos que ofrece la realidad actual del mundo jurídico confirman la conclusión que acabamos de sustentar, ya que puede advertirse que mientras el Derecho Privado incorpora normas y se ocupa de relaciones fundadas en la justicia distributiva (v.gr., en materia laboral y derecho de las asociaciones), el Estado acude, en el ámbito del Derecho Público, a la concertación de acuerdos con los particulares, cuyas prestaciones se determinan, equilibradamente, por un acto conmutativo, donde el débito y el crédito tienen una directa relación entre sí en función de la cosa debida y no de la persona o exigencia sociales (v.gr., el contrato de suministro)[84].

---

[80]   *Quadragesimo Anno*, p. II (57-58), Biblioteca de Autores Cristianos, Madrid, 1973, p. II (57-58), ps. 85/86.

[81]   URDANOZ, Teófilo, *Introducción a la Cuestión 58 de la Suma Teológica, cit.*, ps. 262 y 268.

[82]   CASARES, Tomás D., *La Justicia y el Derecho, cit.*, p. 66.

[83]   La conclusión que sostenemos en el texto se ajusta plenamente a la doctrina tomista sobre la justicia (*cit.*, t. VII, p. 351 [2.2. q. 61 a. 1] y ps. 360/361 [2.2. q. 61 a. 4]), y, en esta parte, se hace referencia a una relación de servicio hacia la comunidad regida por la justicia conmutativa. Esta postura, que expusimos a partir de 1980 en las diferentes ediciones de esta obra, ha sido sostenida también por URRUTIGOITY, Javier, "El derecho subjetivo y la legitimación procesal administrativa", en SARMIENTO GARCÍA, Jorge H. (dir.), *Estudios de Derecho Administrativo*, Depalma, Buenos Aires, 1995, ps. 219 y ss., esp. ps. 287/288.

[84]   En contra: BARRA, Rodolfo C., *Principios de Derecho Administrativo*, Ábaco, Buenos Aires, 1980, ps. 89 y ss. Según este autor "no es circunstancial definir la relación jurídica determinada como regida por la justicia distributiva o bien por la conmutativa. Éste es un criterio objetivo que se independiza de las circunstancias históricas en cuanto fundamento directo de la distinción...". Estamos de acuerdo con esta afirmación de Barra, y pensamos que ella no se contrapone a nuestra postura. En efecto, es evidente que las circunstancias históricas no son fuente de la distinción entre la justicia distributiva y la conmutativa, que obedece a su relación entre el bien común (en forma inmediata o mediata) y el bien individual y a la forma en que se establece la igualdad (en relación con la cosa o con la persona o medio social). Pero esas circunstancias históricas son, sin embargo, el fundamento real de la distinción entre Derecho Público y Derecho Privado, una prueba de lo cual la ofrece el Derecho Comparado (del mundo occidental) donde no reina uniformidad respecto de la ubicación de importantes instituciones. La conclusión formulada por Barra es una consecuencia forzosa de la identifi-

De otra parte, el Estado suele no tener muchas veces la administración del bien común en un sentido exclusivo e inmediato, ya que éste puede realizarse por las llamadas asociaciones intermedias, las cuales pueden configurarse – en el plano jurídico– como personas públicas no estatales o como personas jurídicas privadas[85]. Corresponde señalar, por último, que en el marco de las transformaciones que se vienen operando en el mundo tras la caída del socialismo, Juan Pablo II, al promulgar la Encíclica *Centesimus Annus* destacó la positividad del mercado y de la empresa, siempre que estén orientados a la realización del bien común[86].

10. HACIA UN NUEVO MODELO DE ESTADO: EL "ESTADO SUBSIDIARIO"

La quiebra del modelo que caracterizó al denominado *Estado benefactor* está a la vista de todos. La sociedad ya no acepta que el Estado intervenga activa y directamente en el campo económico-social asumiendo actividades que corresponde realizar a los particulares *iure proprio*. El pretexto de la soberanía, la defensa nacional, la justicia social o la independencia económica, no sirven más como títulos que legitiman la injerencia estatal en las actividades industriales o comerciales, y, aun, en los servicios públicos que pueden ser prestados por particulares.

La sociedad de este tiempo histórico, que cuenta con una masiva información, ha sabido descorrer de pronto el velo que cubría a los verdaderos responsables de las crisis, y ya no admite la presencia de esos falsos gerentes del bien común que persiguen beneficios personales o de grupo mientras crece el déficit y la ineficiencia.

Los reclamos que pujan por una mayor libertad económica, susceptibles de permitir el desarrollo espontáneo de la iniciativa privada, son canalizados en las políticas oficiales de los gobiernos a través de diferentes medidas como las desregulaciones y la eliminación de privilegios y monopolios.

Paralelamente, se desencadena un proceso de transferencia de empresas y bienes del Estado hacia los particulares, privatizándose importantes sectores de la actividad estatal, inclusive aquellas prestaciones que se engloban bajo la figura del servicio público, lo cual acentúa la colaboración de los administrados en la gestión pública, que no pierde este carácter por el hecho de ser gestionada por personas privadas.

Corresponde advertir, sin embargo, que aun con ser profundos y radicales los cambios descriptos, ellos no implican la eliminación de ciertas funciones que cumplía el *Estado de bienestar*, ni tampoco un retorno a la época dorada y romántica del Estado liberal del siglo XIX. Es, quizás, la síntesis de ambos o, mejor aún, un nuevo modelo de Estado donde la realidad predomina sobre la ideología. En definitiva, es un modelo tan distinto y opuesto a los anteriores como éstos lo fueron entre sí.

---

cación que postula entre Derecho Público y justicia distributiva y entre Derecho Privado y justicia conmutativa.

[85] PIEPER, Josef, *Justicia y fortaleza*, cit., p. 115. Santo Tomás no acoge la clásica división entre Derecho Público y Privado esbozada por Aristóteles y recogida por Ulpiano (*Suma Teológica*, cit., t. VIII, p. 227, en la *Introducción a la Cuestión 57*, que efectúa Urdanoz).

[86] *Cfr. Centesimus Annus*, cap. V, punto 43.

Sus rasgos predominantes lo tipifican como una organización binaria que se integra con una unidad de superior jerarquía que ejerce las funciones indelegables (justicia, defensa, seguridad, relaciones exteriores, legislación) pertenecientes al Estado como comunidad perfecta y soberana, unidad que se completa al propio tiempo con otra, mediante funciones desarrolladas por un conjunto de organizaciones menores que cumplen una misión supletoria de la actividad privada (educación, salud, servicios públicos). En ese contexto se canaliza la realización del bien común, con predominio del Derecho Público en las estructuras y procedimientos de las funciones indelegables, y con recurrencia a formas privadas o mixtas para la actividad supletoria, conforme al objeto perseguido en cada caso (si la actividad es industrial o comercial la actuación de la empresa aparece regulada por el Derecho Privado).

Hay que advertir que este *Estado subsidiario*, al haber nacido en el marco de un proceso de transformación de las estructuras socio-económicas y jurídicas existentes, no implica una ruptura total con los modelos anteriores. Así, se produce el abandono por parte del Estado de aquellos ámbitos reservados a la iniciativa privada, en forma gradual o acelerada (según las circunstancias nacionales), con lo que mientras se aumenta el grado de participación de los particulares en la economía, se dictan las normas requeridas para desregular y desmonopolizar actividades, eliminando los privilegios existentes que traban el libre ejercicio de las diferentes actividades humanas, sean éstas de naturaleza individual o colectiva. En el campo económico se observa un mayor énfasis aún en la legislación, con el propósito declarado de asegurar el funcionamiento libre de los mercados, al tiempo que se potencia la potestad interventora para corregir los abusos y las prácticas monopólicas.

Pero el Estado no puede renunciar a su función supletoria, exclusiva o concurrente con la actuación privada, en materia de previsión social, salud, educación, etcétera, cuando estas actividades no resultan cubiertas suficientemente por los particulares. Se opera de este modo la separación entre la titularidad de la regulación de los servicios públicos – cuya potestad indelegable es retenida por el Estado– y la gestión privada a través de las distintas figuras concesionales. En este último sentido, interesa recalcar, frente a las confusiones en que alguna doctrina incurre y los consecuentes excesos interpretativos (bien para negar la noción de servicio público o para llevarla a un grado superlativo en punto a las prerrogativas del poder público, v.gr., el rescate de la concesión) que dicha titularidad estatal no implica asumir la posición de dueño del servicio público sino que se encuentra acotada a la potestad regulatoria que surge del ordenamiento. A su vez, en el marco de la gestión privada, cualquiera fuera la figura jurídica al uso, los portadores son titulares de los bienes afectados al servicio público o, al menos, administradores de los bienes que el Estado les facilite o provee para el cumplimiento de las prestaciones.

A su turno, han aparecido movimientos y tendencias hacia la descentralización y la autonomía, cuya fuerza centrífuga es necesario canalizar para que las mutaciones del proceso transformador no ocasionen el desequilibrio del conjunto y la paralización de ciertos sectores a expensas de otros.

11. EL PRINCIPIO DE SUBSIDIARIEDAD

Casi no se discute ya – por su evidencia– que el principio rector que justifica la intromisión del Estado en el plano económico y social es el de la subsidiariedad[87].

Este principio, propio del derecho natural, se encuentra a la cabeza de las reformas y transformaciones que se están operando en gran parte del mundo.

Algunos piensan que sería preferible ir hacia un Estado débil o mínimo. Sin embargo, la realidad indica la necesidad de reafirmar la autoridad del Estado en sus funciones soberanas y la eficiencia de las actividades supletorias que lleve a cabo. Al contrario de lo que pueda suponerse, el Estado no saldrá más débil de este proceso sino más fuerte, pues su grandeza descansa más en el cumplimiento de su finalidad esencial que en su tamaño o dimensión.

A su vez, la mutación que se opera en los fines que persigue el Estado genera una consecuencia fundamental en la distribución del poder económico y social, que se transfiere a las personas privadas, generalmente organizadas bajo formas asociativas o societarias. En efecto, se advierte ahora que la titularidad estatal de dicho poder no es más que una de las formas en que los políticos y burócratas de turno mantienen o disfrazan la hegemonía sobre la sociedad y una de las fuentes más comunes de los abusos y de las arbitrariedades que provoca la acción interventora del Estado[88]. El *Estado subsidiario* es, esencialmente, un *Estado de justicia*.

---

[87]   Véase: BARRA, Rodolfo C., *Principios de Derecho Administrativo*, cit., ps. 35 y ss.; CASSAGNE, Juan Carlos, *Derecho Administrativo*, 5ª ed., t. I, Abeledo-Perrot, Buenos Aires, 1996, p. 101; MESSNER, Johannes, *Ética social, política y económica a la luz del derecho natural*, Rialp, Madrid, 1967, p. 336, lo concibe como un principio jurídico básico del derecho natural; ver también: SOTO KLOSS, Eduardo, "Consideraciones sobre los fundamentos del principio de subsidiariedad (una aproximación)", *Revista de Derecho Público*, nros. 39/40, Santiago de Chile, ps. 32 y ss.; MASSINI, Carlos I., "Acerca del fundamento del principio de subsidiariedad", en *Revista de Derecho Público*, nros. 39/40, *cit.*, ps. 51 y ss.; SAGÜÉS, Néstor P., *Principio de subsidiariedad y principio de antisubsidiariedad*, *Revista de Derecho Público*, nros. 39-40, Santiago de Chile, ps. 59 y ss. El principio de subsidiariedad que – en su faz pasiva– veda al Estado hacer todo lo que los particulares puedan realizar con su propia iniciativa o industria y que, consecuentemente, también obsta a que el Estado, como comunidad de superior jerarquía, lleve a cabo actividades que puedan cumplir las comunidades menores (provincias) o los llamados cuerpos intermedios, encuentra adecuado sustento en la Constitución Nacional. En efecto, ésta concibe los derechos de ejercer industria o comercio, de enseñar y aprender, entre otros, como derechos a favor de los particulares y no del Estado (art. 14, CN), el que se encuentra limitado por el principio de legalidad (art. 19) y de razonabilidad (art. 28). Sobre la faz activa del principio de la subsidiariedad (que lleva al Estado a intervenir en caso de insuficiencia o falta de iniciativa privada), la Constitución Nacional carece de prescripciones específicas, si bien podría interpretarse que la cláusula de progreso (art. 75, inc. 18) y el ejercicio de los llamados poderes resultantes o inherentes del órgano legislativo podrían llegar a fundar la injerencia estatal. Pero ello sólo sería posible en caso de insuficiencia de la iniciativa privada y nunca para justificar una intervención estatal progresiva, como ha acontecido entre nosotros. Estos claros preceptos constitucionales no han impedido, sin embargo, el desborde del Estado, al exceder sus funciones básicas y asumir el ejercicio monopólico de actividades industriales o comerciales o la prestación exclusiva de servicios públicos.

[88]   El Partido Social Demócrata alemán ha sido una de las primeras fuerzas políticas europeas de esa tendencia que advirtieron que la estatización había originado la acumulación de un in-

En este sentido, la fórmula *Estado de justicia*, acuñada originariamente por Del Vecchio[89], refleja una concepción superadora, tanto del *Estado de Derecho* como del modelo que le sucedió: el *Estado social de Derecho*[90]. Esta superación se explica porque si bien se mantienen determinados postulados fundamentales del *Estado de Derecho* (independencia del Poder Judicial, sometimiento de la Administración a la ley y régimen garantístico de las libertades y demás derechos personales), se equilibra el abstencionismo estricto que propició su versión más liberal imperante en el siglo XIX con un limitado y razonable intervencionismo que restituye la plenitud del derecho natural, a través del imperio del principio de la subsidiariedad que, en algunas partes, alcanza rango positivo. De este modo, el Estado – más que sometido al Derecho (en el sentido de sometimiento a la ley)– se encuentra vinculado a la justicia, en sus diferentes especies, sin poner exclusivamente el acento en la justicia distributiva (como aconteció durante la etapa del llamado *Estado de bienestar* o *Estado social*) y asignándole una mayor potencialidad y trascendencia al cumplimiento efectivo de las funciones estatales básicas.

En síntesis, si el bien común que constituye el fin o causa final del Estado posee naturaleza subsidiaria[91] y se encuentra subordinado al mantenimiento y al desarrollo de la dignidad de las personas que forman parte de la sociedad civil, el Estado no puede absorber y acaparar todas las iniciativas individuales y colectivas que se generan en el seno de aquélla. En otros términos, la subsidiariedad es una obligada consecuencia de la propia naturaleza de la finalidad que el Estado persigue y el presupuesto indispensable para el ejercicio de las libertades del hombre[92].

12. LOS PRINCIPIOS QUE NUTREN AL "ESTADO SOCIAL DE DERECHO"

Ahora bien, algunos podrán suponer que este modelo de *Estado subsidiario* no es más que el *Estado social de Derecho* con alguna que otra innovación, fundamentalmente en lo que atañe a la intervención del Estado en la economía. Esta interpretación es posible, en algunos casos, debido a la ambigüedad de la noción y al hecho de tratarse de conceptos análogos (en el sentido de que aun siendo diferentes no son necesariamente opuestos). En efecto, la ambigüedad de la noción ha sido tan grande

---

menso poder económico en cabeza de una burocracia incontrolada; véase: según apunta ENTRENA CUESTA, Rafael, en el libro dirigido por GARRIDO FALLA, Fernando, *El modelo económico en la Constitución española*, Instituto de Estudios Económicos, Madrid, 1981, p. 154.

[89] Ver al respecto: GOLDSCHMIDT, Werner, *Introducción al Derecho*, 3ª ed., Depalma, Buenos Aires, 1967, p. 409.

[90] Véase: PAREJO ALFONSO, Luciano, *Estado social y Administración Pública. Los postulados constitucionales de la reforma administrativa*, 1ª ed., Civitas, Madrid, 1983, ps. 29 y ss., quien apunta que el origen del Estado social de Derecho se encuentra en el pensamiento de Heller (p. 30).

[91] BARRA, Rodolfo C., *Principios de Derecho Administrativo*, cit., p. 43; MESSNER, Johannes, *Ética social, política y económica...*, cit., p. 332.

[92] *Cfr.* MESSNER, Johannes, *Ética social, política y económica...*, cit., p. 367.

que ha permitido interpretar desde su compatibilidad con el Estado de Derecho[93] – y la subsistencia consecuente de los derechos fundamentales de las personas– hasta su tensión máxima o, simplemente, la absorción de la sociedad por el Estado, a raíz del nuevo papel que asume éste como configurador del orden social[94].

Pero el verdadero marco ideológico que nutre al llamado *Estado social de Derecho* es este último. En él los derechos personales no preexisten sino que nacen de la ley, por lo tanto, el derecho de propiedad no se reconoce como un derecho natural ni fundamental; los derechos individuales sólo tienen reconocimiento y adquieren vigencia efectiva por su vinculación social; no se limita la intervención del Estado en el plano económico ni tampoco el alcance de las políticas que el Estado diseña para configurar un orden social en el que el objetivo declarado es la pretensión de alcanzar la máxima igualdad entre los hombres, aun a costa de las libertades individuales. En vez de tanta libertad como sea posible, el axioma llegó a invertirse sustituyéndose el papel central que en el sistema del *Estado de Derecho* desempeñaba la libertad por una igualdad diseñada por el poder público.

13. EL MANTENIMIENTO DEL DUALISMO "SOCIEDAD-ESTADO"

La lucha entre las distintas fuerzas que componen la sociedad y el Estado no constituye un nuevo fenómeno socio-político, y la historia del mundo demuestra la ocurrencia de esta confrontación en diferentes épocas de la humanidad.

Lo novedoso es que, por primera vez, el poder estatal se infiltró en el siglo XX de ideologías que pretendieron, como objetivo fundamental, la absorción de la sociedad por el Estado, intento éste que no había sido preconizado antes, al menos en esa escala, ni siquiera por el absolutismo. Todo ello condujo a un mayor y acentuado intervencionismo estatal.

Resulta necesario recordar que el principio que reconoce y propugna la subsistencia del dualismo "sociedad-Estado" representa uno de los principios jurídico-sociales de mayor relevancia del derecho natural cristiano, el cual, según Messner, permite resaltar un conjunto de consecuencias que combinan una serie de principios sociales y derechos de las personas, a saber: 1) la existencia de derechos originarios propios en cabeza de los individuos y de las sociedades menores o cuerpos sociales intermedios; 2) tales derechos encuentran su fundamento en el orden moral y, como son imprescindibles y necesarios para la propia dignidad humana, resultan inviolables e irrenunciables; 3) al ser tan originarios como los derechos del Estado no derivan del derecho estatal positivo, siendo una de las principales misiones del Estado reconocer su existencia y fomentar su desenvolvimiento por parte de los individuos y de las comunidades menores; y 4) sin perjuicio de la competencia del Estado para definir en su ordenamiento la recíproca correlación de las potestades sociales, éste carece de aptitud jurídica y moral para intervenir en la esfera de actuación que es privativa de la sociedad[95].

---

[93] Véase: GARCÍA PELAYO, Manuel, *Las transformaciones del Estado contemporáneo*, Alianza Editorial, Madrid, 1977, ps. 15 y ss.

[94] PAREJO ALFONSO, Luciano, *Estado social y Administración Pública...*, *cit.*, p. 82.

[95] *Cfr.* MESSNER, Johannes, *Ética social, política y económica...*, *cit.*, ps. 346/347.

Sin embargo, el fracaso generalizado de las concepciones ideológicas que procuraron la absorción de la sociedad por el Estado ha hecho que las fuerzas de aquélla hayan resurgido con una mayor fortaleza que antes, como se observa en los diferentes movimientos políticos producidos en Europa Oriental. Por lo demás, esa pretensión de diluir la sociedad en el Estado contiene una buena dosis totalitaria en cuanto elimina la espontaneidad[96], que es la base indispensable para el desarrollo de la iniciativa privada, dejando exclusivamente a cargo del Estado la configuración del orden social mediante la inversión del principio de subsidiariedad.

---

[96]   En este sentido, desde el campo doctrinario del neoliberalismo económico, HAYEK ha señalado que "la primera obligación de la gestión pública no es la de asegurar la satisfacción de las necesidades humanas sino la de mantener un orden espontáneo que permita a los individuos desarrollar tal tipo de actividades según fórmulas desconocidas por la autoridad" (*Cfr.* HAYEK, Friedrich A. von, *Derecho, legislación y libertad*, trad. española, t. II, Madrid, 1978-1979, ps. 63 y ss.).

CAPÍTULO II

LAS FUNCIONES ESTATALES

1. LAS FUNCIONES DEL ESTADO Y LA DOCTRINA DE LA SEPARACIÓN DE LOS PODERES: SU SIGNIFICADO ACTUAL

La concepción doctrinal de la separación de los poderes reconoce, en general, su origen en Francia, a raíz de la aparición de la obra de Montesquieu titulada *El espíritu de las leyes*, que fue publicada en el año 1748, aun cuando existen antecedentes que ubican su origen en la Antigüedad (Aristóteles), siendo además, innegable la influencia de Locke[97].

La teoría constituye un alegato contra la concentración del poder en favor de los derechos individuales, hallándose orientada, fundamentalmente, a la separación entre los órganos Ejecutivo y Legislativo[98]. Parte del reconocimiento de que todo órgano que ejerce poder tiende naturalmente a abusar de él, por lo cual se hace necesario instaurar un sistema de frenos y contrapesos sobre la base de la asignación de porciones de poder estatal (que siempre es único) a diferentes órganos (Ejecutivo, Legislativo y Judicial)[99], suponiendo que el equilibrio resultante entre fuerzas antitéticas debe asegurar naturalmente la libertad del hombre.

Su formulación ha sido objeto de diferentes aplicaciones; mientras en Inglaterra ella se interpretó en el sentido de reservar el juzgamiento de los actos del Ejecutivo a los órganos judiciales, en Francia se sostuvo, desde los comienzos de la Revolución de 1789, que esa función correspondía a la Administración y, luego, a tribunales administrativos.

Se ha dicho que esta doctrina procura la adjudicación de cada una de las funciones del Estado a órganos distintos y separados dotándolos de independencia orgánica[100], pero lo cierto es que la separación de las funciones (desde un punto de

---

[97] Quien, a su vez, se inspiró en autores de raíz tomista y neoescolástica como Suárez, véase el lúcido estudio realizado al respecto por RODRÍGUEZ VARELA, Alberto, "La neoescolástica y las raíces del constitucionalismo", separata de la Academia Nacional de Ciencias Morales y Políticas de Buenos Aires, Buenos Aires, 2005, ps. 229 y ss.

[98] La interpretación del texto también resulta adecuada para explicar la aplicación que de ella se realiza en Francia respecto de la función de juzgar a la Administración, la cual se atribuye a órganos especializados pertenecientes a esta última.

[99] BOSCH, Jorge T., *¿Tribunales judiciales o tribunales administrativos para juzgar a la Administración Pública?*, Zavalía, Buenos Aires, 1951, ps. 37 y ss.

[100] XIFRA HERAS, Jorge, *Formas y fuerzas políticas*, Bosch, Barcelona, 1958, p. 238; sin embargo, Montesquieu no realizó una distinción absoluta de funciones entre órganos diferentes (*Cfr.* CARRÉ DE MALBERG, Raymond, *Teoría general del Estado*, FCE, México, 1948, ps. 742/743).

vista básicamente material) ni siquiera existe en aquellos países que han pretendido aplicar la concepción del modo más estricto, como Inglaterra[101].

Si se parte de la unidad del poder del Estado puede aceptarse sólo una distribución de funciones en órganos diferentes pero nunca una separación que opere, con límites precisos y definitivos, una delimitación absoluta de las funciones[102].

¿Qué ocurre en la realidad? ¿Cuál es el sentido actual de la teoría? Aparte de la función gubernativa (que reviste un carácter superior y excepcional), las funciones del Estado pueden clasificarse desde un punto de vista material en: administrativa (actividad permanente, concreta, práctica e inmediata); legislativa (actividad que consiste en el dictado de normas generales obligatorias) y jurisdiccional (actividad que se traduce en la decisión de controversias con fuerza de verdad legal). Las tres funciones deben perseguir, primordialmente, en su orientación teleológica, la realización del bien común, ya sea en forma inmediata o mediata.

En el orden de la realidad lo que acontece es que cada uno de los órganos entre los que se distribuye el poder estatal tiene asignada, como competencia predominante, una de las funciones señaladas sin que ello obste a la acumulación (en forma entremezclada) de funciones materialmente distintas (*v.gr.*, el órgano Ejecutivo acumula a la actividad administrativa en sentido material, la actividad reglamentaria, que materialmente es legislativa)[103].

El valor de la tesis de Montesquieu consiste fundamentalmente en los principios de coordinación, equilibrio y especialización que la nutren. Por lo tanto, sin apartarse del objetivo esencial de la concepción (que es evitar la concentración indebida de poder en un solo órgano), ella puede ajustarse a las exigencias históricas graduando la competencia asignada a cada órgano en función de los requerimientos de colaboración, control y especialización funcional.

Se quiebra, en consecuencia, el principio divisorio, entendido a la manera clásica, a raíz de que no pueden ya identificarse de una manera estricta los aspectos sustancial, orgánico y formal de los actos estatales[104].

---

[101]   Como apunta CARRÉ DE MALBERG, la competencia de los órganos no puede coincidir con la distribución de las funciones, pues ella no se adapta a la realidad compleja de los hechos que condicionan la vida del Estado (CARRÉ DE MALBERG, Raymond, *Teoría general del Estado*, cit., p. 768). Respecto del Derecho Administrativo inglés y de la admisión de Tribunales Administrativos puede verse: WADE, William - FORSYTH, Christopher, *Administrative Law*, 8ª ed., Oxford University Press, Londres, 2000, ps. 884 y ss.

[102]   CASSAGNE, Juan Carlos, *El acto administrativo*, 1ª ed., Abeledo-Perrot, Buenos Aires, 1974, p. 76.

[103]   Acoge un criterio similar, aunque con otra terminología, LUQUI, Roberto E., "Algunas consideraciones sobre el concepto de Administración Pública", LL 151-1080.

[104]   BIDART CAMPOS, Germán J., *Derecho constitucional*, t. I, Ediar, Buenos Aires, 1966, p. 705. Afirma LOEWENSTEIN que lo que en forma corriente "aunque erróneamente, se suele designar como la separación de los poderes estatales, es, en realidad, la distribución de determinadas funciones estatales a diferentes órganos del Estado" (*Cfr.* LOEWENSTEIN, Karl, *Teoría de la Constitución*, trad. del alemán, 2ª ed., Ariel, Barcelona, 1979, p. 55).

2. LA FUNCIÓN ADMINISTRATIVA: DISTINTAS CONCEPCIONES

La génesis de la Administración Pública contemporánea (en sentido estrictamente orgánico o subjetivo) encuentra su ubicación histórica en la época napoleónica donde se opera una mutación fundamental del papel y de la gravitación que hasta entonces había tenido el poder administrador: se produce a partir de ese instante el fenómeno de ampliación progresiva de sus competencias, el cual ha continuado desarrollándose en forma incesante hasta nuestros días. Se opera de esta suerte el abandono, por parte de la Administración, de la función abstracta de sostener la ley (Locke y Montesquieu) para convertirse en un complejo orgánico que cumple múltiples actividades[105].

Pero, aparte de la acepción estrictamente orgánica o subjetiva de la Administración Pública, como el complejo de órganos y sujetos encuadrados en el Poder Ejecutivo[106] que servirá para el estudio de la organización y del proceso histórico de ampliación de las competencias de los órganos y sujetos administrativos, cabe referirse a aquélla también con un alcance y sentido funcional.

Este concepto técnico de la función administrativa considerada como "actividad" resulta útil para diferenciarla de las restantes funciones del Estado y para caracterizar una de sus manifestaciones: el acto administrativo, sometido a un régimen de Derecho Público, exorbitante del Derecho Privado.

Sin desconocer la importancia de un análisis integral de las diferentes y variadas nociones que se han formulado históricamente sobre la Administración Pública[107] o sobre la función administrativa, examinaremos seguidamente las doctrinas que actualmente tratan de alcanzar el predominio en la materia y que giran alrededor del criterio de "actividad" a que antes hiciéramos referencia.

A. Concepciones subjetivas u orgánicas

Dentro de esta corriente se hallan las tendencias que consideran a la función administrativa como toda o la mayor parte de la actividad que realiza el Poder Ejecutivo y los órganos y sujetos que actúan en su esfera.

---

[105] Para GARCÍA DE ENTERRÍA, la Administración es un sujeto de actividades generales y particulares, de hecho y de derecho, formales y materiales, actividades que en su multiplicidad interfieren las propias actividades de los particulares, con los cuales son ordinariamente intercambiables (GARCÍA DE ENTERRÍA, Eduardo, *Revolución Francesa y administración contemporánea*, Taurus, Madrid, 1972, p. 96).

[106] GARCÍA TREVIJANO FOS, José A., *Tratado de Derecho Administrativo*, t. I, Revista de Derecho Privado, Madrid, 1964, p. 50; WALINE, Marcel, *Droit Administratif*, 9ª ed., Sirey, París, 1963, p. 4, quien define a la Administración como un conjunto de organismos que no tienen calidad de autoridad legislativa ni jurisdiccional.

[107] Véase al respecto: MARIENHOFF, Miguel S., *Tratado de Derecho Administrativo*, t. I, 5ª ed., Abeledo-Perrot, Buenos Aires, 1995, ps. 48 y ss.; VILLEGAS BASAVILBASO, Benjamín, *Derecho Administrativo*, t. I, TEA, Buenos Aires, 1949, ps. 2 y ss.; LUQUI, Roberto E., "Algunas consideraciones...", *cit.*, LL 151-1076 y ss.

Si bien hubo quienes en un principio sostuvieron que Administración era toda la actividad que desarrollaba el Poder Ejecutivo[108], la doctrina actualmente partidaria de la concepción subjetiva considera que aquélla constituye un sector o una zona de la actividad que despliega el Poder Ejecutivo[109]. En tal sentido, hay quienes incluyen dentro del concepto de Administración actividades que materialmente no son administrativas (actividad reglamentaria y actividad jurisdiccional), aun cuando reconocen, al propio tiempo, que la Administración no constituye la única actividad que ejerce el Poder Ejecutivo, pues también tiene atribuida la función de gobierno[110].

Se ha sostenido que el fenómeno de la personalidad jurídica del Estado sólo se da en la Administración Pública, que es como una constelación de entes personificados. Por consiguiente, esta categoría de persona jurídica separa y distingue a la Administración de otras actividades del Estado. Esta Administración Pública (persona jurídica) aparece regulada así por un derecho propio de naturaleza estatutaria: el Derecho Administrativo, que nace así para explicar las relaciones "de las singulares clases de sujetos que se agrupan bajo el nombre de Administraciones Públicas, aislándolos de la regulación propia de los Derechos Generales"[111]. Esta concepción, inspirada en las ideas de García de Enterría, que imperó durante muchos años en España, ha sido objeto de la crítica de un sector doctrinario importante que reconoce la entidad jurídica y lógica del criterio material para definir la función administrativa[112].

B. El criterio objetivo o material

Las concepciones que fundan la noción de función administrativa en el criterio material tienen en común el reconocimiento de las actividades materialmente admi-

---

[108]   Esta orientación se advierte en la doctrina española de fines del siglo XIX, SANTAMARÍA DE PAREDES, Vicente, *Curso de Derecho Administrativo*, 4ª ed., Establecimiento Tipográfico de Ricardo Fe, Madrid, 1890, ps. 36/37.

[109]   GARRIDO FALLA, Fernando, *Tratado de Derecho Administrativo*, t. I, 4ª ed., Instituto de Estudios Políticos, Madrid, 1966, p. 34, no obstante que califica a tal criterio como "objetivo", ENTRENA CUESTA, Rafael, *Curso de Derecho Administrativo*, Tecnos, Madrid, 1970, p. 25; DIEZ, Manuel M., *Derecho Administrativo*, t. I, Bibliográfica Omeba, Buenos Aires, 1963, ps. 99 y ss.

[110]   VEDEL, Georges, *Droit Administratif*, Presses Universitaires de France, París, 1961, p. 17. Esta tesis encuentra apoyo, actualmente, en el art. 99, inc. 1°, CN (reformada en 1994).

[111]   GARCÍA DE ENTERRÍA, Eduardo, "Verso un concetto di Diritto Amministrativo como diritto statutario", *Riv. Trimestrale di Diritto Pubblico*, nro. 2/3, 1960, ps. 330/333 (*cit.* por BOQUERA OLIVER, José M., *Derecho Administrativo*, t. I, Instituto de Estudios de Administración Local, Madrid, 1972, ps. 54/55). Ver también GARCÍA DE ENTERRÍA, Eduardo - FERNÁNDEZ, Tomás R., *Curso de Derecho Administrativo*, t. I, 4ª ed., Civitas, Madrid, 1983, ps. 36 y ss. De todos modos, la tesis no sería enteramente aplicable en nuestro país donde ni el ordenamiento constitucional ni el legal (art. 33, CCiv.) atribuyen personalidad a la Administración Pública.

[112]   Ver, entre otros: MUÑOZ MACHADO, Santiago, *Tratado de Derecho Administrativo y Derecho Público general*, t. I, Thomson-Civitas, Madrid, 2004, ps. 56 y ss.

nistrativas no sólo del Poder Ejecutivo, sino también de los órganos Legislativo y Judicial[113].

Las notas que caracterizan a la Administración y que permiten diferenciarla de la legislación y de la jurisdicción son, principalmente, su carácter concreto, la inmediatez y la continuidad. Algunos autores añaden también la característica de constituir una actividad práctica[114] y normalmente espontánea[115].

Los partidarios de la concepción objetiva completan la noción con la referencia al aspecto teleológico que debe perseguir la función administrativa: según algunos, la atención de los intereses públicos que asume en los propios fines[116], y, según otros, la satisfacción de las "necesidades" colectivas[117] o de interés público[118].

Es evidente que el aspecto finalista de la función administrativa ha de orientarse a la realización del bien común[119], satisfaciendo las exigencias tanto de la comunidad como de los individuos que la integran. Pero, no obstante que el bien común también puede alcanzarse a través de formas y regímenes jurídicos reglados por el Derecho Privado deben excluirse de la noción de función administrativa en sentido material todas aquellas actividades típicamente privadas, especialmente la actividad industrial y la comercial. Ello no es óbice para admitir la existencia, en tales casos, de actos de régimen jurídico entremezclado, que no trasuntan plenamente el ejercicio de la función materialmente administrativa.

C. Otras teorías

Existen posturas que se apoyan en otras fundamentaciones para proporcionar el concepto de Administración. Dentro de este conjunto de teorías no puede dejar de hacerse una referencia sucinta a las concepciones expuestas en la doctrina alemana, vinculadas en gran parte al positivismo jurídico.

---

[113] Entre la doctrina que se afilia a la concepción objetiva o material, MARIENHOFF, Miguel S., *Tratado de Derecho Administrativo*, *cit.*, t. I, p. 66; SAYAGUÉS LASO, Enrique, *Tratado de Derecho Administrativo*, t. I, Talleres Gráficos Barreiro, Montevideo, 1963, p. 46; BIELSA, Rafael, *Derecho Administrativo*, 6° ed., La Ley, Buenos Aires, 1964, t. I, p. 209, nota 64, *in fine*; RIVERO, Jean, *Droit Administratif*, 3ª ed., Dalloz, París, 1968, ps. 11/13.

[114] MARIENHOFF, Miguel S., *Tratado de Derecho Administrativo*, *cit.*, t. I, p. 66, quien la define como "la actividad permanente, concreta y práctica del Estado, que tiende a la satisfacción inmediata de las necesidades del grupo social y de los individuos que lo integran".

[115] GARCÍA TREVIJANO FOS, José A., *Tratado de Derecho Administrativo*, *cit.*, t. I, p. 50.

[116] ZANOBINI, Guido, *Corso di Diritto Amministrativo*, t. I, Giuffrè, Milán, 1958, p. 13.

[117] VILLEGAS BASAVILBASO, Benjamín, *Derecho Administrativo*, *cit.*, t. I, p. 43.

[118] RIVERO, Jean, *Droit Administratif*, *cit.*, p. 13.

[119] CASSAGNE, Juan Carlos, "Los contratos de la Administración Pública", ED 57-793 (nota 1); la función administrativa debe procurar el bien común, que es la causa final o el fin del Estado, aunque aceptamos que tal fin puede también cumplirse a través de otras actividades estaduales (*v.gr.*, la gestión comercial del Estado, sometida en gran parte al Derecho Privado), con regímenes jurídicos diversos.

Para la concepción llamada "residual"[120], la Administración era toda aquella actividad que restaba luego de excluir a la legislación y a la función jurisdiccional.

Otra teoría, desarrollada por Merkl, partiendo de la misma sustentación de la teoría residual, considera como tal la actividad de los órganos Ejecutivos vinculados por relaciones de jerarquía y de subordinación[121]. Para realizar las diferentes disecciones que permitirán arribar al concepto negativo, Merkl adopta un concepto formal de legislación, distinguiendo a ésta de la Administración por la distancia en que se halla respecto de la Constitución. La primera será ejecución inmediata de la Constitución, mientras que la segunda será ejecución mediata, al igual que la función jurisdiccional. La Administración, como la Justicia, devienen así en actividades sub-legales, pero en esta última hay relaciones de coordinación (función jurisdiccional) y en aquélla en cambio subsiste la subordinación (función administrativa).

Es también una definición negativa de Administración, inspirada en las concepciones precedentes, la que proporciona un sector de la doctrina vernácula al caracterizarla como todo lo que no es jurisdicción, dentro de la ejecución, por actos individuales, de la Constitución y de la ley, fuera de situaciones contenciosas[122].

Para cerrar el cuadro de este grupo de doctrinas se ha procurado también ensayar un criterio mixto, que en el fondo aparece basado en la antigua teoría residual de la Administración. Se sostiene que como la función administrativa no se realiza por ningún órgano en forma excluyente y dado que no se le reconoce un contenido propio que la tipifique, ella debe definirse como toda la actividad que desarrollan los órganos administrativos y la actividad que realizan los órganos legislativos y jurisdiccionales, excluidos respectivamente los hechos y los actos materialmente legislativos y jurisdiccionales[123].

3. LAS FUNCIONES NORMATIVA O LEGISLATIVA Y JURISDICCIONAL EN LA ADMINISTRACIÓN PÚBLICA

Si se parte de la adopción del criterio material para realizar el deslinde de las funciones estatales y se abandona correlativamente el elemento orgánico o formal

---

[120] Véase: MAYER, Otto, *Derecho Administrativo alemán*, t. I, Depalma, Buenos Aires, 1949, p. 10. Se ha dicho que el criterio residual constituye una posición negativa y, por tanto, es difícil que él pueda constituir una definición (LUQUI, Roberto E., "Algunas consideraciones...", *cit.*, LL 151-1082).

[121] MERKL, Adolfo, "Teoría general del Derecho Administrativo", *Revista de Derecho Privado*, Madrid, 1935, ps. 15 y ss.

[122] LINARES, Juan F., *Fundamentos del Derecho Administrativo*, Astrea, Buenos Aires, 1975, ps. 58/59.

[123] GORDILLO, Agustín A., *Introducción al Derecho Administrativo*, 2ª ed., Abeledo-Perrot, Buenos Aires, 1966, p. 99, criterio que sigue manteniendo en las últimas ediciones de su *Tratado de Derecho Administrativo*, t. III, 4ª ed., Fundación de Derecho Administrativo, Buenos Aires, 1999, cap. I, p. 9, nota 5.2. En realidad, este planteo resulta similar al de la teoría residual y aparece también en autores modernos como ADAMOVICH, quien define la Administración como "toda actividad de los órganos estatales o de entidades públicas que, considerados en sí mismos, no son actos legislativos ni jurisdiccionales" (ADAMOVICH, Ludwig, *cit.* por GARRIDO FALLA, Fernando, *Tratado de Derecho Administrativo, cit.*, t. I, p. 30, nota 17).

como nota distintiva de la pertinente actividad, el reconocimiento del ejercicio de las funciones legislativa y jurisdiccional (en sentido material) por órganos de la Administración Pública resulta una obligada consecuencia.

A. La actividad reglamentaria es de sustancia normativa o legislativa

En efecto, aunque no hay respecto de la función normativa o legislativa una total uniformidad doctrinaria, el concepto de la actividad de legislación definida como aquella que traduce el dictado de normas jurídicas, que tienen como característica propia su alcance general y su obligatoriedad[124], constitutiva de una situación impersonal y objetiva para los administrados a quienes las normas van destinadas, es el que cuenta con una explicación más lógica y realista. En este sentido, los diversos Reglamentos que se emiten en el ámbito del Poder Ejecutivo constituyen el ejercicio de funciones que, desde el punto de vista material, no se diferencian de las leyes generales que sanciona el Congreso[125] aun cuando éstas poseen una jerarquía normativa superior. Pero no solamente el Poder Ejecutivo tiene reconocida la potestad reglamentaria, pues ésta es también una potestad que, en menor medida, también ejerce el Poder Judicial[126].

B. La función jurisdiccional de la Administración

A su vez, si se reducen las polémicas en torno al concepto de la función jurisdiccional, definiéndola como la actividad estatal que decide controversias con fuerza de verdad legal, se advierte que esta función puede ser cumplida por órganos que se hallan encuadrados en el Poder Ejecutivo (v.gr., el Tribunal Fiscal), por cuestiones de especialización y siempre que se cumplan determinados requisitos que impone el sistema constitucional.

En la doctrina hubo autores que sostuvieron que habiendo abolido la Revolución Francesa toda especie de "jurisdicción administrativa", al someter las contiendas administrativas a la decisión de agentes públicos de la misma Administración, las funciones materialmente jurisdiccionales que ejerce esta última son administrativas[127].

En nuestro país, otros juristas, por distintos argumentos llegaron a la misma conclusión; tal es el caso de Lascano, quien sostuvo que lo esencial para caracterizar

---

[124] MARIENHOFF, Miguel S., *Tratado de Derecho Administrativo, cit.*, t. I, ps. 225/228.

[125] Para Linares, el reglamento es actividad de legislación (LINARES, Juan F., *Fundamentos del Derecho Administrativo, cit.*, p. 205). En este sentido, Marienhoff expresa que los reglamentos integran el concepto de ley material o sustancial (MARIENHOFF, Miguel S., *Tratado de Derecho Administrativo, cit.*, t. I, ps. 252/253). Desde luego que ello no impide reconocer la supremacía de la ley formal y material sobre aquellos reglamentos que consistan en la ejecución de las leyes o en el ejercicio de una potestad reglamentaria delegada.

[126] CN, art. 113.

[127] Se ha sostenido que tal postura es inaceptable, por cuanto sólo admitiendo un criterio orgánico puede aceptarse tal conclusión (*Cfr.* BOSCH, Jorge T., *¿Tribunales judiciales...?, cit.*, p. 94). En nuestro país cabe ubicar en esta posición a LESTANI, Humberto H., *La jurisdicción contencioso administrativa o ejercicio de la jurisdicción conforme al régimen constitucional argentino*, Ariel, Buenos Aires, 1937, ps. 51 y ss.

a la función jurisdiccional era la circunstancia de que el Estado obrara como tercero imparcial para dirimir un conflicto de interés entre dos partes con el objeto de aplicar la ley[128].

Para otro sector de la doctrina argentina, lo realmente decisivo para definir la función jurisdiccional es el carácter independiente del órgano que la ejerza, su ubicación dentro del Poder Judicial, y además, la circunstancia de que exista contienda entre las partes[129].

Cabe puntualizar que, con anterioridad, Bosch había refutado el criterio que, al definir la función jurisdiccional, destaca el carácter imparcial e independiente del órgano que la ejerce, aceptando la posibilidad de que cuando la ley asigna al poder administrador la atribución para resolver contiendas, ello puede considerarse función jurisdiccional y sosteniendo, en definitiva, que los problemas relativos a la naturaleza de la función jurisdiccional y a los caracteres de que debe estar investido el órgano jurisdiccional, son cuestiones diferentes y sin relación de interdependencia entre ellas[130].

Aparte de que un análisis retrospectivo sobre la función jurisdiccional demostraría que ella existió con anterioridad a la distribución de las funciones del Estado en órganos diferenciados, es evidente que tal tesis denota un mero criterio orgánico, inutilizable para distinguir la actividad que se realiza en la órbita de uno de los órganos que ejerce el poder estatal: el Poder Ejecutivo. En efecto, por más que se niegue en el plano teórico la posibilidad de que determinados entes o tribunales administrativos ejerzan funciones jurisdiccionales, lo cierto es que la realidad legislativa y jurisprudencial ha terminado imponiendo su reconocimiento (aunque en forma limitada y excepcional) y obliga a diferenciar el acto jurisdiccional de la Administración del acto administrativo, cuyo régimen jurídico es sustancialmente distinto.

La cuestión no estriba, entonces, en pretender una asimilación estricta entre el acto jurisdiccional de la Administración y el que emana de los jueces[131], pues aparte de que cabe aceptar diferencias entre dos especies de un mismo género sin violar el principio de no contradicción, lo esencial es distinguir, en este caso, si en el ámbito del Poder Ejecutivo coexisten funciones materialmente distintas, con regímenes jurídicos también diferentes.

---

[128] LASCANO, David, *Jurisdicción y competencia*, Guillermo Kraft, Buenos Aires, 1941, ps. 29/30; para España, *Cfr.* GONZÁLEZ PÉREZ, Jesús, *Derecho Procesal Administrativo*, t. II, 2ª ed., Instituto de Estudios Políticos, Madrid, 1966, p. 37.

[129] FIORINI, Bartolomé A., *Manual de Derecho Administrativo*, t. I, La Ley, Buenos Aires, 1968, p. 35. Véase además del mismo autor "Inexistencia del acto administrativo jurisdiccional", LL 101-1027 y ss. La posición de Lascano y Fiorini es compartida en nuestro país por Gordillo (GORDILLO , Agustín A., *Introducción al Derecho Administrativo*, *cit.*, p. 97) en lo que hace al carácter de órgano imparcial e independiente que debe tener quien ejercite la función jurisdiccional; en el mismo sentido: DOCOBO, Jorge J., "El reglamento de procedimientos administrativos aprobado por el dec. 1759/1972", JA, nro. 4028, p. 9.

[130] BOSCH, Jorge T., *¿Tribunales judiciales...?*, *cit.*, p. 96, texto y nota III.

[131] En contra, GORDILLO, Agustín A., *Introducción al Derecho Administrativo*, *cit.*, ps. 126/135.

Las dificultades a las que conduce el criterio expuesto no impiden que la doctrina afronte la tarea de distinguir el acto jurisdiccional del acto administrativo, apoyándose en un parámetro que permita reconocer la posibilidad de que un ente u órgano administrativos ejerza funciones jurisdiccionales[132]. Así, Bosch, siguiendo a Lampué[133] sostiene que, desde el punto de vista material, el acto jurisdiccional "es aquel que consiste en una comprobación sobre la conformidad o no conformidad de un acto, de una situación o de un hecho con el ordenamiento jurídico y una decisión que realiza sus consecuencias, y que desde el punto de vista formal se presenta como definitiva e inmutable en el sentido de que, salvo por el juego de las vías del recurso, no puede ser revocada o modificada, vale decir, que posee lo que se denomina en doctrina 'la autoridad formal de la cosa juzgada' "[134].

Ahora bien, entre las posturas que se oponen a su reconocimiento, el argumento por el cual no se acepta el ejercicio de funciones jurisdiccionales por parte de la Administración sobre la base de la prohibición que emerge del art. 109, CN, posee una entidad mayor.

Frente a esa norma (ex art. 95, CN), un sector de la doctrina intentó, en su momento, justificar el ejercicio de funciones jurisdiccionales por parte de la Administración, afirmando que lo que la Constitución Nacional veda es el ejercicio de funciones judiciales, no jurisdiccionales; de esta forma, lo jurisdiccional sería el género y lo judicial la especie[135].

Tal interpretación, aparte de contrariar las fuentes en que se nutre el mentado art. 109, CN[136], ha sido objeto de críticas por parte de la doctrina[137].

---

[132] PALACIO, Lino E., "Algunas consideraciones sobre los actos jurisdiccionales de la administración", en *120 años de la Procuración del Tesoro*, Buenos Aires, 1983, ps. 75 y ss., que caracteriza el acto jurisdiccional sobre la base de la existencia de un conflicto.

[133] LAMPUÉ, Pierre, "La notion d'acte jurisdictionel", *Revue de Droit Public*, t. 62, 1946, ps. 5 y ss.

[134] BOSCH, Jorge T., *¿Tribunales judiciales...?*, *cit.*, p. 95, criterio que también es seguido por VILLEGAS BASAVILBASO, Benjamín, *Derecho Administrativo*, *cit.*, t. I, ps. 34 y ss.; DIEZ, Manuel M., *El acto administrativo*, TEA, Buenos Aires, p. 38; LUQUI, Roberto E., "Nociones sobre la revisión jurisdiccional de los actos administrativos", LL 144-1207.

[135] BIELSA, Rafael, *Derecho Administrativo*, t. V, 6ª ed., La Ley, Buenos Aires, 1966, p. 201, y del mismo autor, *Derecho Administrativo. Legislación administrativa argentina*, t. III, 4ª ed., El Ateneo, Buenos Aires, 1947, p. 255 (nota 79).

[136] Art. 108, Constitución de la República de Chile, y en nuestro país el art. 7º, Reglamento del 22 de octubre de 1811.

[137] BOSCH, Jorge T., *¿Tribunales judiciales...?*, *cit.*, ps. 100/101, indica que esta tesis que restringe la posibilidad de que el Estado ejerza funciones jurisdiccionales a la rama contencioso administrativa resulta insuficiente para justificar el ejercicio de funciones jurisdiccionales en otras materias (cuando las circunstancias lo tornan necesario). En realidad dicha tesis no puede servir para justificar el ejercicio de funciones jurisdiccionales *iure proprio* por parte de la Administración, pues aun aceptando que lo jurisdiccional judicial sea la especie, cuando el art. 109, CN, se refiere a la función judicial no puede interpretarse en el sentido de que excluye las causas contencioso administrativas. Además, tal distinción es esencialmente orgánica, no obstante que corresponde que las funciones se distingan conforme a la naturaleza y sustancia de ellas. En consecuencia, cuando el art. 109, CN, prohíbe al Poder Ejecutivo

De cara a una realidad que reconoce la posibilidad de habilitar a órganos o entes administrativos para el ejercicio de funciones jurisdiccionales, un sector de la doctrina apeló, para fundar su constitucionalidad, al procedimiento de la delegación de funciones jurisdiccionales en la Administración siempre que el órgano Judicial conserve la decisión final de la controversia[138].

En líneas generales puede decirse que sólo si se respeta el equilibrio que traduce la teoría de la separación de poderes, instrumentada en nuestra Constitución, es posible aceptar la existencia de entes o tribunales administrativos realizando típicas funciones jurisdiccionales desde el punto de vista material, aun cuando deba conservarse la potestad de los jueces para controlar su ejercicio, mediante un control judicial suficiente, con amplitud de debate y prueba.

En este sentido, uno de nuestros más grandes constitucionalistas (Joaquín V. González) señaló, refiriéndose a la división de funciones entre los órganos que ejercen el poder estatal (Ejecutivo, Legislativo y Judicial), que "cada uno de ellos tiene su propia esfera de acción, pero no están enteramente separados, porque se combinan y se complementan entre sí: son coordinados. Los tres representan la soberanía de la Nación para sus objetos principales; sus facultades derivan directamente de la Constitución, y en su ejercicio, de la ley: y ambas han establecido poderes estrictamente legislativos, estrictamente ejecutivos y estrictamente judiciales; pero en el cumplimiento de sus funciones necesitan en muchos casos, unos y otros, ejercitar poderes de naturaleza distinta de los que le son exclusivos: la línea divisoria no se halla precisamente demarcada"[139].

La interpretación de González resulta acertada en la medida en que abre un ancho campo para que la actividad del Estado en su conjunto se desarrolle de acuerdo con las exigencias de la sociedad contemporánea y, también, porque ella se funda en destacados intérpretes de la Constitución estadounidense[140].

En cuanto a la objeción que parte de la interpretación del art. 109 (ex art. 95), CN, el cual veda al Poder Ejecutivo el ejercicio de funciones judiciales, una valoración del problema a la luz de la sistemática y de la dinámica constitucionales, conduce a compartir la tesis que circunscribe la prohibición de ejercer funciones judiciales, al presidente de la República, o sea, al Poder Ejecutivo, habida cuenta del carácter unipersonal del órgano superior de la Administración[141].

Bidart Campos – sin pronunciarse plenamente a favor del sistema de tribunales administrativos– opina que la tacha de inconstitucionalidad es frágil, sosteniendo

---

el ejercicio de funciones judiciales, es obvio que se refiere a las que tienen ese carácter desde el punto de vista material.

[138] *Cfr.* BOSCH, Jorge T., *¿Tribunales judiciales...?*, ps. 101/103; IMAZ, Esteban, "Acerca de la interpretación constitucional", JA, 1949-III-8 y ss., secc. Doctrina.

[139] GONZÁLEZ, Joaquín V., *Manual de la Constitución argentina*, Á. Estrada, Buenos Aires, 1951, p. 311.

[140] COOLEY, Thomas M., *Principios del Derecho Constitucional en los Estados Unidos de América*, J. Peuser, Buenos Aires, 1898, p. 44.

[141] BIDART CAMPOS, Germán J., *Derecho Constitucional*, *cit.*, t. I, p. 789. Véase también AFTALIÓN, Enrique, "Las faltas policiales, la garantía de legalidad y el formalismo", LL 88-254.

que lo que la Constitución persigue es no dejar librado a la voluntad del presidente la facultad de resolver cuestiones jurisdiccionales, en virtud de que es el gobernante supremo del Estado y el órgano de mayor potencialidad en el ejercicio del poder[142].

Por tal causa, el art. 109 de la Constitución, que es producto de la raíz histórica y, por ende, de una realidad, no puede juzgarse a la luz de una interpretación estricta de la doctrina de la separación de los poderes, en el sentido de que todo comportamiento de entes encuadrados en el Poder Ejecutivo sea siempre actividad administrativa y nunca jurisdiccional[143].

La facultad de ejercer funciones jurisdiccionales por parte de la Administración Pública aparece condicionada en aquellos países – como el nuestro– que han acogido la doctrina de la división de los poderes, consagrando, como regla general, el sistema judicialista para juzgar la actividad administrativa (arts. 109, 116 y 117, CN). Pero ninguna duda cabe de que puede aceptarse el ejercicio excepcional de funciones jurisdiccionales por entes o tribunales administrativos independientes, siempre que se respeten los grandes lineamientos del sistema. A su vez, en el plano de la realidad, tampoco es posible desconocer que las actuales necesidades han llevado a la institución de tribunales administrativos por vía legislativa (que desde un punto de vista material o sustancial realizan funciones de verdaderos jueces)[144].

Si se parte entonces de este enfoque corresponde fijar los límites que rigen la actividad jurisdiccional de la Administración Pública:

1) la atribución de funciones jurisdiccionales a entes o tribunales administrativos debe provenir de ley formal para no alterar a favor del Poder Ejecutivo el equilibrio en que reposa el sistema constitucional;

2) tanto la idoneidad del órgano como la especialización de las causas que se atribuyen a la Administración tienen que hallarse suficientemente justificadas, para tornar razonable el apartamiento excepcional del principio general de juzgamiento de la actividad administrativa por el Poder Judicial (*v.gr.*, en materia fiscal);

3) si se atribuyen a órganos administrativos funciones de sustancia jurisdiccional en forma exclusiva, sus integrantes deben gozar de garantías para asegurar la independencia de su juicio frente a la Administración activa, tal como la relativa a la inamovilidad en sus cargos;

---

[142] BIDART CAMPOS, Germán J., *Derecho Constitucional, cit.*, t. I, p. 789, puntualiza que cierta jurisprudencia ha creído resolver el problema por una vía sencilla, afirmando que como la Constitución veda al Poder Ejecutivo el ejercicio de funciones de índole judicial, no es posible sostener la naturaleza jurisdiccional de ciertas decisiones de órganos administrativos. Tal argumento, a juicio de este autor, nada prueba porque "aunque la Constitución escrita regla hoy determinadas situaciones, la realidad constitucional registra conductas en contrario, con lo que, no obstante la prohibición del art. 109, bien podría el orden existencial mostrar casos de ejercicio jurisdiccional por parte de la Administración" como en realidad acontece (p. 790).

[143] Como lo sostuvo GORDILLO, Agustín A., *Introducción al Derecho Administrativo, cit.*, p. 135. Al respecto, Linares puntualiza que este enfoque prescinde por completo de un dato jurídico esencial: la "situación contenciosa" (*Cfr.* LINARES, Juan F., *Fundamentos del Derecho Administrativo, cit.*, p. 63).

[144] *Cfr.* ley 11.683 (t.o. 1978) y sus modificatorias que crea el Tribunal Fiscal de la Nación y las leyes de creación de los entes regulatorios de servicios públicos (leyes 24.065 y 24.076).

4) los respectivos actos jurisdiccionales no pueden ser controlados por el Poder Ejecutivo;

5) los tribunales que integran el Poder Judicial deben conservar la potestad de dirimir los conflictos que tengan por objeto el juzgamiento de decisiones de naturaleza jurisdiccional, ya sea a través de acciones ordinarias o de recursos directos.

La Corte ha precisado que el pronunciamiento jurisdiccional emanado de órganos administrativos ha de quedar sujeto a "control judicial suficiente" y que el alcance de este control "no depende de reglas generales u omnicomprensivas sino que ha de ser más o menos extenso y profundo según las modalidades de cada situación jurídica". Al respecto, ha señalado que: "control judicial suficiente significa: a) reconocimiento a los litigantes del derecho a interponer recurso ante los jueces ordinarios; b) negación a los tribunales administrativos de la potestad de dictar resoluciones finales en cuanto a los hechos y al derecho controvertidos, con excepción de los supuestos en que, existiendo opción legal, los interesados hubiesen elegido la vía administrativa, privándose voluntariamente de la judicial", y que "la mera facultad de deducir recurso extraordinario basado en inconstitucionalidad o arbitrariedad no satisface las exigencias que... han de tenerse por imperativas"[145]. Por no reunirse el requisito del control judicial suficiente la Corte declaró la inconstitucionalidad de las leyes que organizaron las Cámaras Paritarias de Arrendamientos y Aparcerías Rurales por violatorias de los arts. 18 y 109 (ex art. 95), CN, en atención a que no admitían la revisión judicial de las decisiones administrativas; también consideró – con relación a la Cámara de Apelaciones de la Justicia Municipal de Faltas de la Ciudad de Buenos Aires– que tratándose de la aplicación de sanciones de naturaleza penal que importaban privación de la libertad resultaba insuficiente el control cuando el recurso ante el Poder Judicial era admisible al solo efecto devolutivo[146].

Pero los requisitos apuntados no impiden aceptar excepcionalmente la procedencia del ejercicio de funciones jurisdiccionales por parte del Poder Ejecutivo o de sus órganos dependientes en aquellos supuestos en que tengan su fundamento directo en la Constitución Nacional[147]. Es el caso de la jurisdicción militar, que ha sido organizada no sólo como consecuencia del poder atribuido al Congreso Nacional para establecer las fuerzas armadas en tiempos de paz y de guerra y dictar reglamentos para el gobierno de dichos ejércitos, sino esencialmente en virtud de las faculta-

---

[145] "FERNÁNDEZ ARIAS, Elena v. POGGIO, José", Fallos, 247:646 (1960); "Gerino Hnos. SRL", Fallos, 249:715 (1961); "CEBALLOS, Fernando", Fallos, 255:124 (1963). La jurisprudencia de la Corte aparece expuesta íntegramente en el primero de los fallos citados: "FERNÁNDEZ ARIAS, Elena v. POGGIO, José", resuelto en el año 1960.

[146] *In re* "FERNÁNDEZ ARIAS", *cit. ut supra* y "DI SALVO, Octavio s/ *hábeas corpus*", Fallos, 311:334 (1988) y en LL 1988-D-269, con nota de Ekmekdjian.

[147] Tal es el caso de las funciones jurisdiccionales que cumplen los entes reguladores cuando resuelven conflictos entre los usuarios y concesionarios o licenciatarios. En este punto, más que la denominación lo que interesa es la posibilidad de atribuir a un órgano o ente administrativo la potestad para juzgar una controversia entre particulares, el régimen que rige el procedimiento administrativo jurisdiccional y el alcance de la revisión judicial; véase HUICI, Héctor, "La potestad jurisdiccional en el control administrativo de los servicios públicos", LL 1996-B-981 y ss.

des que tiene el Poder Ejecutivo como Comandante en Jefe de las Fuerzas Armadas para aprobar o revocar las sentencias de los tribunales militares[148].

4. REAFIRMACIÓN DE LA JURISPRUDENCIA DE LA CORTE SUPREMA DE JUSTICIA DE LA NACIÓN

La solución adoptada por la Corte en el caso "Ángel Estrada"[149] tiene el mérito de sentar la unidad de las reglas que conforman el sistema judicialista, reafirmando sus fuentes y características fundamentales.

El fallo confirma la tesis que hemos venido sosteniendo en dos puntos centrales que son: a) que la creación de tribunales administrativos, para ser compatible con la interdicción del art. 109 y el sistema constitucional (arts. 18, 116 y 117, CN) debe hallarse justificada en el principio de especialización, interpretado razonablemente (es decir, nunca como competencia establecida en una cláusula general de jurisdicción), y b) que la competencia para dirimir conflictos entre particulares, regidos por el derecho común[150], no corresponde a los entes reguladores sino a los jueces, que son los únicos con competencia para dirimir controversias en las que se ventilen cuestiones reguladas por los Códigos de fondo[151].

Es evidente que estos requisitos, más otros que los complementan (creación por ley, independencia de los órganos y control judicial suficiente) indican que, al menos mientras se mantenga esta jurisprudencia, se ha cerrado bastante el camino que algunos pretenden abrir para crear tribunales administrativos que entiendan, con competencia establecida como cláusula general, en los litigios administrativos (así como parece haberse cerrado totalmente la posibilidad de habilitar a estos tribunales el juzgamiento de controversias entre particulares, reguladas por el derecho común).

Otra cuestión es asignar funciones jurisdiccionales a entes administrativos por ley, no con competencia general en lo contencioso-administrativo, sino por razones de especialización (*v.gr.*, entes reguladores independientes) para resolver conflictos regidos por el Derecho Administrativo o "estatutario", como lo ha denominado el Alto Tribunal. En este escenario, habrá que atender al estricto cumplimiento de los requisitos que exigen la doctrina y la jurisprudencia antes indicados, para no caer en transgresiones constitucionales violatorias de la separación de poderes. De lo contrario, no resulta aventurado suponer que tales irregularidades motivarán la tacha de inconstitucionalidad por parte de la Corte Suprema.

---

[148] En sentido concordante: C. Nac. Cont. Adm. Fed., sala 2ª, 6/11/1974, "SINARDO, Javier v. Gobierno Nacional", ED 61-518 y ss.

[149] "Ángel Estrada y Cía. SA v. Res. 71/1996 SEyP", Fallos, 328 (2005) y JA 2005-III-74 a 87, número especial "El caso 'Ángel Estrada'", del 31/8/2005.

[150] Véase BIANCHI, Alberto B., "Reflexiones sobre el caso 'Ángel Estrada' y sus efectos en la jurisdicción arbitral", ED, supl. de Derecho Administrativo del 18/5/2005, ps. 10/11, con alusión al principio que denomina de limitación material de la competencia.

[151] Ampliar en ABERASTURY, Pedro, "La decisión de controversias del derecho común por parte de tribunales administrativos", JA 2005-III-5 y ss., al analizar el voto de la minoría en el caso "Fernández Arias", con fundamento en el ex. art. 67, inc. 11, CN (actualmente art. 75, inc. 12, CN).

En esa línea, hace algún tiempo que BOSCH definió un esquema negativo sobre la creación de tribunales administrativos en la Argentina, con impecable fundamentación constitucional, demostrando que, en nuestro sistema, no era posible: a) atribuir jurisdicción *jure proprio* al Poder Ejecutivo ni a sus órganos dependientes; b) crear tribunales administrativos separados del Poder Judicial (aunque independizados de la Administración activa) a los que se les adjudica una competencia como cláusula general para dirimir los conflictos regidos por el Derecho Administrativo, atribuyéndole jurisdicción para adoptar decisiones finales sin control judicial posterior (como el modelo francés), y c) que la función jurisdiccional sea ejercida en las causas contencioso administrativas, por el Poder Legislativo, como aconteció en los comienzos de la evolución constitucional en Estados Unidos[152] y se interpretó en la Argentina[153].

Ahora bien, no obstante que la gran mayoría de la doctrina ha terminado coincidiendo en que la función jurisdiccional se define, sobre la base de un criterio sustancialmente material, como aquella actividad que resuelve conflictos con fuerza de verdad legal, y que la interdicción establecida en el art. 109, CN (ex art. 95) no admite distinción entre funciones jurisdiccionales y judiciales (en contra de la opinión de BIELSA[154], en su momento debidamente refutada por la doctrina[155] y la jurisprudencia de la Corte[156]) se ha vuelto a insistir recientemente[157] en este punto de vista, intentando resucitar una teoría más que cincuentenaria que, al yacer olvidada, conservaba sólo un interés histórico.

En primer término cabe advertir que no pensamos que la finalidad de la tesis sea, en la opinión que criticamos, la de revivir la concepción del "administrador-juez" del antiguo Derecho francés, aunque no se puede soslayar la circunstancia de que ella sea tributaria de ese sistema[158]. Pero, aun con el buen abono que se le ponga a este injerto en el sistema judicialista, lo cierto es que termina matando el propio árbol que, en esta metáfora, no es otro que el sistema de separación de poderes que instituye nuestra Constitución.

---

[152]   *Cfr.* BOSCH, Jorge T., "Lo contencioso administrativo y la Constitución Nacional", LL 81-834, secc. Doctrina.

[153]   Ampliar en GARCÍA PULLÉS, Fernando, "Ángel Estrada. La Corte Suprema y el fundamento de la potestad jurisdiccional. Facultades del legislador y de los justiciables", JA 2005-III-41 a 42.

[154]   BIELSA, Rafael, *Derecho Administrativo. Legislación administrativa argentina*, cit., t. III, p. 255, nota 79 y del mismo autor "Acto jurisdiccional y acto judicial", LL 104-825.

[155]   Entre otros: BOSCH, Jorge T., *¿Tribunales judiciales...?*, cit., p. 100; GORDILLO, Agustín A., *Introducción al Derecho Administrativo* cit., ps. 132/134.

[156]   Como lo ha señalado LUQUI, Roberto E., *Revisión judicial de la actividad administrativa*, t. I, Astrea, Buenos Aires, 2005, p. 57, nota 58.

[157]   LUQUI, Roberto E., *Revisión judicial...*, cit., t. I, ps. 56 y ss. Las críticas que formulamos acerca de las opiniones de este autor no desmerecen la calidad científica de su obra ni la seriedad de los planteamientos doctrinales que despliega con verdadero énfasis, aun cuando muchos de ellos – según nuestra visión– resulten equivocados y, en algunos casos, contrarios al principio de la tutela judicial efectiva.

[158]   Véase: BOSCH, Jorge T., *¿Tribunales judiciales...?*, cit., ps. 177 y ss., y "Lo contencioso administrativo y la Constitución Nacional", LL 81-834, secc. Doctrina.

No vamos a reiterar aquí la constructiva crítica que, lúcidamente, hizo BOSCH[159] sobre la tesis de su maestro BIELSA. El error de dicha tesis es notorio, y resulta de su punto de partida, en cuanto atribuye el adjetivo "judicial" sólo a los actos dictados por ese poder[160], lo cual implica establecer un criterio orgánico para definir las funciones del Poder Judicial y un criterio también orgánico para definir la actividad administrativa (como el conjunto de las funciones ejecutivas, normativas y jurisdiccionales, ejercidas por el Poder Ejecutivo)[161].

Aparte de que en el centro de esta interpretación y otras semejantes se encuentra el equívoco de definir las funciones estatales por los órganos que las ejercen (lo cual sólo sería posible en el sistema francés) ello resulta contrario al principio de separación de poderes plasmado en nuestra Constitución, el cual, como es sabido, postula la separación relativa entre órganos y funciones[162].

Resulta evidente que la clave para afirmar una interpretación armónica en esta materia pasa por el equilibrio del sistema. Pero no es el equilibrio que instituye cualquier modelo, sino el que se logra asentando los institutos en las verdaderas bases de nuestro sistema, que es el judicialista. Ésta ha sido la fundamentación que inspiró tanto la jurisprudencia de la Corte[163] (al seguir, sustancialmente, la doctrina expuesta por Bosch) como los requisitos que sostuvimos en distintos trabajos y obras[164].

Pero como ese equilibrio no se mantiene solo, ni por la inercia del sistema, importa sobremanera que la atribución de funciones jurisdiccionales sea hecha por ley del Congreso[165], la que ha sido también definida como delegación legislativa[166], siguiendo la terminología estadounidense.

---

[159] BOSCH, Jorge T., *¿Tribunales judiciales...?*, *cit.*, especialmente, ps. 21 y ss.

[160] *Cfr.* LUQUI, Roberto E., *Revisión judicial...*, *cit.*, t. I, p. 53.

[161] La concepción de Luqui sobre el Poder Ejecutivo y la supremacía de poderes trasunta un criterio correcto para definir materialmente las funciones estatales (ejecutiva, normativa y jurisdiccional) pero luego incurre en el equívoco de definir la actividad administrativa según un criterio orgánico. Otros autores consideran que la función administrativa es toda la actividad del Poder Ejecutivo (criterio orgánico) más la actividad de los otros poderes, excluidas las funciones materialmente jurisdiccionales (criterio semi-mixto), tal es la postura que adopta Gordillo, entre otros (*Cfr.* GORDILLO, Agustín A., *Introducción al Derecho...*, *cit.*, ps. 97 y ss.).

[162] *Cfr.* BOSCH, Jorge T., "Ensayo de interpretación de la doctrina de la separación de los poderes", Seminario de Ciencias Jurídicas y Sociales, Universidad de Buenos Aires, Buenos Aires, 1944, ps. 39 y ss.

[163] Fundamentación que la Corte ha venido afirmando a partir del caso "Fernández Arias" (Fallos, 247:646) y reafirmada de modo más terminante en "Ángel Estrada".

[164] *Cfr.* CASSAGNE, Juan Carlos, *Derecho Administrativo*, t. II, 7ª ed., LexisNexis, Buenos Aires, 2002, p. 86.

[165] *In re* "Ángel Estrada", consid. 12.

[166] BOSCH, Jorge T., *¿Tribunales judiciales...?*, *cit.*, ps. 88/120 y 195-196, criterio que la Corte utiliza en el caso "Ángel Estrada", consid. 14. Aunque en distintas ediciones de nuestro *Derecho Administrativo* criticamos la utilización de dicha terminología, una relectura sobre el pensamiento de Bosch nos lleva a la conclusión de que existe una identidad sustancial entre su opinión y la nuestra que es, en definitiva, la adoptada por la Corte en el caso "Ángel Es-

Finalmente, en lo que concierne al órgano o ente al que la ley le asigne competencia para ejercer funciones jurisdiccionales, a la luz de lo expuesto entendemos que éste nunca puede ser el Poder Ejecutivo[167], sino un órgano independiente, es decir, no sometido a su potestad jerárquica ni a la llamada tutela administrativa.

5. LA FUNCIÓN GUBERNATIVA

En un plano distinto del de los comportamientos que trasuntan el ejercicio de las funciones administrativa, legislativa y jurisdiccional se encuentra la denominada

---

trada". En efecto, cabe notar que el error de Bosch no estaba en haber utilizado una fórmula (delegación de funciones judiciales) existente en el derecho estadounidense sino en trasladarla, sin más, a nuestro modelo constitucional, donde el sentido del término resulta más estricto y se refiere a la transferencia a otra persona de facultades que le pertenecen al delegante. Con todo, la doctrina estadounidense ha seguido utilizando la figura de la delegación para referirse a la atribución de funciones jurisdiccionales a órganos administrativos así como a la creación de tribunales administrativos por el Congreso. En efecto, en los países anglosajones, el término delegación se utiliza (aparte del sentido clásico de origen romónico o canónico) como sinónimo de asignación y tal es el sentido que corresponde atribuir al concepto de "poder no delegado" que prescribe el art. 121, CN, dado que no son las Provincias las que delegan los poderes sino la Constitución, como reza el principio constitucional (véase, por ejemplo, SCHWARTZ, Bernard, *Administrative Law*, 2ª ed., Little, Brown & Co., Boston, 1984, p. 7). De esta manera, en el derecho constitucional estadounidense, la Constitución "delega" diferentes poderes en las ramas ejecutiva, legislativa y judicial del Gobierno (*Cfr. Black's Law Dictionary*, 6ª ed., West Publishing Co., 1990). En el mismo sentido, la *Encyclopaedia Britannica* explica que en el derecho constitucional estadounidense, "delegación de poderes" se refiere a los diferentes poderes atribuidos, respectivamente, a cada una de las ramas del gobierno (*Cfr.* www.britannica.com/eb/article9061134). En la doctrina del Derecho Público – no obstante el peso de algunas interpretaciones distintas– se ha interpretado el art. 109, CN, en el sentido de que quien distribuye o delega los poderes es la Constitución y no las Provincias (*Cfr.* AJA ESPIL, Jorge A., *Constitución y poder. Historia y teoría de los poderes implícitos y de los poderes inherentes*, TEA, Buenos Aires, 1987, p. 39, y SAGÜÉS, Néstor P., *Elementos de Derecho Constitucional*, t. 2, 3ª ed. act. y ampl., Astrea, Buenos Aires, 1999, p. 37).

[167] Ha sido BIDART CAMPOS quien ha sostenido esta interpretación que, en su momento, compartimos (BIDART CAMPOS, Germán J., *Derecho Constitucional, cit.*, t. I, p. 789, y CASSAGNE, Juan Carlos, *Derecho Administrativo, cit.*, t. I, Buenos Aires, 1986, p. 95), lo que ha motivado la crítica de LUQUI, quien afirma que dicha interpretación es equivocada. En síntesis, sostiene – con cita de BOSCH– que "no resulta razonable que se prohíba al Presidente lo que se permite a los subordinados" (LUQUI, Roberto E., *Revisión judicial..., cit.*, t. I, ps. 57/58, nota 59). Con el respeto que nuestro colega nos merece, pensamos que una lectura detenida de nuestra obra es suficiente para refutar esta crítica, ya que nunca hemos sostenido que escapen de la interdicción constitucional los órganos dependientes o subordinados al Poder Ejecutivo, opinión que, en definitiva, es también la de BOSCH (BOSCH, Jorge T., "Lo contencioso administrativo...", *cit.*, p. 830). Por el contrario, al igual que este último, nuestra opinión siempre ha sido la de aceptar el ejercicio de funciones jurisdiccionales por parte de órganos o entes administrativos sólo cuando son independientes del Poder Ejecutivo y existan causales razonables de especialización (por ej., Tribunal Fiscal de la Nación) además de los otros requisitos que se han expuesto. Cabe agregar, por lo demás, que BOSCH acepta, aunque con reservas, que se atribuyan funciones jurisdiccionales a órganos administrativos independientes por parte del Congreso, lo cual confirma la interpretación que hacemos.

función política o de gobierno[168], referida a la actividad de los órganos superiores del Estado en las relaciones que hacen a la subsistencia de las instituciones que organiza la Constitución, y a la actuación de dichos órganos como representantes de la Nación en el ámbito internacional[169].

La función de gobierno, que se ha conservado como resabio del absolutismo y de "la razón de Estado" resulta necesaria al sistema republicano que "parece no poder subsistir sin ese recurso"[170] por el cual se excluyen determinados actos de la revisión judicial, y es así que ella tiene vigencia en la mayor parte de los países de Europa continental, particularmente en Francia[171], Alemania[172] e Italia[173], aunque con distintas modalidades, y hasta se ha encontrado una cierta aplicación en algunos países anglosajones, como Estados Unidos e Inglaterra[174].

En nuestro país, la aceptación de la función gubernativa, en un plano opuesto a las restantes funciones estatales (administrativa, legislativa y judicial) tuvo el efecto fundamental, por aplicación de la doctrina que emerge de los fallos de la Corte Suprema de Justicia de la Nación, de excluir a determinados actos de la revisión judicial, los que para un sector de tratadistas reciben el nombre de actos de gobierno o políticos[175] y para otro, el de "actos institucionales"[176].

---

[168] Sobre la existencia y concepto de la función de gobierno se ha dicho lo siguiente: "No obstante la calificada opinión de muchos juristas que con poco realismo jurídico emplean de una manera ortodoxa la clásica teoría de la división del poder, creemos, por encima del esquema de Montesquieu, en la existencia de una función gubernamental. Se refiere a la actividad de los órganos Ejecutivo y Legislativo, que concierne al orden político constitucional, materializada en actos políticos (actos de gobierno y actos institucionales) de ejecución directa de una norma constitucional para la seguridad y el orden del Estado" (*Cfr.* DROMI, José R., *Instituciones de Derecho Administrativo, cit.*, p. 13).

[169] GARCÍA DE ENTERRÍA, Eduardo - FERNÁNDEZ, Tomás R., *Curso de Derecho Administrativo, cit.*, t. I, ps. 30/31.

[170] LINARES, Juan F., *Fundamentos del Derecho Administrativo, cit.*, p. 67, agrega que "ese recurso al absolutismo reverbera en las situaciones de emergencia y ciertos actos de necesidad que el Estado de Derecho debe dictar de tiempo en tiempo".

[171] BRAIBANT, Guy - QUESTIAUX, Nicole - WIENER, Celine, *Le contrôle de l'Administration et la protection des citoyens (Étude comparative)*, Biblioteca del Instituto Internacional de Administración Pública, París, 1973, ps. 38 y 284; BENOIT, Francis P., *Droit Administratif*, Dalloz, París, 1968, ps. 418/420.

[172] FORSTHOFF, Ernst, *Tratado de Derecho Administrativo*, trad. del alemán, Centro de Estudios Constitucionales, Madrid, 1958.

[173] ZANOBINI, Guido, *Corso di Diritto Amministrativo, cit.*, t. II, p. 191.

[174] BRAIBANT, Guy - QUESTIAUX, Nicole - WIENER, Celine, *Le contrôle de l'Administration..., cit.*, ps. 11 y 141.

[175] DIEZ, Manuel M., *Derecho Administrativo, cit.*, t. II, p. 411.

[176] MARIENHOFF, Miguel S., *Derecho Administrativo*, t. II, 4ª ed. act., Abeledo-Perrot, Buenos Aires, 1993, ps. 755 y ss.; CASSAGNE, Juan Carlos, *El acto administrativo, cit.*, ps. 165 y ss. La teoría del acto institucional implica la ampliación del control jurisdiccional a muchos actos que antes se encontraban exentos por entenderse que configuraban cuestiones políticas no judiciables. Sólo se excluyen de la fiscalización judicial los actos que traducen relaciones que hacen a la subsistencia de los poderes fundamentales del Estado, cuyo sistema de control es político y no jurisdiccional, pero los actos de ejecución son siempre judiciables.

Con un sentido similar, la función de gobierno ha sido caracterizada como aquella actividad de los órganos del Estado, supremos en la esfera de sus competencias, que traduce el dictado de actos relativos a la organización de los poderes constituidos, a las situaciones de subsistencia ordenada, segura y pacífica de la comunidad y al derecho de gentes concretado en tratados internacionales de límites, neutralidad y paz[177], criterio éste que tiene la ventaja de considerar la actividad del gobierno en su totalidad (integrado por los órganos o poderes Ejecutivo, Legislativo y Judicial)[178].

Actualmente, la concepción del acto de gobierno o político no es acogida por la doctrina que ha optado por no aceptar limitación alguna al control judicial o bien, por concepciones más restrictivas como son la del acto institucional, así como la tesis que hemos calificado como acto constitucional no judiciable, que abordaremos más adelante. Queda, pues, muy poco de la antigua concepción elaborada en el derecho francés.

6. ACERCA DE LAS FACULTADES RESERVADAS A LOS ÓRGANOS LEGISLATIVO, EJECUTIVO Y JUDICIAL

En el campo del Derecho Constitucional y también en el del Derecho Administrativo la doctrina se ocupa, con distinta terminología y sustentación ideológica, del tema de las facultades reservadas a los órganos que realizan las funciones estatales.

En nuestro sistema constitucional, la cuestión se plantea principalmente en orden a la existencia o no de zonas de reserva de la ley o del reglamento, dado que, por principio, en materia del ejercicio de la función jurisdiccional, inclusive para la revisión de los actos del Poder Ejecutivo, nuestra Constitución ha adoptado el sistema judicialista (arts. 109, 116 y 117)[179].

La teoría de la reserva de la ley, formulada a comienzos del siglo pasado por Mayer, intentó preservar las libertades de los particulares sobre la base de impedir el avance de todo poder reglamentario que implique una alteración o limitación, de los derechos individuales de propiedad y libertad, por tratarse de materias reservadas a la ley[180].

Si bien se ha sostenido que la concepción de la reserva de la ley pasa por una crisis profunda en algunos países donde se ha admitido la reserva de ciertas materias

---

[177] LINARES, Juan F., *Fundamentos del Derecho Administrativo*, cit., p. 66.

[178] LINARES, Juan F., *Fundamentos del Derecho Administrativo*, cit., p. 74.

[179] Aun cuando, de un modo excepcional, se admite el ejercicio de funciones jurisdiccionales por parte de órganos o tribunales ubicados en la Administración Pública, dentro de ciertos límites y condiciones. Al respecto, nos remitimos a lo expuesto en el punto 3 B) precedente y en CASSAGNE, Juan Carlos, *Derecho Administrativo*, t. II, 7ª ed., LexisNexis - Abeledo-Perrot, Buenos Aires, 2002, ps. 105 y ss. Véase también LUQUI, Roberto E., "Nociones sobre la revisión jurisdiccional de los actos administrativos", LL 144-1200 y ss.

[180] No coincidimos con la crítica que formula Merkl, en el sentido de que la concepción de la "reserva de la ley" da pie para que la Administración dicte disposiciones de carácter general en forma originaria, con lo cual, en la pirámide normativa, ocuparía el lugar del Poder Legislativo.

al reglamento[181], ella no es necesariamente incompatible con la existencia de la llamada "zona de reserva de la Administración"[182].

En tal sentido, el sistema de nuestra Constitución reserva a la ley, entre otras facultades, las inherentes a la reglamentación de los derechos individuales (art. 14), la imposición de tributos y derechos de importación y exportación (art. 75, incs. 1° y 2°), el otorgamiento de privilegios o exenciones impositivas (art. 75, inc. 18), lo atinente al comercio interprovincial o con las naciones extranjeras (art. 75, inc. 13), la determinación de la causa de utilidad pública en las expropiaciones (art. 17) y la exigibilidad de servicios personales (art. 17).

De otra parte, conforme al art. 75, inc. 32, CN, compete al Congreso "hacer todas las leyes y reglamentos que sean convenientes para poner en ejercicio los poderes antecedentes, y todos los otros concedidos por la presente Constitución al Gobierno de la Nación Argentina". Esta norma – que consagra los llamados poderes implícitos del Congreso– no es válida, sin embargo, para invadir las facultades privativas de los otros poderes del Estado ya que no estatuye una competencia implícita con el fin de transgredir el principio de la división de poderes[183], sino que trata de contemplar posibles situaciones en las que sea conveniente el ejercicio del poder de legislación.

Por esa causa, es posible conciliar la existencia de los poderes implícitos con la llamada "zona de reserva de la Administración", circunscripta esta última a la regulación de ciertas materias y situaciones que deben considerarse inherentes y consustanciales a las funciones que tiene adjudicadas el Poder Ejecutivo como "jefe supremo de la Nación, jefe del gobierno y responsable político de la administración general del país" (art. 99, inc. 1°, CN). Entre las materias susceptibles de ser reguladas por reglamentos autónomos se encuentran las reglas de organización administrativa y las atinentes a los recursos administrativos, en cuanto no alteren los límites de la potestad reglamentaria, que son precisamente aquellas materias que pertenecen a la reserva de la ley (*v.gr.*, reglamentación de los derechos individuales de propiedad y de libertad).

A su vez, existe un conjunto de facultades reservadas al Poder Judicial que la Administración no puede invadir, por principio. En tal situación se encuentra la potestad genérica de los jueces de resolver controversias con fuerza de verdad legal y la consecuente prerrogativa de afectar, limitar, modificar o extinguir los derechos de propiedad y de libertad y ordenar, respecto de ellos, el empleo de la coacción sobre los bienes y las personas[184].

---

[181] RIVERO, Jean, *Droit Administratif*, Dalloz, París, 1977, ps. 56 y ss., especialmente ps. 61/63.

[182] MARIENHOFF, Miguel S., *Tratado de Derecho Administrativo*, *cit.*, t. I, ps. 260 y ss.

[183] BIDART CAMPOS, Germán J., *El Derecho Constitucional del Poder*, t. I, Ediar, Buenos Aires, 1967, p. 350.

[184] Ese principio es, precisamente, el límite que caracteriza a la llamada "ejecutoriedad" del acto administrativo.

7. GOBIERNO Y ADMINISTRACIÓN

El proceso de concentración de las funciones estatales producido en distintas etapas históricas – tal como aconteció durante el absolutismo– , condujo a configurar la idea de gobierno (en el sentido de dirigir los intereses de la comunidad) como expresión de todas las funciones que realizaban los príncipes.

Esta idea de gobierno, como centro que totaliza y unifica las funciones del Estado, ha sido seguida aún después de la consagración de la teoría de la separación de los poderes en los textos constitucionales modernos. En ese sentido, nuestra Constitución Nacional – cuya fuente es la de los Estados Unidos de Norteamérica– atribuye ese sentido amplio al Gobierno Federal, el cual se integra con los tres poderes del Estado (Ejecutivo, Legislativo y Judicial)[185].

La distinción entre Gobierno y Administración, en el plano material, ha sido motivo de numerosas concepciones, la mayoría de las cuales se han elaborado para limitar primero y más tarde ampliar, el campo de la revisión judicial de los actos provenientes de órganos estatales.

De ese modo, la teoría de los actos de gobierno, basada en el móvil político, importó negar el acceso a la judiciabilidad a importantes actos que emitía el Poder Ejecutivo o los órganos dependientes, ya que bastaba con atribuir naturaleza o intencionalidad políticas a determinados actos para sustraerlos de la revisión judicial.

La evolución posterior de la teoría – no sólo por la insuficiencia de las concepciones formuladas sino por el progreso del sistema jurídico del Derecho Administrativo– ha hecho que en la actualidad – salvo en muy contados casos, como el de los llamados actos institucionales, en los que evidentemente hay una alta finalidad política– la actuación del Poder Ejecutivo y de los órganos que de él dependen, sea plenamente revisable por los jueces.

El concepto de gobierno queda entonces desprovisto de su original acepción, siendo utilizado en un sentido orgánico, como equivalente al Poder Ejecutivo[186] y, por extensión, a los ministros.

En la organización administrativa argentina, el gobierno nacional está constituido por el presidente, y los ministros, secretarios y subsecretarios, es decir, por los funcionarios que ocupan un cargo político y de naturaleza no permanente. En cambio, la Administración – en sentido estricto– se halla integrada por agentes estables de carrera, que cumplen funciones no políticas, rigiéndose por un estatuto especial.

---

[185] La Segunda Parte de la Constitución Nacional, titulada "Autoridades de la Nación", encabeza su Título Primero con la expresión "Gobierno Federal", el cual, en sus tres secciones, contiene la regulación de los principios y normas referentes al Poder Legislativo, al Poder Ejecutivo y al Poder Judicial.

[186] BIELSA, Rafael, *Derecho Administrativo*, t. I, 5ª ed., Depalma, Buenos Aires, 1955, p. 292, si bien este autor ha reconocido en otra obra (*Estudios de Derecho Público*, t. III, "Denominación y sustancia de algunas cuestiones jurídicas", Depalma, Buenos Aires, 1950-1962) que el concepto de gobierno posee un sentido más general y comprensivo. Esta concepción orgánica encuentra apoyo en la Constitución Nacional a partir de la reforma de 1994 al atribuir al Poder Ejecutivo la jefatura del gobierno (art. 99, inc. 1°, CN).

Pero la diferencia orgánica que se deja apuntada no significa nada en punto a la naturaleza de las funciones que cumplen los integrantes del gobierno, que pueden trasuntar tanto la emisión de actos institucionales (*v.gr.*, la declaración de guerra que efectúa el presidente, art. 99, inc. 15, CN), como el dictado de actos que traduzcan el ejercicio de la función administrativa en sentido material[187].

8. LA CONCEPCIÓN INSTITUCIONAL SOBRE LA ADMINISTRACIÓN PÚBLICA

Las consideraciones precedentes permiten también extraer una conclusión fundamental acerca de la naturaleza de la Administración Pública, desde la óptica del realismo jurídico.

Se trata de aplicar a ella la idea de la institución[188] elaborada por Hauriou y desenvuelta años más tarde por Renard.

En efecto, mientras la Administración posee estabilidad, el Gobierno se encuentra sometido generalmente a la mutación política, ya sea por así imponerlo las reglas del propio sistema republicano (la periodicidad en el desempeño de los cargos políticos constituye una de sus notas peculiares) como por las exigencias derivadas de la obtención de un consenso mínimo por parte de los gobernados, cuya falta suele quebrar la llamada legitimidad del poder.

En la Administración Pública se dan todas las características que son propias de una institución, a saber:

a) persigue fines que, si bien pertenecen al bien común, ella los asume como privativos. Ese fin es la idea de obra que se encuentra en el seno de toda institución y en la medida en que es asumido como propio, la Administración deja de ser instrumental, para institucionalizarse[189];

b) se halla compuesta por un grupo humano que concurre a una actuación comunitaria, el cual se rige por un estatuto específico, que no se aplica a los integran-

---

[187] VEDEL, Georges, *Droit Administratif*, Presses Universitaires de France, Paris, 1968, p. 42. Este autor señala que "conviene, sin duda, no incurrir en una falsa distinción entre Gobierno y Administración: se dice, a veces, que gobernar consiste en decidir las opciones políticas principales; administrar consiste en proveer a las necesidades cotidianas de la vida nacional. En sí misma esta distinción puede ser políticamente justificable, pero no tiene valor jurídico alguno. Cualquiera que sea su alcance político, todos los actos administrativos están sometidos al mismo régimen jurídico: un decreto que fija el precio del trigo, corresponde a una opción política esencial y su régimen jurídico es, sin embargo, el mismo que el del acto administrativo más humilde..." (p. 42).

[188] En la actualidad esta concepción es sostenida por GARRIDO FALLA (GARRIDO FALLA, Fernando, *Tratado de Derecho Administrativo*, t. I, Tecnos, Madrid, 1987, ps. 60 y ss.). Como apunta este autor no toda institución posee personalidad jurídica y en tal sentido ninguna duda cabe de que el Ejército y las restantes Fuerzas Armadas son cada una de ellas una institución, aun cuando carecen de personalidad jurídica, la que pertenece al Estado. Hay otras instituciones que tienen personalidad jurídica propia (*v.gr.*, la Universidad de Buenos Aires). Todo ello demuestra que el Estado (que es la institución de las instituciones) puede albergar en su seno distintas realidades institucionales, con y sin personalidad jurídica.

[189] *Cfr.* GARRIDO FALLA, Fernando, *Tratado de Derecho Administrativo, cit.*, t. I, p. 60.

tes del Gobierno[190]. Los agentes públicos que integran la Administración deben participar plenamente de los fines que objetivamente persigue la institución; de lo contrario, se produce dispersión e inercia en la Administración, provocando su propia decadencia;

c) una tarea perdurable; sus miembros están destinados a seguir en funciones, aun cuando falte el Gobierno, pero no por ello la Administración deja de estar subordinada a este último[191];

d) cuenta con un poder organizado que ha sido instituido al servicio de los fines de interés público que objetivamente persigue, poder que permite imponer las decisiones que adopta la institución no sólo a sus componentes (los agentes públicos) sino a quienes no integran la Administración (los administrados) dentro de los límites que le fija el ordenamiento jurídico; de ahí que también se haya dicho que para lograr el cumplimiento de esos fines la Administración actúa con una "fuerza propia", en forma rutinaria e intermitente, y que su actividad no se paraliza ni se detiene por las crisis y los consecuentes vacíos que se operan en el poder político[192].

---

[190]   En tal sentido, la ley 22.140 (*Régimen Jurídico Básico de la Función Pública*) excluye a los ministros, secretarios y subsecretarios del Poder Ejecutivo nacional (art. 2º, inc. a], ley 22.140).

[191]   Compartimos el criterio que postula la necesidad de que la Administración actúe con neutralidad política (de la política partidista, se entiende), desarrollando su obra con "eficacia indiferente". Como correlato de este principio, el Gobierno debe actuar con neutralidad administrativa, haciendo cumplir las decisiones administrativas preparadas por la Administración. Sin embargo, en caso de tensión entre el poder político y el poder administrativo, ésta debe resolverse "a favor del Gobierno, porque el poder político es el que está legitimado políticamente, mientras que el poder administrativo es algo que genera la Administración por el hecho de ser una institución" (GARRIDO FALLA, Fernando, *Tratado de Derecho Administrativo, cit.*, t. I, p. 61).

[192]   *Cfr.* GARRIDO FALLA, Fernando, *Tratado de Derecho Administrativo, cit.*, t. I, ps. 60/61. Cuadra advertir que siendo la Administración un concepto análogo es posible su utilización simultánea para definir diferentes contenidos que no son necesariamente opuestos (*v.gr.*, el criterio material sobre la Administración que permite deslindar un tipo de actos regidos por reglas homogéneas: el acto administrativo).

CAPÍTULO III

EL CONTENIDO BÁSICO DEL DERECHO ADMINISTRATIVO

1. EL DERECHO ADMINISTRATIVO Y LAS DISTINTAS ETAPAS DE SU EVOLUCIÓN HISTÓRICA

El Derecho Administrativo ha llegado a su actual estado de evolución doctrinaria, legislativa y jurisprudencial a través de un proceso de acumulación y adaptación de técnicas e instituciones provenientes de diversos períodos históricos. Aunque la supervivencia de esas técnicas no acusa siempre una línea uniforme o constante y ha ocurrido con frecuencia el fenómeno de surgimiento de instituciones que habían desaparecido, lo cierto es que el análisis histórico demuestra que así como el Estado del siglo XIX heredó y aplicó muchas de las técnicas típicas del Estado absoluto, éste conservó, por su parte, numerosas instituciones de los siglos anteriores[193].

En nuestra materia, el cambio de las circunstancias históricas ejerce una preponderante influencia sobre los fines de las instituciones del Estado, que van sufriendo un proceso de constante adaptación a las necesidades públicas, muchas veces opuestas a las razones que motivaron su creación. Por ello, resulta indispensable la comprensión histórica de los principios que hoy nutren al Derecho Administrativo y a sus principales instituciones, a fin de poder explicar e interpretar su origen, desarrollo y transformación[194], en suma, su "razón vital", como decía Ortega[195], en un proceso histórico determinado.

El desapego hacia esa metodología por parte de algunos sectores doctrinarios y el fundamental olvido de considerar al Derecho Administrativo como una categoría histórica[196], explica que muchos autores sostengan que el Derecho Administrativo tuvo su génesis en la Revolución Francesa. Se trata evidentemente de un punto de vista parcial y relativo, lo cual no es óbice para reconocer que de los gobiernos que sucedieron a dicha Revolución – y a partir de la época napoleónica– surgió una Administración Pública personificada[197], caracterizada por la adopción del principio de la competencia objetiva.

---

[193] VILLAR PALASI, José L., *Curso de Derecho Administrativo*, t. I, Madrid, 1972, p. 81.

[194] Véase: LUQUI, Roberto E., "Algunas consideraciones sobre el concepto de Administración Pública", LL 151-1069; GRECCO, Carlos M. - MUÑOZ, Guillermo Á., *Lecciones de Derecho Administrativo*, Morón, 1977, p. 99.

[195] ORTEGA Y GASSET, José, *El tema de nuestro tiempo*, Espasa-Calpe, Buenos Aires, 1942, ps. 35 y ss.

[196] CASSAGNE, Juan Carlos, *El acto administrativo*, 1ª ed., Abeledo-Perrot, Buenos Aires, 1974, p. 70.

[197] VILLAR PALASI, José L., *Curso de Derecho Administrativo, cit.*, p. 82, expresa que "en realidad, la Revolución Francesa en lo político y jurídico no hace sino dar un vigoroso im-

A. Origen de las técnicas: el Derecho regio. El Estado de Policía

La recepción del Derecho Romano en el período intermedio [198] determinó la aparición de normas que primeramente revistieron un carácter excepcional respecto del *ius commune* y que luego de convertirse en un derecho singular – donde el Derecho común era de aplicación subsidiaria– configuraron un *ius proprium* con plena autonomía, integrándose con sus principios y elementos peculiares, sin perjuicio de la recurrencia a la analogía.

De este proceso, el Derecho Administrativo contemporáneo ha heredado un gran número de técnicas y principios provenientes del Derecho regio, aunque no faltan algunos autores que hayan pretendido ubicar su origen en el llamado Estado de Policía. En este sentido, el fenómeno de captación de técnicas anteriores se reconoce actualmente en la presunción de legitimidad del acto administrativo, que reproduce un principio general que caracterizaba a las decisiones del príncipe; en el principio de la ejecutoriedad; en la vía del apremio para la ejecución de ciertos créditos fiscales; en la inderogabilidad singular de los reglamentos y en instituciones tales como el dominio público, la jerarquía, la competencia, etcétera[199].

Las circunstancias históricas que caracterizaron al período en que el Derecho regio tuvo vigencia, cargado de inestabilidad política, asignaron a éste una naturaleza contingente que obstaculizó toda elaboración orgánica de sus principales normas y principios[200].

De otra parte, el Derecho regio se apropió de muchas técnicas pertenecientes al Derecho Canónico, extendiéndose su influencia hasta comienzos del siglo XIX, incorporándosele, en su último ciclo, el derecho estatutario (colegios y estamentos) y alcanzando su mayor gravitación, particularmente, a partir de los Borbones.

Durante la Edad Moderna (en Francia hasta el siglo XVIII y en Alemania hasta el siglo XIX) se afianzó en toda su intensidad la concepción del Estado de Policía, basada en la necesidad de concentrar y consolidar el poder del príncipe, como reacción contra la desmembración y disminución del poder que se operó en el transcurso de la Edad Media.

En dicho período la supremacía del príncipe se apoyó en el *ius politiae* que lo facultaba a ejercer sobre los administrados el poder necesario a fin de procurar el

---

[198] pulso al detenido proceso de creación y absorción de poder que se inicia en el siglo XIII... De otro lado, si bien es cierto que con esta revolución se instaura un nuevo sistema de seguridad jurídica ya totalmente desvinculado de ataduras teológicas – derecho divino de los reyes– también lo es que, con ello, no se hace sino concluir el ciclo de secularización estatal que ya se vislumbra en el siglo XIV".

[198] Respecto de la organización administrativa en Roma, Giannini, afirma que ella se induce de su excelente organización militar (GIANNINI, Massimo S., *Diritto Amministrativo*, t. I, Giuffrè, Milán, 1970, ps. 9/10).

[199] VILLAR PALASI, José L., *Curso de Derecho Administrativo*, cit., t. I, ps. 83/84.

[200] VILLAR PALASI, José L., *Curso de Derecho Administrativo*, cit., t. I, p. 84.

orden público y el bienestar general[201] y que reconocía su origen en la *pax publica* del Derecho regio[202].

Ese sistema consagró un poder ilimitado[203], no sujetando la intervención fundada en el *ius politiae* a ningún precepto o principio legal ni consuetudinario.

Entre las instituciones, hoy contemporáneas, que contribuyeron entonces a engrosar el *ius politiae* se encuentran, entre otras, la expropiación por causa de utilidad pública, la competencia en razón del territorio[204] y las instrucciones y circulares[205].

B. La etapa del "régimen administrativo". Sus características esenciales

La construcción del Derecho Administrativo, precisamente lo que Hauriou calificó como "régimen administrativo", se operó en el período comprendido entre el fin de la Revolución Francesa y el Segundo Imperio[206].

Las características peculiares que Hauriou atribuía al Derecho Administrativo continental europeo – en su célebre polémica con Dicey– eran las siguientes:

a) una Administración fuertemente centralizada, con ordenación jerárquica de órganos integrados por funcionarios, que permite la existencia de un contralor administrativo por parte de los órganos superiores;

b) un conjunto de prerrogativas atribuidas a la Administración y derivadas de su consideración como "poder jurídico". Ésta es su nota esencial;

c) el juzgamiento de la actividad administrativa ilegal por tribunales administrativos. En Francia, tal función se asigna al Consejo de Estado, juntamente con la misión de evacuar consultas[207].

En cambio, el sistema anglosajón se encontraba entonces regulado por una concepción distinta, el *rule of law*, según la cual:

a) la descentralización o, mejor dicho, la autonomía de los entes locales era prácticamente total y absoluta, absorbiendo muchas de las competencias que en Europa continental pertenecían a la Administración central;

---

[201] MAYER, Otto, *Derecho Administrativo alemán*, t. I, traducción de Horacio H. Heredia, Depalma, Buenos Aires, 1949, p. 34.

[202] Ella constituye una construcción práctica para consolidar el poder del príncipe, facultándolo a intervenir (excepcionalmente en el Derecho regio) en aquellos supuestos en los que su actuación era necesaria para la conservación de la paz (*v.gr.*, mantenimiento del orden en los caminos públicos). La idea fue luego extendiéndose y generó el llamado Derecho de Policía.

[203] MAYER, Otto, *Derecho Administrativo alemán, cit.*, p. 34.

[204] VILLAR PALASI, José L., *Curso de Derecho Administrativo, cit.*, t. I, p. 86.

[205] FLEINER, Fritz, *Instituciones de Derecho Administrativo*, trad. de la 8ª ed. alemana, Labor, Barcelona, 1933, ps. 54/55.

[206] Así lo sostiene WEIL (WEIL, Prosper, *Le Droit Administratif*, París, 1964, p. 9), opinión compartida por BOQUERA OLIVER, José M., *Derecho Administrativo*, t. I, Instituto de Estudios de Administración Local, Madrid, 1972, p. 29.

[207] LOCHAK, Danièle, *Le rôle politique du juge administratif français*, prologado por Weil, LGDJ, París, 1972, ps. 70 y ss.

b) la actividad de los órganos administrativos se hallaba sometida a las mismas reglas que los particulares, careciendo de prerrogativas de poder público. La Administración no constituía un "poder jurídico";

c) la Administración era juzgada siempre por tribunales ordinarios, independientes del Poder Ejecutivo.

Actualmente se admite que la evolución que ha sufrido la Administración Pública en Inglaterra ha dado origen a un verdadero Derecho Administrativo, ya que, si bien aún las diferencias son sensibles, se advierte la aparición y aumento de las prerrogativas estatales, una atenuación de las autonomías de los entes locales y el surgimiento de tribunales especiales para enjuiciar la actividad de la Administración Pública[208].

Idéntica situación acontece en los Estados Unidos, en un proceso que se ha desarrollado "en contra de la voluntad de los juristas y en parte sin que ellos lo supieran, como respuesta a las exigencias de la sociedad moderna, a las que, desgraciadamente, el viejo sistema ya no era capaz de hacer frente"[209].

De todas las características que la doctrina clásica atribuía al "régimen administrativo" la que, sin lugar a dudas, determina su configuración autónoma y, por ende, la del Derecho Administrativo como derecho común de la Administración (no especial ni excepcional), es la existencia de un sistema de prerrogativas de poder público que influyen también, correlativamente, en un aumento de las garantías del administrado, a efectos de compensar al poder público y mantener un justo equilibrio entre ambas.

La existencia de tribunales administrativos, aun con cierta separación de la Administración activa, como es el Consejo de Estado Francés con sus diversas garantías (orgánicas, formales y estatutarias)[210] o la fiscalización de la actividad de la Administración por parte de los jueces ordinarios o por tribunales especiales pertenecientes al Poder Judicial, no constituyen un dato actualmente válido para adscribir un país al "régimen administrativo"[211].

---

[208] LEFEBURE, Marcus, *Le pouvoir d'action unilatérale de l'administration en Droit anglais et français*, LGDJ, París, 1960; WADE, H. William R., *Derecho Administrativo*, con prólogo de PÉREZ OLEA, trad. del inglés, Instituto de Estudios Políticos, Madrid, 1971, y WADE, William - FORSYTH, Christopher, *Administrative Law*, 8ª ed., Oxford, Londres, 2000, ps. 9 y ss.; ENTRENA CUESTA, Rafael, *Curso de Derecho Administrativo*, 3ª ed. reimpr., Tecnos, Madrid, 1970, ps. 45 y ss.; BOQUERA OLIVER, José M., *Derecho Administrativo, cit.*, t. I, ps. 41/43.

[209] ADAMS, John C., *El Derecho Administrativo norteamericano: nociones institucionales de Derecho Comparado*, trad. del inglés, Eudeba, Buenos Aires, 1964, p. 23, entre nosotros puede consultarse la obra de TAWIL, en la que se destaca, en forma objetiva y realista, la aproximación entre el sistema anglosajón y el continental europeo. En rigor, resultan mucho más grandes los pasos que ha dado el derecho anglosajón (que ha dejado de lado las ideas de DICEY) para configurar un sistema de Derecho Administrativo más afín al que rige en los países de Europa continental (véase: TAWIL, Guido S., *Administración y Justicia*, t. I, Depalma, Buenos Aires, 1993, ps. 19 y ss.).

[210] CHEVALIER, Jacques, L'élaboration historique du principe de séparation de la juridiction administrative et de l'administration active, LGDJ, París, 1970, ps. 102 y ss.

[211] *Cfr.* BOQUERA OLIVER, José M., *Derecho Administrativo, cit.*, t. I, p. 32.

2. LA ECUACIÓN ENTRE ADMINISTRACIÓN PÚBLICA Y DERECHO ADMINISTRATIVO: SU RUPTURA

La injerencia progresiva del Derecho Administrativo contemporáneo sobre esferas de actuación reservadas anteriormente con exclusividad al Derecho Privado, unida a la necesidad de regular nuevas conductas y situaciones carentes de normación, provocó la ruptura de la clásica ecuación entre Administración Pública y Derecho Administrativo.

De esta manera, si bien el Derecho Administrativo alcanzó a tener el contenido de las distintas concepciones que sobre la Administración Pública se han elaborado, la noción de esta última – en sus diferentes acepciones– no sirve para delimitar el contorno y el contenido de la disciplina[212].

No obstante que el único criterio sobre la función administrativa que explica sin contradicciones lógicas las funciones esenciales del Estado es el material u objetivo, no puede pretenderse que esta formulación doctrinaria (sin desconocer su utilidad) sirva para agotar el contenido del Derecho Administrativo, en cuanto quedaría fuera de este último nada menos que la actividad reglamentaria que, desde un punto de vista estrictamente material, constituye una actividad de naturaleza legislativa o normativa.

Desde otro ángulo se observa que el Derecho Administrativo interviene también en la regulación y el control de la actividad de las personas públicas no estatales (colegios profesionales, etc.), al fiscalizar la Administración las decisiones de tal tipo de entidades. A todo ello se le añade, a partir de las privatizaciones, el Derecho que rige la actuación de los entes reguladores de los servicios públicos.

Queda demostrado así, en definitiva, que el Derecho Administrativo constituye una "categoría histórica", que no admite su identificación con aquellas concepciones doctrinarias sobre la Administración Pública que pretenden realizar su delimitación en forma absoluta[213].

La ruptura de la ecuación tradicional entre Administración Pública y Derecho Administrativo responde, en consecuencia, a una ampliación del contenido de éste como producto de circunstancias históricas.

---

[212] CASSAGNE, Juan Carlos, *El acto administrativo, cit.*, p. 68, donde realizamos la crítica a las distintas concepciones y a su empleo para el objeto que criticamos. En efecto, el llamado criterio subjetivo deja de lado toda la actividad administrativa que realizan el Parlamento y los jueces, mientras que el denominado criterio mixto no incluye la regulación de los actos de entidades no estatales, o de ciertos aspectos de ellos, por el Derecho Administrativo.

[213] Es curioso advertir la tendencia de la doctrina francesa a radicalizar el problema de la definición, sobre la base de dos posturas antitéticas, como son la concepción subjetiva u orgánica – preconizada por Einsenmann– y la teoría material o funcional, que se centra en la potestad pública, sostenida por la mayoría de la doctrina francesa, particularmente por Vedel. Véanse al respecto EINSENMANN, Charles, "Droit Public, Droit Privé", *Revue de Droit Public*, Chevalier Marescq, París, 1952, ps. 904 y ss.; VEDEL, Georges, *Droit Administratif*, Presses Universitaires de France, París, 1968, ps. 9 y ss.; RIVERO, Jean, *Droit Administratif*, Dalloz, París, 1977, ps. 17/20; BENOIT, Francis Paul, *Le Droit Administratif français*, Dalloz, París, 1968, p. 84; para este último autor la noción de poder público es, desde el punto de vista de la técnica jurídica, el dato revelador del fenómeno administrativo.

3. CONTENIDO ACTUAL DEL DERECHO ADMINISTRATIVO: EL PROBLEMA DE SU DEFINICIÓN

Se ha dicho que el Derecho Administrativo enfrenta una auténtica crisis de crecimiento, que hace necesario que su definición tenga la flexibilidad y el dinamismo suficientes para captar la realidad histórica de cada país[214].

La evolución operada en los cometidos del Estado[215] y la configuración del "régimen exorbitante" propio del Derecho Administrativo han originado el nacimiento de un conjunto de instituciones y técnicas que han ido modelándose en un proceso de alejamiento progresivo de los principios del Derecho Privado, que en un primer momento constituyeron el basamento para su desarrollo. Ello no implica en manera alguna la aceptación de una tendencia inevitable hacia el dirigismo estatal, puesto que la intervención del Estado debe regirse siempre por el principio de la suplencia o subsidiariedad.

Se ha visto antes cómo resulta prácticamente imposible definir al Derecho Administrativo sobre la base exclusiva de la noción de Administración Pública.

Así, no puede considerarse al Derecho Administrativo como el Derecho de la Administración (en sentido orgánico)[216]. Este esquema – que Meilán Gil califica de simplista– se quiebra por la fuerza de la realidad que admite la transferencia de funciones estatales a entes que (aunque no revisten formas jurídicas privadas) no integran la Administración Pública[217].

Lo que ocurre es que la realidad del Derecho Administrativo preexiste a la de la Administración[218], aparte de que ésta no siempre actúa en el ámbito del Derecho Público. El Derecho Administrativo es un derecho común[219] que precisa cortar los viejos lazos que históricamente lo unieron al Derecho Civil y que debe ser definido como una rama sustantiva del Derecho, *ratione materiae*[220].

Un criterio básico sobre el Derecho Administrativo tiene que recoger naturalmente su contenido actual, aun a riesgo de que pueda producirse su desactualización

---

[214] MARTÍN MATEO, Ramón, *Manual de Derecho Administrativo*, 3ª ed., edición del autor, Madrid, 1974, ps. 82/83.

[215] Al respecto VILLAR PALASI, expresa lo siguiente: "No sólo en el terreno de los principios jurídicos, sino también en cuanto al ámbito propio de competencia del Estado se marcará una positiva innovación: beneficencia, sanidad, educación, etc., pasarán a ser tareas estatales, ámbitos declarados públicos, arrancados de su naturaleza eclesial originaria. El proceso de secularización se cierra, así, con los llamados 'servicios sociales', echándose sobre las espaldas del Estado todo el peso y la responsabilidad del quehacer social. Pues lo que comenzó con una atracción de poder hacia el Estado concluirá con una insoportable asunción de responsabilidad" (VILLAR PALASI, José L., *Curso de Derecho Administrativo*, cit., p. 95).

[216] GARCÍA DE ENTERRÍA, Eduardo - FERNÁNDEZ, Tomás R., *Curso de Derecho Administrativo*, t. I, 9ª ed., Civitas, Madrid, 1999, ps. 39 y ss.

[217] MEILÁN GIL, José L., *El proceso de la definición del Derecho Administrativo*, Centro de Formación y Perfeccionamiento de Funcionarios, Madrid, 1967, p. 77.

[218] Ver y comparar: MARTÍN MATEO, Ramón, *Manual de Derecho Administrativo*, cit., ps. 83/84.

[219] VEDEL, Georges, *Droit Administratif*, 4ª ed., cit., p. 46.

[220] MEILÁN GIL, José L., *El proceso de la definición del Derecho Administrativo*, cit., p. 67.

con el tiempo. Por esa razón nos parecen correctos los puntos de partida de Martín Mateo y Meilán Gil. El primero de ellos, al afirmar que no se puede construir la noción "sobre una sola piedra angular sin dar entrada a una serie de ideas complementarias". Por eso la noción debe ser pluralista. El segundo, en cuanto pone primariamente el acento en la atención de los intereses colectivos o en la satisfacción del bien común y, secundariamente, en la Administración personificada[221].

Sin desconocer la relatividad que entraña la elección de un criterio[222], el Derecho Administrativo puede definirse como aquella parte del Derecho Público interno que regula la organización y las funciones de sustancia administrativa, legislativa y jurisdiccional del Órgano Ejecutor y de las entidades jurídicamente descentralizadas, las funciones administrativas de los restantes órganos que ejercen el poder del Estado (Legislativo y Judicial) y, en general, todas aquellas actividades realizadas por personas públicas o privadas a quienes el ordenamiento les atribuye potestades de poder público derogatorias o exorbitantes del Derecho Privado[223]. Aun cuando no sean personas administrativas.

Al definir el Derecho Administrativo como aquel "que regula la organización..." de la Administración Pública (en sentido subjetivo) se adopta una idea que muchos han reconocido en el desarrollo teórico de la disciplina[224], incorporando el estudio de algunas técnicas y criterios de la llamada Ciencia de la Administración, respecto de la cual no creemos pueda operarse una separación tajante[225].

---

[221] MEILÁN GIL, José L., *El proceso de la definición del Derecho Administrativo*, cit., ps. 83/85.

[222] En Alemania, WOLF ha sostenido que la falta de éxito se debe a los esfuerzos encaminados a obtener una noción única de Administración Pública, cuando en realidad son varias las que existen (*Cfr.* WOLF, H. I., *Verwaltungsrecht*, t. I, 5ª ed., Munich, 1963, ps. 8 y ss., cit. por MEILÁN GIL, *El proceso de la definición del Derecho Administrativo*, cit., p. 40).

[223] En la doctrina uruguaya, SILVA CENCIO planteó la necesidad de distinguir la definición del Derecho Administrativo, según se lo conciba como un "cuerpo de reglas" o como "disciplina jurídica". Sostiene este autor que "en tanto cuerpo de reglas jurídicas, el Derecho Administrativo supone un conjunto de reglas relativas a una actividad determinada", es decir, a la función administrativa en sentido material (que define como el poder jurídico de realizar cometidos estatales en cuanto requieren ejecución inmediata). En cambio, como ciencia jurídica entiende que juntamente con las reglas de Derecho Administrativo, dicha disciplina debe concebirse como la ciencia que estudia también otras reglas que no pertenecen al primer sentido de la definición que desarrolla, incluyendo todos los actos jurídicos y operaciones materiales en cuanto sean actividad de la Administración Pública (como conjunto de órganos públicos). SILVA CENCIO, Jorge, *Estudios de Derecho Administrativo*, t. I, Montevideo, 1979, ps. 86/89, especialmente los nros. 91, 92 y 98. En cuanto a los actos de objeto privado (también llamados actos mixtos) que para SILVA CENCIO constituyen el principal escollo de la tesis clásica francesa representada por HAURIOU y VEDEL, entre otros, la concepción del Derecho Administrativo como categoría histórica permite justificar, que la regulación de ciertos requisitos esenciales, como la competencia, pertenece al Derecho Administrativo.

[224] Un ejemplo de lo que afirmamos en el texto lo constituye el tratamiento doctrinario del tema de la descentralización donde resulta imposible realizar un estudio jurídico-legal, exclusivamente.

[225] En este sentido hay quienes, como LANGROD, postulan que el Derecho Administrativo constituye una parte del fenómeno administrativo, que exige ser explicado por todas las ciencias sociales (*Cfr.* LANGROD, Georges, *El pensamiento administrativo no jurídico*, vicisi-

El estudio de la organización administrativa, en las distintas escuelas de nuestro país, comprende también la consideración de los órganos del Gobierno y de la Administración Pública[226], sin perjuicio de que el tema sea abordado desde otra perspectiva por el Derecho Constitucional.

En el contenido del Derecho Administrativo corresponde incluir el estudio de todas las funciones públicas de la Administración, aun cuando las respectivas actividades traduzcan actos de diferente sustancia. Así, pese a que pueda discreparse acerca de la naturaleza de los reglamentos y de los actos de contenido jurisdiccional que emiten órganos administrativos, su temática y régimen jurídico siempre han sido objeto de nuestra disciplina.

La ampliación de ese contenido (que sería el correspondiente a la etapa: Derecho Administrativo = Administración Pública en sentido subjetivo) se opera a raíz de haberse advertido la conveniencia de que la actividad materialmente administrativa de los otros órganos del poder estatal (Legislativo y Judicial) se rija fundamentalmente por los principios que regulan la actividad administrativa del Poder Ejecutivo.

Uno de los últimos avances doctrinarios del Derecho Administrativo es sin duda la inserción de la actividad de las personas no estatales (derogatoria o exorbitante del Derecho Privado), que comprende no sólo las prerrogativas que traducen una preeminencia sino también aquellas que implican obligaciones más estrictas[227]. Otro aspecto que demuestra la constante movilidad y ampliación de las técnicas del Derecho Administrativo concierne a la actuación de los nuevos entes reguladores y a sus relaciones tanto con los concesionarios o licenciatarios como con los usuarios de los servicios públicos[228].

4. LAS BASES FUNDAMENTALES DEL DERECHO ADMINISTRATIVO CONTEMPORÁNEO

La mayor amplitud temática que ha ganado el Derecho Administrativo de nuestros días requiere una explicación a la luz de un conjunto de notas o facetas típicas que conforman las bases de su sistema.

Aunque algunos de los principios, que serán seguidamente objeto de análisis, ya existían en cierto modo en el Derecho Administrativo del Estado decimonónico, lo cierto es que, hacia mediados del siglo XX, como afirmó Bielsa: "los principios de

---

tudes y renacimiento, Centro de Formación y Perfeccionamiento de Funcionarios, Madrid, 1964, p. 32). Se trata de una postura intermedia entre quienes sostuvieron la primacía absoluta del Derecho Administrativo (MAYER, LAFERRIÈRE, SANTI ROMANO, etc.) y aquellos que alejaron de su construcción toda consideración jurídica (von Stein) que a nuestro juicio deviene en una absorción del derecho por la llamada ciencia de la administración.

[226] Es la tendencia dominante en España, Alemania, Italia y Francia; puede verse al respecto GALLEGO ANABITARTE, Alfredo, *Derecho general de organización*, Instituto de Estudios Administrativos, Madrid, 1971, p. 24, nota 11.

[227] MEILÁN GIL, José L., *El proceso de la definición del Derecho Administrativo*, cit., p. 71. Es también – como recuerda este autor– la idea francesa de la *puissance publique*. VEDEL, Georges, *Droit Administratif*, cit., ps. 18 y ss.

[228] Véase leyes 24.065 y 24.076, entre otras.

la filosofía política liberal han caído en buena parte ante concepciones jurídico-políticas nuevas, o distintas de las anteriores"[229] para pasar finalmente a otro ciclo histórico, marcado por una globalización creciente, en el que se opera el abandono del colectivismo y se vuelve (en la mayoría de los países civilizados) a un sistema de libertades que procura la conciliación de las bases históricas del viejo liberalismo (democracia y derechos humanos) con el reconocimiento de una función social a cargo del Estado, bien que limitada por los recursos fiscales existentes y por el principio de subsidiariedad.

A. El Estado de Derecho y el principio de legalidad

La expresión "Estado de Derecho", acuñada por primera vez por von Mohl en 1832, tradujo originariamente la lucha que sostuvieron los Parlamentos por alcanzar supremacía frente al príncipe, la cual se identificó más con la idea de una superioridad orgánica fundada en la soberanía que en la autoridad de las normas generales que emanaban del Poder Legislativo[230].

El desarrollo del constitucionalismo determinó con posterioridad los alcances precisos de la concepción dentro del modelo occidental. El Estado de Derecho significó básicamente, a partir de entonces, un régimen en el cual el Derecho preexiste a la actuación de la Administración y la actividad de ésta se subordina al ordenamiento jurídico; conjuntamente, los derechos fundamentales de las personas se hallan plenamente garantizados, sólo pueden ser reglamentados por las leyes y existen tribunales independientes para juzgar las contiendas[231]. Tal es el sentido que cabe atribuir al principio de legalidad[232] según el cual la Administración ha de actuar conforme al ordenamiento constitucional y legal que determina su competencia al tiempo que los ciudadanos no pueden ser obligados a hacer lo que no se encuentra prescripto en las leyes (art. 19, CN).

Dentro de esta concepción surge el Derecho Público subjetivo que atribuye al particular la facultad de exigir una determinada conducta (positiva o negativa) de parte de la Administración, contrariamente a lo que aconteció durante el Estado-policía[233].

Pero la concepción del Estado de Derecho sufrió, especialmente a partir de la Primera Guerra Mundial, una importante transformación a raíz de la acentuación del intervencionismo estatal y el intento de borrar la dualidad entre el Estado y la sociedad. Este modelo, conocido como "Estado Benefactor" o "Estado Social de Dere-

---

[229] BIELSA, Rafael, "Nociones sumarias sobre el estudio del Derecho Administrativo", *Revista de la Facultad de Derecho y Ciencias Sociales de la UBA*, nro. 10, Buenos Aires, 1948, p. 273.

[230] BOQUERA OLIVER, José M., *Derecho Administrativo y socialización*, 1ª ed., Civitas, Madrid, 1965, p. 58, puntualiza que tal preeminencia fue una derivación de la doctrina de Rousseau.

[231] MARTÍN MATEO, Ramón, *Manual de Derecho Administrativo*, cit., ps. 33 y ss.

[232] Una interpretación similar a la que exponemos es la de MORÓN URBINA, Juan Carlos, *Comentarios a la ley del procedimiento administrativo general*, Gaceta Jurídica, Lima, 2006, p. 61 y ss.

[233] VILLAR PALASI, José L., *Curso de Derecho Administrativo*, cit., p. 95.

cho"[234], se apoyó básicamente en la premisa de que el Estado debía ser el configurador del orden social con el fin de corregir las desigualdades existentes en la sociedad, actuando la Administración como aportadora de prestaciones[235]. La quiebra de dicho modelo, que instauró la ley de la intervención estatal creciente en el campo económico social, ha originado un amplio movimiento tendiente tanto a limitar las funciones de la Administración como a desregular y desmonopolizar actividades en la búsqueda de una mayor racionalidad en la administración del gasto público y de un correlativo aumento de la gestión privada en la economía.

Este sistema, que puede calificarse como "Estado subsidiario"[236], mantiene las reglas del Estado de Derecho, poniendo énfasis en la protección de la iniciativa privada y la libre competencia[237] y, al propio tiempo que limita la intervención del Estado como productor o comerciante, no deja de hacerlo en determinados ámbitos de interés social (salud pública, previsión social, etc.) no cubiertos por la actividad privada.

B. La "zona de reserva de la Administración" como consecuencia del principio de separación de poderes

Una de las principales consecuencias que deriva de la adopción, por parte de la Constitución Nacional, del principio de separación de poderes radica, como se ha explicado antes, en la configuración de una *"zona de reserva de la Administración"*, la cual encuentra su fundamento positivo en el precepto contenido en el art. 99, inc. 1º, CN, que atribuye al Poder Ejecutivo la regulación de aquellas materias que resultan inherentes a las funciones que se le han adjudicado como Jefe Supremo de la Nación, Jefe del Gobierno y responsable político de la Administración general del país.

Un sector de la doctrina ha considerado que la concepción de las facultades reservadas del Ejecutivo entraña una filosofía autoritaria[238] no consagrada en parte alguna de nuestra Constitución Nacional, sosteniendo que constituye una interpretación no ajustada al modelo constitucional que nos rige.

Nada más lejos de ello, habida cuenta de que esta tesis, sostenida con rigor científico por Marienhoff[239] y otros autores[240], tiene por finalidad principal acotar la

---

[234] BOQUERA OLIVER, José M., *Derecho Administrativo y socialización*, ps. 58 y ss.; MARTÍN MATEO, Ramón, *Manual de Derecho Administrativo, cit.*, p. 92.

[235] FORSTHOFF, Ernst, *Sociedad industrial y Administración Pública*, trad. castellana, Madrid, 1967, ps. 19 y ss.

[236] CASSAGNE, Juan Carlos, "La transformación del Estado", LL 1990-E-899 y 1078.

[237] Art. 42, CN.

[238] GORDILLO, Agustín A., *Tratado de Derecho Administrativo*, t. 3, 4ª ed., Fundación de Derecho Administrativo, Buenos Aires, 1999, p. 4, y t. I, 5ª ed., Fundación de Derecho Administrativo, Buenos Aires, 1998, p. VII-61, acepta sin embargo la existencia de reglamentos autónomos, pero limitados a la esfera interna de la Administración.

[239] MARIENHOFF, Miguel S., *Derecho Administrativo*, t. I, 5ª ed. act., Abeledo-Perrot, Buenos Aires, 1995, ps. 260 y ss.

[240] AJA ESPIL, Jorge A., *Constitución y poder*, TEA, Buenos Aires, 1987, p. 102; COVIELLO, Pedro J. J., "La denominada zona de reserva de la Administración y el principio de la legali-

injerencia del Poder Legislativo sobre las atribuciones privativas del Ejecutivo con el objeto de mantener la vigencia de la separación de poderes, especialmente en lo que atañe al gobierno de la Administración. Así, por ejemplo, sería inconcebible la creación, por parte del Congreso, de entes reguladores que actúen bajo su dependencia funcional o bien que los recursos jerárquicos fueran resueltos por órganos del Parlamento cercenando las facultades privativas del presidente como órgano máximo de la Administración (los ejemplos podrían multiplicarse). Una interpretación semejante sería algo así como consagrar la *"omnipotencia legislativa"* a la que, en su momento, se puso freno a través de la jurisprudencia de la Corte Suprema de Justicia de la Nación[241].

Sin embargo, la configuración de la *"zona de reserva"*, que permite fundar la potestad del Poder Ejecutivo para dictar reglamentos autónomos no ha de tomarse como argumento para limitar la revisión judicial, incluso de la actividad discrecional que resulta siempre controlable por causales de arbitrariedad o desviación de poder. Lo que no pueden hacer los jueces es sustituir por completo a la Administración, excepto en aquellos supuestos en que se trate de medidas positivas respecto de actos concretos reglados que la Administración tenía el deber legal de dictar o la modificación incluso de actos viciados de nulidad que llevan a cabo los jueces a fin de que la tutela judicial sea realmente efectiva y puedan restablecerse los derechos vulnerados.

En realidad, la teoría de la zona de reserva y el precepto constitucional en que se nutre se aplican para deslindar la actividad privativa (expresión que utiliza Linares) del Poder Ejecutivo e impedir su avasallamiento por los otros poderes del Estado, especialmente del Poder Legislativo. No hay que confundir su sentido arquitectónico constitucional con el problema de la revisión judicial que pasa por otro cauce de principios y límites naturales (*v.gr.*, los jueces no podrían dictar los reglamentos de los servicios públicos) donde lo que se plantea, fundamentalmente, es la densidad del control y el alcance de las medidas judiciales tendientes a realizar la tutela judicial efectiva. En principio, el control judicial ha de ser tan amplio como suficiente de acuerdo con las circunstancias del caso y a los principios constitucionales inherentes a la separación de poderes y al debido proceso legal[242].

---

dad administrativa", REDA, nro. 21/23, Depalma, Buenos Aires, 1996, ps. 109 y ss.; CASSAGNE, Juan Carlos, *Derecho Administrativo*, t. I, 6ª ed., Buenos Aires, 1998, ps. 94 y ss.; BIANCHI, Alberto B., *La delegación legislativa*, Ábaco, Buenos Aires, 1990, ps. 119/120; BIDART CAMPOS, Germán J., *Tratado elemental de Derecho Constitucional argentino*, t. III, Ediar, Buenos Aires, 1986, ps. 228/229. En una postura intermedia reconociendo una zona de reserva (facultades privativas) de escasa extensión se ubica Linares (LINARES, Juan F., *Derecho Administrativo*, Astrea, Buenos Aires, 1986, p. 66, nota 27).

[241] "HORTA, José c/ Harguindeguy", Fallos, 137:47 (1922), tampoco podría el Poder Legislativo limitar el ejercicio del derecho de veto que la Constitución Nacional consagra a favor del Ejecutivo o arrogarse el poder de fijar las tarifas de los servicios públicos dado que ello constituye una facultad privativa del Ejecutivo que integra los poderes administrativos que surgen de su responsabilidad como ente superior de la Administración Pública (art. 99, inc. 1º, CN) al cual se le atribuye, como poder inherente, el ejercicio de las funciones de gobierno y administración del país.

[242] Ver: BADENI, Gregorio, *Derecho constitucional. Libertades y garantías*, Ad-Hoc, Buenos Aires, 1993, ps. 508 y ss.

C. El intervencionismo estatal y el principio de subsidiariedad

Hace muchos años, en su clásica obra *De la Administración Pública con relación a España*, a Olivan no le pasaron inadvertidas las dos posturas extremas, que en forma ininterrumpida tratan de alcanzar su predominio; por un lado, aquellas doctrinas que propugnan la total abstención de la Administración Pública en cuanto al manejo de los intereses colectivos, y por el otro, las posiciones que exageran el papel del Estado al sostener una total intervención de éste en todos los campos de la sociedad[243].

El fenómeno del intervencionismo estatal no traduce empero un proceso inédito en la historia en la medida en que su existencia aparece – con variado alcance y extensión– configurada desde la Edad Media hasta el Estado liberal, cuyo grado de intervencionismo en la industria – por ejemplo– ha sido suficientemente destacado[244].

Pero a raíz de diversos factores ha cambiado la intensidad de ese proceso. A ello han contribuido decisivamente el hecho de las aglomeraciones que muestra la vida contemporánea, el cual produce una multiplicación de las necesidades colectivas y el abandono del principio de las economías cerradas que basaban su producción en la atención de las necesidades de los integrantes de la comunidad local. Asimismo, el Estado había asumido la realización de las actividades industriales y comerciales a través de formas jurídicas privadas y nuevos cometidos aparecen en su horizonte[245], a raíz del proceso de privatizaciones que ha rescatado el papel que tienen en nuestro ordenamiento constitucional los derechos privados (art. 14, CN).

En general, puede advertirse que actualmente – en todos los países que han seguido el sistema continental europeo, como el nuestro– , no existen prácticamente actividades cuyo ejercicio no se vincule, en mayor o menor intensidad, con el Derecho Administrativo[246].

En el proceso de justificación del intervencionismo estatal se había abdicado del principio de no injerencia, que aunque no se cumplía en todo su rigorismo, como lo recogen investigaciones recientes[247], se oponía en forma dogmática para impedir o refutar la asunción por parte del Estado de actividades industriales o comerciales.

Al propio tiempo aparece como un principio rector en esta materia el de la suplencia o subsidiariedad, que justifica la intervención en aquellos casos de ausencia

---

[243] OLIVAN, expresa lo siguiente: "Dejad hacer, dicen los que, llevando al campo de la administración sus teorías exageradas en política, pretenden confiar al interés individual el arreglo de los otros intereses que le son opuestos. Hacedlo todo, dicen, por el contrario, los que intentan introducir la acción de gobierno hasta los más sencillos pormenores, sin conceder a los pueblos ni a los individuos libertad, estímulo ni recompensa. Todos los extremos son viciosos..." (*Cfr.* OLIVAN, Alejandro, *De la Administración Pública con relación a España*, Instituto de Estudios Políticos, Madrid, 1954, p. 78).

[244] VILLAR PALASI, José L., *La intervención administrativa en la industria*, t. I, Instituto de Estudios Políticos, Madrid, 1964, ps. 13 y ss.

[245] SAVY, Robert, *Droit Public Economique*, París, 1972, ps. 1/3.

[246] CASSAGNE, Juan Carlos, *El acto administrativo, cit.*, p. 56.

[247] VILLAR PALASI, José L., *La intervención administrativa..., cit.*, ps. 15 y ss.

o insuficiencia de la iniciativa privada, cuando fuere necesario para la satisfacción del bien común[248]. Al respecto se ha sostenido que "la función del Estado en la economía no consiste en paliar algunos de sus efectos nocivos asumiendo el papel de productor bien intencionado y entrando en competencia con los sectores privados... La producción debe residir en principio en la esfera privada..."[249] y así ha acontecido en nuestro país a partir del proceso de reforma del Estado[250].

Pero la función del Estado no se agota en el "dejar hacer" sino que a veces requiere decisiones positivas en aquellos campos en que el bien común reclama su intervención[251]. Se ha operado una suerte de evolución del derecho de libertad, que en el campo de las industrias (por ejemplo) reemplaza el principio de la libertad industrial por el sistema de mercado (muy mal interpretado entre nosotros) que exige tener en cuenta no el interés individual exclusivamente, sino también el de la comunidad, procurando la satisfacción armónica de ambos[252].

5. EL CARÁCTER RELATIVO DE LOS DERECHOS Y LOS LÍMITES CONSTITUCIONALES AL EJERCICIO DEL PODER REGLAMENTARIO

Si bien uno de los pilares primordiales que persigue el Derecho Administrativo se orienta a la protección de las libertades de los ciudadanos y empresas, y en general de todos los derechos reconocidos tanto en los arts. 14 y 14 bis, CN, como en los nuevos preceptos constitucionales (arts. 41, 42 y 43, CN, entre otros) cabe advertir que el sistema de nuestra Carta Magna se encuentra montado en una serie de principios fundamentales, a saber:

a) los derechos se ejercen conforme a las leyes que reglamentan su ejercicio (art. 14, CN). Esto implica que, como lo ha reconocido la jurisprudencia de la Corte Suprema[253], no hay derechos absolutos en la medida en que su contenido y alcance debe ser establecido por el Congreso, salvo que se encuentren determinados expresamente en la Constitución o bien se trate de derechos naturales fundamentales, cuya existencia es anterior a ésta (*v.gr.*, derecho a la vida);

---

[248] El principio de la subsidiariedad ha sido considerado un principio jurídico básico de derecho natural (*Cfr.* MESSNER, Johannes, *Ética social, política y económica a la luz del Derecho Natural*, Rialp, Madrid, 1967, p. 336). Este principio arraiga en la doctrina de las encíclicas papales, véase *Mater et Magistra*, parte segunda, nros. 51, 52, 53 y ss., que recoge el principio formulado por Pío XI en la Encíclica *Quadragesimus Annus*.

[249] BOSCH, Francisco M., *La moneda del César*, Huemul, Buenos Aires, 1972, p. 93.

[250] Iniciado tras la sanción de las leyes 23.696 y 23.697.

[251] DABIN, Jean, *Doctrina general del Estado...*, *cit.*, p. 144.

[252] VILLAR PALASI, José L., *La intervención administrativa...*, *cit.*, p. 27; principio incorporado ("la defensa de la competencia contra toda forma de distorsión de los mercados") en el art. 42, CN.

[253] Fallos, 136:164; "HOGG, David y Cía. SA", Fallos, 242:353 (1958); "BENEDUCE, Carmen Julia y otras c/ Casa Auguste", Fallos, 251:472 (1961), entre otros; ver también: LINARES QUINTANA, Segundo V., "El derecho constitucional de huelga", en AA.VV., *La huelga*, t. I, Instituto de Derecho del Trabajo, Universidad Nacional del Litoral, El Instituto, Santa Fe, 1951, p. 131, apunta que en el sistema republicano de gobierno no se conciben derechos absolutos a excepción de la libertad de conciencia o de pensamiento.

b) como consecuencia, si los derechos son relativos y si su ejercicio se encuentra limitado por la ley, su operatividad queda limitada a aquellos supuestos en que la cláusula constitucional que reconozca un derecho posea un grado de determinación y precisión en su contenido y alcance de manera que torne posible su aplicación directa sin afectar otros derechos constitucionales. En este sentido, no obstante las tendencias llamadas progresistas que propugnan por una judicialización de las medidas legislativas y administrativas que corresponde dictar al Congreso y al Poder Ejecutivo, en su caso, el principio de separación de poderes lo impide, no pudiendo los jueces convertirse en legisladores o administradores, máxime cuando la Constitución no contiene precepto alguno expreso, implícito ni inherente que lo autorice. Más bien, establece el principio opuesto al precisar en el art. 19, CN, que nadie "...está obligado a hacer lo que no manda la ley ni privado de lo que ella no prohíbe".

c) la reglamentación de los derechos no puede incidir en el campo de las acciones privadas ni afectar los derechos de terceros, a tenor del principio prescripto en el art. 19, CN (que resulta una originalidad de nuestro Derecho Público) el cual entraña la prohibición de legislar o controlar las denominadas acciones interiores y el mandato de proceder conforme a la justicia que ordena no quebrantar la moral pública y no perjudicar los derechos de los terceros. Este último principio (*alterum non leadere*) condensa la clásica fórmula aristotélica que define la acción justa, recogida por Ulpiano en su definición del derecho [254];

d) el fundamento de las limitaciones legales a los derechos de las personas (también calificado como poder de policía) radica en la necesidad de hacerlos compatibles con el interés general o bien común. Aunque dicho fundamento se desprende – *a contrario sensu*– del art. 19, CN (en cuanto alude al orden y a la moral pública como factores habilitantes de la reglamentación legislativa) en la actualidad, a raíz de la jerarquía constitucional que ha adquirido la Declaración Americana de los Derechos y Deberes del Hombre, conforme al art. 75, inc. 22, CN, se puede echar mano a un precepto explícito que contiene el fundamento de la potestad estatal para reglamentar los derechos, la cual, referida específicamente a los derechos del hombre, posee una fuerza expansiva que, en conjunción con el art. 19, CN, permite interpretar que, en nuestro sistema constitucional, existe un principio general en el sentido antes indicado.

En efecto, el art. XXVIII de la citada Declaración, prescribe:

"Los derechos de cada hombre están limitados por los derechos de los demás, por la seguridad de todos y por las justas exigencias del bienestar general y del desenvolvimiento democrático".

Ahora bien, este precepto de la Declaración Americana de los Derechos y Deberes del Hombre debe, a su vez, interpretarse a la luz del art. 19, Convención Americana sobre Derechos Humanos que estatuye que la reglamentación de los derechos... las disposiciones de esta última no pueden entenderse en el sentido de "permitir a alguno de los Estados Parte, grupo o persona, suprimir el goce y ejercicio de

---

[254]   Ampliar en: SAMPAY, Antonio E., *La filosofía jurídica del artículo 19, de la Constitución Nacional*, Cooperadora de Derecho y Ciencias Sociales, Buenos Aires, 1975, ps. 38 y ss.

los derechos y libertades reconocidos en la Convención o limitarlos en mayor medida que la prevista en ella"[255];

e) las reglamentaciones de derechos, para poseer validez constitucional, deben ser razonables, conforme surge del principio consagrado en el art. 28, CN. Éste es el límite principal al ejercicio de la potestad legislativa que exige armonizar, como regla general, los fines perseguidos por la política legislativa con los medios utilizados (ecuación que debe respetar el principio de proporcionalidad), habiendo distintas variantes en que se proyecta la razonabilidad (ponderación y selección, etc...)[256] y los criterios de justicia que hacen a la valoración de las normas limitativas de derechos, particularmente, en materia de igualdad[257].

6. EL CONCEPTO TÉCNICO DE POTESTAD: SU DISTINCIÓN CON LA FUNCIÓN Y EL COMETIDO. LA POTESTAD Y EL PRINCIPIO DE LA LEGALIDAD

Las funciones estatales esenciales (administrativa, legislativa y jurisdiccional) explican el obrar del Estado desde un punto de vista material, constituyendo una división de la actividad estatal en sus grandes lineamientos, de acuerdo con pautas que tienen en cuenta no sólo los datos de homogeneidad que concurren para configurar cada definición, sino la peculiaridad de los regímenes jurídicos que acompañan la vida de los actos que cada una de las funciones produce. La función es, pues, actividad estatal genéricamente considerada.

Pero también puede descenderse de la escala genérica y separar, dentro de cada una de las funciones, las actividades concretas o tareas que tenga asignadas cada órgano estatal. Dicha tarea o actividad particularizada dentro de la función (actividad genérica) recibe el nombre de cometido[258] (v.gr., el servicio público).

---

[255] Cabe señalar que al ratificar la Convención por ley 23.054, el instrumento de ratificación introdujo varias declaraciones y reservas, entre las que se encuentran: a) el carácter no retroactivo de los efectos de las obligaciones establecidas en la Convención; b) que su interpretación se llevará a cabo en concordancia con los principios y cláusulas de la Constitución Nacional vigente o con los que resultaren de reformas hechas en virtud de ella y c) que no quedan sujetas a la competencia de tribunales internacionales las cuestiones inherentes a la política económica del gobierno ni lo que los tribunales nacionales determinen como causas de utilidad pública o interés social ni lo que entiendan por "indemnización justa".

[256] Ampliar en LINARES, Juan F., *La razonabilidad de la leyes*, 2ª ed., Astrea, Buenos Aires, 1970, ps. 111 y ss.

[257] GELLI, María A., *Constitución de la Nación argentina. Comentada y concordada*, 2ª ed., La Ley, Buenos Aires, 2003 p. 257.

[258] *Cfr.* SAYAGUÉS LASO, Enrique, *Tratado de Derecho Administrativo*, t. I, Talleres Gráficos Barreiro, Montevideo, 1953-1974, ps. 48/52. No estamos de acuerdo, en cambio, con el concepto de este autor acerca de las funciones estatales, las cuales distingue – inspirándose en BONNARD– de los cometidos, por la circunstancia de que las funciones serían los "poderes" jurídicos de legislación, administración y jurisdicción (*Tratado de Derecho Administrativo*, cit., t. I, ps. 35 y ss., y p. 49, nota 1); ello implica confundir función con potestad. Para LUQUI, las funciones son los modos jurídicos de manifestación del poder del Estado (ejecución, normación y jurisdicción) siendo la Administración, en sentido material, "la actividad del Estado dirigida directa e inmediatamente a la satisfacción del interés público, a reali-

Ahora bien, para poder realizar esas funciones y los cometidos estatales que a ellas se adscriben, resulta necesario que la Administración Pública disponga de "poderes" o prerrogativas para cumplir integralmente con los fines de bien común que persigue el Estado. Tales "poderes" se denominan en el lenguaje técnico "potestades"; su conjunto configura el llamado *pouvoir administratif* cuyo estudio para Hauriou constituía el primer lugar en el Derecho Administrativo[259], en oposición a la escuela del servicio público (Jèze, Duguit y Bonnard) que consideraba a éste como fin del Estado y principal objeto del Derecho Administrativo, relegando la consideración del "Poder Público".

El concepto técnico de potestad se logra a través de su contraste con el Derecho Subjetivo, pues si bien ambos tienen la particularidad común de pertenecer al género de los "poderes públicos", todas las demás notas son diferentes[260].

En tal sentido, la idea de potestad contrasta con la de Derecho Subjetivo en los siguientes aspectos:

a) la potestad no nace de relación jurídica alguna, sino del ordenamiento jurídico, que la disciplina y regula[261];

b) ella no versa sobre contenidos específicos determinados sino que tiene un objeto genérico, no consistiendo en una prestación individual sino en la posibilidad abstracta de producir efectos jurídicos, aunque de su ejercicio y como consecuencia de su titularidad puedan devenirse relaciones jurídicas particulares[262];

c) no genera deberes concretos, ni sujetos obligados, sino una situación de sometimiento o sujeción a sufrir los efectos jurídicos que de ella emanan[263], no hay pues sujeto obligado sino una situación pasiva de inercia.

La potestad estatal consiste, en consecuencia, en un "poder de actuación" que ejercitándose de acuerdo con el ordenamiento jurídico puede generar situaciones jurídicas que obliguen a otros sujetos[264].

Existen diversas especies de potestades de la Administración: reglamentaria, de mando o imperativa, sancionadora, ejecutiva y jurisdiccional, cuyo régimen será

---

zar los cometidos estatales..." (LUQUI, Roberto E., "Algunas consideraciones...", *cit.*, LL 151-1085).

[259] HAURIOU, Maurice, *Précis de droit administratif et de droit public*, Recueil Sirey, París, 1927, p. 7.

[260] GARCÍA DE ENTERRÍA, Eduardo - FERNÁNDEZ, Tomás R., *Curso de Derecho Administrativo*, *cit.*, t. I, ps. 435 y ss.

[261] ROMANO, Santi, *El ordenamiento jurídico*, trad. del italiano, Instituto de Estudios Políticos, Madrid, 1963, p. 175.

[262] GARRIDO FALLA, Fernando, *Tratado de Derecho Administrativo*, t. I, 8ª ed., Centro de Estudios Constitucionales, Madrid, 1982, p. 175; GARCÍA DE ENTERRÍA, Eduardo - FERNÁNDEZ, Tomás R., *Curso de Derecho Administrativo*, *cit.*, t. I, p. 437.

[263] ROMANO, Santi, *Corso di Diritto Amministrativo*, 3ª ed., Cedam, Padua, 1937, ps. 137 y ss.; GARCÍA DE ENTERRÍA, Eduardo - FERNÁNDEZ, Tomás R., *Curso de Derecho Administrativo*, *cit.*, t. I, p. 436.

[264] GARRIDO FALLA, Fernando, *Tratado de Derecho Administrativo*, *cit.*, t. I, p. 420.

abordado en las distintas partes de esta obra, como que hacen a uno de los aspectos de mayor gravitación sobre el contenido del Derecho Administrativo.

La potestad reglamentaria consiste básicamente en la aptitud del Poder Ejecutivo y, en general, de la Administración Pública que habilita a emitir actos de alcance general que traducen la institución de situaciones generales, objetivas y obligatorias.

En cambio, la potestad de mando o imperativa se vincula a la posibilidad de dictar órdenes revestidas de *imperium* que alcanza su expresión máxima en el Poder Ejecutivo[265].

Si se tiene en cuenta el poder disciplinario (interno), o el correctivo (externo), la potestad se denomina sancionadora, aunque debe reconocerse que constituye, en realidad, un complemento de la potestad imperativa[266].

La necesidad de ejecutar los actos que emanan de las anteriores potestades, explica y justifica la idea de una "potestad ejecutiva" o de ejecución, que se traduce en diversos actos: de tutela o protección, de coacción forzosa, de gestión económica, de vigilancia, de gracia o dispensa, etcétera[267].

En cuanto a la potestad jurisdiccional, ella puede definirse esencialmente en la facultad de decidir controversias con fuerza de verdad legal, por cuyo motivo, si bien se la admite[268], su ejercicio es excepcional en virtud de tratarse de la función que la Constitución Nacional atribuye predominantemente a los jueces.

Si las potestades tienen su origen en el ordenamiento jurídico, se requiere, por aplicación del principio de legalidad, que una norma previa la configure y la atribuya. Por tal razón, se originan en ley material y son inalienables, intransmisibles o irrenunciables.

Como un principio básico de la actual concepción del Estado de Derecho, debe tenerse en cuenta que no obstante el hecho de que las potestades administrativas traducen situaciones ordinarias de ejercicio del Poder Público, ellas no pueden ser absolutas e ilimitadas sino razonables y justamente medidas y tasadas en su extensión por el propio ordenamiento jurídico, que acota sus límites y precisa su contenido[269].

La técnica de atribución de la potestad puede ser genérica (*v.gr.*, art. 99, inc. 2º, CN, respecto de una de las formas en que se traduce la potestad reglamentaria), expresa o específica (la potestad disciplinaria del régimen de la función pública)[270].

---

[265] VILLEGAS BASAVILBASO, Benjamín, *Derecho Administrativo*, t. II, TEA, Buenos Aires, 1950, p. 232.

[266] MARIENHOFF, Miguel S., *Tratado de Derecho Administrativo, cit.*, t. I, p. 628.

[267] VILLEGAS BASAVILBASO, Benjamín, *Derecho Administrativo, cit.*, t. II, p. 242.

[268] CASSAGNE, Juan Carlos, *El acto administrativo, cit.*, ps. 124 y ss.

[269] GARCÍA DE ENTERRÍA, Eduardo - FERNÁNDEZ, Tomás R., *Curso de Derecho Administrativo, cit.*, ps. 441 y ss.

[270] ALESSI, Renato, *Instituciones de Derecho Administrativo*, t. I, Bosch, Barcelona, 1940, p. 183.

7. EL RÉGIMEN ADMINISTRATIVO

El sistema del Derecho Administrativo posee, como nota peculiar, una compleja gama de poderes o potestades jurídicas que componen lo que se ha llamado régimen exorbitante, que se determina y modula en los distintos países de un modo diferente, ya que, en definitiva, es un producto de la categoría histórica que caracteriza al Derecho Administrativo.

La existencia de esa peculiaridad no agota totalmente el contenido del Derecho Administrativo que se integra también con instituciones y normas donde las técnicas de actuación no traducen necesariamente prerrogativas de poder público ni el uso de la coacción sino de facultades que amplían el ámbito o la esfera de los derechos de los particulares, tal como acontece con el fomento (que entre nosotros tiene raíz constitucional y constituye uno de los fines del Estado: art. 75, inc. 18, CN).

El régimen administrativo no implica en todos los casos una situación de desborde o conflicto con el Derecho Privado. Si bien su origen obedece a una situación de exorbitancia donde el Derecho Administrativo era una suerte de derecho especial o de excepción, modelado en torno del núcleo de técnicas que se separaron del tronco común del derecho, el crecimiento progresivo de sus instituciones ha contribuido a generar una autonomía que hoy en día resulta indiscutible.

La denominación de régimen exorbitante se mantiene sólo en un sentido convencional que ya no responde a su significado originario, pues su contenido se integra, además de con las prerrogativas de poder público, con las garantías que el ordenamiento jurídico instituye a favor de los particulares para compensar el poder estatal y armonizar los derechos individuales con los intereses públicos que persigue el Estado, cuya concreción, en los casos particulares, está a cargo de la Administración Pública. De ese modo, el régimen exorbitante se configura como el sistema propio y típico del Derecho Administrativo. Por ello resulta, quizás, preferible que reciba la denominación de "régimen administrativo" con las connotaciones que se han indicado.

CAPÍTULO IV

RELACIONES DEL DERECHO ADMINISTRATIVO

1. EL DERECHO ADMINISTRATIVO EN EL MUNDO JURÍDICO

Como en toda rama del Derecho existen, también en el Derecho Administrativo, tres órdenes diferentes, vinculados por estrechas relaciones de interdependencia: el orden normativo, el orden de las conductas o de la realidad y el orden de los valores o de la justicia[271].

El sistema normativo está integrado principalmente por las fuentes escritas que componen la legislación administrativa (leyes, reglamentos, instrucciones, etc.) como expresión de las funciones y potestades de los órganos del Estado.

En el orden de la realidad o de las conductas no aparecen ya fórmulas normativas, sino actos y hechos humanos, por cuyo mérito los órganos que ejercen el poder del Estado adjudican potencia o impotencia, cargas y derechos o beneficios, ampliando o restringiendo la esfera de los particulares. En este orden de conductas no todas revisten el carácter de ejemplares, o sea que no todos los actos humanos provocan una actitud de seguimiento respecto de la conducta modelo o ejemplar, coexistiendo, en él, conductas no ejemplares[272].

Nos encontramos finalmente ante el orden de la justicia, que es aquel que proporciona los criterios de valoración para juzgar las distintas situaciones que se presentan.

El Derecho Administrativo, que constituye una porción del mundo jurídico, participa de la composición tridimensional de éste, siendo la teoría trialista aquella que da cumplimiento al programa que emerge de la concepción tridimensional[273].

2. EL MÉTODO DE INTERPRETACIÓN. LA LLAMADA INTEGRACIÓN NORMATIVA

Se ha sostenido que la interpretación jurídica descansa en un sincretismo metódico, que se lleva a cabo en un proceso donde ninguno de los métodos tradicionales

---

[271] GOLDSCHMIDT, Werner, *Introducción filosófica al Derecho*, 4ª ed., Depalma, Buenos Aires, 1973, ps. 8 y ss.

[272] BIDART CAMPOS, Germán J., *Derecho Constitucional*, t. I, Ediar, Buenos Aires, 1964, p. 12.

[273] GOLDSCHMIDT, Werner, *Introducción filosófica al Derecho*, *cit.*, ps. 18 y ss., principalmente la crítica a las teorías normatológicas y sociológicas, como son, respectivamente, la teoría pura del Derecho (KELSEN) y la teoría egológica (COSSIO) que postulan enfoques parciales e incompletos (*cit.*, ps. 258 y ss.).

(causalista o de la jurisprudencia de intereses, finalista, funcional, histórico, político y sociológico) pueden pretender una total hegemonía[274].

El estudio del método de interpretación del Derecho, si bien es un tema que pertenece a la llamada teoría general del Derecho resulta de gran interés en una disciplina naturalmente mutable y en constante formación, como el Derecho Administrativo, donde la Administración al par de que debe respetar ciertos valores esenciales de una comunidad, como la seguridad jurídica, precisa armonizar en forma permanente la aplicación de las normas con la finalidad pública que persigue, a través de un obrar justo.

Es por demás conocida la pérdida de vigencia del método que introdujo la escuela de la exégesis y su desplazamiento posterior por la llamada escuela científica, cuyo representante más conspicuo en Francia fue Gèny. Para esta corriente jurídica, no puede reducirse el Derecho a la ley escrita y a la intención del legislador, como lo pretendía el método exegético, sino que la interpretación debe partir de las "fuentes reales" que son la experiencia y la razón. Las "fuentes reales" son las que brindan la materia jurídica, mientras que las fuentes formales son aquellas que proporcionan a esa materia o sustancia una forma adecuada (*v.gr.*, las normas legales o consuetudinarias)[275].

La influencia que ha tenido la obra de Gèny en el Derecho Administrativo francés ha sido grande y a ella deben atribuirse muchas de las soluciones justas y lógicas que adoptó el Consejo de Estado de Francia al resolver las causas entre particulares y el Estado sometidas a su juzgamiento[276].

En el Derecho Administrativo, el método de interpretación ha de ser, a la vez, esencialmente finalista y realista[277], teniendo en cuenta las reglas que proporciona la teoría de la hermenéutica, como criterio auxiliar de interpretación. De ese modo, en el Derecho Administrativo en materia interpretativa adquieren una relevancia peculiar: 1°) los principios generales del derecho y los que informan el ordenamiento

---

[274] JESCH, Dietrich, *Ley y Administración: estudio de la evolución del principio de legalidad*, trad. del alemán, Instituto de Estudios Administrativos, Madrid, 1978, p. 77.

[275] LLAMBÍAS, Jorge J., *Tratado de Derecho Civil. Parte general*, t. I, 6ª ed., Perrot, Buenos Aires, 1975, p. 104. Al comentar los principales aspectos de la doctrina sustentada por la escuela científica y, específicamente, la influencia de las fuentes reales, sostiene Llambías que esa gravitación se mantiene aun bajo el proceso de la codificación, más allá de las normas o defectos de éstas. Agrega que "la sustancia del Derecho se identifica con los datos que proveen las fuentes reales del mismo. De aquí que cuando la legislación o la costumbre son insuficientes, el Derecho llene sus lagunas – de la ley o de la costumbre, porque el Derecho no tiene lagunas– o sus imperfecciones por medio de la doctrina o de la jurisprudencia: es así como se han introducido a la vida pública las nociones de enriquecimiento sin causa, abuso del derecho, teoría de la imprevisión, etc., que han comenzado a ser elaboraciones doctrinarias que luego han quedado plasmadas en fórmulas legales" (*cit.*, p. 105).

[276] GÈNY, Bernard, "De la méthode et de la technique du droit privé positif a celles du Droit Administratif", en *Le Conseil d'État*, "Livre Jubilaire", París, 1952, ps. 277 y ss.

[277] Empleamos el término realista, no en el sentido de la escuela francesa del servicio público, sino dentro de la concepción que encuentra la raíz del Derecho en la realización de lo justo.

jurídico administrativo; 2°) el interés público o bien común que persigue el Estado[278]; y 3°) el derecho natural o la equidad[279].

En lo que concierne al interés público o bien común que procura realizar el Estado tanto a través del ordenamiento jurídico (leyes y reglamentos administrativos) como mediante actos concretos (de carácter individual) hay que advertir que la finalidad estatal no siempre se persigue de un modo inmediato, y un ejemplo de ello lo proporcionan las relaciones de atribución (*v.gr.*, relación de fomento industrial) que deben interpretarse, en principio, a favor del interés privado, ya que es a través de éste como se beneficia mediatamente la comunidad. En cambio, en las relaciones de colaboración la finalidad inmediata es la realización del interés público del Estado (*v.gr.*, contrato de concesión de servicios públicos).

Los elementos o reglas de la hermenéutica – que sirven de guía a la interpretación– son: a) el elemento gramatical, que es el primer modo de aproximarse a la norma (art. 16, CCiv.); éste no implica un criterio absoluto y debe preferirse el sentido técnico de una palabra o concepto antes que el vulgar; b) el elemento lógico, que procura reconstruir la voluntad del autor de la norma, tratando de indagar los motivos que inspiraron la norma y la ocasión en que fue dictada, para comprender el "espíritu" de la norma interpretada (art. 16, CCiv.)[280]; c) el elemento histórico, que procura desentrañar el correcto sentido de la norma, sobre la base del estudio de los antecedentes históricos de las instituciones en juego[281]; d) el elemento sociológico, que tiene su origen en la observación y análisis de los datos sociales, sin que éste constituya más que una herramienta auxiliar, ya que no se concibe que quien interpreta el derecho pueda cambiar el sentido de la norma justa, en forma discrecional, para adaptarla a las tendencias sociológicas que vayan surgiendo[282].

En el caso de existir discrepancia entre el sentido de la norma y la voluntad de su autor (concebida como el fin social), se hace necesario realizar una adaptación que limite o sustituya el sentido lingüístico de la norma (interpretación restrictiva) o la amplíe (interpretación extensiva)[283].

---

[278] GARCÍA DE ENTERRÍA, Eduardo - FERNÁNDEZ, Tomás R., *Curso de Derecho Administrativo*, t. I, p. 93.

[279] GARRIDO FALLA, Fernando, *Tratado de Derecho Administrativo*, t. I, 7ª ed., Centro de Estudios Constitucionales, Madrid, 1980, p. 207. Para HAURIOU el Derecho Administrativo era, básicamente, un derecho de equidad y es evidente que esta idea nutre el desarrollo jurisprudencial de la disciplina a través de la doctrina elaborada por el Consejo de Estado francés.

[280] En realidad, este elemento puede definirse, en síntesis, como el "fin social al cual queda adscripto el sentido de la norma" (LLAMBÍAS, Jorge J., *Tratado de Derecho Civil. Parte general, cit.*, t. I, ps. 110/112).

[281] Los antecedentes que han servido de base para la sanción de la ley (tal como la discusión parlamentaria) sin tener actualmente el valor que les asignaba la doctrina clásica, poseen interés para desentrañar la significación de la norma y ayudan a determinar el fin social que ella persigue (*Cfr.* LLAMBÍAS, Jorge J., *Tratado de Derecho Civil. Parte general, cit.*, t. I, p. 114).

[282] LLAMBÍAS, Jorge J., *Tratado de Derecho Civil. Parte general, cit.*, t. I, p. 113.

[283] GOLDSCHMIDT, Werner, *Introducción filosófica al Derecho, cit.*, ps. 254 y ss.

Si hay ausencia de norma es necesario resolver ese problema mediante la integración normativa, partiendo de lo dado (la realidad social y el derecho natural – la justicia–)[284], supliendo la carencia con una norma justa. Se parte de la idea de que si bien el ordenamiento positivo puede presentar lagunas, el Derecho o mundo jurídico ha de concebirse como un sistema pleno y hermético, en el que cabe cubrir ese vacío mediante el procedimiento de la integración, que permite solucionar el problema de la carencia normativa a través de la autointegración (donde existen fuentes formales) o bien por medio de la heterointegración (insuficiencia de fuentes formales).

La autointegración del ordenamiento se realiza principalmente por el procedimiento de la analogía, mientras la heterointegración requiere acudir a la justicia material[285].

Dada su condición de *ius in fieri* el procedimiento de integración de normas que reviste mayor importancia en el Derecho Administrativo es el de la analogía, la cual no siempre es distinguida debidamente de la llamada supletoriedad o subsidiariedad. La analogía presupone una carencia histórica de norma aplicable al caso e implica la realización de un proceso previo de adaptación e integración con los principios y normas de la materia. En cambio, la aplicación subsidiaria o supletoria no supone propiamente una carencia normativa, ya que la falta de norma positiva se completa o integra con la aplicación directa de otras normas, tal como acontece con ciertas instituciones entre el Derecho Civil y el Derecho Comercial, por imperio de una expresa prescripción legislativa[286].

El procedimiento de la analogía admite una distinción entre la analogía en sentido estricto y la llamada *analogía iuris*, dándose esta última cuando una norma prescriba la analogía mediante la aplicación por entero o en bloque de determinadas materias o cuerpos normativos a otras no reguladas[287].

3. CARACTERES DEL DERECHO ADMINISTRATIVO Y SUS RELACIONES CON OTRAS RAMAS JURÍDICAS

El Derecho Administrativo es una rama del Derecho Público interno constituida por normas y principios, presenta los siguientes caracteres: a) trátase de un derecho que, en principio, es de naturaleza local o provincial (art. 121, CN), sin perjuicio de la facultad del Congreso y del Poder Ejecutivo nacional para dictar aquellas leyes y reglamentos que sean consecuencia de las atribuciones que le hubieran sido expresamente conferidas, principalmente las que derivan de los arts. 75 y 6°, CN; b) constituye una disciplina autónoma que se abastece de su propio sistema de normas y principios, lo cual no obsta a que recurra al auxilio de la analogía para realizar la integración normativa frente a los vacíos o lagunas propias de todas las ramas del

---

[284] GÈNY, François, *Science et technique en droit privé positif*, t. I, Socété du Recueil Sirey, París, 1914, nros. 167 y ss.

[285] GOLDSCHMIDT, Werner, *Introducción filosófica al Derecho*, cit., p. 299.

[286] Código de Comercio, art. 3° de las disposiciones preliminares; respecto de los actos o situaciones no reglamentados en el Código de Comercio, véase SATANOWSKY, Marcos, *Tratado de Derecho Comercial*, t. I, TEA, Buenos Aires, 1957, ps. 137 y ss.

[287] GOLDSCHMIDT, Werner, *Introducción filosófica al Derecho*, cit., ps. 296/297.

derecho. Su autonomía es, pues, conceptual o científica; y c) si bien no puede desconocerse un cierto avance en la corriente hacia la codificación parcial o por materias del Derecho Administrativo, éste conserva aún su característica de *ius in fieri* o derecho en formación, con tendencia acentuada a la innovación normativa, como respuesta a la necesidad de resolver nuevos problemas que aparecen en el horizonte jurídico de un mundo en constante evolución (*ius novum*)[288].

El Derecho Administrativo no tiene ni ha tenido nunca una existencia aislada e independiente y ha constituido siempre una porción del ordenamiento jurídico de cada época histórica, manteniendo con las otras ramas jurídicas relaciones de jerarquía y subordinación, como acontece con el Derecho Constitucional, o bien relaciones de contacto e interferencia como es el caso de sus vínculos con el Derecho Civil y Comercial.

Muchas de estas relaciones se fundan en la carencia normativa, rasgo bastante típico en el Derecho Administrativo sustantivo de nuestro país, que obliga a utilizar la analogía como procedimiento de integración por excelencia; pero existe otro tipo de relaciones que aparecen como consecuencia de la función demarcadora que tienen algunas instituciones (*v.gr.*, condición jurídica de las personas y de las cosas).

Estas normas que demarcan los confines o límites entre los Derechos Público y Privado tienen que ubicarse en uno de los códigos de fondo que el Congreso puede dictar en virtud de lo dispuesto en el art. 75, inc. 12, CN, que, por el contenido de las normas, no puede ser otro que el Código Civil.

De lo contrario, al no ubicarse en el Código Civil la regulación de ciertas materias, que son comunes al Derecho Privado y al Derecho Público, podría generarse una verdadera anarquía legislativa en la medida en que cada rama jurídica en particular establecería sus propias regulaciones, convirtiendo en público lo que para una es privada y viceversa.

En este acápite se analizarán las relaciones del Derecho Administrativo tanto con otras ramas del Derecho Público (Constitucional, Penal, Financiero y Tributario y Procesal) como con las disciplinas básicas que conforman el Derecho Privado (Civil y Comercial).

4. RELACIONES CON EL DERECHO CONSTITUCIONAL

El Derecho Constitucional procura organizar al Estado a través de la ordenación de sus competencias supremas[289].

Para ello recoge las ideas que acerca de los fines del Estado tienen los repartidores públicos y para desenvolverlas implanta la estructura estatal y su forma de gobierno, ordenando las relaciones con los administrados[290].

---

[288] LUQUI, Roberto E., "Algunas consideraciones sobre el concepto de Administración Pública", LL 151-1069, señala la característica de mutabilidad natural del Derecho Administrativo.

[289] GARCÍA PELAYO, Manuel, "Derecho Constitucional comparado", *Revista de Occidente*, Madrid, 1959, p. 19; BIDART CAMPOS, Germán J., *Derecho Constitucional, cit.*, t. I, p. 13.

[290] BIDART CAMPOS, Germán J., *Derecho Constitucional, cit.*, t. I, p. 14.

El Derecho Administrativo que, como se ha indicado antes, regula sustancialmente toda la actividad pública de la Administración (en sentido subjetivo) sumada a la actividad materialmente administrativa de los órganos Legislativo y Judicial, tiene una íntima vinculación con el Derecho Constitucional.

El Derecho Constitucional se refiere a la estructura fundamental del Estado, constituyendo la base del ordenamiento administrativo y de las demás ramas del Derecho[291].

Por eso la primera vinculación es de jerarquía y por ella las instituciones administrativas se subordinan a las normas y principios constitucionales, lo cual se ha traducido en la conocida afirmación doctrinaria que enseña que el Derecho Administrativo tiene el encabezamiento de sus capítulos en la Constitución[292]. En realidad, dicha afirmación tiene vigencia no sólo respecto del Derecho Administrativo sino de todas las ramas del Derecho.

Pero la subordinación existente entre ambas disciplinas no elimina las interferencias que pueden existir entre uno y otro derecho en virtud de que los límites entre ellos son, en general, bastante imprecisos, lo cual explica el hecho de que ciertas materias como la organización administrativa puedan ser tratadas por el Derecho Constitucional o Administrativo, según la tradición doctrinaria de cada país, o que se postule la unificación de ambos derechos[293].

5. RELACIONES CON EL DERECHO PENAL

El Derecho Administrativo guarda una estrecha vinculación con el llamado Derecho Penal sustantivo en cuanto la Administración requiere de la tutela represiva para asegurar su eficaz y normal funcionamiento, ya que de lo contrario podría afectarse la existencia misma del Estado[294].

Con excepción de unas pocas definiciones (*v.gr.*, la definición de funcionario público del art. 77, CPen.), éste trae un conjunto importante de figuras cuyos términos conceptuales corresponden al Derecho Administrativo. Tal acontece respecto de la mención al servicio público (arts. 165, inc. 8° y 184, inc. 3°); cargo público (art. 246, incs. 2° y 3°); autoridad competente (art. 246, inc. 1°); empresas públicas de transporte (art. 289, inc. 2°); uso público (art. 191, inc. 2°); vía pública (art. 165, inc. 6°), etcétera.

---

[291] MARIENHOFF, Miguel S., *Tratado de Derecho Administrativo*, t. I, 5ª ed. act., Abeledo-Perrot, Buenos Aires, 1995, ps. 169/170; ALESSI, Renato, *Sistema Istituzionale del Diritto Amministrativo Italiano*, 2ª ed. Giuffrè, Milán, 1958, ps. 13/14.

[292] BIELSA, Rafael, *Derecho Administrativo*, t. I, 6ª ed., La Ley, Buenos Aires, 1964, p. 144; GORDILLO, Agustín A., *Tratado de Derecho Administrativo*, t. I, 1ª ed., Macchi, Buenos Aires, 1974, cap. VI, p. 8.

[293] ALESSI, Renato, *Sistema Istituzionale del Diritto Amministrativo Italiano*, *cit.*, p. 14, quien cita el ejemplo de Alemania, donde se ha pretendido (Laband, Kelsen, etc.) unificar ambos derechos en un "Derecho del Estado".

[294] VILLEGAS BASAVILBASO, Benjamín, *Derecho Administrativo*, t. I, TEA, Buenos Aires, 1949, p. 139.

Pero si las relaciones existentes entre ambas ramas y la autonomía que las caracteriza no ha dado motivo a dificultades doctrinarias, no puede decirse lo mismo acerca de los llamados Derecho Penal disciplinario, Derecho Penal ejecutivo y, sobre todo, del Derecho Penal administrativo.

6. DERECHO PENAL DISCIPLINARIO Y DERECHO PENAL EJECUTIVO

El denominado Derecho Penal disciplinario fue concebido en sus orígenes inmediatos como un derecho especial regido no por el Derecho Público, sino por una relación de Derecho Privado similar a la existente en el derecho laboral[295].

Si éste se fundamenta en la relación de subordinación que impone el principio de la jerarquía administrativa, es evidente que la potestad disciplinaria pertenece al Derecho Público y, no obstante su contenido sancionatorio y represivo, corresponde al Derecho Administrativo.

Las medidas propias del Derecho Penal disciplinario no persiguen como fin la represión o prevención de la delincuencia, sino la protección del orden y disciplina necesarios para el ejercicio de las funciones administrativas[296].

Las principales diferencias que se observan con el Derecho Penal sustantivo pueden resumirse en:

a) en el Derecho Penal disciplinario no se aplican, en las sanciones correctivas de menor gravedad, el principio *nullum crim*en nulla *poena sine lege* ni el de *legale iudicium*, sin perjuicio de las garantías procedimentales que implican, en general, los recursos de reconsideración y jerárquico[297];

b) la prescripción, que tiene efecto extintivo sobre el delito y la pena, no extingue la sanción disciplinaria, salvo norma expresa en contrario[298];

c) no afecta el principio *non bis in idem* el hecho de que un funcionario público sea pasible de sanciones disciplinarias y penales por la misma infracción[299], ya que la disciplina administrativa tiene su finalidad propia que se independiza del Derecho Penal[300].

Respecto del denominado Derecho Penal ejecutivo o penitenciario cuadra apuntar que, en la doctrina, no hay acuerdo con relación a su ubicación ni autonomía,

---

[295] LABAND, Paul, *Le droit public de l'Empire Allemand*, traducción francesa del original alemán, t. II, V. Giard & E. Briere, París, 1901, ps. 182 y ss.

[296] *Cfr.* SOLER, Sebastián, *Derecho Penal argentino*, t. I, Buenos Aires, 1956, p. 22.

[297] SOLER, Sebastián, *Derecho Penal argentino, cit.*, t. I, p. 23. La no aplicación del *legale iudicium* se admite también en sanciones de mayor gravedad, como es la cesantía, frente a circunstancias objetivas (inasistencias reiteradas, abandono del servicio y pérdida de la ciudadanía, ver arts. 32 y 34, ley 22.140).

[298] VILLEGAS BASAVILBASO, Benjamín, *Derecho Administrativo, cit.*, t. I, p. 122.

[299] DIEZ, Manuel M., *Derecho Administrativo*, t. I, 2ª ed., Plus Ultra, Buenos Aires, 1974, p. 276.

[300] VILLEGAS BASAVILBASO, Benjamín, *Derecho Administrativo, cit.*, t. I, p. 122.

considerando algunos autores que debe adscribirse al Derecho Administrativo [301] y otros, al Derecho Penal[302].

Aunque el Derecho Penitenciario desarrolle o continúe la aplicación de la pena a través de su ejecución es parte de la función administrativa, ya que, tanto la ejecución de las penas[303] como la organización de los regímenes carcelarios es indudable que tienen sustancia o naturaleza administrativa, aun cuando la peculiaridad propia de esta disciplina conduce, en nuestra opinión, a ubicar su estudio dentro del Derecho Administrativo especial.

7. EL DERECHO PENAL ADMINISTRATIVO Y EL PROBLEMA DE SU AUTONOMÍA

Las transgresiones al orden administrativo generan infracciones que, consideradas en su aspecto objetivo y subjetivo, componen los denominados Derecho Penal administrativo[304] y Derecho Penal disciplinario.

Mientras el Derecho Penal sustantivo tiene por principal fin la prevención y represión de la delincuencia considerada como violación de orden jurídico general, lo que tipifica al Derecho Penal administrativo es la esencia administrativa del precepto que contiene una sanción, tal como ocurre con las contravenciones de policía y las infracciones tributarias[305].

El ilícito penal administrativo no es un delito de daño, y una de sus principales formas está dada por la transgresión al deber de colaborar con la Administración en la realización de los fines de bien común que ella persigue.

Sin embargo, el ilícito penal administrativo tiene en común con el delito criminal la aplicación de los principios del Derecho Penal sustantivo, especialmente del principio por cuyo mérito la sanción ha de estar fijada previamente en una norma jurídica *nulla poena sine lege*[306], a diferencia de lo que acontece en el Derecho Penal disciplinario.

En cambio, resulta posible aplicar en la contravención – como principio general– sanciones a personas de existencia ideal admitiéndose, asimismo, que el agente se allane a las consecuencias del hecho[307].

---

[301]   SOLER, Sebastián, *Derecho Penal argentino, cit.*, t. I, p. 21; VILLEGAS BASAVILBASO, Benjamín, *Derecho Administrativo, cit.*, t. I, p. 139, si bien se admite que tiende a erigirse en un derecho especial.

[302]   DIEZ, Manuel M., *Derecho Administrativo, cit.*, t. I, p. 280.

[303]   ZANOBINI, Guido, *Corso di Diritto Amministrativo*, t. I, 8ª ed., Giuffrè, Milán, 1958, p. 34.

[304]   BIELSA, Rafael, *Derecho Administrativo, cit.*, t. I, p. 155.

[305]   VILLEGAS BASAVILBASO, Benjamín, *Derecho Administrativo, cit.*, t. I, p. 127.

[306]   MAYER, Otto, *Derecho Adminitrativo alemán*, t. II, traducción de Horacio H. Heredia, Depalma, Buenos Aires, 1950, p. 86.

[307]   MARIENHOFF, Miguel S., *Tratado de Derecho Administrativo, cit.*, t. I, p. 176, nota 65; VILLEGAS BASAVILBASO, Benjamín, *Derecho Administrativo, cit.*, t. I, p. 126; MAYER, Otto, *Derecho Administrativo alemán, cit.*, t. II, p. 102.,

104

La teoría general de las sanciones admite una ya clásica división entre sanciones penales, civiles, disciplinarias y penales-administrativas. La sanción penal se distingue de la civil por su carácter represivo y no resarcitorio[308], propio de esta última. A su vez, dentro del campo de las sanciones de sustancia represiva resulta necesario distinguir la sanción disciplinaria de la penal administrativa (policía y finanzas), cuyas diferencias más sobresalientes surgen de la comparación sobre los principios expuestos al tratar separadamente el llamado Derecho Penal disciplinario.

El Derecho Penal administrativo se integra fundamentalmente con las faltas y contravenciones de policía e infracciones fiscales o tributarias, habiéndose debatido en doctrina si forma parte del Derecho Penal sustantivo[309] o del Derecho Penal especial[310], si pertenece al Derecho Administrativo[311] o si, por lo contrario, se trata de una rama del derecho dotada de autonomía científica[312].

Nos parece que no puede concebirse al Derecho Penal administrativo como un derecho de excepción respecto del Derecho Penal ni como una rama dotada de autonomía científica, sino que constituye un "Derecho especial", que se nutre de algunos principios esenciales de los Derechos Penal y Administrativo, con la salvedad de que esta recurrencia no obsta a una eventual derogación de tales principios, derogación que no exige se la establezca en forma expresa, sino que también puede derivar de la inadaptabilidad de los principios de Derecho Penal y de Derecho Administrativo al régimen aplicable a cada institución[313].

Su carácter de Derecho especial se afirma por la circunstancia de no hallarse regulado por el Código Penal y revestir frecuentemente carácter local[314] a más de que el juzgamiento de las infracciones suele realizarse por órganos, principios y procedimientos peculiares, que no se identifican plenamente con el sistema que rige la actividad de quienes juzgan los delitos[315].

Todo ello, aunque justifica y fundamenta una autonomía docente o didáctica, conduce a negar su autonomía científica, en la medida en que se trata de una materia que carece de metodología y objeto propio, que no cuenta con una construcción

---

[308] "Zielli, Eduardo Francisco", Fallos, 271:338 (1968), donde el Alto Tribunal expresó que "revestían carácter penal las multas de las leyes de réditos cuando no tuvieren carácter reparatorio...".

[309] Así lo han sostenido, entre otros: MARIENHOFF, Miguel S., *Tratado de Derecho Administrativo*, *cit.*, t. I, p. 177; y FERNANDES DE OLIVEIRA, Regis, *Infrações e Sanções Administrativas*, San Pablo, 1985, p. 33.

[310] AFTALIÓN, Enrique R., "El Derecho Penal administrativo como Derecho Penal especial", LL LXXV-824, y *Derecho Penal administrativo*, Arayú, Buenos Aires, 1955, ps. 99/100.

[311] DIEZ, Manuel M., *Derecho Administrativo*, *cit.*, t. I, p. 277.

[312] SOCHONQUE, Adolf, "La doctrina del Derecho Penal administrativo de J. Goldschmidt y su reconocimiento en la legislación alemana", RDP, nro. 3/4, Buenos Aires, 1951, p. 299.

[313] Fallos, 214:245; "Nación c/ Ducás, Manuel S.", Fallos, 212:64 (1948) y "Nación c/ Copropietarios del Diario 'La Capital'", Fallos, 212:134 (1948).

[314] Cabe tener en cuenta que las provincias conservan la atribución de reglar lo atinente, por ejemplo, a contravenciones de policía en aquellas materias que no hubieran delegado al Congreso Nacional (art. 121, CN).

[315] AFTALIÓN, Enrique R., *Derecho Penal administrativo*, *cit.*, p. 17.

jurídica sistemática como tienen, sin duda, tanto el Derecho Penal como el Derecho Administrativo, dentro de la relatividad que importa siempre la autonomía de cualquier rama del Derecho.

8. EL DERECHO FINANCIERO Y LA AUTONOMÍA DEL DERECHO TRIBUTARIO

En Francia, desde los tiempos en que Macarel publicó su *Tableau de la fortune publique en France*, en el año 1838, gran parte de lo que hoy constituye el Derecho Financiero y el Derecho Tributario integraban la materia Derecho Administrativo[316].

La importancia que alcanzó la actividad financiera del Estado, particularmente después de la Primera Guerra Mundial, suscitó todo un proceso de agrupamiento de las materias atinentes a esa actividad, dando origen a que su enseñanza se impartiera, con carácter autónomo, en casi todos los países.

Se ha planteado el problema de la naturaleza, autonomía y contenido del llamado Derecho Financiero, pudiendo advertirse, tanto en la doctrina vernácula como en la comparada, la existencia de tres orientaciones distintas:

a) la corriente administrativa considera que el llamado Derecho Financiero constituye un capítulo del Derecho Administrativo, cuya contraposición es puramente formal y académica[317], o bien, una "parte especializada del Derecho Administrativo"[318];

b) en el otro extremo se ubica la postura que propicia la plena autonomía conceptual o científica del Derecho Financiero, conteniendo como rama especial al Derecho Tributario[319];

c) en una orientación intermedia, se admite, únicamente por razones prácticas, que las normas que regulan la actividad financiera sean objeto de una rama especial, para su mejor exposición didáctica[320], entendiendo, sin embargo, que puede ser concebida como una disciplina autónoma del Derecho Tributario o Fiscal[321].

En nuestra opinión, las principales materias, instituciones y procedimientos del llamado Derecho Financiero revisten sustancia administrativa, tratándose en definitiva de un Derecho que regula una parte de la función administrativa, en sentido

---

[316] HAURIOU, Maurice, *Précis de Droit Administratif et de Droit Public Général*, Librairie de la Société du Recueil général des lois et des arrêts, L. Larose, París, 1897, p. 256, al ocuparse de la historia del Derecho Administrativo francés.

[317] ALESSI, Renato, *Sistema Istituzionale del Diritto Amministrativo Italiano*, cit., t. I, p. 16.

[318] ZANOBINI, Guido, *Corso di Diritto Amministrativo*, cit., t. I, p. 35.

[319] GIULIANI FONROUGE, Carlos M., *Derecho Financiero*, t. I, Depalma, Buenos Aires, 1965, ps. 34 y ss.; Grizioti distingue entre Ciencia de las Finanzas (aspectos económicos) y Derecho Financiero (aspectos jurídicos) y puntualiza que aun siendo dos disciplinas diferentes, la estrecha complementación que existe entre ambas conduce a asociarlas en Italia en una sola cátedra universitaria (GRIZIOTI, Benvenuto, *Principios de la ciencia de las finanzas*, trad. a la 6ª ed. italiana, Buenos Aires, 1959, p. 14).

[320] GIANNINI, Achillo D., *Elementi di Diritto Finanziario*, Milán, 1945, p. 4.

[321] LUQUI, Juan C., "Primeras Jornadas Latinoamericanas de Derecho Tributario", JA 1956-IV-155.

material. Es, por lo tanto, un Derecho Administrativo especial, que estudia esencialmente el Derecho Presupuestario, el régimen jurídico de las inversiones y gastos públicos y su respectivo control, y las normas atinentes a la moneda como instrumento de cambio[322] sin perjuicio del tratamiento conjunto de estos problemas con aquellos propios de la Ciencia de las Finanzas, que no revisten carácter jurídico[323].

Con respecto al Derecho Tributario – denominación que entendemos más correcta que la de Derecho Fiscal– [324] un nuevo examen sobre la cuestión nos lleva a la conclusión de que en el estado actual de la evolución legislativa, jurisprudencial y doctrinaria, no pueden caber dudas acerca de su autonomía dogmática[325] habida cuenta de que se trata de un derecho que se configura sobre la base de un Derecho sustantivo que se integra con instituciones, categorías y métodos de interpretación propios que lo diferencian del Derecho Administrativo (v.gr., interdicción de la discrecionalidad) lo cual no implica que el ilícito tributario sea sustancialmente un ilícito de naturaleza penal[326] ni desconocer el carácter administrativo que posee toda la actividad fiscal vinculada a la aplicación del tributo [327], ya que la autonomía del Derecho Tributario queda circunscripta a la naturaleza y alcance de la obligación tributaria que surge como consecuencia de la verificación del hecho imponible descripto en la norma sustantiva.

9. RELACIONES CON EL DERECHO PROCESAL

La autonomía del Derecho Procesal, aun tratándose de un derecho adjetivo, se justifica en la medida en que ella aparece como consecuencia de que esta disciplina regula las funciones de naturaleza jurisdiccional que ejercen los órganos judiciales y algunas otras funciones a ella asimiladas (v.gr., jurisdicción voluntaria). Se erige así una construcción de reglas y principios de carácter sistemático que se aplican sobre un objeto propio: el proceso judicial.

Las relaciones entre el Derecho Procesal y el Derecho Administrativo se manifiestan en tres campos diferentes:

a) en el ejercicio de la actividad jurisdiccional de la Administración donde se aplican numerosas normas y principios del Derecho Procesal[328];

---

[322] GIULIANI FONROUGE, Carlos M., *Derecho Financiero, cit.*, t. I, p. 37.

[323] Propiciamos en el texto la misma orientación que nos llevó a sostener la conveniencia de no separar por completo el Derecho Administrativo de la Ciencia de la Administración.

[324] LUQUI, Juan C., "Algunos principios de recaudación tributaria", *Revista de la Facultad de Ciencias Económicas, Comerciales y Políticas*, t. II, Rosario, 1942, p. 3.

[325] Véase, SÁINZ DE BUJANDA, Fernando, *Sistema de Derecho Financiero*, t. I, vol. II, Facultad de Derecho de la Universidad Complutense, Madrid, 1977, ps. 172 y ss.; VALDÉS COSTA, Ramón, *Instituciones de Derecho Tributario*, Depalma, Buenos Aires, 1992, ps. 36 y ss.; GARCÍA BELSUNCE, Horacio A., *La autonomía del Derecho Tributario*, Depalma, Buenos Aires, 1996, ps. 25 y ss.

[326] *Cfr.* GARCÍA BELSUNCE, Horacio A., *Derecho Tributario penal*, Depalma, Buenos Aires, 1985, ps. 50 y ss.

[327] GARCÍA BELSUNCE, Horacio A., "La autonomía del Derecho Tributario", en *Estudios financieros*, Abeledo-Perrot, Buenos Aires, 1966, p. 242.

[328] MARIENHOFF, Miguel S., *Tratado de Derecho Administrativo, cit.*, t. I, p. 180.

b) respecto del procedimiento administrativo, tal como ocurre en el orden nacional con el art. 106, RLNPA, que dispone la aplicación supletoria del CPCCN[329];

c) con el Derecho Procesal administrativo o "contencioso-administrativo" que es la parte del Derecho Procesal que regula la actuación de la Administración en el proceso judicial, es decir, ante órganos separados e independientes de aquélla, que resuelven controversias con fuerza de verdad legal.

La conexión existente entre este derecho adjetivo y el Derecho Administrativo de fondo o sustantivo es tan grande que ha provocado que el estudio de su temática y de sus principales instituciones hayan sido realizados predominantemente por administrativistas, que en su gran mayoría han integrado también las distintas comisiones que, en el orden nacional, elaboraron proyectos de códigos en lo contencioso administrativo[330].

Por lo común, la aplicación de las normas del Derecho Procesal al Derecho Administrativo ha de realizarse utilizando la técnica de la analogía, que presupone la adaptación previa de éstas a los principios que gobiernan las instituciones del Derecho Administrativo.

10. EL LLAMADO DERECHO MUNICIPAL

Esta disciplina no constituye un Derecho con autonomía conceptual ni científica, ya que integra el Derecho Administrativo[331]. La importancia y el contenido de sus instituciones justifican que se imparta su enseñanza en forma separada (Derecho Administrativo municipal), aun cuando no llega a constituir un derecho especial.

11. EL DERECHO CANÓNICO Y DERECHO ECLESIÁSTICO

El Derecho Canónico es el ordenamiento que rige a la Iglesia Católica. Se trata de un derecho de naturaleza corporativa propio de dicha Institución que se distingue, actualmente, del Derecho Eclesiástico, aunque hay autores que continúan utilizando, exclusivamente, esta última noción[332]. El ordenamiento canónico es independiente del estatal, no encontrándose subordinado al mismo.

Fue también designado con los nombres de Derecho Sagrado, Religioso, Pontificio, Divino, Eclesiástico y, particularmente, a partir del siglo IV, recibió la nominación de "Derecho Canónico" debido a que las leyes de la Iglesia se denominan "cánones"[333].

---

[329] MARIENHOFF, Miguel S., *Tratado de Derecho Administrativo, cit.*, t. I, p. 180.

[330] *V.gr.*, el Proyecto de Código Procesal en lo Contencioso Administrativo que elaboró en el año 1981 la comisión integrada por los Dres. Miguel S. Marienhoff, Juan Francisco Linares y el autor de esta obra.

[331] VILLEGAS BASAVILBASO, Benjamín, *Derecho Administrativo, cit.*, t. I, ps. 186/188; MARIENHOFF, Miguel S., *Tratado de Derecho Administrativo, cit.*, t. I, p. 181.

[332] *Cfr.* BARRA, Rodolfo Carlos, *Tratado de Derecho Administrativo*, t. 2, ed. Ábaco, Buenos Aires, 2003, p. 363 y ss

[333] BUENO MONREAL, José M., *Principios fundamentales del Derecho Público eclesiástico*, Madrid, 1945, p. 22.

En cambio, el Derecho Eclesiástico es el derecho estatal en materia religiosa y abarca un contenido variado de materias que integran las potestades inherentes al poder de policía estatal (feriados religiosos, derecho de los padres en cuanto a la educación de sus hijos, libertad de expresión en materia religiosa, objeción de conciencia etc.). El principio fundamental que rige al Derecho Eclesiástico es el de la libertad religiosa y la tolerancia, y se extiende a todos los cultos y creencias.

Si bien, la Iglesia Católica, en cuanto sociedad jurídica perfecta, no depende de ningún Estado, ello no obsta a que cada Estado – como acontece entre nosotros– le reconozca personalidad jurídica de Derecho Público (art. 2°, CN, y 33, CCiv.).

Nuestro régimen constitucional, aunque sin adoptar enteramente la tradición histórica existente en el país[334], que reconocía a la católica como religión oficial, estatuye que "el gobierno federal sostiene el culto católico, apostólico y romano" (art. 2°, CN).

De ello se infiere que nuestra Constitución ha colocado, a través del mérito que a la religión citada le atribuyeron los constituyentes de 1853, a la Iglesia Católica en una "posición de preferencia"[335].

Las relaciones entre la Iglesia Católica y el Estado, que se instrumentan muchas veces a través de actos, reglamentos y leyes pertenecientes al Derecho Administrativo, han de ser de armonía y no de subordinación, dado que los órdenes temporal y espiritual se mueven en planos diferentes.

La Constitución argentina no se opone a esas recíprocas relaciones, ya que no sólo en su art. 2°, al rechazar la tesis de la separación económica del Estado, reconoce la necesidad de la actuación pública de la Iglesia, sino también en cuanto estatuye la política del acuerdo para regular la ordenación de las potestades estatal y religiosa (art. 75, inc. 22, CN).

Entre los Acuerdos celebrados entre el Estado y la Iglesia Católica cabe mencionar el concordato celebrado en 1966 con la Santa Sede que modificó el arcaico régimen del Patronato para la designación de los Obispos y estableció una serie de principios tendientes a la armonización de las relaciones entre la Iglesia, sus miembros y fieles y el Estado[336].

Los funcionarios eclesiásticos no son funcionarios públicos, no obstante las asignaciones que ellos puedan percibir del presupuesto, pues no están vinculados a la jerarquía administrativa ni son nombrados por el Estado.

12. RELACIONES CON EL DERECHO PRIVADO

La desemejanza entre el Derecho Administrativo y el Derecho Privado no se apoya en el ámbito subjetivo de aplicación de las normas de uno y otro, sino que se

---

[334] En la doctrina argentina clásica puede citarse: CASIELO, Juan J., *Iglesia y Estado en la Argentina,* Poblet, Buenos Aires, 1948, ps. 81 y ss.

[335] BIDART CAMPOS, Germán J., *Derecho Constitucional,* t. II, Ediar, Buenos Aires, 1966, p. 47. Nuestro más Alto Tribunal ha expresado: "Es innegable la preeminencia consignada por la Constitución Nacional en favor del culto católico, apostólico y romano" (Fallos, 53:158).

[336] Vid: BARRA, Rodolfo Carlos, *Tratado...,* cit., t. 2, p. 374 y ss.

basa fundamentalmente en una profunda y sustancial distinción entre los principios que inspiran ambos ordenamientos, en cuanto a la naturaleza de las relaciones y posición de los sujetos que intervienen en la relación jurídica. En efecto, mientras el Derecho Privado se inspira en las ideas de autonomía, igualdad y limitación de los poderes jurídicos que el ordenamiento otorga a las personas, el Derecho Administrativo, si bien sobre la base de criterios de equilibrio y justicia, se articula con normas y principios que derivan de la posición preeminente del Estado y de los intereses comunes que él debe proteger y promover.

Como consecuencia de ello, en contraste con lo que acontece en el Derecho Privado, los sujetos y órganos estatales gozan del poder jurídico genérico de imponer efectos por su exclusiva voluntad (en forma unilateral) que pueden incidir en la esfera jurídica de los particulares, siempre que se respeten las garantías y los límites ínsitos en el ordenamiento jurídico[337].

Respecto de las relaciones entre el Derecho Administrativo y el Derecho Civil[338] no hay que suponer en nuestro sistema jurídico que toda aplicación de una norma incluida en el Código Civil traduzca siempre la utilización del Derecho Civil[339] ya que puede darse alguna de estas situaciones:

a) que las normas del Código no pertenezcan exclusivamente al Derecho Civil sino a todas las ramas del Derecho, como las contenidas en los títulos preliminares. En este caso no habrá, en muchos casos, autointegración, sino aplicación directa de normas jurídicas que, en su conjunto, conforman la llamada parte general del Derecho[340];

b) que se trate de normas de Derecho Administrativo ubicadas en el Código Civil (v.gr., las prescripciones sobre bienes del dominio público) [341].

Ahora bien, como el Derecho Administrativo posee autonomía, la aplicación a éste de las normas del Derecho Civil se realiza a través del procedimiento de la analogía que exige realizar una tarea previa de adaptación a las normas y principios del Derecho Público. Así lo ha reconocido la jurisprudencia de la Corte Suprema de Justicia de la Nación en materia de nulidades, al establecer que la aplicación del Derecho Civil a situaciones regladas por el Derecho Administrativo debe efectuarse

---

[337] LAUBADÈRE, André de, *Traité élémentaire de Droit Administratif*, t. I, 5ª ed., LGDJ, París, 1970, ps. 35/36.

[338] Ampliar en MARTÍN-RETORTILLO BAQUER, Sebastián, *El Derecho Civil en la génesis del Derecho Administrativo y de sus instituciones*, 2ª ed., Civitas, Madrid, 1996, ps. 25 y ss. CASSAGNE, Juan Carlos, "La transmisión de derechos personales y reales en el Derecho Administrativo. Relaciones con el Código Civil", LL 1984-B-740.

[339] CASSAGNE, Juan Carlos, *El acto administrativo*, 1ª ed., Abeledo-Perrot, Buenos Aires, 1974, p. 49.

[340] BUSSO, Eduardo B., *Código Civil anotado*, t. I, Ediar, Buenos Aires, 1944, p. 9; MARIENHOFF, Miguel S., *Tratado de Derecho Administrativo*, cit., t. I, ps. 183/184; FORSTHOFF, Ernst, *Tratado de Derecho Administrativo*, Centro de Estudios Constitucionales, Madrid, 1958, ps. 241/242.

[341] MARIENHOFF, Miguel S., *Tratado de dominio público*, TEA, Buenos Aires, 1960, ps. 174/175; ABAD HERNANDO, Jesús L., *Autonomía conceptual de las instituciones del Derecho Administrativo*, Córdoba, 1967, ps. 66 y ss.

"con las discriminaciones impuestas por la naturaleza propia de lo que constituye la sustancia de esta última disciplina"[342]. Lo expuesto es válido tanto para la analogía en sentido estricto como para la llamada *analogia iuris*[343].

Entre las principales instituciones del Derecho Civil con las que el Derecho Administrativo tiene relaciones de contacto e interferencia pueden mencionarse: 1) Capacidad de las personas físicas; 2) Personas jurídicas; 3) Locación de cosas; 4) Dominio privado; 5) Instrumentos públicos; 6) Prescripción, etcétera.

En lo que concierne a las vinculaciones con el Derecho Comercial se aplican los mismos principios enunciados precedentemente, advirtiéndose tanto una tendencia hacia la intromisión del Derecho Público en el Derecho Comercial (*v.gr.*, en materia de sociedades de participación estatal mayoritaria) como la utilización de las formas jurídicas mercantiles para crear entidades de propiedad estatal (ej.: sociedades anónimas)[344].

13. DERECHO ADMINISTRATIVO Y CIENCIA DE LA ADMINISTRACIÓN

El Derecho Administrativo y la llamada Ciencia de la Administración tienen en común el estudio de la actividad que se desarrolla en los entes y órganos del Estado que realizan, en forma predominante, actividades que, desde un punto de vista material, pueden calificarse como administrativas.

Pero mientras se estima como propio del Derecho Administrativo el estudio de los aspectos jurídicos de la Administración Pública (organización, régimen de sus actos y contratos, dominio público, etc.), pertenece al ámbito de la Ciencia de la Administración el análisis no jurídico de dicho fenómeno[345].

No hay aún acuerdo en la doctrina con respecto a la autonomía e importancia que caracteriza a la Ciencia de la Administración, particularmente en lo relativo a la posición jurídica con las demás ciencias y a los límites que la separan del Derecho Administrativo[346].

En realidad, en cuanto postula el estudio de la eficacia y fines de la actividad de la Administración Pública, el contenido de la Ciencia de la Administración no puede dejar de corresponder a la Ciencia Política. Ello no implica, en nuestro concepto, que constituya una disciplina dotada de autonomía científica. Por el contrario, si advertimos que sus técnicas se nutren de diversas ciencias (historia, economía, estadística, sociología, etc.) su autonomía es meramente didáctica o docente.

---

[342] Fallos, 190:151.

[343] CASSAGNE, Juan Carlos, *El acto administrativo, cit.*, p. 50.

[344] GARRIGUES, Joaquín, *Tratado de Derecho Mercantil*, t. I, vol. 1, Revista de Derecho Mercantil, Madrid, 1947, ps. 39/40.

[345] GARRIDO FALLA, Fernando, *Tratado de Derecho Administrativo*, t. I, 4ª ed., Centro de Estudios Constitucionales, Madrid, 1966, ps. 190 y ss. JIMENEZ CASTRO, Wilburg, *Introducción al estudio de la teoría administrativa*, FCE, Buenos Aires-México, 1974, ps. 23 y ss.

[346] BENVENUTI, Feliciano, "Scienza dell'amministrazione, diritto amministrativo e riforma della pubblica amministrazione", en *La Tecnica della Organizzazione nelle Pubbliche Amministrazione*, nro. 4, Milán, 1957, ps. 415/420.

Si bien no creemos – como Langrod– que el "hecho administrativo" configura un objeto propio que permite acumular todos los conocimientos de la realidad administrativa en una disciplina autónoma[347], estimamos conveniente que el Derecho Administrativo, en cuanto también debe atender al orden de la realidad, vaya incorporando, en forma progresiva, sin claudicar del enfoque jurídico, la consideración de las técnicas e instituciones desde el punto de vista de su eficacia, lo cual se realiza por cierto de un modo subconsciente en el estudio de todo problema jurídico.

Si la armonía entre los criterios de legalidad y eficacia constituye una de las preocupaciones primordiales de las instituciones administrativas de este siglo, es evidente que el contenido de la Ciencia de la Administración, adosada total o parcialmente al estudio del Derecho Administrativo, o bien, concebida como disciplina autónoma en un plano didáctico, debe merecer la consideración adecuada del jurista.

La aceptación de su autonomía didáctica no implica despojar al Derecho Administrativo de la posibilidad y hasta de la necesidad de utilizar sus técnicas en el estudio de sus principales institutos, en la medida en que sirva para apreciar la realidad y las valoraciones ínsitas en cada problema jurídico.

14. LA CODIFICACIÓN DEL DERECHO ADMINISTRATIVO. PROBLEMAS QUE PLANTEA EN NUESTRO PAÍS

Terreno propicio para una legislación contingente y en constante cambio o adaptación a las nuevas, súbitas o impostergables necesidades de la sociedad, el Derecho Administrativo ofrece, en virtud de la peculiaridad de su conformación, una resistencia casi natural a ser encerrado y cristalizado en un cuerpo de normas orgánico, homogéneo y sistemático, como es un Código.

Pero ni la multiplicidad de las disposiciones administrativas ni su falta de orden e inestabilidad[348] constituyen obstáculos para aceptar la posibilidad de una codificación parcial o por materias, ni aun de una codificación general de los fundamentales principios de cada una de las instituciones en materia de procedimiento administrativo; esas dificultades, que se hallaron presentes en su momento respecto al Derecho Civil y al Derecho Comercial, demuestran en realidad que es necesario encauzar los principios y normas de aquellas materias del Derecho Administrativo donde fuera conveniente realizar su codificación.

Entre nosotros, el carácter "local" que posee el Derecho Administrativo argentino impide dictar un Código administrativo, como legislación común aplicable a todo el país.

En virtud a esa característica propia, las provincias han avanzado en el proceso hacia la codificación dictando leyes en materia de procedimiento administrativo y, particularmente, códigos procesales en lo contencioso-administrativo.

Si advertimos que muchas de las normas del derecho de las provincias regulado en esas codificaciones parciales son típicas del Derecho sustantivo o de fondo (*v.gr.*,

---

[347] LANGROD, Georges, *El pensamiento administrativo no jurídico*, Centro de Formación y Perfeccionamiento de Funcionarios, Madrid, 1964, ps. 28 y ss.

[348] Como lo sostiene, entre otros, SILVA CIMMA, Enrique, *Derecho Administrativo chileno y comparado*, t. I, Editorial Jurídica de Chile, Santiago de Chile, 1961, p. 92.

regulación del acto administrativo) es indudable que dicho proceso, en su avance desmedido, controvierte el sistema de unificación legislativa que existe para todo el país con relación a las otras ramas jurídicas (art. 75, inc. 12, CN).

Hasta ahora podría señalarse que el matiz doctrinario de nuestra disciplina aparecía compensado con el hecho de que éste fue modelándose a través de la aplicación analógica de muchos institutos del Derecho Civil, lo cual tornaba más uniforme el proceso de adaptación y de creación de sus soluciones jurídicas.

De aquí en más, si no se arbitran los instrumentos para propugnar una elemental armonía en las instituciones fundamentales de los Derechos Administrativos (de fondo o sustantivo) imperantes en las distintas provincias, bien podrá ocurrir que lo que sea acto administrativo en Buenos Aires no lo fuera en Córdoba y viceversa, con lo cual se fortalecen, sin duda, las autonomías provinciales, pero se quiebra una tendencia generalizada a un sistema de Derecho Administrativo básicamente uniforme, al menos en los grandes principios de su ordenamiento.

CAPÍTULO V

LAS FUENTES DEL DERECHO ADMINISTRATIVO

1. EL CONCEPTO DE FUENTE DEL DERECHO. SUS PECULIARIDADES EN EL DERECHO ADMINISTRATIVO

El estudio acerca de las fuentes del Derecho no pertenece estrictamente al Derecho Administrativo sino que constituye un tema propio de la llamada teoría general del Derecho[349] dentro de la cual se han formulado diferentes concepciones[350]. Dadas las peculiaridades propias que reviste el Derecho Administrativo, como rama en permanente formación, cuyo ordenamiento no cristaliza definitivamente por las continuas transformaciones de la realidad que debe regular, el análisis de las fuentes del Derecho exige una consideración particular de parte de la doctrina.

El concepto básico y esencial nos indica que las fuentes del Derecho son los medios o formas que dan origen al ordenamiento jurídico[351].

Pero el ordenamiento jurídico-administrativo no se integra, como se verá seguidamente, sólo con normas positivas. Sin desconocer la trascendencia de la norma positiva como fuente del Derecho – en tanto sea justa y emitida conforme a las condiciones previstas en el propio ordenamiento positivo jerárquicamente superior (*v.gr.*, las normas y principios constitucionales)– lo jurídico no puede limitarse ni circunscribirse a las normas escritas[352], habida cuenta de la frecuencia con que aparecen las llamadas lagunas o vacíos del ordenamiento jurídico positivo.

El Derecho Administrativo surgió, precisamente, cuando los juristas y los hombres de gobierno advirtieron que el derecho de los administrados no derivaba sólo de las leyes que, en la mayor parte de las veces, no prescribían soluciones para reglar las controversias con la Administración Pública.

---

[349] *Cfr.* GARRIDO FALLA, Fernando, *Tratado de Derecho Administrativo*, t. I, 7ª ed., Centro de Estudios Constitucionales, Madrid, 1980, p. 242; PRAT, Julio A., *Derecho Administrativo*, t. I, Acali Editorial, Montevideo, 1977, p. 215.

[350] CUETO RÚA, Julio C., *Fuentes del Derecho*, Abeledo-Perrot, Buenos Aires, 1961, ps. 24/25; LINARES, Juan F., *Fundamentos de Derecho Administrativo*, Astrea, Buenos Aires, 1975, p. 91.

[351] LLAMBÍAS, Jorge J., *Tratado de Derecho Civil. Parte general*, t. I, Perrot, Buenos Aires, 1961. En el mismo sentido Prat apunta que la expresión fuente del Derecho traduce una metáfora acertada (PRAT, Julio A., *Derecho Administrativo*, *cit.*, t. I, p. 216).

[352] VEDEL, Georges, *Droit Administratif*, Presses Universitaires de France, París, 1968, p. 246; expresa este autor que el Consejo de Estado funda alguna de sus soluciones en reglas que no derivan directamente de fuente escrita alguna – Constitución, ley o reglamento– , viendo en esas reglas "principios generales del Derecho".

Es conocido el papel y la gravitación que ha tenido en la elaboración de nuestra disciplina el Consejo de Estado de Francia, cuya jurisprudencia abrió un amplio cauce para arbitrar respuestas justas, fundadas en la realidad social, a los principales problemas que planteó y plantea la actuación administrativa. Al admitirse que el Estado debía regirse por principios diferentes a los propios del Derecho Privado, se dio un paso esencial para la formulación de un derecho autónomo para regir el obrar de la Administración en el campo del Derecho Público, sin perjuicio de la posibilidad de acudir a la analogía[353].

Esa jurisprudencia del Consejo de Estado francés, al aceptar la existencia de reglas jurídicas que no emanan de la legislación positiva, permite concluir que las normas no escritas trascienden los imperativos del poder, por su relación directa con la persona humana y la naturaleza de las cosas[354].

2. DISTINTAS CLASIFICACIONES ACERCA DE LAS FUENTES DEL DERECHO

Existen varias clasificaciones sobre lo que debe entenderse por fuente del Derecho, aun cuando ellas no revisten la misma trascendencia.

La clasificación que trasunta una mayor importancia es la que distingue fuentes reales (o materiales), por un lado, y, por el otro, fuentes formales. Es indudable que esta clasificación encierra la idea de justicia, en cuanto intenta superar la concepción estrictamente legalista o positivista del Derecho. Se entiende por fuentes reales o materiales, aquellos modos (elementos, factores, etc.) que determinan el contenido de las normas jurídicas, con independencia de los órganos con competencia para producir disposiciones jurídicas[355]. En cambio, las fuentes formales son aquellas que dan origen al ordenamiento y que emanan de órganos estatales competentes, a través de un cauce formal preestablecido mediante el procedimiento previsto por el Derecho Positivo[356]. En este sentido, el concepto fuente se limita a la Constitución, la ley y el reglamento[357].

---

[353] Ello hace posible que la Administración pueda cumplir con su fin que no es la mera ejecución de las leyes como lo entendía la ya clásica tesis normativa sino la satisfacción del bien común o interés público (*Cfr.* GARRIDO FALLA, Fernando, *Tratado de Derecho Administrativo*, *cit.*, t. I, ps. 253 y ss.).

[354] *Cfr.* BARBE PÉREZ, Héctor, *Los principios generales del Derecho como fuente del Derecho Administrativo en el Derecho Positivo uruguayo*, Universidad de Montevideo, Facultad de Derecho y Ciencias Sociales, Montevideo, 1958, p. 21.

[355] MONTEJANO, Bernardino (h.) - NOACCO, Julio C., *Estática jurídica*, Buenos Aires, 1969, ps. 10 y ss. Este concepto de fuente real o material incluye a la costumbre y a los principios generales del Derecho.

[356] PRAT, Julio A., *Derecho Administrativo*, *cit.*, p. 216; GOLDSCHMIDT, Werner, *Introducción al Derecho*, Depalma, Buenos Aires, 1967, p. 184.

[357] Es objeto de controversia si pueden considerarse fuentes los actos particulares, o sea las normas que sólo regulan un caso concreto, y los denominados repartos autónomos o actividad autónoma, concepto con el que se denomina a los contratos y demás actos de los particulares o de los grupos sociales por los cuales voluntariamente se crean situaciones jurídicas. GOLDSCHMIDT (*Introducción filosófica al Derecho*, *cit.*, p. 186); MONTEJANO, Bernardino (h.) - NOACCO, Julio César (*Estática jurídica*, *cit.*, p. 12) entienden que son fuentes del

También se han distinguido las fuentes según que contribuyan a la producción o al conocimiento del Derecho. En el primer caso se trata de los modos por los cuales se crea el Derecho (*v.gr.*, la ley y el reglamento) mientras que por el segundo concepto se quiere significar los medios que permiten conocer el Derecho (*v.gr.*, doctrina, bibliografía, colecciones de leyes, etc.).

Si se admite – y así debe reconocerse– que la Administración Pública crea Derecho, se pueden, a su vez, distinguir las fuentes que provienen de ámbitos ajenos al poder administrador (*v.gr.*, Constitución, ley y jurisprudencia judicial) de aquellas que se originan en la actividad de los propios órganos administrativos (*v.gr.*, precedentes administrativos, reglamentos, etc.)[358].

Habida cuenta de la forma federal de gobierno que informa a la organización constitucional argentina, las fuentes del Derecho Administrativo tienen, en principio, y con las salvedades que prescribe la Constitución en cuanto ley suprema, carácter o naturaleza local, dado que las provincias no sólo se dan sus propias instituciones y se rigen por ellas (art. 5º, CN) sino que conservan todo el poder que no hubieran delegado a la Nación (art. 121, CN), sin perjuicio de aquellas facultades consideradas concurrentes.

Por esa causa, aparte de precisar la jerarquía de las fuentes, es preciso establecer en nuestro ordenamiento administrativo el carácter provincial o nacional de las fuentes, en cada caso particular. A ello cabe adicionar aún, el carácter local de las fuentes que constituyen el ordenamiento de la Ciudad Autónoma de Buenos Aires a partir de la reforma constitucional de 1994 y de la propia Constitución Nacional de dicha ciudad.

A su vez, a raíz de la reforma operada en la Constitución de 1853 las fuentes supranacionales (los tratados celebrados con las demás naciones, con las organizaciones internacionales y los concordatos con la Santa Sede) poseen jerarquía superior a las leyes (art. 75, inc. 22, CN). Los tratados expresamente enunciados en el citado texto tienen jerarquía constitucional (*v.gr.*, Pacto de San José de Costa Rica) y complementan los derechos y garantías de la Constitución[359].

Derecho. En cambio, GARRIDO FALLA, Fernando (*Tratado de Derecho Administrativo, cit.*, p. 227) excluye de la noción de fuente a los hechos o actos que crean o disciplinan situaciones concretas. En general, la doctrina sólo entiende como fuentes del Derecho a los actos que crean normas o principios de carácter general. En tal sentido debe tenerse en cuenta respecto de la actividad autónoma que los convenios colectivos de trabajo, si bien son de naturaleza contractual, crean normas de carácter general, razón por la cual son fuentes del Derecho.

[358] Otra clasificación distingue las fuentes en directas e indirectas, según que se basen o no en textos positivos. Para esta postura, la ley es fuente directa, mientras que la doctrina constituye una fuente indirecta (*Cfr.* MARIENHOFF, Miguel S., *Tratado de Derecho Administrativo.*, t. I, 5ª ed. act., Abeledo-Perrot, Buenos Aires, 1995, ps. 213/214).

[359] Para una exposición de la diversidad de fuentes normativas existentes luego de la reforma constitucional de 1994, puede verse BIANCHI, Alberto B., "Del abuso de categorías y especies normativas en el ordenamiento jurídico argentino", en EDA 2000/2001, ps. 780/785.

3. JERARQUÍA DE LAS FUENTES: LA CONSTITUCIÓN

El análisis de las fuentes en particular plantea el problema de determinar la jerarquía de cada una de ellas, aparte de su naturaleza e imperatividad.

La Constitución estatuye el conjunto de principios y normas supremas del ordenamiento positivo, cuya jerarquía normativa es superior a la ley y al reglamento, imponiéndose a todos los actos que dicta la Administración Pública[360].

Por su jerarquía máxima, es la fuente más importante de todo el Derecho, particularmente para el Derecho Administrativo, cuyos capítulos se nutren en los principios y normas constitucionales. Así lo prescribe el texto expreso del art. 31, CN.

La Constitución Nacional, sancionada en el año 1853, con las reformas de los años 1860, 1898, 1957 y 1994 contiene un Preámbulo, que expresa los grandes objetivos y principios que inspiraron a los constituyentes, y un articulado, que estatuye las reglas generales que rigen la vida del Estado y los derechos y deberes de los habitantes, aun cuando también existen artículos que consagran verdaderos principios sin alcanzar la estructura lógica propia de las normas.

La primacía de la Constitución Nacional comprende según su art. 31 no sólo los principios y normas constitucionales sino también los tratados y las leyes dictadas por el Congreso como consecuencia de las facultades que le atribuye la ley suprema[361]. Y tanto las normas como los principios constitucionales tienen operatividad por sí mismos, no siendo indispensable que las declaraciones, derechos y garantías, que consagra la Constitución, deban ser reglamentadas[362].

Del régimen que instituye la Constitución surgen una serie de principios y reglas que configuran las bases del Derecho Administrativo, entre los que cabe mencionar:

a) personalidad jurídica del Estado

La concepción del Estado como persona jurídica se encuentra implícitamente reconocida en el art. 35, CN. En ese carácter, ejerce potestades y derechos, contrae obligaciones, impone deberes y cargas, etc. Refuerza esta interpretación la referencia que se formula a la Nación – entendida como sujeto de derecho– en el título primero de la segunda parte, Constitución, ya que al reglar la actividad de los orga-

---

[360]   Cfr. VEDEL, Georges, *Droit Administratif, cit.*, p. 238. La llamada Ciencia del Derecho Constitucional estudia los diferentes significados que se le atribuyen a la Constitución (jurídico-formal, material, normativa, etc.). Véase al respecto GARCÍA PELAYO, Manuel, *Derecho Constitucional comparado*, Revista de Occidente, Madrid, 1961, ps. 33 y ss.

[361]   En tal sentido, la Corte Suprema ha sostenido que "las provincias carecen de facultades para retardar, impedir o de cualquier manera contralorear el cumplimiento de las leyes sancionadas por el Congreso Nacional en ejercicio de facultades constitucionales", *Cfr.* "Estado nacional v. Provincia de Santiago del Estero s/nulidad por inconstitucionalidad ley 5379 y dec. 3017", Fallos, 310:2812 (1987); "Banco de la Nación v. Provincia de Córdoba", Fallos, 249:292 (1961); "Banco de la Nación v. Poder Ejecutivo de la Provincia de Mendoza", Fallos, 226:408 (1953). Ello, con fundamentos en el principio de supremacía consagrado en el art. 31 de la Constitución.

[362]   MARIENHOFF, Miguel S., *Tratado de Derecho Administrativo, cit.*, t. I, p. 218; LINARES QUINTANA, Segundo, *Tratado de la Ciencia del Derecho Constitucional*, t. V, Alfa, Buenos Aires, 1953-1963, ps. 373/374.

nismos de la Nación, reconoce como presupuesto que esos órganos integran un suje-to de derecho con personalidad jurídica;

b) las funciones, potestades y cometidos del Poder Ejecutivo

El art. 99, CN, al prescribir las funciones, potestades y cometidos del Poder Ejecutivo, configura una de las fuentes más ricas del Derecho Administrativo.

De esta norma derivan, entre otras, las siguientes normas y principios:

1. la jefatura suprema de la Nación y la jefatura del Gobierno del cual depende la Administración general del país (cuyo responsable político es el Poder Ejecutivo) y la llamada zona de reserva de la Administración (art. 99, inc. 1°, CN);

2. la potestad para dictar reglamentos de ejecución (art. 99, inc. 2°, CN);

3. competencia para dictar actos institucionales (art. 99, inc. 4°, CN) y actos administrativos (art. 99, incs. 6°, 7° y 10, CN);

c) las relaciones del presidente con el Jefe de Gabinete, sus ministros y la competencia de ellos (arts. 100 a 107, CN);

d) los derechos y garantías de los particulares frente al Estado (arts. 14, 16, 17, 19 y 28, CN).

En el sistema constitucional argentino hay que tener en cuenta, además, el do-ble orden de atribuciones derivado de la coexistencia simultánea de la personalidad jurídica de las provincias y de la que es inherente a la Nación (Estado nacional).

Esa coexistencia no es óbice para que el régimen instituido consagre, en un tex-to expreso, la supremacía de la Constitución Nacional por sobre las Constituciones que dicten las provincias bajo el sistema republicano y representativo, de acuerdo con los principios, declaraciones y garantías de la Constitución Nacional, y siempre que aseguren la administración de justicia, el régimen municipal y la educación primaria (art. 5°, CN).

4. LOS TRATADOS Y SU JERARQUÍA CONSTITUCIONAL

A. Los diferentes sistemas existentes en el derecho comparado acerca de la jerarquía de los tratados

Los tratados, como fuente del derecho, constituyen uno de los sectores más dinámicos en lo concerniente a las transformaciones que vienen aconteciendo en el campo del derecho público. Las ideas predominantes, particularmente en la segunda mitad del siglo XX, han ido afirmando, en muchos países, una corriente hacia la universalidad de los derechos y garantías de los ciudadanos de los Estados naciona-les. Este movimiento, orientado en sus comienzos por la tendencia a la justicia uni-versal y la protección de los derechos humanos, pronto abarcó los principios y reglas del comercio internacional. Para resguardar los respectivos núcleos de principios e intereses se crearon organizaciones internacionales, algunas de las cuales alcanzaron a constituir una comunidad o unión de naciones, como aconteció con la Unión Eu-ropea[363]. En forma paralela, comenzó a hablarse de una globalización o mundializa-

---

[363] RODRÍGUEZ, Libardo, *Derecho Administrativo Colombiano,* Universidad Nacional Autó-noma de México y Editorial Porrúa, México, 2004, ps. 21-23, afirma que el proceso origina

ción para encuadrar un fenómeno que, en realidad, es un proceso en marcha, complejo y no exento de contradicciones. El principal instrumento para concretar esa amalgama de relaciones disímiles ha sido –*latu sensu*- la figura del tratado internacional así como el derecho derivado de las instituciones creadas por esa fuente jurídica. Su máxima expresión se traduce en la configuración de un derecho comunitario, en el que se fusiona o integra una parte apreciable de la soberanía estatal. Otro reflejo de la globalización se encuentra en las organizaciones y actos que, como parte de un derecho administrativo internacional, de carácter regional ponen en marcha "*los tratados públicos de integración económica*"[364].

Ahora bien, para poder alcanzar su plenitud, el proceso de globalización precisa superar una serie de dificultades. La principal es la discordancia que existe entre los diferentes sistemas constitucionales en punto a la jerarquía de los tratados y los mecanismos de incorporación del derecho internacional al derecho interno. El verdadero debate no se plantea ya en torno a las formas puras del monismo o del dualismo sino en punto a la primacía de los tratados frente a las leyes y, en ciertos casos, si algunos de ellos tienen carácter supra-constitucional.

Una visión simple sobre lo que ha ocurrido parecería que el indicar que el derecho internacional prevalece sobre el derecho interno. Pero, a poco que se profundice el análisis del derecho comparado se descubre que, en algunos países, los tratados no poseen jerarquía constitucional, atribuyéndoles un valor equivalente a las leyes (*v.gr.* Estados Unidos), tal como acontecía en Argentina antes de la década del noventa.

Con todo, no se puede desconocer que existe una tendencia constitucional favorable a prescribir que los tratados tienen jerarquía superior a las leyes, aunque los sistemas comparados difieran en punto a su jerarquía constitucional, sin que se haya alcanzado un consenso que permita sustentar un "*jus cogens*" en la materia.

En general, los sistemas pueden clasificarse en aquellos que asignan a los tratados: a) valor supra-constitucional; b) jerarquía constitucional; c) valor superior a las leyes y d) valor equivalente a las leyes.

a. Valor supra-constitucional

Como apunta VARGAS CARREÑO este sistema no es frecuente y en Europa, sólo ha sido adoptado por la Constitución de los Países Bajos (art. 9, inc. 3), en la cual se admite que un tratado contenga estipulaciones que deroguen la Constitución o impongan la necesidad de derogarla, mediante una ley que exige mayorías especiales[365].

"*un derecho administrativo internacional*" "*...no sólo en los asuntos económicos sino en muchos otros, como las comunicaciones, la información, las relaciones políticas, los derechos humanos, el derecho penal, etcétera*" (op. *cit.* p. 23).

[364] VIDAL PERDOMO, Jaime, *Derecho Administrativo*, 11ª ed., Temis, Bogotá, 1997, p. 3.

[365] Véase: VARGAS CARREÑO, Edmundo, *Derecho Internacional Público. De acuerdo a las normas y prácticas que rigen en el siglo XXI*, Ed. Jurídica de Chile, Santiago, 2007, ps. 204-205.

b. Jerarquía constitucional

En el derecho constitucional comparado tampoco resulta frecuente, en general, que se atribuya jerarquía constitucional a los tratados internacionales. Sin embargo, las Constituciones de algunos países latinoamericanos como Argentina (art. 75 inc. 22, 2ª parte) y Venezuela (art. 23) le asignan dicha jerarquía a determinados tratados de derechos humanos.

A su vez, las Constituciones de Colombia (art. 93) y de España (art. 10.2) prescriben que los derechos reconocidos en los tratados de derechos humanos constituyen una pauta de interpretación de las normas constitucionales referidas a tales derechos, particularmente, a las libertades fundamentales.

c. Valor superior a las leyes

Si bien no puede afirmarse que constituya la tendencia general en el derecho internacional ni una suerte de *jus cogens*, lo cierto es que los países que han adherido a la tesis de la supremacía de los tratados sobre la legislación interna son numerosos, sobre todo aquellos que poseen Constituciones llamadas modernas, en Europa como las de Alemania (art. 25) y Francia (art. 55).

Similar rumbo constitucional se observa en varias Constituciones de América Latina: Costa Rica (art. 7), Ecuador (art. 183), El Salvador (art. 144), Paraguay (art. 137) y en nuestra Constitución, tras la reforma de 1994 (art. 75, inc. 22).

d. Valor equivalente a las leyes

La equivalencia entre los tratados y las leyes existe desde los orígenes del derecho constitucional norteamericano que consagra dicho principio, dentro de la supremacía constitucional, un tratado.

En tal sentido, para la Corte Suprema de Justicia de los Estados Unidos (interpretando una cláusula semejante a nuestro art. 31 de la C.N.) un tratado tiene el mismo rango que una ley federal. En tal sentido sostuvo que:

> *"Por la Constitución, el tratado ha sido colocado en el mismo plano y crea la misma obligación que el acto legislativo. Ambos son calificados por aquel instrumento como la ley suprema del país y no se da superior eficacia a uno respecto del otro, cuando los dos tratan en forma de dar efecto a ambos, si se puede lograr tal cosa sin hacer violencia al texto de ninguno; pero si son incompatibles, el de fecha posterior predominará sobre el otro, siempre que la estipulación del tratado en el tema sea susceptible de ejecutarse por sí sola"*[366].

Como ha dicho SCHWARTZ[367] *"entre los tratados y las leyes federales prevalece el de fecha posterior. Un tratado puede reemplazar o derogar una ley previa del Congreso[368] y una ley del Congreso puede similarmente derogar o sustituir un tra-*

---

[366] In re *Whitney vs. Robertson*, 124 US 190, 194 (1888).

[367] SCHWARTZ, Bernard, *Constitutional Law*, 2ª ed., Macmillan Publishing Co. - New York y Colier Macmillan Publishing – London, 1979, p. 101.

[368] Cook vs. United States 288 US 102 (1933).

tado previo"[369]*... "También puede darse el caso que se le de al tratado no la fuerza de una ley sino de una restricción constitucional"*[370].

En el escenario del derecho comparado, no faltan normas constitucionales que, en forma expresa, prescriban que un tratado internacional posee igual valor que la ley interna, tal como acontece en la Constitución de México (art. 133).

B. La jerarquía de los tratados de la Constitución argentina

Una de las principales innovaciones incorporadas al texto de la Constitución por la reforma de 1994 consistió en el establecimiento que prescribe que los tratados poseen una *"jerarquía superior a las leyes"* (art. 75, inc. 22 primera parte).

La recepción de dicha regla constitucional no parece contradecir frontalmente el texto del artículo 31 de la C.N. en cuanto afirma que la propia Constitución, las leyes dictadas en su consecuencia y los tratados son *"ley suprema de la Nación"*.

Pero si resulta contraria a la interpretación que venía haciendo la Corte Suprema hasta el caso *"Ekmekdjian"* del año 1992[371], a través del cual se operó una suerte de mutación en la interpretación constitucional existente, al apartarse del principio sostenido por la anterior jurisprudencia (en línea con la establecida por la Corte Suprema de los Estados Unidos de Norteamérica), en el sentido que los tratados se encontraban en un plano de igualdad con las leyes de la Nación.

En efecto, nuestra Corte Suprema había sentado el principio según el cual *"... entre las leyes y los tratados no existe prioridad de rango..."* y que respecto de ambas clases de normas rige el principio que prescribe que las posteriores derogan a las anteriores[372].

Con posterioridad, el Alto Tribunal modificó dicho criterio[373] al sostener la primacía de los tratados internacionales sobre la legislación interna del Estado, con fundamento en lo prescripto en el art. 27, Convención de Viena sobre el Derecho de Tratados, aprobada por ley 19.865.

La reforma constitucional de 1994 ha seguido la línea jurisprudencial adoptada hasta ese momento por la Corte Suprema de Justicia de la Nación, consagrando el principio de la superioridad de los tratados y concordatos sobre las leyes (art. 75, inc. 22, párr. 1°: *"Los tratados y concordatos tienen jerarquía superior a las leyes"*).

---

[369] The Cherokee Tobacco, II Wall 616, 621 US (1871).

[370] SCHWARTZ, Bernard, *Constitutional Law, cit.*, p. 102.

[371] Fallos, 315:1492.

[372] "Martín y Cía. Ltda. S.A. v. Nación Argentina", Fallos 257:99 (1963); "Esso Petrolera Argentina v. Nación Argentina s/repetición", Fallos 271:7 (1968). Véase, asimismo, DIEZ, Manuel M., *Derecho Administrativo*, t. I, Bibliográfica Omeba, Buenos Aires, 1963, p. 475, y GOLDSCHMIDT, Werner, *Introducción filosófica al Derecho*, 4ª ed., Depalma, Buenos Aires, 1973, ps. 188 y 200.

[373] "Fibraca Constructora SCA v. Comisión Técnica Mixta de Salto Grande", Fallos 316:1669 (1993) consid. 3°, criterio preanunciado en *"Ekmekdjian, Miguel Ángel v. Sofovich, Gerardo y otros"*, Fallos 315:1492 (1992), y en "Servini de Cubría, María Romilda s/amparo", Fallos 315:1943 (1992).

Pero, además, con respecto a los denominados tratados de integración ha incorporado el principio de la supremacía de derecho comunitario (incluso el derivado) sobre el Derecho interno (excepto la Constitución) al prescribir que *"las normas dictadas en su consecuencia ... [se refiere a los tratados] tienen jerarquía superior a las leyes"* (art. 75, inc. 24).

A partir de la reforma constitucional la jerarquía de los tratados internacionales ha quedado diseñada, en forma fragmentaria, según la diferente materia y naturaleza de cada tratado. Como se puede apreciar seguidamente se trata de un esquema complejo[374], con grandes incógnitas que abren paso a diferentes y contradictorias interpretaciones constitucionales.

El esquema establecido para regir esta materia por la reforma Constitucional de 1994 puede resumirse del siguiente modo:

a. Tratados con jerarquía constitucional

Dicha jerarquía constitucional también la pueden alcanzar otros tratados en el futuro siempre que se cumpla el procedimiento específico previsto en la Constitución (art. 75, inc. 22, *in fine*, CN); tal es lo que aconteció con la ley 24.820 que otorgó jerarquía constitucional a la Convención Interamericana sobre Desaparición Forzada de Personas, (aprobada por ley 24.566), o el caso de la Convención sobre la Imprescriptibilidad de los Crímenes de Guerra y de los Crímenes de Lesa Humanidad (aprobada por ley 24.584), cuya jerarquía constitucional fue reconocida en la ley 25.778.

b. Tratados o acuerdos ejecutivos sin jerarquía constitucional

Esta categoría comprende varias especies, a saber:

1. tratados generales u ordinarios que celebre el Ejecutivo y apruebe el Congreso, que resultan de rango superior a las leyes conforme a la regla antes señalada. Su aprobación no requiere mayorías especiales.

2. tratados de integración con países latinoamericanos. La aprobación de estos tratados requiere que sean aprobados por el voto de la mayoría absoluta de los miembros de cada Cámara y el mismo criterio rige para su denuncia.

3. tratados de integración con otros Estados con similar procedimiento de voto para su aprobación pero desdoblando, a nuestro juicio inútilmente, su aprobación en dos fases (declarativa y constitutiva), estableciéndose un plazo mínimo de ciento veinte (120) días para el perfeccionamiento del acto declarativo.

4. acuerdos ejecutivos[375], celebrados por el Poder Ejecutivo o funcionarios del gobierno, que no requieren la aprobación del Congreso y que pertenecen a la competencia que tiene asignada el Presidente de la República a raíz de tener a su cargo la

---

[374]   *Cfr.* BARRA, Rodolfo Carlos, *Tratado de Derecho Administrativo,* T° I, Abaco, Buenos Aires, 2002, p. 355.

[375]   Vid: BIANCHI, Alberto B., "Status constitucional de los acuerdos ejecutivos luego de la reforma constitucional de 1994", LL, 1999-A-197, GELLI, María Angélica, *Constitución de la Nación Argentina. Comentada y concordada,* 4ª ed., La Ley, Buenos Aires, 2008, ps. 401-403; SOLA, Juan Vicente, *Tratado de Derecho Constitucional,* t. IV, La Ley, Buenos Aires, 2009, p. 162 y ss.

dirección de las relaciones internacionales. Tales acuerdos simplificados implican la realización de las *"otras negociaciones"* a que alude el inc. 11 del art. 99, CN, siendo un procedimiento comúnmente utilizado, en el plano internacional, por la mayor parte de los Estados.

C. Condiciones de validez y aplicabilidad de los tratados de integración

El efecto de la cláusula contenida en el art. 75, inc. 22, C.N., no es colocar al derecho de la integración (*v.gr.* el contenido en el Tratado de Asunción) por encima del orden constitucional sino afirmar la primacía de los tratados de esa índole respecto de las leyes[376], siendo del caso recordar que este principio había sido ya establecido, antes de la reforma constitucional, por la Corte Suprema de Justicia de la Nación en los casos *"Ekmekdjian, Miguel Ángel v. Sofovich, Gerardo y otros"*[377], *"Servini de Cubría, María Romilda s/ amparo"*[378] y *"Fibraca Constructora SCA v. Comisión Técnica del Salto Grande"*[379], antes citados.

---

[376]   Principio que se extiende a las leyes provinciales, aún sin reforma de las constituciones locales, como consecuencia de la supremacía de la Constitución Nacional que prescribe el art. 31.

[377]   "Ekmekdjian, Miguel Ángel v. Sofovich, Gerardo y otros", Fallos 315:1492 (1992), donde la Corte Suprema sostuvo que *"...en nuestro ordenamiento jurídico, el derecho de respuesta o rectificación ha sido establecido en el art. 14, Pacto de San José de Costa Rica, que, al ser aprobado por ley 23.054, es ley suprema de la Nación conforme a lo dispuesto por el art. 31, CN"*, señalando que la Convención de Viena sobre Derecho de los Tratados *"confiere primacía al Derecho Internacional Convencional sobre el Derecho interno. Ahora esta prioridad de rango integra el ordenamiento jurídico argentino. La convención es un tratado internacional, constitucionalmente válido, que asigna prioridad a los tratados internacionales frente a la ley interna en el ámbito del Derecho interno, esto es, un reconocimiento de la primacía del Derecho Internacional por el propio Derecho interno. Esta Convención ha alterado la situación del ordenamiento argentino... pues ya no es exacta la posición jurídica según la cual no existe fundamento normativo para acordar prioridad al tratado frente a la ley. Tal fundamento radica en el art. 27, Convención de Viena, según el cual una parte no podrá invocar las disposiciones de su Derecho interno como justificación del incumplimiento de un tratado"*. Agregó el Tribunal que *"la necesaria aplicación del art. 27, Convención de Viena, impone a los órganos del Estado argentino asignar primacía al tratado ante un eventual conflicto con cualquier norma interna contraria con la omisión de dictar disposiciones que, en sus efectos, equivalgan al incumplimiento del tratado internacional en los términos del citado art. 27"*.

[378]   "Servini de Cubría, María Romilda s/amparo", Fallos 315:1943 (1992). Del fallo del tribunal interesa destacar los votos de los jueces Barra y Boggiano que señalaron: *"la derogación de un tratado internacional por una ley del Congreso violenta la distribución de competencias impuesta por la misma Constitución Nacional, porque mediante una ley se podría derogar el acto complejo federal de la celebración de un tratado"*. A tal fin, se apoyaron también (como en el caso "Ekmekdjian", *cit.* en nota 22) en el principio consagrado en el art. 27, Convención de Viena

[379]   "Fibraca Constructora SCA v. Comisión Técnica de Salto Grande", Fallos 316:1669 (1993). En este caso, aparte del argumento basado en el art. 27, Convención de Viena, el Tribunal sostuvo que la aplicación del Acuerdo de Sede, que consagró la inmunidad del procedimiento de la Comisión, sus bienes, documentos y haberes en cualquier parte de la República, *"impone a los órganos del Estado argentino –una vez asegurados los principios de Derecho*

En consecuencia, conforme al principio de primacía tanto el derecho originario como el derecho derivado que emanan de dichos tratados[380] no pueden ser derogados por las leyes posteriores ni serles opuestas las leyes anteriores del Derecho interno de los países miembros.

Ello no implica sentar el principio de la supremacía de dichos tratados frente a la Constitución, cuya superior jerarquía se mantiene en el orden interno, aun en los sistemas comunitarios europeos que han mitigado el control de constitucionalidad por parte de los tribunales estatales. Pues, por más que la concepción de la soberanía se haya vaciado de gran parte de su contenido, lo cierto es que el Estado siempre la conserva, aunque restringida por la *"cesión sistemática"* de competencias a entidades supra-estatales, lo cual supone la transferencia tanto de la titularidad de la competencia como de su ejercicio. Cabe advertir, sin embargo que los Estados no han renunciado (ni podrían hacerlo) a la potestad que poseen para denunciar los tratados internacionales, asumiendo las responsabilidades consiguientes.

Ahora bien, para que esa *"cesión sistemática"* de competencias no entre en colisión con el ordenamiento constitucional precisa respetar los límites establecidos en la Constitución sin que ello obste a reconocer que, dentro de ésta, se opera el nacimiento de una nueva categoría constitucional, como es el derecho de la integración supra-estatal.

Esos límites pueden ser meramente temporales (nuestra Constitución no los ha fijado) o revestir carácter formal, como, *v.gr.*, el art. 75, inc. 24, 2ª parte, CN, que consagra procedimientos para la aprobación de los tratados de integración que contengan cesiones de competencias y jurisdicción.

Sin duda, los que poseen mayor entidad jurídica son los límites materiales de dichos tratados de integración que, conforme al art. 75, inc. 24, CN, tienen que celebrarse en condiciones de reciprocidad e igualdad y respetar el orden democrático y los derechos humanos.

a. Reciprocidad e igualdad

La imposición de este límite constitucional para la cesión de competencias a las organizaciones supra-estatales registra antecedentes en una cláusula similar de la Constitución griega que prescribe que las limitaciones al ejercicio de la soberanía estatal resultan válidas *"sobre la base del principio de igualdad y en condiciones de reciprocidad"* (art. 28.3). Se ha dicho que las ideas de igualdad y reciprocidad no son sinónimas ya que mientras la primera hace referencia a la posición de los Estados *"en el seno del ente supranacional como organización (aspecto estático) la reciprocidad, sin embargo, se conecta con el sometimiento de la eficacia de los actos y normas a la condición de que desplieguen también sus efectos en el resto de los Estados (aspecto dinámico)"*[381].

Público constitucionales– asignar primacía a los tratados ante un eventual conflicto con cualquier norma interna contraria".

[380] Véase FREELAND LÓPEZ LECUBE, Alejandro, "Las fuentes del derecho comunitario", LL 1993-B,766.

[381] *Cfr.* PÉREZ TREMPS, Pablo, *Constitución española y Comunidad Europea*, Civitas, Madrid, 1994, p. 107.

No obstante, en el caso del Mercosur, si éste se transformase en el futuro en una comunidad o ente supranacional estos principios tendrían que amoldarse (a condición de reciprocidad en los demás Estados) a la nueva realidad comunitaria. Ello conducirá, probablemente, a que se interprete la cláusula constitucional con mayor flexibilidad para tornarla compatible con el funcionamiento efectivo de la organización que pueda constituirse, tal como aconteció en algunos países europeos en los que se ha entendido que se trata de una "*igualdad ponderada*".

b. El orden democrático y los derechos humanos

En el derecho comunitario europeo la jurisprudencia ha señalado que tanto los valores del orden democrático[382] como los derechos fundamentales constituyen condiciones de validez constitucional de la integración comunitaria y es evidente que estos principios han sido recogidos por la Constitución reformada. Se trata de conceptos jurídicos indeterminados que componen el denominado "*núcleo básico*" de la Constitución, el cual se integra, además, con los derechos fundamentales reconocidos en el art. 14, CN, y con los principios no enumerados derivados de la forma republicana de gobierno (art. 33, CN).

Estas condiciones operan en dos direcciones ya que resultan exigibles tanto con respecto a las cláusulas del respectivo tratado de integración (derecho originario) como con relación al Derecho que fluye de las organizaciones supra-estatales (derecho derivado) o respecto de las normas jurídicas internas dictadas por los Estados en ejercicio de las facultades emergentes de un tratado de integración.

Si existiera una lesión constitucional que tuviera origen directo en el propio Tratado de integración, en el derecho derivado o en normas jurídicas dictadas en el orden interno de los Estados – y siempre que diera lugar a una controversia o caso– , los interesados podrían plantear la cuestión de constitucionalidad ante los jueces nacionales y llevar el planteo hasta la Corte Suprema de Justicia, por la vía de los recursos extraordinario u ordinario, en el caso (cfr.: arts. 116 y 117, CN; art. 14, ley 48 y art. 24, inc. 6°, dec.-ley 1285/1958).

En tales supuestos la decisión del Alto Tribunal tendría por efecto la inaplicabilidad de la norma violatoria en el caso concreto[383].

D. Incorporación de los tratados al derecho interno

Los tratados válidamente celebrados por el Ejecutivo, aprobados por el Congreso y luego ratificados por el Presidente (mediante su ratificación y canje) con las reservas que se hubieren formulado forman parte del derecho interno sin necesidad

---

[382] *Cfr.* MUÑOZ MACHADO, Santiago, *El Estado, el Derecho Interno y la Comunidad Europea*, Civitas, Madrid, 1986, p. 210 y ss.

[383] Con relación al derecho comunitario, la postura señalada en el texto ha sido sustentada por el Tribunal Constitucional Federal alemán en el caso "*Solange*" si bien, como puntualiza BARRA, este Tribunal se autolimita a posteriori en una segunda decisión sobre el tema al declarar que no ejercerá la atribución de examinar la constitucionalidad si la Comunidad Europea garantiza esa protección efectiva de manera general (*Cfr.* BARRA, Rodolfo Carlos, "Derecho de la integración: ordenamiento jurídico y función judicial [Reflexiones útiles de cara al Mercosur]", ED 154-979).

de realizar acto formal alguno posterior para que se opere su incorporación a dicho ordenamiento.

En este punto, el debate entre el monismo y el dualismo ha quedado zanjado a favor del primero y en ello tuvo mucho que ver el régimen establecido en el tratado de Viena sobre el Derecho de los Tratados, cuyo artículo 27 estatuye que ninguna norma del derecho interno puede justificar que los Estados firmantes de un tratado dejen de cumplir –por acción y omisión- las obligaciones contraídas al suscribirlo.

En el derecho constitucional argentino sostener que un tratado que fue aprobado por una ley requiere el dictado de otra ley a posteriori de su ratificación para incorporarse al derecho interno implica tanto como aceptar que un tratado no sea cumplido a través de la mera inacción del Ejecutivo o del Parlamento, Si un tratado internacional constituye –en virtud de su técnica de aprobación- un acto federal complejo[384], una tesis semejante resulta inadmisible, aparte de no encontrar apoyatura jurídica en texto alguno de la Constitución.

E. La supremacía de la Constitución y los conflictos que se susciten con los preceptos de los tratados constitucionales

En nuestro ordenamiento el principio de supremacía de la Constitución no admite dudas en virtud de hallarse positivado en los preceptos contenidos en la Carta Magna, particularmente en los arts. 27 y 31 de la CN así como en sus fuentes históricas, doctrinarias y jurisprudenciales. Tampoco admite dudas en la doctrina y jurisprudencia peruanas[385].

Se trata de una técnica que procura a limitar el ejercicio indebido y abusivo del poder[386] por parte de los órganos estatales que integran el gobierno (Ejecutivo, Legislativo y Judicial), en el sentido clásico así como respecto de los nuevos órganos creados por la reforma constitucional de 1994 (Auditoría General de la Nación, Consejo de la Magistratura y Defensor del Pueblo). El principio de la supremacía indica que todos los órganos estatales, cualquiera fuera su condición jurídica, se encuentran sometidos a los mandatos constitucionales.

A diferencia de los sistemas constitucionales europeos del siglo XIX que afirmaron la soberanía del legislativo, nuestro sistema constitucional, que en este punto fue fiel al modelo norteamericano, consagró el principio de que la Constitución constituye la expresión máxima y cristalizada de la soberanía del pueblo[387], la cual se concreta a través del ejercicio del poder constituyente, prevaleciendo sobre los actos y normas poderes constituidos, con la finalidad de contener y limitar el poder.

---

[384]   In re "Ekmekdjian", Fallos 315:1492 (considerando 17 del voto de la mayoría).

[385]   Véase: PALOMINO MANCHEGO, José, "Constitución, supremacía constitucional y teoría de las fuentes del derecho", *Revista de Derecho y Ciencia Política*, Vol. 65, Universidad de San Marcos, Lima, 2008, p. 120 y ss.

[386]   BADENI, Gregorio, *Tratado de Derecho Constitucional"*, Tº I, 2° ed., La Ley, Buenos Aires, 2006, p. 242.

[387]   Vid: HAMILTON, Alexander, *El Federalista,* Cap. LSSVII, Fondo de Cultura Económica, México, 1957, p. 330.

Y si bien, existen antecedentes del principio en el antiguo derecho español (las facultades de la Justicia de Aragón) y en el derecho inglés (Agreement of the people and Instrument of Government)[388] su fuente más inmediata se encuentra en el art. VI, párrafo segundo de la Constitución de los Estados Unidos de Norteamérica, cuyo precepto el constituyente originario recogió en el art. 31 de la CN. De otro modo, se conculcaría el art. 27 de la CN que prescribe la subordinación de los tratados a los principios de derecho público establecidos en la Constitución.

El principio de supremacía también se desprende de otras prescripciones constitucionales, como los arts., 1°, 2°, 5°, 21, 22, 23, 29, 36, 43, 116, 121 y 123, entre otros[389], de modo que puede decirse que es la base en la cual se asienta la arquitectura constitucional del sistema adoptado, que determina "*la validez de las restantes normas jurídicas*"[390].

Ahora bien, si la incorporación al texto de la Constitución de tratados internacionales de derechos humanos determina que éstos poseen jerarquía constitucional, a tenor de lo prescripto en el art. 75, inc. 22 de la Constitución reformada en 1994, ello puede plantear conflictos interpretativos, cuando los preceptos de los tratados de derechos humanos colisionen con otros principios y derechos reconocidos en la Constitución. Y dicha colisión puede darse con los derechos establecidos en la primera parte de la misma, en atención a la cláusula constitucional que prescribe el principio de inderogabilidad de los derechos fundamentales allí regulados.

Se ha creído encontrar la solución al conflicto interpretativo que pudiera suscitarse entre los tratados de derechos humanos y la primera parte de la Constitución mediante el simple recurso de afirmar que su inclusión en el texto constitucional importa una suerte de juicio constituyente. En tal sentido, se argumenta que de los constituyentes han verificado –al incorporarlos- que no se produce derogación alguna.

Tal es el criterio sustentado por la Corte en los en los casos "*Monges*"[391] y "*Chocobar*"[392], cuya jurisprudencia, por las razones que seguidamente se apuntan, implica –en el mejor de los casos- una suerte de mutación constitucional[393] o bien, una jurisprudencia contraria a la Constitución[394].

---

[388] LINARES QUINTANA, Segundo V., *Tratado de la Ciencia del Derecho Constitucional*, t. III, Plus Ultra, Buenos Aires, 1977-1988, p. 315.

[389] BARRA, Rodolfo Carlos, *Tratado de Derecho Administrativo, cit.*, T° I, ps. 318-319.

[390] BADENI, Gregorio, *Tratado de Derecho Constitucional, cit.*, T° I, p. 243.

[391] "Monges, Analía M. c/ UBA – resol. 2314/95, Fallos 319:3148 (1996).

[392] "Chocobar, Sixto Celestino c/ Caja Nacional de Previsión Social para el Personal del Estado y Servicios Públicos s/ reajuste por movilidad", Fallos 319:3241 (1996).

[393] MUÑOZ MACHADO, Santiago, *Tratado de Derecho Administrativo y Derecho Público General*, t. II, Iustel, Madrid, 2006, p. 454 y ss., observa que "*Paradójicamente, el recurso a las mutaciones no formalizadas de las Constituciones escritas es mayor en la medida en que éstas sean más rígidas*", (op. cit., t. II, p. 463).

[394] Con referencia a lo resuelto por la Corte en el caso "Arancibia Clavel", la Academia Nacional de Derecho y Ciencias Sociales de Buenos Aires, en un dictamen suscripto por su Presidente Dr. Alberto RODRÍGUEZ GALÁN y por el Director del Instituto de Derecho Constitucional Dr. Juan Ramón AGUIRRE LANARI, de fecha 7 de diciembre de 2004, aprobado

Porque la tendencia a proteger los derechos humanos reconocidos en los trata-dos internacionales –por más loable que fuera- no puede conducir a desconocer los otros derechos, también humanos y fundamentales[395] que se alojan en la primera parte de la Constitución.

En esa línea, la reforma Constitucional de 1994 ha sido clara y terminante al prescribir que los tratados de derechos humanos que se mencionan en el art. 75, inc. 22 de la CN *"no derogan artículo alguno de la primera parte de esta Constitución que deben entenderse complementarios de los derechos y garantías por ella recono-cidos"*, máxime cuando la modificación de la primera parte no se hallaba habilitada por la ley que declaró la necesidad de la reforma[396].

Interpretar que ello implica un juicio de comprobación (innecesario y que, por demás hubiera requerido mucho tiempo hacer dada la complejidad de preceptos en juego y las infinitas colisiones que podrían producirse) implica una postura dogmá-tica[397], que transforma un mandato constitucional preciso en una presunción en con-tra de los derechos y garantías que la cláusula constitucional busca proteger. Por lo demás, se trata de una interpretación que no encuentra apoyatura alguna en los deba-tes de la Convención Constituyente de 1994.

Precisamente, la colisión se produjo en los fallos *"Arancibia Clavel"* y *"Simón"*[398], en los que Alto Tribunal, con las disidencias –en el primer caso- de los jueces BELUSCIO y FAYT, y del último en el segundo, colocó al sistema de protec-ción de los derechos humanos por encima de las garantías y derechos que se encuen-tran en la primera parte de la C.N. (en particular los principios de legalidad y irretro-actividad en materia penal, consagrados en los arts. 18 y 19 de la Constitución).

Porque si los derechos de los tratados (conforme al art. 75, inc. 22 CN) son complementarios de *"los derechos y garantías por ella reconocidos"* (es decir, no se oponen) y si los tratados deben estar *"en conformidad con los principios de derecho público"* de la Constitución (art. 27 CN) no hay otra manera de interpretar ese con-junto de cláusulas constitucionales que no sea la que resulta de armonizar los trata-dos con los preceptos constitucionales y, en caso de que ello resulte imposible, afir-mar la primacía de las garantías y derechos fundamentales[399] de la primera parte de la Constitución.

---

por el Plenario en la sesión celebrada en la misma fecha, señaló que: *"El texto del art. 75 inc. 22 no nos está informando de cierta actividad intelectual realizada por los convencionales; está preservando la vigencia de todos los artículos de la primera parte de la Constitución frente a cualquier eventual colisión con un tratado internacional que, por el mecanismo pre-visto, se incorpore a nuestro ordenamiento jurídico con jerarquía constitucional"*.

[395] Véase: BARRA, Rodolfo Carlos, *Tratado de Derecho Administrativo, cit.*, t. I, ps. 56-57.

[396] Ley 24.309.

[397] BADENI, Gregorio, *Tratado de Derecho Constitucional, cit.*, t. I, p. 279, anota, además, que la tesis contradice los argumentos desarrollados por la Corte Suprema en el caso "Fayt".

[398] "Arancibia Clavel, Enrique Lautaro s/ homicidio calificado y asociación ilícita y otros", Fallos 327:3312 (2004) y "Simón, Julio Héctor y otros s/ privación ilegítima de la libertad (Poblete)", Fallos 328:2056 (2005) respectivamente.

[399] En sentido similar: GARCÍA BELSUNCE, Horacio A., "Los tratados internacionales de derecho humanos y la Constitución Nacional", separata de la Academia Nacional de Ciencias

La doctrina de la Corte, que surge de los precedentes antes señalados ha sido resumida en los siguientes términos:

- La servidumbre del derecho constitucional en beneficio del derecho internacional de los derechos humanos.

- La aplicación de la costumbre como fuerte de derecho internacional penal y la relativización del *nullum crimen sine lege.*

- La aplicación retroactiva del derecho internacional imperativo o *ius cogens*[400].

Dicha concepción, establecida de una manera dogmática, traspasa los límites del llamado principio de coherencia funcional que, en las relaciones del derecho internacional con el derecho interno *"impide reconocer el vaciamiento pleno de uno de dichas órdenes en beneficio del otro"*[401], debiendo prevalecer, en cualquier caso, el principio funcional *pro homine et libertatis*[402], cuya funcionalidad se proyecta a todos los planos de la interpretación jurídica.

Aparte de las críticas que se deslizan en la disidencia del Juez FAYT –que compartimos- y de otras que ha formulado la doctrina especializada, interesa puntualizar la vinculada con la necesidad de no extender las figuras penales más allá de los límites precisos que establecen las normas y criterios internacionales[403] ni tampoco admitir que el tribunal se encuentre obligado a restringir las garantías de la defensa en juicio por *"los deberes impuestos al Estado argentino por la jurisdicción internacional en materia de derechos humanos"* (como señaló la Corte en el caso "Espósito"[404].

F. Conclusiones

Como se ha señalado, las fórmulas constitucionales que imperan en los distintos Estados no siguen estrictamente (en toda su pureza) al monismo ni al sistema dualista, si bien se encuentran más cerca del primero. Dichos sistemas han quedado relegados al campo teórico, doctrinario y hoy día se acepta, en general, la validez y aplicabilidad del derecho internacional en el plano del derecho interno de los Estados.

Morales y Políticas, Buenos Aires, 2006, p. 5 y ss; al respecto, en un trabajo anterior, hemos dicho que *"la fuerza constitucional de dicho precepto no puede enervarse a tenor de criterios subjetivos y precisa ser aplicada sin discriminaciones, cualquiera fuera el reproche moral, social o político de la persona enjuiciada"*, CASSAGNE, Juan Carlos, *El principio de legalidad y el control judicial de la discrecionalidad administrativa,* Marcial Pons, Buenos Aires – Madrid, 2009, ps. 129-130.

[400] AGUIAR, Asdrúbal, "La coherencia funcional entre el derecho internacional y el derecho del Estado. Reconstrucción teórica y análisis comparado de la jurisprudencia argentina y venezolana sobre derechos humanos y crímenes de lesa humanidad", REDA, año 19, Lexis-Nexis, Buenos Aires, 2007, p. 59.

[401] *Cfr.* AGUIAR, Asdrúbal, "La coherencia funcional...", *cit.*, p. 66.

[402] Op. *cit.* 22.

[403] Respecto de los elementos que caracterizan los delitos de lesa humanidad, véase: SOLA, Juan Vicente, *Tratado ...*, *cit.*, t. IV, p. 438.

[404] AGUIAR, Asdrúbal, "La coherencia funcional...", *cit.*, p. 56.

Con todo, esa recepción no opera en forma automática y resulta necesario seguir los procedimientos establecidos en las Constituciones de los diferentes Estados y/o las costumbres y criterios reconocidos por la jurisprudencia y sobre todo, realizar la interpretación en el marco del principio de coherencia funcional.

En el nuevo escenario internacional una cuestión asume gran trascendencia. Es la relativa a la jerarquía que cabe atribuir a los tratados internacionales respecto de las leyes la cual, como se ha señalado, no presenta aún un grado de consenso y uniformidad, medianamente aceptable en el plano internacional.

En nuestra Constitución, tras la reforma de 1994, no obstante haberse establecido claramente el principio que afirma la prevalencia de los tratados sobre las leyes, la regulación Constitucional resulta compleja y ambigua[405] a raíz de la jerarquía constitucional que el art. 75, inc. 22 de la CN atribuye a los tratados que se mencionan en dicha cláusula y los que se incorporen en el futuro a la Constitución, a través de un procedimiento que debe contar con mayorías especiales.

Es evidente que ello implica, por una parte, aunque sólo en el ámbito de dichas competencias, la mutación del carácter rígido de la Constitución[406], el cual aparecería debilitado por la posibilidad que tiene el Congreso de aprobar nuevos tratados de derechos humanos e incorporarlos a la Constitución, como efectivamente ha ocurrido a *posteriori* de la reforma constitucional de 1994.

Por otro lado, frente a una posible colisión entre las normas y principios de los tratados de derechos humanos incorporados a la Constitución y las garantías y derechos reconocidos en la primera parte de la misma, el mandato constitucional que opera como regla interpretativa conduce a que, de cara a la imposibilidad de armonizar o completar los derechos reconocidos en los tratados y en la primera parte de la Constitución, prevalezcan estos últimos en virtud de la supremacía constitucional y el hecho de tratarse, en definitiva, también de derechos humanos fundamentales.

Como bien se ha dicho los tratados internacionales no pueden contrariar el orden público interno[407] conformado por los principios de derecho público a que hace referencia el art. 27 CN ni tampoco pueden conculcar la supremacía constitucional que se desprende de dicho precepto y del art. 31 CN, regla que reitera el art. 75 inc. 22 de la Constitución[408].

Obsérvese, que la Constitución lejos de establecer la primacía de los tratados de derechos humanos sobre los derechos y garantías de su primera parte, consagra la regla contraria y no cabe presumir que el silencio del constituyente implica el reco-

---

[405]   GELLI, María Angélica, *Constitución de la Nación Argentina...*, cit., t. II, p. 221.

[406]   SAGÜES, Néstor P., *Elementos de Derecho Constitucional*, t. I, 3ª ed., Astrea, Buenos Aires, 1999, p. 271 y GELLI, María Angélica, *Constitución de la Nación Argentina...*, cit., t. II, p. 228.

[407]   *Cfr.* VANOSSI, Jorge Reinaldo A. - DALLA VÍA, Alberto Ricardo, *Régimen constitucional de los tratados*, 2° ed., Abeledo-Perrot, Buenos Aires, 2000, ps. 321-322.

[408]   VANOSSI, Jorge Reinaldo A. - DALLA VÍA, Alberto Ricardo, *Régimen constitucional...*, cit., ps. 321-322 sostienen que la jerarquía constitucional de los tratados no se identifica con el principio de supremacía, el cual se relaciona con la soberanía estatal que –agregamos nosotros– no ha sido cedida por el constituyente, al menos en lo que concierne a los derechos y garantías que prescribe la primera parte de la Constitución.

nocimiento de una regla semejante y abra el camino a una mutación constitucional de esa envergadura, una suerte de *"descontitucionalización"*[409], máxime cuando su efecto consiste en colocar a la costumbre internacional por encima del principio de legalidad en materia penal[410].

Precisamente, la cláusula del art. 75, inc. 22, lejos de constituir un juicio de verificación sobre la compatibilidad de los tratados con la Constitución, prescribe una regla de interpretación tendiente a afirmar, en cualquier caso, la supremacía de la primera parte de la Constitución a la luz de los claros y terminantes preceptos en que ella se funda. El principio de inderogabilidad de los derechos y principios fundamentales establecidos en la primera parte de la Constitución (particularmente del principio de legalidad en materia penal) no puede ser soslayado por interpretaciones extra-constitucionales que desconozcan la prevalencia de los derechos humanos fundamentales tutelados por la Constitución y reconocidos en las convenciones internacionales, por más buena intención que persiga la interpretación y las características de los delitos imputados. Abrigamos la esperanza de que, en el futuro, prevalezca el principio de coherencia funcional que exige respetar los derechos fundamentales de naturaleza *pro homine et libertatis* reconocidos en la primera parte de la Constitución, sin vaciar su contenido y efectos jurídico.

5. LA LEY: CARACTERES Y RÉGIMEN JURÍDICO

En sentido material, se entiende por ley todo acto o norma jurídica que crea, modifica o extingue un derecho de carácter general y obligatorio, mientras que, de acuerdo con el criterio formal, la ley consiste en el acto emanado del órgano Legislativo, conforme a un procedimiento preestablecido.

Para la primera de las concepciones – que es la que se aplica a las funciones estatales– la raíz objetiva o material del acto que es producto de la función legislativa se encuentra tanto en las leyes emanadas del Congreso como en los reglamentos que dicta el Poder Ejecutivo.

De ese modo, los caracteres esenciales de la ley – en su sentido material– están constituidos por la generalidad y la obligatoriedad[411].

La generalidad de la ley consiste en la circunstancia de regular mediante normas jurídicas situaciones abstractas, impersonales y objetivas, que se aplican o pueden aplicarse a toda la comunidad, un sector o conjunto de individuos.

---

[409] BIDART CAMPOS, Germán J., *Derecho Constitucional*, t. I, Ediar, Buenos Aires, 1968, ps. 141-148 y ss.; recuerda que se trata de un supuesto en que *"la mutación constitucional implica ya una incongruencia total entre la norma escrita y la realidad, un divorcio entre Constitución escrita y práctica constitucional"*, (op. cit., p. 141).

[410] Véase: Dictamen de la Academia Nacional de Derecho y Ciencias Sociales de Buenos Aires de fecha 25 de agosto de 2005, con motivo de la doctrina sustentada por la Corte en los casos "Espósito" y "Simón".

[411] Para BIDART CAMPOS, ley es todo acto del Parlamento que crea Derecho nuevo y originario, no estimando suficiente la caracterización de la ley como norma general y obligatoria (*Cfr.* BIDART CAMPOS, Germán J., *El Derecho Constitucional del Poder*, t. I, Ediar, Buenos Aires, 1967, ps. 352 y 355).

Por su parte, la obligatoriedad o imperatividad destaca un carácter que hace al cumplimiento de las prescripciones de la ley, en cuanto el Estado posee el poder de asegurar que ellas se cumplan, inclusive apelando a la coacción[412].

En nuestro ordenamiento constitucional, el Congreso, ejerciendo su competencia para dictar actos con forma de ley, sanciona también actos de alcance particular, cuando otorga subsidios, pensiones, decreta honores o privilegios (art. 75, incs. 9°, 18 y 20, CN). En tal sentido, se ha sostenido que la falta de generalidad no constituye un obstáculo para calificar a tales actos como leyes en virtud de que, si bien la generalidad sería un carácter natural de la ley, no hace a su esencia[413].

Es evidente que si se sigue un criterio exclusivamente material para determinar el concepto de ley, las dificultades que plantea la existencia de leyes que no poseen alcance general resta homogeneidad a la noción. Esta circunstancia ha llevado a un sector de la doctrina a la adopción de un criterio mixto que, al combinar el criterio formal con el material, considera que sólo son leyes las normas de carácter general emanadas del órgano Legislativo de acuerdo con el procedimiento previsto para ello[414]. Es indudable que éste es el concepto que interesa desde el punto de vista de las fuentes del Derecho.

Lo que ocurre es que no existiendo desde el punto de vista formal una denominación técnica diferenciada para los distintos tipos de actos que sancionan los órganos legislativos[415], los tres conceptos de ley que se han descripto pueden ser válidamente utilizados, aun cuando predomina el empleo del criterio formal, que es el que recoge nuestra Constitución Nacional[416], excepto en el art. 14, CN, que incluye la potestad reglamentaria del Poder Ejecutivo[417].

Pero, como fuente del Derecho, la noción técnica de ley en sentido material debe combinarse con el criterio formal, sin que esta circunstancia implique desconocer

---

[412] La Procuración del Tesoro de la Nación ha aceptado la posibilidad de que el Poder Ejecutivo se abstenga de aplicar una ley manifiestamente inconstitucional; véase al respecto COMADIRA, Julio R., "La posición de la Administración Pública ante la ley inconstitucional", *REDA*, nro. 1, Depalma, Buenos Aires, 1989, p. 151.

[413] BIELSA, Rafael A., *Derecho Administrativo*, t. I, 5ª ed., Depalma, Buenos Aires, 1955, p. 174; MARIENHOFF, Miguel S., *Tratado de Derecho Administrativo, cit.*, t. I, p. 226-227; DIEZ, Manuel M., *Derecho Administrativo, cit.*, t. I, p. 399; GORDILLO, Agustín A., *Tratado de Derecho Administrativo*, t. I, 1ª ed., Macchi, Buenos Aires, 1974, p. V-20, criterio que ha mantenido en las posteriores ediciones de su *Tratado* (5ª ed., Fundación de Derecho Administrativo, Buenos Aires, 1998, p. VII-15). La idea referida en el texto fue expuesta por Jellinek.

[414] GARRIDO FALLA, Fernando, *Tratado de Derecho Administrativo, cit.*, t. I, p. 268, quien destaca que aun reconociendo la validez de las nociones material y formal de la ley, no puede desconocerse que la ley como "fuente del Derecho" constituye una combinación de ambos criterios, definiéndola como la "norma jurídica de carácter general y obligatorio dictada por los órganos estatales a los que el ordenamiento jurídico atribuye el Poder Legislativo".

[415] Como, en cambio, poseen los actos del Poder Ejecutivo que refrendan los ministros, que llevan el nombre de decretos y que pueden tener tanto alcance general (reglamentos) como particular (actos administrativos).

[416] BIELSA, Rafael, *Derecho Administrativo, cit.*, t. I, p. 172.

[417] *Cfr.* MARIENHOFF, Miguel S., *Tratado de Derecho Administrativo, cit.*, ps. 219-221.

la función materialmente legislativa o normativa que cumple el Poder Ejecutivo a través de la utilización de la potestad reglamentaria.

En principio, la ley formal sólo puede ser derogada o modificada por otra ley, dictada por el órgano Legislativo de acuerdo con el procedimiento previsto salvo que el texto expreso de la ley hubiera autorizado al Poder Ejecutivo a derogarla o modificarla. Así lo exige el principio del paralelismo de las competencias y la llamada preferencia de la ley, como fuente del Derecho[418].

El problema de la prevalencia de las leyes se refleja también en los conflictos que se suscitan entre las distintas leyes del ordenamiento nacional y provincial y entre las leyes posteriores y anteriores, cuando estas últimas tuvieren carácter especial. En el primer supuesto, si se trata de materias atribuidas, en forma privativa, al Congreso Nacional, las leyes que dicten las provincias no pueden alterar las leyes de la Nación. Los conflictos de esta naturaleza deben ser resueltos por la Corte Suprema de Justicia de la Nación (arts. 116 y 117, CN)[419]. En el segundo caso, las leyes posteriores derogan las leyes dictadas con anterioridad[420]. Pero este principio reconoce una excepción importante cuando las leyes anteriores hubieran sido dictadas para regir una situación especial *(lex posterior generalis, non derogat priori speciali)*. Las leyes especiales subsisten, en consecuencia, en tanto no exista una repugnancia efectiva o incompatibilidad con la ley general posterior[421].

---

[418] El art. 17, CCiv., prescribía, en la redacción anterior a la reforma introducida en el año 1968, que "Las leyes no pueden ser derogadas en todo o en parte sino por otras leyes...". No obstante que este texto fue suprimido con la reforma de aquel año, tal supresión no significa autorizar que las leyes sean derogadas por otros actos, sino que ella obedeció a los conflictos existentes entre la ley y la costumbre (*Cfr.* CASSAGNE, Juan Carlos, *Derecho Administrativo*, t. I, Abeledo-Perrot, Buenos Aires, 1977, ps. 104/105; BORDA, Guillermo A., *La Reforma de 1968 en el Código Civil*, Perrot, Buenos Aires, 1971, p. 29, apunta que el art. 17 constituía un resabio del positivismo jurídico y una aplicación exagerada de los arts. 19 y 22, CN).

[419] Sobre los conflictos entre leyes nacionales y provinciales, véase VALIENTE NOAILLES, Carlos, *Manual de Jurisprudencia de la Corte Suprema de Justicia de la Nación*, t. I, Depalma, Buenos Aires, 1970, p. 383.

[420] Una ley especial – que contenga una disposición de alcance particular– puede exceptuar o derogar para ese caso una ley de carácter general. Se trata de un principio opuesto al que rige en materia reglamentaria, donde un acto administrativo (de alcance individual) no puede dictarse como excepción al reglamento (de alcance general). Este principio llamado de la "inderogabilidad singular del reglamento" no rige para las leyes en los sistemas constitucionales basados en la concepción "rousseauniana" de la soberanía del pueblo y de la voluntad general. Sin embargo, hubo autores en Francia, como Duguit, que procuraron extenderlo al Parlamento. Entre nosotros Bielsa (*Derecho Administrativo*, *cit.*, t. I, p. 178) sostuvo que aun cuando el principio era justo "es algo que destruye la autoridad del Congreso o del Parlamento". En realidad, la justicia del principio, cuyos antecedentes se remontan al derecho anterior a la Revolución Francesa, tiene un fundamento de Derecho Natural, en cuanto predica la igualdad de los individuos frente a las normas de carácter general, admitiendo las excepciones sólo cuando la norma general lo autorice.

[421] Este principio no escrito ha dado lugar a una nutrida jurisprudencia de nuestros tribunales. La doctrina de la Corte Suprema ha sido expuesta en términos que no dejan lugar a dudas sobre este particular. Ha dicho el Alto Tribunal federal en "Nación v. Suero, Alfonso", Fallos, 226:270 (1953), y en "Day, Enrique W. P. y otros", Fallos, 260:62 (1964), entre otros, que

Tradicionalmente se consideran "leyes especiales" aquellas que determinan un régimen particular para un caso determinado o para una serie de casos determinados, mientras que son "leyes generales" aquellas que prescriben el régimen aplicable a todos los supuestos que componen un determinado género de relaciones jurídicas.

Otro rasgo que suele atribuirse a la ley es el de su irretroactividad, debiendo analizarse si éste constituye un principio esencial[422].

Al respecto, la Constitución Nacional establece el principio *nullum crimen, nulla poena sine lege* (art. 18), el cual se ha considerado aplicable en materia de sanciones administrativas, de naturaleza disciplinaria o contravencional.

Pero el Código Civil, en uno de sus títulos preliminares, admite la posibilidad de que se dicten leyes retroactivas a condición de que no afecten derechos amparados por garantías constitucionales[423]. Dicho precepto, por pertenecer a la parte general del Derecho, resulta de aplicación directa al Derecho Administrativo, es decir, a las leyes administrativas, no siendo exclusivo del Derecho Civil[424].

En nuestro ordenamiento positivo las leyes se clasifican en:

a.1) leyes nacionales, dictadas por el Congreso Nacional, pudiendo esta categoría ser objeto de una subclasificación según que se trate de:

---

para que una ley derogue implícitamente disposiciones de otra es necesario que el orden de cosas establecido por ésta sea incompatible con el de aquélla. *"Esa incompatibilidad debe ser indudable y manifiesta cuando se trata de la derogación de normas de una ley especial por las de una ley general"*. Los fundamentos de esta doctrina fueron expuestos por la Corte Suprema en "Ferrocarril Pacífico v. Nación Argentina", Fallos, 202:48 (1945), también publicado en LL 39-188: "...es necesario recordar la jurisprudencia de esta Corte Suprema, según la cual una ley general *no es nunca derogatoria de una ley o disposición especial*, a menos que aquélla contenga alguna expresa referencia a ésta o que exista *una manifiesta repugnancia entre las dos en la hipótesis de subsistir ambas* y la razón se encuentra en que la legislatura que ha puesto toda su atención en la materia y observado todas las circunstancias del caso y previsto a ellas, no puede haber entendido derogar por una ley general posterior, otra especial anterior, cuando no ha formulado ninguna expresa mención de su intención de hacerlo así. Como un corolario de la doctrina, según la cual, dice Blackstone (BLACKSTONE, William, *Interpretation of Law*, p. 116), las derogaciones implícitas no son favorecidas, ha llegado a sentarse como regla en la interpretación de las leyes que una ley posterior de carácter general sin contradecir las cláusulas de una ley especial anterior, no debe ser considerada como que afecta las provisiones de la primera, a menos que sea absolutamente necesario interpretarlo así por las palabras empleadas. Cuando existen dos leyes o disposiciones de leyes relativas al mismo objeto, ambas deben ser aplicadas, siendo ello practicable". Esta doctrina fue recogida por un plenario de la Cámara Federal de la Capital, *in re*, "Gobierno Nacional v. Cura, Ángel", LL 92-475, y JA 1958-4-274.

[422] La Corte Suprema ha dicho que, en Derecho Administrativo, la retroactividad no se presume sino que rige el principio opuesto; véase "Domínguez, Alberto v. UNR", Fallos, 307:1964 (1985).

[423] Art. 3°, CCiv. La irretroactividad de una norma debe ser declarada expresamente, no procediendo su admisión en forma tácita o presunta. La ley retroactiva no puede alterar situaciones jurídicas ya constituidas o cuyos elementos existentes tienen un valor jurídico propio (véase "Horta v. Harguindeguy", Fallos, 137:47 [1922]).

[424] CASSAGNE, Juan Carlos, *El acto administrativo*, Abeledo-Perrot, Buenos Aires, 1974, ps. 49 y ss.

1)   leyes locales, que rigen sólo en el ámbito de la Capital Federal (art. 75, inc. 30, CN);

2)   leyes de Derecho común, cuya aplicación se halla a cargo de los jueces locales y nacionales (art. 75, inc. 12, CN);

3)   leyes federales, que regulan materias de ese carácter atribuidas al Congreso por la Constitución Nacional, cuya aplicación compete a los jueces federales (art. 75, en sus demás incisos);

a.2)   leyes convenio, sancionadas por el Congreso Nacional y aprobadas por las provincias (*v.gr.*, Pacto Federal y Ley Convenio de Coparticipación prescripta en el art. 75, inc. 2°, CN) [425];

b)   leyes provinciales, que dictan las legislaturas de cada provincia sobre materias que les atribuyen las respectivas constituciones y cuya aplicación compete a los jueces provinciales;

c)   leyes de la Ciudad de Buenos Aires (art. 129, CN, y arts. 80, 81 y 82, Constitución de la Ciudad).

El estudio del procedimiento legislativo, es decir, de los trámites que es necesario realizar para el dictado de las leyes, corresponde al Derecho Constitucional. En el orden nacional, el procedimiento respectivo se encuentra prescripto en la Constitución (arts. 77 al 84) constando de varias etapas: iniciativa, discusión, sanción, promulgación y publicación.

De todas esas etapas, al Derecho Administrativo le interesan fundamentalmente la promulgación y la publicación.

La promulgación de las leyes que tiene a su cargo el Poder Ejecutivo puede ser expresa o tácita: esto último ocurre cuando no aprueba un proyecto en el término de diez días hábiles (art. 80, CN). El acto de promulgación debe abarcar, en principio, todas las disposiciones de la ley sancionada.

Antes de su promulgación, el Poder Ejecutivo se encuentra posibilitado para ejercer la potestad constitucional de vetar la ley en forma total o parcial siempre que las partes no observadas posean autonomía normativa y su aprobación parcial no altere el espíritu ni la unidad del proyecto sancionado por el Congreso (arts. 80 y 83, CN)[426].

---

[425]   El Pacto Federal para el Empleo, la Producción y el Crecimiento – aprobado por ley de la Nación 24.037 (art. 33) y leyes provinciales respectivas– constituyen una fuente de Derecho intrafederal que, como dijo la Corte Suprema en el caso "Asociación de Grandes Usuarios de Energía Eléctrica de la República Argentina (Agueera) v. Buenos Aires, Provincia de y otro s/acción declarativa", Fallos, 322:1781 (1999), posee un rango específico dentro del Derecho federal que impide su derogación unilateral por cualquiera de las partes. Esta conclusión permite deducir la consecuencia de que estas leyes-convenio prevalecen sobre las leyes ordinarias, al igual que la Ley Convenio prescripta en el inc. 2° del art. 75, CN; véase: GARCÍA BELSUNCE, Horacio A., *Enfoques sobre Derecho y Economía*, Depalma, Buenos Aires, 1998, ps. 448 y ss.; CASÁS, Osvaldo, *El principio de reserva de la ley en materia tributaria*, t. 1, Buenos Aires, 2000, ps. 54 y ss.; ver además: BULIT GOÑI, Enrique G., "La coparticipación federal en la reforma constitucional de 1994", LL 1995-D-977 y ss.

[426]   La reforma constitucional de 1994 consagró la legitimidad del veto parcial (art. 80). En ocasión de la promulgación parcial que realizó el Poder Ejecutivo respecto de la ley 16.881

En cuanto a los requisitos de publicidad, el art. 2°, CCiv. – con la reforma introducida por la ley 16.504– prescribe que "las leyes no son obligatorias sino después de su publicación, y desde el día que determinen. Si no designan tiempo, serán obligatorias después de los ocho días siguientes al de su publicación oficial".

La publicación de la ley, en tanto revista la condición de ley material, importa un requisito impuesto en orden a la preservación del principio de igualdad ante la ley, consagrado en el art. 16, CN. Por esta causa, no es dable admitir que un particular, en conocimiento de la promulgación, pretenda exigir el cumplimiento de una ley respecto de un caso concreto antes de su publicación.

6. SOBRE LAS RESERVAS LEGALES DE LA CONSTITUCIÓN DE 1853 Y LAS INTRODUCIDAS POR LA REFORMA DE 1994

La reserva legal puede referirse a la potestad de legislar acerca de un ámbito o conjunto de materias determinadas y su atribución al Parlamento, sin que ello obstara a la posibilidad de que este órgano delegara sus atribuciones en el Ejecutivo o bien, que el Ejecutivo legisle en supuestos de necesidad y urgencia. Tal era básicamente el esquema constitucional que, en principio, prevaleció a través de la llamada interpretación dinámica de la Constitución de 1853[427].

La cuestión se ha complicado tras la reforma constitucional de 1994, en la que se han combinado el criterio resultante de la interpretación dinámica de la Constitución de 1853, con las técnicas de las reservas legales previstas en los ordenamientos constitucionales europeos, que implican la exclusión del Ejecutivo de la actividad normativa respecto de determinadas materias.

La técnica seguida por la reforma constitucional de 1994 resulta bastante precaria, habida cuenta que mientras establece prohibiciones genéricas para que el Poder Ejecutivo dicte disposiciones de carácter legislativo (artículo 99, inciso 3° de la Constitución Nacional), consagra a continuación la posibilidad del ejercicio de la potestad de legislar cuando concurren supuestos de necesidad y urgencia, con exclusión de ciertas materias (penal, tributaria, electoral o régimen de los partidos políticos) lo cual configura, ciertamente, una reserva legal en el sentido antes indicado (interdicción de legislar impuesta constitucionalmente al Ejecutivo).

---

que reguló el denominado contrato de trabajo, la Corte Suprema de Justicia de la Nación declaró la invalidez de la promulgación sosteniendo que "el proyecto sancionado por el Congreso Nacional constituía un todo inescindible, de modo que las normas no promulgadas no han podido separarse del texto legal sin detrimento de la unidad de éste". Sostuvo también, el Alto Tribunal que "como regla las disposiciones de una ley están vinculadas entre sí" y que "no cabe asegurar que el Congreso hubiera sancionado el proyecto en caso de excluirse algunas de sus normas capitales. De ahí que el Poder Ejecutivo no pudo, en su momento, proceder como procedió, sin invadir atribuciones propias del Congreso y sin asumir en la especie la calidad de legislador" ("Colella, Ciriaco v. Fevre y Basset y/u otro SA", Fallos, 268:352 [1967], también publicado en LL 127-166, con nota de ROBREDO, Alberto, "Promulgación parcial de las leyes. Su inconstitucionalidad").

427 Decimos que, en principio, porque la materia tributaria se consideró un poder privativo del Congreso (el principio de legalidad tributaria) que este no podía delegar *in totum* en el Poder Ejecutivo sino en ciertos y determinados detalles inherentes a la reglamentación. Lo mismo cabe reconocer respecto de las llamadas delegaciones en blanco en materia penal.

Otro es el esquema que ha seguido en materia de delegación (artículo 76, Constitución Nacional), donde si bien también parte de la prohibición genérica, configura excepciones en sentido positivo (es decir, no como ámbitos reservados, sino como una opción a favor de que el Congreso delegue sus facultades legislativas en el Ejecutivo en materias de administración y de emergencia pública). En tal caso, la reserva legal está constituida por el principio inverso, según el cual todo lo que no está permitido delegar se encuentra prohibido.

En cualquier caso, cabe interpretar, mediante la armonización de ambos preceptos constitucionales –artículos 76 y 99, inciso 3° de la Constitución Nacional–, que prevalecen las reservas legales del último de los artículos citados, lo cual implica que el Parlamento carece de la potestad de delegar en esas materias, al menos en aquellas vinculadas con la administración.

Lo que resulta, por lo tanto, asistemático es que la consecuencia del esquema constitucional instaurado en la Constitución sea la máxima limitación de las potestades del Congreso para delegar sus atribuciones cuando se admite un ejercicio mucho más amplio de estas facultades por el Poder Ejecutivo en los supuestos de necesidad y urgencia, si bien reservándose el Parlamento la potestad ulterior sobre la subsistencia o derogación de esta clase de normas.

7. EL MODELO CONSTITUCIONAL NORTEAMERICANO Y LA FILIACIÓN DE NUESTRO SISTEMA CONSTITUCIONAL Y ADMINISTRATIVO

La circunstancia de que nuestro Derecho Administrativo, en sus principales construcciones legales, dogmáticas y jurisprudenciales, no se haya mantenido totalmente fiel a las del Derecho norteamericano no implica contradicción alguna. Esta afirmación obedece a la diversidad de sus fuentes como también a la circunstancia que no existe en la Constitución norma ni principio que se oponga a la construcción de un sistema propio y original, basado en la yuxtaposición de fuentes vernáculas, hispano-americanas y europeas, en el marco del molde constitucional que consagra el sistema presidencialista, la forma federal de gobierno [428] y las reglas de distribución de competencias entre la Nación y las provincias, al instrumentar un federalismo que los constituyentes abrevaron en la fuente constitucional norteamericana (lo cual, obviamente, nadie ha puesto en duda) siguiendo las ideas que Alberdi propugnó en las *Bases*.

Fuera de ello, la tesis según la cual la Constitución argentina es una reproducción de la norteamericana constituye un error histórico doctrinario como surge de la interpretación que hizo el propio Alberdi, quien en un trabajo dedicado especialmente al tema titulado *Estudios sobre la Constitución argentina de 1853*, comienza di-

---

[428] Cabe advertir, sin embargo, que la fórmula del art. 3° de la Constitución es la de un federalismo atenuado por el reconocimiento de los antecedentes unitarios (junto a los federales) que Alberdi venía señalando desde sus primeros trabajos en *El Nacional* de Montevideo y que después reprodujo en las *Bases* de 1852, entre los que se destacan la unidad de legislación y la unidad financiera. Sobre esas bases, Alberdi indicó que "la Federación argentina debía ser mixta, compuesta, federal y unitaria a la vez" (véase: DEMICHELI, Alberto, *Génesis de las "Bases"*, Depalma, Buenos Aires, 1966, p. 22).

ciendo nada menos que: "para falsear y bastardear la Constitución Nacional de la República Argentina, no hay sino que comentarla con los comentarios de la Constitución de los Estados Unidos"[429].

Y si, tal como se ha demostrado a través de los numerosos estudios hechos en el siglo que acaba de finalizar, el proyecto de Alberdi ha sido el modelo en que se calcó nuestra Constitución[430], nada mejor que acudir directamente a su fuente doctrinaria más genuina para interpretarla y así aclarar los errores que se vienen repitiendo en algunos sectores del Derecho Público argentino.

Con una frase que no admite dudas acerca de la filiación de su proyecto que, en gran parte, sirvió de base para la Constitución de 1853, Alberdi nos advierte en dichos *Estudios* que: "todo es diferente en las dos Constituciones argentina y americana respecto a la organización del gobierno, por más que la forma federal que les es común las asemeje al ojo inatento y superficial"[431].

En efecto, el examen atento de las fuentes y preceptos de la Constitución revela que son varios los aspectos de interés para el desarrollo del Derecho Público en los que el apartamiento del modelo estadounidense resulta ostensible, a saber:

(i) el diseño del Poder Ejecutivo como Jefe de la Administración y titular de la administración general del país (ex art. 86, inc. 1° CN), lo cual veda la creación de entes o agencias de la Administración dependientes del Congreso[432], norma que, en su esencia, ha mantenido la Constitución de 1994 [433], si bien la respectiva atribución es concurrente (pero de superior jerarquía) con la que posee el Jefe de Gabinete;

(ii) la atribución al Ejecutivo de la facultad de dictar reglamentos de ejecución y la interpretación constitucional consecuente que admitió que, bajo determinados límites, el presidente podía dictar reglamentos con fuerza de ley. Esta formulación se encuentra en la misma línea de un precepto del Proyecto de Alberdi que concedía al Congreso la atribución de *"dar facultades especiales al Poder Ejecutivo para expedir reglamentos con fuerza de ley en los casos exigidos por la Constitución"* (art. 67, inc. 7°, Proyecto de Alberdi). Esta tendencia interpretativa de la Constitución histórica ha sido finalmente recogida en la Constitución de 1994, al reconocer

---

[429] ALBERDI, Juan B., *Obras completas de J. B. Alberdi*, t. V, "Estudios sobre la Constitución argentina de 1853", Imprenta La Tribuna Nacional, Buenos Aires, 1886, p. 148.

[430] Véase: DÍAZ ARANA, Juan J. (h.), *Influencia de Alberdi en la Constitución Nacional*, Valerio Abeledo, Buenos Aires, 1947, ps. 37 y ss.

[431] ALBERDI, Juan B., *Obras completas de J. B. Alberdi*, cit., p. 156.

[432] Al respecto, señala Alberdi: "Ha resultado de ahí que el Poder Ejecutivo argentino, que forma la facción prominente de la Constitución de 1853 y determina toda su fisonomía, es completamente diferente del Ejecutivo de los Estados Unidos de Norteamérica. No hay más que colocar uno enfrente de otro y contar sus atribuciones, para ver que se asemejan tanto como un huevo a una castaña. Y así debía de ser. Era nuestro ejecutivo en cierto modo, y en especial respecto de los medios de acción, una especie de reconstrucción del gobierno central, que había existido por dos siglos. Mil veces más se asemeja al de Chile que al de Estados Unidos, a pesar de la diversidad de nombres; y debía preferirse la imitación de lo que era más análogo y adaptable a nuestra condición de ex colonia española y de habitantes de la América del Sur" (ALBERDI, Juan B., *Obras completas de J. B. Alberdi*, cit., t. V, p. 157).

[433] CASSAGNE, Juan Carlos, *Derecho Administrativo*, 6ª ed. (reimpresión), Abeledo-Perrot, Buenos Aires, 2000, ps. 323 y ss.

138

las figuras de los reglamentos delegados para materias de Administración o situaciones de emergencia pública (art. 76, CN) y de los reglamentos de necesidad y urgencia, contemplados expresamente a partir de la reforma constitucional, en el art. 99, inc. 3°, CN;

(iii) mientras la Constitución estadounidense mantuvo el *common law* y la atribución de los Estados para legislar respecto de materias que, para el pensamiento continental europeo y argentino integran el Derecho Privado, la Constitución argentina operó una verdadera revolución legislativa al unificar en el Congreso la potestad de dictar la nueva legislación de fondo en materia civil, comercial y penal, entre otras (ex art. 67, inc. 11, y actual 75, inc. 12, CN), lo cual ha permitido aplicar analógicamente al Derecho Público las normas del Código Civil y Comercial, en forma uniforme en todo el país, incluso al Derecho Público local;

(iv) el federalismo argentino es menos descentralizado que el norteamericano en el Proyecto de Alberdi y en la Constitución de 1853 y si bien esta orientación fue en parte atenuada en la reforma constitucional de 1860, los poderes del gobierno federal en la letra y en la realidad siguen siendo mayores que los de su equivalente en Estados Unidos (*v.gr.*, en materia legislativa).

(v) la interdicción del ejercicio de funciones judiciales por parte del Ejecutivo (ex art. 95, CN y actual art. 109) demuestra que la concepción judicialista es mucho más fuerte que la establecida en la Constitución norteamericana, que guarda silencio sobre el punto, dando lugar, desde principios del siglo pasado, a la implantación generalizada del sistema de la jurisdicción administrativa primaria que, entre nosotros, no ha tenido recepción uniforme y, en cualquier caso, resulta excepcional y restringido por la concepción que impone un control judicial suficiente[434] con amplitud de debate y prueba. En efecto, como ha puntualizado Guastavino, la interdicción prescripta en el ex art. 95, CN (actual art. 109, CN) no guarda correlación con norma similar de la Constitución norteamericana[435].

El cuadro expuesto, con mayor o menor influencia sobre la conclusión que venimos sustentando, revela, sin embargo, hasta qué punto son diferentes ambas constituciones y da razón a quienes han destacado la importancia de los antecedentes patrios[436], de distintas constituciones provenientes del Derecho Comparado, especialmente la de Chile de 1833 y de diversas constituciones europeas (como la

---

[434] GELLI, María Angélica, *Constitución de la Nación Argentina, anotada y concordada*, 2° ed., La Ley, Buenos Aires, 2003, p. 754, anota que "la constitucionalidad de la jurisdicción administrativa aún con control judicial suficiente, encuentra en el art.109 otra expresa limitación".

[435] Vid: GUASTAVINO, Elías P., *Tratado de la "jurisdicción" administrativa y su revisión judicial*, Academia Nacional de Derecho y Ciencias Sociales de Buenos Aires, t. I, Buenos Aires, 1989, p. 54. La fuente del precepto se remonta a los antecedentes preconstitucionales (Reglamento de 1811 de la Junta Conservadora y Estatuto de 1816 aprobado por el Congreso de Tucumán) y al artículo 243 de la Constitución de Cádiz de 1812, si bien su antecedente inmediato más probable haya sido el art. 108 de la Constitución chilena de 1833.

[436] Véase: CASSAGNE SERRES, Blanca A., *La Constitución Nacional. Filiación histórica del Preámbulo argentino*, El Ateneo, Buenos Aires, 1945, p. 57; GUASTAVINO, Elías P., *Tratado de la "jurisdicción"...*, *cit.*, t. I, p. 54 y ss.

española de 1812)[437] y de los Estados norteamericanos que pasaron, más tarde, a integrar la federación de ese país.

8. EL DECRETO-LEY

En épocas de anormalidad constitucional, el Poder Ejecutivo ha dictado actos obligatorios de alcance general, sobre materias que debían ser reguladas por ley formal. Lo ha hecho mediante instrumentos normativos denominados "decreto-leyes".

En la realidad histórica de nuestro país el instrumento "decreto-ley" se ha limitado al proveniente del Poder Ejecutivo *de facto*, llegando a reglar materias que formalmente correspondían a la ley[438], los cuales se distinguen tanto de los reglamentos delegados como de los reglamentos de necesidad y urgencia, que emite el órgano Ejecutivo *de iure*, en ejercicio de la potestad reglamentaria.

El dictado de los "decreto-leyes" se ha justificado en orden a la necesidad de asegurar la vida del Estado y su validez ha sido reconocida por la jurisprudencia de la Corte Suprema de Justicia de la Nación[439], continuando su vigencia aún después de instalado el gobierno *de iure*, sin exigirse para ello la ratificación expresa del Poder Legislativo[440].

9. EL REGLAMENTO

El acto unilateral que emite un órgano de la Administración Pública, creador de normas jurídicas generales y obligatorias, que regula, por tanto, situaciones objetivas e impersonales, recibe la denominación de reglamento.

Los reglamentos constituyen fuentes del Derecho para la Administración Pública, aun cuando proceden de ella misma, ya que integran el bloque de legalidad, al cual los órganos administrativos deben ajustar su cometido. Desde el punto de vista

---

[437] *Cfr.* LINARES QUINTANA, Segundo V., "Raíces hispánicas del constitucionalismo", Separata de la Academia Nacional de Ciencias Morales y Políticas, Buenos Aires, 2001, ps. 41 y ss.; ver también: SÁNCHEZ VIAMONTE, Carlos, *Manual de Derecho Constitucional*, Kapelusz, Buenos Aires, 1958, ps. 81 y ss., anota que, habida cuenta de las diferencias existentes entre la Constitución argentina y la estadounidense, tales diferencias "demuestran que, en principio, no son aplicables en nuestro país la doctrina y la jurisprudencia de EE.UU." (p. 83) y que el método constitucional utilizado por los constituyentes argentinos se basa en el modelo francés de 1791 (p. 89); ver también VANOSSI, Jorge Reynaldo, "El carisma de una Constitución perdurable", publicación de los Institutos de Derecho Constitucional y de Derecho Administrativo de la Academia Nacional de Derecho y Ciencias Sociales de Buenos Aires, La Ley, Buenos Aires, 2003, p. 708.

[438] BIDART CAMPOS, Germán J., *Derecho Constitucional del Poder*, t. I, *cit.*, p. 334. Sostiene este autor que el decreto-ley no configura una legislación delegada sino asumida por el Presidente de la República, a causa de la disolución del Congreso.

[439] VALIENTE NOAILLES, Carlos, *Manual de jurisprudencia...*, *cit.*, p. 13.

[440] DIEZ, Manuel M., *Derecho Administrativo*, *cit.*, t. I, p. 408; ALTAMIRA, Pedro G., *Curso de Derecho Administrativo*, Depalma, Buenos Aires, 1971, p. 55; la última jurisprudencia de la Corte admite la vigencia de los decreto-leyes *de facto* no por el reconocimiento judicial de su continuidad sino por el hecho de que el Congreso lo ratifique expresa o tácitamente; véase "Budano, Raúl Alberto v. Facultad de Arquitectura", Fallos, 310:1045 (1987).

cuantitativo, constituyen la fuente de mayor importancia del Derecho Administrativo, habida cuenta de que no sólo son emitidos por el Poder Ejecutivo, sino también por los demás órganos y entes que actúan en su esfera.

En lo que concierne a la naturaleza de la actividad reglamentaria, la mayor parte de la doctrina considera que se trata de una actividad administrativa [441], tesis ésta que es sostenida aun por quienes participan de la concepción objetiva o material sobre la función administrativa[442].

Empero, debe puntualizarse que la actividad reglamentaria traduce una actividad materialmente legislativa o normativa[443]. Ello pues se trata del dictado de normas jurídicas de carácter general y obligatorias por parte de órganos administrativos que actúan dentro de la esfera de su competencia normativa, traduciendo una actividad jurídica de la Administración que se diferencia de la administrativa por cuanto ésta es una actividad inmediata, práctica y concreta tendiente a la satisfacción de necesidades públicas, encuadrada en el ordenamiento jurídico.

Los reglamentos se denominan también actos de alcance o contenido general; ésta es la terminología que utiliza la Ley Nacional de Procedimientos Administrativos, pues, en dicha ley, el reglamento es un acto de alcance general [444]. Esa expresión, empleada en la ley, comprende, además, a los meros actos de alcance general que no integran el ordenamiento jurídico[445].

Sin embargo, la figura del reglamento no agota todas las situaciones que traducen la emisión de actos de alcance o contenido general en sede administrativa. Las normas generales que sólo tienen eficacia interna en la Administración o que están dirigidas a los agentes públicos – instrucciones de servicio, circulares– no producen efectos jurídicos respecto de los particulares. Su principal efecto jurídico se deriva del deber de obediencia jerárquica del inferior al superior[446].

---

[441]   BENVENUTI, Feliciano, *Appunti di Diritto Amministrativo*, Padua, 1959, p. 36.

[442]   GARRIDO FALLA, Fernando, *Tratado de Derecho Administrativo*, cit., t. I, p. 290; MARIENHOFF, Miguel S., *Tratado de Derecho Administrativo*, cit., t. I, ps. 251/252; WALINE , Marcel, *Droit Administratif*, 9ª ed., Sirey, París, 1963, ps. 117 y ss.; ALESSI , Renato, *Sistema Istituzionale del Diritto Amministrativo Italiano*, Giuffrè, Milán, 1958, p. 255.

[443]   XIFRA HERAS, Jorge, *Formas y fuerzas políticas*, Bosch, Barcelona, 1958, p. 270; CASSAGNE, Juan Carlos, *El acto administrativo*, cit., p. 101, postura que ha seguido Linares (*Cfr.* LINARES, Juan F., *Derecho Administrativo*, Astrea, Buenos Aires, 1986, ps. 63 y ss.).

[444]   LNPA, arts. 11, 24 y 25; el RNLPA utiliza la misma terminología (arts. 103 y ss.).

[445]   Véase HUTCHINSON, Tomás, *La Ley Nacional de Procedimientos Administrativos*, Astrea, Buenos Aires, 1985, ps. 447 y ss.

[446]   La doctrina alemana ha diferenciado los denominados reglamentos jurídicos de los reglamentos administrativos. Véase, FORSTHOFF, Ernst, *Tratado de Derecho Administrativo*, t. I, Centro de Estudios Constitucionales, Madrid, 1958, p. 201. Nuestra doctrina en general distingue los reglamentos propiamente dichos de los reglamentos internos. SAYAGUÉS LASO, Enrique, *Tratado de Derecho Administrativo*, t. I, 4ª ed., Talleres Gráficos Barreiro, 1963, ps. 120/122, afirma que no nos es posible diferenciar el reglamento jurídico del administrativo por cuanto todos los actos de alcance general suponen el dictado de normas jurídicas.

Los reglamentos se encuentran sujetos a un régimen jurídico peculiar que los diferencia de las leyes en sentido formal, de los actos administrativos y de las instrucciones de servicio, circulares y demás reglamentos internos, siendo sus principales características:

a) constituyen o integran el ordenamiento jurídico;

b) para que entren en vigencia deben ser publicados produciendo efectos a partir de su publicación oficial y desde el día en que ellos determinen; si no designan tiempo, producirán efecto después de los ocho días computados desde el día siguiente de su publicación oficial [447]. En este aspecto, se asemejan a las leyes (art. 2º, CCiv.) y difieren de los actos administrativos, que deben ser objeto de notificación y de las instrucciones, circulares o reglamentos internos de la Administración, que no requieren ser difundidos en una publicación oficial, siendo habitual su exhibición en carteleras;

c) pueden ser derogados total o parcialmente por la Administración en cualquier momento, no rigiendo el principio de estabilidad del acto administrativo [448];

d) están sujetos a los mismos principios que la ley en cuanto a su irretroactividad [449];

e) tienen un régimen de protección jurisdiccional propio. Si bien no modifican situaciones subjetivas sino hasta que son aplicados mediante un acto particular, la LNPA hace posible su impugnación judicial en dos supuestos: 1) cuando un interesado a quien el acto afecte o pueda afectar en forma cierta e inminente en sus derechos subjetivos haya formulado reclamo ante la autoridad que lo dictó, con resultado negativo; 2) cuando el acto general se hubiera aplicado y contra tales actos de aplicación se hubieran agotado sin éxito las instancias administrativas.

De otra parte, en sede administrativa, el RLNPA faculta a los particulares a impugnar por medio de recursos administrativos los actos de alcance general – reglamentos– a los que la autoridad hubiera dado o comenzado a dar aplicación [450];

f) dado que el reglamento contiene normas de carácter general y el acto administrativo normas individuales o concretas, existe un orden de prelación que determina que el acto administrativo deba ser dictado conforme a las normas generales que contiene el Reglamento [451], lo que deriva del principio de legalidad de la activi-

---

[447] LNPA, art. 11 y RLNPA, art. 103 (t.o. por dec. 1883/1991).

[448] RLNPA, art. 83, ver "Estado nacional v. Arenera El Libertador SRL", Fallos, 312:1098 (1989), resuelto por la Corte Suprema de Justicia de la Nación, donde se sostuvo que no hay derecho al mantenimiento de leyes o reglamentos; así como "Tinedo, Mamerto y otros v. ENTel", Fallos, 308:199 (1986).

[449] RLNPA (t.o. por dec. 1883/1991), art. 83, CASSAGNE, Juan Carlos, *El acto administrativo*, *cit.*, p. 105.

[450] LNPA, art. 24, incs. a) y b), y RLNPA, art. 73. Asimismo, ver CASSAGNE, Juan Carlos, *El acto administrativo*, *cit.*, p. 102.

[451] GARCÍA DE ENTERRÍA, Eduardo, *Legislación delegada, potestad reglamentaria y control judicial*, Tecnos, Madrid, 1970, ps. 279 y ss.; y GARRIDO FALLA, Fernando, *Tratado de Derecho Administrativo*, *cit.*, t. I, p. 251, quien recuerda el art. 30, Ley de Régimen Jurídico de la Administración del 26/7/1957, que establece: "las resoluciones administrativas de

dad administrativa. En realidad, la Administración está impedida de modificar o no cumplir o inaplicar el reglamento cuando dicta un acto particular, a fin de tutelar la igualdad de tratamiento entre los administrados, principio éste de origen constitucional que sólo puede ser reglamentado por ley en sentido formal[452]. En otras palabras, el reglamento no puede ser singularmente derogado.

El principio, denominado de la inderogabilidad singular del reglamento, determina también que los actos concretos de autoridades superiores no pueden vulnerar disposiciones reglamentarias de carácter general dictadas por autoridades inferiores, dentro del límite de su competencia[453].

La inderogabilidad singular no rige en materia legislativa. Una ley formal particular puede derogar o no tener en cuenta las disposiciones de una ley de carácter general, dado que desde el punto de vista jurídico tal proceder constituiría una limitación a la igualdad, siendo el Congreso el poder competente para reglamentar los derechos individuales[454].

En forma concordante con lo dicho, se recordará que la Procuración del Tesoro de la Nación, máximo órgano de asesoramiento jurídico de la Administración, ha dictaminado, en forma reiterada, que el principio de legalidad de la actividad administrativa no permite la violación de los reglamentos mediante actos administrativos de carácter individual o singular[455].

A. Fundamento de la potestad reglamentaria

La potestad reglamentaria de la Administración encuentra su fundamento en la lógica y en el Derecho. Se justifica, en la práctica, por cuanto los órganos administrativos se encuentran mejor capacitados para reglamentar cuestiones que requieren una preparación técnica y jurídica de la que el Congreso en general carece, por tratarse de un poder político[456].

---

carácter particular no podrán vulnerar lo establecido en una disposición de carácter general, aunque aquéllas tengan grado igual o superior a éstas". Sobre su obligatoriedad para la Administración en el derecho norteamericano y francés, ver: MAIRAL, Héctor A., *La doctrina de los propios actos y la Administración Pública*, Depalma, Buenos Aires, 1988, ps. 97 y ss.

[452] DIEZ, Manuel M., *Derecho Administrativo, cit.*, t. I, ps. 419 y ss.

[453] El Derecho Administrativo italiano también acepta el principio; en tal sentido puede verse ZANOBINI, Guido, *Curso de Derecho Administrativo. Parte general*, t. I, trad. del italiano, Arayú, Buenos Aires, 1954, p. 105; al respecto Mairal ha puntualizado la necesidad de que el principio no se aplique en forma indiscriminada o irrazonable (*Curso de Derecho Administrativo. Parte general, cit.*, ps. 100 y ss.), en el mismo sentido se ha pronunciado la Corte Suprema en el caso "Arenzon, Gabriel Darío c/ Nación Argentina", Fallos, 306:400 (1984).

[454] Según Parada Vázquez, la prohibición de dispensas singulares injustificadas se fundamenta en el principio de igualdad, ver: PARADA VÁZQUEZ, José R., *Derecho Administrativo*, t. I, Pons, Madrid, 1989, p. 64.

[455] Dictámenes 4:84, que cita los siguientes precedentes de la colección Dictámenes: 34:201; 87:145; 97:241; 100:191; 102:213 y 114:495.

[456] GARRIDO FALLA, Fernando, *Tratado de Derecho Administrativo, cit.*, t. I, p. 291.

Las reglamentaciones administrativas requieren rapidez en su sanción y permanentemente deben ser actualizadas[457], siendo los órganos administrativos los más aptos para ello por el principio de la inmediatez que rige toda la actividad administrativa.

Pero como tales argumentos sólo conducen a demostrar la necesidad de que la Administración pueda dictar reglamentos, resulta imprescindible analizar si la potestad reglamentaria pertenece o no a la Administración, en el plano estrictamente jurídico, cuestión que se plantea *a posteriori* del advenimiento del Derecho Constitucional moderno y, en particular, a raíz de la vigencia del principio de la separación de los poderes, ya que en la Antigüedad el soberano poseía la potestad legislativa[458].

Hay autores que rechazan la existencia de una potestad reglamentaria emergente de la Constitución dada la prohibición del art. 99, inc. 3°, CN[459]. Otros autores no derivan del dicho art. 99, inc. 3°, una prohibición que restrinja la potestad reglamentaria en general[460]. Asimismo, los autores sostienen que la potestad reglamentaria del Poder Ejecutivo proviene de la Constitución[461]. También hay autores que sostienen que la potestad reglamentaria hace a la posibilidad del Ejecutivo de reglamentar las leyes; en el marco de la separación de poderes, todo el poder se encuentra subordinado a la ley y el *imperium* corresponde sólo al Poder Legislativo[462].

Sin embargo, cabe reparar en que el texto del art. 99, inc. 3° – aspecto en el que es similar al art. 76, CN– revela una prohibición, seguida del régimen de excepción. No puede, por ende, colegirse de ello una prohibición de los amplios alcances indicados que lleguen a tener a la potestad reglamentaria por inexistente.

De tal modo, con los alcances definidos en la Constitución, la potestad reglamentaria existe.

Asimismo, si se considera que el poder del Estado es único pero se manifiesta a través de todas sus funciones – legislativa, administrativa y jurisdiccional– cabe concluir en que todos los órganos poseen *imperium*[463]. Es evidente que la múltiple actividad estatal no puede dividirse en sectores totalmente diferenciados. Un concepto realista de la sociedad revela que la Administración cada día aumenta sus

---

457 Véase SACRISTÁN, Estela B., "La administración legisladora (y dos saludables recaudos)", en CASSAGNE, Juan Carlos (dir.), *Derecho procesal administrativo. Libro homenaje a Jesús González Pérez*, Hammurabi, Buenos Aires, 2004, t. I, ps. 391/437.

458 MARIENHOFF, Miguel S., *Tratado de Derecho Administrativo, cit.*, t. I, ps. 256/257.

459 Véase GORDILLO, Agustín, *Tratado de Derecho Administrativo*, 8ª ed., t. 1, Fundación Derecho Administrativo, Buenos Aires, 2003, esp. p. VII-17: "El principio general, a nuestro juicio, es que no existe una 'potestad reglamentaria' como tal en la Constitución: quienes antaño gustaban decir que el reglamento era 'materialmente' una ley no estarían hoy acordes al texto constitucional. El art. 99, inc. 3° es categórico [...]".

460 COMADIRA, Julio R., "Los decretos de necesidad y urgencia en la reforma constitucional", en su *Derecho Administrativo*, 2ª ed. act. y ampl., Abeledo-Perrot - LexisNexis, Buenos Aires, 2003, p. 238.

461 MARIENHOFF, Miguel S., *Tratado de Derecho Administrativo*, t. I, 4ª ed. act., Abeledo-Perrot, Buenos Aires, 1993, p. 223.

462 JOUVENEL, Bertrand de, *El poder*, 1ª ed., Madrid, 1956, ps. 277 y ss.

463 XIFRA HERAS, Jorge, *Formas y fuerzas políticas, cit.*, p. 233.

funciones a costa de las legislaturas y que si no se le reconociera la potestad reglamentaria *iure proprio* al Ejecutivo no sería posible gobernar a los ciudadanos[464]. Por ello, la actividad no se desnaturaliza por el órgano que la produce[465].

Dentro de este contexto puede postularse la idea de que la potestad reglamentaria finca en la Administración en ejercicio de poderes propios en la medida en que no avance sobre la reserva de la ley. Se trata, por ende, del fruto del ejercicio de una función materialmente normativa o legislativa por medio de la cual se crean reglas jurídicas generales e impersonales aplicables a un sector abstracto de ciudadanos, constituyéndose, a través de ella, el ordenamiento jurídico[466].

De otra parte, el Poder Ejecutivo posee también una facultad propia e inherente para aclarar el sentido de una disposición reglamentaria, aun cuando cabe señalar la existencia de alguna jurisprudencia restrictiva del Alto Tribunal[467]. Y cuando la ley deja un margen de arbitrio al Poder Ejecutivo, éste puede limitar su propia libertad de acción o de elección dictando disposiciones generales, obligatorias para la Administración y para los particulares.

Por último, el dictado de normas generales por parte de la Administración asegura el tratamiento igual de los administrados, garantizando así la vigencia del principio constitucional de igualdad (art. 16, CN).

B. Clases de reglamentos

Si se tiene en cuenta el emisor del reglamento, se concluye en que los reglamentos pueden clasificarse en nacionales o provinciales, presidenciales, ministeriales, o provenientes de los demás órganos o entes que integran la Administración.

Al mismo tiempo, en el orden nacional, los reglamentos pueden ser dictados en el seno de la la Administración (reglamentos administrativos), del Congreso (reglamentos del Congreso o reglamentos legislativos), o del Poder Judicial (reglamentos del Poder Judicial o reglamentos judiciales). Ello se debe a que las normas de carácter general, dictadas por el Congreso sin revestir el carácter de leyes, o por los órganos del Poder Judicial, son también reglamentos, sujetos, en principio, al mismo régimen jurídico que los dictados por la Administración.

Cuando el reglamento es emanado del Poder Ejecutivo se está ante un *decreto*. En la terminología utilizada en nuestro país con la palabra *decreto* se alude a los reglamentos del Poder Ejecutivo. También se denominan de la misma forma los reglamentos dictados por los intendentes municipales; pero en nuestra práctica administrativa se denomina *decreto* tanto al acto de contenido normativo, como al de alcance particular. En cuanto a la calificación que corresponde atribuir a los actos del Jefe de Gabinete dictados en ejercicio de la administración general del país o de facultades que le delegue al Presidente los respectivos actos se instrumentan me-

---

[464]   SILVA CIMMA, Enrique, *Derecho Administrativo chileno y comparado*, t. I, Editorial Jurídica de Chile, Santiago de Chile, 1961, ps. 141/144.

[465]   XIFRA HERAS, Jorge, *Formas y fuerzas políticas, cit.*, ps. 245 y ss.

[466]   XIFRA HERAS, Jorge, *Formas y fuerzas políticas, cit.*, ps. 269 y ss.; LUQUI, Roberto E., "Algunas consideraciones sobre el concepto de Administración Pública", LL 151-1072 y ss.

[467]   *In re* "D'Anna, Carlos v. SIAM", Fallos, 311:290 (1988).

diante las llamadas *decisiones administrativas* (art. 100, incs. 1°, 2°, 3° y 4°, CN) independientemente de su contenido normativo.

Los reglamentos de autoridades subordinadas al Poder Ejecutivo (ministros, secretarios de Estado, directores, etc.), reciben el nombre de *resoluciones* o *disposiciones*, aun cuando con el mismo nombre también se designa a los actos de alcance particular dictados por las mismas autoridades. Con el término *ordenanzas* se denomina a los reglamentos o a los actos de alcance particular dictados por los órganos representativos municipales (Concejo Deliberante, Sala de Representantes, etc.); el concepto es utilizado también para las disposiciones normativas de índole militar, aduanero o impositivo[468].

La terminología correcta es, en todos los casos, "reglamento", cualquiera sea el órgano o ente estatal que lo produzca, siendo indiferente desde el punto de vista jurídico la utilización de distintos términos. Prevalece el alcance general, que lo hace tipificar como reglamento.

Más importante es la clasificación que tiene en cuenta la vinculación o relación de los reglamentos con las leyes. Según ella, la doctrina reconoce, clásicamente, cuatro clases: ejecutivos, autónomos, delegados y de necesidad y urgencia[469]. Nos ocuparemos seguidamente de los emanados de órganos o entes de la Administración Pública.

a. Reglamentos ejecutivos o de ejecución

En el orden nacional, la Constitución establece que corresponde al Presidente de la Nación expedir las instrucciones y reglamentos que sean necesarios para la ejecución de las leyes de la Nación, cuidando de no alterar su espíritu con excepciones reglamentarias (art. 99, inc. 2°, CN).

Por tanto, son reglamentos ejecutivos o de ejecución los que dicta el Poder Ejecutivo, bajo ese inciso, en ejercicio de facultades constitucionales propias, para asegurar o facilitar la aplicación o ejecución de las leyes, regulando detalles necesarios para un mejor cumplimiento de las leyes y de las finalidades que se propuso el legislador[470].

Se trata de una actividad normativa secundaria respecto de la actividad primaria que es la ley, preexistente. Las normas reglamentarias integran la ley, siendo regida su violación con las consecuencias y las sanciones previstas en cada caso para el incumplimiento de ésta[471].

---

[468]   La Constitución Nacional, antes de su reforma de 1994, en el art. 67, inc. 23, denominaba ordenanzas a los actos de la Legislatura referidos a las Fuerzas Armadas.

[469]   Esta clasificación, si bien no es la seguida por la doctrina europea, es la más usual en nuestro país; MARIENHOFF, Miguel S., *Tratado de Derecho Administrativo*, cit., t. I, p. 258; y DIEZ, Manuel M., *Derecho Administrativo*, cit., t. I, ps. 421 y ss.

[470]   *Cfr.* MARIENHOFF, Miguel S., *Tratado de Derecho Administrativo*, cit., t. I, p. 259.

[471]   "Los decretos reglamentarios son tan obligatorios para los habitantes como si sus disposiciones se encontraran insertas en la propia ley... y se consideran parte integrante de la misma ley"; *Cfr.* "Frigorífico Swift", 187:449 (1940); "Crespi Hnos. y Cía.", Fallos, 234:166 (1956).

Y dado que se trata de una actividad subordinada a la ley, aparte de los límites generales a la potestad reglamentaria, los reglamentos de ejecución poseen límites propios. El art. 99, inc. 2°, CN, establece un primer límite al prescribir que los reglamentos no pueden alterar el espíritu de las leyes[472].

Además, sólo pueden reglamentarse aquellas leyes cuya aplicación corresponde al Poder Ejecutivo [473]. Las normas de Derecho Privado son aplicadas directamente por los particulares, correspondiendo su aplicación en caso de controversia a los tribunales federales, nacionales o provinciales; en consecuencia, el Poder Ejecutivo carece de competencia para reglamentar las disposiciones de los Códigos Civil o de Comercio, con excepción de los aspectos donde su aplicación le ha sido encomendada (por ejemplo, inscripciones de operaciones inmobiliarias o de actos registrables en general).

Va de suyo que la reglamentación de una ley no puede prescribir cargas u obligaciones que por su naturaleza sólo puedan ser dispuestas por la ley en sentido formal[474]. La facultad de reglamentar las leyes no significa que obligatoriamente deban reglamentarse; ellas entran en vigencia y deben ser aplicadas a los casos particulares, aun cuando el órgano administrativo no hubiera hecho uso de la competencia atribuida para reglamentarla[475]. No obstante, a veces, la ley subordina su vigencia a la reglamentación o se trata de prescripciones que por su carácter necesariamente deben ser reglamentadas[476] por carecer, por sí mismas, de operatividad.

La autoridad competente para reglamentar las leyes, de acuerdo con la Constitución Nacional, es el órgano Presidente de la República[477]. Ello no impediría, empero, admitir facultades en los restantes órganos y entes de la Administración para dictar reglamentos de ejecución. A título de ejemplo, cuando un ente autárquico como el Enargas dicta un reglamento de reclamos de los usuarios, pone en ejecución el art. 2°, inc. a), ley 24.076 ("proteger adecuadamente los derechos de los consumidores"). Tal interpretación se impone a poco de que se advierte que una inteligencia en contrario podría tornar fútiles las prescripciones de una ley, soslayando, asimismo, la elevada especialidad del ente que emitiría la reglamentación. Mas es claro que al ejercerse esa competencia reglamentaria, de ejecución de las leyes, no pueden afectarse derechos constitucionales, *v.gr.*, el derecho de propiedad, el derecho de defensa, etcétera.

---

[472] La Corte Suprema ha señalado que un reglamento no puede limitar o cercenar lo que la norma no crea; ver: "Balpalá Construcciones v. Dirección Nacional de Vialidad s/nulidad de resolución", Fallos, 312:2373 (1989), también en ED 137-160.

[473] MARIENHOFF, Miguel S., *Tratado de Derecho Administrativo*, cit., t. I, ps. 280-281; y DIEZ, Manuel M., *Derecho Administrativo*, cit., t. I, p. 423.

[474] DIEZ, Manuel M., *Derecho Administrativo*, cit., t. I, p. 421.

[475] La Corte Suprema de Justicia de la Nación ha sostenido la tesis de que el carácter programático de una ley "...no es causa que por sí sola justifique una inacción *sine die* del Estado en hacer efectivas sus disposiciones..." (en la causa "Hotel Internacional Iguazú SA v. Estado nacional s/ordinario", Fallos, 310:2653 [1987]).

[476] DIEZ, Manuel M., *Derecho Administrativo*, cit., t. I, p. 421.

[477] DIEZ, Manuel M., *Derecho Administrativo*, cit., t. I, p. 424, señala que los ministros carecen de competencia para reglamentar las leyes; en cuanto a las entidades autárquicas institucionales, afirma que sólo pueden reglamentar los aspectos técnicos necesarios para su aplicación, pero de ningún modo limitar los derechos individuales.

b. Reglamentos autónomos o independientes

Esta clase de reglamentos se halla constituida por aquellas normas generales que dicta el Poder Ejecutivo e, integralmente, la Administración sobre materias que pertenecen a su zona de reserva. En su dictado, el gobierno y la Administración no aplican una ley preexistente, sino que directamente interpretan y aplican la Constitución[478], *v.gr.*, aplican el art. 99, inc. 1°, CN.

Por tanto, el dictado de los reglamentos autónomos corresponde, en principio, al Poder Ejecutivo de acuerdo con la distribución de funciones que realiza la Constitución Nacional, la cual, en su art. 99, inc. 1°, le atribuye responsabilidad política por la administración general del país.

El concepto de reglamento autónomo se vincula, entonces, esencialmente con la llamada zona de reserva de la Administración, cuya titularidad está a cargo del Poder Ejecutivo. Entre nosotros, Marienhoff afirma que el reglamento autónomo es dictado por el Poder Ejecutivo en materias acerca de las cuales tiene competencia exclusiva de acuerdo con textos o principios constitucionales[479]. Sostiene que, así como existe una zona de reserva de la ley que no puede ser invadida por el poder administrador, también hay una zona de reserva de la Administración en la cual el Poder Legislativo no puede inmiscuirse como consecuencia del principio de separación de los poderes.

La existencia o no de una zona de reserva de la Administración ha sido objeto de controversias en la doctrina. Quienes sostienen que la actividad reglamentaria no corresponde originariamente al gobierno ni a la Administración, sino que se trata de una actividad delegada o autorizada por el legislador, concluyen en que toda materia debe ser regulada por las leyes y que por lo tanto no existe la llamada zona de reserva de la Administración.

Sin embargo, un sector de la doctrina ha rechazado la configuración de una zona de reserva de la Administración[480], interpretando que la competencia para dictar reglamentos autónomos desaparece si el Congreso decide reglar las instituciones, teniendo el Poder Legislativo amplias facultades, dado que el art. 75, inc. 32, CN, lo faculta a hacer todas las leyes y reglamentos que sean convenientes para poner en

---

[478] El concepto de reglamento autónomo es controvertido: GARRIDO FALLA, Fernando, *Tratado de Derecho Administrativo, cit.*, t. I, p. 296; ZANOBINI, Guido, *Curso de Derecho Administrativo. Parte general, cit.*, t. I, p. 106; y DIEZ, Manuel M., *Derecho Administrativo, cit.*, t. I, p. 426, entienden, entre otros autores, que son los dictados en asuntos cuya competencia le corresponde a la Administración de acuerdo con la distribución de funciones realizadas por la Constitución, o para regular el ejercicio de poderes que le han sido conferidos discrecionalmente a la Administración por el ordenamiento jurídico. En cambio, MARIENHOFF, Miguel S., *Tratado de Derecho Administrativo, cit.*, t. I, p. 252, excluye de la noción de reglamento autónomo a los derivados de las facultades discrecionales acordadas por la ley.

[479] MARIENHOFF, Miguel S., *Tratado de Derecho Administrativo, cit.*, t. I, ps. 260 y ss.; BIANCHI, Alberto B., *La delegación legislativa*, Ábaco, Buenos Aires, 1990, p. 34.

[480] DIEZ, Manuel M., *Derecho Administrativo, cit.*, t. I, p. 428; GORDILLO, Agustín A., *Tratado de Derecho Administrativo, cit.*, t. I, p. V-50.

ejercicio los poderes antecedentes y todos los otros concedidos por la Constitución al Gobierno de la Nación Argentina.

En nuestra opinión la citada disposición constitucional no puede invocarse para facultar al Congreso a dictar normas sobre materias que pertenecen a la competencia atribuida por la Constitución al Poder Ejecutivo[481].

En los casos en que se ha querido subordinar la Administración a la ley, la Constitución Nacional lo ha prescripto en forma expresa; así, en el caso de la facultad de conceder jubilaciones o supervisar la recaudación de rentas, los incs. 6° y 10 del art. 99 lo establecen, debiéndose actuar con arreglo a las leyes.

La existencia de una zona de reserva de la Administración resulta indudable. La separación de poderes no ha intentado convertir al Legislativo en un poder con facultades sobre los demás, como supone la concepción *rousseauniana* que, en el marco de la tesis de la omnipotencia del legislador, enlaza la ley con la voluntad general representada por el Poder Legislativo.

La Corte Suprema de Justicia de la Nación ha repudiado la doctrina de la omnipotencia legislativa interpretando que si el pueblo hubiera querido dar al Congreso más atribuciones lo habría hecho reformando la Constitución e incorporando al respecto disposiciones expresas. Cada uno de los tres poderes aplica e interpreta la Constitución por sí mismo cuando ejercita las facultades que ella le confiere [482].

Como ejemplos típicos de reglamentos autónomos pueden mencionarse: el dec. 7520/1944 que reglamentó el recurso jerárquico; el dec. 1429/1972 sobre régimen de licencias para los agentes públicos; el dec. 1759/1972 de Procedimientos Administrativos por cuanto se refiere a materias que pertenecen a la competencia del Poder Ejecutivo[483]; el dec. 1883/1991, de aprobación del texto ordenado del reglamento de procedimientos administrativos (dec. 1759/1972).

c. Reglamentos delegados

c.1. Su reconocimiento con anterioridad a la reforma constitucional de 1994

Antes de 1994 se había admitido jurisprudencialmente la posibilidad de que el Congreso delegara en el Poder Ejecutivo, el dictado de los denominados reglamentos delegados.

---

[481]   BIDART CAMPOS, Germán J., *Tratado elemental de Derecho Constitucional argentino*, t. II, Ediar, Buenos Aires, 1986, p. 83; MARIENHOFF, Miguel S., *Tratado de Derecho Administrativo*, cit., t. I, ps. 261 y ss., en la misma línea véase: COVIELLO, Pedro J. J., "La denominada 'zona de reserva de la Administración' y el principio de legalidad administrativa", REDA, nro. 21/23, Depalma, Buenos Aires, 1996, ps. 139 y ss.

[482]   MARIENHOFF, Miguel S., *Tratado de Derecho Administrativo*, cit., t. I, ps. 263/264; "Horta v. Harguindeguy", Fallos, 137:47 (1922). Véase también: Dictámenes 84:182, y 125:370; en este último dictamen, publicado en Dictámenes 3:191, se afirma que el legislador no puede invadir competencias propias y exclusivas del Poder Ejecutivo bajo pena de inconstitucionalidad.

[483]   En tal sentido DOCOBO, Jorge José, "El Reglamento de Procedimientos Administrativos", en JA secc. Doctrina, 1972, p. 705. Así se desprende de la propia Exposición de Motivos de la LNPA.

Esta operación se conoce con el nombre de delegación legislativa, y debe ser diferenciada de la delegación administrativa, sobre la cual nos explayamos en el Capítulo II, del Título Segundo de este tomo, al cual cabe remitir.

Tradicionalmente, se ha entendido que los reglamentos delegados son normas generales dictadas por la Administración sobre la base de una *autorización* o *habilitación* del Poder Legislativo, regulando materias que, en principio, serían de competencia del Congreso. Como la facultad para dictarlos no emana de una potestad reglamentaria propia sino de una previa habilitación legal[484], se trata de una actividad de carácter excepcional de la Administración, sujeta a la preexistencia de una ley delegante. El reglamento delegado, a su turno, contendrá normas sobre materias que, si bien deben ser reguladas por ley formal, el Congreso ha decidido que lo sean por la Administración.

Hasta 1994 la aceptación de esta clase de reglamentos se hallaba controvertida en la doctrina constitucional. Sobre la base de que su dictado alteraba la competencia de los poderes que instituye la Constitución, se cuestionaba la validez de los reglamentos delegados, por cuanto – se sostenía– el Congreso no podría delegar sus atribuciones al Poder Ejecutivo: no podía haber "dejación" del poder de un poder a favor del otro. Sin embargo, ya entonces resultaba evidente que el desempeño de las funciones estatales determinaba la conveniencia de realizar una actividad integradora entre los distintos poderes, siendo necesario a tal efecto que la ley pudiera ampliar la potestad de dictar normas generales que le corresponde a la Administración.

Se han señalado diversas razones que tornan a la delegación legislativa como de existencia necesaria: falta de tiempo del Congreso, carácter técnico de algunos asuntos, aspectos imprevisibles de algunas materias, exigencias de flexibilidad de ciertas normas, etcétera[485]. Por su parte, la realidad misma demuestra que la legislación delegada es una necesidad y que no altera la división de poderes por cuanto el legislador siempre delega dentro de ciertos límites y puede reasumir en todo momento su potestad de legislar. Así, la Constitución Nacional encomienda al Congreso el dictado de planes de instrucción universitaria, sucediendo en la práctica que por ley se crea una entidad, en el ámbito del Poder Ejecutivo, llamada universidad, que tiene a su cargo, dentro de los lineamientos generales de la ley, el dictado de sus planes de estudio[486].

---

[484] Para Bianchi los reglamentos ejecutivos son una especie de reglamentos delegados ubicando su fundamento constitucional en el ex art. 67, inc. 28, CN (*Cfr.* BIANCHI, Alberto B., *La delegación legislativa*, Ábaco, Buenos Aires, 1990, p. 52). No estamos de acuerdo con la tesis que considera a los reglamentos ejecutivos como una especie de reglamentos delegados, pues todos los antecedentes del ex art. 86, inc. 2º (art. 85, inc. 2º, Proyecto de Alberdi; art. 82, Constitución de 1826 y la Constitución de Cádiz de 1812) y la tradición anglosajona indican que la norma se refiere a la función del Poder Ejecutivo relativa a la ejecución de las leyes. La mayor parte de las leyes requieren de una ulterior actividad de la Administración para poderlas aplicar.

[485] DIEZ, Manuel M., *Derecho Administrativo, cit.*, t. I, p. 441, y en particular la nota 114.

[486] CN, art. 67, inc. 16. La ley universitaria 20.654 atribuía a los órganos universitarios competencia para el dictado de los planes de estudio. Véase DIEZ, Manuel M., *Derecho Administrativo, cit.*, t. I, p. 433. *Cfr.* ley 24.521, art. 29, inc. e), de similar tenor.

Es por ello que la doctrina generalmente distinguía la delegación total o amplia de una potestad, o sea, la delegación de la potestad legislativa, prohibida, de aquella otra clase de delegación permitida, que siempre opera dentro de ciertos límites, tratándose, en la práctica, de una comisión o encargo que hace el Poder Legislativo al Ejecutivo[487].

En el mismo sentido, la Corte Suprema de Justicia de la Nación sostuvo que: "no existe propiamente delegación sino cuando una autoridad investida de un poder determinado hace pasar el ejercicio de ese poder a otra autoridad o persona descargándolo sobre ella..." y que "existe una distinción fundamental entre la delegación de poder para hacer la ley y la de conferir cierta autoridad al Poder Ejecutivo o a un cuerpo administrativo, a fin de regular los pormenores y detalles necesarios para la ejecución de aquélla. Lo primero no puede hacerse, lo segundo es admitido"[488].

Es claro que la delegación legislativa se entendía sujeta a límites y se consideraba que la denominada "política legislativa" tenía que estar claramente establecida, no pudiendo haber delegación total o en bloque. También se reconocía que no podía encomendarse a los órganos administrativos la facultad de crear delitos, contravenciones o impuestos, materias que exigen la presencia de una ley en sentido formal[489]. La delegación legislativa se concebía sujeta a los recaudos de ser siempre expresa y especial, estableciéndose para cada caso y no en forma genérica, a fin de permitir su acotamiento por medio de límites materiales[490].

Asimismo, en la etapa anterior a la reforma constitucional de 1994, la jurisprudencia de la Corte aceptó la subdelegación de la facultad delegada en otros órganos siempre que ella se encontrara contemplada en la ley[491].

---

[487] DIEZ, Manuel M., *Derecho Administrativo, cit.*, t. I, ps. 428 y ss.; MARIENHOFF, Miguel S., *Tratado de Derecho Administrativo, cit.*, t. I, ps. 267 y ss., y CANASI, José, *Derecho Administrativo*, t. I, Depalma, Buenos Aires, 1972, p. 137.

[488] "Delfino y Cía. v. Gobierno Nacional", Fallos, 148:430 (1927).

[489] DIEZ, Manuel M., *Derecho Administrativo, cit.*, t. I, ps. 428 y ss., y ps. 437 y ss. En el caso "Mouviel, Raúl Oscar y otros s/desórdenes", Fallos, 237:636 (1957) afirmó que el art. 18, CN, exige indisolublemente la doble precisión por la ley de los hechos punibles y de las penas a aplicar, sin perjuicio de que el órgano legislador deje a los órganos ejecutivos la reglamentación de las circunstancias o condiciones concretas de las acciones reprimidas y de los montos de las penas dentro de un mínimo y un máximo. En este caso se declaró inconstitucional un reglamento sobre faltas o edictos policiales sancionado por el jefe de la Policía Federal. Cabe destacar que teniendo en cuenta la opinión del Procurador General de la Nación, expuesta con anterioridad al fallo de la Corte, por ley 17.189 del año 1966, se ratificaron todos los edictos policiales vigentes a esa fecha.

[490] GARRIDO FALLA, Fernando, *Tratado de Derecho Administrativo, cit.*, t. I, p. 281, enseña que en el Derecho español la delegación puede ser general o especial; la primera – afirma– tiene lugar cuando el Parlamento concede al Gobierno los llamados "plenos poderes"; la delegación especial confiere facultades legislativas sólo respecto de materias determinadas y señalando las bases o criterios que han de servir de límite al decreto reglamentario. Sobre el tema, véase DIEZ, Manuel M., *Derecho Administrativo, cit.*, t. I, p. 452.

[491] "Compañía Azucarera y Alcoholera Soler SA c/ Estado Nacional (Ministerio de Economía)", Fallos, 311:1617 (1988).

c.2. El nuevo criterio constitucional y sus fuentes

c.2.1 *Las tendencias que presidieron la evolución del instituto*

Si nuestra Constitución es un producto histórico y racional[492] que, sin desmerecer el valioso aporte que recibió del modelo norteamericano, se nutre también de fuentes europeas, adaptadas a nuestra realidad vernácula mediante un sistema original y propio, la interpretación constitucional tiene que seguir forzosamente ese camino.

Este punto de partida es, quizás, la clave para poder desentrañar el alcance que tiene la delegación legislativa tras la reforma constitucional de 1994, y para ello nada mejor que reconocer que hace ya mucho tiempo que cayó tanto la rigidez de la máxima lockeana[493] (*"delegata potestas non potest delegari"*) como la tesis de la indelegabilidad de los poderes que sustentaban los representantes del pueblo para configurar una voluntad general infalible (ROUSSEAU) pues, pese a la resurrección que tuvo en la Constitución francesa de 1946[494], el principio prohibitivo pronto fue sepultado por la realidad de los hechos, que llevaron a justificar la procedencia de la

---

492   Véase: BIDART CAMPOS, Germán J., "La tipología de la Constitución Argentina", *Anales de la Academia Nacional de Derecho y Ciencias Sociales de Buenos Aires*, Año XVI, segunda época, Nº 13, y su *Tratado Elemental de Derecho Constitucional*, t. I, 2ª ed. Ediar, Buenos Aires, 1995. ps. 101-102.

493   En los Estados Unidos se ha considerado que la delegación legislativa es inevitable en el gobierno moderno; véase: SCHWARTZ, Bernard, *Administrative Law*, 2ª ed., Little Brown and company, Boston, 1984, p. 34, y la 4ª ed., *Administrative Law, a casebook*, Boston, 1994, p. 118; conocimos a éste gran jurista norteamericano en oportunidad de la visita que hizo a la Facultad de Derecho y Ciencias Políticas de la UCA a comienzos de la década del 80. Nos impresionó la profundidad de sus conocimientos de derecho comparado, particularmente del francés, al confesarnos su admiración por la tarea del Consejo de Estado y la doctrina de ese país, en punto a la construcción de los principios cardinales del derecho administrativo. En la conversación que mantuvimos hablamos sobre la Argentina y las diferencias que existían con la Constitución norteamericana, sobre todo en materia de reglamentos de ejecución. Por lo que había leído y escuchado en los días que duró su permanencia en el país, advertía que la doctrina vernácula era muy creativa en sus construcciones teóricas, preguntándonos acerca de su grado de influencia en la jurisprudencia de la Corte Suprema. Nuestra respuesta fue que, en algunos casos, esa influencia era notoria, pese a que la Corte no hacía citas, en sus fallos, de ningún autor nacional vivo (en esa época, pues después retomó la costumbre de hacerlas).

494   Art. 13 de la Constitución de 1946. La doctrina francesa sostiene que en un país de constitución escrita y separación de poderes el poder legislativo no se delega, vid: HAURIOU, Maurice, *Précis de Droit Administratif et de Droit Public*, 9ª ed., Sirey, París, 1919, p. 85 (texto y nota 2, con cita de ESMEIN). En Francia, para superar la prohibición de delegar se acudió primero a las leyes de plenos poderes, de dudosa constitucionalidad, y a los llamados Reglamentos de Administración Pública que no podían regular materias que, por su naturaleza, correspondían al legislador. La Constitución de 1958 introdujo una sustancial reforma en las relaciones entre la ley y el reglamento, al establecer que, salvo las materias reservadas a la ley (art. 34) *"las materias que no forman parte de la ley tienen carácter reglamentario"* (art. 37). De ese modo, la competencia reglamentaria pasó a ser el principio y la competencia legislativa la excepción, véase: VEDEL, Georges - DELVOLVÉ, Pierre, *Droit Administratif*, t. I, 12ª ed., PUF, París, 1992, p. 48 y ss.

delegación legislativa como un recurso de técnica jurídica imprescindible en el mundo actual, sin perjuicio del establecimiento de límites materiales.

Porque en la batalla que se libró entre el legalismo positivista y el principio de eficacia que imponen la justicia y la realidad, la interdicción de la delegación legislativa ha quedado limitada y condicionada, en líneas generales, al respeto de la reserva legal, así como a la observancia de la separación de los poderes, la independencia del poder judicial y de otros principios constitucionales y generales del derecho que conforman la legalidad (o si se prefiere, proyectando la fórmula de HAURIOU, el *"bloque de constitucionalidad"*).

En el contexto histórico comparado, la caída del dogma de la primacía de la ley y, consecuentemente, de la interdicción absoluta para delegar atribuciones o facultades a través de diferentes vertientes de la filosofía política, dio lugar a la aparición de dos concepciones antagónicas, una permisiva y otra prohibitiva, desarrolladas sobre la base de ideas distintas.

Interesa detenernos brevemente en la tendencia prohibitiva más absoluta, cuyos más conspicuos y genuinos representantes fueron TRIPPEL y ESMEIN, sobre todo en la formula elaborada por éste último que, como se advierte de la lectura de la frase que se transcribe al pie de página[495], resulta similar a la primera definición que, sobre el concepto de delegación, hizo suya nuestra Corte en el conocido caso *"Delfino"*[496] y que, a nuestro juicio, fue la antesala de las confusiones e interpretaciones contrarias sobre un mismo fallo que enfrentaron, en su momento, a los administrativistas (que postulaban la validez constitucional de los reglamentos delegados) con un sector de los constitucionalistas (que negaban su constitucionalidad)[497].

El principio prohibitivo más absoluto del derecho constitucional de la mayor parte de Europa Continental, influenciado por la prédica de la doctrina ante citada, sufrió luego una gran transformación –en países como Alemania, Italia y España, y

---

[495]   ESMEIN, Ademar, *Eléments de Droit Constitutionnel français et comparé,* 8ª ed., Sirey, París, 1927, ps. 85-86; señaló que: *no hay verdadera delegación más que cuando una autoridad investida de un poder determinado hace pasar su ejercicio a otra autoridad o persona por un acto particular o voluntario, descargando sobre el delegado el ejercicio de este poder".* Este concepto de delegación concebido como una transferencia de facultades figura también en anteriores ediciones (aunque no pueda saberse cuál de ellas fue utilizada por la Corte en el caso *"Delfino")* y fue objeto de reiteradas críticas de BIELSA; véase, entre otros trabajos, "Reglamentos delegados", LL-106 en el que dice: *"no se delega para que un poder tenga más fuerza que otro (pues no hay –como erróneamente se ha dicho- transferencia de poder), sino para que el Poder Legislativo en este caso logre mayor eficacia en un área determinada con la integración de otra actividad que 'prosigue' la de él y con los límites que éste traza".*

[496]   Fallos, 148:434 (1927).

[497]   Véase: BIANCHI, Alberto B., "La potestad reglamentaria de los entes reguladores" en *Acto y Reglamento Administrativo,* Jornadas organizadas por la Universidad Austral, RAP, Buenos Aires, 2001, p. 589 y ss., quien objeta el criterio seguido por la Corte en *"Delfino"* y apunta que ha sido una permanente fuente de confusión dado que *"...mezcló unos reglamentos con otros y sostuvo que las facultades delegadas por el Congreso (reglamentos delegados) se ejercen dentro de los límites del art. 86.2 (reglamentos ejecutivos) y además, justificó todo ello con citas de la jurisprudencia de la Corte Suprema norteamericana donde aquél artículo no existe* (op. *cit.,* p. 596).

finalmente en el derecho comunitario europeo[498]– al relativizarse la prohibición, sin perjuicio de reafirmar que las reservas legales o las atribuciones privativas del legislador no podían ser objeto de delegación en el Poder Ejecutivo. En esa línea se inscribe la Argentina con el nuevo art. 76 C.N., que, de todos modos ha implantado una fórmula que resulta ciertamente original.

La tendencia permisiva surgió bastante antes en el derecho norteamericano[499] que en Europa, al admitirse que, en principio, la delegación legislativa no alteraba la doctrina de la separación de poderes, estableciéndose diferentes formulaciones jurisprudenciales con un criterio más amplio que el europeo para terminar aceptando, ampliamente, la procedencia de la delegación legislativa. Como es sabido, ellas culminaron con la adaptación del criterio basado en el denominado estándar inteligible (*intelligible standard*).

Este breve excurso busca mostrar que la delegación legislativa, en su actual sentido en el derecho norteamericano, nació como producto de un sistema presidencialista carente del poder reglamentario de ejecución, en el que, por necesidades prácticas del gobierno, el Congreso hizo abandono del dogma prohibitivo y abrió el ancho cauce de la delegación legislativa en los EEUU, con gran amplitud[500], o incluso, para algunos, prácticamente en forma ilimitada[501].

En medio de ese escenario nuestra doctrina del Derecho Público –tanto la partidaria como la adversaria de la delegación- comenzó a utilizar como concepto de delegación una parte de la definición adoptada por la Corte en el caso "*Delfino*". La interpretación se complicó a raíz de que nuestro más Alto Tribunal, además de enrolarse en la postura que consideraba a la delegación como una transferencia o descarga de poderes interdicta constitucionalmente (tesis de ESMEIN, como se ha visto), comenzó a emplear, paralelamente, algunos criterios de la jurisprudencia norteamericana elaborados en un escenario constitucional distinto (caracterizado, como dijimos por la ausencia en la Constitución de un poder reglamentario a favor del Ejecutivo[502]).

---

[498] MUÑOZ MACHADO, Santiago, *Tratado de Derecho Administrativo y Derecho Público General*, t. II, 1ª ed., Iustel, Madrid, 2006, p. 598 y ss.

[499] Vid: BIANCHI, Alberto B., *La delegación legislativa*, Ábaco, Buenos Aires, 1990, p. 78 (con estudio preliminar de Rodolfo Carlos BARRA) quien señala que el primer caso en que se aplicó la doctrina de la delegación fue "*United States v. Brig. Aurora*" del año 1813.

[500] Sobre la evolución de la delegación legislativa en el derecho norteamericano, véase: BIANCHI, Alberto B., *La delegación...*, *cit.*, p. 76 y ss.; su amplitud ha sido destacada por el "*Justice*" Antonin SCALIA, al enfatizar que "*la delegación amplia... es el sello distintivo del Estado administrativo moderno*" (Judicial deference to administrative interpretations of law, 1989, *Duke Law Journal* 511, 516, opinión transcripta por BIANCHI, Alberto B., "Horizontes de la delegación legislativa luego de la reforma constitucional", REDA, Año 6, Depalma, Buenos Aires, 1994, p. 380, nota 7).

[501] Véase: PÜNDER, Hermann, "Legitimación democrática de la legislación delegada. Análisis comparativo en el derecho de los EEUU, Gran Bretaña y Alemania", ED, *Suplemento de Derecho Administrativo*, 30 de abril de 2009, p. 1 y ss., especialmente ps. 4 y 6.

[502] MERTEHIKIAN, Eduardo, "Delegación legislativa. Vencimiento del plazo legal", LL diario del 13/07/2010, p. 1 y ss, afirma, con razón, que "*la cuestión se torna más compleja tan pronto como se advierte que, en punto a la identificación del poder reglamentario del Poder*

Lo notable era que el escenario estadounidense había abandonado la tesis prohibitiva absoluta que, al propio tiempo, según un sector de la doctrina nacional, había sido fijada como criterio por nuestra Corte Suprema.

Cabe reconocer que uno de los pocos juristas que escaparon de aquella *contradictio* fue el maestro BIELSA, quien sostuvo que el concepto de delegación era incompatible con la idea de transferencia o descarga de poderes legislativos en el Ejecutivo (en sentido similar a la tesis que, años más tarde, desarrolló en la doctrina española GARCÍA DE ENTERRÍA)[503]. Al aceptar la validez constitucional de la delegación legislativa y de los reglamentos delegados en el marco de la Constitución de 1853-1860, el insigne jurista rosarino sostenía, que el concepto de delegación legislativa se define como una misión, encargo o comisión que el Congreso le hace al Ejecutivo para que integre la ley y complete sus prescripciones[504].

Con posterioridad, el derecho constitucional argentino acuñó una tesis bastante ambigua que, en los hechos, pretendía retornar a la concepción prohibitiva absoluta de ESMEIN, al distinguir entre delegación propia (la delegación que transfiere competencia o el poder de hacer la ley del legislador al Ejecutivo) y la llamada delegación impropia, considerada constitucionalmente válida, en cuanto se ceñía a regular los detalles o pormenores de la ley. Se trató de una teoría imprecisa que contenía, al igual que las anteriores, el germen de sus contradicciones e inconsistencias no sólo por las dificultades que evidenciaba para distinguir la delegación impropia de la potestad reglamentaria de ejecución (ex art. 86 inc. 2 de la Constitución de 1853 y actual art. 99 inc. 2°) sino porque no se puede negar que, al delegar al Ejecutivo la regulación de los detalles de la ley, con un grado de mayor o menor amplitud, se le está atribuyendo parcialmente el poder de hacerla.

c.2.2. *El nuevo criterio del art. 76 de la CN*

El nuevo criterio establecido en el primer párrafo del art. 76 de la CN intenta superar esas antinomias mediante un concepto de delegación que apunta al deslinde de las materias que pueden ser su objeto, antes que a su naturaleza, a la par que consagra ciertos límites formales, cuya racionalidad nadie –que sepamos– ha puesto en duda.

Ante todo, la fórmula constitucional configura, como vamos a ver, una prohibición genérica de naturaleza relativa pues, aunque pudiera llegar a suponerse que la prohibición de la delegación legislativa (que encabeza el primer párrafo) tuviera mayor alcance, ella constituye un principio general que funciona como una suerte de válvula de cierre del sistema, que se integra con la excepción que enuncia. De ese modo, la prohibición no es absoluta y se completa con el deslinde positivo de las

---

Ejecutivo, las referencias al derecho norteamericano no siempre son una adecuada fuente de interpretación '... por cuanto en dicho país...' a más de desconocerse –como se dijo– la categoría del reglamento ejecutivo, la delegación directa del Congreso en órganos administrativos inferiores es una práctica constante".

[503] GARCÍA DE ENTERRÍA, Eduardo, *Legislación Delegada, Potestad Reglamentaria y Control Judicial*, 3ª ed, Reimpresión, Thomson-Civitas, Madrid, 2006, p. 120 y ss.

[504] BIELSA, Rafael, *Estudios de Derecho Público*, t. III, "Derecho Constitucional", Arayú, Librería Editorial Depalma, Buenos Aires, 1952, ps. 255-256.

materias que pueden ser objeto de delegación legislativa y el deslinde negativo producto de la reserva legal, la separación de poderes y los demás principios constitucionales, sin perjuicio de los límites formales establecidos expresamente en el propio precepto constitucional.

Cabe apuntar también que las excepciones que admiten la delegación de facultades legislativas están dirigidas al Presidente y no a otros entes de la Administración, como los entes reguladores[505], que carecen de potestades normativas originarias[506], porque no se puede concebir que éstos últimos ejerzan las facultades legislativas sin control alguno por parte del Congreso ni del Ejecutivo, en cuyo caso tendrían más poder que el propio Presidente como Jefe de la Administración.

La idea que presidió la fórmula de la prohibición relativa fue la conveniencia de frenar el abuso de las delegaciones generalizadas, sin límites ni plazo para su ejercicio, producto de la genuflexión y comodidad de los legisladores, que generaba la necesidad de acotar el margen de la delegación (ampliado por la Corte en el caso COCHIA)[507], con el objeto de atenuar el poder presidencial y reafirmar la separación de los poderes, sin afectar la eficacia en el funcionamiento del gobierno federal.

Veamos ahora el nuevo criterio que preside la delegación legislativa, recogido hace poco en la jurisprudencia de la Corte[508], y cuales fueron sus fuentes vernáculas y comparadas.

Es algo así como un trípode que, para configurar el deslinde positivo (material y formal) del objeto de la delegación legislativa requiere, como condición esencial de su validez constitucional, el cumplimiento simultáneo de tres requisitos de fondo y uno de procedimiento.

El primer aspecto sobre el cual hay que prestar atención es que la delegación legislativa es limitada y condicionada a que su ejercicio recaiga sobre materias determinadas. Esta idea, como muchas otras que recoge la Constitución de 1994, tiene arraigo doctrinario vernáculo[509], no siempre advertido por los autores que se han

---

[505] En contra: GORDILLO, Agustín, "Las facultades normativas de los entes reguladores", RAP-212-120.

[506] *Cfr.* PERRINO, Pablo E., "El crecimiento de la potestad normativa de la Administración en los Estados contemporáneos", en *Cuestiones de Derecho Administrativo, Reglamento y otras fuentes del Derecho Administrativo,* Jornadas de la Universidad Austral, RAP, Buenos Aires, 2009, ps. 99-107; así lo interpreta también, en definitiva, NALLAR DERA, en la tesis doctoral que tuvimos el honor de dirigir en la Universidad Austral, al sostener que en el ejercicio de las potestades de reglamentación los entes reguladores no pueden acumular ni reemplazar las potestades que la Constitución prevé a favor del Ejecutivo (NALLAR DERA, Daniel Mauro, *Regulación y control de los servicios públicos,* con prólogo nuestro, Marcial Pons, Buenos Aires-Madrid, Barcelona, 2010, p. 385, texto y nota 24, en la que especialmente alude a los art. 76 y 99 inc. 2° de la CN).

[507] Fallos, 316:2624 (1993).

[508] En el caso "Colegio Público de Abogados de la Capital" (2008) antes citado.

[509] BIELSA, Rafael, *Estudios de Derecho Público,* t. III, *cit.,* p. 255 y ss., afirma que *"regular una parte de la ley integrándola con preceptos limitados por la propia ley, es realizar una tarea de carácter materialmente legislativo, mediante un acto formalmente administrativo* (op. *cit.,* p. 258). En el trabajo posterior sobre "Reglamentos delegados...", *cit.,* LL 102-1071, es más terminante aún al señalar que: *"... por la delegación no se transfiere un poder*

ocupado del tema de la delegación legislativa tras la reforma constitucional. No se trata de la consagración de una figura abierta o acotada sólo en sentido formal (como sería, por ejemplo, el haber establecido solamente la prohibición de delegar el poder de hacer la ley) sino de una categoría constitucional subordinada a límites materiales y formales que son precisos y determinados. En el caso de emergencia la delegación de facultades legislativas debe estar determinada con apoyo en razones fundadas, así como incluir las bases y el plazo para su ejercicio.

No hay que olvidar tampoco que otra de las finalidades que persiguió la reforma constitucional en este punto ha sido, indudablemente, el objetivo de armonizar el peso de la prohibición constitucional genérica con el principio de *"mayor eficacia en el funcionamiento del gobierno federal",* destacado por la Corte, en el caso *"Colegio Público de Abogados de la Capital Federal"*[510]. Este principio conduce a que, en la medida que la delegación legislativa quede enmarcada en los contornos de sus límites materiales y formales (positivos o negativos), se admita que pueden tener cabida en la figura constitucional adoptada cualquiera de las conocidas formas o especies que caracterizan a la delegación legislativa (recepticia, remisión normativa y deslegalización[511]), en tanto se respeten los límites constitucionales que se exponen a continuación.

Al respecto, con sustento en la experiencia constitucional española, se distinguen tres especies de delegación:

a) Delegación recepticia: La delegación recepticia se configura cuando las normas reglamentarias adquieren el rango formal de la ley. Así en los casos en que por ley se autoriza a la Administración a realizar textos ordenados de leyes, efectuando ciertas correcciones gramaticales o de sintaxis a fin de lograr un mejor ordenamiento de las disposiciones[512]. Los textos así ordenados se consideran leyes en sentido formal.

b) Delegación o remisión normativa: Es ésta la delegación legislativa más usual; se da cuando la ley autoriza o habilita al Poder Ejecutivo o a sus órganos o entes a dictar normas en determinadas materias y con ciertos límites.

c) Deslegalización de materias: La deslegalización de materias constituye una técnica por la cual ciertas materias, que se encuentran reguladas por ley, pasan, por virtud de una ley, a ser regidas por normas emanadas de la Administración. Implica

---

sino que se encarga a una autoridad dictar normas que prosiguen la actividad legislativa dentro de una materia y de límites determinados. En consecuencia, el Poder Legislativo puede derogar las normas en cualquier momento".

[510] Considerando 9°, párrafo tercero.

[511] Vid: nuestro *Derecho Administrativo,* 9ª ed., Abeledo-Perrot, Buenos Aires, 2010, ps. 190-191, y ediciones anteriores en las que adoptamos la clasificación efectuada por GARCÍA DE ENTERRÍA y FERNÁNDEZ en las sucesivas ediciones del *Curso de Derecho Administrativo* (cuya primera edición de Civitas se publicó en Madrid en 1974).

[512] *V.gr.,* ley 20.004, cuyo único artículo establece: "Facúltese al Poder Ejecutivo para ordenar las leyes, sin introducir en su texto ninguna modificación, salvo las gramaticales indispensables para la nueva ordenación"; sobre esta modalidad de la delegación legislativa en España ver: SANTAMARÍA PASTOR, Juan A., *Fundamentos de Derecho Administrativo, cit.,* t. I, ps. 656/657.

una degradación de esas materias e incluso de las leyes que las regulaban, ya que en general se autoriza que sean modificadas o derogadas por esta clase de reglamentos[513].

c.2.3. *Límites materiales y formales*

Son tres los requisitos de fondo contenidos en el precepto constitucional que marcan el contorno de los límites materiales y formales de la delegación legislativa:

a. en cuanto a la materia susceptible de ser delegada por el Congreso, debe tratarse de materias de Administración o de emergencia pública. La exigencia de que las materias deben determinarse está tomada de la cláusula respectiva de la Constitución Española de 1978[514], pero tanto el concepto de materias de Administración -o de materias administrativas- como el de emergencia pública, tienen su fuente en la obra de BIELSA[515].

La cuestión que concierne al ámbito material de la delegación legislativa resulta una de las claves de su validez constitucional. En tal sentido, además de la doctrina del Derecho Público que se ha ocupado de definir las materias[516] que son propias de la Administración o inherentes al ejercicio de la función administrativa (*v.g.* el funcionamiento de los servicios públicos y la recaudación fiscal, entre otras) la legislación[517] ha prescripto una lista de dichas materias que, aun cuando no sea completa, representa, al menos, una guía hermenéutica con que cuentan los jueces para decidir acerca de la constitucionalidad de la delegación legislativa.

Distinto es el caso de la emergencia pues, excepto los límites que han fijado la jurisprudencia de la Corte y la doctrina (*v.g.* que se trate de una compresión transitoria de derechos individuales que no implique degradarlos ni modificarlos en forma permanente) y sus conocidos abusos[518], el ámbito material es de mayor amplitud, aunque sea mayor también la carga de probar su configuración a través de una motivación fundada razonablemente en los hechos y en el derecho, y sujeta a un control

---

[513] GARRIDO FALLA, Fernando, *Tratado de Derecho Administrativo, cit.*, t. I, p. 289; este autor entiende que las anteriores leyes que regulaban la materia no han sido derogadas, pues en tanto no se utilice la autorización, siguen en vigor; simplemente – afirma– tales leyes han sido degradadas.

[514] Art. 82 C.E.

[515] BIELSA, Rafael, *Estudios..., cit.* t. III, p. 274; uno de los pocos autores que advirtió esta fuente fue COMADIRA, Julio Rodolfo, "Los reglamentos delegados", en *Acto Administrativo y Reglamento,* Jornadas organizadas por la Universidad Austral, RAP, Buenos Aires, 2001, p. 686, con respecto al concepto *"materias determinadas de administración",* como lo ha destacado PERRINO, Pablo E., "Algunas reflexiones sobre los reglamentos delegados en la reforma constitucional", en CASSAGNE, Juan Carlos (Dir.), *Derecho Administrativo,* Obra colectiva en homenaje al Profesor Profesor Miguel S. MARIENHOFF (dir.), Abeledo Perrot, Buenos Aires, 1998, p. 979.

[516] Un buen análisis sobre el contenido de este límite material del art. 76 de la CN hace GARCÍA LEMA, Alberto, "La delegación legislativa y la cláusula transitoria octava", ED-182, especialmente ps. 1292-1294.

[517] Ley 25.418 (art. 2°) formulación reiterada en la Ley 25.645.

[518] URRUTIGOITY, Javier, "Del derecho de emergencia al derecho de la decadencia", *Estudios de Derecho Administrativo*, Vol. VIII, IEDA, Diké, Foro de Cuyo, Mendoza, 2001.

judicial amplio, no siendo la declaración legislativa de emergencia el producto de la actividad discrecional sino un concepto jurídico indeterminado susceptible de ser verificado por los jueces[519]. La categoría de la emergencia tampoco constituye una novedad que provenga, exclusivamente, del derecho norteamericano, pues reconoce una tradición constitucional arraigada en Europa Continental[520.]

En ambos supuestos (materias determinadas de administración o de emergencia pública) los límites son negativos en el sentido de que, fuera de dichas materias, la delegación legislativa se encuentra constitucionalmente prohibida. Esto hace al carácter restrictivo y de excepción que tiene la delegación legislativa en nuestro sistema constitucional[521], en cuanto a las materias a las que puede referirse la delegación.

b. el segundo requisito del art. 76 de la CN (que configura un límite formal) concierne a que la delegación legislativa debe otorgarse *"con plazo fijado para su ejercicio"*, y está tomado casi literalmente de la Constitución Española[522], siendo ésta otra diferencia con el derecho norteamericano, el cual exhibe una mayor amplitud en los mecanismos y criterios que presiden la delegación[523].

c. finalmente, el precepto constitucional prescribe la exigencia de que la delegación legislativa se lleve a cabo *"dentro de las bases que el Congreso establezca"*. Si bien la expresión *"bases"* esta inspirada en el art. 82.3 de la CE (aunque referida a una especie de delegación destinada a formar textos articulados o la refundición de varios textos por una ley ordinaria) la fórmula que implica fijar *"la política legislativa"* o las directrices básicas respecto a la materia que se delega es perfectamente compatible con la del estándar inteligible (*intelligible standard*) del derecho norteamericano[524], como lo puso de relieve la Corte en el caso *"Colegio Público de Abogados de la Capital Federal"*[525] y lo sostuvo el convencional GARCÍA LEMA[526], durante el debate de la Convención Reformadora de Santa Fe.

---

[519] Sobre la técnica de los conceptos jurídicos indeterminados nos remitimos a nuestro ensayo *El principio de legalidad y el control judicial de la discrecionalidad administrativa*, Marcial Pons, Buenos Aires-Madrid, 2009, p. 184 y ss.

[520] Vid: PÉREZ HUALDE, Alejandro, "Las facultades legislativas del Poder Ejecutivo y su impacto en el régimen federal", *VI Foro Iberoamericano de Derecho Administrativo*, Universidad Externado de Colombia, Bogotá, 2007, p. 561.

[521] PERRINO, Pablo E., "Algunas reflexiones...", *cit.*, p. 977.

[522] Art. 82, 3. CE.

[523] BIANCHI, Alberto B., *La delegación legislativa...*, *cit.*, p. 76 y ss.

[524] Ver GARCÍA DE ENTERRÍA Eduardo - FERNÁNDEZ, Tomás Ramón, *Curso de Derecho Administrativo*, Thomson-Civitas, Décima Tercera Edición, t. I, Madrid, 2006, p. 259; BIANCHI, Alberto B., "Horizontes de la delegación legislativa", *cit.*, p. 388 y ss., sostiene que el concepto de estándar o patrón inteligible ha sido considerado con bastante amplitud y que podría asemejarse a lo que la doctrina administrativa conoce como concepto jurídico indeterminado (op. *cit.*, p. 390).

[525] Considerando 10.

[526] Véase: GARCÍA LEMA, Alberto, en su exposición en la Convención Constituyente (Obra de la Convención Constituyente 1994, Centro de Estudios Constitucionales y Políticos del Ministerio de Justicia de la Nación, Buenos Aires, 1995, t. IV, p. 4887 y ss.).

La Corte, en uno de los considerandos del fallo antes citado, señaló con acierto que "*a partir del sentido que se buscó asignar al texto constitucional y de las características del modelo seguido se desprende que:*

1ª) la delegación sin bases está prohibida y 2ª) cuando las bases estén formuladas en un lenguaje demasiado genérico e indeterminado, la actividad delegada será convalidada por los tribunales si el interesado supera la carga de demostrar que la disposición dictada por el Presidente es una concreción de la específica política legislativa que tuvo en miras el Congreso al aprobar la cláusula delegatoria de que se trate"[527].

Como se ha señalado, la Constitución estatuye también un requisito de procedimiento, que implica adicionar otro límite para determinar la procedencia y validez constitucional de la delegación legislativa. El requisito apunta al Poder Ejecutivo y consiste en la exigencia del refrendo del Jefe de Gabinete para el dictado de aquellos decretos que contengan el ejercicio de facultades delegadas por el Congreso Nacional, los cuales se hallan sometidos al control de la "*Comisión Bicameral Permanente*" conformada con arreglo a lo dispuesto en el art. 99 inc. 3° de la CN, cuya ley constitutiva tardó más de 12 años en dictarse[528]. Este recaudo procedimental se encontraba incluido en la cláusula proyectada originalmente sobre la delegación legislativa, y fue incorporado *a posteriori* al texto de la Constitución, en el inc. 12 del art. 100 de la CN, dentro de las atribuciones y deberes del Jefe de Gabinete.

c.2.4. *Vinculación negativa derivada de las reservas legales para el ejercicio de la delegación legislativa*

El legislador se encuentra casi siempre vinculado negativamente con la Constitución, no obstante la existencia simultánea de vinculaciones positivas (particularmente referidas a los denominados derechos de prestación) que en los últimos tiempos, han proliferado en diferentes sistemas comparados, como consecuencia de la evolución operada en los derechos constitucionales europeos[529], cuya tendencia ha sido seguida por la reforma constitucional de 1994. A su vez, existe una vinculación positiva de la Administración con la ley en tanto la actuación administrativa precisa siempre de una habilitación previa del legislador[530] sin perjuicio de los límites que éste fije a dicha actuación (vinculación negativa).

---

[527]   Considerando 12, primer párrafo.

[528]   Ley 26.122 sancionada el 20 de julio de 2006; vid la crítica a la situación imperante con antelación a su dictado en: DE LA RIVA, Ignacio M., "Los decretos sujetos al control del legislador en el marco de la ley N° 26.133", en BOULLADE, Gustavo (Dir.), *Fuentes del Derecho Administrativo*, Lexis Nexis, IEDA, Buenos Aires, 2007, p. 149.

[529]   MUÑOZ MACHADO, Santiago, *Tratado de Derecho Administrativo...*, cit., T° II, p. 902 y ss.

[530]   Véase: COVIELLO, Pedro J.J., "La denominada zona de reserva de la Administración y el principio de la legalidad administrativa", en CASSAGNE, Juan Carlos (Dir.), *Derecho Administrativo*, Obra colectiva en homenaje al Profesor Miguel S. MARIENHOFF (dir. Juan Carlos CASSAGNE), Abeledo-Perrot, Buenos Aires, 1998, p. 208; y GARCÍA DE ENTERRÍA, Eduardo - FERNÁNDEZ, Tomás Ramón, *Curso...*, cit., t. I, 13ª ed., p. 444, quienes explican cómo el sistema constitucional español actual hace aplicación de dicho

160

En lo que concierne al objeto de este trabajo interesa destacar la vinculación negativa del legislador con la Constitución, no sólo para reafirmar el sentido relativo que caracteriza a la prohibición de la delegación legislativa sino para que su ejercicio, dentro de los límites materiales permitidos por el art. 76 de la CN, no altere el principio de separación de poderes y, fundamentalmente no avance sobre las atribuciones privativas del Congreso que integran la zona reservada exclusivamente a la ley.

La teoría de la "*reserva legal*", originada en el derecho público de Europa continental para limitar la posibilidad de que el Ejecutivo reglamente el contenido de los derechos individuales de propiedad y libertad, no ha sido objeto de recepción generalizada en el derecho constitucional vernáculo. Este último, aún tras la reforma constitucional de 1994, ha seguido orientándose en materia de la delegación legislativa por las formulaciones teóricas y jurisprudenciales del derecho norteamericano, las cuales, como se ha visto, aunque son en algún aspecto compatibles con el nuevo art. 76 de la CN difieren en cuanto a los principios y requisitos sustanciales que determinan el ámbito material de esa delegación. En otros términos, que lo que el Congreso puede delegar en los EEUU, según la práctica seguida por la legislación y jurisprudencia de dicho país[531], constituye una franja de atribuciones mucho más amplia, prácticamente ilimitada, habida cuenta la inexistencia de límites materiales determinados en la Constitución norteamericana. Por lo demás, corresponde subrayar que la laxitud de los requisitos establecidos para la delegación "*han conducido a los EEUU a una 'crisis de legitimidad' y son objeto de fuertes críticas como "legicidio" (legiscide)*"[532].

No es nuestro propósito analizar "*in extenso*" la teoría de la reserva legal en el derecho continental europeo, cuya tendencia, contrariamente a lo que pudiera suponerse, ha alcanzado una expansión general considerable, alcanzando a compensar

---

principio (en sus arts. 91 y 103.1 de la CE entre otros preceptos), al igual que la Ley Fundamental de Bonn (art. 20 párrafo 3) al prescribir que el Poder Ejecutivo y los Tribunales están vinculados a la Ley y al Derecho (op. *cit.*, p. 445). Entre nosotros, la vinculación de la Administración con el principio de legalidad (concebido como principio general) se desprende una interpretación dinámica del art. 19 de la CN, que sujeta la Administración a la ley, en tanto no puede disponer ni ordenar lo que no mandan las normas legales ni privar a los ciudadanos de lo que ellas no prohíben (*Cfr.* nuestro libro *El principio de legalidad..., cit.*, p. 197 y ss.).

531   BIANCHI, Alberto B., "Horizontes...", *cit.*, p. 393 y ss., recuerda que en la historia de la jurisprudencia norteamericana existen sólo dos casos significativos ("Panama Refining Co. V. Ryan" y A.L.A. Sechechter Poultry Corp. V. United States) en los que la Corte declaró la inconstitucionalidad de las leyes que delegaron en el Ejecutivo facultades legislativas (op. *cit.*, p. 393), a los que cabe adicionar, dice –"*un tercer caso de menor trascendencia en el que se declaró la inconstitucionalidad de leyes que integraban el llamado New Deal de Roosevelt ("Carter v. Carter Coal Co.")* (op. *cit.*, ps. 394-395). Entre nosotros, hay autores que han generalizado, impropiamente, la doctrina de la Corte norteamericana antes citada, dejada pronto de lado por dicho Tribunal en base a una interpretación más flexible del principio de separación de poderes (298 U.S. 238 [1936]).

532   *Cfr.* PÜNDER, Hermann, *Legitimación democrática..., cit.*, p. 6, texto y nota 57.

"*otras regulaciones de contenido político y económico general, así como a la organización del estado y sus instituciones*"[533].

Cabe apuntar, no obstante, que la reserva legal se rige, en su densidad mínima, por la doctrina de la esencialidad[534], que implica adoptar un concepto evolutivo que tiene en cuenta tanto la naturaleza rígida o flexible como el carácter absoluto o relativo de la regulación. Y si bien el problema pasa siempre por establecer el alcance de esa densidad, hay materias, como la penal, en las que el umbral de delegación resulta inexistente dado que las garantías individuales en juego prohíben, de modo estricto y rígido, recurrir a la delegación legislativa (ej. para la definición del tipo penal).

Toda reserva legal debe surgir en forma expresa, implícita o inherente[535] de la Constitución, pero no toda facultad atribuida al Congreso necesariamente la configura. Aquí es donde la doctrina de la esencialidad y el juego de los principios constitucionales reconocidos en la Constitución, principalmente la separación de poderes y la independencia del poder judicial, desempeñan un papel fundamental para establecer el contenido material de cada reserva legal, como parte esencial del sistema de frenos y contrapesos que hace el equilibrio de los poderes.

En nuestro sistema constitucional no sería factible –por ejemplo- que el Congreso delegase en el Ejecutivo el ejercicio de funciones judiciales[536], no sólo porque es técnicamente improcedente delegar facultades que no son propias y que pertenecen exclusivamente a otro poder, sino porque se conculcaría la interdicción del ejercicio de esas funciones por parte del Ejecutivo consagrada en el art. 109 de la CN (ex art. 95), alterándose un principio constitucional rígido, de naturaleza material, tendiente a proteger la independencia del Poder Judicial argentino.

Al ámbito de la reserva legal pertenecen varias materias[537], desde la reglamentación de los derechos individuales de propiedad y libertad (arts. 14 y 75 inc. 12 de la CN), la declaración de utilidad pública de un bien objeto de una expropiación (art. 17 CN) hasta también –conforme al art. 99 inc. 3° de la CN- aquellas materias que, por analogía, no pueden ser objeto de la potestad reglamentaria de necesidad y urgencia[538] (penal, tributaria[539], electoral o régimen de los partidos políticos[540]). Desde

---

[533] MUÑOZ MACHADO, Santiago, *Tratado de Derecho Administrativo…, cit.*, Tº II, p. 903.

[534] MUÑOZ MACHADO, Santiago, *Tratado…, cit.*, t. II, p. 892 y ss. y p. 902 y ss.

[535] Véase: AJA ESPIL, Jorge A., *Constitución y Poder. Historia de los poderes implícitos y de los poderes inherentes,* Tea, Buenos Aires, 1987, p. 140 y ss., al interpretar el alcance del art. 75 inc. 32 de la CN; y nuestro *Derecho Administrativo,* 9ª ed., Abeledo-Perrot, Buenos Aires, 2010, p. 476-477.

[536] Véase: LUQUI, Roberto Enrique, *Revisión judicial de la actividad administrativa,* t. I, Astrea, Buenos Aires, 2005, ps. 52-53 y 56-57; TAWIL, Guido Santiago, *Administración y Justicia,* t. I, Depalma, Buenos Aires, 1993, p. 115 y ss.; ABERASTURY, Pedro, *La Justicia Administrativa,* Lexis-Nexis, Buenos Aires, 2006, p. 3 y ss.

[537] Un buen análisis sobre las materias que componen la reserva legal ha hecho: PERRINO, Pablo E., "Algunas reflexiones…", *cit.*, ps. 984-988 y en "El crecimiento…", *cit.*, ps. 96-98.

[538] SAGÜÉS, Néstor Pedro, *Elementos de Derecho Constitucional,* 3ª ed., Astrea, Buenos Aires, 2009, p. 604, ha considerado convincente nuestra argumentación basada en el principio interpretativo *a fortiori*.

luego que la densidad de la reserva depende de la jerarquía y del peso de la garantía constitucional comprometida, admitiéndose, en algunas materias como la tributaria, el carácter relativo y flexible de la reserva. En este sentido, se acepta que pueda delegarse la fijación de las alícuotas de un tributo en base a un criterio determinado en la ley (por ejemplo, cuando el Congreso delega la atribución de establecer la tasa de un tributo con un tope máximo[541]) sin afectar la esencialidad de la reserva legislativa que se integra con los elementos sustanciales y constitutivos del hecho imponible[542] o de la obligación tributaria[543], habiéndose sostenido también la posibilidad de delegar aquellos aspectos puramente administrativos de dicha obligación (modalidades, plazos etc.)[544].

En síntesis, que la delegación legislativa en materia tributaria *"sólo puede comprender los aspectos cuantitativos de la obligación... es decir, "...los montos fijos y las alícuotas, y en el caso de los gravámenes ad valorem, el establecimiento o ajuste de sus bases imponibles"*[545].

d. Reglamentos de necesidad y urgencia

Hasta la reforma constitucional de 1994 se debatía, especialmente en el campo doctrinario, sobre la validez constitucional de los denominados reglamentos de necesidad y urgencia. Mientras un sector, encabezado por los administrativistas, se

---

[539] Sobre la reserva legal en materia tributaria: CASÁS, José Osvaldo, *Derechos y garantías constitucionales del contribuyente,* Ad-Hoc, Buenos Aires, 2002, p. 213 y ss.; obra que fue la tesis doctoral del autor, calificada con sobresaliente y recomendada al Premio Facultad por el Jurado integrado por los Doctores Horacio A. GARCÍA BELSUNCE, Héctor A. MAIRAL y Juan Carlos CASSAGNE.

[540] GORDILLO, Agustín, *Tratado de Derecho Administrativo,* t. I, 3ª ed., Macchi, Buenos Aires, 1995, p. VII-58-59.

[541] Fallos, 230:28 y 237:656

[542] GARCÍA BELSUNCE, Horacio A., en la obra colectiva en homenaje al Profesor Juan Carlos LUQUI, (coord. José Osvaldo CASÁS), Depalma, Buenos Aires, 1994, en especial ps. 39-40.

[543] BIELSA, Rafael, *Estudios...,* *cit.,* t. III, p. 259.

[544] BIELSA, Rafael, *Estudios...,* *cit.,* t. III, ps. 258-259.

[545] *Cfr.* CASÁS, José Osvaldo, *Derechos y garantías...,* *cit.,* p. 366. Un criterio amplio, en materia aduanera de naturaleza tributaria (v.g. Derechos de exportación) ha sido propiciado por CORTI, Arístides Horacio M, en su trabajo "Decretos de Necesidad y Urgencia y de promulgación parcial de leyes. Legislación delegante. Reglamentos delegados", publicado en ED, diario del 7 de septiembre de 2010, p. 3, texto y nota 12, al sostener que cabe excluir del art. 76 CN. *"los reglamentos permanentes de coyuntura para proteger los intereses inmediatos del país, especialmente en materias vinculadas con la evolución del mercado internacional y del mercado interno".* Con el respeto que siempre hemos tenido por el autor nos parece que su tesis no encuentra apoyo alguno en el sistema de la Constitución, tal como se describe e interpreta en el presente ensayo. Pensamos que por más flexibilidad que se atribuya a la reserva legal en materia tributaria la ley que habilita al Ejecutivo a ejercer facultades legislativas debe preceptivamente contener las bases o el criterio básico que le permita a éste último completarla a integrarla.

inclinaba por su validez constitucional[546] y recibía el apoyo de la realidad jurisprudencial[547], aunque dentro de ciertos límites, otra corriente doctrinaria entendía que resultaban violatorios del sistema de la Constitución de 1853/1860[548], por considerar, sustancialmente, que afectaban el principio de la división de los poderes[549].

---

[546] MARIENHOFF, Miguel S., *Tratado de Derecho Administrativo*, cit., t. I, ps. 257 y ss.; VILLEGAS BASAVILBASO, Benjamín, *Derecho Administrativo*, t. I, TEA, Buenos Aires, 1949, ps. 284 y ss.; BIELSA, Rafael, *Derecho Administrativo*, t. II, 6ª ed., La Ley, Buenos Aires, 1964, p. 201; DIEZ, Manuel M., *Derecho Administrativo*, t. I, Bibliográfica Omeba, Buenos Aires, 1963, ps. 446/459; LINARES, Juan F., *Derecho Administrativo*, t. I, Astrea, Buenos Aires, 1986, ps. 109/119; GORDILLO, Agustín A., *Tratado de Derecho Administrativo*, t. I, 1ª ed., cap. V, Macchi, Buenos Aires, 1974, p. 38; COMADIRA, Julio R., "Los decretos de necesidad y urgencia en la reforma constitucional", en su *Derecho Administrativo*, Abeledo-Perrot, Buenos Aires, 1996, ps. 261/268; entre los constitucionalistas que se inclinaron por aceptar su constitucionalidad cabe citar desde autores de la talla de Joaquín V. González (en GONZÁLEZ, Joaquín V., *Manual de la Constitución argentina*, 28ª ed., Ángel Estrada, Buenos Aires, 1983, p. 538) hasta las opiniones vertidas con posterioridad por QUIROGA LAVIÉ, Humberto, *Derecho Constitucional*, Depalma, Buenos Aires, p. 834; VANOSSI, Jorge Reynaldo, "Los reglamentos de necesidad y urgencia", LL 1987-II-885 y ss.; SAGÜÉS, Néstor P., "Los decretos de necesidad y urgencia. Derecho comparado y Derecho argentino", LL 1985-E-798 y ss.; BIANCHI, Alberto B., "La Corte Suprema ha establecido su tesis oficial sobre la emergencia económica", LL 1991-C-141.

[547] Ver el conocido caso "Peralta, Luis Arcenio y otro c/ Estado Nacional (Ministerio de Economía-BCRA) s/amparo", Fallos, 313:1513 (1990) y el fallo recaído en la causa "Peso" de la Cámara Nacional de Apelaciones en lo Contencioso Administrativo Federal, sala 4ª, publicado en ED 114-237, si bien atribuye carácter excepcional a la potestad del Poder Ejecutivo de dictar esta clase de reglamentos.

[548] LINARES QUINTANA, Segundo V., *Tratado de la Ciencia del Derecho Constitucional*, 3ª ed., t. IX, Kraft, Buenos Aires, 1988, p. 691; GONZÁLEZ CALDERÓN, Juan A., *Curso de Derecho Constitucional*, Buenos Aires, 1960, p. 505; BIDART CAMPOS, Germán J., *Tratado elemental de Derecho Constitucional argentino*, cit., t. II, p. 229; BADENI, Gregorio, "Los decretos de necesidad y urgencia", ED 138-926; SEGOVIA, Juan F., "Las providencias de necesidad y urgencia", ED 116-911; VÍTOLO, Daniel R., *Decretos de necesidad y urgencia*, Buenos Aires, 1991, ps. 68 y ss.; RUIZ MORENO, Horacio, "Los llamados reglamentos de necesidad y urgencia. La emergencia como motivación en las leyes y reglamentos", LL 1990-B-1029; EKMEKDJIAN, Miguel Á., "La inconstitucionalidad de los llamados reglamentos de necesidad y urgencia", LL 1989-E-1296; en cuanto al Derecho Administrativo se ha citado (VÍTOLO, Daniel R., *Decretos de necesidad y urgencia*, cit., p. 67) como contraria al reconocimiento de la validez de los reglamentos de necesidad y urgencia la postura de Fiorini que, en rigor, si bien es restrictiva, y rechaza "la clasificación que considere como normal la existencia de reglamentos de urgencia y necesidad" (FIORINI, Bartolomé, *Derecho Administrativo*, t. I, Abeledo-Perrot, Buenos Aires, 1976, p. 297) considera que "no puede negarse al administrador que promulgue actos administrativos de urgencia o de necesidad, pero dentro de sus funciones administrativas..." (*cit.*, p. 297). Para captar la posición doctrinaria de Fiorini hay que tener en cuenta su concepción sobre el poder reglamentario como potestad inherente, *iure proprio*, que se atribuye al Poder Ejecutivo y, además, la consideración de la actividad reglamentaria como función administrativa y no colegislativa. Por ese motivo, su opinión parece reflejar el rechazo de esta clase de reglamentos para regular las situaciones de emergencia que competen al Poder Legislativo, que versan sobre materias que no implican el ejercicio de funciones administrativas.

[549] Ver nuestra refutación a este argumento en CASSAGNE, Juan Carlos, "Sobre la fundamentación y los límites de la potestad reglamentaria de necesidad y urgencia en el Derecho ar-

164

Cierto es que su utilización indiscriminada[550], por parte de los últimos gobiernos constitucionales, proyectó una imagen desfavorable tanto en los círculos doctrinarios como en la opinión pública, aparte de la tensión que siempre generaba el ejercicio de esta potestad excepcional en cabeza del Poder Ejecutivo de cara a las facultades del Congreso, máxime cuando la tendencia a su empleo se orientaba hacia la ampliación de su contenido material y la flexibilización de sus requisitos habilitantes.

De otra parte, ha sido un error bastante generalizado aplicar a estos reglamentos, sin las debidas cautelas, el bagaje doctrinario y jurisprudencial elaborado alrededor de la llamada *emergencia* constitucional, pues esta situación no constituye un requisito *sine qua non* para la admisión de este tipo de reglamentos. En efecto, bien podría ser que, sin apelar a los poderes de emergencia (que implican una compresión o postergación transitoria de derechos) existan razones de necesidad y urgencia para que el ejecutivo emita un decreto, que prescriba una regulación que se incorpora definitivamente al ordenamiento jurídico a través de un reglamento de necesidad y urgencia (*v.gr.*, cambio de signo monetario).

Desde luego que, de configurarse una situación de emergencia constitucional, se aplicarán todas las reglas consuetudinarias y jurisprudenciales conocidas pero, en tales casos, pensamos que cabe proceder con mayor rigorismo a la hora de justificar las causales que admiten su procedencia pues, aun cuando la competencia para dictar estos reglamentos deba interpretarse siempre restrictivamente[551], corresponde ser todavía más estrictos cuando se compriman o suspenden, transitoriamente, las libertades y los demás derechos fundamentales de las personas[552].

A partir de la reforma constitucional de 1994, puede afirmarse que el derecho de necesidad, con todas sus ventajas pero también con todos sus riesgos e inconvenientes, ha adquirido carta de ciudadanía constitucional, por lo que ya no tiene sentido discutir si la procedencia de esta clase de reglamentos se apoya en el ensanche, o bien, en la superación de las fuentes constitucionales[553]. En tal sentido, su validez constitucional encuentra actualmente apoyo expreso en el art. 99, inc. 3°, Constitución reformada. Este precepto, después de prohibir al Poder Ejecutivo emitir *"en ningún caso"* disposiciones de carácter legislativo, bajo pena de nulidad absoluta e insanable, a continuación lo faculta, en rigor, a emitirlas, cuando se produzcan "circunstancias excepcionales" que "... hicieran imposible seguir los trámites previstos por esta Constitución para la sanción de las leyes y no se trate de normas que regu-

---

gentino", *Revista Española de Derecho Administrativo*, nro. 73, Civitas, Madrid, 1992, ps. 19 y ss.

[550] MUÑOZ, Guillermo A., "Reglamentos de necesidad y urgencia", *REDA*, nro. 5, Depalma, Buenos Aires, 1991, ps. 519 y ss.

[551] *Cfr.* MUÑOZ, Guillermo A., "Reglamentos...", *cit.*, p. 528.

[552] *Cfr.* CASSAGNE, Juan Carlos, "Sobre la fundamentación y los límites de la potestad reglamentaria de necesidad y urgencia en el Derecho argentino", *Revista Española de Derecho Administrativo*, nro. 73, Civitas, Madrid, 1992, p. 26; también Comadira ha compartido dicha opinión (*Cfr.* COMADIRA, Julio R., "Los decretos de necesidad y urgencia en la reforma constitucional", LL 1995-B-825).

[553] SAGÜÉS, Néstor P., "Derecho constitucional y derecho de emergencia", LL 1990-D-1039 y ss., secc. Doctrina.

len materia penal, tributaria, electoral o el régimen de los partidos políticos". Al analizar dicha norma, se advierte, por de pronto, que la locución "en ningún caso" se refiere sólo a las circunstancias de normalidad. En cambio, la atribución del Poder Ejecutivo para dictar reglamentos de necesidad y urgencia se configura como una potestad excepcional y, por tanto, de interpretación restrictiva[554], sujeta a un procedimiento especial de sanción, que debe observarse inexcusablemente para que dichos reglamentos adquieran validez constitucional.

Es evidente también que la configuración de la reserva legal, como actividad excluida de la competencia del Ejecutivo, se opera de una manera expresa (a diferencia de los supuestos de delegación legislativa) y no tiene, por tanto, carácter residual, con lo que, en principio, se produce una ampliación de la competencia del Poder Ejecutivo para emitir reglamentos de necesidad y urgencia, aunque sometidos, a partir de la Constitución reformada, a una serie de requisitos formales de aprobación.

En cuanto a las "circunstancias excepcionales" que hagan imposible seguir los trámites constitucionales para la sanción de las leyes – como lo prescribe el propio inc. 3° del art. 99, CN–, ellas consisten en "razones de necesidad y urgencia", fórmula que constituye un concepto jurídico indeterminado que tiene la ventaja de haber sido ya objeto de interpretación doctrinaria y jurisprudencial.

Las razones que justifican el dictado de un reglamento de esta especie (necesidad y urgencia) deben existir, simultáneamente, en una situación que se caracteriza por: a) una necesidad que coloque al gobernante ante la decisión extrema de emitir normas para superar una grave crisis o situación que afecte la subsistencia y continuidad del Estado; o de grave riesgo social; en tal sentido, la emisión del acto ha de ser inevitable o imprescindible y su no dictado ser susceptible de generar consecuencias de muy difícil, si no imposible, reparación ulterior; b) una proporcionalidad adecuada entre la finalidad perseguida y las medidas que prescribe el reglamento; y c) la premura con que deben dictarse las normas para evitar o prevenir graves consecuencias comunitarias. En principio, un reglamento de necesidad y urgencia no podría regular, por ejemplo, el procedimiento a seguir en los pleitos entre particulares o los litigios en los que es parte el Estado ni tampoco reformar definitivamente los Códigos de fondo.

El cuadro de los requisitos sustanciales se completa con el cumplimiento de una serie de recaudos inherentes al procedimiento de formación y perfeccionamiento de esta clase de reglamentos.

En primer lugar, la norma excepcional de habilitación está dirigida exclusivamente al Poder Ejecutivo. Es, por su naturaleza, una facultad privativa e indelegable, que requiere el cumplimiento de dos pasos procesales previos: a) que la decisión de dictarlos se adopte en acuerdo general de ministros, y b) que el respectivo decreto sea refrendado por todos los ministros que intervienen en el acuerdo juntamente con el jefe de gabinete (art. 99, inc. 3°, párrafo, CN).

---

[554] Ha señalado Bidart Campos que "la práctica abusiva que en la cuestión exhibe el Derecho Constitucional material a partir de 1989 obliga a interpretar y aplicar el art. 99, inc. 3°, con extremada severidad y excepcionalidad pese a la jurisprudencia complaciente de la Corte en el caso 'Peralta' de 1990" (BIDART CAMPOS, Germán J., *Tratado elemental de Derecho Constitucional argentino*, t. VI, Ediar, Buenos Aires, 1995, p. 434).

A su vez, *a posteriori* de su dictado, el perfeccionamiento de la sanción de los reglamentos de necesidad y urgencia por el Poder Ejecutivo demanda la observancia de los siguientes requisitos: a) sometimiento de la medida – por parte del Jefe de Gabinete y dentro del plazo de diez días– a la Comisión Bicameral Permanente; b) elevación del despacho de esta última Comisión al plenario de cada Cámara (dentro del plazo de diez días) para el inmediato tratamiento por las Cámaras.

Pero la Constitución reformada no ha prescripto el trámite ni los alcances de la intervención del Congreso, los que han quedado subordinados al dictado de una ley especial (Ley 26.122). En ese *interregno* cobra trascendencia la doctrina – apoyada por la jurisprudencia de la Corte Suprema– que admitía la ratificación tácita si el Congreso no se pronunciaba[555], a condición de que no se alteren los criterios fundamentales de la política legislativa. En este sentido, se ha opinado que ni siquiera la ley que reglamente el trámite y los alcances de la intervención del Congreso podría prescribir que el silencio implique la aprobación tácita del decreto de necesidad y urgencia, con fundamento en el art. 82, CN, que, al referirse al procedimiento de formación y sanción de las leyes indica que "se excluye, en todos los casos, la sanción tácita o ficta"[556]. Esta norma se refiere a la forma que debe adoptar la sanción de las leyes formales del Congreso[557], mientras que en la hipótesis de los decretos de necesidad y urgencia no se ha cumplido el procedimiento formal ni sancionado ley alguna. De todas maneras, aun cuando no se aceptara la doctrina de la aprobación tácita, la seguridad jurídica exige que se mantenga la vigencia del decreto de necesidad y urgencia hasta tanto él sea derogado formalmente por el Congreso o declarado inconstitucional por el Poder Judicial. De lo contrario, sería prácticamente imposible determinar la fecha de cesación de los efectos mientras dura la inactividad o las demoras del Parlamento en pronunciarse por la aprobación o el rechazo.

Interesa señalar que esta fuente normativa, nacida y desarrollada en el ámbito nacional, ha tenido una extendida recepción en diversas Constituciones provinciales. Basta citar, a este respecto, el art. 157, Constitución de la Provincia de San Juan, que faculta al gobernador a dictar "leyes de necesidad y urgencia"; el art. 181, Constitución de la Provincia de Río Negro, que habilita al Poder Ejecutivo a dictar decretos sobre materias de competencia legislativa en caso de necesidad y urgencia o de amenaza grave e inminente al funcionamiento regular de los poderes públicos; y el art. 142, Constitución de la Provincia de Salta, antecedente de la fórmula constitucional rionegrina.

Por último, no es posible negar que los jueces disponen de un amplio poder de revisión sobre la acreditación de las causales y circunstancias que justifican la emi-

---

[555] Cfr. MARIENHOFF, Miguel S., *Tratado de Derecho Administrativo*, cit., t. I, p. 278; CASSAGNE, Juan Carlos, *Derecho Administrativo*, t. I, 4ª ed., Abeledo-Perrot, Buenos Aires, 1994, p. 136; el criterio sostenido por la Corte en el caso "Peralta" (consid. 29) para validar esta clase de reglamentos señala la necesidad de que no se altera la política legislativa.

[556] Cfr. BIDART CAMPOS, Germán J., *Tratado elemental de Derecho Constitucional argentino*, cit., t. VI, ps. 431/432; en idéntico sentido: PÉREZ HUALDE, Alejandro, *Decretos de necesidad y urgencia*, Depalma, Buenos Aires, 1995, p. 244.

[557] Cfr. COMADIRA, Julio R., "Los decretos de necesidad y urgencia en la reforma constitucional", *cit.*, ps. 6/7.

sión de estos reglamentos, ya sea a través de un proceso ordinario o de un amparo [558] o, en su caso, interpuesto un recurso directo, donde puedan ventilarse debidamente todos los agravios que planteen los afectados. De tal modo se lograría que, en el futuro, esta potestad no se utilice en forma abusiva e indiscriminada, fuera de los límites constitucionales.

El apretado repaso de las cuatro clases de reglamentos efectuada hasta aquí no puede excluir un dato relevante de la realidad: la práctica reglamentaria por la cual se dictan decretos que, a un mismo tiempo, y según surge de sus considerandos, encuadran en dos o tres o incluso cuatro de las cuatro clases de reglamentos explicados.

Tal sería el supuesto del dec. 967/2005 sobre asociación público privada, dictado bajo el art. 99, incs. 1° y 2°, CN, por lo que se está ante un reglamento que es, simultáneamente, autónomo y de ejecución. Tal sería también el caso del dec. 180/2004, que regla aspectos diversos de la industria del gas, dictado en uso de las facultades emergentes de las leyes 25.561, 25.790 y 25.820, bajo el art. 99, incs. 1° y 2°, CN, entre otras normas invocadas, por lo que aparece, simultáneamente, como un reglamento delegado, autónomo y de ejecución. Otro caso sería el del dec. 297/2003 sobre reordenación de las finanzas provinciales o el del dec. 160/2005, para investigadores científicos y tecnológicos: ambos son dictados bajo el art. 99, incs. 1° y 2°, CN, y bajo el art. 99, inc. 3°, CN, deviniendo reglamentos autónomos, de ejecución, y de necesidad y urgencia. El supuesto más llamativo es el del dec. 1387/2001, dictado con invocación de la ley 25.561 y del art. 99, incs. 1°, 2° y 3°, CN, por lo que se erige en reglamento delegado, autónomo, de ejecución, y de necesidad y urgencia, cuádruple encuadre simultáneo de lo que éste establece.

Parecería evidente que la práctica descripta obstaculiza *ab initio* el adecuado acceso a la jurisdicción del particular que eventualmente impugne el reglamento; ello pues, ante la duda acerca de a qué clase de reglamento corresponde el o los artículos que ataque, deberá impugnarlos a la luz de las diversas normas invocadas para su dictado, aspecto que no resulta neutro, en especial dado el diferente régimen de agotamiento de la vía administrativa según se esté ante reglamentos de necesidad y urgencia o delegados, o bien ante reglamentos delegados o autónomos[559]. Pero también es claro que la invocación de múltiples facultamientos para el dictado de un reglamento dificulta la tarea del intérprete judicial en el momento de resolver. Es por ello que no podría sino bregarse por el correcto encauzamiento de la práctica reglamentaria reseñada.

---

[558] La viabilidad de la acción de amparo para cuestionar la inconstitucionalidad manifiesta de normas de alcance general ha sido aceptada por la Corte en el caso "Peralta", después de muchas vicisitudes, acogiendo en este punto la buena doctrina, ya que en la mayoría de los casos esa vía es la más idónea para la protección de los derechos y garantías constitucionales afectados por reglamentos de la Administración Pública.

[559] Ampliar en SACRISTÁN, Estela B., "Impugnación administrativa de los reglamentos de necesidad y urgencia y delegados (la cuestión de su naturaleza legislativa)", en CASSAGNE, Juan Carlos (dir.), *Procedimiento y Proceso Administrativo*, UCA - LexisNexis, Buenos Aires, 2005, ps. 309/348.

10. INSTRUCCIONES DE SERVICIO, CIRCULARES Y REGLAMENTOS DE ORGANIZACIÓN

Las instrucciones de servicio, las circulares y los reglamentos de organización, que para algunos autores constituyen los llamados reglamentos internos de la Administración, se distinguen de los reglamentos en sentido estricto, constituyendo una categoría jurídica propia.

Las instrucciones de servicio, que cuando son de carácter general o dirigidas a varios órganos se denominan también circulares, son órdenes que los órganos superiores dan a los inferiores para dirigir su actividad[560]. Su cumplimiento es obligatorio para los órganos subordinados como consecuencia del deber de obediencia que toda relación jerárquica supone, constituyendo su violación una falta de disciplina[561].

Si bien se trata de una actividad jurídica de la Administración, las circulares no obligan o vinculan jurídicamente a los particulares[562]; no obstante esta carencia de efectos jurídicos respecto de terceros, constituyen fuente del Derecho Administrativo por cuanto regulan la actividad interna de la Administración, que se desenvuelve de acuerdo con normas y principios jurídicos[563].

Los reglamentos de organización son los dictados para estructurar los organismos o entidades del Estado, atribuyéndoles competencias, delegándoles funciones, creando cargos, etc. Se trata de una actividad que no vincula o que carece de efectos respecto de terceros, rigiéndose por los mismos principios jurídicos que las circulares.

Dado que se trata de una actividad interna de la Administración, las circulares y los reglamentos organizativos no requieren de publicación oficial[564], si bien razones de publicidad de los actos de gobierno aconsejan disponer su publicación siquiera en la página *web* del órgano o ente emisor.

---

[560] El RLNPA vigente en el orden nacional – dec. 1759/1972 (t.o. por dec. 1883/1991)– establece en su art. 2º, que los ministros, secretarios de Presidencia y órganos directivos de los entes descentralizados podrán dirigir o impulsar la acción de sus inferiores jerárquicos mediante órdenes, instrucciones, circulares y reglamentos internos a fin de asegurar la celeridad, economía, sencillez y eficacia de los trámites. Cabe destacar que no sólo los órganos mencionados pueden dar órdenes de carácter general, sino que ello configura una atribución de todo superior jerárquico.

[561] DIEZ, Manuel M., *Derecho Administrativo*, *cit.*, t. I, p. 462. La Procuración del Tesoro de la Nación reiteradamente ha dictaminado que las circulares o directivas son de cumplimiento obligatorio (Dictámenes 1:30, 54, 77 y 94).

[562] DANOS ORDOÑEZ, Jorge, "El régimen de los reglamentos en el ordenamiento jurídico peruano", en las *Memorias del VI Foro Iberoamericano de Derecho Administrativo*, Universidad del Externado, Bogotá, 2007, p. 224.

[563] MARIENHOFF, Miguel S., *Tratado de Derecho Administrativo*, *cit.*, t. I, ps. 323/324, recuerda que el Derecho Administrativo no sólo estudia las relaciones entre la Administración y los particulares, sino también lo referente a la organización administrativa y, en particular, las relaciones de la Administración con sus agentes.

[564] El RLNPA, en su actual texto ordenado (dec. 1883/1991), sólo exige la publicación de actos de alcance individual (art. 39).

11. CONVENCIONES COLECTIVAS DE TRABAJO

Los convenios colectivos de trabajo son acuerdos generales entre asociaciones profesionales de empleados y organizaciones sindicales para regular el contrato que rige las relaciones laborales.

Son fuente del Derecho Laboral por cuanto integran el ordenamiento jurídico[565].

Se ha afirmado que su naturaleza jurídica no es contractual, adquiriendo la categoría de reglamento administrativo en razón de la habilitación de competencia que realiza el Estado mediante la ley 14.250 (t.o. 2004 por dec. 1135/2004) y a través de la homologación. En nuestra opinión no constituyen reglamentos, ya que los reglamentos administrativos son sólo dictados por órganos o entes estatales[566]. Si se considera que las convenciones colectivas de trabajo se celebran entre una asociación profesional de empleadores, un empleador o un grupo de empleadores, por un lado, y, por el otro, una asociación sindical de trabajadores con personería gremial, la eventual homologación – expresa o tácita por el mero transcurso del plazo prefijado– exhibe caracteres de acto bilateral de carácter cuasi-contractual, que posee la virtualidad de irradiar efectos hacia los terceros, *v.gr.*, los trabajadores comprendidos en el convenio colectivo. De tal modo, crea dos juegos de relaciones jurídicas, diferenciables y diferentes.

Los convenios colectivos de trabajo no son, en general, fuente del Derecho Administrativo.

Si bien los empleados de las empresas y sociedades del Estado regulan sus relaciones de trabajo mediante convenios colectivos, debe tenerse en cuenta que dichos trabajadores no son agentes del Estado y, por lo tanto, la relación de empleo es un contrato regido por el Derecho Privado[567].

La ley de contrato de trabajo establece que sus disposiciones no son aplicables a los empleados de la Administración Pública nacional, provincial o municipal, excepto que por acto expreso se los incluya en ella o en el régimen de los convenios colectivos de trabajo[568].

---

[565] La ley 20.744 prevé que el contrato y la relación de trabajo se rigen por las convenciones colectivas o laudos con fuerza de tales (art. 1°, inc. c). GOLDSCHMIDT, Werner, *Introducción filosófica al Derecho*, *cit.*, p. 194, considera que son fuentes del Derecho aun cuando se trata de repartos autónomos.

[566] BIDART CAMPOS, Germán J., *Derecho Constitucional*, t. I, Ediar, Buenos Aires, 1968, p. 780, y "El convenio colectivo de trabajo como fuente contractual y extracontractual", ED 45-815, sostiene que su naturaleza no es contractual; BARRA, Rodolfo, "Cogestión administrativa y autoadministración", *Universitas*, nro. 3, Buenos Aires, 1973, ps. 24 y ss.

[567] Ley 13.653 (t. o. año 1955) de régimen de empresas del Estado, y "Etcheverry, Juan Raúl v. Aerolíneas Argentinas", Fallos, 244:196 (1959); "Torres, Ángela Esther v. Aerolíneas Argentinas", 245:271 (1959); "Lencinas, Edmundo v. Dirección Nacional de Industrias del Estado", Fallos, 250:234 (1961), y Plenario de la Cámara Nacional de Apelaciones del Trabajo, "Imperiale v. YPF", JA 1961-VI-325.

[568] Ley 20.744, art. 2°, inc. a).

Pero si bien el convenio colectivo en general no es fuente del Derecho Administrativo, en algunos casos particulares o excepcionales puede configurar una fuente del ordenamiento jurídico a que se encuentran sometidos los agentes públicos.

12. PRINCIPIOS GENERALES DEL DERECHO

Los principios generales del Derecho son el origen o el fundamento de las normas, y participan de la idea básica de principalidad (en sentido ontológico) que les otorga primacía frente a las restantes fuentes del Derecho[569]. Se fundan en el respeto de la persona humana o en la naturaleza de las cosas, y por ello encierran la concepción del derecho natural[570].

Los códigos austríaco, argentino, español y albertino fueron los primeros que asignaron a los principios generales del derecho o principios del derecho natural el rango de fuentes del Derecho. La aplicación conjunta del dogma de la plenitud del ordenamiento jurídico y del deber de fallar impuesto a los jueces implicó una revalorización de los principios para la formación del derecho en los supuestos de carencia de norma escrita.

Su auge en el Derecho Administrativo obedece a la morigeración del principio de la primacía de la ley escrita y a la falta de codificación, que hizo imposible extender a dicha disciplina la técnica de generalización creciente de las normas positivas[571].

Para su clasificación, desde la óptica realista del Derecho, pueden distinguirse dos grandes grupos, según se trate de los principios del derecho natural o de aquéllos incorporados al ordenamiento jurídico positivo. Y, además, pueden deslindarse los principios fundamentales de aquellos que revisten carácter sectorial o institucional[572].

Otros principios provienen estrictamente de la naturaleza de la persona o de las cosas y se incurriría en una generalización creciente o analogía indebida si se los fundara en el método de extensión interpretativa de las normas.

Los principios fundamentales son los que constituyen el basamento en que se asienta y fundamenta el ordenamiento positivo en general, encontrándose, en su mayoría, contemplados por la Constitución (*v.gr.*, inviolabilidad de la defensa, art. 18).

---

[569] Para su desarrollo más extenso nos remitimos a CASSAGNE, Juan Carlos, *Los principios generales del Derecho en el Derecho Administrativo*, Abeledo-Perrot, Buenos Aires 1988, ps. 29 y ss.; ver también ALTAMIRA GIGENA, Julio I., *Los principios generales del Derecho como fuente del Derecho Administrativo*, Astrea, Buenos Aires, 1972, ps. 12 y ss.

[570] Ver BARBE PÉREZ, Héctor, *Los principios generales del Derecho como fuente...*, cit., ps. 9 y ss.

[571] Sobre la recepción de los principios generales del derecho en el derecho administrativo peruano véase: DANOS ORDOÑEZ, Jorge, "Los principios generales del derecho en el derecho administrativo peruano", en la obra colectiva *Los principios generales del derecho administrativo iberoamericano*, Netbiblo, La Coruña, 2008, p. 534 y ss.

[572] En el mismo sentido: DANOS ORDOÑEZ, Jorge, "Los principios generales...", cit., ps. 534-535.

A su vez, los principios institucionales son los principios generales de cada disciplina y parten de la idea organizativa que compone toda institución. Cuando están consagrados por el Derecho Positivo pueden tener prelación respecto de un principio más general del ordenamiento escrito (*v.gr.*, la posibilidad para la Administración de alegar su propia torpeza, al promover la respectiva acción de nulidad de sus actos viciados).

Los principios generales del Derecho constituyen la causa y la base del ordenamiento y existen con independencia de su reconocimiento legal o jurisprudencial, no obstante ser la jurisprudencia una de las fuentes más importantes de su manifestación externa. Ellos funcionan como orientadores e informadores del ordenamiento permitiendo realizar una labor correctiva o extensiva de las normas, e integradora de éste frente a la carencia de normas que rijan una cuestión (art. 16, CCiv.).

Ciertos principios cumplen la función de medios de protección tendientes a impedir las arbitrariedades de los poderes públicos. En este sentido, se encuentran, entre otros, el que traduce la instrumentación del debido proceso adjetivo, el de que toda privación de la propiedad sólo puede llevarse a cabo mediante ley declarativa de utilidad pública y el de separación e independencia de cada uno de los órganos que componen el poder estatal.

Los principios generales del Derecho operan también como límites al poder reglamentario por parte de la Administración, pues integran el bloque de legitimidad que forma parte del orden público administrativo.

La inserción de estos principios en el ordenamiento jurídico se manifiesta en cuestiones tales como el derecho a una decisión fundada y el proceso de amparo por mora de la Administración, ambos tendientes a hacer cumplir a la Administración su deber de resolver las cuestiones que le son planteadas.

Los encontramos en el Código Civil que, en su art. 16, aplicable al Derecho Administrativo, determina las fuentes a las que ha de recurrirse para la solución de las cuestiones jurídicas, al prescribir que: "si aún la cuestión fuere dudosa, se resolverá por los principios generales del Derecho, teniendo en cuenta las circunstancias del caso". En la fórmula utilizada por el codificador – con fuente en el art. 7°, Código de Austria– no cabe duda de que los principios generales del Derecho son los que surgen del derecho natural y, en ese sentido, éstos vienen a cumplir la función de integrar el ordenamiento jurídico. Sin embargo, dado que el derecho natural aparece con mayor indeterminación o con mayor vaguedad que el Derecho Positivo, debe otorgarse prevalencia a éste y sólo si la cuestión continuare siendo dudosa, se recurriría a los principios generales del Derecho (art. 16, *cit.*). Agotado el estadio del Derecho Positivo, entonces, la confluencia de los principios generales, según "las circunstancias del caso", remitirán, en definitiva, a un juicio de equidad.

La recepción de los principios generales del Derecho en el Derecho Administrativo se produce a partir de su reconocimiento en las constituciones nacional y provinciales, a modo de principios positivos expresos o implícitos y derivados del derecho natural, habida cuenta de que uno de los principales objetivos del Preámbulo consiste en "afianzar la justicia".

Otros derivan del Derecho Privado (*v.gr.*, el enriquecimiento sin causa; la buena fe[573]; el respeto de la moral y las buenas costumbres en el objeto de los actos jurídicos; el *pacta sunt servanda*).

Existen principios generales que se encuentran incorporados al Código Civil como, por ejemplo, el de la responsabilidad por la actividad legítima y desde luego tienen vigencia, asimismo, en Derecho Administrativo los clásicos principios del Derecho Penal: *nullum crimen, nulla poena sine lege* y *non bis in idem*.

El derecho internacional también provee principios generales, por el *status* constitucional que los arts. 31 y 75, incs. 22 y 24, CN, otorgan a los tratados internacionales, como, por ejemplo, el derecho a una tutela judicial efectiva, establecido por el Pacto de San José de Costa Rica y en el Pacto Internacional de Derechos Civiles y Políticos de Nueva York (art. 2º, ap. 3º, inc. a]) aprobado por ley 23.313, que prescribe el principio a la tutela administrativa efectiva[574].

El último grupo de principios generales del Derecho proviene de las propias instituciones administrativas. En rigor de verdad ellos constituyen principios generales del Derecho Administrativo, en el sentido de que su especialidad y fundamento institucional no permiten extenderlos a todas las ramas del Derecho. Pertenecen a este grupo los siguientes principios:

1. el paralelismo de las competencias[575];

2. el estado de necesidad para fundamentar la reglamentación de urgencia[576];

3. el que prescribe que en los contratos administrativos de atribución toda duda debe interpretarse a favor del contratista particular;

4. la autotutela coactiva en la protección del dominio público;

5. la creación de obligaciones por acto administrativo unilateral;

6. la irrevocabilidad de los actos administrativos creadores de derechos subjetivos;

7. a necesidad de motivar los actos que afecten los derechos e intereses individuales o colectivos;

8. el informalismo y el silencio administrativo, ambos en favor de todos los particulares por igual, sean personas físicas o jurídicas;

9. la presunción de legitimidad del acto administrativo;

10. el principio de ejecutoriedad del acto administrativo;

11. la publicidad de los actos de gobierno;

---

[573] Ver GONZÁLEZ PÉREZ, Jesús, *El principio general de la buena fe en el Derecho Administrativo*, Civitas, Madrid, 1983, ps. 26 y ss.

[574] Con respecto a la aplicación de este principio a las instituciones del Derecho Procesal Administrativo puede verse: CANOSA, Armando N., "Influencia del derecho a la tutela judicial efectiva en materia de agotamiento de la instancia administrativa", ED 166-988.

[575] Este principio, según el cual el órgano que posee facultades para dictar un acto tiene aptitud también para modificarlo o extinguirlo, ha sido acogido en la jurisprudencia administrativa de la Procuración del Tesoro de la Nación (ver Dictámenes 7:10).

[576] Ver SAGÜÉS, Néstor P., "Derecho constitucional y derecho de emergencia", *cit.*, p. 802.

12. el acceso del particular a la información estatal no clasificada previamente como secreta;

13. la participación activa o pasiva de los administrados, sean éstos personas físicas o jurídicas, en el quehacer de la Administración;

14. entre otros.

Los principios generales del Derecho integran el bloque de legalidad y hacen al orden público administrativo, al constituir el fundamento de las normas positivas. Ello determina que su conculcación produzca un vicio en el objeto del acto administrativo o reglamento, que provoca su nulidad absoluta.

Si su violación quedara al margen de la protección jurisdiccional, ello implicaría una real denegación de justicia.

13. LA EQUIDAD

La equidad, término que proviene del latín *aequitas*, que significa igualdad o justicia, constituye un principio de interpretación de las leyes o un principio general del Derecho que traduce la interpretación objetiva del derecho natural[577]. Aun cuando no sea fuente autónoma del ordenamiento jurídico, en la aplicación del Derecho la equidad acuerda un sentido valorativo o de justicia a las normas, a fin de evitar que la igualdad abstracta de la ley, en su aplicación al caso concreto, se traduzca en desigualdad o injusticia.

Se ha afirmado que se trata en definitiva de un principio general del Derecho que no aparece diferente de aquellos que nos inducen a dar a cada uno lo suyo en la proporción que les corresponde y a tratar por igual a los iguales. Se trata, en definitiva, de la justicia del caso concreto[578].

Si bien la equidad integra los principios generales del Derecho y no crea normas generales, ella reviste importancia como criterio de aplicación del Derecho. Son frecuentes las disposiciones que autorizan a los jueces legos a decidir los casos concretos de acuerdo a equidad. En el Derecho Administrativo la equidad también determina el derecho a aplicar en el caso concreto cuando, limitado el principio de ejecutoriedad del acto administrativo, se autoriza a la Administración a suspender los actos ante la interposición de recursos para evitar daños graves a los particulares[579].

Dado nuestro sistema normativo, que intenta prever, mediante disposiciones generales y abstractas, todas las situaciones que pueden darse, la equidad es de fundamental importancia para aplicar con justicia, humanidad e igualdad sustancial las normas positivas, adaptándolas a las circunstancias propias y concretas de las rela-

---

[577] BOQUERA OLIVER, José M., *Derecho Administrativo*, t. I, Instituto de Estudios de Administración Local, Madrid, 1972, p. 1372.

[578] BOQUERA OLIVER, José M., *Derecho Administrativo*, *cit.*, p. 137; y ALTAMIRA, Pedro G., *Curso de Derecho Administrativo*, *cit.*, p. 78.

[579] ALTAMIRA, Pedro G., *Curso de Derecho Administrativo*, *cit.*, p. 79, y LNPAQ, art. 12, que también permite que la suspensión sea declarada de oficio.

ciones prácticas[580]. Mas ello deberá concretarse en el marco del agotamiento de fuentes prescripto en el art. 16, CCiv.il.

14. LA COSTUMBRE. CLASIFICACIÓN

La costumbre es el comportamiento uniforme y constante del pueblo, con la convicción de que tal proceder corresponde a una obligación jurídica. Dos son, por lo tanto, los elementos que integran la costumbre. El primero es de carácter objetivo: el *usus*, o sea, el comportamiento constante y uniforme; el segundo es de carácter subjetivo, y consiste en la convicción de que tal comportamiento es jurídicamente obligatorio (*opinio iuris vel necessitatis*).

Se sostiene que si el comportamiento debe ser de la comunidad, no serían costumbres los usos o prácticas de los órganos administrativos o jurisdiccionales[581].

Teniendo en cuenta su adecuación al ordenamiento jurídico positivo, la costumbre se clasifica en:

a) costumbre *secundum legem* cuando la ley hace referencia a ella o cuando la costumbre está de acuerdo con sus normas;

b) costumbre *praeter legem*, también denominada supletoria o introductiva, es la que se refiere a materias no reguladas por las leyes;

c) costumbre *contra legem*, también denominada abrogatoria, se configura cuando se encuentra en contradicción con el ordenamiento jurídico positivo.

Dado que el Derecho es producto de la sociedad, negar que la costumbre sea fuente del Derecho es ignorar la realidad. Sin embargo, la corriente racionalista y positivista consideraba que la costumbre *contra legem* no podía ser fuente del Derecho, en la inteligencia de que las leyes sólo podían ser derogadas por otras leyes, no por una costumbre *contra legem*.

Nuestro Código Civil, con anterioridad a la reforma del año 1968, establecía dicho principio. En cambio, en su nueva redacción dispone que "los usos y costumbres no pueden crear derechos sino cuando las leyes se refieran a ello o en situaciones no regladas legalmente" (art. 17, CCiv.), suprimiéndose el párrafo que hacía referencia a que sólo por ley podían derogarse las normas positivas. En la nueva redacción el artículo acepta la costumbre *secundum legem* y *praeter legem*, permitiendo tácitamente la validez de la costumbre *contra legem*, abrogatoria de una ley.

---

[580] En Roma, bajo la influencia griega, la equidad se aplicaba ante la falta de derecho o cuando la aplicación de las normas positivas repugnaba a la justicia. En tal sentido, aun cuando en el ámbito del Derecho Civil debe recordarse que el art. 1071, CCiv., establece que la ley no ampara el ejercicio abusivo de los derechos y que se considerará tal al que contraríe los fines que aquélla tuvo en miras al reconocerlos o al que exceda los límites impuestos por la buena fe, la moral y las buenas costumbres. Sobre la redacción dada al artículo por la ley que reformó el Código Civil, BORDA, Guillermo, *La reforma de 1968...*, *cit.*, p. 25, afirma que el Derecho es idea moral y que la posibilidad del Derecho positivo injusto debe ser rechazada de plano.

[581] DIEZ, Manuel M., *Derecho Administrativo, cit.*, t. I, p. 477.

El art. 17, CCiv., en su anterior redacción, constituía un resabio del positivismo que desconoce que el desuso es el poder invisible por el cual, sin violencia, los pueblos se hacen justicia de las malas leyes[582].

Un sector de la doctrina niega que la costumbre sea fuente del Derecho Administrativo por cuanto, en el ámbito del Derecho Público, el ordenamiento jurídico es creado por el Estado, no pudiendo los particulares crear Derecho con independencia de la voluntad estatal[583].

De otra parte, hay quien entiende que como los particulares no pueden ser obligados por el Estado a hacer lo que la ley no manda, la costumbre no es fuente del Derecho. No obstante, se interpreta que puede ser fuente del Derecho cuando crea derechos a favor de los administrados frente a la Administración [584]. Esta última opinión es equivocada por cuanto antepone las situaciones individuales al bien común, en tanto que deriva de la circunstancia de considerar al Derecho Administrativo como disciplina que sólo tiende a proteger a los particulares frente al Estado y no como una rama jurídica que hace posible que el Estado cumpla con sus fines públicos dentro del ordenamiento.

Sin duda, en el ámbito del Derecho Público el valor de la costumbre es diferente. No obstante, su valor como fuente resulta indudable si se tiene en cuenta que el Derecho no puede desconocer la realidad social ni la justicia y que el Derecho Administrativo se encuentra siempre en elaboración, no llegando sus normas positivas a cristalizar ante las cambiantes circunstancias que lo rodean.

En nuestro país, pueden citarse algunos casos de costumbre *contra legem* en el ámbito del Derecho Público. El Código Civil, en su anterior redacción (art. 2340, inc. 6°), establecía que las islas pertenecían al dominio público del Estado; a pesar de ello la costumbre afirmaba que podían ser objeto de compraventa[585].

Pero la costumbre no es fuente cuando está desprovista de sustancia jurídica o cuando se opone a principios morales de justicia o a los valores básicos de la organización social o política[586].

15. LOS PRECEDENTES ADMINISTRATIVOS

La inutilidad de la distinción entre precedente y práctica administrativa, que postula un sector de la doctrina, viene dada por la circunstancia de que, en ambos casos, se trata de conductas o comportamientos constantes de la Administración de

---

[582] BORDA, Guillermo, *La reforma...*, *cit.*, ps. 29 y ss.

[583] GARRIDO FALLA, Fernando, *Tratado de Derecho Administrativo*, *cit.*, t. I, p. 321; ALTAMIRA, Pedro G., *Curso de Derecho Administrativo*, *cit.*, p. 68.

[584] GORDILLO, Agustín A., *Tratado de Derecho Administrativo*, *cit.*, t. I, ps. V-55-56.

[585] BORDA, Guillermo, *La reforma...*, *cit.*, ps. 29 y ss.; DIEZ, Manuel M., *Derecho Administrativo*, *cit.*, t. I, p. 493; MARIENHOFF, Miguel S., *Tratado del dominio público*, p. 41, Abeledo-Perrot, Buenos Aires, 1960, p. 41; GOLDSCHMIDT, Werner, *Introducción filosófica al Derecho*, *cit.*, p. 203, afirma que el desuso es una realidad y que por lo tanto el derecho material puede derogar el derecho formal.

[586] GÈNY, François, *Método de interpretación y fuentes en Derecho Privado*, 2ª ed., Reus, Madrid, 1925, p. 365.

los cuales puede deducirse un beneficio o daño para los derechos subjetivos o intereses legítimos del administrado[587].

El precedente administrativo, cuando tiene una aplicación reiterada por parte de los órganos del Estado, constituye, a nuestro juicio, una fuente del Derecho, ya que configura una forma peculiar en que se manifiesta la costumbre en el Derecho Administrativo[588].

Esa peculiaridad que reviste el precedente como fuente del Derecho Administrativo se refleja en la relatividad de su fuerza obligatoria y en las garantías jurídicas que deben rodear a la decisión que se aparte de una práctica constante.

De ese modo, debe reconocerse que la fuerza vinculante del precedente debe fundarse en una interpretación legítima de la ley o, en su caso, en la equidad, habiéndose postulado su obligatoriedad en aquellos casos en que el particular haya podido interpretar – por haberse creado una apariencia jurídica– que su conducta adecuada al precedente era ajustada a derecho[589].

El apartamiento de los precedentes administrativos por parte de la Administración hallase sujeto al cumplimiento de determinadas condiciones:

a) la modificación de una práctica o precedente administrativo debe hallarse precedida de una motivación que exteriorice las razones concretas que han conducido a esa decisión. Con ello se pretende controlar la desviación de poder o arbitrariedad encubierta que puedan tener ciertos actos administrativos[590];

b) tratándose del ejercicio de facultades discrecionales o, en su caso, de discrecionalidad técnica entendemos, el cambio de criterio ha de formularse de un modo general y no como criterio para decidir un caso concreto[591];

c) el cambio de criterio, por razones de oportunidad, cuando la apreciación de estas razones tuviera carácter discrecional, no puede tener efecto retroactivo, salvo a favor del administrado.

---

[587] GARRIDO FALLA, Fernando, *Tratado de Derecho Administrativo*, cit., t. I, ps. 325/326 (nota 17). Se dice que mientras el precedente consiste en una resolución sustantiva de la Administración, las prácticas administrativas constituyen normas usuales de eficacia interna que observan los agentes públicos en el ejercicio de su actividad.

[588] GARCÍA DE ENTERRÍA, Eduardo - FERNÁNDEZ, Tomás R., *Curso de Derecho Administrativo*, cit., t. I, ps. 70 y ss.; sostienen que aun cuando el precedente no posea un valor normativo estricto "puede tener un cierto valor vinculante para la propia administración, en el sentido de que apartarse de él en un caso concreto puede ser índice de un trato discriminatorio, de una falta de buena fe, de una actitud arbitraria".

[589] *Cfr.* GARRIDO FALLA, Fernando, *Tratado de Derecho Administrativo*, cit., t. I, p. 327. Tal puede acontecer en materia tributaria con los criterios que se utilizan para la determinación de impuestos.

[590] GARCÍA DE ENTERRÍA, Eduardo - FERNÁNDEZ, Tomás R., *Curso de Derecho Administrativo*, cit., ps. 72/73. En aplicación de esa doctrina, estos autores señalan que la jurisprudencia española ha anulado las discriminaciones realizadas por los Ayuntamientos en materia urbanística, cuando se comprueba que han denegado licencias, que se han otorgado a otros administrados que estaban en situaciones análogas.

[591] LAUBADÈRE, André de, *Traité Élémentaire de Droit Administratif*, t. I, 5ª ed., LGDJ, París, 1970, p. 217.

La asignación de valor de fuente del Derecho peculiar a los precedentes administrativos, contribuye a la seguridad jurídica y a la observancia del principio de igualdad ante la ley, evitando la consumación de la arbitrariedad en el ámbito de la Administración Pública[592].

16. EL PAPEL DE LA JURISPRUDENCIA

La jurisprudencia, en el sentido más usual del término, es la forma habitual, uniforme o constante de aplicar el Derecho por parte de los órganos que realizan la función jurisdiccional.

El positivismo jurídico intentó reducir al juez a un instrumento de aplicación de las normas escritas. Como reacción a tal actitud se afirma que los jueces u órganos jurisdiccionales crean derecho, ya que el juez no puede dejar de juzgar, bajo pretexto de silencio, oscuridad o insuficiencia de las leyes, siendo por lo tanto la jurisprudencia fuente del Derecho en sentido formal y material[593].

Al razonar de ese modo se olvida que el Derecho no sólo está constituido por las normas positivas, sino también por los principios generales y la costumbre (arts. 16 y 17, CCiv.).

Los jueces pueden interpretar el ordenamiento jurídico a fin de aplicarlo al caso concreto, sin estar sujetos exclusivamente a las normas positivas o al precedente, pero siempre deben decidir dentro del Derecho[594].

La jurisprudencia es, por lo común, sólo fuente material del Derecho, en tanto puede constituir fuente formal en aquellos casos en que la doctrina de los jueces resulta obligatoria por tratarse de jurisprudencia plenaria. Pero los jueces no crean Derecho cuando están obligados a interpretar las leyes de una determinada forma, como en el caso de la obligación de seguir los fallos plenarios de la Cámara de Apelaciones o del deber moral de los tribunales inferiores de adecuar sus decisiones a las de la Corte Suprema de Justicia de la Nación. En estos casos, hay obligación de interpretar las normas de una determinada manera pero no se crea derecho sino que se dice el Derecho ya existente en leyes, costumbres o principios generales.

Lo afirmado no significa que el juez deba asumir un papel pasivo, particularmente en el campo del Derecho Administrativo, donde las normas escritas son escasas por tratarse de un Derecho en formación; la importancia de la jurisprudencia es evidente y ha jugado una función preponderante en la formulación de las principales instituciones del Derecho Administrativo. Es necesario destacar, en este sentido, la

---

[592] Con todo, pese a la evolución que se aprecia en el pensamiento de la doctrina más reciente, en nuestro país la Procuración del Tesoro de la Nación sigue hasta ahora las antiguas ideas positivistas, sosteniendo que los precedentes no constituyen fuente del Derecho, no imponiendo la resolución de cuestiones idénticas en igual forma (*Cfr.* Dictámenes 103:172; 107:136; 110:275; 111:209, y 114:285, este último publicado en Dictámenes 3:130).

[593] DIEZ, Manuel M., *Derecho Administrativo, cit.*, t. I, p. 503.

[594] BULLRICH, Rodolfo, *Principios generales del Derecho Administrativo*, Guillermo Kraft, Buenos Aires, 1942, p. 81, considera a la jurisprudencia del Poder Judicial y de la Administración, fuente del Derecho. No obstante, reconoce que "consiste en la interpretación que de la ley administrativa hacen no solamente los tribunales que la aplican sino también, y muy principalmente, el Poder Administrador".

labor de la Corte Suprema de Justicia de la Nación que supo aplicar a las relaciones entre Estado y los particulares un Derecho, en la mayoría de los casos, no escrito.

También ha jugado un papel preponderante la jurisprudencia administrativa, expresada en los principios uniformes que surgen de los dictámenes de la Procuración del Tesoro de la Nación, por tratarse del órgano superior de asesoramiento jurídico del Estado que tiene a su cargo la dirección del Cuerpo de Abogados del Estado, en el ámbito nacional. La jurisprudencia o doctrina que emana de sus dictámenes debe ser seguida obligatoriamente por todos los abogados que asesoran al Estado[595].

17. EL VALOR DE LA DOCTRINA COMO FUENTE DEL DERECHO ADMINISTRATIVO

Resulta incuestionable la influencia de la doctrina en jueces y legisladores y si bien no es fuente del ordenamiento porque no crea Derecho, configura un ordenamiento auxiliar de fundamental importancia tanto para la formación como para la interpretación del sistema jurídico.

En general, se entiende que se trata de una fuente indirecta o mediata, de aplicación subsidiaria[596], la cual, aunque no es fuente del ordenamiento jurídico, puede ser fuente del conocimiento del Derecho[597].

En el Derecho Administrativo no puede desconocerse la trascendencia que ha tenido el derecho científico en su evolución. Las opiniones de los autores, si bien no son obligatorias, tienen la imperatividad de la lógica y del buen sentido[598].

18. INTERPRETACIÓN Y FUENTES DEL DERECHO: LA ANALOGÍA

Las fuentes del Derecho crean o constituyen el Derecho o el ordenamiento jurídico, en tanto la interpretación consiste en descubrir o precisar para un determinado caso el derecho aplicable. En determinadas circunstancias, el intérprete no encuen-

---

[595]   Ley 12.954, art. 6º y dec. 34.952/1947, art. 4º.

[596]   MARIENHOFF, Miguel S., *Tratado de Derecho Administrativo*, *cit.*, t. I, p. 308; LINARES, Juan F., *Fundamentos del Derecho Administrativo*, *cit.*, p. 95.

[597]   DIEZ, Manuel M., *Derecho Administrativo*, *cit.*, t. I, p. 510, interpreta que no es fuente. Distinta es la situación que ocurrió en el Derecho Romano cuando a algunos jurisconsultos o autores se les acordó desde la época de Augusto el *ius respondendi ex auctoritate principe* por el cual se les permitía opinar o dictaminar en nombre del emperador (BONFANTE, Pietro, *Storia del Diritto Romano*, t. I, Milán, 1957, p. 409).

[598]   ALTAMIRA, Pedro G., *Curso de Derecho Administrativo*, *cit.*, p. 80. En general, se hace mención que en el Derecho Romano era tan importante el valor de la doctrina como fuente que se llegó por la llamada Ley de las Citas en el año 426 (d.C.) a reconocer valor legislativo a las obras de Papiniano, Paulo, Ulpiano, Modestino y Gayo o a los autores citados por ellos; llegándose incluso a establecer el orden de preferencia entre ellos, primero debían seguirse las opiniones de Papiniano y luego el juez podía elegir libremente, entre los otros autores la que le pareciera más acertada. No obstante la Ley de las Citas sólo se explica por la decadencia del Derecho en el siglo V, que recién fue superado con la obra de Justiniano (véase al respecto: BONFANTE, Pietro, *Storia del Diritto Romano*, *cit.*, t. II, p. 32, y de FRANCISCI, Pietro, *Storia del Diritto Romano*, Milán, 1948, p. 290).

tra, por su inexistencia o insuficiencia, normas positivas aplicables; no obstante, el juez tiene obligación de decidir las controversias y la Administración el deber de obrar dentro del ordenamiento jurídico.

Pero como el Derecho no sólo está constituido por las normas positivas sino también por los principios generales y la costumbre, la función del intérprete no es, por lo común, creadora del ordenamiento jurídico; su función se limita, en principio, a descubrir el Derecho ya existente. En tal sentido, la jurisprudencia no sería fuente del Derecho, desde el punto de vista formal, salvo aquellos casos excepcionales en los que los jueces se ven obligados a crear Derecho ante la insuficiencia de las fuentes del ordenamiento.

El art. 16, CCiv., establece que si una cuestión no puede resolverse ni por las palabras ni por el espíritu de la ley, se atenderá a los principios de las leyes análogas, y si aún la cuestión fuese dudosa, se resolverá por los principios generales del Derecho. La referencia que hace esta disposición a la analogía ha determinado que se la considere fuente del Derecho.

La analogía consiste en la aplicación de un precepto jurídico dictado para una determinada situación a otra que coincide con la primera[599]. Se deriva del principio de lógica *ubi est eadem ratio, ibi eadem dispositio iuris esse debet* (donde existen las mismas razones deben existir las mismas disposiciones jurídicas).

Un sector de la doctrina subraya que no es un simple medio de interpretar el Derecho, por cuanto se recurre a la analogía cuando no hay normas, no siendo posible interpretar lo que no existe, siendo fuente del Derecho porque la analogía se concreta en la creación de una nueva norma[600], aun cuando la distinción entre lo que es propiamente interpretación y lo que se traduce en creación de Derecho sea imprecisa[601].

En nuestra opinión, la analogía constituye una técnica de interpretación del Derecho. No es fuente porque el propio ordenamiento obliga a la utilización de esta herramienta jurídica ante la ausencia de normas positivas; el art. 16, CCiv., determina que cualquier disposición jurídica aplicable para determinadas situaciones puede ser fuente del Derecho para otras situaciones siempre que se den similitud de hecho e identidad de razones. Por ello, cuando por analogía se aplican algunas disposiciones del Código Civil al Derecho Administrativo, la fuente no es la analogía, sino las normas del Código Civil[602] que resultan aplicables a través de esa técnica interpretativa.

---

[599] DIEZ, Manuel M., *Derecho Administrativo, cit.*, t. I, p. 536.

[600] MARIENHOFF, Miguel S., *Tratado de Derecho Administrativo, cit.*, t. I, ps. 288/289, incluso la considera fuente escrita.

[601] BOQUERA OLIVER, José M., *Derecho Administrativo, cit.*, p. 134.

[602] Al respecto LINARES, Juan F., *Fundamentos del Derecho Administrativo, cit.*, ps. 155 y ss., GOLDSCHMIDT, Werner, *Introducción filosófica al Derecho, cit.*, ps. 224 y ss. Este autor distingue entre *analogía legis*, por la que se integra la ausencia de una fuente formal utilizando una norma destinada a otro asunto, de la *analogía iuris* donde se da la ausencia de normas en toda una rama del Derecho y se la integra con numerosas disposiciones aplicables a otra materia. Algunos autores dan otras razones para considerar que la analogía no es fuente, así

Pero aun cuando el art. 16, CCiv., no permitiera recurrir a la analogía, ello podría hacerse, ya que por medio de ella se aplican principios generales del Derecho o de justicia.

La analogía en Derecho Administrativo ha tenido gran aplicación, dado que se trata de un Derecho nuevo y, por lo tanto, con carencia de normas escritas. Así, en materia de nulidades del acto administrativo la Corte Suprema de Justicia de la Nación en el caso "Los Lagos" afirmó que "las reglas de los arts. 1037 y ss., CCiv., acerca de las nulidades de los actos jurídicos, si bien no han sido establecidas para aplicarlas al Derecho Administrativo sino al Derecho Privado, nada obsta para que representando aquélla una construcción jurídica basada en la justicia su aplicación se extienda al Derecho Administrativo, cuyas normas y soluciones también deben tender a realizar aquéllas, con las diferenciaciones impuestas por la naturaleza propia de lo que constituye la sustancia de esta disciplina"[603].

Las normas o principios que se aplican por analogía deben integrar el ordenamiento jurídico, no siendo posible, dada nuestra organización federal, aplicar normas provinciales a situaciones análogas existentes en el orden nacional y viceversa[604].

Así como la analogía no puede utilizarse en Derecho Penal, en el Derecho Administrativo, mediante el razonamiento analógico, no pueden aplicarse disposiciones que restrinjan la libertad del individuo o impongan sanciones. Tampoco se acepta para establecer contribuciones fiscales ni para acordar exenciones impositivas o jubilaciones[605].

19. LA PRELACIÓN JERÁRQUICA DE LAS FUENTES

La prelación o jerarquía de las fuentes hace referencia a su orden de aplicabilidad al caso concreto y a los criterios que deben tenerse en cuenta para solucionar los conflictos derivados de las disposiciones contradictorias que pueden encontrarse en normas de distinto rango[606].

---

se afirma que la analogía no crea Derecho nuevo, que no tiene carácter general ya que se limita a un caso particular; véase DIEZ, Manuel M., *Derecho Administrativo, cit.*, t. I, p. 543.

[603] "Ganadera 'Los Lagos' SA c/ Nación argentina", Fallos, 190:142 (1941). Véase sobre otras aplicaciones análogas de normas de Derecho Administrativo: MARIENHOFF, Miguel S., *Tratado de Derecho Administrativo, cit.*, t. I, p. 289-290.

[604] DIEZ, Manuel M., *Derecho Administrativo, cit.*, t. I, p. 536. Sobre los inconvenientes que plantea la aplicación analógica: LINARES, Juan F., *Fundamentos del Derecho Administrativo, cit.*, ps. 115 y ss.

[605] ALTAMIRA, Pedro G., *Curso de Derecho Administrativo, cit.*, p. 74; DIEZ, Manuel M., *Derecho Administrativo, cit.*, t. I, p. 543; LINARES, Juan F., *Fundamentos del Derecho Administrativo, cit.*, p. 166; BOQUERA OLIVER, José M., *Derecho Administrativo, cit.*, p. 163.

[606] Uno de los criterios interpretativos establecidos por la Corte se basa en que la ley fundamental constituye una estructura sistemática y en que sus distintas partes forman un todo coherente por cuyo motivo la inteligencia de una de sus cláusulas no puede alterar el equilibrio del conjunto (*in re* "García de Machado, Sara v. Caja de Jubilaciones, Pensiones y Retiros de la Provincia de Córdoba", Fallos, 312:1681 [1989]).

Al tratar cada una de las fuentes del Derecho se ha hecho referencia a su orden de aplicación y a las diversas situaciones de conflicto que pueden presentarse.

El art. 31, CN, al prescribir que "esta Constitución, las leyes de la Nación que en su consecuencia se dicten por el Congreso y los tratados con las potencias extranjeras son la Ley Suprema de la Nación y las autoridades de cada provincia están obligadas a conformarse a ellas, no obstante cualquier disposición en contrario que contengan las leyes o constituciones provinciales..." establece un orden de prelación de las normas que se completa con otras prescripciones constitucionales (art. 75, incs. 22 y 24, CN). No obstante, la Constitución adopta la forma federal de gobierno, reservando a las provincias todo el poder que la Constitución no atribuye al gobierno federal (art. 121, CN), lo cual determina la autonomía provincial en el ámbito de su competencia, coexistiendo por lo tanto dos esferas de gobierno al cual se le añade al ámbito de competencias que la reforma constitucional de 1994 le asigna a la Ciudad Autónoma de Buenos Aires (art. 129, CN).

La doctrina ha intentado establecer un orden de prioridad entre las distintas fuentes del Derecho, acordando preferencia a las normas escritas sobre las no escritas o a las fuentes directas respecto de las indirectas.

En el Derecho Administrativo, cuya mutable construcción se basa en la justicia, con armonía entre los derechos individuales de propiedad y libertad, en pos del bien común, existe una tendencia a dar preeminencia a los principios generales del Derecho como fuente material y formal, por sobre otros elementos del sistema que, ante la carencia de normas justas para resolver un conflicto, constituyen fuente directa del ordenamiento[607].

---

[607] GONZÁLEZ PÉREZ, Jesús, *Comentarios a la Ley de Procedimientos Administrativos*, 1ª ed., Civitas, Madrid, 1977, p. 221.

TÍTULO SEGUNDO

LA ORGANIZACIÓN DEL ESTADO Y LAS EMPRESAS PÚBLICAS

CAPÍTULO I

ÓRGANOS Y SUJETOS ESTATALES

1. ACERCA DE CÓMO SE INTEGRA Y ACTÚA LA ADMINISTRACIÓN PÚBLICA

La Administración Pública constituye un concepto análogo en el sentido de que éste puede aplicarse a diferentes objetos de un modo que no es idéntico ni totalmente distinto. En el orden de la organización administrativa se aprecia esa analogía que posee la idea de Administración Pública, puesto que puede referirse – siempre en su acepción orgánica o subjetiva– ya sea al conjunto de órganos que encabeza el Poder Ejecutivo, o bien, añadiendo a ese concepto restrictivo las entidades jurídicamente descentralizadas.

La primera idea considera a la Administración Pública como la Administración Centralizada que, no obstante carecer de personalidad jurídica propia, representa por lo común orgánicamente al Estado, persona pública estatal soberana, aun cuando es posible que los actos administrativos de los otros órganos en que se divide el poder, a través de la actuación de sus agentes, también trasunten la representación del Estado.

La articulación de esta concepción sobre la Administración Pública se completa con el cuadro de las entidades descentralizadas, con personalidad jurídica también de carácter público y estatal, pero propia y separada de la persona pública Estado, a la cual la unen, sin embargo, lazos de tutela y de garantía de sus actos frente a los particulares o administrados.

Por eso, la competencia, que es la aptitud legal que le permite actuar a una persona jurídica pública estatal en el ámbito inter-subjetivo, surge tanto de las esferas de atribuciones de los órganos como de las facultades que tengan atribuidas los sujetos, con personalidad jurídica diferenciada, especialmente a través de las leyes que organizan su creación.

Como las personas jurídicas, y entre ellas el Estado, requieren de la actuación de la voluntad de una persona física que sea idónea para ejercer derechos y contraer obligaciones, encarnando la voluntad del ente, el problema que primero debe resolverse es el modo en que dicho querer se imputa a la persona jurídica, a fin de producir efectos en el mundo jurídico. Para ello se elaboraron distintas concepciones, debiendo señalarse, entre las más conocidas, las llamadas teorías del mandato y de la representación.

La teoría del mandato intentó solucionar el problema del procedimiento de imputación de la voluntad de la persona física a la correspondiente a la persona moral acudiendo a esa institución jurídica, sobre la base de que las personas físicas actuaban como mandatarios de la persona jurídica[608]. Pero esta concepción se reveló muy pronto como insuficiente en la medida en que ella supone postular que la persona moral pueda declarar su voluntad de antemano, al otorgar ese mandato, presuponiendo lo que se pretende explicar a través del procedimiento de imputación.

Al resultar esa tesis inadecuada, se acudió a la teoría de la representación legal que, respecto de las personas jurídicas, se pretendía que ejercían las personas físicas, de un modo similar a los representantes legales de estas últimas (tutores o curadores).

Aun cuando, en general, se le reconoció a esta concepción una superioridad técnica sobre la teoría del mandato, lo cierto es que ella también tropieza con dificultades jurídicas insalvables. En tal sentido, no puede explicar cómo es el propio Estado quien designa su representante legal, ya que si la representación presupone la existencia de dos voluntades, sería imposible al Estado designar su representante, pues él carece en ese momento de voluntad.

2. LA TEORÍA DEL ÓRGANO

Esta concepción, que explica la índole de las relaciones entre el órgano y el grupo, dejando de lado la idea técnica de la representación, postula la inexistencia de la relación jurídica de representación entre uno y otro sobre la base de que ambos son expresión de una misma realidad que es la persona jurídica.

Dicha teoría intenta explicar, en el Derecho Público, la existencia material del Estado[609], dado que el órgano deriva de la propia constitución de la persona jurídica, integrando su estructura. De ese modo, cuando actúa el órgano es como si actuara la propia persona jurídica[610], no existiendo vínculos de representación entre ambos.

Es evidente que esta teoría explica, de un modo más satisfactorio que las concepciones antes señaladas, los vínculos que existen entre la persona jurídica y quie-

---

[608] Sobre la aplicación de la teoría del mandato en el Derecho americano y su evolución posterior, véase MAIRAL, Héctor A., *Control judicial de la Administración Pública*, t. I, Depalma, Buenos Aires, 1984, ps. 21 y ss.

[609] MÉNDEZ, Aparicio, *La teoría del órgano*, Amalio M. Fernández, Montevideo, 1971, ps. 33/35. Este autor ha expresado que "la teoría del órgano, dentro del concepto de la personalidad jurídica del Estado, como de toda otra agrupación con este carácter, explica desde un punto de vista técnico todo lo que dice relación con la estructura (fragmentación por división del trabajo y especialización), ordenamiento de esas unidades en sistemas y su acción tanto en sus relaciones íntimas y recíprocas como en la proyección de su actividad hacia el medio social. Pero, y esto es de importancia fundamental, explica y regula la actividad humana al servicio del grupo de acuerdo con reglas y principios específicos que no pueden encontrarse con igual perfección en ninguna otra teoría".

[610] *Cfr.* SANTAMARÍA PASTOR, Juan A., "La teoría del órgano en el Derecho Administrativo", *Revista Española de Derecho Administrativo*, nro. 40/41, Civitas, Madrid, 1984, p. 73.

nes, al expresar su voluntad, imputan la respectiva declaración o hecho material a la entidad. El órgano no actúa sobre la base de un vínculo exterior con la persona jurídica estatal sino que la integra, formando parte de la organización, generándose una relación de tipo institucional, que emana de la propia organización y constitución del Estado o de la persona jurídica pública estatal.

La cuestión no es abstracta pues, como veremos luego al tratar el tema de la responsabilidad del Estado, es presupuesto, para la existencia de responsabilidad, la conducta de un órgano o funcionario que le sea jurídicamente imputable, y de ahí la importancia de establecer cómo se imputa la voluntad al órgano estatal. La Corte Suprema nacional ha dicho, en este sentido, que "la actividad de los órganos y funcionarios del Estado realizada para el desenvolvimiento de los fines de las entidades de las que dependen ha de ser considerada propia de éstas, que deben responder de modo principal y directo por sus consecuencias dañosas"[611].

3. LOS CONCEPTOS DE ÓRGANO, CARGO Y OFICIO

La idea de órgano supone la existencia de dos elementos que, aunque susceptibles de diferenciación, constituyen una unidad. Ellos son un elemento objetivo, caracterizado por un centro de competencias – integrado por poderes o facultades, que se refieren tanto a potestades en sentido técnico como a cometidos–, y otro de carácter subjetivo, representado por la voluntad y capacidad necesaria de las personas físicas que desempeñan la titularidad del órgano, cuya voluntad – emitida dentro de los límites que marca el principio de la especialidad– se imputa al órgano (en su unidad) que, al expresar la voluntad del sujeto, hace posible sustentar la responsabilidad de la persona jurídica estatal.

Esta idea unitaria sobre el órgano – comprensiva de sus dos elementos (objetivo y subjetivo)– es sostenida, aun cuando con distinta terminología, por un sector de la doctrina[612], y es a nuestro juicio superior a la postura que afirma la existencia de dos órganos (órgano institución y órgano físico) por cuanto ninguno de éstos tiene existencia autónoma, no pudiendo concebirse su actuación separada, sin referencia a la unidad requerida para que pueda configurarse el órgano, como tampoco es posible circunscribir el concepto sólo al llamado "órgano institución"[613].

---

[611] "Vadell, Jorge v. Provincia de Buenos Aires", Fallos, 306:2030 (1984); "Hotelera Río de la Plata SACI v. Provincia de Buenos Aires s/restitución de dólares", Fallos, 307:821 (1985); y más tarde "Tejedurías Magallanes SA v. ANA", Fallos, 312:1656 (1989) y en ED 138-434.

[612] ALESSI, Renato, *Instituciones de Derecho Administrativo*, trad. a la 3ª ed. italiana del *Sistema Istituzionale di Diritto Amministrativo*, t. I, Bosch, Barcelona, 1970, p. 81; MARIENHOFF, Miguel S., *Tratado de Derecho Administrativo*, t. I, 5ª ed. act., Abeledo-Perrot, Buenos Aires, 1995, ps. 517 y ss.; SAYAGUÉS LASO, Enrique, *Tratado de Derecho Administrativo*, t. I, Talleres Gráficos Barreiro, Montevideo, 1963, p. 181; PRAT, Julio A., *Derecho Administrativo*, t. II, Acali Editorial, Montevideo, 1977, p. 161; ROMANO, Santi, *Fragmentos de un diccionario jurídico*, trad. del italiano, Ediciones Jurídicas Europa-América, Buenos Aires, 1964, p. 259.

[613] *Cfr.* ROMANO, Santi, *Fragmentos de un diccionario jurídico*, cit., ps. 273/274. Toda institución supone la existencia de un sustrato personal, ya que también la idea de obra es un elemento de toda institución; ésta requiere, además, del elemento personal o material.

En definitiva, esta concepción sostiene que el órgano, si bien forma parte de la persona jurídica pública estatal, no es sujeto de derecho, lo cual no obsta para que el ordenamiento le atribuya potestades y facultades para actuar en el mundo jurídico[614].

En la doctrina italiana se ha pretendido distinguir el órgano del oficio, no habiendo unanimidad de criterios en punto a lo que debe entenderse por uno y otro. En tal sentido, se ha sostenido que el oficio comprende la esfera abstracta de poderes y funciones, mientras que la persona física sería el portador del órgano[615]. Tal distinción introduce una complicación inútil en la teoría del órgano y constituye una reminiscencia de las teorías que intentan postular la existencia de dos órganos (uno subjetivo y otro objetivo) sin reparar en que sólo el concepto unitario explica el fenómeno de la imputabilidad, enlazando la voluntad de la persona física con la competencia del órgano.

La posición que la persona física ocupa en un órgano de una persona jurídica pública estatal recibe el nombre de cargo, el cual es asumido por aquélla en el momento de su designación[616].

4. LAS RELACIONES INTER-ORGÁNICAS

Se ha visto que los órganos no son sujetos de derecho, careciendo, por ende, de personalidad jurídica propia. Esta circunstancia no impide reconocer la existencia de vínculos jurídicos entre los órganos de una misma persona jurídica pública estatal.

Ese tipo de relaciones, denominadas "inter-orgánicas", permite sustentar la idea de una subjetividad interna, limitada a las vinculaciones que se traban en el seno de una misma persona jurídica.

La actividad inter-orgánica – contrariamente a lo que se sostuvo antiguamente– es considerada una actividad jurídica[617] que debe encuadrarse en el ordenamiento, observando el principio de unidad de acción que tiene que caracterizar el obrar de la

---

[614] PRAT, Julio A., *Derecho Administrativo*, *cit.*, t. II, ps. 161/162.

[615] ALESSI, Renato, *Instituciones de Derecho Administrativo*, *cit.*, t. I, p. 77. La postura de identificar el oficio con el elemento objeto del órgano constituye una idea bastante difundida en la doctrina italiana; véase VITTA, Cino, *Diritto Amministrativo*, t. I, Turín, 1948, p. 158. Al respecto, Alessi, luego de sostener que la esencia de los órganos del Estado está dada por los denominados "centros de funciones", dice que "...la noción de 'centro de función' se puede desdoblar en dos elementos: objetivo uno y subjetivo otro. El primero comprende la función, o mejor, el grupo de funciones atribuidas a la persona física; el segundo que comprende esta individualidad física, o sea, de un lado el oficio y del otro el funcionario, usando la terminología que estimamos más acertada". Entre nosotros, BARRA, Rodolfo C., ha desarrollado una visión similar en su *Tratado de Derecho Administrativo*, t. 2, Ábaco, Buenos Aires, 2003, ps. 133 y ss.

[616] MÉNDEZ, Aparicio, *La teoría del órgano*, *cit.*, p. 79; SAYAGUÉS LASO, Enrique, *Tratado de Derecho Administrativo*, *cit.*, t. I, p. 187. La relación orgánica suele ser distinguida de la relación de servicio. En la primera, la persona física titular del órgano actúa en la organización, identificándose con ella, mientras que en la relación de servicio el agente público es titular de derechos y obligaciones (*v.gr.*, derecho al sueldo, a la carrera, etc.) entablándose una relación jurídica de tipo inter-subjetiva.

[617] CASSAGNE, Juan Carlos, *El acto administrativo*, 2ª ed., Abeledo-Perrot, Buenos Aires, 1981, p. 112.

persona jurídica pública estatal de que se trate, ya que no cabe, en virtud de él, admitir la existencia de voluntades contrapuestas (al menos en la llamada administración activa). De lo contrario, no tendría sustento el poder jerárquico que tiende precisamente a brindar unidad al poder que el Estado ejerce a través de sus órganos al realizar la función administrativa.

Las relaciones inter-orgánicas se clasifican de distinta forma según que sean: a) de colaboración (*v.gr.*, propuestas); b) de conflicto (*v.gr.*, cuestiones de competencias positivas o negativas); c) de jerarquía (*v.gr.*, órdenes); d) consultivas (*v.gr.*, pareceres o dictámenes de los servicios jurídicos permanentes); y e) de control (*v.gr.*, observaciones de la Sindicatura General de Empresas Públicas).

La juridicidad que posee este tipo de relaciones hace que se les apliquen, en principio, en forma supletoria o analógica, según sea el caso, los principios y normas que rigen para el acto administrativo, aun cuando ostentan un régimen jurídico peculiar que justifica su encuadre diferenciado[618].

5. DISTINTOS CRITERIOS PARA CLASIFICAR LOS ÓRGANOS

En esta materia, la doctrina ha elaborado una completa gama de clasificaciones[619] cuya utilidad práctica y teórica es muy relativa, razón por la cual haremos una síntesis de los criterios clasificatorios que resultan básicos, los que se centran en dos grandes grupos que responden a la consideración de la estructura de los órganos, o bien, que tienen en cuenta la actividad o función que ellos llevan a cabo.

A. Clasificación según la estructura del órgano

Dentro de este criterio clasificatorio, los órganos se distinguen, en mérito a su origen, en órganos constitucionales, que son aquellos previstos en la Carta Fundamental (*v.gr.*, el Presidente de la República, los ministros, etc.), y órganos meramente administrativos, que no nacen de la Constitución sino de normas de inferior jerarquía (*v.gr.*, una Dirección General en un Ministerio).

Ateniéndonos a su integración, los órganos se clasifican en unipersonales o pluripersonales, según que tengan como titular a una o a varias personas físicas (órganos colegiados o pluripersonales)[620].

La voluntad del órgano colegiado se forma a través de un proceso que se compone de varias etapas, que hacen a la convocatoria, a la deliberación y a la decisión o resolución.

---

[618] CASSAGNE, Juan Carlos, *Derecho Administrativo*, t. II, 6ª ed., Buenos Aires, 1998, p. 61.

[619] VILLEGAS BASAVILBASO, Benjamín, *Derecho Administrativo*, t. II, TEA, Buenos Aires, 1950, ps. 549 y ss., especialmente p. 115.

[620] PRAT, Julio A., *Derecho Administrativo*, cit., t. II, p. 181. Apunta este autor que "la actuación del órgano unipersonal no ofrece problemas mayores, ya que la voluntad de éste se confunde con la del órgano, debidamente documentada. No sucede lo mismo con los órganos colegiados en que la voluntad de éste se forma con la concentración de voluntades individuales de sus componentes. Para poder accionar el órgano, es necesario observar ciertas reglas de procedimiento que permitan imputar las voluntades individuales de los integrantes a la de dicho órgano". El órgano colegiado debe contar, como mínimo, con tres miembros.

Como el funcionamiento del órgano colegiado requiere la presencia simultánea de los miembros del colegio para poder deliberar, y dado que este tipo de organización actúa de un modo intermitente, se requiere que sus integrantes sean convocados mediante una comunicación que les haga saber la fecha, hora y lugar en que se realizarán las reuniones. En principio, la convocatoria es decidida por quien preside el órgano, salvo que la decisión surja de un número determinado de sus miembros, en cuyo caso quien ejerce la dirección del órgano está obligado a convocarlo[621].

Antes de adoptarse la decisión, el *collegium* debe constituirse y deliberar. La constitución del órgano colegiado requiere la concurrencia de un determinado número de integrantes (*quórum estructural*)[622], que puede ser igual o distinto del número que se requiere para funcionar (*quórum funcional*).

Los temas que vayan a tratarse en la reunión a que se convoque deben hallarse expuestos en el "orden del día", aceptándose que éste no sea necesario cuando el órgano colegiado tuviera un objeto fijo (*v.gr.*, comisión asesora de un concurso)[623]. La violación de este principio da lugar a la invalidez de la decisión; cuando el órgano puede ser objeto de una nueva convocatoria con el mismo objeto, para su ratificación o no, el defecto o vicio será, en tal caso, de nulidad relativa.

Una vez realizada la deliberación, corresponde que los miembros del colegio adopten la decisión, para lo cual se requiere el número de votos que determine cada reglamento o estatuto. A falta de texto expreso, las decisiones del órgano colegiado se adoptan por mayoría absoluta[624], es decir, la mitad más uno de los miembros presentes.

En el cómputo del quórum que debe existir en el instante de la decisión, se considera incluido el miembro que se hubiera abstenido de votar, siempre que esa abstención sea facultativa, aun cuando no permanezca en el recinto de sesiones[625].

La decisión comporta, de suyo, un acto, que tendrá naturaleza inter-orgánica cuando produzca efectos para la Administración en el ámbito interno, mientras que si produce efectos directos respecto de los administrados, será un acto administrativo.

Los miembros del colegio que votaron afirmativamente la decisión son responsables por las consecuencias jurídicas que de ella puedan resultar, responsabilidad que desde luego no se extiende a quienes votaron en contra, se abstuvieron o estuvieron ausentes en la reunión.

---

[621]   MARIENHOFF, Miguel S., *Tratado de Derecho Administrativo, cit.*, t. I, p. 120.

[622]   No habiendo norma que rija el quórum debe entenderse que éste requiere la mitad más uno de los componentes del colegio (DIEZ, Manuel M., *Derecho Administrativo*, t. I, Bibliográfica Omeba, Buenos Aires, 1963, p. 201).,

[623]   *Cfr.* MARIENHOFF, Miguel S., *Tratado de Derecho Administrativo, cit.*, t. I, ps. 121/122. Se acepta, en general, que por decisión unánime de los componentes del colegio pueda apartarse el órgano del orden del día.

[624]   VILLEGAS BASAVILBASO, Benjamín, *Derecho Administrativo, cit.*, t. II, p. 277.

[625]   MARIENHOFF, Miguel S., *Tratado de Derecho Administrativo, cit.*, t. I, ps. 123 y ss., especialmente p. 125.

El criterio estructural también permite clasificar a los órganos en simples y complejos. Se entiende por órgano simple aquel que está integrado por un solo órgano, ya sea unipersonal o colegiado: en cambio, el órgano complejo se caracteriza por hallarse constituido por dos o más órganos, siendo indiferente que sean unipersonales o colegiados[626].

B) Clasificación según la función que cumple el órgano

Si se tiene en cuenta la naturaleza de la actividad que llevan a cabo, los órganos se pueden clasificar en:

1. órganos activos, que son aquellos que emiten y ejecutan los actos administrativos, es decir, ejercen la facultad de crear situaciones jurídicas objetivas o subjetivas respecto de los administrados aplicando las normas del ordenamiento jurídico;

2. órganos consultivos, cuya función se cumple a través de actos internos o inter-orgánicos de asesoramiento a la administración activa. Se trata de órganos que carecen de facultades decisorias, expresándose a través de informes, pareceres, o dictámenes que, por principio, no poseen fuerza vinculatoria;

3. órganos de contralor, que realizan una actividad de vigilancia o control sobre los actos que producen los órganos activos, el cual puede ser previo (*v.gr.*, la autorización) o practicarse *a posteriori* (*v.gr.*, la aprobación).

6. LA CONCEPCIÓN DE LA PERSONA MORAL. LA PERSONALIDAD DEL ESTADO: SU NATURALEZA JURÍDICA

La idea de la personalidad, si bien tiene su raíz en la naturaleza social del hombre, no se perfiló técnicamente sino hasta una época relativamente cercana. En Roma, hasta el advenimiento del Imperio, se conocieron tan sólo algunos vestigios de lo que hoy se conoce como persona moral o jurídica, como era la idea de poder público que durante el gobierno republicano recibía la denominación de *Senatus populusque romanus*, noción que aludía al poder de mando, antes que a un ente colectivo, titular de derechos y obligaciones.

En general, suele reconocerse que el fenómeno de la personalidad moral aparece con motivo de la necesidad de dar cierto poder de actuación a las ciudades que, habiendo sido vencidas en las guerras contra los romanos, utilizaron el *ius singulorum* para regir los actos de naturaleza patrimonial que podían llevar a cabo en la gestión de los intereses de cada comunidad. Esta forma embrionaria de la personalidad moral se extendió más tarde progresivamente a diversas asociaciones intermedias, tales como los colegios de funcionarios públicos, los colegios sacerdotales y funerarios y aun hasta las sociedades mercantiles que tenían por objeto el aprovechamiento de las minas o la recaudación de tributos. A su vez, la teoría de la fundación, de gran arraigo durante el cristianismo, constituyó un valioso aporte en el camino hacia el reconocimiento de la personalidad moral.

La aparición de la teoría del fisco – cuyo desarrollo se consolida en el llamado Estado-policía– fue un recurso técnico que hizo posible el sometimiento de la ac-

---

[626] PRAT, Julio A., *Derecho Administrativo, cit.*, t. II, p. 184.

tuación estatal al Derecho, sobre la base de reconocer que una porción de los actos del Estado no se distinguían – por su naturaleza– de los actos que llevaban a cabo los individuos. De allí que, partiendo de esa premisa, se postuló la aplicación a esos actos del régimen de Derecho Privado y consecuentemente fue admitida – mediante ese procedimiento técnico– la demandabilidad del Estado, ya que él mismo, a través del fisco, podía ser demandado ante los tribunales[627].

Pero esta doctrina, que se adelantó al reconocimiento de la personalidad moral del Estado, dejaba sin someter a los tribunales toda la porción de actos estatales vinculados con el ejercicio del poder público, especialmente aquellas prerrogativas que ponían en juego la autoridad frente a la libertad de los particulares. De ese modo, cuando el Estado expropiaba o imponía mandatos que generaban daños en el patrimonio de los particulares, aparecía la obligación del fisco de indemnizar el perjuicio, conforme a los principios y normas del Derecho Civil[628].

Al someterse luego los actos de poder público también al Derecho, el arraigo que había tenido la doctrina del fisco provocó el nacimiento de la teoría de la doble personalidad del Estado, de la cual nos hemos ocupado *ut supra* según que éste actuara en el campo de la gestión patrimonial o en el ejercicio de actos de imperio. Esta tesis está hoy prácticamente abandonada por la doctrina moderna, la que sostiene la configuración de una personalidad unitaria del Estado, si bien se admite que éste puede tener aptitud para actuar indistintamente, en el campo del Derecho Público (que es su actuación propia y natural) o en el campo del Derecho Privado (cuando actúa por el principio de la subsidiariedad o realiza actos típicamente patrimoniales sobre su dominio privado).

El reconocimiento de la personalidad moral del Estado hace que sea prácticamente total el sometimiento de la actividad estatal a reglas jurídicas y, al par de admitir la posibilidad de que como sujeto de derecho sea titular de derechos y obligaciones, ha permitido sustentar la demandabilidad del Estado, llevando a las personas jurídicas públicas estatales ante la justicia, promoviendo la nulidad de las actuaciones ilegítimas o arbitrarias y haciendo efectiva la responsabilidad, tanto por su actividad ilícita como por la actividad lícita, cuando hubiera provocado perjuicios en el patrimonio de los particulares.

---

[627] MAYER, Otto, *Derecho adminitrativo alemán*, t. I, trad. del original francés (París, 1903), Depalma, Buenos Aires, 1949, ps. 59 y ss.

[628] Dice Mayer que "cuando el Estado obra como un particular, cuando compra, vende, presta o toma prestado, recibe o hace donaciones, no parece difícil someterlo a las reglas del Derecho Civil; él no manda, se exhibe simplemente del lado de sus intereses pecuniarios, como nosotros decimos, y por eso 'se somete al Derecho Civil'. Pero si, por el contrario, procede a impartir órdenes y a ejercer el poder público, entonces no corresponde aplicar el Derecho Civil. En efecto, sería necesaria más buena voluntad de la que pueda tener un jurista para hallar en estas órdenes su aspecto de intereses pecuniarios y para imaginar, de parte del que ordena, la consiguiente sumisión al Derecho Civil... Sólo la antigua doctrina del fisco ha permitido atribuir, sin desmedro de la lógica, algunos efectos de Derecho Civil a los actos de poder público. Por supuesto, no es sobre el mismo Estado que recaen los efectos: es sobre el fisco que está colocado a su lado; el fisco no figura en el acto que ordena; no existe, pues, contradicción en hacerlo obligar civilmente" (*Cfr.* MAYER, Otto, *Derecho Administrativo alemán, cit.*, t. I, p. 64).

No vamos a ocuparnos aquí – por ser demasiado conocidas– de las diferentes teorías que pretenden explicar la naturaleza jurídica de la personalidad del Estado. Superadas, entre otras, la teoría de la ficción (que intenta explicar la actuación de las personas morales como si fueran personas físicas), las teorías organicistas (que conciben a las personas jurídicas como un organismo con actos volitivos similares a los individuos) y no pudiéndose admitir la negación de la personalidad del Estado (que acepta en la versión de Duguit sólo la presencia de voluntades particulares amparadas por el derecho objetivo), por cuanto resulta contradictorio que se admita la existencia de derechos y obligaciones sin un sujeto que sea titular de la relación jurídica, se hace necesario acudir a la realidad social para explicar la personalidad de las personas morales[629].

En ese sentido, es la teoría de la institución – concebida como un organismo que posee fines e instrumentos propios, para ejercitarlos de modo que superen en poder y duración a las personas físicas que la integran– la que proporciona la explicación más adecuada acerca del origen, funcionamiento y extinción de las personas morales. De esa manera, las personas jurídicas no resultan una creación del legislador sino una realidad social que el Derecho Positivo no puede avasallar y que el Estado está obligado a respetar, en tanto cumplan con los fines que desarrollan las instituciones, las cuales deben armonizar y encuadrarse en el bien común, máxime cuando se trata de personas jurídicas públicas de carácter estatal.

Los elementos que integran la institución son: a) una idea-fuerza, que ha sido definida como una idea de obra o de empresa; una idea objetiva, dinámica y práctica que constituye el centro vital de la institución y que congrega las voluntades de sus miembros; b) un poder organizado al servicio de esa idea que adopte y coordine los instrumentos que conducen a la realización del fin u objetivo propuesto; y c) la adhesión de los miembros de la institución a la idea, que es lo que provoca la participación y cooperación en la obra común, al propio tiempo que induce a la incorporación de nuevos miembros.

El Estado concebido como persona moral o jurídica es la institución por excelencia, perfecta y soberana, producto de la sociabilidad natural, en la cual desempeñan un papel importante los acontecimientos históricos, las tradiciones y las costumbres[630].

Como toda persona jurídica, el Estado se halla limitado por el principio de la especialidad, en cuya virtud no pueden los órganos realizar actividades que no estén relacionadas con el fin u objeto de la institución. Este principio recibe variadas aplicaciones: una de ellas – por ejemplo– prohíbe a las personas públicas

---

[629] HAURIOU, Maurice, *La teoría de la institución y la fundación*, trad. del francés, Abeledo-Perrot, Buenos Aires, 1968, p. 75.

[630] RENARD, Georges, *La théorie de l'institution*, París, 1930, p. 188. Enseña este autor – continuador de la concepción institucional expuesta por Hauriou– que el acto de fundación, todo lo oscuro que se quiera, está al comienzo de la misma Nación como de toda otra institución; la humanidad ha sido fundada por Dios y las naciones han sido fundadas por los hombres bajo el doble impulso de la naturaleza humana y los acontecimientos históricos.

estatales aceptar donaciones o legados que les obliguen a realizar actividades ajenas a su especialidad[631].

7. EL CONCEPTO DE PERSONA Y SU CLASIFICACIÓN EN EL CÓDIGO CIVIL

El desarrollo del concepto jurídico de "persona" y sus distintas especies hace necesario recurrir a las normas que, sobre el particular, prescribe el Código Civil, las cuales son de aplicación directa al caso, en razón de su naturaleza, ya que todo lo atinente a la regulación de la condición jurídica de las personas es materia de dicho cuerpo normativo[632].

De un modo general, según resulta del art. 30, CCiv., el concepto de persona se expresa como todo ente con aptitud para adquirir derechos y contraer obligaciones.

Las personas admiten una primera gran división:

a) de existencia visible o personas naturales: todo hombre (arts. 31 y 51, CCiv.); y

b) de existencia ideal o personas morales: agrupaciones de personas cuya aptitud para adquirir derechos y contraer obligaciones (personalidad) es "reconocida" por la norma (art. 32, CCiv.)[633].

A su vez, las personas de existencia ideal se clasifican en:

a) personas jurídicas (arts. 33 y 34, CCiv.), de carácter público (art. 33, 1ª parte) o de carácter privado (art. 33, 2ª parte); y

---

[631] VEDEL, Georges, *Droit Administratif*, Presses Universitaires de France, París, 1968, p. 560. Cabe anotar que Vedel propicia la vigencia del principio de la especialidad para las personas morales o jurídicas, con excepción del Estado, postura que no compartimos, ya que si bien el Estado es la comunidad soberana y perfecta no se halla fuera del orden jurídico. Por ello, dado que el principio de la especialidad está consagrado la más de las veces en el ordenamiento jurídico, este "bloque de legalidad" implica una autolimitación y sometimiento al Derecho y debe reconocerse, sin perjuicio de la potestad que posee el Estado para modificar el ordenamiento jurídico. Cuando ese principio proviene del Derecho Natural, recibe el nombre de principio de la subsidiariedad, el cual justifica y legitima la actuación del Estado en campos que no le son propios o bien, le impide actuar en aquellos ámbitos en que los particulares y asociaciones intermedias puedan intervenir con mayor acierto y eficacia.

[632] CASSAGNE, Juan Carlos, *El acto administrativo, cit.*, p. 50.

[633] *Cfr.* BORDA, Guillermo A., *Tratado de Derecho Civil. Parte general*, t. I, 6ª ed., Perrot, Buenos Aires, 1976, ap. 223, ps. 243 y ss., y ap. 621, ps. 560 y ss. Expresa este autor que "la persona natural es el hombre... la persona no nace porque el Derecho Objetivo le atribuya capacidad para adquirir derechos y contraer obligaciones, sino que le reconoce esa capacidad porque es persona... Aun en las personas jurídicas el destinatario último y verdadero de los derechos y obligaciones es el hombre, porque el derecho no se da sino entre hombres... No se trata de creaciones arbitrarias de entidades ficticias, sino de realidades humanas (el hombre como ser eminentemente social) que el legislador no puede desconocer sin entrar en colisión con el derecho natural" (teoría realista de la personalidad); *Cfr.* LLAMBÍAS, Jorge J., *Tratado de Derecho Civil. Parte general*, t. I, Buenos Aires, 1967, ps. 242 y ss.; SAYAGUÉS LASO, Enrique, *Tratado de Derecho Administrativo*, t. I, 4ª ed., Montevideo, 1974, ps. 155 y ss.

b) personas de existencia ideal propiamente dichas, o simples asociaciones civiles o religiosas (art. 46, CCiv.).

En nuestra opinión, luego de la sanción de la ley 17.711, "personas de existencia ideal" es una expresión genérica que comprende a las personas jurídicas de los arts. 33 y 34, CCiv. – públicas y privadas con autorización o no del Estado– y a las de existencia ideal propiamente dichas o simples asociaciones del art. 46 de dicho Código[634].

En consecuencia, conforme a los preceptos del Código Civil, dentro de las personas de existencia ideal o personas morales, serán personas jurídicas públicas: 1) el Estado nacional; 2) las provincias; 3) los municipios; 4) las entidades autárquicas; 5) la Iglesia Católica; mientras que tendrán condición de personas jurídicas privadas las siguientes: 1) las asociaciones; 2) las fundaciones; 3) las sociedades civiles; 4) las sociedades comerciales, y 5) otras entidades que no requieran autorización estatal.

En lo que concierne al reconocimiento como personas de Derecho Público que formula el Código Civil, con respecto al Estado nacional, provincias y entidades autárquicas (art. 33) corresponde precisar algunas aclaraciones indispensables para la comprensión del fenómeno de la personalidad estatal. Así, en el plano público externo o de la comunidad internacional la actuación estatal se singulariza en una sola persona: el Estado federal (el Estado argentino o "Nación Argentina", como lo denomina la Constitución). En el ámbito del Derecho interno, la personalidad jurídica estatal aparece atribuida a varias personas jurídicas públicas: Estado nacional, provincias, municipalidades, entidades autárquicas institucionales, empresas del Estado, etcétera, cada una de las cuales entra en vinculación con los particulares como sujeto de Derecho.

---

[634] Adviértase que el art. 31, CCiv., admite sólo dos posibilidades genéricas: "las personas son de una existencia ideal o de una existencia visible". Y toda vez que en el art. 46 se reconoce que las simples asociaciones civiles o religiosas – que no tienen existencia legal como persona jurídica– son sujetos de Derecho (es decir, personas), parece lógico su encuadramiento como personas ideales propiamente dichas. Acorde con la interpretación expuesta, cabe señalar, además, que el art. 45, CCiv., se refiere sólo a las personas jurídicas que requieren expresa autorización del Estado para funcionar, no teniendo aplicación respecto de las sociedades civiles y comerciales que no la requieran (art. 33, 2ª parte, inc. 2º), que se rigen, en cuanto a su constitución y funcionamiento, por las pertinentes normas civiles (Libro II, Secc. III, Tít. VII del CCiv.) o comerciales (Libro II, Tít. III, texto de las leyes 19.550 y 19.880); BORDA, Guillermo A., *Tratado de Derecho Civil...*, *cit.*, t. I, ap. 623, ps. 568 y ss., sostiene que en la doctrina más corriente y en la jurisprudencia "personas de existencia ideal" y "personas jurídicas" se usan indistintamente y designan un mismo concepto y que esta terminología ha concluido por imponerse definitivamente en la nueva redacción del art. 33, que involucra bajo la denominación de personas jurídicas a todos los entes que no son personas humanas, excepción de las simples asociaciones del art. 46, respecto de las cuales, estima, conviene reservar el nombre de personas de existencia ideal; en contra, LLAMBÍAS, Jorge J., *Tratado de Derecho Civil. Parte general*, *cit.*, t. II, ap. 1089 bis, p. 34.

8. PERSONAS JURÍDICAS PÚBLICAS Y PRIVADAS. CRITERIOS DE DISTINCIÓN

En virtud de que el art. 33, CCiv., sólo contiene una enumeración de personas jurídicas públicas y privadas, resulta necesario precisar cuál es el criterio de distinción entre ambas categorías.

Cabe señalar que son varios los criterios elaborados por la doctrina nacional y extranjera, cuya importancia práctica es indudable, en atención al diferente régimen, predominantemente público y privado, aplicable a dichas categorías, según la naturaleza jurídica que corresponde aplicar en cada caso.

Los principales criterios tienen en cuenta estos aspectos:

A) La creación estatal del ente

Se sostiene que, como principio, los entes públicos son creados por el Estado, en tanto que los privados lo son por los particulares, aun cuando su voluntad requiera ser integrada por el reconocimiento estatal. La excepción a esta regla la constituiría la Iglesia[635].

Este criterio, aunque indicativo en algunos casos, resulta insuficiente, atento a la posible existencia de entidades públicas no creadas por el Estado y de entidades privadas creadas por éste[636]. Estas últimas, no sólo en el Derecho Comparado sino también en nuestro Derecho, si se acepta la creación de entidades del Estado, con personería jurídica del Derecho Privado.

B) El fin público

Según este criterio son personas jurídicas públicas las que persiguen un fin público, o de interés público o de utilidad general, en tanto que las personas jurídicas privadas persiguen fines privados, de interés o utilidad particular[637].

Esta postura, si bien resulta también insuficiente, dado que hay personas privadas, como las fundaciones, que persiguen fines de interés público, proporciona una pauta importante a los efectos de decidir el encuadramiento del ente. Adviértase que, no obstante, según las épocas y los lugares, varían los fines que pueden considerarse de interés público pero, ante el caso concreto, no es tan difícil su distinción con los fines o intereses puramente particulares, presentes en las entidades privadas.

---

[635] Entre nuestros civilistas: BORDA, Guillermo A., *Tratado de Derecho Civil...*, *cit.*, t. I, ap. 624, ps. 570 y ss.; SPOTA, Alberto G., *Tratado de Derecho Civil*, t. I, vol. 3, nro. 1310, Depalma, Buenos Aires, 1963, ap. d), p. 132.

[636] GARRIDO FALLA, Fernando, *Tratado de Derecho Administrativo*, t. I, 7ª ed., Centro de Estudios Constitucionales, Madrid, 1980, p. 361; MARIENHOFF, Miguel S., *Tratado de Derecho Administrativo*, *cit.*, t. I, ps. 368 y ss.

[637] Algunos autores señalan la coincidencia con los fines esenciales del Estado, criterio que resulta criticable teniendo en cuenta la existencia de entidades públicas no estatales. Así, Zanobini, si bien distingue la situación de la Iglesia Católica, señalando que el Estado reconoce simplemente a los entes públicos de la Iglesia con los mismos caracteres que tienen en el ordenamiento del cual forman parte de manera inmediata (ZANOBINI, Guido, *Curso de Derecho Administrativo*, t. I, trad. del italiano, Arayú, Buenos Aires, 1954, ps. 151 y ss.).

C) La existencia de prerrogativas de poder público

Conforme con esta tesis, los entes públicos se caracterizan por el ejercicio de prerrogativas de poder público, de las cuales no gozan las entidades privadas. Así, por ejemplo, la facultad de recabar contribuciones o de imponer la asociación compulsiva de los miembros de una determinada profesión u oficio o la obligación de contribuir a la formación de su patrimonio (*v.gr.*, el Colegio Público de Abogados de la Capital Federal creado por ley 23.187).

Si bien es cierto que el principio señalado tiene aplicación en un gran número de supuestos, éste no es absoluto, ya que pueden existir entidades privadas con prerrogativas de poder público (*v.gr.*, concesionarios de servicios públicos), y entidades públicas sin esas prerrogativas (caso de algunas que cumplen fines comerciales)[638].

D) El grado de control estatal

La distinción se apoya en el tipo o grado de vigilancia que el Estado ejercite sobre el ente. En razón de la importancia o fuerza de este contralor, la entidad será pública o privada[639].

Es éste otro elemento de juicio importante para decidir el carácter del ente. No obstante advertirse que el mayor o menor control es consecuencia y no causa de la naturaleza de la entidad[640], lo cierto es que, ante una determinada regulación legal, esta circunstancia dará una pauta de aquélla.

Luego del análisis realizado cabe concluir que los distintos criterios expuestos, aunque insuficientes de por sí, suministran – en conjunto– importantes elementos de valoración para llegar a caracterizar a una persona jurídica como pública o privada[641]. Sin desconocer, por cierto, que en primer término, habrá que atenerse a la norma contenida en el art. 33, CCiv.il.

---

[638]   *Cfr.* GARRIDO FALLA, Fernando, *Tratado de Derecho Administrativo, cit.*, ps. 360/361; MARIENHOFF, Miguel S., *Tratado de Derecho Administrativo, cit.*, p. 368-369.

[639]   GARRIDO FALLA, Fernando, *Tratado de Derecho Administrativo, cit.*, p. 363, atribuye gran importancia a este principio, aunque corresponde hacer la salvedad de que, en su postura, no quedan diferenciadas las entidades públicas estatales y no estatales, ya que, ante todo, sostiene que son entidades públicas las encuadradas en la organización estatal.

[640]   MARIENHOFF, Miguel S., *Tratado de Derecho Administrativo, cit.*, t. I, p. 368.

[641]   MARIENHOFF, Miguel S., *Tratado de Derecho Administrativo, cit.*, t. I, ps. 377 y ss. Sostiene este autor "que los datos que revelarán que un ente actúa bajo el Derecho Público y que dispone de prerrogativas de poder público deben responder al siguiente criterio: a) obligación del ente hacia el Estado de cumplir con sus fines propios, que han de ser de 'interés general', pero sin que sea necesario que coincidan en todo o en parte con los fines específicos del Estado; b) otorgamiento al ente de ciertos derechos de poder público; c) control constante del Estado sobre el ente; d) la creación del ente no es indispensable que provenga del Estado; e) el patrimonio de la entidad puede pertenecer total o parcialmente a las personas que la integran". Un criterio similar adopta Gordillo (GORDILLO, Agustín A., *Tratado de Derecho Administrativo*, t. I, 3ª ed., Macchi, Buenos Aires, 1995, p. XIV-10 y ss.).

9. PERSONAS PÚBLICAS ESTATALES Y NO ESTATALES. PRINCIPA-LES CONCEPCIONES FORMULADAS PARA ASIGNAR CARÁCTER ESTATAL A UNA ENTIDAD

La elaboración doctrinaria de esta clasificación pertenece a Sayagués Laso, quien sostuvo que: "además de las personas públicas territoriales clásicas... existe un conjunto de personas jurídicas... que no pueden considerarse privadas, con características muy diversas:

"a) el mayor número de dichas personas jurídicas son indudablemente estatales, en el sentido de que integran la organización jurídica de la Nación. Su patrimonio pertenece a la colectividad y los fines que cumplen son propios de ésta...;

"b) pero, además de estas entidades, existen otras personas colectivas que indudablemente no son estatales, que no pertenecen a la colectividad ni integran la Administración Pública, sea porque el legislador las creó en ese carácter, sea porque su propia naturaleza resulta incompatible con la calidad estatal. No obstante, dichas instituciones, en todo o en parte, se regulan por normas de Derecho Público..."[642].

Frente al concepto tradicional o clásico que identificaba entidad pública con entidad estatal, se reconoce actualmente la existencia de entidades públicas no estatales[643].

Aunque nuestro Código Civil no reconoció – no obstante la reforma de 1968– en forma expresa esta clasificación, cabe concluir que no la excluye, desde el momento en que menciona a la Iglesia entre las personas jurídicas públicas, es decir, como persona jurídica pública que no es estatal.

En cuanto a los criterios de diferenciación entre ambas categorías, expuestos por nuestra doctrina, pueden señalarse:

A) Satisfacción de fines específicos del Estado

Se ha sostenido que una persona pública ha de ser tenida por persona "estatal", vale decir, encuadrada en la organización estatal, cuando concurran, en forma conjunta o separada, los siguientes elementos: "1°) Potestad de imperio ejercida en nombre propio para el cumplimiento total de su actividad; 2°) Creación directa del ente por el Estado; 3°) Obligación del ente, para con el Estado, de cumplir sus fines propios; 4°) Tutela o control del Estado sobre el ente, a efectos de asegurar que éste cumpla con sus fines; 5°) Satisfacer fines específicos del Estado y no fines comerciales o industriales..."[644].

Si se compara esta enunciación con la de los elementos que se estima pueden caracterizar como pública a una entidad[645], resulta que, para esta doctrina, la verda-

---

[642] SAYAGUÉS LASO, Enrique, Tratado de Derecho Administrativo, cit., t. I, ps. 173 y ss. Esta distinción había sido advertida por Michoud, en la doctrina francesa.

[643] Cfr. Dictámenes 3:9 y ss., 5:30 y ss. Un análisis sobre distintos casos concretos de entes públicos no estatales puede verse en IVANEGA, Miriam M., Principios de la Administración Pública, Ábaco, Buenos Aires, 2005, ps. 111 y ss.

[644] MARIENHOFF, Miguel S., Tratado de Derecho Administrativo, cit., t. I, ps. 376 y ss.

[645] MARIENHOFF Miguel S., Tratado de Derecho Administrativo, cit., t. I, p. 379.

dera distinción radica en la finalidad perseguida por el ente, ya que las entidades públicas estatales son las que satisfacen fines específicos del Estado y no fines comerciales o industriales, mientras que las otras entidades públicas – no estatales- basta que cumplan fines "de interés general", sin que sea necesario que coincidan en todo o en parte con los fines específicos del Estado.

En realidad, el criterio de la finalidad específica del Estado, considerado como opuesto a la actividad industrial o comercial, no puede erigirse en una condición *sine qua non* para atribuir carácter estatal a una entidad, porque tal criterio puede no guardar correspondencia con las circunstancias que puede generar la intervención del Estado, que lo han llevado muchas veces a encarar la realización de actividades reservadas tradicionalmente a la iniciativa de los particulares[646].

B) Capital estatal

En un enfoque doctrinario diferente se arguye que el carácter estatal del ente radica en que el capital sea íntegramente de propiedad estatal[647].

Este criterio resulta, con relación a las personas jurídicas públicas, cuanto menos, impreciso, teniendo en cuenta la dificultad para caracterizar como estatal el capital de la entidad y las posibles transferencias accionarias que puedan realizarse durante la vida de la entidad cuando se trata de una sociedad anónima, lo cual supone la configuración de un régimen cambiante e inorgánico. Por lo demás, no es un criterio suficiente de distinción, si se advierte que un mismo procedimiento de integración de capital o de provisión de los recursos puede darse en entidades públicas y privadas. En tal sentido, a título ejemplificativo, puede señalarse que si bien es cierto que, en general, el capital de las personas públicas no estatales se integra fundamentalmente con aportaciones directas o indirectas de las personas que están afiliadas o incorporadas a ellas, no lo es menos que si tales entidades – no obstante esa circunstancia– se encuentran en la Administración Pública, constituyen entes estatales. Tal era el caso de las Cajas Nacionales de Previsión[648].

---

[646] CASSAGNE, Juan Carlos, "Las entidades estatales descentralizadas y el carácter público o privado de los actos que celebran", LL 143-1172 y ss.; GORDILLO, Agustín A., *Empresas del Estado*, Ediciones Macchi, Buenos Aires, 1966, ps. 39 y ss.

[647] Es el criterio que propugna Gordillo (GORDILLO, Agustín A., *Tratado de Derecho Administrativo, cit.*, t. I, p. XIV-13-16); anteriormente había sostenido este autor que "como excepción creemos que puede admitirse que si una entidad pertenece en su casi totalidad al Estado, pero hay un pequeño aporte de capital privado de tan poca magnitud como para poder ser considerado meramente formal, deba considerársela, a pesar de todo, estatal; ello por el aludido carácter formal más que intrínseco de la participación no estatal" (*Cfr. Empresas del Estado, cit.*, p. 45).

[648] Ver leyes 18.257 y 18.290. Dictámenes 5:30 y ss.

C) Encuadramiento del ente en la Administración Pública

En nuestra opinión, las personas jurídicas públicas son o no estatales según que pertenezcan o no a los cuadros de la Administración Pública, conforme a las normas vigentes sobre organización administrativa[649].

A los efectos de verificar dicho encuadramiento será fundamental analizar la naturaleza de las relaciones o vínculos que ligan a la entidad con la Administración central y la amplitud de la injerencia o control de ésta sobre aquélla[650].

Completando dicho criterio básico, puede señalarse que esas entidades ineludiblemente han de ser creación estatal, deben perseguir fines de bien común y, en principio, gozan de ciertas prerrogativas de poder público, además de hallarse sujetas a un control estatal de cierta intensidad.

10. El carácter público o privado de los actos que celebran las entidades estatales

Un sector de la doctrina ha venido negando la existencia de la categoría de "actos privados" de la Administración.

Se funda tal postura en que ciertos elementos del acto, como la competencia del sujeto o del órgano administrativo, siempre aparecerían reglados por el Derecho Público. Y en que, por otra parte, la superación de la teoría de la doble personalidad del Estado deja sin fundamento tal clasificación, porque el Derecho Administrativo debe regir y aplicarse para todos los actos que sean producto de la función administrativa estatal[651].

A nuestro juicio, debe reputarse acertada – cualquiera fuera la denominación que se utilice– la posición de quienes aceptan la existencia de esta categoría de actos, a los cuales se aplica en forma prevaleciente el Derecho Civil o Comercial[652].

---

[649] CASSAGNE, Juan Carlos, "Las entidades estatales descentralizadas y el carácter público o privado de los actos que celebran", cit., LL 143-1172 y ss.

[650] CASSAGNE, Juan Carlos, "Condición y régimen jurídico de la Empresa Ferrocarriles Argentinos", ED 31-1048, Dictámenes 3:9 y ss., con relación al Departamento de Obra Social; 5:30 y ss., respecto del Instituto de Servicios Sociales para el Personal de la Industria de la Carne y Afines; y dictamen del 2/9/1971, relativo al Instituto Nacional de Servicios Sociales para Jubilados y Pensionados.

[651] Cfr. SAYAGUÉS LASO, Enrique, Tratado de Derecho Administrativo, cit., t. I, p. 387; FIORINI, Bartolomé, A., Teoría jurídica del acto administrativo, Abeledo-Perrot, Buenos Aires, 1969, p. 38, y Manual de Derecho Administrativo, t. I, La Ley, Buenos Aires, 1968, p. 277; GORDILLO, Agustín A., El acto administrativo, 2ª ed., Abeledo-Perrot, Buenos Aires, 1969, p. 67 y Tratado de Derecho Administrativo, cit., t. III, 5ª ed., Fundación de Derecho Administrativo, Buenos Aires, 2000.

[652] LAUBADÈRE, André de, Traité Élémentaire de Droit Administratif, t. I, ps. 302 y ss.; RIVERO, Jean, Droit Administratif, p. 98; BENOIT, Francis Paul, Le Droit Administratif Français, Dalloz, París, 1968, p. 586; BREWER CARÍAS, Allan R., Las empresas públicas en el Derecho Comparado, Universidad Central de Venezuela, Facultad de Derecho, Caracas, 1967, ps. 56, 57 y 72, con particulares referencias a la doctrina comparada. Cfr. Fallos, 254:585; 270:446, entre otros.

Ello, por cuanto la cuestión esencial en esta materia no se centra tanto en el hecho de que algunos elementos del acto aparezcan reglados por el Derecho Administrativo y el objeto por el Derecho Privado, como en la configuración de un régimen jurídico distinto, caracterizado por la ausencia de prerrogativas públicas en el acto privado de la Administración (al menos en principio), y en la aplicación directa del Código Civil o Comercial para reglar el contenido y forma del acto.

Por lo demás, el abandono de la tesis de la doble personalidad del Estado no conduce necesariamente a la desaparición de ambas categorías de actos (actos civiles de la Administración y actos administrativos), puesto que el reconocimiento de una sola personalidad estatal admite la posibilidad de que el Estado o sus entes actúen en el campo del Derecho Privado, en forma similar a lo que acontece respecto de las personas jurídicas privadas, que pueden celebrar indistintamente tanto contratos civiles como administrativos, sin desdoblar su personalidad[653]. De este tema nos ocuparemos al tratar la teoría de los actos estatales, regidos en parte por el Derecho Administrativo y parcialmente por el Derecho Privado[654].

11. ENTIDADES PÚBLICAS NO ESTATALES. CARACTERES GENERALES

Las personas públicas no estatales no integran la estructura estatal y no pertenecen a la Administración Pública, pudiendo señalarse como sus principales características las siguientes[655]:

a) generalmente, aunque no siempre, su creación se efectúa por ley;

b) persiguen fines de interés público;

c) gozan, en principio, de ciertas prerrogativas de poder público. Así, la obligación para las personas por ellas alcanzadas de afiliarse o incorporarse a la entidad creada o contribuir a la integración de su patrimonio;

d) las autoridades estatales ejercen un contralor intenso sobre su actividad. En cierta medida, el Estado controla su dirección y administración. Esa injerencia puede hacerse efectiva mediante la designación por aquélla de uno o más miembros de sus órganos directivos;

e) por lo general, su capital o recursos provienen principalmente de aportaciones directas o indirectas de las personas afiliadas o incorporadas a ellas;

f) como no son personas públicas estatales, quienes trabajan para esas entidades no son funcionarios públicos;

g) la misma razón conduciría a sostener que las decisiones que dictan sus órganos no constituyen actos administrativos, con la consiguiente exclusión de la aplicación de las normas y principios del Derecho Público para reglar determinados aspectos de la actividad de estos entes (v.gr., régimen de contralor y de impugnación

---

[653] CASSAGNE, Juan Carlos, *El acto administrativo, cit.*, ps. 121 y ss.

[654] Véase: CASSAGNE, Juan Carlos, *Derecho Administrativo, cit.*, t. II, Buenos Aires, 1998, ps. 79 y ss.

[655] *Cfr.* SAYAGUÉS LASO, Enrique, *Tratado de Derecho Administrativo, cit.*, t. II, ps. 234 y ss.; Dictámenes 5:32 y ss., entre otros.

ante la Administración Pública). Si bien ésta ha sido la postura que hemos mantenido en ediciones anteriores, debe notarse que la jurisprudencia de la Corte Suprema de Justicia de la Nación se ha inclinado por un criterio distinto a partir del fallo dictado en los autos "Colegio Público de Abogados de la Capital Federal v. Martínez Etchenique, Benjamín"[656], donde sostuvo que la entidad actora funciona con el carácter, derechos y obligaciones de las personas de Derecho Público, cumpliendo un cometido administrativo, lo cual permite que se les aplique de forma supletoria de la ley 19.549.

12. PERSONAS JURÍDICAS PRIVADAS DEL ESTADO

Un fenómeno con peculiaridades atípicas se perfila con la aparición, juntamente con las entidades descentralizadas (personas públicas estatales), de entes privados de propiedad estatal, cuya condición y régimen jurídico se rigen por el Derecho Civil o Comercial. Así acontece cuando el Estado se somete a figuras jurídicas del Derecho Privado (formas societarias) dando lugar a la creación de un nuevo ente, dotado de la personalidad jurídica propia del Derecho Privado.

Tal postura no implica contradecir el principio de que el Estado – como tal– tiene una única personalidad de Derecho Público, sino admitir que aquél, en su accionar con miras al logro del bien común, puede recurrir a la creación de nuevos entes dotados de una personalidad jurídica distinta de la estatal asumiendo, recurriendo o sometiéndose a figuras jurídicas del Derecho Público o del Derecho Privado.

En el primer caso, las entidades por él creadas se encuadran en su organización administrativa y son las típicas personas jurídicas públicas estatales. En el segundo supuesto, cuando se adopta una forma del Derecho Privado, se produce la creación de un nuevo ente con personalidad propia del Derecho Privado, si bien sujeto a un determinado contralor. Éste es el caso de las ex "Sociedades del Estado", regidas por la ley 20.705 y el de cualquier otra sociedad del Derecho Privado, constituida exclusivamente por entes o capitales estatales.

Cabe distinguir los supuestos de participación exclusiva del Estado en el capital de la entidad, de aquellos en los cuales el Estado participa en el capital, concurriendo a la formación de un ente privado no enteramente estatal (sociedades "mixtas"). Así ocurre en materia de sociedades de economía mixta constituidas por el Estado – o entes o capitales estatales– y personas o capitales no estatales con fines comerciales o industriales, como así también en el caso de las sociedades anónimas con participación estatal, sea ésta mayoritaria o no.

Creemos que ningún obstáculo lógico se opone a la conclusión expuesta, admitida ampliamente en la doctrina española[657]. Se advierte, por lo demás, que también

---

[656]   "Colegio Público de Abogados de la Capital Federal c/ Martínez Etchenique, Benjamín s/cobro de sumas de dinero", Fallos, 315:1830 (1992).

[657]   GARRIDO FALLA, Fernando, *Tratado de Derecho Administrativo, cit.*, t. I, ps. 360 y ss., admite la creación estatal de sociedades y empresas con personalidad jurídica pero de carácter privado, ya que sostiene que a las entidades que adoptan la forma de sociedad no se les reconoce el carácter de personalidad jurídica pública, porque no forman parte de la organiza-

el ser humano, sin perder su único carácter de persona de existencia visible o natural, puede llegar a constituir personas jurídicas de Derecho Público o de Derecho Privado[658], sirviéndose de ciertas formas instrumentadas por el Derecho.

---

ción del Estado. Y agrega que las entidades que el Estado crea en forma de sociedades privadas son cabalmente aquellas que quiere desplazar de su propia organización administrativa.

[658] SAYAGUÉS LASO, Enrique, *Tratado de Derecho Administrativo*, *cit.*, t. I, ps. 175 y ss., sostiene que, además de las personas públicas territoriales clásicas hay otras personas "indudablemente estatales en el sentido de que integran la organización jurídica de la Nación... pero que además de esas entidades existen otras personas colectivas que indudablemente no son estatales... No obstante, se regulan por normas de Derecho Público... y hasta puede haber instituciones estatales que adopten formas y regímenes de actividad propios del Derecho Privado".

CAPÍTULO II

PRINCIPIOS JURÍDICOS DE LA ORGANIZACIÓN ADMINISTRATIVA

1. INTRODUCCIÓN

Los principios jurídicos esenciales de la organización administrativa constituyen una consecuencia lógica de cualquier sistema que procure instaurar una organización jurídico-pública[659]. Habremos de analizar aquí los cuatro principios jurídicos que estimamos fundamentales: jerarquía, competencia, centralización y descentralización.

En la doctrina no existe acuerdo, en general, acerca de algunos otros principios como el de unidad[660] y el de coordinación. La unidad suele ser consecuencia de la jerarquía, o al menos, se subsume en ella, aunque puede aparecer como un principio de organización entre órganos jerárquicamente independientes. En nuestro Derecho Administrativo, el principio de la unidad no ha merecido aún una recepción adecuada, aunque ha sido reconocido expresa e implícitamente por el Derecho Positivo y la jurisprudencia en reiteradas ocasiones, al abordar el tratamiento de los conflictos inter-orgánicos[661] e inter-administrativos[662].

En cuanto al llamado principio de coordinación, él constituye en realidad un requisito de toda organización y su base, no revistiendo carácter jurídico[663].

2. LA JERARQUÍA: CONCEPTO Y CONSECUENCIAS

La jerarquía ha sido definida en el siglo XIX como "el conjunto de órganos armónicamente subordinados y coordinados"[664], aunque en realidad se trata del

---

[659] GALLEGO ANABITARTE, Alfredo, *Derecho general de organización*, Instituto de Estudios Administrativos, Madrid, 1971, p. 96.

[660] JORDANA DE POZAS, Luis, "El principio de unidad y sus consecuencias políticas y administrativas", *Estudios en homenaje a Jordana de Pozas*, t. I, Instituto de Estudios Políticos, Madrid, 1961, ps. 25 y ss.

[661] LNPA, art. 4º.

[662] Ley 19.983.

[663] GARCÍA TREVIJANO FOS, José A., *Tratado de Derecho Administrativo*, t. II, Revista de Derecho Privado, Madrid, 1967, p. 380.

[664] SANTAMARÍA DE PAREDES, Vicente, *Curso de Derecho Administrativo*, 4ª ed., Madrid, 1894, p. 91; COLMEIRO, Manuel, *Derecho Administrativo español*, 3ª ed., Imprenta de José Rodríguez, Madrid, 1865, p. 62.

principio que los reduce a unidad y la recíproca situación en que están los órganos en una entidad[665].

Su noción difiere de las de autarquía y autonomía, pues mientras éstas implican una relación entre sujetos, la jerarquía constituye una relación entre órganos de una misma persona jurídica[666].

Si bien la jerarquía implica siempre una relación, ella se basa en la preexistencia de una serie de órganos, caracterizados por dos figuras típicas de toda organización: la línea y el grado. La línea jerárquica se forma por el conjunto de órganos en sentido vertical, mientras que el grado es la posición o situación jurídica que cada uno de los órganos ocupa en dicha línea. Sin embargo, existen también en la organización administrativa órganos fuera de las líneas jerárquicas, que por lo común desarrollan actividades de asesoramiento en el planeamiento general[667]. Este tipo de órganos constituye una institución que en la ciencia administrativa se denomina *staff and line*[668].

Los principales efectos que se derivan de la relación jerárquica trasuntan para los órganos superiores el reconocimiento de importantes facultades, tales como:

1) dirigir e impulsar la actividad del órgano inferior, dictando normas de carácter interno, de organización o de actuación y órdenes particulares;

2) vigilar y controlar la actividad de los órganos inferiores a través de diversos actos[669] (por ej.: pedidos de informes, rendición de cuentas, inventarios, investigaciones, etc.) y del sistema de recursos administrativos;

---

665 JORDANA DE POZAS, Luis, *cit.* por GALLEGO ANABITARTE, *Derecho general...*, *cit.*, p. 95. En sentido similar, VILLEGAS BASAVILBASO, Benjamín, *Derecho Administrativo*, t. II, TEA, Buenos Aires, 1950, p. 265, quien la define como una relación de superioridad de los órganos superiores respecto de los inferiores; MARIENHOFF, Miguel S., *Tratado de Derecho Administrativo*, t. I, 5ª ed. act., Abeledo-Perrot, Buenos Aires, 1995, ps. 611 y ss.; DIEZ, Manuel M., *Derecho Administrativo*, t. II, Bibliográfica Omeba, Buenos Aires, 1963, p. 52; MÉNDEZ, Aparicio, *La jerarquía*, Montevideo, 1950, ps. 19 y ss.

666 GARCÍA TREVIJANO FOS, José A., *Tratado de Derecho Administrativo*, *cit.*, t. II, p. 416. Dice Hutchinson: "El vínculo jerárquico se da sólo en la actividad administrativa. En la legislativa y en la judicial no existe la relación jerárquica. Los órganos que forman el Poder Legislativo en sus múltiples relaciones, se vinculan por procedimientos distintos en los que no media la subordinación. Lo mismo ocurre en el orden judicial. Los jueces actuando como tales no se vinculan jerárquicamente. La revisión de un proceso por un órgano de instancia superior es un examen técnico completamente ajeno a una primacía de naturaleza jerárquica; es sólo una garantía de justicia" (HUTCHINSON, Tomás, *Ley Nacional de Procedimientos Administrativos*, Astrea, Buenos Aires, 1985, p. 107, nota 58).

667 Entre nosotros, en el orden nacional, tal sería la actividad de los asesores de gabinete de los ministerios.

668 Sobre la articulación de los órganos activos con el *staff and line*, DROMI, José R., "El dictamen y la formación de la voluntad administrativa", RADA, nro. 2, Universidad del Museo Social Argentino, Buenos Aires, 1971, p. 48.

669 DI MALTA, Pierre, *Essai sur la notion du pouvoir hiérarchique*, LGDJ, París, 1961, ps. 143 y ss. quien sostiene que el control comprende todas las prerrogativas necesarias para corregir el acto del subordinado desde la simple modificación parcial hasta la invalidación total.

3) avocarse al dictado de los actos que corresponden a la competencia del órgano inferior;

4) delegar la facultad de emitir determinados actos que correspondan a su competencia;

5) resolver los conflictos inter-orgánicos de competencia que se suscitan entre órganos inferiores;

6) designar los funcionarios que ejerzan la titularidad de los órganos inferiores.

Uno de los problemas más importantes que plantea la relación jerárquica es el relativo al deber de obediencia que tienen los órganos inferiores, que se origina precisamente en el vínculo de subordinación que los une con los órganos superiores de la Administración Pública.

El deber de obediencia reconoce sus limitaciones y varias son las teorías que se han ocupado de precisar sus cotos. Por de pronto, y sin perjuicio de abordar el tema con mayor detenimiento al estudiar la función pública, habida cuenta de la responsabilidad que emerge para el subordinado, puede señalarse que existen tres orientaciones distintas[670]: a) la doctrina de la reiteración, por cuyo mérito el inferior tiene la obligación de efectuar una observación si considera que el acto es ilegal, quedando desligado de responsabilidad si el superior reitera el acto frente a su observación; b) la doctrina que reconoce al inferior la facultad de ejercer un control formal de la orden que recibe (es decir, la legalidad de sus aspectos extrínsecos); y c) la doctrina que afirma el derecho del subordinado a controlar, también, la validez material de la orden (violación evidente de la ley)[671]. Si bien las dos primeras teorías han sido expresamente adoptadas por nuestro Derecho Positivo en alguna etapa de su evolución[672], el régimen actual consagra la tesis que habilita al control formal de la orden[673].

3. EL PRINCIPIO DE LA COMPETENCIA. DIFERENTES CONCEPCIONES. CRÍTICA

Si bien el fundamento de la competencia puede hallarse tanto en la idea de eficacia (que conlleva la necesidad de distribuir las tareas entre órganos y entes diferenciados) como en una garantía para los derechos individuales[674], cierto es que esta

---

[670] MARIENHOFF, Miguel S., *Tratado de Derecho Administrativo*, t. III-B, 2ª ed. act., Abeledo-Perrot, Buenos Aires, 1978, ps. 231/236.

[671] MARIENHOFF, Miguel S., *Tratado de Derecho Administrativo*, cit., t. I, ps. 616/618; VILLEGAS BASAVILBASO, Benjamín, *Derecho Administrativo*, cit., t. II, ps. 270/272. Se ha señalado que el órgano subordinado tiene el deber de controlar la legitimidad de la orden que se le imparta a los efectos de verificar si adolece de vicios jurídicos muy graves. Comprobada la concurrencia de tales vicios, el inferior queda exceptuado de la obediencia debida. El cumplimiento de la orden jurídicamente inexistente hace pasible de responsabilidad al órgano ejecutante.

[672] Ver, al respecto, GARCÍA PULLÉS, Fernando, *Régimen de empleo público en la Administración nacional*, LexisNexis, Buenos Aires, 2005, p. 225.

[673] Art. 23, inc. e), ley 25.164, y el mismo precepto del dec. 1421/2002 que la reglamenta.

[674] ENTRENA CUESTA, Rafael, *Curso de Derecho Administrativo*, Tecnos, Madrid, 1970, p. 178.

institución se encuentra erigida fundamentalmente para preservar y proteger – de una manera objetiva y muchas veces genérica– el cumplimiento de las finalidades públicas o de bien común que la Administración persigue[675].

La competencia puede considerarse desde muchos puntos de vista y su significado ha originado grandes desacuerdos doctrinarios[676]. Ella puede analizarse en su condición de principio jurídico fundamental de toda organización pública del Estado y, también, en su faz dinámica y concreta, como uno de los elementos esenciales del acto administrativo.

En el plano de las organizaciones públicas estatales constituye el principio que predetermina, articula y delimita[677] la función administrativa que desarrollan los órganos y las entidades públicas del Estado con personalidad jurídica.

Desde otra perspectiva, la competencia puede ser definida como el conjunto o círculo de atribuciones que corresponden a los órganos y sujetos públicos estatales[678] o bien con un alcance jurídico más preciso, como la aptitud de obrar o legal de un órgano o ente del Estado[679].

En la doctrina italiana predomina, en cambio, un criterio similar al que utiliza la ciencia procesalista para circunscribir la competencia del juez; así, se ha sostenido que la idea de competencia se define como aquella medida de la potestad de un oficio[680].

Al propio tiempo, otro sector doctrinario ha intentado distinguir entre competencia y atribución, sosteniendo que, mientras la primera se refiere a la emanación de los actos como una derivación directa del principio de articulación, la segunda se

---

[675] ALESSI, Renato, *Sistema Istituzionale del Diritto Amministrativo Italiano*, 2ª ed., Giuffrè, Milán, 1958, ps. 179/183.

[676] ARNANZ, Rafael A., De la competencia administrativa (con especial alusión a la municipal), Montecorvo, Madrid, 1967, ps. 21 y ss.

[677] FORSTHOFF entiende que la competencia traduce al mismo tiempo una autorización y una delimitación (FORSTHOFF, Ernest, *Tratado de Derecho Administrativo*, trad. del alemán, Centro de Estudios Constitucionales, Madrid, 1958, p. 573).

[678] CASSAGNE, Juan Carlos, *El acto administrativo*, Abeledo-Perrot, Buenos Aires, 1974, p. 189; ESCOLA, Héctor J., *Tratado General de Procedimiento Administrativo*, Depalma, Buenos Aires, 1973, p. 44, *in fine*. La mayoría de la doctrina limita los alcances del principio a los órganos, excluyendo a los sujetos; GARCÍA TREVIJANO FOS, José A., *Tratado de Derecho Administrativo*, *cit.*, t. II, ps. 380 y ss.; FIORINI, Bartolomé A., *Manual de Derecho Administrativo*, t. I, La Ley, Buenos Aires, 1968, p. 230; DIEZ, Manuel M., *Derecho Administrativo*, *cit.*, t. II, p. 29.

[679] SAYAGUÉS LASO, Enrique, *Tratado de Derecho Administrativo*, t. I, Talleres Gráficos Barreiro, Montevideo, 1963, p. 191; ARNANZ, Rafael A., *De la competencia administrativa (con especial alusión a la municipal)*, *cit.*, p. 26, en el mismo sentido: HUTCHINSON, Tomás, *Ley Nacional de Procedimientos Administrativos*, *cit.*, t. I, p. 87.

[680] D'ALESSIO, Francesco, *Istituzioni di Diritto Amministrativo*, t. I, Unione Tipografica Editrice Torinense, Turín, 1939, p. 230; ALESSI, Renato, *Istituzioni di Diritto Amministrativo*, *cit.*, ed. italiana, p. 99; la clasificación de órganos y oficios es peculiar en la doctrina italiana, *cit.*, p. 75; GIANNINI, Massimo S., *Diritto Amministrativo*, t. I, Giuffrè, Milán, 1970, ps. 219 y ss.

relaciona con el poder genéricamente considerado e implica el otorgamiento con carácter necesario y único de una determinada facultad a un órgano [681].

En lo que puede considerarse la antípoda doctrinaria se ubican algunos autores españoles que propician exactamente el criterio opuesto, caracterizando a la competencia por su sentido genérico y objetivo y por ser predicada en las diversas administraciones como figura opuesta a la atribución, resultando esta última de las manifestaciones específicas y concretas de los propios órganos que la ejercen[682].

También hay quienes, siguiendo a Bonnard, piensan que las atribuciones que configuran la materia constituyen las "tareas o prestaciones" que desarrollan los órganos[683].

Para Sayagués Laso la idea de atribución se vincula más bien a las facultades que derivan del cargo público, tratándose de un concepto cercano al de poderes o potestades de los órganos administrativos, siendo preferible reservar el término "cometidos" para designar las tareas estatales[684].

El panorama doctrinario expuesto demuestra hasta qué punto la búsqueda de una distinción convencional entre competencia y atribución puede conducir a resultados radicalmente opuestos, ante la inexistencia de algún mecanismo que permita diferenciar – con una precisión tan siquiera elemental– dos etapas de un mismo proceso: el reconocimiento de la atribución y ejercicio de ella, cualquiera fuere la nominación que convencionalmente se les asigne.

El error en que incurren los partidarios de la distinción deriva de definir la competencia como la medida de la potestad de un órgano, siguiendo un criterio similar a la doctrina procesalista que caracteriza a la competencia como la medida de la jurisdicción[685], mientras que la competencia consiste en la aptitud legal para ejercer dichas potestades y ser titular de ellas.

Esa competencia tiene, ante todo, una raíz objetiva, en el sentido de que a partir de la formulación del régimen administrativo napoleónico, ella no surge más de la sola voluntad del monarca o funcionario, sino que se hallará predeterminada por la norma. Este principio de objetivación de la competencia no implica, empero, la eliminación de la actuación discrecional en la elección del criterio o de la oportunidad para dictar el pertinente acto administrativo, pero exige que la aptitud legal del ente o del órgano de la Administración se base en una norma objetiva.

---

[681] GIANNINI, Massimo S., *Lezione di Diritto Amministrativo*, t. I, Giuffrè, Milán, 1950, p. 96, y del mismo autor, *Diritto Amministrativo*, *cit.*, t. I, ps. 220/221, postura que entre nosotros ha seguido Fiorini (FIORINI, Bartolomé, *Manual de Derecho Administrativo*, *cit.*, t. I, p. 125).

[682] ARCE MONZÓN, *cit.* por GALLEGO ANABITARTE, *Derecho general...*, *cit.*, p. 117.

[683] MÉNDEZ, Aparicio, *La teoría del órgano*, Amalio M. Fernández, Montevideo, 1971, p. 128; SAYAGUÉS LASO, Enrique, *Tratado de Derecho Administrativo*, *cit.*, t. I, p. 49, considera más exacta la palabra cometidos, que significa "comisión", "encargo", y "expresa bien el concepto de tarea o actividad asignada a la entidad estatal", *cit.*, t. I, p. 49, nota 1.

[684] SAYAGUÉS LASO, Enrique, *Tratado de Derecho Administrativo*, *cit.*, t. I, p. 49.

[685] ALESSI, Renato, *Istituzioni di Diritto Amministrativo*, *cit.*, t. I, p. 99.

4. COMPETENCIA Y CAPACIDAD

En la doctrina del Derecho Administrativo suele afirmarse que la competencia se distingue de la capacidad del Derecho Privado (donde ésta constituye la regla o principio general) por constituir la excepción a la regla, que es la incompetencia[686]. Es lo que se ha denominado el postulado de la permisión expresa[687].

Pero la comparación no puede realizarse – tratándose de entidades– con la capacidad de las personas físicas sino con la correspondiente a las personas jurídicas y, en tal sentido, existe cierta semejanza entre ambas instituciones, en la medida en que sus criterios rectores se encuentran regulados por el principio de la especialidad[688]. La aplicación del principio de la especialidad para la interpretación de los alcances de la competencia de entes y órganos no debe entenderse como un retorno al criterio de la competencia subjetiva. Ello es así, porque la especialidad del órgano de que se trate no va a surgir de su propia voluntad sino de la norma objetiva que establezca las finalidades para las cuales el órgano fue creado, o bien, de su objeto institucional.

De ese modo, el ámbito de libertad del órgano administrativo va a estar acotado por el fin que emana de la norma y no por el que surja de la voluntad del funcionario.

Una vez determinada la especialidad, y dentro de sus límites, la competencia es la regla. Fuera de aquélla, la competencia es la excepción.

Este principio de la especialidad, que supera la necesidad de que la competencia esté expresa o razonablemente implícita en una norma, no se verifica con relación a los actos de gravamen particularmente en materia sancionatoria, habida cuenta de la prevalencia, en su caso, de los principios del Derecho Penal (*nullum crimen nulla poena sine lege*, la tipicidad y las garantías sustantivas y adjetivas), no rigiendo, en esos casos, la analogía ni la interpretación extensiva. El fundamento para limitar la extensión de la competencia expresa en materia de actos de gravamen se encuentra en el principio contenido en el art. 19 de la CN.

Sin embargo, el principio de la especialidad no desplaza la posibilidad de que la aptitud del órgano o ente surja, en forma expresa o implícita [689], de una norma completa atributiva de competencia y ello es conveniente en cuanto reduce el margen de actuación discrecional de la Administración, brindando mayores garantías a los administrados.

Pero la especialidad sigue siendo siempre la regla, ya que la finalidad puede surgir no sólo de una norma completa sino también de un principio de normación o de un principio general del Derecho.

---

[686]   MARIENHOFF, Miguel S., *Tratado de Derecho Administrativo, cit.*, t. I, p. 592; DIEZ, Manuel M., *Derecho Administrativo*, 2ª ed., t. II, Plus Ultra, Buenos Aires, 1976, p. 40; WALINE, Marcel, *Droit Administratif*, 9ª ed., Sirey, París, 1963, p. 452.

[687]   LINARES, Juan F., "La competencia y los postulados de la permisión", RADA, nro. 2, Universidad del Museo Social Argentino, Buenos Aires, 1971, ps. 14 y ss.

[688]   CASSAGNE, Juan Carlos, *El acto administrativo, cit.*, p. 191.

[689]   Sup. Corte Bs. As., "Sciammarella Alfredo v. Prov. de Buenos Aires", ED 99-214.

En definitiva, el principio de la especialidad se vincula con el fin de la competencia de cada órgano o ente, el cual surge no sólo de las atribuciones expresas o implícitas (que suponen siempre un desarrollo o interpretación extensiva de las facultades expresas) sino, fundamentalmente, de la enunciación de objetivos, principios de normación (como las atribuciones genéricas) y de las facultades inherentes, que son aquellas que, por su naturaleza, fundamentan la creación y subsistencia del órgano, y sin las cuales éstas carecen de sentido[690].

Con todo existe una diferencia fundamental entre capacidad y competencia, pues mientras el ejercicio de la primera cae dentro del arbitrio de su titular, el ejercicio de la competencia es, por principio, obligatorio[691].

5. NATURALEZA JURÍDICA Y CARACTERES

La competencia configura jurídicamente un deber-facultad, no existiendo realmente un derecho subjetivo a su ejercicio cuando ella es desarrollada por órganos; excepcionalmente tal derecho existirá si ella es invocada por sujetos o personas jurídicas públicas estatales[692], con las limitaciones propias de las normas que resuelven los llamados conflictos inter-administrativos[693].

El análisis de la institución en la doctrina y en el Derecho positivo permite deducir sus caracteres fundamentales, que son los siguientes:

a) es objetiva, en cuanto surge de una norma que determina la aptitud legal sobre la base del principio de la especialidad[694];

b) en principio, resulta obligatoria, cuando el órgano no tenga atribuida la libertad de escoger el contenido de la decisión o el momento para dictarla;

c) es improrrogable, lo cual se funda en la circunstancia de hallarse establecida en interés público por una norma estatal[695];

---

[690] Para Comadira el principio de especialidad sirve para definir el contenido de lo implícito (*Cfr.* COMADIRA, Julio R., *Acto administrativo municipal*, Depalma, Buenos Aires, 1992, p. 24). En un trabajo posterior, recogiendo la crítica que en su momento formulamos, dicho autor acepta que el principio de la especialidad también define el contenido de lo inherente (*Cfr.* COMADIRA, Julio R., "Reflexiones sobre la regulación de los servicios públicos privatizados y los entes reguladores", ED 162-1134), con lo que su postura en ese aspecto no puede considerarse totalmente como una tercera posición entre las dos corrientes fundamentales (permisión y especialidad), ni tan opuesta a nuestra tesis. Este último parecer fue ratificado por el autor en su libro *Procedimientos administrativos (Ley Nacional de Procedimientos Administrativos, anotada y comentada)*, con la colaboración de Laura Monti, La Ley, Buenos Aires, 2002, p. 156.

[691] *Cfr.* MARIENHOFF, Miguel S., *Tratado de Derecho Administrativo*, *cit.*, t. I, p. 592.

[692] FORSTHOFF, Ernst, *Tratado de Derecho Administrativo*, *cit.*, p. 575.

[693] Ley 19.983, art. 1°.

[694] HUTCHINSON, Tomás, *Ley Nacional de Procedimientos Administrativos*, *cit.*, ps. 92 y ss., quien postula en definitiva la tesis de que la competencia debe surgir del ordenamiento expreso o en forma razonablemente implícita (nota 27).

[695] VILLEGAS BASAVILBASO, Benjamín, *Derecho Administrativo*, *cit.*, t. II, p. 259; ALESSI, Renato, *Istituzioni di Diritto Amministrativo*, *cit.*, t. I, ps. 100/101.

d) es irrenunciable, perteneciendo al órgano y no a la persona física que lo integra[696].

Los principios de obligatoriedad e improrrogabilidad han sido recogidos en nuestro país por la Ley Nacional de Procedimientos Administrativos[697].

6. RIGEN O FUENTE DE LA COMPETENCIA

Si la competencia de un ente u órgano para dictar un acto administrativo debía emanar de una ley formal[698] o si podía aceptarse que ella se fundara originariamente también en un reglamento[699] era una cuestión asaz debatida.

De aceptarse que las diferentes especies de reglamentos – inclusive los denominados "autónomos"– integran el llamado "bloque de legalidad", es evidente que la competencia puede tener su fuente en el reglamento. Tal es el criterio que surge de la LNPA[700] y de la jurisprudencia anterior[701].

7. CLASES DE COMPETENCIA

La clasificación de la competencia responde a la diferente manera como ella se atribuye y ejerce, teniendo una significación especial en cuanto se vincula con los criterios que determinarán el grado de invalidez de un acto emitido en violación de las reglas sobre competencia.

Las distintas clases que admitían la doctrina y la jurisprudencia – y actualmente la legislación– [702] permiten separar distintas especies de competencia:

---

[696] MARIENHOFF, Miguel S., *Tratado de Derecho Administrativo, cit.*, t. I, p. 594-595, ley 5350, art. 3°, de la prov. de Córdoba.

[697] LNPA, art. 3°, que expresa "...Su ejercicio constituye una obligación de la autoridad o del órgano correspondiente y es improrrogable...".

[698] DIEZ, Manuel M., *Derecho Administrativo, cit*, t. II, 1ª ed., p. 30.

[699] MARIENHOFF, Miguel S., *Tratado de Derecho Administrativo*, t. II, 4ª ed. act., Abeledo-Perrot, Buenos Aires, 1993, ps. 286/287 hace referencia también a los principios generales del Derecho para fundar la competencia.

[700] Art. 3°, ley 19.549, que prescribe: "La competencia de los órganos administrativos será la que resulte, según los casos, de la Constitución Nacional, de las leyes y de los reglamentos dictados en su consecuencia...". Véase, además, ley 7647, de la prov. de Buenos Aires, art. 3°, ley 5350, de la prov. de Córdoba, art. 3°.

[701] "Comité Radical Acción", Fallos, 156:81 (1929); *idem*, "Arjones, Armando y otros", Fallos, 191:197 (1941). En los dos fallos, después de reconocer el carácter constitucional del derecho de reunión, la Corte Suprema de Justicia de la Nación señaló que de la falta de regulación legal no podía deducirse que la autoridad más directamente responsable del orden público estuviera desarmada para la defensa de ese orden y la protección de derechos de terceros. Observó que la reglamentación se dictaba con autorización del Poder Ejecutivo y "con la anuencia del Legislativo que no ha dictado Código de Faltas ni ley orgánica de la policía...".

[702] Ley 19.549, art. 14, inc. b).

A) En razón de la materia

Su clasificación reposa en la sustancia o naturaleza del acto conforme al Derecho objetivo (Constitución, ley y reglamento) que confiere una serie de atribuciones a los órganos y sujetos estatales para la realización de sus cometidos propios. Rige, en esta cuestión, el principio de la especialidad, que permite a los órganos y sujetos estatales realizar todos aquellos actos que se encuentren vinculados a los fines que motivaron su creación, es decir, a sus cometidos específicos.

La violación de la competencia en razón de la materia admite cierta discriminación según que el acto emanado del órgano administrativo constituya una materia propia de la ley formal (órgano legislativo) o del órgano judicial. En ambos casos se habla de incompetencia "radical"[703].

Pero siempre, tanto en el supuesto de la incompetencia llamada "radical" como en el de la autoridad que invade la competencia de otra de la misma esfera administrativa, se está en presencia de una incompetencia en razón de la materia [704].

B) En razón del grado o jerarquía

Se denomina también "vertical" y se encuentra vinculada a la jerarquía. La organización administrativa se integra generalmente sobre la base de una estructura piramidal, en cuya cúspide se ubica el órgano superior, constituyéndose además por un conjunto de escalones jerárquicos cuyo rango decrece a medida que se alejan del órgano superior. El grado es así la posición que cada órgano tiene en la estructura jerárquica[705].

C) En razón del lugar o del territorio

Se refiere a la determinación de la competencia sobre la base de circunscripciones territoriales, que limitan geográficamente el campo de acción de los órganos y sujetos. Puede ocurrir que dos entidades (*v.gr.*, provincias) tengan atribuidas idénticas competencias constitucionales respecto de la materia, pero distintas en razón del lugar.

---

[703] BIELSA, Rafael, *Derecho Administrativo*, t. II, 6ª ed., La Ley, Buenos Aires, 1964-1966, p. 29.

[704] "Alice, Alberto Vicente v. UBA, Facultad de Ingeniería s/ordinario", 26/7/1988, C. Nac. Apels. Fed. Cont. Adm., sala 3ª, causa nro. 16.804: "En principio el nombramiento anticipado para funciones y empleos cuya vacante no se ha producido, ni es inminente, resulta inválido por carecer de competencia *ratione temporis* el funcionario que lo emite... La competencia para revocar designaciones inválidas corresponde en principio a la autoridad que lo dispuso, pero sin perjuicio del *derecho de avocación* del superior (art. 9º, ley 22.140, y su reglamentación dec. 1797/1980)".

[705] SAYAGUÉS LASO, Enrique, *Tratado de Derecho Administrativo*, *cit.*, t. I, p. 197.

D) En razón del tiempo

Se relaciona con el período de duración de la competencia o del plazo o situación a partir del cual ella se confiere facultades[706], prescribiéndose en la Constitución Nacional algunos supuestos, tal como surge del art. 99, incs. 13, 16 y 19[707].

8. LA DELEGACIÓN. DISTINTAS ESPECIES. SU PROCEDENCIA

Como excepción al principio de la improrrogabilidad de la competencia aparece la figura jurídica denominada "delegación". Tratase, en sustancia, de una técnica que traduce la posibilidad de producir el desprendimiento de una facultad por parte de un órgano que transfiere su ejercicio a otro[708].

No obstante no habérselas distinguido debidamente por la doctrina, si nos atenemos a la realidad, hay que discriminar dos especies fundamentales: a) delegación legislativa, y b) delegación administrativa[709].

La primera es totalmente extraña a la relación jerárquica. Se opera cuando el órgano legislativo delega, dentro de los límites que le marca la correcta interpretación constitucional, el ejercicio de facultades en el Ejecutivo[710]. En tal sentido, la Corte Suprema de Justicia de la Nación ha expresado que "es jurisprudencia conocida de esta Corte la que admite tal delegación de las facultades del Congreso para que las ejerza más allá de las ordinarias de reglamentación que le otorga el art. 99 (ex art. 86, inc. 2°), ley fundamental, aunque dentro de los límites previstos en su art. 28"[711].

---

[706] LAUBADÈRE, André de, *Traité Élémentaire de Droit Administratif*, t. I, 5ª ed., LGDJ, París, 1970, p. 256, señala que el funcionario público carece de competencia antes de la publicación de su nombramiento.

[707] DROMI, José R., *El acto administrativo*, Madrid, 1985, p. 39. Este autor ha señalado que la competencia es por regla general *permanente*, en cuanto el órgano puede ejercer en cualquier tiempo las atribuciones que le han sido conferidas. Pero en ciertos casos el órgano puede ejercer la atribución sólo por un lapso determinado. Se dice entonces que la competencia es *temporaria*.

[708] FRANCHINI, Flaminio, *La delegazione amministrativa*, Giuffrè, Milán, 1950, p. 12; FAZIO, Giuseppe, *La delega amministrativa e i rapporti di delegazione*, Giuffrè, Milán, 1964, ps. 7/9; VALLINA Y VELARDE, Juan Luis de la, *Transferencia de funciones administrativas*, Instituto de Estudios de Administración Local, Madrid, 1964, ps. 14 y ss.; MORELL OCAÑA, Luis, *La delegación entre entes en el derecho español*, Madrid, 1972, ps. 39/41.

[709] FAZIO, Giuseppe, *La delega amministrativa e i rapporti...*, cit., ps. 9/10. La clasificación, si bien responde a un criterio orgánico, se justifica por la diversidad casi total de sus regímenes jurídicos. Así, por ejemplo, la llamada delegación legislativa no requiere norma que la autorice, siempre que se acepte, desde luego, su constitucionalidad. El sistema de responsabilidad también difiere.

[710] Sobre el particular, puede consultarse el exhaustivo estudio de SANTIAGO, Alfonso (h.) - THURY CORNEJO, Valentín, *Tratado sobre la delegación legislativa*, Ábaco, Buenos Aires, 2003.

[711] "Roisman, Miguel Ángel c/ Nuevo Banco Italiano", Fallos, 283:443 (1972).

La segunda especie de delegación, que puede o no darse en el terreno de la relación jerárquica, admite a su vez dos subespecies: 1) delegación inter-orgánica, y 2) delegación inter-subjetiva.

A) Delegación inter-orgánica

La delegación inter-orgánica consiste en la transferencia de facultades, por parte del órgano superior al órgano inferior, que pertenecen a la competencia del primero. Se trata de una técnica transitoria de distribución de atribuciones, en cuanto no produce una creación orgánica ni impide el dictado del acto por el delegante, sin que sea necesario acudir por ello a la avocación, pues la competencia le sigue perteneciendo al delegante, pero en concurrencia con el delegado.

Como la delegación es un instituto de excepción[712] que crea una competencia nueva[713] en el delegado, ella requiere el dictado de una norma que la autorice, principio que recoge el art. 3°, Ley Nacional de Procedimientos Administrativos[714].

¿Cuál debe ser la naturaleza de la norma que autoriza la delegación? Si bien con anterioridad al dictado de la ley 19.549 se había sostenido que la norma autorizativa debía ser una ley (en sentido formal)[715], tal postura ya no puede sostenerse si se tiene en cuenta que el reglamento también es fuente de la competencia, como se ha visto. Por ello, la norma que autoriza la delegación puede revestir naturaleza legal o reglamentaria. En concordancia con esta interpretación, el propio RLNPA autoriza a los ministros y a los órganos directivos de entes descentralizados a delegar facultades en los inferiores jerárquicos[716].

En el sistema nacional, al no hallarse prevista la facultad de delegar respecto de los superiores de los órganos descentralizados, éstos se encuentran sometidos al nivel de delegación que estatuyan los ministros[717].

B) Delegación entre entes públicos

Partiendo de la idea de que la separación absoluta entre el Estado y los entes locales ha sido totalmente superada[718], la doctrina española contemporánea[719] postula

---

[712] MARIENHOFF, Miguel S., *Tratado de Derecho Administrativo, cit.*, t. I, p. 599; VILLEGAS BASAVILBASO, Benjamín, *Derecho Administrativo, cit.*, t. II, p. 263; ZANOBINI, Guido, *Curso de Derecho Administrativo, cit.*, t. I, p. 187.

[713] *Cfr.* VALLINA Y VELARDE, Juan Luis de la, *Transferencia de funciones administrativas, cit.*, p. 101.

[714] GONZÁLEZ ARZAC, Rafael M., "La competencia de los órganos administrativos", ED 49-886.

[715] FIORINI, Bartolomé A., *Manual de Derecho Administrativo, cit.*, t. I, p. 131.

[716] Art. 2°, dec. 1759/1972 (t.o. por dec. 1883/1991).

[717] *Cfr.* GONZÁLEZ ARZAC, Rafael M., "La competencia de los órganos administrativos", *cit.*, p. 886.

[718] GARCÍA TREVIJANO FOS, José A., "Titularidad y afectación en el ordenamiento jurídico español", *Revista de la Administración Pública*, nro. 29, Instituto de Estudios Políticos, Madrid, 1959, p. 57.

[719] MORELL OCAÑA, Luis, *La delegación entre entes..., cit.*, p. 121.

su procedencia y efectiva existencia como figura propia, reconociendo no obstante la escasa aplicación que de ella se hace en aquellos países que han seguido los lineamientos del régimen local vigente en Francia[720].

En Italia, esta modalidad de delegación, que en un principio había sido rechazada por la doctrina[721], ha sido expresamente reconocida en el art. 118, Constitución de 1947, que la consagra en forma amplia, lo cual ha operado el cambio de criterios que se advierte en las obras de autores que con posterioridad se han ocupado de analizar esta institución[722].

Aunque todavía esta figura no ha sido recogida orgánicamente por el Derecho Público argentino en el orden nacional, creemos que, si bien debería ser objeto de regulación legislativa a los efectos de una determinación precisa de su régimen jurídico, nada se opone a su aceptación en nuestro sistema constitucional[723]. En tal caso, la norma que autorice la delegación deberá tener igual rango que la norma que atribuya al ente la competencia[724].

9. LAS FIGURAS DE LA SUPLENCIA Y LA SUSTITUCIÓN

La diferenciación entre la suplencia y la delegación viene caracterizada por la circunstancia de que en la primera no existe propiamente una transferencia de competencia de un órgano a otro sino que consiste en una modificación de la titularidad del órgano, en razón de que el titular de éste se halla en la imposibilidad de ejercer la competencia. La suplencia, en principio, no repercute en la competencia del órgano cuyo titular no pueda ejercerla (v.gr., en caso de enfermedad)[725]. Ella se efectúa *ope legis*, en forma automática, siendo total, a diferencia de la delegación, que sólo puede referirse a funciones concretas[726] y requiere una declaración de voluntad del delegante.

La sustitución se funda, en cambio, en las prerrogativas de control que tiene el órgano superior sobre el inferior, y procede en supuestos de deficiente administración o abandono de funciones en que incurra el órgano que es sustituido[727]. La susti-

---

[720] GARCÍA DE ENTERRÍA, Eduardo, "Administración local y Administración periférica del Estado: problemas de articulación", en *La Administración española. Estudios de ciencia administrativa*, Instituto de Estudios Políticos, Madrid, 1961, p. 121.

[721] ROMANO, Santi, "Il Comune", en *Primo Trattato Completo di Diritto Amministrativo Italiano*, t. II-I, Milán, 1932, ps. 602 y ss.

[722] FAZIO, Giuseppe, *La delega amministrativa e i rapporti...*, cit., ps. 219 y ss.

[723] Sobre la delegación en las constituciones provinciales, HUTCHINSON, Tomás, *Ley Nacional de Procedimientos Administrativos*, cit., t. I, ps. 102 y ss.

[724] *V.gr.*, si la entidad descentralizada ha sido creada por el Congreso, en ejercicio de sus propias facultades constitucionales, la norma autorizativa ha de ser una ley formal.

[725] MARIENHOFF, Miguel S., *Tratado de Derecho Administrativo*, cit., t. I, ps. 602/603; GARCÍA TREVIJANO FOS, José A., *Tratado de Derecho Administrativo*, cit., t. II, ps. 388/389.

[726] FRANCHINI, Flaminio, *La delegazione amministrativa*, cit., p. 21.

[727] La doctrina ha distinguido dos posibles modalidades que puede exhibir la técnica de la sustitución, a saber: la sustitución por subrogación y la sustitución por disolución (*Cfr.* IVANEGA, Miriam M., "Los principios de la organización administrativa", en *Documenta-*

tución configura una excepción al principio de la improrrogabilidad de la competencia, siendo necesario que una norma expresa la autorice[728].

10. LA INTERVENCIÓN

El control represivo que ejercen los superiores jerárquicos, como consecuencia del poder de vigilancia, puede acarrear que aquéllos dispongan la intervención administrativa de un órgano o de una entidad jurídicamente descentralizada. Este tipo de intervención, que no siempre implica la sustitución o reemplazo del órgano intervenido, se distingue de la llamada intervención política (*v.gr.*, intervención federal a las provincias), de la que más adelante nos ocuparemos.

Su procedencia no requiere de norma expresa, aun cuando se trate de un poder que emana de la zona de reserva del Poder Ejecutivo (art. 99, inc. 1°, CN). Empero, la decisión de intervenir un órgano o entidad no puede ser arbitraria ni discrecional, debiendo obedecer a causas graves[729] que originen una situación anormal que no sea posible corregir con el empleo de los medios ordinarios y propios del poder jerárquico.

11. LO ATINENTE A LA DENOMINADA DELEGACIÓN DE FIRMA. LA SUB-DELEGACIÓN

La llamada delegación de firma no importa una verdadera delegación, en sentido jurídico, en virtud de que no opera una real transferencia de competencia, sino que tan sólo tiende a descargar una porción de la tarea material del delegante. En este caso, el órgano delegado carece de atribuciones para dictar actos administrativos por sí, limitándose su facultades a la firma de los actos que le ordene el delegante, quien en definitiva asume la responsabilidad por su contenido.

La delegación de firma constituye un instituto de excepción que requiere para su justificación y procedencia el cumplimiento conjunto de dos condiciones: a) debe tratarse de actos producidos en serie o en cantidad considerable; b) el objeto del acto ha de estar predominantemente reglado, sin perjuicio de que reviste carácter discrecional la oportunidad de emitirlo y la elección de la alternativa escogida.

En España, la delegación de firma se halla regulada en la Ley de Procedimiento Administrativo, donde se distingue la delegación de la firma para competencias decisorias de aquellas delegaciones referidas a simples trámites de naturaleza interna[730].

En lo que concierne a la sub-delegación hay que advertir que – constituyendo el instituto de la delegación una excepción al principio de la improrrogabilidad de la competencia– no resulta lógico aceptar que la transferencia de funciones pueda ser nuevamente objeto de una segunda delegación por parte del delegado, lo cual, ex-

---

ción Administrativa, nro. 267/268, Instituto Nacional de Administración Pública, Madrid, 2004, p. 198).

[728] Principio que recoge el art. 3°, LNPA.

[729] MARIENHOFF, Miguel S., *Tratado de Derecho Administrativo*, *cit.*, t. I, p. 686.

[730] Art. 41, aps. 2° y 3°, Ley de Procedimiento Administrativo de España.

tendiendo el proceso, podría llegar hasta el órgano de inferior jerarquía de la organización administrativa. Por esa causa, la sub-delegación es, en principio, improcedente, salvo autorización expresa de la norma o del delegante originario[731].

12. AVOCACIÓN DE COMPETENCIA. RÉGIMEN LEGAL

La avocación, que funciona en un plano opuesto a la delegación[732], es una técnica que hace a la dinámica de toda organización y que, por tanto, asume un carácter transitorio y para actuaciones determinadas. Ella consiste en la asunción por parte del órgano superior de la competencia para conocer y decidir en un acto o asunto que correspondía a las facultades atribuidas al órgano inferior[733].

Su razón de ser radica en la conveniencia de armonizar el principio de la improrrogabilidad con la eficacia y celeridad que debe caracterizar en ciertos casos a la acción administrativa.

En cuanto a su fundamento jurídico, cabe considerar que se trata de una institución que proviene de la potestad jerárquica[734]. Resulta, a nuestro juicio, una obligada consecuencia de dicha fundamentación jurídica la imposibilidad de admitir la avocación en las relaciones entre las entidades descentralizadas y el jefe de la Administración, por cuanto allí no hay técnicamente una completa jerarquía sino tan sólo control administrativo o de tutela[735]. Debe tratarse, entonces, de una relación entre órganos de una misma persona pública estatal, cuya procedencia, si bien no requiere norma que expresamente la autorice – como la delegación– , posee un indudable carácter excepcional[736].

---

[731] La jurisprudencia de la Corte ha declarado que no existe óbice constitucional para que el Poder Ejecutivo pueda subdelegar en organismos inferiores de la Administración las facultades atribuidas por el Congreso para integrar la ley en aquellos supuestos en que la propia ley atribuye al Poder Ejecutivo la posibilidad de transferir la función delegada por el Congreso ("Verónica SRL s/ apelación ley 20.680", Fallos, 311:2339 [1988]). Similar posición adoptó en "Cerámica San Lorenzo ICSA s/ apelación multa 20.680", Fallos, 311:2453 (1988), donde rechazó objeciones sustentadas en el argumento de que la ley 20.680 delegaba facultades sólo en el Presidente de la Nación, pero no en sus secretarios de Estado.

[732] GARCÍA TREVIJANO FOS, José A., *Principios jurídicos de la organización administrativa*, Instituto de Estudios Políticos, Madrid, 1957, p. 203.

[733] En este sentido, la C. Nac. Cont. Adm. Fed., sala 1ª, en el caso "Gamboa, Manuel v. Secretaría de Transporte", fallado el 8/6/2000, ha señalado que "la avocación implica tomar una sola decisión del inferior, con la que se agota" (*Cfr.* LL 2000-F-633).

[734] MARIENHOFF, Miguel S., *Tratado de Derecho Administrativo, cit.*, t. I, p. 595; DIEZ, Manuel M., *Derecho Administrativo, cit.*, 2ª ed., t. II, p. 45.

[735] Aunque, en el fondo, pueda sostenerse que la tutela administrativa constituye sustancialmente una relación jerárquica atenuada.

[736] MARIENHOFF, Miguel S., *Tratado de Derecho Administrativo, cit.*, t. I, ps. 595 y ss., la jurisprudencia ha señalado (C. Nac. Apels. Cont. Adm. Fed., sala 3ª, causa nro. 11.374 "Pastor, Ana María v. Universidad de Buenos Aires s/nulidad de resolución" del 17/6/1986) que: "En principio, el nombramiento anticipado para funciones y empleos cuya vacante no se ha producido, ni es inminente, resulta inválido por carecer de competencia *ratione temporis* (VILLEGAS BASAVILBASO, Benjamín, *Derecho Administrativo*, t. III, p. 310; MARIENHOFF, Miguel S., *Tratado de Derecho Administrativo, cit.*, t. III-B, nro. 877; SAYAGUÉS LASO, *Tratado de Derecho Administrativo, cit.*, t. I, nro. 159; CANASI, José,

¿En qué casos no procede la avocación? Al respecto, el art. 3°, LNPA, prescribe que ella es procedente salvo que una norma expresa dispusiera lo contrario.

En doctrina se ha planteado además otro supuesto en que la avocación no procede: cuando la competencia hubiera sido atribuida al órgano inferior en virtud de una idoneidad especial[737], ya que en tal caso esta figura no puede justificar la emisión de actos por parte de quienes carecen precisamente de esa idoneidad específicamente reconocida (*v.gr.*, si un ministro se avoca a la emisión del dictamen del servicio jurídico permanente). El propio reglamento de la LNPA prohíbe a los ministros y órganos directivos de los entes descentralizados avocarse al conocimiento y decisión de un asunto cuando una norma le hubiera atribuido una competencia exclusiva al inferior[738].

Se ha sostenido[739] que el dictado de una norma general posterior que estatuye la competencia de los ministros del Poder Ejecutivo nacional para resolver en última instancia los recursos jerárquicos y de alzada[740] conduce a interpretar que ha desaparecido la limitación, para los ministros y órganos directivos de los entes descentralizados, que respecto de la avocación establece el Reglamento de la Ley Nacional de Procedimientos Administrativos.

Nos parece que se trata de cosas diferentes, no debiendo confundirse la competencia para resolver un recurso administrativo en último grado con la prohibición o limitación para el ejercicio de la facultad de avocarse que tiene todo superior, en principio. Por otra parte, los fundamentos que inspiran las limitaciones en la avocación responden a garantías sustanciales, tanto expresas como implícitas (por ej.: competencia atribuida en función a una idoneidad especial) del ordenamiento jurídico[741].

13. CENTRALIZACIÓN Y DESCENTRALIZACIÓN ADMINISTRATIVAS

Se puede afirmar que un país adopta el principio de la centralización como su rasgo predominante cuando todas las cuestiones de importancia son resueltas por los

---

Derecho Administrativo, t. I, Depalma, Buenos Aires, 1972-1977, p. 581) ...La competencia de los órganos administrativos debe ser ejercida en tiempo propio, sin que ningún funcionario pueda sustraer atribuciones correspondientes a quien lo haya de suceder en el cargo... La competencia para revocar designaciones inválidas corresponde en principio a la autoridad que lo dispuso, pero sin perjuicio del *derecho de avocación* del superior (art. 9°, ley 22.140, y su reglamentación dec. 1797/1980, de aplicación supletoria conforme al art. 1° de dicha ley). Esta facultad de avocación procede siempre a menos que una norma expresa disponga lo contrario (art. 3°, ley 19.549)".

[737] VILLEGAS BASAVILBASO, Benjamín, *Derecho Administrativo*, *cit.*, t. II, p. 262; CASSAGNE, Juan Carlos, "La Ley Nacional de Procedimientos Administrativos", ED 42-839.

[738] Dec. 1759/1972, art. 2° (t.o. por dec. 1883/1991), *v.gr.*, cuando la competencia hubiese sido atribuida exclusivamente a un órgano desconcentrado.

[739] GONZÁLEZ ARZAC, Rafael M., "La competencia de los órganos administrativos", *Estudios de Derecho Administrativo*, t. I, Buenos Aires, 1975, p. 92, nota 20 c).

[740] Dec. 1774/1973.

[741] RLNPA, art. 7°, inc. d).

órganos centrales de la Administración[742], mientras que, por el contrario, cuando las facultades decisorias se encuentran también adjudicadas a entidades que constituyen la llamada Administración descentralizada o indirecta[743] del Estado, la técnica utilizada se denomina descentralización.

Tanto el principio de la centralización como el de la descentralización admiten distintos enfoques de acuerdo con la rama científica en que se analicen, ya que son susceptibles de utilizarse en su significación política (relacionados con la libertad de los ciudadanos e independencia o autonomía de los entes), desde el punto de vista de su eficacia (Ciencia de la Administración) o bien, en el encuadre estrictamente jurídico de la organización administrativa. Sin embargo, todas sus aplicaciones responden al interrogante común acerca de si las competencias para cumplir los cometidos estatales deben agruparse sólo en los órganos de la persona jurídica pública Estado (Administración central o directa), o si, en cambio, ellas deben ser adjudicadas a otras entidades estatales con personalidad jurídica[744].

La existencia de personalidad jurídica en el organismo estatal al cual se le encomiendan nuevas actividades o simplemente se le transfieren las competencias ya existentes, constituye un presupuesto de la descentralización administrativa, mientras que en la centralización las facultades decisorias se encuentran reunidas en los órganos de la Administración central.

Esta terminología utilizada por la doctrina argentina[745] y comparada[746] tiene la ventaja de que permite distinguir la descentralización de otra forma de transferencia de facultades, que es el instituto de la desconcentración, donde la atribución de facultades decisorias no lleva consigo la creación de una entidad con personalidad jurídica propia.

---

[742] GUAITA, Aurelio, *División territorial y descentralización*, Instituto de Estudios de Administración Local, Madrid, 1975, p. 262; VILLAGRA MAFFIODO, Salvador, *Principios de Derecho Administrativo*, Asunción, 1981, p. 137, quien juzga como inadecuada al actual momento histórico la centralización de la personalidad como forma exclusiva para la actuación de toda la Administración Pública. Véase además: TAFUR GALVIS, Álvaro, *Las entidades descentralizadas*, Bogotá, 1977, ps. 11/12.

[743] FORSTHOFF, Ernst, *Tratado de Derecho Administrativo*, Centro de Estudios Constitucionales, Madrid, 1958, p. 585; GARRIDO FALLA, Fernando, *Administración indirecta del Estado y descentralización funcional*, Madrid, 1950, p. 15.

[744] CASSAGNE, Juan Carlos, "Las entidades estatales descentralizadas y el carácter público o privado de los actos que celebran", LL 143-1173.

[745] DIEZ, Manuel M., *Derecho Administrativo*, cit., t. II, 2ª ed., ps. 80/88; DROMI, José R., *Instituciones de Derecho Administrativo*, cit., ps. 444 y ss.; GORDILLO, Agustín A., *Empresas del Estado*, Macchi, Buenos Aires, 1965, p. 25.

[746] BUTTGENBACH, André, *Manuel de Droit Administratif*, Bruselas, 1954, p. 88; GARRIDO FALLA, Fernando, *Tratado de Derecho Administrativo*, cit., p. 103; VALLINA Y VELARDE, Juan Luis de la, *Transferencia de funciones administrativas*, cit., ps. 23 y ss.; GARCÍA TREVIJANO FOS, José A., *Tratado de Derecho Administrativo*, cit., t. II, p. 437; ARIÑO ORTIZ, Gaspar, *Descentralización y planificación*, Instituto de Estudios de Administración Local, Madrid, 1972, ps. 53 y ss.

En Francia, país de una gran tradición por el centralismo administrativo, el concepto de descentralización se utiliza para significar la transferencia de competencias por parte de la Administración central hacia entes locales, independientes y representativos[747].

Resulta peculiar la clasificación que existe en la doctrina italiana, donde la descentralización y la desconcentración son dos especies de una misma institución: "el descentramiento". Si la competencia se halla asignada a la administración directa del Estado, la descentralización recibe, en tal caso, el nombre de jerárquica o burocrática, mientras que cuando las facultades decisorias se encuentran atribuidas a la administración indirecta del Estado, es decir, a una entidad con personalidad jurídica propia que asume los fines específicos del Estado[748], se habla de descentralización autárquica.

La influencia de la concepción italiana también ha gravitado entre un sector de nuestros autores que han seguido sus aguas[749].

En realidad, el empleo de un mismo término genérico para aludir a conceptos que versan sobre distintos contenidos reales dificulta en gran medida la comprensión de todo el complejo de principios de la organización administrativa, especialmente cuando deba interpretarse la naturaleza y régimen de un órgano o ente cuyo acto de creación no proporcione los datos indispensables para ubicarlo en una y otra especie de descentralización.

La descentralización plantea siempre una relación entre sujetos estatales, es decir, se trata de una relación inter-administrativa, a diferencia de la desconcentración que implica siempre la configuración de una relación inter-orgánica.

Aparte de ello, si se identifica, en el plano de las entidades, ente autárquico con ente descentralizado, quedan fuera del grupo de las personas públicas estatales las empresas del Estado, que no son típicamente entidades autárquicas, excepto que se amplíe el alcance de estas últimas.

La ausencia de una legislación nacional en la materia, que sistematice los distintos tipos de entidades descentralizadas y establezca su régimen jurídico, junto a la diversidad de opiniones doctrinarias, ha provocado una gran confusión, cuando no contradicción, en las leyes y decretos que disponen la creación de entidades descentralizadas y órganos desconcentrados[750].

---

[747] SIWEK POUYDESSEAU, Jeanne, "Antecedentes de la desconcentración administrativa de Francia", en *Desconcentración administrativa*, que recopila las conferencias pronunciadas en el Seminario Franco-Mexicano realizado en 1974, México, 1976, p. 19.

[748] LUCIFREDI, Roberto - COLLETTI, Giuseppe, *Descentramento amministrativo*, Turín, 1956, ps. 4 y ss.; ZANOBINI, Guido, *Corso di Diritto Amministrativo*, t. III, 6ª ed., Giuffrè, Milán, 1958, p. 74; LANDI, Guido - POTENZA, Giuseppe, *Manuale di Diritto Amministrativo*, p. 79, Milán, 1971, p. 79; VITTA, Cino, *Diritto Amministrativo*, t. I, 5ª ed., Turín, 1962, ps. 517, 585 y ss., autor este último que critica la utilización en Italia del término "burocrática" por tratarse de un galicismo.

[749] BIELSA, Rafael, *Derecho Administrativo*, cit., t. I, ps. 236 y ss.; MARIENHOFF, Miguel S., *Tratado de Derecho Administrativo*, cit., t. I, ps. 639 y ss.

[750] *Cfr.* ESTRADA, Juan Ramón de, "Atribución de los poderes Legislativo y Ejecutivo para crear entidades autárquicas", *Estudios de Derecho Administrativo*, t. I, Buenos Aires, 1975, p. 44.

14. AUTONOMÍA, AUTARQUÍA Y DESCENTRALIZACIÓN

La distinción entre "autonomía" y "autarquía" vinculase con las dos formas de descentralización conocidas: la política y la administrativa.

En su acepción etimológica, la autonomía constituye una forma superior de descentralización política en cuanto traduce el reconocimiento a la entidad autónoma de la facultad de darse sus propias normas fundamentales e implica una potestad normativa originaria.

La autarquía consiste en la atribución que tienen las personas públicas estatales de administrarse por sí mismas, lo cual no es óbice para que, en sentido lato, se consideren éstas como componentes del Estado[751]. Es un concepto eminentemente administrativo[752].

En nuestro régimen constitucional las provincias son entidades autónomas, mientras que las municipalidades que carezcan de potestades normativas originarias poseen una autonomía restringida que, prácticamente, se encuentra a mitad de camino entre la autonomía plena y la autarquía. Quizás podría llegar a sostenerse que se trata de una autonomía de segundo grado, que debe respetar tanto la supremacía federal (art. 31, CN) como las normas de la Constitución provincial correspondiente que determinan su competencia y atribuciones.

Desde el punto de vista exclusivamente terminológico, si la descentralización consiste en la asignación de funciones estatales a entidades con personalidad jurídica propia, separadas de la Administración central (administración estatal indirecta), toda descentralización de naturaleza administrativa lleva ínsita la autarquía o facultad de auto administrarse.

Sin embargo, en el plano técnico, el concepto de entidad autárquica, que históricamente ha sido una de las primeras formas de descentralización administrativa, se apoya en un conjunto de notas peculiares que tipifican la entidad y configuran un régimen jurídico diferenciado respecto de otras entidades descentralizadas (*v.gr.*, empresas del Estado).

La autarquía, en este último sentido, constituye una especie de la descentralización, que no es ni será la única, dada la contingencia que caracteriza a las situaciones y necesidades que el Estado debe resolver y satisfacer a través de sus entidades sin desconocer que, actualmente, las entidades autárquicas han vuelto a cobrar trascendencia en nuestra organización administrativa a raíz de la creación de los entes reguladores de servicios públicos que la mayoría de la doctrina encuadra en dicha categoría jurídica.

---

[751] GARRIDO FALLA, Fernando, Administración indirecta del Estado y descentralización funcional, *cit.*, p. 35.

[752] MARIENHOFF, Miguel S., *Tratado de Derecho Administrativo, cit.*, t. I, ps. 398 y ss.

15. DESCENTRALIZACIÓN Y RECENTRALIZACIÓN

La recentralización es un proceso inverso al de la descentralización[753], que consiste en la absorción o atracción por parte de los entes superiores de competencia asignada a entes inferiores[754].

Para precisar mejor el concepto de recentralización pensamos que no debe hacerse referencia a la relación superior-inferior, que es una relación típicamente jerárquica o inter-orgánica, sino a la devolución o transferencia de facultades a la Administración central.

En lo atinente al acto que dispone la recentralización ha de observarse el principio del paralelismo de las formas y de las competencias por cuyo mérito, si la descentralización fue dispuesta por ley, la recentralización debe estatuirse mediante normas del mismo rango.

La recentralización puede ser total o parcial[755] y, a diferencia de la avocación – que se refiere siempre a un acto determinado– , tiene un carácter general respecto de la materia para la cual se ha establecido.

16. TIPOS DE DESCENTRALIZACIÓN: FUNCIONAL Y TERRITORIAL

La descentralización, en sus inicios y durante el transcurso del siglo XIX, fue concebida exclusivamente como la transferencia de funciones de la Administración central a las entidades locales (sobre la base del territorio). Era la descentralización territorial.

Su característica esencial la configuraba la presencia del principio de elección de las autoridades por parte de los administrados[756], no obstante que en algunos períodos de la historia los cargos fueron cubiertos por el gobierno central.

Como opuesta a la descentralización territorial y sin la carga política que ella trasuntaba, aparece en Francia y en España, a fines del siglo XIX, la denominada descentralización por servicios[757] o descentralización funcional[758] o institucional[759].

---

[753] HERNÁNDEZ, Belisario, "La recentralización administrativa en materia de competencia para designar personal", LL 143-1192.

[754] GARCÍA TREVIJANO FOS, José A., *Tratado de Derecho Administrativo*, cit., t. II, p. 454, criterio que entre nosotros sigue DROMI, José R., *Instituciones de Derecho Administrativo*, cit., p. 444.

[755] Un ejemplo de recentralización en materia de designación de personal fue, entre nosotros, el de la ley 17.063, que recentralizó en el Presidente de la República la competencia para designar a los agentes de las entidades descentralizadas (HERNÁNDEZ, Belisario, "La recentralización administrativa...", cit., ps. 1192 y ss.).

[756] MARTÍN MATEO, Ramón, *El horizonte de la descentralización*, Instituto de Estudios de Administración Local, Madrid, 1969, ps. 66 y ss.

[757] VEDEL, Georges, *Droit Administratif*, Presses Universitaires de France, París, 1968, ps. 561/562. Sobre esta forma de descentralización en Uruguay, SILVA CENCIO, Jorge, *La descentralización por servicios en la Constitución de 1967*, 2ª ed., Montevideo, 1971, ps. 20 y ss.

[758] GARRIDO FALLA, Fernando, *Tratado de Derecho Administrativo*, cit., p. 102, aunque este autor separa luego ambos conceptos.

La descentralización funcional comprende no sólo a los órganos que se separan de la Administración central mediante la técnica jurídica de atribución de personalidad a entidades institucionales de carácter fundacional[760], sino que incluye también la creación *ex novo* de personas jurídicas públicas estatales a las cuales se les asignan cometidos que no estaban reconocidos anteriormente a los órganos de la administración directa[761].

Esta nueva forma de descentralización trasunta en la realidad una manera encubierta de mantener la unidad del poder estatal, en la medida en que existen vínculos entre la entidad y la Administración central, que aunque no revisten una relación jerárquica típica entre órganos permiten desplegar un control bastante intenso sobre la entidad descentralizada, llamado control administrativo o de tutela[762].

17. LOS PRINCIPIOS DE CONCENTRACIÓN Y DESCONCENTRACIÓN

En un plano distinto de la centralización y descentralización, aparecen también como técnicas de agrupación o distribución permanente de competencias la concentración y la desconcentración. Mientras la descentralización tiene como presupuesto la idea de atribución de personalidad jurídica y una relación inter-subjetiva, la desconcentración entraña una típica relación inter-orgánica en el marco de la propia entidad estatal.

Tanto la concentración como la desconcentración constituyen principios organizativos que se dan en el marco de una misma persona pública estatal, por lo que bien pueden tener lugar en la Administración central como dentro de algunas de las entidades descentralizadas.

Existirá concentración siempre que las facultades decisorias se encuentren reunidas en los órganos superiores de la Administración central, o bien cuando esa agrupación de facultades se opera en los órganos directivos de las entidades que integran la llamada Administración indirecta.

A la inversa, cuando las competencias decisorias se asignan a órganos inferiores de la Administración centralizada o descentralizada (en el sentido que asignamos a este vocablo), el fenómeno recibe el nombre técnico de "desconcentración"[763].

---

[759] MARIENHOFF, Miguel, *Tratado de Derecho Administrativo*, *cit.*, t. I, ps. 410/411 y 613 y ss.

[760] Como lo postula GARRIDO FALLA, Fernando, Administración indirecta del Estado y descentralización funcional, *cit.*, p. 189.

[761] *Cfr.* BAENA DEL ALCÁZAR, Mariano, "Los entes funcionalmente descentralizados y su relación con la Administración central", *Revista de Administración Pública*, nro. 44, Instituto de Estudios Políticos, Madrid, 1964, p. 81.

[762] RIVERO, Jean, *Droit Administratif*, Dalloz, París, 1968, ps. 283/287; VEDEL, Georges, *Droit Administratif*, *cit.*, ps. 563 y ss.

[763] VALLINA Y VELARDE, Juan Luis de la, *Transferencia de funciones administrativas*, *cit.*, p. 30; WIGNY, Pierre L., *Droit Administratif, principes généraux*, 4ª ed., Editions Bruylant, Bruselas, 1962, p. 43; DIEZ, Manuel M., *Derecho Administrativo*, *cit.*, t. II, 2ª ed., ps. 80 y ss. En Suiza, como equivalente del concepto de desconcentración que hemos adoptado, se habla de *services non personnalisés*, pero como una modalidad de la descentralización (*Cfr.*

La posición de la doctrina francesa[764], caracterizada aquí por una ausencia de rigor metodológico, ha conducido a algunos autores a asimilar la concentración a la centralización[765], considerando que – como expresa Rivero– la desconcentración implica una modalidad de la descentralización[766] cuya utilidad reposa en la conveniencia de descongestionar el poder central[767].

Quizás el origen del desacuerdo provenga de las peculiaridades del sistema francés, caracterizado por una Administración unitaria y centralista, donde el fenómeno de la desconcentración se relaciona predominantemente con la Administración central francesa, cuyas distintas atribuciones le cuesta transferir ni aun teniendo una gran acumulación o carga en las tareas administrativas[768].

18. DELEGACIÓN, DESCENTRALIZACIÓN Y DESCONCENTRACIÓN. LA LLAMADA IMPUTACIÓN FUNCIONAL

Una primera distinción entre estas figuras se apoya en que la delegación constituye, en lo esencial, una técnica transitoria de transferencia de facultades de los órganos superiores hacia los inferiores. Ella hace, por lo tanto, a la dinámica de la organización, y no implica la creación de un nuevo organismo.

En la descentralización y desconcentración, en cambio, la técnica de transferencia o asignación de nuevas competencias se opera en forma permanente, teniendo el respectivo acto que las dispone un carácter constitutivo, ya que produce el nacimiento de un ente (dotado de personalidad jurídica propia) o de un órgano (en la desconcentración) con facultades decisorias, que antes no existía.

Otra diferencia puede advertirse en lo siguiente: una vez producida la delegación, el delegante puede retomar la facultad de la que se ha desprendido temporalmente, mientras que en la desconcentración se genera una asignación de competencia propia en un órgano inferior, que excepcionalmente podrá corresponder al superior mediante el instituto de la avocación, la cual no procede en la descentralización.

De todo ello se sigue que en materia de responsabilidad existen también reglas diferentes.

GRISEL, André, *Droit Administratif Suisse*, Éditions Ides et Calendes, Neuchâtel, 1970, ps. 105/106).

[764] BONNARD, Roger, *Précis de Droit Administratif*, Sirey, París, 1935, ps. 271/272; BENOIT, Francis Paul, *Le Droit Administratif Français*, Dalloz, París, 1968, ps. 98/99; RIVERO, Jean, *Droit Administratif, cit.*, p. 279; LAUBADÈRE, André de, *Traité Élémentaire de Droit Administratif*, t. I, 5ª ed., LGDJ, París, 1970, p. 95. Este último autor señala que la desconcentración se sitúa dentro del cuadro mismo de la centralización siendo totalmente opuesta a la descentralización.

[765] Tal como ocurre con el criterio que adopta GORDILLO, Agustín A., *Empresas del Estado, cit.*, p. 25, al definir la centralización como equivalente a la concentración.

[766] RIVERO, Jean, *Droit Administratif, cit.*, p. 279.

[767] LAUBADÈRE, André de, *Traité Élémentaire de Droit Administratif, cit.*, t. I, p. 95.

[768] BILLAUDOT, Françoise, "Evaluación de la desconcentración", *Desconcentración Administrativa*, México, 1976, p. 203.

En la delegación, el superior es responsable por la manera en que las funciones transferidas sean ejercidas por el inferior. Por el contrario, en la descentralización y desconcentración hay una verdadera limitación a la responsabilidad del superior, que queda restringida al campo en que pueda ejercitar un contralor normal y razonable sobre los actos del ente descentralizado y órgano desconcentrado.

En la doctrina también se hace referencia a la imputación funcional como una institución distinta de la delegación. Se afirma que ella consiste en la distribución de funciones que hace el Poder Ejecutivo a órganos administrativos, que se encuentren vinculados a él a través del "control administrativo", según los casos[769].

La llamada imputación funcional va siempre ligada a la creación de un ente u órgano y, en este sentido, puede considerarse como una de las consecuencias tanto de la descentralización como de la desconcentración.

En materia de desconcentración, la facultad de distribuir cometidos o imputar funciones es una facultad propia del Poder Ejecutivo (por extensión también de cada persona pública estatal dentro de sus competencias), integrante de la zona de reserva de la Administración[770].

Respecto de la descentralización, dicha facultad se vincula con las atribuciones para crear la entidad descentralizada, que puede pertenecer al Poder Legislativo o al Poder Ejecutivo, de acuerdo con lo que determinen los textos constitucionales y la interpretación que de ellos se realice.

19. CONVENIENCIA O INCONVENIENCIA DE LA CENTRALIZACIÓN

Los regímenes de descentralización y desconcentración son susceptibles de ser analizados desde una perspectiva no jurídica, propia de la denominada Ciencia de la Administración, que pone el acento en la eficacia del obrar administrativo y en los procesos técnicos que lo llevan a cabo.

Como ventajas de la centralización administrativa se señalan:

a) la unidad de acción en la gestión estatal, al eliminarse las contradicciones que pueden presentarse en un régimen de descentralización, donde otras entidades pueden actuar con similares prerrogativas que la Administración central sin la necesaria regularidad y uniformidad de procedimientos ni la adecuada coordinación;

b) mejoramiento de las condiciones de prestación de aquellos servicios públicos que satisfacen una necesidad más general, dividiendo la retribución entre todos los administrados del país. En el mismo sentido, al adecuarse el factor de escala de la actividad prestacional, se pueden producir mayores economías presupuestarias;

c) se asegura el cumplimiento y celeridad de las decisiones a través del control jerárquico y, consecuentemente, de las prerrogativas que derivan de éste: avocación, impartir instrucciones, órdenes, etcétera.

La centralización presenta también serios inconvenientes, tales como:

---

769 MARIENHOFF, Miguel S., *Tratado de Derecho Administrativo*, cit., t. I, ps. 634/635; MÉNDEZ, Aparicio, *La jerarquía*, cit., ps. 142/143.

770 MARIENHOFF, Miguel S., *Tratado de Derecho Administrativo*, cit., t. I, ps. 635/636.

a) lleva a un "centralismo burocrático" impropio de un buen régimen político administrativo, que se traduce en la extensión de un verdadero formalismo procesal que retarda la acción expeditiva que puede alcanzarse dentro de la práctica administrativa[771];

b) se dificulta el llamado "acceso externo" que consiste en la posibilidad de que los administrados puedan acceder a la estructura jerárquicamente centralizada para obtener o brindar información, propiciar decisiones administrativas e impugnarlas[772].

20. VENTAJAS E INCONVENIENTES DE LA DESCONCENTRACIÓN

La desconcentración tiene en la doctrina administrativa partidarios y detractores, que han adoptado diferentes posturas en torno a su conveniencia. En general, se reconoce que la desconcentración favorece a la organización administrativa en cuanto permite:

a) descongestionar el poder, originando una mayor celeridad en la resolución de los asuntos administrativos[773];

b) acercar la Administración a los administrados adecuando la actuación de los órganos a las necesidades que debe satisfacer la acción administrativa[774];

c) afirmar la idea de responsabilidad y la iniciativa de los cuadros intermedios de la burocracia al atribuírseles la resolución o dirección de asuntos importantes[775], haciendo posible que quien deba decidir posea un conocimiento más profundo, específico y directo de los problemas que se trata de resolver y las necesidades que debe satisfacer la Administración[776].

Sin embargo, no dejan de advertirse algunos inconvenientes que puede presentar su práctica generalizada:

a) si muchas cuestiones de la misma naturaleza pudieran ser resueltas en forma conjunta, se operaría una mejor racionalización de recursos humanos y presupuestarios[777];

b) pérdida de la unidad de criterio en la resolución de cuestiones administrativas, acentuando el favoritismo al dejarse influir por las condiciones particulares de cada asunto[778].

---

[771]   BIELSA, Rafael, *Ciencia de la Administración*, 2ª ed. act., Depalma, Buenos Aires, 1955, p. 228.

[772]   MOSHER, Frederick C. - CIMMINO, Salvatore, *Ciencia de la Administración*, trad. española, Rialp, Madrid, 1961, ps. 162 y ss.

[773]   LAUBADÈRE, André de, *Traité Élémentaire de Droit Administratif, cit.*, t. I, p. 95.

[774]   VALLINA Y VELARDE, Juan Luis de la, *Transferencia de funciones administrativas, cit.*, p. 35.

[775]   DIEZ, Manuel M., *Derecho Administrativo, cit.*, t. II, p. 86.

[776]   LUCIFREDI, Roberto - COLETTI, Giuseppe, *Manuale di Diritto Amministrativo, cit.*, p. 2.

[777]   DIEZ, Manuel M., *Derecho Administrativo, cit.*, t. II, p. 87.

[778]   FORSTHOFF, Ernst, *Tratado de Derecho Administrativo, cit.*, p. 592, quien se refiere a las autoridades locales desconcentradas.

En conclusión, puede reconocerse que el sistema de la desconcentración administrativa resulta ventajoso cuando se lo utiliza en forma racional y su necesidad se encuentra justificada, no discutiéndose su conveniencia en aquellos casos en que por ella se asignan funciones de importancia secundaria, en forma predominantemente reglada[779].

---

[779] VALLINA Y VELARDE, Juan Luis de la, *Transferencia de funciones administrativas, cit.*, p. 37.

CAPÍTULO III

LA ADMINISTRACIÓN CENTRAL

1 INTRODUCCIÓN

El conjunto de órganos y entes estatales estructurados orgánicamente para desempeñar con carácter predominante la función administrativa conforma la Administración Pública, considerada desde el punto de vista orgánico[780].

Su organización se encuentra condicionada por el sistema político de cada país. La separación de poderes determina que el Poder Ejecutivo tenga a su cargo fundamentalmente la función administrativa, en sentido material. Si bien también ejerce funciones o actividades legislativas o normativas y jurisdiccionales, su estructura se encuentra preparada esencialmente para el ejercicio de aquella función.

Los otros poderes del Estado – Legislativo y Judicial– , no obstante que desempeñan también funciones administrativas, tienen como misión principal legislar o juzgar, respectivamente, contando con una organización apta para el ejercicio de su función principal.

Al abordar la organización administrativa se analizará primordialmente la correspondiente al Poder Ejecutivo, aun cuando también los otros poderes del Estado posean una organización, necesaria no sólo para el desempeño de la función administrativa que puedan desarrollar, sino fundamentalmente para el ejercicio de su actividad específica o predominante.

Nuestro país ha adoptado el sistema federal de gobierno, el cual supone la coexistencia de dos órdenes de autoridades y distintas organizaciones administrativas. Cada una de las provincias conserva todo el poder no delegado (art. 121, CN), dándose sus propias instituciones y rigiéndose por ellas (arts. 5° y 122, CN).

El sistema federal estructura, en consecuencia, la organización del Estado. Esa circunstancia torna necesario realizar el análisis de los distintos órdenes organizativos que lo integran (Nación, provincias y municipios) de acuerdo con las normas y principios que estatuye la Constitución Nacional.

En la organización administrativa nacional, cuya titularidad corresponde al Poder Ejecutivo, existen dos estructuras básicas: la Administración central y la Administración descentralizada, ambas bajo la dirección de aquel Poder (art. 99, inc. 1°,

---

[780] Lo apuntado en el texto no implica contradecir la concepción institucionalista sobre la Administración que hemos sostenido antes y que permite visualizar la existencia de un conjunto de órganos permanentes que se diferencian del Gobierno. Ello demuestra que el concepto de Administración es una idea análoga en el sentido de que se aplica a varios objetos de un modo que no es del todo idéntico ni del todo diferente. El sentido subjetivo que usamos en el texto es meramente descriptivo o formal.

CN). La Administración central no implica la institución de una nueva persona jurídica, y su principio organizativo esencial es el de la jerarquía que, en algunos casos, se encuentra atenuada (administración jurisdiccional o de contralor). En cambio, la Administración descentralizada supone la creación de nuevas entidades con personalidad jurídica propia vinculadas al Poder Ejecutivo mediante las llamadas relaciones de "tutela" o de "control administrativo".

Análoga situación se reproduce en los ámbitos provinciales y municipales.

2. EL GOBIERNO FEDERAL Y LA DISTRIBUCIÓN DE LA COMPETENCIA SEGÚN LA CONSTITUCIÓN NACIONAL

La Constitución Nacional distribuye el poder del Estado entre la Nación y las provincias.

Para la distribución de poderes o atribuciones existen tres técnicas constitucionales: a) fijar la competencia del Estado Federal y reservar las facultades no enumeradas taxativamente a las provincias, tal como lo hace el art. 121, CN; b) establecer en forma rígida las competencias de las provincias, atribuyendo al Estado nacional las facultades no asignadas a aquéllas; y c) enumerar los poderes de ambos gobiernos[781].

Si nos atenemos al ámbito y al modo como han sido asignadas las atribuciones estatales, ellas pueden clasificarse de la siguiente forma[782].

a) delegadas al Gobierno Federal (arts. 75, 99 y 100, CN);

b) conservadas por las provincias (arts. 5° y 122, CN);

c) concurrentes, atribuidas a ambos gobiernos (arts. 75, inc. 18, y 125, CN).

Un criterio similar puede aplicarse respecto de las prohibiciones que estatuye la ley suprema, clasificándolas del siguiente modo:

a) concernientes al Gobierno Federal (art. 32, CN);

b) relativas a las provincias (arts. 126 y 127, CN, y todas las demás atribuciones delegadas en la Nación);

c) atinentes a ambos gobiernos (arts. 28 y 29, CN).

La competencia que la Constitución atribuye al Gobierno Federal se delimita, en general, teniendo en cuenta la índole de las actividades; es decir, se trata de una competencia asignada en razón de la materia. Pero también se atribuyen al Estado nacional, en determinados supuestos, competencias en razón del territorio y de las personas.

En lo que concierne a la competencia atribuida a la Nación en razón de la materia, ella puede distinguirse[783] de esta forma:

---

[781]   BIDART CAMPOS, Germán J., *Derecho Constitucional*, t. I, Ediar, Buenos Aires, 1968, p. 490.

[782]   GONZÁLEZ CALDERÓN, Juan A., *Curso de Derecho Constitucional*, Buenos Aires, 1943, ps. 147/148.

[783]   DIEZ, Manuel M., *Derecho Administrativo*, t. II, 1° ed., Bibliográfica Omeba, Buenos Aires, 1963, p. 144, quien recoge la clasificación que formulara Alberdi.

a) poderes de gobierno interior: dicta los códigos de fondo (art. 75, inc. 12); reglamenta la libre navegación de los ríos (art. 75, inc. 10); regla el comercio marítimo y terrestre con las naciones extranjeras y de las provincias entre sí (art. 75, inc. 13); provee lo conducente a la prosperidad, adelanto y bienestar del país (art. 75, inc. 18); etcétera;

b) poderes relativos al gobierno exterior: celebra tratados (arts. 75, inc. 22, y 99, inc. 11), arregla definitivamente los límites del territorio de la Nación (art. 75, inc. 15), etcétera;

c) poderes de guerra: tiene a su cargo la seguridad de las fronteras (art. 75, inc. 16), declara la guerra y hace la paz (arts. 75, inc. 25, y 99, inc. 16), organiza y conduce los ejércitos (arts. 75, incs. 23 y 24, 99, incs. 12, 13 y 14) y permite la introducción de tropas extranjeras en el territorio de la Nación y autoriza la salida de las fuerzas nacionales (art. 75, inc. 28); parece oportuno señalar, en este punto, que las provincias sólo han conservado poderes de guerra en caso de invasión exterior o peligro tan inminente que no admita dilación, debiendo dar cuenta luego al Gobierno Federal (art. 126);

d) poderes concernientes a la hacienda: provee a los gastos de la Nación con el producido de los derechos de importación y exportación, la venta o locación de tierras de propiedad nacional, la renta de correos y con los impuestos, empréstitos y demás operaciones de crédito (arts. 4° y 75, incs. 1°, 2°, 3°, 4° y 5°), Respecto al poder impositivo debe señalarse que el gobierno nacional sólo puede establecer impuestos directos por tiempo determinado proporcionalmente iguales en todo el territorio nacional y siempre que la defensa, seguridad común y bienestar general lo exijan; la concurrente potestad tributaria ha dado lugar a que la Nación y las provincias hayan llegado a un acuerdo sobre el cobro de los impuestos directos e internos, encomendando a la Nación su percepción y repartiendo el producido conforme a un sistema de índices;

e) poderes concernientes a la administración de justicia: la Constitución ha organizado un doble sistema de administración de justicia, estableciendo un Poder Judicial en el ámbito nacional (art. 108) y determinando que las provincias deben asegurar la administración local de justicia (art. 5°).

La Nación, para lograr sus objetivos, puede legislar incluso sobre actividades propias de las provincias, en la medida en que sea necesario [784], razón que ha determinado en la práctica un avance del Gobierno Federal, ya que en caso de conflicto entre las normas nacionales y locales debe reconocerse la supremacía de las normas federales[785].

La competencia del Gobierno Federal también se ha atribuido teniendo en cuenta el territorio. Así, sobre la Capital Federal sólo la Nación tiene competencia. El art. 75, inc. 30, CN, establece que la Nación ejerce "legislación exclusiva... sobre los demás lugares adquiridos por compra o cesión en cualquiera de las provincias, para establecer fortalezas, arsenales, almacenes u otros establecimientos de utilidad na-

---

[784] "Giménez Vargas Hnos. Soc. Com. e Ind. c/ Provincia de Mendoza", Fallos, 239:343 (1957) y "Compañía Argentina de Teléfonos SA c/ Provincia de Mendoza", Fallos, 257:159 (1963).

[785] Art. 31, CN.

cional". Esta norma fue interpretada por una ley[786] a fin de restringir la competencia federal y permitir en algunos supuestos que las provincias tuvieran atribuciones sobre algunos establecimientos nacionales ubicados en ella. No obstante, esa ley fue declarada al poco tiempo inconstitucional por la Corte Suprema de Justicia, considerándose que la competencia del Gobierno Federal sobre esos lugares era exclusiva y excluyente[787], doctrina que varió en los fallos posteriores del Alto Tribunal[788] al admitir la subsistencia de los poderes provinciales, en tanto su ejercicio no interfiera en la finalidad del establecimiento de utilidad nacional, fórmula que prescribe la Constitución reformada en 1994 (art. 75, inc. 30).

3. EL PODER EJECUTIVO NACIONAL

De acuerdo con la Constitución Nacional, el Poder Ejecutivo es desempeñado por un ciudadano que ostenta el título de Presidente de la Nación Argentina, quien es el Jefe Supremo de la Nación y responsable político de la administración general del país (arts. 87 y 99, inc. 1°, CN).

Para comprender cabalmente la naturaleza del Poder Ejecutivo y sus atribuciones resulta necesario advertir que se trata del núcleo originario del cual, por aplicación de la doctrina de separación de poderes, fueron desprendiéndose funciones legislativas y jurisdiccionales que se atribuyeron a otros órganos especializados[789]. Aun cuando inicialmente se pretendió reconocerle sólo la función administrativa, sus funciones no se limitan, como su nombre parece sugerirlo, a la mera ejecución de las leyes; por el contrario, él es quien tiene a su cargo el impulso de la actividad estatal[790].

En este aspecto, nuestra organización constitucional se apartó del modelo estadounidense para que el Poder Ejecutivo tuviera el vigor y la estabilidad que la realidad del país y su historia aconsejaban, teniendo en cuenta, en cierto modo, la figura de los virreyes españoles[791]. Alberdi, inspirador de este criterio, resumió su tesis del siguiente modo: "Dad al Poder Ejecutivo todo el poder posible, pero dádselo por medio de una Constitución"[792].

Con el transcurso del tiempo el liderazgo del Poder Ejecutivo fue acentuándose como resultado de diversas causas. El Estado ha asumido nuevos cometidos, tomando a su cargo asuntos librados a la actividad de los particulares, interviniendo, incluso, en la economía y fijando hasta la política en materia de población y educativa.

---

[786] Ley 18.310.

[787] Fallos, 127:186, en el caso "Marconeti Ltda. SA", publicado con nota de BOSCH, Jorge T., LL 131-987.

[788] "SA Vialco c/ Nación Argentina", Fallos, 301:1122 (1979); "Montarsa Montajes Argentinos SA c/ Provincia de Neuquén", Fallos, 302:1223 (1980); e "Irazú Margarita v. Copetro o quien corresponda s/indemnización de daños y perjuicios", Fallos, 311:75 (1988).

[789] BIDART CAMPOS, Germán J., *Derecho Constitucional del Poder*, t. II, Ediar, Buenos Aires, 1967, ps. 12 y ss.

[790] BIDART CAMPOS, Germán J., *Derecho Constitucional del Poder*, cit., t. II, ps. 12 y ss.

[791] LAZZARINI, José L., "El Poder Ejecutivo fuerte alberdiano", JA, Doctrina 1974, p. 195.

[792] ALBERDI, Juan B., *Obras completas*, t. III, El Congreso, Buenos Aires, 1886, p. 491.

Como se ha afirmado[793], el Estado llegó a convertirse en el máximo protagonista de la sociedad. Esta tendencia crece o disminuye en virtud de la influencia que ejercen las entidades intermedias existentes entre el individuo y el Estado, pese a que en la actualidad el Estado ha comenzado a reconocer esas entidades, encomendándoles el desempeño de funciones públicas[794].

Las nuevas funciones que el Estado debió asumir fueron mayoritariamente tomadas por el Poder Ejecutivo, ya que, por su estructura y dinamismo, es quien está en mejores condiciones para llevarlas a cabo.

La doctrina ha debatido intensamente el significado de la expresión utilizada por la Constitución Nacional al afirmar que el Poder Ejecutivo es el "Jefe Supremo de la Nación", entendiéndose que ello no significa que esté por encima de los otros poderes ya que, necesariamente, debe haber un equilibrio entre ellos; el término indica que es cabeza del Ejecutivo [795].

En cambio, hay quienes consideran que la actividad política o gubernamental que se origina y se limita en la propia Constitución le confiere el liderazgo del poder político[796], lo que resulta expresamente prescripto en la Constitución reformada (art. 99, inc. 1°). En consecuencia, el Presidente de la República es el más alto magistrado, es el que ejerce la representación de la soberanía del Estado ante los Estados extranjeros y es quien debe impulsar la actividad política. Asimismo, es el comandante en jefe de las fuerzas armadas y provee a la formación de todos los poderes del Estado, ya sea por medio de la convocatoria electoral o por medio de su nombramiento[797].

Su liderazgo, en la práctica, también se ve afirmado por tratarse de un órgano unipersonal; en definitiva, ello determina que en una sola persona física se reúne toda la potestad pública atribuida a un poder del Estado [798].

Si bien el art. 87, CN, establece que el Poder Ejecutivo será desempeñado por un ciudadano con el título de "Presidente de la Nación Argentina", teniendo en cuenta que el art. 100 dispone que el Jefe de Gabinete y los Ministros "refrendarán y legalizarán los actos del Presidente por medio de su firma, sin cuyo requisito carecen de eficacia", se ha discutido si el Poder Ejecutivo es unipersonal o colegiado, cuestión que debe resolverse en favor del carácter unipersonal del órgano a tenor de las prescripciones anteriormente citadas.

---

[793] VILLAR PALASÍ, José L., *La intervención administrativa en la industria*, t. I, Instituto de Estudios Políticos, Madrid, 1964, p. 31.

[794] Ver al respecto GARRIDO FALLA, Fernando, *Las transformaciones del régimen administrativo*, 2ª ed., Centro de Estudios Constitucionales, Madrid, 1982, ps. 44 y ss.

[795] DIEZ, Manuel M., *Derecho Administrativo*, cit., t. II, p. 75.

[796] BIDART CAMPOS, Germán J., *Derecho Constitucional del Poder*, cit., t. I, p. 737.

[797] SARRÍA, Félix, *Derecho Administrativo*, Ediciones Assandri, Córdoba, 1961, p. 203.

[798] SARRÍA, Félix, *Derecho Administrativo*, cit., p. 203.

4. COMPETENCIA DEL PODER EJECUTIVO

Las atribuciones del Poder Ejecutivo se encuentran expresamente previstas en los distintos incisos del art. 99, CN, aun cuando esta enumeración no es taxativa, ya que ésta se completa con otras disposiciones de la propia Constitución. En tal sentido, no se requiere norma expresa para asignar funciones al Ejecutivo, por cuanto las funciones estatales no asignadas a otros poderes le pertenecen[799].

En una sistematización de sus atribuciones, teniendo en cuenta la índole de la actividad material desarrollada, ellas pueden clasificarse en[800]:

a) facultades de gobierno o políticas: adjudicadas por el art. 99, inc. 1°, CN, y en otros incisos del mismo artículo (4°, 11 y 15), ejercidas en un marco de discrecionalidad en cuanto al poder de iniciativa, no obstante que se trata siempre de una actividad vinculada a la Constitución Nacional [801];

b) facultades normativas: se encuentran atribuidas básicamente por el inc. 1° del art. 99 de la Constitución. Por dicha norma "expide las instrucciones y reglamentos", asignándosele potestad para el dictado de reglamentos de ejecución. La potestad para dictar reglamentos delegados surge del art. 76, CN;

c) facultades co-legislativas: participa de la actividad tendiente al dictado de leyes por el Congreso. El art. 99, inc. 3°, establece que "participa de la formación de las leyes con arreglo a la Constitución, las promulga y hace publicar"; puede presentar al Congreso proyectos de leyes, teniendo el derecho de iniciativa [802]. En circunstancias de excepción dicta decretos de necesidad y urgencia.

Al propio tiempo, el Poder Ejecutivo hace anualmente la apertura de las sesiones del Congreso, recomendando las medidas que juzgue necesarias y convenientes (art. 99, inc. 8°, CN); prorroga las sesiones ordinarias del Congreso y convoca a extraordinarias (art. 99, inc. 9°, CN);

d) facultades administrativas: como Jefe Supremo de la Nación y responsable político de la administración general del país le corresponde la titularidad de la función administrativa (art. 99, inc. 1°, CN).

Hay que diferenciar aquellas facultades administrativas que el Poder Ejecutivo posee en su carácter de ejecutor de las leyes, de las funciones administrativas que le corresponden por sí, atribuidas directamente por la Constitución, integrando la "zona de reserva de la Administración"[803]. La función administrativa la desempeña en su carácter de órgano encargado de la aplicación de las leyes cuando concede jubilaciones "conforme a las leyes de la Nación", o hace recaudar las rentas de la Nación o decreta su inversión con arreglo a las leyes (art. 99, incs. 6° y 10). Además, realiza

---

[799]   BIDART CAMPOS, Germán J., *Derecho Constitucional del Poder*, cit., t. II, p. 73.

[800]   VALIENTE NOAILLES, Carlos, *Manual de jurisprudencia de la Corte Suprema de Justicia de la Nación*, t. I, Fondo de Obras Jurídicas, Buenos Aires, 1970, ps. 3 y ss.

[801]   BIDART CAMPOS, Germán J., *Derecho Constitucional del Poder*, cit., t. II, p. 73.

[802]   BIDART CAMPOS, Germán J., *Derecho Constitucional del Poder, cit.*, t. II, p. 91, señala que la publicación y promulgación de las leyes no constituyen funciones legislativas.

[803]   MARIENHOFF, Miguel S., *Tratado de Derecho Administrativo*, t. I, 5ª ed. act., Abeledo-Perrot, Buenos Aires, 1995, p. 523.

función administrativa, pero en este caso no derivada de la ley, cuando imparte órdenes a los órganos administrativos, los controla o resuelve conflictos suscitados entre ellos[804], o cuando nombra o remueve empleados (art. 99, inc. 7°)[805] o solicita informes a los empleados de la Administración (art. 99, inc. 17).

Algunas actividades administrativas atribuidas al Poder Ejecutivo deben ser ejercidas juntamente con otros poderes del Estado: el nombramiento de jueces, embajadores y oficiales superiores de las fuerzas armadas requiere el acuerdo del Senado (art. 99, incs. 5°, 7° y 13), siempre que el Congreso no estuviese en receso, supuesto en el que es procedente la designación "en comisión" que expira al finalizar las sesiones ordinarias de la próxima Legislatura (art. 99, inc. 19)[806]. El acuerdo no le quita al acto carácter administrativo, ya que se trata de una función administrativa atribuida por la Constitución al Senado; también pertenecen a este grupo la declaración de guerra o de estado de sitio, que son funciones administrativas que requieren la intervención del Congreso (art. 99, incs. 15 y 16);

e) facultades jurisdiccionales: las funciones jurisdiccionales de los órganos del Poder Ejecutivo han sido aceptadas por nuestro más Alto Tribunal a condición de que exista un control judicial posterior suficiente[807], con amplitud de debate y prueba.

En el ejercicio de las potestades que hacen a su jerarquía constitucional, el Poder Ejecutivo ejerce tres jefaturas[808]:

1) es el Jefe del Estado y como tal representa a la Nación en el ámbito internacional (art. 99, inc. 1°);

2) es el Jefe del Gobierno y cabeza de la Administración (art. 99, inc. 1°), y por ello es el superior jerárquico de todos los órganos creados en el ámbito del Poder Ejecutivo, y ejerce la supremacía de tutela, a los efectos de la dirección de sus actividades y el control sobre las entidades descentralizadas;

3) es el Comandante en Jefe de todas las fuerzas armadas (art. 99, inc. 12), sin que ello excluya los poderes militares del Congreso (art. 75, incs. 25, 26, 27 y 28).

La Constitución argentina atribuye al Poder Ejecutivo el ejercicio de algunas facultades excepcionales, como es la relativa al indulto y conmutación de penas (art. 99, inc. 5°, CN).

---

[804] FIORINI, Bartolomé A., *Manual de Derecho Administrativo*, t. I, La Ley, Buenos Aires, 1968, p. 177.

[805] La facultad que tiene el Poder Ejecutivo para remover sus empleados debe ejercerse en armonía con las leyes que dicte el Congreso al reglamentar el art. 14 bis, CN (que consagra el derecho a la estabilidad en el empleo público).

[806] LOUSTEAU HEGUY, Guillermo A., "El nombramiento de jueces sin acuerdo previo", LL 112-870, sostiene que el inc. 22 del art. 86, CN, no es aplicable a la designación de jueces, sino para los cargos que dependen jerárquicamente del Poder Ejecutivo.

[807] Fallos, 247:646 (1960) *in re*, "Fernández Arias, Elena v. Poggio, José s/sucesión"; VALIENTE NOAILLES, Carlos, *Manual de jurisprudencia...*, *cit.*, ps. 33/34. Más recientemente, la Corte ratificó la doctrina de aquel fallo señero a través de la sentencia dictada por el Alto Tribunal en la causa "Ángel Estrada y Cía. SA v. Secretaría de Energía y Puertos de la Nación", fallada el 4/5/2005.

[808] BIDART CAMPOS, Germán J., *Derecho Constitucional del Poder*, *cit.*, t. II, ps. 74 y ss.

El indulto no puede ser calificado como acto jurisdiccional[809] ya que no resuelve una controversia sino que supone, por razones de interés público, eliminar la aplicación de la pena correspondiente a una conducta delictiva. Al respecto, si bien una parte de la doctrina lo conceptúa dentro de la categoría de los actos políticos o de gobierno[810], consideramos que si, en definitiva, viene a repercutir directamente sobre la esfera de los particulares, no se justifica su sujeción a un régimen distinto del que rige a los actos administrativos.

Se ha debatido si el indulto puede decretarse respecto de un proceso o si, por el contrario, sólo procede respecto de quienes hubieran sido condenados.

Esta última postura encuentra apoyo en una interpretación literal del precepto constitucional y en la situación injusta en que quedaría el imputado al no poder hacer efectiva su presunción de inocencia[811].

Sin embargo, desde el punto de vista del beneficiario del indulto, nada se opondría a su admisión antes de la condena cuando fuese por él pedido o aceptado; no sería legítimo, en cambio, decretarlo frente a su oposición puesto que, en tal caso, se conculcaría el derecho de defensa (art. 18, CN).

5. EL JEFE DE GABINETE

La idea de incorporar este órgano a la Constitución ha surgido de tendencias partidarias del sistema parlamentario que piensan que al atenuar el poder del Presidente se van a superar las crisis políticas que hemos padecido. Se ha pretendido así, sin lograrlo, la aproximación de nuestro sistema a aquellos que adjudican la función de gobernar y de administrar a un Primer Ministro y que, correlativamente, reservan la jefatura del Estado al Presidente, o al Monarca según los casos[812].

Entre los antecedentes de la reforma de 1994 se invocaron, en su momento, tres causales para justificar el abandono del presidencialismo o, al menos, atenuarlo. La primera concierne a razones típicas de la teoría de la organización y reposa en la idea de que una descarga de la labor presidencial en un órgano inferior introduce un factor de mayor eficacia[813]. Y mientras el segundo de los argumentos versa sobre la

---

[809] BIELSA, Rafael, *Derecho Administrativo*, t. V, 6ª ed., La Ley, Buenos Aires, 1964, p. 727; MARIENHOFF, Miguel S., *Tratado de Derecho Administrativo*, t. II, 4ª ed. act., Abeledo-Perrot, Buenos Aires, 1993, p. 710.

[810] BIDART CAMPOS, Germán J., *El Derecho Constitucional del poder*, cit., t. II, p. 127 y los autores citados en la nota precedente.

[811] BIDART CAMPOS, Germán J., *Derecho Constitucional del Poder*, cit., t. II, p. 126; LINARES QUINTANA, Segundo V., *Tratado de la Ciencia del Derecho Constitucional argentino y comparado*, t. IX, Alfa, Buenos Aires, 1962, p. 358 y CAJARAVILLE, Esteban, "La facultad de indultar del Poder Ejecutivo y su alcance con relación al art. 86, inc. 6º, CN", LL 113-959.

[812] La idea plasmada en la Constitución Nacional (art. 100) reconoce como antecedentes los trabajos producidos por el Consejo para la Consolidación de la Democracia, creado por dec. 2446/1985.

[813] Sobre la distinción entre eficacia y eficiencia véase: GONZÁLEZ PÉREZ, Jesús - GONZÁLEZ NAVARRO, Francisco, *Régimen jurídico de las Administraciones Públicas y procedimiento administrativo común*, Civitas, Madrid, 1993, ps. 161/165.

conveniencia de acentuar el control del Parlamento sobre la Administración Pública, el restante apunta a la necesidad de hacer más flexibles las relaciones entre el Ejecutivo y el Parlamento[814].

Gran parte de las desventajas que genera el hecho de injertar en un sistema presidencialista la figura de un Primer Ministro o de un Jefe de Gabinete, con similares atribuciones, se relacionan con aquel principio que hace al buen gobierno del Estado: la unidad del Poder Ejecutivo en el régimen presidencialista. En efecto, en un sistema semi-parlamentario o mixto (que algunos califican como presidencialista atenuado) – a diferencia de los sistemas más puros (sean presidencialistas o parlamentarios)– se coloca en el vértice del poder constitucional-administrativo a dos magistrados, generándose en algunas circunstancias una fragmentación en el poder político que gobierna la Administración Pública.

La historia ha demostrado la absoluta ineficacia de los gobiernos de dos o tres cabezas que terminan siempre produciendo conflictos prácticamente insolubles[815]. Las mayores dificultades que generan estos sistemas mixtos consisten en: a) determinar el tipo de relación que vincula a las dos cabezas del Ejecutivo; b) cuál será el órgano prevaleciente en caso de conflicto de poderes; c) la articulación entre el Poder del Ejecutivo y el que se le asigne al Congreso para remover al Primer Ministro.

La vinculación entre el Presidente y el Jefe de Gabinete se encuentra determinada con fórmulas que suponen la existencia de una relación jerárquica entre ambos[816]. Esta relación encuentra apoyo en varias prescripciones constitucionales, a saber: a) la facultad de nombrar y remover discrecionalmente ("por sí solo" prescribe el art. 99, inc. 7°, CN) al Jefe de Gabinete; b) el poder de impartirle instrucciones (art. 99, inc. 2°, CN); c) las delegaciones administrativas expresamente previstas (art. 100, incs. 2° y 4°, CN). A todo ello se añade la facultad de mando, que lo habilita a impartir indicaciones para resolver sobre determinadas materias en los acuerdos de Gabinete (art. 100, inc. 4°, CN).

Algunos creen que la relación entre el Presidente y el Jefe de Gabinete traduce un vínculo de coordinación y no de jerarquía. Pero es evidente que si el poder de dar órdenes o instrucciones sólo se concibe en el marco de una relación jerárquica o de mandato, la relación entre ambos no puede ser de coordinación pues las voluntades jurídicas no se encuentran en el mismo plano sino en un nivel respectivo de superioridad y subordinación.

---

[814]   *Cfr. Dictamen Preliminar del Consejo para la Consolidación de la Democracia*, Buenos Aires, 1986, ps. 49/57; ver también ALFONSÍN, Raúl, "Núcleo de coincidencias básicas", LL 1994-D-824.

[815]   Si bien todavía es prematuro para extraer conclusiones definitivas, el caso argentino parece ceñirse al mismo patrón. Una evaluación de la experiencia recogida durante la primera década desde la implantación de la figura del Jefe de Gabinete en nuestro sistema puede verse en THURY CORNEJO, Valentín, *Sistema político y aprendizaje constitucional (a 10 años de la reforma de 1994)*, Universidad Católica Argentina, Buenos Aires, 2005, ps. 87 y ss.

[816]   Barra considera que el Presidente puede, en circunstancias concretas, retomar la competencia para el ejercicio de su responsabilidad política con relación a la administración general del país (*Cfr.* BARRA, Rodolfo C., *El Jefe de Gabinete en la Constitución Nacional*, Abeledo-Perrot, Buenos Aires, 1995, ps. 75 y ss. y nota 50).

Un precepto que reconoce dicha jerarquía es, también, la facultad de supervisar el ejercicio de las funciones que debe cumplir el Jefe de Gabinete (art. 99, inc. 10, CN). A su vez, entre los poderes implícitos[817], el Poder Ejecutivo puede asumir las competencias atribuidas al Jefe de Gabinete, salvo que ellas le hubieren sido adjudicadas a este último en forma exclusiva.

Por lo demás, el Presidente como Jefe del Gobierno conserva la Jefatura de la Administración; esta interpretación armoniza con la conducta seguida por los constituyentes quienes, al tratar las funciones del Jefe de Gabinete, no incorporaron la fórmula utilizada en el Pacto de Olivos que, refiriéndose a dicho órgano, repetía la prescripta con respecto al presidente por la Constitución de 1853/1960 ("tiene a su cargo la administración general del país"), atribuyéndole la función de ejercer la Administración, mas no su Jefatura.

En ese sentido, resulta forzoso distinguir, después de la reforma, el ejercicio de la competencia de su titularidad porque no es lo mismo tener a su cargo una competencia constitucional que ejercerla dentro de un marco jerárquico, en cuyo caso, será una facultad que el Presidente está habilitado a ejercer en forma concurrente, como propia de su titularidad (salvo que se trate de facultades inherentes o exclusivas del Jefe de Gabinete)[818].

A) La atenuación del poder presidencial

La atribución al Congreso para remover al Jefe de Gabinete por el voto de la mayoría absoluta de cualquiera de las Cámaras (art. 101, CN) traduce una atenuación del presidencialismo ya que se trata de un órgano que goza de la confianza del Presidente, que actúa bajo su dirección política y administrativa y que es posible remover discrecionalmente por el Congreso a través de una moción de censura. Y también, en este contexto de atenuación se ubica el deber del Jefe de Gabinete de concurrir al menos una vez por mes al Congreso para informar sobre la marcha del gobierno.

Otro de los aspectos en que se ha atenuado el presidencialismo, radica en el procedimiento que ha introducido el art. 99, inc. 3°, CN, para que la emisión de los decretos de necesidad y urgencia sea constitucionalmente legítima (v.gr., aprobación en acuerdo general de ministros que deberán refrendarlos, juntamente con el Jefe de Gabinete).

B) Articulación de los poderes del Jefe de Gabinete con los Ministros

La relación que vincula al Jefe de Gabinete con los Ministros constituye uno de los principales problemas interpretativos que plantea la Constitución reformada[819],

---

[817] Sobre los poderes implícitos e inherentes en el sistema constitucional argentino, véase: AJA ESPIL, Jorge A., *Constitución y Poder. Historia de los poderes implícitos y de los poderes inherentes*, TEA, Buenos Aires, 1987, esp. ps. 140 y ss.

[818] *V.gr.*, la facultad del Jefe de Gabinete concerniente al refrendo de los decretos de necesidad y urgencia (arts. 99, inc. 3°, y 100, inc. 13, CN).

[819] *Cfr.* GELLI, María A., *Constitución de la Nación Argentina (comentada y concordada)*, 2ª ed. ampl. y act., La Ley, Buenos Aires, 2003, ps. 732/733.

habida cuenta de que no ha sido resuelto expresamente y que existen normas que abonan una u otra interpretación constitucional.

A favor de la configuración de una relación jerárquica entre el Jefe de Gabinete y los Ministros se encuentran las siguientes facultades: 1) la presidencia de las reuniones de Gabinete en caso de ausencia del Presidente (art. 100, inc. 5°, CN); 2) la de hacer recaudar las rentas de la Nación y de ejecutar la ley de presupuesto (art. 100, inc. 7°, CN); y 3) la más genérica que le atribuye la de "ejercer la administración general del país" (art. 100, inc. 1°, CN), lo que le permite ejercer el poder de avocarse.

En sentido contrario a la existencia de una relación jerárquica, el encabezamiento que figura en el Capítulo IV, de la Sección II, equipara al Jefe de Gabinete con los Ministros al igual que los preceptos concernientes al refrendo de los actos del Poder Ejecutivo (art. 100, 1ª parte, CN), a lo que cabe añadir la atribución de coordinar las reuniones de los Ministros.

C. La asignación constitucional de facultades privativas del Jefe de Gabinete

Entre las facultades que el art. 100, CN, prescribe que le corresponde ejercer al Jefe de Gabinete, hay algunas que resultan privativas de este funcionario constitucional en cuanto le han sido asignadas en forma exclusiva. Sin embargo, la exclusividad de tales facultades no afecta la relación jerárquica que mantiene con el Presidente, así como los Ministros en la Constitución anterior (art. 97, CN) y en la reformada (art. 103, CN) podían y pueden tomar por sí solos resoluciones en lo que concierne "al régimen económico y administrativo de sus respectivos departamentos".

Pero mientras en las demás facultades (concurrentes o delegadas) el Presidente siempre puede asumir la competencia a través de la figura de la avocación (que emana de su potestad de mando o jerárquica), en las facultades privativas hay una razón de especialidad que hace que sólo el Jefe de Gabinete sea el órgano con idoneidad constitucional específica para participar con su voluntad en el acto administrativo presidencial o para ejercer la función asignada por la Constitución.

Con todo, esta calidad privativa de los poderes del Jefe de Gabinete se revela en escasas normas constitucionales, a saber: a) presidir las reuniones del Gabinete en caso de ausencia del Presidente (art. 100, inc. 7°, CN); b) refrendar los decretos que ejercen facultades delegadas por el Congreso (art. 100, inc. 12, CN); c) intervenir mediante su refrendo en el procedimiento previsto para el dictado de los reglamentos de necesidad y urgencia.

6. EL ÓRGANO MINISTERIAL: NATURALEZA Y ATRIBUCIONES

En el plano constitucional la institución de mayor jerarquía después del Presidente y Jefe de Gabinete es la ministerial. En tanto el Poder Ejecutivo constituye un órgano unipersonal, los ministros no integran el órgano presidencial, al cual, sin embargo, se hallan jerárquicamente subordinados[820].

El art. 100, CN, prescribe que los ministros-secretarios tendrán a su cargo el despacho de los negocios de la Nación, y refrendarán y legalizarán los actos del Presidente por medio de su firma, sin cuyo requisito carecen de eficacia. Su número y competencia se establecen "por una ley especial"[821].

Los ministros, en el régimen constitucional argentino, no constituyen un cuerpo de consejeros o un órgano colegiado. El llamado gabinete – reunión de todos los ministros– no es un cuerpo que posea unidad, como en el caso del gabinete parlamentario existente en otros países [822], sin perjuicio de que algunas decisiones deban adoptarse en acuerdo de gabinete (art. 100, inc. 4°). Cada uno de los ministros constituye un órgano diferenciado con individualidad y poderes propios, aun cuando en determinados asuntos de competencia de varios ministros el acto sea refrendado por más de uno de ellos[823] o por el Jefe de Gabinete, según los casos expresamente previstos en el art. 100.

Son nombrados y removidos por el Poder Ejecutivo, y es objeto de controversia si para ello es necesario el refrendo ministerial[824]. El art. 99, inc. 7°, CN, estatuye que el Presidente por sí solo nombra y remueve los ministros del despacho, aunque la expresión "por sí solo" puede interpretarse dentro del contexto general del inciso que, en su primera parte, se refiere a las designaciones que se realizan con acuerdo del Senado. Creemos que no se precisa el refrendo ministerial.

Las atribuciones de cada uno de los ministros difieren de acuerdo con la competencia en razón de la materia que la ley les atribuye. Existe, no obstante, un régimen jurídico común aplicable a todos ellos y que tiene su fuente principal en los arts. 102 a 107, CN.

Ejercen la jefatura de cada una de las ramas de la Administración (ministerios) debiéndose diferenciar la competencia en tal carácter de la que tienen como secretarios del Poder Ejecutivo[825].

Cuando actúan como secretarios del Poder Ejecutivo refrendan y legalizan los actos del Presidente de la República, sin cuyo requisito carecen de eficacia, siendo responsables de los actos que legalizan (art. 102, CN).

El refrendo no significa que los actos del Poder Ejecutivo sean complejos ni se trata tampoco de un acuerdo de dos voluntades iguales[826]. Los actos que el Ministro refrenda pertenecen al Presidente, sin perjuicio de la responsabilidad ministerial.

---

[820] *Cfr.* DIEZ, Manuel M., *Derecho Administrativo, cit.*, t. II, p. 158; BIDART CAMPOS, Germán J., *Derecho Constitucional del Poder, cit.*, t. II, p. 145; ZUANICH, Alfredo R., *La institución ministerial*, Perrot, Buenos Aires, 1951, ps. 61 y 73.

[821] Conforme a la reforma constitucional del año 1994.

[822] SARRÍA, Félix, *Derecho Administrativo, cit.*, p. 209.

[823] SARRÍA, Félix, *Derecho Administrativo, cit.*, p. 209, interpreta que la necesidad de firma de varios ministros no convierte el acto en colegiado o plural.

[824] En contra de la necesidad del refrendo: BIDART CAMPOS, Germán J., *Derecho Constitucional del Poder, cit.*, t. II, p. 147.

[825] BIELSA, Rafael, *Derecho Administrativo, cit.*, t. I, p. 320.

En nuestro concepto, el refrendo es un acto de autenticación[827] o legalización, necesario y esencial para atribuir validez al acto o reglamento administrativo pertinente, el que, desde el punto de vista formal, recibe el nombre de decreto.

Los ministros, en su condición de colaboradores del Poder Ejecutivo, no pueden por sí solos adoptar resoluciones. En ese carácter, además de refrendar y legalizar los actos del Presidente o del Jefe de Gabinete, en su caso, preparan y someten a su consideración proyectos de decretos y leyes, intervienen en todos los actos que involucren materias de su competencia, etcétera.

Como jefes de los respectivos departamentos dictan todas las medidas que hacen al régimen económico y administrativo, y ejercen la dirección y fiscalización de las actividades que realizan los órganos que les están subordinados. Incluso, pueden delegar funciones en los órganos inferiores[828] y resolver los conflictos de competencia que puedan promoverse entre los órganos subordinados o entre las entidades que actúan en su ámbito[829].

Los actos que dictan los ministros en lo concerniente al régimen económico y administrativo de sus departamentos no sólo pueden tener eficacia interna (órdenes, instrucciones, circulares, etc.) sino que también pueden producir efectos jurídicos directos respecto de terceros, constituyendo actos administrativos[830].

En la medida de sus atribuciones, pueden dictar normas jurídicas, o sea reglamentos. La potestad reglamentaria les corresponde, como a todos los órganos administrativos, cuando se les hubiere atribuido competencia para ello[831].

Además de las funciones que tienen acordadas por la Constitución y por la Ley de Ministerios, el Poder Ejecutivo puede delegarles sus propias funciones. Si bien la Constitución no prevé la posibilidad de delegación a los ministros, la doctrina no cuestiona la posibilidad de hacerlo[832], siempre que se trate de las atribuciones del Presidente como cabeza de la administración general del país.

En nuestra opinión, la redacción del art. 103, CN, no constituye impedimento jurídico para que el Poder Ejecutivo, en su carácter de responsable máximo de la administración general del país, delegue funciones en sus órganos subordinados jerárquicamente, entre los cuales se encuentran los ministros[833].

---

[826]   DIEZ, Manuel M., *Derecho Administrativo*, *cit.*, t. II, ps. 158 y 161.

[827]   CASSAGNE, Juan Carlos, "Sobre la condición de instrumentos públicos de las actuaciones administrativas y su valor probatorio", ED 63-901.

[828]   Dec. 1759/1972, art. 2º, RLNPA (t.o. por dec. 1883/1991).

[829]   Ley 19.549, arts. 4º y 5º.

[830]   "Soete, Eduardo Julio", Fallos, 253:171 (1962), y "SA Compañía Argentina de Teléfonos c/ Provincia de Santiago del Estero", Fallos, 259:165 (1964).

[831]   Ley 19.549, art. 3º.

[832]   DOCOBO, Jorge J., "Delegación a los ministros y secretarios de Estado", JA 1975, secc. Doctrina, p. 708.

[833]   FIORINI, Bartolomé A., *Manual de Derecho Administrativo*, *cit.*, t. I, p. 188.

En ese sentido, el Reglamento de Procedimientos Administrativos[834] delega en los ministros determinadas funciones del Presidente de la República.

En cuanto a su responsabilidad, los ministros se encuentran sujetos a diferentes tipos de responsabilidad: administrativa o civil, penal, disciplinaria y contable o patrimonial, hallándose sometidos a la acción de responsabilidad[835].

De conformidad a lo prescripto en el art. 100, CN, el deslinde de las competencias de los distintos ministros se establece por ley del Congreso, la cual recibe el nombre de Ley de Ministerios[836].

7. LAS SECRETARÍAS DE ESTADO Y SUS SUB-SECRETARÍAS. LA ORGANIZACIÓN BUROCRÁTICA

En el ámbito de la Presidencia de la Nación se han creado secretarías – con sus respectivas sub-secretarías– bajo la dependencia directa del Poder Ejecutivo. Ese órgano determina al Ministro o los ministros que suscriben y refrendan los decretos, mensajes y proyectos de leyes originados en las secretarías del área presidencial, conforme a la naturaleza de la medida de que se trate[837]. En la línea jerárquica inmediata inferior a los ministros, el ordenamiento jurídico prevé la posibilidad de creación de otros órganos, que se denominan secretarías ministeriales y sub-secretarías. Su origen es legal y sus competencias se encuentran atribuidas por reglamentos[838].

A su vez, descendiendo aún más en la escala jerárquica se hallan otros órganos, que también integran la persona jurídica Estado nacional.

Se trata de órganos de distinto tipo y que desempeñan las más variadas funciones: órganos que ejercen funciones activas, de control y consultivas; órganos con mayor poder de decisión que otros; órganos concentrados y desconcentrados o descentralizados burocráticamente, etcétera. Pero la estructuración de los órganos está sujeta a un régimen jurídico común a todos ellos.

Cada una de las ramas de la Administración, si bien tiene una competencia en razón de la materia diferente, tiene órganos que cumplen idénticas funciones: son los llamados órganos de apoyo o instrumentales, tales como las direcciones generales de administración y las oficinas de personal. Estos órganos, que cumplen funciones instrumentales, permiten a los órganos denominados sustantivos ejercer la competencia específica atribuida a cada uno de los ministerios o secretarías de Estado.

---

[834] RLNPA, art. 90 (t.o. por dec. 1883/1991).

[835] Ley 24.156, art. 130.

[836] Al actualizar este libro, la ley vigente es la 22.520, con las modificaciones introducidas por las leyes 22.641, 23.023, 24.013, 24.190 y 25.233. El texto ordenado de la ley referida en primer término ha sido aprobado por el dec. 132/1983.

[837] Ver Ley de Ministerios 22.520 (t.o. dec. 132/1983) especialmente art. 12; véase también dec. 15/1983 y dec. 134/1983 y sus modificatorios.

[838] *Cfr.* dec. 15/1983 y modif. y dec. 134/1983 y sus modificaciones. DOCOBO, Jorge J., "Funciones de los subsecretarios", JA, secc. Doctrina, 1972, p. 878; ver también normas citadas en nota anterior.

La estructuración de los ministerios es similar en cuanto a la denominación que se da a los distintos órganos ubicados en línea jerárquica. De acuerdo con el grado que ocupan, se denominan Dirección Nacional o General los órganos ubicados en el grado inmediato inferior al órgano Ministro, Secretario o Subsecretario; le siguen en la graduación jerárquica los departamentos, divisiones, secciones y oficinas[839].

La creación de órganos y su estructuración se realiza por reglamentos de organización del Poder Ejecutivo. Las estructuras, de acuerdo con el régimen vigente, contienen un organigrama, o sea un gráfico en el que se detalla la ubicación jerárquica de cada órgano, la misión y funciones de cada uno de los órganos que se crean, el agrupamiento funcional en el que se determinan los cargos previstos para cada órgano, y un memorando descriptivo de tareas y carga de trabajo en el que figuran las funciones de cada cargo[840].

8.   LA ORGANIZACIÓN CONSULTIVA DE CARÁCTER JURÍDICO

En el ámbito de la Administración central y descentralizada, cuya dirección ejerce el Poder Ejecutivo nacional, la Procuración del Tesoro de la Nación desempeña la función de asesoramiento jurídico más importante, cuya existencia resulta imprescindible en todo Estado que quiera encuadrarse en un régimen de Justicia[841].

Los órganos de asesoramiento jurídico tienen su origen en una institución de raigambre española: el Fiscal de Estado. En el ámbito nacional se designó en el año 1862 al primer Fiscal General de la Nación y en la organización provincial aún se conserva la institución de los fiscales de Estado que, incluso, en la mayoría de las provincias, es un órgano constitucional.

La Procuración del Tesoro fue creada en el año 1865[842] como órgano dependiente del Poder Ejecutivo a través del Ministerio de Hacienda. Su competencia se limitaba a la percepción judicial de créditos fiscales, coexistiendo al mismo tiempo el procurador fiscal – actualmente el Procurador General de la Nación y los fiscales de primera y segunda instancia– como órganos que, en el ámbito del Poder Judicial[843], tenían a su cargo la representación del Estado y la defensa de los intereses públicos.

---

[839]   Dec. 10.975/1958, que unificó las terminologías, estableciendo las que figuran en el texto.

[840]   En el orden nacional existieron normas que establecieron la manera cómo deben prepararse las estructuras orgánicas; véanse decs. 1437/1982 y 1748/1988.

[841]   CASSAGNE, Juan Carlos, "Función y organización de los asesores jurídicos del Estado", ED 57-861.

[842]   DOCOBO, Jorge J., "La Procuración del Tesoro de la Nación", *Boletín del Instituto de Derecho Administrativo Profesor Rafael Bielsa*, nro. 6, Buenos Aires, 1972, p. 8; PICONE, Francisco Humberto, "La doctrina de la Procuración del Tesoro de la Nación (1971-1973)", separata de la Revista *Jus*, nro. 22, Librería Editora Platense, La Plata, 1973, quien entiende, en cambio, que se creó en el año 1863.

[843]   Históricamente, ha sido objeto de controversia si el Ministerio Público constituía un órgano del Poder Ejecutivo o del Poder Judicial. En la reforma de 1994 se introdujo una nueva Sección (la Cuarta) dedicada exclusivamente al Ministerio Público, dentro de la Segunda Parte de la Constitución y separada de la Sección Tercera que se ocupa del Poder Judicial. El art. 120 del texto aprobado define, así, al Ministerio Público como un "órgano independiente con

El nombre – Procuración del Tesoro– se debe a una traducción literal de una institución de los Estados Unidos de América, el *Solicitor of the Treasury*, departamento del *Attorney General*[844]. Actualmente, el nombre no se adecua a su competencia, pues a través del tiempo se le han ido asignando nuevas funciones, transformando el órgano recaudador judicial de impuestos en asesor jurídico de la Administración Pública nacional[845].

El Procurador del Tesoro de la Nación es un órgano desconcentrado que, con rango de Ministro, depende directamente del Presidente de la Nación, aun cuando su estructura y presupuesto quedan abarcados en la órbita del Ministerio de Justicia[846], siendo sus funciones principales:

a) asesora jurídicamente al Poder Ejecutivo, Ministros, Secretarios, Subsecretarios y titulares de entidades descentralizadas;

b) es representante del Estado nacional en juicio, cuando así lo disponga el Poder Ejecutivo; lleva el control y dirección de todos los juicios en los que el Estado es parte y da instrucciones a los Procuradores Fiscales o a los abogados del Estado cuando éstos representan a la Nación[847];

c) resuelve los conflictos patrimoniales entre órganos o entes nacionales, siempre que las cuestiones no excedan de un determinado monto, en cuyo caso la decisión corresponde al Poder Ejecutivo[848];

d) asesora, con carácter obligatorio, en los recursos que se interpongan contra actos que emanen de Ministros o Secretarios de la Presidencia de la Nación, o cuando se trate de cuestiones jurídicas complejas, o en aquellas cuestiones en las que sea necesario establecer jurisprudencia uniforme o la índole del interés económico comprometido requiera su atención[849];

e) instruye los sumarios de carácter disciplinario a los agentes de las dos máximas categorías del Escalafón para el Personal Civil, o a los que les fuera ordenado por el Poder Ejecutivo nacional o el Ministerio de Educación y Justicia[850];

f) dirige el Cuerpo de Abogados del Estado[851].

---

autonomía funcional y autarquía financiera". Sobre la base del diseño institucional adoptado por los constituyentes de 1994, se sostiene que el Ministerio Público ha pasado a ser un órgano extra-poder, o si se prefiere, un cuarto Poder (*Cfr.* GELLI, María A., *Constitución de la Nación Argentina...*, *cit.*, ps. 841 y ss.).

[844] BOSCH, Jorge T., "La institución del *Attorney General* de los Estados Unidos de América", LL 80-934.

[845] Ésta surge de la res. 837/1984 MEyJ; la ley 12.954 lo considera asesor del Poder Ejecutivo.

[846] Ver los arts. 1º y 2º, ley 24.667.

[847] Ley 17.516, modificada por la ley 17.539 y dec. 411/1980, modificado por dec. 969/1981, t.o. por dec. 1265/1987, que reglamentan la representación del Estado en juicio.

[848] Ley 19.983.

[849] Art. 92, RLNPA (t.o. por dec. 1883/1991). *Cfr.* MURATORIO, Jorge I., "La Administración Pública como sujeto del procedimiento administrativo: la competencia del órgano", en CASSAGNE, Juan Carlos (dir.), *Procedimiento y proceso administrativo*, LexisNexis - Abeledo-Perrot, Buenos Aires, 2005, en particular ps. 121 y ss.

[850] Ver res. 837/1984 MEyJ.

El Cuerpo de Abogados del Estado fue creado en el año 1947[852] y está integrado por todos los servicios de asesoramiento jurídico del Estado nacional y de sus entidades descentralizadas[853]. Los servicios, conservando su dependencia administrativa originaria, dependen, técnica y profesionalmente, del Jefe del Cuerpo de Abogados del Estado, que es el Procurador del Tesoro.

Para lograr la unidad en el accionar administrativo, la Procuración del Tesoro puede dar directivas de carácter general a los distintos servicios jurídicos. Al propio tiempo, los abogados del Cuerpo están obligados a seguir la doctrina o jurisprudencia que emana de los dictámenes de la Procuración, quien posee también competencia para dictaminar en los asuntos cuando sea necesario establecer doctrina uniforme.

Las funciones de los abogados del Cuerpo exceden el simple asesoramiento; deben velar por el recto procedimiento administrativo, intervienen en la celebración de contratos administrativos, y representan y patrocinan al Estado en juicio. La Ley de Procedimientos Administrativos exige la intervención previa de los servicios permanentes de asesoramiento jurídico antes de la emisión de cualquier acto administrativo que pueda ser susceptible de afectar derechos subjetivos o intereses legítimos[854].

El sistema estructurado en la práctica no funciona como legalmente está previsto; incluso, en algunos casos es desconocido por los propios servicios jurídicos.

La actividad consultiva que realizan los abogados del Estado se traduce en dictámenes de requerimiento facultativo u obligatorio, según los casos, pero nunca vinculantes para el órgano que tiene a su cargo la administración activa. Por ello, la responsabilidad por los actos que se dictan como consecuencia de los dictámenes es del órgano activo que emite el acto, siendo responsable el órgano consultivo cuando su parecer hubiere sido malicioso o ilícito[855].

Los dictámenes no son actos administrativos sino actos internos de la Administración, pues no producen efectos jurídicos directos con relación a los particulares. En consecuencia, no pueden ser, en ningún caso, impugnados por los particulares mediante recursos.

9. LA ORGANIZACIÓN DE CONTROL

Como toda persona jurídica que posee un patrimonio, el Estado, para poder cumplir con sus funciones, necesita llevar una contabilidad de sus bienes que le

---

[851] CASSAGNE, Juan Carlos, "Función y Organización de los Asesores Jurídicos del Estado", *cit.*, ED 57-861.

[852] Ley 12.954, reglamentada por dec. 34.952/1947.

[853] *Cfr.* GARCÍA PULLÉS, Fernando R., *Tratado de lo contencioso administrativo*, t. 2, Hammurabi, Buenos Aires, 2004, ps. 933 y ss.

[854] Ley 19.549, art. 7°, inc. d).

[855] DROMI, José R., "El dictamen y la formación de la voluntad administrativa", *RADA*, nro. 2, Universidad del Museo Social Argentino, Buenos Aires, 1971, p. 33.

permita registrar las diversas operaciones que efectúa (*v.gr.*, recaudación de fondos)[856].

El ordenamiento jurídico constitucional estatuye cómo se forma el patrimonio del Estado y cuáles constituyen sus ingresos: "El Gobierno Federal provee a los gastos de la Nación con los fondos del Tesoro Nacional formado del producto de derechos de importación y exportación, del de la venta o locación de tierras de propiedad nacional, de la renta de Correos, de las demás contribuciones que equitativa y proporcionalmente a la población imponga el Congreso General y de los empréstitos y operaciones de crédito que decrete el mismo Congreso para urgencias de la Nación y para empresas de utilidad nacional" (art. 4°, CN). El art. 75, incs. 1° al 6°, complementa esta norma atribuyendo al Congreso competencia para establecer los derechos o impuestos, contraer empréstitos y emitir moneda, encomendando al Poder Ejecutivo la supervisión de la recaudación de las rentas de la Nación, con arreglo a las leyes (art. 99, inc. 10).

En lo relativo a los gastos del Estado, la Constitución Nacional establece que el Congreso fijará anualmente el presupuesto de gastos de la Nación y aprobará o desechará la cuenta de inversión (art. 75, inc. 8°), siendo atribución del Poder Ejecutivo decretar su inversión de acuerdo con la ley o presupuesto de gastos (art. 99, inc. 10).

El funcionamiento de la hacienda pública supone la existencia de una organización administrativa-contable, la realización de procedimientos administrativos con arreglo a los cuales se recaudarán las rentas o se realizarán los gastos, y el dictado de actos administrativos; todo ello bajo un régimen de control administrativo[857].

El estudio jurídico de la hacienda pública y de la actividad financiera del Estado, dado el objeto que trata, corresponde al Derecho Financiero. Sin embargo, no obstante la especialidad y autonomía didáctica del Derecho Financiero, corresponde al Derecho Administrativo todo lo concerniente al estudio de la organización administrativa contable.

Las normas jurídicas sobre la organización contable del Estado nacional se hallan establecidas en la Constitución, en la Ley de Ministerios y en la Ley de "Administración Financiera y de los Sistemas de Control del Sector Público Nacional", sin perjuicio de que cada una de las provincias dicte sus normas específicas sobre la materia, por tratarse de cuestiones que conciernen a la competencia local.

La reforma constitucional de 1994 prescribe que el control externo del sector público nacional (en sus aspectos patrimoniales, económicos, financieros y operativos) constituye una atribución propia del Poder Legislativo, quien debe ejercerla con sustento en los dictámenes emanados de la Auditoría General de la Nación (art. 85).

El citado precepto, al darle jerarquía constitucional a la Auditoría General de la Nación, circunscribe su competencia "al control de legalidad, gestión y auditoría de toda la actividad de la Administración Pública centralizada y descentralizada, cualquiera fuera su modalidad de organización y las demás funciones que la ley le otorgue". Estas funciones no pueden extenderse más allá del fin que justifica la creación de este órgano de control, que está acotado por la actividad de la Administración

---

[856] COLLAZO, Oscar J., *Administración Pública*, Macchi, Buenos Aires, 1974, p. 38.

[857] FIORINI, Bartolomé A., *Manual de Derecho Administrativo, cit.*, t. I, ps. 207/208.

Pública (centralizada y descentralizada), por lo que su extensión a personas privadas sería inconstitucional.

A su vez, el art. 85, Constitución reformada atribuye también competencia preceptiva a la Auditoría General de la Nación para intervenir en el trámite de aprobación o rechazo de las cuentas de percepción e inversión de fondos públicos.

10. LA LEY DE ADMINISTRACIÓN FINANCIERA Y LOS SISTEMAS DE CONTROL

El proceso de reforma del Estado, iniciado con la sanción de las leyes 23.696 y 23.697, ha generado innovaciones de trascendencia en materia de la administración financiera y los sistemas de control del sector público nacional mediante la sanción, en 1992, ley 24.156 (en adelante LAF).

Dichas reformas, volcadas en un cuerpo orgánico y uniforme, vienen a recoger y adaptar la legislación y principales experiencias de algunos países que habían establecido una similar estructura y metodología para los sistemas de control[858].

La LAF constituye, por lo demás, una reforma integral de las estructuras y sistemas de la administración financiera del Estado que, lejos de implicar una mera reformulación del régimen anterior establecido básicamente en la Ley de Contabilidad, traduce una profunda transformación del sistema de control del sector público[859].

Desde hace tiempo venimos señalando la necesidad de unificar los sistemas de control existentes en la Administración Pública[860], lo cual, al llevarse a la práctica, conduce a una separación nítida entre el control interno y el externo, que el régimen sustituido no contemplaba[861]. En este sentido, la nueva ley crea dos órganos rectores de los sistemas de control interno y externo que son, respectivamente, la Sindicatura General de la Nación y la Auditoría General de la Nación.

---

[858] CHAPMAN, William L., "Crónica resumida del proceso de control gubernamental y comentarios sobre la nueva ley de reforma del régimen de control de la administración financiera del Estado nacional", *Revista de Administración Pública*, secc. Doctrina, nro. 169, Centro de Estudios Políticos y Constitucionales, Madrid, 2005, p. 8, anota que la ley 24.156 se inspira en los antecedentes legislativos y experiencias de los regímenes vigentes en EE.UU., México y España.

[859] Entre otros aspectos, se ha destacado que la reforma introducida por la ley 24.156 importó abandonar un régimen de tipo eminentemente represivo y punitivo, para adoptar un sistema de control cuyo eje central pasa por su afán correctivo y ejemplificador, que contribuya a promover una administración más eficaz y transparente (*Cfr.* ZILLI DE MIRANDA, Martha, "Los controles interno y externo de la Administración Pública en el ámbito nacional de la República Argentina", en *Documentación Administrativa*, nros. 269/270, Instituto Nacional de Administración Pública, Madrid, 2004, p. 181).

[860] Entre otros trabajos, refleja esta idea el publicado en *La Nación*, con fecha 29/10/1987, bajo el título "La responsabilidad de los funcionarios públicos".

[861] Por ejemplo, la ex Sindicatura General de Empresas Públicas, que era un órgano dependiente del Poder Ejecutivo, realizaba controles típicamente externos sobre las empresas estatales. A su vez, el Tribunal de Cuentas tenía, entre sus facultades, algunas que eran propias de la gestión administrativa (ej.: art. 46, dec.-ley 23.354/1956).

Entre los objetivos que persigue la ley 24.156 – en lo que se refiere al control interno– se destacan los siguientes:

"a) garantizar la aplicación de los principios de regularidad financiera, legalidad, economicidad, eficiencia y eficacia en la obtención y aplicación de los recursos públicos; b) sistematizar las operaciones de programación, gestión y evaluación de los recursos del sector público nacional; c) desarrollar sistemas que proporcionen información oportuna y confiable sobre el comportamiento financiero del sector público nacional útil para la dirección de las jurisdicciones y entidades para evaluar la gestión de los responsables de cada una de las áreas administrativas; d) establecer como responsabilidad propia de la administración superior de cada jurisdicción o entidad del sector público nacional la implantación y mantenimiento de: i) un sistema contable adecuado a las necesidades del registro e información y acorde con su naturaleza jurídica y características operativas; ii) un eficiente y eficaz sistema de control interno normativo, financiero, económico y de gestión sobre sus propias operaciones, comprendiendo la práctica del control previo y posterior y de la auditoría interna; iii) procedimientos adecuados que aseguren la conducción económica y eficiente de las actividades institucionales y la evaluación de los resultados de los programas, proyectos y operaciones de los que es responsable la jurisdicción o entidad" (cfr. art. 8°, ley 24.156).

Cuatro son los sistemas que integran la Administración Financiera del Estado, a saber: presupuestario, de crédito público, de tesorería y de contabilidad, los que deberán hallarse interrelacionados y funcionar en forma coordinada (art. 50, ley *cit.*).

La dirección de estos sistemas en la LAF se ha atribuido a cuatro órganos rectores: a) la Oficina Nacional de Presupuesto (para el sistema presupuestario); b) la Oficina Nacional de Crédito Público (que rige el sistema de crédito público); c) la Tesorería General de la Nación (respecto del sistema de tesorería); y d) la Contaduría General de la Nación (para el sistema de contabilidad).

11. CONTINUACIÓN. ÁMBITO DE APLICACIÓN

Todo el "sector público", sin excepción, se encuentra regido por las prescripciones de la Ley de Administración Financiera. Se trata de un concepto jurídico indeterminado definido con amplitud en el art. 8°, ley 24.156, al prescribir que dicho sector público se integra por:

"a) Administración nacional, conformada por la Administración Central y los organismos descentralizados, comprendiendo en estos últimos a las instituciones de seguridad social; b) empresas y sociedades del Estado, que abarca a las empresas del Estado, las sociedades del Estado, las sociedades anónimas con participación estatal mayoritaria, las sociedades de economía mixta y todas aquellas otras organizaciones empresariales donde el Estado tenga participación mayoritaria en el capital o en la formación de las decisiones societarias".

12. EL CONTROL INTERNO DE LA ADMINISTRACIÓN PÚBLICA

De acuerdo con los preceptos contenidos en la LAF, la Sindicatura General de la Nación (en adelante SIGEN) ha sido creada como órgano rector de control interno del Poder Ejecutivo nacional (art. 96, LAF), quien constitucionalmente ejerce la jefatura de la Administración Pública nacional y tiene a su cargo la administración general del país (art. 99, inc. 7°, CN).

El sistema de control interno que dirige la SIGEN se completa con unidades de auditoría interna a crearse en cada jurisdicción y en las entidades que dependen del Poder Ejecutivo nacional. Estas unidades, aunque se hallan diseñadas para actuar bajo la dependencia jerárquica de la autoridad de cada organismo, deben hacerlo bajo la coordinación técnica de la SIGEN[862].

A su vez, las autoridades superiores que ejerzan la dirección de las unidades de auditoría interna son responsables del mantenimiento de un adecuado sistema de control que incluye los instrumentos de "control previo y posterior", dado que se considera que "las fallas de control interno son evidencias de defectuosa administración"[863] cuyas consecuencias se imputan siempre a las autoridades superiores.

Pese a que la LAF caracteriza a la auditoría interna como un servicio posterior de las actividades financieras y administrativas sujetas a control[864], es evidente que los auditores precisan conocer previamente la planificación y el ordenamiento de las decisiones, así como realizar el seguimiento de los actos al tiempo de su ejecución[865].

En lo que concierne al alcance del control interno, la LAF considera fiscalizable tanto los aspectos legales (contables y financieros) como los de mérito o de gestión[866], e incluye "la evaluación de programas, proyectos y operaciones". Se trata de un control integral que – como lo prescribe la propia ley– ha de fundarse con criterios de "economía, eficiencia y eficacia"[867]. La legalidad, en consecuencia, no es la única condición para la habilitación de la potestad fiscalizadora[868].

A diferencia del anterior sistema (que atribuía la respectiva facultad a la ex Sindicatura General de Empresas Públicas)[869], la SIGEN no se encuentra facultada para observar los actos de los organismos sobre los que advierta incumplimiento de las normas y criterios que rigen el control interno. Su función se circunscribe a informar las correspondientes transgresiones al Poder Ejecutivo nacional y a la Auditoría

---

[862] Art. 100, *in fine*, LAF.

[863] *Cfr.* CHAPMAN, William L., "Crónica resumida del proceso de control...", *cit.*, p. 15.

[864] LAF, art. 102.

[865] *Cfr.* CHAPMAN, William L., "Crónica resumida del proceso de control...", *cit.*, p. 16.

[866] Sobre la noción y alcance del control de gestión, ver IVANEGA, Miriam M., *Mecanismos de control público y argumentaciones de responsabilidad*, Ábaco, Buenos Aires, 2003, ps. 96 y ss.

[867] LAF, art. 102.

[868] Aspecto que destaca, en su trabajo, MERTEHIKIAN, Eduardo, "La reforma del Estado y el nuevo sistema de control gubernamental", RAP, nro. 171, Ciencias de la Administración, Buenos Aires, 1992, p. 7.

[869] Las funciones que ejerció la SIGEP estaban asignadas al Tribunal de Cuentas de la Nación (art. 80, inc. f], Ley de Contabilidad). El control interno de la hacienda pública se encontraba atribuido a la Contaduría General de la Nación (art. 73, inc. b], Ley de Contabilidad).

General de la Nación, lo que se prescribe en forma imperativa, junto al deber de informar, periódicamente, a la opinión pública[870].

Este órgano de control interno se encuentra a cargo de un funcionario denominado Síndico General de la Nación, cuya designación compete al Poder Ejecutivo, previéndose la asistencia de tres Síndicos Generales Adjuntos, quienes lo sustituyen en caso de ausencia, licencia o impedimento[871].

13. EL CONTROL EXTERNO DEL SECTOR PÚBLICO NACIONAL

Bajo la dependencia orgánica del Congreso Nacional, la LAF ha creado una nueva entidad: la Auditoría General de la Nación (en adelante AGN), con el objeto de atribuirle la función de realizar el control externo de todo el sector público. Empero, esa dependencia no configura una vinculación jerárquica, ya que la propia ley prescribe que se trata de una entidad con personería jurídica propia, que posee independencia funcional y financiera[872].

En su primera etapa, la estructura orgánica, las normas básicas internas, la distribución de sus funciones y las reglas de funcionamiento de la AGN serán establecidas mediante resoluciones conjuntas de las Comisiones Mixta Revisora de Cuentas y de Presupuesto y Hacienda de ambas Cámaras del Congreso de la Nación. Posteriormente, las modificaciones a esas normas serán sometidas, por la propia AGN, a la aprobación de las comisiones legislativas.

El contenido del control externo que lleva a cabo la AGN guarda simetría con el alcance del control que ejerce la SIGEN, ya que comprende los aspectos presupuestarios, patrimoniales, económicos, financieros, legales y de gestión[873].

Sin embargo, resulta obvio que todo lo que constituya un control de mérito (*v.gr.*, control de gestión) configura una función de colaboración con el Poder Ejecutivo (típica relación inter-poderes), por cuanto la fiscalización que, en definitiva, haga el Congreso, se tiene que circunscribir a los aspectos inherentes a la legitimidad, ya que no se concibe que exista un control parlamentario sobre aspectos relativos a la oportunidad o conveniencia económica, eficacia y eficiencia de los actos controlados[874], control que es privativo del Poder Ejecutivo como administrador general del país y jefe de la Administración (art. 99, inc. 7°, CN).

El control que realiza la AGN es siempre posterior a la emisión y ejecución de los actos, lo que si bien ha sido criticado por un sector de la doctrina[875], persigue el

---

[870] LAF, art. 107. La información periódica a la opinión pública hace al principio de transparencia sustentado por primera vez en la ley de reforma del Estado, si bien limitado allí al procedimiento de privatizaciones (art. 18, ley 23.696); véase al respecto: LASSERRE, Bruno - LENOIR, Noëlle - STIRN, Bernard, *La transparence administrative*, 1ª ed., Presses Universitaires de Frances, París, 1987.

[871] LAF, arts. 108 y 109.

[872] LAF, art. 118, 1ª y 2ª parte.

[873] LAF, art. 117.

[874] *Cfr.* CHAPMAN, William L., "Crónica resumida del proceso de control...", *cit.*, p. 17.

[875] ABERASTURY, Pedro, "El control de legalidad en el anteproyecto de Ley de Administración Financiera y control de gestión del sector público nacional", LL 1991-D-1281.

objetivo de no obstaculizar ni paralizar la actividad administrativa, como acontecía en el sistema derogado[876].

Con todo, hubiera sido mejor, aun manteniendo el control *a posteriori*, atribuirle a la AGN la facultad de formular observaciones con efecto suspensivo a fin de asegurar la eficacia del control[877]. En cambio, no obstante la opinión contraria de Chapman[878], pensamos que la AGN posee amplia competencia para promover sumarios administrativos, a pesar de que la redacción de la norma emplea el término "investigaciones de contenido patrimonial". En tales casos, si bien el Poder Ejecutivo no se encuentra habilitado legalmente para aplicar las sanciones previstas en el régimen jurídico de la función pública, nada le impide formular las respectivas propuestas sancionatorias.

En la asignación de funciones que prescribe la LAF se destacan tanto la facultad genérica de "fiscalizar el cumplimiento de las disposiciones legales y reglamentarias", la de realizar auditorías financieras, de legalidad y de gestión respecto de órganos y entes estatales, como la más específica de dictaminar sobre los estados contables-financieros de "los entes privados adjudicatarios de procesos de privatización"[879]. Esta última facultad implica un grado mayor de intervencionismo que el proclamado por las leyes de reforma del Estado, y aunque se halla circunscripta a "las obligaciones emergentes de los respectivos contratos", ha devenido en una norma inconstitucional por exceder el marco material de competencia previsto en el art. 85, CN (que es la Administración Pública centralizada o descentralizada), aparte de duplicar el control en los casos en que éste se hubiera atribuido por ley a otros entes jurídicos (*v.gr.*, entes reguladores del gas y electricidad).

Igual crítica nos merece la norma que permite extender el control externo a las personas públicas no estatales[880], ya que éstas se encuentran bajo la fiscalización del Ministerio de Justicia.

En lo que atañe a su composición, la dirección de la AGN se encuentra a cargo de un órgano colectivo integrado por siete (7) auditores generales, quienes duran ocho (8) años en sus funciones (excepto tres de ellos en el primer período), pudiendo, sin embargo, ser removidos en caso de inconducta grave o manifiesto incumplimiento de sus deberes, por el procedimiento establecido para su designación[881].

---

[876] Donde tanto el Tribunal de Cuentas como la SIGEP se hallaban facultados para observar previamente los respectivos actos, con efectos suspensivos.

[877] CHAPMAN, William L., "Crónica resumida del proceso de control...", *cit.*, p. 17.

[878] CHAPMAN, William L., "Crónica resumida del proceso de control...", *cit.*, p. 17.

[879] LAF, art. 118, incs. a) y b) y art. 117, 1ª parte.

[880] Al referirse a esta facultad, el art. 120, LAF, la centra en el Congreso de la Nación, lo que es una redundancia legislativa, pues una ley no debe disponer lo que se puede hacer por otra ley posterior.

[881] El art. 122, LAF, prescribe que: "seis de dichos auditores generales serán designados por resoluciones de las dos Cámaras del Congreso Nacional, correspondiendo la designación de tres (3) a la Cámara de Senadores y tres (3) a la Cámara de Diputados, observando la composición de cada Cámara. Al nombrarse los primeros auditores generales se determinará, por sorteo, los tres (3) que permanecerán en sus cargos durante cuatro (4) años, correspondiéndoles ocho (8) años a los cuatro (4) restantes". A su vez el art. 123 estatuye lo siguiente: "El

El Presidente es el órgano que ejerce la representación de la entidad y quien tiene a su cargo la ejecución de sus decisiones[882], siendo designada a propuesta del partido político de oposición con mayor número de legisladores en el Congreso (art. 85).

14. EL CONTROL PARLAMENTARIO

La LAF ha reglamentado también un control parlamentario que será ejercido por la Comisión Mixta Revisora de Cuentas, órgano del Congreso Nacional integrado por seis (6) senadores y seis (6) diputados, quienes permanecen en sus funciones el tiempo que duran sus mandatos en las comisiones permanentes (art. 98, LAF).

El art. 129, LAF, impone a dicha Comisión una serie de deberes bajo la fórmula de atribuciones funcionales, a saber:

"Art. 129: Para el desempeño de sus funciones la Comisión Parlamentaria Mixta Revisora de Cuentas debe:

"a) aprobar juntamente con las Comisiones de Presupuesto y Hacienda de ambas Cámaras el programa de acción anual de control externo a desarrollar por la Auditoría General de la Nación;

"b) analizar el proyecto de presupuesto anual de la Auditoría General de la Nación y remitirlo al Poder Ejecutivo para su incorporación en el presupuesto general de la Nación;

"c) encomendar a la Auditoría General de la Nación la realización de estudios, investigaciones y dictámenes especiales sobre materias de su competencia, fijando los plazos para su realización;

"d) requerir de la Auditoría General de la Nación toda la información que estime oportuno sobre las actividades realizadas por dicho ente;

"e) analizar los informes periódicos de cumplimiento del programa de trabajo aprobado, efectuar las observaciones que pueden merecer e indicar las modificaciones que estime conveniente introducir;

"f) analizar la memoria anual que la Auditoría General de la Nación deberá elevarle antes del 1° de mayo de cada año".

Al contenido del precepto transcripto cabe agregar la tarea de participar en el trámite de aprobación o rechazo de la cuenta de inversión, juntamente con la Auditoría General de la Nación (art. 85, *in fine*, CN)[883].

---

séptimo auditor general será designado por resolución conjunta de los presidentes de las Cámaras de Senadores y de Diputados y será el presidente del ente".

[882]   LAF, art. 123, *in fine*.

[883]   *Cfr.* CASSAGNE, Juan Carlos, "La Cuenta de Inversión", en la obra colectiva que lleva el mismo título, Dunken, Buenos Aires, 2005, ps. 153/158.

15. EL DEFENSOR DEL PUEBLO

La reforma constitucional de 1994 ha incorporado la figura del Defensor del Pueblo, en el ámbito del Congreso, como órgano independiente de control que no recibe instrucciones de ninguna autoridad (art. 86).

Dicha cláusula constitucional prescribe que su misión consiste – además del control de las funciones administrativas públicas– en la defensa y protección de los derechos humanos y demás derechos, garantías e intereses tutelados en la Constitución y las leyes, frente a hechos, actos u omisiones de la Administración.

El funcionario que ocupa ese cargo – cuya duración es de cinco años, con posibilidad de una única reelección– es designado y removido por el Congreso con el voto de las dos terceras partes de los miembros presentes de cada una de las Cámaras (art. 86, 2ª parte).

La Constitución reformada, con la idea de atribuirle efectividad y refirmar la independencia del organismo mientras, por una parte, le reconoce una determinada legitimación procesal, por la otra, le extiende el régimen de inmunidades y privilegios del que gozan los legisladores (art. 86, 2ª parte), remitiendo a la ley los detalles inherentes a su organización y funcionamiento[884].

16. DE LA ACCIÓN DE RESPONSABILIDAD CONTRA LOS FUNCIONARIOS Y PERSONAS QUE SE DESEMPEÑAN EN LAS JURISDICCIONES Y ENTIDADES CONTROLADAS

La LAF se ha ocupado también de legislar en materia de la llamada responsabilidad patrimonial de "toda persona física que se desempeñe en las jurisdicciones o entidades"[885] sujetas a la competencia de la Auditoría General de la Nación", como reza la primera parte de su art. 130.

Se trata de la responsabilidad que contraen dichas personas frente al Estado o los entes jurídicos respectivos por el hecho de su desempeño en los órganos y entidades que componen el denominado sector público sujetas a la competencia de la AGN, donde el factor de atribución es eminentemente subjetivo. Para que proceda dicha responsabilidad se requiere: a) la imputabilidad material del acto o hecho realizado en ejercicio de las funciones[886]; b) la existencia de dolo, culpa o negligencia; c) el daño económico; d) la relación de causalidad entre el hecho y el daño; e) que no exista otro régimen especial de responsabilidad patrimonial[887].

---

[884] En la actualidad, rige la ley 24.384 (con las modificaciones de la ley 24.379) anterior a la reforma constitucional.

[885] La propia LAF prescribe en su art. 90 las definiciones legales de entidad y de jurisdicción en los siguientes términos; en el contexto de esta ley se entenderá por entidad a toda organización pública con personalidad jurídica y patrimonio propio; y, por jurisdicción a cada una de las siguientes unidades institucionales: a) Poder Legislativo; b) Poder Judicial; c) Presidencia de la Nación, los ministerios y secretarías del Poder Ejecutivo nacional.

[886] Si el daño es provocado fuera del ejercicio de las funciones la persona que lo provoca también será responsable (art. 1809, CCiv.).

[887] LAF, art. 130.

Esta clase de responsabilidad pertenecerá al Derecho Administrativo cuando la relación jurídica que vincula a la persona con el ente sea de Derecho Público. A la inversa, si la relación es propia de aquellas regidas por el Derecho Civil o Comercial, el régimen de la responsabilidad corresponde al Derecho Privado. Con todo, en materia de prescripción, la LAF ha unificado el régimen de responsabilidad remitiéndose, en ambos casos, a las reglas del Código Civil, lo que se ha hecho, seguramente, con el fin de eliminar las dudas interpretativas que pudieran existir acerca de la naturaleza de determinadas relaciones.

Esta responsabilidad no excluye la de tipo contable que en la LAF no se encuentra legislada, ni tampoco la responsabilidad de naturaleza disciplinaria que emerge de la relación de empleo público, donde el bien jurídico tutelado es el "buen orden administrativo"[888].

El ejercicio de la acción de responsabilidad, ante el silencio de la LAF, corresponde a la entidad o jurisdicción perjudicada por el acto o hecho respectivo. Ella prescribe en los plazos establecidos en el Código Civil "contados desde el momento de la omisión del hecho generador del daño o de producido éste si es posterior, cualquiera sea el régimen jurídico de responsabilidad patrimonial aplicable con estas personas"[889].

---

[888] PÉREZ COLMAN, José Luis, al comentar la "Ley de Contabilidad", *RAP*, Buenos Aires, 1986, p. 217.

[889] LAF, art. 131.

CAPÍTULO IV

ENTIDADES DESCENTRALIZADAS Y EMPRESAS PÚBLICAS

1. ASPECTOS TERMINOLÓGICOS. LA EXPRESIÓN "EMPRESA PÚBLICA"

Uno de los temas hacia donde confluyen las más variadas concepciones terminológicas es el que versa sobre las entidades administrativamente descentralizadas y las empresas estatales que actúan bajo distintas formas jurídicas.

En este proceso puede advertirse cómo, una vez más, la fuerza de la realidad ha desplazado todo el rigorismo de la concepción tradicional que se caracterizaba por formas puras de organización administrativa, con regímenes jurídicos netos.

Han surgido así formas jurídicas nuevas que no respondían a categorías conceptuales preestablecidas, con regímenes jurídicos heterogéneos[890], caracterizadas por la presencia simultánea de normas de los ordenamientos público y privado.

Las actividades que lleva a cabo el Estado a través de entidades que asumen distintas formas jurídicas pueden discriminarse en dos grupos relativamente delimitados: a) personas jurídicas públicas; y b) personas jurídicas privadas.

Dentro de las entidades públicas estatales (Administración Descentralizada) coexisten tanto las formas jurídicas llamadas puras – con un régimen típico de Derecho Público– (v.gr., entidades autárquicas), con aquellas entidades descentralizadas que realizan actividades industriales y comerciales – dotadas de un régimen jurídico mixto de Derecho Público y Privado– (por ej.: las Empresas del Estado que tipifica la ley 13.653). Los rasgos característicos de estas entidades son la creación estatal y la pertenencia a la organización administrativa.

A su vez, el Estado actúa también con estructuras jurídicas propias del Derecho Privado, a través de empresas de su propiedad o participando en el capital de ellas. Aquí, si bien la nota común está dada por la aplicabilidad predominante – casi exclusiva– del Derecho Civil y Comercial[891], la intervención estatal genera o ha producido distintas formas jurídicas: sociedades de economía mixta, sociedades anóni-

---

[890] LANGROD, Georges, "L'entreprise publique en Droit Administratif comparé", *Revue Internationale de Droit Comparé*, nro. 2, LGDJ, París, 1956, p. 217.

[891] BAENA DEL ALCÁZAR, Mariano, Régimen jurídico de la intervención administrativa en la economía, Tecnos, Madrid, 1966, p. 328.

mas de participación estatal mayoritaria, etcétera. También puede ocurrir que la respectiva actividad se lleve a cabo por una empresa sin personalidad jurídica[892].

Se comprende, por lo tanto, cómo el criterio de "empresa pública" no sirve para manifestar toda la gama posible de empresas en sentido económico (actividades civiles, industriales o comerciales) ante la falta de coincidencia entre los conceptos público y estatal.

Pero, aunque resulta impropio definir como "empresas públicas", ni siquiera en su acepción más estricta[893], a las sociedades anónimas de propiedad total del Estado o de participación estatal mayoritaria, no se puede desconocer que se trata de una terminología jurídica que ha terminado por imponerse en el plano de la realidad, lo cual nos lleva a rectificar nuestra anterior postura, dejando, empero, constancia de las objeciones que en su momento hicimos.

2. DISTINTAS FORMAS JURÍDICAS QUE PUEDE REVESTIR LA DESCENTRALIZACIÓN ADMINISTRATIVA

En nuestra organización administrativa el fenómeno de la descentralización da origen a distintas especies de entidades públicas estatales según los fines que éstas persigan y el régimen jurídico que las tipifica.

Por su parte, si nos atenemos a la clasificación tradicional de la descentralización administrativa observamos que el panorama de la llamada descentralización "institucional o funcional" [894] es más rico en materia de formas y regímenes jurídicos, que el existente en la descentralización "territorial".

A) Descentralización territorial

El caso típico de entidad descentralizada territorial lo constituye, en nuestro sistema, el Municipio. Su competencia no se extiende más allá del territorio que delimita el ámbito geográfico de validez de las normas generales y actos administrativos que emanan de sus órganos. En otros países, como en Italia, se considera también que la región configura una entidad descentralizada, de base territorial [895], pero nuestro ordenamiento no les atribuye personalidad, no obstante hallarse esta figura recogida en la legislación positiva, a efectos de la planificación de los regímenes de promoción industrial[896].

---

[892] Son las llamadas explotaciones *en régie*, administradas directamente por la Administración Central; VEDEL, Georges, *Droit Administratif*, Presses Universitaires de France, París, 1968, ps. 694/695.

[893] GORDILLO, Agustín A., *Empresas del Estado*, Macchi, Buenos Aires, 1966, ps. 75/78, para quien el concepto restringido de "empresa pública" sólo comprende a nuestras "empresas del Estado".

[894] GARRIDO FALLA, Fernando, Administración indirecta del Estado y descentralización funcional, ps. 105 y ss.

[895] LANDI, Guido - POTENZA, Giuseppe, *Manuale di Diritto Amministrativo*, Giuffrè, Milán, 1971, ps. 374/384.

[896] CASSAGNE, Juan Carlos, "Problemática y aspectos administrativos de la regionalización industrial", LL 155-1096.

Las entidades descentralizadas territoriales ostentan, por lo común, dentro de la circunscripción en que desenvuelven su accionar, una competencia general para conocer en asuntos administrativos de carácter local [897].

B) Descentralización institucional

Si se parte de la teoría de las personas jurídicas públicas y del dato central y común de su pertenencia o encuadramiento en la organización administrativa[898], se advierte principalmente la existencia de las siguientes entidades:

a) *Entidades autárquicas*

Son aquellas que se caracterizan por llevar a cabo cometidos típicamente administrativos (no industriales y comerciales) con un régimen esencial de Derecho Público. Tal es el supuesto, entre nosotros, de las universidades[899].

b) *Empresas del Estado*

Se trata de una especie peculiar de entidad estatal, llamada por algunos también "empresa pública", que desarrolla una actividad comercial o industrial con un régimen jurídico entremezclado que combina el Derecho Público con el Derecho Privado[900]. Sin desconocer que la finalidad comercial e industrial a cumplir por la entidad constituye la razón de ser que justifica el nacimiento de esta figura jurídica, nuestra legislación ha previsto también la posibilidad de que las actividades comerciales o industriales puedan, a su vez, configurar un servicio público[901].

La denominación de "Empresas del Estado" constituye entre nosotros un tipo jurídico especial instituido por la ley. En Francia, la crisis que se produce en la concepción de establecimiento público condujo a la introducción, en el marco de la organización administrativa, de una nueva entidad que recibió el nombre de "establecimiento público comercial e industrial"[902] y que guarda similitud con nuestra "Empresa del Estado".

c) *Entidades descentralizadas atípicas*

La realidad demuestra también que, en casi todos los países (y el nuestro no ha escapado a este proceso), junto a los dos tipos jurídicos indicados precedentemente

---

[897] VITTA, Cino, *Diritto Amministrativo*, t. I, UTHE, Turín, 1962, p. 164, quien señala que este tipo de entidades se caracterizan por su pluralidad de fines, a contrario de lo que acontece con las de carácter "institucional" que se constituyen para un fin exclusivo o al menos principal.

[898] Nota que por otra parte había señalado, hace ya medio siglo, el gran jurista francés Hauriou (*Cfr.* HAURIOU, Maurice, *Précis de Droit Administratif et de Droit Public*, París, 1906, p. 105).

[899] LUQUI, Juan C., *Régimen jurídico de la universidad oficial*, Depalma, Buenos Aires, 1968.

[900] BREWER CARÍAS, Allan R., *Las empresas públicas en el Derecho Comparado*, Universidad Central de Venezuela, Facultad de Derecho, Caracas, 1967, ps. 65 y ss., especialmente ps. 73/74.

[901] Art. 1°, ley 13.653, modificada por las leyes 14.380 y 15.023. En este caso (servicio público de naturaleza comercial o industrial) la norma prescribe que todo lo atinente al "servicio público" se rige por el Derecho Público.

[902] VEDEL, Georges, *Droit Administratif, cit.*, ps. 641 y ss.

coexisten también formas jurídicas intermedias o entidades que ostentan una regulación normativa específica para la entidad que el Estado funda o crea[903].

3. ÓRGANO COMPETENTE PARA DISPONER LA CREACIÓN DE ENTIDADES DESCENTRALIZADAS

En la doctrina uruguaya[904] y nacional[905] ha sido una cuestión asaz debatida la referente a cuál es el órgano que conserva el poder o atribución residual para crear una entidad descentralizada (aunque el problema se ha planteado con respecto a las entidades autárquicas). Empleamos la expresión "poder o atribución residual" porque si la respectiva atribución hubiera sido otorgada por la Constitución a alguno de los órganos (v.gr., la facultad del Congreso para crear universidades) no existiría propiamente una carencia normativa que admita diferentes interpretaciones jurídicas.

Si bien el tema será abordado al analizar cada una de las especies de entidades descentralizadas descriptas, éste se circunscribe en mayor medida a las entidades autárquicas y a las que hemos denominado "descentralizadas atípicas", por cuanto en materia de Empresas del Estado, la ley que las rige dispuso la posibilidad de su creación por parte del Poder Ejecutivo[906].

Con diferentes fundamentos, la mayoría de nuestros autores se pronuncia por el criterio de reconocer que la respectiva facultad para disponer la creación del ente autárquico pertenece al Congreso.

El principal argumento que se esgrime a favor de la exigencia de la ley formal para fundar una entidad autárquica es que la atribución del Parlamento tiene su apoyo en lo dispuesto en el art. 75, inc. 20, CN, que estatuye que corresponde al Congreso "crear y suprimir empleos, fijar sus atribuciones"[907].

Esta postura ha sido refutada alegando que entre "entidad autárquica y empleo hay una manifiesta disociación conceptual... por de pronto, el empleo en cuestión no presupone personalidad jurídica, ni presupone la existencia de un patrimonio, elementos, éstos, fundamentales para la existencia de una entidad autárquica"[908].

---

[903]   CASSAGNE, Juan Carlos, "Condición y régimen jurídico de la empresa Ferrocarriles Argentinos", ED 31-1048 y ss.

[904]   En Uruguay, mientras rigió la Constitución de 1830; SAYAGUÉS LASO, Enrique, *Tratado de Derecho Administrativo*, t. II, ed. del autor, Montevideo, 1959, ps. 144/146.

[905]   BIELSA, Rafael, *Derecho Administrativo*, t. I, 6ª ed., La Ley, Buenos Aires, 1964, ps. 234 y ss.; MARIENHOFF, Miguel S., *Tratado de Derecho Administrativo*, t. I, 5ª ed. act., Abeledo-Perrot, Buenos Aires, 1995, ps. 413 y ss.; DIEZ, Manuel M., *Derecho Administrativo*, t. II, 1ª ed., Bibliográfica Omeba, Buenos Aires, 1963, ps. 74 y ss.; GORDILLO, Agustín A., *Tratado de Derecho Administrativo*, t. I, Macchi, Buenos Aires, 1974, p. XI-5; LUQUI, Roberto E., "Algunas consideraciones sobre el concepto de Administración Pública", LL 151-1069.

[906]   Ley 13.653, modificada por las leyes 14.380 y 15.023, art. 7°. Sin embargo, tal facultad se restringe "a los servicios actualmente a su cargo", es decir a la fecha de las citadas leyes.

[907]   BIELSA, Rafael, *Derecho Administrativo*, *cit.*, t. I, ps. 247/248; DIEZ, Manuel M., *Derecho Administrativo*, *cit.*, t. II, p. 90.

[908]   MARIENHOFF, Miguel S., *Tratado de Derecho Administrativo*, *cit.*, t. I, p. 417.

Pero la razón que impedirá aceptar la tesis de la atribución exclusiva del Congreso parte de una consideración esencialmente doctrinaria: si la creación de una entidad autárquica supone una limitación en las facultades de control del Ejecutivo (que quedaría restringido a la ilegitimidad, excluida la oportunidad) ello no podría hacerse sin alterar lo prescripto en el art. 99, inc. 1°, CN, ya que, en tal supuesto, la plenitud de la relación jerárquica aparecería afectada [909] por un acto del órgano legislativo.

Un punto de vista opuesto sostienen aquellos que postulan la tesis de la competencia del Ejecutivo, lo cual, indudablemente, tiene en cuenta el fortalecimiento que a este órgano le atribuye el sistema presidencialista de la Constitución Nacional y la tradición histórica de nuestro país[910].

Para este sector doctrinario la creación de entidades descentralizadas pertenece al ámbito de la llamada zona de reserva de la Administración (o del Poder Ejecutivo, después de la reforma constitucional), enmarcada por el art. 99, inc. 1°, CN[911].

4. LA TESIS DE LAS FACULTADES CONCURRENTES

Una posición intermedia entre ambas posturas doctrinarias es la tesis de las facultades concurrentes para resolver las dificultades interpretativas, la que tiende a evitar la inconstitucionalidad de los actos de creación de las entidades autárquicas, según se aplique al caso alguna de las tesis que se han reseñado en el punto anterior.

Se parte de la existencia de un "acuerdo" entre el Legislativo y el Ejecutivo que, en tanto se mantenga por parte de ambos, legitima el acto de creación de la entidad[912].

Si ninguna duda cabe de que el llamado proceso de descentralización no fue previsto por los constituyentes de 1853, ni en las posteriores reformas, estamos ante la denominada "carencia histórica de normas" que se produce cuando las fuentes formales presentan vacíos o lagunas. Esta situación se opera tanto cuando se cuenta con un principio de normación como cuando se dispone de un mero criterio negativo, donde al creador de la norma no lo anima ninguna voluntad (completa o incompleta)[913].

---

[909] MARIENHOFF, Miguel S., *Tratado de Derecho Administrativo, cit.*, t. I, ps. 419 y ss.

[910] ESTRADA, Juan Ramón de, "Atribución de los poderes Legislativo y Ejecutivo para crear entidades autárquicas", en *Estudios de Derecho Administrativo*, t. I, Buenos Aires, 1975, p. 55.

[911] MARIENHOFF, Miguel S., *Tratado de Derecho Administrativo, cit.*, t. I, ps. 419 y ss.; BIDART CAMPOS, Germán J., *Derecho Constitucional del Poder*, t. II, Ediar, Buenos Aires, 1967, ps. 86 y ss.

[912] ESTRADA, Juan Ramón de, "Atribución de los poderes...", *cit.*, ps. 58/59, quien señala que "quizás no sea la solución ideal, pero entendemos que es una 'salida' posible en tanto se mantengan las divergencias de interpretación".

[913] GOLDSCHMIDT, Werner, *Introducción al Derecho*, 3ª ed., Depalma, Buenos Aires, 1967, ps. 258/262.

Esa carencia histórica de normas nos inclina a postular la tesis de las facultades concurrentes del Legislativo y del Ejecutivo, en materia de creación de entidades descentralizadas.

Ello ocurre en virtud de que si bien cada órgano del poder estatal tiene reconocida su propia esfera de acción, su ejercicio debe ser coordinado y ninguno tiene una función o atribución exclusiva, a menos que la Constitución así lo prescriba en forma expresa[914].

Pero aunque se trate de un caso no previsto, la creación de una entidad por el Congreso (excepto cuando la Constitución Nacional le hubiere atribuido la pertinente facultad en forma expresa) debe dejar incólume el control jerárquico que el Ejecutivo tiene reconocido como Jefe del Gobierno y cabeza de la Administración (art. 99, inc. 1º, CN).

En esta línea interpretativa se ubica el Reglamento de la Ley Nacional de Procedimientos Administrativos al reconocer un amplio control por parte del Ejecutivo, sobre los actos de los entes descentralizados, cuando éstos no fueren creados por el Congreso en ejercicio de sus expresas facultades constitucionales[915].

Ateniéndonos a la tesis de las "facultades concurrentes", la descentralización que dispusiera el Poder Ejecutivo podría operarse sin que ello implique la necesaria organización y actuación de la entidad, que puede quedar postergada hasta tanto se aprueba su presupuesto por el Parlamento. En este último caso no habrá acto de creación legislativa sino de aprobación presupuestaria, conforme a las facultades que el Congreso tiene en esta materia (art. 75, inc. 8º, CN).

5. EL RÉGIMEN JURÍDICO DE LOS ACTOS DE LAS ENTIDADES DESCENTRALIZADAS Y LA POSIBILIDAD DE EMITIR ACTOS DE OBJETO PRIVADO

Según cuál fuere el tipo jurídico de la entidad estatal, el régimen de sus actos pertenecerá casi exclusivamente al Derecho Público o tendrá carácter entremezclado (público y privado). En cualquiera de ambas situaciones la preeminencia o gravitación del Derecho Público en algunos de los requisitos del acto (v.gr., competencia) no excluye la posibilidad de que la entidad descentralizada celebre actos cuyo objeto puede aparecer regulado por el Derecho Civil y Comercial (por ej.: la actividad de los bancos oficiales).

Esta concepción "dualista" de los actos de las entidades estatales, que es aceptada por la legislación positiva[916], la mayoría de nuestra doctrina[917] y de la compara-

---

[914] GONZÁLEZ, Joaquín V., *Manual de la Constitución argentina*, Estrada, Buenos Aires, 1951, p. 311.

[915] Dec. 1759/1972, art. 97. Conforme con esta interpretación, ESTRADA, Juan Ramón de, "Atribución de los poderes...", *cit.*, ps. 59/60, quien recuerda que se trata de una postura reiteradamente sostenida por la Procuración del Tesoro de la Nación.

[916] Ley 13.653, art. 1º, inc. a), ley 16.824, art. 1º (Caja Federal de Ahorro y Préstamo para la Vivienda), ley 14.878 (Instituto Nacional de Vitivinicultura), etc. En el Derecho Positivo español, la Ley de Bases de Contratos del Estado (arts. 18-19) recogió esta orientación.

[917] MARIENHOFF, Miguel S., *Tratado de Derecho Administrativo, cit.*, t. II, ps. 259 y ss.; BIELSA, Rafael, *Derecho Administrativo, cit.*, t. I, ps. 136 y ss.; DIEZ, Manuel M., *Derecho*

da[918], constituye la orientación que fluye de diferentes pronunciamientos de la Corte Suprema de Justicia de la Nación[919].

En el planteo opuesto se ha sostenido – en favor de la concepción unitaria– que ello implica revivir una consecuencia de la suprema doctrina llamada de la doble personalidad del Estado[920].

Como hemos señalado[921] dicho enfoque resulta erróneo porque significa confundir el problema de la personalidad con el régimen jurídico de los actos de la entidad que actúa bajo dicha personalidad de Derecho Público que, como siempre, es única e inescindible. Si se llevase esta doctrina al campo del Derecho Privado resultaría que todo acto de una persona jurídica (cuya personalidad es obviamente privada) debería ser de naturaleza civil o comercial, excluyendo la posibilidad de celebrar contratos administrativos.

En el fondo, lo que se discute es la existencia de una categoría de acto distinta del acto administrativo típico (con un régimen jurídico fundamentalmente de Derecho Público), que se denomina acto privado de la Administración o acto de objeto privado (con un régimen jurídico mixto).

La existencia de este "acto de objeto privado" aparece con mayor gravitación precisamente en aquellas personas públicas estatales que llevan a cabo actividades industriales o comerciales, como las Empresas del Estado, que pueden desarrollar una actividad de intermediación, a semejanza de los particulares. Aquí es donde la concepción "unitaria" resulta realmente impracticable[922].

Administrativo, cit., t. II, ps. 440 y ss.; CASSAGNE, Juan Carlos, *El acto administrativo*, 1ª ed., Abeledo-Perrot, Buenos Aires, 1974, ps. 121 y ss. Recientemente, Linares ha refutado la postura aunque creemos que arriba a similares consecuencias, pues postula la aceptación del "acto de objeto privado" como categoría autónoma dentro del acto administrativo (LINARES, Juan F., *Fundamentos de Derecho Administrativo*, Astrea, Buenos Aires, 1975, ps. 210/211), lo cual no había sido reconocido por los partidarios estrictos de la concepción unitaria que omitían resolver este punto capital.

[918] BENOIT, Francis P., *Le Droit Administratif Français*, Dalloz, París, 1968, p. 586, RIVERO, Jean, *Droit Administratif*, Dalloz, París, p. 98; ALESSI, Renato, *Sistema Istituzionale del Diritto Amministrativo Italiano*, Giuffrè, Milán, 1958, p. 213, y los autores que cita en la nota 4 (Ranelletti, Treves, Cammeo, Amorth, etc.); BREWER CARÍAS, Allan R., *Las empresas públicas en el Derecho Comparado, cit.*, ps. 56, 57 y 72.

[919] "Albano, Horacio Osmar Henne c/ Transportes Buenos Aires en liquidación", Fallos, 254:585 (1968); Fallos 270:446.

[920] GORDILLO, Agustín A., *El acto administrativo*, 2ª ed., Abeledo-Perrot, Buenos Aires, 1969, ps. 67/68; FIORINI, Bartolomé A., *Manual de Derecho Administrativo*, t. I, Abeledo-Perrot, Buenos Aires, 1968, p. 277.

[921] CASSAGNE, Juan Carlos, "Las entidades estatales descentralizadas y el carácter público o privado de los actos que celebran", LL 143-1172 y ss.

[922] Puesto que sería imposible trasladar todo el rigorismo del Derecho Público en bloque, para regular una actividad que por su naturaleza y la normativa vigente se encuentra regulada en el Derecho Civil o Comercial.

6. LA INTERVENCIÓN DEL ESTADO EN EL CAMPO DE LA GESTIÓN ECONÓMICA

Si se dejan de lado aquellos sistemas que se caracterizaron por su adhesión al estatismo, varios de los países enrolados en el modelo occidental acusaron la presencia – en mayor o menor grado– del intervencionismo estatal como fenómeno generalizado[923] donde se llegó a desplazar el acto aislado de injerencia, por la intervención como sistema, en aquellos casos en que ella se justificaba.

Se discutió, en cambio, dentro de este último sistema cuáles eran las causas que provocaban la intervención estatal, los campos en los cuales ella debe proceder y los límites que marcaban su actuación.

No parece pues, que la problemática que se desenvuelve en torno a la justificación de la intervención del Estado se haya superado, como algunos sostuvieron[924]; antes bien, pensamos que para que el Estado no crezca desmesuradamente deben analizarse en cada caso los principios por cuyo mérito se admite su injerencia en el plano del derecho natural.

Aparte de todas las construcciones doctrinarias que se han esbozado[925], la intervención del Estado en la vida económica aparece reconocida en las encíclicas papales. En este sentido, la Encíclica *Quadragesimo Anno* ha expresado que "existen bienes respecto de los cuales se puede sostener con razón que deben ser reservados a la colectividad en tanto que vienen a conferir un poder tal que no pueden dejarse en manos de personas privadas sin peligro para el bien público", doctrina que se reitera en la Encíclica *Mater et Magistra*[926].

Sin embargo, como principio la intromisión del Estado en el campo reservado a la actividad individual debe ajustarse al llamado principio de la suplencia o subsidiariedad, por cuyo mérito la intervención estatal sólo procede ante la ausencia o insuficiencia de la iniciativa privada.

Este principio – que ha sido considerado básico en la doctrina del derecho natural[927]– encuentra su explicación en que si el fin del Estado consiste en procurar el bien común de la sociedad, resulta conveniente reservar a ésta el bien que por sí sola pueda realizar. Para ello, el Estado – como señala Guaita– "debe estimular, encauzar la iniciativa privada y sólo cuando ésta carezca de capacidad y decisión necesarias debe ser suplida por la acción directa estatal"[928]. La intervención no consiste,

---

[923]   BAENA DEL ALCÁZAR, Mariano, *Régimen jurídico de la intervención...*, *cit.*, ps. 27 y ss.

[924]   BREWER CARÍAS, Allan R., *Las empresas públicas en el Derecho Comparado*, *cit.*, p. 23, citando la opinión de Katzarov.

[925]   FORSTHOFF, Ernst, *Tratado de Derecho Administrativo*, Centro de Estudios Constitucionales, Madrid, 1958, ps. 61 y ss.; MARTÍN RETORTILLO, Lorenzo, "La configuración de la Administración Pública y el concepto de *desenivorsorge*", *Revista de Administración Pública*, nro. 38, Instituto de Estudios Políticos, Madrid, 1962, ps. 35 y ss.

[926]   *Cfr.* Encíclica *Mater et Magistra*, párrs. 52-58, en *Ocho Grandes Mensajes*, Biblioteca de Autores Cristianos, Madrid, 1973, ps. 144/146.

[927]   MESSNER, Johannes, Ética social, política y económica a la luz del derecho natural, Rialp, Madrid, 1967, p. 336.

[928]   GUAITA, Aurelio, Derecho Administrativo Especial, t. I, Librería General, Zaragoza, 1965, ps. 13/14.

pues, nunca en un fin en sí misma sino en una sustitución o suplencia de la iniciativa privada, lo cual explica los procesos de reversión que muchos países han iniciado al privatizar sus empresas estatales.

Muchas son las causas que originaron, en su momento, la intervención del Estado, desde aquellas fundadas en una ideología típicamente estatista [929], hasta aquellas que se vinculan en las condiciones económicas y sociológicas que se presentan en la época actual, tales como el hecho de las aglomeraciones, la aceleración histórica, la elevación del nivel de vida, los adelantos tecnológicos, etcétera.

Una de las fases de la intervención estatal se configura por la participación del Estado directamente en el campo de la gestión económica o, como también se le ha denominado, la asunción (parcial) por la Administración de los medios de producción y cambio [930].

En casi todos los países ha existido una gran variedad y multiplicidad de sujetos activos de la intervención estatal en la gestión económica. Así, entre nosotros, desde la Empresa del Estado, que se halla encuadrada dentro de la Administración Pública y pertenece por tanto a la organización estatal, hasta las meras sociedades mercantiles de propiedad o control del Estado, que constituyen entidades de Derecho Privado, tienen en común la realización de actividades de carácter industrial o comercial en forma de empresa, que en principio corresponderían a los particulares pero que, excepcionalmente, toma a cargo el Estado para la satisfacción del bien común frente a la ausencia, insuficiencia, prestación defectuosa o inconveniente de la iniciativa privada.

Como técnicas de la intervención estatal en este campo pueden básicamente señalarse:

a) la adquisición o expropiación de empresas de propiedad privada;

b) la constitución de nuevas empresas estatales sin personalidad jurídica (las llamadas *régie* en Francia y Bélgica) [931];

c) la creación de nuevas empresas por parte del Estado dotadas de personalidad jurídica, como entidades pertenecientes a la organización estatal;

d) la constitución de sociedades mercantiles de propiedad total o mayoritaria del Estado [932];

e) la participación accionaria, en minoría, en sociedades mercantiles.

---

[929] En contra, JORDANA DE POZAS, Luis, "El problema de los fines de la actividad administrativa", *Revista de Administración Pública*, nro. 4, Instituto de Estudios Políticos, Madrid, p. 16.

[930] BAENA DEL ALCÁZAR, Mariano, Régimen jurídico de la intervención..., *cit.*, ps. 101 y ss.

[931] RIVERO, Jean, *Droit Administratif, cit.*, ps. 397/398, aunque su procedencia se juzga excepcional para llevar a cabo actividades industriales o comerciales.

[932] AUBY, Jean M. - DUCOS-ADER, Robert, *Droit Public*, Sirey, París, 1966, ps. 209/211, quienes en general designan a estas entidades "establecimientos privados de la Administración", incluyendo también las asociaciones mutualistas y profesionales.

7. EL LLAMADO PROCESO DE LAS "NACIONALIZACIONES"

El estudio y desarrollo de la intervención estatal lleva forzosamente al análisis del llamado proceso de "nacionalización" de empresas, que constituyó una de las técnicas más utilizadas hasta la primera mitad del siglo pasado.

Si bien el empleo del concepto "nacionalización" no resulta del todo apropiado en nuestro idioma, su uso constante ha creado ya un significado convencional del cual resultará difícil desprenderse. En general, se entiende por nacionalización el proceso por el cual el Estado toma a su cargo la explotación y los bienes de una empresa privada, asumiendo su titularidad, ya sea por su adquisición o compra del paquete mayoritario de acciones (si fuese, por ej., una sociedad anónima) o bien a través del procedimiento de la expropiación.

Teniendo en cuenta que la entidad privada que se transfiere al Estado puede asumir forma pública estatal o forma privada (aunque de propiedad estatal), y que si asume la primera condición, es decir, si integra la Administración, puede tanto incorporar la empresa sin dotarla de subjetividad (administración centralizada) como crear una nueva entidad pública estatal con personalidad jurídica distinta (administración descentralizada) sometiéndola parcialmente al Derecho Privado, se impone – según algunos– la necesidad de discriminar entre "nacionalización" y "estatización o estatificación"[933].

Nadie puede pretender tampoco que el fenómeno de la nacionalización pueda implicar que se atribuya una cierta subjetividad a la Nación (en su concepto político)[934]. La nacionalización – en el sentido convencional que cabe atribuirle– alude a la idea de transferencia de una empresa privada al Estado (en sentido lato), ya sea que pase a integrar la Administración o continúe como empresa bajo el mismo régimen pero de propiedad estatal.

No debe confundirse, por tanto, el régimen jurídico que el Estado asigne a esa empresa privada (que puede seguir siendo básicamente el mismo) con la técnica de traspaso, que traduce una de las formas más extremas de la intervención.

Un examen comparativo acerca de las nacionalizaciones llevadas a cabo en los países occidentales permite advertir que si bien el proceso se acentúa al finalizar la Segunda Guerra Mundial, éste no se ha realizado nunca como sistema, respondiendo más bien a circunstanciales motivos de política partidista (tal como aconteció en Inglaterra) o de interés nacional, como en el caso de aquellas empresas acusadas de haber colaborado con un país enemigo (v.gr., en Francia, el caso de las fábricas Renault y Guome et Rhome), o para establecer un orden o racionalización en una determinada rama industrial[935].

En Inglaterra, se adujo también que la propiedad estatal de un grupo importante de industrias básicas podía contribuir en gran medida a la eficacia de la planificación

---

[933] KATZAROV, Konstantín, *Teoría de las nacionalizaciones (el Estado y la propiedad)*, trad. española, Imprenta Universitaria, México, 1963, ps. 270 y ss., GUAITA, Aurelio, *Derecho Administrativo Especial*, cit., t. III, p. 62; BAENA DEL ALCÁZAR, Mariano, *Régimen jurídico de la intervención...*, cit., ps. 112/113.

[934] GORDILLO, Agustín A., *Empresas del Estado*, cit., ps. 59/60.

[935] BAENA DEL ALCÁZAR, Mariano, *Régimen jurídico de la intervención...*, cit., p. 107.

económica central, al colocar en manos del Estado las riendas que pueden controlar toda la economía[936]. No se nos escapa la influencia que tiene dentro de este criterio la llamada concepción socialista de la economía, lo que da pie a un jurista de Europa oriental para sostener que "las nacionalizaciones llevadas a cabo en la Europa occidental se inspiran en la idea común a toda socialización y a toda nacionalización, a saber, la transferencia a la sociedad de los medios de producción y circulación y su utilización en el interés general"[937].

El criterio rector que debe guiar al Estado en esta cuestión es el de que la economía tiene que ser obra ante todo de la iniciativa privada, sin perjuicio de la acción complementaria estatal para fomentar, estimular, ordenar y suplir, fundamentada en el principio de la subsidiariedad[938].

En mérito a ello, si existe la razonable posibilidad ulterior de que una industria nacionalizada pueda retornar a la propiedad de los particulares – y la historia reciente así lo demuestra– [939], será conveniente mantenerla bajo el mismo régimen y personalidad del Derecho Privado, para favorecer, en el futuro, su transferencia.

8. LAS ACTIVIDADES INDUSTRIALES Y COMERCIALES REALIZADAS POR EL ESTADO BAJO FORMAS JURÍDICAS PRIVADAS

Paralelamente a la realización de actividades de naturaleza industrial o comercial por personas jurídicas de Derecho Público – establecimientos públicos en Francia y Empresas del Estado en la Argentina– , en algunos países de Europa occidental y en América latina se utilizan las figuras societarias del Derecho Mercantil para llevar a cabo tales actividades económicas[940].

Los fines que persigue el Estado al acudir a las formas jurídicas del Derecho Privado son bastante concretos y ellos consisten básicamente en dotar de una gestión ágil a la empresa, sometiéndola a las leyes y usos mercantiles, escapando de la aplicación del Derecho Administrativo y otorgándole mayores posibilidades de financiación en cuanto a los créditos de terceros[941].

---

[936] ROBSON, William A., *Industria nacionalizada y propiedad pública*, trad. española, Tecnos, Madrid, 1964, p. 45.

[937] KATZAROV, Konstantín, *Teoría de las nacionalizaciones (el Estado y la propiedad)*, *cit.*, p. 170.

[938] *Cfr.* Encíclica *Mater et Magistra*, párrs. 51-53.

[939] ROBSON, William A., *Industria nacionalizada y propiedad pública*, *cit.*, ps. 50 y ss.

[940] VILLAR PALASI, José L., "La actividad industrial del Estado en el Derecho Administrativo", *Revista de Administración Pública*, nro. 3, Instituto de Estudios Políticos, Madrid, ps. 94 y ss.; FORSTHOFF, Ernst, *Tratado de Derecho Administrativo*, *cit.*, p. 660.

[941] *Cfr.* BREWER CARÍAS, Allan R., *Las empresas públicas en el Derecho Comparado*, *cit.*, p. 114. A raíz de la generalización del fenómeno descripto, y alertada por los riesgos que éste conlleva, la doctrina extranjera se ha referido a él en forma reiterada como *la huida del Derecho Administrativo* por parte de la Administración Pública (*Cfr.* , por todos, MARTÍN-RETORTILLO BAQUER, Sebastián, *El Derecho Civil en la génesis del Derecho Administrativo y de sus instituciones*, 2ª ed., Civitas, Madrid, 1996, ps. 199 y ss.).

Se ha juzgado también que uno de los objetivos fundamentales de la recurrencia a figuras jurídicas mercantiles es la limitación de responsabilidad propia de algunas formas societarias (*v.gr.*, sociedad anónima y sociedad de responsabilidad limitada)[942].

Aparte de lo cuestionable que resulta en el plano de nuestro sistema jurídico eliminar – en tales supuestos– la responsabilidad del Estado por los actos de una sociedad mercantil de su propiedad (o que administra) creemos que el Estado, en cuanto asociación perfecta o soberana, no puede guiarse en este aspecto por finalidades propias de quienes privadamente unen sus capitales para la realización de un negocio o negocios mercantiles. El Estado debe procurar siempre – aun a través de estas formas jurídicas privadas– la concreción del bien común[943] y es evidente que éste no resulta compatible con la limitación de la responsabilidad de sus entidades, cualquiera fuere su condición jurídica.

Pero los fines que el Estado busca concretar a través de este tipo de empresas no conducen a justificar que esta técnica sea utilizada para los servicios públicos, tanto los tradicionales como los que revisten naturaleza comercial. Por eso consideramos en su momento objetable que Hidronor[944] haya sido constituida como sociedad anónima, dado el carácter comercial que reviste el servicio público que presta.

En lo que concierne al régimen jurídico de estas entidades resulta claro que, en principio, es de Derecho Privado, comercial en la especie. Sin embargo, ello no significa que no puedan coexistir algunas relaciones de Derecho Público que impliquen una derogación o excepción al régimen común que las caracteriza. Tal acontece, por ejemplo, con el acto de designación o revocación del mandato de los miembros del Directorio por el Estado en una sociedad anónima, el cual puede regirse por el Derecho Administrativo[945].

Varias son las formas jurídicas que traducen la intervención y participación del Estado en el campo denominado de la "gestión económica", habiendo gran diversidad en el Derecho Comparado. En nuestro país, las principales formas jurídicas son:

a) la sociedad de economía mixta;

b) la sociedad anónima de participación estatal mayoritaria;

c) la sociedad del Estado;

d) las meras sociedades anónimas cuyo capital fuera totalmente del Estado o éste tuviera la mayoría accionaria.

---

[942] Así lo sostienen, entre otros, FERNÁNDEZ RODRÍGUEZ, Tomás R., *Notas para un planeamiento de los problemas actuales de la empresa pública*, p. 119, y STROMBERG, Hakan, *La empresa pública en Suecia*, p. 148, *cit.* por BREWER CARÍAS, Allan R., *Las empresas públicas en el Derecho Comparado, cit.*, p. 114, nota 378.

[943] *Cfr.* CASSAGNE, Juan Carlos, "Los contratos de la Administración Pública (distintas categorías y regímenes jurídicos)", ED 57-795, nota 1. En contra, BARRA, Rodolfo C., "Cogestión administrativa y autoadministración", *Universitas*, nro. 33, Buenos Aires, 1973, ps. 26 y ss.

[944] Creada por ley 17.574. En este punto hemos modificado la opinión expuesta con anterioridad.

[945] BREWER CARÍAS, Allan R., *Las empresas públicas en el Derecho Comparado, cit.*, p. 119.

El estudio de dichas formas jurídicas reviste, en la actualidad, un grado menor de interés teórico como consecuencia del proceso de privatizaciones vivido en el último tramo del siglo XX. No obstante, es menester advertir que con posterioridad, se ha comenzado a insinuar un proceso de signo contrario[946], cuyo alcance y continuidad todavía no es posible predecir.

9. EL CONTROL ADMINISTRATIVO SOBRE LAS ENTIDADES DESCENTRALIZADAS Y SOCIEDADES COMERCIALES DEL ESTADO

La gran variedad de controles que se ejercita sobre las entidades descentralizadas y empresas estatales, en general, tanto en cuanto a sus clases como a los órganos que los llevan a cabo, hacen difícil el intento de una sistematización en la materia, al menos en nuestro país.

Si nos atenemos a los órganos que realizan el control observamos que existen tres especies de controles de naturaleza administrativa, según que fuera llevado a cabo por:

a) la Administración Central o una entidad descentralizada;

b) el Congreso[947];

c) órganos especializados de fiscalización.

En cuanto a los alcances del control que realiza la Administración Central sobre las entidades descentralizadas, la doctrina continental europea puntualiza que se trata de un control distinto del jerárquico (vigente en la Administración Central), caracterizado por las siguientes notas:

a) su objeto se limita a controlar la legitimidad del acto sobre la entidad descentralizada, no pudiendo examinar la oportunidad, mérito o conveniencia;

b) el acto que se revisa no puede ser modificado, debiendo limitarse a su aceptación o rechazo [948]. Este control se denomina "administrativo" o de tutela [949] y no admite la posibilidad de emitir órdenes, lo cual sí, en cambio, configura una característica típica del control jerárquico.

---

[946] En efecto, durante los primeros años del presente siglo han resurgido una serie de entidades empresariales de titularidad estatal. A título de ejemplo, pueden citarse las siguientes: Educ.ar SE (creada por dec. 383/2000), Sistema Nacional de Medios Públicos SE (creada por dec. 94/2001), Télam SE (creada por dec. 2507/2002), Líneas Aéreas Federales SA (constituida por dec. 1238/2003), Correo Argentino SA (constituida por dec. 721/2004), y Energía Argentina SA (creada por ley 25.943).

[947] Giuliani Fonrouge indicó que el art. 87, dec.-ley 23.354/1956 (Ley de Contabilidad de la Nación) marcaba una tendencia hacia la creación de órganos ubicados en el Poder Legislativo, a los cuales se les atribuye la facultad de fiscalizar el presupuesto durante su ejecución, no *a posteriori* (*Cfr.* GIULIANI FONROUGE, Carlos, *Derecho financiero*, t. I, Depalma, Buenos Aires, 1965, p. 249).

[948] VEDEL, Georges, *Droit Administratif, cit.*, ps. 563 y ss.

[949] BREWER CARÍAS, Allan R., *Las empresas públicas en el Derecho Comparado, cit.*, ps. 131 y ss.

La doctrina europea del control no ha sido recogida por nuestro sistema en toda su estrictez, habiéndose vinculado, en cambio, los alcances del control con el problema de la creación de la entidad descentralizada. Así, conforme a lo que prescribe el Reglamento de la Ley Nacional de Procedimientos Administrativos [950], cuando la entidad descentralizada hubiere sido creada por el Congreso en ejercicio de sus facultades constitucionales propias (*v.gr.*, universidades) sólo procede el control de legitimidad, salvo que la ley autorice un control amplio. En cambio, cuando la entidad fuera creada en ejercicio de una facultad concurrente por el Congreso o por el Poder Ejecutivo, el control puede versar también sobre la oportunidad, mérito o conveniencia.

Un resabio de la concepción europea sobre el control administrativo o de tutela se mantiene, sin embargo, en el reglamento citado (art. 97, *in fine*), en tanto dispone que al ejercer la Administración el control de tutela por medio del recurso de alzada "la resolución se limitará a revocar el acto impugnado, pudiendo, sin embargo, modificarlo o sustituirlo con carácter excepcional si fundadas razones de interés público la justificaren", excepción, ésta, cuya amplitud abre un ancho camino para que se opere la modificación del acto.

En las entidades estatales constituidas como personas jurídicas privadas no procede, en principio, el llamado control administrativo o de tutela, que rige para las entidades descentralizadas. A pesar de ello, la ley 24.156 prevé una modalidad peculiar de fiscalización a través del control interno de legalidad de gestión y de auditoría a cargo de la Sindicatura General de la Nación[951].

El control externo de las entidades descentralizadas y, en general, sobre todas las figuras jurídicas empresarias del Estado, se encuentra a cargo de la Auditoría General de la Nación[952].

---

[950]   Dec. 1759/1972, art. 97 (t.o. por dec. 1883/1991).

[951]   *Cfr.* arts. 96 y ss., LAF.

[952]   Creada por ley 24.156.

CAPÍTULO V

ENTIDADES AUTÁRQUICAS

1. ORIGEN HISTÓRICO DE LA AUTARQUÍA

El vocablo autarquía, que se usa entre nosotros, deriva de la palabra italiana *autarchia* que traduce diferentes términos griegos y que tiene, por tanto, una significación distinta, según cuál sea el sentido que se le atribuya: a) la condición de sujeto capaz de bastarse a sí mismo (auto-suficiencia) y, b) la posición de una entidad a la cual se le atribuye la facultad de auto-gobernarse, de administrar sus propios intereses[953].

Esa carencia de precisión en lo que concierne al significado de la "autarquía" dificulta la comprensión del proceso de la administración estatal indirecta, por cuanto ateniéndose a uno de los sentidos que encierra el vocablo, la autarquía significa "gobierno por sí mismo", confundiéndose en ese plano con la "autonomía", que implica la facultad de darse sus propias reglas y regirse por ellas.

En sus orígenes, la expresión autarquía fue utilizada para distinguir al Estado de las otras entidades, siendo su significación más amplia incluso que la autonomía, en cuanto comprendía los atributos del gobierno estatal[954].

Por obra de la doctrina italiana, el significado jurídico de la autarquía fue privado de su contorno original, dando lugar a que se configurase la institución autárquica, con los perfiles que hoy día se le reconocen, es decir, no ya como la entidad que se gobierna a sí misma (concepto éste susceptible de ser confundido con el de autonomía), sino como aquella que tiene competencia para autoadministrarse de acuerdo con normas dictadas por otra entidad, que conserva sobre ella potestades de control y vigilancia.

En nuestro país, durante mucho tiempo, ni la legislación ni la jurisprudencia utilizaron la expresión "autarquía", como tampoco lo hicieron aquellos que escribieron las primeras obras del Derecho Administrativo argentino. Su introducción se debió a la prédica de los autores del siglo XX, influenciados notoriamente por las teorías italianas[955], que dio lugar a un proceso que provocó su paulatina asimilación por la legislación y la jurisprudencia hasta culminar con el reconocimiento de la entidad autárquica como persona jurídica pública, en la reforma efectuada al art. 33, CCiv. (texto según ley 17.711).

---

[953] ZANOBINI, Guido, *Corso di Diritto Amministrativo*, t. I, 8ª ed., Giuffrè, Milán, 1958, ps. 124/125.

[954] VILLEGAS BASAVILBASO, Benjamín, *Derecho Administrativo*, t. II, TEA, Buenos Aires, 1950, p. 181, nota 25.

[955] BIELSA, Rafael, *Derecho Administrativo*, t. I, 6ª ed., La Ley, Buenos Aires, 1964, ps. 238/239.

En otras partes, como en Francia, se emplea como concepto equivalente al de la entidad autárquica italiana la expresión *établissement public*. Se trata de un concepto utilizado convencionalmente que tiene un claro matiz fundacional, si se atiende a su origen histórico, cuya finalidad consistía en impedir que las liberalidades que los particulares hacían para fines benéficos perdieran su afectación al confundirse con los de la Administración municipal. Para ello fue necesario crear una entidad típica: la fundación, atribuyéndole personalidad jurídica y, por ende, capacidad de administrarse[956].

2. AUTONOMÍA, SOBERANÍA Y AUTARCÍA

Tanto la "autonomía" como la "soberanía" constituyen conceptos políticos[957], pero mientras la primera se refiere a una relación institucional que permite una mayor o menor auto-normación (*v.gr.*, las provincias), la soberanía constituye la expresión de un poder superior y la afirmación de una personalidad *erga ommes*, siendo una potestad que se vincula al Estado independiente, a su autodeterminación, comprendiendo el poder constituyente fundamental[958]. No obstante ello, la noción actual de soberanía ha perdido su carácter absoluto como consecuencia del desarrollo del Derecho Comunitario o derecho de la integración (en el caso del Mercosur) o bien, de los vínculos generados por tratados internacionales.

La "autarcía" es un concepto económico y se define como la facultad de autosuficiencia económico-financiera, coincidiendo con uno de los sentidos atribuidos en Italia al vocablo autarquía[959].

3. LA CRISIS DE LA NOCIÓN CLÁSICA Y SU SIGNIFICADO ACTUAL

Para poder comprender el proceso a través del cual se opera en nuestro país la crisis de la noción clásica y la recomposición posterior del concepto de entidad autárquica es preciso ubicarse en la época en que la idea de autarquía comenzó a tener aplicación a un Estado típicamente abstencionista que había limitado su intervención a las funciones consideradas esenciales, dejando la mayoría de las actividades libradas a la iniciativa de los particulares.

Al constituir una descentralización de funciones administrativas que el Estado consideraba conveniente fueran ejecutadas por entidades con personalidad jurídica propia y facultad de auto-administración, se configura la autarquía por la existencia de un fin o cometido típicamente estatal (el servicio público) y la articulación de un régimen publicístico, semejante al que regía para la Administración Central[960].

---

[956] GARCÍA TREVIJANO FOS, José A., *Tratado de Derecho Administrativo*, t. II, Revista de Derecho Privado, Madrid, 1967, ps. 305/306.

[957] MARIENHOFF, Miguel S., *Tratado de Derecho Administrativo*, t. I, 5ª ed. act., Abeledo-Perrot, Buenos Aires, 1995, ps. 400/403.

[958] BIELSA, Rafael, *Derecho Administrativo, cit.*, ps. 238 y ss.

[959] BOLLA, Mario E. - BERCOVICH, Raúl A., *La crisis de la noción clásica de autarquía*, La Plata, 1975, p. 12.

[960] TAFUR GALVIS, Álvaro, *Las entidades descentralizadas*, Bogotá, 1977, ps. 73 y ss.

En esa época era posible sostener que autarquía y descentralización institucional significaban lo mismo, pues esta última implicaba a aquélla y viceversa.

La autarquía adopta, pues, el contenido de la entidad autárquica e implica no sólo la facultad de auto-administrarse, sino que reúne también otras condiciones: a) satisfacción de un fin estatal, típicamente administrativo; b) administración de la entidad bajo un régimen integral de Derecho Público.

Pero el desarrollo posterior de la descentralización institucional que se inicia en la Argentina en los años 1884 y 1885 creando el Consejo Nacional de Educación y las Universidades Nacionales (leyes 1420 y 1597) encontró grandes dificultades para prever las modernas formas de actuación del Estado en actividades industriales o comerciales, reservadas antaño exclusivamente a los administrados.

La asunción por parte del Estado de este tipo de cometidos conlleva la necesidad de crear un tipo de ente distinto que permita su actuación normal y ordinaria bajo un régimen de Derecho Privado, sin perjuicio de la aplicación del Derecho Público para regir determinadas relaciones. Se tipifica de esta suerte una nueva figura jurídica, que si bien implica la descentralización administrativa, no actúa bajo el régimen público de la entidad autárquica sino con un régimen mixto de Derecho Público y de Derecho Privado.

Esa nueva entidad, que recibió el *nomen iuris* de Empresa del Estado, puso fin a la crisis de la autarquía, al reconducir la noción de entidad autárquica al concepto original.

4. LA CRISIS DEL "ESTABLECIMIENTO PÚBLICO"

Resulta curioso observar cómo el mismo fenómeno aconteció en aquellos países que apelaron al expediente del "establecimiento público", como Francia, aunque allí no se atisba aún otra solución que no sea volver a su sentido originario, limitándolo al servicio público administrativo o bien a las personas que desarrollan los servicios públicos en la administración territorial, procurando evitar caer en la identificación con cualquier tipo o clase de entidad no territorial[961].

Por eso existe en realidad una crisis actual en la medida en que la concepción originaria del establecimiento público administrativo se ha ampliado en dos direcciones. Por una parte, al considerar como establecimientos públicos a aquellas entidades que no cumplen servicios públicos sino servicios de una determinada colectividad o grupo de personas (*v.gr.*, Cámara de la Propiedad Urbana) y, por la otra, con la aparición de los servicios públicos comerciales e industriales.

La extensión de una parte del régimen del establecimiento público administrativo y la aplicación del Derecho Privado en las relaciones con los usuarios y con sus propios agentes, a excepción de los funcionarios que cumplen funciones directivas[962], constituyen notas peculiares que caracterizan la crisis de la noción tradicional.

---

[961] GARCÍA TREVIJANO FOS, José A., *Tratado de Derecho Administrativo, cit.*, t. II, p. 313.

[962] VEDEL, Georges, *Droit Administratif*, 4ª ed., Presses Universitaires de France, París, 1968, ps. 641 y ss.; RIVERO, Jean, *Droit Administratif*, 3ª ed., Dalloz, París, 1965, ps. 420 y ss.

5. CONDICIÓN JURÍDICA Y ELEMENTOS DE LA ENTIDAD AUTÁRQUICA

Conforme a lo que prescribe el art. 33, CCiv., la entidad autárquica es una persona jurídica pública, que además reviste carácter estatal.

El carácter estatal del ente, si bien no ha sido discutido, deriva del análisis conjunto de sus características y régimen jurídico, uno de cuyos aspectos más importantes consiste en su pertenencia a la organización administrativa.

Respecto de las entidades autárquicas territoriales, el encuadre de los municipios en la organización administrativa de las provincias, surge de la propia Constitución Nacional (art. 5°, CN). En cambio, la pertenencia de las entidades autárquicas institucionales a la organización se desprende en general de las normas que reglan su creación y su contralor presupuestario.

Los elementos constitutivos de la entidad autárquica son:

a) personalidad jurídica propia;

b) *substractum* económico-financiero que permita la constitución de un patrimonio estatal de afectación a fines determinados, y;

c) cumplimiento de una finalidad específicamente estatal, es decir, no industrial o comercial[963].

6. DISTINTAS CLASES DE ENTIDADES AUTÁRQUICAS

Cuando la actuación de la entidad autárquica se limita a una circunscripción geográfica delimitada y la entidad dispone de una competencia general de carácter local, se configura la llamada entidad autárquica territorial (*v.gr.*, los municipios).

Si, por el contrario, aunque la persona hubiera sido creada dentro de una esfera territorial delimitada (por ej.: una provincia o municipalidad), ella cumpliera un fin específico o un servicio público, se trata de una entidad autárquica institucional[964].

Se han formulado otras clasificaciones que responden al origen, ámbito y tipo de actuación de la entidad, tales como:

a) creadas por el Congreso, en ejercicio de facultades constitucionales propias (*v.gr.*, universidades), o por decreto del Poder Ejecutivo[965];

b) nacionales, provinciales o municipales;

---

[963] MARIENHOFF, Miguel S., *Tratado de Derecho Administrativo, cit.*, t. I, ps. 406/407; DIEZ, Manuel M., *Derecho Administrativo*, t. II, 1ª ed., Bibliográfica Omeba, Buenos Aires, 1963, p. 106; MEEHAN, Héctor, "La autarquía de las universidades estatales argentinas", *Cuadernos de los Institutos*, nro. 70, Córdoba, 1963, p. 83. Al igual que este autor, empleamos la expresión *substractum*, pues para constituir una entidad autárquica no se requiere un patrimonio inicial, bastando la asignación de los recursos.

[964] BANDEIRA DE MELLO, Celso A., *Natureza e regime jurídico das autarquias*, San Pablo, 1967, ps. 131 y ss.

[965] Lo cual tiene su importancia para limitar los alcances del contralor en el recurso de alzada en el orden nacional (art. 97, dec. 1759/1972).

c) por la actividad que realiza el ente: satisfacción de servicios públicos generales y permanentes, de previsión social, de fomento agropecuario, actividades bancarias, universitarias, etcétera[966].

Las entidades autárquicas, como toda persona jurídica en general, pueden también ser clasificadas en función del distinto carácter que presenta el sustrato de la entidad. Conforme a la clasificación que se apoya en ese elemento, se parte de la distinción entre "corporaciones" e "instituciones", que determina una distinta estructura y funcionamiento de ambas categorías. En la "corporación", los recipiendarios de la actividad del ente se desempeñan y participan en la entidad, en su constitución, funcionamiento, modificación de los fines, etcétera, a diferencia de lo que acontece en el caso de la "institución", donde los destinatarios no cumplen funciones activas dentro de la entidad, limitándose a gozar de los beneficios que se derivan de la acción por ella desplegada.

Sin embargo, se sostiene que la fórmula debe modificarse al aplicarla a las personas públicas, reemplazándola por la distinción entre personas públicas de base corporativa y personas públicas de base institucional. Ello es así en virtud de que en las corporaciones públicas existe una voluntad superior (Estado) que con frecuencia impone la integración forzosa de los miembros y determina la organización y las normas directrices de actuación del ente. En cuanto a la institución, el Derecho Administrativo de algunos países demuestra también que los interesados intervienen y participan en la administración o integración del patrimonio del ente[967].

7. ÓRGANO COMPETENTE PARA CREAR ENTIDADES AUTÁRQUICAS INSTITUCIONALES: REMISIÓN

En los años posteriores a nuestra organización constitucional era unánime –como recuerda Estrada– el consenso acerca de que el órgano competente para crear entidades autárquicas institucionales era el Congreso[968], y tal postura se mantuvo durante mucho tiempo por influencia de las enseñanzas de Bielsa, quien sostenía que la atribución correspondiente emanaba de la facultad que surge del ex art. 67, inc. 17, CN[969] (art. 75, inc. 20).

Los argumentos en que se apoyaba la tesis partidaria de la atribución legislativa en esta materia fueron objeto de análisis y crítica por parte de otro sector doctrinario que planteó una nueva interpretación acerca de las facultades del Poder Ejecutivo para crear entidades autárquicas.

Al respecto, se sostuvo que la atribución para crear tal tipo de entes compete al Poder Ejecutivo, por tratarse de una facultad ínsita en el ex art. 86, inc. 1°, CN (actualmente art. 99, CN)[970], pues de lo contrario se violaría la zona de reserva de la

---

[966] Esta clasificación ha sido juzgada como descriptiva y falta de interés científico: MARIENHOFF, Miguel S., *Tratado de Derecho Administrativo*, cit., t. I, p. 412.

[967] ALESSI, Renato, *Sistema Instituzionale del Diritto Amministrativo Italiano*, cit., ps. 55 y ss.

[968] ESTRADA, Juan Ramón de, "Atribución de los Poderes Legislativo y Ejecutivo para crear entidades autárquicas", *Estudios de Derecho Administrativo*, t. I, Buenos Aires, 1975, p. 55.

[969] BIELSA, Rafael, *Derecho Administrativo*, cit., t. I, p. 247.

[970] MARIENHOFF, Miguel S., *Tratado de Derecho Administrativo*, cit., t. I, ps. 413 y ss.

Administración y la división de poderes[971]. La excepción estaría dada por aquellos supuestos en que la facultad respectiva surge de una prescripción constitucional, como acontece en materia de bancos y universidades[972].

En nuestra opinión, por las razones expuestas al abordar el tema de la creación de entidades estatales descentralizadas, la entidad autárquica, que constituye una especie de ellas, puede ser creada tanto por ley como por decreto del Poder Ejecutivo, por tratarse de facultades concurrentes, salvo aquellas entidades que se encuentren relacionadas con las atribuciones expresas que la Constitución Nacional pone a cargo del Congreso (art. 75, incs. 6° y 18, CN).

8. CLASIFICACIÓN DE LAS ENTIDADES AUTÁRQUICAS INSTITUCIONALES

De acuerdo con el campo en que desarrollan su actividad en nuestro país, las entidades autárquicas institucionales pueden agruparse dentro de alguno de los siguientes cometidos fundamentales:

a) *educación, cultura, ciencia y tecnología*: Las universidades nacionales[973], el Consejo Nacional de Educación, el Consejo Nacional de Educación Técnica (CONET), el Fondo Nacional de las Artes, etcétera;

b) *salud pública*: El Instituto Nacional de Salud Mental, el Servicio Nacional de Rehabilitación, el Instituto Nacional de Microbiología, etcétera;

c) *economía en general (bancos y Mercado de Valores)*: El Banco Central, el Banco de la Nación Argentina, la Comisión Nacional de Valores, etcétera.

9. RÉGIMEN JURÍDICO DE LA ENTIDAD AUTÁRQUICA

Aunque no existe aún en nuestro país una regulación normativa general sobre las entidades autárquicas, y pese a que los estatutos de tales entidades no recogen, por lo común, los principales problemas que a su respecto se plantean, es posible realizar una descripción de su régimen jurídico sobre la base de sus notas comunes, a saber:

a) *procedimientos y recursos:* resultan de aplicación para las entidades autárquicas institucionales, en el orden nacional, las normas de la ley 19.549 (con las modificaciones de la ley 21.686) y su decreto reglamentario (t.o. por dec. 1883/1991). Ello surge de lo dispuesto en el art. 1° de la ley citada en cuanto declara aplicables sus disposiciones a la "Administración descentralizada, inclusive entes autárquicos"[974]. Como consecuencia de su encuadramiento en la organización administrativa, deben respetar las disposiciones generales emanadas del Poder Ejecutivo;

---

[971]   BIDART CAMPOS, Germán J., *El Derecho Constitucional del Poder*, t. II, Ediar, Buenos Aires, 1967, p. 87.

[972]   MARIENHOFF, Miguel S., *Tratado de Derecho Administrativo*, cit., t. I, ps. 421-422.

[973]   GRAU, Armando E., "Bases para una autarquía universitaria", *Doctrina Jurídica*, t. V, nro. 121, La Plata, 1973, ps. 297 y ss.

[974]   *Cfr.* CASSAGNE, Juan Carlos, "La Ley Nacional de Procedimientos Administrativos", ED 42-838, Respecto de los bancos oficiales se ha opinado, sin embargo, que, por la índole de

b) *actos unilaterales y contratos:* los mismos principios que rigen la actividad de la Administración Central se aplican a las entidades autárquicas, es decir, como regla general sus actos y contratos son administrativos, aunque excepcionalmente pueden celebrar actos de objeto mixto, parcialmente reglados por el Derecho Privado;

c) *personal:* la relación que vincula el personal con la entidad autárquica es la de empleo o función pública[975];

d) *bienes:* pueden ser titulares de bienes del dominio público, ya que su carácter estatal permite encuadrarlos en el elemento "subjetivo" que es indispensable para configurar la noción técnica y conceptual de esa institución[976];

e) *transacción:* la facultad de transar pertenece al Poder Ejecutivo[977], salvo que el estatuto orgánico de la entidad autárquica acuerde la respectiva atribución a este último;

f) *arbitraje:* la situación que exhibe nuestra legislación en esta materia dista de ser clara, y lo mismo acontece si se analizan la doctrina y la jurisprudencia. En el orden nacional hay disposiciones que admiten el sometimiento de las cuestiones al arbitraje[978].

La jurisprudencia de la Corte Suprema de Justicia de la Nación admite la procedencia del arbitraje con relación a los contratos donde el Estado actúa en el campo del Derecho Privado, también denominados contratos de objeto privado[979], negando, en cambio, tal procedencia cuando el Estado se desenvuelve en el ámbito del Derecho Público[980], lo cual implica no admitir el arbitraje en los contratos administrativos que celebren las entidades autárquicas.

En la doctrina, aunque para un sector resulta inadmisible el arbitraje cuando el Estado actúa como "poder público"[981], se ha sostenido que el Poder Ejecutivo (y la

---

sus funciones, no sería aplicable la ley 19.549 (CABRAL, Julio E., "Ámbito de aplicación de la Ley Nacional de Procedimientos Administrativos", DIEZ, Manuel M. [dir.], *Acto y procedimientos administrativos*, Plus Ultra, Buenos Aires, 1975, p. 19).

[975] MARIENHOFF, Miguel S., *Tratado de Derecho Administrativo*, t. III-B, 2ª ed. act., Abeledo-Perrot, Buenos Aires, 1978, p. 68.

[976] MARIENHOFF, Miguel S., *Tratado del dominio público*, TEA, Buenos Aires, 1960, ps. 79 y ss.; DIEZ, Manuel M., *Derecho Administrativo*, t. IV, 1ª ed., Bibliográfica Omeba, Buenos Aires, 1969, ps. 358 y ss.

[977] MARIENHOFF, Miguel S., *Tratado de Derecho Administrativo*, cit., t. I, ps. 435-437, porque se trata del ejercicio de una facultad general que compete a dicho órgano (art. 99, inc. 1°, CN).

[978] Art. 55 *in fine*, ley 13.064.

[979] Sobre este tipo de contratos, CASSAGNE, Juan Carlos, "Los contratos de la Administración Pública", ED 57-803, reproducido en *Revista de Administración Pública*, nro. 78, Instituto de Estudios Políticos, Madrid, 1975, ps. 426/427, y *El contrato administrativo*, 2ª ed., Lexis-Nexis, Buenos Aires, 2005.

[980] "Pagano, Gerardo c/ Gobierno de la Nación", Fallos, 133:61 (1920); "Compañía Argentina de Navegación Nicolás Mihamovich Ltda. c/ Fisco Nacional", Fallos, 160:133 (1931), y "Paino Cayetano c/ Nación y Soc. Arrigo Hnos.", Fallos 235:940 (1956).

[981] BIDART CAMPOS, Germán J., *El Derecho Constitucional del Poder*, cit., t. II, p. 366.

entidad autárquica si estuviera facultada por su estatuto orgánico) puede acudir excepcionalmente al arbitraje para resolver cuestiones relativas a contratos administrativos que no afecten al orden público ni al sistema constitucional, ni impliquen un agravio a la autoridad del Estado o a su soberanía, lo cual puede acontecer cuando se trate de dilucidar problemas de orden técnico o cuestiones de tipo financiero-patrimonial (por ej.: indemnizaciones)[982].

En consecuencia, si el arbitraje fuera procedente y siempre que la respectiva facultad estuviera reconocida en el estatuto de la entidad autárquica, ésta puede dilucidar una controversia apelando a dicho sistema de solución de conflictos.

Si la entidad autárquica no estuviera estatutariamente facultada para recurrir al arbitraje, debe requerir autorización del Poder Ejecutivo, pues se trata de una atribución que debe considerarse comprendida en el art. 99, inc. 1°, CN.

10. EL CONTROL DE LOS ACTOS DE LA ENTIDAD AUTÁRQUICA. REMISIÓN. LA INTERVENCIÓN

En materia de control de los actos de las entidades autárquicas por el sistema de los recursos administrativos, particularmente por el denominado "recurso de alzada", el alcance del control difiere – como hemos visto– según se trate de una entidad creada por ley en ejercicio de atribuciones constitucionales específicas (*v.gr.*, bancos y universidades) o de aquellas entidades creadas por el Poder Ejecutivo. Se aplican aquí los principios que se han expuesto, en general, al tratar del control sobre los actos de las entidades estatales descentralizadas[983] y el régimen de la LAF[984].

Dentro de los diversos medios de control, la entidad autárquica puede ser objeto, además, de un control administrativo de tipo represivo que recibe el nombre de intervención, aunque también puede ocurrir (y esto es lo que normalmente acontece) que la intervención asuma un carácter sustitutivo[985]. Ella tiene por fin mantener la autoridad y unidad administrativa y restablecer la normalidad alterada por el desempeño ineficiente de los órganos directivos de la entidad autárquica[986].

La intervención no requiere la existencia de una norma autorizante, pues se desprende del poder-deber de vigilancia que le compete al Poder Ejecutivo en su condición de Jefe de Gobierno y cabeza de la Administración Pública que tiene a su cargo la administración general del país[987], aun cuando su ejercicio corresponda al Jefe de Gabinete (art. 100, inc. 1°).

---

[982] MARIENHOFF, Miguel S., *Tratado de Derecho Administrativo*, t. III-A, 2ª ed. act., Abeledo-Perrot, Buenos Aires, 1978, ps. 602/603.

[983] Cap. V, punto 9.

[984] Sobre el control en el régimen anterior a la LAF puede verse: BIELSA, Rafael, *Derecho Administrativo*, *cit.*, t. I, ps. 268 y ss.

[985] MARIENHOFF, Miguel S., *Tratado de Derecho Administrativo*, *cit.*, t. I, ps. 686/688.

[986] BIELSA, Rafael, *Derecho Administrativo*, *cit.*, t. I, p. 271.

[987] Ley 24.156.

Las relaciones entre el Poder Ejecutivo y el interventor se rigen por los principios de la jerarquía, pudiendo recibir la entidad autárquica por este medio órdenes dictadas e instrucciones específicas del Poder Ejecutivo.

En aquellas entidades autárquicas cuya creación compete al Congreso, la ley puede reglamentar las causales de su intervención y el procedimiento, siempre que no cercene ni altere la atribución de control que, en este campo, conserva el Poder Ejecutivo.

11. MODIFICACIONES DE SU *STATUS* Y ÓRGANO COMPETENTE PARA DISPONER LA EXTINCIÓN DE LA ENTIDAD

Tanto la modificación del *status* de la entidad autárquica como su extinción sólo pueden ser dispuestas – salvo norma en contrario– por el órgano competente para crear la respectiva entidad, lo que constituye una aplicación más del principio del paralelismo de las competencias[988].

---

[988] *Cfr.* MARIENHOFF, Miguel S., *Tratado de Derecho Administrativo, cit.*, t. I, ps. 433/434.

CAPÍTULO VI

LOS NUEVOS ENTES REGULADORES

1. LA APARICIÓN DE LOS ENTES REGULADORES EN EL ESCENARIO DE LAS PRIVATIZACIONES

El fenómeno de la privatización, al abarcar la transferencia al sector privado de la gestión de los servicios públicos que antes prestaban empresas estatales, ha generado la correlativa necesidad de regular esas actividades para proteger debidamente los intereses de la comunidad. En el campo del Derecho Administrativo no es común que el Estado regule sus propias entidades y articule controles en protección de los usuarios, y es difícil que exija a sus empresas que los servicios públicos sean prestados con la máxima eficiencia posible.

En este sentido, el sistema que anteriormente rigió en la Argentina se caracterizó por la concentración de los poderes regulatorios en las propias empresas estatales prestatarias de esos servicios, sin dejar de reconocer, no obstante, un margen para el ejercicio del poder de policía por parte de los órganos de la Administración Central, margen éste que, en la práctica, no impidió los constantes desequilibrios financieros ni los abusos y arbitrariedades en que solían incurrir los funcionarios de las empresas estatales.

Ese estado de cosas ha sufrido un cambio radical a raíz del proceso de transformación del Estado, a partir del cual se perfilan nuevas funciones de éste regidas por el Derecho Administrativo. En este contexto aparecen, en forma contemporánea a la privatización de la gestión de los servicios públicos, los marcos regulatorios de cada una de las actividades junto a los entes creados por el Estado para aplicar esas regulaciones y entender, en una especie de instancia administrativa de naturaleza jurisdiccional, en los conflictos que se susciten entre las empresas concesionarias o licenciatarias de los servicios y los usuarios.

Estos entes reguladores, cuyos antecedentes se remontan al Derecho estadounidense, han sido creados como personas administrativas con competencia especial y personalidad jurídica propia, sin perder con ello la Administración el ejercicio de los poderes de tutela, como tampoco las facultades inherentes a la policía, ni las derivadas de su condición de parte en el vínculo que la une al prestatario del servicio público (concesión o licencia).

2. CREACIÓN FORMAL DE LOS ENTES REGULADORES. SU CONDICIÓN JURÍDICA

La cantidad de entes reguladores que se han creado a raíz del proceso de privatizaciones y la diversidad de regímenes existentes dificultan su sistematización. No obstante, en lo que sigue, analizaremos aquellos que regulan los servicios públicos de mayor trascendencia para los usuarios que representan, por esta razón, el grado máximo de regulación económica. Mientras algunos de los entes reguladores (gas, electricidad y agua) han sido creados por sus respectivas leyes[989], la Comisión Nacional de Telecomunicaciones (que es el ente regulador del servicio de teléfonos) fue creada por un decreto del Poder Ejecutivo nacional[990]. En este último caso y dado que, como se demostrará seguidamente, se trata de entidades autárquicas cuyo modo de creación no ha sido previsto en la Constitución, el Poder Ejecutivo se encontraba habilitado para crear dicha Comisión por decreto[991], aparte de que, como se ha señalado, la tesis que le asigna la naturaleza de un reglamento delegado[992] permite sustentar su constitucionalidad.

De otra parte, la condición jurídica de estos entes es la propia de las entidades autárquicas[993], pues se trata de descentralizaciones jurídicas del Estado que participan de la naturaleza pública de éste, perteneciendo, en realidad, a su organización administrativa pese a su personalidad diferenciada.

El examen sobre el conjunto de los datos y elementos que articulan el régimen organizativo y de control de los entes reguladores revela que: *a)* persiguen fines estatales; *b)* poseen recursos asignados o un patrimonio de afectación para el cumplimiento de las finalidades que se les asignan; *c)* se les aplica el régimen de control estatuido para el sector público[994], y *d)* existe la posibilidad de interponer el recurso de alzada contra las decisiones de los órganos superiores de los entes reguladores[995].

---

[989] Ley 24.076, art. 50; ley 24.065, art. 54 y ley 23.696, Anexo III, dec. 999/1992.

[990] Dec. 1185/1990, art. 1°.

[991] MARIENHOFF, Miguel S., *Tratado de Derecho Administrativo*, t. I, 5ª ed. act., Abeledo-Perrot, Buenos Aires, 1995, ps. 399 y ss.

[992] Esta opinión se apoya en que el dec. 1185/1990 aparece fundado en las leyes 19.798 y 23.696 (*Cfr.* COMADIRA, Julio R., "Los sujetos reguladores en la post-privatización", RAP, nro. 183, Ciencias de la Administración, Buenos Aires, 1993, p. 28).

[993] Como es sabido, autarquía no significa independencia. La entidad autárquica se halla vinculada a la Administración Central por el control de tutela que se encauza procesalmente a través del recurso de alzada. Ésta es una importante diferencia de régimen jurídico entre nuestros entes regulatorios y las agencias regulatorias del Derecho estadounidense cuyo grado de independencia sería mayor, a raíz de que sus actos no se hallan sujetos a la revisión por parte del Poder Ejecutivo (*Cfr.* TAWIL, Guido S., *Administración y Justicia*, t. I, Depalma, Buenos Aires, 1993, p. 112); sin embargo, un juez de la Corte Suprema, que es uno de los especialistas en la materia, ha señalado que las agencias estadounidenses son poco independientes no obstante lo que prescriban sus leyes de creación ya que: 1) el Presidente designa los miembros del Directorio y nombra a su Presidente; 2) el Departamento de Justicia interviene en los procedimientos de las agencias y las representa judicialmente; 3) el Poder Ejecutivo controla el Presupuesto de las agencias (el cual debe someterse al Presidente); 4) gran parte de las agencias consultan al Presidente acerca del nombramiento de funcionarios de alto rango, los cuales se encuentran bajo la supervisión de la *Civil Service Commission*, cuyos integrantes son designados por el Poder Ejecutivo, y 5) este último puede influir sobre las agencias a través del dictado de normas de reorganización (*Cfr.* BREYER, Stephen G. - STEWART, Richard B., *Administrative Law and Regulatory Policy*, 3ª ed., Little Brown & Co., 1992, *cit.* por BIANCHI, Alberto B., *La regulación económica*, t. I, Ábaco, Buenos Aires, 2001, ps. 236/237).

[994] Arts. 8°, inc. a), y 96, 98, 100, 101 y 117, ley 24.156; 64, ley 24.065; 60, ley 24.076, y 18, inc. a), dec. 999/1992.

[995] *V.gr.*, art. 33, dec. 1185/1992.

Este análisis, que revela la imposibilidad de reconocer a estos entes plena autonomía, demuestra que los entes reguladores constituyen entidades autárquicas que actúan en el marco de la organización administrativa del Estado, hallándose, por lo tanto, sometidos al poder de tutela del Poder Ejecutivo o de los ministros o secretarios competentes, según sea el caso.

3. CONFIGURACIÓN DE LOS FINES U OBJETIVOS QUE PERSIGUEN Y SU INTERPRETACIÓN INTEGRAL A LA LUZ DEL ORDENAMIENTO REGULATORIO

Los respectivos ordenamientos establecen los distintos fines específicos que persiguen las regulaciones, que configuran y delimitan la competencia de los entes regulatorios conforme al principio de la especialidad.

En el caso del Ente Nacional Regulador de Gas (Enargas), el art. 2° – al que remite el art. 50– de la ley 24.076 prevé estos objetivos: *a) proteger adecuadamente los derechos de los consumidores; b) promover la competitividad de los mercados de oferta y demanda de gas natural, y alentar inversiones para asegurar el suministro a largo plazo; c) propender a una mejor operación, confiabilidad, igualdad, libre acceso, no discriminación y uso generalizado de los servicios e instalaciones de transporte y distribución de gas natural; d) regular las actividades del transporte y distribución de gas natural, asegurando que las tarifas que se apliquen a los servicios sean justas y razonables de acuerdo con lo normado en la presente ley; e) incentivar la eficiencia en el transporte, almacenamiento, distribución y uso del gas natural; f) incentivar el uso racional de gas natural, velando por la adecuada protección del medio ambiente; g) propender a que el precio de suministro de gas natural a la industria sea equivalente a los que rigen internacionalmente en países con similar dotación de recursos y condiciones.*

A su vez, el art. 2°, ley 24.065, se refiere a los fines del Ente Nacional Regulador de la Electricidad (ENRE) y prescribe que éstos son: *a) proteger adecuadamente los derechos de los usuarios; b) promover la competitividad de los mercados de producción y demanda de electricidad y alentar inversiones para asegurar el suministro a largo plazo; c) promover la operación, confiabilidad, igualdad, libre acceso, no discriminación y uso generalizado de los servicios e instalación de transporte y distribución de electricidad; d) regular las actividades del transporte y la distribución de electricidad, asegurando que las tarifas que se apliquen a los servicios sean justas y razonables; e) incentivar el abastecimiento, transporte, distribución y uso eficiente de la electricidad fijando metodologías tarifarias apropiadas; f) alentar la realización de inversiones privadas en producción, transporte y distribución, asegurando la competitividad de los mercados donde sea posible.*

En lo que respecta al servicio de teléfonos, el art. 8°, dec. 1185/1990, estatuye que los fines de la Comisión Nacional de Telecomunicaciones (CNT) consisten en: *a) asegurar la regularidad, continuidad, igualdad y generalidad de los servicios; b) la promoción del carácter universal del Servicio Básico Telefónico a precios justos y razonables, y c) lograr una competencia leal y efectiva de los que no están sujetos al régimen de exclusividad.*

Por su parte, el art. 2°, dec. 999/1992, establece una serie de objetivos para los servicios públicos de provisión de agua potable y desagües cloacales e industriales referidos a *la expansión del sistema, la calidad y continuidad de los servicios, la*

protección de los derechos, obligaciones y atribuciones de los usuarios, del conce-
dente, del concesionario y del ente regulador como, también, la protección de la salud
pública, los recursos hídricos y el medio ambiente. Todo ese conjunto de directivas
configura el interés público que justifica el accionar de los entes reguladores.

Como puede advertirse, la política legislativa ha consagrado diversos objetivos
que requieren su armonización recíproca para que el sistema pueda funcionar en
forma integrada. Dentro de esta pauta hermenéutica se ubica el objetivo relacionado
con la protección de los usuarios, el cual demanda, para su correcta vigencia, una
armonización con los restantes fines, debiendo aplicarse en un marco que concilie la
regla de la continuidad y el menor costo de las prestaciones con la calidad y eficiencia de los servicios[996].

Sin embargo, la protección de los usuarios no puede ser absoluta[997], habida
cuenta de que no posee una jerarquía superior a los otros objetivos de la política
legislativa. En tal sentido, los entes reguladores no se limitan sólo a la tutela de los
usuarios ni a ejercer su representación, ya que tienen que cumplir todos los fines que
han justificado su creación mediante una serie de funciones – que superan el esquema estricto de la división de poderes– tendientes a resguardar los derechos e
intereses de los diferentes protagonistas que se relacionan con la actividad prestacional. Su función básica consiste en lograr una integración adecuada entre los fines
e intereses en juego y contribuir, de ese modo, a que se alcance la armonía social,
mediante procedimientos incluso innovadores, como el de las audiencias públicas[998].

Así, entre los objetivos que se han atribuido a los entes reguladores se destacan
el relacionado con la promoción de la competencia[999], la defensa del mercado y de
las libertades económicas de las personas vinculadas a la prestación de los servicios
públicos[1000] junto a la justicia y razonabilidad de las tarifas[1001]. Esta nueva función
estatal, que tiende a proteger el funcionamiento eficiente de todo el ciclo económico

---

[996] CASSAGNE, Juan Carlos, "El derecho de la post-privatización", LL, "Actualidad",
22/2/1994.

[997] En rigor, en lo inmediato los entes no persiguen la protección actual de los usuarios (como
las asociaciones de consumidores) sino, principalmente, la protección futura del conjunto de
usuarios.

[998] Ampliar en: GORDILLO, Agustín A., *El estado actual del Derecho Administrativo*, conferencia pronunciada en ocasión de recibir el nombramiento como profesor honorario de la
Universidad Nacional de Cuyo, Mendoza, 1993.

[999] Cabe apuntar que el art. 59, ley 25.156 (nueva Ley de Defensa de la Competencia) dispuso
que, a partir de su entrada en vigencia, quedaba "derogada toda atribución de competencia
relacionada con el objeto y finalidad de esta ley otorgada a otros organismos y entes estatales". Se ha postulado que este artículo implica "un verdadero vaciamiento de las facultades
de los entes reguladores" en materia de defensa de la competencia (*Cfr.* BUDASSI, Iván F.,
"Servicios públicos y defensa de la competencia", ED Administrativo, 2000/2001, ps.
636/640, quien se pronuncia sobre "la inconveniencia de quitar a los entes reguladores las
atribuciones vinculadas a la competencia").

[1000] *V.gr.*, art. 2°, incs. b) y f), ley 24.065; art. 2°, inc. b), ley 24.076.

[1001] Art. 2°, inc. d), ley 24.065.

con el propósito de mejorar la calidad de vida de las personas[1002], viene a invertir la función que antaño cumplía el Estado en el campo de la regulación económica, donde el poder de policía operaba mediante mecanismos que alteraban artificialmente la oferta y la demanda[1003] o las decisiones que corresponden al mercado.

4. NATURALEZA DE LA COMPETENCIA DE LOS ENTES REGULADORES

Los entes reguladores, como cualquier otro sujeto administrativo, no poseen aptitud para actuar fuera del marco de especialidad que les reconocen las normas atributivas de competencia. Esta regla, conocida como el principio de la especialidad de la competencia[1004], configura una de las garantías fundamentales del Derecho Administrativo contemporáneo (así como antaño fue la concepción restringida denominada de la *permisión expresa*), en cuanto representa el principal límite jurídico puesto a la sobreactuación de los entes y órganos administrativos. De transgredirse esta regla, que no implica desconocer la naturaleza objetiva de la competencia, el acto resultante se hallará afectado de invalidez, la cual, por principio, tendrá carácter absoluto, en virtud de la íntima conexión con el orden público administrativo, salvo aquellos casos en que sólo se altere la gradación jerárquica dentro de un mismo órgano[1005].

Ahora bien, conforme al principio de la especialidad, el ámbito de actuación del órgano administrativo se encuentra previamente acotado por la norma (especialmente por su fin) y no puede ser extendido por la mera voluntad del agente público. Este principio comprende tanto aquellas facultades atribuidas en forma expresa o implícita (*v.gr.*, derivación o extensión de disposiciones expresas), como las competencias inherentes que surgen en forma directa de los fines objetivos prescriptos en el acto normativo de creación del ente, con la salvedad de lo concerniente a la competencia para dictar actos de gravamen o aquellos comprendidos en la zona de reserva legal (creación de tasas, tributos o sanciones) donde se requiere ley del Congreso[1006].

En consecuencia, a los entes les está vedada la imposición de cargas o gravámenes no previstos en los pliegos o en las cláusulas del contrato de concesión (o en la licencia), como también de obligaciones a cargo de usuarios o terceros, la asun-

---

[1002] Véase: BARRA, Rodolfo C., en el discurso inaugural de las Primeras Jornadas sobre Regulación Económica e Iniciativa Privada, realizadas en Buenos Aires en el mes de septiembre de 1993, RAP, nro. 183, Ciencias de la Administración, Buenos Aires, 1993, p. 13.

[1003] ROJO, Pablo, "El derecho de la post-privatización", RAP, nro. 183, Ciencias de la Administración, Buenos Aires, 1993, p. 8. En sentido similar se ha sostenido que la regulación puede ser el primer paso para llegar a la desregulación, cuya orientación económica supone limitar los monopolios (*Cfr.* ZUBIAUR, Carlos A., "La concesión de servicios públicos", *Revista Jurídica de Buenos Aires* 1991-III-92 y 93).

[1004] Ampliar en: COMADIRA, Julio R., *Derecho Administrativo*, 2ª ed., LexisNexis, Buenos Aires, 2003, ps. 236 y ss.

[1005] *Cfr.* art. 14, inc. b), LNPA.

[1006] CASSAGNE, Juan Carlos, *Derecho Administrativo*, t. II, 7ª ed., LexisNexis - Abeledo-Perrot, Buenos Aires, 2002, p. 134.

ción de competencias que corresponden a otros poderes del Estado, el establecimiento de tasas sin base legal, etcétera[1007].

La interpretación, entonces, de las normas atributivas de competencia no puede
contrariar la regla de la especialidad ni sus limitaciones. Y es en este contexto en el
que hay que interpretar las normas que atribuyen a los entes y a sus directorios los
poderes para llevar a cabo las medidas o actos que sean necesarios para cumplir con
los fines y realizar las funciones que la ley les asigna[1008].

Ahora bien, las funciones de los entes reguladores comprenden un abanico de
facultades y deberes que procuran armonizar la actividad económica con los principios jurídicos. Su finalidad básica, en el Estado Subsidiario, es la de promover la
competencia y evitar los abusos de las posiciones dominantes en el mercado[1009].

[1007] Entre nosotros, Comadira llega a la misma conclusión no obstante sostener, sobre la competencia, un criterio distinto (COMADIRA, Julio R., "Los sujetos reguladores en la post-
privatización", *cit.*, ps. 31/32). Según Comadira las normas atributivas de competencia otorgan aptitud legal para hacer todo lo que esté razonablemente implícito, definiendo este último concepto a la luz del principio de especialidad (*Cfr.* COMADIRA, Julio R., *Acto administrativo municipal*, Depalma, Buenos Aires, 1992, ps. 23 y ss.). Para nosotros, en cambio,
los poderes implícitos derivan siempre de los poderes expresos (*Cfr.* AJA ESPIL , Jorge A.,
Constitución y Poder. Historia y teoría de los poderes implícitos y de los poderes inherentes,
TEA, Buenos Aires, 1987, ps. 150 y ss.) por lo que el principio de especialidad se vincula, en
rigor, con los poderes inherentes derivados de los fines previstos por las normas de creación,
sin perjuicio de la posibilidad de que surjan del desarrollo de principios de normación o principios generales que no lleguen a configurar mandatos o prohibiciones. Todo ello, claro está,
con los límites que cabe reconocerle a la regla de la especialidad (en materia de actos de gravamen o que impongan obligaciones, cargas o tipifiquen sanciones o cuando se trata de potestades que corresponden a otros órganos del Estado: *v.gr.*, la potestad tributaria aun cuando
se trate de actos favorables). De acuerdo con nuestra tesis los entes poseen competencia (dentro del principio de la especialidad y con los límites indicados) para dictar actos favorables
vinculados con los fines que inspiraron su creación, no así para los actos de gravamen. La jurisprudencia de nuestros tribunales no ha seguido un criterio uniforme. Mientras en algunos
casos sostuvo la regla de la especialidad (C. Nac. Fed. Cont. Adm., sala 2ª, *in re* "Marenco,
Oscar A. v. Gobierno nacional", ED, ps. 437 y ss., y en la causa C. Nac. Fed. Cont. Adm., sala 4ª, "Peso", ED 114-236) en otros se inclinó por el antiguo criterio de la competencia
implícita (C. Nac. Fed. Cont. Adm., plenario "Multicambio", JA 1986-I-140). Por su parte, la
Corte Suprema, en el fallo recaído en la causa "Font, Jaime Andrés y otros c/ SRL Carnicerías Estancias Galli", Fallos, 254:56 (1962), sostuvo un criterio amplio para la competencia
del Poder Ejecutivo.

[1008] Ley 24.065, arts. 54 y 55, inc. s); ley 24.076, art. 15, inc. k), dec. 1185/1990, arts. 90 y 17,
inc. u).

[1009] Ver y ampliar en NALLAR, Daniel M., *La naturaleza de los actos emitidos por los entes
reguladores y el alcance de sus competencias* (tesis doctoral), Universidad Austral, Buenos
Aires, 2008, Cap. VI, 2° parte, p. 351 y ss.

5. LAS POTESTADES DE LOS ENTES REGULADORES

A) Principios aplicables

Como es sabido, toda potestad consiste, sustancialmente, en un poder jurídico[1010] que, a diferencia de otros poderes jurídicos como el derecho subjetivo, actúa siempre en beneficio de terceros[1011]. Este poder, en el caso de la Administración, debe desenvolverse, por principio, siempre a favor de la comunidad, siendo ésta la causa primaria que fundamenta su justificación.

Las potestades derivan, necesariamente, del ordenamiento jurídico que las delimita y acota[1012].

El carácter objetivo de las potestades constituye uno de los rasgos más trascendentes que se consolida y generaliza en el Derecho Público del siglo XX que se inclina, por regla general, a reconocer la atribución de crear potestades a los órganos que poseen el poder de dictar normas generales (Asambleas Constituyentes, Congresos, Cortes o Parlamentos). Sólo por excepción, fundada en la concurrencia de graves circunstancias de necesidad y de urgencia, se admite la llamada autoatribución de potestades (v.gr., reglamentos de necesidad y urgencia), lo que resulta lógico si se tiene en cuenta la situación de sujeción que genera la propia potestad, aún antes de ser ejercida.

Toda potestad produce una modificación o cambio que repercute sobre los particulares y en la medida en que pueda generar cargas, obligaciones o, en general, actos de gravamen requiere, como fundamento de la competencia habilitante, la existencia de una norma expresa de atribución. Se aplican en esta materia las reglas sobre la competencia que se han analizado precedentemente, por lo que cabe admitir la configuración de potestades implícitas o inherentes sólo cuando se trate de actos favorables y a condición de que no se altere la reserva legal (por ej. exenciones fiscales).

Diversos principios generales juegan el papel de límites de la potestad y del ejercicio de los poderes que derivan de ella. Por de pronto, al nacer las potestades del ordenamiento no pueden configurar poderes indeterminados o absolutos, que coloquen a las personas en una situación de sujeción indefinida ni absoluta. Una regla semejante implicaría la quiebra del Estado de Derecho que se edifica sobre el principio básico de la libertad frente a los poderes públicos, trastrocando la regla que

---

[1010] Ampliar en: ROMANO, Santi, *Fragmentos de un diccionario jurídico*, trad. española, Ediciones Jurídicas Europa-América, Buenos Aires, 1964, ps. 324 y ss.; GARCÍA DE ENTERRÍA, Eduardo - FERNÁNDEZ, Tomás R., *Curso de Derecho Administrativo, cit.*, t. I, ps. 435 y ss.; CUÉTARA, Juan Miguel de la, *Las potestades administrativas*, Tecnos, Madrid, 1986, ps. 13 y ss.

[1011] *Cfr.* GIANNINI, Massimo S., *Lezioni di Diritto Amministrativo*, t. I, Giuffrè, Milán, 1950, p. 266.

[1012] GARCÍA DE ENTERRÍA, Eduardo - FERNÁNDEZ, Tomás R., *Curso de Derecho Administrativo, cit.*, t. I, ps. 441 y ss.

predica que las restricciones a la libertad constituyen la excepción dentro del sistema de derechos y garantías constitucionales[1013].

Así surge de dos preceptos constitucionales que dan a la libertad un carácter institucional básico. En efecto, el art. 19 al prescribir, en su última parte, que *Ningún habitante de la Nación será obligado a hacer lo que no manda la ley ni privado de lo que ella no prohíbe*, está configurando una zona de libertad de los particulares que sólo puede limitar la ley, pero a condición de que la reglamentación legislativa no altere la subsistencia del propio derecho básico y fundamental que viene a reglamentar (art. 28, CN), para tornar compatible la libertad con el interés público.

En dicha norma de la Constitución Nacional encuentra su basamento un principio fundamental de nuestro ordenamiento que desempeña una función garantística de trascendencia. Se trata del principio de razonabilidad que cobra una aplicación más intensa en materia de atribución legal de potestades a la Administración, en cuanto permite a los jueces mensurar la legitimidad de la propia habilitación de potestades y su ejercicio concreto, ya fueren las potestades regladas o discrecionales. Este principio, abarcativo de la proporcionalidad que debe existir entre las medidas que traduce la potestad y los hechos que la determinan[1014] comprende, sobre todo, la exigencia de que los fines invocados para desencadenar las medidas aplicativas sean razonables en función de los elementos causales (de hecho y de derecho) y en cuanto no impliquen discriminación para quienes se encuentren en similares condiciones[1015], otorgando o negando a unos lo que se les niega u otorga a otros.

El esquema de las potestades que se ha descripto sumariamente resultaría incompleto si olvidara el papel trascendente que cumple el fin como título que justifica la instrumentación de la potestad bajo la forma de ley escrita[1016] y su necesaria vinculación con los hechos en que se funda.

B) Sobre las potestades, en particular, de los entes reguladores

Las potestades que el ordenamiento consagra en cabeza de los entes regulatorios poseen distinta naturaleza y extensión.

El panorama es amplísimo y abarca desde las clásicas potestades administrativas vinculadas con la fiscalización de los servicios y el cumplimiento de las condiciones fijadas en los contratos de concesión o licencias[1017], incluyendo el control sobre la aplicación de las tarifas y el cálculo de las bases de los contratos de conce-

---

[1013] Principio reconocido, fundamentalmente, en la última parte del art. 19 de nuestra Constitución Nacional.

[1014] CUÉTARA, Juan Miguel de la, *Las potestades administrativas*, Tecnos, Madrid, 1986, p. 70; para quien la proporcionalidad constituye uno de los principios más específicos y "una de las mejores guías que pueden determinarse para la aplicación de las potestades administrativas".

[1015] Sobre las diferentes especies de razonabilidad (en la ponderación y en la selección) puede verse: LINARES, Juan F., *Razonabilidad de las leyes*, 2ª ed., Astrea, Buenos Aires, 1970, ps. 107 y ss.

[1016] VEDEL, Georges, *Derecho Administrativo*, trad. española, 1ª ed., Aguilar, Madrid, 1980, p. 238.

[1017] Ley 24.065, art. 56, inc. a); ley 24.076, art. 52, inc. a); dec. 1185/1990, art. 16, inc. h).

sión que se celebren[1018], hasta aquellas potestades de naturaleza disciplinaria relacionadas con la imposición de sanciones[1019], y aun aquellos poderes inherentes a la prevención de conductas anticompetitivas.

A su vez, el cuadro de las potestades atribuidas en los marcos regulatorios ofrece una rica gama de poderes reglamentarios tanto en materia de seguridad y procedimientos técnicos, medición y facturación de los consumos, control y uso de medidores, interrupción y reconexión de los suministros, acceso a inmuebles de terceros y calidad de los servicios prestados[1020], como con respecto a la aplicación de sanciones[1021]. En este aspecto rigen también los límites que se han señalado al analizar el principio de la competencia.

Al propio tiempo, los marcos regulatorios han asignado también a los respectivos entes potestades para resolver controversias entre terceros estableciendo en unos casos (gas y electricidad) la obligatoriedad de la jurisdicción[1022], mientras que en otros (Ente Tripartito de Obras y Servicios Sanitarios – ETOSS–), dicha jurisdicción es facultativa[1023]. Se trata del ejercicio de típicas funciones jurisdiccionales que los entes regulatorios sólo pueden llevar a cabo con arreglo a los principios y límites establecidos por la doctrina[1024] y la jurisprudencia[1025].

[1018]_ Ley 24.065, art. 56, inc. d); ley 24.076, art. 52, inc. e). El inc. f) de este artículo asigna competencia al Enargas para aprobar las tarifas. Sobre la competencia de la autoridad administrativa para aprobar las tarifas, véase GRECCO, Carlos M., "Potestad tarifaria, control estatal y tutela del usuario", *REDA*, nro. 5, Depalma, Buenos Aires, 1990, ps. 491/492. Hay que advertir que, en el régimen del servicio público de gas y de electricidad, la tarifa tiene, en principio, base contractual.

[1019] Ley 24.065, art. 56, inc. o); ley 24.076, art. 52, inc. 9°. El art. 16, inc. h), dec. 1185/1990, atribuye a la CNT la facultad de solicitar judicialmente sanciones conminatorias de lo que se infiere que salvo normas especiales, la regla es que las sanciones de esta clase las imponen los jueces.

[1020] Ley 24.065, art. 56, inc. b); ley 24.076, art. 52, inc. b).

[1021] Ley 24.065, art. 56, inc. m).

[1022] Ley 24.076, art. 66, ley 24.065, art. 76.

[1023] En el caso del ETOSS ello se desprende de la prescripción contenida en el art. 68 que atribuye a sus decisiones el carácter de actos administrativos. A su vez, el art. 28, inc. d), dec. 1185/1990, atribuye competencia a la CNT del Marco Regulatorio aprobado por dec. 999/1992, para resolver – incluso de oficio– conflictos entre particulares y los licenciatarios.

[1024] CASSAGNE, Juan Carlos, *Derecho Administrativo, cit.*, t. I, ps. 80 y ss.

[1025] Véase: "Di Salvo, Octavio y otros" Fallos, 311:334 (1988) y en LL 1988-D-269, con nota de Ekmekdjian. Más recientemente, no puede dejar de mencionarse el trascendente pronunciamiento de la propia Corte en "Ángel Estrada y Cía. SA v. Secretaría de Energía y Puertos de la Nación", fallado el 4/5/2005, que ha dado lugar a un intenso debate doctrinario. En lo que aquí interesa, en dicho precedente el más Alto Tribunal excluye del ámbito competencial de los Entes reguladores la facultad de dirimir controversias entre particulares, regidas por el derecho común, originadas a raíz de un reclamo de resarcimiento de daños y perjuicios fundado en el incumplimiento contractual de la empresa prestadora del servicio. Véase: ABERASTURY, Pedro, "La decisión de controversias del derecho común por parte de tribunales administrativos", JA 2005-III, número especial "El caso 'Ángel Estrada'", del 31/8/2005, ps. 3 y ss.; BARRA, Rodolfo C., "Entes reguladores: en camino de su delimitación institucional", JA 2005-III, número especial *cit.*, ps. 12 y ss.; BOULLAUDE, Gustavo, "La competencia de los entes reguladores de los servicios públicos en el ejercicio de la fun-

Sin embargo, en principio, los actos de los entes reguladores son actos administrativos y, como tales, se encuentran sometidos al régimen administrativo.

6. LAS FACULTADES REGLAMENTARIAS DE LOS ENTES REGULADORES Y LA DELEGACIÓN LEGISLATIVA

Como es sabido, la mayoría de los marcos regulatorios dictados con anterioridad a la reforma constitucional de 1994 otorgan a los entes que regulan la respectiva actividad sectorial, un amplio conjunto de poderes reglamentarios delegados por el Congreso.

Para poder determinar su actual validez constitucional y, eventualmente, la caducidad de las delegaciones efectuadas a la luz de lo prescripto en la Cláusula Transitoria Octava de la Constitución Nacional resulta imprescindible partir del precepto constitucional básico en la materia (art. 76, CN), el cual prescribe:

"Se prohíbe la delegación legislativa en el Poder Ejecutivo, salvo en materias determinadas de administración o de emergencia pública, con plazo fijado para su ejercicio y dentro de las bases de la delegación que el Congreso establezca.

"La caducidad resultante del transcurso del plazo previsto en el párrafo anterior no importará revisión de las relaciones jurídicas nacidas al amparo de las normas dictadas en consecuencia de la delegación legislativa".

A su vez, la Cláusula Transitoria Octava prescribe:

"La legislación delegada preexistente que no contenga plazo establecido para su ejercicio caducará a los cinco años de la vigencia de esta disposición, excepto aquella que el Congreso de la Nación ratifique expresamente por una nueva ley".

Antes de visualizar el alcance de los preceptos constitucionales que, en rigor, suponen la incorporación expresa a la Constitución de la figura de la delegación legislativa, se torna necesario efectuar el deslinde y ámbito de aplicación entre esta fuente normativa y el reglamento de ejecución.

---

ción jurisdiccional. Sus límites", JA 2005-III, número especial *cit.*, ps. 18 y ss.; BUDASSI, Iván, "Responsabilidad de los concesionarios: ¿derecho común?", JA 2005-III, número especial *cit.*, ps. 27 y ss.; CANOSA, Armando N., "El caso 'Ángel Estrada' y las deficiencias en el ejercicio de funciones jurisdiccionales por parte de órganos administrativos", JA 2005-III, número especial *cit.*, ps. 33 y ss.; GARCÍA PULLÉS, Fernando, "Ángel Estrada. La Corte Suprema y el fundamento de la potestad jurisdiccional. Facultades del legislador y de los justiciables", JA 2005-III, número especial *cit.*, ps. 38 y ss.; GORDILLO, Agustín, "Ángel Estrada", JA 2005-III, número especial *cit.*, ps. 46 y ss.; HUICI, Héctor, "El caso 'Ángel Estrada'. Diversas proyecciones en materia de servicios públicos", JA 2005-III, número especial *cit.*, ps. 48 y ss.; MONTI, Laura, "El ejercicio de funciones jurisdiccionales por organismos administrativos en la jurisprudencia de la Corte Suprema (Sistematización de jurisprudencia vinculada con el caso 'Ángel Estrada')", JA 2005-III, número especial *cit.*, ps. 59 y ss.; REJTMAN FARAH, Mario, "La independencia de los entes reguladores como requisito para el ejercicio de sus competencias", JA 2005-III, número especial *cit.*, ps. 64 y ss.; VÁZQUEZ FERREIRA, Roberto A., "Servicios públicos, defensa del consumidor, procedimientos"; JA 2005-III, número especial *cit.*, ps. 69 y ss.

Este último, de mayor tradición constitucional e importancia cuantitativa, implicó la atribución de una potestad propia en cabeza del Poder Ejecutivo para reglamentar las leyes que requieran, para su aplicación, de la actividad ulterior de la Administración en la medida en que esa actividad sea necesaria por la falta de operatividad que muchas veces caracteriza a las leyes, y siempre que no se altere la finalidad prevista por el legislador (tal es el sentido que cabe atribuir a la expresión *"cuidando de no alterar su espíritu con excepciones reglamentarias"* que prescribe el art. 99, inc. 2°, CN).

En cambio, la delegación implica una transferencia de poderes normativos del Congreso al Ejecutivo, transferencia que, como tal, no puede ser permanente, y así lo ha previsto el texto constitucional que se ha transcripto. También podría suponerse, extremando el análisis, que el art. 99, inc. 2°, CN (ex art. 86, inc. 2°), importa también una suerte de delegación constitucional permanente en cuanto habilita al Poder Ejecutivo a dictar normas generales y obligatorias que, ciertamente, podrían haber emanado del Congreso.

Nos hacemos cargo de las dificultades que existen para precisar una línea demarcatoria nítida entre ambas instituciones y de la inutilidad de los debates formales sobre la definición de una u otra figura constitucional, pero seguramente ningún jurista rehuirá el intento de interpretar el texto constitucional partiendo, aunque le cueste reconocerlo, de ciertas definiciones conceptuales previas y básicas.

La clave está, como siempre, en la fidelidad a un método determinado de análisis e interpretación a partir de la configuración del Derecho como un complejo tridimensional (integrado por normas, conductas y los principios y valores de justicia). Pero aún así, circunscribiéndonos al plano normativo constitucional, la clave para la interpretación del sistema conduce a armonizar las partes del conjunto buscando su correcto encuadre conforme al sentido que le asignó el constituyente y la realidad evolutiva posterior, procurando que todos los preceptos no sólo adquieran validez y vigencia sino que armonicen entre sí.

En esa orientación nos parece, sin embargo, que si bien la habilitación constitucional de facultades reglamentarias al Poder Ejecutivo puede aparecer muchas veces prescripta innecesariamente por la ley (pues la potestad reglamentaria de ejecución es propia del Ejecutivo)[1026], lo cierto es que la línea divisoria entre el reglamento de ejecución y el delegado pasa entre límites que tienen la apariencia de ser comunes.

Sin embargo, el punto de partida no puede ser otro que la determinación del encuadre constitucional del reglamento de ejecución, habida cuenta de que se mantiene incólume tras la reforma constitucional de 1994 y el hecho de que la figura del reglamento delegado opera como un injerto adicional que se incorpora *a posteriori* en el sistema constitucional, aun cuando había tenido con anterioridad su recepción en la jurisprudencia.

Así las cosas, el reglamento de ejecución tiene en la Constitución un ámbito propio caracterizado por una naturaleza sub-legal limitada a la potestad para reglar los detalles o medidas necesarias para la ejecución de las leyes por parte del Poder

---

[1026] Esta costumbre legislativa ha sido la fuente de muchas confusiones en que incurren tanto la doctrina como la jurisprudencia.

Ejecutivo, sin alterar su finalidad y sin que ello implique transferencia del poder normativo del Congreso. En consecuencia, en el ejercicio de esa facultad, el Poder Ejecutivo no se encuentra facultado para dictar normas *ex novo* sino que su potestad se circunscribe a desarrollar las distintas posibilidades de aplicación de las normas legales pues, de lo contrario, incurriría en un exceso reglamentario.

En cambio, la delegación implica el traspaso de determinado poder normativo al Poder Ejecutivo a fin de habilitarlo, en ciertas materias, a dictar normas de rango legislativo, que comprende desde normas *ex novo* no previstas expresamente en la ley hasta el establecimiento de determinados preceptos legales que desarrollan las bases, directivas o principios prescriptos en la ley. Las normas producto de la delegación poseen siempre rango de ley (ya fuere la delegación recepticia o normativa, o se trate de una deslegalización)[1027]. Pero la delegación, como lo tiene dicho la Corte Suprema en su tradicional jurisprudencia (caso "Delfino"), no puede implicar la transferencia total de la potestad legislativa[1028] ya que ello afectaría, obviamente, el principio constitucional de división de poderes.

Ahora bien, respecto de la delegación legislativa el panorama constitucional presenta cierta complejidad a raíz de la interpretación que se le asigne al art. 76, CN, incorporado por la reforma constitucional de 1994.

La principal causa de esa complejidad radica en desentrañar a qué tipo de delegación se refiere la norma constitucional que declara la interdicción de la delegación legislativa (salvo las excepciones relativas a materias de administración y de emergencia). En este punto, las opiniones doctrinarias distan de ser coincidentes[1029], y más bien resultan opuestas y hasta contradictorias, favorecidas por cierta ambigüedad que plantea el precepto constitucional al no precisar cuál es la clase o tipo de delegación prohibida[1030].

A nuestro juicio, como la llamada delegación propia (la que implicaba la transferencia del poder de hacer la ley) se encontraba prohibida por imperio de la interpretación doctrinaria y jurisprudencial del texto constitucional, el precepto se refiere a la llamada delegación impropia, prohibiendo la delegación admitida hasta entonces por la jurisprudencia, excepto que versare sobre materias de administración o de emergencia pública[1031]. Esta interpretación se funda en la propia técnica constitu-

---

[1027] A estas técnicas nos referimos anteriormente en CASSAGNE, Juan Carlos, *Derecho Administrativo*, t. I, p. 149, 5ª ed., Buenos Aires, 1996.

[1028] "A. M. Delfino y Cía. apelando una multa impuesta por Prefectura Marítima", Fallos, 148:430 (1927).

[1029] Ver sobre el punto, el lúcido trabajo de BIANCHI, Alberto, "Los reglamentos delegados luego de la reforma constitucional de 1994", en CASSAGNE, Juan Carlos (dir.), *Derecho Administrativo. Obra colectiva en homenaje al profesor Miguel S. Marienhoff*, Abeledo-Perrot, Buenos Aires, 1998, ps. 96 y ss.

[1030] LOZANO, Luis Francisco, "La facultad del Congreso de crear funciones administrativas regulatorias", LL 15/09/2009, p. 1 y ss., sostiene que "el constituyente no quiso limitar el otorgamiento de facultades sino la manera más o menos exagerada con que había sido practicada en nuestro medio".

[1031] *Cfr.* PERRINO, Pablo E., "Algunas reflexiones sobre los reglamentos delegados en la reforma constitucional", en CASSAGNE, Juan Carlos (dir.), *Derecho Administrativo. Obra colectiva en homenaje al profesor Miguel S. Marienhoff, cit.*, ps. 989 y 990.

yente utilizada, ya que si la regla general de interdicción se refiriera a la denominada delegación propia (que nunca se admitió en nuestro sistema constitucional), carecería de sentido la limitación que prescribe la norma acerca de que su ejercicio debe enmarcarse *"en las bases de la delegación que el Congreso establezca"*. Por ello, entendemos que, teniendo en cuenta la amplitud de la excepción (que prácticamente cubre todo el Derecho Administrativo) y aun cuando el campo de las excepciones permite concluir que la regla es precisamente la inversa, la norma constitucional no ha variado, en este aspecto, la tendencia jurisprudencial de la Corte, incluso la que desarrolló en el caso "Cocchia"[1032], ni permite inferir una ampliación de las facultades que, en esta materia, poseía el Poder Ejecutivo con anterioridad a la reforma constitucional[1033], a la luz de dicha jurisprudencia.

Veamos, ahora, cuál es la situación que plantea el art. 76 frente a las delegaciones legislativas efectuadas por el Congreso en cabeza de los nuevos entes reguladores creados con anterioridad a la reforma constitucional.

Una opinión, respetable por cierto, que sin embargo no compartimos, afirma categóricamente que las limitaciones constitucionales que prescribe el art. 76 – en el sentido de permitir la delegación exclusivamente en cabeza del Poder Ejecutivo– no rigen respecto de los entes reguladores, los que se encontrarían habilitados para dictar reglamentos delegados a tenor de lo prescripto en el art. 42, CN[1034].

En este punto, si se acepta, como entendemos, en consonancia con un sector de la doctrina[1035], que el art. 76 autoriza excepcionalmente a dictar reglamentos delegados sólo al Poder Ejecutivo[1036], no cabe fraccionar la interpretación de una previsión constitucional tan clara sobre la base del argumento de que la Constitución prescribe la potestad del Congreso para dictar los marcos regulatorios.

Con ese criterio, cada vez que la Constitución confiere una potestad legislativa al Congreso no se aplicarían las limitaciones que el art. 76 prescribe en materia de delegación. Tal es, por otra parte, la norma específica que rige al respecto y ella no puede ser enervada por una interpretación implícita que dejaría prácticamente sin operatividad un claro precepto constitucional.

El art. 42, CN, no da para tanto, y por más que sea admirable el esfuerzo para salvar una serie de delegaciones que muchas veces chocan contra el sistema de limitaciones previsto en el art. 76, CN, no hay más remedio que concluir que, en el actual sistema constitucional, la potestad de los entes reguladores de dictar reglamentos delegados sólo subsiste en la medida en que la legislación delegante se adecue a las pautas que fija el citado art. 76, aparte de que los debería dictar el Poder Ejecutivo para que sean válidos constitucionalmente, salvo que se acepte la subdelegación

---

[1032] "Cocchia, Jorge Daniel v. Estado nacional y otro s/acción de amparo", Fallos 316:2624 (1993); LL 1994-B-643; ED 156-316.

[1033] Como, por ejemplo, ha interpretado BARRA, Rodolfo C., *El Jefe de Gabinete en la Constitución Nacional*, Abeledo-Perrot, Buenos Aires, 1995, p. 33.

[1034] Tal es la opinión de GORDILLO, Agustín, *Tratado de Derecho Administrativo*, t. I, 5ª ed., Fundación de Derecho Administrativo, Buenos Aires, 1998, ps. VII-59-60.

[1035] BIANCHI, Alberto, "Los reglamentos delegados...", *cit.*, p. 102; PERRINO, Pablo E., "Algunas reflexiones sobre los reglamentos...", *cit.*, ps. 988/989.

[1036] GORDILLO, Agustín, *Tratado de Derecho Administrativo*, *cit.*, t. I, p. VII-59.

de facultades en los entes reguladores, lo que, de por sí, constituye una cuestión que promete debates y controversias que, quizás, puedan develar el futuro de estas delegaciones legislativas. De todos modos, de no mantenerse la interpretación que propiciamos, si los entes reguladores pudieran dictar reglamentos delegados, cabe preguntarse: ¿cómo se conciliaría la atribución de esa potestad con el control que ejerce el Congreso sobre las delegaciones a través de la Comisión Bicameral Permanente?[1037].

Hay que cuidarse de que, por proteger las facultades de los entes reguladores, no terminemos reconociendo una nueva especie de parlamento sectorial, con una competencia normativa hasta mayor que la atribuida constitucionalmente al Poder Ejecutivo, sin control posterior, incluso, de la Comisión Bicameral Permanente.

7. LOS ÓRGANOS DIRECTIVOS

Las distintas normas de creación de los entes regulatorios prescriben que su dirección y administración se hallan a cargo de organismos colegiados que, al igual que en las sociedades anónimas, reciben el nombre de directorios, no obstante las diferentes funciones que ejercen y poderes que poseen. Las personas físicas que desempeñan la titularidad de estos órganos se encuentran sometidas al régimen de incompatibilidades de la función pública[1038], sin perjuicio de las normas especiales de cada régimen[1039].

Entre los temas concernientes a la composición de los órganos directivos de los entes regulatorios hay dos aspectos que se destacan por su trascendencia: *a)* la especialización técnica exigida, y *b)* la independencia funcional[1040].

Con respecto a la idoneidad, existen prescripciones que disponen que la designación de los miembros de los Directorios de los Entes Regulatorios sólo pueden recaer en personas con antecedentes técnicos y profesionales en la materia[1041], previéndose también, en algún caso (ENRE), la selección a través de un sistema abierto que garantice la mayor concurrencia posible de postulantes al cargo[1042].

En lo que atañe a la independencia funcional, tan necesaria para impedir la indebida influencia de los poderes políticos de turno, la principal garantía es la de estabilidad o inamovilidad de los directivos y, en segundo lugar, lo concerniente a los mecanismos de designación y representación.

[1037] A tenor de lo prescripto en el art. 100, inc. 12, que luego de establecer que el Jefe de Gabinete refrenda "los decretos que ejercen facultades delegadas por el Congreso" agrega que ellos "estarán sujetos al control de la Comisión Bicameral Permanente". Como puede apreciarse, esta norma refirma la interpretación restrictiva que dejamos esbozada.

[1038] Ley 24.065, art. 59; ley 24.076, art. 55.

[1039] Dec. 1185/1990, art. 14; ley 24.076, art. 56.

[1040] *Cfr.*: ARIÑO ORTIZ, Gaspar, *Economía y Estado*, Abeledo-Perrot, Buenos Aires, 1993, ps. 470 y ss.; COMADIRA, Julio Rodolfo, "Los sujetos reguladores en la post-privatización", *cit.*, p. 29.

[1041] Ley 24.065, art. 58; ley 24.076, art. 54; dec. 999/1992, art. 19. El elemento personal es clave en toda la organización administrativa, véase al respecto: LÓPEZ RODO, Laureano, "O elemento personal nas administracións públicas", REGAP, nro. 3, Santiago de Compostela, 1992, ps. 67 y ss.

[1042] Art. 58, Reglamento de la ley 24.065, aprobado por dec. 1398/1992.

La estabilidad se encuentra íntimamente conectada con la facultad de remoción y nunca es absoluta, dependiendo su relatividad de las causas que las leyes consagren en cada caso para justificar o fundar el cese de funciones de los directores de los entes.

En este sentido, los regímenes acusan una diversidad de magnitud considerable. Mientras los directores de la CNT sólo pueden ser removidos por incumplimiento de sus obligaciones, previa acusación de la ex Sindicatura de Empresas Públicas y sumario de la Procuración del Tesoro de la Nación[1043], los del ETOSS pueden removerse con justa causa y conforme al procedimiento establecido en el Reglamento de Investigaciones Disciplinarias (este último sólo en relación con los representantes del Poder Ejecutivo nacional)[1044], y los directivos del ENRE y del ENARGAS pueden ser separados por acto fundado del Poder Ejecutivo, previa comunicación a la Comisión Bicameral[1045].

En los dos últimos casos mencionados, como el dictamen de la Comisión Bicameral no posee carácter vinculante, se ha criticado la excesiva amplitud de la potestad de remoción sosteniéndose que estaría consagrando un poder de naturaleza discrecional[1046]. Sin embargo, y aun cuando se trata de una cuestión opinable, pensamos que un acto fundado no puede ser un acto totalmente discrecional y que, en todos los casos, deberá invocarse una causa justa de remoción relacionada con el incumplimiento de las obligaciones y deberes del funcionario.

Otro aspecto de importancia, que hace a la imparcialidad de las funciones que tienen atribuidas los directorios, radica en los mecanismos de designación, ya que en la medida en que ello depende principalmente del Poder Ejecutivo – como ocurre con los regímenes actuales[1047]– será difícil que actúen con la mentalidad propia de órganos independientes, máxime si se admitiera un poder de remoción más o menos discrecional. Una forma de atemperar el rigor del peso que tiene y tendrá la Administración en estos entes consiste en el dictado de normas que prevean una participación de los distintos Colegios Profesionales en los procedimientos de selección.

8. CONTROL ADMINISTRATIVO Y JUDICIAL

A) Control administrativo: el recurso de alzada

Salvo aquellas soluciones contempladas expresamente en los marcos regulatorios se aplican, por regla general, la LNPA y su reglamentación. Por eso, resulta congruente con este principio que las diferentes leyes y derechos establezcan la procedencia optativa del recurso de alzada[1048], lo que implica también reconocer la

---

[1043] Dec. 1185/1990, art. 18.

[1044] Dec. 999/1992, art. 23.

[1045] Ley 24.065, art. 59; ley 24.076, art. 55.

[1046] COMADIRA, Julio Rodolfo, "Los sujetos reguladores en la post-privatización", *cit.*, p. 30.

[1047] Ley 24.065, art. 58; ley 24.076, art. 54. Anota Tawil que, en los Estados Unidos, los funcionarios superiores de las agencias independientes son designados con acuerdo del Senado (*Cfr.* TAWIL, Guido S., *Administración y Justicia*, *cit.*, t. I, p. 112).

[1048] Ley 24.067, art. 70; ley 24.065, arts. 76 y 81.

posibilidad de abandonarlo, aun después de habérselo promovido, y acudir a la justicia, utilizando los medios específicos de impugnación judicial.

En las decisiones de naturaleza jurisdiccional el control que el Poder Ejecutivo puede ejercer sobre los entes se limita a los supuestos previstos en el art. 99, Reglamento Nacional de Procedimientos Administrativos (manifiesta arbitrariedad, grave error o gruesa violación de derecho), en cuyo caso la norma, como consecuencia de la reforma introducida por el dec. 1883/1991, prescribe que la presentación del recurso suspende el curso de los plazos establecidos en el art. 25, LNPA, para la impugnación judicial.

B) Control judicial

El tópico del control judicial constituye una de las cuestiones de mayor trascendencia[1049] ya que, a partir del proceso de privatizaciones, que postula la contraposición del sector público con el privado, se intensifica la función de controlar la legitimidad del obrar de la Administración y los prestadores del servicio público.

La actividad administrativa y reglamentaria de los entes regulatorios se encuentra sometida, conforme al sistema judicialista adoptado por nuestra Constitución (arts. 109, 116 y 117), al control de los jueces, sin otra condición que la existencia de causa o controversia, a lo que se suman los requisitos procesales que establece la legislación para acceder a la instancia judicial.

En el caso de los entes regulatorios el control judicial no tiene por qué diferir del sistema de juzgamiento de los actos administrativos. Se trata de un control judicial pleno con amplitud de debate y prueba conforme a los principios tradicionales sentados por la Corte Suprema.

En esta materia, algunos regímenes regulatorios (gas) distinguen dos vías de procedimientos de impugnación. Cuando se trata de decisiones de naturaleza jurisdiccional, el recurso hay que presentarlo al ente dentro del plazo de quince (15) días, estableciéndose que las actuaciones deben elevarse a la Cámara Nacional de Apelaciones en lo Contencioso Administrativo Federal de la Capital Federal en el plazo de cinco (5) días[1050]. En cambio, en materia sancionatoria (tanto en gas como en electricidad) se instituye un recurso judicial directo ante dicha Cámara, el cual precisa ser interpuesto dentro del plazo de treinta (30) días[1051], lo que no excluye la posibilidad de promover el recurso de alzada previsto en el Reglamento de la LNPA.

En los demás casos, habrá que estar a las soluciones normativas que brinda cada ordenamiento especial, rigiendo, a falta de ellas, las normas generales que regulan la impugnación judicial de actos administrativos[1052].

Por último, a raíz de la interpretación que han atribuido los tribunales en lo contencioso-administrativo federal a la jurisprudencia de la Corte Suprema sentada en el

---

[1049] *Cfr.* TAWIL, Guido S., "Servicio público: ¿eficacia o desgobierno?", LL 1991-C-664 a 667.

[1050] Ley 24.076, art. 66.

[1051] Ley 24.065, art. 81; ley 24.076, art. 73.

[1052] Arts. 23 y ss., LNPA.

caso "Monges"[1053] y en otro precedente[1054], se ha sostenido la posibilidad de que, en ciertos casos, la sentencia que declara la invalidez de un acto de alcance general tenga efectos *erga omnes*[1055].

Ello será así, en principio, cuando el interés del accionante y su pretensión personal revistan carácter común respecto de terceros que se encuentren en similar situación jurídica y siempre que no existan otros intereses individuales no tutelados en el proceso.

9. LA PARTICIPACIÓN PÚBLICA EN EL CONTROL DE LOS SERVICIOS PÚBLICOS

A) Principios constitucionales básicos

La segunda mitad del siglo XX ha visto aparecer una institución ciertamente compleja que pretende lograr, tanto en el ámbito político como administrativo[1056], la mayor participación de los ciudadanos en los asuntos públicos, mediante el reconocimiento, en los ordenamientos constitucionales, del derecho subjetivo de participación pública[1057].

Si bien nuestra Constitución Nacional, antes y después de la reforma de 1994, no proclama ese derecho, han surgido interpretaciones[1058] que la fundan en su art. 42 y en lo prescripto en una serie de tratados internacionales[1059] incorporados al texto constitucional con el alcance previsto en el art. 75, inc. 22, CN.

Fuera de la circunstancia, por demás obvia, que permite advertir que ese derecho en los pactos internacionales ha sido descripto bajo la forma de un enunciado genérico, cuyo carácter operativo depende de las prescripciones que se establezcan

---

[1053] "Monges, Analía M. v. UBA – res. 2314/1995– ", Fallos, 319:3148 (1996).

[1054] C. Nac. Cont. Adm. Fed., sala 3ª, *in re* "Defensor del Pueblo de la Nación – incidente III– v. Estado nacional s/amparo ley 16.986", del 23/9/1997, causa nro. 18.499.

[1055] C. Nac. Cont. Adm. Fed., sala 1ª, *in re* "Basanti, Agustina v. Universidad de Buenos Aires – res. 2314/1995– ", de fecha 20/11/1997 y misma Sala, *in re* "Blas, Humberto Agustín v. Universidad de Buenos Aires – res. 2314/1995– ", del 27/11/1997

[1056] Ver, por todos, MUÑOZ MACHADO, Santiago, "Las concepciones del Derecho Administrativo y la idea de participación en la Administración", RAP, nro. 84, Centro de Estudios Constitucionales, Madrid, 1977, ps. 519 y ss.; BERMEJO VERA, José, "La participación de los administrados en los órganos de la Administración Pública", en MARTÍN-RETORTILLO BAQUER, Lorenzo (coord.), *La protección jurídica del ciudadano. Estudios en homenaje al profesor Jesús González Pérez*, t. I, Civitas, Madrid, 1993, ps. 639 y ss.; LAVILLA RUBIRA, Juan J., *La participación pública en el procedimiento de elaboración de los reglamentos en los Estados Unidos de América*, Servicio de Publicaciones de la Facultad de Derecho, Universidad Complutense, Madrid, 1991, ps. 98 y ss.

[1057] Art. 23, ap. 1, Constitución española.

[1058] GORDILLO, Agustín A., *Tratado de Derecho Administrativo*, t. II, 2ª ed., Fundación de Derecho Administrativo, Buenos Aires, 1998, cap. XI.

[1059] *Cfr.* arts. 23.1, Pacto de San José de Costa Rica; 21.1, Declaración Universal de Derechos Humanos; 25, Pacto Internacional de Derechos Civiles y Políticos, y XIX y XX, Declaración Americana de los Derechos y Deberes del Hombre.

en cada ordenamiento estatal, la cuestión no puede resolverse sólo a partir de los ordenamientos supranacionales citados, en la medida en que la primera regla de hermenéutica constitucional dispone expresamente que esos pactos *"no derogan artículo alguno de la primera parte de esta Constitución y deben considerarse como complementarios de los derechos y garantías por ella reconocidos"* (art. 75, inc. 22, CN).

Esa regla reconduce la interpretación al punto de partida del sistema constitucional argentino que – como es sabido– adopta la forma representativa de gobierno (art. 1°, CN), lo que implica excluir, en principio, es decir, salvo los supuestos previstos en la Constitución (*v.gr.*, iniciativa privada – art. 39– y consulta popular vinculante – art. 40, primer punto–), al sistema directo de participación pública en las decisiones estatales (legislativas o administrativas).

De otro modo, carecería de sentido el precepto constitucional que consagra una terminante y expresa interdicción al prescribir que *"el pueblo no delibera ni gobierna, sino por medio de sus representantes y autoridades creadas por esta Constitución"* (art. 22, CN).

Ello no es óbice para que las leyes instrumenten sistemas de participación de las asociaciones y ciudadanos, en la medida en que se respete la médula del sistema representativo de gobierno y siempre que ello no implique cercenar las potestades del presidente como Jefe de Gobierno que ejerce la jefatura de la Administración, a título propio, o bien, a través del Jefe de Gabinete (arts. 99 y 100, CN). Así acontece con la institución de la "audiencia pública" que, proveniente del Derecho estadounidense[1060], introducen en nuestro sistema jurídico los marcos regulatorios de los servicios públicos de gas y electricidad[1061], así como el reciente Estatuto Organizativo de la Ciudad de Buenos Aires[1062].

A su vez, en ninguna parte del art. 42, CN, se menciona, ni siquiera en forma implícita, el derecho de participación pública de los ciudadanos. Antes bien, la referida norma constitucional circunscribe el alcance de la participación en dos sentidos: en el plano subjetivo, en cuanto acota el derecho a las asociaciones que representan los intereses de los usuarios de los servicios públicos, y en forma objetiva, al precisar que tal participación se encauza en los organismos de control de los servicios públicos (o de otros órganos de control de los intereses de los consumidores).

B) La ley como fuente del derecho de participación pública

En cualquier caso, ya se trate de la reglamentación constitucional del derecho de participación pública de las asociaciones de usuarios en los órganos de control de los servicios públicos (art. 42), como de las distintas tipologías que prevén la participación de los ciudadanos individualmente considerados, el papel de la ley, como basamento del respectivo derecho, posee una relevancia indiscutible.

[1060] CINCUNEGUI, Juan B., "El procedimiento de audiencia pública en el sistema de control de los servicios públicos", RAP, nro. 189, Ciencias de la Administración, Buenos Aires, 1994, ps. 10 y ss.

[1061] Leyes 24.076 y 24.065.

[1062] *Cfr.* art. 63, Estatuto Organizativo de la Ciudad de Buenos Aires.

En el primer caso, habida cuenta de las distintas posibilidades que tiene el legislador para reglar lo atinente a un precepto constitucional que se caracteriza por una textura abierta a distintas variantes o tipologías de participación; como más adelante se verá.

El otro supuesto se vincula, en general, con el derecho de participación pública (que incluye la determinación normativa de los procedimientos) que, en principio, corresponde a los poderes implícitos e inherentes del Congreso (art. 75, inc. 32), no obstante que nada impediría que el Poder Ejecutivo o los propios entes reguladores, en ejercicio de sus competencias propias, reglamenten los diferentes procedimientos de participación pública, los cuales, en la medida en que no alteren la médula representativa del sistema constitucional de gobierno, resultarían válidos (incluso podría sostenerse que se trata de mecanismos de autolimitación de sus potestades).

En esa línea, existen leyes que han establecido el procedimiento de audiencia pública[1063], así como decretos del Poder Ejecutivo[1064] y distintas reglamentaciones provenientes de los órganos superiores de los entes reguladores que han hecho lo propio[1065].

C) El fundamento de la idea participativa. Ventajas y desventajas

Las ideas que se han esbozado como fundamento de la participación pública en la organización y función de la Administración son muy variadas, aunque no necesariamente opuestas entre sí. Ello depende del énfasis ideológico o alcance de la concepción democrática pero también de un análisis que apunta más a la ciencia administrativa que a la política.

Mientras para algunos la participación pública acrecienta y fortalece la democracia[1066], otros vemos más bien una fórmula que mediante la colaboración y participación ciudadana[1067] puede contribuir a mejorar y dar transparencia[1068] a las decisiones de los entes reguladores en los diferentes procedimientos de control de los servicios públicos.

Entre las ventajas que se le reconocen al modelo participativo se cuentan las relativas a la mayor flexibilización de los aparatos técnicos de la función pública, imbuidos por acentuadas dosis de autoritarismo que se frenan con la participación de los administrados en los procedimientos que culminan con la adopción de decisiones que afectan intereses colectivos o comunitarios.

[1063] *Cfr.* arts. 11, 32, 46, 73 y 74, ley 24.065, y 6°, 16, 18, 29, 46, 47, 67 y 68, ley 24.076.

[1064] *Cfr.* arts. 7° y 30, dec. 1185/1990, y sus modificaciones.

[1065] Res. 39/1994 ENRE (BO, del 9/5/1994), que aprobó el Reglamento de Audiencias Públicas del ENRE. Se debe tener en cuenta que para el ENRE existe un procedimiento específico de audiencias públicas que resulta aplicable en materia de imposición de sanciones, que se encuentra regulado en el Reglamento para la Aplicación de Sanciones, aprobado por res. 23/1994 ENRE. Asimismo, véase la res. 57/1996 (BO, del 3/9/1996) que contiene el Reglamento General de Audiencias Públicas y Documentos de Consulta para las Comunicaciones.

[1066] BERMEJO VERA, José, "La participación de los administrados en los órganos de la Administración Pública", *cit.*, p. 639.

[1067] FONROUGE, Máximo J., "Las audiencias públicas", punto 1, *REDA*, nros. 24/26, Depalma, Buenos Aires, 1997, p. 183.

[1068] Ver: GORDILLO, Agustín A., *Tratado de Derecho Administrativo, cit.*, t. II, p. X-10.

Sin embargo, los inconvenientes que plantea su implantación conducen a preguntarnos si esas ventajas justifican el desmesurado desarrollo de dicho modelo que, a impulsos de la moda jurídica, viene alentando el Derecho Positivo.

A la natural confusión entre los intereses individuales y los de un sector determinado con aquellos que poseen mayor generalidad o se vinculan con el interés comunitario, la insuficiencia de los mecanismos de representación para reflejar la opinión democrática de los usuarios de un determinado sector, la captura de los entes reguladores por grupos de activistas movidos por intereses de neto corte político e incluso, por los sectores empresarios, se le añaden otras desventajas no menos significativas como las concernientes al aumento de los costos económicos que conllevan los mecanismos participativos y, sobre todo, la dilución de la responsabilidad que asumen los órganos encargados de tomar las decisiones y su contracara, que es la inexistencia de responsabilidades personales (patrimoniales o económicas) de los participantes cuando actúan en representación de intereses colectivos o difusos[1069].

D) Tipologías de la participación pública en los entes reguladores

Sin pretender realizar el examen pormenorizado de las diversas formas que puede asumir la participación de los usuarios y sus organizaciones en las funciones ejecutivas o normativas que lleva a cabo la Administración, las que – como anota Bermejo Vera– han sido expuestas de un modo espléndido por García de Enterría[1070], no pueden dejar de señalarse las variadas tipologías existentes en lo que constituye una suerte de teoría general de la participación pública, cuya *"euforia"* o *"proliferación"*[1071] contribuyen a lo que gráficamente Nieto ha denominado *"organización del desgobierno"*[1072].

[1069] Una síntesis de las ventajas y desventajas ha hecho BERMEJO VERA, José, "La participación de los administrados en los órganos de la Administración Pública", *cit.*, ps. 641/642, que reproducimos parcialmente en el texto. En un trabajo de Estela B. Sacristán se citan opiniones contrarias acerca del procedimiento de las sesiones abiertas en el Derecho estadounidense que conducen a abrigar serias dudas sobre su conveniencia y eficacia. En tal sentido, se ha dicho (DIKSON - CLANCY, *The Congress Dictionary*, Nueva York, 1993, p. 344) que "en el marco de una sesión abierta al público los miembros de una agencia se sentirían reticentes a exponer sus puntos de vista en la creencia de que estarán exponiendo ante el público su ignorancia o incertidumbre respecto del tema debatido, los lineamientos políticos o el Derecho". Por su parte DAVIS - PIERCE (*Administrative Law Teatrise*, t. I, nota 117) observa que los miembros de las agencias "tratan de disfrazar su incertidumbre con esquivas discusiones que impiden el intercambio franco, efectivo e informado de opiniones, esencial en punto a la toma de decisión por parte de un cuerpo colegiado" (*Cfr.* SACRISTÁN, Estela B., "Las sesiones abiertas *[open meetings]* en el Derecho Administrativo norteamericano como forma de publicidad de los actos estatales", tesina presentada en la Carrera de Especialización en Derecho Administrativo Económico de la Pontificia Universidad Católica Argentina, Buenos Aires, 1998, p. 33).

[1070] GARCÍA DE ENTERRÍA, Eduardo, "La participación de los administrados en las funciones administrativas", en ALONSO OLEA, Manuel (dir.), *Homenaje a Segismundo Royo Villanova*, Moneda y Crédito, Madrid, 1977.

[1071] BERMEJO VERA, José, "La participación de los administrados en los órganos de la Administración Pública", *cit.*, p. 645.

[1072] NIETO, Alejandro, *La organización del desgobierno*, Ariel, Barcelona, 1994.

De todas ellas, habida cuenta la exclusión de las formas directas de participación en las funciones de gobierno y administración que impone el sistema representativo constitucional y su consecuente interdicción (art. 22, CN), las que atañen principalmente a nuestro tema (aunque la clasificación no es taxativa) se circunscriben a las siguientes:

– Funcional u organizativa;

– Consultiva o vinculante (decisoria);

– En cuanto al ámbito territorial la participación puede ser calificada como federal o local (provincial o municipal), sin perjuicio de las fórmulas mixtas de coparticipación.

– Individual o colectiva;

– Prescripta como procedimiento de realización obligatoria o discrecional y en los diferentes niveles del procedimiento de decisión;

– Establecida en función a la representación de intereses o como alternativa institucional[1073].

Veamos, seguidamente, la proyección de algunas de esas formas en dos aspectos que plantea el Derecho Administrativo argentino a raíz del proceso de privatizaciones llevado a cabo, que ha producido una de las más extraordinarias transformaciones en la estructura del Estado.

a) Derechos individuales y colectivos. La participación de las Asociaciones Defensoras de los Usuarios

La categoría de los usuarios, comúnmente denominados *"clientes"* por las empresas concesionarias (impulsadas por la necesidad de crear vínculos más personales y efectivos), ha adquirido, gracias a la reforma de 1994, carta de ciudadanía constitucional. En tal sentido, el art. 42, CN, consagra dos órdenes de derechos.

a.1. Derechos individuales

La referida norma constitucional estatuye que, en la relación de consumo, los usuarios tienen derecho "a la protección de su salud, seguridad e intereses económicos; a una información adecuada y veraz, a la libertad de elección y a condiciones de trato equitativo y digno" (art. 42, 1ª parte, CN).

Se trata del reconocimiento constitucional de Derechos Humanos, cuya protección judicial prescribe el art. 43, CN, al instituir la acción de amparo, en la que el sujeto legitimado para proveerla es el *"afectado"*, es decir, la persona física o jurídica que ha sufrido la lesión o el daño a sus intereses personales y directos.

Sin perjuicio de ello, las personas afectadas disponen de toda la amplia gama de recursos administrativos y acciones judiciales para obtener la tutela efectiva de sus derechos lesionados por actos de los poderes públicos, en la relación de consumo que los vincula, en cada caso, con los concesionarios o licenciatarios.

[1073] El contenido de estas formas de participación se expone en el estudio de BERMEJO VERA ("La participación de los administrados en los órganos de la Administración Pública", *cit.*, ps. 642 y ss.).

a.2. Derechos colectivos

La última parte del art. 42, CN, prescribe que la legislación establecerá procedimientos eficaces para prever la "necesaria participación de las asociaciones de consumidores y usuarios y de las provincias interesadas en los organismos de control".

Del debate habido en el seno de la Convención Constituyente de 1994 se desprende claramente la existencia de un consenso para establecer en la Constitución una fórmula abierta que librase a la reglamentación legal el alcance de este derecho. Ése fue, precisamente, el sentido que tuvo la conciliación entre las diferentes posiciones sostenidas por los constituyentes, que motivó que la mayoría retirase la exigencia de que esa participación fuera consultiva, con el objeto de unificar los criterios existentes, necesarios para la aprobación de la norma constitucional[1074].

De otra parte, quienes apoyaron el proyecto no pretendieron (según surge también de los debates) que la participación de los usuarios fuera establecida como una representación que integrase el directorio de los respectivos entes reguladores, ni tampoco nada hay en el precepto constitucional que establezca, en forma preceptiva, una forma organizativa de participación, como lo sostiene equivocadamente a nuestro juicio, un sector de la doctrina nacional[1075].

En consecuencia, la ley que reglamenta el art. 42, CN, permite que la regulación opte por cualquiera de las tipologías de participación de las asociaciones de usuarios que surgen tanto de la doctrina como de la legislación comparada (y, desde luego, podría establecer nuevas formas no conocidas), con una doble limitación que emerge del sistema constitucional, pues mientras el art. 42, CN, acota la participación a las asociaciones de usuarios (lo que excluye las formas políticas o asociaciones vinculadas a los partidos políticos), cualquier participación que consagre la ley no puede alterar, como se ha visto, la médula del sistema representativo de gobierno ni la prohibición contenida en el art. 22, CN.

De lo contrario, puede incurrirse en el debilitamiento del papel de los reguladores, aparte de la dilución de la responsabilidad de los miembros del Directorio y de una gravitación excesiva de los intereses sectoriales directamente afectados sobre los intereses más generales o comunitarios, que muchas veces se encuentran representados por el usuario potencial o futuro, al que no es justo cargarle el peso económico de decisiones cuyo costo deben soportar las actuales generaciones de usuarios. A este respecto, hay que tener presente la necesidad de articular esa participación de las asociaciones de usuarios de modo de no afectar el derecho humano primordial que proclama el art. 42, CN, que surge del principio que impone a las autoridades el deber de proveer a la protección del derecho *"a la calidad y eficiencia de los servicios públicos"*.

Esta norma, no suficientemente destacada hasta ahora por la doctrina que se ha ocupado del tema, hace a la modernización y mejora tecnológica de las prestaciones

---

[1074] Véase: *Obra de la Convención Nacional Constituyente 1994*, t. VI, Centro de Estudios Jurídicos y Sociales del Ministerio de Justicia de la Nación, Buenos Aires, 1997, ps. 6010 y ss., esp. p. 6028.

[1075] GORDILLO, Agustín A., *Tratado de Derecho Administrativo*, cit., t. II, ps. VI-31-32.

de los concesionarios, a la regulación tarifaria con el menor costo posible vinculado con determinados "estándares" de calidad técnica y a una razonable rentabilidad, dado que los prestatarios actúan impulsados por el legítimo objetivo de maximizar sus ganancias en la medida compatible con los fines de los servicios que prestan como colaboradores del Estado.

b) El régimen de audiencias públicas en los entes reguladores

Si bien no existe a nivel constitucional norma alguna que lo recepcione, el procedimiento de audiencia pública[1076] fue instaurado en nuestro país en el ámbito de los entes reguladores del gas[1077], electricidad[1078] y telecomunicaciones[1079].

Se trata de un procedimiento administrativo *strictu sensu* y los principios que lo rigen pueden resumirse en la publicidad, transparencia[1080] y participación. A su vez, estos principios se proyectan al régimen que requiere de la oralidad y la inmediación, del informalismo, la contradicción, la imparcialidad y un adecuado reconocimiento de la legitimación de los participantes (concesionarios o licenciatarios, usuarios, contratistas, funcionarios públicos, etc.).

Las audiencias públicas pueden ser previas a un acto de alcance particular (y, en algunos casos, de naturaleza cuasijurisdiccional)[1081], o bien integrar el procedimiento para dictar o modificar normas reglamentarias[1082].

En la doctrina administrativa se ha postulado la obligatoriedad de observar este procedimiento en todos aquellos casos en que fuera necesario conferir oportunidad de defensa a los afectados por el acto o proyecto que se trate[1083].

[1076] Hutchinson sostiene que la expresión "audiencia pública" es equívoca en lo que hace a su significado ya que en unos casos designa las formalidades a través de las cuales las partes de un procedimiento acceden a la actuación de la garantía constitucional de la inviolabilidad de la defensa en juicio (art. 18, CN), mientras que en otros se refiere a ciertas formalidades de participación de los interesados en el proceso de ejercicio de la potestad reglamentaria por parte de los órganos investidos en ésta. Solamente en este último caso cabría considerarla estrictamente como técnica participativa (HUTCHINSON, Tomás, "Algunas consideraciones sobre las audiencias públicas [una forma de participación ciudadana]", en *Jornadas Jurídicas sobre Servicio Público de Electricidad*, Buenos Aires, 1995, ps. 333 y ss.).

[1077] Arts. 6°, 16, 18, 29, 46, 47, 67 y 68, ley 24.076.

[1078] Arts. 11, 32, 46, 73 y 74, ley 24.065.

[1079] SC res. 57/1996, BO, 3/9/1996.

[1080] Ver: LASSERRE, Bruno - LENOIR, Noëlle - STIRN, Bernard, *La transparence administrative*, Presses Universitaires de France, París, 1987.

[1081] Arts. 11, 32, 73 y 74, ley 24.065, y 6°, 16, 18, 29, 67 y 68, ley 24.076.

[1082] Arts. 46 y 48, ley 24.065, y 46 y 47, ley 24.076. COMADIRA, Julio R., "Reflexiones sobre la regulación de los servicios privatizados (con especial referencia al Enargas, ENRE, CNT y ETOSS)", en *Derecho Administrativo*, Abeledo-Perrot, Buenos Aires, 1996, p. 249.

[1083] GORDILLO, Agustín, *Tratado de Derecho Administrativo*, cit., t. II, p. X-12. Sin embargo, en el Derecho estadounidense, la jurisprudencia de la Corte Suprema ha sentado la doctrina según la cual el derecho de participación activa de los ciudadanos no deriva de la Constitución (por ejemplo, en "City of Madison, Joint School District v. Wisconsin Employment Relations Commission", 429 v.s., 167, esp. p. 178 [1976] citado por SACRISTÁN, Estela, "Las sesiones abiertas...", *cit.*, p. 19).

Por otra parte, la jurisprudencia[1084] ha considerado que con la nueva redacción del art. 42, CN, el art. 30, dec. 1185/1990 – en tanto confería a la Comisión Nacional de Telecomunicaciones *la facultad* de celebrar una audiencia pública sobre aspectos de grave repercusión social– debía ser interpretado como *obligatorio* para la Administración, ya que "la realización de una audiencia pública no sólo importa una garantía de razonabilidad para el usuario y un instrumento idóneo para la defensa de sus derechos, un mecanismo para la formación de consenso de la opinión pública, una garantía de transparencia de los procedimientos y un elemento de democratización del poder, sino – en lo que hace al sub examine– resultaría una vía con la que podrían contar los usuarios para ejercer su derecho de participación en los términos previstos en el invocado art. 42, CN, antes de una decisión trascendente".

Sin perjuicio de valorar la importancia que representa para los derechos de los usuarios el art. 42, CN, consideramos que no es posible extender la obligatoriedad de la celebración de audiencias públicas a los supuestos en donde la norma de carácter legal o reglamentaria no lo disponga con carácter expreso[1085].

De adoptarse la tesis contraria se produciría una inseguridad jurídica respecto de las decisiones que adopte el ente regulador en materia de servicios públicos ya que podrían invalidarse todas las resoluciones que fueron tomadas soslayando este procedimiento.

Ahora bien, si la Administración omite llevar a cabo una audiencia pública cuando ésta ha sido expresamente exigida por el ordenamiento, el acto o reglamento que se emita bajo esas circunstancias será nulo de nulidad absoluta, por violación al elemento forma del acto administrativo, que requiere cumplimiento de los procedimientos esenciales previstos para su emisión[1086].

Idéntica solución corresponderá en el supuesto de que el acto que se dicte con posterioridad a la celebración de la audiencia carezca de una motivación adecuada, no valore la prueba producida o no trate expresamente todos los hechos llevados a su conocimiento[1087].

[1084] C. Nac. Cont. Adm. Fed., Sala, IV, *in re* "Youssefian, Martín v. Secretaría de Comunicaciones", del 23/6/1998.

[1085] En este mismo sentido FONROUGE, Máximo, *Las audiencias públicas*, *cit.*, ps. 185/186.

[1086] *Cfr.* art. 7º, inc. d), y 14, inc. b), LNPA. En este punto se debe tener en cuenta que la forma del acto se integra no sólo con las formas de integración de la voluntad, sino también con las referidas al procedimiento de formación de dicha voluntad y con las formas de publicidad.

[1087] *Cfr.* art. 41 de la SC, res. 57/1996.

CAPÍTULO VII

LAS EMPRESAS DEL ESTADO

1. CAUSAS DE SU APARICIÓN

El origen de nuestra Empresa del Estado resulta de un proceso similar al acontecido en Francia con el advenimiento de los llamados "establecimientos públicos comerciales o industriales", en el cual la injerencia del Derecho Privado sobre el Derecho Público se opera dentro del marco de una entidad sometida integralmente al Derecho Administrativo, como es el *établissement public*, del Derecho francés[1088].

La asunción por parte del Estado de actividades industriales y comerciales, fenómeno que ocurrió en Europa entre las dos guerras, provocó tal crisis en la noción tradicional de "establecimiento público", que esta categoría no pudo absorber el proceso en toda su magnitud, con la flexibilidad de régimen jurídico que las nuevas actividades requerían.

Esta situación intermedia condujo a una serie de transiciones[1089], que se manifestaron fundamentalmente en un particular sistema de gestión y control, donde se produjo un apartamiento o atenuación de las reglas que regían la actividad de los "establecimientos públicos administrativos" (servicios sociales, de enseñanza, culturales, etc.) equivalentes a nuestras entidades autárquicas.

Entre nosotros se optó, en el ordenamiento general que nace con la ley 13.653, por instrumentar un nuevo tipo de entidad descentralizada: la Empresa del Estado. Sin embargo, como lo advirtió la doctrina[1090], el desconocimiento de la nueva institución y de su distingo con la entidad autárquica, han dado lugar a que, muchas veces, se haya atribuido a las Empresas del Estado el carácter o la condición de las entidades autárquicas.

2. SU TIPICIDAD Y CONDICIÓN JURÍDICA: EL ENCUADRAMIENTO DE LA ORGANIZACIÓN ADMINISTRATIVA

De la propia ley que instituyó la Empresa del Estado[1091] surge la existencia de otro tipo o categoría jurídica especial, caracterizada por las siguientes notas:

[1088] DRAGO, Roland, Les crises de la notion d'établissement public, París, 1950, p. 260.

[1089] *Cfr.* RIVERO, Jean, *Droit Administratif*, Dalloz, París, 1968, p. 420.

[1090] MARIENHOFF, Miguel S., *Tratado de Derecho Administrativo*, t. I, 5ª ed. act., Abeledo-Perrot, Buenos Aires, 1995, ps. 468 y ss.

[1091] Ley 13.653, art. 1º, modificada por las leyes 14.380 y 15.023.

a) tienen por objeto, a diferencia de las entidades autárquicas que persiguen fines típicamente estatales, la realización de actividades industriales o comerciales o servicios públicos de esa naturaleza;

b) tales actividades o servicios se llevan a cabo a través de entidades que reciben la denominación genérica de "Empresas del Estado";

c) su régimen jurídico es mixto, pues quedan sometidas, según los casos, al Derecho Público o al Derecho Privado;

d) el control que realiza el Estado reviste modalidades peculiares.

La condición jurídica de la Empresa del Estado se deriva fundamentalmente de su encuadramiento en la organización administrativa, aun cuando presenta otras notas comunes a los entes estatales, como su creación por un acto del Estado (art. 2°, ley 13.653, y modifs.) y el régimen de control peculiar a cargo de la Auditoría General de la Nación. Se trata, pues, de una "persona pública estatal"[1092].

El encuadramiento de la entidad en la organización administrativa deriva, en primer término, del propio texto de la ley, cuyo art. 2° expresamente las coloca bajo "la dependencia del Poder Ejecutivo", sin perjuicio de la supervisión que pueda ejercer el ministerio o secretaría pertinente en lo que hace a la orientación de sus actividades. Desde luego, tal dependencia no reviste carácter estrictamente jerárquico, sino que configura una relación administrativa, también denominada "de tutela". Esa ubicación en los cuadros de la organización administrativa del Estado hallase confirmada por un conjunto de regulaciones inter-administrativas tales como: a) los funcionarios superiores de las Empresas del Estado son funcionarios públicos; b) su plan de acción y presupuesto deben ser aprobados por el Poder Ejecutivo; c) están alcanzadas por las disposiciones de la ley 24.156 (Ley de Administración Financiera y de los sistemas de control del sector público nacional), cuyo capítulo III se refiere al "régimen presupuestario de las empresas y sociedades del Estado".

3. OBJETO DE SU ACTIVIDAD: LOS LLAMADOS SERVICIOS PÚBLICOS INDUSTRIALES Y COMERCIALES

De conformidad con lo que prescribe el art. 1°, ley 13.653 (con las modificaciones de las leyes 14.380 y 15.023), las Empresas del Estado pueden realizar tanto actividades industriales y comerciales como servicios públicos de ese carácter.

Las actividades industriales y comerciales, de acuerdo con el principio de la subsidiariedad o suplencia, corresponde que sean desarrolladas por los particulares, debiendo intervenir el Estado sólo para suplir o completar la actuación privada o por razones que hacen al bien común (soberanía, defensa nacional, naturaleza monopólica de la actividad; etc.).

Lamentablemente, ese principio rector no fue siempre observado entre nosotros y en otros países, donde el Estado – por razones ideológicas y de política circunstancial muchas veces– multiplicó esta especie de entidades, asumiendo la gestión competitiva en diversos sectores de la actividad industrial o comercial, que podría desarrollar eficazmente la empresa privada. Con ello se produjo un demérito del

---

[1092] *Cfr.* DROMI, José R., *Derecho Administrativo Económico, cit.*, p. 269.

concepto de intervención estatal, a lo que se sumó la falta de estabilidad jurídica y política necesarias para que puedan desarrollar una acción eficaz y útil a la comunidad.

Los servicios públicos de carácter industrial o comercial han sido definidos como aquellos que prestan empresas administrativas que aseguran prestaciones a los particulares por el ejercicio en forma habitual de actos de comercio, sin adquirir la calidad de comerciantes en el sentido del Derecho Privado[1093]. En nuestro país, la mayor parte de las "Empresas del Estado" que prestaban un servicio público de esa categoría (Gas del Estado, Ferrocarriles, Yacimientos Petrolíferos Fiscales, Aerolíneas Argentinas, etc.) se transformaron más tarde en "Sociedades del Estado" y finalmente se privatizaron.

4. SU CREACIÓN

Tratándose de una entidad estatal descentralizada y no hallándose la pertinente atribución prevista en la Constitución Nacional, correspondería aplicar, en principio, el criterio que rige la creación de las entidades autárquicas[1094]. Sin embargo, la ley que estatuye el régimen de las "Empresas del Estado" atribuye al Poder Ejecutivo la facultad de crearlas "con los servicios actualmente a su cargo y que por su naturaleza están comprendidos dentro de la presente ley"[1095].

5. CARACTERES

Las "Empresas del Estado" se caracterizan por reunir los siguientes elementos:

a) poseen una personalidad jurídica propia, teniendo competencia para administrarse a sí mismas;

b) su patrimonio reviste carácter estatal[1096]. Se trata de un patrimonio de afectación que conforme al criterio que propugnó la Corte Suprema de Justicia de la Nación no puede justificarse fuera de los límites que sirvieron de base para afectar los bienes a la respectiva función[1097];

c) se encuentran sujetas al control del Estado nacional (Administración central), si bien con modalidades peculiares;

d) el régimen jurídico de sus actos acusa una marcada interrelación e injerencia recíproca entre los Derechos Público y Privado, sin que ninguno de estos sistemas tenga aplicación predominante;

[1093] DRAGO, Roland, Les crises de la notion d'établissement public, *cit.*, p. 85.

[1094] CASSAGNE, Juan Carlos, *Derecho Administrativo*, t. I, 7ª ed., LexisNexis - Abeledo-Perrot, Buenos Aires, 2002, ps. 387/388.

[1095] Art. 7º, ley 13.653, con las modificaciones introducidas por las leyes 14.380 y 15.023.

[1096] *Cfr.* GORDILLO, Agustín A., *Empresas del Estado*, Macchi, Buenos Aires, 1966, p. 38.

[1097] Como apunta Marienhoff, el criterio señalado en el texto, si bien originariamente se estableció con respecto a entidades autárquicas, configura un "principio" aplicable a ambos tipos de entidades (MARIENHOFF, Miguel S., *Tratado de Derecho Administrativo*, *cit.*, t. I, ps. 480/481). Fallos, 252:380.

e) en sus vinculaciones con la Administración Pública central se rigen por las reglas atinentes a las relaciones inter-administrativas[1098];

f) no pueden ser declaradas en quiebra, quedando a cargo del Poder Ejecutivo la determinación del destino y procedimiento a seguir con respecto a los bienes integrantes de su patrimonio, en caso de que se resuelva su disolución o liquidación[1099];

g) su objeto – como se ha visto– consiste en la realización de actividades industriales o comerciales o servicios públicos de esa naturaleza.

6. REGULACIÓN DE SUS RELACIONES JURÍDICAS: PRINCIPIOS APLICABLES

La doble aplicabilidad de los sistemas jurídicos público y privado, que configura la nota característica del régimen de las "Empresas del Estado", ha sido contemplada expresamente por la ley al prescribir que estas entidades quedan sometidas: a) al Derecho Privado en todo lo que se refiere a sus actividades específicas, y b) al Derecho Público en todo lo que atañe a sus relaciones con la administración o al servicio público que se hallare a su cargo[1100].

El encuadramiento de las relaciones jurídicas de la "Empresa del Estado", que realiza la ley, en su art. 1°, ha sido objeto de críticas doctrinarias. Se aduce – principalmente– que la fórmula utilizada omite establecer cuál será la regulación cuando la actividad específica de la empresa consista en la prestación de un servicio público ni cuando sea, al mismo tiempo, un servicio público y una actividad comercial[1101].

En realidad, si se interpreta que las "actividades específicas" no pueden ser otras que las actividades industriales y comerciales, ya sea que se realicen o no bajo el régimen del servicio público, desaparecen las principales dificultades que encierra la interpretación de dicha norma, lo cual no impide criticar la aplicación que ha recibido este criterio en los reglamentos de contrataciones.

Con relación a las críticas mencionadas, cabe advertir: 1°) que, precisamente, cuando la actividad específica (industrial o comercial) se realice por el régimen del servicio público, lo atinente a este último se encontrará regido por el Derecho Administrativo, de acuerdo con los principios que imperan en la materia; y 2°) que si la entidad presta un servicio público industrial y comercial, juntamente con la realización de una actividad económica que no constituya una prestación de esa naturaleza, lo que se regula por el Derecho Administrativo es lo relativo al servicio público, mientras que la actividad industrial y comercial que no reviste ese carácter, en cambio, se regirá por el Derecho Privado.

[1098] CASSAGNE, Juan Carlos, "Las relaciones inter-administrativas", ED 36-927 y ss., y en *Revista Chilena de Derecho*, vol. 2, nros. 3/6, Santiago, 1975, p. 224.

[1099] Art. 10, ley 13.653, con las modificaciones de las leyes 14.380 y 15.023.

[1100] Art. 1°, ley 13.653, con las modificaciones de las leyes 14.380 y 15.023.

[1101] GORDILLO, Agustín A., *Empresas del Estado, cit.*, p. 82.

7. RELACIONES CON LA ADMINISTRACIÓN PÚBLICA Y OTRAS ENTIDADES: LA APLICACIÓN DE MULTAS

Las relaciones entre las "Empresas del Estado", tanto con la Administración central como con cualesquiera otra entidad estatal (provincias, entidades autárquicas, municipalidades, etc.) se rigen por el Derecho Público, Administrativo en la especie.

Tales relaciones, que se denominan "inter-administrativas" o "inter-subjetivas", se caracterizan, en principio, por la ausencia del régimen jurídico exorbitante propio de los actos del Derecho Administrativo, puesto que no cabe admitir en ese plano enfrentamientos entre entidades que tienen la posibilidad de ejercer prerrogativas de poder público.

En general, los actos administrativos emanados de la Administración central u otras entidades estatales, cuya ejecución recaiga sobre el patrimonio de una persona pública estatal, carecen de ejecutoriedad, excepto los casos en que el cumplimiento del acto se opera por propia virtualidad[1102] (emisión de un certificado, actos de registro, etc.).

En este sentido, la aplicación de multas inter-administrativas por parte del Estado nacional ha sido objeto de interpretaciones divergentes, aceptándose su imposición cuando tienen origen contractual[1103] y negando su aplicabilidad si la multa ostenta naturaleza penal[1104].

Si se tiene en cuenta que en sus relaciones con la Administración central u otras entidades públicas estatales las "Empresas del Estado" actúan dentro de la órbita inter-administrativa, no es posible aceptar la aplicación de multas en este tipo de relaciones jurídicas por cuanto:

a) no puede desvirtuarse la supremacía constitucional del Poder Ejecutivo que podría verse afectada de co-existir sus facultades de control junto al poder sancionatorio de otras entidades cuya tutela él ejerce (*v.gr.*, multas entre "Empresas del Estado");

b) la aplicación de multas en estos casos violaría los principios de colaboración y unidad de acción del Estado, de imprescindible vigencia en este tipo de relaciones;

c) en atención a que faltaría la finalidad de interés público, propia de todo acto administrativo, por cuanto, en definitiva, hay unidad jurídica patrimonial[1105] (a pesar de las diferentes formas jurídicas que asume el Estado) y un solo poder[1106].

[1102] CASSAGNE, Juan Carlos, *La ejecutoriedad del acto administrativo*, Abeledo-Perrot, Buenos Aires, 1971, p. 78.

[1103] Procuración del Tesoro de la Nación, Dictámenes 50:56; 72:80; 88:73; y 99:337.

[1104] Procuración del Tesoro de la Nación, Dictámenes 59:141; 79:153; 81:65; y 97:60. En uno de los dictámenes se sostuvo que tratándose de la imposición de una multa penal, su aplicación perturbaría un patrimonio de afectación exclusiva, que no ha sido destinado a hacer frente a sanciones impuestas por otros órganos estatales (Dictámenes 81:65).

[1105] El patrimonio de las "Empresas del Estado", al igual que el de las entidades autárquicas, es un patrimonio de afectación (MARIENHOFF, Miguel S., *Tratado de Derecho Administrativo*, *cit.*, t. I, p. 375). La Corte Suprema de Justicia de la Nación ha declarado en una sentencia

8. RÉGIMEN DE SUS ACTOS Y CONTRATOS. LOS REGLAMENTOS DE CONTRATACIONES

Las "Empresas del Estado", como en general todas las entidades descentralizadas, pueden celebrar tanto actos unilaterales y contratos administrativos como actos y contratos de objeto privado o parcialmente reglados por el Derecho Privado.

De acuerdo con el régimen legal, salvo en lo que respecta a las relaciones con la Administración o el servicio público que tuviese a su cargo, la restante actividad se rige por el Derecho Privado, excepto disposiciones en contrario de sus estatutos o leyes orgánicas.

Pero como se trata de una empresa pública estatal, el acto o contrato respectivo nunca tendrá un régimen íntegro de Derecho Privado, pues la competencia del órgano o ente que lo celebre se juzgará conforme a las reglas que proporciona el Derecho Administrativo. Por esta razón es que se habla de acto o contrato mixto o de objeto privado, ya que este último elemento (es decir, lo que el acto dispone, si se trata de un acto unilateral en su formación, o los derechos y obligaciones de las partes, si el acto constituye un contrato) aparecerá regulado por el Derecho Civil o Comercial.

Los estatutos o reglamentos de las "Empresas del Estado" suelen prescribir que, en sus relaciones con terceros, la actividad industrial y comercial estará regida por el Derecho Privado, o bien que las ventas y demás contratos que tengan por objeto la enajenación de productos que ellas fabriquen no están regidos por el reglamento de contrataciones que, por lo común, contiene un régimen y procedimientos de Derecho Público.

En consecuencia, el régimen de contrataciones se caracteriza por lo general sobre la base de estas pautas:

a) los suministros y demás contratos mencionados en la Ley de Contabilidad y de Obras Públicas, el procedimiento de contratación y los contratos que se celebren por aplicación de éste revestirán carácter administrativo;

b) tratándose de ventas de bienes de su producción (*v.gr.*, gas) o de relaciones con terceros que impliquen la prestación de un servicio público industrial o comercial de utilización facultativa (por ej.: transporte) la relación jurídica emergente estará regida, en punto a su objeto, por el Derecho Privado.

---

que siendo el deudor cedido la Nación misma y el cedente una empresa de su propiedad, no corresponde distinguir entre los bienes de una y otra, ya que en definitiva su titular es el Estado ("Gómez, Gerardo v. Comisión Administradora de Emisoras Comerciales y LS 82 TV, Canal 7", ED 30-186).

[1106] CASSAGNE, Juan Carlos, *La ejecutoriedad...*, *cit.*, p. 80. La Sala A de la Cámara Nacional en lo Civil de esta Capital hizo una aplicación del principio de la unidad estatal, en el caso "Patrocinio, Faustino v. Gobierno Nacional" al resolver que la demanda dirigida contra el Estado nacional fue capaz de interrumpir la prescripción respecto de la "Empresa Ferrocarriles del Estado Argentino", quien, a tales efectos, no se considera un tercero, sosteniendo el doctor Borda en su voto que: "La existencia de una personería jurídica distinta no destruye el hecho esencial de que la empresa Ferrocarriles del Estado Argentino no es sino una rama del Estado..." (ED 48-900).

Puede ocurrir que aun en este tipo de contratos (de objeto civil o comercial) aparezca una cláusula exorbitante de Derecho Privado, pero tal circunstancia no transforma el contrato en administrativo, sino sólo indica una nueva injerencia del Derecho Público – por voluntad de las partes– en un contrato esencialmente privado[1107].

9. LA APLICACIÓN A LAS EMPRESAS DEL ESTADO DE LA LEY DE PROCEDIMIENTOS ADMINISTRATIVOS

No obstante la necesaria interdependencia con el régimen jurídico de los actos y contratos que se han examinado precedentemente, este punto exige un tratamiento singular.

La aplicación de las normas de fondo de la LNPA a las "Empresas del Estado"[1108] que surge del art. 1° de dicho cuerpo normativo se opera sólo en la parte pertinente de los respectivos actos y contratos (*v.gr.*, en los actos de objeto privado a la regulación de la competencia del órgano). De no ser así, cabría sostener que por imperio de la ley y sin sujeción o con olvido de la sustancia de cada acto o contrato, toda actividad que realizan el Estado y las entidades descentralizadas, se regirá integralmente por el Derecho Administrativo y los contratos tendrían este último carácter[1109].

Desde luego que tal postura no puede sostenerse, especialmente en materia de "Empresas del Estado", donde la propia ley que rige su actividad las somete al Derecho Privado en todo lo atinente a las actividades industriales y comerciales que ellas celebren, atribuyéndole de esta forma una característica típica y especial de su régimen jurídico, que constituye una condición necesaria de su existencia.

En segundo lugar, ninguna duda cabe que se aplican a las Empresas del Estado[1110] las normas atinentes a los recursos administrativos que prescribe el Reglamento aprobado por dec. 1883/1991, para la actividad regida por el Derecho Administrativo.

En este supuesto, va de suyo que también rigen para la producción, por parte de las Empresas del Estado, de cada uno de los actos del procedimiento administrativo

---

[1107] CASSAGNE, Juan Carlos, "Los contratos de la Administración Pública (Distintas categorías y regímenes jurídicos)", ED 57-804.

[1108] CASSAGNE, Juan Carlos, "La Ley Nacional de Procedimientos Administrativos 19.549", ED 42-835; DOCOBO, Jorge J., "La Ley Nacional de Procedimientos Administrativos", JA, nro. 4027, ps. 2 y ss., secc. Doctrina; CABRAL, Julio E., "Ámbito de aplicación de la Ley Nacional de Procedimientos Administrativos", en DIEZ, Manuel M. (dir.), *Acto y procedimiento administrativo*, Plus Ultra, Buenos Aires, 1975, ps. 18 y ss.

[1109] Se trata de la que hemos denominado concepción unitaria del acto administrativo, que hemos criticado en: CASSAGNE, Juan Carlos, "Las entidades estatales descentralizadas y el carácter público o privado de los actos que celebran", LL 143-1172 y ss.; con posterioridad, Gordillo ha insistido en su postura al afirmar que ha desaparecido la categoría de los actos privados o de objeto privado de la Administración como opuesta a la del acto administrativo (GORDILLO, Agustín A., "Acto, reglamento y contrato administrativo de la ley 19.549", RADA, nro. 3, Universidad del Museo Social Argentino, Buenos Aires, ps. 25/26).

[1110] En contra, ROMERO, José I., "Las empresas del Estado y las leyes de procedimientos administrativos", ED 46-835.

de tipo recursivo las normas de la ley 19.549, particularmente en lo que concierne a los principios fundamentales y a los requisitos que el acto debe reunir[1111].

10. EL PERSONAL DE LAS "EMPRESAS DEL ESTADO"

El régimen jurídico mixto, propio de las "Empresas del Estado", se afirma con caracteres netos en materia de la regulación de aquellas relaciones atinentes al personal que se desempeña en tales entidades.

Siguiendo un criterio similar al utilizado en la doctrina y jurisprudencia francesa para caracterizar la relación entre el establecimiento público industrial y comercial (equivalente a nuestra "Empresa del Estado") y su personal[1112], la jurisprudencia de nuestros tribunales ha aplicado los principios que fluyen del art. 1°, ley 13.653, estableciendo que la relación se rige por las normas y principios atinentes al empleo o función públicos, si el funcionario cumple funciones en los cuadros directivos de la empresa, teniendo a su cargo tareas de dirección, gobierno, responsabilidad o conducción ejecutiva. En caso contrario, la vinculación se regula por el Derecho Laboral. Este criterio fue recogido por la Corte Suprema de Justicia de la Nación en numerosos pronunciamientos[1113] y por un fallo plenario de la Cámara del Trabajo de la Capital[1114]; es también el que sustentó la doctrina[1115].

Se ha criticado la indicada solución jurisprudencial aduciendo que en los casos en que la empresa tuviera un servicio público a su cargo, dicho criterio resultaría violatorio del art. 1°, ley que rige la actividad de las "Empresas del Estado", por cuanto si aquella norma estatuye que las entidades quedan sometidas al Derecho Público "en todo lo que atañe a sus relaciones con la Administración o al servicio público que se hallare a su cargo", ello significaría obviamente "que si la empresa presta un servicio público, todo el régimen es de Derecho Público, incluso desde luego el de su personal, jerárquico o no"[1116].

[1111] Criterio que expresamente recoge el Reglamento sobre Procedimientos Especiales, dec. 9101/1972, art. 2°.

[1112] LAUBADÈRE, André de, *Traité élémentaire de Droit Administratif*, t. III, 3ª ed., LGDJ, París, 1966, p. 602; WALINE, Marcel, *Traité de Droit Administratif*, 9ª ed., Sirey, París, 1963, ps. 382/383; el primero de estos autores recuerda que después del caso "Lafregeyre", resuelto por el Consejo de Estado en 1923, la jurisprudencia hace una distinción entre el personal subalterno, que se rige por el Derecho Privado y el personal directivo y de contabilidad, que tiene la calidad de agentes públicos. Con posterioridad, a partir del *arrêt* Jalenques de Labeau, la jurisprudencia ha limitado la segunda categoría a sólo diez agentes dentro de cada servicio (a los titulares de los más altos cargos directivos y al jefe de la contabilidad).

[1113] "Etcheverry v. Aerolíneas Argentinas", Fallos, 244:196 (1959), "Benedetti, Celsa c/ Comestibles Sólidos y Minerales ENDE", Fallos 247:363 (1960) y "Lencinas, Edmundo c/ Dirección Nacional de Industria del Estado", Fallos, 250:234 (1961).

[1114] C. Trab. Cap. Fed., fallo plenario publicado en ED 1-520, fallo 256, *in re* "Imperiale, Danli Jesús v. Yacimientos Petrolíferos Fiscales".

[1115] MARIENHOFF, Miguel S., *Tratado de Derecho Administrativo*, cit., t. I, ps. 481/482; DIEZ, Manuel M., *Derecho Administrativo*, t. II, 1ª ed., Bibliográfica Omeba, Buenos Aires, 1963, p. 123.

[1116] GORDILLO, Agustín A., *Empresas del Estado*, cit., p. 91.

La consecuencia no nos parece tan obvia ni se advierte qué relación de inter-dependencia o de causalidad existe entre el servicio público y el personal que lo presta; la circunstancia de que la actividad se realice bajo la forma del servicio público (aunque en este caso sea de naturaleza industrial o comercial) no tiene por qué arrastrar consigo a la relación entre la empresa y su personal y llevarla al campo del Derecho Público, y un ejemplo de ello lo brinda el propio contrato de concesión de servicios públicos.

Las consecuencias que se derivan del criterio jurisprudencial expuesto son fun-damentalmente dos:

a) en lo relativo al tribunal competente para entender en la acción que se dedu-ce contra una "Empresa del Estado". Si se trata de una relación de Derecho Privado, el juzgamiento de la demanda corresponde a la justicia del trabajo, mientras que si se trata de una relación de función pública, es competente el fuero federal;

b) en lo que atañe al derecho aplicable a la relación, cuando ésta fuere de De-recho Privado, las normas que rigen son las que regulan el despido en el contrato de trabajo, mientras que si la relación fuera de Derecho Público se aplican las disposi-ciones del empleo o función públicos[1117].

11. LO ATINENTE A LA RESPONSABILIDAD DE SUS AUTORIDADES

La ley que rige la actividad de las "Empresas del Estado" estatuye que "las res-ponsabilidades de las autoridades de las empresas del Estado se determinarán según las normas aplicables a los funcionarios públicos, a cuyo efecto quedan sujetos al juicio de responsabilidad conforme a las disposiciones de la Ley de Contabili-dad"[1118].

Esta norma implicó una rectificación del criterio sustentado en el art. 2º, ley 14.380, que disponía que todo el personal de las Empresas del Estado se hallaba sujeto a juicio de responsabilidad, el cual había motivado la crítica de la doctrina que juzgaba que, por ser el juicio de responsabilidad extraño al Derecho Privado, éste no podía aplicarse al personal subalterno regido por el Derecho Laboral[1119].

Después de la sanción de la ley 24.156, que derogó la mayor parte de las pres-cripciones de la Ley de Contabilidad[1120], existe ahora un régimen único de respon-sabilidad cuya aplicación deberá ser planteada en sede judicial.

12. EL CONTROL DE SUS ACTOS POR EL PODER EJECUTIVO. LA INTERVENCIÓN

En esta materia se aplican los principios generales acerca del control adminis-trativo sobre las entidades descentralizadas, el cual, en la Argentina, asume modali-dades propias, como ya tuvimos oportunidad de señalar.

[1117] MARIENHOFF, Miguel S., *Tratado de Derecho Administrativo*, *cit.*, t. I, ps. 483 y ss.

[1118] Art. 8º, 1ª parte, ley 13.653, con las modificaciones de las leyes 14.380 y 15.023.

[1119] MARIENHOFF, Miguel S., *Tratado de Derecho Administrativo*, *cit.*, t. I, ps. 484/485.

[1120] Con excepción de los arts. 51 a 64 inclusive (caps. V y VI).

En consecuencia, si se asignare – por ejemplo– a un banco oficial la condición jurídica de una "Empresa del Estado", como se trata de una entidad cuya creación compete al órgano legislativo, el control que de sus actos puede hacer el órgano ejecutivo a través del sistema de recursos se circunscribe, en principio, a la legitimidad del acto[1121].

Por lo general, el control que ejerce el Poder Ejecutivo a través del recurso de alzada es amplio, comprendiendo la legitimidad y la oportunidad, mérito o conveniencia del acto, ya que la atribución para crear "Empresas del Estado" constituye, la mayoría de las veces, una facultad concurrente de los órganos legislativo y ejecutivo.

En lo que concierne al control de tipo sustitutivo-represivo, como es la intervención, se aplican los principios que se han visto al abordar el tema respecto de las entidades autárquicas.

13. TRANSACCIÓN Y ARBITRAJE. REMISIÓN

Los principios que rigen para determinar la procedencia de la transacción y del arbitraje en una "Empresa del Estado" son los mismos que se aplican respecto de las entidades autárquicas.

14. MODIFICACIÓN DE SUS ESTATUTOS Y EXTINCIÓN

De acuerdo con las prescripciones de la ley vigente, las modificaciones de los estatutos las realiza el Poder Ejecutivo, ya que si este órgano tiene atribuciones para dictarlos, hay que presumir que dispone también de la facultad de introducirles modificaciones[1122]. Se trata de una aplicación del principio del paralelismo de las formas y de las competencias.

Igualmente, dicho principio se aplica para determinar el órgano competente para disponer la extinción de la entidad o la modificación del acto de creación, al igual que en materia de entidades autárquicas.

[1121] RLNPA, art. 97.
[1122] Art. 2°, ley 13.653, con las modificaciones introducidas por las leyes 14.380 y 15.023.

CAPÍTULO VIII

OTRAS FORMAS DE INTERVENCIÓN Y PARTICIPACIÓN ESTATAL

Sección 1ª

LAS FORMAS SOCIETARIAS

A) Utilización de las técnicas del Derecho Comercial por el Estado en las formas de personificación

El proceso por el cual el Estado asumió en su momento la realización de actividades económicas propias de la iniciativa privada en la mayor parte de los países de signo occidental, especialmente europeos, significó como hecho objetivo, además de las Empresas del Estado, la utilización de las distintas formas jurídicas societarias del Derecho Comercial.

Ello no implica que el problema no pueda ser analizado también desde la óptica de la justificación de las actividades comerciales o industriales que lleva a cabo el Estado que, entre nosotros, excedieron en muchas ocasiones los límites que marca el principio de la suplencia o subsidiariedad, ni menos significa aceptar, en el plano de la valoración, el uso de las técnicas instrumentales del Derecho Privado para actividades que tradicionalmente se encuentran regidas por el Derecho Administrativo (*v.gr.*, el servicio público que prestan las universidades).

Pero si a pesar de lo disvalioso de esta última tendencia, la realidad existencial muestra la aparición de tal tipo de entidades, la misión del jurista es la de desentrañar el régimen jurídico de la institución, cuidando que las ideas propias no influyan para atribuirle carácter público estatal a lo que se rige por el Derecho Privado y viceversa.

A diferencia de lo que acontece en los principales países europeos (Francia, España, Italia y Alemania), que han sido la cuna de nuestra ciencia, un sector de nuestra doctrina propugna que el Estado, por ser tal, al actuar en el campo jurídico a través de sus entidades, convierte a éstas en personas de Derecho Público y a sus actos en actos administrativos, no obstante regularse, tanto los sujetos como las actividades, por el Derecho Privado.

Puede pensarse que esto implica un mero desacuerdo terminológico, pero esta ilusión se desvanece a poco que se medite sobre las consecuencias de estas teorizaciones, que se encuentran favorecidas muchas veces por las contradicciones y lagunas que presenta el propio ordenamiento jurídico.

Se ha sostenido que en la actualidad se opera la superación de la antigua tendencia que al poner el acento en las manifestaciones autoritarias de la Administración como eje del Derecho Administrativo pretendió llevar a ese campo relaciones que se encuadraban por su naturaleza en el Derecho Privado, cuya última expresión hizo posible el sometimiento al Derecho Comercial de las actividades económicas que el Estado lleva a cabo en forma de empresa a través de figuras societarias mercantiles[1123].

Por ello, lo lógico es suponer que cuando el Estado utiliza las formas jurídicas del Derecho Privado debe despojarse de las prerrogativas de poder público que no guardan correspondencia ni resultan necesarias para el objeto de actividades económicas que se propone realizar, por la sencilla razón de que aunque las finalidades mediatas que persigue sean de interés público, éstas pueden constituir también la acción de entidades de Derecho Privado. Existiendo por lo tanto fines que pueden lograrse tanto por el Estado como por los entes privados, el criterio finalista utilizado con exclusividad para definir el encuadramiento de las entidades y el régimen de sus actos, resulta ineficiente[1124].

Lo común en esta clase de actividades económicas que lleva a cabo el Estado es su realización en forma de empresa[1125], cuya variedad de tipos jurídicos comprende desde la "empresa propia" sin personalidad jurídica (*régie* en el Derecho francés), las Empresas del Estado o establecimientos públicos o comerciales, y las Sociedades de Economía Mixta, hasta culminar con las sociedades anónimas, lo cual configura, según un sector de la doctrina francesa, la actuación del Estado como "comerciante público"[1126].

Tales formas empresarias se utilizan para canalizar la realización de actividades económicas por el Estado, entendiendo dentro de este concepto aquellas que se organizan para la producción o el cambio de bienes o servicios, ya sea que persigan una finalidad de lucro o se orienten a la satisfacción de necesidades generales[1127].

Los objetivos que suele perseguir la actividad empresarial del Estado abarcan situaciones como la relativa al restablecimiento de la concurrencia cuando existan formaciones monopólicas, hasta la realización de proyectos que actúen como factores de estímulo de determinados sectores industriales, o bien que creen nuevas industrias en las regiones carentes de desarrollo económico.

[1123] OTTAVIANO, Vittorio, "Sometimiento de la empresa pública al Derecho Privado", en VERDERA Y TUELLS, Evelio (coord.), *La empresa pública*, t. I, Publicaciones del Real Colegio de España, Zaragoza, 1970, p. 280; señala este autor que esta tendencia es el reflejo de la situación histórica en cuanto corresponde a una visión más libre de las relaciones entre el Estado y los administrados.

[1124] LESSONA, Silvio, "Líneas generales sobre la empresa pública", en VERDERA Y TUELLS, Evelio (coord.), *La empresa pública, cit.*, t. I, p. 179.

[1125] GARRIDO FALLA, Fernando, "Las empresas públicas", en AA.VV., *La Administración Pública y el Estado contemporáneo*, Instituto de Estudios Políticos, Madrid, 1961, ps. 126 y ss.

[1126] VEDEL, Georges, *Droit Administratif*, Presses Universitaires de France, París, 1968, p. 645; RIVERO, Jean, *Droit Administratif*, Dalloz, París, 1968, ps. 426 y 645.

[1127] LESSONA, Silvio, "Líneas generales sobre la empresa pública", *cit.*, t. I, p. 188.

Al igual que lo que aconteció en el ordenamiento italiano[1128], francés[1129], alemán[1130], español[1131], y, en general, en América latina[1132], la característica es la coexistencia de formas públicas y privadas para encuadrar la actuación empresarial del Estado en actividades industriales o mercantiles. Aunque inicialmente estas empresas no diferían mayormente de los establecimientos públicos o entidades autárquicas institucionales, hoy han terminado de adoptar las formas y el régimen de las empresas de Derecho Privado, sin perjuicio de las parciales injerencias determinadas por la presencia estatal (v.gr., en materia de dirección y control). En consecuencia, ninguna incompatibilidad existe para que las empresas estatales que se orienten a la realización de actividades industriales o comerciales, asuman las formas jurídicas societarias del Derecho Mercantil. Se tratará, en estos casos, no del Estado, sino de empresas privadas de su propiedad o, como afirma Garrido Falla, poseídas por él[1133].

En cambio, cuando la entidad presta un servicio público, de carácter comercial o industrial, la forma jurídica más apta es la Empresa del Estado (establecimiento público industrial o comercial en Francia), dotada de un régimen mixto, con controles más estrictos y regulación por parte del Derecho Administrativo en lo atinente al servicio público.

B) Crítica a las posiciones que niegan la existencia de empresas estatales personificadas bajo formas privadas

La posibilidad de que la personificación de las empresas estatales que realizan una actividad económica se produzca apelando a formas jurídicas del Derecho Privado (particularmente a las sociedades del Derecho Mercantil) ha sido motivo de críticas doctrinarias.

Hay quienes piensan que no pueden coexistir dentro del Estado, en sentido amplio, formas públicas y privadas, pues tal cosa implicaría, según sostienen, revivir la vieja doctrina de la doble personalidad del Estado. Para solucionar el obstáculo que ello representa se propone acudir al criterio de la titularidad de la totalidad o la casi totalidad del capital de la empresa, para atribuirle carácter estatal[1134].

[1128] GIANNINI, Massimo S., *Diritto Amministrativo*, t. I, Giuffrè, Milán, 1970, ps. 213 y ss.; ALESSI, Renato, *Principi di Diritto Amministrativo*, t. I, Giuffrè, Milán, 1960, ps. 49 y ss.; LANDI, Guido - POTENZA, Giuseppe, *Manuale di Diritto Amministrativo*, Milán, 1971, p. 83.

[1129] VEDEL, Georges, *Droit Administratif*, *cit.*, ps. 645 y ss.

[1130] FORSTHOFF, Ernst, *Tratado de Derecho Administrativo*, Centro de Estudios Constitucionales, trad. del alemán, Madrid, 1958, ps. 654 y ss.

[1131] GARCÍA DE ENTERRÍA, Eduardo - FERNÁNDEZ, Tomás R., *Curso de Derecho Administrativo*, t. I, Madrid, ps. 255 y ss.

[1132] OLIVEIRA FRANCO SOBRINHO, Manoel de, *Empresas públicas de Brasil*, San Pablo, 1975, p. 17; BREWER CARÍAS, Allan R., *Las empresas públicas en el Derecho Comparado*, Universidad Central de Venezuela, Facultad de Derecho, Caracas, 1967, p. 113.

[1133] GARRIDO FALLA, Fernando, "Las empresas públicas", *cit.*, p. 140.

[1134] GORDILLO, Agustín A., *Empresas del Estado*, Macchi, Buenos Aires, 1966, ps. 41 y 44, postura que parece no seguir estrictamente, en materia de sociedades de economía mixta ni

En lo que no han reparado quienes siguieron esta concepción, aparte de las críticas que en su momento le formulamos[1135], es que la tesis de la doble personalidad nada tiene que ver con este problema. En efecto, dicha teoría no puede ser utilizada para impedir la creación de nuevas entidades, con personalidad jurídica propia, distinta de la de la persona pública Estado Nacional (doctrina por otra parte ya superada), sino la creación *ex novo* de otro ente de propiedad estatal, pero con personalidad jurídica encuadrada en el Derecho Privado.

Desde otro punto de vista y con una orientación filosófica que en lo sustancial compartimos, se argumentó que la personificación de entidades estatales bajo formas jurídicas privadas resultaba violatoria de la relación existente entre Estado-bien común-justicia distributiva-Derecho Público[1136].

Al respecto, se sostiene que: 1°) al Estado, y sólo a él, le compete la función de realizar el bien común temporal como sujeto activo de la relación de justicia distributiva, ya que es él quien distribuye las cargas y beneficios comunes, y 2°) que las relaciones de alteridad propias de la justicia distributiva se rigen por el Derecho Público[1137].

Pero aunque el Estado sea el principal realizador del bien común temporal, de allí a sostener que sólo a él le corresponde dicha tarea, implica una tesis que no armoniza con la concepción aristotélico-tomista, que acepta la existencia de instituciones intermedias que persiguen el bien común en forma inmediata o mediata, distintas del Estado. Se trata del bien común propio de los grupos infrapolíticos, es decir, "de las agrupaciones o cuerpos intermedios entre la sociedad civil y el individuo"[1138] que persiguen su singular "bien común" sin que exista antagonismo ni contradicción entre ellos, teniendo en cuenta que el bien común configura una totalidad con respecto a los bienes particulares que contiene[1139].

De otra parte, cabe señalar que la concepción tomista no acoge la tradicional división entre Derecho Público y Privado que esbozara Aristóteles y recogiera Ul-

---

de sociedades anónimas del Estado, cuando éste tuviera incluso el control absoluto de esa entidad siempre que hubiera participación privada (*cit.*, p. 65).

[1135] CASSAGNE, Juan Carlos, "Las entidades estatales descentralizadas y el carácter público o privado de los actos que celebran", LL, t. 143, ps. 1175/1176.

[1136] BARRA, Rodolfo C., "La intangibilidad de la remuneración del contratista particular en los contratos administrativos", ED 62-727.

[1137] BARRA, Rodolfo C., "Acerca de la naturaleza jurídica de las sociedades del Estado", ED 67-601.

[1138] SOTO KLOSS, Eduardo, "La democracia ¿para qué? Una visión finalista", en *¿Crisis de la democracia?*, Santiago de Chile, 1975, p. 19; MONTEJANO, Bernardino, "El fin del Estado: el bien común", *Persona y Derecho*, vol. 3, Pamplona, 1977, p. 174, afirma, con razón, que tanto el bien común político (fin de la sociedad política) como el bien común de los grupos infrapolíticos son conceptos analogados que deben referirse al bien común trascendente, que es Dios, "pues de él participan y en él encuentran su fundamento último".

[1139] SOTO CALDERÓN, Juan C., "Democracia y bien común", en *¿Crisis de la democracia?*, *cit.*

piano[1140], pero, además, debe advertirse que ninguno de los criterios formulados hasta ahora para definir con carácter universal a los derechos público y privado ha logrado imponerse, por cuanto la contingencia histórica e institucional de cada Estado torna prácticamente imposible esa tarea.

Tal es lo que ha acontecido con las concepciones que basaron la distinción en las ideas de subordinación (Derecho Público) y de coordinación (Derecho Privado), pues existen numerosas normas de Derecho Público donde la nota central es la coordinación (*v.gr.*, relaciones inter-administrativas entre provincias).

Por eso es errado identificar absolutamente la virtud de la justicia distributiva con la naturaleza pública del ordenamiento, debiendo tenerse en cuenta que las dos especies de justicia particular (distributiva y conmutativa) precisan ordenarse al bien común, y contribuir a la perfección del hombre.

Una aplicación que se desprende de este razonamiento la proporciona el hecho de que muchas de las normas existentes en las relaciones de Derecho Laboral (Derecho Privado) traducen criterios propios de la justicia distributiva, impuestas por razones que hacen al bien común político y social, aun cuando el fin inmediato sea el beneficio particular o privado.

C) Consecuencias que se derivan de las posturas negatorias

Se pretende que, como consecuencia de la condición de personas públicas estatales que revisten las sociedades de propiedad del Estado (total o casi total), el régimen jurídico aplicable a su actividad es el propio del Derecho Público y que, en consecuencia, sus actos y contratos son administrativos.

Con particular referencia a las sociedades del Estado, creadas por la ley 20.750, se ha afirmado que todas las relaciones de tales entidades han de juzgarse por los principios del Derecho Administrativo, debiendo acudirse a la analogía con la legislación administrativa para resolver las situaciones que el Derecho Privado regula en forma incompatible con la naturaleza jurídica pública de este tipo de sociedades[1141].

Si bien la teoría clásica se apoyaba en el postulado de que el Estado sólo podía utilizar formas públicas de personificación y en el correlativo al encuadramiento en el régimen jurídico público para las entidades descentralizadas, ambos postulados que, como expresaron García de Enterría y Fernández, eran apodícticos y concretaban por sí mismos todas las implicancias prácticas de esta concepción, "han caído espectacularmente en el actual Derecho Administrativo"[1142].

Por de pronto, la ecuación se rompe no sólo porque se admite que ciertos entes públicos se regulan por el Derecho Privado en sus relaciones con terceros[1143], sino

---

[1140] TOMÁS DE AQUINO, *Suma Teológica*, t. VIII, p. 227, en la introducción a la cuestión 57 que efectúa URDANOZ, Teófilo, Biblioteca de Autores Cristianos, Madrid, 1956.

[1141] BARRA, Rodolfo C., "Acerca de la naturaleza jurídica de las sociedades de Estado", *cit.*, ED 67-601.

[1142] GARCÍA DE ENTERRÍA, Eduardo - FERNÁNDEZ, Tomás R., *Curso de Derecho Administrativo*, t. I, p. 406, 8ª ed., Madrid, p. 406.

[1143] *V.gr.*, ley 13.653, art. 1º, con las modificaciones de las leyes 14.380 y 15.023; ley 18.360, art. 15.

también en la medida en que el Estado procede a crear entes institucionales con la condición jurídica de personas de Derecho Privado (principalmente sociedades anónimas)[1144].

Se trata, en síntesis, de la utilización por parte de la Administración Pública de técnicas "instrumentales" que aunque pertenecen al Derecho Privado traducen un medio práctico para cumplir sus fines, otorgándole flexibilidad en la gestión (en los aspectos contables, de administración, relaciones con el personal, actuación en el mercado) sobre la base de técnicas tradicionales del Derecho Privado en economías de tipo capitalista[1145].

D) La utilización por el Estado de la forma societaria mercantil y el Derecho Público. La Ley Nacional de Procedimientos Administrativos

En las diferentes formas societarias que en nuestro ordenamiento utiliza el Estado (sociedades de Estado, sociedades anónimas de participación estatal mayoritaria, meras sociedades anónimas, sociedades de economía mixta, etc.) la actividad de tal tipo de entes se rige, en principio, por el Derecho Privado, Mercantil en la especie.

Ése es el principio, existiendo tanto excepciones de carácter general como específicas derogaciones impuestas por la normativa de cada tipo societario (*v.gr.*, derecho de veto en la sociedad de economía mixta).

La aplicación del Derecho Público se singulariza en todo lo atinente a la dirección y control que sobre esas sociedades ejerce la Administración Pública, proyectándose al deber que ellas tienen de observar las directivas generales y particulares que se impartan y, específicamente, a la naturaleza vinculante que posee en este caso el planeamiento estatal en la programación de sus actividades[1146].

En consecuencia, la Ley Nacional de Procedimientos Administrativos no resulta aplicable, excepto a aquellas relaciones propias del Derecho Público atinentes a la dirección y control de estas sociedades, y ello a condición de no desnaturalizar el propósito que bajo la forma instrumental persiga en definitiva el Estado. El Derecho Administrativo sólo regula aspectos de la dirección y control, en lo atinente a las relaciones entre la sociedad y la Administración Pública (por ej.: designación de directores), y en las relaciones que ellas entablen con terceros (*v.gr.*, recursos y garantías).

[1144] FORSTHOFF, Ernst, *Tratado de Derecho Administrativo*, *cit.*, ps. 654 y ss., quien apunta que la utilización de formas jurídicas privadas se apoya en el cambio operado entre el Estado y la vida social, especialmente en la economía.

[1145] GARCÍA DE ENTERRÍA, Eduardo - FERNÁNDEZ, Tomás R., *Curso de Derecho Administrativo*, *cit.*, t. I, ps. 407/408.

[1146] GARCÍA DE ENTERRÍA, Eduardo - FERNÁNDEZ, Tomás R., *Curso de Derecho Administrativo*, *cit.*, t. I, ps. 409 y ss., señalan que la realidad subyacente a la forma mercantil obliga a regular aspectos de ella por el Derecho Público. Pero esta regulación es parcial y de excepción en el régimen de la entidad, salvo las derogaciones específicas propias de la regulación normativa aplicable a cada tipo societario.

Tal interpretación creemos es la que más se ajusta a lo establecido por el dec. 1883/1991 al prescribir que el recurso de alzada "no procederá contra los actos inherentes a la actividad privada de la empresa o sociedad en cuestión[1147].

De esta manera, si bien pueden ser impugnados los actos de estas entidades a través del recurso de alzada (por ejemplo), los elementos para juzgar la legitimidad del acto serán los propios del Derecho Público, ya que tratándose de actos que no son administrativos no se concilia su regulación por las normas y principios que estatuye la ley 19.549[1148].

E) Tribunal judicial competente en caso de contiendas

La realidad que se asoma detrás de estas sociedades conduce a prescindir, con carácter de excepción, de la conducta jurídica privada que reviste su personificación para decidir cuál es el tribunal competente para dirimir las controversias entre ellas y los administrados.

Se trata de otra aplicación de la teoría de la superación de las formas jurídicas que no afecta la vigencia del principio o regla sobre la condición jurídica privada de estas sociedades.

Por esta causa, la presencia estatal[1149], cuando la sociedad es de propiedad, administrada y/o controlada por el Estado, conduce a reconocer que existen razones de conveniencia pública (idoneidad y especialización, uniformidad de juzgamiento, etc.) que hacen a un mejor resguardo de los intereses del Estado nacional (cuando éste fuera el titular o controlante) y que justifican la atribución a la justicia federal de la competencia para decidir los conflictos que afectan a las entidades de esa índole[1150].

Ninguna duda puede caber a nuestro juicio en la interpretación y alcance práctico de esta postura, máxime cuando la justicia federal admite en su organización una división de la competencia en civil y comercial y contencioso-administrativa[1151].

[1147] Art. 4°, dec. 1883/1991.

[1148] CASSAGNE, Juan Carlos, "La extensión del concepto de tutela y el control de los actos de las sociedades del Estado", LL 1978-C-717.

[1149] Este criterio aparece sustentado en la jurisprudencia de la Cámara Nacional en lo Federal (sala 1ª en lo Civil y Comercial) en las causas, "Segba v. Ledo" (nro. 4550) y "Segba v. Saguetti" (nro. 4553), ambas resueltas el 14/9/1976.

[1150] Una aplicación de este principio se advierte en el caso fallado por la Corte Suprema en una demanda deducida por un particular contra la Comisión Administradora de Emisoras Comerciales y LS 82, TV Canal 7, donde se expresó que siendo la demandada una empresa de propiedad estatal "el verdadero interesado en este juicio es el gobierno nacional, y ello explica precisamente que el *sub iudice* haya llegado a los estrados de esta Corte por la vía del recurso ordinario de apelación que interpuso la demandada sin duda por considerar – así como es, en realidad– que se trata de una causa en que la Nación, directa o indirectamente, es parte" (consid. 9°), ED 17-999.

[1151] El criterio general para que una causa radique en una u otra competencia es la prevalencia o preponderancia de normas públicas o privadas para juzgar la relación sometida a juzgamiento. Véase Cámara Nacional Federal en pleno, fallo de fecha 2/9/1975, *in re* "Gobierno Nacional v. Fábrica de Cubiertos Perel SCA", ED 64-266.

La jurisprudencia de nuestros tribunales no marca una línea uniforme en esta materia, y si bien se ha reconocido en numerosos casos la competencia de la justicia federal[1152], ha habido fallos en sentido contrario, provenientes tanto de la justicia federal[1153] como ordinaria[1154], si bien esta última de carácter nacional, como es la jurisdicción de los jueces y Cámaras en lo Comercial de la Capital.

Es precisamente esta última circunstancia (el carácter nacional de la justicia ordinaria de la Capital), reconocida en uno de los últimos casos resueltos por la Cámara Federal de la Capital, la que conduce a sostener la conveniencia de que la competencia pertenezca en todos los casos a la justicia federal.

En efecto, no resulta muy clara la tesis jurisprudencial en su aplicación a las demandas en que litigaba la ex sociedad anónima Segba (por aplicación de la ley 14.772), al sentar el criterio de que la citada ley regula dos situaciones diferentes: "una cuando se discuten derechos derivados de la ley mencionada y la otra, cuando se trata de obtener el cobro a particulares de facturas impagas"[1155].

Como el criterio se fundamenta también en el carácter nacional que revisten los jueces ordinarios de la Capital, resulta obvio que éste no puede aplicarse en jurisdicción provincial, donde el interés nacional presente en toda relación en que actúa una sociedad de propiedad nacional o controlada por el Estado nacional, exige que la competencia deba radicarse en la justicia federal.

Las consideraciones apuntadas imponen la necesidad de atribuir la competencia en todos los casos a la justicia federal, cualquiera sea la jurisdicción que corresponda en razón del territorio, máxime teniendo en cuenta que en la Capital Federal, la justicia de esta clase admite la división entre tribunales civiles y comerciales y contencioso-administrativos.

F) La participación de las provincias en sociedades estatales

La mención que casi todas las leyes que regulan las sociedades de propiedad total (ley 20.705) o participación mayoritaria estatal (ley 19.550) efectúan respecto de la posibilidad de que los socios sean las provincias, ha conducido a ciertos autores a plantear algunas dudas cuando las Sociedades del Estado (por ejemplo) sean exclusivamente provinciales[1156], respecto de la aplicación de la legislación local.

La mayoría de tales interrogantes se suscitan en mérito a que se parte de un presupuesto erróneo: su conceptualización como personas jurídicas públicas estatales.

En efecto, si se acepta, como se ha visto, que se trata de entidades privadas regidas, en principio, por el Código de Comercio, no pueden abrigarse dudas respecto

---

[1152] "SEGBA c/ Municipalidad de la Ciudad de Buenos Aires", Fallos, 268:284 (1967); C. Nac. Fed., sala civil y comercial, *in re* "Segba v. Cerdeira, Manuel A.", ED 16-379.

[1153] C. Nac. Fed., sala 1ª, civil y comercial, *in re* "Segba v. Hionis, Demetrio", LL 1975-D-3 y 4.

[1154] C. Nac. Com., sala C, *in re*, "Iweco Weil y Cía. SA v. Segba", ED 6, 579-560, y de la misma Cámara, sala A, "Segba v. Cipiensky, Natalio", ED 55-340.

[1155] En el caso "Segba v. Hionis, Demetrio", LL 1975-D-4.

[1156] GONZÁLEZ DE RECA, Florencia, "Las sociedades del Estado como forma jurídica de la organización de empresas estatales", *RADA*, nro. 8, Plus Ultra, Buenos Aires, 1977, ps. 51 y ss.

de que su encuadramiento es materia de la legislación común que dicta el Congreso Nacional (art. 75, inc. 12, CN).

En consecuencia, la legislación provincial sólo puede reglar los aspectos generales que corresponden al Derecho Administrativo (de naturaleza local) que se limitan, básicamente, a las relaciones de dirección y control (a través de los medios de impugnación). Pero esta aplicación del Derecho Público ha de hacerse cuidando de no alterar el tipo jurídico y régimen de la entidad, que se rigen por la ley comercial, sin perjuicio de las específicas derogaciones que cada régimen consagra.

G. Conclusiones

Lo hasta aquí expuesto permite formular estas conclusiones:

a) la utilización por parte del Estado de formas jurídicas privadas para llevar a cabo actividades industriales o comerciales constituyó una constante en casi todos los países de signo occidental, no contradiciendo ningún principio filosófico ni jurídico, salvo los límites impuestos, en el plano de su justificación, por la doctrina de la subsidiariedad. El régimen jurídico de estas entidades no es, sin embargo, adecuado cuando se trata de la prestación de un servicio público, cualquiera fuere su carácter (industrial, comercial o administrativo);

b) si bien el criterio básico para determinar la condición de persona pública estatal del ente es el de su encuadramiento o pertenencia a la organización administrativa, el mismo carácter se concilia plenamente con el que atribuye carácter comercial a las sociedades anónimas cualquiera fuere su objeto[1157] (por su forma), dado que, de acuerdo con su organización y régimen jurídico privatístico, éstas no integran la Administración Pública, aun cuando el Estado posea la mayoría total o la casi totalidad de las acciones y el poder decisorio en la entidad;

c) las formas jurídicas mercantiles del Estado, no obstante que se regulan, en principio, por el Código de Comercio, admiten una parcial injerencia del Derecho Público en aquellas relaciones atinentes a la dirección y control de tales entidades en su vinculación con la Administración Pública, sin perjuicio de las derogaciones específicas que establezca el régimen normativo de cada ente respecto de las disposiciones generales de la ley mercantil.

1. LA SOCIEDAD DE ECONOMÍA MIXTA

A) Antecedentes

Los antecedentes de las Sociedades de Economía Mixta se remontan a las Compañías de Indias, donde, con el fin de colonización y explotación de las riquezas naturales, se crearon entidades sobre la base de la asociación entre el Estado y los particulares. Pero, en realidad, la génesis de lo que actualmente caracteriza a este

---

[1157] HALPERIN, Isaac, *Manual de sociedades anónimas*, Depalma, Buenos Aires, 1961, ps. 67/69.

tipo societario se encuentra en Alemania, a comienzos de siglo, con la constitución de una sociedad de esta clase[1158].

Su aparición obedece a los primeros ensayos de intervención estatal en el campo de la gestión económica – preferentemente en los llamados servicios públicos industriales y comerciales– , al reemplazar la figura del "concesionario"[1159] por este tipo de entidades, que en el fondo tornaban compatible el dogma del *laissez faire* del liberalismo económico con la conveniencia o necesidad de fomentar y realizar ciertas obras y actividades de interés público[1160]. Por esta causa, en Inglaterra y los países socialistas, en los que el proceso de nacionalizaciones condujo a una total intervención del Estado, la creación de sociedades de economía mixta no ha sido utilizada como tipo instrumental para llevar a cabo las actividades industriales y comerciales, optándose en cambio por las *Public Corporations* y las Empresas del Estado[1161].

La experiencia argentina en la materia, en rigor, fue bastante rica, como lo demuestra la existencia de varias sociedades anónimas que, aunque no revestían la tipología del actual régimen, presentaban como dato asociativo la presencia de sujetos estatales y particulares (*v.gr.*, Banco de la Provincia de Buenos Aires, Banco Central, Banco de la Provincia de Córdoba, Sociedad Mixta Siderúrgica Argentina [Somisa] y Atanor, Sociedad Anónima Mixta, Sociedades Mixtas de Aeronavegación, Empresa Mixta Telefónica Argentina, etc. [1162]).

El auge de este tipo de entidades, no obstante que en el año 1946 se dictó una regulación específica para ellas, comenzó a declinar prontamente a raíz de la política de estatizaciones que se inició en esa época y al escaso interés que los particulares tienen en la inversión de fondos destinados al capital de estas sociedades. Esta situación se produce porque en la mayor parte de los casos no se les ofrece una participación que les asegure el poder de decisión suficiente para prevalecer en las asambleas y en el directorio, a lo cual hay que agregar que el otorgamiento al Estado del derecho de veto le asigna un mayor poder político en el seno de la sociedad.

Lo cierto es que, en la actualidad, el régimen de las Sociedades de Economía Mixta instituido por el dec. 15.349/1946, ratificado por la ley 12.962[1163], carece prácticamente de aplicación.

[1158] CÁMARA, Héctor, *Sociedades de economía mixta*, Arayú, Buenos Aires, 1954, p. 14.

[1159] FLAMME, Maurice A., "El régimen de las actividades comerciales e industriales de los poderes públicos en Bélgica", en *La empresa pública*, t. II, Zaragoza, 1970, ps. 807/808.

[1160] GARRIDO FALLA, Fernando, "Las empresas públicas", ps. 140/141.

[1161] BREWER CARÍAS, Randolph, *Las empresas públicas en el Derecho Comparado, cit.*, ps. 122/123.

[1162] Sobre antecedentes argentinos véase CÁMARA, Héctor, *Sociedades de economía mixta, cit.*, ps. 45 y ss.; RODRÍGUEZ ARIAS, Julio C., *La sociedad de economía mixta*, Rosario, 1940, ps. 93 y ss.

[1163] Sociedad Mixta Siderúrgica Argentina, Somisa (creada por la ley 12.987, con las modificaciones de la ley 15.801); Atanor SAM y Carboquímica Argentina SM (ley 19.812).

B) Concepto. Fines que debe perseguir

La Sociedad de Economía Mixta es definida por la ley como aquella formada por el Estado nacional, los estados provinciales, las municipalidades o las entidades administrativas autárquicas dentro de sus facultades legales, por una parte, y los capitales privados, por la otra, para la explotación de empresas que tengan por finalidad la satisfacción de necesidades de orden colectivo o la implantación, el fomento o el desarrollo de actividades económicas[1164].

La definición que brinda la ley nos parece susceptible de estas críticas:

a) resulta incorrecto hablar de "estados provinciales", pues en nuestra terminología constitucional sólo cabe referirse a las provincias, tal como lo reconoce el art. 33, CCiv., al estatuir la condición jurídica de personas de Derecho Público que ellas revisten;

b) tampoco es admisible la mención a los "capitales privados", pues quienes se asocian son siempre personas físicas o jurídicas, es decir, sujetos de derecho[1165].

Hubiera sido, asimismo, preferible que la ley hiciera una mención genérica a las personas públicas estatales en vez de señalar concretamente algunos tipos que estas entidades ostentan en el ordenamiento jurídico. Al respecto, entendemos que, por extensión, tanto de las Empresas del Estado regidas por la ley 13.653 como, en general, las entidades descentralizadas atípicas, habida cuenta de su condición de personas jurídicas públicas estatales, pueden asumir el carácter de "socias" en esta clase de sociedades.

En cuanto al objeto que pueden perseguir, la ley ha optado por un criterio amplio que engloba: 1) la prestación de servicios públicos de cualquier naturaleza, y 2) la realización de actividades industriales y comerciales. Si bien no compartimos las críticas que Bielsa[1166] formulara sobre esta figura societaria, pensamos que la realización de servicios públicos por esta especie de sociedades, por la naturaleza y régimen de la actividad, regida por el Derecho Administrativo, no es compatible con esta forma societaria.

C) Condición jurídica

El régimen legal (dec. 15.349/1946, ratificado por ley 12.962) prescribe, en su art. 2º que "la sociedad de economía mixta puede ser persona de Derecho Público o de Derecho Privado, según sea la finalidad que se proponga su constitución".

La determinación de su condición jurídica tiene su importancia en la medida en que su naturaleza se conecta con el respectivo ordenamiento.

La doctrina no ha sido pacífica al respecto. Mientras un sector propició el criterio del predominio que la Administración Pública ejerza en la sociedad (especial-

---

[1164] Dec. 15.349/1946, ratificado por la ley 12.962, art. 1º.

[1165] *Cfr.* CÁMARA, Héctor, *Sociedades de economía mixta, cit.*, p. 7.

[1166] BIELSA, Rafael, en el prólogo de la obra de RODRÍGUEZ ARIAS, Julio C., *La sociedad de economía mixta, cit.*, p. IX y ss.

mente en el capital y poder de decisión)[1167] para adjudicarle en tal caso carácter público, hay quienes asignaron trascendencia al criterio de los fines[1168] recogido por el art. 2º de la ley, y finalmente, se ha sostenido en la doctrina española que se trata de un *tertium genus*[1169].

No obstante la redacción de la norma (art. 2º, dec. 15.349, ratificado por ley 12.962), las Sociedades de Economía Mixta tienen carácter privado en mérito a las siguientes razones:

a) por no hallarse encuadradas en la Administración Pública y revestir la forma de "sociedad";

b) pese a la ambigua declaración del art. 2º, la ley estatuye que con excepción de las disposiciones especiales rigen para este tipo de sociedades las prescripciones aplicables a las sociedades anónimas (art. 3º), lo cual pone en evidencia que se trata de una forma "específica" de sociedad mercantil;

c) las sociedades comerciales constituyen personas jurídicas privadas (art. 33, CCiv.), y el carácter mercantil de una sociedad deriva de haber acudido a la forma societaria en algunos de los tipos previstos por la legislación (argumento que emerge del art. 3º, ley 19.550).

La interpretación que hemos expuesto aparece confirmada en la Exposición de Motivos que elevaron en su oportunidad los miembros de la comisión redactora de la Ley de Sociedades 19.550. Allí se expresó que la adopción de tipos societarios establecidos por ley no "comporta un estancamiento para la adopción de nuevos tipos societarios, porque ello quedará siempre dentro de la competencia del legislador, como la experiencia nacional lo demostró con las leyes 11.388, 11.645, 17.318 y con el dec.-ley 19.349/1946"[1170].

D) Naturaleza de los aportes

En materia de aportes, la legislación que regula este tipo societario asume un carácter especial, ampliando el concepto técnico del aporte, que es propio de las demás sociedades mercantiles, al admitir que éste se constituye por:

a) concesión de privilegios de exclusividad o monopolio; exención de impuestos; protección fiscal; compensación de riesgos; garantías de interés al capital invertido por los particulares;

b) primas y subvenciones; aporte tecnológico;

[1167] VILLEGAS BASAVILBASO, Benjamín, *Tratado de Derecho Administrativo*, t. II, TEA, Buenos Aires, 1949-1956, ps. 179 y ss.

[1168] MARIENHOFF, Miguel S., *Tratado de Derecho Administrativo*, t. I, 5ª ed. act., Abeledo-Perrot, Buenos Aires, 1995, ps. 506 y ss.; GORDILLO, Agustín A., *Empresas del Estado*, *cit.*, ps. 107/109; la postura de este mismo autor se encuentra en discrepancia con la que utiliza en materia de sociedades anónimas de participación estatal, donde el criterio de distinción es otro (participación total o casi total [?] del capital del Estado); CÁMARA, Héctor, *Sociedades de economía mixta, cit.*, ps. 94/95.

[1169] GARRIDO FALLA, Fernando, "Las empresas públicas", *cit.*, p. 141.

[1170] ED 42-957.

c) anticipos financieros;

d) aportes de carácter patrimonial, en dinero, en títulos públicos o en especie, concesión de bienes en usufructo[1171].

E) Dirección y administración. Fiscalización. El veto

Conforme a lo que preceptúa el régimen legal, la dirección y administración de la sociedad se lleva a cabo por un directorio, cuyo presidente y, por lo menos, un tercio de sus integrantes representan a la Administración Pública y son nombrados por ésta (art. 7°, dec. 15.349/1946 ratificado por ley 12.962). Se trata de una participación estatal de carácter estatutario y permanente, donde no se sigue, en principio, el régimen que al respecto consigna la ley con relación a las sociedades anónimas.

El órgano de fiscalización también debe hallarse integrado por un representante estatal (art. 7°, ley citada) aunque con motivo de la sanción de la ley 19.550 se transforma la sindicatura en las sociedades de economía mixta, que debe ser colegiada, en número impar[1172].

¿Cuál es la relación jurídica que vincula a los representantes estatales con la Administración Pública? La doctrina distingue dos casos posibles:

a) que el representante estatal sea al propio tiempo funcionario o empleado público, en cuyo caso la relación jurídica es la propia de la relación de función pública, dentro de cuyos deberes está el de cumplir con las órdenes e instrucciones que le impartan los superiores jerárquicos con relación a la administración de la sociedad[1173];

b) que dicho representante estatal no sea funcionario o empleado público, en cuyo caso la relación jurídica es la del "mandato" pero de Derecho Público, sin perjuicio de la recurrencia analógica a las reglas del Derecho Privado, dado que esta figura carece de regulación en el Derecho Administrativo.

La característica peculiar que presenta esta figura societaria es la institución del veto, por cuyo mérito el presidente de la sociedad o, en su ausencia, cualquiera de los directores nombrados por la Administración Pública, tienen la facultad de suspender las decisiones del Directorio y de la Asamblea de accionistas.

Los supuestos en que procede el veto son:

1) si se dictare una decisión contraria a la ley (en general, al ordenamiento jurídico) o violatoria de la ley de creación;

2) si la resolución fuere contraria a las prescripciones del Estatuto de la Sociedad;

[1171] Dec. 15.349/1946, ratificado por ley 12.962, art. 4°.

[1172] Ley 19.550, arts. 284 y 299, inc. 3°, norma esta última que precepta expresamente la fiscalización estatal permanente por la autoridad de contralor (Inspección Gral. de Personas Jurídicas en la Cap. Fed.) para estas sociedades.

[1173] Para Marienhoff, el vínculo que relaciona a los representantes del Estado dentro de la Sociedad de Economía Mixta con el Estado, es el del mandato del Derecho Privado, MARIENHOFF, Miguel S., *Tratado de Derecho Administrativo, cit.*, t. I, ps. 514 y ss.

3) cuando pudiera comprometerse la conveniencia del Estado vinculada a la Sociedad[1174].

Si bien los efectos del veto son suspensivos, la ley estatuye que si éste no fuera confirmado por la autoridad administrativa[1175] dentro del plazo de veinte días computados a partir de la comunicación a dicha autoridad, la resolución adoptada por el directorio o la asamblea, en su caso, se tendrá por firme (art. 8° de la ley citada).

Esta norma prescribe también que cuando el veto se fundare en la violación de la ley (entendemos que incluye la ley de creación) o de los estatutos sociales, los representantes del capital privado[1176] pueden recurrir judicialmente contra la decisión definitiva que se hubiere adoptado por parte de la Administración Pública.

F) Creación de la entidad

Se ha sostenido que como el art. 8° de la ley, al regular el derecho de veto, hace referencia a las resoluciones contrarias a la "ley de su creación", ello implica que la correspondiente atribución para crear la entidad compete al legislador[1177].

Pero tal argumento no pasa de constituir una referencia desafortunada, pues, al igual que lo que acontece en materia de entidades estatales descentralizadas, nada impide que su creación sea dispuesta también por el Poder Ejecutivo[1178].

G) Régimen jurídico: la imposibilidad de que sean declaradas en quiebra. El rescate

En todo lo no regulado especialmente en la ley, las Sociedades de Economía Mixta se rigen por las reglas atinentes a las sociedades anónimas[1179].

Ahora bien, aunque algunas de esas derogaciones configuran interferencias del Derecho Público (*v.gr.*, el veto), tal circunstancia no transforma la condición jurídica de la entidad ni el régimen de sus actos, que se rigen, en principio, por el Derecho Comercial.

De neto corte publicístico es – por ejemplo– la prescripción que prohíbe que ellas sean declaradas en quiebra[1180], no obstante que permita la disolución de la entidad por las causales que enuncia el Código de Comercio.

[1174] Dec. 15.349/1946, ratificado por ley 12.962, art. 8°; en la Sociedad Mixta Siderurgia Argentina, Somisa, este artículo fue derogado especialmente (art. 6°, ley 15.801).

[1175] La ley agrega la palabra "superior", expresión que no condice con la relación que vincula al ente con la Administración, que no es de subordinación jerárquica.

[1176] Aquí la ley utiliza la objetable expresión "el capital privado podrá recurrir".

[1177] VILLEGAS BASAVILBASO, Benjamín, *Tratado de Derecho Administrativo*, cit., t. II, p. 201.

[1178] *Cfr.* MARIENHOFF, Miguel S., *Tratado de Derecho Administrativo*, cit., t. I, ps. 503 y ss., ha sostenido que sólo cuando la Constitución haga mención a la ley debe interpretarse que se refiere a la ley "formal".

[1179] Art. 3°, dec. 15.349/1946, ratificado por la ley 12.962.

[1180] Art. 11, dec. 15.349/1946, ratificado por la ley 12.962.

La posibilidad de proceder al rescate de las acciones constituye también otra de las regulaciones específicas que trae la ley, que reglamenta dos casos:

a) cuando se liquide la sociedad, los accionistas privados podrán rescatar las acciones del Estado, con la característica de poder continuar con el régimen jurídico que tenía la empresa[1181];

b) tratándose de sociedades que explotan servicios públicos, vencido el término de duración de la sociedad, la Administración puede rescatar las acciones de los particulares transformando la sociedad en una entidad autárquica y continuando el objeto para el cual había sido creada [1182].

Ambas prescripciones legales consagran el principio de la continuidad de la empresa o explotación.

2. LA SOCIEDAD DEL ESTADO

A) Noción y naturaleza jurídica

La figura de la sociedad del Estado, tal como aparece estructurada en la ley 20.705, representa la última tipificación legislativa operada entre nosotros dentro del proceso de utilización de formas privatísticas por parte del Estado. En atención a las derogaciones que su régimen normativo estatuye con relación al que es propio de la legislación societaria del Código de Comercio, nos parece metodológicamente necesario efectuar su análisis con carácter previo al de las restantes formas de intervención y participación estatal.

Se trata de una figura que, utilizando como base la forma de la sociedad anónima, introduce al régimen de esta última derogaciones específicas, que contribuyen a dotarla de una peculiar fisonomía jurídica, tan peculiar que para algunos autores ni siquiera llega a configurar una sociedad[1183].

Las principales derogaciones hacen a su estructura y son fundamentalmente dos: a) la imposibilidad de que los particulares participen en el capital social, y b) la admisión de la sociedad unipersonal o sociedad de un solo socio[1184].

La exclusión de los particulares en el acceso a este tipo societario obedece precisamente a las razones que originan su aparición: la regulación de la actuación exclusiva del Estado y sus entidades bajo formas societarias.

Creemos que no se debe juzgar la bondad o no de esta sociedad en forma dogmática y aislada, pues se trata de uno de los grados – el grado máximo– de utili-

---

[1181] Dec. 15.349/1946, ratificado por la ley 12.962, art. 10.

[1182] Dec. 15.349/1946, ratificado por la ley 12.962, art. 12.

[1183] BARRA, Rodolfo C., "Acerca de la naturaleza jurídica de las sociedades de Estado", cit., ED 67-601; SEGAL, Rubén, "Sociedades del Estado", LL 156-1423 y ss.; ROMERO, José I., "Sociedades del Estado", JA, 1975, secc. Doctrina, ps. 631 y ss.

[1184] El art. 1°, ley 20.705, las define así: "Son Sociedades del Estado aquellas que, con exclusión de toda participación de capitales privados, constituyen el Estado Nacional, los estados provinciales, los municipios, los organismos estatales legalmente autorizados al efecto o las sociedades que se constituyan en orden a lo establecido por la presente ley, para desarrollar actividades de carácter comercial o explotar servicios públicos".

zación por el Estado, de manera instrumental, de técnicas del Derecho Privado, sin que ello implique justificar la intervención ni el medio empleado, que habrá de juzgarse en relación con cada caso en particular, teniendo en cuenta siempre el principio que ha de orientar la injerencia estatal: la subsidiariedad.

Ello es así tanto más cuanto para los otros supuestos en que se considere posible o conveniente la participación privada, puede acudirse a cualquiera de las restantes formas societarias (Sociedad de Economía Mixta, Sociedad Anónima de Participación Estatal Mayoritaria y sociedad anónima común).

En segundo lugar, se alega que el acogimiento legislativo de la sociedad unipersonal – al igual que lo acontecido en el Derecho español cuando el socio es el Estado– implica desconocer una característica propia de toda sociedad, cual es la estructura jurídica de contrato plurilateral de organización[1185], pretendiendo que por esta circunstancia la entidad asume la condición jurídica de una Empresa del Estado[1186].

En realidad, esta última interpretación no puede admitirse, en cuanto el abandono del criterio contractualista por la tesis "institucional" no tiene en sí nada de ilegítimo, entrando en la competencia del legislador la facultad de prescribir tal principio para una determinada forma societaria especial e, incluso, de establecerlo para las sociedades en general. Se trata de un criterio legislativo que si bien implica una derogación del principio que rige la legislación común de las sociedades comerciales, no traduce un apartamiento de la forma privatística ni su regulación ulterior, que se articula sobre la base de las normas que estatuye el Código de Comercio.

En lo que concierne a su calificación como Empresa del Estado, ella es inadmisible, ya sea que se emplee el sentido amplio o restrictivo. El primero no podría ser usado ya que no existe la categoría Empresa del Estado (en sentido amplio) con notas comunes en su régimen jurídico; existen, por el contrario, entidades descentralizadas atípicas que pertenecen a los cuadros de la Administración Pública, situación que no se da en este caso donde se regula un tipo genérico. Respecto al sentido restrictivo, que es el técnicamente correcto, a nuestro entender, es decir, al que concibe que "Empresa del Estado" constituye la categoría jurídica de persona pública estatal que estructura la ley 13.653 y sus modificatorias, éste tampoco se aplica a esta entidad, cuyo régimen difiere notoriamente del establecido en las citadas leyes.

En síntesis, la entidad que estamos analizando constituye un nuevo tipo específico de sociedad, regulada básicamente por el Código de Comercio, con las derogaciones establecidas en la ley 20.705. Y es sociedad privada y no persona pública (estatal o no estatal) porque: 1°) utiliza la forma "sociedad" y prescribe una remisión directa a las normas del Código de Comercio sobre sociedades anónimas[1187]; 2°) no integra los cuadros de la Administración Pública, sin perjuicio de la aplicación del Derecho Administrativo en aquellas relaciones jurídicas con la administración, dirección y control que hemos señalado al abordar el tema, con carácter general, al comienzo de este capítulo.

[1185] SEGAL, Rubén, "Sociedades del Estado", *cit.*, ps. 1425/1426.

[1186] ROMERO, José I., "Sociedades del Estado", *cit.*, p. 3.

[1187] Ley 20.705, art. 2°.

B) Objeto

Conforme al art. 1°, ley 20.705, las sociedades del Estado pueden desarrollar actividades de carácter industrial o comercial como asimismo la explotación de servicios públicos.

La inclusión de los servicios públicos, dentro del objeto que pueden llevar a cabo estas sociedades, resulta criticable por las innumerables relaciones de Derecho Administrativo que genera esa clase de actividad estatal aun cuando se trate de los llamados servicios públicos industriales o comerciales. De otra parte, los controles que el Derecho Público organiza para un mejor servicio de los intereses de la comunidad, no pueden ejercerse de un modo pleno y sistemático respecto de las sociedades estatales, que han sido creadas o transformadas, muchas veces, para eludir esos controles y no por razones que hacen a la naturaleza de la actividad que desarrollan.

Si bien es posible sustentar la aplicación de esta figura para regular las actividades comerciales o industriales típicas del Estado (en la medida en que se hallan justificadas por el principio de subsidiariedad), no ha sido buena la política legislativa de crear o transformar las Empresas del Estado, regidas por las leyes 13.653 y sus modificatorias, en sociedades del Estado, reguladas por la ley 20.705, en aquellos casos en que el objeto principal de su actividad sea la prestación de un servicio público, habida cuenta de la falta de un régimen adecuado de control jurídico, contable y presupuestario. En realidad, ha habido una suerte de deformación de la figura jurídica, la que ha sido utilizada para regir actividades que, en su relación con el Estado y con los particulares contratistas o usuarios, se regían antes, sin mayores inconvenientes, por el Derecho Público, pasando ahora a regularse por el Derecho Privado para escapar a la aplicación del régimen administrativo, básicamente de los controles y de las garantías debidas a los administrados. A partir del proceso de privatizaciones la figura de la Sociedad del Estado ha perdido prácticamente vigencia.

C) Régimen legal: derogaciones al Código de Comercio y aplicación de la legislación administrativa

Entre las particularidades que presenta el régimen normativo de estas sociedades de comercio y la aplicación de la legislación administrativa se destacan:

a) el capital de la entidad debe hallarse representado por "certificados nominativos" que sólo son negociables entre las personas enunciadas en el art. 1° de la ley. Se excluye, en consecuencia, su negociación con los particulares[1188];

b) no son susceptibles de ser declaradas en quiebra y su liquidación la debe realizar el Poder Ejecutivo, previa autorización legislativa[1189];

c) no pueden transformarse en Sociedades Anónimas de Participación Estatal Mayoritaria. Aunque la ley no lo expresa, es obvio que tal transformación podrá hacerse cuando ella fuera dispuesta o aprobada por una ley, pues la ley especial deroga a la ley general, a la inversa de lo que acontece en materia de reglamentos

---

[1188] Ley 20.705, art. 4°.
[1189] Ley 20.705, art. 5°.

(principio de la inderogabilidad singular del reglamento). En cuanto al art. 9°, es obvio que se refiere a aquellos casos en que no exista participación privada[1190];

d) no se les aplica la Ley de Obras Públicas. El Reglamento de Procedimientos Administrativos rige respecto del recurso de alzada, como se verá seguidamente, no obstante la prescripción expresa de la ley[1191].

D) La aplicación de la Ley Nacional de Procedimientos Administrativos a las sociedades del Estado y el control de sus actos

La admisión o no del control que la Administración Central ejerce sobre estas entidades (en el supuesto de tratarse de entidades cuyo capital pertenece al Estado nacional o a alguna de sus entidades jurídicamente descentralizadas) plantea una dificultad interpretativa derivada de lo dispuesto en la ley[1192] al estatuir la no aplicación de la Ley de Procedimientos Administrativos.

Pero de la circunstancia apuntada no deriva necesariamente que ciertos actos de dirección y contralor, que trasuntan actividades externas al ente, no puedan ni deban hallarse regidos por el Derecho Administrativo.

El sentido que tiene la exclusión de la LNPA no puede ser otro que la no aplicación de los requisitos sustanciales y adjetivos de dicho ordenamiento respecto de los actos unilaterales y bilaterales que celebre la entidad, los que, como es obvio, se regulan por el Derecho Comercial o Civil.

Esa interpretación es la que más se ajusta al Derecho positivo nacional, en cuanto el dec. 1883/1991 prescribe la posibilidad de aplicar a estas entidades, por extensión, las disposiciones atinentes al recurso de alzada[1193], lo cual se ha fundamentado en la "realidad subyacente a la forma mercantil de personificación"[1194].

La naturaleza del control que en tal caso se ejercite por parte de la Administración Central o entidad descentralizada poseedora de las acciones conduce a una nueva proyección del concepto de tutela o control administrativo.

Sabido es que esta especie de control, que procura asegurar el cumplimiento de los fines de la entidad y preservar el interés general[1195] o bien común, configura – a

---

[1190] Que autoriza al Poder Ejecutivo a transformar Sociedades Anónimas de Participación Estatal Mayoritaria en sociedades de Estado. De lo contrario habría una expropiación sin los requisitos constitucionales ni legales.

[1191] Art. 4° (dec. 1883/1991) y ley 20.705, art. 6°, CASSAGNE, Juan Carlos, "La extensión del concepto de tutela y el control de los actos de las sociedades del Estado", LL 1978-C-717.

[1192] Ley 20.705, art. 6°.

[1193] Dec. 1883/1991, art. 4°.

[1194] GARCÍA DE ENTERRÍA, Eduardo - FERNÁNDEZ, Tomás R., *Curso de Derecho Administrativo, cit.*, p. 412; CASSAGNE, Juan Carlos, *Derecho Administrativo*, t. I, 7ª ed., Lexis-Nexis - Abeledo-Perrot, Buenos Aires, 2002, p. 423.

[1195] Hauriou apuntaba, en 1893, que si bien el término no se ajustaba al Derecho Público se encontraba consagrado por el uso y era preferible conservarlo (HAURIOU, Maurice, *Précis de Droit Administratif*, París, 1927, p. 437); GARRIDO FALLA, Fernando, *Administración indirecta del Estado y descentralización funcional*, Madrid, 1950, ps. 176 y ss.

diferencia del control que dimana de la jerarquía– un poder condicionado o limita-do[1196] que requiere atribución expresa y que es de interpretación restrictiva.

La tutela entraña una facultad de revisión que ejerce la Administración Central, tanto sobre los actos de los órganos superiores de las entidades descentralizadas como respecto de los actos de las personas privadas del Estado.

En atención a la oportunidad en que se ejercita el poder de tutela, la doctrina italiana efectúa una distinción, que es ya clásica en el Derecho Administrativo[1197], diferenciando la tutela preventiva de la represiva. Así, mientras la técnica de las autorizaciones se ubica en la tutela preventiva, las aprobaciones corresponden al tipo represivo.

En el plano general de la organización administrativa su fin se orienta al mantenimiento de un principio esencial: la unidad de acción del Estado, que debe alcanzarse cualesquiera fueren las formas jurídicas de personificación que él adopte.

El concepto de tutela o control administrativo posee una verdadera fuerza expansiva, al extenderse su régimen a entidades estatales que ostentan condición de personas jurídicas privadas. Y esa fuerza extensiva aparece actualmente reconocida en la última modificación efectuada al dec. 1759/1972 (dec. 1883/1991, art. 4º), donde se prescribe la posibilidad de interponer el recurso de alzada contra los actos administrativos que emanen de los órganos de empresas o sociedades de propiedad total o mayoritaria del Estado nacional.

Nada se opone a ello. El argumento de que los actos controlados emanan de una persona jurídica privada implica confundir el acto que se fiscaliza con el sujeto de control: ¿o acaso el control de los actos administrativos de las Sociedades Anónimas ejercido por la autoridad administrativa de fiscalización tiene la virtud de transformar la esencia de los actos controlados? Si esto es así, en el campo de las sociedades que pertenecen a los particulares no se advierte por qué no se puede efectuar el control de los actos administrativos de las sociedades de Estado, a través del sistema de recursos instituido por el RLNPA. Desde luego que la resolución del recurso no dispondrá – por ejemplo– la revocación de la misma manera que podría acontecer con un acto administrativo emanado de una persona pública estatal, limitándose a impartir las instrucciones pertinentes al directorio de la entidad para que proceda a dejar sin efecto el acto sometido a control.

En lo que concierne al alcance del control, cuadra apuntar que son aplicables los criterios generales expuestos para el control de tutela[1198], el cual procede tanto por razones de legalidad como de conveniencia o mérito[1199]. Desde luego que la legalidad del acto habrá de juzgarse con arreglo a las normas de Derecho Privado que lo rijan y que la apreciación del mérito constituye una facultad privativa y discrecional de la Administración, en tanto no sea irrazonable.

[1196] ESCOLA, Héctor J., *Tratado general de procedimiento administrativo*, Depalma, Buenos Aires, 1973, p. 357.

[1197] D'ALESSIO, Francesco, *Istituzioni di Diritto Amministrativo*, t. I, Turín, 1932, p. 371.

[1198] LAUBADÈRE, André de, *Traité de Droit Administratif*, t. I, LGDJ, París, 1970, ps. 90/94; VEDEL, Georges, *Droit Administratif*, Presses Universitaires de France, París, 1968, p. 563.

[1199] Ver GARRIDO FALLA, Fernando, *Tratado de Derecho Administrativo*, *cit.*, p. 180.

De todos modos, como la ocurrencia a la vía del recurso ante la Administración Pública es optativa, el particular afectado en sus derechos subjetivos puede promover directamente la pertinente acción judicial sin requerirse previo reclamo administrativo[1200].

En conclusión, los actos de las sociedades de Estado que agravien los derechos de los particulares, no obstante poseer naturaleza jurídica privada en el sistema de la ley 20.705, son susceptibles de control por el Poder Ejecutivo o el ministerio competente, según los casos, a través de la aplicación, en lo que fuere pertinente, de los preceptos contenidos en el Reglamento de Procedimientos Administrativos (t.o. por dec. 1883/1991), conclusión que reposa en un fundamento de justicia, legalidad y eficacia, habida cuenta el fin de bien común perseguido (indirectamente) a través de técnicas privadas, lo cual no implica que deba protegerse la ilegalidad ni la decisión arbitraria o inconveniente por parte de quienes representan a esa "realidad subyacente" a la forma jurídica mercantil, que es en definitiva el Estado.

La jurisprudencia de nuestros tribunales ha sostenido la aplicación de los aspectos procesales de la LNPA, particularmente de las normas que reglamentan el amparo por mora de la Administración[1201], para lo cual se basó en que la ley 21.686, al modificar el art. 32, LNPA, incluyendo a las sociedades del Estado en el inc. f), dejó sin efecto la exclusión del art. 6°, ley 20.705, en torno de la inaplicabilidad de la ley citada[1202].

E) El régimen del personal de las sociedades del Estado

El personal de las sociedades del Estado, ya sean directivos o empleados de ellas, no reviste la condición propia de los agentes públicos. Con respecto al personal subalterno, la doctrina, en general, postula que constituye una relación de em-

---

[1200] Ley 19.549, modificada por la ley 21.686, art. 32.

[1201] Así lo sostuvo la C. Nac. Fed. Cont. Adm., sala 3ª, "Amil, Andrés v. YPF", LL 6/7/1982, con nota de Jorge José Docobo. Allí se afirmó que aun cuando las actividades industriales o comerciales siguen rigiéndose por el Derecho Privado en su contenido específico, nada impide que el aspecto procesal sea reglado por la Ley de Procedimientos Administrativos, fijando la cuestión en la órbita del Derecho Público.

[1202] La Corte consideró ilegítima la negativa de una sociedad del Estado a concederle vista de las actuaciones a un particular (recurso de hecho deducido por la actora en la causa "La Buenos Aires Cía. de Seguros SA v. Petroquímica B. Blanca SA" del 12/5/1988). Ante la adjudicación por parte de Petroquímica B. Blanca de un contrato por el cual había llamado a licitación pública y la negativa de la sociedad estatal de otorgarle vista de las actuaciones a la actora – oferente no adjudicataria en la citada licitación–, ésta promovió una acción de amparo. A su procedencia se opuso la sociedad estatal con el argumento de que sus actuaciones internas no constituían expedientes administrativos, sino papeles privados, y que en el caso se comprometía la libre actividad y desarrollo de un comerciante, por tratarse de una empresa de naturaleza jurídica privada. Rechazada la acción en 1ª y 2ª instancia, adoptó la Corte la posición contraria al incluir en primer lugar, dentro del concepto de "entes descentralizados" a que se refiere el art. 1°, ley 19.549, a las sociedades comerciales del Estado. Bajo esa óptica consideró aplicable a ella los principios del debido proceso adjetivo en especial el derecho a ser oído (art. 1°, inc. f], ap. 1°, LNPA) y, por ende, de obtener vista de las actuaciones no declaradas reservadas (arts. 38 y 76, dec. 1759/1972), consecuencia lógica del carácter estatal del ente y del principio de publicidad de los actos estatales.

pleo privado, aplicándole – por extensión– la jurisprudencia establecida por la Corte Suprema de Justicia de la Nación y demás tribunales inferiores para la Empresa del Estado regida por la ley 13.653 y sus modificatorias[1203].

En cambio, en el caso del personal que cumple funciones de dirección y de responsabilidad efectiva, un sector de la doctrina ha sostenido que se trata de una relación de empleo público, aplicando de ese modo la jurisprudencia elaborada en torno de las Empresas del Estado regidas por la ley 13.653 y normas que la modifican[1204].

Tal postura es inaceptable por cuanto: a) las sociedades del Estado poseen naturaleza jurídica privada, aplicándose la legislación mercantil; b) esta legislación (especialmente los arts. 59 y 274, ley 19.550), resulta incompatible con el régimen de la responsabilidad disciplinaria de los agentes públicos, propia del Derecho Administrativo[1205].

3. SOCIEDADES ANÓNIMAS

A) La actuación del Estado y la sociedad anónima

Las actividades económicas que el Estado llevó a cabo en muchos países donde se operó el proceso de nacionalización de industrias, hizo que en los comienzos el Estado utilizara la estructura de la sociedad anónima del Derecho Mercantil para continuar el desarrollo de tales actividades.

Diversas razones confluyeron para ello, siendo quizá una de las más importantes la falta de flexibilidad de los sistemas del Derecho Administrativo que, en principio, no resultan aptos para regular esta clase de actividades. Pero, además, el principio de la continuidad empresaria, con todas las ventajas que ello implica en el orden comercial y crediticio, motivó que se conservaran intactas las estructuras tradicionales de la sociedad anónima, teniendo en cuenta de que éstas favorecían el acceso a los mercados de capitales, necesarios para encarar nuevos proyectos de inversiones.

Aunque ésta no fue una característica unívoca en la evolución operada en nuestro país, pues en la primera época de este proceso se optó por la figura "Empresa del Estado", que tipifica la ley 13.653, lo cierto es que también se ha apelado a la forma de la sociedad anónima común del Código de Comercio (v.gr., el caso de Segba SA).

Es evidente – como se ha expresado– que la utilización de la forma jurídica de la sociedad anónima permite realizar una gestión eficiente en el logro del objetivo

---

[1203] DROMI, José R., *Derecho Administrativo Económico*, cit., p. 321.

[1204] DOCOBO, Jorge J., "Las sociedades del Estado y el amparo por mora de la Administración", LL 1982-C-331; GONZÁLEZ DE RECA, Florencia, "Las sociedades del Estado como forma jurídica de la organización de las empresas estatales", cit., p. 54, y el trabajo titulado "Las sociedades del Estado. Su régimen jurídico y su grado de autonomía", Sindicatura General de Empresas Públicas, Buenos Aires, 1980, p. 27.

[1205] MAIRAL, Héctor A., "Las sociedades del Estado o los límites del Derecho Administrativo", LL 1981-A-805, quien sostiene que la responsabilidad mercantil demanda una diligencia y asunción de riesgos, que no son propios de la actividad burocrática.

buscado (industrial o comercial) al no encontrarse limitada por las reglas propias de los entes públicos estatales (Derecho Administrativo), especialmente por la existencia de inadecuados controles, que si bien pueden ser válidos para el Derecho Público resultan un freno para la rapidez y eficiencia que requiere una empresa comercial [1206].

La intervención y participación del Estado (mayoritario o minoritario) en sociedades anónimas no se limita a la forma común del Código de Comercio, sino que se acude también a la estructura de la sociedad anónima con Participación Estatal Mayoritaria.

B) La sociedad anónima con participación estatal mayoritaria

El nacimiento de la figura de la Sociedad Anónima con Participación Estatal Mayoritaria se produjo en el año 1967 al dictarse a ese efecto la ley 17.318, apareciendo más tarde recogida en la ley 19.550 de sociedades (secc. VI), como un tipo específico de sociedad anónima.

Los propósitos que se tuvieron en mira al disponer su institución, aparte de los ya expuestos, consistieron fundamentalmente en la conveniencia de contar con una estructura societaria típica que permitiera fortalecer el fenómeno de la participación mayoritaria del Estado en el seno de la entidad, con prevalencia en las decisiones de las asambleas ordinarias y extraordinarias.

Como la aparición de este régimen se produjo poco antes de la sanción de la Ley de Sociedades, muchas de sus normas, al ser recogidas por la legislación general (*v.gr.*, no exigencia del mínimo de diez socios para la constitución de la sociedad anónima), no fueron después consagradas en la secc. VI de la ley 19.550.

La ley no regula una sociedad de economía mixta [1207], ni siquiera una figura similar, habida cuenta de que pueden existir sociedades de este tipo sin participación privada, ya que ello no configura una exigencia *sine qua non* de este tipo societario. Se trata de una diferente regulación de determinadas normas aplicables a esta especie de sociedad anónima, rigiendo para las situaciones no modificadas expresamente las prescripciones propias de las sociedades anónimas [1208].

Conforme a lo preceptuado en el art. 308, ley 19.550, para que se configure una Sociedad Anónima de Participación Estatal Mayoritaria deben reunirse los siguientes requisitos:

[1206] HERNÁNDEZ, Belisario J., "Las empresas públicas argentinas y el nuevo régimen de sociedades anónimas con participación estatal", LL 130-964. Estamos de acuerdo con este autor en que la falta de eficacia que se puede observar en las empresas estatales argentinas obedece a tres factores: a) inadecuada estructura jurídica; b) descuidada selección de directivos y personal subalterno; c) falta de estabilidad de los cuadros superiores.

[1207] BERGEL, Salvador D., "El régimen creado por la ley 17.318", ADLA, XXVII-B-1967, p. 1481; HERNÁNDEZ, Belisario J., "Las empresas públicas argentinas...", *cit.*, p. 6.

[1208] Esta interpretación surge de lo dispuesto en el art. 312, ley 19.550, en cuanto prescribe "las modificaciones al régimen de la sociedad anónima establecidas por esta sección dejarán de aplicarse cuando se alteren las condiciones previstas en el art. 308".

a) el Estado nacional, las provincias (la norma emplea la incorrecta expresión "estados provinciales"), los municipios, los organismos estatales legalmente autorizados al efecto o las sociedades anónimas sujetas a este régimen, deben ser propietarias, en forma individual o conjunta, de acciones que representen por lo menos el cincuenta y uno por ciento del capital social, y

b) dichas acciones tienen que ser suficientes para prevalecer en las asambleas ordinarias y extraordinarias.

Las principales características de su régimen jurídico son:

a) no se aplica la incompatibilidad que para ser directores o gerentes estatuye el art. 264, inc. 4°, ley 19.550, al prohibir el desempeño de tales cargos a los funcionarios de la Administración Pública (art. 310, ley 19.550);

b) no rige el art. 263, ley 19.550 (elección de directores por el sistema de voto acumulativo), previéndose que cuando hubiere participación privada y ésta alcanzare al veinte por ciento del capital social, las acciones darán derecho a una representación proporcional en el directorio y a elegir por lo menos uno de los síndicos (art. 311, ley 19.550);

c) cuando el contrato social exprese el propósito de mantener la prevalencia de las entidades enunciadas en el art. 308, ley 19.550, cualquier enajenación de acciones que importe la pérdida de la situación mayoritaria deberá ser autorizada por ley, debiendo contener el estatuto, en tal caso, las normas necesarias para impedir que por nuevas emisiones se altere esa mayoría (art. 313, ley 19.550);

d) la sociedad no puede ser declarada en quiebra [1209] y su liquidación será cumplida por la autoridad administrativa que designe el Estado, designación que corresponde efectuar al Poder Ejecutivo nacional, cuando la mayoría accionaria pertenezca al Estado nacional, sus entidades o las sociedades de su propiedad o participación mayoritaria.

Sección 2ª

OTRAS FORMAS DE GESTIÓN

1. EMPRESAS SIN PERSONALIDAD JURÍDICA

En el Derecho Comparado, en los inicios del proceso de asunción por el Estado de actividades industriales o comerciales, esta clase de tareas fue asignada a órganos de la Administración Central, carentes de personalidad jurídica. Así nacieron en Francia las *régies industrielles et commerciales*, en el Derecho alemán las *regie betrieb* y en España las llamadas "empresas propias" o "servicios administrativos sin personalidad jurídica"[1210].

En nuestro país la mayor parte de las fábricas militares que la ley 12.709 colocó bajo la dependencia de una entidad autárquica denominada "Dirección General de

---

[1209] Art. 314, ley 19.550.

[1210] BREWER CARÍAS, Allan R., Las empresas públicas en el Derecho Comparado, *cit.*, p. 51.

Fabricaciones Militares" funcionaron organizadas como empresas sin personalidad jurídica. Si bien ellas estaban bajo la jerarquía de la Dirección General de Fabricaciones Militares y actuaban con la personalidad de esta entidad, tenían reconocida una serie de facultades en materia de contrataciones, configurándose una situación que desde el punto de vista de los principios jurídicos de la organización administrativa recibe el nombre de "organización desconcentrada", que actuaba, en ese caso, en el marco de una entidad autárquica [1211].

2. LAS CORPORACIONES ESTATALES

En el campo de la descentralización regional, la estructura más apta para regular la creación y funcionamiento de entes regionales de desarrollo es la "corporación pública estatal", es decir, una entidad que reposa sobre la base de la asociación de los entes estatales participantes (Estado nacional, provincias o municipalidades) [1212].

Los caracteres propios de esta clase de entidades son:

a) se trata de personas públicas estatales de base asociativa, es decir, que no dependen exclusivamente de una sola entidad administrativa. Su principio organizativo fundamental es la idea de coordinación y ejecución concertada de planes y proyectos comunes;

b) se encuentran sometidas al Derecho Público y, por ello, en principio, sus actos y contratos tienen carácter administrativo, sin perjuicio de la actuación en el ámbito del Derecho Privado;

c) sus funcionarios y empleados son agentes públicos, rigiéndose por las reglas atinentes a la relación de empleo o función pública [1213];

d) el sistema de control debe quedar establecido en el estatuto de la Corporación, ya que salvo que la entidad fuera exclusivamente provincial (*v.gr.*, intercomunal) suelen concurrir distintas competencias en materia de control (*v.gr.*, corporación inter-provincial).

3. LAS FUNDACIONES

A) Antecedentes de la política legislativa sobre las fundaciones

El tema de las fundaciones ha sido abordado, en nuestro país, con muy pocas excepciones, desde la órbita cuasi exclusiva del Derecho Privado. Aun cuando el Código Civil sólo se refirió a este tipo de entidades, al incluirlas entre las personas jurídicas de existencia posible (art. 33, CCiv.), la ausencia de una regulación orgánica por parte del Derecho positivo no impidió que ellas fueran siempre un tema propio del Derecho Civil.

[1211] A partir de la sanción de la ley de reforma del Estado 23.696 gran parte de las fábricas militares fueron privatizadas.

[1212] Los ejemplos que proporciona nuestro país son ya significativos: Consejo Federal de Inversiones, CORFO-Río Colorado, IDEVI, Ente Provincial del Río Colorado, etc.

[1213] GORDILLO, Agustín A., *Empresas del Estado*, *cit.*, p. 132.

Sin embargo, como ya lo advirtiera Bielsa, hace unos años [1214] la fundación entra en el campo del Derecho Público en cuanto es materia del poder de policía y de la llamada policía administrativa del Estado.

Pero el ámbito de Derecho Público que nutre y rodea a esta figura jurídica no queda agotado con las instituciones de policía, sino que congrega otras dos parcelas esenciales de la dinámica administrativa, como son el fomento y la prestación de actividades que satisfacen necesidades de bien común.

La despreocupación por parte del legislador hacia las fundaciones no fue producto del azar sino que respondía a la ideología vigente en esa época. Esa ideología, que había impulsado el proceso de secularización, eliminando a los cuerpos intermedios de la prestación de funciones esenciales y culturales (como culminación de un proceso que se inicia durante el absolutismo), no podía ver con simpatía la organización y auge de este tipo de entidades que compartían la satisfacción del bien común.

De ese modo, prácticamente la educación pasó a ser responsabilidad fundamental del Estado.

Gravitaba también, dentro de esa línea doctrinaria favorable a una política prohibicionista primero y neutra más tarde, la idea de que las fundaciones no aseguraban la circulación ni la explotación racional y eficiente de los bienes raíces, lo cual constituía el motor de la economía liberal.

En cambio, en el antiguo Derecho español, se perfilaron distintas prescripciones inherentes a esta clase de entidades, producto de la recepción de los Derechos Romano y Canónico. Tal el caso de las *ad pias causas*, que preveía la Novísima Recopilación y la admisión de cláusulas testamentarias cuyo objeto consistía en la constitución de una fundación a través de legados o mandas con cargo [1215].

Al sobrevenir en España la política prohibicionista, cuyo ejemplo queda reflejado en la ley española del 11 de octubre de 1820, se prohibió fundar "obras pías ni vinculación de ninguna clase de bienes o derechos" (art. 14). Sin embargo, como el Estado no podía llevar a cabo todas las actividades benéficas o culturales, hubo de legalizarse la existencia de "establecimientos de beneficencia particular"[1216] hasta que, finalmente, el Código Civil vino a reconocer a las "fundaciones de interés público" entre las personas jurídicas (art. 35), apartándose del sistema francés, que no las incluía entre los sujetos de derecho[1217].

La renovación de las ideas acerca de la conveniencia de legislar sobre las fundaciones se produce al culminar el abstencionismo del Estado en las actividades llamadas de beneficencia, tales como la salud y la educación.

[1214] BIELSA, Rafael, en el prólogo a PÁEZ, Juan L., *Tratado teórico práctico de las asociaciones*, 3ª ed., Ediar, Buenos Aires, 1964, p. 11.

[1215] BADENES GASSET, Ramón, *Las fundaciones de Derecho Privado*, Acervo, Barcelona, 1960, p. 33.

[1216] En España, el art. 128, Ley de Beneficencia del año 1821 y el art. 1º, ley del 20 de junio de 1949 permitieron el funcionamiento de establecimientos benéficos particulares.

[1217] Lo cual no impidió que más tarde fueran aceptadas por la doctrina y por el Consejo de Estado francés.

En Europa continental, el primer impulso lo dio, en ese camino, el Código Civil alemán del año 1900, que en forma detallada contempló diversas normas inherentes a las fundaciones.

En América, ha sido Estados Unidos de América el país que más ha contribuido al desarrollo de este tipo de entidades.

Como es sabido, en nuestro Código Civil toda la regulación de las fundaciones se limitaba a la enunciación que de esta categoría de entes se formulaba en el art. 33, inc. 5°.

Allí, al incluirlos dentro de las personas jurídicas de existencia posible, Vélez Sarsfield comprendió a "los establecimientos de utilidad pública, religiosa o piadosos, científicos o literarios... que tengan por principal objeto el bien común, con tal que posean patrimonio propio y sean capaces, por sus estatutos, de adquirir bienes y no subsistan de asignaciones del Estado".

Hubieron de pasar cien años hasta que en el año 1972 se dictó la ley 19.836 que reguló, con carácter nacional, todo lo atinente a las fundaciones, en aspectos que hacen a su constitución, fines, funcionamiento, control y extinción.

B) El concepto de fundación. Diferencias con las corporaciones o asociaciones

El concepto de fundación se encuentra debatido en la doctrina, no obstante lo cual no se cuestiona la atribución de personalidad jurídica para este tipo de entes.

Se ha dicho que la fundación es "una organización para la realización de un fin altruista, reconocida como sujeto de derecho, y que no consiste en una unión de personas"[1218].

Si bien parece difícil desprender la noción de fundación de la idea negativa, consistente en definirla como aquella institución que no consiste en una unión de personas, este elemento de la noción constituye un dato comparativo que permite indudablemente distinguir estas entidades de las asociaciones o corporaciones, ya que en estas últimas la calidad de poseer miembros es un requisito *sine qua non* para la existencia y subsistencia de la personificación.

En cambio, en las fundaciones predomina el aspecto patrimonial[1219], tratándose de la afectación a perpetuidad de un conjunto de bienes a un fin común. Esto es así pese a que las corporaciones también poseen patrimonio propio, por cuanto el patrimonio en este caso se refiere, como lo ha dicho Ferrara[1220], al haber y no al ser.

En las fundaciones, el patrimonio hace a la esencia de su constitución, ya que se requiere inicialmente la configuración del acto total por cuyo mérito el fundador le asigna un patrimonio a la entidad afectándolo de manera perpetua al régimen de esa institución, desvinculándolo de la persona de la cual proviene.

[1218] La definición se inspira en Enneccerus, y pertenece a LLAMBÍAS, Jorge J., *Tratado de Derecho Civil. Parte general*, t. II, Perrot, Buenos Aires, p. 153.

[1219] BORDA, Guillermo, *Tratado de Derecho Civil. Parte general*, t. I, 5ª ed., Perrot, Buenos Aires, p. 555.

[1220] FERRARA, Francesco, *Teoría de las personas jurídicas*, Reus, Madrid, 1929, p. 405.

Una segunda diferencia entre fundaciones y asociaciones estaría dada, para algunos autores, por el fin u objeto que ellas se proponen. Se considera a este respecto que las fundaciones tienen por objeto un fin no lucrativo o benéfico[1221].

No parece, con todo, que esta distinción fluya del texto del art. 33, CCiv., que exige en ambos casos que se trate de objetos de bien común. Sin embargo, ha sido ésta la tendencia legislativa seguida por el art. 1°, ley 19.836, que exige que las fundaciones carezcan de propósitos de lucro, lo cual implica una limitación dentro de los fines de bien común que, en forma mediata o inmediata, pueden satisfacer este tipo de entidades.

De todas maneras, se trata siempre del fin que constituye el objeto central y esencial de la fundación, el cual no impide que para alcanzarlo (*v.gr.*, actividades culturales, de investigación o de beneficencia en el campo de la salud pública) puedan realizar actos de comercio y operaciones civiles de carácter lucrativo.

Finalmente, cuadra formular una distinción entre la fundación y la asociación o corporación, fundada en la condición jurídica del acto por el cual ellas se constituyen. En las primeras, el acto constitutivo es unilateral en su formación, en tanto sólo nace de la voluntad de una persona física o jurídica, carácter que no varía esencialmente en el caso de existir varios fundadores, habida cuenta de que entre ellos no se gesta una asociación de intereses[1222].

En las asociaciones o corporaciones, en cambio, el acto constitutivo es plurilateral y se caracteriza por la concurrencia de varias voluntades que se unifican en una sola, mediante el contrato o estatuto que les da nacimiento.

C) La participación del Estado en el acto fundacional y la naturaleza jurídica de la fundación

A diferencia de lo que ocurre en otros países, donde el Estado utiliza la institución de la fundación para realizar actividades culturales o benéficas y regirse por un estatuto que básicamente esté regulado por el Derecho Privado, no se han extendido mayormente en nuestro país las formas estatales de participación en las fundaciones[1223].

En algunos países es común que el Estado utilice la estructura y el régimen jurídico de la fundación para realizar actividades culturales o asistenciales. Tal es el caso de Brasil[1224], donde determinadas universidades se han creado como fundacio-

---

[1221] CARRANZA, Jorge A., *Las fundaciones en el Derecho Privado*, Depalma, Buenos Aires, 1977, p. 16.

[1222] SPOTA, Alberto G., *Instituciones de Derecho Civil. Contratos*, t. II, Depalma, Buenos Aires, 1974, p. 181.

[1223] *Primer Directorio de Fundaciones de la República Argentina*, Fundación Aragón, Buenos Aires, 1980, p. IX.

[1224] En especial pueden verse los siguientes trabajos: OLIVEIRA FRANCO SOBRINHO, Manoel de, *Fundaçoes e Empresas Publicas*, San Pablo, 1972; ANDRÉA FERREIRA, Sergio de, *As Fundaçoes de Direito Privado Instituidas pelo Estado*, Río de Janeiro, 1973, ps. 67 y ss.; COELHO, Luiz F., *Fundaçoes Publicas*, Río de Janeiro, 1978. Para Cretella Junior, las fundaciones estatales son de Derecho Público, distinguiéndolas de las fundaciones de Derecho

nes públicas, con la particularidad de hallarse regidas por el Derecho Privado. Parece más conveniente, por tanto, calificar a estas fundaciones como fundaciones estatales o mixtas, según que la participación del Estado en el aporte fundacional sea exclusiva o compartida con los particulares, habida cuenta de que la personalidad de estos entes siempre se hallará encuadrada en el Derecho Privado.

En tal supuesto, la fundación sale por completo del círculo de control del Estado, quedando separada, en cuanto tal, de la personalidad que le dio origen, sin perjuicio de la intervención en su carácter de administrador.

En España se habla de las fundaciones de iniciativa pública[1225] cuando el acto fundacional proviene de la Administración Pública.

Interesa señalar que, cuando el acto fundacional deja bienes a un ente público para que funde una entidad, la fundación será debida a la iniciativa del particular, en tanto y en cuanto se hubiera establecido la finalidad concreta de la fundación, vinculando tal finalidad al nacimiento de ésta.

La cuestión no deja de tener su importancia, ya que al haberse señalado por el fundador el fin que debería perseguir la fundación, el Estado, al aceptar el encargo de fundar la entidad, se obliga a destinar el aporte del fundador al cumplimiento de la finalidad por él requerida.

En nuestro concepto, la figura de la fundación, al constituirse bajo una forma y de acuerdo con una técnica jurídica que es propia del Derecho Civil, sólo puede asumir la condición jurídica de una persona privada, ya se trate de una fundación totalmente estatal o de una fundación mixta.

Ello no impide que una entidad, con personalidad de Derecho Público, como puede ser una Universidad, posea fundaciones que sean administradas directamente por órganos de la Universidad o por Consejos de Administración designados por el órgano directivo de la entidad autárquica.

En ambas situaciones no creemos que pueda hablarse de dependencia jerárquica o de relación administrativa de tutela con relación al ente fundador, por más que muchas de estas fundaciones aparezcan como incrustadas en la estructura de la entidad.

La relación de tutela se limita únicamente a la posibilidad de intervenir o de renovar el Consejo de Administración, pero de ningún modo puede trasladarse al régimen de actos de la entidad, donde no se aplica la legislación administrativa.

Privado (CRETELLA JUNIOR, José, *Fundaçoes de Direito Publico*, Río de Janeiro, 1976, ps. 67 y ss.).

[1225] *Cfr.* GARCÍA TREVIJANO FOS, José A., "Tratado de Derecho Administrativo", t. II, 3ª ed., *Revista de Derecho Privado*, Madrid, 1967, ps. 303 y ss.

CAPÍTULO IX

LA ADMINISTRACIÓN DE LAS PROVINCIAS Y MUNICIPIOS[1226]. EL RÉGIMEN DE LA CIUDAD DE BUENOS AIRES. LAS REGIONES

1. ANTECEDENTES

La configuración de las provincias como entidades autónomas que actúan en un orden gubernativo distinto del del Estado nacional constituye un rasgo típico del sistema federal que adopta nuestra Constitución.

Herederas de las antiguas Intendencias de la colonia, que se constituyeron teniendo como cabezas las principales ciudades cabildo fundadas durante los siglos XVI y XVII, las provincias, no obstante preexistir a la organización constitucional definitiva, integraron y conformaron una verdadera "nación" desde 1810, tanto por la naturaleza de los vínculos que unían a sus habitantes como por el destino común que las animaba[1227].

Alberdi recuerda antecedentes, incluso anteriores a la Revolución de Mayo de 1810, que determinaron la existencia de la Nación; entre ellos cabe mencionar la unidad de origen de la población y la unidad de creencias, religión, costumbres e idioma. A esas causas sociales y religiosas se añaden otras de carácter político y jurídico, tales como la unidad de legislación civil, comercial y penal, y el hecho de tener una jurisdicción común, ya que las causas judiciales de las provincias eran resueltas por vía de apelación por la Real Audiencia de Buenos Aires; también las provincias integraban una misma administración, puesto que todas ellas formaban parte del Virreinato del Río de la Plata y estaban sujetas a la autoridad del Virrey[1228].

La existencia de la Nación se acentuó después de 1810 a pesar de las rivalidades existentes, contribuyendo a consolidarla diversas causas: la comunidad de sacrificios durante la guerra de la independencia, la existencia de autoridades nacionales entre 1810 y 1853, los pactos inter-provinciales y una institución que hizo que en el plano internacional nuestro país apareciera con una única representación al delegar en el gobierno de Buenos Aires la facultad de conducir las relaciones exteriores de

---

[1226] Este capítulo, cuya redacción básica correspondió a Juan Ramón de Estrada, ha sido objeto de sucesivas actualizaciones en las últimas ediciones de esta obra, sobre todo a partir de la reforma constitucional de 1994.

[1227] BIDART CAMPOS, Germán J., *Derecho Constitucional*, t. I, Ediar, Buenos Aires, 1968, p. 492.

[1228] ALBERDI, Juan B., *Bases y puntos de partida para la organización política de la República Argentina*, F. Cruz, Buenos Aires, 1914, ps. 102 y ss.

la Confederación Argentina[1229]. A partir del año 1810 la Nación Argentina pasó a contar con trece provincias, a las que se agregó Entre Ríos, creada en 1814 por el entonces director supremo, don Gervasio Posadas.

El territorio nacional no estaba compuesto sólo por las provincias, pues coexistían los territorios nacionales que, organizados sobre la base del ex art. 67, inc. 14, CN, y de la ley 1532 dictada en su consecuencia, fueron convertidos en provincias por leyes nacionales posteriores dictadas entre 1951 y 1957. Tal es el origen de las provincias de La Pampa, Chaco, Misiones, Formosa, Neuquén, Río Negro, Chubut y Santa Cruz.

2. LA AUTONOMÍA DE LAS PROVINCIAS

No obstante que cada una de las provincias constituye una unidad desde el punto de vista político y jurídico, es posible analizar los principios jurídicos comunes que, en lo esencial, rigen su organización y funcionamiento.

Los principios fundamentales de la organización de las provincias están fijados en la Constitución Nacional: los arts. 5°, 121, 122 y 123 prescriben que ellas se dan sus propias instituciones dictándose su propia Constitución, eligen sus autoridades y se rigen por las normas que a sí mismas se dan. Esta característica jurídica por la cual las provincias no sólo se administran a sí mismas sino que lo hacen de acuerdo con el ordenamiento jurídico que se dan, se ha denominado "autonomía"[1230].

La autonomía supone el poder de autonormarse y administrarse. La autonomía provincial quedó definitivamente afirmada con la reforma constitucional del año 1860, al suprimirse del texto constitucional la necesidad de que fuera el Congreso Nacional quien aprobara las constituciones provinciales y al derogarse el sometimiento de los gobernadores provinciales al juzgamiento por parte de autoridades políticas nacionales.

El art. 5°, CN, establece cuáles son las bases sobre las que deben organizarse las provincias. Dictan su propia Constitución (art. 123, CN) bajo el sistema representativo y republicano de gobierno, y de acuerdo con los principios, declaraciones y garantías de la Constitución Nacional; asimismo, tienen que asegurar la administración de justicia, la autonomía municipal y la educación primaria.

3. ATRIBUCIONES

Para practicar el deslinde entre las atribuciones provinciales y las correspondientes a la Nación es útil acudir a la clasificación que distingue las relaciones entre

---

[1229] Como lo demuestra también el hecho de que en esa época se usaba una misma y única bandera, escudo e himno (*Cfr.* ALBERDI, Juan B., *Bases y puntos de partida para la organización política de la República Argentina, cit.*, p. 106).

[1230] BIELSA, Rafael, *Derecho Administrativo*, t. I, Buenos Aires, p. 389; FIORINI, Bartolomé A., *Manual de Derecho Administrativo*, t. I, La Ley, Buenos Aires, 1968, p. 217; DIEZ, Manuel M., *Derecho Administrativo*, t. I, 1ª ed., Bibliográfica Omeba, Buenos Aires, 1963, p. 163.

ambos órdenes de gobierno según que éstas fueran de coordinación, de supra y subordinación, y de inordinación[1231].

Las relaciones de coordinación, que se establecen sobre la base de una distribución territorial de competencias, suponen un reparto de atribuciones a ambas esferas de poder. Pueden configurarse al acordarles facultades reservadas a las provincias, o bien, al atribuirles facultades, en concurrencia con el Estado nacional.

En principio, son facultades reservadas de las provincias las no delegadas en el gobierno federal (art. 121, CN), la elección de sus autoridades y la atribución de regirse por sus propias instituciones (art. 122, CN). Sin embargo, en algunos supuestos y por imperio de la regla de supremacía del ordenamiento federal sobre el de las provincias (art. 31, CN), las facultades reservadas que la Constitución les atribuye, conforme a un criterio residual, deben ceder frente a las normas de naturaleza federal, lo cual ocurre principalmente en dos supuestos: a) cuando se tratare del ejercicio de poderes concurrentes y existe colisión o incompatibilidad entre el ordenamiento federal y el provincial, y b) en los supuestos en que el Congreso ejerce los llamados poderes implícitos (que, en rigor, son poderes inherentes) contemplados en el art. 75, inc. 32, CN).

Facultades concurrentes entre la Nación y las provincias son las que ambas esferas de poder pueden ejercer; tales resultan las previstas en la Constitución Nacional, arts. 125 y 75, inc. 18 (promover la "industria, la inmigración, la construcción de ferrocarriles y canales navegables... la introducción y establecimiento de nuevas industrias, la importación de capitales extranjeros...". Asimismo, todo lo conducente a la prosperidad, adelanto y bienestar).

Las relaciones de supra y subordinación se manifiestan en virtud de la necesidad de que los Estados locales se subordinen a los principios básicos de la organización nacional; ello dado que el Estado federal es el titular de la soberanía y prevalece en definitiva sobre las provincias. Así, en caso de conflicto entre la Nación y las provincias, corresponde a aquélla la decisión de intervenir (art. 6°, CN), y cuando se trata de facultades concurrentes prevalece la decisión nacional (art. 31, CN). También se manifiestan las relaciones de subordinación en todo aquello que les está prohibido a las provincias por tratarse de asuntos atribuidos a la Nación; así, las atribuciones delegadas a la Nación no pueden ser ejercidas por aquéllas; no pueden celebrar tratados de carácter político; ni establecer aduanas, acuñar moneda o emitir billetes, ni dictar los Códigos Civil, Comercial, Penal, de Minería y del Trabajo y la Seguridad Social una vez que la Nación los haya sancionado, ni armar buques de guerra ni levantar ejércitos. Tampoco pueden reglar el comercio marítimo y terrestre con las naciones extranjeras o de las provincias entre sí (art. 75, inc. 13, CN).

Las relaciones de inordinación expresan que tanto la Nación como las provincias integran un solo país. Se trata de las atribuciones conferidas a los Estados locales para que participen en la formación de la voluntad de la Nación. En nuestra organización constitucional, la participación de senadores de cada una de las provincias en el Congreso y su intervención en las reformas constitucionales supone relaciones de inordinación.

[1231] GARCÍA PELAYO, Manuel, "Derecho Constitucional comparado", 6ª ed., *Revista de Occidente*, Madrid, 1961, ps. 237 y ss.

4. INSTITUCIONES Y PRINCIPALES CARACTERÍSTICAS DE LA ORGANIZACIÓN PROVINCIAL

Como se ha señalado, siendo las provincias autónomas, la Constitución les atribuye competencia para darse sus propias instituciones y regirse por ellas; en consecuencia, cada provincia dicta su propia Constitución (art. 123, CN).

Sin embargo, la circunstancia de que la organización de cada provincia deba tener en cuenta los principios que estatuye la Constitución Nacional, unida a la similitud que denotan en la realidad sus instituciones fundamentales, ha contribuido a la configuración de un Derecho Público provincial común, sin desconocer las peculiaridades que informan a cada ordenamiento.

La existencia de un sistema de gobierno representativo y republicano y la necesaria existencia de una administración de justicia, han determinado que las provincias se organizaran sobre la base de una división tripartita de poderes; un Poder Ejecutivo fuerte que tiene a su cargo la administración, cuyo titular es el gobernador, un Poder Legislativo integrado por una o dos Cámaras, según los casos, y un Poder Judicial que tiene a su cargo la decisión de las causas que versen sobre cuestiones de Derecho Privado y de Derecho Público local. En definitiva, todas las provincias, en lo esencial, adoptan un régimen similar al vigente en el orden nacional[1232].

Cada provincia presenta algunos aspectos particulares en su organización. Las Constituciones locales, dictadas en diferentes épocas, adoptan un régimen de gobierno similar pero con organizaciones diferentes. En términos generales puede señalarse que las Constituciones sancionadas a partir del año 1957 son más detallistas y tienden a prever situaciones concretas.

Los capítulos sobre declaraciones, derechos y garantías guardan, en general, armonía con las prescripciones de la Constitución Nacional, de acuerdo con lo prescripto en el art. 5°, que así se los impone como condición para que la Nación garantice las autonomías locales.

Ello no impide que algunas constituciones provinciales contengan prescripciones que reglamentan los derechos individuales de un modo particular.

Algunas Constituciones provinciales prevén en forma expresa la responsabilidad del Estado tanto por los actos y hechos de sus agentes[1233] como por la actividad del Poder Judicial[1234].

[1232] FIORINI, Bartolomé A., *Manual de Derecho Administrativo, cit.*, t. I, p. 217; DROMI, José R., "Actividad administrativa provincial. Enfoque histórico", JA, secc. Doctrina, 1975, ps. 712/720.

[1233] La Constitución de Santa Fe estatuye, en su art. 20, la responsabilidad de la provincia hacia terceros por los daños causados por actos ilícitos de sus funcionarios y empleados en el ejercicio de sus actividades; disposición que es similar a las contenidas en la Constitución de Santa Cruz (art. 12) y del Chubut (art. 19).

[1234] *V.gr.*, Constitución de Catamarca (art. 219) y de La Pampa (art. 11).

5. LOS ÓRGANOS PROVINCIALES

Si bien todas las provincias han constituido un Poder Ejecutivo a cargo de un órgano denominado gobernador, un Poder Judicial a cargo de una Corte Suprema de Justicia o de un Tribunal Superior de Justicia y tribunales inferiores (una o dos instancias según las provincias), y un Poder Legislativo compuesto por una o dos Cámaras[1235], cada una de las provincias presenta caracteres propios en cuanto a la forma de organizarse.

Así, en el ámbito de los órganos ejecutivos existe una marcada tendencia, acentuada en las constituciones más modernas, a la creación de entes u órganos con competencia específica, que, por su naturaleza, podrían ser creados por ley o decreto. De ese modo muchas Constituciones prevén la existencia de los Fiscales de Estado, asesores de Gobierno, Tribunales de Cuentas, Consejos de Educación u otros órganos específicos como los Departamentos de Irrigación, las Direcciones de Bosques, Consejos Agrarios, integrados por agentes públicos y representantes de los sectores de la producción y el trabajo.

La organización ministerial es también objeto de particular tratamiento por las Constituciones locales. En algunos casos se prevé el número de ministros, en otros el ramo de las respectivas carteras. La responsabilidad ministerial por los actos que refrendan se halla contemplada en la legislación provincial.

La organización del Poder Judicial sigue también los lineamientos de la Nación, sin perjuicio de que en algunas provincias de escasa población no se prevé la existencia de Cámaras de Apelaciones. No obstante, en lo que se refiere a las controversias regidas por el Derecho Público local, cada una de las provincias posee una organización particular que, en líneas generales, resulta muy diferente al sistema contencioso administrativo nacional.

En su momento, la Constitución de la provincia del Neuquén del año 1957 introdujo una novedosa solución al acordar efecto *erga omnes* a las decisiones del Tribunal Superior de Justicia cuando falla acerca de la inconstitucionalidad de normas o actos del Estado, al establecer que la "inconstitucionalidad de las leyes, ordenanzas o decretos declarada por el Tribunal Superior de Justicia en ejercicio de su jurisdicción originaria produce la caducidad de la ley, ordenanza, decreto u orden en la parte afectada por aquella declaración"[1236]. Posteriormente, otros textos constitucionales provinciales y el de la Ciudad Autónoma de Buenos Aires incorporaron soluciones semejantes[1237].

[1235] Se han organizado sobre la base de dos Cámaras legislativas las provincias de Catamarca, Corrientes, Tucumán, Santa Fe, Mendoza, Entre Ríos y Buenos Aires.

[1236] Constitución de Neuquén, art. 30.

[1237] Así, por ejemplo, el art. 175, Constitución de Santiago del Estero dispone que "cuando el Superior Tribunal de Justicia declara por dos veces consecutivas o tres alternadas la inconstitucionalidad de una norma legal, ésta deja de tener vigencia a partir del día siguiente a la publicación oficial de la sentencia definitiva". A su vez, el art. 113, inc. 2°, Constitución de la Ciudad Autónoma de Buenos Aires otorga al Tribunal Superior de Justicia competencia originaria y exclusiva para entender en las acciones declarativas en las que se cuestione la validez de una ley, norma u otro acto del gobierno local, y establece que "la declaración de inconstitucionalidad hace perder vigencia a la norma salvo que se trate de una ley y la Legisla-

Respecto de las atribuciones del Poder Ejecutivo frente al Legislativo resulta de interés señalar que la Constitución de la provincia de Entre Ríos prevé la posibilidad de veto parcial de las leyes, prescribiendo expresamente que el veto no invalida el resto de la ley[1238].

6. LOS GOBERNADORES

El Poder Ejecutivo de las provincias está en manos de un órgano llamado gobernador, quien tiene a su cargo el gobierno y la administración[1239]. Desde un punto de vista administrativo sus atribuciones son similares a las del presidente de la República.

Mientras permanecen en el ejercicio de sus funciones, los gobernadores no pueden ser criminalmente enjuiciados ante el Poder Judicial de la Nación, porque ello afectaría el principio de la autonomía provincial[1240].

Los gobernadores no sólo tienen a su cargo el gobierno y la administración de los intereses provinciales. Dentro del territorio de sus respectivas provincias, conforme lo prevé el art. 128, CN, "son agentes naturales del Gobierno Federal para hacer cumplir la Constitución y las leyes de la Nación".

El carácter de agentes del Gobierno Nacional que tienen los gobernadores no significa que sean funcionarios nacionales y menos aún que dependan jerárquicamente del Presidente de la República[1241], ya que la autonomía provincial impide la configuración de una relación de subordinación jerárquica.

Tal precepto, que encuentra su explicación histórica en la transición propia de la inexistencia de órganos del gobierno federal en las provincias al concretarse la organización nacional[1242] carece, en la actualidad, de significación política e institucional.

7. LA INTERVENCIÓN FEDERAL

Para asegurar la subsistencia de la Nación, el sistema constitucional prevé un remedio excepcional para el caso de que actos o hechos suscitados en las provincias puedan alterar los principios fundamentales del ordenamiento jurídico. Se trata de la intervención federal, institución por la cual el Gobierno Nacional toma a su cargo transitoria y excepcionalmente el gobierno y administración de una provincia.

El art. 6º, CN, prevé dos formas de intervención federal, una de ellas, dispuesta aun de oficio por parte del Gobierno Nacional, que tiene por objeto asegurar la for-

---

tura la ratifique dentro de los tres meses de la sentencia declarativa por mayoría de los dos tercios de los miembros presentes".

[1238]   Constitución de Entre Ríos, art. 88.

[1239]   DIEZ, Manuel M., *Derecho Administrativo*, *cit.*, t. II, p. 171.

[1240]   MARIENHOFF, Miguel S., *Tratado de Derecho Administrativo*, t. I, 5ª ed. act., Abeledo-Perrot, Buenos Aires, 1995, p. 547.

[1241]   MARIENHOFF, Miguel S., *Tratado de Derecho Administrativo*, *cit.*, t. I, ps. 545/546.

[1242]   ALBERDI, Juan B., "Bases y puntos de partida para la organización política de la República Argentina", *cit.*, ps. 201 y 209.

ma republicana de gobierno o repeler invasiones exteriores. La segunda forma, a pedido de las autoridades provinciales, tiene por finalidad sostener al gobierno local o restablecerlo si hubiera sido depuesto por sedición o por invasión de otra provincia[1243].

No se trata de la intervención administrativa a una entidad u órgano dispuesta por el superior jerárquico o por quien tiene a su cargo la función de tutela o control; es una intervención cuyo fundamento y alcance es político, perteneciendo a la categoría de los actos institucionales[1244].

La Constitución de 1853/1860 no estableció cuál de los órganos o poderes del Estado nacional es competente para disponer la intervención federal y el nombramiento de los interventores. Quienes se ocuparon del tema coincidían en general en que por analogía con lo dispuesto en la Constitución Nacional respecto al estado de sitio, correspondía al Congreso declarar la intervención federal, salvo que éste se encontrara en receso, en cuyo caso, por razones de urgencia, le correspondía al Poder Ejecutivo, quien debía comunicarlo al Congreso para su posterior decisión[1245].

La reforma constitucional de 1994 reguló expresamente esta cuestión en el inc. 31 del art. 75 y en el inc. 20 del art. 99. De acuerdo con lo previsto en las disposiciones citadas, la facultad de disponer la intervención federal de las provincias o de la ciudad de Buenos Aires corresponde al Congreso (art. 75, inc. 31), y durante su receso, al Poder Ejecutivo, el cual deberá en el mismo acto convocar al Congreso para su tratamiento (art. 99, inc. 20). En este último supuesto se precisa que el Congreso apruebe o revoque la intervención dispuesta por el Poder Ejecutivo (art. 75, inc. 31).

La designación de la persona que ocupará el cargo de interventor federal constituye una atribución del Poder Ejecutivo, quien le imparte las instrucciones correspondientes. Ello surge de la propia hermenéutica constitucional, dado que, al no estar reglado de otra manera, debe estarse a lo dispuesto en el art. 99, inc. 7[1246].

La intervención federal puede limitarse a uno de los tres poderes provinciales o abarcar el gobierno provincial en su totalidad[1247]. La extensión dependerá de lo que se establezca en el acto de intervención.

[1243] BIDART CAMPOS, Germán J., "Conflictos de poderes provinciales e intervención federal. El caso reciente de Mendoza", JA, secc. Doctrina, 1975.

[1244] MARIENHOFF, Miguel S., *Tratado de Derecho Administrativo, cit.,* t. I, p. 554; CASSAGNE, Juan Carlos, *El acto administrativo*, Abeledo-Perrot, Buenos Aires, 1974, ps. 170/173.

[1245] Respecto al estado de sitio previsto en el art. 23, CN, el art. 75, inc. 29, establece que se trata de una facultad del Congreso en caso de conmoción interior, salvo que éste se encuentre en receso, en cuyo caso le corresponde al Poder Ejecutivo con sujeción a lo que en definitiva decida el Congreso (art. 99, inc. 7°). En caso de ataque exterior es dispuesto por el Poder Ejecutivo con acuerdo del Senado. Respecto de la aplicación por analogía de estas normas a la intervención federal, la opinión de la doctrina es casi unánime, BIDART CAMPOS, Germán J., *Derecho Constitucional, cit.,* t. I, p. 509.

[1246] MARIENHOFF, Miguel S., *Tratado de Derecho Administrativo, cit.,* t. I, p. 554-555.

[1247] "Fernando Orfila", Fallos, 154:192 (1929).

Aun cuando la intervención es una medida nacional y el órgano interventor es un funcionario nacional no sujeto a la jurisdicción nacional[1248], resulta necesario analizar el alcance de sus atribuciones.

No obstante que una de las reglas de la competencia prescribe que las atribuciones del interventor no pueden ser mayores a las del órgano intervenido, pero que pueden ser menores[1249], como se trata de una intervención de carácter político y no administrativo, si bien el órgano interventor debe ajustar, en principio, su cometido a las instituciones y leyes provinciales, tal regla sólo es aplicable en tanto esas normas no contraríen los objetivos fundamentales de la intervención[1250]. En definitiva, sus atribuciones dependerán del acto de intervención y de las instrucciones que imparta el Poder Ejecutivo nacional.

La competencia del interventor no sólo está limitada a la finalidad de la intervención; posee todas las facultades de los órganos provinciales intervenidos, ya que, a la vez, es autoridad nacional y local al sustituir a los funcionarios provinciales titulares de los órganos intervenidos, con todas sus atribuciones[1251].

El estado de intervención a una provincia no altera su personalidad jurídica; sólo hay un cambio en el órgano individuo que ocupa la titularidad de los poderes u órganos locales. Se trata de un funcionario nacional que, en forma transitoria y excepcional, asume la titularidad de la entidad local[1252], cuyo poder y atribuciones le son acordadas no sólo por las normas provinciales sino también por el Congreso y el Poder Ejecutivo nacional.

En consecuencia, los actos dictados por un interventor dentro de su competencia son válidos y obligan a la provincia, incluso con posterioridad al cese de la intervención. No sólo son válidos los actos que se dicten con arreglo a las leyes provinciales, sino también aquellos que se adecuen a las instrucciones recibidas o a los fines de la intervención.

Sin embargo, en determinados casos se ha entendido que sus facultades son limitadas; así, en el supuesto de designación de jueces provinciales que requieren acuerdo de la legislatura local, se ha considerado que se trata de nombramientos "en comisión" que cesan si con posterioridad el órgano legislativo no presta el acuerdo[1253].

[1248] Fallos, 54:557, "Fernando Orfila", Fallos 154:192 (1929). En cuanto a los ministros de una intervención federal, se ha sostenido que se hallan fuera de la jurisdicción local; FRÍAS, Pedro J., "La intervención al Ejecutivo de Córdoba", LL 154-883.

[1249] MARIENHOFF, Miguel S., *Tratado de Derecho Administrativo, cit.*, t. I, p. 555-556.

[1250] Diez opina, en cambio, que los interventores no pueden tener más facultades que el órgano intervenido (DIEZ, Manuel M., *Derecho Administrativo, cit.*, t. II, p. 175).

[1251] "Abrevaya, Alejandro I. c/ Raimondini de Gambarotta, Lina y otro", Fallos, 238:403 (1957) y "Stabile, Francisco Pablo", Fallos 266:153 (1966); LOZADA, Salvador M., *Derecho Constitucional argentino*, t. I, Abeledo-Perrot, Buenos Aires, 1972, p. 552.

[1252] "Castantini, Luis c/ Provincia de San Juan", Fallos, 161:253 (1931).

[1253] MARIENHOFF, Miguel S., *Tratado de Derecho Administrativo, cit.*, t. I, ps. 559-560.

Las Constituciones provinciales más modernas tienden a limitar las funciones de los interventores nacionales con normas cuya constitucionalidad es cuestionable[1254].

8. LOS MUNICIPIOS: SU TRASCENDENCIA Y FINES. ANTECEDENTES HISTÓRICOS

La institución municipal constituía a la fecha en que se sancionó la Constitución Nacional una realidad tan acendrada que el art. 5° exige a las provincias, como condición para el goce y ejercicio de sus instituciones, que aseguren el régimen municipal.

Sus fines se circunscriben a la atención de las necesidades colectivas de carácter local utilizando en forma indistinta técnicas de policía, fomento o servicio público, siendo su misión resolver libremente los asuntos de la sociedad local[1255].

El origen de nuestros municipios, que históricamente aparecen como el más firme baluarte de las libertades políticas y de los derechos privados, se remonta al Derecho Romano, cuya influencia y organización con posterioridad al eclipse de aquél, fue recogida por el Derecho español. En nuestro país, su génesis hay que ubicarla en los Cabildos coloniales, cuya importancia política deriva de la participación del pueblo en su gobierno, y de la posibilidad de adoptar resoluciones y actos de indudable naturaleza política (v.gr., suspensión del virrey) cuando lo exigieron urgentes y graves motivos de interés general[1256].

9. SU CONDICIÓN JURÍDICA

El resurgimiento de la vida municipal que se operó con posterioridad al dictado de la Constitución de 1853, junto a la importancia y crecimiento de sus actividades derivada del hecho sociológico de las aglomeraciones, generó la necesidad de analizar su condición jurídica a fin de poder realizar el deslinde entre las competencias locales y las correspondientes a Nación y provincias, respectivamente.

Aun cuando muchas opiniones hayan podido emitirse bajo determinadas circunstancias políticas, lo cierto es que la condición jurídica de los municipios era una cuestión debatida en el plano doctrinario[1257].

Hasta hace relativamente poco tiempo, tanto en la jurisprudencia de nuestra Corte Suprema como en la doctrina del Derecho Administrativo, se imponía la concepción que consideraba a los municipios como entidades autárquicas[1258] o meras delegaciones del poder provincial.

[1254] *V.gr.*, art. 6°, Constitución del Chaco; art. 9°, Constitución del Neuquén; art. 6°, Constitución de Santa Cruz y el art. 31, Constitución de Formosa.

[1255] SÁENZ VALIENTE, José María (h.), *Curso de Derecho Municipal*, Buenos Aires, 1944, ps. 13 y ss.; BIDART CAMPOS, Germán J., *Derecho Constitucional*, cit., t. I, p. 541.

[1256] BIELSA, Rafael, *Principios del régimen municipal*, Lajouane, Buenos Aires, 1930, p. 41.

[1257] MARIENHOFF, Miguel S., "La supuesta autonomía municipal", LL 1990-B-1012.

[1258] Esta concepción, en la jurisprudencia de la Corte, estuvo vigente hasta el año 1989, ver: MARIENHOFF, Miguel S., "La supuesta autonomía municipal", en LL 1990-B-1013.

A su vez, en el ámbito del Derecho Constitucional, las opiniones formuladas por la doctrina estaban divididas entre una mayoría de autores partidarios de la autonomía de los municipios[1259] y quienes entendían que éstos eran entes autárquicos[1260].

Si bien cabe reconocer que la concepción de la autarquía municipal que fluía de la jurisprudencia de la Corte Suprema era un tanto dogmática[1261] pues, en definitiva, todo depende siempre de la manera como se han deslindado las respectivas atribuciones y el reconocimiento o no de poderes originarios a favor de los municipios, no se puede desconocer que su aplicación constante y reiterada contribuyó a la seguridad jurídica. Tampoco impidió el desarrollo de los poderes tributarios delegados y ni siquiera el ejercicio del poder de policía local en materias como urbanismo, higiene, moralidad, etcétera.

La situación descripta comenzó a cambiar después del fallo de la Corte dictado en la causa "Rivademar v. Municipalidad de Rosario"[1262] donde, con apoyo en una serie de argumentos jurídicos, se reconoció la llamada autonomía municipal[1263], incluso sobre la base de la interpretación de la cláusula constitucional respectiva (art. 5°, CN).

En su momento sostuvimos que la decisión de la Corte implicaba un avance sobre las autonomías provinciales, ya que eran sólo los poderes constituyentes de cada provincia quienes se encontraban habilitados para definir la extensión de la competencia de los municipios. Se trataba de un poder inherente a las provincias que éstas habían conservado a tenor del anterior art. 104, CN (que se mantiene como art. 121, Constitución reformada). En este sentido, si bien el art. 5°, CN, no se decide por ninguno de los sistemas en pugna, y sin desconocer la configuración de una tendencia hacia la ampliación de las competencias de los municipios, hay que tener presente también que, en esta materia, todo es cuestión de grado. De todos modos, la obligación institucional que estatuye el art. 5°, CN, está dirigida a las provincias y no a los municipios, quienes no pueden invocar, en este punto, derechos preexistentes ni poderes originarios.

Antes de la última reforma constitucional existían dos razones que obstaban a la aceptación de una definición dogmática a favor de la tesis que proclamaba la auto-

---

[1259]   Entre otros: FRÍAS, Pedro J., *Las nuevas constituciones provinciales*, Depalma, Buenos Aires, 1989, ps. 209 y ss.; BIDART CAMPOS, Germán J., *Derecho Constitucional*, t. I, ps. 541 y ss.; HERNÁNDEZ, Antonio M. (h.), *Derecho Municipal*, t. I, Depalma, Buenos Aires, 1984, ps. 303 y ss.

[1260]   LINARES QUINTANA, Segundo V., *Gobierno y administración de la República Argentina*, t. II, 2ª ed., TEA, Buenos Aires, 1959, p. 92.

[1261]   BIANCHI, Alberto B., "La Corte Suprema ha extendido carta de autonomía a las municipalidades", LL 1989-C-61.

[1262]   *In re* "Rivademar, Ángela D. B. Martínez Galván de v. Municipalidad de Rosario", Fallos 312:326 (1989) y en LL 1989-C-49, con nota de Alberto B. Bianchi.

[1263]   Esta fórmula ("autonomía municipal") es utilizada por USLENGHI, Alejandro J., "La naturaleza jurídica del municipio según la Corte Suprema", REDA, nro. 3, Depalma, Buenos Aires, 1990, ps. 121 y ss., para diferenciarla de la autonomía provincial. Para Uslenghi, esta última presenta como rasgo distintivo la inexistencia de derechos primigenios y el hecho de no existir cláusula alguna de reserva constitucional de poderes a su favor (*cit.*, p. 133).

nomía municipal. La primera, advertida, en su momento, por Bianchi[1264], es que la propia Constitución, cuando prescribía sobre la Municipalidad de la Capital Federal, instituía una entidad sin poderes originarios, bajo la dependencia directa del Poder Ejecutivo (art. 86, inc. 3° [art. 99, inc. 3°]) y la legislación del Congreso Nacional (art. 67, inc. 27 [art. 75, inc. 30])[1265].

La segunda es que en el sistema de la Constitución no encontraba andamiaje alguno la configuración de un poder constituyente municipal originario tal como el que se ha estatuido respecto de las provincias (arts. 105 y 106, anterior CN y arts. 121 y 122, CN, reformada).

Por todo ello, aún después de la reforma constitucional, el planteamiento de la cuestión en términos de autonomía absoluta puede conducir a conclusiones equivocadas, pues el régimen de los municipios dependerá también de lo que establezcan las Constituciones de cada Provincia y, en su caso, de las leyes orgánicas que dicten las legislaturas provinciales[1266].

Ese análisis demuestra que, en la actualidad, aún a partir del principio de la autonomía municipal consagrado en el art. 123, CN, conviven sistemas diferentes en punto a la atribución de competencias, dándose dos situaciones distintas: a) la competencia se encuentra limitada por las leyes orgánicas provinciales, y b) el reconocimiento de poderes a los municipios para dictar sus cartas orgánicas, lo cual implica un grado mayor de delegación. Sin embargo, en ambos supuestos, como los poderes de los municipios se encuentran siempre sometidos al poder constituyente provincial, se trata de una autonomía relativa o de segundo grado, sin perjuicio de la naturaleza política que posee la institución municipal. Se dirá que esto es lo que acontece en el plano de las relaciones entre la Nación y las provincias pero, a poco que se examine el sistema federal de nuestra Constitución, se advierte que la situación es radicalmente distinta en virtud de los poderes que han conservado las provincias (originarios y reservados), con arreglo a lo prescripto en el art. 121 y el principio de la autonomía provincial receptado expresamente en los arts. 122 y 123, CN. En cambio, en los municipios no existen poderes originarios ni reservados y, por lo general, la atribución de sus competencias funcionales ha sido materia de la ley provincial y no de los poderes constituyentes provinciales que se han limitado a enunciaciones genéricas, como la relativa a la autonomía y al reconocimiento de la facultad de dictar sus propias cartas orgánicas[1267]. Por lo demás, la Constitución

---

[1264] *Cfr.* BIANCHI, Alberto B., "La Corte Suprema ha extendido carta de autonomía a las municipalidades", LL 1989-C-61 y 63-64.

[1265] Esta argumentación ha quedado superada después de la reforma constitucional que consagra la autonomía de la ciudad de Buenos Aires (art. 123). La ciudad de Buenos Aires posee así un nuevo *"status* jurídico" que no la convierte en una Provincia (*Cfr.* CREO BAY, Horacio D., "Nuevo régimen jurídico institucional de la ciudad de Buenos Aires", LL 1994-E-1027).

[1266] Ver al respecto: MURATORIO, Jorge I., "Algunos aspectos del poder de policía municipal", ED 155-697.

[1267] Nos parece que implica una interpretación constitucional errónea la tesis que han sostenido algunos autores y la Constitución de Salta (art. 168) en favor del reconocimiento de un poder constituyente municipal, el cual no aparece receptado en nuestra Constitución (que, en cambio, declara la autonomía de las provincias y que sólo tendría sentido y utilidad en la medida en que existiesen poderes reservados u originarios). Por lo demás, un reconocimiento de esa

reformada estatuye que las Constituciones provinciales pueden reglar el alcance y contenido de la autonomía en el orden institucional, político, administrativo (art. 123, CN)[1268].

10. EL RÉGIMEN ADMINISTRATIVO MUNICIPAL

En líneas generales, la mayoría de los defectos que exhiben actualmente los regímenes administrativos municipales podrían corregirse mediante prácticas y sistemas que subsanen las fallas y aseguren la observancia de una serie de principios tales como: a) el primero y más importante consiste en la observancia de la regla constitucional de la idoneidad en el acceso de los más capacitados a las funciones públicas y la correlativa estabilidad de los empleos municipales; b) el segundo, se vincula con la necesidad de reducir la burocracia y lograr la modernización de las estructuras e instituciones administrativas, muchas de las cuales se encuentran anquilosadas y funcionan sólo como organizaciones formales; c) en tercer lugar, un sistema de contrataciones necesita asegurar una adecuada competencia e igualdad entre los oferentes y la imposición[1269] de la licitación pública como regla general en los procedimientos de selección; y, por fin, d) la publicidad de los actos administrativos extendida a todos los actos que emita la Administración municipal, sean unilaterales o bilaterales, en su formación y efectos.

En definitiva, habrá que poner el acento en aquellos sistemas que afirmen el principio de la transparencia y no se conviertan, en sí mismos, en medios que estimulen la corrupción y las malas prácticas administrativas. En este sentido, la adopción de la figura del Defensor del Pueblo puede ser un instrumento que fortalezca las instituciones municipales y canalice la colaboración de los vecinos en el control de la actuación de los funcionarios.

índole implica recortar los poderes de las provincias, las que no podrían en tales casos organizar, en esta materia, sus propias instituciones conforme al principio que fluye del precepto contenido en el art. 122, CN, pues, en la concepción autonómica, ese poder se traslada *in totum* en cabeza de los municipios. En cambio, la tesis de la delegación de poderes no altera el equilibrio del sistema constitucional ni el principio de la autonomía de las provincias, por cuanto éstas conservan no sólo el poder constituyente para reglar fundamentalmente sus poderes originarios o privativos sino el poder de legislación y de tutela sobre las municipalidades, como entidades descentralizadas de naturaleza política y administrativa, a las que ahora se les reconoce una relativa autonomía según lo que reglamente cada Constitución provincial (art. 123, CN).

[1268] Fallos, 325:1249.

[1269] CASSAGNE, Juan Carlos, *El contrato administrativo*, 2ª ed., LexisNexis - Abeledo-Perrot, Buenos Aires, 2005, ps. 43/44.

11. LA AUTONOMÍA DE LOS MUNICIPIOS EN LA CONSTITUCIÓN NACIONAL Y LA DE LA CIUDAD DE BUENOS AIRES

A) Los municipios provinciales

Conforme al art. 5°, CN, la Nación garantiza a las provincias *"El goce y ejercicio de sus instituciones"* bajo ciertas condiciones, entre las que cuenta la de asegurar *"su régimen municipal"*.

A partir de la reforma constitucional de 1994 el contenido del régimen de los municipios provinciales se vincula a la llamada "autonomía municipal", por la expresa remisión al art. 5° que efectúa el nuevo art. 123, CN. Sin embargo, este precepto constitucional prescribe que "el alcance y contenido en el orden institucional, político, administrativo, económico y financiero" de la autonomía municipal corresponde que sea reglado por la Constitución que dicta cada provincia, con arreglo al sistema y a los principios de la Constitución Nacional.

La principal consecuencia que se desprende de ello es que la Constitución no reconoce poderes originarios a favor de los municipios ni tampoco poderes reservados, a diferencia de las provincias (art. 121), cuya autonomía es, en este sentido, más amplia, en el marco del sistema federal de nuestro régimen constitucional. La autonomía municipal prevista por la Constitución reformada posee una jerarquía diferente a la que ostentan las provincias[1270].

Esta formulación constitucional permite mantener la configuración de diferentes tipos de regímenes municipales, como los llamados municipios de carta o convención que atribuyen competencia a las municipalidades para dictar sus propias cartas orgánicas y, por otra parte, los municipios de delegación, donde esta atribución compete a la legislatura provincial[1271].

B) Principios relativos al régimen de la ciudad de Buenos Aires

El art. 129, Constitución reformada, establece, preceptivamente, que la ciudad de Buenos Aires debe tener un gobierno autónomo con estas características: a) la atribución de facultades propias de legislación y jurisdicción, y b) la elección directa de su jefe de gobierno.

A su vez, la segunda parte de este art. 129 prescribe que "una ley garantizará los intereses del Estado nacional" mientras la ciudad de Buenos Aires sea capital de la Nación.

De otra parte, el poder de ejercer una legislación exclusiva sobre el territorio de la capital de la República se mantiene incólume en cabeza del Congreso de la Nación (art. 75, inc. 30), potestad ésta que la Constitución consagra como parte del régimen permanente del municipio capitalino, hallándose limitada por el principio de autonomía que consagra el art. 129.

[1270] *Cfr.* USLENGHI, Alejandro J., "La naturaleza jurídica del municipio según la Corte Suprema", *cit.*, p. 133.

[1271] Tal como acontece en la provincia de Buenos Aires con el precepto de la Constitución (art. 191) (después de la reforma de 1994).

Pero, en definitiva, el alcance y contenido de esta autonomía del régimen de la ciudad de Buenos Aires depende de la ley (al igual que lo que acontece con los llamados municipios de delegación) excepto en lo que respecta a la elección directa del Jefe de Gobierno de la Ciudad, donde la previsión constitucional es precisa y determinada. En efecto, la ley que reglamenta el cumplimiento del precepto constitucional (art. 129, 2ª parte) es la que tendrá que armonizar el contenido de las facultades propias de legislación y jurisdicción con los intereses del Estado nacional, a fin de garantizar la prevalencia de estos últimos (v.gr., en materia de policía de seguridad).

Va de suyo que sólo en ese marco legal (como lo prescribe el art. 129, 3ª parte, CN) los habitantes de la ciudad de Buenos Aires pueden dictar "el estatuto organizativo de sus instituciones", fórmula esta última que no implica atribuir a este municipio un régimen similar al de las provincias, cuya autonomía se encuentra sólo limitada por el marco constitucional (art. 5°, CN).

Otro aspecto de interés, finalmente, radica en la Disposición Transitoria Séptima de la Constitución Nacional, que expresa que el Congreso Nacional "ejercerá en la ciudad de Buenos Aires, mientras sea capital de la Nación, las atribuciones legislativas que conserve con arreglo al art. 129". Sobre la base de la línea argumental desarrollada, dicha cláusula tiene el sentido de reafirmar la competencia del Congreso como legislatura local, que posee una jerarquía superior sobre el territorio de la Capital Federal, prevista en el art. 75, inc. 30 de la Constitución, con las limitaciones que emergen del art. 129 y las autolimitaciones que la ley prevista en dicho precepto constitucional establezca para el futuro, ya que la competencia del Congreso es permanente y no se agota con el dictado de dicha ley.

Todo ello reafirma la tesis del *status* jurídico especial[1272] que posee la ciudad de Buenos Aires, que se distingue netamente del atribuido por la Constitución a las provincias en varios aspectos, a saber: a) el mantenimiento de la potestad del Congreso para ejercer una legislación exclusiva en todo el territorio de la capital de la Nación (art. 75, inc. 30, CN); b) la limitación de esa potestad a la preservación de los intereses del Estado nacional (art. 129, CN); c) el dictado del Estatuto Organizativo se realiza mediante la convocatoria del Congreso (art. 129, CN), lo que supone también la asignación – como atribución implícita– del poder de convocar a los habitantes para las sucesivas reformas; d) la aplicación de los Códigos de fondo compete a los tribunales federales o provinciales (art. 75, inc. 12, CN), sin que en este precepto se formule reserva alguna a favor de los tribunales de la ciudad de Buenos Aires; e) porque, a tenor de lo prescripto en el art. 121, Constitución reformada, sólo las provincias conservan el poder no delegado, lo que implica que la ciudad de Buenos Aires puede estar limitada en la titularidad y ejercicio de sus poderes ya que sus facultades propias de legislación y jurisdicción deben ejercerse en el marco de la ley que dicte el Congreso para garantizar los intereses del Estado nacional, a lo que se ha hecho referencia precedentemente.

Por ello, la ciudad de Buenos Aires, mientras sea capital de la República, no ha perdido su naturaleza federal, lo que resulta lógico y razonable en la medida en que su territorio alberga nada menos que a los tres poderes u órganos que conforman el

---

[1272] Véase: BIDART CAMPOS, Germán J., *Tratado elemental de Derecho Constitucional argentino*, t. VI, Ediar, Buenos Aires, 1995, ps. 537 y ss.

llamado gobierno federal. Pero, además, tampoco hay que perder de vista que ese destino federal fue condición de la cesión territorial que, en su momento, efectuó la Provincia de Buenos Aires.

C) La ley que preserva los intereses del Estado nacional

De acuerdo con el precepto constitucional respectivo (art. 129, CN), el Congreso Nacional sancionó la ley que garantiza los intereses del Estado nacional en la ciudad de Buenos Aires mientras esta última sea Capital de la República, a fin de asegurar el pleno ejercicio de los poderes atribuidos al gobierno de la Nación[1273].

La citada ley, que en lo sustancial ha adoptado la postura doctrinaria que, en su momento, sostuvimos[1274], comienza por consagrar como principio institucional básico que la Nación conserva todo el poder no atribuido por la Constitución Nacional al Gobierno Autónomo de la ciudad de Buenos Aires[1275].

Esta norma apunta, en realidad, a encuadrar la autonomía del gobierno local en el marco de la Constitución Nacional, reglamentando el mantenimiento de las potestades y jurisdicción de la Nación necesarias para el ejercicio de sus atribuciones constitucionales.

A su vez, la autonomía relativa que la Constitución reconoce a la ciudad de Buenos Aires ha sido expresamente prescripta por el art. 4º, ley 24.588, estableciendo que ella se regirá por las disposiciones del Estatuto Organizativo que se dicte al efecto. Sin embargo, los constituyentes capitalinos optaron por sancionar una Constitución que, en este aspecto, resulta contraria a la propia cláusula constitucional que posibilitó su dictado (art. 129, CN) creyendo que con el mero cambio formal iban a producir el efecto de revertir el carácter relativo y, por ende, limitado que caracteriza a la autonomía institucional del Gobierno de la Ciudad[1276].

Precisamente, conforme a la ley 24.588 la Nación conserva las siguientes atribuciones y potestades:

a) la titularidad de la jurisdicción sobre todos los inmuebles que sirvan de asiento a los poderes de la Nación[1277];

b) la competencia en materia de seguridad y protección de las personas y bienes[1278];

[1273] Ley 24.588, art. 1º.

[1274] Véase: CASSAGNE, Juan Carlos, "El carácter federal de la ciudad de Buenos Aires", en *La Nación*, del 13/1/1996 y "La transferencia de jueces a la ciudad de Buenos Aires", en *La Nación*, del 16/12/1996.

[1275] Ley 24.588, art. 2º.

[1276] BIDART CAMPOS, Germán J., *Tratado elemental...*, *cit.*, t. VI, p. 539, propuso, con anterioridad a la sanción de la Constitución de la Ciudad de Buenos Aires, la denominación de "Carta Autonómica", por similitud con las cartas municipales del constitucionalismo provincial.

[1277] Ley 24.588, art. 3º.

[1278] Ley 24.588, art. 7º.

c) la jurisdicción ordinaria (en materia civil, comercial, laboral, penal, etc.), la que continúa a cargo del Poder Judicial de la Nación[1279];

d) la jurisdicción sobre el Registro de la Propiedad Inmueble y la Inspección General de Justicia[1280];

e) la competencia y fiscalización (esta última en concurrencia con la ciudad y las demás jurisdicciones involucradas) de los servicios cuya prestación exceda el territorio de la ciudad de Buenos Aires[1281].

Finalmente, como se ha dicho, la pluralidad de ordenamientos existentes se revela por la circunstancia de que en la ciudad de Buenos Aires, mientras sea capital de la República, el Congreso Nacional conserva sus poderes de legislación (art. 75, inc. 30, CN), aunque esa competencia se encuentra ceñida al dictado de las normas que resguardan los intereses del Estado federal[1282].

12. LAS REGIONES

La reforma constitucional de 1994 ha consagrado la posibilidad de que las provincias puedan crear regiones, si bien, como se verá seguidamente, con un campo limitado de competencias y sin instituirlas como órganos políticos intermedios entre el Estado federal y las provincias[1283].

Conviene precisar, en primer término, que el art. 124, CN, ubicado en el Título dedicado a los Gobiernos de Provincia, atribuye competencia a los gobiernos provinciales para crear regiones para el desarrollo económico y social. Como se desprende de su texto, la creación de las regiones no implica la institución de una entidad de base política que implique asumir alguna de las potestades que tienen reconocidas las provincias como entidades autonómicas del sistema federal.

En rigor, la regionalización, instituida como facultativa por la Constitución reformada, nada tiene que ver con el fenómeno de regionalización europeo, en cuanto éste implica la admisión de un nivel de decisión política que se traduce en normas que integran una pluralidad de ordenamientos, como es el caso de Italia[1284].

[1279] Ley 24.588, art. 8°. En tal sentido, las facultades propias de jurisdicción de los tribunales de la ciudad se reconocen sólo en materia de vecindad, contravencional y de faltas, contencioso-administrativa y tributaria locales.

[1280] Ley 24.588, art. 10.

[1281] Ley 24.588, art. 9°.

[1282] BIDART CAMPOS, Germán J., *Tratado elemental...*, *cit.*, t. VI, p. 540.

[1283] *Cfr.* COMADIRA, Julio R., "La articulación de los ordenamientos nacional, provincial y municipal en el derecho argentino. La incorporación de la región", en *Derecho Administrativo*, 2ª ed., LexisNexis, Buenos Aires, 2003, ps. 352 y ss.

[1284] Véase: SORACE, Domenico, *Diritto delle Amministrazioni Pubbliche*, Bologna, 2000, p. 48; BENVENUTI, Feliciano, *Disegno dell'Amministrazione Italiana*, Padua, 1996, ps. 128 y ss.; VESPERINI, Giulio, "Le Regioni e Glienti Locali", en CASSESE, Sabino (dir.), *Trattato di Diritto Amministrativo*, t. II, Giuffrè, Milán, 2000, ps. 1629 y ss.; CERMESONI, Jorge E., "El sistema constitucional regionalista: la experiencia italiana", LL 142-1178 y ss.; VERGOTTINI, Giuseppe de, *Derecho Constitucional comparado*, trad. del italiano, Espasa-Calpe, Madrid, 1983, ps. 275 y ss.; PIZZORUSSO, Alessandro, *Lecciones de Derecho Cons-*

En el sistema federal argentino la pluralidad de ordenamientos está circunscripta a tres niveles básicos, que son los que emergen de los poderes nacionales, provinciales o autonómicos de la ciudad de Buenos Aires, y municipales, actuando todos bajo la supremacía de la Constitución, los tratados y leyes de la Nación, dictados en su consecuencia (art. 31, CN), es decir del ordenamiento federal.

En cambio, la regionalización que prescribe el art. 124, CN, no obstante que admita la creación de órganos con facultades para el cumplimiento de sus fines, no implica establecer un nivel de decisión política en el Estado federal, sino tan sólo un sistema de relaciones interprovinciales[1285] exclusivamente limitado a la promoción del desarrollo económico y social[1286], lo cual, obviamente, acota su competencia institucional.

Las regiones no equivalen, por lo tanto, a descentralizaciones políticas del Estado federal[1287], razón por la cual nos parece que tampoco son el producto del llamado federalismo de concertación[1288], por cuanto se trata de relaciones entre provincias que si bien surgen de base convencional, nada tienen que ver con el federalismo político ni con la distribución del poder en el esquema de un Estado federal como el argentino.

En lo que concierne a la creación de las regiones, la Constitución le reconoce competencia a las provincias (art. 124, *cit.*), lo que consideramos constituye una cláusula privativa que excluye la competencia del gobierno federal, sin perjuicio de que deben ser aprobadas por el Congreso Nacional aunque los textos constitucionales aludan sólo al conocimiento del Congreso (arts. 124 y 125, CN)[1289], dado que teniendo este órgano atribuida la potestad de promover "políticas diferenciadas que tiendan a equilibrar el desigual desarrollo de provincias y regiones" (art. 75, inc. 19, CN), va de suyo que se requiere tal aprobación a fin de dar coherencia a las políticas federales que deben prevalecer sobre el conjunto de todas las provincias[1290].

[1285] *titucional*, t. II, trad. de la 3ª ed. italiana, Centro de Estudios Constitucionales, Madrid, 1984, ps. 113 y ss.

[1285] BIDART CAMPOS, Germán J., *Tratado elemental...*, *cit.*, t. VI, p. 524.

[1286] Véase: GARCÍA DE ENTERRÍA, Eduardo, *Estudios sobre autonomías territoriales*, 1ª ed., Civitas, Madrid, 1985, ps. 46/48.

[1287] BIDART CAMPOS, Germán J., *Tratado elemental...*, *cit.*, t. VI, p. 524; COMADIRA, Julio R., "La articulación de los ordenamientos nacional, provincial y municipal en el Derecho argentino. La incorporación de la región", *cit.*, p. 352.

[1288] La fórmula federalismo concertado fue desarrollada por Pedro J. Frías, véase: *Las nuevas constituciones provinciales*, *cit.*, p. 12.

[1289] Barra sostiene una postura contraria a la que ha sido expuesta, en tanto entiende que la puesta en conocimiento al Congreso prevista en el texto constitucional no significa el sometimiento del convenio que da origen a la región a la aprobación del órgano legislativo (*Cfr.* BARRA, Rodolfo C., *Tratado de Derecho Administrativo*, t. 2, Ábaco, Buenos Aires, 2002, ps. 303 y ss.).

[1290] BIDART CAMPOS, Germán J., *Tratado elemental...*, *cit.*, t. VI, ps. 532/533.

TÍTULO TERCERO

RESPONSABILIDAD DEL ESTADO Y DE LOS AGENTES PÚBLICOS

CAPÍTULO I

TEORÍA GENERAL DE LA RESPONSABILIDAD DEL ESTADO

1. UBICACIÓN DEL TEMA Y DIFICULTADES QUE SE PLANTEAN

El tema de la responsabilidad estatal constituye una cuestión que concierne a la llamada parte general del Derecho Administrativo[1291] por su conexión con la idea que atribuye al Estado una personalidad moral o jurídica y por la necesaria vinculación que existe entre los principios que rigen los modos de actuación estatal y las consecuencias que se desprenden de ellos, en el plano de la responsabilidad, tanto frente a los terceros o administrados, como respecto de los propios agentes públicos[1292].

Las dificultades que se plantean en torno a la responsabilidad del Estado y sus agentes son, en nuestro Derecho, de índole muy diversa, agravadas en gran parte por la tendencia jurisprudencial a mantener los esquemas y soluciones provenientes del Derecho Civil, aun cuando ello aparece matizado con el reconocimiento de algunos principios sentados por la Corte Suprema de Justicia de la Nación, que permiten responsabilizar al Estado por sus actos legítimos.

Si bien el Código Civil trata sobre la responsabilidad de las personas jurídicas, la materia de la responsabilidad del Estado por su actuación en el ámbito del Derecho Público pertenece al Derecho Administrativo, que en principio es local o pro-

---

[1291] En las obras generales sobre Derecho Administrativo argentino el tema de la responsabilidad del Estado suele abordarse – probablemente por una costumbre doctrinaria– al final del desarrollo de las distintas materias, no obstante que en los albores del Derecho Administrativo vernáculo esta cuestión aparecía tratada a continuación de las autoridades y personas administrativas (*Cfr.* LÓPEZ, Lucio V., *Derecho Administrativo argentino*, Imprenta La Nación, Buenos Aires, 1902, ps. 209 y ss.).

[1292] Son responsables – de acuerdo con el sentido verdadero de la palabra, que deriva de la lengua romana (donde el *responsor* era la garantía y *respondere* significaba la idea de constituirse en garante en el curso de acontecimientos por venir)– "todos aquellos que pueden ser convocados ante un tribunal, porque pesa sobre ellos cierta obligación, proceda o no su deuda de un acto derivado de su voluntad libre" (VILLEY, Michel, *En torno al contrato, la propiedad y la obligación*, trad. del francés, Ediciones Ghersi, Buenos Aires, 1980, p. 80).

vincial (art. 121, CN)[1293]. Pero esta circunstancia no veda el recurso a la analogía, como método de interpretación válido también en el Derecho Público, ni la posibilidad de que algunas prescripciones contenidas en el Código Civil puedan aplicarse, además, tanto a la Nación, en cuanto persona jurídica, como a las demás personas públicas estatales de carácter nacional.

Al propio tiempo, a efectos de determinar el régimen aplicable, resulta necesario distinguir, dentro de la responsabilidad patrimonial del Estado y sus entidades, aquellas situaciones reguladas por el Derecho Civil, es decir, cuando la Administración actúa en el campo del Derecho Privado (*v.gr.*, gestión de bienes del dominio privado del Estado) dado que la responsabilidad emergente de esas actuaciones es extraña al Derecho Administrativo.

Eso no significa – como se verá más adelante– que todo daño que ocasione la Administración sobre el patrimonio de los particulares deba regirse por las reglas del Derecho Civil, como se ha pretendido en el campo de la doctrina privatista de nuestro país apegada a la idea – tan cara al pensamiento del siglo XIX– que concibe al Derecho Civil como derecho común y al concepto de culpa como presupuesto de la responsabilidad por actos ilícitos.

Pero tampoco significa que las soluciones del Derecho Civil no se apliquen en ningún caso a la actuación del Estado y sus entidades. Se trata, en definitiva, de encerrar al Código Civil en sus límites naturales, dejando a cada disciplina la regulación de su ámbito propio, en la medida en que consagren soluciones justas.

Las ideas positivistas que en el ámbito del Derecho Público propugnaron la necesidad de que hubiera una ley general o especial para responsabilizar al Estado han sido superadas hoy día por los distintos sistemas de responsabilidad que, sobre la base de los principios generales del Derecho Administrativo, han remozado las concepciones tradicionales, traduciendo, en definitiva, un retorno a la idea perenne de la justicia.

2. EL DOGMA DE LA IRRESPONSABILIDAD DEL ESTADO

Es indudable que la idea de soberanía jugó un papel fundamental en el mantenimiento, durante varios siglos, del principio de la irresponsabilidad del Estado, porque si bien la teoría del Fisco amenguó de algún modo ese dogma, lo cierto es que recién en el siglo XIX se llegó a reconocer la responsabilidad del Estado, cuando actuaba en ejercicio de sus prerrogativas de poder público.

No debe olvidarse que aun cuando en la Edad Media se recibió la influencia de las concepciones cristianas que proclamaron la necesidad de que los gobernantes rigieran los destinos de una comunidad respetando las leyes de Dios y dando a cada uno lo suyo[1294], lo cierto es que, de otra parte, ese período de la historia fue también tributario de las ideas políticas de los griegos, para quienes la ciudad era la entidad

---

[1293] GAMBIER, Beltrán - PERRINO, Pablo E., "¿Pueden las provincias dictar leyes en materia de responsabilidad del Estado?", JA 1996-IV-793 y ss.

[1294] Lo cual constituye – según San Agustín– el oficio primario de la justicia, que mantiene en el hombre un orden justo de la naturaleza (*Cfr. La ciudad de Dios*, Porrúa, México, 1979, p. 473).

suprema, con una soberanía sin restricciones[1295]. Ambas ideas eran antitéticas y provocaban una tensión permanente, no obstante que la soberanía no se realizó, en esa época, de un modo absoluto ni excluyente.

A partir del siglo XVI el triunfo del absolutismo agudizó la tensión antes descripta, originando un retorno a las concepciones imperantes durante la antigüedad que inauguró una de las épocas más inmorales del Derecho Público. El modelo de Estado que preconiza esta teoría es aquel que posee poder absoluto en el interior e independencia absoluta en el exterior, cuya finalidad está en él mismo: la omnipotencia y la razón de Estado.

Con este esquema ideológico es fácil comprender – aun cuando no es en modo alguno justificable– de qué manera el absolutismo consolidó la irresponsabilidad estatal, al sostener que el monarca o rey no podía causar perjuicios, sobre la base de la idea de soberanía.

Ese estado de cosas no cambió con la Revolución Francesa, que sustituyó la soberanía del rey por la soberanía del pueblo, articulada sobre la idea del predominio de la voluntad general, considerada soberana e infalible (Rousseau) y no obstante que (al menos teóricamente) los hombres se vinculan y unen sus voluntades en un contrato social, la soberanía del pueblo no reconoce limitaciones, acentuándose así el despotismo y la irresponsabilidad del Estado.

La justicia y el progreso de la ciencia jurídica no podrían permitir por más tiempo el mantenimiento de un principio tan lesivo a los derechos del hombre, en cuanto que sin el reconocimiento de la responsabilidad del Estado carecían de sentido las garantías que los ordenamientos constitucionales o supremos de cada país estatuían, precisamente, para la protección de tales derechos.

El proceso se inicia y consolida en la jurisprudencia del Consejo de Estado francés, comenzando primero con la consagración de la responsabilidad del Estado por faltas objetivas en la prestación de servicios públicos y culminando luego con la aceptación de la responsabilidad del Estado por actos judiciales y legislativos.

De nada sirve el argumento según el cual si "la voluntad general es justa y tiende a la utilidad pública" (Rousseau) no podría aceptarse nunca la responsabilidad del Estado por acto legislativo dado que la ley (formal) es expresión de esa voluntad general.

Pero esta última vigencia de la concepción rousseauniana sobre la voluntad general fue felizmente atemperada por obra del llamado Estado de Derecho, que no reconoce poderes jurídicos absolutos e ilimitados a favor del Estado, aun cuando esta teoría no abandonó totalmente la raíz filosófica nominalista y positivista que ha animado a sus principales teorías.

Esta concepción, extendida en el siglo XX al llamado Estado Social de Derecho o Estado de Justicia, procura armonizar los derechos de los miembros de la comunidad con el interés general o bien común, de modo que cuando un particular tenga que sacrificar su derecho individual por el bien de aquélla, o por soportar una carga

---

[1295] A dicha concepción que fue la antesala de las nacionalidades, el cristianismo opuso la tesis de la sociedad universal (la cristiandad), idea que se vio reforzada por la tradición del Imperio Romano, que había unificado al mundo civilizado.

pública especial, sea objeto de una justa reparación, se trate de actividad legítima o de una falta de servicio que lo afecte en su patrimonio[1296].

3. EL PROCESO HACIA EL RECONOCIMIENTO DE LA RESPONSABILIDAD DEL ESTADO

A comienzos del siglo XIX podía vislumbrarse que el principio jurídico de la irresponsabilidad del Estado no iba a subsistir mucho tiempo más. Por una parte, siguiendo la clasificación montada por la teoría del Fisco, se continuaba admitiendo, aunque conforme a las reglas del Código Civil, la responsabilidad del Estado por los llamados actos de gestión considerados de naturaleza civil. Por otro lado, los particulares que resultaban víctimas de los daños causados por la Administración dejaron de aceptar ese dogma, demandando una reparación pecuniaria, primero ante la autoridad administrativa y, luego, frente a la denegatoria de ésta, ante los tribunales judiciales, invocando las prescripciones de los arts. 1382 y ss., CCiv. francés.

En tales casos, se argumentaba que los textos civiles tenían un alcance general, asimilando la posición jurídica del Estado a la de un comitente, que debe responsabilizarse por los actos de las personas que de él dependen[1297]. Lo curioso es que no obstante la vigencia del principio de la separación de los poderes (en la versión francesa) los tribunales judiciales se declararon competentes para entender en las causas en las que se perseguía la responsabilidad de la Administración, aun actuando en ejercicio del poder público.

La reacción contra esa tendencia vino por la acción del Consejo de Estado que comenzó a sostener la inaplicabilidad de los textos del Código Civil para regir la materia de la responsabilidad del Estado[1298] sobre la base de sostener que el problema que debía resolverse, en cada caso, no es el mismo que la materia de responsabilidad de las personas privadas.

4. LA EVOLUCIÓN POSTERIOR Y EL PREDOMINIO DE LAS IDEAS PUBLICISTAS

A partir del caso "Blanco" y más precisamente del arrêt "Pelletier" (ambos resueltos en el año 1873) se perfiló una concepción publicista sobre la responsabilidad del Estado montada sobre la distinción entre falta de servicio y falta personal, que

---

[1296] La falta de servicio implica – como se verá más adelante– la alteración de la igualdad, al soportar el particular un sacrificio especial que traduce la realización irregular de la función administrativa, debida por igual a todos los habitantes en forma regular y permanente.

[1297] Tal es el origen de las erróneas concepciones que pretendieron sostener la existencia – entre nosotros– de la responsabilidad indirecta del Estado, sobre la base de lo dispuesto en el art. 1113, CCiv.

[1298] El Tribunal de Conflictos consolidó ese punto de vista en el conocido caso "Blanco", fallado en el mes de febrero de 1873, donde expresó: "la responsabilidad que puede incumbir al Estado por los daños causados a los particulares por acto de las personas que emplea en el servicio público, no puede estar regida por los principios que están establecidos en el Código Civil para las relaciones de particular a particular, esta responsabilidad no es ni general ni absoluta, tiene sus reglas especiales que varían según las necesidades del servicio y la necesidad de conciliar los derechos del Estado con los intereses privados".

desembocó en el abandono de la noción de culpa, como presupuesto inexcusable de la responsabilidad de la persona jurídica Estado, para hacerlo responsable siempre por la ejecución irregular o defectuosa de la función administrativa, cuando ello ocasione perjuicios a los administrados.

La idea de "falta de servicio" es radicalmente extraña al Derecho Civil, donde la noción de responsabilidad extracontractual por daños aparece configurada por la noción de culpa. El Derecho Administrativo produce, en cambio, un desplazamiento y sustitución de la noción de culpa, poniendo el acento más que en el autor del hecho ilícito, en el desequilibrio que produce el daño, y en el servicio público. La expresión *faute de service* traduce un significado más amplio y objetivo que el término culpa, refiriéndose fundamentalmente al criterio para delimitar los daños imputables, separando la responsabilidad de la Administración de la del funcionario, *faute personnelle détachable*, sin perjuicio de la posibilidad de acumular ambas responsabilidades, tal como lo reconoció la jurisprudencia posterior del Consejo de Estado francés en el *arrêt "Lemonnier"*, siempre que la falta personal "no esté desprovista de toda relación con el servicio"[1299].

La responsabilidad del Estado basada en la *faute de service*, se construye alrededor de la noción de servicio público, frente a la necesidad de conceder la reparación patrimonial por los daños causados a los particulares por el funcionamiento irregular o defectuoso del servicio. Pero por servicio público no se entiende el concepto estrictamente técnico que hace a una de las clasificaciones de las formas o modos de la actuación administrativa, sino una idea más amplia que comprende toda la actividad jurídica o material emanada de los poderes públicos que constituye la función administrativa. De ese modo, la *faute de service* es, en Francia, un concepto autónomo respecto de la actividad lesiva, siendo de aplicación tanto en materia de reglamentos como respecto de actos y hechos administrativos[1300].

En forma correlativa, la jurisprudencia francesa ha construido la noción de "falta personal" para responsabilizar a los agentes públicos frente a los administrados y delimitar así la responsabilidad del Estado. La falta personal es aquella que excede el margen de mal o irregular funcionamiento del servicio (Hauriou) y para su configuración se tiene en cuenta la culpa o el dolo del agente público, dándose tanto en el caso en que la falta de servicio se excluye como cuando la falta tenga alguna vinculación con el servicio[1301].

En su posterior evolución, la jurisprudencia del Consejo de Estado francés, a partir de 1919, admitió la llamada responsabilidad sin falta en el campo de la teoría

---

[1299] VEDEL, Georges, *Droit Administratif*, Presses Universitaires de France, París, 1968, ps. 297/298.

[1300] RIVERO, Jean, *Droit Administratif*, Dalloz, París, 1977, p. 276.

[1301] VEDEL, Georges, *Droit Administratif, cit.*, p. 315. En este último caso (falta no desconectada totalmente del servicio) la jurisprudencia del Consejo de Estado francés exige que el agente persiga un fin doloso o malévolo, puramente personal. La desviación de poder que vicia a un acto administrativo no configura, salvo que el agente obre con intención maliciosa, una falta personal. La noción de culpa no es tampoco el verdadero fundamento de la responsabilidad civil, sino la afectación de la igualdad que cuando es imputable a una persona, hecho del dependiente o riesgo de la cosa, obliga a la restitución.

general de la responsabilidad administrativa. Pero se trata de una teoría excepcional y circunscripta a supuestos muy particulares (*v.gr.*, explosión de municiones en razón del riesgo excepcional de vecindad, daños causados por las leyes cuando el daño es anormal o especial, etc.). Si bien se había considerado que al término de esta evolución era posible que se consagre como principio general en Francia la responsabilidad del Estado por los daños causados a terceros, según el sistema de la responsabilidad por daño anormal[1302] (reservando la responsabilidad por *faute* para los usuarios del servicio) lo cierto es que tanto la doctrina como la jurisprudencia han sustentado la responsabilidad del Estado en el principio de la igualdad ante las cargas públicas, corolario del principio general de igualdad frente a la ley, aplicable aun en ausencia de texto positivo[1303].

En síntesis, puede decirse que la concepción francesa sobre la responsabilidad del Estado por actos y hechos administrativos se apoya en la idea de falta, concebida como el funcionamiento irregular o defectuoso de la función administrativa, debiendo apreciarse ésta no en relación con la culpa del agente sino de acuerdo con las leyes y reglamentos que rigen la función (el servicio) y al daño causado al administrado (*v.gr.*, intervenciones no justificadas, ilegalidades, funcionamiento defectuoso, inacciones injustificadas, retrasos, etc.)[1304].

En lo que concierne a los caracteres que deben reunirse respecto del daño se exige no sólo que el perjuicio pueda ser atribuido al funcionamiento defectuoso del servicio sino que, además, se requiere que el daño revista los caracteres de certeza, especialidad y anormalidad[1305]. Pero todo ello siempre se circunscribió a la responsabilidad extracontractual[1306].

Ahora bien, al desprenderse del Derecho Civil el fundamento de la reparación debida a los particulares por el Estado, se inició un proceso marcado por el predominio de diversas concepciones publicistas, que comenzando por la responsabilidad por actos y hechos administrativos culminó con el reconocimiento de la responsabilidad emergente de la actividad legislativa y judicial.

De ese modo, nacieron en el Derecho Público una gama variada de teorías que basándose en principios generales del Derecho Administrativo (algunos de ellos con

---

[1302] BENOIT, Francis P., *Droit Administratif Français*, Dalloz, Toulouse, 1968, p. 712.

[1303] CHAPUS, René, *Droit Administratif Général*, t. I, 2ª ed., Montchrestien, París, 1986, p. 927, quien cita jurisprudencia del Consejo de Estado (caso "Féderation algerienne de syndicats de défense des irrigants" del año 1960).

[1304] BENOIT, Francis P., *Droit Administratif Francais*, cit., p. 709. VILLEY, Michel, *En torno al contrato, la propiedad y la obligación*, cit., ps. 81 y ss., quien expone una acertada crítica a la teoría de la culpa para fundar la responsabilidad en general. Según este autor la culpa no constituye más que uno de los factores del problema jurídico, debiendo computarse a los efectos de la reparación, los intereses de la víctima, el tipo de daño causado, la naturaleza del asunto y el conjunto del problema (*En torno al contrato, la propiedad y la obligación*, cit., ps. 79/80).

[1305] LAUBADÈRE, André de, *Traité Élémentaire de Droit Administratif*, t. I, 5ª ed., LGDJ, París, 1970, p. 654.

[1306] La responsabilidad contractual del Estado que al principio se regía por el Derecho Civil fue siempre reconocida, aun cuando haya sólo variado en su fundamentación, por el desarrollo autónomo que adquirió la teoría del contrato administrativo.

base constitucional o legal) fueron ampliando progresivamente el ámbito de la responsabilidad del Estado. Entre esas concepciones pueden mencionarse aquellas que se fundamentan en[1307]: a) la expropiación por causa de utilidad pública; b) el sacrificio especial[1308]; c) la igualdad ante las cargas públicas; d) el enriquecimiento sin causa; e) los derechos adquiridos; f) el riesgo; g) los principios del Estado de Derecho[1309]; h) el principio de la restitución proveniente de un deber impuesto por la justicia distributiva[1310]; i) de la lesión antijurídica resarcible[1311].

5. CLASIFICACIÓN DE LA RESPONSABILIDAD PATRIMONIAL DEL ESTADO: A) CIVIL O DE DERECHO PRIVADO; B) DE DERECHO ADMINISTRATIVO

En el ámbito de vigencia del derecho interno[1312], la reparación que debe satisfacer el Estado cuando fuera declarado responsable por la realización de un acto o hecho dañoso al patrimonio de los particulares o el incumplimiento de un contrato puede obedecer a una relación de Derecho Civil o de Derecho Administrativo.

Cuando los daños provengan de la actuación del Estado en el campo del Derecho Civil o Mercantil (*v.gr.*, bienes del dominio privado del Estado, actos de comercio de los bancos oficiales, etc.) la responsabilidad se rige según las reglas del Derecho Privado que en nuestro país se hallan en el Código Civil. Se trata de una responsabilidad directa, basada principalmente en la noción de culpa, siendo aplicables,

---

[1307] ALTAMIRA GIGENA, Julio I., *Responsabilidad del Estado*, Astrea, Buenos Aires, 1973, ps. 74 y ss.; REIRIZ, María G., *Responsabilidad del Estado*, Eudeba, Buenos Aires, 1969, ps. 26 y ss.

[1308] Es la tesis de Mayer que ha tenido y aún tiene considerable influencia en el Derecho Administrativo, véase MAYER, Otto, *Derecho Adminitrativo alemán*, t. IV, Depalma, Buenos Aires, 1954, ps. 215 y ss., esp. ps. 224/233. En rigor, la teoría de Mayer, conocida como "del sacrificio especial" se apoya en la idea de equidad (*cit.*, t. IV, p. 216) que conlleva la obligación de reparar todo daño injusto causado por la administración de un modo desigual (*cit.*, p. 226). El sacrificio especial juega como una de las condiciones de la responsabilidad (*cit.*, p. 228).

[1309] MARIENHOFF, Miguel S., *Tratado de Derecho Administrativo*, t. IV, 6ª ed. act., Abeledo-Perrot, Buenos Aires, 1997, ps. 721 y ss.

[1310] SOTO KLOSS, Eduardo, "La idea de reparación de un daño como restitución de una situación injusta sufrida por una víctima", en *Responsabilidad del Estado*, Universidad del Norte Santo Tomás de Aquino-Católica de Tucumán Tucumán, 1982, ps. 19 y ss.; BARRA, Rodolfo C., "Responsabilidad del Estado por revocación unilateral de sus actos y contratos", ED 122-861. La idea de la restitución expuesta en forma embrionaria y sin reconocer la responsabilidad del Estado puede verse en la obra de ORLANDO, Vittorio E., *Principios de Derecho Administrativo*, trad. de la 2ª ed. italiana, 1ª ed., Instituto Nacional de Administración Pública, Madrid, 1978, p. 286.

[1311] GARCÍA DE ENTERRÍA, Eduardo - FERNÁNDEZ, Tomás R., *Curso de Derecho Administrativo*, t. I, 3ª ed. reimp., Civitas, Madrid, 1981, ps. 335 y ss.

[1312] Si bien existe la responsabilidad internacional del Estado, este tema pertenece al Derecho Internacional Público.

entre otros, el art. 43 y las disposiciones de los arts. 512 y 1109, CCiv., según se trate de responsabilidad contractual o extracontractual[1313].

En cambio, cuando la causa generadora de la responsabilidad fuera la actuación estatal dentro del campo de la función administrativa o en ocasión de ella, la reparación se regirá por los principios del Derecho Público, aun cuando pueda aplicarse para uno de los tipos específicos de responsabilidad, el art. 1112, CCiv., que nada tiene que ver con la responsabilidad del agente público, como erróneamente han pretendido algunos sectores de la doctrina y se advertía en cierta jurisprudencia de nuestros tribunales. A esta clase de responsabilidad la denominamos de Derecho Administrativo y ella puede, a su vez, subdividirse en varias especies y subclasificaciones.

6. ESPECIES DE RESPONSABILIDAD PATRIMONIAL DEL ESTADO REGIDAS POR EL DERECHO ADMINISTRATIVO: A) CONTRACTUAL; B) EXTRACONTRACTUAL

La división de la responsabilidad en dos grandes especies, contractual y extracontractual, que tiene un gran arraigo en el Derecho Civil, también puede formularse en el Derecho Administrativo, aunque sobre bases diferentes, ya que en ambos casos la restitución debe regirse por las reglas de la llamada justicia conmutativa (la igualdad se realiza de objeto a objeto, salvo que la condición personal sea causa de distinciones reales). La distinción no está en la fuente de la responsabilidad sino que en el hecho de aplicarse la responsabilidad a un vínculo contractual o extracontractual. Se trata de una clasificación que responde sobre todo a fines didácticos, pues si la restitución es siempre un acto de la justicia conmutativa (que obliga a reparar en proporción a la cosa, restableciendo la igualdad alterada por la producción del daño) la reparación debida guarda conformidad con un principio de justicia legal o general, por cuyo mérito el deber del administrado a soportar las cargas públicas (en sentido lato, este concepto comprende todo acto o hecho estatal que produce un perjuicio) exige que todo sacrificio se imponga en forma igualitaria, porque sería injusto que un particular debiera soportar, de un modo desigual, la actividad administrativa dañosa. Pero la restitución siempre será un acto de la justicia conmutativa porque ella, en sí misma, no es de justicia legal o general sino que es de justicia particular, donde se restituye algo a un individuo en proporción a la cosa y no a la posición o participación que ese individuo tenga como parte en la comunidad.

De otra parte, debe advertirse que el hecho de haberse descartado la noción del acto ilícito culposo no implica que la extensión de la reparación deba diferenciarse en todos los casos de las reglas civiles, aun cuando haya matices y sustanciales diferencias, sobre todo en la responsabilidad por acto legítimo.

Tampoco toda la responsabilidad extracontractual tiene idéntica naturaleza y régimen jurídico, debiendo distinguirse los supuestos en que la actuación del Estado sea ilegítima, de aquellos otros casos en que se trate de actuaciones legítimas.

[1313] No obstante las críticas que nos merece la adopción del sistema civilista en cuanto se apoya fundamentalmente en la noción de culpa.

Desde luego que este concepto de ilegitimidad – que comprende tanto la ilegalidad objetiva como la irrazonabilidad o injusticia– no lleva como presupuesto la noción de culpa, sino la de incumplimiento irregular de la función administrativa conforme a una idea similar a la *faute de service* del Derecho francés, donde se sustituye el dato de la culpa por el relativo al funcionamiento defectuoso del servicio, juzgado de acuerdo con las leyes y reglamentos administrativos. Este funcionamiento defectuoso puede configurarse por acción u omisión del Estado; esta última en tanto sea antijurídica, lo que significa que, aunque no exista norma expresa, debe existir un deber jurídico que consagre la garantía o la obligación de obrar del Estado en determinado sentido[1314]. En tales casos, la reparación debe ser integral, ya sea que se trate de la actuación de la Administración Pública como de los daños ocasionados por la actividad legislativa (*v.gr.*, ley inconstitucional) o judicial (*v.gr.*, condena dictada por error). La razón de ello es muy simple: no es justo obligar a los administrados a que soporten todas las consecuencias perjudiciales de la actividad ilegítima del Estado (*v.gr.*, no indemnización del lucro cesante). No hay ningún principio de justicia que sustente la improcedencia de indemnizar los perjuicios resultantes, directos o indirectos[1315].

Las cosas cambian cuando se trata de daños causados por una actuación estatal que se reputa legítima (ya sea de naturaleza administrativa, legislativa o judicial) pues allí es posible sustentar que si bien existe en tal caso el deber de los administrados de soportar sacrificios patrimoniales por razones de interés público o bien común, es justo que la reparación deba limitarse al valor objetivo del derecho sacrificado y a todos los daños que sean consecuencia directa e inmediata de la actuación estatal, con exclusión del lucro cesante, de las circunstancias personales y de las ganancias hipotéticas[1316].

Esta solución se justifica en virtud de que no parece justo que la restitución de los demás conceptos deba ser soportada por la comunidad, produciendo un beneficio para el particular por causa de la utilidad pública, porque si el interés público no debe ser objeto de ventajas para los particulares, la indemnización acordada para restaurar el equilibrio patrimonial debe limitarse al daño emergente[1317].

[1314] Ver Sup. Corte Mendoza, 4/4/1989, *in re* "Torres, Francisco v. Prov. de Mendoza", LL 1989-C-514, con nuestro comentario, CASSAGNE, Juan Carlos, "La responsabilidad del Estado por omisión".

[1315] Cuando un acto o hecho es voluntariamente ilegítimo "es más grave que la simple injusticia y equivale a un daño mayor". TOMÁS DE AQUINO, *Tratado de la justicia*, cap. V, art. 4°, *in fine* (II-II, q. 67).

[1316] Es el criterio establecido en el art. 10, Ley Nacional de Expropiaciones 21.499.

[1317] La Corte Suprema de Justicia de la Nación consagró expresamente esta tesis en el caso "Cantón, Mario Elbio v. Gobierno Nacional" (Fallos, 301:403 [1979]). Allí se sostuvo que el resarcimiento debía comprender el daño emergente para restaurar el equilibrio patrimonial alterado por el accionar legítimo de la Administración. Se trató de una demanda donde se perseguía la reparación de los perjuicios provocados por el dec. 2118/1971 PEN que prohibió la importación de determinados productos con el objeto de nivelar la balanza de pagos y proteger la industria nacional que afectó contratos concluidos y en vías de ejecución. Luego de admitir que esa actividad lícita del Estado podía ser "la causa eficiente de daños a particulares y generar la responsabilidad consiguiente cuando afecte derechos amparados por garantías constitucionales" (art. 17, CN), la Corte aplicó, por analogía, para establecer la medi-

Por el contrario, la indemnización tiene que ser integral en los supuestos de responsabilidad del Estado por actividad ilegítima, ya que es el modo de compensar un sacrificio impuesto por una actuación que el administrado no está obligado a soportar y cuyo daño no se origina en una razón de utilidad pública (interés público o bien común) sino en el ejercicio irregular de la función administrativa.

7. LA LLAMADA TEORÍA DE LA INDEMNIZACIÓN Y EL FUNDAMENTO DE LA RESPONSABILIDAD DEL ESTADO

Para explicar la responsabilidad del Estado por su actuación legítima, el Derecho alemán ha construido la llamada teoría de la indemnización, que procede respecto de las "intervenciones conforme a derecho" que permiten responsabilizar al Estado con prescindencia de la noción de culpa. Esta teoría, seguida en Italia por Alessi[1318] y en España por Garrido Falla[1319], divide la reparación por los daños provocados por el Estado según que la causa se atribuya a responsabilidad por acto ilícito (montada en la noción de culpa) o que ésta se relacione con una indemnización de Derecho Público que prescinde del dato de la culpa y se fundamenta en la igualdad de los administrados ante las cargas públicas, principio éste que torna odioso todo sacrificio especial que ellos sufran sin indemnización[1320].

A esta tesis se ha contrapuesto la concepción de la lesión antijurídica resarcible, postulada por García de Enterría, que básicamente intenta construir un sistema unitario de responsabilidad partiendo de prescripciones positivas del Derecho español (art. 121, Ley de Expropiación Forzosa). Según este autor, la ley de expropiación ha eliminado, al legislar sobre responsabilidad, los elementos ilicitud y culpa, para basarse en el criterio de la lesión, que concibe a ésta como todo perjuicio antijurídico[1321]. El fundamento de esta concepción, que no requiere otro requisito que la rela-

---

da de la indemnización, el criterio estatuido en el art. 10, ley 21.499. Al respecto, resulta ilustrativo destacar lo expuesto en el consid. 8º de dicho precedente, como una demostración más del carácter justo y novedoso que presenta la evolución de las instituciones administrativas en la realidad de la jurisprudencia. Dijo la Corte que, admitida la procedencia del resarcimiento del particular por los daños provocados por la actividad lícita (nosotros preferimos decir legítima) del Estado, "la reparación debe atender, ante la falta de normas expresas sobre el punto, al modo de responder establecido en instituciones análogas (art. 16, CCiv.), debiendo aceptarse en la especie que la expropiación es la que guarda mayor semejanza con el supuesto planteado, por el ámbito en que se desenvuelve, la finalidad que persigue y la garantía que protege. De ahí que sus normas resultan viables para determinar el perjuicio sufrido por la demandante, no siendo procedente las propias del derecho común relativo a la responsabilidad civil" (Fallos, 301:407).

[1318] ALESSI, Renato, *Sistema Istituzionale del Diritto Ammnistrativo Italiano*, Giuffrè, Milán, 1958, ps. 519 y ss.

[1319] GARRIDO FALLA, Fernando, Tratado de Derecho Administrativo, t. II, 7ª ed. reimp., Centro de Estudios Constitucionales, Madrid, 1980, ps. 238 y ss.

[1320] *Cfr.* GARRIDO FALLA, Fernando, Tratado de Derecho Administrativo, *cit.*, t. II, p. 241.

[1321] GARCÍA DE ENTERRÍA, Eduardo, Los principios de la nueva Ley de Expropiación Forzosa, Instituto de Estudios Políticos, Madrid, 1956, p. 1977. En el caso de la actividad legítima, esa antijuridicidad proviene de que si bien hay obligación de soportar el sacrificio, no hay obligación de soportar el daño patrimonial.

ción de causalidad entre el acto y el daño, reposa en un principio de garantía patrimonial, con fundamento en el Derecho Positivo español, por el cual la responsabilidad se basa en un mecanismo objetivo de reparación que funciona independientemente de que haya o no culpa del agente, siempre que se produzca una lesión al patrimonio privado por la actuación de la Administración[1322].

No obstante reconocer que la teoría de la indemnización posee rigor lógico y que se halla animada, en líneas generales, por la idea de justicia, en las relaciones entre el Estado y los particulares, ella es pasible de una crítica sustancial.

En efecto, si se logra un fundamento común y unitario para hacer responsable al Estado por su actuación en el ámbito del Derecho Público, no se justifica la distinción sustancial entre responsabilidad e indemnización, ya que ambas figuras pretenden explicar los supuestos en que el Estado restituye un desequilibrio causado por un daño en el patrimonio de los administrados. A lo sumo, si hay distinciones y matices en punto a la medida de la reparación, sea que se trate de actividad legítima o ilegítima, no se justifica una diferencia sustancial en el fundamento de ambos tipos de responsabilidad.

En cuanto a la tesis de la lesión resarcible, si bien coincidimos en cuanto a la necesidad de proporcionar un fundamento común para la responsabilidad del Estado, esa búsqueda debe orientarse al fin del Estado que no es otro que la realización del bien común a través de la justicia, la consecuente reparación del desequilibrio causado y el grado en que la comunidad debe satisfacer el daño. No se trata sólo de hallar un fundamento estrictamente positivo sino de establecer cuál es el principio general de Derecho Público en que se funda la responsabilidad estatal, se halle él incorporado o no al ordenamiento. Ese principio no es otro que el restablecimiento del equilibrio a fin de mantener la igualdad ante los daños causados por el Estado[1323].

De este principio, que se relaciona tanto con la justicia legal o general como con la justicia conmutativa, deriva que toda lesión o daño provocado por la actuación extracontractual del Estado deba ser reparado, en función a la naturaleza de la actividad (legítima o ilegítima), el desequilibrio producido y los intereses de la comunidad.

La obligación de reparar tiene como fundamento el principio de la corrección del desequilibrio causado al administrado que soporta un daño, desigualdad que requiere una justa restitución que, si bien se gradúa de un modo distinto según que provenga de la actuación legítima o ilegítima del Estado, responde a la necesidad esencial de reparar la injusticia que provoca la violación de la igualdad, de impedir la subsistencia del desequilibrio. La obligación de resarcir el perjuicio cometido no nace del daño sino de la alteración del principio de igualdad[1324], aun cuando se re-

---

[1322] Ver GARCÍA DE ENTERRÍA, Eduardo - FERNÁNDEZ, Tomás R., Curso de Derecho Administrativo, cit., t. II, p. 337.

[1323] En algunos supuestos, el administrado tiene la obligación de soportar tanto el sacrificio como el daño, a condición de que se respete el principio de la igualdad y no se desnaturalice el derecho de propiedad (v.gr., restricciones administrativas).

[1324] Para Soto Kloss ("La idea de reparación de un daño...", cit., p. 22), la obligación de reparar nace del daño. Aunque compartimos en general el fundamento de su postura, nos parece que

quiera la ocurrencia del daño. Todos los demás fundamentos o son derivaciones de él, o bien constituyen principios complementarios, tal como el enriquecimiento sin causa.

Se trata, por lo demás, de un principio reconocido por el Derecho Constitucional argentino, que estatuye que la igualdad es la base de las cargas públicas (art. 16, CN).

Desde luego que uno de los requisitos que deben darse para que juegue la responsabilidad del Estado ha de ser el de la especialidad del daño, pero éste no significa otra cosa que una condición del desequilibrio y comprende también los perjuicios causados a varios individuos, donde si bien puede haber una cierta generalidad, el daño es soportado de un modo desigual respecto de otros miembros de la comunidad.

Las ideas expuestas tornan necesario formular un replanteo de las clasificaciones tradicionales sobre la responsabilidad del Estado (administrativa, legislativa y judicial) para centrar la cuestión sobre nuevas bases, pues según se trate de la actuación legítima o ilegítima del Estado (y en ambas situaciones es responsable de los daños causados injustamente a los particulares) va a diferir el alcance y la medida de la reparación, habida cuenta de que el sacrificio que soporta el administrado por el perjuicio causado por el Estado presenta una diferencia específica importante, pues mientras en la actuación legítima él tiene el deber de aceptar el sacrificio (aun cuando no el de soportar el daño)[1325], en la responsabilidad por actuación ilegítima o defectuosa de la actividad del Estado, no le es impuesta la obligación de soportarla, ni menos aún, de padecer el daño sin indemnización.

---

tal opinión es inaceptable, por las razones que damos en el texto, aparte de que puede haber perjuicios causados por la actividad legítima del Estado que no violan el principio de igualdad (*v.gr.*, restricciones administrativas) y que no generan restitución alguna en tanto no se desnaturalice el derecho de propiedad, lo que, de ocurrir, constituiría una restricción indebida por violar un derecho garantizado por la ley positiva de rango constitucional (art. 17, CN). En el primer caso, hay una carga no indemnizable, impuesta por una razón de justicia legal o general pero en el segundo sería injusto no indemnizar a quien es privado de todo o parte de su propiedad en aras del bien común, ya que ese derecho se ha concedido al hombre para atender, por su intermedio, las necesidades de la comunidad, aparte del fin inmediato de satisfacer sus requerimientos esenciales. En consecuencia, si bien la restitución para reestablecer el desequilibrio causado en el patrimonio individual, tiene una finalidad social mediata, obedece, en cambio, a una finalidad inmediata respecto de la persona afectada.

[1325] Para González Pérez: "si el sacrificio que se exige del particular propietario de la cosa no obtuviese una justa compensación, se habría roto el principio de igualdad ante las cargas públicas. Pues un ciudadano concreto habría contribuido exclusivamente a las mismas en beneficio de los demás miembros de la comunidad" (*Cfr.* GONZÁLEZ PÉREZ, Jesús, *Administración Pública y libertad*, México, 1971, p. 51). Dicha opinión coincide totalmente con el fundamento unitario que dejamos atribuido a la responsabilidad del Estado en general.

CAPÍTULO II

LA RESPONSABILIDAD EXTRACONTRACTUAL DEL ESTADO EN EL CAMPO DEL DERECHO ADMINISTRATIVO

1. LA RESPONSABILIDAD EXTRACONTRACTUAL PROVENIENTE DE LA ACTIVIDAD ILEGÍTIMA DEL ESTADO

A) Diferentes clases de responsabilidad según la función que cumplen los órganos que ocasionan el daño

Si bien – como se ha visto– el fundamento de la responsabilidad del Estado es unitario, ella presenta ciertas modalidades específicas que permiten efectuar – dentro de las grandes clasificaciones que se han expuesto– una subdivisión que tenga en cuenta la función que desarrolla el órgano que ocasiona el daño.

De ese modo, tanto la responsabilidad del Estado por actividad ilegítima como la responsabilidad por la actuación estatal legítima son susceptibles, cada una de ellas, de subdividirse, a su vez, sobre la base de la función material o actividad objetiva que desenvuelven los órganos estatales.

En consecuencia, corresponde distinguir en la actuación ilegítima del Estado dos ámbitos de responsabilidad estatal, según que el daño provocado al patrimonio del particular provenga de la función administrativa o de la legislativa o normativa, conforme a la concepción material u objetiva, lo que implica desplazar el criterio orgánico utilizado por la doctrina clásica, a fin de circunscribir las diferentes especies de responsabilidad, para clasificar toda la problemática en torno a los datos de ilegitimidad o legitimidad, que exhibe cada una de esas funciones estatales objetivamente consideradas (administrativa y legislativa o normativa). Por su parte, la responsabilidad por el ejercicio de la función jurisdiccional asume un carácter peculiar y de excepción que justifica un tratamiento separado. La distinción que se formula aparece fundada en la circunstancia de que la restitución tiene un mayor alcance en la reparación del acto ilegítimo, donde al administrado que sufre el perjuicio no le ha sido impuesto la obligación de soportar la actividad ilegítima (que comprende las llamadas faltas de servicio) ni sus consecuencias dañosas.

B) Acerca de los factores de atribución en los Derechos francés y español

La falta de servicio en el Derecho francés

La historia de la configuración y desarrollo de la falta de servicio en el Derecho francés, producto fundamental de la jurisprudencia del Consejo de Estado, resulta suficientemente conocida, aunque no siempre captada en su verdadero sentido y alcance. Por de pronto, no se puede desconocer que se trata de una concepción propia del Derecho Público que se apartó de los criterios de imputación de responsabilidad entonces[1326] imperantes en el Código Civil.

El sentido de la falta de servicio entraña tanto la supresión del elemento culpa como factor de atribución de la responsabilidad, incluso a la innecesariedad de individualizar al autor del daño como al mal funcionamiento del servicio o al incumplimiento irregular u objetivo (sin atender a la conducta del agente público) de las obligaciones establecidas en las leyes o reglamentos administrativos [1327]. Como se verá más adelante, este criterio viene a coincidir con el fundamento legal que en la doctrina veníamos propugnando, con Linares[1328] y que la Corte recepciona a partir del caso "Vadell"[1329].

El carácter objetivo o subjetivo de la falta

Tanto en Francia[1330] como en la Argentina (esto último ocurre a raíz de haberse incorporado el concepto en la doctrina y en la jurisprudencia) se ha discutido acerca de la naturaleza objetiva de la falta de servicio, sosteniéndose que el término francés "falta" significa culpa en el idioma galo, o bien (y ésta es una crítica más depurada) que lo que se juzga irregular o defectuoso[1331] implica una conducta cuyos criterios de valoración no dejan de ser subjetivos, entre los cuales, la culpabilidad sigue siendo esencial.

La primera de las críticas había ya sido advertida por Leguina en su clásica obra, cuando señaló que "es bien sabido que la expresión francesa *faute* tiene un significado mucho más amplio y, en cierto modo, más objetivo que el término 'culpa'"[1332].

[1326] LAUBADÈRE, André de, *Traité de Droit Administratif*, actualizado por Venezia y Gaudemet, t. I, 9ª ed., LGDJ, París, 1984, p. 747.

[1327] Ampliar en: PERRINO, Pablo E., "Los factores de atribución de la responsabilidad extracontractual del Estado por su actividad lícita", en *Responsabilidad del Estado y del funcionario público*, Ciencias de la Administración, Buenos Aires, 2000, ps. 64 y ss. En el derecho comunitario se sanciona especialmente el incumplimiento de las normas comunitarias por un Estado miembro de la Unión Europea, véase: BARRA, Rodolfo C., "Responsabilidad del Estado en el derecho de integración", en *Responsabilidad del Estado y del funcionario público*, *cit.*, ps. 378/379 y las respectivas citas de los fallos del Tribunal de Justicia de la Unión Europea.

[1328] LINARES, Juan F., "En torno a la llamada responsabilidad civil del funcionario público", LL 153-601 y CASSAGNE, Juan Carlos, "La responsabilidad extracontractual del Estado en el campo del Derecho Administrativo", ED 100-986 (1982).

[1329] "Vadell, Jorge Fernando c/ Provincia de Buenos Aires", Fallos, 306:2030 (1984).

[1330] Ver por todos: PAILLET, Michel, *La faute du service public en Droit Administratif Français*, LGDJ, París, 1980, ps. 301 y ss.

[1331] REIRIZ, María G., "Responsabilidad del Estado", en *El Derecho Administrativo, hoy*, Ciencias de la Administración, Buenos Aires, 1996, p. 226 y HUTCHINSON, Tomás, "Los daños producidos por el Estado", *Revista Jus*, Revista Jurídica de la Provincia de Buenos Aires, nro. 36, Librería Editora Platense, La Plata, 1984, ps. 51/74.

[1332] LEGUINA VILLA, Jesús, *La responsabilidad de la Administración Pública*, 2ª ed., Tecnos, Madrid, 1983, p. 155 con cita de un trabajo de ALTIERI, "Aspetti della responsabilitá degli ente pubblice nel vigente ordinamento francese", *Rivista Trimestrale di Diritto Pubblico*, 1966.

Pero esta crítica no ha tenido eco mayormente en el país de origen donde algunos juristas hace más de cincuenta años sostuvieron más bien que la idea de que no había falta sin culpabilidad se basaba en que "la concepción objetiva de la falta no permite clasificar al sistema de responsabilidad ya que esto lleva finalmente a quitar la exigencia de una falta, como condición de la responsabilidad, todo carácter autónomo. La falta se funda entonces en las condiciones relativas a la causalidad y a la imputabilidad o relativas al daño en sí mismo"[1333].

Como se sabe, la jurisprudencia y la doctrina mayoritaria francesa se inclinan por asignar carácter objetivo a la falta de servicio[1334], habiéndose sostenido que "la falta del servicio público es una falta objetiva porque la apreciación de esta falta es una apreciación de elementos objetivos"[1335].

En esa línea cabe ubicar también a Benoit quien, en una postura afín a la concepción española y, sobre todo, a la seguida en nuestro país, ha dicho que la falta de servicio se configura por el funcionamiento defectuoso del servicio, el cual se aprecia de acuerdo con las leyes y reglamentos que reglan tal funcionamiento[1336].

Ese carácter objetivo que presenta la falta de servicio en Francia, al no requerir que se individualice al agente causante del daño, constituye el principal motivo por el cual la doctrina y la jurisprudencia no se han ocupado de distinguir entre la responsabilidad directa e indirecta[1337].

El anormal o normal funcionamiento del servicio en el Derecho español

Sin describir, tampoco en este acápite, la historia de la concepción española sobre la responsabilidad, podemos llegar a señalar que, tras una lenta evolución, se ha afirmado una concepción objetiva de la responsabilidad que, en el caso de la actuación ilegítima o antijurídica, se basa en "el anormal funcionamiento del servicio". Esta fórmula, que tiene su fuente en el art. 106, Constitución española y que reproduce, entre otros ordenamientos, el 139 de la LRJPAC, constituye el criterio establecido para que se configure la antijuridicidad de la lesión que ha sufrido el particular como consecuencia de la actuación administrativa. Prácticamente toda la doctrina española ha sostenido que se trata de una responsabilidad directa y objetiva[1338], en

---

[1333] BRARD, Yves, La responsabilidad administrativa de las personas privadas, Tesis, Caen, 1975, p. 177, *cit.* por PAILLET, Michel, La faute du service public en Droit Administratif Français, *cit.*, p. 301.

[1334] Entre otros: MOREAU, Jacques, La responsabilité administrative, 3ª ed., Presses Universitaires de France, París, 1996, p. 61; CHAPUS, René, Droit administratif général, t. I, Montchrestien, París, 1996, p. 1178; en la clásica obra de Bonnard se alude al concepto de falta del servicio público para concluir que el funcionamiento defectuoso que origina la responsabilidad, se refiere al aspecto objetivo de la falta (*Cfr.* BONNARD, Roger, Précis de Droit Administratif, Sirey, París, 1935, p. 92).

[1335] DUPEYROUX, Henri, Faute personnelle et faute du service public, Tesis, París, 1922, *cit.* por PAILLET, Michel, La faute du service public en Droit Administratif Français, *cit.*, p. 302.

[1336] BENOIT, Francis P., Le Droit Administratif français, Dalloz, París, 1968, p. 709.

[1337] Así lo ha destacado LEGUINA VILLA, Jesús, La responsabilidad de la Administración Pública, *cit.*, ps. 87/88.

[1338] *Cfr.* GARCÍA DE ENTERRÍA, Eduardo - FERNÁNDEZ, Tomás R., *Curso de Derecho Administrativo*, t. II, 6ª ed., Civitas, Madrid, 1999, ps. 369 y ss.

un sentido más global y amplio que el establecido por la teoría de la falta de servicio en el Derecho francés[1339].

En general, se ha considerado que los daños provocados por el normal funcionamiento del servicio – como lo prescribe la norma– genera también la responsabilidad del Estado de un modo amplio, sin limitar la responsabilidad de la Administración por criterios objetivos o estándares de responsabilidad, según actualmente se ha planteado[1340].

Sin embargo, aparte de que un sector de la doctrina española[1341], siguiendo la concepción propiciada en Italia por Alessi[1342], sostuvo la necesidad de distinguir entre responsabilidad e indemnización, lo cierto es que parece bastante discutible que el funcionamiento normal del servicio público o de la función administrativa pueda concebirse que configura una actuación antijurídica. Lo que acontece es una cosa bien diferente y constituye una derivación de dos principios que se articulan para justificar el fundamento de la obligación de reparar el perjuicio. Así, por un lado, se encuentra la regla del mantenimiento de la intangibilidad de los derechos patrimoniales frente a la privación de la propiedad por razones de interés público mientras que, por el otro, aparece el principio vinculado a la necesidad de distribuir – en determinadas circunstancias fundadas en la especialidad de los perjuicios sufridos– la carga de los daños, para que ella no sea soportada de un modo desigual por parte de unos ciudadanos sobre los que resulta injusto que recaiga exclusivamente. Es decir, que cuando sobre una persona pesa algún sacrificio especial impuesto por razones de interés público, ese sacrificio debe ser compensado por el Estado, el cual viene a representar al resto de la comunidad que no lo soporta. Desde luego que su determinación, además de la configuración de los elementos objetivos que hacen a la especialidad del daño, es una cuestión de grado que la ley debería precisar a fin de que el Estado no se convierta en una suerte de caja aseguradora de todos los daños provenientes de su actuación legítima.

No se trata, pues, de un supuesto de antijuridicidad sino de un factor objetivo de atribución. De lo contrario, la propia figura de la expropiación sería antijurídica, lo cual nadie, que sepamos, ha llegado a sostener, incluso en la doctrina española.

C) La responsabilidad estatal por hechos y actos administrativos ilegítimos. Soluciones de la jurisprudencia de la Corte Suprema de Justicia de la Nación hasta el caso "Devoto"

Suele afirmarse que la responsabilidad extracontractual por los actos y hechos ilegítimos del Estado que causan daños sobre el patrimonio o persona de los administrados no fue reconocida sino a partir del caso "SA Tomás Devoto v. Gobierno

---

[1339] MIR PUIGPELAT, Oriol, *La responsabilidad patrimonial de la Administración. Hacia un nuevo sistema*, Civitas, Madrid, 2002, ps. 181 y ss.

[1340] MARTÍN REBOLLO, Luis, "Los fundamentos de la responsabilidad del Estado", en *Responsabilidad del Estado y del funcionario público, cit.*, ps. 15 y ss.

[1341] GARRIDO FALLA, Fernando, *Tratado de Derecho Administrativo*, t. II, 9ª ed. Tecnos, Madrid, 1989, ps. 226 y ss.

[1342] ALESSI, Renato, *Sistema Istituzionale del Diritto Amministrativo Italiano*, Giuffrè, Milán, 1958, ps. 519 y ss.

Nacional s/daños y perjuicios" fallado el 22/9/1933[1343] por la Corte Suprema de Justicia de la Nación.

Pero lo cierto es que tanto la doctrina como la jurisprudencia[1344] habían reconocido antes la responsabilidad extracontractual por los llamados actos de gestión en la intendencia de los servicios públicos, y que siempre se reconoció la responsabilidad del Estado en los actos de gestión de su patrimonio privado[1345], es decir, cuando se consideraba que el Estado actuaba como persona jurídica, según la objetable expresión entonces utilizada.

La irresponsabilidad del Estado era sostenida, en cambio, respecto de los actos que se denominan puros actos de autoridad o de imperio, por aplicación de la doctrina alemana de la doble personalidad[1346] o de la versión francesa de la personalidad única de doble faz (pública y privada, a la vez) propugnada, entre otros, por Hauriou[1347].

A esta doble faz corresponde un doble sistema de actos: a) el de los llamados "actos de gestión", que son aquellos que pertenecen al ámbito de la igualdad de derechos entre las partes, o sea en el campo del Derecho Privado, porque la Administración no los realiza como depositaria de la soberanía sino en calidad de "intendente de los servicios públicos" (Laferrière); y b) la de los "actos de imperio" o de autoridad, que caen en el campo de las relaciones de poder, de subordinación, de desigualdad de derechos, es decir, en la esfera del Derecho Público.

De ese modo, mientras se aceptaba la responsabilidad del Estado por los actos de gestión, se establecía el principio inverso en materia de daños provocados por actos de imperio o de autoridad, con fundamento, sobre todo, en la idea de soberanía, heredada del absolutismo y de la Revolución Francesa.

Hasta el año 1933 el estado de la cuestión podía resumirse de esta manera:

[1343] Fallos, 169:111 (1933). Véase REIRIZ, María G., *La responsabilidad del Estado*, Eudeba, Buenos Aires, 1969, ps. 81 y ss. La afirmación del texto es particularmente cierta en cuanto se trate de responsabilidad por hechos ilícitos (responsabilidad aquiliana) pero no comprende los otros supuestos de responsabilidad extracontractual (actos inválidos) ni daños causados por actos administrativos legítimos.

[1344] BULLRICH, Rodolfo, *La responsabilidad del Estado*, J. Menéndez, Buenos Aires, 1920, ps. 141 y ss.

[1345] BULLRICH, Rodolfo, *La responsabilidad del Estado*, cit., ps. 89 y ss.

[1346] MAYER, Otto, *Derecho Administrativo alemán*, t. I, traducción del original francés, Depalma, Buenos Aires, 1949, ps. 61 y ss.

[1347] HAURIOU, Maurice, *Précis de droit administratif et de droit public général*, 3ª ed., Librairie de la Société Récueil général des lois et des arrêts, L. Larose, París, 1897, p. 332, escribió que: "La personalidad administrativa es a doble faz, a la vez privada y pública. En tanto que privada ella implica el goce de todos los derechos privados de que puede beneficiarse una persona moral... En tanto que pública, la personalidad administrativa implica el goce de los derechos propiamente administrativos, más o menos teñidos de poder público". Como se advierte, Hauriou de algún modo intuyó la posibilidad de que el Estado actuara en el campo del Derecho Privado y en la esfera pública como una sola persona. Su error consistió en atribuir a una única persona dos personalidades distintas.

a) se aceptaba la responsabilidad del Estado por el incumplimiento de sus obligaciones convencionales, aplicándose, por lo general, las normas y principios del Código Civil;

b) se consideraba también que el Estado era responsable por los actos de gestión, sea que se tratare de actos de gestión de su patrimonio privado como de los referentes a la intendencia de los servicios públicos (*v.gr.*, responsabilidad por los actos de los agentes que en ejercicio de su misión clausuran un establecimiento industrial por error o negligencia)[1348];

c) en cambio, no se reconocía la responsabilidad aquiliana del Estado por delitos o cuasidelitos, en la inteligencia de que los arts. 36 y 43, CCiv., impedían que personas jurídicas estuvieran obligadas a responder por los actos ilícitos de sus representantes;

d) sin embargo, toda esta construcción se dejaba de lado frente al dictado de una ley especial que acordase indemnización por los daños causados por el Estado, ya sea que esa responsabilidad se vinculare con actos de imperio o actos de gestión[1349].

D) Interpretación sustentada por la Corte Suprema en el caso "SA Tomás Devoto y Compañía v. Gobierno nacional". Jurisprudencia posterior

En el año 1933 la Corte Suprema de Justicia de la Nación tuvo oportunidad de resolver una controversia que habría de tener resonancia en el futuro desarrollo de la corriente hacia el reconocimiento de la responsabilidad extracontractual del Estado. En el campo que arrendaba la "SA Tomás Devoto" en la provincia de Entre Ríos, ocurrió un gran incendio ocasionado por las chispas de un brasero que utilizaban unos empleados del Telégrafo Nacional que tenían el encargo de unir los hilos de la línea telegráfica que pasaba por el campo. El incendio provocó daños de considerable magnitud que llevaron a la sociedad perjudicada a entablar una demanda de daños y perjuicios contra el Gobierno Nacional.

Para reconocer la responsabilidad extracontractual del Estado la Corte elaboró una construcción verdaderamente pretoriana[1350] sobre la base de la configuración de una responsabilidad indirecta, aplicando los arts. 1109 y 1113, CCiv.

De ese modo, el Alto Tribunal intentó sortear la valla que representaba el art. 43, CCiv.[1351] para el reconocimiento de la responsabilidad aquiliana de las personas jurídicas, ya que la doctrina de la ficción sólo aceptaba que las personas físicas pod-

---

1348 "Sáenz Peña, Luis v. Gobierno Nacional", Fallos, 124:22 (1916).

1349 BIELSA, Rafael, *Derecho Administrativo*, t. V, Depalma, Buenos Aires, 1957, ps. 67 y ss. El fundamento no era otro que la ley, lo cual traducía una franca postura positivista.

1350 REIRIZ, María G., *La responsabilidad del Estado*, cit., ps. 86/87.

1351 El art. 43, CCiv., prescribía, antes de la reforma introducida en el año 1968, lo siguiente: "No se pueden ejercer contra las personas jurídicas, acciones criminales o civiles por indemnización de daños, aunque sus miembros en común, o sus administrados individualmente, hubieran cometido delitos que redundaran en beneficio de ellas".

ían cometer delitos o cuasidelitos, en la inteligencia de que no cabía suponer que un ser abstracto pudiera incurrir en dolo o culpa.

Este fallo de la Corte[1352], que motivó la crítica de Bielsa[1353], contenía el error de fundar la responsabilidad en los arts. 1109 y 1113, CCiv., normas enteramente inaplicables al Derecho Administrativo, máxime cuando podía haber acudido al precepto contenido en el art. 1112, CCiv., que regla la responsabilidad del Estado por las llamadas "faltas de servicio" [1354]. En efecto, si bien la invocación al art. 1113, CCiv., puede justificarse en orden a la responsabilidad de las personas jurídicas privadas (eludiendo así el art. 43 de dicho Código) carece de sentido tratándose del Estado, al cual no se lo puede equiparar al *dominus* o patrón, dado que los agentes públicos son órganos de la persona pública estatal. Claro está que en esa época la teoría del órgano todavía no había encontrado recepción en la jurisprudencia de la Corte y que pudo interpretarse que la fuente del artículo fue el comentario de Aubry y Rau al inc. 3° del art. 1384, CCiv. francés, relativo a la responsabilidad de patrones y comitentes por actos de sus subordinados[1355].

[1352] Sostuvo la Corte en el caso "Devoto" que "en nada influye para definir la responsabilidad por el desempeño negligente de sus empleados, que aquellos en el caso de autos no hayan procedido intencionalmente, o que la causa generadora del incendio haya sido casual, desde que la casualidad sólo puede equipararse al caso fortuito en cuanto en ambas circunstancias han ocurrido sucesos que no han podido preverse ni evitarse (art. 514, CCiv.). Pero el estrago de autos ha podido ser previsto y evitado desde que él ha ocurrido por falta de atención de los agentes del gobierno y en tanto éstos ejecutaban trabajos bajo su dependencia (reparación de la línea telegráfica nacional). Esta Corte ha dicho en casos análogos que el incendio – como acto reprobado por la ley– impone al que lo ocasione por culpa o negligencia, obligación de reparar los daños ocasionados a terceros, extendiéndose esta responsabilidad a la persona bajo cuya dependencia se encuentra el autor del daño o por las cosas de que se sirve o tiene a su cuidado (arts. 1109 y 1113, CCiv.; "Escriña Bunge, Rafael y Álvarez, Edmundo c/ Gobierno Nacional", Fallos, 129:306 [1919]; "Juan Cava c/ Provincia de Buenos Aires s/ daños y perjuicios", Fallos, 130:143 [1919]; "Fisco Nacional c/ Ferrocarril Central Argentino", Fallos, 146:249 [1926]).

[1353] BIELSA, Rafael, "Responsabilidad del Estado como poder administrador", JA 43-416, quien criticó el fundamento civilista de la responsabilidad, diciendo que no obstante para el buen propósito de la decisión era necesario el dictado de una ley para consagrar la responsabilidad del Estado.

[1354] *Cfr*. LINARES, Juan F., "En torno a la llamada responsabilidad civil del funcionario público", LL, 153-601 y ss., secc. Doctrina. Observa este autor que en la cita de Vélez Sarsfield correspondiente a la fuente del art. 1112, CCiv. (comentario de Aubry y Rau al art. 1384, CCiv. francés) "no existe una sola palabra sobre el asunto responsabilidad propia del agente por falta personal. Se refiere a la del Estado exclusivamente", y agrega: "No cabe así duda de que lo que Vélez quiso reglar, con su art. 1112, era la responsabilidad del Estado por faltas de servicios del funcionario, que corre a cargo del Estado. Con ello se quiso introducir una excepción a la irresponsabilidad total del Estado establecida en el art. 43, pero nada se dijo sobre la responsabilidad directa del funcionario frente al administrado".

[1355] AUBRY, Charles - RAU, Charles F., *Cours de Droit Civil Français*, t. III, Marchal et Billard, París, 1856, p. 551. Dicen estos autores que "El Estado representado por los diversos ministerios y administraciones o entidades públicas es, como todo comitente, responsable de los daños causados por sus empleados, agentes o servidores en el ejercicio de sus funciones o de su servicio". Este comentario es igual al que figura en la 4ª ed. de 1871, no siendo significativo el cambio de numeración en las notas. Es más, en esta última edición se agrega en la

Pero el defecto mayor radica en haber acudido al art. 1109, CCiv., que consigna la responsabilidad sobre la base de la noción de culpa[1356] en lugar de utilizar la figura de "falta de servicio", con fundamento en un principio del Derecho Administrativo, de base constitucional, cual es el de que no es justo que los administrados soporten los daños causados por el funcionamiento irregular o defectuoso del servicio o función pública, dado que de lo contrario se alteraría la igualdad ante las cargas públicas.

En el caso "Ferrocarril Oeste"[1357] del año 1938, la Corte Suprema de Justicia de la Nación reconoció la responsabilidad de la provincia de Buenos Aires por los perjuicios causados por la prestación defectuosa o irregular del servicio de expedición de los certificados registrales, indispensables para realizar la escrituración de inmuebles. Si bien este precedente contiene algunos errores[1358] tiene el mérito de apoyarse, fundamentalmente, en el art. 1112, CCiv., y en su fuente doctrinaria para establecer la responsabilidad de la provincia demandada por falta de servicio[1359], aun cuando soslaya el fundamento de Derecho Público que anida siempre en la responsabilidad estatal por actos y hechos administrativos.

Pero nos parece también que, no obstante haberse fundado en el art. 1113, CCiv., este precedente exhibe algunos principios de riqueza doctrinaria indiscutible – no suficientemente destacados por la doctrina[1360] y jurisprudencia posterior– . En tal sentido pueden señalarse:

a) cuando una provincia impone el deber de obtener un certificado registral como requisito para la escrituración de inmuebles, ello presupone la obligación de prestar un servicio regular que responda a las garantías que se procuran asegurar;

---

nota 16 que el principio señalado en el texto es constante y ha sido establecido por leyes especiales.

[1356] La culpa no es un presupuesto de la responsabilidad extracontractual del Estado y si bien durante el siglo pasado gozó de los favores de la jurisprudencia administrativa francesa, ella fue pronto abandonada para ser sustituida por la responsabilidad por los daños causados por falta de servicio (idea objetiva). Sobre los orígenes de la culpa como condición de la responsabilidad, véase: VILLEY, Michel, *En torno al contrato, la propiedad y la obligación*, trad. del francés, Ediciones Ghersi, Buenos Aires, 1980, ps. 77 y ss.

[1357] Fallos, 182:5, publicado también en LL 12-122.

[1358] Como la invocación al art. 1113, CCiv. y la consecuente construcción de la responsabilidad indirecta que presupone una suerte de presunción de culpa del Estado por la responsabilidad en la elección de los agentes que desempeñan las funciones públicas. La idea de falta de servicio es objetiva, se independiza de la culpa y permite responsabilizar al Estado aun cuando no se individualice al autor del daño. Esto último lo reconoció la Corte más tarde, particularmente en el caso "Lucena, Rafael y otro c/ Nación", Fallos, 250:135 (1961).

[1359] Dijo la Corte: "Que la disposición del art. 1112, CCiv., correlacionada con el art. 1113, significa la aceptación del principio de la responsabilidad del Estado, cuando concurren las condiciones anteriormente indicadas, tanto por lo que se desprende de su texto mismo, cuanto porque interpretada así concuerda con la teoría expuesta por Aubry y Rau, citada por el codificador en su nota al art. 1112".

[1360] Sobre todo por la doctrina que siguió apegada a la primitiva interpretación del art. 1112, CCiv., que circunscribía su ámbito de aplicación a los funcionarios públicos.

b) en tales casos, la entidad no actúa en el campo del Derecho Privado sino dentro del Derecho Público[1361], no siendo aplicable el art. 43, CCiv.;

c) la regla según la cual quien contrae la obligación de prestar un servicio lo debe realizar en condiciones adecuadas para llenar el fin para el que ha sido establecida, siendo responsable de los perjuicios que causara su incumplimiento o su irregular ejecución (doctrina de los arts. 625 y 630, CCiv.) constituye una regla "fundada en razones de justicia y de equidad"[1362] que debe tener también aplicación en las relaciones entre el Estado y los administrados.

La tesis de la responsabilidad indirecta se siguió aplicando, prácticamente sin interrupciones, hasta 1985, respecto de aquellos actos y hechos administrativos considerados ilícitos[1363].

E) Aplicación del art. 1112, CCiv., para determinar la responsabilidad del Estado

Se ha visto que la prescripción contenida en el art. 1112, CCiv., regula la responsabilidad extracontractual del Estado por falta de servicio. Se trata, evidentemente, de una norma de Derecho Público, puesto que prescribe la responsabilidad de las personas públicas estatales por el ejercicio irregular de la función pública y ella puede invocarse como fundamento legal positivo de esta clase de responsabilidad sin conectarla con la responsabilidad indirecta del art. 1113 de dicho Código. En tal sentido, la responsabilidad del Estado por los actos de sus órganos (agentes con competencia para realizar los hechos o actos pertinentes que dan origen a los daños) es siempre una responsabilidad directa, fundada en la idea objetiva de la falta de servicio, aun cuando no excluye la posibilidad de que se configure la falta personal del agente público[1364].

Desde luego que el fundamento esencial de la responsabilidad extracontractual por la actuación ilegítima del Estado es siempre de Derecho Público y consiste en la

---

[1361] El fallo alude a que la provincia actúa como persona de Derecho Público, expresión que hemos corregido en el texto, pues aparte de configurar un error y hallarse desactualizada, su reemplazo no quita sentido al principio enunciado en esta causa respecto de la inaplicabilidad al Estado del art. 43, CCiv.

[1362] Esta afirmación del fallo constituye en realidad el reconocimiento de que el Derecho Administrativo es un derecho de equidad.

[1363] "Zezza v. Provincia de Buenos Aires", Fallos, 300:639 (1978) y "Serú, Liliana Esther v. Provincia de Buenos Aires", Fallos 300:867 (1978), donde volvió a invocar el art. 1113, CCiv. Para hacer responsable a una provincia por los daños causados por un agente de la policía provincial declarado responsable de un homicidio culposo cometido mientras desempeñaba un acto de servicio.

[1364] En el año 1985 la Corte Suprema de Justicia de la Nación abandonó su anterior postura en el sentido de fundamentar la responsabilidad extracontractual del Estado en el art. 1113, CCiv., siguiendo el criterio que propiciamos en el texto ("Vadell, Jorge Fernando v. Provincia de Buenos Aires", Fallos, 306:2030, en el mismo sentido, C. Nac. Fed. Civ. y Com., sala 3ª, 16/12/1988, "Pardini, Juan C. v. Servicio Penitenciario Federal y otro", LL 1989-B-369, con nota de MACAREL, "La responsabilidad del Estado por falta de servicio"). Véase también: BARRA, Rodolfo C., "Cometidos administrativos en la actividad notarial y responsabilidad del Estado", ED 117:925.

necesidad de restablecer el equilibrio a fin de mantener la igualdad ante los daños causados por el Estado. Se trata, en suma, de un principio de Derecho Público, reconocido por el art. 16, CN: el de la igualdad ante las cargas públicas[1365].

F) Presupuestos de la responsabilidad por hechos y actos administrativos ilegítimos

Para que se configure la responsabilidad del Estado por actos y hechos administrativos ilegítimos en el ámbito extracontractual es menester la ocurrencia de ciertos presupuestos que condicionan esa responsabilidad, a saber: a) la imputabilidad material del acto o hecho administrativo a un órgano del Estado en ejercicio u ocasión de sus funciones; b) falta de servicio por cumplir de manera irregular los deberes y obligaciones impuestos por la Constitución, la ley o el reglamento o por el funcionamiento defectuoso del servicio (ilegitimidad objetiva) sea el incumplimiento derivado de acción u omisión; c) la existencia de un daño cierto en los derechos del administrado; d) la conexión causal entre el hecho o acto administrativo y el daño ocasionado al particular.

a) El primer presupuesto lo constituye la imputabilidad material del acto o hecho a un órgano del Estado. Se trata de una imputación objetiva que prescinde del requisito de la voluntariedad, al contrario de la solución positiva prescripta en el ámbito del Código Civil donde "los hechos que fueren ejecutados sin discernimiento, intención y libertad no producen por sí obligación alguna"[1366]. De ese modo, la Administración será responsable por los hechos ejecutados por un funcionario público demente cuando su actuación genere una falta de servicio y también lo será aun cuando no pudiera individualizarse el responsable, siempre que pueda atribuirse materialmente el acto o el hecho a la actuación de un órgano del Estado en ejercicio u ocasión de las funciones[1367].

Como se ha visto, el Estado responderá siempre que exista una falta de servicio determinada por no cumplir de una manera regular los deberes u obligaciones impuestos a los órganos del Estado por la Constitución, la ley o el reglamento o, simplemente, por el funcionamiento irregular del servicio. Este concepto – que denominamos ilegitimidad objetiva– traduce la disconformidad del acto o del hecho con el

---

[1365] FIORINI, Bartolomé A., *Derecho Administrativo*, t. II, 2ª ed. act., Abeledo-Perrot, Buenos Aires, 1976, ps. 715 y ss.; señala que el estudio integral del problema exige la transformación de los conceptos a la luz del Derecho Administrativo y puntualiza que ello "no excluye que se utilicen los principios provenientes de la ciencia del derecho aunque se encuentren en el Código Civil" (p. 718). Sostiene Fiorini, que "la Constitución consagra la organización nacional para 'afianzar la Justicia', que es el dar a cada uno lo que le corresponde y reparar aquello que se le sustrae o se le vulnera" (p. 720).

[1366] Art. 900, CCiv.

[1367] La regla del art. 43, CCiv., se aplica por analogía al Derecho Administrativo, pero extendiendo sus alcances a todos los órganos del Estado, ya que en él no cabe la distinción civilista entre representantes legales o administradores y dependientes.

ordenamiento jurídico administrativo[1368], incluyendo en él los principios generales del Derecho Administrativo.

b) El concepto de falta de servicio, que prescinde de la noción de culpa, aparece estructurado positivamente en el art. 1112, CCiv., pero su fundamento es el principio unitario que rige la responsabilidad estatal que exige "afianzar la justicia" a través de la restitución que procede para restablecer la igualdad alterada por el daño ocasionado al particular por un acto o hecho administrativo.

c) La existencia de un daño o perjuicio en el patrimonio del administrado constituye también un presupuesto esencial para determinar la responsabilidad del Estado[1369]. Ese daño necesita reunir ciertos caracteres: 1) puede ser actual o futuro, pero tiene que ser cierto, lo cual excluye los daños puramente eventuales[1370]; 2) debe hallarse individualizado, no afectando por igual a todos los administrados, lo cual no excluye la responsabilidad por aquellos perjuicios que aun impuestos por normas generales excedan la medida normal de los inconvenientes de vecindad y los causados por las obras públicas[1371]; 3) el derecho afectado puede ser tanto un derecho subjetivo como un interés legítimo[1372], debe tratarse de un perjuicio apreciable en dinero, que comprende tanto al daño patrimonial estricto como al daño moral[1373].

d) No menos importante es la relación de causalidad que debe existir entre el hecho o el acto administrativo y el daño causado al particular. Se trata de indagar la causa eficiente que origina el daño, lo que responde al principio lógico de razón suficiente, conforme al cual todo lo que es, tiene su causa en alguna razón. No se trata aquí de la imputabilidad material del hecho o acto administrativo al órgano del Estado sino de determinar si las consecuencias dañosas de ese hecho o acto derivan necesariamente de éstos u obedecen a otra causa. En consecuencia, puede haber relación causal entre un hecho y el daño ocasionado aun cuando no se hubiera podido individualizar al autor del perjuicio, ya que la imputabilidad subjetiva no es presupuesto de la causalidad, que se basa en una relación objetiva, tendiendo a la realización de lo justo, sin atender al reproche moral o culpa del agente.

[1368] Sobre el concepto de ilicitud objetiva en el Derecho Civil, véase: ALTERINI, Atilio A., *Responsabilidad civil. Límites de la reparación civil*, Abeledo-Perrot, Buenos Aires, 1972, ps. 65 y ss.

[1369] MARIENHOFF, Miguel S., *Tratado de Derecho Administrativo*, t. IV, 6ª ed. act., Abeledo-Perrot, Buenos Aires, 1997, ps. 734 y ss. Véase: BUSTAMANTE ALSINA, Jorge, *Teoría general de la responsabilidad civil*, 4ª ed., Abeledo-Perrot, Buenos Aires, 1983, ps. 145 y ss.

[1370] VEDEL, Georges, *Droit Administratif*, Presses Universitaires de France, París, 1968, p. 348. Señala este autor cómo este carácter ha sido dejado de lado por la Jurisprudencia del Consejo de Estado, que ha concedido una indemnización a un candidato ilegalmente eliminado de un concurso. La Corte Suprema ha dicho que el daño ha de ser cierto (Fallos, 300:639).

[1371] *Cfr.* VEDEL, Georges, *Droit Administratif, cit.*, p. 349.

[1372] MARIENHOFF, Miguel S., *Tratado de Derecho Administrativo, cit.*, t. IV, ps. 736/738.

[1373] VEDEL, Georges, *Droit Administratif, cit.*, ps. 350/352, quien anota la evolución de la Jurisprudencia del Consejo de Estado hasta culminar con el reconocimiento de la responsabilidad del daño moral, aun cuando no revista carácter excepcional. Véase ORTIZ RODRÍGUEZ, Celso, "Los daños morales en la responsabilidad patrimonial de la Administración Pública", *Revista La Ley*, Madrid, 22/11/1985.

G) La responsabilidad del Estado por actos normativos o legislativos declarados ilegítimos por sentencia judicial firme: a) leyes inconstitucionales; b) reglamentos inconstitucionales o ilegales. Remisión

Tanto la doctrina[1374], como la jurisprudencia de la Corte Suprema de Justicia de la Nación han aceptado la posibilidad de hacer responsable al Estado por los daños causados a los particulares por los actos normativos (leyes o reglamentos) declarados ilegítimos por sentencia judicial firme.

El Alto Tribunal ha reconocido la responsabilidad estatal por los perjuicios provocados por leyes o decretos-leyes que se declararon inconstitucionales[1375], y el mismo criterio ha seguido respecto de reglamentos considerados ilegítimos[1376]. La responsabilidad por los daños causados por la actividad reglamentaria ilegítima – que un sector de la doctrina asimila a la proveniente de actos o hechos administrativos– [1377] puede provenir de una transgresión constitucional, de una violación de la ley que es su causa eficiente (*v.gr.*, en los reglamentos de ejecución) o de un vicio de ilegitimidad que transgrede el ordenamiento administrativo general (*v.gr.*, en un reglamento autónomo un vicio en la finalidad).

En todos esos casos el Estado debe responder cuando exista una sentencia judicial firme que declare la ilegitimidad de la respectiva ley o reglamento, rigiendo los requisitos establecidos como presupuesto de la responsabilidad estatal por acto y hecho administrativo en punto al daño resarcible y a la conexión causal, sin perjuicio de que el juez acuda para determinar la responsabilidad – con las adaptaciones necesarias– a los requisitos que conciernen a la imputabilidad material e ilegitimidad objetiva (sin tener que analizar la culpa del órgano u órganos que dictaron el acto normativo).

[1374] MARIENHOFF, Miguel S., *Tratado de Derecho Administrativo*, cit., t. IV, ps. 776 y ss.; REIRIZ, María G., *La responsabilidad del Estado*, cit., ps. 71/72.

[1375] "Corporación Cementera Argentina SA c/ Provincia de Mendoza", Fallos, 262:22 (1965), "Gabardini de Cima, Corina y otro c/ Provincia de Corrientes", Fallos 297:161 (1977).

[1376] "Acuña v. Provincia de Santiago del Estero", Fallos, 252:39 (1962), donde sobre la base de inconstitucionalidad de un decreto que violaba el principio de la libre circulación, el derecho de propiedad y los derechos de libertad de comerciar y ejercer industrias, se condenó a la provincia demandada al pago del resarcimiento por los daños provocados por el actor. En el caso "Azucarera de Buenos Aires SA v. la Nación s/cobro de pesos", del 22/11/1972, la Corte declaró la responsabilidad del Estado nacional por los daños causados por el dec. 563/1966, que adolecía de irrazonabilidad, por haber establecido un régimen de cupos en función a la caña entregada a los ingenios en años anteriores, sin tener en cuenta las plantaciones reales de los productos (consid. 21).

[1377] MARIENHOFF, Miguel S., *Tratado de Derecho Administrativo*, cit., t. IV, p. 783, lo que es una consecuencia forzosa de la postura que adopta en lo que concierne a la naturaleza jurídica de los reglamentos, a los cuales concibe como actos administrativos de alcance general. Empero, esta divergencia no suscita distinciones en punto al régimen de la responsabilidad por actos normativos ilegítimos que se rige por los mismos principios que la correspondiente a los actos administrativos ilegítimos.

H) Diversas cuestiones que suscita el ejercicio de la acción tendiente a hacer efectiva la responsabilidad del Estado proveniente de su actividad ilegítima

a) La restitución: el criterio para establecer la medida de la indemnización

En principio, todo comportamiento ilegítimo de los órganos del Estado en ejercicio de la función administrativa y legislativa o normativa (ambas en sentido material u objetivo) que provoca daños al particular, engendra la obligación de restablecer la igualdad. Esa obligación se lleva a cabo a través de un acto de restitución – propio de la justicia conmutativa– que consiste básicamente en la igualación de las cosas aun cuando se está obligado a reparar también según la condición de las personas y de acuerdo con las circunstancias[1378].

El particular puede pretender que la restitución consista en la reposición de las cosas a su estado anterior, excepto si ello no fuera posible, en cuyo caso la indemnización se fijará en dinero. También puede el administrado optar por la indemnización pecuniaria[1379].

En lo que concierne al criterio para fijar la indemnización, cabe señalar que deben resarcirse integralmente los daños, actuales o futuros, siempre que sean ciertos y no eventuales hipotéticos. Tratándose de la reparación de las consecuencias de los actos o hechos ilegítimos la indemnización debe ser integral y comprende todos los perjuicios patrimoniales (daño emergente y lucro cesante), ya sea que deriven de una consecuencia inmediata o mediata[1380], como el daño moral, cuando éste fuera procedente. En el caso de acreditarse la existencia de dolo cometido por un órgano del Estado, la indemnización debe comprender también los daños provenientes de las consecuencias causales cuando ellas debieron producirse según las miras del autor del hecho o acto administrativo[1381], sólo que, en tal caso, se tratará de una falta personal del funcionario, porque aparte de que no es dable suponer la existencia de ese dolo específico en los órganos del Estado que actúan dentro de las funciones o en ocasión de ellas, no resulta justo que la comunidad cargue con este dolo especial del agente público, que configura algo más grave aun que la desviación de poder (delito civil o criminal).

[1378] De este aspecto de la restitución se ocupa TOMÁS DE AQUINO, *Tratado de Justicia*, II q. 62, a. 4.

[1379] El derecho del acreedor a pretender la reposición del *statu quo ante* está ahora reconocida en el texto del art. 1083, CCiv. (según la reforma introducida por la ley 17.711) aplicable analógicamente al Derecho Administrativo. Esta norma es sólo aplicable a la restitución de cosas, en los términos del art. 2311, CCiv. (*Cfr.* ALTERINI, Atilio A., *Responsabilidad civil. Límites de la reparación civil, cit.*, p. 186).

[1380] Se aplican aquí los principios que rigen en el CCiv. la reparación de los daños causados por actos ilícitos: arts. 903, 904, 1069. Cuadra advertir, no obstante, que siendo la responsabilidad del Estado de carácter objetivo (prescindiendo por ende de la culpa) la aplicación de tales textos requiere adaptarlos a ese principio, de modo que el Estado debe siempre responder por su actividad ilegítima, tanto si las consecuencias nacen de un acto culposo como no culposo.

[1381] Principio que recoge el art. 905, CCiv.

b) Acumulación de la responsabilidad extracontractual con la derivada del incumplimiento de contratos administrativos

A este respecto el Código Civil ha estatuido un sistema basado en la separación de las dos órbitas de responsabilidad (contractual y extracontractual) estructurado en el art. 1107, que, sin embargo, admite, en ciertos supuestos, la compatibilidad entre ambos tipos de responsabilidad (cuando el incumplimiento contractual configura, al propio tiempo, un delito de derecho criminal)[1382].

Dicho sistema no es aplicable al Derecho Administrativo, en el cual muchas veces el daño proviene del "hecho del príncipe" de una persona pública estatal (Estado nacional), que puede no ser parte del contrato administrativo celebrado por otra entidad pública estatal (*v.gr.*, entidad autárquica nacional) y donde, a su vez, ese mismo hecho puede provocar el incumplimiento contractual del cocontratante público.

La inaplicabilidad de ese sistema, propio del Derecho Civil, que impide acumular ambas responsabilidades (contractual y extracontractual) se apoya en estas razones: a) en el Derecho Administrativo la responsabilidad no se funda en la culpa sino que tiene naturaleza objetiva[1383]; b) de ello se sigue que no es necesario formular distinciones en punto a la prueba, pues en ambos casos hay que demostrar el incumplimiento material, la ilegitimidad objetiva y el daño cierto; c) los plazos de prescripción son, en ambos casos, similares para las acciones tendientes a hacer efectiva la responsabilidad, aplicándose, como norma genérica, el precepto contenido en el art. 4023, CCiv., para las acciones de carácter personal.

c) Plazo de prescripción de las acciones vinculadas a la responsabilidad extracontractual

No habiendo precepto expreso en el Derecho Administrativo nacional para regir lo atinente al plazo de prescripción de las acciones por responsabilidad extracontractual del Estado, derivada de su actuación ilegítima, es menester la recurrencia al Código Civil, el que será aplicable por analogía, es decir, como lo sostuvo nuestro más Alto Tribunal en el caso "Los Lagos", con las salvedades de lo que es propio de la sustancia o naturaleza de aquel derecho.

De ese modo resulta aplicable la norma contenida en el art. 4023, CCiv., que establece un plazo de prescripción de diez años para las acciones personales por deudas exigibles y para las acciones de nulidad, salvo que disposiciones especiales establezcan un plazo menor.

En cambio, la prescripción del art. 4037, si bien se refiere después de la reforma a la responsabilidad extracontractual, no es de aplicación al Derecho Administrativo, pues ella regula la responsabilidad civil (como lo sostiene categóricamente el propio texto) y es sabido que ella se basa, primordialmente, en la ilicitud subjetiva mientras que en el Derecho Administrativo la responsabilidad extracontractual no se vincula con la idea de culpa sino con la ilegitimidad objetiva.

[1382] ALTERINI, Atilio A., *Responsabilidad civil. Límites de la reparación civil, cit.*, ps. 43/44.

[1383] RISOLÍA, Marco A., "Un peligroso avance de la responsabilidad objetiva", *Revista de la Universidad de Buenos Aires*, t. IV, Buenos Aires, 1980, ps. 325 y ss., formula una meditada crítica al fundamento objetivo de la responsabilidad.

En materia del plazo de prescripción de una acción de nulidad tendiente a hacer efectiva la responsabilidad extracontractual del Estado, el art. 4030, CCiv., sólo se aplica respecto del vicio del error (siempre que no sea un error excluyente) porque en demás defectos contemplados en dicha norma generan siempre una nulidad absoluta, cuya acción, como tal, es imprescriptible[1384].

Sin embargo, el expuesto no ha sido el criterio seguido por la jurisprudencia, pues según lo ha decidido la Corte Suprema de Justicia de la Nación, cuando no media una vinculación contractual, el plazo de prescripción de la acción para demandar al Estado por los daños causados por hechos o actos administrativos, de carácter lícito o ilícito, es de dos años a tenor de lo dispuesto en el art. 4037, CCiv. A juicio del Alto Tribunal, el texto del precepto citado, después de la reforma introducida por la ley 17.711, es más amplio que el anterior, pues abarca no sólo la responsabilidad por hechos ilícitos, sino también todos los supuestos posibles de responsabilidad civil extracontractual[1385].

Debe advertirse, al propio tiempo, que las actuaciones administrativas practicadas con intervención de órganos que posean competencia producen la suspensión de los plazos de prescripción, cuyo cómputo se reinicia a partir del momento en que queda firme el acto que declara la caducidad del pertinente procedimiento administrativo[1386].

d) Relaciones entre la acción de nulidad y la de daños y perjuicios

En el sistema del Código Civil la acción de nulidad tiene autonomía respecto de la acción de daños y perjuicios, según lo ha sostenido la doctrina[1387] que postula que, en esos casos, se trata de perseguir sanciones diferentes, de finalidad y régimen diversos, teniendo, inclusive, distintos términos de prescripción.

Esta situación – aparte de lo criticable e injusta que puede resultar como interpretación civilista– no se da en el Derecho Administrativo con similares alcances, pues, ambas acciones tienen un régimen común[1388] y fundamentalmente, porque no se justifica una autonomía tan estricta, en virtud de la presunción de legitimidad del acto administrativo[1389] por cuyo mérito se presume que toda la actividad de la Administración o de los otros órganos del Estado que ejerzan la función administrativa guarda conformidad con el ordenamiento jurídico.

[1384] En efecto, de acuerdo con el art. 14, inc. a), ley 19.549, los vicios de error excluyentes, dolo, falsa causa y violencia física o moral, provocan siempre la nulidad absoluta, dado que afectan el Derecho Público administrativo.

[1385] "Cipollini, Juan Silvano c/ Dirección Nacional de Vialidad", Fallos, 300:143 (1978) y "Wiater, Carlos c/ Estado Nacional s/ proceso de conocimiento", Fallos, 320:2289 (1997).

[1386] Ley 19.549, art. 1°, inc. e), ap. 9°.

[1387] Arts. 1056 y 1057, CCiv.; LLAMBÍAS, Jorge J., con la colaboración de RAFFO BENEGAS, *Código Civil anotado*, t. II-B, Abeledo-Perrot, Buenos Aires, 1979, ps. 249/250.

[1388] Salvo el caso ya señalado antes de la acción de nulidad por vicio de error (siempre que no sea excluyente) que prescribe a los dos años.

[1389] Art. 12, ley 19.549.

Si el administrado debe cumplir el acto administrativo [1390] aceptando que éste cuenta con esa presunción de legitimidad, va de suyo que cualquier acción de daños y perjuicios puede tener carácter accesorio respecto de la sanción de nulidad [1391], que es lógico suponer iniciará cuando esa presunción haya cesado, al declararse la invalidez, por acto administrativo o por sentencia judicial firme. Es recién a partir de ese momento, el instante en que debe comenzar a computarse el plazo para promover la acción de daños y perjuicios. Por lo demás, como los derechos y obligaciones emergentes de los actos administrativos son, en principio, intransmisibles (principio que tiene mayor rigidez para el Estado en cuanto persigue la realización del interés público) el efecto de la nulidad repercutirá siempre entre las partes del acto (Estado y destinatarios particulares) llevando consigo la obligación de restituir lo que aquéllas hubieran percibido o recibido en virtud o por consecuencia del acto anulado [1392]. En suma, nada impide acumular tampoco ambas pretensiones procesales aunque la acción de daños y perjuicios contra el Estado derivada de un acto declarado inválido resulta, en principio, accesoria respecto de la restitución en sentido estricto.

De otra parte, la acción de daños y perjuicios tendrá, excepcionalmente, autonomía respecto de la acción de nulidad, cuando haya caducado el derecho a demandar directamente al Estado[1393] lo que no impediría promover después una acción tendiente al resarcimiento de los daños causados por el acto que se reputa ilegítimo[1394] aun cuando la acción se funde en las consecuencias perjudiciales de una invalidez absoluta o de una nulidad relativa, cuya acción aún no hubiere prescripto[1395].

[1390] El principio no es, desde luego, absoluto, pero si bien cede frente a la existencia de una nulidad manifiesta, esa disminución de la prerrogativa estatal se opera para compensar la protección debida al administrado a los efectos de impedir la ejecución del acto, mediante la suspensión en sede administrativa, o en el orden judicial, a través de una medida cautelar como objeto central de la acción de amparo de la ley 16.986.

[1391] El carácter accesorio y subordinado de la pretensión indemnizatoria respecto de la nulidad ha sido reconocido por la Corte Nacional en los casos "Alcántara Díaz Colodrero, Pedro c/ Banco de la Nación Argentina s/ juicio de conocimiento" (Fallos, 319:1476 [1996]) y LL 1997-A-70, con nota de CAPUTI, María C. - SACRISTÁN, Estela B., "La caducidad del art. 25, ley 19.549, la presunción de legitimidad de los actos administrativos y la seguridad jurídica") y "Nava, Alberto Emilio c/ PEN (SIDE) s/ cobro", Fallos, 319:1532 (1996); ver: PERRINO, Pablo E., "La responsabilidad de la Administración por su actividad ilícita. Responsabilidad por falta de servicio", ED 185-781.

[1392] Art. 1052, CCiv.

[1393] Art. 23, ley 19.549; CASSAGNE, Juan Carlos, "Acerca de la caducidad y prescripción de los plazos para demandar al Estado", ED 45-829.

[1394] MARIENHOFF, Miguel S., "Demandas contra el Estado nacional. Los arts. 25 y 30, Ley Nacional de Procedimientos Administrativos", LL 1980-B-1082, quien opina lo contrario, aunque admite la responsabilidad por la ejecución material negligente o irregular del acto. La Corte ha resuelto lo contrario de lo que propiciamos en el texto aplicando el plazo de caducidad del art. 25, LNPA, a una acción de daños fundada en la ilegitimidad de un acto administrativo (caso "Alcántara", en LL 1997-A-70, con comentario de María Claudia Caputi y Estela B. Sacristán).

[1395] Este principio aparece expresamente reconocido en el Proyecto de Código Procesal en lo Contencioso-Administrativo para la Nación del año 1981, que elaboramos con los doctores Marienhoff y Linares, en el art. 28, respecto de los daños causados por un acto afectado de nulidad absoluta. En el derecho de la Unión Europea la acción de indemnización puede de-

La jurisprudencia no ha seguido, en general, este criterio, lo cual obedece al mantenimiento del antiguo dogma del carácter revisor que se atribuye a la jurisdicción contencioso-administrativa, exigiendo la existencia de un acto previo para la habilitación de la instancia, lo que constituye un privilegio inadmisible que contradice el principio de la tutela judicial efectiva.

2. LA RESPONSABILIDAD EXTRACONTRACTUAL DEL ESTADO PROVENIENTE DE SU ACTUACIÓN LEGÍTIMA

A) Distintas especies de responsabilidad

Al igual que lo que acontece respecto de la actividad ilegítima, se hace necesario distinguir aquí las diferentes clases de responsabilidad, según que la actividad responda al ejercicio de la función administrativa o de la actividad normativa o legislativa, de acuerdo siempre con la concepción objetiva o material, que utilizamos como criterio real de sistematización, con la única excepción de la responsabilidad atinente a los actos propios de la función jurisdiccional, no tanto por el fundamento de la responsabilidad sino por las peculiaridades específicas que aquélla presenta.

De ese modo, luego de abordar lo inherente a las condiciones generales que determinan la responsabilidad extracontractual del Estado por los daños causados a los particulares en ejercicio de su actividad legítima, se tratarán, separadamente, tanto los supuestos que conciernen a perjuicios provocados por hechos y actos administrativos, como aquellos derivados de leyes y reglamentos.

B) Presupuestos determinantes de la responsabilidad del Estado por sus actos legítimos. Remisión

Existen algunas condiciones que, por ser comunes a la responsabilidad estatal por acto ilegítimo, han sido ya analizadas al tratar los presupuestos que determinan esa clase de responsabilidad, y que se refieren a: 1) la imputabilidad material del acto (hecho, acto administrativo, reglamento o ley) a un órgano del Estado; 2) la existencia de un daño cierto en los derechos del particular afectado; y 3) la conexión causal entre el acto (individual o general) y el daño hecho al administrado [1396]. Con posterioridad, la jurisprudencia de la Corte Suprema ha agregado dos requisitos, a saber: a) la necesaria verificación de un perjuicio especial en el afectado, y b) ausencia de un deber jurídico de soportar el daño [1397].

---

ducirse aun cuando no se promueva la nulidad del respectivo acto; véase: ALONSO GARCÍA, Enrique y otros, *Tratado de Derecho Comunitario Europeo (Estudio desde el Derecho español)*, t. 1, cap. VII, Civitas, Madrid, 1986.

[1396] Ver "Tejedurías Magallanes SA v. Administración Nacional de Aduanas", Fallos, 312:1656 (1989).

[1397] En la causa "Columbia SA de Ahorro y Préstamo para la Vivienda v. Banco Central de la República Argentina", Fallos, 315:1026 (1992) y en REDA, nro. 9/10, Depalma, Buenos Aires, 1993, ps. 139 y ss., con comentario de Pedro José Jorge Coviello. El requisito de la especialidad del daño ha sido objeto de la crítica de Marienhoff (ver al respecto, MARIENHOFF, Miguel S., "Cambios en el derecho objetivo y responsabilidad patrimonial del Estado", en la

El presupuesto que completa esa serie es aquí, obviamente, el que atañe a la "legitimidad" del acto administrativo, reglamento o ley, lo cual supone que el respectivo acto no adolece de vicio o defecto, por cuanto ha sido emitido de conformidad con todos los requisitos formales y sustanciales impuestos por el ordenamiento jurídico.

Se concibe que también constituyen actos legítimos aquellos que sean portadores de alguna irregularidad intranscendente, la cual nunca da origen a la invalidez o ilegitimidad del respectivo acto[1398].

C) Algunos supuestos de responsabilidad extracontractual del Estado por su actividad legítima

a) Por hechos y actos administrativos legítimos

Los casos que determinan la responsabilidad estatal por los daños que origina la actividad administrativa legítima son numerosos y muchos de ellos encuentran fundamento en una ley formal. Sin el propósito de formular una sistematización de ellos, vamos a enunciar algunos supuestos que originan perjuicios, según que sean provocados por:

1) la ocupación temporánea de un bien perteneciente a particulares[1399];

2) la expropiación de bienes privados por causa de utilidad pública o bien común[1400];

3) la requisición de bienes en tiempo de guerra[1401];

4) la revocación por razones de oportunidad, mérito o conveniencia, cuando ella fuere procedente y siempre que se observen las garantías constitucionales[1402];

5) la realización de obras públicas que impliquen una disminución en el valor de los inmuebles linderos de particulares, ya sea que provengan o no de una obra autorizada por ley[1403].

Separata de Anales de la Academia Nacional de Derecho y Ciencias Sociales de Buenos Aires, Segunda Época, nro. 30, Buenos Aires, 1992, ps. 11/15).

[1398] *Cfr.* MARIENHOFF, Miguel S., *Tratado de Derecho Administrativo*, t. II, 4ª ed. act., Abeledo-Perrot, Buenos Aires, 1993, ps. 496-497.

[1399] Ley 21.499, arts. 59 y 62. Véase MAIORANO, Jorge L., "La ocupación temporánea como fundamento jurídico de la responsabilidad estatal por un obrar legítimo", LL 1980-C-468 y ss. Véase al respecto la disidencia del doctor Fayt en los consids. 21 y 22 del fallo "Jucalán" citado precedentemente.

[1400] Ley 21.499, arts. 10 y ss.

[1401] Ley 16.970, art. 37. La requisición puede ser a título de uso o consumo, o a título de dominio; en todos los casos da derecho a indemnización.

[1402] Véase CASSAGNE, Juan Carlos, *Derecho Administrativo*, t. II, 7ª ed., LexisNexis - Abeledo-Perrot, Buenos Aires, 2002, p. 276, art. 18, *in fine*, LNPA.

[1403] *Cfr.* Fallos, 185:137, y "Beccan, Manuel de Jesús c/ Municipalidad de la Ciudad de Buenos Aires", Fallos, 211:53 (1989), comentada por GAMBIER, Beltrán, "La responsabilidad estatal por causas vinculadas con emprendimientos urbanísticos (autopistas urbanas) y el art.

En todos esos supuestos la responsabilidad del Estado es objetiva, con total prescindencia de la noción de culpa, pero también sin vinculación con la idea de falta de servicio, pues la responsabilidad deriva de un acto legítimo del Estado. El fundamento de ella es, como en los demás casos, el principio de la justicia legal o general, que demanda la igualdad ante las cargas públicas, con base en nuestro ordenamiento constitucional (art. 16, CN) que ha reconocido este trascendente principio de Derecho Natural, no siendo necesario que exista una ley que reconozca el derecho a la indemnización. Sin embargo, como se verá seguidamente, las reglas que gobiernan el régimen de la restitución difieren de las aplicables a la responsabilidad del Estado por los daños causados por sus hechos o actos ilegítimos.

b) Por leyes o reglamentos

El mismo fundamento e idénticas reglas rigen la responsabilidad del Estado por los perjuicios que causan los actos normativos o legislativos[1404], ya sea que éstos posean la forma de ley o de reglamento, siempre que se reúnan los presupuestos determinantes de la citada responsabilidad.

Entre los supuestos que pueden citarse a título meramente ejemplificativo, reconocidos según el caso por la doctrina[1405] o por la jurisprudencia cabe señalar:

a) leyes que consagran el monopolio estatal de actividades, lesionando el derecho de los particulares que tenían a su cargo dichas actividades y que debieron cesar en la fabricación o comercialización de los respectivos bienes[1406];

b) leyes que consagran la prohibición de fabricar o comercializar determinados productos en beneficio de otros intereses particulares[1407] o de un interés general[1408];

2620, CCiv., en un fallo de la Corte", RAP, nro. 136, Ciencias de la Administración, Buenos Aires, 1990, ps. 26/32.

[1404] ESTRADA, Juan Ramón de, "Responsabilidad del Estado por los actos legislativos y discrecionales", ED 102-838. Ver el caso "Promenade SRL v. Municipalidad de San Isidro", Fallos, 312:1394 (1989), y en REDA, nro. 2, Depalma, Buenos Aires, 1989, ps. 377 y ss., con nota de BIANCHI, Alberto B., "El caso Promenade y la llamada inderogabilidad singular de reglamentos en un controvertido fallo".

[1405] MARIENHOFF, Miguel S., *Tratado de Derecho Administrativo*, cit., t. IV, ps. 776 y ss.

[1406] SAYAGUÉS LASO, Enrique, *Tratado de Derecho Administrativo*, t. I, Montevideo, 1963, ps. 598/599.

[1407] VEDEL, Georges, *Droit Administratif, cit.*, ps. 360/373. La sentencia básica del Consejo de Estado francés en esta materia fue dictada en el caso "Societé La Fleurette" del año 1938. Para favorecer el mercado, una ley había prohibido la fabricación de algunos productos derivados de la leche, que podían perjudicar la comercialización de productos competitivos. Esta ley afectó principalmente a la Sociedad La Fleurette, la cual demandó al Consejo de Estado el pago de una indemnización. Éste le dio plena satisfacción a su reclamo apoyándose en cuatro consideraciones fundamentales: la actividad prohibida por la ley no tenía carácter nocivo; el perjuicio sufrido era específico de la empresa requirente; el legislador había considerado la protección de otros intereses profesionales; se trataba de una carga que no le incumbía normalmente al administrado.

[1408] Con posterioridad, en el caso "Bovero" del año 1963, el Consejo de Estado francés amplió el principio de la responsabilidad del Estado por acto legislativo admitiendo la responsabilidad, en un supuesto, de que la legislación perjudicial se había dictado, no con la finalidad de pro-

c) reglamentos que estatuyen la prohibición de importar determinadas mercaderías [1409] con el objeto de desnivelar la balanza de pagos y de proteger a la industria nacional.

Se trata, en todos estos casos, de un daño que sobrepasa los sacrificios normales que puede imponer una ley o un reglamento o la fijación de precios mínimos [1410].

D) Reglas que gobiernan la restitución en la responsabilidad del Estado por acto legítimo

Para determinar la medida de la restitución se aplican, en esta materia, las reglas atinentes a la indemnización debida por los daños provocados por los actos ilegítimos, con exclusión del lucro cesante.

La razón de esta exclusión – que tiene fundamento analógico en la ley nacional de expropiaciones– [1411] radica en la circunstancia de que la situación del administrado no es igual en ambos casos. En efecto, mientras en la responsabilidad por acto legítimo el particular soporta un daño en virtud de los deberes o cargas impuestos por la justicia legal o general, en la responsabilidad por acto legítimo, él no debe contribución o servicio alguno al Estado, ya que nadie está obligado a soportar la actividad dañosa ilegítima y menos aún sin indemnización. Por esa causa, el Estado le debe al particular perjudicado por un acto ilegítimo una reparación integral mientras que en la responsabilidad por acto legítimo la restitución no comprende el lucro cesante, aunque no por ello deja de regirse por la justicia conmutativa, que realiza la igualdad de objeto a objeto [1412].

La jurisprudencia de la Corte Suprema de Justicia de la Nación no había seguido una línea uniforme pues si bien en algunos fallos consideró que la indemnización no comprendía al lucro cesante [1413] en otros casos consagró el principio de la responsabilidad integral [1414], lo que se ha considerado que no permitía extraer conclusiones

---

teger intereses particulares (como en el caso "La Fleurette"), sino con una finalidad de interés público. Además, estableció condiciones menos restrictivas en punto a la especialidad del perjuicio.

[1409] "Cantón, Mario Elbio v. Gobierno Nacional", Fallos, 301:403 (1979); ver también: TAWIL, Guido S., "Una nueva aplicación de la doctrina 'Cantón'", ED 131-455.

[1410] MORELLO, Augusto M., "Compensación del Estado por daños originados en su accionar lícito", ED 120-887.

[1411] Ley 21.499, art. 10; *Cfr.* ESTRADA, Juan Ramón de, "Responsabilidad del Estado por actos legislativos y discrecionales (Fundamento y límites de la responsabilidad estatal conforme a derecho)", ED 102-845 y 846.

[1412] TOMÁS DE AQUINO, *Suma Teológica*, 2-2, q. 62, a. 1, en el "Tratado de Justicia".

[1413] En el caso "Motor Once SA v. Municipalidad de la Ciudad de Buenos Aires", Fallos, 312:649 (1989) con comentario de MACAREL bajo el título "Una vuelta de tuerca en la jurisprudencia de la Corte: el alcance de la doctrina del caso 'Sánchez Granel'". La doctrina, por su parte, se ha manifestado contraria a la aplicación analógica del art. 10, Ley de Expropiaciones, para fundar la exclusión del lucro cesante de la indemnización; véase GUASTAVINO, Elías P., "Indemnizaciones por la actividad lícita del Estado", ED 118-190.

[1414] En el fallo "Jucalán Forestal Agropecuaria SA c/ Provincia de Buenos Aires s/ daños y perjuicios", Fallos, 312:2266 (1989) y en el caso "Sánchez Granel, Eduardo SG Obras de Inge-

definitivas[1415]. Sin embargo, con posterioridad al caso "Jucalán" el Alto Tribunal ha mantenido el criterio de la responsabilidad integral (comprensiva del daño emergente y del lucro cesante) en varios precedentes, al igual que la Suprema Corte de la Provincia de Buenos Aires[1416].

Con todo, en los fallos en que la Corte ha reconocido la responsabilidad del Estado (en el caso, la provincia de Buenos Aires) por actos que provocaron inundaciones en establecimientos de campo propiedad de particulares, el criterio se funda más bien en la idea de falta de servicio y, consecuentemente, en el art. 1112, CCiv. (donde el Estado responde por los daños ocasionados por su actividad ilegítima), que en las razones que hacen a la responsabilidad por acto legítimo o lícito[1417].

E) Prescripción de las acciones tendientes a obtener el resarcimiento de los daños causados por la actividad legítima

La Corte Suprema de Justicia de la Nación en el caso "Laplacette"[1418] había sentado el criterio de que la prescripción de las acciones que podía ejercer el perjudicado por un acto legítimo (se trataba de una obra pública autorizada por ley) no es la que se aplica a la responsabilidad proveniente de los hechos ilícitos prescripta en el art. 4037, CCiv.

---

nería SAICIFI c/ Dirección Nacional de Vialidad", Fallos 306:1409 (1984), ED 111-551 y ss. con comentario de Alberto B. Bianchi.

[1415] Cfr. ALTERINI, Atilio A., Lesión al crédito y responsabilidad del Estado, Buenos Aires, 1990, p. 84, quien sostiene que el punto de equilibrio actual de la cuestión en el criterio de la Corte sería éste: (i) la responsabilidad estatal por actos lícitos abarca únicamente a las consecuencias inmediatas; (ii) dentro de las categorías de daños resarcibles, el lucro cesante queda excluido cuando se trata de actos estatales imperativos, de carácter general; pero esa exclusión – en tanto el daño sea consecuencia inmediata– no rige en el caso de relaciones especiales de índole convencional del Estado con el particular.

[1416] Entre otros en los casos "Fernández Badie, Julio Alberto c/ Provincia de Buenos Aires", Fallos 317:816 (1994) y en ED 61-98. Con respecto a la jurisprudencia provincial hay que destacar, por su importancia, el caso "Divertimentos Acuáticos SA", ED 178-638, con comentario de ANDREUCCI, Carlos A., "Derecho Administrativo; responsabilidad del Estado por acto lícito y seguridad jurídica. Análisis para una mejor interpretación y legislación".

[1417] En el caso "Prada, Iván Roberto v. Buenos Aires, Provincia de s/daños y perjuicios", Fallos, 316:1465 (1993), el Alto Tribunal condenó a la Provincia de Buenos Aires a pagar al actor el importe de los perjuicios (daño emergente y lucro cesante) ocasionados por los actos de órganos de la provincia que ocasionaron la inundación de su establecimiento de campo, si bien limitando el lucro cesante futuro (a diferencia de lo resuelto en el caso "Jucalán"). Entre los fundamentos se señaló el prescripto por el art. 1112, CCiv.

[1418] "Juan Laplacette s/suc. y otros v. Provincia de Buenos Aires", Fallos, 195:66 (1943), donde se consideró que la prescripción del art. 4037, CCiv., no podía ser invocada válidamente por ser notorio que la acción deducida no nacía de un acto ilícito sino del ejercicio legítimo del poder público en la realización de una obra de interés general.

Esta jurisprudencia de la Corte ha variado *a posteriori* aplicando el plazo de dos años del art. 4037, CCiv.[1419], lo cual traduce una tendencia contraria al reconocimiento de indemnización debida a los particulares que muchas veces aguardan, sin interrumpir ni suspender la prescripción, la realización de gestiones que realizan en sede administrativa.

El error de esta tendencia jurisprudencial estriba en no haber advertido que la responsabilidad extracontractual del Código Civil se basa, primordialmente, en la ilicitud subjetiva mientras que el Derecho Administrativo ha estructurado una responsabilidad totalmente objetiva, que, en este caso, procede respecto de los actos legítimos del Estado. Por lo demás, el propio texto del art. 4037, CCiv., indica expresamente que la prescripción allí regulada es la referente al ejercicio de acciones tendientes a consagrar la responsabilidad civil [1420].

Por esa causa, la norma que debe aplicarse por analogía es la contenida en el art. 4023, CCiv., en cuanto posee una mayor generalidad, permitiendo la realización de la justicia sin cortapisas formales.

3. LA RESPONSABILIDAD DEL ESTADO POR OMISIÓN

Hasta qué punto el Estado y sus entidades se encuentran obligados a responder por los daños que ocasiona la omisión de sus órganos en adoptar las medidas que impidan la generación de perjuicios en la vida o patrimonio de los particulares constituye una cuestión que ha suscitado, últimamente, el interés de la doctrina y de la jurisprudencia.

[1419] "Cipollini, Juan Silvano v. Dirección Nacional de Vialidad", Fallos, 300:143 (1978). Allí sostuvo el Alto Tribunal que el texto actual del art. 4037, CCiv. (luego de la reforma introducida por la ley 17.711), es más amplio que el anterior, pues abarca no sólo la responsabilidad civil extracontractual. Lo que dice el tribunal es que los otros supuestos de responsabilidad extracontractual del Derecho Civil también presuponen una ilicitud, aunque ésta se determine objetivamente, es decir, sin culpa (*v.gr.*, art. 1113, CCiv.). Tampoco advierte que el Derecho Civil no regula la responsabilidad por acto legítimo, lo cual constituye una regla en el Derecho Administrativo. Estas consideraciones nos llevan a sostener la improcedencia de aplicar, en estos casos, el art. 4037, CCiv., lo que además es injusto, habida cuenta de que en el orden de la realidad, el particular considera que el Estado va a resarcirle a través de la Administración, ante quien inicia y realiza gestiones muchas veces en forma verbal y sin efecto interruptivo de la prescripción.

[1420] La doctrina expuesta en el caso "Cipollini", fallado por la Corte el año 1978, fue extendida posteriormente a una acción de daños y perjuicios promovida por los padres de un conscripto, fallecido en un accidente, sin culpa del Estado, mientras cumplía con el servicio militar – donde la sala 1ª Civil y Comercial de la Cámara Nacional de Apelaciones en lo Federal y Contencioso Administrativo, había confirmado la excepción de prescripción opuesta por el Estado nacional, con fundamento en el art. 4037, CCiv.– . En el respectivo fallo, no obstante reconocer la Corte un fundamento de Derecho Público en la responsabilidad del Estado por daños causados sin culpa a los particulares – sosteniendo que ella nace de la garantía consagrada en los arts. 14 y 17, CN– , aplicó el plazo de prescripción de dos años del art. 4037 que se refiere a la responsabilidad civil extracontractual (*in re* "Heredia de Morales, Justiniana v. Estado nacional s/ordinario", Fallos, 302:159 [1980]).

La cuestión de la responsabilidad se ha planteado, especialmente, a raíz de no haberse adoptado ciertas decisiones en ejercicio de la policía administrativa de naturaleza preventiva o de fiscalización, susceptibles de evitar la producción de un evento dañoso[1421].

Como se trata de una responsabilidad objetiva[1422] cuyo fundamento radica en el principio de igualdad (extensivo a todo el ámbito de la responsabilidad estatal) se aplican los requisitos generales que determinan la responsabilidad del Estado por acción, sobre la base de la noción de falta de servicio que, según se ha visto, acoge el precepto contenido en el art. 1112, CCiv.

La clave para determinar la falta de servicio y, consecuentemente, la procedencia de la responsabilidad estatal por un acto omisivo se encuentra en la configuración o no de una omisión antijurídica. Esta última se perfila sólo cuando sea razonable esperar que el Estado actúe en determinado sentido para evitar los daños en la persona o en los bienes de los particulares[1423].

Ahora bien, la configuración de dicha omisión antijurídica requiere que el Estado o sus entidades incumplan una obligación legal expresa o implícita (art. 1074, CCiv.) tal como son las vinculadas con el ejercicio de la policía administrativa[1424], incumplimiento que pueda hallarse impuesto también por otras fuentes jurídicas (*v.gr.*, la costumbre y los principios generales del Derecho).

Además, para que se genere la obligación de responder, resulta necesario que se trate de una obligación (o sea de un deber concreto) y no de un deber que opere en dirección genérica y difusa[1425], es decir, en definitiva, de una obligación a cuyo cumplimiento pueda ser compelida la Administración, aun cuando para ello fuera menester cumplimentar determinadas cargas procesales (*v.gr.*, habilitar la instancia).

[1421] Ver, entre otros, los casos: "Ruiz, Mirta E. y otros v. Provincia de Buenos Aires s/ daños y perjuicios", Fallos 312:2138 (1989) y en LL 1990-C-430, con nota de Bustamante Alsina; "Torres, Francisco v. Provincia de Mendoza", LL 1989-C-518; "Sykes, Violeta y otros v. Banco Central de la República Argentina", causa nro. 8809, de fecha 2/7/1985, fallada por la sala 4ª de la Cámara Nacional de Apelaciones en lo Contencioso Administrativo Federal.

[1422] BUSTAMANTE ALSINA, Jorge, "La responsabilidad del Estado en el ejercicio del poder de policía", LL 1990-C-430; GAMBIER, Beltrán, "Algunas reflexiones en torno a la responsabilidad del Estado por omisión, a la luz de la jurisprudencia", LL 1990-E-617.

[1423] *Cfr.* GAMBIER, Beltrán, "Algunas reflexiones en torno a la responsabilidad...".

[1424] BUSTAMANTE ALSINA, Jorge, "La responsabilidad del Estado en el ejercicio del poder de policía", *cit.*, p. 430, afirma que el ejercicio del poder de policía de preservar la seguridad pública se encuentra impuesto por la Constitución en forma implícita.

[1425] CASSAGNE, Juan Carlos, "La responsabilidad del Estado por omisión", LL 1989-C-512 a 514.

El límite de la responsabilidad está dado por las condiciones generales de exclusión de la obligación de responder que se configure por la ocurrencia de los supuestos jurídicos de caso fortuito o fuerza mayor[1426].

[1426] En el caso "Ruiz, Mirta E. y otros c/ Provincia de Buenos Aires s/ daños y perjuicios", Fallos 312:2138 (1989), la Corte Suprema de Justicia consideró que el Estado no era responsable por los daños causados (muerte de los familiares) a raíz de la colisión producida en una ruta provincial, entre el automóvil que conducía el actor y un caballo. La Corte adujo, para eximir de responsabilidad a la provincia, que ésta no era la guardiana ni propietaria del animal que provocó la tragedia y que el hecho no había ocurrido por su intervención directa. Para BUSTAMANTE ALSINA, "La responsabilidad...", *cit.*, p. 430, la sentencia contiene una equivocada fundamentación, al no aplicar los principios de la responsabilidad objetiva y porque el incumplimiento del deber de custodia y vigilancia "omitiendo hacer aquello que es indispensable para preservar la seguridad pública, convierte en ilícita esa abstención (art. 1074, CCiv.)". En nuestra opinión – y aun cuando se trata de una cuestión de hecho de naturaleza opinable– no se configura el caso fortuito por cuanto el hecho dañoso no se habría producido de haber adoptado la provincia las medidas necesarias de vigilancia y de seguridad en las rutas. Si el hecho era susceptible de ser previsto y, si además, la provincia no demostró que se encontraba en situación de impotencia para impedirlo ni tampoco en la imposibilidad relativa de hacerlo, no se dan las condiciones de imprevisibilidad e inevitabilidad que requiere el art. 514, CCiv. En definitiva, creemos que, en el caso, la provincia debió ser condenada a reparar los perjuicios ocasionados por no haber dispuesto las providencias mínimas e indispensables para hacer efectiva la vigilancia de las rutas, lo que resulta exigible por cualquier particular que invoque un interés legítimo, no obstante las dificultades procesales que pudieran presentarse en la práctica (*v.gr.*, la distancia de los tribunales donde tramita la causa y la ejecución material de la decisión judicial). De este modo, comparto la opinión expuesta por Bustamante Alsina al comentar el fallo "Ruiz", sin dejar de reconocer el valor de la construcción que realiza Gambier, en punto al concepto de omisión antijurídica que hemos acogido.

CAPÍTULO III

SITUACIONES ESPECIALES QUE DETERMINAN LA RESPONSABILIDAD ESTATAL

1. RESPONSABILIDAD DEL ESTADO POR ACTOS JURISDICCIONALES. SU CARÁCTER EXCEPCIONAL

El ejercicio de la función jurisdiccional por parte de los órganos del Estado – ya fuere que éstos pertenezcan al Poder Judicial o que sean tribunales administrativos– puede también dar origen a la responsabilidad estatal, cuando ocasionen daños a los particulares.

Pero la admisión de tal tipo de responsabilidad en el Estado de Justicia – que recién fue admitida en el último tramo de la evolución de las tendencias doctrinarias que postularon el reconocimiento, en general, de la responsabilidad estatal– pese a participar del fundamento unitario de esta última, no tiene el mismo alcance.

Se trata de una responsabilidad de carácter excepcional dado que en toda comunidad jurídicamente organizada todos sus componentes tienen el deber o carga genérica de someterse a las decisiones que se adopten en los procesos jurisdiccionales, lo cual lleva consigo la carga de soportar los daños ocasionados por una sentencia desfavorable. Este deber se concreta, muchas veces, en el sacrificio que tiene que aceptar todo particular – sin indemnización– de soportar los daños que le provoca el sometimiento al proceso, hasta tanto obtenga una sentencia que haga lugar a su pretensión. Ello constituye un principio general del Derecho cuyo fundamento reposa en la justicia legal o general, que es la especie de la justicia que establece los deberes de las partes con el todo social.

Por esta causa, la restitución, de haber daños a los particulares, no puede sino constituir un supuesto excepcional, aun cuando el ejercicio de la actividad jurisdiccional cause perjuicios especiales a los particulares, ya sea que éstos provengan de la actividad jurisdiccional legítima como de sentencias judiciales que después son anuladas por otro tribunal de instancia superior.

Lo que ocurre – y en esto radica la diferencia de régimen en punto al alcance de la responsabilidad– es que, a contrario de lo que acontece en otras especies (por actividad administrativa o normativa), existe aquí el deber genérico de soportar los daños causados por la actividad legítima o ilegítima, como consecuencia de la necesidad de someterse al proceso jurisdiccional por parte de los particulares, como modo de dirimir el sometimiento, en principio, a soportar todas las consecuencias perjudiciales que ese proceso provoque en sus derechos de propiedad y de libertad.

Sin embargo, esa carga de contribuir al bien común, representado por la realización de la justicia en el seno de la comunidad, genera, en algunos supuestos excepcionales, el deber de la comunidad de reparar los daños ocasionados por esa actividad cuando ella sea ilegítima, a fin de restablecer la igualdad a través de la restitución.

2. DISTINTOS SUPUESTOS DE RESPONSABILIDAD POR ACTO JURISDICCIONAL. PRINCIPIO Y NORMAS APLICABLES

La responsabilidad del Estado por sus actos jurisdiccionales puede darse tanto en el proceso penal (donde es aceptada generalmente por la doctrina) como en el proceso civil o comercial[1427], sin que sea necesario el dictado de una ley especial que la consagre, en virtud de su fundamento constitucional (art. 16, CN).

En ambas clases de proceso, la responsabilidad del Estado se justifica cuando por error o dolo de los órganos que ejercen el poder jurisdiccional y mediante la revisión del respectivo proceso, se obtiene la modificación de la cosa juzgada formal y material de una sentencia definitiva. El caso típico, que reconoce tanto la doctrina como la jurisprudencia francesa y argentina, es el de la revisión de la condena por error judicial[1428] en un proceso criminal o correccional[1429].

En tal sentido, la Corte Suprema ha sentado la doctrina de que para la procedencia de la responsabilidad del Estado por error judicial es indispensable que la sentencia que origina el daño sea declarada ilegítima y dejada sin efecto[1430].

Pero también, excepcionalmente, debe admitirse la responsabilidad del Estado, aun cuando no exista revisión de la cosa juzgada formal y material de una sentencia definitiva, si se dispone una detención indebida – por un plazo que exceda el razonable– de una persona que después resulta absuelta al dictarse la sentencia definitiva[1431], cuando la respectiva detención pueda calificarse de arbitraria[1432].

Lo propio parece justo cuando a raíz de medidas cautelares y otras similares trabadas en los procesos (*v.gr.*, embargos, inhibiciones, secuestros, prohibición de innovar, etc.) se ocasionan daños en el patrimonio de los particulares (según el caso)

[1427] MARIENHOFF, Miguel S., *Tratado de Derecho Administrativo*, t. IV, 6ª ed. act., Abeledo-Perrot, Buenos Aires, 1997, ps. 805/806.

[1428] VEDEL, Georges, *Droit Administratif*, Presses Universitaires de France, París, 1968, ps. 379 y ss.

[1429] ALTAMIRA GIGENA, Julio I., *Responsabilidad del Estado*, Astrea, Buenos Aires, 1973, ps. 156 y ss.; CUETO RÚA, Julio, "La responsabilidad del Estado por errores judiciales en las causas criminales", en *Jurisprudencia sobre responsabilidad extracontractual en el Derecho Público y Privado*, Universidad Nacional de La Plata, El Instituto, La Plata, 1943.

[1430] En el caso "Vignoni, Antonio S. v. Estado de la Nación Argentina", Fallos, 311:1007 (1988) y en ED 129-521, con nota de Bidart Campos.

[1431] VEDEL, Georges, *Droit Administratif*, cit., ps. 381/382, quien funda la responsabilidad del Estado, en estos casos, en el principio de igualdad ante las cargas públicas, donde la privación de libertad del particular está impuesta en interés del buen funcionamiento del sistema judicial.

[1432] En contra: MARIENHOFF, Miguel S., *Tratado de Derecho Administrativo*, cit., t. IV, ps. 806/807, quien funda su postura en que ello constituye un "tributo debido por todos los integrantes de la comunidad a la institucionalización de la justicia, al afianzamiento de ésta". Nos parece que ese tributo o carga que pesa sobre todos los ciudadanos no debe impedir el resarcimiento cuando la detención sea arbitraria y por tiempo irrazonable.

siempre que las medidas respectivas no se hubieran decretado bajo la responsabilidad de alguna de las partes del proceso, en tanto la medida pertinente adolezca de arbitrariedad y sea dejada sin efecto por sentencia definitiva o equiparable a definitiva[1433].

Dado que la nota común de estos supuestos de responsabilidad es el error judicial o la arbitrariedad de la medida, la restitución debe ser integral, aplicándose para el resarcimiento los criterios que rigen en materia de responsabilidad del Estado por su actividad ilegítima.

En las provincias, a contrario de lo que acontece en el orden nacional, se han dictado numerosas disposiciones que reconocen la responsabilidad del Estado por los actos jurisdiccionales, que tienen su fuente tanto en la Constitución provincial[1434] como en los preceptos de los Códigos de Procedimientos Penales[1435].

3. LA RESPONSABILIDAD EMERGENTE DEL EJERCICIO DE LOS PODERES DE GUERRA. SU ALCANCE SOBRE LA PROPIEDAD ENEMIGA Y LA RESPONSABILIDAD POR LOS HECHOS DE GUERRA

Entre las situaciones de emergencia constitucional – que derivan de la declaración de guerra que puede autorizar el Congreso (art. 75, inc. 25, CN) y declarar el presidente de la República (art. 99, inc. 15, CN)– se encuentra la relativa al ejercicio de los poderes de guerra. Se trata de poderes que resultan implícitos en la Constitución escrita, que no tienen rango superior a la Constitución[1436] y que se justifican en la medida en que exista razonabilidad y, por ende, adecuada proporcionalidad entre el medio elegido y los fines de bien común que se pretenden tutelar, a través del ejercicio de los poderes de guerra.

La justificación que pueda merecer el reconocimiento de los poderes de guerra no lleva al extremo de privar a los perjudicados por esta clase de actos o hechos del Estado de la garantía de la defensa, y, menos, del derecho a reclamar el resarcimiento de los daños y perjuicios, sin desmedro de la restitución en especie del bien, cuando éste hubiera salido de su posesión o dominio.

Uno de los problemas inherentes a la responsabilidad del Estado que aquí se plantea es el que se vincula con la llamada "propiedad enemiga", donde nuestra

[1433] REIRIZ, María G., *Responsabilidad del Estado*, Eudeba, Buenos Aires, 1969, ps. 77/80, quien reconoce la responsabilidad del Estado en los supuestos que hemos mencionado en el texto.

[1434] Constituciones de Chubut (art. 28); de Neuquén (art. 9°); del Chaco (art. 22); de Misiones (art. 27); de Santa Fe (art. 9°); de La Pampa (art. 11) y de Santa Cruz (art. 29). Importa destacar que este último precepto dispone que: "Una ley establecerá indemnizaciones para quienes habiendo estado detenido por más de setenta días fueran absueltos o sobreseídos definitivamente".

[1435] Códigos de Procedimientos Penales de las provincias de: Córdoba (art. 520); La Pampa (art. 458); Salta (art. 528); Catamarca (art. 440); La Rioja (art. 522); Santiago del Estero (art. 443), entre otros.

[1436] BIDART CAMPOS, Germán J., *Derecho Constitucional*, t. I, Ediar, Buenos Aires, 1968, p. 625.

República exhibe antecedentes legales[1437], la mayor parte de los cuales han sido interpretados tanto por la jurisprudencia como por la doctrina de nuestro país[1438]. Se trataba de prescripciones que se referían al ejercicio de los poderes de guerra sobre bienes pertenecientes tanto a un país enemigo como a los nacionales de ese país o personas jurídicas consideradas de capital extranjero de propiedad de aquéllos.

En el caso "S.A. Merck Química Argentina v. Nación Argentina"[1439] la Corte Suprema de Justicia de la Nación – con la disidencia bien fundada de Casares– elaboró una doctrina que consagró la naturaleza absoluta e insusceptible de contralor de los actos que derivan del ejercicio de los poderes de guerra sobre la llamada "propiedad enemiga".

No obstante que la derivación de esa concepción parece sentar la regla de la irresponsabilidad del Estado por los perjuicios causados a la propiedad enemiga, como lo sostuvo más tarde[1440], hay que destacar que, en este fallo, se dejó también sentado que las personas alcanzadas por tales medidas que se consideraran agraviadas en sus derechos, podían promover, una vez finalizada la guerra, las acciones ante la justicia necesarias "para reducir a sus justos límites los efectos producidos".

El ejercicio de los poderes de guerra sobre la propiedad enemiga puede generar la responsabilidad del Estado, porque tales poderes no se hallan por encima de la Constitución ni su ejercicio puede ser abusivo o irrazonable, hallándose siempre sometidos a contralor judicial; a diferencia de la declaración de guerra[1441] no son actos institucionales.

La doctrina correcta es la formulada en la disidencia de Casares al expresar que: "la definitiva apropiación por parte del Estado argentino, a consecuencia de la guerra, de bienes pertenecientes a una nación enemiga o puestos al servicio de sus hostilidades, pero que se hallan en el país bajo el régimen de sus instituciones, no puede consumarse sin violación a las garantías constitucionales, como no sea dando a quienes por las leyes nacionales son dueños de ellos, posibilidades de debatir judicialmente la calificación en virtud de la cual el Estado se considera con derecho de aprobación a su respecto".

[1437] Decretos 7032/1943; 7058/1945; 10.935/1945 y 11.599/1946, dictados en ocasión de la guerra a Alemania y Japón. Con motivo de la guerra no declarada contra Inglaterra por la recuperación de las Islas Malvinas y Georgias del Sud, se dictó la ley 22.591.

[1438] La doctrina había sostenido, en los comienzos, la constitucionalidad de las medidas de ocupación, liquidación y confiscación de la propiedad enemiga (ADROGUÉ, Carlos A., *La propiedad enemiga y la Constitución Nacional*, Depalma, Buenos Aires, 1946), pero últimamente se aprecia una tendencia en la mayoría de la doctrina a admitir el control judicial de los poderes de guerra a fin de impedir su ejercicio abusivo por parte del Poder Ejecutivo y garantizar el derecho de defensa de los perjudicados (BIDART CAMPOS, Germán J., *Derecho Constitucional, cit.*, t. I, ps. 583 y 603, y t. II, ps. 339 y ss.).

[1439] "Merck Química Argentina SA c /Nación", Fallos, 211:162 (1948).

[1440] "Asociación Escuela Popular Germana Argentina Belgrano v. Nación Argentina", Fallos, 245:146 (1959), donde se declaró que el ejercicio legítimo de los poderes de guerra no podía ser fuente de indemnización para los particulares. Sin embargo, admitió la responsabilidad cuando la afectación de la propiedad privada se realizó para fines extraños al conflicto bélico y cuando ello benefició al Estado.

[1441] MARIENHOFF, Miguel S., *Tratado de Derecho Administrativo*, t. II, 4ª ed. act., Abeledo-Perrot, Buenos Aires, 1993, p. 765.

Las reglas que rigen la responsabilidad del Estado por los daños causados por el ejercicio de los poderes de guerra en lo que concierne a la reparación de los perjuicios difieren según que se trate de daños causados por la actividad legítima o ilegítima de los órganos estatales, aplicándose las soluciones establecidas para la responsabilidad derivada de la actividad administrativa y/o la normativa o legislativa.

Ahora bien, el ejercicio de los poderes de guerra puede causar otros daños, tanto a los ciudadanos de nacionalidad argentina o de otras nacionalidades, inclusive de aquellos países considerados enemigos[1442], ya sea que se trate de requisiciones militares o de los propios hechos de guerra.

En caso de guerra, y cuando la necesidad lo imponga, el Presidente de la República se halla facultado a disponer requisiciones de bienes, medida que en tal caso es ejecutada por el Comandante del Teatro de Operaciones, si se lleva a cabo en esa jurisdicción, o por el Ministro de Defensa o las autoridades militares que él designe, si la requisición se realiza fuera del llamado Teatro de Operaciones[1443]. La propia Ley de Defensa Nacional se encarga de prescribir que "toda requisición da derecho a indemnización", aun cuando no incluye el lucro cesante[1444], lo cual es un corolario lógico de la aplicación a esta materia de los principios que rigen en la expropiación por causa de utilidad pública.

En lo que concierne a la responsabilidad del Estado por los perjuicios que ocasionen los hechos de guerra (*v.gr.*, destrucción de inmuebles por la artillería, incendios de campos, etc.) es evidente que tratándose de actividad administrativa deben aplicarse en esta materia todas las reglas y principios que se refieren a la responsabilidad extracontractual del Estado por el ejercicio de esa función[1445].

La jurisprudencia de la Cámara Federal en lo Civil y Comercial Federal ha declarado que si bien los administrados carecen de acción para cuestionar los llamados poderes de guerra, ello "no enerva la posibilidad de que ataquen las consecuencias...", entre las que se incluyen los daños y perjuicios ocasionados a particulares a raíz del ejercicio de dichos poderes[1446].

4. LA RESPONSABILIDAD INTERNACIONAL DEL ESTADO. REMISIÓN

Cuando por la actuación del Estado se causa lesión a los derechos de otro Estado o a los nacionales de un Estado extranjero, puede aquél incurrir en responsabili-

---

[1442] Lo expuesto en el texto se extiende también a las personas jurídicas nacionales o extranjeras, sin distinciones.

[1443] Ley 16.970. La requisición puede ser a título de uso o de dominio.

[1444] Art. 37, ley 16.970.

[1445] MARIENHOFF, Miguel S., *Tratado de Derecho Administrativo*, *cit.*, t. IV, ps. 822/824.

[1446] C. Nac. Civ. y Com. Fed., sala 2ª, *in re* "Astilleros Hernán Cortés SA v. Estado nacional", del 5/5/1988, ED 131-468 y ss., con nota nuestra titulada: "La responsabilidad del Estado por su actividad legítima". La postura acogida en el fallo sigue doctrina de Marienhoff (MARIENHOFF, Miguel S., *Tratado de Derecho Administrativo*, *cit.*, t. IV, ps. 819/821, nro. 1674).

dad ante estos últimos, la cual se halla regida por el Derecho Internacional Público[1447].

Aun cuando el abandono de la concepción absoluta de la soberanía ha conducido al reconocimiento de la responsabilidad del Estado en el plano internacional, puede decirse que ella se presenta todavía sin una regulación orgánica y sometida predominantemente a acuerdos bilaterales de orden práctico[1448] que, más que los principios, tienen en cuenta el interés económico de los respectivos Estados.

Habida cuenta del principio que proclama la igualdad jurídica de los Estados en el ámbito internacional, sería injusto que un Estado o sus nacionales o empresas no respondan por los actos legítimos o ilegítimos que han causado daño a otro Estado o a los ciudadanos de este último, máxime cuando el Estado causante del perjuicio ha experimentado un beneficio o un enriquecimiento patrimonial (*v.gr.*, una nacionalización sin abonar las indemnizaciones correspondientes).

En el terreno de los principios no existen inconvenientes para aplicar, a esta clase de responsabilidad, las reglas que gobiernan la responsabilidad del Estado en el Derecho interno.

Pero lo cierto es que no existiendo consenso en la comunidad internacional sobre el régimen de esta responsabilidad e inclusive sobre la obligación de indemnizar, esta materia seguirá regulándose en forma inorgánica, a través de los tratados que celebren en cada caso los países afectados.

[1447] RUIZ MORENO, Isidoro, *Derecho Internacional Público*, t. II, Buenos Aires, 1940, ps. 278 y ss.; ROUSSEAU, Charles E., *Derecho Internacional Público*, trad. del francés, 2ª ed., Ariel, Barcelona, 1961, ps. 346 y ss.; VERDROSS, Alfred, *Derecho Internacional público*, trad. del alemán, 2ª ed., Aguilar, Madrid, 1957, ps. 272 y ss.; DÍAZ CISNEROS, César, *Derecho Internacional Público*, t. II, 2ª ed., TEA, Buenos Aires, 1966, ps. 135 y ss.; PODESTÁ COSTA, Luis A., *Derecho Internacional Público* t. I, 4ª ed., TEA, Buenos Aires, 1960, ps. 419 y ss.

[1448] REIRIZ, María G., *Responsabilidad del Estado*, *cit.*, p. 166, respecto de la responsabilidad por expropiación y nacionalizaciones.

CAPÍTULO IV

LA RESPONSABILIDAD DE LOS AGENTES PÚBLICOS

1. BREVES CONSIDERACIONES METODOLÓGICAS

No obstante que la responsabilidad de los agentes públicos corresponde que sea abordada al tratar lo atinente a la relación que rige la función pública[1449], vamos a formular en este capítulo sobre la responsabilidad del Estado algunas consideraciones generales acerca de aquélla, cuando es de tipo patrimonial o civil, es decir, frente a terceros.

La causa de ello obedece a la conexión existente con determinados temas fundamentales que hacen tanto a la interpretación que cabe asignar al art. 1112, CCiv., como a la posibilidad de acumular la responsabilidad del Estado a la del agente público.

A ese fin, se utilizarán los conceptos de "falta de servicio" y de "falta personal", expuestos precedentemente[1450].

2. LA INTERPRETACIÓN DEL ART. 1112, CCIV., SEGÚN LA DOCTRINA Y LA JURISPRUDENCIA

En la doctrina nacional, tanto los autores que se han dedicado al Derecho Civil[1451] como los administrativistas[1452], han postulado, prácticamente sin excepciones, una interpretación del art. 1112, CCiv., según la cual este precepto se aplica, exclu-

---

[1449] Existen distintos tipos de responsabilidad de los agentes públicos, a saber: 1) administrativa, que se subdivide en: a) disciplinaria; y b) patrimonial, frente al Estado; 2) penal; y 3) civil o patrimonial, frente a terceros (particulares). La responsabilidad patrimonial, frente al Estado y sus entidades o jurisdicciones, se rige, actualmente, por los arts. 130 y 131, ley 24.156.

[1450] Cap. I de este Título, punto 4.

[1451] LLAMBÍAS, Jorge J., *Código Civil anotado*, t. II-B, Abeledo-Perrot, Buenos Aires, 1979, ps. 449/450; BORDA, Guillermo A., *Tratado de Derecho Civil argentino. Obligaciones*, t. II, 2ª ed., Abeledo-Perrot, Buenos Aires, 1967, p. 452; DÍAZ DE GUIJARRO, Enrique, "Inaplicabilidad del art. 1112, CCiv., a las relaciones, entre sí, de los funcionarios públicos", JA LXI-531.

[1452] VILLEGAS BASAVILBASO, Benjamín, *Derecho Administrativo*, t. III, TEA, Buenos Aires, 1951, ps. 356 y ss.; BIELSA, Rafael, *Derecho Administrativo*, t. III, Depalma, Buenos Aires, 1956, ps. 271 y ss.; MARIENHOFF, Miguel S., *Tratado de Derecho Administrativo*, t. III-B, 2ª ed. act., Abeledo-Perrot, Buenos Aires, 1978, ps. 381 y ss.; FIORINI, Bartolomé A., *Derecho Administrativo*, 2ª ed. act., Abeledo-Perrot, Buenos Aires, 1976, ps. 872 y ss. La excepción a toda esta corriente doctrinaria está representada por Linares en un meditado trabajo, LINARES, Juan F., "En torno de la llamada responsabilidad civil del funcionario público", LL 153-602, secc. Doctrina.

sivamente, para regir la responsabilidad directa de los funcionarios frente al Estado por el desempeño irregular de la función que les ha sido atribuida.

La jurisprudencia, sin embargo, registra interpretaciones bastante discordantes, ya que mientras en algunos fallos se ha sostenido que el art. 1112, CCiv., prescribe la responsabilidad del Estado frente a los terceros por los hechos y las omisiones provocados por los agentes públicos por cumplir de un modo irregular las obligaciones que le han sido impuestas[1453], en otros casos se ha interpretado que esa disposición se refería a la responsabilidad de los agentes frente a los terceros, al admitir, erróneamente, sobre la base de la configuración de una responsabilidad indirecta, que la responsabilidad del Estado por los actos ilegítimos se regía por los arts. 1109 y 1113, CCiv.[1454]. Ya se ha visto, al tratar esa especie de responsabilidad, cómo esa teoría era errónea en sus fundamentos y conclusiones fundamentales.

En nuestra opinión el problema que plantea la interpretación del art. 1112, CCiv., y la posibilidad de que el funcionario o agente público sea declarado responsable por los daños que causa a los administrados, debe regirse por estos criterios:

a) el art. 1112, CCiv., consagra un sistema de responsabilidad especial directa del Estado por los actos y omisiones de los agentes públicos en ejercicio de las funciones, cuando su desempeño provoca funcionamiento irregular o defectuoso de la respectiva función. No es necesario para ello individualizar a los agentes culpables, pues cuando la responsabilidad es objetiva, no hay culpa personal sino falta de servicio. No se aplican, tampoco, los principios que rigen la culpa en la responsabilidad refleja o indirecta, cuya temática resulta ajena al Derecho Administrativo[1455];

[1453] Caso "Torres Blanco v. Municipalidad de la Ciudad de Buenos Aires", fallado por la Cámara Federal de la Capital en el año 1928, JA 27-1180. Se trataba de la responsabilidad del Municipio por los daños ocasionados a un propietario a quien le obligó a subir el nivel de construcción, después de haberle aprobado, por error, los planos. En ese caso, no obstante que la sentencia de 1ª instancia había condenado a la Municipalidad por aplicación del art. 1109, CCiv., la responsabilidad se fundó en el art. 1112 de dicho Código. Por su parte, la Corte Suprema de Justicia de la Nación, en el caso "Ferrocarril Oeste v. Provincia de Buenos Aires" (Fallos, 182:5 [1938], y LL 12-122) se apoyó en el art. 1112, CCiv., para establecer la responsabilidad de la provincia demandada por falta de servicio.

[1454] Ésta es la tendencia que se inaugura en la jurisprudencia de la Corte a partir del caso "Devoto" del año 1933, que se aparta de la tesis de Bielsa según la cual el Estado era irresponsable extracontractualmente, por su actuación en el campo del Derecho Público, salvo que hubiera una ley que así lo reconociera. Para este autor, había una gran similitud entre el art. 1112 y el art. 839, CCiv., alemán. Sin embargo, como lo destaca la Corte en el caso "Ferrocarril Oeste", la fuente del codificador fue Aubry y Rau, en su comentario al art. 1184, Código francés, que bajo el título "De los casos en los cuales una persona es, en virtud de disposiciones especiales de la ley, responsable del daño causado", se refiere a la responsabilidad de patrones y comitentes por los actos de sus subordinados. Como bien anota Linares "no existe una sola palabra en la cita del codificador sobre el asunto de responsabilidad propia del agente por falta personal. Se refiere a la del Estado exclusivamente" (LINARES, Juan F., *Fundamentos del Derecho Administrativo*, *cit.*, p. 604). La norma de Vélez, no obstante haberse aplicado por la Corte recién, en forma correcta, en 1938 en el caso "Ferrocarril Oeste", se adelantó muchos años a la noción de falta de servicio, creada por el Consejo de Estado de Francia a raíz de la ausencia de una norma de contenido similar en el Código Civil de ese país.

[1455] CASSAGNE, Juan Carlos, "La responsabilidad extracontractual del Estado en la jurisprudencia de la Corte", ED 114-215, donde el Alto Tribunal acoge el criterio del texto.

b) el funcionario público no responde directamente por las faltas del servicio. Frente al tercero o administrado la responsabilidad es sólo del Estado. En caso de que el Estado deba responder por una falta de servicio podrá después hacer efectiva la responsabilidad de este último;

c) el agente público responde directamente frente al tercero en caso de falta personal. Se aplica aquí – igual que en Francia– el art. 1109, CCiv., salvo que hubiera concurrencia de faltas (personal y de servicio) en cuyo caso también concurre el art. 1112, CCiv. Tal coexistencia aparece cuando la falta personal no está desprovista de toda relación con el servicio. Por su parte, la vía de hecho y el delito de derecho criminal se rigen por las reglas inherentes a la responsabilidad por falta personal.

En cuanto al concepto de "falta personal", ella existirá siempre que los hechos reprochados a un agente público se aparten de lo que puede considerarse atinente al servicio, incluso en su funcionamiento defectuoso.

Las circunstancias que admiten la jurisprudencia y la doctrina francesa son:

1) hechos de la vida privada del agente;

2) dolo;

3) lucro personal;

4) falta grave inexcusable, tal que no se puede tolerar en un funcionario mediocre.

3. CONCLUSIONES SOBRE LA JUSTICIA DE LA INTERPRETACIÓN DEL SISTEMA QUE RIGE LA RESPONSABILIDAD DEL AGENTE PÚBLICO

La interpretación que se ha formulado acerca de los preceptos del Código Civil, en lo que respecta a la sistematización y regulación de la responsabilidad del Estado y la correspondiente al funcionario o empleado público, permite señalar algunas conclusiones que hacen a la justicia de los principios sustentados.

Entre ellas podemos señalar las siguientes:

1) es evidente que si se restringe en demasía la admisión de la falta personal se corre el riesgo de que el agente público, seguro de no tener (o casi nunca) que soportar las consecuencias de sus faltas, será proclive a incurrir en un ejercicio abusivo de funciones e, inclusive, actuar fuera de su esfera de competencia y sin vinculación con el servicio.

Pero este riesgo no ha de exagerarse, habida cuenta de que el funcionario o empleado público se encuentra, por una parte, sometido a un régimen disciplinario específico y, por otro lado, se halla también alcanzado por el Código Penal;

2) de admitirse, por el contrario, demasiado fácilmente que las faltas cometidas por los agentes públicos tienen naturaleza personal, ello conduce ineludiblemente a la parálisis de la propia función administrativa, donde los funcionarios tenderán a abstenerse de dictar actos administrativos, como medio de defensa personal;

3) la interpretación más justa del art. 1112, CCiv., que tiene en cuenta no sólo su fuente doctrinaria sino la realidad en la cual opera, es aquella que postula su aplicación para regir la responsabilidad del Estado por faltas de servicio; al no existir en

el Código Civil prescripciones especiales para determinar la responsabilidad del agente público por falta personal, ésta se rige, básicamente, por el art. 1109 del citado Código.

CAPÍTULO V

LAS GRANDES LÍNEAS DE LA EVOLUCIÓN DE LA RESPONSABILIDAD PATRIMONIAL DEL ESTADO EN LA JURISPRUDENCIA DE LA CORTE SUPREMA

1. LIMINAR

En el desarrollo de la evolución de la jurisprudencia de la Corte se advierte un progresivo predominio de las concepciones imperantes en el Derecho Público, el cual se refleja en tres grandes aspectos básicos, como son el fundamento de la responsabilidad, la naturaleza objetiva del factor de atribución que corresponde aplicar para resarcir los daños provenientes de faltas de servicio producidas por acciones u omisiones de los órganos estatales y, finalmente, el reconocimiento generalizado de la responsabilidad por los actos ilegítimos o legítimos, en ambos casos, en forma directa[1456]. A ellos nos hemos referido en los anteriores capítulos, no obstante lo cual vamos a reiterar los conceptos básicos expuestos a fin de explicar la evolución de la jurisprudencia.

Al igual que lo acontecido en España – a partir de la gravitación que han tenido las ideas de García de Enterría–, la doctrina vernácula ha influido decisivamente no sólo en dichos aspectos básicos, sino también en cuanto al tipo o clase de responsabilidad estatal y los presupuestos o condiciones requeridas para establecerla.

Sin embargo, no siempre ha sido así; en algunos períodos de esa evolución jurisprudencial puede advertirse un marcado divorcio con la doctrina, y en la actualidad subsisten opiniones doctrinarias y minorías jurisprudenciales que continúan postulando la concepción civilista de la culpa como factor de atribución, así como la responsabilidad indirecta o refleja, en contra del criterio que ha prevalecido en los fallos del Alto Tribunal, a partir del caso "Vadell" del año 1984[1457].

Superadas las concepciones que negaban la responsabilidad por los actos de imperio, el punto de partida de esa evolución hay que situarlo en el caso "Devoto", resuelto por la Corte en el año 1933. Fue recién a partir de ese precedente que pudo desarrollarse la institución, al sortearse la valla que representaba el texto del antiguo art. 43, CCiv., para responsabilizar a las personas jurídicas por los daños provenientes de cuasidelitos y, al propio tiempo, aplicarse al Estado el art. 1113 que regula la responsabilidad del patrón o comitente por los actos de las personas que de él dependen.

[1456] Es la tendencia seguida en España; véase GONZÁLEZ PÉREZ, Jesús, *Responsabilidad patrimonial de las Administraciones Públicas*, 1ª ed., Civitas, Madrid, 1996, ps. 136 y ss.

[1457] "Vadell, Jorge Fernando c/ Provincia de Buenos Aires", Fallos, 306:2030 (1984); REIRIZ, María G., "Responsabilidad del Estado", en *El Derecho Administrativo, hoy, Ciencias de la Administración*, Buenos Aires, 1996, p. 226.

Ese caso, que motivó la crítica de Bielsa [1458] en cuanto asimilaba la responsabilidad del Estado a la del patrón, sobre la base de un texto del Código Civil, ha constituido, sin embargo, un punto de partida importante en la historia de la responsabilidad, por cuanto permitió salir del campo de la irresponsabilidad y contrastar diferentes concepciones dando paso al desarrollo de las teorías que, sin ley que específicamente regulara la materia, basaron el fundamento de la responsabilidad estatal en principios de Derecho Público, fundamentalmente en los arts. 16 y 17, CN (igualdad ante las cargas públicas y garantía de la propiedad)[1459].

2. LAS GRANDES LÍNEAS QUE EXHIBE LA JURISPRUDENCIA DE LA CORTE

Si una de las características que ha exhibido la jurisprudencia de nuestro más Alto Tribunal ha sido la de mantener una postura que combina la tradición, mediante la confirmación de principios y criterios reiteradamente sostenidos, con una inclinación moderada a introducir cambios, impulsada generalmente por la doctrina, resulta difícil suponer un retroceso de la tendencia jurisprudencial que ha venido predominando hacia fines del siglo XX.

Un análisis objetivo de esa tendencia revela que, en sus grandes líneas, el reconocimiento de la responsabilidad estatal se apoya, básicamente, en cuatro pilares:

1) la división de la responsabilidad según provenga de la actividad ilegítima o de la actividad legítima o lícita y la consecuente fijación de criterios distintos en cuanto al factor de atribución y a la extensión de los rubros indemnizables, aunque esto último de una manera relativa conforme a la situación que se plantea y juzga en cada caso;

2) el reconocimiento de una responsabilidad directa, en principio, en ambos tipos de responsabilidad;

3) el abandono de la culpa y la admisión de la falta de servicio como factor específico de atribución en la responsabilidad por acto ilegítimo o ilícito;

4) la introducción de presupuestos inherentes a (i) la imputabilidad material del hecho u omisión dañosos; (ii) la conexión causal; y (iii) específicamente, la ausencia del deber de soportar el daño (este último juega de un modo particular en la responsabilidad por actividad legítima). En cuanto al daño, en conexión con el criterio que excluye de la responsabilidad por acto legítimo a los daños generalizados, la Corte ha exigido, en algunos precedentes, que se trate de un daño que genere un sacrificio especial en el patrimonio de la persona que lo padece.

Pues bien, esos criterios que, con muy pocas excepciones, ha venido aplicando la Corte en los últimos quince años, fueron precisamente los que expusimos en dos trabajos publicados en la revista *El Derecho* entre 1982 y 1983[1460], aunque algunas de las ideas, como la relativa a la falta de servicio y la interpretación que cabe asig-

---

[1458] BIELSA, Rafael, "Responsabilidad del Estado...", *cit.*, ps. 416 y ss.

[1459] Uno de los trabajos pioneros, en esa línea, fue el de BULLRICH, Rodolfo, *La responsabilidad del Estado*, J. Menéndez, Buenos Aires, 1920, ps. 142 y ss.

[1460] ED 99-987 y ED 100-986.

nar al art. 1112, CCiv., habían sido anticipadas por Linares en un artículo publicado en 1974[1461], sin sistematizar, no obstante, la responsabilidad del Estado, al circunscribirse el tema, principalmente, a la del funcionario público.

Hay, sin embargo, dos puntos de capital trascendencia que aún no han sido resueltos en forma definitiva por la jurisprudencia de la Corte Suprema, susceptible de generar ejemplaridad en los tribunales inferiores. Se trata del fundamento constitucional en que se apoya la responsabilidad del Estado y la especie de justicia en que ella se articula y desenvuelve su aplicación.

Y, en esta cuestión, aparecen dos diferentes escenarios armados por la doctrina. En el primero, la corriente civilista sostiene la unidad del derecho de daños y la inexistencia de la división de la responsabilidad según provenga de la actividad ilegítima o legítima, sin admitir, por ende, la procedencia de los criterios que propugnan limitar la reparación cuando el daño proviene de la actividad lícita[1462].

El fundamento en que se apoya esta corriente, propiciado por las III Jornadas Sanjuaninas de Derecho Civil, no difiere del propuesto por Marienhoff en su monumental *Tratado*[1463], es decir, los principios generales del Estado de Derecho.

Sin embargo, existen diferencias de régimen jurídico entre algunos de los principios que rigen la responsabilidad – tales como el de igualdad ante las cargas públicas o el que predica que el sacrificio patrimonial por causa de utilidad pública debe ser indemnizado– son típicos y exclusivos del Derecho Público, de modo que la pretendida unidad del fundamento del derecho de daños se resiente. En efecto, la propia constelación de los principios acusa diferencias estructurales fundadas en los diferentes fines que persiguen las reglas aplicables en los ordenamientos público y privado, uno fundado en la prevalencia del interés público y otro, básicamente, en la autonomía de las relaciones jurídico-privadas. Tal diferencia, es obvio decirlo, no es de matiz sino sustancial, proyectándose a la técnica y a los criterios de aplicación de las formulaciones dogmáticas del Derecho Administrativo.

Si hay, por lo tanto, principios específicos que fundan y rigen la responsabilidad estatal y si difieren los factores de atribución así como las reglas y criterios que prescriben la reparación de los daños, la pretensión de unificar el derecho de daños no pasa de ser una postura idealista, sin anclaje en la realidad.

El propio proyecto de unificación de los códigos Civil y Comercial, de elaboración reciente (1999), contiene prescripciones especiales y diferentes en cuanto a la responsabilidad del Estado, regulada, erróneamente a nuestro juicio, como si fuera una responsabilidad especial del Derecho Civil – a fin de mantener aquella pretendida unidad del derecho de daños– , cuando en realidad se trata de reglar supuestos de responsabilidad de otro derecho común y sustantivo, como es el Derecho Administrativo.

[1461] LINARES, Juan F., "En torno a la llamada responsabilidad civil del funcionario público", LL 153-601.

[1462] MOSSET ITURRASPE, Jorge, "La teoría general de la responsabilidad civil y el Derecho Administrativo", en *La responsabilidad. Homenaje al profesor Isidoro H. Goldenberg*, Abeledo-Perrot, Buenos Aires, 1995, ps. 763 y ss.

[1463] MARIENHOFF, Miguel S., *Tratado de Derecho Administrativo*, t. IV, 6ª ed. act., Abeledo-Perrot, Buenos Aires, 1997, ps. 763-766, quien destaca, sin embargo, las diferencias de régimen jurídico entre ambos tipos de responsabilidad (lícita o ilícita).

De cara al segundo escenario se puede observar, en primer término, la división existente en la doctrina administrativista en cuanto a la necesidad de proporcionar un único fundamento o conjunto de principios para la reparación proveniente de daños ocasionados por la actividad, tanto ilegítima como legítima. En este marco, aparece la teoría de la indemnización en Italia (Alessi), que propone distinguir entre responsabilidad e indemnización, esta última para regir el campo de la reparación de las consecuencias dañosas de los actos lícitos o legítimos.

Pero tanto en Francia, país en el que se ha impuesto el principio de igualdad ante las cargas públicas para fundamentar la responsabilidad estatal[1464], como en España, donde ha prevalecido la tesis de la lesión antijurídica resarcible[1465], no se distingue entre responsabilidad e indemnización, pues, por más que se acepte, como en la Argentina[1466], que ambas especies de responsabilidad pueden diferir en algún aspecto de su régimen, participan de un fundamento jurídico común.

Un sector de la doctrina nacional ha sostenido que la fuente de la responsabilidad se encuentra en la propia Constitución, principalmente en el principio de la igualdad ante las cargas públicas que fluye del art. 16, al que cabe adicionar otro principio también fundamental del Derecho Constitucional, según el cual todo sacrificio patrimonial impuesto por razones de utilidad pública – y, por extensión, de interés público– debe ser indemnizado, por aplicación del precepto contenido en el art. 17, CN.

En resumidas cuentas, y con apoyo en la doctrina que surge de una serie de precedentes de la Corte Suprema[1467], el fundamento constitucional de la responsabilidad del Estado se encuentra en esos dos principios (igualdad ante las cargas públicas y reparación del sacrificio patrimonial impuesto por razones de interés público) que se encuentran unidos como por un cordón umbilical, habida cuenta de que si un particular tuviera que soportar, en forma desigual, un sacrificio en su patrimonio por razones de interés público tanto si se trata de un acto ilegítimo como legítimo que no soporta la generalidad de los ciudadanos, se afectaría también, además de la garantía de la propiedad individual, la igualdad ante las cargas públicas.

En cuanto al fundamento de la responsabilidad en la teoría de la justicia, no obstante que ello no ha sido objeto de mayor desarrollo en la jurisprudencia de la

---

[1464] VEDEL, Georges - DELVOLVÉ, Pierre, *Droit Administratif*, Presse Universitaires de France, París, 1984, p. 502, sin dejar la limitada gravitación que aún conserva la teoría del riesgo en la jurisprudencia del Consejo de Estado.

[1465] Véase GARCÍA DE ENTERRÍA, Eduardo - FERNÁNDEZ, Tomás R., *Curso de Derecho Administrativo*, t. II, 6ª ed., Civitas, Madrid, 1999, ps. 356 y ss.

[1466] Cabe anotar que en el interesante opúsculo de Mosset Iturraspe se nos ubica, junto a García de Enterría, dentro de las concepciones que distinguen entre indemnización y responsabilidad (MOSSET ITURRASPE, Jorge, "La teoría general de la responsabilidad civil y el Derecho Administrativo", *cit.*, p. 769), lo cual es algo así como un desliz interpretativo dado que sostenemos una tesis unitaria sobre el fundamento de la responsabilidad.

[1467] "Tejedurías Magallanes SA c/ Administración Nacional de Aduanas", Fallos 312:1656 (1989); "García, Ricardo Mario y otra c/ Provincia de Buenos Aires s/ indemnización de daños y perjuicios", Fallos 315:1892 (1992); "Cía. Swift de La Plata c/ ENA s/ daños y perjuicios", Fallos, 320:113 (1997), entre otros.

Corte, juegan las tres especies clásicas[1468], por cuanto si bien la reparación, en sí misma, se rige por los criterios propios de la justicia conmutativa (donde la igualdad se realiza de objeto a objeto), la determinación de límites para fijar la indemnización, en particular respecto de la responsabilidad estatal por acto legítimo, se lleva a cabo conforme a las pautas de las justicias distributiva y legal. La primera indica el grado de distribución de los bienes comunes, mientras que es materia de la llamada justicia legal el establecer los criterios para medir los estándares de normalidad del funcionamiento del servicio que presta el Estado y, consecuentemente, del deber de soportar el daño.

3. LA RESPONSABILIDAD ESTATAL POR ACTIVIDAD ILEGÍTIMA O ILÍCITA: DE LA RESPONSABILIDAD INDIRECTA A LA DIRECTA

A) El caso "Devoto"

Recién en el año 1933, como ya anotamos, la Corte consagró la responsabilidad aquiliana del Estado proveniente de daños que, en el caso, fueron ocasionados por empleados de la oficina de telégrafos en un campo que alquilaba la empresa "Tomás Devoto y Cía. Ltda. SA".

En tal caso, la Corte dio por probada la culpa o negligencia de los empleados por el incendio del campo, originado en las chispas que se desprendían de un brasero deficiente que usaban en el campamento, y consideró, en definitiva, que la responsabilidad se extendía al Estado por ser la persona bajo cuya dependencia se encontraban los autores de los daños, lo que hacía aplicable los arts. 1109 y 1113, CCiv.

B) El fallo dictado en la causa "Ferrocarril Oeste v. Prov. de Buenos Aires"

En este precedente del año 1938 la Corte reconoció la responsabilidad de la provincia demandada por la expedición defectuosa de un certificado del Registro de la Propiedad en virtud del cual se realizó una operación de compraventa que produjo daños al adquirente, al dar margen a que se promoviera, contra él, una acción reivindicatoria por el verdadero propietario del inmueble.

La característica peculiar que exhibe la fundamentación de este caso radica en el hecho de introducir, por primera vez en la jurisprudencia de la Corte, el art. 1112, CCiv., para fundamentar la responsabilidad de la provincia, si bien correlacionándolo con lo prescripto en el art. 1113 de dicho Código, en una interpretación distinta de la que la Corte se inclinara en la evolución posterior de la jurisprudencia (a partir del caso "Vadell").

El razonamiento que utilizó la Corte en esa oportunidad, seguido en fallos posteriores, se apoya en un extenso considerando que comienza expresando:

[1468] Ver BARRA, Rodolfo C., "Responsabilidad del Estado por sus actos ilícitos", ED 142-936 a 937, quien sostiene que el fundamento de la obligación de indemnizar se encuentra en la justicia legal o general, criterio que no compartimos pues esta especie de justicia viene a ordenar los deberes de los miembros con la comunidad (*v.gr.*, impuestos y contribuciones).

"Que, en principio, quien contrae la obligación de prestar un servicio lo debe realizar en condiciones adecuadas para llenar el fin para que ha sido establecido, siendo responsable de los perjuicios que ocasionare su incumplimiento o su irregular ejecución (doctrina de los arts. 625 y 630, CCiv.)", agregando que *"si bien las relaciones entre el Estado y sus gobernados se rigen por el Derecho Público, la regla enunciada, fundada en razones de justicia y de equidad, debe tener también aplicación en este género de relaciones, mientras no haya una previsión legal que lo impida"* y que *"haciendo abstracción del dolo con que el falso certificado pudo haberse expedido, habría por lo menos una conducta culpable en el personal, que, en el desempeño de sus funciones y obrando bajo la dependencia del Estado, ha causado el daño que se trata, siendo así de aplicación el caso de los arts. 1112 y 1113, CCiv."*.

Es evidente que esta línea jurisprudencial, como la que surge del caso "Devoto", no implicó, sin embargo, el reconocimiento de una responsabilidad directa ni tampoco de naturaleza objetiva como es, a nuestro juicio, la que deriva de la "falta de servicio", sino que, soslayando implícitamente la prohibición del antiguo art. 43, CCiv., y limitando más tarde en forma expresa su aplicación (sosteniendo que esta norma se refería sólo a los delitos)[1469], consideró que el art. 1112, CCiv., jugaba como una norma especial, similar a la norma general del art. 1109 del citado Código, que establece la responsabilidad por culpa en las relaciones entre particulares.

En el caso, no se trataría de la falta personal del funcionario o empleado, contemplada por el referido art. 1109, sino de la responsabilidad del Estado basada en el art. 1112, norma que parece haber tenido originariamente la función de establecer las condiciones conforme a las cuales se podrán imputar hechos u omisiones a los funcionarios para fundar la responsabilidad del Estado como comitente, en la inteligencia de que, en el ámbito de la responsabilidad indirecta o refleja, no se concibe la responsabilidad sin acreditar la culpa de los dependientes.

En tal concepción, al reglar esas faltas de un modo especial, el art. 1112 del Código las considera consumadas cuando los hechos u omisiones de los funcionarios o empleados, realizados en el ejercicio de sus funciones deriven del incumplimiento irregular "de las obligaciones legales que les están impuestas", lo que no pudo haber tenido otra finalidad que aplicar el art. 1113 del mismo Código[1470].

Sin perjuicio de volver sobre el punto, cabe puntualizar que la importancia del fallo estribó en el hecho de reconocer que las relaciones en materia de responsabilidad se rigen por el Derecho Público y que la aplicación del Código Civil se realiza por razones de justicia y equidad, indicando un camino que oscila entre la aplicación analógica (como aconteció en el caso "Los Lagos") de los preceptos del Código Civil (opinión esta última que sostenemos junto a un importante sector de la doctrina)[1471] y la aplicación supletoria o subsidiaria.

[1469] "Saslavsky, A. R. v. Prov. de Córdoba", Fallos, 190:318 (1941) y en LL 24-290 y ss.

[1470] Véase COLOMBO, Leonardo A., *Culpa aquiliana (Cuasidelitos)*, La Ley, Buenos Aires, 1944, p. 462.

[1471] *Cfr.* REIRIZ, María G., "Responsabilidad del Estado", *cit.*, p. 224.

C) El caso "Vadell": un hito fundamental en la jurisprudencia de la Corte

En esta causa el Alto Tribunal consideró que la provincia era responsable por los perjuicios derivados del funcionamiento defectuoso e irregular del Registro de la Propiedad, sosteniendo que ello configuraba una falta de servicio, de naturaleza objetiva, que encuentra fundamento en el art. 1112, CCiv.[1472].

De otra parte, esta nueva interpretación que se le asigna a dicho precepto legal, aplicable según la Corte por vía subsidiaria, condujo a otra consecuencia no menos importante, como fue la de declarar que la responsabilidad indirecta o refleja establecida en el art. 1113 del Código resulta inaplicable a la responsabilidad del Estado que se desenvuelve en el ámbito del Derecho Público. Lo dice el fallo sin rodeos:

> *"En efecto, no se trata de una responsabilidad indirecta la que en el caso se compromete, toda vez que la actividad de los órganos o funcionarios del Estado, realizada para el desenvolvimiento de las entidades de las que dependen, ha de ser considerada propia de éstas, que deben responder de modo principal y directo por sus consecuencias dañosas"*[1473].

La obvia y principal consecuencia que se desprende de la doctrina de "Vadell" consiste en que al desplazarse la culpa como factor de atribución, no resulta necesario acreditar la culpa del agente y ni siquiera individualizar al autor del daño. Basta con acreditar el funcionamiento defectuoso o irregular del servicio para que se configure el factor objetivo que permita atribuir la responsabilidad[1474].

Esta línea fue perfeccionada en precedentes posteriores a través de la recepción jurisprudencial de los restantes presupuestos que condicionan la responsabilidad, exigiéndose la imputación material del hecho u omisión a un órgano estatal (lo que excluye el factor subjetivo de atribución), un daño cierto en el patrimonio del administrado y la relación de causalidad entre el hecho u omisión y el perjuicio[1475].

Éste ha sido el flanco en el que la Corte ha mostrado un mayor rigor a la hora de reconocer la responsabilidad del Estado, sin incurrir en la tendencia de caer en las viejas denegaciones de justicia que caracterizaron el período anterior al caso "Devoto".

[1472] Ver CASSAGNE, Juan Carlos, "La responsabilidad extracontractual del Estado en la jurisprudencia de la Corte", ED 114-215.

[1473] Fallos, 306:2036 (1984).

[1474] Como viene reiterando la Corte, *"quien contrae la obligación de prestar un servicio lo debe realizar en condiciones adecuadas para lograr el fin para el que ha sido establecido y es responsable por los daños causados por su incumplimiento o ejecución irregular"* (véase, entre otros, "Menkab SA c/ Provincia de Buenos Aires s/ daños y perjuicios", Fallos, 318:1800 (1995); "Viento Norte de herederos de Bruno Corsi SRL c/ Provincia de Santa Fe s/ ordinario", Fallos, 320:266 (1997). Para Perrino se trata de una conceptualización análoga a la falta de servicio (PERRINO, Pablo E., "La responsabilidad de la Administración por su actividad ilícita. Responsabilidad por falta de servicio", ED 185-781).

[1475] "Tejedurías Magallanes", consid. 11, Fallos, 312:1656 (1989).

4. LA INTERPRETACIÓN DINÁMICA DEL ART. 1112, CCIV., Y SU ACTUAL FUNCIÓN

Como lo venimos sosteniendo desde hace algunos años, la idea del autor de nuestro Código, al incorporar a dicho cuerpo legal un precepto específico que comprendía dentro de las disposiciones sobre responsabilidad aquiliana "los hechos y las omisiones de los funcionarios públicos en el ejercicio de sus funciones", no fue consagrar la responsabilidad de los funcionarios frente a los particulares y al propio Estado (por otra parte comprendida en el art. 1109 del Código, que agrupa los arts. 1382 y 1383, CCiv. francés), sino la conexión del respectivo factor de atribución con la responsabilidad del Estado, como se desprende de un estudio hecho por Linares que sirvió de punto de partida para la concepción de la responsabilidad que años más tarde desarrollamos[1476].

Esta concepción, que implica el establecimiento de un factor objetivo de atribución, reflejada en la configuración de una falta de servicio, por acción u omisión, ha sido seguida por la jurisprudencia de la Corte a partir del caso "Vadell" y viene a completar el fundamento constitucional de la responsabilidad del Estado (principios de igualdad ante las cargas públicas y reparabilidad de los sacrificios patrimoniales fundados en razones de interés público).

Muchas de las concepciones contrarias a esta idea han soslayado el fundamento constitucional de la responsabilidad del Estado basándose en una interpretación exegética y aun histórica del precepto contenido en el art. 1112, CCiv., con olvido de las posibilidades que brindan la analogía y la interpretación dinámica de las normas.

En realidad, lo importante, en esta materia, habida cuenta de su fundamento constitucional, no es si la responsabilidad se funda o no en un precepto positivo del Código Civil. Lo que realmente importa son dos cosas: a) reconocer que se trata de una responsabilidad directa, fundada en principios de Derecho Público (arts. 16 y 17, CN), y b) aceptar que la culpa se excluye como factor de atribución sustituyéndolo con la figura de la falta de servicio originada en su funcionamiento irregular o defectuoso.

Sin embargo, lo expuesto no es óbice para responder a las críticas formuladas por algunos autores en el plano de la interpretación de los textos del Código Civil.

En esta tesitura, Guastavino[1477], en postura que en sus votos ha venido siguiendo el juez Vázquez, en sus reiteradas disidencias con los otros miembros del tribunal[1478], ha sostenido que dicha interpretación del art. 1112, CCiv., resulta equivocada por entender que se basa en una posterior edición de Aubry y Rau (la 4ª ed. de 1871) que, por la fecha de su aparición, Vélez no pudo tener a la vista al momento de redactar el Código Civil.

[1476] Así lo reconoce recientemente PERRINO, Pablo E., "La responsabilidad de la Administración...", *cit.*, p. 785.

[1477] GUASTAVINO, Elías P., "Indemnizaciones por la actividad lícita lesiva del Estado", ED 118-190.

[1478] Véase "Salvatore de López, Amelia c/ Provincia de Buenos Aires", Fallos, 320:568 (1997).

Sin embargo, de la certeza de esa afirmación (que, por otra parte, tiene origen en los considerandos del fallo "Ferrocarril Oeste v. Prov. de Buenos Aires") no se sigue que el razonamiento hecho sea erróneo por cuanto, con ligeros cambios en la numeración de las notas, el texto de la 3ª edición de 1856 y el de la 4ª de 1871, al comentar dichos autores los arts. 1382, 1383 y 1384 (párrs. 446 y 447), son prácticamente idénticos[1479].

Tampoco cabe suponer que se hubiera tenido la intención de confundir a los intérpretes argumentando que la nota que figura al pie del art. 1112 del Código corresponde al párr. 447 de la obra de Aubry y Rau[1480].

Lo que sí se ha sostenido es que en la obra de dichos autores franceses no hay una sola palabra sobre la responsabilidad de los funcionarios y que para captar el sentido de la parte pertinente del párr. 446 (y de su nota 7) hay que acudir al "pasaje" que figura en el comentario al art. 1384, CCiv. francés (y a la nota 15 de la edición de 1856), en el que se señala que el Estado es "como todo comitente, responsable de los daños causados por sus empleados, agentes o servidores en el ejercicio de sus funciones o de su servicio".

Y si bien parece adecuado interpretar que, según el sistema originario del Código Civil, la responsabilidad aquiliana de las personas jurídicas no era directa – interpretación ésta que se extendió al Estado– (a diferencia de lo acontecido en Francia a partir del caso "Blanco") y que el art. 1112 en su contexto anterior debía correlacionarse con el art. 1113 del Código, lo cierto es que hubo dos cambios significativos que hicieron que el art. 1112 viniera a cumplir otro papel, adquiriendo un nuevo sentido.

Precisamente, las dos circunstancias que han influido para que el precepto del art. 1112 del Código adquiriera un sentido diferente, a la luz de una nueva interpretación dinámica y sistemática, fueron:

1) las decisiones jurisprudenciales acerca del antiguo texto del art. 43 del Código (actualmente reemplazado por una nueva redacción) que hicieron posible que las personas jurídicas fueran declaradas responsables por los actos ilícitos cometidos por sus dependientes; y

2) la reforma del contenido primigenio del art. 43 que, en combinación con lo preceptuado en el actual art. 33, CCiv., ha prescripto la responsabilidad directa del Estado como persona jurídica por los actos cometidos por sus representantes en ejercicio o en ocasión de sus funciones.

Ergo, si la norma contenida en el art. 1112, CCiv. ("los hechos y las omisiones de los funcionarios públicos en el ejercicio de sus funciones por no cumplir sino de una manera irregular las obligaciones legales que les están impuestas, son comprendidos en las disposiciones de este Título") constituía el presupuesto en que el Estado respondía por aplicación del art. 1113, CCiv. (*responsabilidad indirecta del Estado como comitente*) al desplazarse esta clase de responsabilidad a raíz de la reforma

---

[1479] Véase BONPLAND, Viviana M. C., "Responsabilidad extracontractual del Estado (análisis exegético de las citas del codificador al art. 1112 del Código)", LL 1987-A-779 y ss.

[1480] La nota del art. 1112 reproduce la nota 7 de la 3ª ed. de 1856, que pasa a ser la nota 8 en la 4ª edición de 1871.

introducida al art. 43, CCiv., y admitirse la responsabilidad directa del Estado como persona jurídica, el art. 1112 pasa a cumplir una nueva función como presupuesto del citado art. 43, CCiv., es decir, se convierte en el factor de atribución objetivo de la responsabilidad directa.

Ese nuevo cuadro civilista, aplicable por analogía a las relaciones de Derecho Público, es el que permite configurar la noción de falta de servicio que sería aplicable, incluso con independencia o no de la interpretación que se haga en torno del art. 1112, CCiv., y que permite configurar esa responsabilidad sin acudir a la noción de culpa. No obstante haberse sostenido por la doctrina que en tal caso el factor de atribución no deja de tener naturaleza subjetiva [1481], lo cierto es que el factor de atribución no es ya más la culpa del agente sino la configuración de un incumplimiento irregular o funcionamiento defectuoso del servicio, lo cual excluye la voluntad culpable del funcionario causante del daño. Por ello no creemos que, en tales supuestos, quepa hablar de una culpa objetivada, por cuanto se trata de conceptos inconciliables habida cuenta de que la falta de servicio se configura por un factor de atribución no subjetivo, que difiere de la culpa en que pueda haber incurrido el funcionario o empleado de la Administración y se apoya en la circunstancia objetiva de que el servicio no funciona, o funciona mal, o en forma tardía [1482].

En suma, el concepto de falta de servicio se independiza de la noción de culpa, configurándose – tal como surge de la jurisprudencia de la Corte posterior al caso "Vadell"– como el funcionamiento irregular o defectuoso del servicio (criterio regulado por el art. 1112 en su interpretación dinámica) para lo cual ha de realizarse una verificación en concreto que tome en cuenta la naturaleza de la actividad, los medios de que dispone la Administración, el lazo que une a la víctima con el servicio y el grado de previsibilidad del daño [1483].

Finalmente, aun recordando la objeción que nos merece regular la responsabilidad del Estado en el Código Civil [1484], corresponde señalar que en el Proyecto de Unificación del Código Civil con el de Comercio, el art. 1675 prescribe que "el Estado responde de los daños causados por el ejercicio irregular de la actividad de sus funcionarios o empleados, mediante acciones u omisiones, sin que sea necesario identificar a su autor", lo que, obviamente, excluye la culpa como factor de atribución.

[1481] REIRIZ, María G., "Responsabilidad del Estado", *cit.*, p. 226.

[1482] LAUBADÈRE, André de, *Traité de Droit Administratif*, t. I, actualizado por Jean-Claude Venezia e Yves Gaudemet, 9ª ed., LGDJ, París, 1984, p. 747.

[1483] *In re* "Zacarías, Claudio H. v. Prov. de Córdoba", Fallos, 321:1124 (1998) y en LL 1998-C-317, con nota de Bustamante Alsina.

[1484] Al respecto, ver: PERRINO, Pablo E., "Los factores de atribución de la responsabilidad extracontractual del Estado por su actividad ilícita", en *Responsabilidad del Estado y del funcionario público*, Ciencias de la Administración, Buenos Aires, 2001, p. 71.

5. LOS AVANCES JURISPRUDENCIALES DE LA CORTE EN MATERIA DE RESPONSABILIDAD POR ACTIVIDAD LEGÍTIMA O LÍCITA

A) Las diferencias de estructura y fines entre la responsabilidad civil y la responsabilidad patrimonial de la Administración por actividad legítima o lícita

El reconocimiento de la responsabilidad patrimonial del Estado por su actividad legítima o lícita ha reflejado uno de los más grandes avances habidos en la jurisprudencia de la Corte, pues de la total irresponsabilidad se ha pasado, en los últimos treinta años, a la aceptación generalizada de su procedencia, cuando se presentan los requisitos necesarios para su configuración.

Se trata de una responsabilidad típica del Derecho Público, extraña a las relaciones entre particulares regidas por el Derecho Privado y por más que se pretenda sostener – en el plano doctrinal– la unidad del derecho de daños, esta concepción no llega a demostrar cómo se alcanza a configurar una unidad cuya consecuencia primordial consiste en derivar de ella la aplicación irrestricta del principio de reparación integral a todos los supuestos de responsabilidad de la Administración por actividad legítima o lícita.

Esa unidad es nada más que una premisa errónea de la que parte la corriente civilista de la responsabilidad, que extrae de ella conclusiones que no reflejan la auténtica visión de la realidad y de la justicia, amén del olvido en que incurre sobre la naturaleza de los fundamentos que nutren la responsabilidad en el campo del Derecho Administrativo.

Por de pronto, en la estructura del sistema administrativo la responsabilidad por acto legítimo constituye la regla o principio general, a diferencia de la existente en el Derecho Civil, donde resulta excepcional y para supuestos específicos expresamente contemplados en la ley. No hay que olvidar que en el sistema del Código Civil, el art. 1071 prescribe que el ejercicio regular de un derecho propio o el cumplimiento de una obligación legal no puede constituir como ilícito ningún acto, en tanto que el principio del Derecho Administrativo es que los daños provocados por la actividad legítima y regular de la Administración, bajo ciertas condiciones que impongan un sacrificio especial al particular, si bien no transforman a la actividad en ilegítima o ilícita, generan el derecho al resarcimiento.

Así, mientras en el Derecho Civil la responsabilidad mira fundamentalmente el lado de la víctima que sufre daños injustos y la consecuente restitución conforme a criterios pertenecientes a la justicia conmutativa, el Derecho Público (Constitucional y Administrativo) tiene en cuenta los intereses de la víctima, armonizándolos con los del Estado y los ciudadanos, es decir, atiende a las relaciones entre el individuo que padece el perjuicio y la comunidad.

En este último marco, las distintas especies de justicia confluyen en un armónico equilibrio de forma que si bien los criterios para medir la indemnización se rigen por la justicia conmutativa, hay supuestos en que, por el grado de generalidad y naturaleza de los daños, éstos aparecen regulados por principios inherentes a la justicia distributiva (que establece la medida de distribución de los bienes de la comunidad). Hasta puede ocurrir que el perjuicio o daño tenga que ser soportado por el particular, como carga pública, o como ocurre en aquellos supuestos en que se opera la extinción de un derecho debilitado o precario (*v.gr.*, revocación de un permiso por razones de interés público).

Ello no es óbice, sin embargo, a que se reconozca que la tendencia que exhibe la evolución jurisprudencial de la Corte se orienta, con las salvedades de cada caso, hacia la aplicación del principio de que la reparación ha de ser lo más integral que sea posible para restituir la igualdad, poniendo el acento restrictivo más bien en los presupuestos de la responsabilidad (imputabilidad, sacrificio especial, ausencia del deber de soportar el daño) antes que en la extensión de la reparación.

Con todo, de generalizarse dicha tendencia, puede constituirse en fuente de desigualdades si se repara en que un sistema que tenga en cuenta un menor rigor en la apreciación de los presupuestos de la responsabilidad, juntamente con la limitación del alcance de la reparación, podría generar una distribución más justa de los bienes comunes, puesto que no hay que olvidar que, en última instancia, quienes costearán las indemnizaciones serán siempre los ciudadanos de carne y hueso, a través de los impuestos y demás gravámenes.

B) El fundamento constitucional de la responsabilidad patrimonial de la Administración por actividad legítima o lícita

No puede dejar de llamar la atención que, en este punto, sea donde haya mayores coincidencias con algunos civilistas. Ello es así por la sencilla razón de que quienes se han ocupado del tema[1485] se apoyan en los argumentos de Derecho Público desarrollados por la doctrina del Derecho Administrativo[1486] y también por la jurisprudencia de la Corte, afirmada especialmente a partir del conocido caso "*Laplacette*"[1487].

El fundamento principal de la responsabilidad del Estado por actividad legítima no es otro que el principio de igualdad ante las cargas públicas consagrado en el art. 16, CN, toda vez que cuando se impone un sacrificio especial que excede la medida de los que corresponde normalmente soportar, el particular que padece el daño se encuentra en una situación de desigualdad respecto de quienes no lo soportan y, en consecuencia, posee el derecho a ser indemnizado a fin de restablecer el equilibrio patrimonial a que conduce el principio de igualdad.

En consecuencia, la obligación de resarcir los perjuicios no nace del daño[1488] sino de la alteración del principio de igualdad, pues aun cuando se requiera la configuración del daño, éste es un presupuesto de la responsabilidad y no su fundamento.

[1485]   Por ejemplo, ANDORNO, Luis O., "La responsabilidad del Estado por actividad lícita lesiva", en *Responsabilidad por Daños. Homenaje a Bustamante Alsina*, t. I, Abeledo-Perrot, Buenos Aires, 1995, ps. 77 y ss., sostiene que el fundamento primordial de la actividad lícita lesiva se encuentra en los arts. 16 y 17, CN

[1486]   Nos remitimos a nuestro trabajo, CASSAGNE, Juan Carlos, "En torno al fundamento jurídico de la responsabilidad del Estado", ED 99-937.

[1487] "Laplacette, Juan, su sucesión c/ Provincia de Buenos Aires", Fallos, 195:66 (1943).

[1488]   En contra SOTO KLOSS, Eduardo, "La idea de reparación de un daño como restitución de una situación injusta sufrida por una víctima", en *Responsabilidad del Estado*, Universidad del Norte Santo Tomás de Aquino, Tucumán, 1982, p. 22.

Mientras en el caso *"Laplacette"* – como se verá más adelante– la Corte Suprema de Justicia de la Nación basó la responsabilidad del Estado por su actividad legítima en dos normas constitucionales que aplicó en forma combinada (los arts. 17 y 18, CN), en otro precedente, *"Cantón, Mario Elbio* v. *Gobierno Nacional"* [1489], al hacer lugar a una acción que perseguía la reparación de los perjuicios ocasionados por un decreto del Poder Ejecutivo nacional que prohibió la importación de determinados productos con el objeto de nivelar la balanza de pagos y proteger la industria nacional, fundó la responsabilidad estatal en el art. 17, CN (garantía de la propiedad frente a los poderes públicos) en forma exclusiva, omitiendo fundarla también en el principio de igualdad ante las cargas públicas (art. 16, CN).

Con posterioridad, siguiendo un criterio que compartimos, la jurisprudencia del Alto Tribunal se apoyó en la aplicación conjunta de dos principios constitucionales, combinando el principio de igualdad ante las cargas públicas del art. 16, CN[1490], con la garantía de la propiedad frente a los poderes públicos que preceptúa el art. 17, CN. Estos dos fundamentos, huelga decirlo, integran el bloque de principios del Estado de derecho en que se basa Marienhoff[1491] para fundamentar la responsabilidad patrimonial del Estado tanto si la actividad que produce el daño es legítima o lícita, como cuando no lo es[1492].

En línea con nuestra doctrina, la Corte, en el caso "García, Ricardo Mario", luego de indicar que como fundamento de la responsabilidad por la actividad legítima se ubicaba en los arts. 17 y 16, CN, puntualizó que dicha responsabilidad se genera cuando se impone al particular una carga desproporcionada que excede la cuota normal de sacrificio que impone la vida en comunidad[1493].

C) Los presupuestos o condiciones que deben reunirse para que se configure la responsabilidad patrimonial del Estado

La sistematización de los requisitos que se exigen como presupuestos de configuración de la responsabilidad estatal[1494], en especial respecto de la actividad legítima[1495], fue recepcionada por la Corte Suprema de Justicia de la Nación a partir del caso "Tejedurías Magallanes"[1496], en el que estableció tres condiciones: a) existencia de un daño actual y cierto, b) imputabilidad material de los daños al Estado, y c) relación de causalidad entre el accionar del Estado y el perjuicio. Estos requisitos, si bien concurren en la responsabilidad por actividad ilegítima (en la que se añade la

---

[1489] Fallos, 301:403 (1979) y en LL 1979-C-219.

[1490] Que, en general, es seguido por la doctrina y jurisprudencia francesas.

[1491] MARIENHOFF, Miguel S., *Tratado de Derecho Administrativo, cit.*, t. IV, ps. 724 y ss.

[1492] "Tejedurías Magallanes", Fallos, 312:1656 (1989).

[1493] "García, Ricardo Mario y otra c/ Provincia de Buenos Aires s/ indemnización de daños y perjuicios", Fallos, 315:1892 (1992).

[1494] MARIENHOFF, Miguel S., *Tratado de Derecho Administrativo, cit.*, t. IV, ps. 732 y ss., esp. ps. 734 y ss.

[1495] CASSAGNE, Juan Carlos, "En torno al fundamento jurídico...", *cit.*, ED 99-986 y *Derecho Administrativo*, t. I, 6ª ed., Buenos Aires, 1999.

[1496] "Tejedurías Magallanes", Fallos, 312:1656 (1989).

falta de servicio), presentan algunos matices diferenciales habiendo sido completados más tarde, en el caso "Columbia", con los relativos a la necesidad de que se configure un sacrificio especial en el perjudicado por el accionar legítimo del Estado junto a la ausencia del deber de soportar el daño[1497].

a) El daño y los factores de atribución en el Derecho Civil y en el Derecho Administrativo

Aunque no sea su fundamento, el daño constituye uno de los principales elementos de la responsabilidad. Sin embargo, como es sabido, no cualquier menoscabo patrimonial o moral resulta siempre indemnizable; desde una compraventa civil desventajosa hasta una operación comercial que provoca pérdidas por un erróneo pronóstico financiero, son muchas las actividades de la vida social en que las personas sufren perjuicios que no se reparan por ser actividades que traducen el ejercicio regular o normal de los derechos, siempre que no se alteren otros principios como el de la buena fe y la interdicción de abusar del Derecho.

De otra parte, existen numerosas otras situaciones en las que los daños resultan justificados, ya sea por la ley (por ej. legítima defensa, art. 2470, CCiv.) o por el consentimiento del propio interesado (actos de abnegación, participación en competencias riesgosas)[1498].

Ello ha llevado a perfilar, en el Derecho Civil, el concepto de daño resarcible conectado con la ilicitud o antijuridicidad mediante factores de atribución de responsabilidad tanto subjetivos como objetivos.

En cambio, en el plano del Derecho Administrativo, con diferentes fines e intereses que proteger (pues aparece el interés de la comunidad), la resarcibilidad del daño queda condicionada a la configuración de la llamada falta de servicio (una suerte de antijuridicidad objetiva), o bien con la singularidad o especialidad del daño, es decir, de un perjuicio que de ser asumido sólo por la víctima, generaría una violación a la igualdad frente a las cargas públicas, en tanto no exista el deber legal de soportarlo (impuesto con razonable generalidad).

Cuando la responsabilidad civil prescinde de la persona y no tiene en cuenta la culpa para imputar las consecuencias dañosas sino un factor objetivo de atribución (garantía o riesgo), ella debe estar especialmente prevista en la ley en virtud del carácter excepcional que desempeñan dichos factores objetivos en el sistema civil[1499].

En cambio, en el Derecho Administrativo el factor de atribución[1500] es, en principio, siempre objetivo, sea que se acuda a la falta de servicio o al riesgo (en los

---

[1497] "Columbia SA de Ahorro y Préstamo para la Vivienda c/ Banco Central de la República Argentina", Fallos, 315:1026 (1992) y en *REDA*, nro. 9/10, Depalma, Buenos Aires, 1992, p. 139, con nota de COVIELLO, Pedro J. J., "El caso Columbia: nuevas precisiones de la Corte Suprema sobre la responsabilidad por actos estatales normativos".

[1498] BUSTAMANTE ALSINA, Jorge, *Teoría general de la responsabilidad civil*, 9ª ed., Abeledo-Perrot, Buenos Aires, 1997, ps. 165 y ss.

[1499] BUSTAMANTE ALSINA, Jorge, Teoría general de la responsabilidad civil, *cit.*, p. 381.

[1500] Una distinta opinión ha sustentado Reiriz, quien considera que el factor de atribución en la falta de servicio no es objetivo (REIRIZ, María G., "Responsabilidad del Estado", *cit.*, p.

supuestos extraordinarios en que se ha considerado aplicable el art. 1113, 2ª parte, CCiv.[1501]) como así también es objetivo cuando se trata de hacer responsable al Estado por su actividad legítima (en tal caso, el factor de atribución comprende dos elementos: sacrificio especial y ausencia del deber de soportar el daño).

En suma, el molde de la antijuridicidad es distinto en la responsabilidad por actividad ilegítima y se fractura totalmente en la responsabilidad del Estado por actos legítimos, configurándose una categoría que sería difícil de encuadrar en el ámbito de la responsabilidad civil por una serie de razones, a saber:

(i)   la responsabilidad administrativa no se excluye por los hechos involuntarios ni se aplica la reparación por equidad (art. 907, CCiv.) si la falta de servicio fuera involuntaria;

(ii)   resulta inaplicable la responsabilidad refleja del art. 1113, 1ª parte, CCiv., que presupone la culpa del dependiente y aunque, ciertamente, en este último supuesto el factor de atribución es objetivo y de garantía, en la responsabilidad administrativa la garantía es de otra naturaleza, consistiendo en el funcionamiento regular del servicio y en el mantenimiento de la igualdad ante las cargas públicas;

(iii)   la responsabilidad por la actividad legítima o lícita, por los daños provocados por el funcionamiento regular o normal del servicio, constituye una hipótesis no asimilable a los supuestos de responsabilidad objetiva del Derecho Civil, tanto por los fundamentos de Derecho Público, cuanto por los elementos de la responsabilidad (sacrificio especial y extensión del resarcimiento).

b)   Existencia del daño y extensión del resarcimiento

Para que el daño sea resarcible se requiere la existencia de un daño cierto, lo que excluye los perjuicios eventuales e hipotéticos, dado que sin la certidumbre sobre el acaecimiento del daño no se configura este elemento de la responsabilidad.

Ahora bien, esa certidumbre puede ser tanto actual como futura, bastando, como señaló la Corte en el caso "Godoy", que exista una suficiente probabilidad de que acontezca según el curso ordinario y natural de las cosas[1502]. En un grupo de fallos que exhiben este criterio, la jurisprudencia de la Corte ha reconocido el lucro cesante futuro hasta que se produzca la recuperación de los suelos de diversos campos que fueron inundados a raíz de decisiones regulares y legítimas de los poderes públicos provinciales[1503].

---

226), lo que no es óbice a que reconozca las diferencias de fundamento y régimen jurídico entre la responsabilidad civil y la patrimonial administrativa.

[1501]   PERRINO, Pablo E., "Los factores de atribución de la responsabilidad extracontractual del Estado por su actividad ilícita", *cit.*, ps. 72/75.

[1502]   "Godoy, Manuel Ángel c/ Banco Central de la República Argentina s/ sumario daños y perjuicios", Fallos, 317:1225 (1994).

[1503]   Véanse, entre otros, "Denti Limitada Establecimientos Papeleros SA c/ DGI", Fallos, 307:1502 (1985); "Crotto Posse de Daireaux, Valeria y otro c/ Provincia de Buenos Aires s/ cobro sumario de pesos", Fallos 311:233 (1988); "Álzaga de Lanusse, María Josefina y otros c/ Provincia de Buenos Aires s/ daños y perjuicios", Fallos 311:744 (1988); "Banco Los Pinos Cooperativa Limitada s/ quiebra s/ incidente de verificación por Garay, Oscar Ernesto", Fallos 317:318 (1994).

Además, el daño debe ser tanto evaluable en dinero y subsistente[1504] como personal en el sentido de que debe tratarse de un daño "propio de quien reclama la indemnización"[1505].

En lo que concierne a la extensión de la indemnización, las grandes líneas que muestra la jurisprudencia de la Corte son básicamente dos. La primera postula que el alcance de la indemnización comprende la reparación plena de los perjuicios sufridos por el particular, comprensiva del daño emergente y del lucro cesante, aplicando el respectivo precepto del Código Civil (art. 1069) en forma subsidiaria, no obstante tratarse de normas adaptables a los principios que deben regir la reparación de los daños causados por la actividad estatal ilegítima[1506] o legítima.

La segunda línea se caracteriza por una limitación del principio de la reparación plena o, si se quiere, como ha dicho la jurisprudencia, un nuevo concepto de reparación integral propio del Derecho Público, como es el que fluye del art. 10, Ley de Expropiaciones[1507], aplicable analógicamente en materia de daños provenientes de la actividad legítima del Estado[1508].

En este punto, la evolución jurisprudencial puede, acaso, reflejar una visión contradictoria, la cual, sin embargo, se aclara en la medida en que se capte el sentido que tiene la limitación o el reconocimiento, en su caso, del lucro cesante en la responsabilidad por actividad legítima.

De acuerdo con un orden cronológico, el primer precedente en el que la Corte reconoció la responsabilidad estatal por actos legítimos del poder público fue el caso "Laplacette", sosteniendo que al afectarse el uso de una propiedad privada los daños debían repararse aplicando por analogía el criterio positivo que establecía la anterior Ley de Expropiaciones que, al igual que la actual (ley 21.499), excluía la indemnización del lucro cesante[1509].

Esa corriente fue seguida en otros precedentes posteriores, entre los que cabe citar los casos "Los Pinos"[1510], "Cantón"[1511], "Winkler"[1512] y "Motor Once"[1513].

[1504] PERRINO, Pablo E., "La responsabilidad de la Administración...", *cit.*, p. 791.

[1505] BUSTAMANTE ALSINA, Jorge, *Teoría general de la responsabilidad civil*, *cit.*, p. 173. Así, no sería concebible que una asociación de usuarios de servicios públicos reclamase daños sufridos por estos últimos.

[1506] *Cfr.* MARIENHOFF, Miguel S., "El lucro cesante en las indemnizaciones a cargo del Estado", ED 114-956.

[1507] "Cantón, Mario Elbio c/ Gobierno Nacional", Fallos, 301:403 (1979).

[1508] *Cfr.* REIRIZ, María G., "Responsabilidad del Estado", *cit.*, p. 228; CASSAGNE, Juan Carlos, *Derecho Administrativo*, t. I, 6ª ed., p. 298, Buenos Aires, 1998. En contra: BIANCHI, Alberto B., *Responsabilidad del Estado por su actividad legislativa*, Ábaco, Buenos Aires, 1999, ps. 168 y ss., si bien acotando su extensión.

[1509] "Laplacette, Juan su sucesión y otros c/ Provincia de Buenos Aires", Fallos, 195:66 (1943).

[1510] "Corporación Inversora Los Pinos SA c/ Municipalidad de la Ciudad de Buenos Aires", Fallos, 293:617 (1975).

[1511] "Cantón, Mario Elbio c/ Gobierno Nacional", Fallos, 301:403 (1979).

[1512] "Winkler, Juan León c/ Nación Argentina", Fallos, 305:1045 (1983).

Pero antes de este último fallo, la Corte, en la causa "Sánchez Granel", condenó a la Dirección Nacional de Vialidad a resarcir los daños resultantes de la revocación unilateral de un contrato de obra pública por razones de oportunidad, sosteniendo la inaplicabilidad, en tal supuesto, de la limitación del lucro cesante establecida en el art. 10, Ley Nacional de Expropiaciones (LNE)[1514].

No obstante el reconocimiento de la reparabilidad del lucro cesante que hizo en tal caso el Alto Tribunal, lo cierto es que lo limitó, por razones de equidad, aplicando el art. 1638, CCiv., basándose en la circunstancia de que el contratista no experimentó los riesgos inherentes a la ejecución del contrato y al hecho de que pudo "aplicar sus esfuerzos a otros trabajos obteniendo no obstante el mismo e integral beneficio que si la obra hubiera sido ejecutada totalmente"[1515].

A nuestro juicio, en estos supuestos, como en aquellos en los cuales reconoció el lucro cesante como indemnización por los daños causados por el accionar legítimo del Estado que ocasionó inundaciones en diversos campos de propiedad privada [1516], el principio que está en juego es el de la intangibilidad del patrimonio y la igualdad ante las cargas públicas, dado que, en ciertas circunstancias, si el denominado lucro cesante no se asimila al daño emergente se consumaría un verdadero despojo.

A tal efecto, un criterio tendiente a evitar tales despojos (resultantes de la política de inundar campos para salvar poblaciones) consiste en indemnizar el lucro cesante resarcible – que cabe asimilar al daño emergente–, el cual se refiere a la posibilidad cierta y suficientemente probada y asegurada de beneficios (según la naturaleza del bien o derecho de que se trata) que, en realidad, se encuentran incorporados al patrimonio de una persona.

Una situación similar acontece, en materia de expropiación, con la indemnización del rubro empresa en marcha, cuyo valor lleva incorporado las utilidades o ganancias razonablemente esperadas, deduciendo los riesgos, tal como ha sido interpretado este rubro en la jurisprudencia de la Corte[1517], al aplicar, incluso, el precepto limitativo de la ley de expropiaciones.

Así ocurre con la rentabilidad que produce un campo, inundado para proteger poblaciones, o cuando se trata de los frutos de un capital inmovilizado por un acto del poder público, con lo que se configura, en realidad, una pérdida en el valor objetivo de un bien, cosa o derecho, que resulta resarcible aplicando el criterio para indemnizar los daños causados por la actividad legítima del Estado[1518].

[1513] "Motor Once SACI c/ Municipalidad de la Ciudad de Buenos Aires, Fallos, 310:943 (1987) y en LL 1989-D-25.

[1514] "Sánchez Granel, Eduardo SG Obras de Ingeniería SAICFI c/ Dirección Nacional de Vialidad", Fallos, 306:1409 (1984).

[1515] *Cfr.* BIANCHI, Alberto B., *Responsabilidad del Estado...*, *cit.*, p. 172.

[1516] "Jucalán, Forestal Agropecuaria SA c/ Provincia de Buenos Aires s/ daños y perjuicios", Fallos, 312:2266 (1989).

[1517] Fallos, 300:299 (consid. 5° del fallo "Cía. Azucarera Tucumana SA").

[1518] *Cfr.* CASSAGNE, Juan Carlos, *Derecho Administrativo*, t. II, ps. 609/611.

Una fundamentación de este criterio, en la misma línea que venimos preconizando, se desprende del lúcido voto del Dr. Bacqué en la causa "Jucalán"[1519], pues allí señaló:

"13) Que la parte actora reclama el lucro cesante derivado de la imposibilidad de desarrollar la explotación agrícola y ganadera de su propiedad. Al respecto, la Corte Suprema −por el voto mayoritario de sus integrantes− ha dicho que la indemnización en materia de responsabilidad por actividad lícita de la Administración no debe incluir, como principio general, al lucro cesante (sentencia dictada en la causa 'Motor Once SACeI v. Municipalidad de la Ciudad de Buenos Aires', M.888.XXI. del 9/5/1988).

"El fundamento de la citada doctrina debe buscarse en la circunstancia de que cuando el Estado causa daños a particulares por razones de interés público, no parece justo ni conveniente que el particular afectado, en su carácter de miembro de la comunidad que resulta destinataria de los beneficios de la acción estatal en cuestión, pueda descargar completamente en dicha comunidad los daños patrimoniales por él sufridos. En tales condiciones, una indemnización que no tenga en cuenta el lucro cesante, lejos de apartarse del requisito constitucional a una indemnización plena, lo satisface ampliamente en la mayoría de los casos al conciliar los derechos individuales con el interés público. Cabe resaltar que tal doctrina resultaría especialmente pertinente en autos, pues aquí la actividad del Estado no sólo ha sido lícita sino que además fue motivada por la imperiosa necesidad de evitar un riesgo cierto de inundación a centros poblados.

"14) Que, sin perjuicio de lo expresado anteriormente, corresponde señalar que el principio general de no admitir la inclusión del lucro cesante no debe ser aplicado mecánicamente, sin admitir excepciones y sin tener en cuenta las características particulares de cada caso. Así, deben ser tenidas como circunstancias excepcionales que permiten apartarse del principio general aludido, aquellas situaciones en las cuales la exclusión del lucro cesante llevaría a resultados claramente violatorios de la garantía constitucional de la propiedad.

"15) Que ésa resulta ser, precisamente, la situación de autos. En efecto, el perjuicio patrimonial sufrido por la actora en el campo de su propiedad está conformado principalmente, tal como se desprende de las constancias de la causa, por el lucro cesante. El excluir totalmente dicho rubro significaría otorgar al actor una indemnización tan ínfima que llevaría al despojo de su derecho de propiedad.

"16) Que, en consecuencia, la solución equitativa del presente caso debe fundarse en la necesidad de compatibilizar los vitales intereses públicos que motivaron la acción estatal de autos con la necesidad de evitar la destrucción del derecho individual de la actora. Por tal razón, parece justo reconocer a la damnificada el lucro cesante, el cual, sin embargo, no deberá ser la expresión de una igualdad matemática que marque la estricta equivalencia con las utilidades que dejó de percibir".

[1519] "Jucalán Forestal Agropecuaria SA c/ Provincia de Buenos Aires s/ daños y perjuicios", Fallos, 312:2266 (1989), esp. ps. 2308/2310.

En conclusión, el criterio para medir la extensión de la indemnización por el accionar legítimo del Estado responde al mandato constitucional y legal de reparar la disminución patrimonial que sufre el valor objetivo del bien o derecho por razones de utilidad pública (art. 10, LNE), que, en cada caso, puede estar representado tanto por el daño emergente como por el lucro cesante incorporado al patrimonio, convirtiéndose en un valor objetivo indemnizable, ya sea de acuerdo con la evolución normal u ordinaria de los acontecimientos[1520], con una valoración ponderada o prudencial[1521], o mediante la utilización de *ratios* de proporcionalidad[1522].

No obstante lo expuesto, lo cierto es que en materia de revocación por inoportunidad de actos y contratos administrativos a partir del año 2000 se ha dictado un conjunto de normas que han restringido el alcance de la indemnización al daño emergente y excluyen el resarcimiento del lucro cesante (art. 96, decreto 436/2000[1523]; art. 26, ley 25.344[1524]; art. 11, ley 25.453[1525]; art. 12, dec. 1023/2001, dictado en virtud de las atribuciones conferidas por el art. 1°, inc. II, ap. e], ley 25.414[1526]).

[1520] CASSAGNE, Juan Carlos, *Derecho Administrativo*, cit., t. II, p. 611. Es el criterio aplicable en materia de expropiación de derechos intelectuales o patentes de invención (aunque hoy día es un supuesto teórico), ver: ABAD HERNANDO, Jesús, *La Ley Nacional de Expropiaciones 21.499*, publicación de la AADA, Buenos Aires, 1977, ps. 68/69.

[1521] MARTÍN REBOLLO, Luis, "Responsabilidad de la Administración", en *Expropiación Forzosa, Cuadernos de Derecho Judicial*, XX-1993, ps. 418 y ss.

[1522] SANTAMARÍA PASTOR, Juan A., *Comentario sistemático a la Ley de Régimen Jurídico de las Administraciones Públicas y del Procedimiento Administrativo Común*, Libros Jurídicos Carperi, Madrid, 1993, p. 432.

[1523] Del 30/5/2000, BO, del 5/6/2000. La disposición citada en el texto dice: "Cuando la Administración Pública nacional revoque o rescinda un contrato por causas no imputables al proveedor, este último tendrá derecho a que se le reconozcan los gastos en que probare haber incurrido con motivo del contrato. No se hará lugar a reclamación alguna por lucro cesante o por intereses de capitales requeridos para financiación".

[1524] BO, del 31/11/2000. El art. 26 dispone: "Cuando se revoquen por razones de oportunidad, mérito o conveniencia contratos del sector público nacional, ya sean de obra, de servicios, de suministros o de consultoría, la indemnización que corresponda abonar al contratista no incluirá el pago de lucro cesante ni gastos improductivos".

[1525] BO, del 31/7/2001. El art. 11 determina: "Los contratos de ejecución afectados por las reducciones dispuestas en el art. 34, ley 24.156, podrán revocarse por razones de oportunidad, mérito o conveniencia en el caso de que los contratistas o proveedores no acepten la reducción de la contraprestación a cargo del sector público nacional, siendo de aplicación el art. 26, ley 25.344".

[1526] BO, del 16/8/2001. El art. 12 establece: "La autoridad administrativa tendrá las facultades y obligaciones establecidas en este régimen, sin perjuicio de las que estuvieren previstas en la legislación específica, en sus reglamentos, en los pliegos de bases y condiciones, o en la restante documentación contractual", y entre ellas menciona: "La revocación, modificación o sustitución de los contratos por razones de oportunidad, mérito o conveniencia, no generará derecho a indemnización en concepto de lucro cesante".

c) Los restantes elementos de la responsabilidad: imputabilidad material y conexión causal

El elemento "imputabilidad material del hecho u omisión a un órgano del Estado" traduce la naturaleza objetiva de la responsabilidad administrativa y rige tanto para el funcionamiento normal como anormal o irregular de los servicios públicos[1527], entendido este concepto como el conjunto de las funciones públicas a cargo del Estado.

Cuando se trata de daños provocados por órganos del Estado, es necesario que éstos actúen dentro de la órbita de sus funciones públicas, aun en forma aparente, requiriéndose que la actividad dañosa presente un mínimo de reconocibilidad exterior en relación con los fines de la Administración o de los demás órganos del Estado (Legislativo y Judicial)[1528].

Esa imputabilidad o causación material no se opera respecto de concesionarios o contratistas del Estado por no estar incluidos en los cuadros de la Administración[1529] ni tampoco cuando los daños son causados por profesionales que ejercitan funciones públicas como los escribanos o notarios, pues de acuerdo con lo resuelto por la Corte Suprema en el conocido caso "Vadell", ellos no representan la voluntad estatal, que sólo se exterioriza a través de sus órganos[1530].

Por último, en lo que atañe a la relación de causalidad que vincula al daño con una determinada acción u omisión imputable a un órgano del Estado, el Código Civil, aplicable por analogía en esta materia, acoge el criterio de la causalidad adecuada[1531] que requiere realizar un juicio acerca de su probabilidad o previsibilidad en el caso conforme a la experiencia y el curso ordinario de las cosas. Ello permite distinguir la causa adecuada (que es la normalmente apta para producir un resultado) de las demás condiciones que pueden coadyuvar o agravar tal resultado, pero que, de por sí, no resultan relevantes para alcanzarlo[1532].

La Corte no ha seguido en este punto una línea uniforme, ya que mientras por una parte ha exigido que la conexión causal fuera adecuada[1533], en otros casos

---

[1527] Véase GONZÁLEZ PÉREZ, Jesús, *Responsabilidad patrimonial de las Administraciones Públicas*, *cit.*, ps. 277 y ss.

[1528] GORDILLO, Agustín A., *Tratado de Derecho Administrativo*, t. 1, cap. XII, 5ª ed., Fundación de Derecho Administrativo, Buenos Aires, 1998, ps. 417 y ss.

[1529] *Cfr.* PERRINO, Pablo E., "La responsabilidad de la Administración...", *cit.*, ps. 792/794 y sus citas y en "La responsabilidad del Estado y de los concesionarios derivada de la prestación de servicios públicos", en *Contratos administrativos*, Ciencias de la Administración, Buenos Aires, 2000, ps. 164/166; PÉREZ HUALDE, Alejandro, "Responsabilidad del Estado y del concesionario en el contrato administrativo de concesión", en *Contratos administrativos*, *cit.*, ps. 181/182.

[1530] "Vadell, Jorge Fernando c/ Provincia de Buenos Aires", Fallos, 306:2030 (1984).

[1531] GOLDENBERG, Isidoro H., *La relación de causalidad en la responsabilidad civil*, Astrea, Buenos Aires, 1984, ps. 30 y ss.

[1532] *Cfr.* PERRINO, Pablo E., "La responsabilidad de la Administración...", p. 800.

[1533] "Garda Ortiz, Enrique c/ Nación Argentina", Fallos, 308:2095 (1986); "Fenni de Basílico, Carmen B. c/ Provincia de Buenos Aires s/ daños y perjuicios", Fallos 315:2319 (1992).

consideró que debía ser directa o inmediata[1534] conforme a la tendencia de la mayor parte de la jurisprudencia española[1535].

6. LA CONCEPCIÓN DEL RIESGO: CRÍTICA. SU CARÁCTER EXCEPCIONAL

En algunos ordenamientos jurídicos se aplica la concepción del riesgo, como factor objetivo generalizado de atribución del Derecho Privado. Esta concepción, originaria del Derecho Privado francés, se extendió al Derecho Público, quedando finalmente su aplicación como supuestos excepcionales cuando la Administración crea un riesgo especial y elevado[1536].

En nuestra doctrina y, por cierto, en la jurisprudencia, la regla del Derecho Civil de que el eje de la responsabilidad estaba en la culpa (art. 1109, CCiv.) ha sido prácticamente desplazada por la responsabilidad por riesgo, incorporada al Código Civil a partir de la reforma introducida al art. 1113, por la ley 17.711[1537], mediante interpretaciones que han llegado a extender el riesgo propio del vicio de la cosa al derivado de la propia actividad riesgosa[1538]. ¿Qué se pretende con ello? Es evidente que, sus principales efectos, se centran en evitar la carga de la prueba de la culpa (que resulta algo más que presumida) así como en impedir que el autor del daño pruebe que de su parte no hubo culpa.

Semejante sistema, que mira sólo un costado de la responsabilidad como es la reparación de la víctima de los daños, puede ser justo (en algunos supuestos) o injusto, en el Derecho Civil (como criterio generalizado). Pero resulta totalmente inaplicable al Derecho Público que precisa fundar sus soluciones reparatorias en criterios objetivos vinculados al funcionamiento defectuoso de los servicios públicos (en sentido lato). La diferencia obedece a la serie de cargas que siendo indemnizables

---

[1534] "Tejedurías Magallanes SA c/ Administración Nacional de Aduanas", Fallos, 312:1656 (1989); "Color SA c/ Max Factor Sucursal Argentina", Fallos, 317:1527 (1994).

[1535] Ver GONZÁLEZ PÉREZ, Jesús, *Responsabilidad patrimonial de las Administraciones Públicas, cit.*, ps. 300 y ss.

[1536] Entre los supuestos reconocidos por la jurisprudencia del Consejo de Estado se encuentran la responsabilidad por el uso de explosivos y por obras peligrosas como la conducción de agua y de electricidad; véase, MOREAU, Jacques, *La responsabilité administrative*, 3ª ed., Presses Universitaires de France, París, 1996, ps. 106 y ss.

[1537] Que prescribe: "La obligación del que ha causado un daño se extiende a los daños que causaren los que están bajo su dependencia, o por las cosas de que se sirve, o que tiene a su cuidado.

"En los supuestos de daños causados con las cosas, el dueño o guardián, para eximirse de responsabilidad, deberá demostrar que de su parte no hubo culpa; pero si el daño hubiese sido causado por el riesgo o vicio de la cosa, sólo se eximirá total o parcialmente de responsabilidad acreditando la culpa de la víctima o de un tercero por quien no debe responder.

"Si la cosa hubiese sido usada contra la voluntad expresa o presunta del dueño o guardián, no será responsable".

[1538] Véase: LORENZETTI, Ricardo Luis, "Estudio sobre la nueva concepción del riesgo creado en el derecho argentino", en la obra colectiva dirigida por nuestra colega, la académica KEMELMAJER DE CARLUCCI, Aída, *Derecho de daños*, t. I, La Rocca, Buenos Aires, 1993, ps. 347 y ss.

con arreglo a la teoría del riesgo del Derecho Civil, no lo serían en el Derecho Administrativo, por la sencilla razón de que el Estado no puede convertirse en el asegurador de todos los daños que genera su actuación. Ha de haber pues un límite (sin referirnos por ello al alcance de la reparación) para determinar el factor de atribución y éste se encuentra en la configuración de la falta de servicio, que es independiente de la culpa en que incurra el agente público (falta personal en el Derecho francés). Por lo demás, para medir la actuación irregular de los órganos del Estado generadores del daño deben tenerse en cuenta, no sólo las obligaciones establecidas en las leyes y reglamentos, como señalamos, sino también los denominados estándares de responsabilidad que los jueces tienen que graduar, en cada caso, sobre la base de las circunstancias inherentes a la naturaleza de los deberes de la Administración y a las posibilidades concretas que hacen al incumplimiento irregular de las obligaciones que las leyes y reglamentos imponen a los agentes públicos.

En ese escenario, la teoría del riesgo, que ha tenido recepción en la jurisprudencia de la Corte Suprema[1539], tendría un campo excepcional de aplicación en el Derecho Administrativo, no en forma directa sino por analogía, debiendo adaptarse a los fines y características propias de la responsabilidad administrativa[1540].

7. LA RESPONSABILIDAD POR OMISIÓN

Una significativa porción de los daños que padece el hombre moderno, a raíz del hecho de las aglomeraciones urbanas y del desarrollo de los sistemas de transporte, obedece a omisiones de los gobernantes encargados de velar para que todos los ciudadanos puedan disfrutar las mejores condiciones de vida, protegiendo su seguridad, salud, propiedad y libertad de locomoción, entre otros derechos y valores individuales y colectivos.

Va de suyo, sin embargo, que el Estado no puede siempre asegurar con eficacia y eficiencia la prestación de todos los servicios y medios adecuados para impedir los daños que sufren los ciudadanos cuando conducen automóviles y cruzan las rutas o autopistas, cuando son asaltados en los comercios o en sus casas, cuando requieren medicamentos imprescindibles para su curación, o cuando se reclaman las obras de saneamiento ambiental necesarias para mejorar la salud de la población, entre muchos otros ejemplos.

Esta problemática, que a nadie se le hubiera ocurrido plantear hace cincuenta o más años, nace como consecuencia de los reclamos sociales insatisfechos que gene-

---

[1539] "Balbuena, Blanca G. c/ Provincia de Misiones s/ daños y perjuicios", Fallos, 317:728 (1994), en el que se resolvió responsabilizar al Estado por los daños provocados por agentes de las fuerzas armadas y de seguridad mediante la utilización de armas suministradas por la repartición estatal; sobre otros casos, algunos de los cuales han aplicado incorrectamente la teoría del riesgo (pues se trataba de faltas de servicio), véase: PERRINO, Pablo E., "Los factores de atribución de la responsabilidad extracontractual del Estado por su actividad lícita" en *Responsabilidad del Estado y del funcionario público*, Ciencias de la Administración, Buenos Aires, 2000, ps. 72 y ss.

[1540] *Cfr.* PERRINO, Pablo E., "La responsabilidad del Estado ocasionada por el riesgo o vicio de las cosas", en *Estudios de Derecho Administrativo*, t. XI, Diké, Mendoza, 2005, ps. 183/185.

ran demandas que muchas veces resulta imposible satisfacer por parte del Estado, principalmente por la carencia de medios humanos y financieros.

De otra parte, el Estado no se puede transformar en una suerte de caja aseguradora de todos los riesgos que enfrentan los ciudadanos por la circunstancia de vivir en comunidades medianamente organizadas.

Hecha esta breve introducción, necesaria para captar la dimensión actual del asunto, veamos cómo es el régimen jurídico de esta clase de responsabilidad. Una primera aproximación al tema nos advierte que se trata de relaciones regidas por el Derecho Administrativo, habida cuenta de que su objeto se vincula con omisiones propias del no ejercicio de funciones públicas e imputables a órganos del Estado.

En segundo lugar, nos encontramos con que ante la ausencia de normas expresas en el Derecho Administrativo para regir la cuestión, corresponde acudir a la aplicación analógica de los preceptos del Código Civil[1541].

En este cuerpo normativo existen dos prescripciones aplicables a la materia, una de carácter general y otra específica para los funcionarios y empleados públicos[1542]. La norma que regula la generalidad de los supuestos omisivos es el art. 1074, CCiv., que prescribe:

"Toda persona que por cualquier omisión hubiese ocasionado un perjuicio a otro, será responsable solamente cuando una disposición de la ley le impusiere la obligación de cumplir el hecho omitido".

A su vez, en su interpretación actual, el art. 1112, CCiv., dispone a este respecto que las omisiones por las que se puede imputar responsabilidad al Estado son aquellas en que incurren los funcionarios "por el ejercicio irregular de las obligaciones que les están impuestas".

Como hemos señalado antes, la clave para establecer la responsabilidad estatal por un acto omisivo se encuentra en la configuración de la falta de servicio, concebida ésta como una omisión antijurídica que se produce en la medida en que sea razonable y posible esperar que el Estado actúe en determinado sentido para evitar daños en las personas o en los bienes de los particulares[1543]. La omisión antijurídica se genera por el incumplimiento de una obligación legal expresa o implícita (art. 1074, CCiv.) y no de un deber genérico o difuso.

Con ello, al prescindir de la culpa, no se transforma la naturaleza objetiva[1544] de este tipo de responsabilidad que, por lo demás, será siempre directa[1545].

[1541] *Cfr.* MARIENHOFF, Miguel S., *Responsabilidad extracontractual del Estado por las consecuencias de su actitud "omisiva" en el ámbito del Derecho Público*, Abeledo-Perrot, Buenos Aires, 1996, p. 19.

[1542] MARIENHOFF, Miguel S., *Responsabilidad extracontractual...*, *cit.*, p. 22.

[1543] *Cfr.* GAMBIER, Beltrán, "Algunas reflexiones en torno a la responsabilidad del Estado por omisión, a la luz de la jurisprudencia", LL 1990-E-617.

[1544] MARIENHOFF, Miguel S., *Responsabilidad extracontractual...*, *cit.*, p. 67.

[1545] REJTMAN FARAH, Mario, "Responsabilidad del Estado por omisión judicial: una tendencia que se expande", LL 1996-D-88.

El análisis sobre los principales fallos de la línea jurisprudencial que exhibe la Corte en materia de responsabilidad del Estado por omisión indica que se ha seguido una tendencia equilibrada que ha tenido que basarse, sustancialmente, en los estándares medios que permiten calcular el funcionamiento anormal, defectuoso o irregular de las funciones y servicios que deben cumplir los órganos del Estado.

Así, mientras, en principio, no ha aceptado la responsabilidad de una provincia por los daños ocasionados por animales sueltos, a quienes circulan por las extensas rutas del país, cuando el hecho no se debió a la intervención directa de órganos provinciales y la propiedad y guarda correspondían a terceros[1546]; en otro caso, hizo responsable parcialmente a un municipio por haber omitido el cumplimiento de la obligación de seguridad en el uso de torres utilizadas por bañistas en el golfo de Puerto Madryn[1547], como así también se reconoció la responsabilidad de la Dirección Nacional de Vialidad por no advertir al público la existencia de un peligroso zanjón que provocó daños al actor[1548].

Inclusive la Corte ha reconocido la responsabilidad por omisión con respecto a actos del Poder Judicial cuando ello traduce "el incumplimiento defectuoso de funciones que le son propias", reiterando la concepción de la falta de servicio por dicho incumplimiento o su irregular ejecución[1549], tendencia que siguió en una causa donde se reclamó por los daños provocados por la prolongación excesiva de una prisión preventiva[1550].

8. REFLEXIONES FINALES

El análisis precedente ha pretendido sistematizar las grandes líneas que han venido trazándose en la jurisprudencia de la Corte y destacar cómo han ido evolucionando los fundamentos, principios y técnicas de la responsabilidad estatal en la cúspide del Poder Judicial argentino.

La conclusión general que puede extraerse de esa evolución consiste en la filiación propia de Derecho Público que posee la responsabilidad patrimonial del Estado, en forma paralela con las concepciones imperantes en los Derechos español y francés, mediante un proceso que ha culminado con el reconocimiento de una responsabilidad directa y objetiva, que se materializa a través de indemnizaciones que

---

[1546] En el caso "Ruiz, Mirta y otros c/ Provincia de Buenos Aires s/ daños y perjuicios", Fallos, 312:2138 (1989), y en la misma línea se encuentra el reciente fallo "Colavita" publicado en ED 187-935, con nota de BARRA, Rodolfo C., "Animales en las rutas. Responsabilidad por omisión de control en la concesión de obra pública".

[1547] "Pose, José D. c/ Provincia de Chubut s/ daños y perjuicios", Fallos, 315:2834 (1992) y en ED 157-85, con nota de CANOSA, Armando N., "Nuevamente el art. 1113, CCiv., y la responsabilidad del Estado".

[1548] "Lanati, Marta N. y otros c/ Dirección Nacional de Vialidad s/ daños y perjuicios", Fallos, 314:661 (1991).

[1549] "De Gandía, Beatriz I. c/ Provincia de Buenos Aires s/ indemnización daño moral", Fallos, 318:845 (1995) y en LL 1996-D-79, en la que se condenó a reparar el daño moral.

[1550] "Rosa, Carlos Alberto v. Estado nacional - Ministerio de Justicia y otro s/daños y perjuicios varios", Fallos, 322:2683 (1999).

tienden a la reparabilidad integral sobre la base de criterios que tienen en cuenta los distintos valores e intereses en juego.

La responsabilidad, en el Derecho Público, funciona, en definitiva, como un factor de preservación de la armonía social, en la que la antigua idea romanista de restitución patrimonial precisa armonizar con las posibilidades económicas y financieras del sistema, a fin de que la comunidad no tenga que afrontar cuantiosas indemnizaciones que superen, incluso, las previsiones presupuestarias.

A esta altura de la evolución del instituto de la responsabilidad, no se puede desconocer que las claves para definir el factor de atribución, verdadera "pieza maestra" de la responsabilidad, han sido diseñadas por la jurisprudencia de la Corte Suprema de la Nación de un modo reiterado y constante[1551].

Corresponde advertir que no analizamos las opiniones sostenidas por un sector del Derecho Administrativo acerca de la responsabilidad indirecta del Estado, de la culpa, como tampoco a quienes no han cambiado sus interpretaciones sobre el art. 1112, CCiv., continuando con la tesis que regula la responsabilidad de los funcionarios y no del Estado (ignorando la jurisprudencia de la Corte a partir del caso "Vadell").

Como en tantas instituciones jurídicas, el factor de atribución presenta el riesgo de que se siga un camino equivocado. Sin embargo, en la actualidad, el principal peligro se refleja en los defectos que exhibe la enseñanza del Derecho (que oculta las posturas prevalecientes) y en su repercusión en la seguridad jurídica. En rigor, lo peligroso es que ni siquiera se trata de un divorcio entre doctrina y jurisprudencia.

Por esa razón, antes que criticar una a una las diferentes posturas doctrinarias cuyos enfoques y matices son radicalmente opuestos, hemos optado por exponer el sistema tal cual funciona en la realidad, o debe funcionar, según sea el caso, a través de las reflexiones que nos merece dicho funcionamiento, su sentido de justicia y la proyección que puede alcanzar en el futuro.

Y aunque una dosis de ideología está de continuo presente en las teorías jurídicas, la construcción de la jurisprudencia de la Corte, montada sobre el reconocimiento de una responsabilidad directa y objetiva, sobre la base de factores de atribución propios del Derecho Público, revela una interpretación justa y adecuada de la realidad que exhibe nuestra Administración y a las posibilidades económicas de resarcir a las víctimas de los daños provocados por su accionar[1552].

Pero todo lo que se ha expuesto no es óbice para insistir en que una adecuada coordinación entre la responsabilidad del Estado y la de los funcionarios públicos constituya una cuestión prioritaria que debería definirse por vía legislativa para evitar injusticias y moralizar la Administración.

[1551] Ampliar en nuestro trabajo "La responsabilidad del Estado (balance y perspectivas)", LL diario del 18/11/2009, p. 1 y ss.

[1552] Una postura diferente es la de CUADROS, Oscar A., "Responsabilidad estatal y Derecho Administrativo" (en prensa), expuesta en las "Primeras Jornadas Internacionales sobre Responsabilidad del Estado (en homenaje al prof. Dr. Osvaldo Pritz)", realizadas en la ciudad de Mendoza, los días 26 y 27/4/2005.

Al mismo tiempo, no se puede negar que, tal como ha sido señalado por autorizada doctrina[1553], ella cumple también una función de control en la medida en que la ejemplaridad de los fallos condenatorios conduce a evitar los daños futuros.

En última instancia, el establecimiento de unos estándares de calidad y eficiencia – por mínimos que sean– puede ayudar a que el sistema objetivo de la responsabilidad directa del Estado, edificado sobre la concepción de la falta de servicio, funcione de un modo más justo y, desde luego, proporcional a los recursos públicos. Dejar librada la determinación de esos estándares a la discrecionalidad de los jueces puede derivar en consecuencias disvaliosas para la seguridad jurídica, los derechos individuales y el propio interés público.

Como señala Gustave Thibon, "nuestra época vive bajo el signo de la reivindicación" que, en el plano del Derecho, deviene en responsabilidad. El fenómeno no constituye una novedad, aunque sí es nuevo en cuanto a su universalidad y a la manera sistemática como se lo plantea[1554].

En definitiva, la responsabilidad del Estado es una pieza básica del orden social y es necesario establecer mecanismos que permitan la mejor convergencia posible entre el equilibrio y la armonía. El equilibrio (el mantenimiento de la igualdad a través de la restitución) solo no basta, pues se requiere que armonice con el bien común y se encuentre a su servicio. En última instancia ésta es la razón de ser del Derecho Administrativo.

[1553] MARTÍN REBOLLO, Luis, "Ayer y hoy de la responsabilidad patrimonial de la Administración: un balance y tres reflexiones", *Revista de Administración Pública*, nro. 150, Centro de Estudios Políticos y Constitucionales, Madrid, 1999, ps. 361 y ss.

[1554] THIBON, Gustave, *El equilibrio y la armonía*, versión española, Rialp, Madrid, 1978, ps. 95 y ss.

TÍTULO CUARTO

LA ACTUACIÓN ESTATAL REGULADA POR EL DERECHO ADMINISTRATIVO

CAPÍTULO I

CARACTERIZACIÓN JURÍDICA DE LA ACTUACIÓN DE LA ADMINISTRACIÓN PÚBLICA Y DE LA ACTIVIDAD DE LOS ÓRGANOS LEGISLATIVO Y JUDICIAL

1. LAS FUNCIONES O ACTIVIDADES DEL ESTADO Y LOS ACTOS QUE EMITE LA ADMINISTRACIÓN

Al estudiar las funciones del Estado, en el tomo primero de esta obra, hemos visto que la actuación de la Administración se realiza a través de actos o hechos que traducen el ejercicio o realización de actividades de diversa índole en punto a su esencia o sustancia material.

Por su propia naturaleza, la Administración Pública desarrolla una actividad material y objetivamente administrativa, de alcance individual y concreta, tendiente a satisfacer, en forma inmediata, las necesidades de bien común o de interés público, cuya concreción resulta indispensable en toda comunidad jurídicamente organizada. Tal es su actividad predominante.

Pero junto a la anterior (y quizá, hoy día, con el mismo grado de extensión) la Administración Pública desarrolla una función que, aun cuando no le ha sido adjudicada en forma predominante ni exclusiva, coadyuva y hace posible la realización de la función administrativa. Tratase de aquella porción de actividad materialmente legislativa que realiza la Administración Pública mediante el ejercicio de la potestad reglamentaria que le atribuye el ordenamiento constitucional.

Dentro del conjunto de funciones o actividades públicas, aunque de una manera más limitada y restringida, existen entes administrativos que ejercen funciones de naturaleza jurisdiccional, resolviendo controversias o conflictos por medio de actos que, en ciertas circunstancias y bajo determinadas condiciones, se asemejan, por su régimen jurídico y efectos, a los típicos actos que expresan el ejercicio de la función de juzgar, cuya competencia constitucional ha sido adjudicada al órgano judicial (arts. 109, 116 y 117, CN). Esta característica de nuestra realidad constitucional se ha consolidado tras la reforma de 1994, con la aparición de los entes reguladores a los que los respectivos marcos legales les han atribuido una limitada potestad jurisdiccional.

En definitiva, lo que cuenta es que administrar, legislar y juzgar son tres modos de actuación en el campo del Derecho Público, que expresan el poder estatal a través de diferentes tipos de actos sometidos a regímenes jurídicos diversos. Su estudio se efectuará, en este título, en forma separada, diferenciando a su vez esas funciones de la actividad gubernativa superior que se traduce en la emisión de los actos constitucionales en los que la revisión judicial se encuentra limitada y existen mecanismos de control político extra jurisdiccionales.

Vinculado a nuevas concepciones y, sobre todo, realidades que planteó la problemática de la actuación estatal, no puede desconocerse el fenómeno de la asunción por el Estado de actividades reservadas a la iniciativa particular, y que éste asumió como propias, tanto en la prosecución de un estatismo contrario a sus propios fines, como en un intervencionismo basado en la aplicación del principio de la suplencia, bajo formas institucionales privadas y con regímenes jurídicos típicos del Derecho Civil o Mercantil.

En su momento, lo novedoso de esta clase de actuación y el régimen jurídico atípico del control que, como extensión del concepto de tutela, poseía sobre los actos de estas entidades la Administración Pública, provocó que algunos autores hayan sustentado una concepción unitaria para todos los actos de la Administración, cuyo criterio central sería, en el fondo, subjetivo u orgánico, sin atender a la sustancia ni al régimen jurídico de cada especie.

La importancia de esta actividad que desarrolló el Estado fue tal que, en la doctrina española, hubo quienes propugnaron el reconocimiento de una nueva categoría que se añadiría a la dinámica clásica (policía, fomento y servicio público) bajo el nombre de gestión económica[1555].

La actuación de entidades de propiedad del Estado o poseídas por él[1556] bajo formas jurídicas privadas, no obstante las derogaciones o excepciones al régimen ordinario que puedan estatuirse por normas públicas o privadas, no conduce necesariamente a que la actuación de estas entidades privadas se rija, en lo atinente al régimen de los actos que ellas celebran, por el Derecho Administrativo, sin perjuicio de su aplicación extensiva por imperio de la ley o del respectivo régimen jurídico.

Obsérvese que ni siquiera se estaría en el ámbito de la teoría de los llamados actos mixtos o de objeto privado emanados de entidades públicas estatales, donde el régimen jurídico se presenta entremezclado, sino frente a actividades reguladas, en principio, por el Derecho Civil o Mercantil.

En cambio, el régimen que regula los actos vinculados al ejercicio de las tres funciones estatales traduce la actuación del Estado en el campo del Derecho Público, con un régimen común, derogatorio del Derecho Privado que deriva de la propia naturaleza de la actividad, donde la finalidad de bien común o interés público se persigue en forma directa o inmediata.

Acontece así que el Estado puede llevar a cabo, en virtud del principio de subsidiariedad – con carácter excepcional–, actividades industriales o comerciales, en

---

[1555] VILLAR PALASI, José L., "La actividad industrial del Estado en el Derecho Administrativo", *RAP*, nro. 3, Madrid, p. 63.

[1556] Expresión que pertenece a GARRIDO FALLA, Fernando, "Las empresas públicas", en AA.VV., *La Administración Pública y el Derecho contemporáneo*, Instituto de Estudios Políticos, Madrid, 1961, p. 140.

las que la satisfacción del interés o bien común se logra de un modo mediato e indirecto. Es por tal causa que estas relaciones se apoyan, en lo esencial, en un fundamento típico de la justicia conmutativa, en cuanto tienden a establecer una relación de igualdad o proporción conforme al valor de las cosas objeto del intercambio entre las prestaciones de ambas partes en la relación jurídica, a pesar del fin mediato de bien común que esa actividad estatal persigue.

En definitiva, el Estado, al emitir diferentes especies de actos puede actuar indistintamente bajo formas públicas o privadas. Si opta por lo primero, que es el cauce propio y natural, sus actos serán, en principio, de Derecho Público, aunque puede también celebrar actos de objeto privado o de régimen jurídico mixto, en la medida en que lo admita el ordenamiento.

Si, en cambio, asume la condición de una persona jurídica privada, sus actos, en principio, se hallarán sometidos enteramente al Derecho Civil o Mercantil, encuadrándose en el régimen ordinario del llamado derecho común, salvo las derogaciones que a texto expreso introduzcan normas públicas o privadas o las que deriven del régimen exorbitante aplicable a las relaciones jurídicas. Tanto en este último supuesto, como en el de los llamados actos mixtos o de objeto privado, el Estado no actúa en la función o actividad administrativa (en el campo del Derecho Público) sino que desenvuelve una actividad regulada por el Derecho Privado[1557].

2. CONDICIÓN Y FORMA JURÍDICA DE LOS DISTINTOS ACTOS QUE REGULA EL DERECHO ADMINISTRATIVO EMANADOS DE ENTES Y ÓRGANOS PÚBLICOS ESTATALES

El Derecho Público (administrativo en la especie) regula una serie peculiar y diferenciada de actos emitidos por entidades y órganos estatales, que traducen variados comportamientos materiales en el mundo jurídico.

En el ámbito del Poder Ejecutivo la función administrativa se singulariza en actos internos e interorgánicos, actos intersubjetivos o interadministrativos, y fundamentalmente, en la categoría genérica del acto administrativo, cuyas especies más significativas son el acto administrativo unilateral y el contrato administrativo. Sin embargo, conforme al criterio que sustentamos, las categorías jurídicas aludidas no se agotan en los actos que emite el Poder Ejecutivo (criterio orgánico o subjetivo) sino que aparecen también en la función materialmente administrativa que desarrollan los restantes poderes u órganos del Estado (criterio objetivo o material)[1558].

A su vez, la actividad legislativa, en sentido material, se expresa tanto a través de reglamentos (con efectos externos sobre los administrados) como respecto de actos internos o interorgánicos. Ambas figuras integran el contenido del Derecho Administrativo y la peculiaridad de su régimen jurídico, muy parecido en el caso de

---

[1557] BREWER CARÍAS, Allan R., "La distinción entre las personas públicas y las personas privadas y el sentido de la problemática actual de la clasificación de los sujetos de derecho", *RADA*, nro. 17, p. 15.

[1558] C. Nac. Cont. Adm. Fed., sala 4ª, 2/6/1992, "González, Claudio Luis v. Estado nacional - Honorable Senado de la Nación s/juicio de conocimiento". En el mismo, la Cámara sostuvo la aplicabilidad del régimen de la ley 19.549 a actos administrativos de alcance particular emanados del presidente del Senado.

los reglamentos al de las leyes, conduce a escindirlas del estudio de la teoría de los actos concretos y singulares (actos administrativos).

De ese modo, la condición o naturaleza de cada acto de los órganos estatales pasa a ser algo esencial, ya que tal determinación conlleva el régimen jurídico peculiar que rige la institución o categoría jurídica. Se trata de un perfecto silogismo: la función basada en un criterio objetivo y finalístico determina la condición o naturaleza jurídica del acto, el cual se rige, a su vez, por el régimen jurídico propio y peculiar, fundado precisamente en los requerimientos inherentes a la actividad estatal que en el caso disciplina.

Una situación similar acontece con respecto a los restantes actos que emite la Administración Pública, particularmente con los actos de sustancia o naturaleza jurisdiccional, los cuales poseen un régimen diverso al que es propio del acto administrativo caracterizado, fundamentalmente, por la atenuación o supresión de los principios de jerarquía y de la cosa juzgada formal.

En cuanto a los actos de objeto privado provenientes de entidades u órganos estatales, ellos constituyen la demostración más acabada de la dificultad para establecer límites precisos entre los derechos Público y Privado. Su régimen jurídico es, por tanto, el resultado de una mixtura de ambos derechos, donde algún elemento siempre estará regido por el Derecho Administrativo (*v.gr.*, la competencia), mientras que los otros elementos (el objeto, principalmente) se regulan por el Derecho Civil o Comercial.

La expresión formal que asumen esos diversos actos emitidos por entes y órganos públicos estatales no debe inducirnos a error acerca de su verdadera condición o sustancia jurídica.

Puede acontecer que dos actos revistan una misma forma de "decreto" o de "resolución" y que técnicamente constituyan categorías jurídicas diferentes. Así, mientras un decreto del Poder Ejecutivo, de alcance particular y concreto, configura jurídicamente un "acto administrativo", otro emanado del mismo órgano puede regular situaciones abstractas, impersonales y objetivas, a través de normas generales y obligatorias revistiendo la condición jurídica de un "reglamento". La distinción es esencial, ya que, como se verá más adelante, el régimen jurídico de uno y otro acto acusa marcadas diferencias.

Corresponde puntualizar que también difiere el régimen jurídico de los actos administrativos (emanados siempre de órganos estatales) del correspondiente a los provenientes de las personas públicas no estatales cuyos actos, si bien pueden regularse excepcionalmente o por extensión por el Derecho Público (*v.gr.*, en materia de fiscalización o contralor del ejercicio de poderes exorbitantes) no poseen todos los elementos que permiten configurarlos como actos administrativos.

La jurisprudencia de la Corte Suprema se ha orientado en tal sentido al sostener que los actos de una "entidad de Derecho Público no estatal no son administrativos..." "máxime cuando tienen por objeto el establecimiento de vínculos contractuales con particulares"[1559].

[1559] *In re* "Farmacia Roca SCS v. Instituto Nacional de Seguridad Social para Jubilados y Pensionados s/contencioso-administrativo", Fallos 312:234 (1989); ver también en igual sentido,

3. EL RÉGIMEN ADMINISTRATIVO COMO NOTA PECULIAR DEL DERECHO PÚBLICO

El sistema del Derecho Público contiene, como rasgo típico, una compleja gama de poderes o potestades jurídicas administrativas[1560] que integran el denominado régimen administrativo, derogatorio o exorbitante del Derecho Privado.

Esa idea de la exorbitancia constituye un rasgo típico del Derecho Público, históricamente conectado con la concepción continental del *régime administratif*, elaborado por la doctrina francesa[1561], la cual resulta opuesta a la imperante originariamente en los países anglosajones[1562], donde la Administración carece, en principio, de prerrogativas de poder público aunque, en la práctica, el sistema de sanciones por incumplimiento de las decisiones legítimas de los órganos administrativos funciona como un sucedáneo de los poderes que la Administración posee en los países de Europa continental[1563].

Por otra parte, del hecho de que nuestro modelo constitucional haya adoptado el sistema judicialista, al par que las instituciones vernáculas del Derecho Administrativo han seguido las aguas de la doctrina continental europea, en algunos de cuyos países – como Francia– impera el sistema de tribunales administrativos, no se deriva contradicción alguna.

En efecto, si el principio medular de nuestro sistema judicialista (art. 109, CN) reconoce su fuente en el derecho hispánico (art. 243, Constitución de Cádiz de 1812) y el modelo español de Derecho Administrativo ha evolucionado hacia la configuración de un contenido similar, en mucho aspectos, al argentino (que se advierte, incluso, en la recepción de fórmulas de los derechos francés, italiano y alemán) se mantiene una adecuada coherencia entre el origen de las fuentes, los principios y las normas del ordenamiento administrativo.

¿Qué configura la exorbitancia del régimen? Esta expresión constituye un término convencional, un valor entendido sólo utilizable en sentido técnico por cuanto, en realidad, no puede sostenerse que el Derecho Administrativo se encuentre en una situación de exorbitancia respecto del Derecho Privado.

"Parodi de Villanueva, Beatriz Norma v. Instituto de Servicios Sociales para el Personal de Seguros, Reaseguros, Capitalización y Ahorro", Fallos 307:2199 (1985).

[1560] Ver MARIENHOFF, Miguel S., *Tratado de Derecho Administrativo*, 5ª ed. act., t. I, Abeledo-Perrot, Buenos Aires, 1995, ps. 623 y ss.; GARCÍA DE ENTERRÍA, Eduardo - FERNÁNDEZ, Tomás R., *Curso de Derecho Administrativo*, 1ª ed., t. I, Civitas, Madrid, 1974, p. 277.

[1561] LAUBADÈRE, André de, *Traité élémentaire de Droit administratif*, 5ª ed., t. I, LGDJ, París, 1970, ps. 28/29.

[1562] WADE, H. William R., *Derecho Administrativo*, con Prólogo de Pérez Olea, trad. del inglés, Instituto de Estudios Políticos, Madrid, 1971, ps. 3 y ss., donde el autor destaca el abandono de la concepción original, según la cual eran los jueces y la ley común quienes decidían los conflictos entre la Administración y el administrado. Hoy día se habla en Inglaterra de un verdadero "Derecho Administrativo", en un proceso de profunda crisis del *rule of law*.

[1563] Idea que expusimos en CASSAGNE, Juan Carlos, "La ejecutoriedad del acto administrativo", en DIEZ, Manuel M. (dir.), *Acto y procedimiento administrativo*, Plus Ultra, Buenos Aires, 1975, p. 74.

En cualquier caso, el Derecho Público regula contenidos que le atañen en forma exclusiva, que no entran en conflicto con el sistema del Derecho Privado.

El origen de dicha fórmula obedece a la circunstancia de que el Derecho Privado se aplicaba, en los comienzos de este proceso, en forma residual y directa, a un Derecho Administrativo escasamente desarrollado, pero el concepto adquiere un nuevo sentido a partir de los sistemas que reconocen la existencia de prerrogativas de poder público a favor de la Administración.

De ese modo, el Derecho Público como categoría histórica determina la configuración de un régimen administrativo como característica peculiar, siendo el efecto y no la causa cualificante de la naturaleza pública o privada del ordenamiento jurídico. Esa peculiaridad no obsta, empero, a la existencia de instituciones y normas administrativas donde el instrumento utilizado no es la prerrogativa excepcional del ente público ni una técnica de coacción sino una competencia ampliatoria de la esfera de los derechos de los administrados, tal como ocurre en materia de fomento[1564].

El contenido del régimen administrativo, restringido por la doctrina clásica a la prerrogativa del poder público, incluye no sólo las potestades que reflejan el *imperium* estatal sino aquellos otros poderes que configuran las garantías que el Derecho Público consagra a favor de los particulares[1565]. Y esta ecuación o equilibrio entre las prerrogativas de la Administración y las garantías de los administrados es la base fundamental de la armonía y justicia del sistema administrativo.

Puede sostenerse que el régimen administrativo constituye el aspecto normológico que se funda en los requerimientos de las dos especies de justicia, legal o general y distributiva (particular), según que lo debido sea requerido, o impuesto por la comunidad a sus integrantes (justicia legal o general), o se trate de la distribución del bien común a favor de las partes (individuos) de la comunidad (justicia distributiva)[1566].

Como el bien común constituye el fin del Estado y el beneficiario del mismo es el sujeto particular componente de la comunidad mediante la distribución que de él se hace, el régimen administrativo se concibe al servicio de esa finalidad, a través de la cual las personas alcanzan su propio bien.

Mientras la figura de la prerrogativa se fundamenta en los requerimientos del bien común, porque las exigencias de la comunidad (justicia legal o general) se basan en la idea de servicio para satisfacer en forma directa el bien de cada uno de los componentes, la presencia de las garantías tiende a asegurar la realización del bien común mediante el reconocimiento de la posición que los individuos tienen en el

---

[1564] GARRIDO FALLA, Fernando, *Tratado de Derecho Administrativo*, 4ª ed., t. I, Instituto de Estudios Políticos, Madrid, 1966, ps. 263 y ss.

[1565] En un trabajo anterior, Barra había sostenido – con acierto– que existía una suerte de ambivalencia inherente al régimen exorbitante, la cual se manifestaba en la generación de derechos y obligaciones entre las dos partes de la relación (conf. BARRA, Rodolfo C., "La intangibilidad de la remuneración del contratista particular en los contratos administrativos", ED 62-731). Dicha postura fue desarrollada posteriormente con sólida fundamentación por dicho jurista (conf. BARRA, Rodolfo C., *Principios de Derecho Administrativo*, Ábaco, Buenos Aires, 1980, ps. 152 y ss.).

[1566] CASARES, Tomás D., *La Justicia y el Derecho*, 3ª ed., Buenos Aires, 1974, ps. 36 y ss.

seno de la comunidad, dando participación a cada uno de ellos en la distribución del bien común. Se opera, en este caso, la satisfacción inmediata del bien de un integrante de la comunidad a través de dicha distribución. El hecho de que no se distribuyan sólo bienes materiales o tangibles sino garantías, no cambia la naturaleza del acto de distribución ni el carácter común que el bien posee[1567].

4. CONTENIDO DEL RÉGIMEN ADMINISTRATIVO: LAS PRERROGATIVAS DE LA ADMINISTRACIÓN

La prerrogativa, como figura o institución jurídica, pertenece a la categoría de las potestades o poderes (en sentido estricto), cuya concepción pertenece, fundamentalmente, a la doctrina italiana[1568].

Pero si bien toda prerrogativa es, en definitiva, una potestad, lo inverso no siempre acontece, habida cuenta de la existencia de potestades regidas por el Derecho Privado (*v.gr.*, patria potestad, etc.). La prerrogativa es la potestad pública caracterizada por el *imperium* estatal[1569].

La prerrogativa se ubica en un plano superior a la relación jurídica singular siendo un poder abstracto general e irrenunciable, cuyo fundamento emana del ordenamiento jurídico del Estado. No hay que confundir, entonces, la prerrogativa con el acto de su ejercicio respecto de una relación jurídica determinada o individualizada, porque ella no es un elemento de la relación, como es el derecho subjetivo o el interés legítimo.

Del hecho de que la prerrogativa sea en sí misma irrenunciable[1570] no se deriva necesariamente que el Estado no pueda celebrar un compromiso acerca del modo en que ella será ejercida[1571].

Así como de la circunstancia de encontrarse por encima de la relación jurídica no se desprende que tenga como contrapartida una obligación del administrado sino una situación de sujeción de parte de éste a soportar su ejercicio, no habiendo propiamente frente a ella "un sujeto obligado sino una situación pasiva de inercia"[1572].

[1567] PIEPER, Josef, *Justicia y fortaleza*, Madrid, 1968, ps. 119 y ss.; MASSINI, Carlos I., "Notas acerca de la concepción realista del Derecho", revista *Sapiencia*, separata 125, al concebir al Derecho como un determinado obrar del hombre ordenado al bien común, agrega lo siguiente: *"Ordenación esta última que puede tener carácter inmediato, como en los casos de justicia general, o mediato, a través del bien personal, en los casos de justicia particular"* (MASSINI, Carlos I., "Notas...", *cit.*, ps. 244/245).

[1568] ROMANO, Santi, *Fragmentos de un diccionario jurídico*, trad. de Sentís Melendo, Ediciones Jurídicas Europa-América, Buenos Aires, 1964, ps. 297 y ss.

[1569] El significado convencional que asignamos en el texto no contradice mayormente su sentido lingüístico. En el Diccionario de la Real Academia se la define como la "facultad importante de algunos de los poderes supremos del Estado, en orden a su ejercicio o a las relaciones con los demás poderes de clase semejante".

[1570] MARIENHOFF, Miguel S., *Tratado...*, *cit.*, t. I, p. 624.

[1571] ROMANO, Santi, *Fragmentos...*, *cit.*, p. 342, ya que en tal supuesto no hay renuncia sino ejercicio de la prerrogativa.

[1572] GARCÍA DE ENTERRÍA, Eduardo - FERNÁNDEZ, Tomás R., *Curso de Derecho Administrativo*, *cit.*, 1ª ed., t. I, p. 278, con cita de Giannini, donde puntualizan (al referirse a la potes-

Las principales prerrogativas[1573], cuya unificación se ha intentado realizar a través de su encuadre en el principio de autotutela, sin agotar su enumeración, son:

A) La creación unilateral de deberes y vínculos obligacionales

A diferencia de lo que acontece en el Derecho Privado, una de las partes de la relación jurídica administrativa posee la facultad de crear unilateralmente vínculos obligacionales y deberes a cargo de los administrados, que se constituyen en deudores u obligados de las respectivas prestaciones. Esta prerrogativa, que se funda en la presunción de legitimidad, se conecta con el llamado *privilège du préalable* por cuyo mérito la Administración resuelve de manera previa a la decisión judicial[1574] dando nacimiento al deber u obligación del administrado. Su ejercicio requiere siempre de una norma atributiva de la potestad y de la competencia necesaria para la actuación del órgano o ente administrativo.

B) La presunción de validez o legitimidad de los actos administrativos

Tratase de una presunción provisional de los actos estatales, que acompaña las funciones y poderes que la norma fundamental asigna a los órganos que componen la estructura constitucional del Estado, para realizar en forma eficaz las funciones públicas que debe satisfacer en la prosecución del bien común cuya administración le corresponde. Supone que el respectivo acto dictado por un órgano estatal se ha emitido de conformidad al ordenamiento jurídico[1575] y en ella se basa el deber u obligación del administrado de cumplir el acto[1576].

De no existir tal principio, toda la actividad estatal podría ser cuestionada con la posibilidad de justificar la desobediencia como regla normal en el cumplimiento de los actos administrativos, obstaculizando el cumplimiento de los fines públicos como consecuencia de anteponer el interés individual y privado al interés de la comu-

---

tad) que "esa sujeción puede ser para esos sujetos ventajosa (si del ejercicio de la potestad deriva para ellos un beneficio) o desventajosa (si de la potestad surge para ellos un gravamen); sería la sujeción *stricto sensu* o por excelencia o indiferente (si no llega a afectar a su esfera jurídica) pero en ningún caso implicará un deber o una obligación, los cuales podrán surgir eventualmente de la relación jurídica que el ejercicio de la potestad es capaz de crear, pero no del simple sometimiento a la potestad misma".

[1573] GARCÍA DE ENTERRÍA, Eduardo - FERNÁNDEZ, Tomás R., *Curso de Derecho Administrativo*, cit., 1ª ed., t. I, p. 200.

[1574] RIVERO, Jean, *Droit Administratif*, Dalloz, París, 1977, ps. 88 y ss., quien ha sostenido que se trata de la creación por vía unilateral de una nueva situación jurídica que tiene a su favor una presunción de conformidad al derecho; ver también, LAUBADÈRE, André de, *Traité élémentaire...*, cit., t. I, ps. 282 y ss.

[1575] MARIENHOFF, Miguel S., *Tratado de Derecho Administrativo*, 4ª ed. act., t. II, Abeledo-Perrot, Buenos Aires, 1993, ps. 368/369.

[1576] CASSAGNE, Juan Carlos, *El acto administrativo*, 2ª ed., Abeledo-Perrot, Buenos Aires, 1978, p. 328.

nidad[1577], sin atender a la preponderancia que aquéllos representan[1578] como causa final del Estado.

C) El principio de la ejecutoriedad

Es un típico privilegio "hacia afuera"[1579] que habilita a los órganos que ejercen la función materialmente administrativa para disponer la realización o cumplimiento del acto sin intervención judicial, apelando excepcionalmente al uso de la coacción dentro de los límites dispuestos por el ordenamiento jurídico[1580].

Constituye una prerrogativa propia de la función administrativa, encontrándose atribuida, en el orden nacional, en el art. 12, LNPA, el cual si bien emplea la expresión "fuerza ejecutoria"[1581], es indudable que consagra el principio conocido en la doctrina italiana[1582] y un sector de la española[1583] y argentina[1584] bajo el nombre de "ejecutoriedad" del acto administrativo.

El principio de la ejecutoriedad admite dos subespecies importantes: a) la que se opera en sede administrativa por su propia virtualidad o por disposición de una norma sin apelar al uso de la coacción y b) la facultad de ejecutar en forma coactiva el acto por parte de los órganos que ejercen la función materialmente administrativa[1585], debiendo advertirse que esta prerrogativa es, en principio, excepcional en nuestro ordenamiento constitucional en virtud de que la ejecución coactiva de un acto en la persona o bienes del administrado integra el contenido de la función que

---

[1577] Aunque el beneficiario, en definitiva, de ese sacrificio individual en aras del interés colectivo deba ser siempre el hombre.

[1578] CRETELLA JUNIOR, José, "Principios fundamentales del Derecho Administrativo", en *Estudios en homenaje al profesor López Rodó*, t. I, Universidad Complutense, Madrid, 1972, ps. 52/53.

[1579] GARCÍA TREVIJANO FOS, José A., "Tratado de Derecho Administrativo", t. I, *Revista de Derecho Privado*, Madrid, 1972, ps. 52/53.

[1580] Nos remitimos a lo expuesto en CASSAGNE, Juan Carlos, *La ejecutoriedad del acto administrativo*, Abeledo-Perrot, Buenos Aires, 1970, ps. 21 y ss.

[1581] BIELSA, Rafael, *Derecho Administrativo*, t. II, 6ª ed., La Ley, Buenos Aires, 1964-1966, ps. 89 y ss.

[1582] ALESSI, Renato, *Sistema istituzionale del Diritto Amministrativo italiano*, 2ª ed., Giuffrè, Milán, 1958, p. 206; SANDULLI, Aldo M., *Manuale di Diritto Amministrativo*, 10ª ed., Jovene, Nápoles, 1970, p. 355; GIANNINI, Massimo S., *Diritto Amministrativo*, t. I, Giuffrè, Milán, 1970, p. 590, denomina a esta prerrogativa "autotutela"; VITTA, Cino, *Diritto Amministrativo*, 5ª ed., vol. I, UTHE, Turín, 1962, ps. 439 y ss.; ZANOBINI, Guido, *Curso de Derecho Administrativo*, t. I, trad. del italiano, Arayú, Buenos Aires, 1954, ps. 373/374.

[1583] GARRIDO FALLA, Fernando, *Tratado...*, *cit.*, t. I, ps. 533 y ss.

[1584] MARIENHOFF, Miguel S., *Tratado...*, *cit.*, t. II, ps. 378 y ss.; ESCOLA, Héctor J., *Tratado general de procedimiento administrativo*, Depalma, Buenos Aires, 1973, ps. 66 y ss.; FIORINI, Bartolomé A., *Teoría jurídica del acto administrativo*, Abeledo-Perrot, Buenos Aires, 1969, ps. 139 y ss.; CASSAGNE, Juan Carlos, *La ejecutoriedad del acto administrativo*, *cit.*, ps. 41 y ss.

[1585] Ver y ampliar: CASSAGNE, Juan Carlos, *El acto administrativo*, *cit.*, ps. 340/341.

la Constitución atribuye a los jueces, configurando un sistema material a favor del administrado[1586].

D) Prerrogativas relacionadas con la ejecución de los contratos administrativos

Su estudio concierne a la teoría general del contrato administrativo, pudiéndose mencionar a título de ejemplo, las relativas a: 1) la dirección y control que la Administración ejerce en el cumplimiento del contrato; 2) la modificación unilateral o *potestas variandi*; 3) la potestad sancionatoria; 4) la ejecución directa del contrato, etc. Como regla general estas prerrogativas no pueden configurarse en forma implícita pudiendo surgir tanto del ordenamiento como de las cláusulas contractuales.

E) Prerrogativas procesales

La mayor parte de estas prerrogativas que configuran un régimen procesal privilegiado, integran el bloque de privilegios "hacia adentro"[1587] que se han erigido en atención a la consideración que merece el sujeto actuante (Administración Pública en su aspecto subjetivo) teniendo en cuenta la finalidad de bien común que ella persigue. En nuestro derecho pueden encuadrarse en esta categoría la reclamación administrativa previa que prescribe el art. 30, LNPA[1588] y el principio del efecto declarativo que alcanzaba a las sentencias dictadas contra el Estado y sus entidades descentralizadas[1589] antes de la sanción de las leyes 23.982 y 24.624[1590].

[1586] BREWER CARÍAS, Allan R., *Las instituciones fundamentales del Derecho Administrativo y la jurisprudencia venezolana*, Caracas, 1964, ps. 132/133; GOLDSCHMIDT, Werner, *Introducción al Derecho*, 3ª ed., Depalma, Buenos Aires, 1967, ps. 520 y 537.

[1587] GARCÍA TREVIJANO FOS, José A., *Tratado...*, *cit.*, p. 398.

[1588] Esta opinión la expresamos con anterioridad respecto de la ley 3952; véase CASSAGNE, Juan Carlos, *La ejecutoriedad del acto administrativo*, *cit.*, p. 30.

[1589] La jurisprudencia de la Corte Suprema de Justicia de la Nación ha sostenido que si bien la norma del art. 7º, ley 3952, debe reputarse razonable, en cuanto persigue el propósito de evitar que la Administración Pública sea colocada, por efecto de un mandato judicial perentorio, en situación de no poder satisfacer el requerimiento por no tener fondos previstos en el presupuesto para tal fin o en la de perturbar la marcha de la Administración Pública, ello en modo alguno significa una especie de autorización al Estado para no cumplir las sentencias judiciales ("Figueroa, Andrés v. Universidad Nacional de Buenos Aires", Fallos 253:312 [1962]). En la evolución interpretativa del art. 7º de dicha ley llegó a sustentar la procedencia de una intimación al Estado nacional a efectos que estime el plazo en que razonablemente cumplirá la sentencia, término que será fijado por el juez en caso de silencio de la Administración sin descartar la ulterior intervención judicial para disponer la ejecución de la sentencia ("Pietranera, Josefa y otros v. Nación", Fallos 265:291 [1966]; "Chiodetti, Remo José y otros v. Nación", Fallos 269:448 [1967]).

[1590] En la actualidad, el principio del efecto declarativo de las sentencias dictadas contra el Estado sólo rige para las deudas consolidadas por las leyes 23.982 y 25.344, porque el sistema instituido para el cobro de créditos judiciales contra el Estado parte del principio de la ejecutabilidad, si bien la subordina al cumplimiento de trámites vinculados con la inclusión de la partida correspondiente en el presupuesto nacional (art. 22, ley 23.982, y arts. 20 y 59, ley 24.624). Tal es el criterio dominante en la doctrina y jurisprudencia, véase: ABERASTURY, Pedro (h), *Consolidación de deudas contra el Estado*, Abeledo-Perrot, Buenos Aires, 1993,

En cambio, una típica prerrogativa procesal "hacia afuera" está dada por la facultad de desencadenar el proceso de lesividad, cuando el vicio fuera imputable a la Administración y mediare culpa de ésta, pues allí se consagra una excepción privilegiada al régimen ordinario, incluso de fondo, al admitir la alegación procesal de la propia torpeza.

5. LA DISTINCIÓN ENTRE RÉGIMEN ADMINISTRATIVO Y LA CLÁUSULA EXORBITANTE

Con especial aplicación al ámbito del contrato administrativo la doctrina y jurisprudencia francesas han elaborado la noción de cláusula exorbitante[1591] admitiendo la existencia de cláusulas de ese tipo implícitas o virtuales en la contratación administrativa.

¿Qué relación o similitud existe entre una cláusula exorbitante y el régimen de esa especie? Ateniéndonos a la concepción antes expuesta el régimen administrativo, propio del Derecho Público, se encuentra por encima de la cláusula de la especie, constituyendo un orden jurídico general, que, por lo demás, incluye tanto prerrogativas como garantías. En cambio, la cláusula exorbitante al provenir de un pacto, de un orden singular, trasunta la imposición concreta de una determinada conducta u obligación por parte de la Administración. Por esa causa, no existen las llamadas "cláusulas exorbitantes implícitas" en los contratos administrativos[1592]. Lo que sí existe son las prerrogativas de poder público que posee la Administración Pública, derivadas del ordenamiento general que constituye el régimen administrativo.

¿Qué acontece si las cláusulas exorbitantes resultan predispuestas unilateralmente por la Administración? En nuestra opinión, ello no quita carácter contractual al acto por el cual el particular se adhiere a esas cláusulas o las acepta. Pero si tales condiciones son generales, la distinción entre cláusula y régimen exorbitante no se perfila con nitidez. Con todo hay que advertir que el hecho de que se pacte o acepte el reconocimiento de una prerrogativa (aun a través de la aceptación de una condición general predispuesta unilateralmente) no es nada más que un exceso formal, pues si la respectiva potestad integra el ordenamiento jurídico general, ella será siempre ejercitable, aun si no hubiera pacto expreso o condición general predispuesta.

---

ps. 134/135; URRUTIGOITY, Javier, "Régimen de ejecución de sentencias contra el Estado", en AA.VV., *Estudios de Derecho Administrativo III*, Diké, Mendoza, 2000, ps. 60 y ss.

[1591] RIVERO, Jean, *Droit Administratif, cit.*, p. 116; WALINE, Marcel, *Droit Administratif*, 9ª ed., Sirey, París, 1963, p. 572; LAUBADÈRE, André de, *Traité elémentaire...*, cit., t. I, ps. 91/93; BENOIT, Francis P., *Le Droit Administratif français*, Dalloz, París, 1968, ps. 598 y ss.; VEDEL, Georges, *Droit Administratif*, 4ª ed., Presses Universitaires de France, París, 1968, p. 207.

[1592] Ver CASSAGNE, Juan Carlos, "Los contratos en la Administración Pública (Distintas categorías y regímenes jurídicos)", ED 57-793, y RAP, nro. 78, Instituto de Estudios Políticos, Madrid, 1975, p. 411. Allí insinuamos de algún modo la postura sostenida en el texto al precisar que debe distinguirse el régimen exorbitante de la llamada "cláusula exorbitante", la cual depende de la voluntad de las partes, mientras que el régimen existe con independencia de la voluntad común expresada en el contrato.

Si bien la jurisprudencia de la Corte no ha recogido esta distinción en forma nítida, considera que para calificar un contrato administrativo hay que tener en cuenta, aparte de las cláusulas contractuales, el régimen propio de Derecho Público incorporado al Reglamento de Contrataciones o al pliego de condiciones generales que sirvió de base a la licitación (Corte Sup., 24/7/1984, "Talleres Carmona SCA v. EFA"; Corte Sup., 31/7/1984, "Yacimientos Petrolíferos Fiscales v. Basso, Manuel J.").

6. CONTINUACIÓN. LAS GARANTÍAS DEL ADMINISTRADO

El equilibrio que debe presidir las situaciones subjetivas (activas y pasivas) que vinculan recíprocamente a la Administración Pública con el administrado requiere que, junto a la prerrogativa estatal, se configure un justo y sólido sistema de garantías que compensen de algún modo las situaciones de sujeción en que se halla el administrado frente a las potestades públicas.

La garantía conforma un mecanismo que hace a la seguridad jurídica del administrado[1593] y constituye, en su esencia, una potestad general abstracta e irrenunciable cuyo ejercicio deviene en un derecho subjetivo o interés legítimo en la relación singular que se entable entre el Estado (*lato sensu*) y los sujetos privados. Su fundamento es, como ya lo expresamos, la realización de la justicia distributiva en cuanto ella asegura y permite realizar la distribución del bien común (libertad, propiedad, igualdad, etc.) entre los administrados en las relaciones jurídicas que los ligan con la Administración.

Sin embargo, del hecho de que no pueda renunciarse genéricamente a una garantía no se deriva necesariamente la imposibilidad de renunciar al derecho que comporta el ejercicio de la misma[1594], en tanto se trate de una renuncia que no afecte el orden público.

Al analizarse las garantías del administrado es posible sistematizarlas según contemplen regulaciones sustantivas o adjetivas.

A) Garantías sustantivas

Emanan de la Constitución y hacen a la protección de los derechos fundamentales del administrado, siendo recogidas por el Derecho Administrativo sustantivo o de fondo en virtud de su relación de dependencia respecto del ordenamiento constitucional. Excepcionalmente, se desarrollan por vía legislativa pero, aun en tal caso, poseen basamento constitucional.

La proyección de esas garantías al ámbito de las relaciones entre Administración Pública y administrados es materia concerniente al Derecho Administrativo, en cada una de cuyas instituciones tienen un desarrollo propio, vinculándose, no obstante, estrictamente entre sí y con los principios fundamentales de la disciplina.

[1593] Sobre la posibilidad de que los administrados ejerciten potestades frente a la Administración. GARCÍA DE ENTERRÍA, Eduardo - FERNÁNDEZ, Tomás R., *Curso de Derecho Administrativo*, t. II, 1ª ed., Civitas, Madrid, 1977, p. 29.

[1594] ROMANO, Santi, *Fragmentos...*, *cit.*, p. 342.

a) La garantía de la igualdad

Se trata de un principio que encuentra su causa en los requerimientos de la justicia distributiva y el mismo no consiste en una igualdad de tipo aritmético sino proporcional a la condición en que cada sujeto se halla frente al bien común susceptible de reparto.

El principio de la igualdad tiene arraigo constitucional en nuestro derecho (art. 16, CN) recogiéndose en el sistema jurídico regulatorio de importantes sectores de nuestra disciplina (*v.gr.*, selección de contratistas, creación y aplicación de tributos, acceso a la función pública, etc.).

Una proyección del principio de igualdad en el Derecho Administrativo aparece en materia reglamentaria, por la exigencia de la publicación obligatoria de los reglamentos como condición previa de su aplicación[1595], principio que la Ley Nacional de Procedimientos Administrativos prescribe en su formulación[1596].

La idea de igualdad posee siempre carácter relativo. La igualdad absoluta es contraria a la naturaleza de las cosas, al orden creado y, en suma, el desconocer las diferencias propias del orden social o de las cosas, deviene en injusticias[1597]. En el orden de la realidad este principio gobierna el reparto que llevan a cabo los órganos del Estado o repartidores públicos, adjudicando potencia o impotencia[1598], es decir, otorgando ventajas o imponiendo cargas.

Lo esencial de este principio radica en la garantía que tienen los administrados para impedir que se estatuyan en las leyes, reglamentos y aun en los actos singulares o concretos de aplicación de normas generales, distinciones arbitrarias o fundadas en propósitos de hostilidad contra personas o grupos de personas o que importen el otorgamiento indebido de privilegios[1599].

Se ha dicho que el concepto de igualdad ante la ley es insuficiente, postulándose su reemplazo por el de "igualdad jurídica"[1600] comprendiendo dentro de esta figu-

---

[1595] RIVERO, Jean, *Droit Administratif*, cit., ps. 92/93. La doctrina nacional había reconocido también el principio: MARIENHOFF, Miguel S., *Tratado...*, cit., t. II, ps. 345/347, y lo propio había hecho la jurisprudencia de la Corte Suprema de Justicia de la Nación ("Gartner, Ángel E. v. Comfer", Fallos 325:1808 [2002]).

[1596] Art. 11, LNPA. Al respecto, mantenemos nuestra opinión en el sentido de que la última parte de esta norma – que permite a los administrados solicitar la aplicación de un reglamento antes de su publicación cuando no se causa perjuicio a terceros–, resulta inconstitucional por afectar el principio de igualdad emergente del art. 16, CN (conf. CASSAGNE, Juan Carlos, *El acto administrativo*, cit., p. 104).

[1597] DABIN, Jean, *Doctrina general del Estado. Elementos de filosofía política*, trad. del francés por Héctor González Uribe, Jus, México, 1946, ps. 432 y ss.

[1598] GOLDSCHMIDT, Werner, *Introducción filosófica al Derecho*, 4ª ed., Depalma, Buenos Aires, 1973, ps. 47 y ss.

[1599] "Melo de Cané, Rosa, su testamentaria", Fallos 115:111 (1911); "Valdez Cora, Ramón", Fallos 182:355 (1938); "Baldini, Gabriela Javiera Rosario", Fallos 295:455 (1976); "José Chanza y Cía. SA", Fallos 304:684 (1982).

[1600] BIDART CAMPOS, Germán J., *Derecho Constitucional*, t. II, Ediar, Buenos Aires, 1969, p. 159.

ra no sólo aquella que se tiene frente a la ley formal y material, sino con relación a todo el orden jurídico, también integrado por reglamentos y actos administrativos.

Por esa causa, la aplicación diferente de un reglamento, su modificación o inobservancia al dictarse el acto administrativo (de alcance particular), así como también la utilización de un mismo precedente de la Administración para arribar a soluciones contrarias, ocasionan agravio a la garantía constitucional de la igualdad.

b) El principio de legalidad

La concepción del estado de justicia requiere el mantenimiento de un principio, considerado esencial en el Estado de Derecho decimonónico, que ha constituido el modelo en los países de Europa Occidental. Tal principio – denominado de legalidad– se traduce en la exigencia de que la actuación de la Administración se realice de conformidad al ordenamiento positivo, el cual limita o condiciona su poder jurídico.

Si bien originariamente tal principio apareció como derivación del dogma que postulaba la primacía de la voluntad general, expresión que impuso la filosofía iluminista, lo cierto es – como anota Bidart Campos– que el principio tiene antecedente aristotélico[1601].

Circunscripto en sus comienzos el principio legalista a la ley formal (emanada del Parlamento) hoy día se opera su extensión a todo el ordenamiento jurídico formal, es decir, a todo lo que Hauriou denominaba "bloque de legalidad" (leyes, reglamentos, principios generales, precedentes). Esto obedece, como bien lo ha puesto de manifiesto García de Enterría, a que la Administración ya no se presenta como mera ejecutora de normas que le son impuestas sino que es a la vez, en mayor o menor medida, fuente de normas autónomas, lo cual no implica desconocer, desde luego, que la ley formal siga enmarcando la generalidad de la actuación administrativa, operando sobre la Administración en forma directa, o bien, limitando, determinando o excluyendo, la potestad reglamentaria de la Administración[1602].

Nuestro estatuto fundamental consagra la garantía de legalidad en su art. 19 y en otras normas complementarias como los arts. 16, 17, 18 y 28, CN[1603], principio que reposa en un fundamento de seguridad[1604] y de justicia[1605], por cuanto se objeti-

---

[1601] BIDART CAMPOS, Germán J., *Derecho Constitucional*, *cit.*, t. II, p. 109, nota 88. El Estagirita asentó en *La Política* (Libro III, cap. XI) que vale más que mande la ley y no un ciudadano, sea quien fuere, porque cuando manda la ley es como si mandara Dios y la razón, mientras que cuando se concede superioridad al hombre es como si se diera a la vez al hombre y a la bestia.

[1602] GARCÍA DE ENTERRÍA, Eduardo - FERNÁNDEZ, Tomás R., *Curso...*, *cit.*, t. I, p. 271.

[1603] Conf. LINARES, Juan F., *Poder discrecional administrativo*, Abeledo-Perrot, Buenos Aires, 1958, p. 55, nota 3.

[1604] BIDART CAMPOS, Germán J., *Derecho Constitucional*, *cit.*, t. II, p. 111.

[1605] SAGÜÉS, Néstor P., *Mundo jurídico y mundo político*, Depalma, Buenos Aires, 1978, p. 237, apunta, en coincidencia con Bidart Campos, que el derecho positivo tiene normalmente un contenido mínimo de justicia en el aspecto formal que hace respecto de la seguridad jurídica, aunque señala también que "la magnificación de este valor ha llevado a una imagen deshumanizada del mundo jurídico, convirtiendo al hombre de derecho en un robot que apli-

van la competencia y los fines de la actividad de la Administración que no quedan librados al arbitrio subjetivo del gobernante o del funcionario.

El principio de legalidad, en la realidad constitucional argentina, importa el establecimiento de las siguientes reglas: 1) toda afectación o limitación sustancial a los derechos de propiedad y de libertad de los administrados ha de ser impuesta por ley formal; 2) los reglamentos y actos administrativos que afecten o limiten tales derechos individuales deben fundarse en preceptos legales (desde el punto de vista formal) o constitucionales[1606].

c) La garantía de razonabilidad o justicia

Las personas no quedan al total arbitrio del Estado y no siempre ha de considerarse bueno, justo o razonable lo que el legislador estatuye.

El art. 28, CN, al prescribir que los derechos no pueden ser alterados por las leyes que reglamentan su ejercicio, consagra el principio de la razonabilidad o justicia como regla sustancial del comportamiento del Estado, estatuyendo un principio que, aun cuando parezca referirse a las leyes formales, se extiende también a las leyes en sentido material[1607] y a los actos administrativos.

La razonabilidad, en cuanto exige que los actos estatales posean un contenido justo, razonable y valioso, completa e integra la legitimidad, dejando la ley formal de ser así el único fundamento de validez de los actos estatales.

Así, ha podido señalarse que "tanto el Congreso como el presidente de la República, tanto los funcionarios administrativos como los jueces, están constitucionalmente obligados a cumplir sus conductas mediante actos razonables, que resistan una estimativa axiológica y capaces de ser compartidos por el hombre común"[1608].

Todos los actos que produce la Administración Pública han de contar con un fundamento de legalidad y, a la vez, de razonabilidad o justicia[1609], fundamento este último que rige tanto para la actividad reglada como para la discrecional.

---

ca fríamente la norma por la norma misma, omitiendo la injusticia que pueda anidar en ese derecho positivo".

[1606] LINARES, Juan F., *Poder discrecional...*, cit., p. 55.

[1607] SAMPAY, Arturo E., *La filosofía jurídica del art. 19 de la Constitución Nacional*, Cooperadora de Derecho y Ciencias Sociales, Buenos Aires, 1975, p. 45. Adviértase también que el Preámbulo de la Constitución alude virtualmente a esta garantía al consignar entre los propósitos que guiaron a los constituyentes el de "afianzar la justicia", expresión que no cabe, por cierto, limitarla a la labor judicial o tribunalicia.

[1608] BIDART CAMPOS, Germán J., *Derecho Constitucional*, cit., t. II, p. 119.

[1609] La expresión justicia está empleada en el texto en sentido objetivo, como valor, medida o proporción que debe realizar el acto administrativo. Cuando los filósofos abordan el tema de la justicia, lo hacen en el plano moral, concibiéndola como la virtud mediante la cual se da a uno lo suyo, con firme y constante voluntad. Afirma Jacques Leclerq que "la justicia objetiva debe dar su aplicación concreta a la virtud en el sentido de que únicamente podrán determinarse los actos justos por la inteligencia del contenido de la justicia objetiva y ésta no tiene cometido concreto si no corresponde a una concepción del orden que debe realizarse" (LECLERQ, Jacques, *El Derecho y la sociedad. Sus fundamentos*, trad. del francés, t. I, Herder, Barcelona, 1964, ps. 120/121).

Los preceptos que instauran los requisitos de validez del acto administrativo, al referirse a la proporcionalidad entre las medidas que el acto involucra y los fines que lo orientan[1610], trasuntan una aplicación del principio de razonabilidad o justicia de los actos estatales.

d) Concepto amplio de legitimidad

Los distintos elementos del acto administrativo son susceptibles de articularse bajo el principio genérico de legitimidad, comprensivo de la legalidad objetiva (aspecto normativo o reglado) y de la razonabilidad o justicia, exigiéndose tanto en la parte reglada del acto (razonabilidad de la norma o precepto que predetermina o condiciona la actuación) como en la parte discrecional del respectivo acto. Esta interpretación acerca del principio de legitimidad ha sido recientemente reconocida por la Corte Suprema de Justicia de la Nación en el caso "Solá"[1611].

No obstante que en nuestra Constitución la regla de la razonabilidad aparece referida genéricamente al Poder Legislativo en el art. 28, el principio también resulta aplicable al Poder Ejecutivo en materia reglamentaria, el cual, conforme al art. 99, inc. 2°, CN, tiene el deber de no alterar el espíritu o esencia axiológica de la letra de las leyes con excepciones reglamentarias[1612]. En el orden de la realidad este principio se reconoce por la posibilidad de extinguir de oficio o a petición de parte, por razones de ilegitimidad, actos administrativos en sede judicial o administrativa o en las acciones de reparación de daños y perjuicios a cargo de entes públicos cuando han ejercido sus facultades en forma irrazonable[1613].

e) La garantía de la propiedad frente a los actos de los poderes públicos

El buen orden que debe imperar en la sociedad civil requiere el reconocimiento del derecho de propiedad privada respecto de los bienes de consumo y de producción. Se trata de un auténtico derecho natural sobre las cosas originariamente creadas por Dios para atender las necesidades de todos, anterior y superior en jerarquía al derecho positivo, por cuanto corresponde a lo requerido por las necesidades esenciales de la persona humana que exigen que, para una ordenada y correcta disposición de los bienes, la propiedad particular de los mismos sea asignada a los hombres en calidad de dueños para que ellos rindan todo el beneficio – particular y común– que son capaces de producir[1614]. Por eso la propiedad tiene una función, a la vez individual y social, en el sentido de que su ejercicio ha de estar orientado a la consecución del bien común.

[1610] Art. 7°, inc. f), LNPA.

[1611] "Solá, Roberto y otros v. Estado nacional - Poder Ejecutivo s/empleo público", Fallos 320:2509 (1997) y en ED 178-224, publicado con nuestro comentario: CASSAGNE, Juan Carlos, "Una sentencia trascendente de la Corte que declara la nulidad en un decreto del Poder Ejecutivo", ED 178-687.

[1612] LINARES, Juan F., *Poder discrecional...*, *cit.*, p. 159.

[1613] LINARES, Juan F., *Poder discrecional...*, *cit.*, ps. 159/162.

[1614] CASARES, Tomás D., *La Justicia y el Derecho*, Abeledo-Perrot, Buenos Aires, 1945, p. 281.

Para cumplir esa función nuestra ley suprema reconoce la existencia del derecho de propiedad privada, al propio tiempo que autoriza a disponer su sacrificio para satisfacer las necesidades propias de la comunidad o bien común (art. 17, CN) mediante el procedimiento de expropiación por causa de utilidad pública.

Dado que la ley positiva establece las condiciones inherentes al ejercicio del derecho de propiedad no puede afirmarse que se trata de un derecho absoluto[1615], sino sometido a los límites y condiciones propias de su reglamentación, que será válida en tanto sea razonable y justa y no desnaturalice o desvirtúe la esencia del derecho.

El concepto constitucional de propiedad ha sido definido por la Corte Suprema de Justicia de la Nación con estas palabras: "el término propiedad, cuando se emplea en los arts. 14 y 17, CN, o en otras disposiciones de ese estatuto, comprende todos los intereses apreciables que un hombre puede poseer fuera de sí mismo, fuera de su vida y de su libertad. Todo derecho que tenga un valor reconocido como tal por la ley, sea que se origine en las relaciones de Derecho Privado, sea que nazca de actos administrativos (derechos subjetivos privados o públicos), a condición de que su titular disponga de una acción contra cualquiera que intente interrumpirlo en su goce, así sea el Estado mismo, integra el concepto constitucional de "propiedad". Los derechos emergentes de una concesión de uso sobre un bien del dominio público (derecho a una sepultura) o de las que reconocen como causa una delegación de la autoridad del Estado en favor de particulares (empresas de ferrocarriles, tranvías, luz eléctrica, teléfonos, explotación de canales, puertos, etc.) se encuentran tan protegidos por las garantías consagradas en los arts. 14 y 17, CN, como pudiera estarlo el titular de un derecho real de dominio (...) el principio de la inviolabilidad de la propiedad, asegurado en términos amplios por el art. 17, protege con igual fuerza y eficacia tanto los derechos emergentes de los contratos como los constituidos por el dominio o sus desmembraciones"[1616].

La protección del derecho de propiedad se lleva a cabo a través de la institución de un sistema de garantías pertenecientes al Derecho Constitucional y al Derecho Administrativo, las cuales configuran muchas veces el apoderamiento de verdaderas potestades a favor de los administrados, frente a la Administración Pública.

El régimen de garantías refléjase en el poder jurídico atribuido al particular para obtener el respeto y observancia de principios fundamentales de muchos institutos del Derecho Público, tales como:

a) la previa declaración formal de utilidad pública y previa y justa indemnización para la procedencia de la expropiación (arts. 17, CN, y 10 a 17 y 29, 2ª parte, ley 21.499).

b) el derecho a demandar la retrocesión del bien expropiado cuando no se cumplió la finalidad que motivó la expropiación (arts. 35 al 50, ley 21.499).

[1615] Conf. GARRIDO FALLA, Fernando, *Las transformaciones del régimen administrativo*, 2ª ed., Centro de Estudios Constitucionales, Madrid, 1982, p. 51; observa este autor que la idea de la relatividad de los derechos, de origen administrativo, se integra en todo el sistema jurídico moderno rompiendo uno de los principios constitutivos del orden jurídico del liberalismo.

[1616] "Bourdie, Pedro Emilio v. Municipalidad de la Capital", Fallos 145:307 (1925).

c) la facultad de accionar judicialmente demandando la expropiación irregular (art. 51, ley 21.499)[1617].

d) el principio según el cual toda ejecución coactiva sobre los bienes del administrado ha de ser dispuesta por los órganos judiciales[1618].

e) el mantenimiento de la ecuación económica financiera del contrato que incluye la intangibilidad de la remuneración del contratista particular en el contrato de obras públicas (la cual comprende tanto el mayor costo previsible como el imprevisto)[1619] se realiza en virtud de exigencias de justicia conmutativa, habida cuenta de que en un contrato no se le debe al contratista el reparto de un bien común sino "lo suyo", lo que le es propio e integra su derecho de propiedad[1620] a diferencia de las relaciones fundadas en la justicia distributiva, donde se distribuye o participa una porción de dicho bien, en función a la condición o posición de cada uno en el seno de la comunidad[1621].

f) la estabilidad de los actos administrativos que impide la revocación en sede administrativa de los actos irregulares que hubieren generado derechos subjetivos[1622] a favor del administrado y de los actos regulares (arts. 17 y 18, LNPA, con las modificaciones de la ley 21.686).

g) la obligación de indemnizar al administrado los perjuicios provocados por la revocación de un acto administrativo por razones de oportunidad dispuesta por la Administración Pública (art. 18 *in fine*, LNPA).

[1617] CASSAGNE, Juan Carlos, *La Ley Nacional de Expropiación 21.499*, Buenos Aires, 1977, ps. 45/46.

[1618] Con las excepciones que admitimos en materia de autotutela del dominio público, demolición de edificios que amenazan ruina e incautación de bienes nocivos a la salud y seguridad de los habitantes (conf. CASSAGNE, Juan Carlos, *La ejecutoriedad del acto administrativo*, *cit.*, p. 71).

[1619] Se trata, a nuestro juicio, de una responsabilidad a cargo de la Administración, en el marco de relaciones propias de la justicia conmutativa, ya que existe una relación de proporción entre la cosa con la cual se paga lo debido y aquello que es derecho para la persona a quien se paga, aun cuando una de las partes de la relación sea la persona jurídica Estado.

[1620] Una interpretación distinta sostiene BARRA, Rodolfo C., "La intangibilidad...", *cit.*, p. 727.

[1621] Un pasaje de la *Suma Teológica* describe admirablemente "lo distribuido" por un acto de justicia distributiva señalando que en esta última "...se da algo al individuo en la medida en que lo que pertenece al todo corresponde también a la parte". Ha dicho Pieper que la naturaleza de las cosas exige que el 'distribuyente' mire a la persona recipiendiaria, mientras que el 'pagador' únicamente debe reparar en el valor de la cosa (conf. PIEPER, Josef, *Justicia y fortaleza, cit.*, p. 149); ver CASARES, Tomás D., *La Justicia..., cit.*, p. 62.

[1622] ESTRADA, Juan Ramón de, "La primera reforma de la Ley Nacional de Procedimiento Administrativos", EDLA, nro. 1, Buenos Aires, 1978, ps. 3 y ss., considera que el acto afectado por una nulidad absoluta no puede generar derechos subjetivos, entendiendo que la utilización del término *derechos subjetivos* "acarreará nuevas divergencias" (conf. ESTRADA, Juan Ramón de, "La primera reforma...", *cit.*, ps. 4/5). Compartimos esta última afirmación y pensamos que la redacción del anterior texto de la norma era superior a la actual. En cuanto al argumento de que la nulidad absoluta no puede generar derechos subjetivos ello es rigurosamente cierto pero en tanto tal nulidad haya sido declarada por los jueces y en este sentido creemos que puede postularse la estabilidad de ciertos actos administrativos irregulares en sede administrativa.

Tratándose de un acto administrativo, de estructura unilateral, se aplican, en principio, las reglas indemnizatorias que rigen al instituto de la expropiación dadas las similitudes existentes entre una y otra figura jurídica[1623], excluyendo, en principio, el lucro cesante.

En materia contractual, la indemnización debe ser plena, dada la necesidad de restablecer las condiciones originarias, bases de la contratación, que constituyen la ley del contrato, cuyas disposiciones obligan "como la ley misma" (art. 1197, CCiv.), obligación de justicia que no tiene su fuente en la materia objeto del contrato sino en el hecho mismo del acuerdo sobre la materia lícita[1624].

En cualquier caso, el interés público que funda la revocación debe hallarse previamente declarado o contenido en una ley formal, no pudiendo consistir en un mero cambio de criterio de la Administración sobre la apreciación del interés público en el cual se fundamentó el acto administrativo originario.

En tales supuestos, el órgano administrativo debe consignar, con carácter previo, el importe de los perjuicios estimados a fin de respetar, en toda su plenitud, el principio de la "previa indemnización" propio de la materia expropiatoria[1625] aplicable a la revocación por razones de mérito.

B) Garantías adjetivas

Todo el procedimiento administrativo puede ser analizado no sólo desde el punto de vista de los poderes jurídicos que confiere a la Administración Pública, otorgados en función al interés público o bien común que ella tiende a satisfacer[1626], sino también como garantía de los derechos e intereses de los administrados.

En este último sentido, de un modo general, sin perjuicio de las otras finalidades o funciones que desempeñan, los recursos administrativos constituyen sin duda una garantía a favor de los administrados, articulada por el derecho objetivo, que no existe en el plano de la actividad de los sujetos privados, donde sólo rigen las garantías judiciales.

Sin embargo, tal garantía funciona también como una prerrogativa estatal, en aquellos supuestos en los cuales el ordenamiento jurídico consagra la exigencia de agotar la instancia administrativa a través de la vía recursiva, antes de promover la demanda en sede judicial (v.gr., art. 23, inc. a], LNPA).

[1623] MARIENHOFF, Miguel S., *Tratado...*, *cit.*, t. II, ps. 600 y ss. La Corte ha sustentado el criterio expuesto en el texto en el caso "Motor Once SAC e I v. Municipalidad de la Ciudad de Buenos Aires s/nulidad de acto jurídico", Fallos 312:649 (1989).

[1624] CASARES, Tomás D., *La Justicia...*, *cit.*, ps. 44/45. Éste es el criterio que rige actualmente en la jurisprudencia de la Corte Suprema ("Sánchez Granel, Eduardo S. G. Obras de Ingeniería SAICFI v. Dirección Nacional de Vialidad", Fallos 306:1409 [1984] y en ED 111-551, con nota de Alberto B. Bianchi). Esta sentencia ha merecido el comentario de MARIENHOFF, Miguel S., "El lucro cesante en las indemnizaciones a cargo del Estado. Lo atinente a la revocación de actos o contratos administrativos por razones de oportunidad, mérito o conveniencia", ED 114-949.

[1625] Conf. CASSAGNE, Juan Carlos, *El acto administrativo*, *cit.*, p. 406.

[1626] GARCÍA DE ENTERRÍA, Eduardo - FERNÁNDEZ, Tomás R., *Curso...*, *cit.*, t. II, p. 363.

A su vez, dentro del procedimiento administrativo existen determinados principios que desempeñan el papel de garantías a favor del administrado o recurrente, integrando el cuadro garantístico del denominado "régimen exorbitante". Entre ellos se destacan:

a) El informalismo a favor del administrado

Antes de la sanción de la Ley Nacional de Procedimientos Administrativos nuestra doctrina[1627], y la jurisprudencia administrativa de la Procuración del Tesoro de la Nación[1628] habían sustentado este principio, sosteniendo que el trámite o las actuaciones procedimentales de un recurso han de juzgarse con amplitud de criterio a favor del administrado.

A diferencia de lo que ha interpretado un sector de la doctrina francesa, donde el informalismo se ha conceptuado en el sentido de asignar una mayor discrecionalidad a la Administración[1629], la Ley Nacional de Procedimientos Administrativos ha estatuido expresamente el principio del informalismo a favor del administrado, excusando a los interesados de la inobservancia "de exigencias formales no esenciales y que pueden cumplirse posteriormente". Es un principio general de todo el procedimiento administrativo, aun cuando no se tratare de procedimientos de impugnación.

Además, adviértase que la excusación lo es sólo respecto de las "formas no esenciales", concepto que se integra tanto con las irregularidades intrascendentes como con las nulidades relativas. Lo único que queda fuera de la garantía del informalismo es, entonces, la nulidad absoluta, en cuanto ésta configure un vicio de forma esencial y no pueda ser posteriormente objeto de saneamiento (v.gr., art. 14, inc. b], ley 19.549).

El principio del informalismo ha sido aplicado a diversos supuestos, habiéndose invocado para excusar la calificación errónea de los recursos[1630] o el error en el destinatario de la impugnación, como asimismo, para aceptar la procedencia de aquellos recursos que adolecen de fallas formales[1631] en tanto estos defectos no configuren vicios en las formas esenciales.

En España, este principio ha sido reconocido en el procedimiento administrativo, circunscribiéndolo al derecho de acción o de impugnación que el respectivo ordenamiento prescribe a favor del administrado. Se trata del principio denominado *in dubio pro actione*, que postula la máxima tutela e interpretación más favorable al ejercicio del derecho a interponer los recursos, recibiendo aplicación – aparte de los supuestos recogidos por la jurisprudencia administrativa de nuestro país– en mate-

---

[1627] GORDILLO, Agustín, *Procedimiento y recursos administrativos*, 1ª ed., Jorge Álvarez, Buenos Aires, 1964, p. 32.

[1628] Dictámenes 64:208; 73:69; 74:302, etc.

[1629] DUEZ, Paul - DEBEYRE, Guy, *Traité de Droit Administratif*, Dalloz, París, 1952, ps. 25 y ss.

[1630] MARIENHOFF, Miguel S., *Tratado...*, *cit.*, t. I, p. 696.

[1631] Dictámenes 64:176, 66:210 y ss.

ria de cómputo de los plazos, de legitimación para ser parte en el procedimiento y de opción por la publicación o la notificación de un acto administrativo[1632].

b) El debido proceso adjetivo

Como principio derivado de la garantía constitucional de la defensa – reconocida en el art. 18, CN– la Ley Nacional de Procedimientos Administrativos estatuyó el principio del "debido proceso adjetivo" (art. 1°, inc. f], LNPA) el cual encuentra su fundamento en el Derecho Natural.

Tal principio, cuya aplicación en el procedimiento administrativo es aceptada en forma amplia por la doctrina nacional[1633] y comparada[1634] ya había sido receptado por la jurisprudencia administrativa[1635] y judicial[1636]. En cierto modo puede afirmarse que la garantía que él comporta funciona tanto en defensa del interés privado del recurrente como del interés público o bien común, en tanto el administrado persigue indirectamente la satisfacción de este último.

En el orden nacional, el principio del debido proceso adjetivo se articula en los siguientes derechos esenciales:

1) *Derecho a ser oído*. Este derecho comprende para el administrado la posibilidad, según lo prescribe la norma[1637], de exponer las razones de sus pretensiones y defensas antes de la emisión de actos que se refieran a sus derechos subjetivos e intereses legítimos, así como interponer recursos y hacerse patrocinar y representar profesionalmente.

Para Escola, el reconocimiento efectivo de este principio presupone que el administrado "tenga la oportunidad de conocer las actuaciones y antecedentes administrativos, para poder tomar así razón de todos los elementos que de ellas resulten y que serán los que han informado o informarán el acto decisorio de la administración"[1638].

En consecuencia, el derecho a obtener vista de las actuaciones constituye un presupuesto necesario de este elemento (derecho a ser oído) que integra la garantía del debido proceso adjetivo.

A su vez, en lo concerniente al patrocinio letrado, si bien la norma lo conceptúa como un derecho del administrado, el mismo asume carácter obligatorio en aquellas ocasiones en que se planteen o debatan cuestiones de índole jurídica (art. 1°, inc. f],

---

[1632] GARCÍA DE ENTERRÍA, Eduardo - FERNÁNDEZ, Tomás R., *Curso...*, *cit.*, t. II, p. 380.

[1633] ESCOLA, Héctor J., *Tratado general...*, *cit.*, p. 141; BIDART CAMPOS, Germán J., *El Derecho Constitucional del Poder*, t. II, Ediar, Buenos Aires, 1967, p. 177; GRAU, Armando E., "La razonabilidad en el procedimiento administrativo argentino", *Revista Ciencias Administrativas*, año XI, nro. 27, La Plata, 1968, p. 30.

[1634] GARCÍA DE ENTERRÍA, Eduardo - FERNÁNDEZ, Tomás R., *Curso...*, *cit.*, t. II, ps. 405 y ss.; FRAGA, Gabino, *Derecho Administrativo*, Porrúa, México, 1958, p. 141; TACITO, Caio, *O abuso de poder administrativo do Brasil*, Río de Janeiro, 1959, p. 87.

[1635] Dictámenes 57:215, 71:173.

[1636] Fallos 89:34; "Rojo, Luis César", Fallos 215:357 (1949).

[1637] Art. 1°, inc. f), ap. 1, LNPA.

[1638] Conf. ESCOLA, Héctor J., *Tratado general...*, *cit.*, ps. 145/146.

ap. 2 *in fine*, LNPA), salvo cuando una norma expresa permita que la representación se ejerza por quienes no son profesionales del derecho.

2) *Derecho a ofrecer y producir pruebas*. Este segundo elemento del debido proceso adjetivo comprende el derecho a:

(i) ofrecer y producir pruebas dentro del plazo que razonablemente fije la Administración en atención a la complejidad del asunto y a la índole de la prueba que deba producirse[1639];

(ii) reclamar de la Administración que requiera y produzca los informes y dictámenes necesarios para el esclarecimiento de los hechos y de la verdad jurídica objetiva[1640];

(iii) controlar por sí mismos o por intermedio de sus profesionales todas las medidas y actuaciones que se produzcan en el período de prueba[1641];

(iv) presentar alegatos y descargos una vez finalizada la etapa probatoria del procedimiento.

3) *Derecho a una decisión fundada*. Este derecho se conecta en su faz pasiva con el deber genérico de motivar los actos administrativos[1642] impuesto por el art. 7°, inc. e), LNPA[1643].

La garantía del debido proceso adjetivo se realiza debidamente sólo si la decisión hace "expresa consideración de los principales argumentos y de las cuestiones propuestas", en tanto "fueren conducentes a la solución del caso"[1644].

La norma no obliga a la Administración a considerar todos los argumentos expuestos o desarrollados por el recurrente, sino sólo aquellos que revistan carácter principal, debiéndose considerar por tales aquellos que se vinculen por su importancia y causalidad con la pretensión del administrado.

Pero la decisión, además de ser fundada, debe resolver las peticiones del administrado (la norma emplea la expresión "cuestiones propuestas")[1645]. La Ley Nacional de Procedimientos Administrativos permitía en su versión anterior que la recla-

---

[1639] ESTRADA, Juan Ramón de, "La primera reforma...", *cit.*, p. 8, sostiene "que la reforma aclara debidamente el artículo dada la naturaleza inquisitoria del procedimiento administrativo y el verdadero carácter de los recursos administrativos" donde la Administración controla la legitimidad y oportunidad del acto. El agregado que introdujo la ley 21.686 al art. 1°, inc. f), ap. 2, le impone a la Administración el deber de requerir y producir los informes y dictámenes necesarios para el esclarecimiento de los hechos y de la verdad jurídica objetiva.

[1640] Conf. art. 1°, inc. f), ap. 2, LNPA, con las modificaciones introducidas por la ley 21.686. Hay en la norma, si bien dentro de la regulación del debido proceso adjetivo, una clara recepción del principio de la verdad material u objetiva, opuesto al de la verdad formal que rige en el proceso judicial.

[1641] ESCOLA, Héctor J., *Tratado general...*, *cit.*, p. 147.

[1642] BIELSA, Rafael, "Necesidad de motivar jurídicamente los actos del poder administrados en el sistema político de la Constitución", en *Estudios de Derecho Público*, 2ª ed., t. III, Depalma, Buenos Aires, 1952, p. 551.

[1643] ESCOLA, Héctor J., *Tratado general...*, *cit.*, p. 148.

[1644] Conf. art. 1°, inc. f), ap. 3, LNPA.

[1645] ESCOLA, Héctor J., *Tratado general...*, *cit.*, ps. 147/148.

mación administrativa previa pudiera versar sobre cuestiones o peticiones planteadas y no resueltas[1646], lo cual revestía cierta trascendencia en el régimen de impugnación judicial atento a que, en tales supuestos, se podía interpretar que la impugnación de los respectivos actos no se hallaba sujeta a plazos de caducidad[1647].

[1646] Art. 30, párr. 3°, LNPA, con las modificaciones introducidas por la ley 21.686.

[1647] ESTRADA, Juan Ramón de, "La primera reforma...", *cit.*, p. 6.

CAPÍTULO II

LAS POTESTADES Y SITUACIONES JURÍDICAS SUBJETIVAS

Sección 1ª

LOS PODERES O FACULTADES DEL ADMINISTRADO (SITUACIONES JURÍDICAS SUBJETIVAS DE CARÁCTER ACTIVO)

1. DIVERSOS SENTIDOS EN QUE SE EMPLEA LA PALABRA DERECHO. SU SENTIDO PROPIO PARA EL REALISMO JURÍDICO

El examen de la materia concerniente a los poderes o facultades jurídicas de Derecho Público que posee el administrado frente a la Administración requiere partir, en forma liminar, de los distintos significados atribuidos por la doctrina a la palabra *derecho*.

Un primer punto de partida, sostenido por un sector de autores iusnaturalistas, revela que la noción de derecho resulta empleada, por lo común, en dos sentidos, dando lugar a lo que se conoce como derecho objetivo y derecho subjetivo, respectivamente. Mientras el derecho objetivo aparece como el conjunto de reglas destinadas a poner orden en la vida común de los hombres y está acompañado, habitualmente, de una sanción social[1648], el derecho subjetivo se refiere al poder con que el hombre se presenta en el mundo jurídico[1649]. Se trata de un poder que una persona lo ejerce frente a otra, cualquiera fuera su condición jurídica (pública o privada).

De otra parte, hay que advertir también que la complejidad que exhibe el fenómeno jurídico, provocada por la diversidad de elementos que contiene y los diferentes fines que persigue, explica el nacimiento de múltiples definiciones cuya reseña, sin desentrañar la filosofía que las nutre, carece de utilidad científica.

De este modo, sucesivas doctrinas han entendido que el derecho es tanto el derecho normativo de la tradición (la ley) como lo justo debido (criterio objetivo) o la facultad de exigirlo (criterio subjetivo).

[1648] Conf. LECLERQ, Jacques, "Lecciones de Derecho Natural", en *El Derecho y la sociedad*, t. I, Herder, Barcelona, 1965, ps. 15 y ss.

[1649] GRANERIS, Giuseppe, *Contribución tomista a la filosofía del Derecho*, Eudeba, Buenos Aires, 1977, p. 15.

A su vez, no faltan pensadores que consideren al Derecho como la relación entre la facultad y el deber, sintetizando de este modo el criterio subjetivo con el objetivo, y existen también quienes lo definen como un orden, o por su fin[1650].

Al propio tiempo, el derecho no puede concebirse sino como un concepto análogo[1651], en el sentido de que la realidad que lo sustenta constituye un todo o unidad analógica[1652]. Resulta así que, siendo un concepto análogo, "se aplica a varios objetos de una manera que no es del todo idéntica ni del todo diferente"[1653].

En el lenguaje común el derecho aparece como un poder del hombre sobre una cosa o sobre una persona y corrientemente se entiende por derecho a todo aquello "que consideramos propio, a las normas que establecen qué sea lo propio de cada uno, y por fin, a la facultad de poseer, defender y exigir lo propio"[1654].

Ahora bien, como toda persona es inviolable, en cuanto tiende a su fin último (moral y natural), su consecución conduce a que la facultad, que es el medio de hacer que las cosas se ordenen al fin, también deba ser inviolable, en resguardo de la dignidad individual[1655].

Pero esa potestad de hacer, poseer o exigir algo de otros contiene, por el solo hecho de existir, la correlativa obligación de dar a cada uno lo suyo, de respetar las acciones y la posesión por parte de otros, cuando obran conforme a la justicia. De este modo el derecho concebido como potestad representa la faz activa de un cierto orden, "el orden jurídico", mientras que la obligación o el deber, es la faz pasiva[1656].

2. EL DERECHO SUBJETIVO Y LA CONCEPCIÓN VOLUNTARISTA

Conforme a las teorías predominantes en la doctrina jurídica del siglo XIX, el derecho subjetivo consistía en un poder atribuido a una voluntad, una esfera en la cual reinaba la voluntad soberana de una persona[1657].

Esta concepción se basaba en una filosofía que entendiera que el individuo era su razón de ser, su explicación final; de esa manera, desatendía la finalidad del derecho subjetivo desvinculando totalmente al portador de la facultad o poder de la obra o cosa justa. En esta tesis, la sociedad no resulta exigida por la naturaleza del hombre sino que consiste en una creación humana que permite una unión voluntaria de

---

[1650] GRANERIS, Giuseppe, *Contribución...*, *cit.*, p. 16.

[1651] LEGAZ Y LACAMBRA, Luis, *Filosofía del Derecho*, 2ª ed., Bosch, Barcelona, 1961, p. 246.

[1652] MASSINI, Carlos I., *Sobre el realismo jurídico*, Abeledo-Perrot, Buenos Aires, 1978, ps. 14/15.

[1653] GRISON, Michel, *Teodicea*, Herder, Barcelona, 1972, p. 148, *cit.* por MASSINI, Carlos I., *Sobre el realismo...*, *cit.*

[1654] CASARES, Tomás D., *La Justicia y el Derecho*, Abeledo-Perrot, Buenos Aires, 1945, ps. 129/130.

[1655] CASARES, Tomás D., *La Justicia...*, *cit.*, p. 130.

[1656] CASARES, Tomás D., *La Justicia...*, *cit.*, p. 131.

[1657] SAVIGNY, Federico C. de, *Sistema de Derecho Romano actual*, t. I, Góngora, Madrid, p. 36.

hombres mediante un pacto en el cual "uniéndose cada uno a todos, no obedezca, sin embargo, más que a sí mismo y permanezca tan libre como antes"[1658].

Al respecto, se ha dicho que la llamada concepción individualista acerca del derecho subjetivo se remonta a Guillermo de Occam, quien, al desconocer la inmutabilidad del derecho natural y preconizar "el origen permanente, humano, arbitrario y convencional del término"[1659], dio origen a todas aquellas posturas que, al oponerse a la concepción del derecho natural como lo justo objetivo (concepción objetivista y realista), presentan un estado presocial compuesto por individuos separados entre sí que se unen no en razón de una común naturaleza, sino para defender las libertades y poderes. La sociedad no se concibe entonces más como un producto natural y el centro será, a partir de allí, el estado de naturaleza del hombre, cuyos derechos subjetivos se aseguran y resguardan mediante el pacto social[1660].

El concepto del Derecho Público subjetivo pasa entonces a ser esencial en aquellos Estados que adoptaron el modelo surgido tras la Revolución Francesa, constituyendo una pieza clave del Estado de Derecho, el cual se caracteriza por la garantía de los derechos individuales y el sometimiento de la Administración a la ley formal. El derecho de la libertad constituye, en este modelo histórico, "el centro del ordenamiento jurídico estatal"[1661].

Sin embargo, en el orden de la realidad, las libertades que proclamaba ese modelo histórico de Estado eran demasiado formales. Por otra parte, la esfera de libertad de los hombres surgía como consecuencia de la postura que regía la tendencia abstencionista del Estado en el campo económico-social. En rigor, las garantías de ese modelo de Estado eran tan formales que mientras se proclamaba la vigencia absoluta de los derechos del hombre una parte de la población era ajusticiada por haber cometido el delito de no pertenecer a la causa revolucionaria[1662].

Contrariamente a lo que se ha supuesto (en forma casi dogmática) el control de los actos de la Administración Pública no llegó a tener vigencia real hasta fines del siglo XIX[1663] y aun a partir de entonces los derechos subjetivos de los individuos fueron conculcados y si bien es cierto que la menor intervención del Estado en la

---

[1658] ROUSSEAU, Juan Jacobo, *El contrato social*, Aguilar, Madrid, 1973, cap. VI, p. 16.

[1659] VILLEY, Michel, *Estudios en torno de la noción de Derecho subjetivo*, Valparaíso, 1976, p. 52.

[1660] Villey atribuye a Suárez ("suele llamarse derecho propiamente dicho a cierta facultad que cada cual tiene sea acerca de una cosa suya, sea acerca de una que le es debida") el desvío de haber combinado la fórmula tomista con la definición moderna. Tal desviación, atribuida primariamente por Lottin y Lachance, implicaría para estos autores la afiliación a la corriente voluntarista y un apartamiento correlativo de la concepción realista del Derecho ("lo justo") de Santo Tomás (*Suma Teológica*, t. VII, "Introducción a la cuestión 57" por Teófilo Urdanoz, BAC, Madrid, 1956, ps. 196/197). Se ha sostenido también que en Vitoria entraban dentro del concepto de "lo justo", tanto el aspecto objetivo como el subjetivo y hay quienes sostienen que Santo Tomás empleó el término *ius* como sinónimo de facultad moral en no menos de catorce textos (*cit.*, p. 188).

[1661] ENTRENA CUESTA, Rafael, *Curso de Derecho Administrativo*, 3ª ed. (reimpresión), t. I, Tecnos, Madrid, 1970, p. 34.

[1662] VILLEY, Michel, *Estudios...*, *cit.*, p. 243.

[1663] BENOIT, Francis P., *Le Droit Administratif français*, Dalloz, París, 1968, ps. 574 y ss.

vida económica morigeró las repercusiones sociales del fenómeno, no por ello eliminó las arbitrariedades que cometían los funcionarios.

En efecto, sería ingenuo suponer que la arbitrariedad iba a desaparecer por la implantación en los textos constitucionales de las declaraciones de derechos y garantías que tutelaban los derechos fundamentales del hombre, por la elemental razón de que el buen gobierno de una comunidad depende no tanto del derecho positivo y de los sistemas que rigen el funcionamiento del Estado, como de que reine la justicia (justo legal y natural), guiada por la acción legítima de las autoridades que están a cargo de las diferentes funciones en que se divide el poder estatal.

Y el abuso de la concepción voluntarista ha terminado en definitiva por traicionar al propio individuo, habida cuenta de la transformación operada en el contenido de esos derechos fundamentales. En efecto, al aparecer los derechos sociales, y más tarde los llamados de tercera generación, el Estado potencia a determinados grupos sociales en contra de otros (v.gr., sindicatos) o bien, estimula "reivindicaciones sin salida" que conducen a sostener que el reconocimiento constitucional del derecho a la salud, al bienestar, a la cultura, etcétera[1664], implica derechos operativos que pueden ejercerse en forma directa sin previa reglamentación y sin contar con el presupuesto legal.

No obstante, a la inversa de lo que pudiera parecer, la injerencia del Estado en la actividad que desarrollan los particulares ha provocado el crecimiento del sistema administrativo de garantías y el fortalecimiento de los derechos públicos subjetivos que, en tanto estén ordenados a la naturaleza social y fin personal del hombre, integran la faz activa del orden social justo y resultan inviolables[1665].

3. EL DERECHO SUBJETIVO COMO PODER JURÍDICO Y LA INVIOLABILIDAD DE LOS DERECHOS DE LA PERSONA. DOCTRINAS NEGATORIAS Y AFIRMATORIAS

A partir de las concepciones del realismo socialista francés que proclamaron Duguit y sus seguidores, como desde la óptica del normativismo de Kelsen, se ha pretendido desplazar el concepto de derecho subjetivo del ámbito jurídico.

Las concepciones realistas negatorias apuntan a una idea del Derecho basada exclusivamente en la solidaridad social, donde no caben los derechos y potestades del hombre sino sólo *"funciones sociales"*, lo cual asigna a esta corriente una marcada ideología socialista que, mediante la institución de un nuevo orden jurídico, basado en sus premisas, pretende suplantar al sistema capitalista e individualista.

Esta concepción que sólo acepta el derecho objetivo, no concibe la preexistencia de ciertos derechos que pertenecen al hombre a causa de la eminente dignidad de la persona humana, sosteniendo, en definitiva, que el hombre no existe más que en la sociedad y por la sociedad[1666].

[1664] VILLEY, Michel, *Estudios...*, *cit.*, p. 243.

[1665] CASARES, Tomás D., *La Justicia...*, *cit.*, ps. 131/133.

[1666] DUGUIT, Léon, *Traité de Droit Constitutionnel*, 3ª ed., t. I, Fontemoing et Cie, París, 1927.

Si el derecho es objetivo, los individuos que pertenecen al grupo social se hallan únicamente colocados en una situación objetiva (activa o pasiva), situación ésta que resulta general como la misma regla, que varía con ella y que es creada por una figura sociológica que denomina "masa de espíritus", en un acto en el cual ninguna voluntad posee el poder propio de imponerse a otras voluntades[1667].

Para Duguit el carácter metafísico que atribuye al derecho subjetivo deriva de una supuesta preeminencia o superioridad de la voluntad del titular del derecho sobre el sujeto o sujetos pasivos, situación que afectaría en esencia la voluntad que resulta disminuida como consecuencia del estado de sujeción.

Es evidente que tal interpretación – que ni siquiera han sostenido quienes postulan el derecho subjetivo como un poder de voluntad– [1668] resulta inadmisible por cuanto la existencia de derechos subjetivos concedidos o reconocidos por el ordenamiento no traduce necesariamente la disminución de la voluntad del sujeto pasivo. Los derechos subjetivos obedecen a la necesidad de proteger el valor ínsito y natural que anida en cada uno de ellos, valor que al ser protegido por el Derecho, genera la obligación de su respeto, observancia o cumplimiento. Pero la existencia de una obligación, cuya fuente puede obedecer a la voluntad recíproca de los sujetos de la relación jurídica, no implica disminución del poder de la voluntad ni nada que se le parezca. Más aún, en el supuesto de las relaciones jurídicas que nacen de un acto bilateral, ello traduce el ejercicio del poder de la voluntad.

Con esta teorización se pretende, en suma, elaborar un concepto de situación jurídica montado sobre la negación del hombre individualmente considerado poniendo el acento en su condición de ser social, exclusivamente.

El error que luce una tesis de esta índole consiste en desconocer que tanto el carácter individual como el social son atributos naturales del hombre. Se olvida que la individualidad es un presupuesto necesario de la sociabilidad.

Desde esta óptica, el derecho subjetivo no sólo constituye una herramienta útil, sino imprescindible para resguardar la inviolabilidad de la persona, a través del poder jurídico que el mismo traduce para exigir de otros sujetos determinadas conductas.

Así, en el Derecho Público, la noción de derecho subjetivo cumple una función de garantía al asignar a la persona el poder jurídico de reclamar al Estado lo suyo e impedir las violaciones de sus derechos individuales de propiedad y libertad. Para cumplir adecuadamente con esa función de garantía, el modelo histórico del Estado de Derecho se somete al derecho objetivo, organizándose bajo el principio de la separación de poderes y la justicia administrativa[1669].

[1667] DUGUIT, Léon, *Traité...*, *cit.*, t. I, ps. 217/224.

[1668] Véase, sin embargo: BONNARD, Roger, *Précis de Droit Administratif*, 3ª ed., LGDJ, París, 1935, p. 42.

[1669] GARRIDO FALLA, Fernando, "Las tres crisis del Derecho Público subjetivo", en AA.VV., *Estudios dedicados al profesor García Oviedo*, t. I, Universidad de Sevilla, Sevilla, 1954, p. 182.

Lo expuesto demuestra hasta qué punto resulta artificial la asimilación entre derecho subjetivo y puro voluntarismo jurídico[1670], habida cuenta que su reconocimiento se impone por el respeto debido a los valores fundamentales que pertenecen al hombre como ser individual y social, cuyo fundamento se encuentra en las exigencias de la justicia.

Los derechos subjetivos resultan entonces "poderes jurídicos" otorgados o reconocidos por el ordenamiento a la persona, que se despliegan y contienen dentro del ámbito de una actual y concreta relación con una cosa o sujeto determinados[1671].

4. PRINCIPALES SITUACIONES JURÍDICAS DE CARÁCTER ACTIVO. POTESTADES, DERECHOS SUBJETIVOS E INTERESES LEGÍTIMOS

A) Las nociones clásicas y la ampliación de su ámbito original

a) Potestad y derechos subjetivos

De lo hasta aquí expresado, puede inferirse claramente la distinción entre la figura técnica de la potestad y el derecho subjetivo. Ambas son situaciones subjetivas activas que pertenecen al género de los poderes jurídicos pero mientras la potestad entraña la configuración de un poder genérico, no referido a un sujeto determinado ni a una cosa en particular, el derecho subjetivo consiste en un poder concreto, en una relación jurídica determinada con respecto a un sujeto o una cosa.

Si bien las potestades son numerosas y variadas en el campo del Derecho Público (*v.gr.*, potestad reglamentaria, disciplinaria, *ius variandi*, etc.), ello no significa que no existan en el ámbito del Derecho Privado (ej.: patria potestad). El administrado también puede ser titular de verdaderas potestades administrativas. Tal es el caso de la potestad de promover acciones judiciales[1672] o la de deducir recursos administrativos.

Dado que la potestad traduce un poder que se actualiza a través de su concreto ejercicio, generando una situación de sujeción que lleva al administrado a soportar las situaciones desventajosas (art. 19, CN) o a beneficiarse con las ventajas que dimanan de su ejercicio (art. 75, inc. 18, CN, entre otros), la misma debe tener fundamento en la Constitución, en la ley formal y material, o en los reglamentos delegados, estos últimos dentro de los límites impuestos por la Constitución y los criterios interpretativos establecidos por la jurisprudencia.

b) Derecho subjetivo e interés legítimo o directo

La noción de potestad y la de derecho subjetivo no agotan, sin embargo, el conjunto de poderes jurídicos que configuran las situaciones subjetivas del carácter activo en que se encuentran los administrados frente a la Administración Pública.

[1670] DABIN, Jean, *Doctrina general del Estado. Elementos de filosofía política*, trad. del francés por Héctor González Uribe, Jus, México, 1946, p. 26.

[1671] ROMANO, Santi, *Fragmentos de un diccionario jurídico*, trad. de Sentís Melendo, Ediciones Jurídicas Europa-América, Buenos Aires, 1964, p. 324.

[1672] Conf. GARCÍA DE ENTERRÍA, Eduardo - FERNÁNDEZ, Tomás R., *Curso de Derecho Administrativo*, 9ª ed., t. II, Civitas, Madrid, 2004, p. 32.

En el orden de la realidad aparecen distintas situaciones jurídicas subjetivas que no encuadran en la noción del derecho subjetivo clásico, circunscripto al orden patrimonial. Tales situaciones traducen una suerte de poder de reacción[1673], a favor del administrado que se encuentra en una situación cualificada frente a una norma objetiva (ej.: reglamento) o a un acto concreto (*v.gr.*, actos del proceso de selección en la contratación administrativa) que le reporta alguna utilidad o ventaja.

Apareció así la categoría del interés legítimo para ampliar el ámbito de la protección jurisdiccional del administrado, configurándose una noción que si bien tiene cierto parentesco en las distintas doctrinas que la han propiciado, recibe una aplicación singularmente distinta en los sistemas comparados que organizan su protección jurisdiccional.

En una reseña de las concepciones de mayor arraigo en la doctrina comparada no puede dejar de mencionarse la tesis, ya clásica del derecho italiano, sostenida por Ranelletti, y autores de la talla de Zanobini, que partiendo de la idea de la exclusividad del interés afirman que no todo interés aparece garantizado por el Derecho bajo la forma de derecho subjetivo. En esta corriente, el derecho subjetivo sólo surge cuando en el sujeto es reconocida una potestad de querer, mientras que cuando una norma garantiza intereses individuales o colectivos, sin atribuir esa potestad de querer, hay interés legítimo y no derecho subjetivo. Aunque las normas de este tipo han sido dictadas únicamente en interés general y no tienen por fin garantizar directamente derechos subjetivos, puede acontecer que a través del respeto del interés general, resulten en forma ocasional protegidos los intereses de una persona. Es lo que se ha denominado el efecto reflejo del derecho objetivo[1674].

En el plano del Derecho Público, el dato de la exclusividad o concurrencia del interés que garantiza el derecho objetivo no constituye un elemento que permita distinguir el derecho subjetivo del interés legítimo, habida cuenta que hay situaciones del primer tipo que pueden darse en forma concurrente.

Tampoco resulta convincente el argumento de la protección ocasional o refleja de los intereses particulares a través de la norma objetiva que tienda a tutelar un interés general, por cuanto el poder reaccional tiene por efecto la protección de los intereses legítimos particulares. Ese efecto es directo y no tiene carácter ocasional; sólo podría hablarse de un efecto mediato o eventual, respecto del interés sustancial o derecho subjetivo subyacente, como sostienen algunos doctrinarios[1675].

Por su parte, para Guicciardi, la caracterización del derecho subjetivo y del interés legítimo se funda en la distinción entre normas de acción y normas de relación. Las primeras están orientadas hacia el plano interno de la Administración y al establecimiento de las normas de procedimiento. No crean relaciones jurídicas, regla-

---

[1673] Ver y comparar: SANTAMARÍA PASTOR, Juan A., *Fundamentos de Derecho Administrativo*, t. I, Centro de Estudios Ramón Areces, Madrid, 1988, ps. 895 y ss., quien sostiene que los derechos reaccionales no preexisten sino que nacen como consecuencia del conflicto, que determina su contenido material.

[1674] RANELLETTI, Oreste, "Le guarentigie della giustizia nella pubblica amministrazione", Giuffrè, Milán, 1934, ps. 159/163.

[1675] CANNADA BARTOLI, E., "Il diritto soggettivo come presuposto dell'interesse leggitimo", *Riv. Trim. di Diritto Pubblico*, abril-junio 1953, ps. 348 y ss.

mentando la actividad administrativa desde la óptica del interés público, y generan deberes y obligaciones respecto de los cuales no surgen derechos subjetivos a favor de los particulares.

Dentro de esta concepción se admite la configuración del interés legítimo en dos supuestos, a saber:

a) cuando el administrado se encuentra en una posición de hecho que lo hace más sensible que otros respecto de un acto administrativo (*v.gr.*, la Administración que cierra un camino afecta más directamente a los propietarios de inmuebles con frente a dicha calle);

b) si los particulares resultan ser los destinatarios del acto administrativo que se discute (ej.: el acto que resuelve una adjudicación entre quienes han participado en una licitación pública).

Ello les confiere una cierta cualificación respecto de la legalidad de los pertinentes actos emitidos por la Administración Pública, lo cual genera una situación subjetiva que recibe protección por parte del ordenamiento jurídico[1676].

Empero, a pesar de la aparente solidez que despliega la teorización precitada, la misma es susceptible de reparos.

En efecto, no puede sostenerse que el interés público esté sólo presente en las normas de acción sino que también aparece, y con la misma frecuencia, en las normas de relación[1677].

Además, puede ocurrir que al producirse un perjuicio o lesión al patrimonio del administrado por el incumplimiento de una de las llamadas normas de acción, se genere una verdadera relación jurídica que resulta disponible por el particular, quien puede reclamar el perjuicio o renunciar a ello, o bien, transmitir la acción[1678].

El derecho subjetivo pertenece a la categoría de los poderes jurídicos que – tal como lo postula la corriente tradicional– comprende la titularidad de un bien o interés.

Otras teorías, si bien no discrepan fundamentalmente con la concepción tradicional del derecho subjetivo[1679], ponen el acento en el carácter sustancial o instru-

---

[1676] GUICCIARDI, Enrico, "La giustizia amministrativa", 2ª ed., Cedam, Padua, 1934, ps. 33/37.

[1677] GARCÍA DE ENTERRÍA, Eduardo - FERNÁNDEZ, Tomás R., *Curso...*, *cit.*, t. II, p. 48. Estos autores afirman que "resulta completamente equívoco pretender que no hay derecho subjetivo por la razón dogmática de que la norma que ha de juzgar la validez del acto es una norma destinada a servir sólo al interés general. Todas las normas objetivas y no sólo las administrativas, están basadas en el interés general".

[1678] Conf. GARCÍA DE ENTERRÍA, Eduardo - FERNÁNDEZ, Tomás R., *Curso...*, *cit.*, t. II, p. 48.

[1679] Conf. GARRIDO FALLA, Fernando, "Las tres crisis...", *cit.*, ps. 37 y ss. La noción tradicional que, en su momento, acogió la mayor parte de la doctrina fue elaborada por Jellinek, quien definió al derecho subjetivo como "la potestad de querer que tiene el hombre, reconocida y protegida por el ordenamiento jurídico, en cuanto se refiere a un bien o un interés" (conf. JELLINEK, Georg, *Sistema dei Diritti Pubblici subbiettivi*, Società Editrice Libraria, Milán, 1912, p. 49. Véanse también PEARSON, Marcelo H., *Manual de procedimiento administrativo*, 1ª ed., Abeledo-Perrot, Buenos Aires, 1976, ps. 46/47, REIRIZ, Graciela, "Le-

mental que se atribuye al Derecho o al interés. De ese modo, mientras el derecho subjetivo sería un poder jurídico en garantía de un bien o interés que le proporciona al titular una utilidad directa e indirecta, el interés legítimo representaría para el administrado una garantía de legalidad que importa una utilidad instrumental aun cuando puede demostrarse también la existencia de un derecho subjetivo o subyacente.

Pero el interés legítimo, con ser una categoría capaz de satisfacer de un modo mediato los intereses individuales o sociales de carácter sustancial, no deja de ser un verdadero poder jurídico de impugnación o reacción, tanto en sede administrativa como en la judicial[1680].

En determinada línea doctrinal (en su momento apoyada por la jurisprudencia) el interés legítimo, en lugar de abrir o ampliar el campo de la legitimación procesal, constituía una válvula que cerraba el acceso a la jurisdicción, habiéndose afirmado dogmáticamente que se requiere de una norma legal que consagre tal protección jurisdiccional[1681].

Este error dimana de la circunstancia de considerar que la impugnación basada en el interés legítimo constituye un recurso objetivo y que no es por tanto un poder jurídico de naturaleza subjetiva que nace en virtud de una actuación administrativa estimada lesiva a los intereses del administrado[1682].

En las provincias, los Códigos en lo Contencioso Administrativo han prescripto requisitos procesales para asegurar la protección jurisdiccional de los intereses legítimos. Así, en algunos códigos provinciales, siguiendo al modelo francés, se requiere para la categorización de la situación jurídica que se invoca que el interés sea "personal y directo"[1683].

---

gitimación para ser parte en el procedimiento administrativo", en DIEZ, Manuel M. (dir.), *Acto y procedimiento administrativo*, Plus Ultra, Buenos Aires, 1975, p. 106).

[1680] Entre nosotros y en el orden nacional debe señalarse el retraso de nuestra jurisprudencia al reconocer la protección jurisdiccional del interés legítimo, que sólo la concedía para el derecho subjetivo adquirido. Resulta de este modo que una gran cantidad de actuaciones administrativas ilegítimas quedaban fuera del ámbito de las acciones judiciales por argumentos que hacen a la legitimación procesal, confundiendo o asimilando muchas veces al interés legítimo con la mera expectativa, que es la categoría opuesta al derecho adquirido. Así "SRL SIEP v. Nación", Fallos 299:1280 (1977). Hizo excepción a la corriente jurisprudencial citada, aun cuando limitado sólo a la acción declarativa, el fallo "Organización Coordinadora Argentina SRL v. Empresa Nacional de Telecomunicaciones", Fallos 300:568 (1978).

[1681] HEREDIA, Horacio H., "El contencioso administrativo en el fuero federal de la Capital de la República Argentina", *Revista de la Universidad de Buenos Aires, homenaje al Profesor Rafael Bielsa*, t. I, Buenos Aires, 1979, p. 55.

[1682] Por otra parte, en materia de impugnación judicial de actos administrativos, el art. 23, ley 19.549, a contrario de lo que acontece respecto de la impugnación de reglamentos en el art. 24, inc. a), no formula distinción ni exclusión alguna.

[1683] Código de Córdoba (art. 5°), donde se prescribe además que el interés debe ser "actual"; en la provincia de Buenos Aires la Suprema Corte terminó aceptando la legitimación para accionar en cabeza de titulares de intereses legítimos en el caso "Rusconi" fallado el 4/7/1995 no habiendo obstáculo constitucional alguno que impida ampliar el marco de la legitimación activa a los portadores de intereses legítimos (conf. TRIBINO, Carlos R. - PERRINO, Pablo E.,

El requisito de que el interés deba ser "personal y directo"[1684] nunca puede interpretarse como un obstáculo que vede el acceso a la jurisdicción como hasta ahora se lo ha considerado en numerosos fallos de tribunales de provincia. Se trata más bien de una exigencia vinculada a la seriedad mínima que se requiere para abrir la instancia jurisdiccional[1685].

En tal sentido, resulta más apropiado a nuestra realidad el criterio que sustenta el Código Procesal Contencioso Administrativo de la provincia de La Pampa, al introducir la protección judicial del interés legítimo sin distinciones, tanto para la acción contencioso administrativa en general (art. 2º, inc. a]) como para el supuesto específico de impugnación de reglamentos (art. 15)[1686].

c) Los derechos debilitados

La categoría de los "derechos debilitados", acuñada en la doctrina italiana, surgió para distinguir un tipo especial de situaciones jurídicas de carácter activo en las cuales el vínculo genera, en forma congénita, su propia revocabilidad por razones de interés público apreciada discrecionalmente o en forma reglada por la Administración[1687].

Lo propio y característico de este tipo de derecho no es tanto la circunstancia de que el vínculo pase a garantizar una utilidad instrumental[1688] sino el rasgo de su precariedad.

Pero el hecho de que se produzca esa situación no implica la inexistencia de un derecho subjetivo en el vínculo jurídico entre el administrado y la Administración. Se trata eso sí, de un derecho debilitado en cuanto, en cualquier momento y sin in-

---

La justicia contencioso-administrativa en la provincia de Buenos Aires, Depalma, Buenos Aires, 1995, p. 18).

[1684] DROMI, José R., *Derecho subjetivo y responsabilidad pública*, Temis, Bogotá, 1980, p. 39, lo incluye dentro del interés legítimo especial; LINARES, Juan F., *Fundamentos de Derecho Administrativo*, Astrea, Buenos Aires, 1975, ps. 430/431.

[1685] Aspecto que ha sido destacado en la doctrina y jurisprudencia francesas.

[1686] El sistema estructurado en el Código Procesal Contencioso Administrativo de la provincia de La Pampa, elaborado por el Dr. Miguel S. Marienhoff, estatuye la unificación procesal de las acciones, eliminando la distinción propia del derecho francés entre el contencioso de "anulación" y el de plena jurisdicción. Esto no implica, como lo hemos dicho al comentar ese Código, que no existan distinciones entre una pretensión exclusiva de anulación y otra de plena jurisdicción, pero ello no incide en el trámite procesal (conf. CASSAGNE, Juan Carlos, "La Ley de Procedimiento Administrativo y el Código Procesal Contencioso Administrativo de la provincia de La Pampa", LL 1979-D-828 y ss.).

[1687] ALESSI, Renato, *Instituciones de Derecho Administrativo*, trad. a la 3ª ed. italiana del *Sistema Istituzionale di Diritto Amministrativo*, t. II, Bosch, Barcelona, 1970, ps. 458 y ss.; DIEZ, Manuel M., *Derecho Administrativo*, t. V, Plus Ultra, Buenos Aires, 1971, ps. 281 y ss.; GARRIDO FALLA, Fernando, *Tratado de Derecho Administrativo*, t. II, Centro de Estudios Constitucionales, Madrid, 1980, p. 339; SANDULLI, Aldo M., *Manuale di Diritto Amministrativo*, 10ª ed., Jovene, Nápoles, 1970, ps. 75/76.

[1688] Según Alessi, la potestad discrecional de la Administración produce el efecto de transformar la garantía de utilidad sustancial en garantía de la mera legalidad del comportamiento administrativo.

demnizar al particular[1689], la Administración puede revocar el respectivo acto por razones de interés público. Es el caso, entre otros, de los permisos de uso otorgados sobre bienes del dominio público[1690].

En cambio, tratándose de "concesiones" el derecho no es precario sino estable y perfecto, por lo que el concesionario dispondrá de un derecho subjetivo pleno a la estabilidad del vínculo jurídico, cuyo contenido patrimonial permite extenderle la garantía de la propiedad que estatuye la Constitución Nacional (art. 17).

d) El llamado interés simple y su protección. El interés difuso o colectivo

Veamos, ahora, la situación en que se encuentra la persona física o jurídica como miembro de la comunidad. Su título no es ya singular sino que actúa en función del bien común o círculos de interés determinados, pero de carácter genérico (ej.: vecinos, familiares, profesionales, comerciantes, etc.)[1691].

En tal situación, el particular está habilitado para ejercer el derecho de peticionar ante las autoridades, el que en virtud de su rango constitucional (art. 14) no requiere de una ley que lo reconozca (aun cuando pueda ser objeto de reglamentación razonable)[1692] concretándose tanto por medio de meras peticiones como de propuestas, iniciativas y sugerencias.

A su vez, el administrado puede, aun como portador de un interés simple, hallarse legitimado para iniciar el procedimiento administrativo (*v.gr.*, denuncias), o bien para promover una acción o recurso ante la justicia mediante el ejercicio de acciones públicas, las cuales han sido admitidas en algunos países en materia urbanística[1693]. En este último caso, se trata del llamado interés difuso coincidente con un interés simple. Pero la coincidencia entre el llamado interés simple y el interés difuso depende de cada ordenamiento jurídico, constituyendo esta última, en definitiva, una categoría de contornos imprecisos[1694]. Se trata de un interés simple cualificado.

Sobre este punto, Grecco apunta que la categoría del interés difuso o colectivo implica "la concurrencia de dos elementos: por un lado un elemento de carácter

---

[1689] SANDULLI, Aldo M., *Manuale...*, *cit.*, p. 76, nota 11, afirma que la regla de la no indemnización no es absoluta. Lo que ocurre es que en la doctrina italiana suele distinguirse entre *"affievolamiento dei diritti"* y *"diritti afievolito"* según que la extinción del derecho comporte o no la obligación de indemnizar. Por otra parte, en Italia la doctrina suele considerar que el derecho del concesionario es un derecho debilitado (ALESSI, Renato, *Instituciones...*, *cit.*, t. I, p. 460).

[1690] Véase MARIENHOFF, Miguel S., *Permiso especial de uso de bienes de dominio público*, Abeledo-Perrot, Buenos Aires, 1996, ps. 38 y ss.

[1691] GARRIDO FALLA, Fernando, *Tratado...*, *cit.*, t. I, ps. 327 y ss.

[1692] La Ley de Procedimiento Administrativo de la provincia de La Pampa contiene una prescripción que se refiere al interés simple, reconociendo a sus portadores el derecho de formular peticiones (art. 5º *in fine*, ley 951).

[1693] En España, la Ley de Régimen Local (art. 375) y la Ley del Suelo y Ordenación Urbana (art. 235).

[1694] Ver y comparar: GRECCO, Carlos M., "Estudio preliminar sobre los denominados intereses 'difusos', 'colectivos' y su protección judicial", LL 1984-B-868.

subjetivo, consistente en la pertenencia a una pluralidad indeterminada de sujetos que pueden, inclusive, ser todos los que integran la comunidad general y, de otra parte, un dato normativo que es el que, justamente, atribuye la juridicidad"[1695].

Lo que no se puede sostener[1696] es la existencia de acciones populares, por medio de las cuales cualquier habitante del país esté legitimado para impugnar, en sede judicial, los actos y reglamentos administrativos, aparte de la inconveniencia que traduce la sustitución de un sistema de justicia subjetiva por uno de acción pública que puede tornar ilusoria, en la práctica, la protección judicial debida a los portadores de derechos subjetivos. En realidad, esta postura implica abrir otro frente en la lucha de algunos por restar trascendencia a la defensa de las situaciones jurídicas subjetivas[1697].

B) Las nuevas tendencias en materia de legitimación

a) Hacia una nueva concepción amplia de la legitimación. Sus consecuencias sobre la doctrina del derecho subjetivo

La necesidad de que todos los intereses de las personas tuvieran mecanismos adecuados de acceso a la justicia a raíz de la consolidación del principio de la tutela judicial efectiva, amplió el campo de la legitimación procesal aceptándose que otras situaciones jurídicas, aparte del derecho subjetivo y del interés legítimo, pudieran invocarse – por las personas afectadas– para ser parte en un proceso concreto. A modo de ejemplo, considérese que, en el nivel nacional, se ha establecido el derecho a solicitar, acceder y recibir información, no siendo necesario acreditar derecho subjetivo ni interés legítimo alguno[1698].

En algunos casos esta ampliación puede brindar resultados saludables. Empero, su adopción ilimitada puede terminar quebrando – como ocurrió, en ocasiones, en algunos sistemas como el español y el argentino– los vínculos que atan los mecanismos de legitimación procesal a la configuración de determinadas situaciones subjetivas desplazando, de esa manera, el eje en el que descansa el criterio central de la categorización clásica.

[1695] Conf. GRECCO, Carlos M., "Estudio preliminar...", *cit.*, p. 870.

[1696] Conf. MARIENHOFF, Miguel S., "La legitimación en las acciones contra el Estado (Acción popular. Interés simple. Interés difuso. Acto administrativo discrecional)", LL 1986-C-899 y ss., considera inconstitucional el reconocimiento de una acción popular genérica por contravenir lo prescripto en el art. 22, CN.

[1697] En "Ekmekdjian, Miguel Ángel v. Sofovich, Gerardo y otros", Fallos 315:1492 (1992), también en ED 148-338, la Corte Suprema admitió una demanda en la que el actor alegó la existencia de un interés difuso. Un análisis de la cuestión puede verse en BARRA, Rodolfo C., "La legitimación para accionar en la reciente jurisprudencia de la Corte", ED 151-801. En realidad, la tesis de la Corte para admitir la legitimación se basó en el reconocimiento de un derecho subjetivo en cabeza del actor, quien, asimismo, había resultado ser el primero de todos los afectados en acudir al órgano judicial.

[1698] Anexo VII, art. 6°, dec. 1172/2003.

462

Así, el centro de la teoría del derecho subjetivo ha pasado de la protección de los poderes jurídicos sustanciales y aun reaccionales[1699] a la tutela de las situaciones de ventaja así como a la reparación de las lesiones provocadas por el Estado, en los derechos de las personas.

Desde otro ángulo, un sector de la doctrina nacional ha propiciado la eliminación de la distinción entre derecho subjetivo e interés legítimo, sosteniendo que siempre que el administrado pueda invocar el quebrantamiento en su perjuicio de las reglas de la justicia distributiva se encontrará legitimado para recurrir en sede administrativa o promover una demanda judicial, sin que corresponda distinguir entre derecho subjetivo e interés legítimo[1700].

La distinción existe no tanto en el plano de la valoración de la *"cosa justa"* donde la pretensión procesal puede llegar incluso a ser equivalente (*v.gr.*, anulación del acto o contrato) en ambas situaciones jurídicas, sino en la aptitud (legitimación) que amplía la posibilidad de ser parte de un proceso concreto[1701]. La distinción puede hacerse, aun cuando ella puede ser explicada por concepciones diferentes[1702] si bien las tendencias actuales apuntan a eliminarla considerando que, en definitiva, toda situación que reporta utilidad, provecho o ventaja a favor de una persona constituye en el fondo, un verdadero derecho subjetivo[1703].

En suma, a los efectos de la legitimación para accionar judicialmente, lo que importa es la titularidad de un derecho reconocido y tutelado por el ordenamiento jurídico[1704], lo cual no implica instituir una legitimación objetiva basada exclusivamente en la mera legalidad ni menos aún, una acción popular a favor de cualquier ciudadano que invoque la sola ilegalidad sin demostrar la afectación o lesión de un

---

[1699] La tesis de los derechos reaccionales, elaborada en España por García de Enterría y Fernández, representó, en su momento, el embate más serio que se planteó frente a la noción clásica al postular, en definitiva, la unidad de la concepción del derecho subjetivo, superando las antiguas fragmentaciones (derecho subjetivo, interés legítimo, interés personal y directo, derechos debilitados, etc.); véase: GARCÍA DE ENTERRÍA, Eduardo - FERNÁNDEZ, Tomás R., *Curso...*, *cit.*

[1700] Conf. BARRA, Rodolfo C., *Principios de Derecho Administrativo*, Ábaco, Buenos Aires, 1980, ps. 273 y ss. Aun cuando no compartimos los fundamentos de la crítica del autor a la concepción bipartita no puede dejar de reconocerse que ella responde también a la realización de lo "justo objetivo", en cuanto, lejos de restringirlo, amplía el campo de la legitimación procesal. En nuestro concepto, la legitimación provendrá tanto del quebrantamiento por la Administración de las reglas de la justicia distributiva como de la justicia conmutativa.

[1701] GONZÁLEZ PÉREZ, Jesús, *Derecho Procesal Administrativo*, 2ª ed., t. II, Instituto de Estudios Políticos, Madrid, 1966, ps. 267 y ss.

[1702] Para una reseña bastante completa de las diversas teorías véase: URRUTIGOITY, Javier, "El Derecho subjetivo y la legitimación procesal administrativa", en AA.VV., *Estudios de Derecho Público*, Depalma, Buenos Aires, 1995, ps. 219 y ss. Este autor, al igual que Barra – entre otros– es partidario de unificar ambas categorías en una sola.

[1703] Véase: GONZÁLEZ PÉREZ, Jesús, "Las partes en el proceso administrativo", *Anales de la Real Academia de Ciencias Morales y Políticas*, Real Academia de Ciencias Morales y Políticas, Madrid, 1997, ps. 24/25; GARCÍA DE ENTERRÍA, Eduardo, *Problemas del Derecho Público al comienzo del siglo*, Civitas, Madrid, 2001, ps. 65 y ss.

[1704] Como se prescribe en el Código Contencioso-Administrativo de la Provincia de Buenos Aires (art. 13, CPCA).

derecho o interés propio del mismo o de un determinado sector de intereses protegidos expresamente por el ordenamiento.

b)   La superación de las categorías tradicionales

Las dificultades que presentaba, en el plano de la realidad, la utilización promiscua de diferentes concepciones para calificar el derecho subjetivo y el interés legítimo, así como las otras situaciones jurídicas subjetivas u objetivas, generaron la necesidad de superar las categorías tradicionales simplificando la técnica de legitimación procesal.

De esa manera, el concepto de legitimación no se transforma en el eje de una carrera de obstáculos para acceder a la justicia sino que juega como un elemento que contribuye a la realización del principio de *tutela judicial efectiva*, ampliando el círculo de la legitimación activa y pasiva al titular de cualquier clase de interés que le proporcione alguna ventaja o beneficio[1705] o la compensación o reparación de un perjuicio.

Así, una persona será portadora del interés que le abre el acceso a un proceso concreto para la satisfacción de una pretensión sustantiva o adjetiva, ya fuere el interés puramente subjetivo u objetivo-subjetivo, a condición de que concurran los requisitos de ilegitimidad y perjuicio o lesión.

c)   Los elementos del interés que configuran la legitimación procesal activa (ordinaria y anómala o extraordinaria)

El punto de equilibrio de la legitimación procesal se encuentra en las condiciones que permiten configurar la existencia de la situación que alega una persona para ser parte en un proceso concreto pues, como es obvio, en la medida en que esas condiciones no resulten exigibles para acceder a la justicia, o simplemente no existan como presupuestos de la legitimación, el sistema se transforma en una suerte de justicia objetiva, generalizándose la acción procesal (que es básicamente subjetiva) como una acción pública, que cualquier ciudadano puede interponer invocando la defensa de la legalidad.

El análisis de los textos constitucionales revela que ésa no ha sido la finalidad del constituyente ni existe cláusula alguna que establezca, en forma preceptiva, la acción popular.

[1705]   Conf. JEANNERET DE PÉREZ CORTÉS, María, "La legitimación del afectado, del Defensor del Pueblo y de las asociaciones. La reforma constitucional de 1994 y la jurisprudencia", ED supl. de Derecho Administrativo del 29/4/2004 y en LL 2003-B-1333/1355 y en supl. La Ley de la *Revista del Colegio Público de Abogados de la Capital Federal*, julio 2003, nro. 26; de la misma autora: "Legitimación en el proceso contencioso administrativo", su exposición en las Jornadas sobre Derecho Procesal Administrativo. Universidad Católica Argentina, 1999, RAP, nro. 267, Ciencias de la Administración, Buenos Aires, 2000, ps. 9/22; "Las partes y la legitimación procesal en el proceso administrativo", en CASSAGNE, Juan Carlos (dir.), *Derecho Procesal Administrativo*, obra en homenaje a Jesús González Pérez, Hammurabi, Buenos Aires, 2004, ps. 461/511; "La legitimación y el control judicial. El alcance del control judicial del ejercicio de las funciones administrativas públicas", en *Documentación Administrativa*, nro. 269/270, Instituto Nacional de Administración Pública, Madrid, 2004, ps. 7/27.

Tampoco la recoge el art. 43, CN, el cual, al reglar el proceso de amparo, acuerda legitimación procesal al afectado, sin perjuicio de la legitimación extraordinaria que se le reconoce al Defensor del Pueblo y a las organizaciones de usuarios y consumidores.

El andamiaje de la legitimación activa se arma a partir del reconocimiento de un derecho o interés propio, inmediato y concreto del litigante[1706], tal como lo ha establecido la jurisprudencia de nuestra Corte Suprema[1707]. Es decir que, salvo los supuestos de legitimación anómala[1708] (que más adelante analizamos) el derecho que invoque el litigante activo no puede ser ajeno, mediato ni abstracto sino perteneciente a su círculo de intereses, a su zona vital, como alguna vez ha resuelto la jurisprudencia[1709].

Este primer requisito se completa con un segundo, representado por la exigencia de que se alegue, sobre la base de fundamentos de hecho y de derecho, con suficiente fuerza de convicción, la configuración de una lesión o perjuicio en cabeza del titular del interés (y no de terceros).

El tercer elemento de la legitimación activa está constituido por la ilegalidad, o mejor dicho, ilegitimidad de la conducta estatal o pública que se cuestiona en el proceso[1710].

En definitiva, para justificar la legitimación activa ordinaria se requiere la presencia de un derecho o interés propio, inmediato y concreto atado al "cordón umbilical" representado por una unión o vínculo entre ilegalidad (o ilegitimidad) y perjuicio[1711].

De otra parte, a raíz de la última reforma constitucional (arts. 43 y 120, CN), se admiten una serie de sujetos legitimados que pertenecen a la figura que, en el Derecho Procesal civil, se conoce con el nombre de "legitimación anómala o extraordinaria[1712]" en el sentido de que el ordenamiento reconoce la aptitud de determinados sujetos para ser parte en los procesos judiciales en los que invoquen la defensa de

---

[1706] Véase GARCÍA PULLÉS, Fernando R., *Tratado de lo contencioso-administrativo*, t. II, Hammurabi, Buenos Aires, 2004, ps. 556/557, y jurisprudencia allí citada.

[1707] "Zaratiegui, Horacio y otros v. Estado nacional s/nulidad de acto legislativo", Fallos 311:2580 (1988), consid. 3º; "Lorenzo, Constantino v. Nación Argentina", Fallos 307:2384 (1985), consid. 4º, recopilados por Estela B. Sacristán en el artículo *cit.* en nota 63.

[1708] Supuestos reconocidos en el art. 43, CN.

[1709] Véase C. Nac. Cont. Adm. Fed., sala 3ª, 8/9/1994, "Schoeder J. v. Estado nacional", LL 1994-E-449.

[1710] La sistematización de estos requisitos la hemos hecho a la luz del excelente artículo de Estela B. SACRISTÁN, Estela B., "Notas sobre legitimación procesal en la jurisprudencia norteamericana y argentina", en BAZÁN, Víctor (coord.), *Defensa de la Constitución. Garantismo y controles. Libro en reconocimiento al Dr. Germán J. Bidart Campos*, Ediar, Buenos Aires, 2003, ps. 381 y ss.

[1711] C. Nac. Cont. Adm. Fed., sala 5ª, 20/10/1995, "Consumidores Libres Coop. Ltda. v. Estado nacional", LL 1995-E-469 con nuestra nota, CASSAGNE, Juan Carlos, "De nuevo sobre la legitimación para accionar en el amparo", LL 1995-E-469/471.

[1712] PALACIO, Lino E., *Derecho Procesal Civil*, 2ª ed. reimp., t. I, Abeledo-Perrot, Buenos Aires, 1986, p. 407.

intereses ajenos, como son las organizaciones de usuarios y consumidores[1713] (aunque también puedan representar un interés propio y común a sus miembros), el Defensor del Pueblo[1714] y el Ministerio Público[1715].

En tales casos, para justificar la legitimación anómala es necesario acreditar la configuración del interés ajeno por el que se actúa (con todos sus requisitos como el carácter inmediato y concreto del interés, así como el concreto perjuicio o la específica lesión)[1716] y no la mera ilegalidad o ilegitimidad del obrar administrativo, salvo que el ordenamiento así lo prescriba en aquellos supuestos en que se configure una acción pública, como acontece en el derecho español en materia urbanística y de protección del patrimonio histórico y entre nosotros, en la legislación protectora del medio ambiente[1717].

Pero fuera de tales supuestos y de otros que la Constitución o las leyes consideren que sean dignos de esta clase de protección, los legitimados anómalos no están facultados para promover acciones públicas y deben acreditar la legitimación que invocan para ser parte en un proceso concreto, en una causa o controversia, como lo requiere el art. 116, CN, cuando determina la competencia de la justicia federal.

De lo contrario, se introduce un elemento de bloqueo en el sistema de separación de poderes[1718] susceptible de entorpecer o impedir la acción de los restantes poderes ejecutivo y legislativo dentro del cauce de la armonía constitucional, con la

---

[1713] El art. 43, CN, establece que podrán interponer acción de amparo, contra cualquier forma de discriminación y en lo relativo a los derechos que protegen al ambiente, a la competencia, al usuario y al consumidor, así como a los derechos de incidencia colectiva en general, "las asociaciones que propendan a esos fines, registradas conforme a la ley, la que determinará los requisitos y formas de su organización".

[1714] El art. 86, CN, dice que el Defensor del Pueblo tiene legitimación procesal, al tiempo que el art. 43, CN, establece que dicho organismo podrá interponer acción de amparo contra "cualquier forma de discriminación y en lo relativo a los derechos que protegen al ambiente, a la competencia, al usuario y al consumidor, así como a los derechos de incidencia colectiva en general...".

[1715] Así, conf. la ley 24.946, art. 25, inc. l), corresponde al Ministerio Público "velar por la defensa de los derechos humanos en los establecimientos carcelarios, judiciales, de policía y de internación psiquiátrica, a fin de que los reclusos e internados sean tratados con el respeto debido a su persona, no sean sometidos a torturas, tratos crueles, inhumanos o degradantes y tengan oportuna asistencia jurídica, médica, hospitalaria y las demás que resulten necesarias para el cumplimiento de dicho objeto, promoviendo las acciones correspondientes cuando se verifique violación", por lo que podría actuar invocando la defensa de dichos derechos.

[1716] En este sentido, y en punto a la legitimación del Ombudsman, véase el integral trabajo de ROCHA PEREYRA, Gerónimo, "La interpretación judicial sobre la legitimación del defensor del pueblo", EDA 2004-418/420.

[1717] Art. 30 *in fine*, ley 25.675.

[1718] Véase BARRA, Rodolfo C., "La Corte Suprema de Justicia de la Nación y la separación de poderes", LL 1993-E-796/805, esp. p. 800; BARRA, Rodolfo C., "La legitimación para accionar. Una cuestión constitucional", en CASSAGNE, Juan Carlos (dir.), *Derecho Procesal Administrativo*, obra en homenaje a Jesús González Pérez, t. I, Hammurabi, Buenos Aires, 2004, ps. 543/635. En las mismas aguas se ubica la doctrina norteamericana emanada de un actual juez de la Corte Suprema de los Estados Unidos: SCALIA, Antonin, "The doctrine of standing as an essential element of the separation of powers", *Suffolk Law Review*, 1983, vol. 17, ps. 881 y ss.

consiguiente "judicialización" de la política que los gobiernos realizan, especialmente en el campo de los servicios públicos.

d) Los derechos de incidencia colectiva y el amparo constitucional

La Constitución reformada de 1994 consagra, como una novedad de nuestro ordenamiento jurídico, la figura del amparo judicial de los llamados derechos de incidencia colectiva (art. 43, CN).

La fórmula constitucional abarca tanto a los titulares de derechos subjetivos (*v.gr.*, la persona que sufre un daño ambiental concreto y determinado) como a los derechos subjetivos no patrimoniales[1719] o bien, a los derechos de incidencia colectiva aunque variando el reconocimiento de la legitimación en cada caso.

Cuando se trata de la violación de un derecho o interés subjetivo (que comprende el llamado interés legítimo), la aptitud para promover el proceso corresponde al "afectado" (art. 43, 2ª parte, CN) que es la persona que sufre, concretamente, la lesión o amenaza de perjuicio, quien precisa acreditar la ilegalidad o arbitrariedad manifiesta del acto lesivo (art. 43, 1ª parte, CN).

En cambio, y en ello radica la principal innovación constitucional, la protección de los derechos de incidencia colectiva se opera a través de una ampliación de la base de legitimación a favor de personas que no se encuentran personalmente afectadas por el acto lesivo como el Defensor del Pueblo y las asociaciones que propendan a la defensa de esa clase de derechos o intereses (de incidencia colectiva)[1720] lo que no implica consagrar una acción estrictamente objetiva, ya que, en todos los supuestos, se tendrá que acreditar tanto la arbitrariedad o ilegalidad manifiestas como la lesión o amenaza de lesión a esos derechos concretos de las personas, en el marco de un caso o controversia. Caso contrario, se correría el albur de incurrir en una suerte de corporativismo desmedido[1721].

[1719] En el caso "Schroder, Juan v. Estado nacional - Secretaría de Recursos Naturales y Ambiente Humano s/amparo", LL 1994-E-449, se ha interpretado que la legitimación que reconoce el art. 43 se configura cuando se lesiona el denominado "ámbito o círculo vital" de las personas, el que "viene determinado por una relación de proximidad física esto es, por una vinculación derivada de la localización especial y no de la pertenencia a una jurisdicción política" (GAMBIER, Beltrán - LAGO, Daniel, "El medio ambiente y su reciente recepción constitucional", en CASSAGNE, Juan Carlos (dir.), *Estudios sobre la reforma constitucional*, Depalma, Buenos Aires, 1995, ps. 1/19).

[1720] Véanse notas 66 y 67, *supra*.

[1721] Como señala TAWIL, Guido S., *Administración y Justicia. Alcance del control judicial de la actividad administrativa*, t. II, Depalma, Buenos Aires, 1993, p. 81.

Sección 2ª

SITUACIONES JURÍDICAS SUBJETIVAS DE CARÁCTER PASIVO

1. DIFERENTES SITUACIONES PASIVAS EN QUE SE ENCUENTRA EL ADMINISTRADO FRENTE A LA ADMINISTRACIÓN PÚBLICA: SUJECIONES, DEBERES Y OBLIGACIONES

Analizadas las situaciones jurídicas activas del administrado, es decir las que le asignan poderes jurídicos sobre la Administración Pública, corresponde abordar las distintas situaciones pasivas donde la posición del particular consiste en soportar tanto el ejercicio genérico de las potestades como el ejercicio concreto de los derechos subjetivos de la Administración, a través de sujeciones y la imposición o establecimiento de deberes y obligaciones.

La sujeción indica una situación según la cual las personas físicas o jurídicas se encuentran sometidas a las potestades administrativas. Es, por lo tanto, el anverso de la potestad que implica la posibilidad eventual de soportar las consecuencias del ejercicio del poder jurídico que ella despliega sobre un ámbito que le pertenece al administrado.

El ejercicio de la potestad supone, por su parte, el nacimiento de las demás figuras jurídicas subjetivas, esto es derechos subjetivos, intereses legítimos, deberes y obligaciones[1722].

La teoría de los deberes públicos ha tenido hasta ahora un escaso desarrollo doctrinario y jurisprudencial[1723] en el Derecho Administrativo, justamente preocupa-

---

[1722] En caso de que el Estado hubiera ejercido la potestad expropiatoria mediante ley que declarara la utilidad pública y que la Administración tomara posesión del bien sin abonar la indemnización, el administrado poseería un verdadero derecho subjetivo a promover la acción denominada de expropiación irregular o inversa (art. 51, inc. c], ley 21.499).

[1723] Al respecto, se ha sostenido que "resulta" frecuente llamar la atención (y, en ocasiones, con un matiz de reproche apenas velado desde posiciones de signo autoritario fácilmente identificables) acerca del escaso desarrollo de la teoría de los deberes públicos, que contrasta – se dice– con la abundante literatura que a lo largo de los últimos cien años se ha dedicado a los derechos de este carácter. Esta observación, en lo que pueda tener de cierta, encuentra cumplida explicación en los propios orígenes del Estado de Derecho en cuanto forma histórica de solución de la permanente tensión entre el Poder, que tiende por esencia a la dominación, sin reconocer fronteras ni obstáculos a su continua expansión, y el Derecho, cuyo papel es, justamente, el de acotar el legítimo ejercicio de aquél dentro de unos límites determinados, que aseguren a los ciudadanos un ámbito de libertad. En el campo del Derecho Público ése es, y no puede dejar de ser, el problema primero y la específica forma de plantearse la lucha por el Derecho, sea cual sea el origen del Poder, su fuente de legitimidad o sus concretos titulares. Esto supuesto, resulta inevitable que la teoría de los deberes públicos no haya tenido en la historia contemporánea un desarrollo semejante a la de los derechos. En definitiva, aquéllos se desprenden del reconocimiento mismo de las potestades públicas, y de cuyo ejercicio en particular surgen eventualmente, lo cual hace innecesaria su afirmación específica; los derechos, en cambio, necesitan constantemente de esa afirmación estando como están en trance

do por la necesidad de garantizar los derechos del administrado ante los avances del poder público. Su conocimiento resulta útil para comprender el funcionamiento de todo el esquema de las situaciones jurídicas pasivas en que el administrado se encuentra frente a la Administración Pública y las limitaciones a que el poder jurídico de esta última se encuentra sometido.

La diferenciación entre el deber y la obligación es relativamente sencilla, si se parte de la concepción que postula la adscripción de ambas figuras jurídicas subjetivas pasivas al género de los deberes, en sentido amplio, que recaen sobre el administrado en atención a intereses que no le pertenecen sino que corresponden a una persona distinta o a la comunidad.

El deber, en sentido estricto, nace de la norma general y no de una relación jurídica intersubjetiva (*v.gr.*, el deber de cumplir con prescripciones legales de policía sanitaria – vacunación– , el deber de educación primaria, etc.). La obligación, en cambio, supone un vínculo proveniente de una relación jurídica de la cual surge el poder reconocido a favor de otro sujeto a obtener el cumplimiento de la conducta debida. En este caso, la conducta debida aparece impuesta en consideración a los intereses propios del titular del derecho subjetivo[1724].

Para que la Administración pueda exigir el cumplimiento del deber o la sanción, en caso de incumplimiento, se requiere el dictado de un acto administrativo que determine concretamente la obligación del administrado.

2. LA CARGA COMO SITUACIÓN JURÍDICA ACCESORIA DE CARÁCTER PASIVO. LO ATINENTE A LA FACULTAD Y AL *STATUS*

La figura de la carga, aparece a raíz de diversos estudios realizados en la doctrina procesalista[1725], y se distingue de la obligación por las siguientes circunstancias:

a) la carga se impone en interés propio y no ajeno, como la obligación;

b) mientras el incumplimiento de la obligación traduce la violación de la ley o del contrato, en su caso, el incumplimiento de la carga está previsto como conducta lícita cuyo efecto es precisamente no obtener el resultado previsto;

c) la obligación es susceptible de ejecución forzada eventual o por un tercero (art. 505, CCiv.), mientras que tal posibilidad no se da en la carga[1726].

Un sector de la doctrina española incluye entre las situaciones jurídicas accesorias de carácter pasivo a la facultad y al denominado *status*[1727]. Sin embargo, parece

---

permanente de ser desconocidos o conculcados (conf. GARCÍA DE ENTERRÍA, Eduardo - FERNÁNDEZ, Tomás R., *Curso...*, *cit.*, t. II, p. 33).

[1724] Conf. GARCÍA DE ENTERRÍA, Eduardo - FERNÁNDEZ, Tomás R., *Curso...*, *cit.*, t. II, p. 33.

[1725] MICHELI, Gian Antonio, *L'onere della prova*, Cedam, Padua, 1942. Sostiene este autor que la carga – a diferencia de la obligación– implica la necesidad de que "el titular de un determinado poder lo ejercite cuando quiere obtener un efecto en favor suyo".

[1726] HALPERIN, Isaac, "El régimen de sanciones al asegurado en la nueva ley argentina de seguros", *RDCO*, nro. 12, año 2, Depalma, Buenos Aires, 1969, p. 720.

prácticamente imposible escindir la figura de la facultad tanto del llamado poder jurídico en sentido genérico, como del derecho subjetivo, concebido como facultad moral o jurídica.

Tampoco resulta posible aceptar la configuración del *status* como categoría jurídica accesoria e independiente. Sin negar su existencia, toda vez que dicho *status* consiste en un complejo de derechos y deberes (*v.gr.*, el *status* de funcionario público, de militar, etc.), no parece que esta figura pueda incidir significativamente en el campo de las situaciones jurídicas subjetivas activas y pasivas, que serán siempre las que hemos indicado hasta aquí, aun cuando integren un *status* especial que tipifique la posición jurídica de ciertos administrados[1728].

[1727] GARRIDO FALLA, Fernando, *Tratado...*, *cit.*, t. I, ps. 360 y ss.

[1728] Es por lo demás evidente que la especialidad de la situación jurídica derivada del *status* no hace a la naturaleza o esencia de las categorías jurídicas que representan la titularidad de las situaciones jurídicas activas y pasivas del administrado.

CAPÍTULO III

LA TEORÍA DEL ACTO ADMINISTRATIVO

1. EL ACTO ADMINISTRATIVO COMO OBJETO CIENTÍFICO DEL CONOCIMIENTO DEL DERECHO ADMINISTRATIVO

Todo conocimiento supone una relación en la cual están presentes el sujeto y el objeto, es decir, un conjunto de entes conocidos o susceptibles de serlo (cognoscibles)[1729].

No obstante que sólo convencionalmente cabe sustentar la configuración de una ciencia del Derecho Administrativo (pues, en rigor, la ciencia jurídica es una sola y sólo por extensión se aplica el concepto a las diferentes ramas del derecho) la teoría del acto administrativo constituye uno de los objetos científicos del conocimiento, que integran la disciplina jurídica conocida como Derecho Administrativo.

Se trata de un objeto real que aparece como una parte de un mundo jurídico bastante complejo, integrado por normas, conductas y valores que, como se verá seguidamente, asume gran trascendencia en materia interpretativa.

Así, el Derecho Administrativo no se integra sólo con la norma (positivismo legalista) sino que está constituido también por una serie de contenidos provenientes de la experiencia (sin llegar a ser exclusivamente empírico) y, sobre todo, presidido por los principios de justicia que, al integrar el entramado básico del derecho natural, informan toda la estructura del Derecho Público.

2. LA INTERPRETACIÓN NORMATIVA: DISTINTAS CONCEPCIONES

El análisis de las teorías que se han formulado en materia de interpretación normativa, se circunscribirá a aquellas que, en mayor medida, han ejercido su influencia sobre la doctrina vernácula.

La solución de los distintos problemas que se relacionan con la teoría del acto administrativo podrá ser así diferente conforme a la doctrina que se escoja para resolverlos, sin desconocer que la interpretación normativa es – como se ha dicho– una operación rigurosamente lógica[1730].

[1729] Véase FATONE, Vicente, *Lógica y teoría del conocimiento*, Sudamericana, Buenos Aires, 1953, p. 93.

[1730] MANS PUIGARNAU, Jaime M., *Lógica para juristas*, Bosch, Barcelona, 1969, p. 14.

3. LAS CONCEPCIONES CONTINUADORAS DEL POSITIVISMO DECIMONÓNICO

A) La teoría "normológica" kelseniana

Este teoría persigue como objetivo principal la eliminación de la ciencia jurídica de todos los elementos que considera ajenos, concentrándose solamente en el conocimiento de lo que estima que constituye el objeto de la ciencia del derecho: la norma[1731], sin aceptar la posibilidad de que tanto la justicia como la realidad social puedan integrar el mundo jurídico. Kelsen, que es en realidad un continuador de la tradición positivista del siglo XIX, se funda en un estudio comparativo acerca de los ordenamientos jurídicos existentes en la actualidad y de los que han perdido vigencia para sostener que el derecho constituye un orden coactivo[1732].

Con respecto a la interpretación de las normas, el objeto de la concepción normológica consiste en desentrañar el sentido que el lenguaje asigna a la norma, excluyendo cualquier remisión a la voluntad del autor, por considerar que se trata de un procedimiento ajeno al objeto de la ciencia del derecho[1733].

La principal consecuencia que se desprende de esta concepción estriba en que la labor interpretativa de una norma no conduce forzosamente a una sola y exclusiva solución, en virtud de que la norma ofrece al intérprete un marco abierto de posibilidades[1734], sosteniendo que "si se entiende por interpretación la determinación del sentido de la norma por aplicar, el resultado de esta actividad no puede ser otro que el marco constituido por la norma, y por consiguiente, la comprobación de las diversas maneras posibles de llenarlo". En forma paralela, se afirma que la decisión del órgano encargado de aplicar la norma "está fundada en el derecho, significa simplemente que se mantiene en el interior del marco constituido por la norma, que es una manera de llenarlo, pero no la única"[1735].

B) Las líneas esenciales de la concepción "egológica"

Al observar que la teoría kelseniana, de cara a la elección de una posibilidad interpretativa dentro del marco constituido por la norma, postula que todos los métodos constituyen ideologías y que la adopción de cualquiera de ellos traduce un criterio político-axiológico, hubieron algunos autores que se preguntaron si no sería posible demostrar que podían existir elementos de juicio susceptibles de suministrar bases científicas para la elección, según las circunstancias, del método correcto de interpretación normativa[1736].

[1731] Conf. KELSEN, Hans, *Teoría pura del derecho*, Eudeba, Buenos Aires, 1963, p. 15.

[1732] Conf. KELSEN, Hans, *Teoría pura del derecho*, cit., p. 71.

[1733] Según Goldschmidt, en materia de interpretación normativa, Kelsen "hace gala de un riguroso unidimensionalismo normológico" (GOLDSCHMIDT, Werner, *Introducción al Derecho*, 3ª ed., Depalma, Buenos Aires, 1967, p. 249).

[1734] KELSEN, Hans, *Teoría pura del derecho*, cit., p. 166.

[1735] Conf. KELSEN, Hans, *Teoría pura del derecho*, cit., ps. 166/167.

[1736] AFTALIÓN, Enrique R., "La interpretación en la ciencia del derecho", LL 57, secc. Doctrina, párr. 3°.

La concepción egológica supone que el objeto de la norma es la conducta en interferencia intersubjetiva y procura resolver los problemas que se plantean en materia de interpretación normativa, sosteniendo, en primer término, que las referencias dogmáticas de las leyes no son todas iguales, por cuanto pueden remitirnos a objetos ideales, naturales o culturales (cuyo conocimiento se logra mediante el método racional deductivo, para los objetos ideales, el empírico para los naturales, y empírico-dialéctico para los culturales)[1737].

En segundo lugar, la tesis egológica postula que el interés de los juristas no debe posarse en las referencias dogmáticas de las normas sino en su objeto, el cual, siendo la conducta en interferencia intersubjetiva[1738], viene a afirmar que, en definitiva, para que la valoración que realice el intérprete sea correcta o científica, ella debe ser objetiva, calidad que tendría por su intersubjetividad y fuerza de convicción[1739].

Las principales críticas que ha merecido esta concepción provienen de la doctrina trialista que la ubica dentro de las teorías que sostienen que la interpretación de las normas se realiza en una sola dimensión que es la normativa, no obstante sus ingredientes sociológicos.

Al refutar la doctrina egológica sostiene Goldschmidt que ciertamente lo que su autor "tiene en mente cuando habla de la interpretación de la conducta a través de la norma, no es en realidad la interpretación de la norma sino su aplicación..." porque "mientras que la interpretación de la norma tiende un puente de la norma a la voluntad de su autor, la aplicación de la norma tiende un puente entre ésta y la conducta a enjuiciar"[1740].

4. LA INTERPRETACIÓN NORMATIVA EN LA TEORÍA TRIALISTA DEL DERECHO

Para la teoría trialista, la interpretación se orienta a descubrir el sentido de la norma a través de la voluntad de su autor, desenvolviéndose en dos dimensiones, como que la voluntad de su autor y el cumplimiento de la misma pertenece a la dimensión social y la descripción corresponde a la dimensión normativa[1741].

De ese modo, la interpretación comprende cuatro pasos distintos a saber: 1) la interpretación literal, que trata de desentrañar el sentido que le atribuye la comunidad lingüística en que se formula la norma; 2) la interpretación histórica, que consiste en hallar la auténtica voluntad del autor de la norma; 3) la comparación entre el sentido atribuido a la norma por la colectividad lingüística con la auténtica voluntad del autor; 4) de existir discrepancias entre la norma y la voluntad del autor, es nece-

[1737] COSSIO, Carlos, *La teoría egológica del derecho y el concepto jurídico de libertad*, Losada, Buenos Aires, 1944, p. 28 y la 2ª ed. de la misma obra, Abeledo-Perrot, Buenos Aires, 1964, ps. 50, 51, 54 y ss.; AFTALIÓN, Enrique R., "La interpretación...", *cit.*, p. 832.

[1738] AFTALIÓN, Enrique R., "La interpretación...", *cit.*, p. 832.

[1739] AFTALIÓN, Enrique R., "La interpretación...", *cit.*, p. 836.

[1740] Conf. GOLDSCHMIDT, Werner, *Introducción al Derecho*, cit., ps. 251/252.

[1741] GOLDSCHMIDT, Werner, *Introducción al Derecho*, cit., p. 257.

sario realizar su adaptación a esta última, achicándola (interpretación restrictiva) o ampliándola (interpretación extensiva)[1742].

5. LA DENOMINADA CARENCIA HISTÓRICA DE NORMAS

Cuando el legislador no hubiera previsto la norma para el caso, se dice que hay carencia histórica de normas. Goldschmidt sostiene que, en tal supuesto, las fuentes formales presentan vacíos o lagunas, por cuanto no hay ausencia de norma en sentido estricto, es decir, no hay ni siquiera norma incompleta (que es aquella que requiere precisión o reglamentación)[1743], sino que se está frente a la carencia de toda norma, caso que se presenta tanto si se dispone de un principio de normación[1744] como si se cuenta con un mero criterio negativo, donde al creador de la norma no lo anima ninguna voluntad, completa o incompleta[1745].

Dicha carencia "histórica" de norma (que se juzga involuntaria) conduce a crear una norma a efectos de cubrir el vacío que se produce en el ordenamiento normativo, lo cual demuestra que si bien éste ostenta lagunas en sus fuentes formales, el mundo jurídico en su totalidad es hermético, ya que siempre cabe la posibilidad de crear una norma que cubra las lagunas que aquel presenta a través de un procedimiento de integración del ordenamiento normativo[1746]. En el Derecho Administrativo, frente a la carencia histórica de normas, la tarea de integración exige partir de la Constitución Nacional, respetando su supremacía y averiguando si se dan los supuestos que permiten la autointegración o heterointegración[1747].

6. REGLAS BÁSICAS DE INTERPRETACIÓN CONSTITUCIONAL

En el Derecho Constitucional la doctrina ha reconocido la existencia de un conjunto de reglas de interpretación que revisten singular trascendencia en la solución de problemas capitales de la teoría del acto administrativo.

A) La voluntad del autor de la norma interpretada en forma dinámica

En la interpretación constitucional debe prevalecer la finalidad o contenido teleológico de la norma. Resulta necesario indagar cuál ha sido la voluntad del legislador y si ésta se halla en armonía con los fines contenidos en la Constitución Na-

---

[1742] GOLDSCHMIDT, Werner, *Introducción al Derecho, cit.*, ps. 234/235.

[1743] GOLDSCHMIDT, Werner, *Introducción al Derecho, cit.*, ps. 259/261.

[1744] Estos principios de normación carecen de aplicación inmediata y su finalidad se orienta básicamente a los legisladores (conf. GOLDSCHMIDT, Werner, *Introducción al Derecho, cit.*, p. 262).

[1745] GOLDSCHMIDT, Werner, *Introducción al Derecho, cit.*, p. 258.

[1746] BIDART CAMPOS, Germán J., "La interpretación y la integración constitucionales", ED 28-871; GOLDSCHMIDT, Werner, *Introducción al Derecho, cit.*, p. 269.

[1747] Véase: BIDART CAMPOS, Germán J., "La interpretación...", *cit.*, p. 872, esp. punto 18, y del mismo autor: *Derecho Constitucional*, t. I, Ediar, Buenos Aires, 1968, ps. 93 y ss.; LINARES QUINTANA, Segundo V., "La interpretación constitucional", JA 1960-II-48 y ss., secc. Doctrina; BIDEGAIN, Carlos María, *Cuadernos del curso de Derecho Constitucional*, 2ª ed., Abeledo-Perrot, Buenos Aires, 1969, ps. 78 y ss.

cional, dinámicamente considerados, ella debe ser interpretada de acuerdo con la finalidad que ha llevado al autor a realizar la descripción normativa[1748].

El Derecho Constitucional es, quizás, la rama del derecho que sufre más modificaciones en su desarrollo e interpretación en virtud de la necesidad de basar las técnicas interpretativas en un criterio dinámico[1749].

A su vez, la circunstancia de que en la interpretación constitucional deba prevalecer la finalidad conforme a la voluntad del autor, no impide que puedan establecerse nuevos fines, que no fueron considerados en su momento, pero que aparecen como consecuencia de su necesaria adaptación a cambiantes condiciones políticas, económicas y sociales.

Si se acepta que la interpretación de la Constitución debe ser dinámica, la voluntad del autor no debe remitirnos al tiempo histórico del pasado, sino interpretarse con un sentido evolutivo, es decir, "como un modo de adecuación y adaptación a los cambios", evitando fijar tal voluntad en el momento en que nació la Constitución, o sea, atribuyéndole a la misma una proyección en el futuro[1750].

B) La Constitución debe interpretarse como un conjunto armónico y sistemático de normas[1751]

Los principios y normas constitucionales no deben interpretarse en forma aislada, sino en armonía con el todo, de modo tal que tengan relación unos con otros. Como consecuencia de este principio interpretativo, debe siempre prevalecer la interpretación que armonice las distintas partes del cuerpo constitucional por encima de aquellas que contradigan u opongan distintas normas de la ley fundamental[1752], procurando mantener su unidad sistemática no sólo en lo que hace al aspecto normativo, sino también a la serie de valoraciones que el sistema incluye[1753] o que surgen de la dinámica social.

7. PROBLEMAS LINGÜÍSTICOS Y METODOLÓGICOS

A la compleja realidad que debe regular la teoría del acto administrativo se le suman los problemas lingüísticos y metodológicos que, en forma creciente y continua, dificultan el análisis de los problemas jurídicos, especialmente en el Derecho

---

[1748] Véase: BIDART CAMPOS, Germán J., "La interpretación...", *cit.*, p. 877; *Derecho Constitucional*, *cit.*, t. I, p. 94; LINARES QUINTANA, Segundo V., "La interpretación...", *cit.*, p. 52.

[1749] BIDEGAIN, Carlos María, *Cuadernos...*, *cit.*, ps. 79/80; GARCÍA PELAYO, Manuel, *Derecho Constitucional comparado*, 4ª ed., Revista de Occidente, Madrid, 1957, p. 116.

[1750] BIDART CAMPOS, Germán J., "La interpretación...", *cit.*, p. 877 y *Derecho Constitucional*, *cit.*, t. I, ps. 95/96, con citas de Joaquín V. González y de la jurisprudencia americana.

[1751] BIDART CAMPOS, Germán J., *Derecho Constitucional*, *cit.*, t. I, p. 95.

[1752] LINARES QUINTANA, Segundo V., "La interpretación...", *cit.*, p. 53; GONZÁLEZ, Joaquín V., *Obras completas*, t. V, Universidad de La Plata, Buenos Aires, 1935, p. 31; SÁNCHEZ AGESTA, Luis, *Curso de Derecho Constitucional comparado*, Editora Nacional, Madrid, 1968, p. 16; BIDEGAIN, Carlos María, *Cuadernos...*, *cit.*, ps. 78/79.

[1753] BIDART CAMPOS, Germán J., *Derecho Constitucional*, *cit.*, t. I, p. 94, nota 156.

Administrativo, donde la característica del derecho *in fieri* contribuye a favorecer el uso indebido de las más variadas y diferentes terminologías.

Como indica Carrió, muchas veces acontece que la falta de solución de las controversias jurídicas debe atribuirse al desconocimiento por parte de los juristas de las relaciones entre el derecho y el lenguaje[1754], no siempre convencidos de que la utilización irrazonable y abusiva de este último puede conducir al extremo de que en determinada institución o sector de una materia existan tantas terminologías como autores se hayan ocupado del tema.

El lenguaje – como se ha dicho– constituye por cierto un instrumento sutil y complicado[1755], cuya multiplicidad de usos conspira permanentemente contra el progreso de la teoría jurídica si no se conocen al propio tiempo las vinculaciones existentes con el derecho, el cual se vale de los lenguajes naturales para lograr que las normas puedan ser analizadas y comprendidas por el mayor número posible de personas. Si sólo un pequeño grupo de hombres pudieran desentrañar el significado de una norma, la función social del derecho no se vería realizada, por cuyo motivo las normas "no sólo se valen del lenguaje natural sino que, en cierto sentido, tienen que hacerlo"[1756].

Se afirma que los juristas, en sus razonamientos, suelen olvidar u omitir muchas cosas como consecuencia en gran medida del desconocimiento de las relaciones existentes entre el derecho y el lenguaje, entre ellas que:

a) Las palabras carecen de significados "intrínsecos", "verdaderos" o "reales", simplemente tienen usos y expresan el sentido que les atribuye la comunidad. "La convención que acuerda a una palabra o expresión una función determinada puede ser explícita y *ad hoc*, como ocurre en el caso de un lenguaje artificial cualquiera, o tácita y general, como ocurre en el caso de los lenguajes naturales[1757]", que son precisamente los que en mayor medida emplea el derecho.

b) El hecho de utilizar un mismo término no asegura que quien lo use se refiera a la misma cosa, por cuanto la ambigüedad y vaguedad propia de los lenguajes naturales hace que las palabras posean diversos significados[1758].

c) La costumbre de dar definiciones que hacen depender "la aplicación de una palabra de un determinado criterio en cierto modo subjetivo..." no reporta ningún beneficio por cuanto limitan el uso de los términos y presentan la desventaja de dividir "artificialmente un campo que por razones de conveniencia teorética es preferible mantenerlo unido"[1759].

d) Las clasificaciones no representan "la verdadera forma de agrupar las reglas y los fenómenos", y su relatividad hace que muchas veces la elección entre una

---

[1754] CARRIÓ, Genaro R., *Notas sobre Derecho y lenguaje*, Abeledo-Perrot, Buenos Aires, 1966, p. 66.

[1755] COPI, Irving M., *Introducción a la lógica*, Buenos Aires, 1968, ps. 34 y ss.

[1756] CARRIÓ, Genaro R., *Notas...*, *cit.*, p. 37.

[1757] CARRIÓ, Genaro R., *Notas...*, *cit.*, p. 64.

[1758] Sobre la ambigüedad de las palabras; véase: COPI, Irving M., *Introducción...*, *cit.*, ps. 7 y ss.

[1759] CARRIÓ, Genaro R., *Notas...*, *cit.*, p. 71.

manera y otra de clasificar dependa de su utilidad práctica o didáctica, ya que en definitiva toda clasificación constituye un instrumento para la adecuada comprensión de ciertas relaciones; "siempre hay múltiples maneras de agrupar o clasificar un campo de relaciones o fenómenos, el criterio para decidirse por una de ellas no está dado sino por consideraciones de conveniencia científica, didáctica o práctica. Decidirse por una clasificación no es como preferir un mapa fiel a uno que no lo es. Porque la fidelidad o infidelidad de un mapa tiene como test una cierta realidad geográfica, que sirve de tribunal inapelable, con sus ríos, cabos o cordilleras reales, que el buen mapa recoge y el mal mapa olvida. Decidirse por una clasificación es más bien como optar por el sistema métrico decimal frente al sistema de medición de los ingleses. Si el primero es preferible al segundo, no es porque aquél sea verdadero y éste falso, sino porque el primero es más cómodo, más fácil de manejar y más apto para satisfacer con menor esfuerzo ciertas necesidades o conveniencias humanas"[1760].

Sin embargo, aunque el conocimiento de las relaciones entre el derecho y el lenguaje puede contribuir a la eliminación de muchos desacuerdos doctrinarios existentes, fundados en meros equívocos verbales o en seudo desacuerdos de hecho alrededor de enunciados lógicos, la aplicación de la lógica al derecho no implica una concepción general del derecho ni "insinúa tampoco la pretensión temida por los juristas de que se quiera llegar a una formalización rigurosa del razonamiento jurídico"[1761].

[1760] CARRIÓ, Genaro R., *Notas...*, *cit.*, p. 72.

[1761] BOBBIO, Norberto, *El problema del positivismo jurídico*, Eudeba, Buenos Aires, 1965, ps. 26/27. Este autor lamenta que la confusión existente en la actualidad entre formalismo jurídico y lógica jurídica conduzca a los juristas a desconfiar de esta última, precisamente cuando debiera propiciarse el trabajo concertado entre lógicos y juristas; véase también: MANS PUIGARNAU, Jaime M., *Lógica para juristas*, *cit.*, ps. 5 y ss.

CAPÍTULO IV

LOS ACTOS DE LA ADMINISTRACIÓN

Sección 1ª

EL ACTO ADMINISTRATIVO

1. LOS DIFERENTES ACTOS QUE EMANAN DE LA ADMINISTRACIÓN Y LAS FUNCIONES DEL ESTADO

La actuación de la Administración se realiza a través de actos o hechos que traducen la realización de actividades de diversa índole en punto a su sustancia material.

Por su propia finalidad y naturaleza, la Administración Pública desarrolla una actividad material y objetivamente administrativa, de alcance individual y concreta, tendiente a satisfacer, en forma inmediata, las necesidades de bien común o de interés público, cuya concreción resulta indispensable en toda comunidad jurídicamente organizada. Tal es su actividad predominante.

Pero junto a la anterior (y quizá, hoy día, con el mismo grado de extensión) la Administración Pública desempeña una función que, aun cuando no le ha sido adjudicada en forma exclusiva, coadyuva y hace posible la realización de la función administrativa. Se trata de aquella porción de actividad materialmente legislativa que realiza la Administración Pública mediante el ejercicio de la potestad reglamentaria que le atribuye la Constitución.

Dentro del conjunto de funciones públicas, aunque de manera limitada y restringida, la ley puede adjudicar a la Administración el ejercicio de la función jurisdiccional, resolviendo controversias o conflictos por medio de actos que, en ciertas circunstancias y bajo determinadas condiciones, se asemejan, por su régimen jurídico y efectos, a los típicos actos que expresan el ejercicio de la función de juzgar, cuya competencia constitucional ha sido adjudicada al órgano judicial (arts. 109, 116 y 117, CN). Esta característica de nuestra realidad constitucional se ha consolidado tras la reforma de 1994, con la aparición de los entes reguladores a los que los respectivos marcos legales les han atribuido una limitada potestad jurisdiccional, lo que resulta constitucionalmente válido en la medida en que se respeten los principios del control judicial suficiente y del juez natural (lo cual veda el juzgamiento de causas regidas por el Derecho Privado).

Lo que cuenta es que administrar, legislar y juzgar son tres modos de actuación en el campo del Derecho Público, que expresan el poder estatal a través de diferentes tipos de actos sometidos a regímenes jurídicos diversos.

Vinculado a nuevas concepciones y, sobre todo, realidades que planteó la problemática de la actuación estatal, no puede desconocerse el fenómeno de la asunción por el Estado de actividades reservadas a la iniciativa particular, y que éste asumió como propias (tanto en la prosecución de un estatismo contrario a las libertades que predica la llamada Economía Social de Mercado, como en el intervencionismo subsidiario basado en la aplicación del principio de la suplencia) bajo formas institucionales privadas y con regímenes jurídicos típicos del Derecho Civil o Mercantil.

En su momento, lo novedoso de esta clase de actuación y el régimen jurídico atípico del control que, como extensión del concepto de tutela, se ejercía sobre los actos de estas entidades la Administración Pública, condujo a un sector de la doctrina a sostener una concepción unitaria para todos los actos de la Administración, cuyo criterio central al no atender a la sustancia ni al régimen jurídico de cada especie, resultaba en el fondo de carácter orgánico o subjetivo.

La importancia de esta actividad que desarrolló el Estado fue tal que, en la doctrina española, se propugnó el reconocimiento de una nueva categoría que se añadiría a la dinámica clásica (policía, fomento y servicio público) bajo el nombre de gestión económica[1762].

¿Importaba ello que la actividad de esas entidades estatales se ubicaba en alguna de las tres clásicas funciones del Estado?[1763].

Pensamos la actuación de entidades de propiedad del Estado o poseídas por él[1764] bajo formas jurídicas privadas, no obstante las derogaciones o excepciones al régimen ordinario que puedan estatuirse por normas públicas o privadas, no conduce necesariamente a que la actuación de estas entidades privadas se rija, en lo atinente al régimen de los actos que ellas celebran, por el Derecho Administrativo, sin perjuicio de su aplicación extensiva por imperio de la ley o del respectivo régimen jurídico.

Obsérvese que ni siquiera se estaría en el ámbito de la teoría de los llamados actos mixtos o de objeto privado emanados de entidades públicas estatales, donde el régimen jurídico se presenta entremezclado, sino frente a actividades reguladas, en principio, por el Derecho Privado.

En cambio, el sistema que regula los actos vinculados al ejercicio de las tres funciones estatales traduce la actuación del Estado en el campo del Derecho Público, con un régimen administrativo, derivado de la propia naturaleza y objeto de la actividad, en la que la finalidad de bien común o interés público se persigue en forma directa o inmediata.

Acontece así que el Estado puede llevar a cabo, en virtud del principio de subsidiariedad – con carácter excepcional– , actividades industriales o comerciales, en las que la satisfacción del interés o bien común se logra de un modo mediato e indi-

---

[1762] VILLAR PALASI, José L., "La actividad industrial del Estado en el Derecho Administrativo", *Revista de Administración Pública*, nro. 3, Instituto de Estudios Políticos, Madrid, 1950, p. 63.

[1763] REIRIZ, María G., en el comentario que nos hiciera al t. I de esta obra, *RADA*, nro. 13, Buenos Aires, 1976, p. 97.

[1764] Expresión que pertenece a GARRIDO FALLA, Fernando, "Las empresas públicas", en AA.VV., *La Administración Pública y el Derecho contemporáneo*, Instituto de Estudios Políticos, Madrid, 1961, p. 140.

recto. Es por tal causa que la mayoría de estas relaciones se apoyan, en lo esencial, en un fundamento de justicia conmutativa, en cuanto tienden a establecer vínculos de igualdad o proporción conforme al valor de las cosas objeto del intercambio que se opera entre las prestaciones, a pesar del fin mediato de bien común que esa actividad estatal persigue.

En definitiva, el Estado, al emitir diferentes especies de actos puede actuar indistintamente bajo formas públicas o privadas. Si opta por lo primero, que es el cauce propio y natural, sus actos serán, en principio, de Derecho Público, aunque puede también celebrar actos de objeto privado o de régimen jurídico mixto, en la medida en que lo admita el ordenamiento.

Si, en cambio, asume la condición de una persona jurídica privada, sus actos, en principio, se hallarán sometidos al Derecho Civil o Mercantil, encuadrándose en el régimen ordinario del llamado derecho común, salvo las derogaciones que, a texto expreso, introduzcan normas públicas o privadas o las que deriven del régimen administrativo aplicable a las relaciones jurídicas. Tanto en este último supuesto, como en el de los llamados actos mixtos o de objeto privado, el Estado no desempeña la función administrativa (en el campo del Derecho Público) sino que desenvuelve una actividad regulada por el Derecho Privado[1765].

2. LA DISTINTA CONDICIÓN JURÍDICA DE LOS ACTOS

En el ámbito del Poder Ejecutivo la función administrativa regula una serie de actuaciones diversas que se singularizan en actos internos e interorgánicos, actos intersubjetivos o interadministrativos, y fundamentalmente, en el género acto administrativo, cuyas especies más significativas son el acto administrativo unilateral y el contrato administrativo. Puede advertirse así que, conforme al criterio objetivo, las categorías jurídicas aludidas no se agotan en el Poder Ejecutivo (criterio orgánico o subjetivo) sino que aparecen también en la función materialmente administrativa que desarrollan los restantes poderes u órganos del Estado (criterio objetivo o material)[1766].

La función o actividad legislativa, en sentido material, se expresa tanto a través de reglamentos (con efectos externos sobre los administrados) como respecto de actos internos o interorgánicos. Ambas categorías integran el contenido del Derecho Administrativo y la peculiaridad de su régimen jurídico – en el caso de los reglamentos semejante al de las leyes– conduce a escindirlas del estudio de la teoría de los actos concretos y singulares (actos administrativos).

Fuera del plano teórico, el ámbito de la realidad muestra que la condición de cada acto de los órganos estatales constituye el punto de partida para poder determinar el régimen jurídico peculiar que rige cada institución o categoría jurídica. En

---

[1765] BREWER CARÍAS, Allan R., "La distinción entre las personas públicas y las personas privadas y el sentido de la problemática actual de la clasificación de los sujetos de derecho", RADA, nro. 17, p. 15.

[1766] C. Nac. Cont. Adm. Fed., sala 4ª, 2/6/1992, "González, Claudio Luis v. Estado nacional - Honorable Senado de la Nación s/juicio de conocimiento". En el mismo, la Cámara sostuvo la aplicabilidad del régimen de la ley 19.549 a actos administrativos de alcance particular emanados del presidente del Senado.

rigor, se trata de un silogismo: la función, basada en un criterio objetivo y finalístico, determina la condición jurídica del acto, el cual se rige, a su vez, por el régimen jurídico peculiar, fundado, precisamente, en los requisitos y caracteres inherentes a la actividad estatal materialmente concebida.

Algo similar acontece con los restantes actos que emite la Administración Pública, particularmente con los actos de sustancia jurisdiccional, los cuales poseen un régimen diverso al que es típico del acto administrativo, el cual se caracteriza fundamentalmente por la atenuación o supresión de los principios de jerarquía y de la cosa juzgada formal.

En cuanto a los actos de objeto privado provenientes de entidades u órganos estatales, ellos constituyen la demostración más acabada de la dificultad para establecer límites precisos entre los derechos Público y Privado. Su régimen jurídico es, por tanto, el resultado de una mixtura de ambos derechos, donde algún elemento siempre estará regido por el Derecho Administrativo (*v.gr.*, la competencia), mientras que los otros (el objeto, principalmente) se regulan por el Derecho Civil o Comercial.

La expresión formal que asumen esos diversos actos emitidos por entes y órganos públicos estatales no debe inducir a error acerca de su verdadera condición jurídica, pues puede acontecer que dos actos revistan una misma forma de "decreto" o de "resolución" y que técnicamente constituyan categorías jurídicas diferentes. Así, mientras un decreto del Poder Ejecutivo, de alcance particular y concreto, configura jurídicamente un "acto administrativo", otro emanado del mismo órgano puede regular situaciones abstractas, impersonales y objetivas, a través de normas generales y obligatorias revistiendo la condición jurídica de un "reglamento". La distinción es esencial, ya que, como se verá luego, el régimen jurídico de uno y otro acto acusa marcadas diferencias.

A su vez, también difiere el régimen jurídico de los actos administrativos (emanados de órganos estatales) correspondiente a los actos de las personas públicas no estatales los cuales, si bien pueden regularse por extensión por el Derecho Público (*v.gr.*, en materia de fiscalización o contralor del ejercicio de poderes exorbitantes) no configuran, en principio, actos administrativos típicos.

La jurisprudencia de la Corte Suprema se ha orientado en tal sentido al sostener que los actos de una "entidad de Derecho Público no estatal no son administrativos..." "máxime cuando tienen por objeto el establecimiento de vínculos contractuales con particulares"[1767].

3. LA ACTIVIDAD DE LA ADMINISTRACIÓN CON RELACIÓN A TERCEROS

El conjunto de actividades llevadas a cabo por la Administración Pública produce sus efectos en el plano externo, es decir, con repercusión directa sobre los administrados, así como en el orden interno de la propia organización administrativa, o

---

[1767] *In re* "Farmacia Roca SCS v. Instituto Nacional de Seguridad Social para Jubilados y Pensionados s/contencioso-administrativo", Fallos 312:234 (1989); ver también en igual sentido, Fallos 307:2199.

bien puede generar otro tipo de relaciones jurídicas, las cuales se caracterizan por crear un vínculo estrictamente interadministrativo entre sujetos o entidades estatales.

La teoría de la relación interorgánica, como concepción opuesta a la típica que surge del acto administrativo, fue criticada por un sector de la doctrina[1768] no obstante lo cual cabe apuntar que sigue teniendo vigencia y cabe anotar que una buena parte de las opiniones jurídicas clásicas sostenidas en el derecho comparado[1769] se inclinaron a favor del reconocimiento de los actos que emanaban de la actividad interna de la Administración, como una categoría autónoma y distinta del acto administrativo[1770].

4. LOS HECHOS ADMINISTRATIVOS

Los hechos desempeñan una función trascendente en el mundo jurídico en cuanto constituyen – en su sentido general– la causa que provoca el nacimiento, la modificación, transferencia o extinción de los derechos u obligaciones.

El hecho jurídico se encuentra definido en el art. 896, CCiv., como todo "acontecimiento" que produce los efectos apuntados[1771] el cual puede asumir carácter humano o provenir de la naturaleza[1772]. Los primeros se denominan hechos subjetivos mientras que los naturales reciben el nombre de hechos objetivos.

Los hechos administrativos de carácter subjetivo constituyen una especie de hecho jurídico signado por caracteres propios, habida cuenta de la necesaria presencia de un órgano estatal para que ellos se configuren. Son comportamientos materiales u operaciones que traducen el ejercicio de una actividad física de los órganos

---

[1768] FIORINI, Bartolomé A., *Teoría jurídica del acto administrativo*, Abeledo-Perrot, Buenos Aires, 1969, p. 23; GORDILLO, Agustín, *El acto administrativo*, 2ª ed., Abeledo-Perrot, Buenos Aires, 1969.

[1769] ZANOBINI, Guido, *Corso di Diritto Amministrativo*, 8ª ed., t. II, Giuffrè, Milán, 1958, ps. 269/270; RIVERO, Jean, *Droit Administratif*, Dalloz, París, 1977, p. 91; FRAGA, Gabino, *Derecho Administrativo*, 3ª ed., Porrúa, México, 1944, ps. 202/203; GARCÍA TREVIJANO FOS, José A., *Tratado de Derecho Administrativo*, Revista de Derecho Privado, Madrid, 1967, ps. 191 y ss.; SANDULLI, Aldo M., *Manuale di Diritto Amministrativo*, 10ª ed., Jovene, Nápoles, 1970, p. 349.

[1770] CASSAGNE, Juan Carlos, *El acto administrativo*, 2ª ed., Abeledo-Perrot, Buenos Aires, 1978, ps. 111/116. Como allí se demuestra, el régimen jurídico del acto interno de la Administración es notoriamente distinto del correspondiente al acto administrativo.

[1771] En la nota hecha por el codificador a la secc. II del Libro II del Código Civil se recogen conceptos de Ortolan: "La función de los hechos en la jurisprudencia es una función eficiente. Si los derechos nacen, si se modifican, si se transfieren de una persona a otra, si se extinguen, es siempre a consecuencia o por medio de un hecho. No hay derecho que no provenga de un hecho, y precisamente de la variedad de hechos procede la variedad de derechos".

[1772] No corresponde reiterar aquí la clasificación de los hechos jurídicos existentes en el Derecho Civil. Cabe advertir que, en esa disciplina, a pesar de que los hechos humanos (en general) reciben el nombre de actos, se reserva el concepto de acto jurídico para una especie de hechos humanos: los voluntarios lícitos que tengan por fin inmediato establecer entre las personas relaciones jurídicas, crear, modificar, transferir, conservar o aniquilar derechos (art. 944, CCiv.).

administrativos[1773] a diferencia de los actos administrativos que traducen siempre el producto de una declaración, es decir, de una exteriorización al plano jurídico de un proceso intelectual[1774].

Las conductas que configuran los hechos administrativos pueden ser realizadas en cumplimiento de un acto administrativo anterior e, inclusive, hay hechos que permiten discernir la presencia de una voluntad tácita de la Administración[1775].

Pero los hechos naturales u objetivos también interesan al Derecho Administrativo, tales como el tiempo, el espacio y la medida de las cosas, los cuales son elementos del mundo real que no poseen valor jurídico en sí mismos sino en la medida en que integran aspectos de los hechos jurídicos[1776].

Así, con el "tiempo" está relacionado todo cuanto concierne al modo de computar los intervalos del Derecho y específicamente tanto lo relativo a la caducidad y prescripción como al plazo concebido en una cláusula accesoria del acto administrativo mientras que se vincula con el "espacio" lo referente a la clasificación de la competencia en razón del territorio, sirviendo para el deslinde de atribuciones entre entidades que tienen establecido un marco geográfico que limita el ámbito de sus potestades administrativas.

A su vez, la medida de las cosas (extinción, volumen y peso) ha sido regulada por el derecho objetivo, el cual ha adoptado como sistema de pesas y medidas el sistema métrico decimal, de aplicación obligatoria en todos los contratos y transacciones comerciales que se celebren en el país[1777].

5. LAS VÍAS DE HECHO ADMINISTRATIVAS

El concepto de vía de hecho administrativa, obra de la jurisprudencia francesa[1778], pertenece al campo de la ilegitimidad y comprende todos aquellos comportamientos materiales que, sin alcanzar a configurar una declaración, implican una grosera o grave violación del ordenamiento jurídico[1779].

[1773] ZANOBINI, Guido, *Corso...*, *cit.*, t. I, ps. 241 y ss. Por lo común se reserva la expresión hecho administrativo para el hecho subjetivo humano, proveniente de un órgano administrativo.

[1774] CASSAGNE, Juan Carlos, *El acto administrativo*, *cit.*, p. 92.

[1775] RANELLETTI, Oreste, *Teoria degli atti amministrativi speciali*, Giuffrè, Milán, 1945, p. 8.

[1776] ZANOBINI, Guido, *Corso...*, *cit.*, t. I, p. 212.

[1777] Ley 845.

[1778] RIVERO, Jean, *Droit Administratif*, *cit.*, ps. 172 y ss.; BENOIT, Francis P., *Le Droit Administratif français*, Dalloz, París, 1968, p. 432, y su traducción: *El Derecho Administrativo francés*, Instituto de Estudios Administrativos (INAP), Madrid, 1977, punto 721 y ss., ps. 516 y ss.; WALINE, Marcel, *Droit Administratif*, 9ª ed., Sirey, París, 1963, ps. 437 y ss.

[1779] MARIENHOFF, Miguel S., *Tratado de Derecho Administrativo*, t. II, 4ª ed. act., Abeledo-Perrot, Buenos Aires, 1993, ps. 216/220 y 497/501; CASSAGNE, Juan Carlos, *El acto administrativo*, *cit.*, ps. 263/264.

La Ley Nacional de Procedimientos Administrativos[1780] señala, a título enunciativo, dos supuestos de vías de hecho: a) el comportamiento material[1781], que sea lesivo de un derecho o garantía constitucional y b) la puesta en ejecución de un acto hallándose pendiente algún recurso administrativo de los que en virtud de norma expresa impliquen la suspensión de su ejecutoriedad o que, habiéndose resuelto, no fuere notificado.

La noción de "vía de hecho" del régimen argentino vigente en el orden nacional es más amplia que la elaborada por el Consejo de Estado francés que la limita al menoscabo del derecho de propiedad o de una libertad fundamental[1782], no habiendo alcanzado la noción un punto de equilibrio en la medida en que no se ha establecido definitivamente si ella comprende sólo las operaciones materiales o también las manifestaciones de voluntad de la Administración Pública[1783].

En el sistema argentino de la Ley Nacional de Procedimientos Administrativos, la lesión que configura la vía de hecho debe implicar un ataque efectivo, un comportamiento material, que como tal sea tangible, no bastando con la lesión potencial o una mera amenaza de sufrir perjuicio.

[1780] Art. 9º, LNPA, con las modificaciones introducidas por la ley 21.686. La norma no contempla expresamente la sanción consiguiente a la vía de hecho; Grecco, le atribuye como efecto principal la paralización de la jurisdicción contencioso-administrativa para entender, correspondiendo la competencia al tribunal que deba aplicar la disciplina general del Derecho común de la responsabilidad, conforme al ámbito territorial pertinente, más allá de permanecer el caso dentro de la jurisdicción federal y aplicarse la Ley Nacional de Procedimientos Administrativos; GRECCO, Carlos M., "Vías de hecho administrativas", en MUÑOZ, Guillermo A. - GRECCO, Carlos M., *Fragmentos y testimonios del Derecho Administrativo*, Ad-Hoc, Buenos Aires, 1999, p. 305; en el mismo sentido: C. Nac. Cont. Adm. Fed., sala 5ª, 7/8/1996, – Dres. Grecco, Gallegos Fedriani y Otero– , en la causa "Gil Navarro, Luis Miguel v. Administración Nacional de Seguridad Social y otros s/amparo".

[1781] La reforma del art. 9º, inc. a), LNPA, por la ley 21.686, introdujo, siguiendo el criterio que sostuvimos en un comentario hecho a la ley 19.549, la expresión "comportamiento material" para definir la "vía de hecho". Véase CASSAGNE, Juan Carlos, "La Ley Nacional de Procedimientos Administrativos 19.549", ED 42-835. Grecco, por su parte, recuerda que, por esta razón, los actos administrativos considerados en forma independiente de su ejecución no pueden constituir vía de hecho; GRECCO, Carlos M., "Vías de hecho administrativas", *cit.*, p. 301.

[1782] Para el derecho francés existe vía de hecho cuando al realizar una actividad material de ejecución, la Administración comete una irregularidad grosera, flagrante, que afecta al derecho de propiedad o a una libertad fundamental; puede ser de dos tipos, la llamada vía de hecho por ausencia de derecho, que es la ejecución, incluso legal, de una decisión groseramente ilegal – se le asimilan los comportamientos sin un título jurídico que los justifique– , y la vía de hecho por vicio en el procedimiento, o sea, la ejecución en condiciones de ilegalidad de una decisión administrativa, sea esta legítima o no (GAUDEMET, Yves, *cit.*, t. I, ps. 420 y ss.; DE FORGES, Jean-Michel, *cit.*, ps. 348 y ss.). La consecuencia de la vía de hecho en el sistema jurídico francés, es la plena jurisdicción de los tribunales judiciales, que tendrán competencia para condenar a la reparación de los daños y a conminar a la Administración para que cese en el comportamiento constitutivo de aquella (CHAPUS, René, *Droit Administratif général*, 11ª ed., t. I, Montchrestien, París, 1997, punto 1087, ps. 780 y ss.).

[1783] BENOIT, Francis P., *Le Droit Administratif...*, *cit.*, p. 429.

6. EL ACTO ADMINISTRATIVO EN LA LNPA

En la actualidad, la situación del derecho administrativo resulta distinta de la que existía al momento de sancionarse la Ley Nacional de Procedimientos Administrativos en el año 1972 y aunque no se describirá totalmente el antiguo escenario, algunas referencias resultan insoslayables si se quiere captar el sentido que tienen las prescripciones legales a raíz de las transformaciones operadas en el seno de la Administración y en el modelo de Estado.

Tal es el sentido de fidelidad que cabe guardar hacia la obra del principal inspirador del Tít. III de la LNPA que, como se reconoce en la Exposición de Motivos, fue la de nuestro maestro Miguel S. Marienhoff.

Una visión actual y retrospectiva del escenario en el que se aplica la Ley Nacional de Procedimientos Administrativos no puede prescindir de estos datos:

a) en comparación con la anterior Administración no se puede desconocer que, actualmente, existe una Administración que cuenta con mejores recursos humanos (al menos, en el plano jurídico) y técnicos;

b) la actividad administrativa, en general, se ha enmarcado en torno al principio de legalidad que se traduce en garantías efectivas para los administrados (ej.: los obstáculos que se interponían para ejercer el derecho a la vista de las actuaciones pertenecen al pasado del derecho administrativo). Los abusos y arbitrariedades, aun cuando continúan existiendo, son menores a los que se producían antes de la sanción de la ley;

c) el modelo de Estado en el que opera la Ley Nacional de Procedimientos Administrativos exhibe una realidad radicalmente distinta como consecuencia de haberse pasado del Estado Benefactor al Estado subsidiario, a raíz de los cambios que impulsó el proceso mundial de globalización de la economía y, entre nosotros, la transformación del Estado que condujo a la privatización de los principales servicios públicos que prestaban las empresas públicas;

d) la interpretación administrativa y judicial ha seguido, en general, una línea que asigna prevalencia a las fuentes doctrinarias (particularmente al *Tratado* de Marienhoff y al Proyecto de Código Contencioso-Administrativo para la Nación de 1968). No se puede así desconocer que esta circunstancia ha contribuido a la seguridad jurídica uniformando la interpretación judicial de las principales prescripciones de la Ley Nacional de Procedimientos Administrativos;

e) el objetivo esencial que perseguía la Ley Nacional de Procedimientos Administrativos al centrarse en la constitución de un sistema legal garantístico de los derechos e intereses de las personas frente al Estado se ha cumplido y continúa cumpliéndose no obstante algunas desviaciones que una buena jurisprudencia podría llegar a corregir.

En resumidas cuentas, no obstante que la Ley Nacional de Procedimientos Administrativos contiene una regulación incompleta en muchos aspectos, su marco básico ha permitido, en líneas generales, tanto el desarrollo de una interpretación dinámica de los textos existentes para amoldarlos a la realidad como la inserción de nuevos principios e instituciones.

7. PRINCIPALES CONSECUENCIAS DE LA LNPA EN EL PLANO DE LA REALIDAD JURÍDICA

Una primera consecuencia derivada de la sanción de la Ley Nacional de Procedimientos Administrativos radicó en la aplicación de un bloque de normas propias del derecho administrativo para regular la mayor parte de las relaciones entre los particulares y la Administración, ya que si bien se admitía la aplicación generalizada de ciertos principios de Derecho Público, aun gravitaba, en la práctica administrativa de los escalones intermedios del Estado, el peso de la visión civilista sobre la actividad de los órganos y entes estatales.

De otra parte, la Ley Nacional de Procedimientos Administrativos ha sido objeto del análisis ciertamente crítico pero también equilibrado en algunos aspectos, tanto por parte de la doctrina como de la jurisprudencia, dando pie a una interpretación evolutiva. El equilibrio que se exhibe en la interpretación se revela por:

a) la aplicación analógica y no meramente subsidiaria del Derecho Civil, lo cual implica asignar prevalencia y aplicación generalizada a los principios generales del derecho administrativo y a las fórmulas legales similares para resolver los casos no previstos por la Ley Nacional de Procedimientos Administrativos, acudiendo al Derecho Privado ante la insuficiencia de las fuentes formales previa adaptación de sus prescripciones a los principios del Derecho Público;

b) la creación pretoriana de nuevas técnicas y principios al derecho tales como el de tutela judicial efectiva, de confianza legítima, *in dubio pro administrado*, así como la doctrina del acto propio y el principio general de la buena fe (este último proveniente del Derecho Civil). Esta circunstancia, ha impedido la llamada anquilosis o congelamiento de la ley, abriendo un ancho cauce a la hermenéutica normativa el cual, en la medida en que transite por el terreno garantístico refuerza el Estado de Derecho y las garantías individuales.

Ahora bien, existen algunas circunstancias que no han favorecido la interpretación y aplicación del sistema de la Ley Nacional de Procedimientos Administrativos.

En primer lugar, el conjunto de la doctrina acusa una gran dispersión interpretativa, habiéndose extremado la interpretación de los principios y preceptos de la Ley Nacional de Procedimientos Administrativos que se apartan muchas veces de las fuentes como de la jurisprudencia. Así, se advierten tendencias que apuntan más que a la reconstrucción de las falencias, a la destrucción de las instituciones fundamentales de la disciplina.

En segundo término, cuadra observar que la Ley Nacional de Procedimientos Administrativos no ha constituido un freno eficaz contra la corrupción como consecuencia de haberse omitido reglamentar normas que tornen preceptivo el principio de la transparencia, así como establecer medidas de prevención tales como las que ahora existen a partir de la vigencia de la Convención Interamericana contra la corrupción.

Esta última, que constituye una fuente *supra* nacional del Derecho Administrativo, prevalece, dada su jerarquía constitucional (art. 75, inc. 22, CN) sobre las prescripciones de la Ley Nacional de Procedimientos Administrativos, sin que sea necesaria su recepción al plano interno por parte del Poder Legislativo o del Ejecutivo.

8.   LAS TENDENCIAS INTERPRETATIVAS

La sistematización de las corrientes interpretativas de una ley corre el riesgo de resultar incompleta en cuanto depende siempre de los elementos distintivos que se toman en cuenta para realizar una tarea, de por si compleja y, en cierto modo, arbitraria. Con esa advertencia, las diferentes orientaciones pueden resumirse en dos grandes líneas:

a) una corriente estatista, apegada más a la exégesis que a una interpretación dinámica y evolutiva (y, sobre todo, garantística) ha puesto el acento en la irrestricta defensa del interés público (al que suele confundir con el interés de la Administración) obviando el principio *in dubio pro administrado* y otros principios cardinales como la confianza legítima y la tutela judicial efectiva (este último en cuanto a la interpretación de las normas procesales de la Ley Nacional de Procedimientos Administrativos, es decir, con respecto a los arts. 23 y ss.);

b) una corriente garantística que, con algunas paradojas, se vuelca en una subdivisión. Mientras que una tendencia interpretativa se orienta a dar prevalencia a todos los protagonistas privados de la relación jurídica con el Estado (meros ciudadanos, contratistas incluidos los concesionarios y licenciatarios, y los llamados usuarios) otra, en cambio, opta por dar una prevalencia absoluta e irrestricta a la protección del usuario actual del servicio público en desmedro, no sólo de los legítimos derechos del concesionario, sino del interés público o del potencial o futuro usuario.

La paradoja es que esta última línea interpretativa traduce, desde el punto de vista del contratista privado, interpretaciones que llegan a conculcar muchas veces los derechos reconocidos en los respectivos contratos, convirtiéndose así en una tendencia autoritaria que no difiere, en las técnicas y reglas a que acude, de la vertiente estatista.

Es obvio que en ambas interpretaciones late una ideología radicalmente distinta que parte, según los casos, de una interpretación diversa del art. 42, CN, exhibiendo defectos semánticos y metodológicos, que conducen a transformar discusiones de fondo en meras discrepancias verbales y viceversa, o bien, en transitar por el camino del método descriptivo para encubrir fórmulas preceptivas.

9.   NOCIÓN DE ACTO ADMINISTRATIVO. DELIMITACIÓN DEL CONCEPTO Y FUNCIÓN ACTUAL

La teoría del acto administrativo tuvo su origen y desarrollo en Francia, merced a la jurisprudencia, principalmente, del Consejo de Estado y, de un modo complementario, del Tribunal de Conflictos, ya que este órgano este último tiene atribuida la función de deslindar la competencia entre los tribunales administrativos y los judiciales[1784].

Ello no significa, desde luego, restar importancia a los estudios doctrinales realizados en lo que va del siglo, en particular en el Derecho continental europeo (Italia, Alemania y España) y en distintos países latinoamericanos.

[1784] Para un desarrollo histórico de la noción ver: MARIENHOFF, Miguel S., *Tratado...*, *cit.*, t. II, ps. 224 y ss.; SANTAMARÍA PASTOR, Juan A., *Principios de Derecho Administrativo*, 2ª ed., t. II, Centro de Estudios Ramón Areces, Madrid, 2000, ps. 127 y ss.

La razón de ser de la concepción, conectada inicialmente con la necesidad práctica de establecer la división entre la jurisdicción contencioso-administrativa y la judicial, como consecuencia de la interpretación del principio de la separación de los poderes elaborado por Montesquieu[1785], obedece, en realidad, a una causa mucho más profunda y radical.

Esa razón se vincula con la propia finalidad del Derecho Administrativo en cuanto propende a la prosecución del bien común a través de actividades jurídicas homogéneas, que precisan llevarse a cabo conforme a un régimen diferente al que es propio de los actos de Derecho Privado[1786].

La teoría del acto administrativo demuestra que su elaboración y desarrollo ha tenido en cuenta no sólo el interés público que el Estado persigue al extender los efectos de su accionar al ámbito externo sino también y en una medida importante, las garantías debidas al administrado que surgen del sometimiento de la Administración Pública a determinados principios y reglas jurídicas que, en tanto justas y razonables, poseen legitimidad.

Si el acto administrativo trasciende el ámbito interorgánico de la Administración, proyectándose al plano externo por efecto de la exteriorización de la voluntad del órgano estatal, lo primero que corresponde indagar es de qué modo se produce ese proceso. Por ello, el acto administrativo constituye una "declaración" habida cuenta que exterioriza un proceso de tipo intelectual, por oposición a los meros hechos administrativos, los cuales consisten en comportamientos materiales que traducen una actividad física de la Administración[1787].

Dentro del concepto de declaración se comprenden tanto las típicas declaraciones de voluntad, como las de conocimiento y de opinión o juicio. De modo, pues, que técnicamente constituyen declaraciones los actos que trasuntan una actividad de conocimiento y atestación, tal como acontece cuando la Administración procede a

---

[1785] Constituye una idea común afirmar que en Francia se realizó, durante y después de la Revolución, una aplicación errónea del principio divisorio de Montesquieu, pasando por alto que la obra revolucionaria implicó un retroceso sensible en relación con la situación que el administrado tenía en el antiguo régimen en los litigios contra el Estado (al eliminar órganos, como el Consejo del Rey). Por otra parte, la Revolución mantuvo, en sus grandes lineamientos, el sistema del antiguo régimen, que excluía a las autoridades estrictamente judiciales de la función de juzgar las causas contencioso-administrativas. Tal parece también haber sido el pensamiento teórico de Montesquieu, quien concebía al poder de juzgar como aquel que "castiga a los crímenes o juzga las diferencias de los particulares"; para un desarrollo extenso de esta interpretación, BENOIT, Francis P., *Le Droit Administratif...*, *cit.*, ps. 286 y ss.

[1786] Bielsa apunta que existen "entre los actos de Derecho Civil y los actos administrativos diferencias sustanciales en razón de los elementos constitutivos del acto, empezando por los sujetos que en el acto administrativo, uno al menos, es de Derecho Público, luego el objeto y la causa que es de interés público y el régimen de formación, modificación y extinción, pues prevalece siempre la voluntad de la Administración Pública" (BIELSA, Rafael, *Derecho Administrativo*, t. II, 6ª ed., La Ley, Buenos Aires, 1964, p. 16).

[1787] ZANOBINI, Guido, *Corso...*, *cit.*, t. I, ps. 241 y ss. Ver también: GORDILLO, Agustín, *Tratado de Derecho Administrativo*, 8ª ed., t. I, Fundación de Derecho Administrativo, Buenos Aires, 2003, ps. X-2 y X-3; COMADIRA, Julio R. - MONTI, Laura (colab.), *Procedimientos administrativos, Ley Nacional de Procedimientos Administrativos, anotada y comentada*, t. I, La Ley, Buenos Aires, 2002, p. 182.

registrar hechos o actos a los que le otorga autenticidad (*v.gr.*, inscripción de derechos reales, certificado de defunción) como cuando certifica hechos sobre los cuales toma conocimiento (*v.gr.*, certificado del cual surge la inhibición de bienes de una persona) o bien, en aquellos en que emite una opinión o un juicio (*v.gr.*, expedición de un certificado de buena conducta)[1788].

Aunque el acto administrativo pertenece a la categoría de los actos jurídicos voluntarios, cabe reconocer diferencias entre el acto administrativo y el acto jurídico privado, las cuales justifican la existencia de una teoría propia para esta importante categoría del Derecho Público, Así, en el Derecho Privado sólo adquiere condición de acto jurídico la declaración encaminada a producir en forma inmediata una modificación del orden jurídico (art. 944, CCiv.), mientras que en el Derecho Público el acto administrativo abarca un espectro más amplio, incluyendo también aquellas declaraciones que no persiguen esa finalidad en forma inmediata sino mediata.

La comparación entre ambas categorías permite sostener que en el Derecho Público se produce el fenómeno por el cual ciertas determinaciones de la autoridad administrativa adquieren existencia formal externa y autónoma bajo la forma de actos que, para el Derecho Privado, carecen de trascendencia jurídica directa, al menos en lo concerniente a su manifestación formal externa[1789].

Ahora bien: esa declaración precisa surgir de un órgano del Estado y ser emitida en ejercicio de la función materialmente administrativa (concepción objetiva) puesto que es precisamente tal circunstancia la que va a generar consecuencias en el régimen del acto que se emita (*v.gr.*, reglas sobre competencia). En cambio, no es posible que entidades no estatales dicten actos administrativos – en sentido estricto– , ya que aun reconociendo que el Derecho Público pueda regular a veces sus actividades (*v.gr.*, personas públicas no estatales) éstas no poseen el mismo régimen que los actos administrativos[1790].

En definitiva, la noción de acto administrativo comprende toda declaración proveniente de un órgano estatal[1791], emitida en ejercicio de la función materialmen-

[1788] SAYAGUÉS LASO, Enrique, *Tratado de Derecho Administrativo*, 8ª ed. puesta al día por Daniel H. Martins, t. I, Clásicos Jurídicos Uruguayos, Fundación de Cultura Universitaria, Montevideo, 2002, punto 240, p. 388 y puntos 255 a 264, ps. 414 a 431; RANELLETTI, Oreste, *Teoria...*, *cit.*, p. 3; COSCULLUELA MONTANER, Luis, *Manual de Derecho Administrativo*, 11ª ed., Civitas, Madrid, 1997, ps. 327 y ss.

[1789] ALESSI, Renato, *Instituciones de Derecho Administrativo*, trad. a la 3ª ed. italiana del *Sistema Istituzionale di Diritto Amministrativo*, t. I, Bosch, Barcelona, 1970, p. 242.

[1790] MARIENHOFF, Miguel S., *Tratado...*, *cit.*, t. II, ps. 255/256; sobre la aplicación de la Ley Nacional de Procedimientos Administrativos a las personas públicas no estatales véase: MONTI, Laura N. - MURATORIO, Jorge I., "La aplicación de la Ley Nacional de Procedimientos Administrativos a los actos de los entes públicos no estatales", REDA, nro. 14, Depalma, Buenos Aires, 1993, ps. 517 y ss., señalan que "es útil no atribuir mentalmente un régimen de Derecho Público a cualquier actividad" (p. 523) al comentar el fallo de la Corte dictado en la causa "Colegio de Abogados de la Capital Federal v. Martínez Echenique, Benjamín s/cobro de sumas de dinero", Fallos 315:1830 (1992).

[1791] GARRIDO FALLA, Fernando, *Tratado de Derecho Administrativo*, 11ª ed., t. I, Tecnos, Madrid, 1995, ps. 43/47, admite la posibilidad de que los órganos Judicial y Legislativo realicen actuaciones administrativas; planteando la necesidad de superar la idea que afirma la personalidad jurídica de la Administración para reemplazarla por la personalidad jurídica del

te administrativa y caracterizada por un régimen administrativo, propio y típico del Derecho Público, que genera efectos jurídicos individuales directos con relación a los administrados destinatarios del acto.

10. LA ESTRUCTURA DEL ACTO ADMINISTRATIVO: CARÁCTER UNILATERAL O BILATERAL DE LA DECLARACIÓN

Se discute si la noción de acto administrativo sólo comprende aquellas declaraciones unilaterales[1792] de volición, cognición, juicio u opinión, o si también incluye en ella a los actos cuya estructura fuera bilateral[1793], en tanto la voluntad del administrado participa en la declaración jurídica.

El origen de la concepción que limita el acto administrativo al proveniente de una declaración unilateral de la Administración reconoce dos vertientes. En Francia, ante la carencia de una teoría general, en el Código Civil, sobre los hechos y actos jurídicos, la doctrina y la jurisprudencia construyeron la noción del acto administrativo sobre la base de la expresión unilateral de voluntad y las prerrogativas exorbitantes que poseía la Administración. Tal concepto adquirió, de ese modo, perfiles propios, recibiendo el nombre de "decisión ejecutoria", la cual incluye, tanto a las decisiones de alcance general (decretos, circulares, etc.) como a las de alcance particular que crean una situación jurídicamente individualizada y concreta[1794].

Por otra parte, la doctrina italiana al negar la categoría del contrato administrativo y sostener que el distinto valor que poseen la voluntad de la Administración y la del particular impide fundirlas en un acuerdo contractual[1795], ha contribuido también a sumar puntos a favor de la concepción que sólo admite el acto administrativo unilateral.

Sin embargo, las diferencias existentes entre los contratos y los actos unilaterales no justifican la configuración de géneros diferentes en el Derecho Administrativo

---

Estado (esp. p. 46). Ver también para la primera afirmación: 13ª ed., 2002, con la colab. de Alberto P. Olmeda y Herminio Losada González, ps. 44 a 52.

[1792] RIVERO, Jean, *Droit Administratif, cit.*, ps. 93 y ss.; ver también GARCÍA TREVIJANO FOS, José A., *Los actos administrativos*, 1ª ed., Civitas, Madrid, 1986, ps. 95/97.

[1793] BIELSA, Rafael, *Derecho Administrativo, cit.*, t. II, ps. 171 y ss.; MARIENHOFF, Miguel S., *Tratado..., cit.*, t. II, ps. 230 y ss.; FIORINI, Bartolomé A., *Teoría..., cit.*, ps. 32 y ss.; posición que entendemos es la correcta en el ordenamiento jurídico argentino en tanto armoniza con la clasificación civilista aplicable analógicamente. Esto es así tanto más si se advierte la bilateralidad que existe en los llamados actos privados de la Administración o actos de objeto privado, los cuales si bien tienen un régimen jurídico distinto poseen las mismas características estructurales en cuanto a los sujetos intervinientes.

[1794] RIVERO, Jean, *Droit Administratif, cit.*, p. 94.

[1795] ALESSI, Renato, *Sistema istituzionale del Diritto Amministrativo italiano*, 2ª ed., Giuffrè, Milán, 1958, ps. 274/275. En la doctrina italiana predomina el criterio de que la mayor parte de los contratos que celebra la Administración son contratos de Derecho Privado: DI RENZO, Francesco, *I Contratti della Pubblica Amministrazzione*, Giuffrè, Milán, 1975, ps. 11 y ss. Giorgio Mattarella afirma que la distinción fue delineada por A. Amorth y no ha sido abandonada al día de hoy (MATTARELLA, Giorgio, "L'attivitá", en CASSESE, Sabino (dir.), *Trattato di Diritto Amministrativo*, 2ª ed., t. I, Giuffrè, Milán, 2003, p. 735).

pues, tal como acontece en el Derecho Civil, ambas categorías son especies del acto jurídico administrativo.

En definitiva, la cuestión consiste en demostrar la configuración de una teoría general sobre el acto administrativo aplicable a todas las especies de declaraciones productoras de efectos jurídicos individuales con relación a los administrados.

Al contrato administrativo se le aplican los principios de la teoría general del acto administrativo (*v.gr.*, elementos, nulidades, vicios, extinción, etc.) con las peculiaridades que hacen a la figura contractual, aplicación que realizan inconscientemente todos los autores que, aun cuando adhieren a la concepción del acto unilateral, aplican a los contratos administrativos las reglas de las nulidades del acto administrativo[1796].

En consecuencia, todo contrato celebrado por el Estado en ejercicio de funciones administrativas constituye esencialmente un acto jurídico administrativo[1797], dado que el concepto de contrato incluye, mediante notas comunes, la cualidad del género acto jurídico, sin que a ello obsten las notas propias que disminuyen la universalidad del género[1798].

A su vez, la unilateralidad o bilateralidad del acto administrativo pueden darse tanto en su formación como en los efectos. Así – por ejemplo– el permiso del dominio público constituye un acto de formación bilateral pues la declaración se integra con el concurso de dos voluntades que se funden, aun cuando sus principales efectos o consecuencias sean unilaterales[1799].

Por su parte, la petición del administrado, integra el acto[1800], tal es el caso de las autorizaciones que, al requerir el pedido del administrado, son actos administrativos bilaterales en su formación. La voluntad del administrado no opera, en esos casos, como un mero coadyuvante[1801] o condición del acto, sino que se funde con la voluntad de la Administración.

Esta distinción acerca de la unilateralidad o bilateralidad en la formación y efectos de los actos administrativos ha sido recepcionada por la Corte Suprema de Justicia de la Nación[1802] a partir del caso "Metalmecánica SA v. Gobierno Nacional", donde se expuso que si la voluntad del interesado debía expresarse para su incorporación a un régimen desde el momento en que aquélla era aceptada, otra

---

[1796] La jurisprudencia ha dicho que "Los contratos administrativos son actos administrativos en la medida en que le son aplicables los principios de su teoría general" (C. Nac. Cont. Adm. Fed., sala 4ª, 27/4/1982 "Yacimientos Carboníferos Fiscales v. Frabia SA", ED 102-233).

[1797] FIORINI, Bartolomé A., *Teoría...*, *cit.*, p. 33.

[1798] MANS PUIGARNAU, Jaime M., *Lógica para juristas*, Bosch, Barcelona, 1969, ps. 43/44.

[1799] MARIENHOFF, Miguel S., *Tratado...*, *cit.*, t. II, ps. 237/238.

[1800] En contra: JÈZE, Gastón, *Principios generales del derecho administrativo*, t. III, Depalma, Buenos Aires, 1949, p. 233.

[1801] FORSTHOFF, Ernst, *Tratado de Derecho Administrativo*, trad. del alemán, Centro de Estudios Constitucionales, Madrid, 1958, p. 294, posición que es característica de la doctrina alemana para explicar la participación de la voluntad del administrado en el origen del acto.

[1802] "Metalmecánica SA v. Gobierno Nacional", Fallos 296:672 (1976) y en ED 71-465, consid. 8°. En el caso, se trataba del acogimiento al régimen de promoción de la industria automotriz.

voluntad, la de la Administración Pública juntamente con la voluntad del particular, dan origen a un acto administrativo bilateral en su formación y también en sus efectos, pues el pedido del interesado de acogerse a un régimen constituye un presupuesto esencial de la existencia del acto, que también resulta bilateral en sus efectos, pues de la concurrencia de voluntades emergen derechos y obligaciones para ambas partes.

11. SU ALCANCE INDIVIDUAL

La utilización del criterio material para acotar el concepto del acto administrativo, encuadrándolo en límites precisos, cuyo contenido y contornos obedecen a la homogeneidad de su régimen jurídico junto a la esencial finalidad que lo nutre, conduce necesariamente a la separación de aquellos actos emitidos por la Administración en ejercicio de actividades materialmente normativas.

Ello es así por cuanto el abandono del criterio formal o subjetivo para clasificar las funciones estatales obliga a excluir del concepto de acto administrativo a los reglamentos, cuyo carácter abstracto y generalidad de efectos, denotan su pertenencia al ámbito de las actividades legislativas en sentido material[1803]. Como bien se ha dicho, el acto normativo o de alcance general traduce una vocación de permanencia[1804] incorporándose al ordenamiento sin los efectos consuntivos que caracterizan al acto administrativo.

Esta circunstancia es la que tipifica e influye sobre todo el régimen jurídico de los reglamentos, acercándolos, en muchas de sus notas peculiares, al régimen de las leyes en sentido formal (*v.gr.*, sistema de publicidad).

Al abordar el concepto del reglamento se verán las radicales diferencias entre su régimen y el aplicable a los actos administrativos, fundamentalmente en lo que hace a publicidad, extinción, protección jurisdiccional, jerarquía, retroactividad, etc.

12. EFECTOS QUE PRODUCE

A diferencia de lo que ocurre con los llamados actos interorgánicos o internos de la Administración, los actos administrativos producen efectos en el plano externo, es decir frente a los administrados[1805].

Como se verá a continuación, aun cuando no toda la doctrina se halla conteste, la doble clasificación se impone por la lógica interna de los respectivos regímenes jurídicos[1806].

[1803] LAUBADÈRE, André de, *Traité elémentaire...*, *cit.*, t. I, p. 65.

[1804] COMADIRA, Julio R. - MONTI, Laura (colab.), *Procedimientos administrativos...*, *cit.*, p. 194.

[1805] SAYAGUÉS LASO, Enrique, *Tratado...*, *cit.*, t. I, ps. 395/396.

[1806] FIORINI, Bartolomé A., *Teoría...*, *cit.*, ps. 23/25, postura que en su momento criticamos. Sin embargo, en su obra póstuma Fiorini rectifica ese criterio, ocupándose con cierto detalle del régimen de los actos provenientes de la actividad interna, a los cuales separa claramente de los actos administrativos (conf. FIORINI, Bartolomé A., *Derecho Administrativo*, 2ª ed. act., t. II, Abeledo-Perrot, Buenos Aires, 1976, ps. 319 y ss.).

En el acto administrativo lo esencial para tipificar el efecto jurídico causado es que el mismo se produzca en forma directa, incidiendo en la relación sustancial con el particular[1807]. Por "efectos jurídicos directos" se reputan aquellos que surgen del propio acto, quedando, por tanto, fuera del concepto de acto administrativo los actos carentes de efectos jurídicos (*v.gr.*, felicitaciones) y aquellos otros que repercuten sólo indirectamente en la esfera de los administrados, los cuales constituyen meros actos internos o interorgánicos[1808].

Desde luego que también existen actos internos productores de efectos jurídicos directos (ej.: instrucción del Poder Ejecutivo a un ministro sobre una misión al exterior) que técnicamente no son actos administrativos.

En suma, el dato del carácter directo del efecto ha de vincularse a un destinatario ajeno a la Administración[1809], por cuya causa sólo se concibe la existencia del acto administrativo cuando sus efectos alcanzan la esfera jurídica de los administrados o terceros afectando la relación jurídica sustancial que los vincula. Por administrados o terceros destinatarios del acto se entienden las personas físicas, las personas jurídicas de carácter privado y las personas públicas no estatales. Asumen, asimismo, esa calidad los agentes públicos en aquellos supuestos en que se hubieran emitido actos internos que afecten los derechos emergentes de la relación de empleo o función pública[1810].

En aquellos supuestos en que el acto no incida o afecte la relación jurídica sustancial (ya sea porque se trata de un derecho preexistente o bien, de una mera declaración no fundada en ley o no exigida por el ordenamiento) el acto resultante configura un mero pronunciamiento administrativo carente de presunción de legitimidad y de ejecutoriedad.

En tal caso, la principal consecuencia que se desprende de esta categoría jurídica es que el particular no consiente el acto cuando no lo impugna judicialmente dentro del plazo de caducidad del art. 25, LNPA[1811].

[1807] FORSTHOFF, Ernst, *Tratado...*, *cit.*, ps. 282/283.

[1808] La ventaja de la concepción que tiene en cuenta el carácter directo del efecto jurídico causado es la de superar la discusión existente en doctrina acerca de si para la configuración del acto administrativo era indispensable que el acto fuera definitivo o también correspondía incluir a los actos preparatorios de la voluntad administrativa, pues ahora lo que realmente importa es que el acto, de suyo, produzca efectos jurídicos con relación a los administrados.

[1809] García Pullés opina que la verdadera distinción entre los actos administrativos y los interorgánicos e interadministrativos radica en la presencia o ausencia de verdadera alteridad entre el sujeto emisor el destinatario del acto (GARCÍA PULLÉS, Fernando R., "Actividad administrativa interna, interorgánica e interadministativa", en *Acto administrativo y reglamento*, Jornadas organizadas por la Universidad Austral, Facultad de Derecho, RAP, Buenos Aires, 2002, ps. 343 y ss.).

[1810] En el mismo sentido: GARCÍA PULLÉS, Fernando R., "Actividad...", *cit.*, p. 336.

[1811] Conf. MAIRAL, Héctor A., "Los meros pronunciamientos administrativos", en CASSAGNE, Juan Carlos (dir.), *Derecho Administrativo*, obra colectiva en homenaje al profesor Dr. Miguel S. Marienhoff, Abeledo-Perrot, Buenos Aires, 1998, ps. 651 y ss. En apoyo de la configuración de esta nueva categoría de actos de la Administración – que compartimos– Mairal invoca la doctrina de la Corte expuesta en el caso "Serra, Fernando Horacio y otro v. Municipalidad de la Ciudad de Buenos Aires", Fallos 316:2454 (1993).

13. EL CONCEPTO DE ACTO Y REGLAMENTO EN LA LNPA

Si bien la Ley Nacional de Procedimientos Administrativos no ha incorporado a su texto definiciones legales, de sus prescripciones se desprenden algunas consecuencias:

a) aunque el art. 1°, LNPA, parece orientarse hacia una noción orgánica o subjetiva de acto administrativo como actividad del Ejecutivo, nada impide utilizar, por analogía, el criterio de la función materialmente administrativa para asignar el carácter de actos administrativos a los provenientes de los órganos legislativo y judicial, como efectivamente lo ha interpretado prácticamente la totalidad de la doctrina y los distintos tribunales del fuero federal;

b) no obstante que la Ley Nacional de Procedimientos Administrativos parece haber adoptado el criterio de mayor amplitud conceptual (considerando que el reglamento es un acto administrativo, aunque de alcance general) – pues así se lo menciona en varias prescripciones– lo cierto es que la Ley Nacional de Procedimientos Administrativos regula también, específicamente, aspectos que hacen a la autonomía de la figura reglamentaria, como el régimen de publicidad (art. 11) y va de suyo, que corresponde excluir la aplicación a los reglamentos de las normas que rigen en materia de revocación del acto administrativo;

c) aun cuando ambas interpretaciones pueden hacerse dentro de la Ley Nacional de Procedimientos Administrativos, si se independiza el concepto de reglamento (comprendiendo dentro del concepto al mero acto de alcance general (que no integra el ordenamiento) de la figura más específica del acto administrativo (concreta y, por tanto, de efectos jurídicos individuales) ello jugaría a favor de la extensión de las normas de la Ley Nacional de Procedimientos Administrativos a los reglamentos delegados y a los de necesidad y urgencia, lo cual brindaría mayores garantías a los titulares de los derechos afectados por un acto de esa naturaleza.

Sección 2ª

LA ACTIVIDAD REGLAMENTARIA

1. LA EVOLUCIÓN DEL CONCEPTO DE REGLAMENTO A PARTIR DEL CONSTITUCIONALISMO: SU CARÁCTER NORMATIVO

Durante el constitucionalismo, la concepción jurídica de reglamento se encontraba limitada por la interpretación estricta que se hacía acerca del principio de separación de los poderes y de la ley como producto de la voluntad general, a la que sólo se concebía como emanación de los órganos parlamentarios. Así, dentro del esquema del siglo pasado, la ley formal y material tenía primacía absoluta en todos los casos sobre el reglamento, ya que al traducir la expresión de la voluntad general se le adjudicaba el carácter de soberana. La actividad reglamentaria del Ejecutivo se consideraba parte de la función de ejecutar las leyes. Por esta causa, se sostuvo la tesis de que el reglamento era el producto de la función ejecutiva o administrativa.

Pero el crecimiento de las funciones del Poder Ejecutivo, operado en la evolución posterior del constitucionalismo, ha provocado el surgimiento de otras formas jurídicas de expresión de la actividad normativa, tales como los reglamentos delegados primero, los llamados reglamentos autónomos después, y finalmente los de necesidad y urgencia, desplazando la vigencia del principio que limitaba la actividad de la Administración Pública a la ejecución de la ley formal.

Desde la óptica realista, los reglamentos traducen el ejercicio de la actividad legislativa, en cuanto son actos unilaterales de la Administración que crean normas jurídicas generales y obligatorias, operando sus efectos en el plano externo a través de la regulación de situaciones impersonales y objetivas.

Si lo que realmente define su esencia o naturaleza es el hecho de la creación, modificación o extinción de normas de alcance general, es evidente que el reglamento es acto de legislación[1812] y no acto administrativo[1813].

Pero, no obstante que en la Ley Nacional de Procedimientos Administrativos el reglamento aparece considerado como acto administrativo de alcance general (art. 24, LNPA), siguiendo la opinión de la fuente doctrinaria según la cual el reglamento es producto de la función administrativa[1814], si se examina en su integridad el sistema de la Ley Nacional de Procedimientos Administrativos, se advierte la configuración de regímenes jurídicos distintos, en cuanto atañe a publicidad, silencio, extinción, etc.[1815]. Esto acontece porque, si bien técnicamente el reglamento no es una ley, al participar de sus caracteres esenciales, posee un régimen jurídico similar a raíz de que es producto de la actividad materialmente legislativa[1816].

2. ACTO ADMINISTRATIVO Y REGLAMENTO: DIFERENCIAS

Las diferencias entre el régimen jurídico del reglamento y el que corresponde al acto administrativo[1817] comprenden los siguientes aspectos fundamentales:

A) La prelación jerárquica del reglamento y la imposibilidad de establecer excepciones singulares y concretas

Uno de los principios más importantes del Derecho Público del antiguo régimen (anterior a la Revolución Francesa) era el denominado de la "inderogabilidad singu-

---

[1812] Conf. LINARES, Juan F., *Fundamentos de Derecho Administrativo*, Astrea, Buenos Aires, 1975, p. 205; XIFRA HERAS, Jorge, *Formas y fuerzas políticas*, Bosch, Barcelona, 1970, p. 270; Linares llega a sostener que aun cuando no fuera considerado acto de legislación sus caracteres tornan que sea desacertado considerarlo un acto administrativo.

[1813] CASSAGNE, Juan Carlos, *El acto administrativo, cit.*, ps. 101 y ss. El reconocimiento de una diferente categoría jurídica para el reglamento no impide aplicar algunas disposiciones del régimen del acto administrativo (*v.gr.*, elementos, nulidad y vicios).

[1814] MARIENHOFF, Miguel S., *Tratado..., cit.*, t. I, punto 64, ps. 255/256, y, del mismo autor, "El acto administrativo general: el reglamento", JA año 1974, secc. doctrina, p. 171.

[1815] Conf. LINARES, Juan F., *Fundamentos..., cit.*, p. 205.

[1816] PRAT, Julio A., *Derecho Administrativo*, t. III, Acali, Montevideo, 1977, vol. 2, p. 13.

[1817] Conf. BARRA, Rodolfo C., "La potestad reglamentaria de la Administración Pública en el derecho argentino", en *La Contraloría General de la República*, Santiago de Chile, 1977, ps. 83/84.

lar del reglamento"[1818]. Durante el derecho regio, el acto que instrumentaba normas de alcance general que emitía el monarca o príncipe, no podía derogarse para los casos particulares a través de excepciones o derogaciones singulares.

Esta regla halla su fundamento en el principio de igualdad ante la ley[1819], que proclama el art. 16, CN, de estricta aplicación en materia reglamentaria.

Ahora bien, dada la prelación jerárquica que tiene el reglamento sobre el acto administrativo, que por su naturaleza es concreto y de alcance individual, éste precisa adaptarse a las normas generales que prescriba aquél[1820].

De este principio se desprenden consecuencias que hacen al régimen jurídico del reglamento, a saber:

(i) la Administración no puede derogar singularmente, por un acto administrativo, un reglamento, ya fuere éste de ejecución, delegado, autónomo o de necesidad o urgencia;

(ii) el órgano administrativo superior puede derogar el reglamento del órgano inferior o modificarlo mediante otro acto de alcance general, si posee competencia y potestad reglamentaria[1821];

(iii) el órgano administrativo superior que carece de potestad reglamentaria puede derogar un reglamento del órgano inferior, de oficio o al resolver el recurso jerárquico[1822], donde se cuestione el reglamento. Pero nunca puede dictar un acto administrativo de excepción que no se ajuste al reglamento, ya que ello violaría la garantía de la igualdad ante la ley[1823].

Por otra parte, no resulta necesario, como principio general, el dictado de reglamentos previos por parte de la Administración para que ésta pueda emitir actos administrativos de alcance individual[1824], ya que muchas veces para que la ley se cumpla no se precisa el dictado de reglamentos.

[1818] GARCÍA DE ENTERRÍA, Eduardo, *Legislación delegada, potestad reglamentaria y control judicial*, Tecnos, Madrid, 1970, ps. 271 y ss. Para el sistema español, conf. también: SANTAMARÍA PASTOR, Juan A., *Fundamentos de Derecho Administrativo*, t. I, Centro de Estudios Ramón Areces, Madrid, 1988, ps. 320 y ss.; PARADA VÁZQUEZ, José R., *Derecho Administrativo*, t. I, Pons, Madrid, 1989, p. 71.

[1819] RAINAUD, Jean M., *La distinction de l'acte réglementaire et de l'acte individuel*, R. Pichon et R. Durand-Auzias, París, 1966, ps. 83 y ss.

[1820] CASSAGNE, Juan Carlos, *El acto administrativo*, cit., p. 105.

[1821] RAINAUD, Jean M., *La distinction...*, cit., p. 90.

[1822] RAINAUD, Jean M., *La distinction...*, cit., ps. 90/91.

[1823] La Corte Suprema de Justicia de la Nación ha reconocido que el principio de la igualdad ante la ley rige en materia reglamentaria, si bien lo vinculó a la exigencia de publicidad ("Ganadera Los Lagos SA v. Nación Argentina", Fallos 190:142 [1941]).

[1824] RAINAUD, Jean M., *La distinction...*, cit., ps. 97 y ss., analiza el principio opuesto en la doctrina y jurisprudencia francesa, aun cuando admite excepciones (ps. 102/103) cuando la ley no se pronuncia acerca de la necesidad de un reglamento previo. Según Rainaud, el reglamento previo contribuye a dotar de automatismo a las decisiones que deben adoptar los diversos escalones administrativos.

La prohibición de alterar o violar un reglamento mediante el dictado de un acto administrativo ha sido reiteradamente señalada por la Procuración del Tesoro de la Nación, con fundamento en la necesidad de observar el principio de legalidad[1825].

B) El régimen de publicidad

La técnica de publicidad a que está sometido el reglamento difiere de la prescripta para el acto administrativo. El reglamento adquiere vigencia, por principio, mediante la publicación, ya que al trasuntar el ejercicio de la función materialmente legislativa, se torna imprescindible el cumplimiento de un postulado constitucional básico en todo Estado de Derecho: la igualdad ante la ley (art. 16, CN). En cambio, el acto administrativo – que posee siempre alcance individual– cobra publicidad a través de la notificación, la cual, en principio, debe realizarse en forma personal y fehaciente. La distinta modalidad que implica el régimen de publicidad entre el acto administrativo y el reglamento ha sido reconocida tanto por la doctrina nacional[1826] como comparada[1827], encontrándose incorporada al ordenamiento vigente en el orden nacional[1828] y provincial[1829].

De las diferencias apuntadas en el régimen de publicidad surge que las personas físicas o jurídicas que hubieran tomado conocimiento de un acto administrativo, aun sin hallarse notificados, pueden pedir su aplicación. Tal derecho no puede ser reconocido con respecto a los reglamentos en razón de la desigualdad que se generaría con quienes no hubieran tenido la oportunidad de conocer sus disposiciones, lo cual sería violatorio del principio constitucional de la igualdad ante la ley (art. 16, CN). Por esta causa, la última parte del art. 11, LNPA, que reconoce la facultad, a favor de quien conozca el contenido de un reglamento antes de su publicación, de pedir la aplicación del mismo, debe reputarse inconstitucional[1830].

[1825] Dictámenes 4:84, y: 34:201; 87:145; 97:241; 100:191; 102:213; 114:495; 154:473; 206:159; 221:161; 228:152; 239:196 y 249:347.

[1826] MARIENHOFF, Miguel S., *Tratado...*, *cit.*, t. II, ps. 343/345.

[1827] RIVERO, Jean, *Droit Administratif*, *cit.*, ps. 92/93; GAUDEMET, Yves, *cit.*, t. I, p. 521; DE FORGES, Jean-Michel, *cit.*, ps. 60/61; CHAPUS, René, *Droit Administratif...*, *cit.*, 11ª ed., t. I, punto 1328 y ss., ps. 1028 y ss.; SEILLER, Bertrand, *Droit Administratif, 2. L'action administrative*, Champs Université, Flammarion, París, 2001, p. 138; PARADA VÁZQUEZ, José R., *Derecho Administrativo*, *cit.*, t. I, ps. 69 y ss.; SANTAMARÍA PASTOR, Juan A., *Principios...*, *cit.*, vol. I, ps. 313/314; PRAT, Julio A., *Derecho Administrativo*, *cit.*, t. III, vol. 2, p. 14, apunta que si bien esta diferencia es obra de la doctrina y la jurisprudencia tiene actualmente en Uruguay base constitucional (art. 317, ap. 1).

[1828] Art. 11, LNPA.

[1829] Córdoba, ley 5350 (art. 98); La Pampa, ley 951 (art. 54); Salta, ley 5348 (art. 102); Mendoza, ley 3909 (art. 105).

[1830] La limitación que formula al respecto el art. 11 *in fine*, LNPA en cuanto permite que los administrados pidan el cumplimiento del reglamento antes de su publicación *en la medida en que no resultaren perjuicios para terceros*, no legitima la violación del orden jurídico constitucional ya que la desigualdad no requiere para su consumación la existencia de un perjuicio en quien la invoque.

3. CONTINUACIÓN. OTROS MATICES DIFERENCIALES ENTRE EL ACTO ADMINISTRATIVO Y EL REGLAMENTO

En materia de extinción, los reglamentos participan del mismo régimen que las leyes en el sentido de que ningún derecho adquirido puede impedir su derogación. Lo contrario importaría tanto como postular la total inmovilidad del derecho objetivo en materia reglamentaria. Los reglamentos son, por tanto, esencialmente revocables en sede administrativa, principio que resulta opuesto al que rige los actos administrativos que, en principio, gozan de estabilidad[1831].

De ese modo, el sistema de revocación que contienen las normas de la Ley Nacional de Procedimientos Administrativos sólo se aplica a los actos administrativos (de alcance individual)[1832].

Tampoco se aplican a los reglamentos las disposiciones sobre silencio administrativo (por su propia naturaleza pues no puede haber actos generales tácitos de denegatoria)[1833], ni las normas que se refieren a la intervención previa del administrado en el proceso de formación del acto administrativo (debido proceso adjetivo)[1834].

En materia de protección jurisdiccional, el respectivo régimen acusa también diferencias en punto a la situación legitimante del titular del derecho o interés legítimo, pues, al menos en el orden nacional[1835] y en algunos códigos procesales contencioso-administrativos de las provincias[1836] se consagran requisitos especiales para la impugnación judicial directa de los reglamentos.

La antigua jurisprudencia de la Corte Suprema de Justicia de Nación, que había negado en algunos casos la protección jurisdiccional de los administrados que impugnaban ante la justicia directamente reglamentos ilegítimos, sobre la base del argumento de que en virtud de su contenido general no existía "gravamen actual"[1837] fue superada por las normas de la Ley Nacional de Procedimientos Administrativos

---

[1831] LAUBADÈRE, André de, *Traité élémentaire...*, cit., t. I, p. 293; RAINAUD , Jean M., *La distinction...*, cit., ps. 121 y ss.; RIVERO , Jean, *Droit Administratif, cit.*, p. 94; DE FORGES, Jean-Michel, *cit.*, p. 65; SANTAMARÍA PASTOR, Juan A., *Principios...*, cit., vol I, p. 314; PRAT, Julio A., *Derecho Administrativo, cit.*, t. III, vol. 2, p. 14.

[1832] Arts. 17, 18 y 21, LNPA, con las modificaciones introducidas por la ley 21.686.

[1833] Conf. LINARES, Juan F., *Fundamentos...*, cit., p. 205.

[1834] Art. 1°, inc. f), LNPA.

[1835] Arts. 24, LNPA, que prescribe la impugnación judicial del reglamento en dos supuestos: a) cuando un interesado a quien el acto afecta o pueda afectar en forma cierta e inminente en sus derechos subjetivos haya formulado reclamo contra la autoridad que lo dictó y el resultado fuere adverso o se diere algunos de los supuestos previstos en el art. 10 (silencio o ambigüedad de la Administración Pública), y b) cuando la autoridad de ejecución del acto de alcance general le haya dado aplicación mediante actos definitivos y contra tales actos se hubieran agotado sin éxito las instancias administrativas. Al respecto, hemos sostenido que el derecho subjetivo que se requiere puede también subyacer en la titularidad de la relación jurídica afectada o susceptible de afectarse (conf. CASSAGNE, Juan Carlos, "La impugnación judicial de reglamentos", LL 1979-C-721). No se requiere la configuración de perjuicio, pues la norma no lo exige.

[1836] Art. 15, CPCA La Pampa.

[1837] "Agote, Marcelo", Fallos 252:130 (1962); "Romay, Francisco", Fallos 256:467 (1963).

que admiten la impugnación judicial directa del reglamento (arts. 24, inc. a] y 30, LNPA, con las modificaciones de la ley 21.686)[1838].

Sección 3ª

OTROS SUPUESTOS DE ACTIVIDAD ESTATAL REGULADA POR EL DERECHO ADMINISTRATIVO

1. LOS ACTOS INTERORGÁNICOS

La actividad interorgánica es aquella que vincula a dos o más órganos de la Administración integrantes de una misma persona pública estatal. Lo esencial del acto interorgánico es que no produce efectos jurídicos directos con relación a los administrados, operando sólo en el plano interno del ente[1839]. Por esa causa, tampoco forman parte de esta categoría jurídica los llamados actos interadministrativos, los cuales por generar relaciones entre sujetos estatales, trascienden el ámbito interno de la relación intraórganos, aun cuando poseen una tipicidad peculiar que los distingue del acto administrativo.

Tratándose de la actividad interna de la Administración carece de importancia toda categorización acerca del alcance individual o general de la actuación administrativa, pues los respectivos actos participan del mismo régimen jurídico. Esto es así por cuanto, técnicamente, por faltarle el dato de la proyección externa de los efectos, no puede concebirse la función legislativa (en sentido material) para regular normas generales en el círculo interno de competencia de los órganos integrantes de una persona jurídica pública estatal.

Con todo, tratase de una actividad que siempre es jurídica[1840], caracterizada por un régimen especial, que se halla influido por el principio de unidad de acción. Este principio es de imprescindible vigencia en toda organización administrativa puesto que en el seno de una entidad no puede admitirse la existencia de voluntades contra-

---

[1838] Opinión que sostuvimos anteriormente (conf. CASSAGNE, Juan Carlos, *El acto administrativo, cit.*, ps. 102/103).

[1839] La jurisprudencia de la Cámara de Apelaciones en lo Contencioso Administrativo al referirse a los dictámenes, dentro de la actividad consultiva, si bien niega el carácter vinculante a estos actos de la Administración, en algunas oportunidades los considera como hechos que orientan para la interpretación de la declaración que posteriormente efectúa la Administración a través del acto administrativo; conf.: sala 1ª, voto del Dr. Coviello, "Vianini SPA v. Obras Sanitarias de la Nación s/cobro de pesos", 24/8/2004; sala 4ª, 10/7/2003, "Mare, Pedro Jorge v. Estado nacional - Ministerio de Relaciones Exteriores, Comercio Internacional y Culto s/amparo por mora"; y para el carácter no vinculante conf.: sala 3ª, 3/9/2004, Dres. Grecco y Argento, "Bustelo, Rafael Justo v. Estado nacional - Ministerio de Educación s/empleo público"; 26/3/1996, Dres. Mordeglia y Argento, "Saguier, Marcelo H. v. Estado nacional - Ministerio del Interior s/empleo público"; 8/6/1995, Dres. Mordeglia, Muñoz y Argento, "AGA Argentina SACIFMIR v. Comisión Nacional de Energía Atómica s/contrato administrativo"; sala 4ª, 29/8/1995, "Santana, Carlos Alberto v. Estado nacional - Ministerio de Educación y Justicia s/empleo público".

[1840] SAYAGUÉS LASO, Enrique, *Tratado...*, *cit.*, t. I, p. 111.

puestas o la mera acción contradictoria de los órganos estatales, en el campo de la llamada Administración activa.

No obstante que se han formulado críticas al reconocimiento de esta categoría de actos[1841], lo cierto es que la actividad interna o interorgánica de la Administración presenta rasgos distintos en relación con el régimen jurídico de los actos administrativos, hecho que justifica su aislamiento conceptual. Así, tanto en la doctrina nacional[1842] como en la extranjera[1843] se ha postulado la existencia de los actos internos de la Administración (a los cuales suele atribuirse el nombre de "actos de la Administración") entendiendo que son aquellos cuyos efectos repercuten directamente en los órganos de una persona pública estatal.

Las relaciones interorgánicas a que dan origen los actos internos de la Administración se clasifican de este modo: a) de colaboración (ej.: propuestas); b) de conflicto (ej.: cuestiones de competencia); c) de jerarquía (ej.: circulares e instrucciones); d) consultivas (ej.: dictámenes); e) de control.

A este tipo de relaciones jurídicas se les aplican supletoria o analógicamente (según sea el caso), las normas y principios que informan el régimen del acto administrativo, con las siguientes peculiaridades:

(i) no rige en toda su dimensión el carácter de la ejecutoriedad, salvo en aquellas relaciones en las que existe, además, una vinculación jerárquica, pues ningún órgano, fuera de las relaciones propias de la jerarquía, posee poderes respecto de otro para disponer el cumplimiento coactivo del acto;

(ii) tampoco se aplica el principio de la estabilidad del acto administrativo habida cuenta de que no puede concebirse que los órganos de una misma persona pública estatal posean, en plenitud, derechos subjetivos o intereses legítimos susceptibles de contraponerse al propio ente estatal que integran;

(iii) su régimen de publicidad los separa tanto de los actos administrativos como de los reglamentos, puesto que no se requiere ni la notificación personal (cuando se trata de un acto cuyo alcance se restringe a uno o varios órganos individualizados) ni tampoco la publicación (cuando el alcance es general respecto de todos o un grupo de órganos)[1844]. Basta con el mero conocimiento que hubiera adquirido el órgano acerca del contenido de la circular, orden, instrucción, etc.;

[1841] GORDILLO, Agustín, *El acto administrativo*, *cit.*, p. 59. Sin embargo, en otro trabajo el autor se ocupa de este tipo de relaciones atribuyéndoles notas peculiares en su régimen jurídico (conf. GORDILLO, Agustín, *Procedimiento y recursos administrativos*, 2ª ed., Macchi, Buenos Aires, 1971, ps. 135 y ss.). La realidad demuestra que el régimen acusa distinciones (*v.gr.*, régimen de publicidad).

[1842] MARIENHOFF, Miguel S., *Tratado...*, *cit.*, t. I, punto 27, ps. 130 y ss.; BIELSA, Rafael, *Derecho Administrativo*, *cit.*, t. II, ps. 488/490.

[1843] RIVERO, Jean, *Droit Administratif*, *cit.*, ps. 98/99; FOLIGNO, Darío, *L'attività amministrativa*, Milán, 1966, p. 99; SILVESTRI, Enzo, *L'attività interna della Pubblica Amministrazione*, Milán, 1950, ps. 15 y ss.; ZANOBINI, Guido, *Corso...*, *cit.*, t. I, ps. 269/270; GARCÍA TREVIJANO FOS, José A., *Tratado...*, *cit.*, t. II, ps. 191 y ss.

[1844] Art. 104, RLNPA. En la doctrina española véase: GARRIDO FALLA, Fernando, *Tratado de Derecho Administrativo*, 13ª ed., t. I con la colab. de Alberto P. Olmeda y Herminio Losada González, Tecnos, Madrid, 2002, p. 284; SANTAMARÍA PASTOR, Juan A., *Fundamen-*

(iv) son irrecurribles, en principio, ante los tribunales judiciales excepto cuando afecten el *status* jurídico del funcionario o empleado público, tal como ocurriría con una circular que estatuyera un horario arbitrario e irrazonable;

(v) tampoco son susceptibles de impugnación, en principio, ante las autoridades administrativas[1845], lo cual reconoce algunas excepciones.

A) Conflictos de competencia

En el procedimiento administrativo se acepta que los órganos asuman la defensa de sus atribuciones en aquellos casos en que ellas resultaren negadas o desconocidas por el superior jerárquico u otro órgano que pretenda arrogarse una competencia que no le corresponde.

B) Actos de control

Cuando el control se lleva a cabo por un órgano no vinculado jerárquicamente sus actos pueden ser recurridos en sede administrativa, cuando adolezcan de nulidad.

C) Actos que afectan derechos de los agentes públicos

En determinados casos, se admite que el funcionario o empleado público pueda deducir recursos, en sede administrativa, impugnando por razones de ilegitimidad los actos internos que agravien su *status* jurídico, situación en la cual el agente público no actúa como órgano del Estado sino como persona física[1846].

2. LOS ACTOS QUE VINCULAN SUJETOS DE LA ADMINISTRACIÓN PÚBLICA (ACTOS INTERADMINISTRATIVOS)

La creación de distintas entidades descentralizadas a las cuales el ordenamiento les atribuye personalidad jurídica trajo como consecuencia la aparición de complejas cuestiones relativas a las relaciones que vinculan entre sí a las personas públicas estatales, las cuales no fueron objeto de estudio por parte de la doctrina hasta hace relativamente poco tiempo[1847], que no había demostrado mayor interés por el tema

---

tos..., *cit.*, t. I, ps. 316 y ss. En las órdenes o instrucciones de servicio impartidas por un órgano superior a otro que le está subordinado, la forma verbal tiene una de sus manifestaciones más frecuentes (conf. fallo de la C. Nac. Cont. Adm. Fed., sala 3ª, 16/4/1985, "Cambios Teletur SA v. Banco Central, s/ordinario").

[1845] MARIENHOFF, Miguel S., *Tratado...*, *cit.*, t. I, punto 27, ps. 137 y ss. Tampoco son impugnables en sede judicial, véase: SORIA, Daniel F., "Los actos administrativos de trámite equiparables a definitivos y su impugnabilidad judicial", LL 1990-C-947. También: C. Nac. Cont. Adm. Fed., sala 2ª, 16/9/1993, "Von der Becke, Edmundo v. Estado nacional - Ministerio de Economía s/ordinario".

[1846] MARIENHOFF, Miguel S., *Tratado...*, *cit.*, t. I, punto 27, ps. 138 y ss.

[1847] SAYAGUÉS LASO, Enrique, *Tratado...*, *cit.*, t. I, puntos 410 a 414, ps. 579/581; MARIENHOFF, Miguel S., *Tratado...*, *cit.*, t. I, puntos 26-27, ps. 126 y ss., del mismo autor "Administración Pública. Actividad interorgánica. Relaciones interadministrativas", JA 1962-III-77, secc. doctrina; MÉNDEZ, Aparicio, *Las relaciones jurídicas interadministrati-*

hasta el auge del proceso intervencionista que originó la gestión económica estatal en el siglo XX a una escala mayor que en los períodos anteriores.

Por relación jurídica interadministrativa se considera a la que vincula a dos o más personas públicas estatales, ya se trate del Estado en sentido lato (Nación o provincia) o de cualquiera de las personas jurídicas públicas estatales que constituyen entidades descentralizadas, poseedoras de personalidad jurídica propia.

La característica peculiar que tiene esta clase de relaciones se desprende del principio de unidad de acción que constituye uno de los pilares de la actuación estatal, vinculándose a la necesidad de alcanzar la armonía, dentro de cada esfera de gobierno, sobre la base de la observancia irrestricta del principio de separación de poderes.

De este principio de unidad en la acción estatal dimana la virtual superación de las controversias entre sujetos estatales, para lo cual resulta imprescindible la relativización de su personalidad, por una parte, y la inaplicabilidad, según el caso, de las prerrogativas de poder público en este tipo de relaciones interadministrativas.

A una similar conclusión corresponde arribar apoyándose en los principios y normas de la Constitución Nacional en los dos tipos de relaciones que pueden darse, a saber:

(i) relaciones entre entidades estatales pertenecientes a una misma esfera de gobierno (*v.gr.*, entre entidades nacionales o federales);

(ii) relaciones entre distintas esferas de competencia constitucional (*v.gr.*, entre entidades nacionales y entidades pertenecientes a las provincias).

En el primer caso de acuerdo con el principio que emerge del art. 99, inc. 1º, CN, no puede admitirse – por ejemplo– que una entidad autárquica nacional ejerza sus prerrogativas de poder público sobre el Estado nacional, ni que este último tenga necesidad de poner en ejecución, contra aquéllas, prerrogativas de poder público. En tales supuestos, se debe respetar la posición del órgano Ejecutivo que tiene adjudicada la Jefatura de Gobierno que incluye la Administración Pública, lo que hace que, por principio, el Ejecutivo conserve un amplio control sobre las entidades descentralizadas que funcionan en su esfera de gobierno, en lo que atañe a sus relaciones con la Administración Central.

Tampoco se concibe, en las relaciones interadministrativas que se configuran en una misma esfera de competencia constitucional, la vigencia de aquellos principios propios del acto administrativo que se han establecido para garantía y protección de los derechos de los administrados, puesto que no sería posible admitir que los derechos subjetivos de las entidades descentralizadas tengan primacía sobre el Estado, a cuya administración indirecta pertenecen.

vas, Montevideo, 1953; CASSAGNE, Juan Carlos, "Las relaciones interadministrativas", ED 36-927.

3. SOLUCIÓN DE CONFLICTOS INTERADMINISTRATIVOS

La relativización de la personalidad jurídica y la superación de las formas privadas que las entidades estatales pueden asumir conduce a la configuración de un especial sistema de solución de conflictos interadministrativos[1848].

De acuerdo con el criterio que en su oportunidad expusimos[1849], se torna necesario distinguir dos tipos de controversias, lo cual halla su basamento en el sistema constitucional adoptado y en la experiencia jurisprudencial (administrativa y judicial) de la que puede extraerse, en sus grandes líneas, una notable unidad – no obstante que todavía subsisten algunos conceptos dispares– , como rémora de anteriores concepciones, hoy día superadas[1850].

A) Controversias entre entidades estatales que actúan en una misma esfera de competencia constitucional

El conflicto interadministrativo puede producirse tanto en el orden nacional como en el ámbito de una provincia. Si la controversia se da – por ejemplo– entre el Estado nacional y una de sus entidades jurídicamente descentralizadas, la resolución del mismo compete al Poder Ejecutivo por aplicación del principio que fluye del art. 99, inc. 1°, CN. Lo propio acontece en el ámbito de cada provincia en lo que concierne a la competencia del órgano gobernador.

Por su parte, en el orden nacional, la Ley Nacional de Procedimientos Administrativos (modificada por la ley 21.686) regla lo atinente a las cuestiones de competencia que se suscitan entre entidades estatales descentralizadas prescribiendo que cuando ellas ejercen su actividad en la órbita de distintos ministerios la atribución para resolver el conflicto compete al Poder Ejecutivo[1851]. En cambio, cuando las entidades actúan en la esfera de un mismo ministro, es a él a quien corresponde la resolución de la cuestión de competencia[1852], solución, esta última, criticada por la doctrina en razón de que desvirtúa los principios de la descentralización administrativa[1853].

[1848] Ampliar en GARCÍA PULLÉS, Fernando R., "Actividad...", *cit.*, p. 347.

[1849] CASSAGNE, Juan Carlos, "Las relaciones...", *cit.*, p. 927; cabe anotar que la mayor parte de los principios y criterios allí expuestos han sido seguidos por la jurisprudencia de la Corte Suprema y los precedentes de la Procuración del Tesoro de la Nación.

[1850] ARIÑO ORTIZ, Gaspar, *Descentralización y planificación*, Instituto de Estudios de Administración Local, Madrid, 1972, ps. 134/135.

[1851] C. Nac. Cont. Adm. Fed., sala 2ª, 4/6/1991, "UBA v. Poder Ejecutivo nacional s/juicio de conocimiento". En el mismo pleito, la Cámara sostuvo que cuando el caso atañe a personas públicas estatales, la cuestión excede la órbita del Poder Judicial, ya que se está ante un conflicto interadministrativo, y deberá ser resuelto de acuerdo con el art. 4°, LNPA. También hizo hincapié en la prevalencia del principio de unidad de acción, sala 4ª, 9/4/2002, "Nucleoeléctrica Argentina SA v. res. 128/2000 ENRE (6507/1999)".

[1852] Art. 4°, ley 19.549.

[1853] CASSAGNE, Juan Carlos, "La Ley Nacional de Procedimientos Administrativos 19.549", *cit.*, p. ED 42-839; en el mismo sentido: DOCOBO, Jorge J., "La Ley Nacional de Procedimientos Administrativos", JA, nro. 4027, del 4/5/1973, secc. Doctrina, p. 8.

Pero no obstante que el principio general aplicable a la solución de este tipo de controversias interadministrativas deriva de la propia Constitución, el ordenamiento positivo ha establecido que tratándose de conflictos de esas características que versen sobre "reclamaciones pecuniarias de cualquier naturaleza" el órgano competente para resolverlas es el Poder Ejecutivo o el procurador del Tesoro de la Nación, según el monto[1854]. Y si bien la ley 19.983 se limita a señalar las reclamaciones de índole pecuniaria que se entablan entre personas públicas estatales (entidades autárquicas y empresas del Estado) idéntico criterio de solución corresponde aplicar cuando se trata de entidades del Estado constituidas bajo forma jurídica privada, en las que el Estado conserva su poder de decisión, pues, en tal caso, se impone la superación de la personalidad del ente frente a la realidad que indica que la propiedad, el gobierno y dirección de la entidad corresponden al Estado, situación que justifica, para estos supuestos, la relativización de los conceptos tradicionales sobre la personalidad privada de esta especie de sujetos estatales[1855].

A su vez, en virtud del principio constitucional enunciado, no puede aceptarse la posibilidad de que los tribunales judiciales conozcan en esta clase de conflictos[1856], no sólo en los supuestos prescriptos por el derecho positivo, sino con carácter

---

[1854] Art. 1°, ley 19.983,. La ley 11.683 excluye su aplicación a los conflictos por deudas tributarias (conf. C. Nac. Cont. Adm. Fed., sala 4ª, 21/9/1995, "Coordinación Ecológica Área Metropolitana – SE– (TF 13.840-I) v. DGI"), y la Corte Suprema entiende que ello no incluye a las ejecuciones de naturaleza previsional, "Fisco Nacional - AFIP v. Fuerza Aérea Círculo del Personal Civil s/ejecución fiscal", Fallos 327:5503 (2004). Por otra parte, ha entendido que la facultad punitiva de imponer multas no puede ser asimilada a los reclamos pecuniarios y que por lo tanto la legitimidad de una multa es revisable judicialmente, conf. "Banco de la Nación Argentina v. Banco Central de la República Argentina s/amparo - ley 16.986, Fallos 326:3254 (2003).

[1855] Conf. Dictámenes 216:1; a la misma conclusión – aunque con distintos fundamentos– se arribó en el caso "Elma v. Gobierno Nacional - Administración Nacional de Aduanas", fallo del Juzg. Nac. 1ª Inst. Cont. Adm. Fed., a cargo del Dr. Juan Octavio Gauna, ED 79-326; véase el comentario a este fallo de BARRA, Rodolfo C., "Conflictos interadministrativos, competencia del Poder Judicial y naturaleza jurídica de las sociedades estatales", ED 79-324. Esta opinión fue receptada por la jurisprudencia de la Cámara de Apelaciones del fuero, por sala de feria, Dres. Pérez Cortés, Mordeglia y Damarco, "Encotesa v. DNPA - Fuerzas Armadas s/amparo ley 16.986", del 13/1/1995.

En forma reciente, la Corte Suprema ha excluido del ámbito de aplicación de la ley 19.983 a las universidades nacionales: conf. "Universidad Nacional de Mar del Plata v. Banco Nación Argentina s/daños y perjuicios", Fallos 326:1355 (2003); en el mismo sentido ha decidido la C. Nac. Cont. Adm. Fed., sala 1ª, 24/2/2000, "Universidad Tecnológica Nacional v. Ministerio de Cultura y Educación s/amparo proceso sumarísimo (art. 321, inc. 2°, CPCC)". La Cámara Nacional de Apelaciones en lo Contencioso Administrativo ha excluido al Ministerio Público, conf. sala 3ª, Dres. Grecco y Argento, "Estado nacional - Ministerio Público de la Nación v. Estado nacional - res. 121/2003 Consejo y otro s/amparo ley 16.986", del 24/2/2004.

[1856] La Cámara de Apelaciones en lo Contencioso Administrativo Federal, sala 3ª, declaró de oficio la falta de jurisdicción para conocer en un conflicto interadministrativo (en el caso "YPF v. Administración Nacional de Aduanas" del 5/6/1988, RAP, nro. 128, Ciencias de la Administración, Buenos Aires, 1989, p. 158).

general, tal como ha sido reconocido por una antigua y reiterada jurisprudencia de la Corte Suprema de Justicia de la Nación[1857].

Por último, cabe señalar que la Procuración del Tesoro ha excluido del ámbito de aplicación de la ley 19.983, en atención a su naturaleza interjurisdiccional, a la empresa Yacimientos Mineros Aguas del Dionisio[1858] y al CEAMSE[1859], como asimismo a diversas personas públicas no estatales – la Obra Social del Personal Ferroviario[1860], las obras sociales de las universidades nacionales[1861] y el Instituto Nacional de Servicios Sociales para Jubilados y Pensionados[1862]– .

B) Conflictos entre personas públicas estatales pertenecientes a diferentes esferas de gobierno

Cuando la controversia se plantea entre entidades pertenecientes a distintas esferas de gobierno constitucional (*v.gr.*, entre una entidad autárquica nacional y la provincia de Buenos Aires) el órgano con competencia originaria y exclusiva para dirimirlo es la Corte Suprema de Justicia de la Nación, por aplicación del art. 117 (ex 101), CN, así lo reconoce la jurisprudencia de la Corte[1863].

Se ha sostenido que, en atención a que el art. 117 (ex 101), CN, es una prolongación del art. 116 que establece el criterio para determinar la competencia originaria y exclusiva de la Corte esa jurisprudencia no es correcta dentro de una adecuada interpretación constitucional de tales preceptos[1864].

Sin embargo, el pensamiento contrario se impone. En primer término, porque cuando el art. 117, CN, enuncia los casos en que es parte una provincia no establece ninguna limitación y no se refiere a los casos que corresponden a la jurisdicción federal prescriptos en el art. 116. En segundo lugar, porque, en estas situaciones, que provocan verdaderos enfrentamientos entre prerrogativas y pretensiones – por ejemplo– entre una entidad autárquica nacional y una entidad provincial, se halla en juego el sistema de equilibrio de poderes y jurisdicciones (federal y provincial) que estatuye la Constitución, aparte de ser mayor la importancia institucional del conflicto que en los supuestos mencionados en el art. 116, CN, en que fuere parte una provincia.

[1857] "Gómez, Pedro Anselmo v. Provincia de Buenos Aires", Fallos 120:57 (1914); "Galdo, Ramón", Fallos 251:492 (1961); "Balma, Ángel Juan", Fallos 220:1246 (1951); "Obra Social del Consejo Nacional de Educación v. Nación", Fallos 272:299 (1968), entre otros.

[1858] Dictámenes 221:94.

[1859] Dictámenes 222:238.

[1860] Dictámenes 221:123.

[1861] Dictámenes 222:49.

[1862] Dictámenes 224:275.

[1863] "Piria, Francisco y otros sus sucesiones v. Provincia de Buenos Aires", Fallos 249:165 (1961); "Empresa Ferrocarriles del Estado Argentino v. Ministerio de Obras Públicas de la Provincia de Buenos Aires", Fallos 250:205 (1961); "Agua y Energía Eléctrica, Empresa del Estado v. Provincia de Mendoza, Fallos 265:297 (1966), entre otros.

[1864] BIDART CAMPOS, Germán J., *El Derecho Constitucional del Poder*, t. II, Ediar, Buenos Aires, 1967, ps. 397 y ss. y del mismo autor "La competencia originaria de la Corte Suprema de Justicia", ED 18-761.

En conclusión, la competencia para dirimir el conflicto en que el Estado nacional (o alguna de sus entidades jurídicamente descentralizadas) y una o más provincias (o alguna de sus entidades descentralizadas) o de las provincias entre sí, corresponde a la jurisdicción originaria y exclusiva de la Corte.

4. IMPROCEDENCIA DE LA APLICACIÓN DE MULTAS EN LAS RELACIONES INTERADMINISTRATIVAS

Si se tiene en cuenta que las entidades descentralizadas reconocen su origen en un acto de creación estatal por cuyo mérito se las dota de un patrimonio afectado al cumplimiento de fines de bien común y si, además, se repara que por efecto del principio de unidad de acción del Estado, en su conjunto, las relaciones entre los sujetos pertenecientes a una misma esfera de gobierno (*v.gr.*, Estado nacional) son relaciones de coordinación y de colaboración donde, en principio, se hallan ausentes las prerrogativas de poder público, no cabe sino concluir en la improcedencia de la aplicación de sanciones en este tipo de vínculos interadministrativos.

Hemos dicho antes que pese a las diferentes personalizaciones que adopta el Estado, en el fondo y con alcance diferente, no es más que una sola persona y un solo poder[1865]. Si el Poder Ejecutivo conserva sus prerrogativas de control de tutela, teniendo atribuciones para resolver cualquier tipo de controversia y para hacer efectiva incluso la responsabilidad de los funcionarios directivos en sede administrativa a través de su remoción, no se concibe la aplicación de multas de ninguna especie entre entidades estatales de carácter nacional o federal.

Sin embargo, ésta no ha sido una doctrina seguida totalmente por la jurisprudencia administrativa y judicial.

En el ámbito administrativo, la Procuración del Tesoro de la Nación ha distinguido, en punto a la procedencia de las multas interadministrativas, aquellas que poseen naturaleza penal de las que revisten carácter civil. A las primeras no se las acepta, en virtud de que su imposición perturbaría un patrimonio de afectación exclusiva que no ha sido destinado a hacer frente a sanciones impuestas por otros órganos[1866]. En cambio, cuando se trata de aplicación de sanciones a entidades descentralizadas por parte del Estado nacional basadas en un incumplimiento contractual, se ha aceptado su procedencia[1867].

Esta doctrina postula que en los supuestos de incumplimiento contractual, donde se hubiera acudido a la licitación pública, las entidades cocontratantes carecen de aquellos privilegios que no tienen justificación fuera de la órbita estrictamente administrativa[1868].

No compartimos esa postura, aparte de las razones ya expuestas con carácter general, por las siguientes:

[1865] CASSAGNE, Juan Carlos, *La ejecutoriedad del acto administrativo*, Abeledo-Perrot, Buenos Aires, 1970, p. 80.

[1866] Dictámenes 59:56; 79:153; 81:65; 97:60.

[1867] Dictámenes 88:73; 99:337; 104:7; y en el caso registrado en la revista del mismo nombre, nro. 6, ps. 11 y ss., Buenos Aires, 1974.

[1868] Dictámenes 99:337.

(i)   así el Poder Ejecutivo es, en definitiva, quien debe resolver la reclamación pecuniaria de naturaleza interadministrativa (art. 99, inc. 1º, CN, y ley 19.983) no tiene sentido conceder un poder sancionatorio unilateral que luego no podrá ejecutarse por vía judicial;

(ii)   puede llegar a afectarse la propia jerarquía administrativa cuando el poder sancionatorio sea ejercido contra órganos de la Administración central, creando verdaderas situaciones de anarquía, con grave afectación del principio de unidad de acción;

(iii)   carece de sentido que el Estado y sus entidades puedan aplicarse recíprocamente sanciones habida cuenta que, superando las formas jurídicas, sería como aplicarse una sanción a sí mismo;

(iv)   en este tipo de relaciones no se está nunca fuera de la órbita administrativa sino dentro o vinculando a dos órbitas o ámbitos, razón por la cual la relación resulta interadministrativa y como tal no asimilable a las relaciones entre los particulares y el Estado.

Igual suerte debe correr el argumento emergente de algunos pronunciamientos judiciales[1869] que recogen la doctrina elaborada por la Procuración General de la Nación, la que pretende distinguir entre la revisión judicial del acto de imposición de una multa y la ejecución de ésta[1870].

Tal distinción carece de sentido pues si en definitiva la reclamación pecuniaria inherente a la ejecución de la multa debe ser resuelta por el Poder Ejecutivo en su carácter de jefe de la Administración: ¿qué sentido tiene que el Poder Judicial dicte sentencia antes acerca de su legitimidad? ¿No implica esto un cercenamiento de la propia potestad para resolver la controversia, potestad que tiene, según la Corte, basamento constitucional?[1871].

La doctrina sentada por el alto tribunal en el caso "Caja Nacional de Ahorro y Seguro v. Yacimientos Petrolíferos Fiscales"[1872] permite extraer la "regla general" aplicable para resolver esta cuestión interpretativa por cuanto señala claramente que en materia de reclamaciones pecuniarias interadministrativas en el orden nacional la ley no ha efectuado distinción o limitación alguna.

[1869]   C. Nac. Cont. Adm. Fed., sala 1ª, en el caso "Elma v. Gobierno Nacional - Administración Nacional de Aduanas" al revocar la sentencia de 1ª instancia del juez Gauna que, a nuestro juicio, había adoptado la conclusión correcta con algunas diferencias con la doctrina que exponemos pues allí se sostuvo la tesis del carácter público estatal de las sociedades del Estado con lo cual no estamos de acuerdo (ED 79-323).

[1870]   ED 79-329, en el fallo citado en la nota precedente, donde se aclara que la ejecución de la sanción sería procedente, empero, tratándose de sociedades del Estado. Por las razones dadas en el texto no aceptamos ni la imposición de multas ni su ejecución en sede judicial, en las relaciones interadministrativas que se dan en el ámbito nacional, ya sea que se trate de personas públicas estatales o de sociedades privadas del Estado. Esto último, por aplicación de los principios de la superación de las formas jurídicas y de unidad en la acción estatal.

[1871]   "Weber, Adolfo", Fallos 259:430 (1964); "Obra Social del Consejo Nacional de Educación v. Nación", Fallos 272:299 (1968), entre otros.

[1872]   "Caja Nacional de Ahorro y Seguro v. Yacimientos Petrolíferos Fiscales", Fallos 295:651 (1976) y en ED 69-375.

Con posterioridad, la jurisprudencia se orientó francamente en el sentido de interpretar que el art. 1°, ley 19.983, impide que el Poder Judicial revise la legitimidad de una multa administrativa impuesta a una persona estatal, aplicando esta doctrina para desestimar la ejecución judicial de esa clase de multas[1873] siguiendo de ese modo el criterio que propiciamos en anteriores trabajos[1874].

5. ACTOS EMITIDOS POR LA ADMINISTRACIÓN REGLADOS PARCIALMENTE POR EL DERECHO PRIVADO

La circunstancia de que los elementos de una categoría jurídica determinada sean homogéneos no debe impedir que se reconozca, al propio tiempo, la necesaria unidad que poseen muchas instituciones del derecho, en cuanto a su estructura y articulación lógica esencial.

Ese desconocimiento ha hecho naufragar más de una teoría por desconocer que alrededor de realidades jurídicas similares siempre se conforma un régimen homogéneo, que no es único sino que responde a las distintas realidades que lo causan o producen.

Así, por no reconocer la diversidad que representa cada realidad jurídica, un sector de la doctrina ha pretendido reducir los distintos tipos de actos que produce la Administración a la categoría del acto administrativo, sosteniendo la presencia de un régimen jurídico unitario para todas las relaciones con los administrados.

Por no distinguir la realidad y finalidad diversa que anida en los diferentes actos que emite la Administración se sostiene que sólo existe la figura del acto administrativo, no obstante la posibilidad de la aplicación del Derecho Privado a ciertos elementos de la relación jurídica administrativa (*v.gr.*, el objeto) que algunos reconocen contrariando la propia concepción unitaria.

De esa manera, se ha negado la existencia de actos de la Administración reglados parcialmente por el Derecho Privado como categoría jurídica propia y distinta del acto administrativo regido por el Derecho Público. Esta confusión se produce, la mayoría de las veces, por no advertir la diferencia sustancial entre la analogía y la subsidiariedad[1875] que constituyen técnicas esenciales para la interpretación de las categorías jurídicas[1876].

La unidad de los actos que emite la Administración Pública, fuera de su pertenencia al género común del acto jurídico, sólo se da en el elemento competencia,

---

[1873] "Caja Nacional de Ahorro y Seguro v. Yacimientos Petrolíferos Fiscales", Fallos 295:651 (1976) y en ED 69-375 y fallo plenario de la C. Nac. Cont. Adm. Fed., 17/6/1987, "YPF v. Administración Nacional de Aduanas".

[1874] CASSAGNE, Juan Carlos, *La ejecutoriedad del acto administrativo, cit.*, ps. 78 y ss.

[1875] GOLDSCHMIDT, Werner, *Introducción filosófica al Derecho*, 4ª ed., Depalma, Buenos Aires, 1973, p. 289.

[1876] Es de toda evidencia que en el acto administrativo la aplicación de las normas civiles se lleva a cabo a través del procedimiento de la analogía, mientras que en los actos de objetos privados o mixtos que emite la Administración la aplicabilidad de las normas civiles o comerciales responde al criterio de supletoriedad o subsidiariedad. En el primer caso hay adaptación de la norma a los principios del Derecho Administrativo y, en el otro supuesto, la aplicación se efectúa directamente, sin adaptación previa.

esto es, en el requisito que regla la aptitud legal del órgano para dictar el acto o celebrar el contrato.

Las diferencias obedecen a la distinta función que desarrolla cada acto, ya que si éste es el producto de una función traducida en una determinada finalidad y objeto, va de suyo que existirán diversas regulaciones para estos elementos y el régimen jurídico no será igual o semejante.

La doctrina que admite la distinción entre los actos administrativos regulados totalmente por el Derecho Público y aquellos otros actos sometidos parcialmente al régimen del Derecho Privado, llama a estos últimos "actos civiles de la Administración"[1877] o actos de objeto privado. Esta categoría se ha impuesto[1878], a raíz de la necesidad de no aplicar todo el rigorismo propio del Derecho Administrativo a aquellos actos cuyo contenido u objeto se encuentra reglado por el Derecho Civil o Mercantil[1879].

El planteo doctrinario que pretende negar la existencia de este tipo de actos sobre la base de que algunos de los elementos del acto, como la competencia, pertenecen siempre al Derecho Público, no resulta acertado, porque ya fuere que se denominen actos mixtos o actos de objeto privado[1880], lo cierto es que el contenido del acto y muchas veces la forma y el fin, aparecen regulados por el Derecho Privado[1881].

El problema no es entonces meramente terminológico como algunos autores han pretendido, para no desvirtuar la concepción unitaria de la cual parten, omitiendo el análisis sobre el régimen jurídico de este tipo de actos, pues, de admitir la diversidad esencial de regímenes, estarían negando el principio en el que se apoyan que consiste en suponer que toda actividad de la Administración Pública es función administrativa (criterio que, como se ha visto, es orgánico).

Pero la existencia de un "régimen administrativo" y la correlativa necesidad de no aplicar el rigorismo del sistema a este tipo de actos conduce al reconocimiento de un régimen jurídico especial, que difiere del que rige los actos administrativos.

La trascendencia de la distinción aparece demostrada en el régimen jurídico propio de los actos de aquellas entidades estatales creadas en el transcurso del proceso de descentralización administrativa, en aquellos supuestos de actividades de tipo industrial o comercial (*v.gr.*, actividad bancaria oficial), en las que el Derecho Privado regula algo más que el objeto o contenido del acto.

[1877] MARIENHOFF, Miguel S., *Tratado...*, *cit.*, t. II, ps. 259 y ss., ver: BIELSA, Rafael, *Derecho Administrativo*, t. I, El Ateneo, Buenos Aires, 1947, p. 244; GARRIDO FALLA, Fernando, *Régimen de impugnación de los actos administrativos*, Instituto de Estudios Políticos, Madrid, 1956, ps. 118 y ss.

[1878] CASSAGNE, Juan Carlos, *El acto administrativo*, *cit.*, p. 121.

[1879] Tal es el criterio seguido por el Código Procesal Contencioso Administrativo de la Provincia de La Pampa (art. 3°, inc. b]) elaborado por el Dr. Miguel S. Marienhoff.

[1880] LINARES, Juan F., *Fundamentos...*, *cit.*, p. 210.

[1881] Utilizando el mismo tipo de términos que emplea Linares, podríamos decir que "no se tratan éstas de triviales cuestiones".

Como índice afirmatorio de esta tesis, veamos lo que acontece en el campo de la actividad bancaria oficial. Cuando el Banco de la Nación Argentina realiza con particulares operaciones o contratos de naturaleza mercantil, la forma y el fin del acto estarán regidos por el Código de Comercio. En efecto, las formas serán las exigidas por las normas mercantiles en garantía de la seguridad y celeridad del tráfico comercial; así, para abrir una cuenta corriente u otorgar un préstamo, el banco no sigue ningún procedimiento público de selección sino que establece sus relaciones jurídicas como cualquier institución financiera de carácter privado. En lo que concierne al fin, él será el propio de la actividad de intermediación mercantil en forma inmediata. A su vez, el fin público o el bien común, se persiguen en este tipo de actos en forma más general o mediata, a través del beneficio que la actividad de los particulares reporta a la comunidad.

Sin embargo, un sector de la doctrina, siguiendo a Sayagués Laso, ha ido más allá de sus opiniones[1882] al postular un régimen jurídico unitario para todos los actos que admite o celebra la Administración[1883].

Es evidente que la ideología que nutre a la concepción unitaria traduce una cierta afinidad con las concepciones estatistas. Se trata de someter al Derecho Público todos los actos que celebran el Estado y sus entidades y no es casualidad que haya sido Duguit uno de los autores que más se opuso en su momento a la posibilidad de que el Estado realizara actos sometidos al Derecho Privado[1884].

Asimismo, se argumenta que no es posible aceptar la existencia de dos tipos de actos diversos en virtud de haberse superado la concepción dualista de la personalidad del Estado sosteniendo que el Derecho Administrativo debe regir para todos los actos producidos por la función administrativa estatal[1885].

No obstante, puede observarse, analizando la realidad del acontecer jurídico, que el abandono de la tesis de la doble personalidad del Estado no conduce necesariamente a la unificación de todos los actos que emite o celebra la Administración, habida cuenta de que el reconocimiento de una personalidad de Derecho Público no

---

[1882] SAYAGUÉS LASO, Enrique, *Tratado de Derecho Administrativo*, t. I, Talleres Gráficos Barreiro, Montevideo, 1963, ps. 387/388. Este autor sostiene expresamente lo contrario de modo que no es correcto vincularlo a la concepción unitaria sin aclarar que la diferencia que nos separa es nada más que una cuestión de terminología o de método clasificatorio y no de esencia. En este sentido, luego de señalar que la complejidad de actividad de la Administración tiene como consecuencia lógica que el régimen jurídico no sea uniforme, expresa que en algunos casos "la actividad de la Administración puede aparecer regulada por el Derecho Privado. Así sucede cuando la Administración toma a su cargo actividades propias de los particulares: explotación de industrias, operaciones bancarias, etc. Como el Derecho Civil o Comercial, tiene normas precisas para esta clase de negocios, parece natural que, por lo menos en parte, alcance también a la Administración" (*cit.*, t. I, ps. 385/386).

[1883] FIORINI, Bartolomé A., *Teoría...*, *cit.*, p. 35; DROMI, José R., "Contratos de la Administración. Régimen jurídico unitario", JA 1974-613 y ss., secc. Doctrina.

[1884] DUGUIT, Léon, *Traité de Droit Constitutionnel*, 3ª ed., t. II, Fontemoing et Cie, París, 1927, p. 357.

[1885] FIORINI, Bartolomé A., *Teoría...*, *cit.*, p. 38; GORDILLO, Agustín, *El acto administrativo*, *cit.*, p. 67.

510

impide la actuación de los sujetos estatales en esferas reguladas por el Derecho Privado[1886].

Algo similar acontece con las personas jurídicas que pueden celebrar indistintamente tanto contratos civiles como administrativos[1887].

De acuerdo con la jurisprudencia plenaria de la Cámara Federal de la Capital Federal, la competencia (como parte del elemento sujeto o subjetivo del acto administrativo) no determina la jurisdicción contencioso-administrativa, sino que la causa se radicará en ese fuero cuando el litigio deba resolverse por aplicación prevaleciente de principios y normas de Derecho Público (administrativo, en la especie)[1888] tal como acontece en la jurisprudencia francesa[1889].

Lo propio ocurre en aquellas provincias donde se plantean cuestiones de naturaleza patrimonial ajenas a la jurisdicción contencioso-administrativa.

La tesis que venimos sustentando encuentra apoyo en las doctrinas nacional[1890] y extranjera[1891], y ha sido adoptada por la jurisprudencia de la Corte Suprema de la Nación[1892].

En conclusión, las principales consecuencias que se derivan de la admisión de la categoría de los llamados actos civiles de la administración o actos de objeto privado de la misma, son:

[1886] CASSAGNE, Juan Carlos, *El acto administrativo, cit.*, ps. 123/124, opinión que en la doctrina uruguaya ha sido compartida por Prat en los siguientes términos: "Frente a estos actos privados de la Administración encontramos los actos administrativos regulados por el Derecho Público, lo que autoriza a señalar la distinción. Pero con las salvedades de que nada tiene que ver la vetusta doctrina de la doble personalidad del Estado que sirvió de fundamento a la distinción de actos de imperio y actos de gestión y que tampoco puede tener recibo la doctrina por la cual separando los diversos elementos del acto administrativo, debemos atender para determinar qué tipo de derecho se aplica en su regulación, si algunos elementos los regla el derecho administrativo o privado" (conf. PRAT, Julio A., *Derecho Administrativo, cit.*, t. III, vol. 2, ps. 18/19).

[1887] MARIENHOFF, Miguel S., *Tratado..., cit.*, t. II, ps. 260/261, nota 107 *in fine*.

[1888] En el fallo plenario "Gobierno Nacional v. Yabotti SRL", de fecha 29/12/1958, citado en ED III-179.

[1889] AUBY, Jean Marie - DUCOS-ADER, Robert, *Droit Public*, Sirey, París, 1966, p. 237.

[1890] MARIENHOFF, Miguel S., *Tratado..., cit.*, t. I, ps. 259 y ss.; ESCOLA, Héctor J., *Tratado integral de los contratos administrativos*, t. I, Depalma, Buenos Aires, 1977, ps. 252 y ss., para quien cuando el Estado realiza actividades regidas por el Derecho Privado, tiende a satisfacer una finalidad pública indirecta o mediata, posición que compartimos. En nuestro concepto, el límite natural al desarrollo de actividades que pueden realizar los particulares está dado por el principio de la subsidiariedad.

[1891] LAUBADÈRE, André de, *Traité élémentaire..., cit.*, t. I, ps. 302 y ss.; RIVERO, Jean, *Droit Administratif, cit.*, p. 110; BENOIT, Francis P., *Le Droit Administratif...*, p. 586; GARRIDO FALLA, Fernando, *Régimen..., cit.*, ps. 118 y ss.; PRAT, Julio A., *Derecho Administrativo, cit.*, t. III, vol. 2, ps. 18/19; ALESSI, Renato, *Instituciones de Derecho Administrativo*, trad. a la 3ª ed. italiana del *Sistema Istituzionale di Diritto Amministrativo*, t. I, Bosch, Barcelona, 1970, ps. 211 y ss.

[1892] "Albano, Horacio Osmar Henne v. Transportes de Buenos Aires en liquidación", Fallos 270:446 (1968); "Solazzo", Fallos 310:2340 (1987).

(i)   su régimen jurídico excluye las prerrogativas de poder público que traduce la supremacía estatal;

(ii)   el objeto o contenido del acto se encuentra sometido al Derecho Privado y la competencia al Derecho Público;

(iii) la forma y el fin inmediato que persigue el acto se hallarán regidos por el Derecho Privado, sin perjuicio de la aplicación del Derecho Administrativo a texto expreso y no por analogía;

(iv)   las normas privadas se aplican directamente al régimen del respectivo acto por el procedimiento de subsidiariedad, excluyendo, en principio, la aplicación analógica, la cual sólo procede cuando se tratare de integrar una laguna o vacío del régimen y en tanto fuere pertinente acudir a ella;

(v)   en el orden nacional, la competencia para conocer las causas que versen sobre estos actos corresponde al fuero civil y comercial de la justicia federal y no al contencioso-administrativo.

Por último, corresponde distinguir este tipo de actos de objeto privado, donde el Estado actúa en la esfera del Derecho Civil o Comercial, ya fuera por el objeto y finalidad (industrial o comercial) o por la naturaleza de la cosa o bien (dominio privado del Estado), de los actos administrativos que producen efectos jurídicos entre personas privadas, como, por ejemplo, aquellos que regulan el estado civil de las personas o típicas relaciones entre particulares[1893] regidas por el Derecho Privado (v.gr., la inscripción de un nacimiento en el Registro Civil). En estos casos, si bien el acto se rige, en sus elementos integrantes, por las normas y principios del Derecho Público, crea una relación de Derecho Privado entre varios destinatarios cuya naturaleza provoca el desplazamiento de la competencia para juzgar el acto hacia la justicia civil, quedando fuera de la jurisdicción contencioso-administrativa.

6.   ACTOS DE SUSTANCIA JURISDICCIONAL QUE DICTA LA ADMINISTRACIÓN

La concepción objetiva aplicada a las funciones que cumple la Administración Pública, hace posible que ésta, excepcionalmente, ejerza funciones de naturaleza jurisdiccional, cuando dirime controversias con fuerza de verdad legal, aun con el limitado alcance que deriva del sistema judicialista de la Constitución Nacional y los principios que derivan de él.

Aunque se niegue a nivel teórico la posibilidad de que órganos administrativos desempeñen funciones jurisdiccionales, la realidad legislativa y jurisprudencial ha impuesto su reconocimiento, obligando a diferenciar el régimen del acto jurisdiccional de la Administración del acto administrativo, el cual es sustancialmente distinto.

Si bien ninguna duda cabe acerca de que nuestra Constitución ha acogido el sistema judicialista (arts. 109, 116 y 117), ello no impide aceptar, con carácter de excepción, la realización de actividades de naturaleza jurisdiccional por parte de órga-

---

[1893] GARRIDO FALLA, Fernando, *Tratado...*, *cit.*, t. I, ps. 552/556.

nos administrativos, dentro de los límites que surgen de una razonable interpretación del sistema constitucional adoptado[1894].

La existencia de un órgano o tribunal independiente, ajeno a la Administración en litigio, no es un requisito inherente a la naturaleza de la función que se ejerce sino un problema distinto referido a la organización tribunalicia y a las condiciones que deben preexistir para un correcto y adecuado ejercicio de esa función por parte del órgano al cual se le adjudica la misión de juzgar[1895].

Lo esencial es impedir la concentración del poder a fin de lograr un sistema justo que armonice los derechos de los individuos con los de la comunidad estatal[1896], rodeando a los órganos que deciden la controversia de las mayores garantías en cuanto a la independencia de las funciones que ejerzan.

Una interpretación realista del principio de separación de los poderes impide asumir posturas extremas. Y así como no es posible aceptar aquellas doctrinas que no reconocen ninguna limitación para el ejercicio de las funciones jurisdiccionales por parte de la Administración Pública, tampoco puede afirmarse dogmáticamente que no existen tribunales administrativos con competencia especializada (*v.gr.*, el Tribunal Fiscal de la Nación), cuyas decisiones que dirimen controversias poseen los caracteres de la cosa juzgada formal, a diferencia de la actividad administrativa.

En otros términos, cuando se trata de órganos o tribunales administrativos que reúnen las condiciones que surgen de la interpretación realista del sistema constitucional conforme a los requisitos establecidos por la jurisprudencia de la Corte[1897], especialmente el relacionado con la naturaleza administrativa o pública de la controversia, podría sostenerse que frente a la falta de promoción del recurso ante la justicia (que debe permitir amplitud de debate y prueba) se pierde el derecho de impugnar esa decisión de naturaleza jurisdiccional, la cual queda firme con todos los atributos de la cosa juzgada formal y material.

[1894] BIDART CAMPOS, Germán J., *Derecho Constitucional*, t. I, Ediar, Buenos Aires, 1968, p. 789, que puntualiza que cierta jurisprudencia (y nosotros agregamos doctrina) ha creído resolver el problema por una vía sencilla, afirmando que como la Constitución veda al Poder Ejecutivo, el ejercicio de funciones de índole judicial, no es posible sostener la naturaleza jurisdiccional de ciertas decisiones de órganos administrativos. Tal argumento, a juicio de este autor, nada prueba porque "aunque la Constitución escrita regla hoy determinadas situaciones, la realidad constitucional registra conductas en contrario, con lo que, no obstante la prohibición del art. 109, bien podría el orden existencial mostrar casos de ejercicio jurisdiccional por parte de la Administración", como en realidad acontece (*cit.*, p. 33).

[1895] Conf. BOSCH, Jorge T., *¿Tribunales judiciales o tribunales administrativos para juzgar a la Administración Pública?*, Zavalía, Buenos Aires, 1951, p. 96. En contra: GAUNA, Juan O., "La problemática del control judicial de los actos de la Administración Pública. La teoría de la separación del poder", LL 1979-C-922; LASCANO, David, *Jurisdicción y competencia*, Kraft, Buenos Aires, 1941, ps. 29/30; GONZÁLEZ PÉREZ, Jesús, *Manual de Derecho Procesal Administrativo*, 3ª ed., Civitas, Madrid, 2001, ps. 98/99.

[1896] GAUNA, Juan O., "La problemática...", *cit.*, p. 7.

[1897] Corte Sup., 5/4/2005, "Ángel Estrada y Cía v. res. 71/1996 Secretaría de Energía y Puertos", LL del 9/6/2005, con nuestro comentario, "Las facultades jurisdiccionales de los entes reguladores (a propósito del caso "Ángel Estrada").

En cambio, tratándose de actos administrativos dictados por órganos que no cumplen con dichas condiciones y contra los cuales el ordenamiento hubiera instituido un recurso especial ante la justicia, no puede interpretarse que por esta causa se pierde el derecho a acceder a la instancia judicial originaria para obtener la revisión del acto, juntamente o no, con la reparación patrimonial consiguiente.

De otro modo, se estaría subvirtiendo el sistema de la Constitución pues, a través del establecimiento de recursos especiales, que deben deducirse en plazos breves y donde sólo se ejerce una función limitada, se estaría reconociendo la calidad de actos jurisdiccionales a verdaderos actos administrativos (*v.gr.*, una cesantía, una sanción, etc.), violándose de este modo el sistema judicialista prescripto en la Constitución Nacional.

Ahora bien, ¿cuál es el régimen jurídico de los actos que emiten los entes o tribunales administrativos con competencia especial?

En este sentido reiterando lo expuesto en otra obra[1898], señalamos que en esos actos:

(i) no procede la avocación, reforma o modificación de la decisión jurisdiccional; por cuanto la ubicación del tribunal en sede administrativa no implica una dependencia jerárquica plena, sino atenuada y referida esencialmente al aspecto organizativo del ente o tribunal;

(ii) el ente o tribunal administrativo carece de potestad para revocar el acto por razones de interés público, lo cual constituye una garantía para el administrado pues en el ejercicio de la función que desempeñan, rigen los principios esenciales del proceso judicial;

(iii) los actos jurisdiccionales de los entes o tribunales administrativos gozan de la autoridad de la cosa juzgada formal, no pudiéndose revocar la respectiva decisión, salvo mediante el juego de los recursos jurisdiccionales ante la justicia.

[1898] CASSAGNE, Juan Carlos, *El acto administrativo, cit.*, ps. 135/136. Véase: Reglamento de la Ley Nacional de Procedimientos Administrativos (art. 99) aprobado por dec. 1759/1972, con las modificaciones introducidas por el dec. 3700/1977 (t.o. por dec. 1883/1991).

CAPÍTULO V

LAS CUESTIONES POLÍTICAS Y EL PROCESO DE SU JUDICIALIZACIÓN

Sección 1ª

LAS CUESTIONES POLÍTICAS

1. SÍNTESIS LIMINAR DEL PROBLEMA Y DIFICULTADES QUE PLANTEA

En el campo doctrinario y jurisprudencial ha sido siempre – desde el imperio del Estado de Derecho– un problema de difícil solución el relativo al grado de control que deben ejercer los jueces sobre las llamadas cuestiones políticas relativas a actos provenientes de los poderes Legislativo y Ejecutivo. Su análisis adquiere singular trascendencia en virtud de su vinculación al principio de la separación de los poderes y porque de ella depende, en algunas ocasiones, hasta la subsistencia del propio Estado.

Las distintas posiciones expuestas en torno al carácter justiciable[1899] de las cuestiones políticas varían entre la oposición rígida al contralor judicial de las mismas, por un lado, y la asignación plena de atribuciones al órgano judicial para entender en su juzgamiento, por el otro. No obstante, ello no impide que ambas se fundamenten en la doctrina de Montesquieu.

Ante todo, queremos decir que la historia de las cuestiones políticas puede reflejar la apariencia de una evolución estrictamente jurídica que opera en el plano interno de la ciencia que aborda su estudio. Sin embargo, no hay que desconocer que toda categoría no puede prescindir del contexto histórico ni de ser objeto de uso por parte de una comunidad determinada. Ésta es la gran paradoja que rodea al tema dado que el jurista difícilmente escape a la trampa de elaborar un pensamiento propio, no sobre la base de los principios del sistema y su adecuación a la realidad sino a través de conceptos históricamente inventados.

[1899] Se nota, al respecto, la utilización de términos que si bien guardan alguna similitud con los propios de nuestro idioma, sería conveniente depurar del léxico de la gran parte de los juristas. Los modismos más utilizados son judiciabilidad, actos judiciables y justiciabilidad. Ninguno de ellos figura en el Diccionario de la Real Academia Española.

En síntesis, la comunicación jurídica se produce en un escenario en el que prevalecen los malentendidos y autores atrapados por el objeto que artificialmente han creado con la idea de cambiar la historia o correr su curso hacia su molino[1900].

A) Concepción limitativa del juzgamiento

La concepción restrictiva del control judicial sobre las cuestiones políticas pone el acento en la necesidad de impedir el llamado "gobierno de los jueces"[1901] a efectos de resguardar el principio de equilibrio en que se nutre la doctrina de la separación de poderes y de evitar, por lo tanto, que un poder quede a merced de otro, como consecuencia de trasladar el poder político a los tribunales judiciales, con todas las implicancias que tendría la injerencia política de los jueces[1902].

En esa línea, pero en una postura menos rígida y más realista, se ubica Badeni al sostener que "en definitiva, las cuestiones políticas no abarcan todas las facultades constitucionales conferidas a un órgano político sino solamente aquellas que revisten carácter discrecional en orden a su contenido, oportunidad y conveniencia y que no son susceptibles de ser examinadas por los jueces sin alterar el equilibrio e independencia de los poderes consagrados en la Ley Fundamental"[1903].

B) Posturas que propugnan el control judicial pleno

En el otro extremo, una postura más estricta reclama el pleno juzgamiento de las cuestiones políticas considerando que la ausencia de control judicial respecto de tal tipo de actos conduce irremisiblemente al predominio de los poderes ejecutivo y legislativo sobre los jueces en detrimento de los derechos de las personas, y que, la

---

[1900] Muchas de las nociones que se han dado y se elaboran son armas de lucha ideológica y las categorías resultantes no pueden ser menos que hijas de esas luchas. La misión del jurista consiste en buscar la verdad de esas estrategias y tácticas, tratando de indagar acerca de lo que está detrás de lo que se presenta como incondicionado, refiriendo las teorías a las condiciones sociales que rodean su creación y su utilización, para poder vislumbrar los efectos que producen o producirán. Para ello, hay que partir, obviamente, del proceso de comprensión histórica de las instituciones.

[1901] Sobre este problema véase: LAMBERT, Edouard, *Le gouvernement des juges et la lutte contre la legislation sociale aux Etats Unis; l'expérience américaine du contrôle judiciaire de la constitutionnalité des lois*, Giard, París, 1921. Afirma este autor que el inmenso poder político que poseen los tribunales norteamericanos conduce a proclamar la existencia de un real "gobierno de los jueces" como también de una verdadera oligarquía judicial (*cit.*, p. 9). Boffi Boggero es partidario de la tesis de que los jueces deben gobernar conforme a las normas vigentes, señalando que tal función no es plenamente cumplida en muchos de los supuestos por la pretensión del Poder Ejecutivo de extender su esfera de competencia y correlativamente, la declinación que los jueces realizan de sus propias facultades (BOFFI BOGGERO, Luis María, "La teoría de la separación de los poderes y el gobierno de los jueces", ED 12-831, esp. p. 836).

[1902] BIDEGAIN, Carlos María, *Cuadernos del curso de Derecho Constitucional*, 2ª ed., Abeledo-Perrot, Buenos Aires, 1969, ps. 127 y ss., esp. ps. 136/140. Tal postura también fluye de varios fallos de la Corte Suprema de Justicia de la Nación ("Partido Justicialista", Fallos 263:267 [1965]).

[1903] BADENI, Gregorio, *Tratado de Derecho Constitucional*, t. 1, La Ley, Buenos Aires, 2004, p. 211.

detracción de las competencias propias del Poder Judicial afecta el equilibrio que debe reinar en los órganos que ejercen el poder del Estado, el cual se ha instrumentado precisamente en resguardo de los derechos de los administrados.

Dentro de esta línea doctrinaria, Bidart Campos afirma que uno de los argumentos más importantes que obligan a su juicio a compartir la tesis del control jurisdiccional amplio de las cuestiones políticas, radica, en nuestro régimen constitucional, en el art. 116, CN, cuando reserva al Poder Judicial el conocimiento de todas las causas que versen sobre puntos regidos por la Constitución, determinantes de la competencia de la justicia federal[1904].

Entre nosotros también Boffi Boggero ha adherido a la concepción que preconiza un contralor judicial sobre las cuestiones políticas sin restricciones[1905], invocando en apoyo de la tesis la opinión de Rostow – quien se pronuncia en definitiva a favor del gobierno de los jueces– sosteniendo que la actividad momentánea de los órganos legislativo y ejecutivo, no puede violar los derechos y garantías individuales que prescribe la Constitucional Nacional, instrumentados con un sentido de mayor permanencia[1906].

La revisión judicial de las cuestiones políticas, que se hace fundamentalmente a través del control de constitucionalidad, procura proteger los derechos de las personas contra la omnipotencia de los poderes legislativo y ejecutivo, cuyas actividades, influidas muchas veces por concepciones sociales transformadoras, pueden afectar la estructura y fines de la Constitución[1907].

Sin embargo, no puede perderse de vista la circunstancia de que en nuestro país han sido los propios jueces quienes han declinado intervenir en el juzgamiento de las denominadas cuestiones políticas, y esta postura podía advertirse en la mayoría de los fallos de nuestro más alto tribunal sobre todo, antes de la reforma constitucional de 1994. Por el contrario, en los Estados Unidos de Norteamérica, la Suprema Corte

---

[1904] Sostiene dicho jurista que: "cuando se dice *todas* las causas es imposible interpretar que haya *algunas* causas que escapen al juzgamiento. Dividir las causas en judiciales y políticas (no judiciales) es fabricar una categoría de causas en contra de los que impone la Constitución. En el Estado actual de nuestra jurisprudencia, no caen en el ámbito de la jurisdicción *todas* las causas que versan sobre los puntos regidos por la Constitución, porque un tipo de causas ("las políticas") se sustraen al juzgamiento (conf. BIDART CAMPOS, Germán J., "La jurisdicción judicial y las cuestiones políticas", ED 9-918/919).

[1905] BOFFI BOGGERO, Luis María, "La teoría...", *cit.*, ps. 831 y ss., esp. p. 835.

[1906] ROSTOW, Eugène, *The sovereign prerrogative*, p. 173, *cit.* por BOFFI BOGGERO, Luis María, "La teoría...", *cit.*

[1907] LINARES QUINTANA, Segundo V., *Derecho Constitucional e instituciones políticas*, 1ª ed., t. I, Abeledo-Perrot, Buenos Aires, 1970, p. 602; VANOSSI, Jorge R., "Las facultades privativas ante la dimensión política del Poder Judicial", JA del 9/3/1971, ps. 9/10; GARCÍA PELAYO, Manuel, *Derecho Constitucional comparado*, 4ª ed., Revista de Occidente, Madrid, 1957, ps. 439/441; HAURIOU, Maurice, *Précis de Droit Administratif et de Droit Public général*, Recueil Sirey, París, 1927, p. 339. Vanossi afirma que en otros términos el problema más importante que plantea la tesis del total juzgamiento se halla en el predominio de criterios conservadores que se observan en los jueces "frente a una política de cambio que no tenga fuerza o impulso suficiente como para reformar las estructuras constitucionales y alcanzar de esa forma sus objetivos con prescindencia del control de poderes existentes (el Judicial)" (*cit.*, p. 10).

había adoptado una postura más favorable al juzgamiento de tales cuestiones, cuya vigencia se consolidó en los hechos, en gran parte, debido al sentido dinámico de su labor interpretativa, o en otras palabras, por su adecuación a los cambios[1908].

No parece que so color de la mentalidad conservadora de los jueces pueda trastocarse el sistema de contralor de las funciones legislativa y administrativa que está a cargo de los jueces por imperio de claras disposiciones constitucionales (arts. 116 y 117, CN).

Pero aún así, el problema de las denominadas cuestiones políticas ha subsistido, quizás, alimentado artificialmente por la confusión en que incurren algunos sectores de la doctrina y de la jurisprudencia o, al menos, por determinadas interpretaciones dogmáticas que nutren sus posturas. Ello torna necesario asentar la cuestión sobre bases que permitan su solución a la luz de la Constitución, interpretada conforme a una dinámica realista y con sentido de justicia.

El problema fundamental radica en ubicar el contralor de constitucionalidad sobre las cuestiones políticas en sus justos y reales límites, estableciendo si existen determinados actos que no son revisables judicialmente, o bien, si es posible reconocer un grupo de actos que, aunque en principio sean judiciables, tengan un régimen de revisión judicial distinto.

2. LAS CUESTIONES POLÍTICAS

El hecho de que en casi todos los países del mundo en que existe el sistema de control de constitucionalidad a cargo de los jueces, éstos suelen abstenerse de revisar, en algunos supuestos, determinados aspectos de los actos de los poderes legislativo y ejecutivo que configuran las denominadas cuestiones políticas (*political questions*)[1909] es una realidad que, con diferentes matices y alcances, se da en la mayor parte de los sistemas comparados en los que rige el Estado de Derecho.

Pero ¿qué debe entenderse por cuestiones políticas? En este sentido, García Pelayo expresa que no conoce "ninguna definición autorizada de lo que debe entenderse por cuestión política y, por consiguiente, la determinación de si una cuestión cae dentro de tal categoría es algo a decidir por el tribunal"[1910].

En esta materia, si bien las jurisprudencias argentina y norteamericana proporcionan numerosos antecedentes, éstos son en extremo casuistas y hasta ahora no han servido para determinar un criterio general acerca de las cuestiones políticas[1911].

[1908] VANOSSI, Jorge R., "Las facultades...", *cit.*, p. 5.

[1909] LINARES QUINTANA, Segundo V., *Derecho Constitucional...*, *cit.*, t. I, p. 623. Recuerda este autor que la excepción está dada por la Constitución brasileña de 1937, cuyo art. 94 prescribía que "está prohibido al Poder Judicial conocer las cuestiones exclusivamente políticas" precepto que no se conserva en las Constituciones de 1946, 1967 y 1969 (*cit.*, ps. 623/624).

[1910] GARCÍA PELAYO, Manuel, *Derecho Constitucional...*, *cit.*, p. 340.

[1911] Algunos autores comentando la Constitución norteamericana, en forma similar a lo acontecido en Francia con relación a los actos de gobierno, consideran que más conveniente que definir en qué consiste una cuestión política, es elaborar una lista de las materias que revisten este carácter para los tribunales (SCHWARTZ, Bernard, *Los poderes del gobierno, comenta-*

Como se ha afirmado con acierto, "no puede aceptarse que el Poder Judicial pueda discrecionalmente decidir cuáles son las cuestiones políticas sin otra sujeción que a la de si le resulta impolítico o inconveniente conocer tales asuntos, porque ello comportaría precisamente adoptar una posición sustancialmente política ajena a su competencia"[1912].

Entre nosotros, Bidegain observa que el control de constitucionalidad por el Poder Judicial no excluye el control que puedan realizar los otros órganos del Estado investidos del poder político, que no es exclusivo del Poder Judicial porque existen "partes, Constitución que están exentas de esa protección y sometidas únicamente a controles políticos..." no correspondiendo fundar la inconstitucionalidad en la impugnación de la conveniencia, oportunidad o eficacia de las medidas dispuestas por aquellos órganos en ejercicio de su propia competencia, pues ello significaría una inadmisible interferencia de los jueces en materias que la Constitución reserva al juicio de aquéllos, sujetos exclusivamente (en ese aspecto, agregamos nosotros) "al control político"[1913].

Un sector de la doctrina norteamericana ha dicho, que el término política significa "aquellas cuestiones que, bajo la Constitución son decididas por el pueblo en su capacidad soberana, o que han sido delegadas a la completa discreción de los departamentos ejecutivo y legislativo"[1914]. Sin embargo, como surge del exhaustivo análisis que entre nosotros ha llevado a cabo Bianchi[1915] (a partir del caso "Baker v. Carr") si bien se observa una tendencia hacia la ampliación del control judicial sobre las cuestiones políticas, no se desprende – de los casos en que se ha declarado que un determinado acto no es justiciable– algún criterio sustantivo o dogmático que sirva para delinear la figura.

Desde otro punto de vista se ha opinado también que la cuestión no puede resolverse apelando exclusivamente a argumentos de tipo lógico, ya que el derecho no sólo se manifiesta en normas sino también en conductas, aunque enmarcadas ambas en el valor justicia[1916].

---

rio sobre la Constitución de los Estados Unidos, trad. de José Juan Olloui Labastida, t. I, Librería La Facultad, México, 1966, ps. 578/579).

[1912] LINARES QUINTANA, Segundo V., *Derecho Constitucional...*, *cit.*, t. I, p. 638.

[1913] BIDEGAIN, Carlos María, *Cuadernos...*, *cit.*, ps. 127/128, quien cita varios ejemplos de control, como el que realiza el Poder Ejecutivo a través del veto (arts. 78/83, CN) o la revocación que hace el Ejecutivo de los actos de órganos inferiores que contravienen la Constitución; HORWATH, Pablo - VANOSSI, Jorge R., "El fallo 'Baker v. Carr' y la justiciabilidad de las cuestiones políticas", LL 114-984.

[1914] WEAVER, Samuel P., *Constitutional Law and its administration*, Callaghan, Chicago, 1946, p. 212, citado por LINARES QUINTANA, Segundo V., *Derecho Constitucional...*, *cit.*, t. I, p. 627.

[1915] BIANCHI, Alberto B., *Control de constitucionalidad*, 2ª ed., Ábaco, Buenos Aires, 1992, ps. 249 y ss.

[1916] Bidegain sostiene que ello debe tenerse en cuenta con mayor razón cuando lo que se discute o interpreta es el funcionamiento de las instituciones políticas (BIDEGAIN, Carlos María, *Cuadernos...*, *cit.*, p. 136).

Debe advertirse, sin embargo, que la doctrina que en nuestro país postula la tesis contraria al juzgamiento de las cuestiones políticas, no niega las facultades del Poder Judicial para juzgar sus proyecciones, o sea los actos de ejecución dictados como consecuencia del ejercicio de los llamados "poderes políticos". En este sentido, se ha afirmado que "la postura de inhibición judicial está circunscripta a la defensa de la competencia del órgano político acordada por la Constitución, pero no es extensiva a los aspectos derivados de los actos de ejecución de esas mismas competencias en cuanto puedan afectar derechos individuales" o el principio de la separación de los poderes[1917].

3. DISTINTOS CRITERIOS EN TORNO A QUÉ CATEGORÍA DE ACTOS CONFIGURAN CUESTIONES POLÍTICAS

Resulta algo así como una exigencia del moderno Estado de Derecho establecer un criterio para tipificar con un mínimo rigor técnico-científico la categoría que comprenda los actos (o sus aspectos) que se hallan encuadrados dentro de las denominadas cuestiones políticas. Esta tarea presenta dificultades, en mérito a las divergencias doctrinarias que existen entre las ramas del Derecho Público que se han venido ocupando de la cuestión, las que, sin embargo, creemos que pueden llegar a superarse con una reformulación de la categoría de un nuevo tipo de actos, el acto constitucional, que en principio, es justiciable.

Así, mientras los constitucionalistas sólo se refieren a las cuestiones políticas en el plano de la teoría constitucional sin apreciar la necesidad práctica y teórica de distinguir, o al menos, calificar tal grupo de actos, en relación con el acto administrativo, los administrativistas clásicos acudieron, en su momento, nada menos que para fundar el carácter no justiciable de tales actos, a la teoría francesa de los actos de gobierno, que responde a un sistema jurídico diferente al nuestro, en su connotación positiva y valoraciones socio-políticas.

Otro sector de la doctrina rechaza la idea de que existan actos políticos que difieran de los actos administrativos y, basándose en la realidad jurisprudencial y en la sistemática constitucional propician que sólo un grupo de actos – aquellos que hacen a la organización y subsistencia del Estado– se hallan exentos del contralor judicial[1918].

Tampoco puede aceptarse que las cuestiones políticas constituyen una categoría creada por los propios jueces sin mayores limitaciones, con un sentido exclusivamente empírico, y que, como consecuencia de ello, todas las llamadas cuestiones políticas puedan dejar algún día de serlo, y viceversa, puedan nacer otras de los actos que hasta ahora no son englobados en tal situación porque cualquier interpretación, incluso dinámica, de la Constitución Nacional, no podría ir en contra del sistema de separación de poderes, transformando el equilibrio en que se basa esta teoría, en una suerte de gobierno de los jueces.

[1917] LINARES QUINTANA, Segundo V., *Derecho Constitucional...*, *cit.*, t. I, p. 632; VANOSSI, Jorge R., "Las facultades...", *cit.*, p. 6.

[1918] MARIENHOFF, Miguel S., *Tratado de Derecho Administrativo*, 4ª ed. act., t. II, Abeledo-Perrot, Buenos Aires, 1993, p. 759.

En consecuencia, no obstante que la teoría de las cuestiones políticas haya tenido origen en la propia conducta judicial, ello no significa que deba quedar al arbitrio de esos poderes la determinación del campo de juzgamiento sobre la base de un procedimiento casuístico. Es necesario pues sentar sobre nuevas bases toda la problemática constitucional de las cuestiones políticas, las que precisan apoyarse tanto en el principio de la separación de poderes como en los concernientes a la tutela judicial efectiva y al sistema judicialista previstos en la Constitución.

Sección 2ª

LA TEORÍA DEL ACTO DE GOBIERNO O POLÍTICO

1. ORÍGENES Y ALCANCE DE LA TEORÍA DE LOS ACTOS DE GOBIERNO

La génesis de la concepción relativa a los denominados actos de gobierno se remonta al Consejo de Estado francés. Allí aparece por primera vez en un intento por lograr la supervivencia del organismo frente a la antipatía que provocaba su actuación luego de la restauración borbónica. En esa lucha por su existencia, que libró el Consejo de Estado contra la Administración activa francesa (la cual se proyecta hasta nuestros días), el precio que hubo de pagar por su conservación fue nada menos que la resignación de una parte importante de su competencia[1919]. Sin embargo, la evolución posterior, que como veremos termina por llevar a un campo restringido el acto de gobierno, proporciona la mejor justificación para quienes idearon esa suerte de autolimitación para salvar un organismo cuya trayectoria histórica ha servido a la protección de los derechos individuales y a la buena marcha de la Administración.

La teoría de los actos de gobierno tiene raigambre jurisprudencial y aunque se haya discutido en Francia si el art. 26, ley del 24/5/1872, que facultaba a los ministros a requerir al Tribunal de Conflictos la devolución de los asuntos girados al Consejo de Estado que no correspondían al contencioso-administrativo[1920], constituía su fundamento, lo cierto es que como expresa Rivero, la mentada norma jamás fue

---

[1919] Ver CHAPUS, René, *Droit Administratif général*, 2ª ed., t. I, Montchrestien, París, 1986, ps. 656 y ss.; LAUBADÈRE, André de, *Traité élémentaire de Droit administratif*, 5ª ed., t. I, LGDJ, París, 1970, ps. 243 y ss.; WALINE, Marcel, *Droit Administratif*, 9ª ed., Sirey, París, 1963, ps. 217 y ss.; RIVERO, Jean, *Droit Administratif*, Dalloz, París, 1968, ps. 140 y ss.; DUEZ, Paul, *Les actes de gouvernement*, Recueil Sirey, París, 1935, ps. 30 y ss.; JÈZE, Gastón, *Principios generales de Derecho Administrativo*, trad. del francés, t. I, Depalma, Buenos Aires, 1948, ps. 412 y ss.; BENOIT, Francis P., *Le Droit Administratif français*, Dalloz, París, 1968, ps. 418 y ss.; HAURIOU, Maurice, *Précis de Droit Administratif et de Droit Public Général*, 3ª ed., Librairie de la Société du Recueil Général des lois et des arrêts, París, 1897, ps. 282 y ss.

[1920] DUEZ, Paul, *Les actes...*, *cit.*, p. 36; JÈZE, Gastón, *Principios generales...*, *cit.*, t. I, p. 415.

aplicada y sus alcances no han sido aclarados[1921], reconociendo la doctrina que la teoría carece de toda base legal en dicho país[1922].

Los alcances de la construcción que ha efectuado el Consejo de Estado francés en materia de actos de gobierno se traducen en la circunstancia de que tales actos escapan a todo control jurisdiccional, produciéndose en muchos casos una efectiva y real denegación de justicia. Decía Jèze que tal situación – que contraviene las concepciones modernas– asombra que haya subsistido hasta la época actual, ya que en verdad no puede justificarse que órganos del Estado puedan ampararse en la arbitrariedad, so color de una razón de oportunidad política[1923].

2. SU DESARROLLO Y POSTERIOR EVOLUCIÓN

La decisión del Consejo de Estado francés, luego de la caída del primer Imperio, de limitar su competencia originaria a fin de no enfrentarse abiertamente con los monarcas borbónicos y consolidar así su permanencia, hizo aparecer la necesidad de su justificación en la búsqueda de un criterio que permitiera distinguir aquellos actos no susceptibles de control por el tribunal administrativo (denominados a partir de entonces "actos de gobierno") de los actos administrativos.

En un primer período de la evolución jurisprudencial, el Consejo de Estado francés apeló a la tesis del móvil político para fundamentar que los actos que carecían de tal finalidad se hallaban exentos de contralor jurisdiccional por parte de dicho tribunal administrativo. Esta concepción resultaba arbitraria en cuanto bastaba con que se dijera que un acto administrativo había sido emitido con un móvil político, para que se transformara en un acto no justiciable, agravando la legalidad bajo la pretendida razón de Estado[1924].

Con posterioridad a la finalización del segundo Imperio, tanto la doctrina como la jurisprudencia francesa abandonan el criterio del móvil político para conceptuar el acto de gobierno. Diversas causas confluyeron en una orientación que, si bien superó la anterior, en cuanto disminuyó la arbitrariedad que implicaba la aceptación de la tesis del móvil político, no logró triunfar en definitiva, al no poder demostrar esta concepción la razón y necesidad de su existencia; la distinción entre gobierno y Administración, para de allí derivar respectivamente los conceptos de acto de gobierno y acto administrativo[1925].

[1921] RIVERO, Jean, *Droit Administratif, cit.*, p. 141.

[1922] WALINE, Marcel, *Droit Administratif, cit.*, p. 221.

[1923] JÈZE, Gastón, *Principios generales..., cit.* t. I, p. 416. Observa este autor que el hecho de que la teoría haya podido mantenerse en la actualidad obedece no solamente a la fuerza de la tradición y al temor de los jueces en abordar ciertas materias, sino a las restricciones impuestas por la jurisprudencia "que han hecho desaparecer las consecuencias más chocantes y más intolerables de la razón de Estado".

[1924] Véase: TEISSIER, Georges, *La responsabilité de la puissance publique*, París, 1906, p. 127; LAFERRIÈRE, Edouard, *Traité de la jurisdiction administrative et des recours contentieux*, t. II, LGDJ, París, 1887, p. 31.

[1925] JÈZE, Gastón, *Principios generales..., cit.*, t. I, ps. 416/417; DIEZ, Manuel M., *El acto administrativo*, 2ª ed., TEA, Buenos Aires, 1961, p. 511, cita entre las causas que originaron es-

A pesar de que Teissier y otros autores hayan procurado afirmar la existencia de una doble actividad en el seno del Poder Ejecutivo[1926] distinguiendo gobierno de Administración, lo cierto es que resulta prácticamente imposible separar los respectivos campos de actuación sobre la base de una concepción basada en la "naturaleza intrínseca del acto"[1927] circunstancia que conduce a los propios sostenedores de la tesis a reconocer que para establecer la lista de actos de gobierno debe acudirse a los criterios jurisprudenciales del Consejo de Estado francés[1928].

Según Jèze, los actos de gobierno carecen de una naturaleza jurídica específica que justifique su existencia no existiendo razones jurídicas suficientes "para poner en jaque el sistema general del control jurisdiccional" vigente en Francia, tesitura que no impide que en los hechos y por las razones de oportunidad política, existan en ese país actos que se hallan fuera de todo contralor jurisdiccional[1929].

En este sentido y frente a la imposibilidad de definir el acto de gobierno sobre la base de la distinción entre actividad gubernativa y administrativa, la orientación predominante desde hace algunos años en Francia se basa en una concepción empírica: sólo constituyen actos de gobierno aquellos comprendidos en la enumeración que llevan a cabo el Consejo de Estado y el Tribunal de Conflictos[1930].

3. LA CUESTIÓN EN OTROS PAÍSES

En Italia se planteó, en su momento, un problema similar a raíz de la norma de la ley que organizó el Consejo de Estado[1931] que excluye del enjuiciamiento del juez administrativo los actos dictados en ejercicio del poder político. Si bien la doctrina ha aceptado por lo general la solución legislativa[1932], se ha entendido que tal exclusión no resulta aplicable a las acciones que se deduzcan ante el órgano judicial[1933] ya

---

ta tendencia en Francia a partir de 1872: el desarrollo del espíritu de legalidad, la pérdida del poder del gobierno y la institución de la justicia delegada.

[1926] TEISSIER, Georges, *La responsabilité...*, *cit.*, ps. 41/42. Sostenía este autor que gobernar "es exclusivamente según nosotros, vigilar el funcionamiento de los poderes públicos en las condiciones previstas por la Constitución y asegurar (...) las relaciones del Estado con las potencias extranjeras. Administrar, es asegurar la aplicación cotidiana de las leyes, velar por las relaciones de los ciudadanos con el poder público y de las diversas administraciones entre sí". Véase también: LAFERRIÈRE , Edouard, *Traité...*, *cit.*, t. II, p. 32.

[1927] DUGUIT, Léon, *Traité de Droit Constitutionel*, 2ª ed., t. III, Fontemoing & Cie, París, 1923, ps. 685 y ss.; RIVERO, Jean, *Droit Administratif*, *cit.*, p. 12.

[1928] TEISSIER, Georges, *La responsabilité...*, *cit.*, p. 126.

[1929] JÈZE, Gastón, *Principios generales...*, *cit.*, t. I, ps. 414/415.

[1930] DUEZ, Paul, *Les actes...*, *cit.*, p. 32; RIVERO, Jean, *Droit Administratif*, *cit.*, p. 141; LAUBADÈRE, André de, *Traité élémentaire...*, *cit.*, t. I, p. 245.

[1931] Art. 31 del texto unificado sobre organización del Consejo de Estado, que reconoce a su vez origen en el art. 24, ley de 1889.

[1932] ZANOBINI, Guido, *Corso di Diritto Amministrativo*, 8ª ed., t. I-II, Giuffrè, Milán, 1958, p. 191.

[1933] RANELLETTI, Oreste, *Le guarentigie della giustizia nella pubblica amministrazione*, Milán, 1937, ps. 331/332; ALESSI, Renato, *Sistema istituzionale del Diritto Amministrativo italiano*, 2ª ed., t. II, Giuffrè, Milán, 1958, p. 602.

que en tal caso la irrecurribilidad se justifica en dicho país dentro de la jurisdicción del Consejo de Estado, teniendo en cuenta la potestad para anular los actos administrativos, mientras que la sentencia dictada por los jueces ordinarios sólo puede declarar la ilegalidad del acto, junto a la condena de daños y perjuicio, habiéndose señalado también que se trata de una norma de excepción que no puede alterar el sistema general del ordenamiento que es el carácter recurrible de los actos administrativos[1934]. La teoría del acto político ha continuado aplicándose hasta la actualidad, genéricamente en materia de actos de naturaleza constitucional y, en particular, respecto de actos vinculados a la guerra y actuación internacional del Estado[1935].

En Alemania, si bien la concepción de los actos de gobierno no encontró un eco similar que en Francia, en razón de que la competencia de los tribunales administrativos se estableció conforme al principio de enumeración – por lo cual quedaban excluidos previamente del contralor jurisdiccional administrativo los denominados actos políticos– [1936], la existencia de un sector de la actividad de la Administración Pública libre del citado control, cuya delimitación queda a cargo de los propios tribunales administrativos, no fue ni se preveía que fuera controvertida por la doctrina ni por la jurisprudencia alemana[1937]. Sin embargo, de la recensión doctrinaria que ha hecho Barnés Vázquez, acerca de la tutela judicial efectiva en la Constitución alemana, se desprende que salvo escasas excepciones (*v.gr.*, las resoluciones de las comisiones investigadoras del Parlamento Federal) no existen actos del ejecutivo, sea cual fuere su calificación (políticos o de gobierno) exentos del control jurisdiccional[1938].

La influencia de la teoría francesa de los actos de gobierno también se proyectó a España, desde la antigua legislación española del contencioso-administrativo hasta la de 1956 que excluía de la jurisdicción contencioso-administrativa "las cuestiones que afectan a la defensa del territorio nacional, relaciones internacionales, seguridad interior del Estado y mando y organización militar, sin perjuicio de las indemnizaciones que fueran procedentes, cuya determinación si corresponde a la jurisdicción contencioso-administrativa"[1939], lo cual denota un progreso sobre la legislación ante-

---

[1934] ALESSI, Renato, *Sistema istituzionale...*, cit., t. II, p. 602, en el mismo sentido también: GUICCIARDI, Enrico, *La giustizia amministrativa*, Padua, 1943, p. 254.

[1935] VIRGA, Pietro, *Diritto Amministrativo*, 5ª ed., t. 2, Giuffrè, Milán, 1999, ps. 290/291; ver asimismo: LANDI, Guido - POTENZA, Giuseppe - ITALIA, Vittorio, *Manuale di Diritto Amministrativo*, 11ª ed., Giuffrè, Milán 1999, ps. 711/713; SORACE, Domenico, *Diritto delle Amministrazioni Pubbliche*, Il Mulino, Bolonia, 2000, ps. 250/251.

[1936] FORSTHOFF, Ernst, *Tratado de Derecho Administrativo*, trad. del alemán, Centro de Estudios Constitucionales, Madrid, 1958, ps. 683 y ss.

[1937] Afirma este autor que "el acto de gobierno como tal no perderá su importancia en el futuro. Las tendencias hoy muy fuertes, de poner el estado en la medida de lo posible bajo el control de los tribunales tendrán que rendirse ante ese hecho" (imposibilidad de establecer una norma que separe el acto de gobierno del acto administrativo) (conf. FORSTHOFF, Ernst, *Tratado...*, cit., ps. 684/686).

[1938] BARNÉS VÁZQUEZ, Javier, "La tutela judicial efectiva en la Constitución Alemana", en MARTÍN-RETORTILLO BAQUER, Lorenzo (coord.), *La protección jurídica del ciudadano, Estudios en homenaje al profesor Jesús González Pérez*, t. I, Civitas, Madrid, 1993, p. 442.

[1939] Art. 2º, ap. b), Ley de la Jurisdicción Contencioso Administrativa del 27/12/1956.

rior en cuanto no se entienden incluidos en la enumeración los actos ministeriales y se establece – en concordancia con lo sostenido por la doctrina italiana– que la prohibición de anular el denominado acto de gobierno no obsta a la acción de daños y perjuicios que por su ejecución corresponda entablar al particular o administrado[1940]. Como se verá más adelante, la tendencia actual, en la doctrina y jurisprudencia españolas, después de haberse inclinado por la reducción progresiva de los actos de gobierno, ha evolucionado hacia su eliminación como categoría jurídica diferenciada, imponiéndose la judiciabilidad, como principio, de todos los actos políticos, con algunas salvedades como son los denominados actos constitucionales.

4. INAPLICABILIDAD DE LA CONCEPCIÓN DE LOS ACTOS DE GOBIERNO EN EL DERECHO ARGENTINO

La innegable influencia que ejerció la doctrina francesa sobre los publicistas argentinos, particularmente en quienes se enrolaron en el Derecho Administrativo (ya que los constitucionalistas han preferido referirse, en tales casos, a las "cuestiones políticas") hizo que se pretendiera trasplantar la tesis gala a nuestro ordenamiento jurídico, sin reparar en que ella responde a una particular raíz histórico-política ni que se ha desarrollado en un sistema jurídico-institucional diferente.

Las razones que llevaron en Francia al Consejo de Estado a restringir sus funciones en aras a su supervivencia no tienen asidero en un sistema como el nuestro, donde el contralor jurisdiccional de la actividad de los órganos legislativo y ejecutivo se halla encomendado, por principio constitucional, a un órgano separado e independiente: el órgano judicial.

En nuestro ordenamiento, por aplicación de tal principio (por regla general) todo acto que afecte derechos subjetivos de los administrados se encuentra sometido al contralor de los órganos judiciales.

De manera que muchos de los actos que la doctrina consideraba en general como actos de gobierno (*v.gr.*, expulsión y prohibición de entrada a extranjeros, celebración de tratados internacionales, indulto, actos de política dictados en el transcurso de una guerra nacional contra extranjeros)[1941] no escapan al contralor judicial, en cuanto afecten los derechos subjetivos de los administrados.

Por ello, la característica de no ser un acto justiciable que la doctrina adjudicaba a un sector de los denominados actos de gobierno no puede ser admitida en nuestro ordenamiento constitucional, en cuanto se halla en pugna con los principios que fluyen de los arts. 108, 109 y 116, CN, entre otros, aparte de las dificultades que existen (o bien, la imposibilidad) en el plano de la teoría jurídica, para escindir el concepto de acto de gobierno del de acto administrativo, sobre la base de la naturaleza intrínseca del mismo.

[1940] GARRIDO FALLA, Fernando, *Tratado de Derecho Administrativo*, 4ª ed., t. I, Instituto de Estudios Políticos, Madrid, 1966, ps. 409/411.

[1941] BIELSA, Rafael, *Derecho Administrativo*, t. V, 6ª ed., La Ley, Buenos Aires, 1966, ps. 707 y ss.

En realidad, los actos que tienen efectos directos respecto de terceros[1942] traducen el ejercicio de la función administrativa en sentido material, siendo, en principio, justiciables, por cuya causa y en mérito a que carecen de un régimen jurídico peculiar, no se justifica otra categorización jurídica que la de los actos administrativos.

Con tales alcances, la concepción de los actos de gobierno no tiene vigencia en nuestro sistema jurídico, imponiéndose su supresión, ya que los supuestos mentados traducen siempre una actividad administrativa controlable en sede judicial.

5. CONTINUACIÓN. LA DISCRECIONALIDAD COMO NOTA DISTINTIVA DEL ACTO DE GOBIERNO

Tampoco resulta conveniente el criterio de quienes encuentran el fundamento de la distinción en el carácter discrecional que tendrían los denominados actos de gobierno[1943]. En primer lugar, porque si bien, en su gran mayoría, la emisión de tales actos es discrecional, no es menos cierto que existen actos de este grupo que tienen efectos reglados (*v.gr.*, el informe que debe requerirse al tribunal competente en materia de indulto conforme al art. 99, inc. 5°, CN)[1944]. En segundo término (y lo que es más trascendente) tal característica no es idónea para diferenciar este grupo de actos de los numerosos supuestos en que la Administración Pública goza de facultades discrecionales, tanto en relación con la oportunidad para dictar el acto, como a su objeto, sin dejar de tener en cuenta que el carácter reglado o discrecional del acto no se presenta en plenitud, sino que por lo general, existen unos aspectos parcialmente reglados y otros que son parcialmente discrecionales.

Sección 3ª

SUPERACIÓN DE LA CATEGORÍA DEL ACTO POLÍTICO O DE GOBIERNO

1. LA DOCTRINA DEL ACTO INSTITUCIONAL

La teoría del acto institucional fue elaborada por Marienhoff[1945] con el objeto de independizar esta figura de la del acto de gobierno o político que había desarrollado la jurisprudencia francesa, la cual respondía a un modelo distinto, basado en un sistema de control cuyo eje no es judicialista.

Se trata de una teoría que no fue producto de una discrepancia meramente semántica (como se ha insinuado desde algunos sectores de la doctrina) sino de una construcción que, lejos de ser autoritaria, se basó en los principios y normas constitucionales.

[1942] MARIENHOFF, Miguel S., *Tratado...*, *cit.*, t. II, ps. 703/704.

[1943] Véase: RANELLETTI, Oreste, *Le guarentigie...*, *cit.*, ps. 41/42.

[1944] MARIENHOFF, Miguel S., *Tratado...*, *cit.*, t. II, p. 711.

[1945] MARIENHOFF, Miguel S., *Tratado...*, *cit.*, t. II, p. 206 y ps. 763 y ss.

Para decirlo en palabras del propio Marienhoff, el acto institucional se vincula a la "organización y subsistencia del Estado", sin generar relaciones directas o inmediatas con los particulares o administrados[1946], como acontece con algunos actos (*v.gr.*, apertura de sesiones del Congreso) o en el caso de las relaciones internacionales.

Su principal fundamento constitucional se apoyó en la observancia del principio de la separación de poderes[1947] el cual, a través de un sistema de frenos y cortapisas, impide que se rompa el equilibrio a favor de los jueces, de modo que un poder quede a merced de otro.

Si se piensa, al propio tiempo, en nuestro sistema de control de constitucionalidad – que por principio es judicial– conforme a los arts. 109 y 116, CN, no puede aceptarse dentro de la sistemática constitucional que un juez federal disponga en determinados supuestos (actos que hacen a la subsistencia del Estado) de mayor poder político que el Ejecutivo y el Congreso, y pueda decretar, por ejemplo, el cese del estado de sitio o de la intervención federal a una provincia. Menos aun podría aceptarse el control judicial sobre típicos actos intraorgánicos que se configuran en el plano constitucional (apertura de sesiones, etc.) que vinculan a órganos esenciales para la subsistencia del poder estatal.

No puede desconocerse que respecto de aquellos actos que tengan o puedan tener un alcance general, la Constitución ha establecido un sistema de controles recíprocos, que vinculan por relaciones de interdependencia tanto al órgano ejecutivo como al Congreso.

El principal efecto de esta elaboración doctrinaria consistía en sustraer el acto institucional tanto de la construcción del acto político como del acto administrativo estableciendo su carácter no justiciable. En este sentido y sin dejar de valorar las bondades ni la sencillez de la teoría que continúa aun hoy día atrayendo a un sector de la doctrina[1948], no podemos perder de vista la necesidad de adaptar la temática de las cuestiones al nuevo principio de la tutela judicial efectiva, ampliando aún más si cabe, el escenario de los actos justiciables así como el relativo al juzgamiento de las cuestiones políticas.

En ciertos derechos, como el español y el argentino, las tendencias predominantes han logrado erradicar la antigua teoría del acto político, reduciendo sustancialmente el campo de los actos que no son susceptibles de revisión judicial. Esta realidad torna necesario centrar su configuración en las potestades que la Constitución

---

[1946] Conf. MARIENHOFF, Miguel S., *Tratado...*, *cit.*, t. II, ps. 757/758; ver también: BARRAZA, Javier I., *Manual de Derecho Administrativo*, La Ley, Buenos Aires, 2005, ps. 261 y ss.

[1947] LINARES QUINTANA, Segundo V., *Tratado de la ciencia de Derecho Constitucional argentino y comparado*, t. II, Plus Ultra, Buenos Aires, 1956, p. 312; y CASSAGNE, Juan Carlos, *Derecho Administrativo*, 7ª ed., t. II, LexisNexis, Buenos Aires, 2002, p. 73.

[1948] También en el plano de los proyectos legislativos destinados a regir el contencioso-administrativo. En tal sentido, el Proyecto de Ley Reguladora del Proceso Contencioso-Administrativo, presentado en el año 2005 por el senador Marcelo A. H. Guinle, prescribe que "La competencia contencioso-administrativa no procederá respecto de actos institucionales, tales como la declaración de guerra, celebración de tratados internacionales, intervención federal a las provincias o a la Ciudad de Buenos Aires y declaración del estado de sitio" (art. 4º, 1ª parte, del Proyecto).

atribuye en forma privativa a los poderes fundamentales del Estado y a una razonable interpretación que fundamente, en cada caso, su juzgamiento o no por parte de los jueces, conforme a la jurisprudencia de la Corte Suprema de Justicia de la Nación. Por estos motivos, como más adelante se señala, resulta preferible hablar del acto constitucional no justiciable como una construcción evolutiva de la teoría del acto institucional que encuentra, en esta tesis, una aplicación más restrictiva, compatible con el moderno principio de la tutela judicial efectiva[1949].

2. EL CONTROL JUDICIAL DE LOS ACTOS DE EJECUCIÓN DE LOS ACTOS INSTITUCIONALES

Lo atinente al control que realizan los jueces sobre los actos o medidas de ejecución de un acto institucional, constituye una cuestión totalmente distinta del problema del carácter justiciable del acto institucional, muchas veces confundida por los tratadistas y la jurisprudencia[1950].

La Corte Suprema de Justicia de la Nación ha tenido la oportunidad de establecer su criterio sobre el punto, al debatirse el alcance de las facultades judiciales respecto al control de los actos y medidas que puede dictar el Poder Ejecutivo durante el estado de sitio. A partir del caso "Antonio Sofía y otro"[1951], la jurisprudencia se ha orientado hacia el reconocimiento de las facultades de los jueces para ejercer un control de razonabilidad sobre los actos dictados por el Poder Ejecutivo en uso de las atribuciones que le confiere el art. 23, CN.

Los alcances del citado control de razonabilidad fueron determinados en posteriores pronunciamientos del alto tribunal con el propósito de evitar excesos interpretativos y que, a través del control de los actos particulares de ejecución del acto institucional (en este caso, el estado de sitio), se llegase al llamado "gobierno de los jueces"[1952]. Un análisis somero de los precedentes jurisprudenciales aludidos revela que dicho control de razonabilidad, en esta materia, comprende un doble aspecto: a) la relación entre la garantía afectada por el acto de ejecución del acto constitucional (estado de sitio) y el estado de conmoción interior; y b) la comprobación de si el acto administrativo guarda, en concreto, una proporción adecuada con los fines que se persiguen a través de la ley que declara el estado de sitio.

La Corte ha sostenido también que el examen de razonabilidad que realizan los jueces debe hacerse cuidando de no afectar por esa vía el ámbito propio y la función

---

[1949] PERRINO, Pablo E., "El derecho a la tutela judicial efectiva y el acceso a la jurisdicción contencioso administrativa", en AA.VV., *Proceso administrativo I*, Revista de Derecho Público, Rubinzal-Culzoni, Buenos Aires, 2003, ps. 257/294 y CASSAGNE, Juan Carlos, "La tutela judicial efectiva. Su incompatibilidad con el dogma revisor y con la regla del agotamiento de la vía administrativa", REDA, nro. 32, Depalma, Buenos Aires, 1999, ps. 525/545.

[1950] No es exacto como dijera la Corte (Fallos 243:504 y ss.), que las medidas de ejecución del estado de sitio constituyen actos de gobierno o actos institucionales (este último agregado es nuestro), ya que se trata siempre de actos administrativos.

[1951] "Sofía, Antonio y otro", Fallos 243:504 (1959).

[1952] "Diario 'Norte' y 'Voz Peronista' ", Fallos 244:59 (1959); "Goti Aguilar, Juan Carlos y otros", Fallos 259:196 (1964); "Signo Publicaciones", Fallos 251:404 (1961), entre otros.

del estado de sitio[1953], porque un ejercicio irrazonable de dicho control puede conducir a que los órganos judiciales se extralimiten en el ejercicio de sus funciones, olvidando que – en principio– les está vedada la apreciación de las condiciones de hecho que determinaron la utilización de la facultad autorizada por el art. 23, CN (salvo que hubiera ilegitimidad manifiesta, comprensiva de la arbitrariedad e ilegalidad) y que cada órgano del Estado debe obrar con independencia de los otros, en sus respectivos campos de actuación[1954].

3. LA SUPRESIÓN DEL ACTO POLÍTICO EN LA DOCTRINA ESPAÑOLA

Durante la vigencia de la Ley Santamaría de Paredes y, más tarde, de la Ley de la Jurisdicción Contencioso-Administrativa de 1956[1955], prevaleció la doctrina del móvil político que sustraía de la revisión judicial aquellos actos de la Administración que persiguieran una finalidad de esa naturaleza.

Era obvio que esta doctrina, influenciada por la concepción francesa de los actos de gobierno, chocaba abiertamente con el dogma de la separación de poderes y su principal consecuencia que es la instauración de un Poder Judicial independiente capaz de ejercer sus potestades de control sin cortapisas, a fin de mantener el equilibrio no sólo entre los distintos órganos estatales que son titulares de prerrogativas sino entre los particulares y la Administración.

Bajo la vigencia del art. 2º, inc. b), Ley de la Jurisdicción Contencioso-Administrativa de 1956, García de Enterría y Fernández consideraron que esa fórmula podía ser peligrosa, o bien, liberadora. Lo primero, por cuanto si se consideraba que cualquier acto emanado de la Administración que persiguiera una finalidad política se hallaba exento del control jurisdiccional, ello hubiera "acabado por sí solo con el Recurso contra reglamentos en todas sus formas"[1956], dado que lo habitual es que el ejercicio de las potestades administrativas se halle casi siempre teñido por un móvil de esa naturaleza.

En cambio, la otra interpretación que dichos autores denominan "liberadora", consistía en considerar que todos los actos administrativos son siempre posible objeto de revisión jurisdiccional, excluyendo solamente de dicha revisión, en una línea semejante a la fijada por Marienhoff[1957], a los actos que son producto de funciones

---

[1953] "Sofía, Antonio y otros", Fallos 243:504 (1959), consid. 5º.

[1954] "Asociación Constitución y Libertad Argentina", Fallos 195:439 (1943); "Antonio, Jorge", Fallos 236:657 (1956).

[1955] Cuyo art. 2º, inc. b), prescribía que no correspondían a la jurisdicción contencioso-administrativa: "b) Las cuestiones que se susciten en relación con los actos políticos del gobierno como son los que afecten a la defensa del territorio nacional, relaciones internacionales, seguridad interior del Estado y mando y organización militar sin perjuicio de las indemnizaciones que fueren procedentes, cuya determinación sí corresponde a la jurisdicción contencioso-administrativa".

[1956] GARCÍA DE ENTERRÍA, Eduardo - FERNÁNDEZ, Tomás R., *Curso de Derecho Administrativo*, t. I, 10ª ed., Civitas, Madrid, 2000, p. 571.

[1957] La incomprensión que en algunos autores ha despertado la teoría del acto institucional (adoptada, en su momento por nosotros) – a la que se ha llegado a calificar de autoritaria e inspirada en doctrinas provenientes de dictaduras latinoamericanas– se pone de manifiesto compa-

ejecutadas por los órganos políticos superiores en cuanto en los mismos confluyen funciones constitucionales de relaciones entre poderes o el carácter de órganos de la personalidad jurídico-institucional del Estado[1958].

Finalmente, ésta ha sido la doctrina que ha terminado de prevalecer en España[1959], con apoyo en el art. 106, ap. 1, Constitución de 1978, que atribuye a los tribunales el control "de la potestad reglamentaria y de la legalidad de la actuación administrativa", así como en art. 103, ap. 1 de la citada Constitución española que, en consonancia con el principio de la tutela efectiva de los jueces (art. 24.1 del texto constitucional) prescribe el "sometimiento pleno a la Ley y al Derecho" de la Administración.

4. EL DESMANTELAMIENTO DEL ACTO POLÍTICO EN LA JURISPRUDENCIA DE LA CORTE SUPREMA DE JUSTICIA DE LA NACIÓN

Lejos de pasar revista a toda la jurisprudencia en materia de las denominadas cuestiones políticas que, en una extensa gama, la Corte Suprema de Justicia de la Nación rehusó revisar durante un extenso período que abarcó casi una centuria, vamos a considerar, seguidamente, algunos precedentes, en los que se remarcó el carácter justiciable de los actos estatales.

Así, el alto tribunal en el caso "Bussi" del año 2001, precisó que "dicha postura no fue mantenida en los términos de entonces", agregando que:

"La amplia y vaga extensión dada a aquéllas, condujo a que el desmantelamiento de la doctrina anterior se hiciera a través de pronunciamientos dictados en temas muy diversos. Así, lisa y llanamente entró a conocer en causas que se referían al desenvolvimiento de la vida de los partidos políticos (Fallos 307:1774 y sus citas); trató el tema de la admisibilidad de la presentación de un candidato independiente para diputado nacional (Fallos 310:819) y revisó resultados electorales al dejar sin efecto resoluciones de juntas electorales provinciales (Fallos 308:1745). También conoció de la legalidad del procedimiento de formación y sanción de las leyes (Fallos 317:335) y aun de la competencia del Senado de la Nación para determinar la designación de sus integrantes (Fallos 321:3236, disidencia de los jueces Fayt y Bossert; disidencia del juez Belluscio y disidencia del juez Petracchi) o de sus facultades para decidir la detención de personas (Fallos 318:1967 y 319:1222)"[1960].

---

rando las dos posturas, ya que ello llevaría a calificar también de autoritarios a quienes, en España, apoyaron una doctrina semejante a la desarrollada en nuestro país por Marienhoff. Lo que probablemente no estén dispuestos a hacer. Porque ni la lógica más amplia podría llegar a justificar que una doctrina se considere liberadora en España y no pueda serlo en Argentina.

[1958] Conf. GARCÍA DE ENTERRÍA, Eduardo - FERNÁNDEZ, Tomás R., *Curso...*, *cit.*, t. I, p. 572.

[1959] Conf. GONZÁLEZ PÉREZ, Jesús, *Comentarios a la Ley de la Jurisdicción Contencioso Administrativa*, 2ª ed., Civitas, Madrid, 1994, ps. 83 y ss.

[1960] "Bussi, Antonio Domingo v. Estado nacional (Congreso de la Nación - Cámara de Diputados) s/incorporación a la Cámara de Diputados", Fallos 324:3358 (2001) y, esp., p. 3379 (disidencia del Dr. Gustavo A. Bossert, a la que pertenece la cita del texto) que, salvo las remisiones a los votos en disidencia de los antecedentes jurisprudenciales señalados, resulta simi-

En el citado caso, el actor había promovido una acción de amparo cuyo objeto consistía en la pretensión de que se declare la nulidad de una decisión de la Cámara de Diputados de la Nación, que le negó su incorporación al cuerpo legislativo, rechazando su diploma de diputado electo por la provincia de Tucumán.

El planteo del accionante se circunscribía a si en el caso correspondía resolver "a la luz de la Constitución Nacional y de las leyes 19.945 y 23.398 (...) si en el marco del art. 64 de aquella, la Cámara de Diputados está facultada para rechazar el diploma de un diputado nacional electo por razones de índole política que se pretenden ocultar bajo un velo endeble de derecho y ética. Si la Cámara de Diputados puede añadir requisitos adicionales a los que taxativamente impone la Constitución Nacional para ser incorporado a ese cuerpo. Si, en definitiva, la Cámara de Diputados puede desconocer la voluntad manifestada en los comicios por la ciudada-nía..."[1961].

Interesa destacar que la cámara, al confirmar el fallo de primera instancia, rechazó *in limine* la acción deducida, sobre la base de que la decisión legislativa cuestionada judicialmente constituía una "acto institucional" excluido de la revisión judicial sosteniendo que el tema escapaba "al ámbito del Poder Judicial ya que encomendarle la decisión de cuestiones como las de autos significa poner en juego la independencia del Poder Legislativo" y que el adecuado funcionamiento de este órgano, tenido en cuenta por los constituyentes al sancionar el art. 64, es lo que explica que el precepto constitucional citado le atribuye "dicho examen como competencia privativa de las cámaras, con exclusión de todo otro poder"[1962].

Pero la Corte Suprema, al resolver el recurso extraordinario interpuesto por el actor, declaró que la cuestión sometida a revisión era justiciable y, consecuentemente, revocó la sentencia que había resuelto que se trataba de un acto institucional no justiciable por los jueces.

Este fallo del alto tribunal se inspira en un conocido precedente de la Suprema Corte norteamericana ("Powel v. Mc Cormack"[1963]) y aunque traduce una política judicial más restrictiva respecto al juzgamiento de las cuestiones políticas y de los llamados actos institucionales, si bien refuerza las potestades jurisdiccionales de los jueces y de la propia Corte como intérprete final de la Constitución, recepciona la serie de condiciones – establecidas en la referida sentencia– que deben reunirse para que una *political question* pueda ser objeto de revisión judicial.

Desde luego que si bien resulta difícil elaborar una doctrina a la luz de un precedente singular, lo cierto es que de este fallo – que evidentemente amplía el círculo de los actos justiciables– no puede inferirse el abandono de la tesis que impide revisar ciertos actos constitucionales que, sobre la base del principio de separación de poderes y a los criterios que se consignan más adelante, se consideran fuera de la competencia del Poder Judicial.

---

lar, en su esencia, al voto de la mayoría del tribunal que contó con el voto favorable del Dr. Enrique S. Petracchi.

[1961] "Bussi, Antonio Domingo v. Estado nacional (Congreso de la Nación - Cámara de Diputados) s/incorporación a la Cámara de Diputados", Fallos 324:3358 (2001), consid. 2º.

[1962] "Bussi, Antonio Domingo v. Estado nacional (Congreso de la Nación - Cámara de Diputados) s/incorporación a la Cámara de Diputados", Fallos 324:3358 (2001), consid. 2º.

[1963] 395 US 486.

La síntesis de los fundamentos expuestos por la Corte en el caso "Bussi" se encuentra expuesta en los consids. 6° y 7° del voto de la mayoría y en la disidencia del Dr. Bossert que no difiere en su esencia del voto de la mayoría. En esta última se dijo:

"6. Que la Suprema Corte de los Estados Unidos en 'Powell v. Mc. Cormack', afirmó la facultad del Poder Judicial para revisar la exclusión dispuesta por la Cámara de Representantes respecto de un legislador. En tal sentido, resolvió: a) que se estaba en presencia de un 'caso' que surgía bajo la Constitución en el sentido del art. III (fuente del art. 116, CN); b) que para esclarecer la no justiciabilidad alegada por los demandados sobre la base del art. I, secc. 5 (fuente del art. 64, CN), esto es, para determinar 'cuándo ha sido dada una clara atribución constitucional a un departamento del gobierno de igual rango constitucional debemos interpretar la Constitución. En otras palabras, debemos primero determinar qué poder ha concedido la Constitución a la Cámara de Representantes mediante el art. I, secc. 5, antes de que podamos determinar con qué extensión, si alguna, el ejercicio de ese poder está sujeto a la revisión judicial' y c) finalmente, rechazó la alegación de la Cámara –fundada en que la citada secc. 5 le concedía un amplio poder y que, por ello, podía determinar cuáles eran las calificaciones necesarias para ser miembro de ella– y tuvo por ilegal la 'exclusión' impugnada, considerando que el art. I, secc. 5, citado, es 'a lo sumo' una 'clara atribución' al Congreso para juzgar 'sólo las calificaciones expresamente expuestas en la Constitución. Por ende –añadió– la formulación, en la doctrina de las 'political questions', de la existencia de una 'clara atribución', no impide a las cortes federales hacer lugar al reclamo del peticionario'''.

"7. Que esta es, precisamente, la situación que se plantea en autos. El actor sostiene que la Cámara de Diputados no tiene competencia para actuar como lo hizo, esto es, que habiendo sido proclamado legislador por las autoridades electorales pertinentes y reuniendo todos los requisitos que la Constitución Nacional exige para ser diputado, sólo corresponde proceder a su incorporación. Esa determinación es una cuestión justiciable. Dicho con otro giro, planteada una causa, no hay otro poder por encima del de esta Corte para resolver acerca de la existencia y los límites de las atribuciones constitucionales otorgadas a los departamentos legislativos, judicial y ejecutivo, y del deslinde de atribuciones de éstos entre sí y con respecto a los de las provincias. No admite excepciones, en esos ámbitos, el principio reiteradamente sostenido por el tribunal, ya desde 1864, en cuanto a que él 'es el intérprete final de la Constitución' (Fallos 1:340)" [1964].

[1964] "Bussi, Antonio Domingo v. Estado nacional (Congreso de la Nación - Cámara de Diputados) s/incorporación a la Cámara de Diputados", Fallos 324:3358 (2001).

5. LOS INTENTOS PARA DELINEAR CRITERIOS RESTRICTIVOS EN TORNO AL JUZGAMIENTO DE LAS CUESTIONES POLÍTICAS. SU VALORACIÓN Y CRÍTICA

Como se ha señalado, la tendencia que muestra el Derecho Público moderno se inclina, salvo en Francia y en menor medida en los Estados Unidos, hacia el reconocimiento del carácter justiciable de las cuestiones políticas, aunque exhibe desacuerdos en punto a la configuración de la categoría la cual, en alguna doctrina, no distingue entre "cuestión política" y "acto político o de gobierno", confundiéndolos, incluso, con el acto institucional, todo lo cual dificulta la sistematización comparativa de las diferentes doctrinas y su síntesis a fin de poder reducirlas a los aspectos que constituyen los núcleos centrales de cada postura.

Así, una primera postura rechaza que las cuestiones políticas no sean justiciables, cualquiera fuera el tipo de acto sometido a la revisión judicial con fundamento en los arts. 116 y 18, CN, con lo que no se plantea ni siquiera la configuración de una categoría diferente a la del acto administrativo[1965].

Si bien esta posición es correcta con respecto a los antiguos actos políticos, basados, fundamentalmente, en la ideal del móvil político (en lo que coincide con la que sustentaron los partidarios del acto institucional) nos parece demasiado dogmática y sin apoyo en la realidad, aparte de implicar una interpretación muy rígida del principio de la separación de poderes. Sin embargo, el principio del cual parte es válido y sólo requiere armonizarlo con otros paradigmas constitucionales.

En una segunda orientación cabe ubicar a las opiniones que, con diferencias de matices, ponen más bien el acento en la naturaleza de los actos de sustancia política. Aunque sin criticar mayormente la teoría del acto institucional[1966] o, incluso, encontrando afinidades, los respectivos autores proponen definir los actos políticos "por la particular relevancia política de su contenido"[1967], lo cual, sin perjuicio de ser cierto, no deja de constituir una definición tautológica, salvo en el matiz que hace a la "relevancia". ¿Pero cuál es el criterio para medir la relevancia de una cuestión política para que no sea justiciable?

En general, no obstante que se observa en este grupo de teorías una línea más formal que sustancial proclive al mayor control posible por parte de los jueces se acude, paralelamente, a la figura del acto discrecional como algo inherente a todo acto de naturaleza política[1968] al propio tiempo que utilizan el concepto de caso o de causa judicial para limitar su juzgamiento[1969].

[1965] Conf. BIDART CAMPOS, Germán J., *Tratado elemental de Derecho Constitucional*, t. I-A, Ediar, Buenos Aires, 1999, p. 426; GORDILLO, Agustín, *Tratado de Derecho Administrativo*, 4ª ed., t. 2, Fundación de Derecho Administrativo, Buenos Aires, 2000, cap. VIII.

[1966] SESÍN, Domingo J., *Administración Pública. Actividad reglada, discrecional y técnica*, 2ª ed. actual. y ampl., LexisNexis, Buenos Aires, 2004, ps. 416 y ss., esp. ps. 425/427.

[1967] DE LA RIVA, Ignacio M., "Control judicial de los actos de gobierno: estado actual de la cuestión", en CASSAGNE, Juan Carlos (dir.), *Procedimiento y proceso administrativo*, Jornadas organizadas por la Facultad de Derecho de la UCA, LexisNexis, Buenos Aires, 2005, p. 472.

[1968] Conf. DE LA RIVA, Ignacio M., "Control judicial...", *cit.*, p. 670.

[1969] BIANCHI, Alberto B., *Control de constitucionalidad*, *cit.*, t. 2, p. 272.

En una posición intermedia, englobando los criterios sustanciales y formales, cabe ubicar una de las más completas sistematizaciones que se han efectuado en la doctrina argentina (e incluso en la comparada) como es la llevada a cabo por Bianchi. Distingue este autor entre: a) cuestiones natural o constitucionalmente políticas; b) cuestiones funcionalmente políticas; c) cuestiones que el Congreso dice que son políticas; d) cuestiones que los jueces dicen que son políticas y e) cuestiones políticas encubiertas[1970].

Dado que por las razones que más adelante damos, creemos que todas las cuestiones enunciadas en los puntos b), c), d) y e) precedentes son justiciables, vamos a reseñar, por la relación que tiene con la tesis que propiciamos, la primera clasificación que enuncia Bianchi, que es, como puede advertirse, la de mayor trascendencia institucional.

Dicho autor, luego de indicar una serie extensa de cuestiones no justiciables (a la luz de la realidad jurisprudencial) como son, entre otras, la declaración o cese de guerra, convocar a una convención constituyente, decretar una amnistía, intervenir una provincia, decretar el estado de sitio, indultar, etc., concluye en que es la naturaleza del asunto lo que excluye el control judicial y no su trascendencia institucional, puntualizando que:

"Las cuestiones indicadas son políticas por naturaleza en la medida en que la toma de decisión depende de una apreciación de la realidad – de su conveniencia y oportunidad – por parte del Congreso o del presidente, que los tribunales no pueden revisar"[1971].

Un primer examen sobre esta postura revela que el criterio adoptado es casuístico[1972] y que no proporciona datos sustanciales para definir lo que es una cuestión política. Sin embargo, al hablar de las cuestiones políticas de derecho Bianchi las precisa sosteniendo que esta categoría se funda en la separación de poderes que impide que los jueces invadan un área privativa del Congreso o del presidente. Este concepto de área constitucional privativa no implica empero un área totalmente exenta de control, tal como surge de las dos excepciones que admite que son: a) aspectos formales o requisitos que pueden ser justiciables si la Constitución o la ley lo establecen (agregamos nosotros, conforme a una interpretación razonable, como son los requisitos del indulto establecidos en el art. 99, inc. 5°, CN) y b) cuando la decisión del Congreso o del presidente, aun siendo discrecional, resulta ser manifiestamente irrazonable[1973].

Con respecto a la configuración de cuestiones políticas no justiciables, las diferentes posturas no apuntan a proporcionar un criterio sustantivo común que permita configurar dicha categoría con elementos diferentes a los que componen el acto administrativo y la observancia de los principios constitucionales básicos inherentes a la separación de poderes, al sistema judicialista y a la tutela judicial efectiva.

[1970] BIANCHI, Alberto B., *Control de constitucionalidad, cit.*, t. 2, p. 285.

[1971] BIANCHI, Alberto B., *Control de constitucionalidad, cit.*, t. 2, p. 274.

[1972] Cabría extenderle la crítica que se ha hecho al sistema de la lista del Consejo de Estado francés.

[1973] Conf. BIANCHI, Alberto B., *Control de constitucionalidad*, t. 2, ps. 275/276.

Por esa causa pensamos que la figura de la actividad discrecional no representa (sin perjuicio que existan cuestiones políticas de esa naturaleza) una vía idónea para definir la sustancia del acto no justiciable ya que la característica de lo discrecional apunta más que a lo privativo de la facultad, cuando las normas se refieren a conductas no predeterminadas que admiten una opción u opciones establecidas por el ordenamiento para el dictado de los respectivos actos estatales. En otros términos, que un acto privativo de naturaleza política puede ser tanto reglado como discrecional[1974] y, al propio tiempo, constituir, según los casos previstos en la Constitución, un acto constitucional o un acto administrativo.

Apuntar, por otro lado, al caso o causa judicial, para definir lo que es un acto justiciable o no constituye una petición de principios ya que lo que hay precisamente que determinar es bajo qué condiciones un determinado acto está exento de revisión por parte de los jueces y de allí deducir que no se está frente a un caso o causa judicial.

6. LA CONFIGURACIÓN DEL ACTO CONSTITUCIONAL Y SU CONTROL POR PARTE DE LOS JUECES

Como lo revela la síntesis doctrinaria que precede, subsiste la incógnita en torno a si existen algunos actos emanados del Congreso o del presidente que, por su carácter constitucional, no son susceptibles de fiscalización por parte de los jueces. Ésta es la gran cuestión. Para dilucidarla, la doctrina corre el riesgo de quedar atrapada en el complejo weberiano que conduce a los juristas a no prescribir (ni, por ende, a realizar interpretaciones valorativas) sino que su tarea ha de limitarse a describir los sistemas sin valorarlos en función de criterios de justicia y racionalidad lógica (sin caer en el racionalismo filosófico)[1975]. De ese modo, despojando a los

---

[1974] Éste es un aspecto que suele prestarse a confusiones porque el núcleo de la cuestión política no está conformado por una potestad discrecional inherente como si no hubiera actos constitucionales reglados que configuran cuestiones políticas justiciables (*v.gr.*, los requisitos establecidos en el art. 99, inc. 5°, CN, para otorgar el indulto). Desde luego que, tratándose del control que ejercen los jueces sobre la actividad discrecional el problema es la densidad de su ejercicio y no el control en sí mismo que, respetando la separación de poderes, permite al juez verificar la razonabilidad de los criterios administrativos que llevaron a la Administración a elegir una opción entre varias posibles. En otras palabras, el control judicial de la discrecionalidad de los actos administrativos no se diferencia, en principio, del que los jueces pueden ejercer sobre la discrecionalidad de los denominados actos constitucionales. En una línea semejante, véase: SESÍN, Domingo J., *Administración Pública...*, *cit.*, p. 433.

[1975] SARTORI, Giovanni, "El terrorismo y las ilusiones peligrosas", trad. por Mirta Rosenberg del *Corriere della Sera* de Milán, *La Nación* del 26/7/2005, en el que a propósito de "El terrorismo y las ilusiones peligrosas" (es el título que lleva), aborda la cuestión aludida en el texto, en la misma línea que venimos sosteniendo, quizás con demasiado énfasis, en algunas polémicas que mantuvimos últimamente. Dice al respecto Sartori: "El debate es añejo. Ya Hobbes lo conocía. Y desde hace un siglo, el principio de la 'valoración' (la *Wertfreiheit* de Max Weber) ha constituido el centro del debate de las ciencias sociales. Según este principio, el especialista no debe valorar y no debe 'prescribir' tan sólo debe 'describir'. De acuerdo. ¿Pero cómo? ¿Llegando incluso a esterilizar el lenguaje? En ese caso deberíamos eliminar todas las palabras emotivas y valorativas que aluden a cosas buenas (deseables) o bien a cosas malas (rechazables)", agregando que la "...'trama de valoración' está alimentada por el lenguaje. Los animales no tienen un lenguaje valorativo, los seres humanos, si", y que

conceptos de su contenido valorativo nada es malo o bueno, falso o verdadero, real o irreal. Los conceptos quedan huecos y las categorías jurídicas desprovistas de sentido, con lo cual se genera una situación de anarquía interpretativa que resulta lesiva a la seguridad jurídica. Es el reino del relativismo en el que predomina la voluntad subjetiva.

Algo similar ocurre con las cuestiones políticas habida cuenta que la aceptación o no de su juzgamiento depende de criterios interpretativos que encierran una valoración del sistema constitucional.

Para resolver esta cuestión hay un punto de partida que contiene la formulación de la regla general y operan también unos criterios de excepción para el juzgamiento de determinados actos constitucionales, sin perder éstos el carácter de justiciables, aunque el juzgamiento no tenga la misma densidad de control y efectos que el acto administrativo ordinario.

Ese punto de partida no es otro que el principio de separación de poderes que, lejos de constituir un sistema rígido en nuestra Constitución, prescribe un esquema que implica una armonía y colaboración entre los distintos poderes, junto a una atribución material de funciones que, si bien adjudica en forma predominante al titular de cada uno de los tres poderes del Estado, no consagra la idea de una separación absoluta[1976] – ni en sentido positivo– de las funciones estatales.

En el esquema de nuestra Ley Fundamental, la regla general es que, en principio, todos los actos emanados de los poderes Ejecutivo[1977] y Legislativo son justiciables, con arreglo a las modalidades y excepciones que a continuación trataremos, a fin de completar la teoría procurando explicar lo que sucede en la realidad y su valoración constitucional.

Tal regla encuentra apoyo en dos principios constitucionales pétreos como son: a) el que proclama el sistema judicialista (arts. 108, 109 y 116, CN) y b) el que prescribe la tutela judicial efectiva (art. 8.1, Pacto de San José de Costa Rica y arts. 8°, 9° y concs., Pacto Internacional de Derecho Civiles y Políticos) que complementa la garantía de la defensa (art. 18, CN)[1978].

"...Eliminar palabras es empobrecer la potencia y precisión del lenguaje. Como decía Linneo, *nomina si nescis, perit et cognitio rerum*, si no tiene nombre, la cosa ni se percibe" (*La Nación* del 26/7/2005).

[1976] BOSCH, Jorge T., *Ensayo de interpretación de la doctrina de la separación de los poderes*, con prólogo de Rafael Bielsa, secc. Publicaciones del Seminario de Ciencias Jurídicas y Sociales, Peuser, Buenos Aires, 1945, ps. 90, 103, 209 y ss. Al igual que los asambleístas franceses de 1789-1791, que interpretaron erróneamente a Montesquieu, muchos juristas (empezando por Kant) han sido partidarios de una concepción absoluta y positiva de la separación de poderes y aún hoy día incurren en este error muchos publicistas vernáculos, aplicando el principio – como decía Bosch– "con todo el rigor de un teorema geométrico" (*cit.*, p. 200).

[1977] GELLI, María Angélica, *Constitución de la Nación Argentina. Anotada y concordada*, 2ª ed. ampl. y act., La Ley, Buenos Aires, 2003, p. 755, puntualiza, con cita de Coviello, que es un principio compatible con el Estado de Derecho y con el art. 109, CN, aun cuando se trata de actividades discrecionales en los que varía el alcance o extensión del control judicial.

[1978] Este argumento fue sostenido por Gordillo para fundar el carácter justiciable del acto político o de gobierno (véase: GORDILLO, Agustín, *Tratado de Derecho Administrativo*, 3ª ed., t. 2, Fundación de Derecho Administrativo, Buenos Aires, 1998, p. VIII-16 y ss.).

Ahora bien, al lado de los actos administrativos que son la mayoría, coexisten una serie de actos regidos predominantemente por el Derecho Constitucional que poseen características propias con diferentes modalidades en el régimen de control judicial, que los distinguen de aquellos.

Estos actos, a los que se puede calificar de actos constitucionales, actúan en un ámbito y cumplen una función de superior jerarquía que los actos administrativos. Los aspectos que los tipifican consisten en que: a) se trata de actos privativos del Congreso o del presidente, que surgen de preceptos constitucionales expresos (*v.gr.*, declaración de estado de sitio o intervención federal a las provincias, art. 75, incs. 29 y 31, CN); b) esas potestades privativas se ejercen en el marco de las relaciones intrapoderes que vinculan a los órganos superiores del Estado o en el plano internacional (*v.gr.*, declaración de guerra, art. 99, inc. 15, CN) y c) consecuentemente, no generan efectos directos sobre las personas o particulares.

La característica descriptiva de estos actos constitucionales intrapoderes es que ellos no son directamente justiciables. Su juzgamiento se opera a través de los actos administrativos que los ponen en ejecución y nada impide que, en tales casos, los jueces se pronuncien sobre la constitucionalidad de la causa antecedente del acto administrativo de ejecución, aun cuando sus efectos se limitan a quienes fueron parte en la controversia, es decir, no son *erga omnes*, pues, de lo contrario, se conculcaría el principio de separación de poderes.

El juzgamiento de un acto constitucional requiere, desde luego, que se configure un caso o causa judicial (art. 116, CN), en la que el particular alegue un derecho, interés o ventaja (legitimación en sentido amplio)[1979] para lo cual es fundamental determinar si se cumplen o no los requisitos establecidos para su configuración. En tales supuestos, podría no haber un acto justiciable ni, por ende, un caso judicial. Sin embargo, creemos, siguiendo el criterio propiciado por Bianchi[1980] que, excepcionalmente, se impone el juzgamiento pleno a petición de cualquier habitante (aun cuando no alegue una violación concreta ni directa de sus derechos) que invoque una absurda o abusiva interpretación de la Constitución, o bien, una manifiesta irrazonabilidad que implique una grosera violación constitucional (ej.: intervención a una provincia por no haber recibido al presidente en el aeropuerto con los honores de estilo)[1981].

En suma, la tesis del acto constitucional no justiciable tiene un campo estrecho de aplicación siendo de interpretación restrictiva pues, frente a cualquier acto que afecte en forma directa a un sujeto[1982], éste tiene la posibilidad de acudir a la justicia,

---

[1979] Ampliar en JEANNERET DE PÉREZ CORTÉS, María, "La legitimación y el control judicial. El alcance del control judicial del ejercicio de las funciones administrativas públicas", en *Documentación Administrativa*, nro. 269-270, t. II, Instituto Nacional de la Administración Pública, Madrid, 2004, ps. 7 y ss.

[1980] BIANCHI, Alberto B., *Control de constitucionalidad, cit.*, t. 2, p. 276.

[1981] Lo que si bien podría generar una situación de conflicto provocada por la descortesía del gobernador, no sería razonable que ello fuera una causal que pudiera dar fundamento a una intervención federal.

[1982] Conf. LUQUI, Roberto E., *Revisión judicial de la actividad administrativa*, t. I, Astrea, Buenos Aires, 2005, p. 281.

cualquiera fuera la fuente de la que proviene el agravio, para obtener el restablecimiento de sus derechos, cuando el acto lesivo conculque una prescripción constitucional o legal.

Como observación final queremos tan sólo señalar que la tesis que proponemos, si bien tiene su encuadre jurídico en nuestra Constitución, exhibe un cierto paralelismo con las interpretaciones doctrinarias que se han venido haciendo sobre el sistema judicialista español[1983], lo cual no es de extrañar dado que éste se halla estructurado sobre bases y principios semejantes. Creemos, por último, que la tesis del acto constitucional justiciable, aún con sus limitaciones, traduce la idea de compensar las potestades de los jueces para fiscalizar al Congreso y al presidente y el respeto de las facultades privativas de éstos, sin resignar los postulados del sistema judicialista razonablemente interpretado ni la garantía de la tutela judicial efectiva, principios cuya observancia aseguran el adecuado equilibrio orgánico y funcional que impone el principio de separación de poderes, ínsito en la Constitución histórica de Argentina y en el orden de la realidad de nuestro Estado de Derecho.

[1983] Ver MUÑOZ MACHADO, Santiago, *Tratado de Derecho Administrativo y Derecho Público general*, t. I, Civitas, Madrid, 2004, ps. 589 y ss.; GARCÍA DE ENTERRÍA , Eduardo - FERNÁNDEZ, Tomás R., *Curso...*, *cit.*, t. I, ps. 572 y ss.

TÍTULO QUINTO

EL RÉGIMEN JURÍDICO DEL ACTO ADMINISTRATIVO

CAPÍTULO I

LOS ELEMENTOS DEL ACTO ADMINISTRATIVO

1. LA TEORÍA DE LOS ELEMENTOS DEL ACTO ADMINISTRATIVO

La construcción de una teoría sobre los elementos del acto administrativo, que aparece necesaria en el plano lógico a raíz de su carácter de acto jurídico[1984], cobra una esencial importancia con respecto a todas las cuestiones referentes a la validez del acto, puesto que deben analizarse los vicios en relación con los elementos, para poder determinar la existencia y entidad de un defecto susceptible de provocar la invalidez del acto. Pero aun así, de dicha vinculación no se deriva la necesidad de abordar conjuntamente elementos y vicios del acto administrativo[1985], ya que existe una imposibilidad metodológica para estudiar los vicios en particular antes que el sistema de la invalidez administrativa[1986].

En esta materia, si bien la estructuración de una teoría acerca de los elementos del acto administrativo no debe desconocer los principios que informan la categoría del acto jurídico elaborada en el Derecho Privado[1987], lo cierto es que resulta impres-

---

[1984] GIANNINI, Massimo S., *Lezioni di Diritto Amministrativo*, Giuffrè, Milán, 1950, p. 294. Sostiene este tratadista que el acto administrativo, como todo acto jurídico, se individualiza por un conjunto de articulaciones lógicas que se denominan elementos.

[1985] Postura que ha seguido entre nosotros Gordillo (GORDILLO, Agustín, *El acto administrativo*, 2ª ed., Abeledo-Perrot, Buenos Aires, 1969, ps. 241 y ss.) y en la doctrina española Garrido Falla (GARRIDO FALLA, Fernando, *Tratado de Derecho Administrativo*, 10ª ed., t. I, Tecnos, Madrid, 1987, ps. 455 y ss.), si bien este tratadista analiza previamente la teoría de la invalidez administrativa.

[1986] Resulta, en efecto, prácticamente imposible clasificar las consecuencias que generan los defectos del acto (ej.: invalidez absoluta o relativa) sin haber antes analizado a fondo el sistema que las presupone; han seguido el criterio que hemos propiciado a partir de la primera edición de CASSAGNE, Juan Carlos, *Acto administrativo*, 1ª ed., Abeledo-Perrot, Buenos Aires, 1974, COMADIRA, Julio R. - MONTI, Laura (colab.), *Procedimientos administrativos, Ley Nacional de Procedimientos Administrativos, anotada y comentada*, t. I, La Ley, Buenos Aires, 2002, ps. 195 y ss. y ps. 276 y ss. y HUTCHINSON, Tomás, *La Ley Nacional de Procedimientos Administrativos. Ley 19.549, comentada, anotada y concordada con normas provinciales*, t. I, Astrea, Buenos Aires, 1985, ps. 286 y ss.

[1987] GARRIDO FALLA, Fernando, *Tratado...*, *cit.*, t. I, p. 468.

cindible tener en consideración las peculiaridades propias de la disciplina publicista en que aquélla se desenvuelve.

Es indudable que el carácter de *ius in fieri* que posee el Derecho Administrativo y la ausencia de una regulación normativa apropiada en la mayor parte de los países, han contribuido a que los tratadistas, en la búsqueda de una mayor originalidad, incurrieran muchas veces en meras discrepancias de tipo semántico, donde pueden descubrirse, una vez quitados los ropajes terminológicos, desacuerdos tan sólo aparentes, haciendo que un mismo elemento aparezca en la estructura del acto con otra denominación.

Con todo, no puede decirse que el problema se reduzca, en definitiva, a una cuestión de terminología, ya que no puede desconocerse que la discrepancia – por ejemplo– respecto al concepto o ubicación de la voluntad en el acto administrativo se halla estrechamente conectada con problemas centrales de la teoría general del derecho, tal como el relativo a la interpretación de las normas y de los actos jurídicos.

Antes de penetrar al estudio particularizado de los distintos elementos esenciales que deben darse para que el acto administrativo sea válido (subjetivo, causa, objeto, forma y finalidad) y de la voluntad, como presupuesto de la declaración[1988], en una postura acorde con la regulación positiva nacional[1989], cabe advertir que no todos los elementos revisten igual trascendencia ni aparecen exigidos con la misma extensión, pudiendo ocurrir, por ejemplo, que aun cuando dos actos deban exteriorizarse por escrito, uno de ellos tenga además que hallarse motivado, no obstante que ambos requisitos pertenecen al elemento forma[1990].

2. EL PAPEL DE LA VOLUNTAD COMO PRESUPUESTO DEL ACTO ADMINISTRATIVO

El problema de la voluntad del órgano administrativo pertenece a la teoría del Estado[1991]. Se utiliza la denominación "voluntad estatal" para indicar convencionalmente una metáfora, puesto que la voluntad sólo puede ser concebida como un fenómeno psicológico privativo de los seres humanos. Ocurre que el Estado, para el cumplimiento de sus funciones, actúa por intermedio de órganos compuestos por hombres, cuyas voluntades se imputan al ente jurídico Estado[1992].

Esta postura que es válida, en general, para todo acto realizado por una persona ideal como es el Estado, no pretende asimilar el acto jurídico del Derecho Privado al

---

[1988] Conf. MARIENHOFF, Miguel S., *Tratado de Derecho Administrativo*, 4ª ed. act., t. II, Abeledo-Perrot, Buenos Aires, 1993, ps. 281 y ss.

[1989] Arts. 7° y 8°, ley 19.549.

[1990] ENTRENA CUESTA, Rafael, *Curso de Derecho Administrativo*, 3ª ed. (reimpresión), t. I, Tecnos, Madrid, 1970, ps. 481/482, recuerda que en la doctrina italiana, Giannini se refiere a la "heterogeneidad cuantitativa y cualitativa de los elementos" (*cit.*, p. 295).

[1991] FORSTHOFF, Ernst, *Tratado de Derecho Administrativo*, trad. del alemán, Centro de Estudios Constitucionales, Madrid, 1958, p. 289.

[1992] BIDART CAMPOS, Germán J., *El Derecho Constitucional del Poder*, t. I, Ediar, Buenos Aires, 1967, p. 27.

acto administrativo[1993], dadas las características publicísticas de esta última categoría, por lo cual resulta posible, entre otras cosas, que de la voluntad del órgano administrativo legalmente expresada surjan obligaciones para quienes no intervengan en la emisión u otorgamiento del acto, principio inverso al que rige en el Derecho Privado.

Tampoco corresponde asimilar la voluntad en el acto administrativo a la existente en nuestro acto jurídico del Derecho Privado, donde se exige que la declaración tenga por finalidad inmediata la producción de efectos jurídicos, en razón de que, como se ha visto, el acto administrativo comprende no sólo declaraciones de voluntad (considerada esta última en su aspecto teleológico) sino también declaraciones de juicio y de conocimiento.

En realidad, tales argumentos no sirven para afirmar la tesis que sostiene que la voluntad "ha de juzgarse con arreglo al sentido objetivo del obrar administrativo" sin importar la voluntad psíquica del funcionario que dictó el acto[1994]. Aparte de que tal postura sólo traslada la cuestión a un problema de tipo interpretativo, referente a determinar la prevalencia de la declaración sobre la voluntad real del funcionario[1995] la tesis no resulta acorde con la consecuencia que se le asigna a la voluntad real viciada, al aceptar la existencia de los vicios de error, dolo y violencia. Por lo contrario, la voluntad "constituye siempre la construcción racional de una realidad psíquico-física" la cual existe tanto en los órganos cuyo titular es un individuo como en los órganos de carácter colegiado[1996], admitiéndose su configuración en forma implícita o por silencio[1997].

La voluntad que comprende "tanto intención como fin"[1998] constituye un requisito presupuesto[1999] antes que un elemento del acto administrativo. No se trata de señalar con ello una discrepancia conceptual sino más bien afirmar que la voluntad del órgano administrativo, que es una condición esencial para su validez, juega un papel distinto que los restantes elementos (subjetivo, causa, objeto, forma, finalidad)

[1993] Lo contrario parece sostener FORSTHOFF, Ernst, *Tratado...*, *cit.*, p. 290, respecto del negocio jurídico privado.

[1994] FORSTHOFF, Ernst, *Tratado...*, *cit.*, p. 29; KELSEN, Hans, *Teoría general del Estado*, Editorial Nacional, México, 1959, p. 348; FIORINI, Bartolomé A., *Teoría jurídica del acto administrativo*, Abeledo-Perrot, Buenos Aires, 1969, p. 18.

[1995] Sobre esta cuestión en el Derecho Civil argentino, LLAMBÍAS, Jorge J., *Tratado de Derecho Civil. Parte general*, t. I, Perrot, Buenos Aires, 1967, ps. 265 y ss.

[1996] Conf. GOLDSCHMIDT, Werner, *Introducción al Derecho*, 3ª ed., Depalma, Buenos Aires, 1967, ps. 239/241.

[1997] FERNÁNDEZ DE OLIVERA, Regis, *Ato administrativo*, San Pablo, 1978, ps. 38/39.

[1998] GOLDSCHMIDT, Werner, *Introducción al Derecho*, *cit.*, p. 242.

[1999] MARIENHOFF, Miguel S., *Tratado...*, *cit.*, t. II, ps. 281/283. No obstante la mayoría de la doctrina tradicional, y aun los autores más modernos consideran a la voluntad como un elemento del acto administrativo. DIEZ, Manuel M., *Derecho Administrativo*, t. II, 1ª ed., Bibliográfica Omeba, Buenos Aires, 1965, p. 244; GORDILLO, Agustín, *El acto administrativo*, *cit.*, ps. 269 y ss.; GIANNINI, Massimo S., *Corso di Diritto Amministrativo*, Giuffrè, Milán, 1967, ps. 110 y ss. Véase, sin embargo: GALLO DE POMPONE, Celia E., "La voluntad en el acto administrativo", en DIEZ, Manuel M. (dir.), *Acto y procedimiento administrativo*, Plus Ultra, Buenos Aires, 1975, p. 59.

en el sentido de que estos últimos son precisamente los que condicionan y estructuran la voluntad[2000]. La voluntad aparece así subsumida en los denominados elementos del acto y la trascendencia de esta distinción se advierte en el problema de la invalidez del acto administrativo ya que es posible que existan vicios de la voluntad (de carácter estrictamente subjetivo) independientemente de los vicios objetivos que pueden surgir respecto de cada elemento en particular al confrontarlo con el ordenamiento jurídico, aunque la voluntad real resulte acorde con la intención y fin perseguido por el agente, cuya voluntad se imputa al órgano administrativo.

Una consideración aparte merece la denominada teoría del silencio administrativo, a través de la cual se deduce la voluntad real del órgano estatal ante la carencia de un pronunciamiento expreso de su parte. En cualquier caso, para realizar tal integración de la voluntad administrativa, se requiere una prescripción legal expresa que consagre tal posibilidad[2001].

La aceptación del silencio administrativo, en tales supuestos, si bien constituye una excepción a la teoría de la voluntad real, demuestra, en definitiva, que la voluntad constituye una "construcción" que, aunque basada en una realidad psico-física, admite que ella se integre a través de la configuración del silencio, el cual siempre constituye un mecanismo de defensa a favor del administrado, único titular del derecho a conseguir la denegatoria por silencio[2002].

3. ELEMENTOS ESENCIALES Y ACCIDENTALES O ACCESORIOS

La doctrina también ha distinguido los elementos esenciales del acto administrativo, de aquellos que revisten un carácter accesorio o accidental[2003]. Los elementos subjetivo, causa, objeto, forma y finalidad tienen un carácter esencial en cuanto su inexistencia provoca la invalidación del acto administrativo, mientras que con relación a aquellos que tiendan a completar o condicionar un acto cabe advertir que, en principio, su defecto sólo genera la invalidación de la respectiva cláusula, siempre que ésta pueda ser separada sin afectar la esencia del acto[2004].

4. EL ELEMENTO SUBJETIVO

La postura tradicional, al partir de la hipótesis de que sólo cabe admitir dentro del concepto de acto administrativo al acto unilateral, se refiere únicamente a la

---

[2000] MARIENHOFF, Miguel S., *Tratado...*, *cit.*, t. II, ps. 282/283.

[2001] DIEZ, Manuel M., *Derecho Administrativo*, *cit.*, t. II, p. 247. Véase también: ley 19.549, art. 10 y GRECCO, Carlos M., "Sobre el silencio administrativo", LL 1980-C-777.

[2002] Conf. ESTRADA, Juan Ramón de, "Juicios contra el Estado nacional", JA 1977-III-697; GARCÍA DE ENTERRÍA, Eduardo, "Sobre silencio administrativo y recurso contencioso", *RAP*, nro. 47, Instituto de Estudios Políticos, Madrid, 1965, p. 215.

[2003] MARIENHOFF, Miguel S., *Tratado...*, *cit.*, t. II, ps. 283/284.

[2004] Art. 16, LNPA. La teoría de la cláusula separable encuentra dificultades de aplicación en el ámbito de las relaciones contractuales donde es prácticamente imposible escindir ese tipo de cláusulas del acuerdo de voluntades que se configura para todo el contrato.

competencia[2005]. Pero ocurre que ni aun aceptando un concepto restringido de acto administrativo ello es posible, puesto que no cabe desconocer la vigencia que, en nuestro ordenamiento jurídico al menos, tienen las normas que prescriben la capacidad de las personas físicas para reglar la correspondiente al funcionario público que emite el acto.

Va de suyo, que si se reconoce que el contrato es, en definitiva, también un acto administrativo, no se puede aceptar que la competencia constituya un elemento exclusivo del acto, pues también habrá que tener en cuenta la capacidad del respectivo particular o administrado.

Optamos por calificar a este elemento con el rótulo de subjetivo, y no como sujeto[2006], por cuanto tal terminología se halla más acorde con la idea que preside su configuración. En efecto, no es el sujeto el elemento del acto, sino un conjunto de reglas que rigen la actuación y facultades de las partes intervinientes, y especialmente, en el Derecho Administrativo, la que corresponde a los órganos integrantes de la persona jurídica pública Estado o entidades estatales descentralizadas[2007].

Hecha esta salvedad pueden abordarse, en forma sucesiva, los distintos aspectos en que se descompone el elemento subjetivo, algunos de los cuales tendrán o no aplicación según se trate de un acto administrativo unilateral o de un contrato.

A) Concepto, clasificación y reglas fundamentales sobre la competencia

Referirse a la competencia como a la medida de la potestad[2008] o al complejo de funciones atribuidas a un órgano administrativo ha sido también la posición comúnmente adoptada por los juristas al abordar esta cuestión, sin reparar en que también cabe incluir en la noción, la aptitud o el conjunto de atribuciones y facultades que corresponden al ente, es decir, a la persona jurídica pública Estado o a la entidad estatal descentralizada de que se trate[2009]. Ello tiene trascendencia para determinar si la incompetencia es por razón de grado, es decir, cuando se hubieran transgredido las normas que rigen la competencia del órgano, o bien, si la irregularidad versa sobre el círculo de atribuciones del sujeto jurídico, en cuyo caso no habrá posibilidad de saneamiento, puesto que la incompetencia estará – como luego veremos– afectada por un vicio de invalidez absoluta. En otros términos, la competencia

---

[2005] DIEZ, Manuel M., *Derecho Administrativo*, cit., t. II, p. 243; WALINE, Marcel, *Droit Administratif*, 9ª ed., Sirey, París, 1963, ps. 452 y ss.

[2006] Como lo hace entre nosotros MARIENHOFF, Miguel S., *Tratado...*, cit., t. II, ps. 284 y ss.; también FRAGA, Gabino, *Derecho Administrativo*, 3ª ed., Porrúa, México, 1944, p. 240.

[2007] Sobre el concepto de entidad estatal descentralizada puede consultarse nuestro trabajo: CASSAGNE, Juan Carlos, "Las entidades estatales descentralizadas y el carácter público o privado de los actos que celebran", LL 143-1172.

[2008] D'ALESSIO, Francesco, *Istituzioni di Diritto Amministrativo*, t. I, Turín, 1932, p. 230; ALESSI, Renato, *Instituciones de Derecho Administrativo*, trad. a la 3ª ed. italiana del *Sistema Istituzionale di Diritto Amministrativo*, t. I, Bosch, Barcelona, 1970, ps. 99 y 272.

[2009] GARCÍA TREVIJANO FOS, José A., *Principios jurídicos de la organización administrativa*, Instituto de Estudios Políticos, Madrid, 1957, p. 186, y "Tratado de Derecho Administrativo", 3ª ed., t. II, *Revista de Derecho Privado*, Madrid, 1967, ps. 380 y ss.

no sólo surge en el plano institucional de las reglas que rigen la actuación del órgano, sino también de las que predeterminan la actividad del sujeto.

En España, algunos autores reconocen esta dualidad optando por la denominación de "capacidad" para determinar el complejo de facultades y atribuciones de una persona pública estatal[2010], lo cual no resulta correcto en atención a las obvias diferencias existentes entre la capacidad, reglada por el Derecho Privado, y la competencia, cuya regulación se encuentra normada por el Derecho Público (administrativo y constitucional).

A nuestro juicio, entonces, la competencia es la aptitud legal que surge del conjunto de facultades y atribuciones que corresponden a los órganos y sujetos estatales[2011].

De otra parte, la amplitud de la noción (al extenderla a los sujetos estatales) se justifica aún más en aquellos ordenamientos constitucionales como el nuestro, basados en el sistema federal[2012]. En consecuencia, al analizar el requisito de competencia en el acto administrativo hay que tener en cuenta la correspondiente al sujeto estatal y al órgano institución[2013].

Con el objeto de diferenciar la competencia de la capacidad se ha cometido el error de sostener que, a contrario de lo que acontece en el Derecho Privado, en el Derecho Administrativo la competencia es la excepción y la incompetencia la regla, en virtud de que siempre se requiere un texto que reconozca la aptitud del órgano o sujeto estatal para emitir válidamente un acto[2014].

Esta postura ha sido refutada en las dos variantes denominadas respectivamente postulados de la "permisión expresa" (que sólo admite que exista competencia del sujeto u órgano cuando una norma expresa lo prescribe) y postulado de la "permisión amplia" (que sostiene que el órgano o ente administrativo se halla facultado a hacer todo lo que implícitamente surja del texto expreso)[2015]. Se argumenta que el axioma ontológico de la libertad rige tanto con relación a las personas físicas o idea-

---

[2010] GARCÍA TREVIJANO FOS, José A., *Tratado...*, *cit.*, t. II, p. 381, y en nuestro país, en postura similar: FIORINI, Bartolomé A., *Manual de Derecho Administrativo*, t. I, La Ley, Buenos Aires, 1968, p. 230.

[2011] Esta noción es la que venimos proponiendo a partir de nuestros primeros trabajos sobre el tema y ha sido compartida por HUTCHINSON, Tomás, *La Ley Nacional...*, *cit.*, t. I, p. 150.

[2012] Nuestros tratadistas utilizan el concepto de *competencia* para referirse exclusivamente al conjunto de facultades del *órgano administrativo:* DIEZ, Manuel M., *Derecho Administrativo*, *cit.*, t. II, p. 29; MARIENHOFF, Miguel S., *Tratado...*, *cit.*, t. II, p. 542; GORDILLO, Agustín, *El acto administrativo*, *cit.*, p. 258; FIORINI, Bartolomé A., *Manual...*, *cit.*, t. I, p. 230.

[2013] Sobre el concepto de órgano: MARIENHOFF, Miguel S., *Tratado de Derecho Administrativo*, 5ª ed. act., t. I, Abeledo-Perrot, Buenos Aires, 1995, ps. 537/538.

[2014] WALINE, Marcel, *Droit Administratif*, *cit.*, p. 452; DIEZ, Manuel M., *Derecho Administrativo*, *cit.*, t. II, p. 34; MARIENHOFF, Miguel S., *Tratado...*, *cit.*, t. I, p. 593. Ver también: GONZÁLEZ ARZAC, Rafael M., "La competencia de los órganos administrativos", ED XLIX-888.

[2015] LINARES, Juan F., "La competencia y los postulados de la permisión", *RADA*, nro. 2, Universidad del Museo Social Argentino, Buenos Aires, 1971, ps. 14 y ss.

les, como frente a los sujetos estatales y sus órganos, y que si bien el principio de la juridicidad exige para que exista competencia en el sujeto u órgano que una norma lo establezca, una vez creada una persona jurídica pública estatal[2016], ésta y sus órganos pueden hacer todo lo no prohibido dentro de sus respectivas competencias (axioma ontológico)[2017]. Sin embargo, en materia de actos de gravamen la exigencia de norma expresa para fundar la competencia resulta insoslayable, en virtud del principio que emerge del art. 19, CN.

Si bien no aceptamos una asimilación entre la competencia y la capacidad de las personas físicas, reconocemos que la competencia en el Derecho Público cumple una función muy similar a la capacidad de las personas ideales o jurídicas en lo que respecta a la observancia del principio de la especialidad que debe regir la actuación de los sujetos y órganos estatales[2018].

El principio de la especialidad de la competencia[2019] comprende tanto aquellas facultades atribuidas en forma expresa o implícita (como derivación o extensión de normas expresas), como las competencias "inherentes" que surgen directamente de los fines establecidos en el acto de creación del órgano o ente, con los límites propios de la reserva de la ley (v.gr., tipificación de sanciones) donde se requiere la existencia de norma legal expresa.

[2016] Debemos aclarar que Linares emplea la expresión "persona colectiva pública" que preferimos no utilizar en el texto en virtud de que la competencia se refiere a sujetos u órganos estatales y no todos los sujetos públicos son estatales.

[2017] LINARES, Juan F., "La competencia...", quien con relación al que se denomina convencionalmente postulado de la permisión expresa señala que el mismo "que sienta una regla de interpretación restrictiva de la competencia del ente o sus órganos, no es sino un enunciado que sustenta una valorización *ius liberal*, que si bien vale todavía no lo es con el rigor propio del Estado individualista" (*cit.*, p. 32).

[2018] DIEZ, Manuel M., *Derecho Administrativo, cit.*, t. II, p. 35; MARIENHOFF, Miguel S., *Tratado..., cit.*, t. II, p. 545; LINARES, Juan F., *Poder discrecional administrativo*, Abeledo-Perrot, Buenos Aires, 1958, ps. 89 y ss.; SAYAGUÉS LASO, Enrique, *Tratado de Derecho Administrativo*, 8ª ed. puesta al día por Daniel H. Martins, t. I, Clásicos Jurídicos Uruguayos, Fundación de Cultura Universitaria, Montevideo, 2002, p. 198. Este último autor expresa que "salvo las prohibiciones legales, las personas jurídicas sólo pueden actuar para los fines que motivaron su creación". La jurisprudencia de la sala 2ª de la Cámara Nacional de Apelaciones en lo Contencioso Administrativo Federal ha admitido la regla de la especialidad de la competencia para resolver una controversia en un caso donde la aptitud del órgano administrativo no surgía de norma expresa (*in re* "Marenco, Oscar A. v. Gobierno Nacional", ED 67-437).

[2019] COMADIRA, Julio R., *Acto administrativo municipal*, Depalma, Buenos Aires, 1992, ps. 23 y ss. Este autor considera que las normas atributivas de competencia municipal otorgan la aptitud legal para hacer todo lo que esté expresamente permitido y razonablemente implícito, definiendo el contenido de este último concepto a la luz del principio de especialidad. En el fuero contencioso administrativo, el criterio de especialidad ha sido recogido en la causa "Peso" (C. Nac. Fed., sala 4ª, ED 114-236), y el de la competencia implícita en el plenario "Multicambio" (JA, 1986-I-140). La Corte Suprema de Justicia de la Nación, en el fallo recaído en la causa "Font, Jaime Andrés y otros v. SRL Carnicerías Estancias Galli" (Fallos 254:56 [1962] y en JA 1962-VI-314) sostuvo un criterio amplio en materia de competencia del Poder Ejecutivo; vid también: "Bussi, Antonio D., c/ Estado Nacional (Congreso de la Nación – Cámara de Diputados) s/ incorporación a la Cámara de Diputados", Fallos 330:3160 (2007), p. 3247, voto del Juez Maqueda.

La competencia se clasifica de la siguiente manera:

a) *En razón de la materia.* Es la competencia por la cual el derecho objetivo (Constitución, ley, reglamento) adjudica una serie de funciones y atribuciones a los órganos y sujetos estatales para la realización de las tareas que se le encomienden. Rige en este ámbito el principio de la especialidad, por cuyo mérito cada órgano o sujeto estatal tiene competencia para realizar todo aquello que se encuentre vinculado al cumplimiento de los fines de su creación.

b) *En razón del lugar.* Se refiere a la división de la competencia sobre la base de circunscripciones territoriales, que limitan el campo de acción del órgano o sujeto estatal. Así, puede ocurrir que dos sujetos (ej.: provincias) que tengan atribuida una competencia idéntica por razón de la materia (*v.gr.*, en nuestra CN) distingan su competencia por razón del territorio.

c) *En razón del grado.* Este tipo de competencia, que también se denomina competencia vertical, aparece vinculada a la jerarquía[2020]. La organización administrativa se integra generalmente sobre la base de una estructura piramidal, en cuya cúspide se halla el órgano superior, estando constituida por un conjunto de gradas jerárquicas, cuyo rango decrece a medida que se alejan del órgano superior. El grado resulta entonces la posición que el órgano tiene en la estructura jerárquica[2021].

d) *En razón del tiempo.* Puede acontecer que la competencia se halle sujeta a un plazo de duración, vencido el cual cesa la misma, o bien, que corresponda a partir de cierto término. En tal sentido, se ha señalado que un funcionario público carece de competencia antes de la publicación de su nombramiento[2022].

Tanto en la doctrina como en las distintas regulaciones que el derecho positivo ha instrumentado en nuestro país se han establecido una serie de reglas jurídicas en materia de competencia que conforman un régimen de naturaleza publicística. Las fundamentales son las siguientes[2023]:

1) La competencia debe surgir de una norma, de rango constitucional, legal o reglamentario[2024].

2) Su ejercicio constituye una obligación para el órgano o sujeto estatal[2025] y es irrenunciable[2026] en atención al interés público que motiva su establecimiento[2027].

3) En principio es inderogable o improrrogable[2028] salvo que la avocación o delegación fueren procedentes.

[2020] DIEZ, Manuel M., *Derecho Administrativo*, cit., t. II, ps. 35/36.

[2021] SAYAGUÉS LASO, Enrique, *Tratado...*, cit., t. I, p. 197.

[2022] LAUBADÈRE, André de, *Traité elémentaire de Droit administratif*, 5ª ed., t. I, LGDJ, París, 1970, p. 256.

[2023] Véase: BEZZI, Osvaldo M., "La competencia del órgano administrativo", en DIEZ, Manuel M. (dir.), *Acto y procedimiento administrativo*, Plus Ultra, Buenos Aires, 1975, ps. 24/29.

[2024] Art. 3°, LNPA.

[2025] MARIENHOFF, Miguel S., *Tratado...*, cit., t. II, p. 543, art. 3°, LNPA.

[2026] DIEZ, Manuel M., *Derecho Administrativo*, cit., t. II, p. 31 *in fine*, ley 5350, de la provincia de Córdoba, art. 3°

[2027] ALESSI, Renato, *Instituciones...*, cit., t. I, ps. 100 y 101.

En nuestro concepto, la regla de la improrrogabilidad de la competencia no debe mantenerse respecto de la competencia por razón del grado, donde precisamente lo normal y común es que procedan tanto la avocación como la delegación, principio que debe mantenerse a fin de no quebrar la flexibilidad y dinámica de toda organización administrativa.

Siendo la delegación una técnica de organización que no produce una modificación en la estructura administrativa en virtud de su carácter transitorio para regir determinadas competencias[2029], no resulta razonable la norma de la Ley Nacional de Procedimientos Administrativos que prescribe para su procedencia la autorización expresa[2030] no obstante que la práctica y las tendencias legislativas existentes en nuestro país han admitido – por vía general– la facultad de delegar determinadas competencias[2031]. Sin embargo, también debe reconocerse que la circunstancia de que dicha norma no exija una "ley", en todos los casos, reduce la magnitud del problema, en cuanto podrán delegarse atribuciones a través de decreto o resolución administrativa.

La avocación consiste en la facultad que tiene el superior de tomar el conocimiento mediante el dictado de la decisión en un asunto cuya competencia pertenece al inferior. Ella es la regla general en esta materia y así lo reconoce el art. 3°, LNPA, al prescribir que "la avocación será procedente a menos que una norma expresa disponga lo contrario". Pero la avocación no sólo será improcedente cuando una norma lo prohíba sino:

a) cuando la competencia resulta atribuida al órgano en virtud de una idoneidad específica (ej.: la competencia de la Procuración del Tesoro de la Nación)[2032];

b) en los supuestos que la competencia derive de la Constitución o de una ley dictada en su consecuencia (ej.: el refrendo ministerial que no puede ser sustituido por el Poder Ejecutivo).

B) Capacidad del agente público y del administrado

En el acto administrativo, no solamente hay que analizar la capacidad del agente público (persona física a través de la cual el órgano estatal exterioriza su voluntad) sino también, en el caso de que el acto sea bilateral en su formación o efectos, la capacidad que corresponda al particular o administrado.

[2028] GORDILLO, Agustín, *El derecho administrativo de la economía: parte general*, Macchi, Buenos Aires, 1967, p. 87; dicho principio aparece reconocido en: la Ley Nacional de Procedimientos Administrativos 19.549 (art. 3°) y ley 5350 de la provincia de Córdoba (art. 3°).

[2029] GARCÍA TREVIJANO FOS, José A., *Tratado...*, *cit.*, t. II, p. 390; DROMI, José R., "La desconcentración administrativa", JA, nro. 3769, p. 11.

[2030] Art. 3°, LNPA.

[2031] Lo expuesto rige sólo para la delegación en sentido estricto, ya que la denominada imputación funcional – que se da exclusivamente en el orden jerárquico– estaría alcanzada, en nuestra opinión, por la existencia de autorización expresa.

[2032] VILLEGAS BASAVILBASO, Benjamín, *Derecho Administrativo*, t. II, TEA, Buenos Aires, 1950, p. 262; MARIENHOFF, Miguel S., *Tratado...*, *cit.*, t. I, p. 596. En contra: GONZÁLEZ ARZAC, Rafael M., "La competencia...", *cit.*, p. 887.

Como regla general se aplican, en ambos casos, las normas del Código Civil en materia de capacidad de hecho o de derecho[2033] sin perjuicio de la regulación específica que puede efectuar el Derecho Administrativo, en virtud de su carácter local o provincial.

En cuanto a la aptitud del administrado para actuar en el campo del Derecho Público ella no traduce una capacidad diferente a la jurídico-privada que regula el Código Civil[2034].

5. LA CAUSA COMO ELEMENTO DEL ACTO ADMINISTRATIVO

La elaboración de la teoría de la causa (objetiva) del acto administrativo pertenece a este siglo, siendo Hauriou uno de los primeros doctrinarios que – al comentar la jurisprudencia del Consejo de Estado francés– utilizó la noción de causa para integrarla en un elemento autónomo del acto administrativo[2035].

Así, en el conocido *arrêt* "Blanchard", que se refirió al traslado de un agente público a otras funciones, la Administración invocó, como antecedente de hecho para justificar el dictado del correspondiente decreto, la circunstancia de que tal traslado obedecía a una petición propia de dicho funcionario, la cual, al no existir, dejó huérfano de causa al pertinente acto administrativo[2036] en razón de que faltaba el presupuesto fáctico que justificaba su existencia.

En el Derecho Administrativo, la causa, como elemento autónomo del acto, constituye uno de los puntos más controvertidos de la teoría del acto administrativo. Desde quienes consideran que la causa no es un elemento esencial ni autónomo del acto, sino un requisito de la voluntad o modo particular de expresión de la misma[2037], hasta aquellos autores que postulan una identificación de la causa con el fin de interés público que debe perseguir el acto[2038], se han formulado las teorías más diversas[2039].

En una postura anticausalista se ubican algunos autores de la doctrina italiana. Se alega que la teoría de la causa carece de aplicación en el Derecho Administrativo en virtud de que el acto administrativo es típico en cada uno de sus elementos, lo cual significa que la voluntad se halla en conexión necesaria con los motivos y pre-

---

[2033] MARIENHOFF, Miguel S., *Tratado...*, *cit.*, t. II, ps. 288 y ss.; DIEZ, Manuel M., *El acto administrativo*, 2ª ed., TEA, Buenos Aires, 1961, ps. 190/191 respecto de la incapacidad natural del agente público.

[2034] MARIENHOFF, Miguel S., *Tratado...*, *cit.*, t. II, ps. 291/292.

[2035] HAURIOU, Maurice, *Précis de Droit Administratif et de Droit Public général*, Recueil Sirey, París, 1927, p. 430, al comentar los casos "Trepont" (1922), "Blanchart" (1923) y "Lefranc" (1926).

[2036] HAURIOU, Maurice, *Précis...*, *cit.*, p. 430.

[2037] ZANOBINI, Guido, *Corso di Diritto Amministrativo*, 8ª ed., Giuffrè, Milán, 1958, p. 247.

[2038] BODDA, Piero, *La nozione di causa giuridica della manifestazione di volontà nel Diritto Amministrativo*, L'Istituto Giurico della R. Università, Turín, 1933, ps. 45 y ss.

[2039] Una síntesis de las distintas doctrinas puede verse en: DIEZ, Manuel M., *El acto administrativo*, *cit.*, ps. 211 y ss.; SAYAGUÉS LASO, Enrique, *Tratado...*, *cit.*, t. I, p. 445; ALESSI, Renato, *Instituciones...*, *cit.*, t. I, p. 277.

supuestos, de los cuales no puede ser aislada[2040]. Se argumenta también que, siendo el interés público un límite positivo a la potestad de acción de la Administración como condición de la "legalidad sustancial" del acto, tal requisito no tiene nada que ver con la causa del negocio jurídico privado[2041].

De acuerdo con un sector de la doctrina[2042] el derecho positivo vigente en el orden nacional[2043] y la jurisprudencia de la Corte Suprema de Justicia de la Nación, la causa consiste en las circunstancias y antecedentes de hecho y de derecho que justifican el dictado del acto administrativo.

La teoría de la causa, en su formulación objetiva, nada tiene de común con las distintas teorías elaboradas en el Derecho Privado[2044]. En el Derecho Administrativo, lo que interesa en realidad, a los efectos de mantener la juridicidad del acto, es la razón de ser "objetiva" que justifica su emisión, aunque en el fondo constituya también una respuesta al porqué de su dictado[2045].

Los distintos sentidos atribuidos en el Derecho Privado a la causa, carecen de aplicación en el Derecho Administrativo. Tanto la causa final como la causa fuente del Derecho Civil, que se refieren a la causa de las obligaciones, trasuntan diferentes contenidos conceptuales. Así, resultan inaplicables tanto las concepciones subjetivistas acerca de la causa que establecen, siguiendo a Domat – por ejemplo– que la

---

[2040] GIANNINI, Massimo S., *Lezioni...*, *cit.*, ps. 316 y ss.

[2041] ALESSI, Renato, *Instituciones...*, *cit.*, t. I, ps. 278/279.

[2042] MARIENHOFF, Miguel S., *Tratado...*, *cit.*, t. II, p. 298; SAYAGUÉS LASO, Enrique, *Tratado...*, *cit.*, t. I, p. 447; FIORINI, Bartolomé A., *Teoría...*, *cit.*, p. 114; RIVERO, Jean, *Droit Administratif*, Dalloz, París, 1977, p. 229; VEDEL, Georges, *Droit Administratif*, 4ª ed., Presses Universitaires de France, París, 1968, p. 151; WALINE, Marcel, *Droit Administratif*, *cit.*, ps. 472/473; GARRIDO FALLA, Fernando, *Tratado...*, *cit.*, p. 483.

[2043] Art. 7º, inc. b), LNPA.

[2044] BUSSO, Eduardo B., *Código Civil anotado*, t. III, Ediar, Buenos Aires, 1949, ps. 116 y ss.; VIDELA ESCALADA, Federico, *La causa final en el Derecho Civil*, Abeledo-Perrot, Buenos Aires, 1968, ps. 3 y ss.; RIPERT, Georges - BOULANGER, Jean, *Tratado del Derecho Civil según el tratado de Planiol*, trad. del francés, t. IV, vol. I, La Ley, Buenos Aires, 1964, ps. 179 y ss.

[2045] Para Boquera Oliver, la causa del derecho administrativo no son los hechos sino la apreciación que de ellos formula el sujeto. Esta concepción, que desplaza el carácter objetivo que se le atribuye a la causa en la doctrina francesa (Hauriou) y en la argentina (Marienhoff) que siguió sus aguas, no encuentra cabida en la Ley Nacional de Procedimientos Administrativos cuyo art. 7º, inc. b), menciona expresamente: "los antecedentes de hecho y de derecho" y no la interpretación que haga a su respecto el agente público, la cual constituye un fenómeno totalmente subjetivo. La conclusión de Boquera parece más bien influida por los ejemplos clásicos referidos al error en la causa donde hay una apreciación o interpretación subjetiva de los hechos. Sin embargo, lo que acontece en estos supuestos es la presencia de un vicio de la voluntad (y como tal subjetivo) que se yuxtapone al elemento objetivo de la causa, situación que, por otra parte, se puede presentar también en los demás elementos del acto administrativo, dada la condición que posee la voluntad como presupuesto del acto administrativo y la consecuente posibilidad de circunscribirse a los distintos elementos aisladamente considerados, o bien, al acto completo. Por lo demás, hay vicios en la causa (*v.gr.*, causa ilícita) que tienen naturaleza objetiva. Ver BOQUERA OLIVER, José M., *Estudios sobre el acto administrativo*, 4ª ed., Civitas, Madrid, 1986, p. 76.

causa de la obligación de cada una de las partes es la obligación de la otra[2046] como las tesis objetivas del Derecho Privado, que ponen el acento en los resultados del acto considerados en sí mismos o en la razón económica jurídica que anima el negocio[2047].

Con relación a la "causa fuente", ella deviene del concepto aristotélico de la causa eficiente, debiéndose señalar ciertas diferencias que obedecen a la distinta configuración de los derechos público y privado.

En el Derecho Privado se utiliza la expresión causa fuente para aludir al origen de las obligaciones, entendiendo por tales: el contrato, el delito, el cuasidelito y la ley; mientras que en el Derecho Administrativo, se emplea la causa fuente para aludir a un concepto más amplio y distinto, pero siempre en relación con la causa objetiva del acto administrativo (acto jurídico en suma) y no de la obligación que pueda nacer del mismo, de la ley o del reglamento, es decir, a la serie de antecedentes o razones de hecho y de derecho que justifican el dictado del acto.

Si se pretendiera hablar de "causa fuente" en el Derecho Administrativo, en el sentido de que le asigna el Derecho Civil, es decir, en el campo de las obligaciones, habría que señalar que la obligación del administrado, tiene, por ejemplo, origen en el acto administrativo o en las normas legales o reglamentarias, pero no en los antecedentes de hecho y de derecho que anteceden al acto o la norma, y justifican su existencia.

Menos aún, puede asimilarse la causa objetiva del acto administrativo al concepto que los civilistas denominan causa-motivo donde lo que se tiene en cuenta "es la razón puramente individual y contingente por la cual una persona ha contratado"[2048]. Tal es la razón que conduce a preferir para la nominación del elemento que estamos analizando el término causa al de motivo[2049].

Desde otro punto de vista, tampoco puede aceptarse la postura de quienes engloban la causa en la voluntad[2050] ni de la doctrina que sostiene que la causa consiste en la finalidad de interés público que debe perseguir el acto[2051]. Respecto de la primera tesis, al regularse su actuación como un requisito de la declaración de voluntad, ello se traduce en un problema meramente verbal, ya que, en definitiva, la noción de causa objetiva será considerada como un ingrediente del acto que se ubica en la voluntad[2052].

[2046] Ver RIPERT, Georges - BOULANGER, Jean, *Tratado...*, *cit.*, t. IV, p. 186.

[2047] BUSSO, Eduardo B., *Código Civil...*, *cit.*, t. III, p. 134.

[2048] Conf. RIPERT, Georges - BOULANGER, Jean, *Tratado...*, *cit.*, t. IV, vol. I, p. 187.

[2049] Como lo denomina un sector de la doctrina francesa: WALINE, Marcel, *Droit Administratif*, *cit.*, p. 472; RIVERO, Jean, *Droit Administratif*, *cit.*, p. 229; LAUBADÈRE, André de, *Traité élémentaire...*, *cit.*, t. I, ps. 506/507, doctrina que ha seguido Sayagués Laso (SAYAGUÉS LASO, Enrique, *Tratado...*, *cit.*, t. I, p. 447). Por su parte, Marienhoff emplea indistintamente la expresión causa o motivo (ver *Tratado...*, *cit.*, t. II, ps. 301/302).

[2050] ZANOBINI, Guido, *Corso...*, *cit.*, t. I, p. 247; FRAGOLA, Umberto, *Gli atti amministrativi*, Turín, 1952, p. 28.

[2051] DIEZ, Manuel M., *Derecho Administrativo*, *cit.*, t. II, p. 257.

[2052] GORDILLO, Agustín, *El acto administrativo*, *cit.*, ps. 292/300.

Tampoco cabe aceptar la tesis que postula que la causa es el fin de interés público. Es evidente que, como se ha afirmado, este último actúa "como condicionante de la actividad administrativa"[2053] constituyendo un elemento autónomo del acto con las peculiaridades del Derecho Público, cuya noción conceptual – desde el plano metodológico– resulta más conveniente describir en forma separada, utilizando para ello el término "finalidad".

No se puede negar que la elaboración de la teoría de la causa (objetiva) y su inclusión como un elemento esencial, autónomo y distinto del acto administrativo, configura un progreso en la dogmática del Derecho Administrativo, sin dejar de reconocer la importancia que tiene el hecho de que la jurisprudencia corrobora, en la aplicación de la teoría al plano de la realidad, la postura que propiciamos sobre este elemento del acto administrativo.

6. EL OBJETO Y SUS REQUISITOS

El objeto o contenido del acto administrativo consiste en lo que el acto decide, certifica u opina[2054], a través de la declaración pertinente[2055].

Si se trata de una actividad reglada, el objeto del acto administrativo aparecerá predeterminado por la norma, mientras en el supuesto de que fuera consecuencia del ejercicio de facultades discrecionales, aun cuando la Administración disponga de un amplio margen de libertad para emitir el acto, el objeto del mismo debe adaptarse al marco general normativo y al principio de la legitimidad[2056].

En materia de objeto, la doctrina nacional[2057], fundada principalmente en la normativa que el Código Civil prescribe en materia de actos jurídicos (art. 953, CCiv.) ha estructurado una serie de requisitos cuya ausencia genera la invalidez del acto, los cuales también han tenido su reconocimiento en la doctrina comparada[2058].

Como regla general, el objeto o contenido del acto administrativo debe ser: a) lícito; b) cierto y determinado; c) posible física y jurídicamente; d) razonable y e) moral[2059].

Lo esencial del objeto es su conformidad con el derecho objetivo, tanto es así que en algunos países como Francia se denomina violación de la ley al vicio que afecta este elemento. La ilegalidad puede consistir tanto en la violación de la ley

---

[2053] GARRIDO FALLA, Fernando, *Tratado...*, cit., t. I, ps. 487/488.

[2054] Conf. GORDILLO, Agustín, *El acto administrativo*, cit., p. 244; LANDI, Guido - POTENZA, Giuseppe, *Manuale di Diritto Amministrativo*, Giuffrè, Milán, 1971, p. 199.

[2055] DIEZ, Manuel M., *Derecho Administrativo*, cit., t. II, ps. 260/261.

[2056] En sentido similar: DIEZ, Manuel M., *Derecho Administrativo*, cit., t. II, p. 261; PRAT, Julio A., *De la desviación de poder*, Librería La Facultad, Montevideo, 1957, p. 52.

[2057] MARIENHOFF, Miguel S., *Tratado...*, cit., t. II, ps. 303/304; DIEZ, Manuel M., *El acto administrativo*, cit., ps. 231 y ss.; GORDILLO, Agustín, *El acto administrativo*, cit., ps. 247 y ss., entre otros; véase también ley 19.549, art. 7°, inc. e).

[2058] RANELLETTI, Oreste, *Teoria degli atti amministrativi speciali*, Giuffrè, Milán, 1945, p. 98; SAYAGUÉS LASO, Enrique, *Tratado...*, cit., t. I, p. 444.

[2059] Para Marienhoff la "moralidad constituye un elemento autónomo del acto administrativo" (véase MARIENHOFF, Miguel S., *Tratado...*, cit., t. I, ps. 345 y ss.).

formal, como en la de la Constitución o de un reglamento. En cambio, las circulares no pueden incidir en el objeto del acto para juzgar su conformidad con el derecho objetivo, en cuanto las mismas tienen, en principio, efectos en el plano interno de la Administración[2060]. La aceptación de la solución contraria dejaría prácticamente sin protección los derechos e intereses de los administrados que no conocen la mayor parte del contenido de tales actos interorgánicos, aparte de que no existe ninguna presunción legal acerca de su conocimiento, como acontece respecto de las leyes y reglamentos a través de la función que cumple el sistema de publicidad.

7. LA FORMA: CONCEPTO, TRASCENDENCIA Y PECULIARIDADES QUE REVISTE EN EL DERECHO ADMINISTRATIVO

Para que la voluntad humana sea captada por el derecho y se traduzca en un acto jurídico es preciso que se opere la exteriorización de la misma al mundo externo. La exteriorización de la voluntad al plano jurídico recibe el nombre de forma, la cual constituye el elemento aglutinante de dicha voluntad en el acto administrativo, en miras a la consecución de un objeto determinado a través de una finalidad de interés público.

Al no poderse concebir, la existencia de un acto administrativo carente de forma, cualquiera sea ésta (escrita o verbal), ella constituye un requisito esencial de validez del acto administrativo, aun cuando esta característica deba ser matizada a la luz del principio antinformalista que prevalece en la evolución del Derecho Administrativo.

Sobre el concepto de forma en el acto administrativo se han planteado discrepancias doctrinarias. Mientras un sector circunscribe el concepto de forma a una acepción estricta, entendiendo por tal la declaración de voluntad una vez formada[2061], o sea, la que debe observarse o se observa al emitir el acto, otros tratadistas sostienen[2062] que ella comprende también el procedimiento de formación de la voluntad administrativa[2063] y las distintas maneras como el acto cobra publicidad frente a los administrados[2064].

[2060] Una opinión diferente ha sostenido GORDILLO, Agustín, *El acto administrativo, cit.*, p. 245. Supongamos, en efecto, que hubiera una circular interna de la Administración que prohibiera adquirir otros elementos de oficina que no fueren de un tipo determinado. ¿La contratación de otra clase de elementos constituiría un acto violatorio del objeto reglado? Entendemos que no por las razones que damos en el texto, y porque la solución contraria conduce al absurdo y obligaría al cocontratante al conocimiento de todas las disposiciones internas de la Administración.

[2061] LUCIFREDI, Roberto, *L'atto amministrativo nei soui elementi accidentali*, Giuffrè, Milán, 1963, p. 18; SAYAGUÉS LASO, Enrique, *Tratado..., cit.*, t. I, p. 458; FIORINI, Bartolomé A., *Teoría..., cit.*, t. I, ps. 335/337.

[2062] MARIENHOFF, Miguel S., *Tratado..., cit.*, t. II, p. 301.

[2063] Gordillo opina, en cambio, que las formas y requisitos anteriores al dictado del acto no integran el elemento forma, constituyendo defectos o vicios en la preparación de la voluntad administrativa (GORDILLO, Agustín, *El acto administrativo*, 1ª ed., Abeledo-Perrot, Buenos Aires, 1963, p. 148).

[2064] DIEZ, Manuel M., *Derecho Administrativo, cit.*, t. II, p. 268.

El elemento que analizamos se integra no sólo con las formas de la declaración, sino también con aquellas que corresponden tanto al procedimiento de integración de la voluntad en el acto administrativo como a los requisitos de publicidad necesarios para su vigencia[2065].

Los requisitos del procedimiento y los relativos a la publicidad constituyen requisitos "formales" del acto administrativo en el sentido de que implican la exteriorización de la voluntad estatal. Los vicios en tales aspectos del acto configuran vicios de forma y no de la voluntad propiamente dicha, que se juzgan de la misma manera que los defectos de la declaración[2066].

La distinción entre forma y formalidades, que un sector calificado de la doctrina tradicional acoge[2067], aunque reconozca que las formalidades integran los requisitos "formales" del acto[2068], no parece reportar mayores ventajas prácticas ni teóricas.

La significación y trascendencia que tienen las formas en el Derecho Administrativo es muy superior a la que asumen en el Derecho Privado. En efecto, el formalismo administrativo, cuya raíz histórica se encuentra en los comienzos de la propia disciplina[2069] cumple una función diferente que el imperante en el Derecho Privado, donde cumplen la función de proteger la seguridad jurídica, la tutela de determinadas situaciones que interesan al Estado, o bien, en el Derecho Mercantil, la aceleración de las operaciones comerciales.

Al respecto, la doctrina se halla conteste en sostener que en el Derecho Administrativo las formas cumplen fundamentalmente una función de garantía[2070] tanto de los derechos de los administrados como del orden, acierto, justicia y legalidad que deben estar presentes en la actividad administrativa[2071].

Varias son las razones que confluyen para atribuir esa trascendencia a las formas en el Derecho Administrativo.

En primer lugar, el sistema de controles recíprocos que se instaura entre los órganos que ejercen el poder estatal (Ejecutivo, Legislativo y Judicial) tiene como

---

[2065] En contra: ZELAYA, Simón F., "Forma del acto administrativo", en DIEZ, Manuel M. (dir.), *Acto y procedimiento administrativo*, Plus Ultra, Buenos Aires, 1975, ps. 62/63.

[2066] Ver MAIRAL, Héctor A., "Los vicios del acto administrativo y su recepción por la jurisprudencia", LL 1989-C-1014. Apunta este autor que en la jurisprudencia vernácula "se observa una tendencia a englobar los vicios incurridos en el curso del procedimiento dentro de los vicios de forma". En la nota (8) cita dos fallos: uno de la Corte Suprema: "Sudamericana de Intercambio v. Nación Argentina", Fallos 306:1138 (1984); y otro de la C. Nac. Com., sala B, "Gobierno Nacional v. La Editorial SA", LL 1980-A-388.

[2067] SAYAGUÉS LASO, Enrique, *Tratado...*, cit., t. II, p. 458.

[2068] ALESSI, Renato, *Instituciones...*, cit., t. II, p. 276.

[2069] Como consecuencia "de un Estado que desconfiaba de sus poderes" (MARTÍNEZ USEROS, Enrique, "Los requisitos de forma en los actos administrativos", *Anales de la Universidad de Murcia*, 1949-1950, cit. por GARRIDO FALLA, Fernando, *Tratado...*, cit., p. 501).

[2070] ALESSI, Renato, *Instituciones...*, cit., t. I, p. 273; SERRANO GUIRADO, Enrique, "El trámite de audiencia en el procedimiento administrativo", RAP, nro. 4, Instituto de Estudios Políticos, Madrid, 1951, ps. 120 y ss.

[2071] Véase: GARRIDO FALLA, Fernando, *Tratado...*, cit., t. I, ps. 500 y ss.; BIELSA, Rafael, *Derecho Administrativo*, 6ª ed., t. II, La Ley, Buenos Aires, 1964-1966, p. 84.

presupuesto implícito el formalismo administrativo, precisamente como garantía para la eficacia del control y el mantenimiento del principio de la legalidad.

Pero además, el formalismo no solamente aparece exigido en la cúspide del poder del Estado puesto que de su observancia dependen los sistemas de control interno que se establezcan en la órbita de cada órgano estatal, especialmente en el Poder Ejecutivo, cuyos actos, desde el punto de vista cuantitativo y cualitativo, son los que en mayor medida interesan al Derecho Administrativo.

En nuestra disciplina, los autores aún no se han puesto de acuerdo acerca de si se aplica el principio de la libertad formal para el acto administrativo, de manera similar a lo que acontece en el campo de relaciones regidas por el Derecho Privado. Así, mientras hay quienes sostienen que tal principio no rige en el Derecho Administrativo donde la observancia de la forma es la regla[2072] o de la forma escrita al menos[2073], también se ha considerado que corresponde aplicar la regla de la libertad de la forma, salvo que una norma expresa establezca lo contrario[2074]. Sin embargo, la discrepancia que sobre este punto presenta la doctrina aparece morigerada por las distintas excepciones que admiten tanto los sostenedores de la regla de la libertad formal como quienes defienden el principio inverso[2075].

De acuerdo con el ordenamiento argentino, el acto administrativo debe expresarse como principio general por escrito, y sólo por excepción pueden admitirse otras formas de documentar la voluntad administrativa (ej.: la forma verbal en las órdenes que dictan los agentes de policía), cuando la naturaleza y circunstancias lo permitieren o exigieren.

Tal principio, que resulta fundado en la función que las formas desempeñan en el Derecho Administrativo, aparece expresamente corroborado en el estado actual del derecho positivo argentino, que siguiendo la tendencia impresa en la legislación española[2076] ha acogido la regla de que el acto administrativo debe expresarse, en principio, por escrito[2077].

Pero dentro de tal principio, la Administración Pública tiene libertad para elegir la forma más adecuada para el dictado del acto, si bien la existencia de abundantes y

---

[2072] SAYAGUÉS LASO, Enrique, *Tratado...*, *cit.*, t. I, p. 458; BIELSA, Rafael, *Derecho Administrativo*, *cit.*, t. II, ps. 67/68; ROMANO, Santi, *Corso di Diritto Amministrativo*, 3ª ed., Cedam, Padua, 1937, ps. 261/263.

[2073] GARRIDO FALLA, Fernando, *Tratado...*, *cit.*, t. I, p. 512; RANELLETTI, Oreste, *Teoria...*, *cit.*, ps. 135 y ss.; LANDI, Guido - POTENZA, Giuseppe, *Manuale...*, *cit.*, p. 200; VEDEL, Georges, *Droit Administratif*, *cit.*, p. 151.

[2074] MARIENHOFF, Miguel S., *Tratado...*, *cit.*, t. II, p. 315; ALESSI, Renato, *Instituciones...*, *cit.*, t. I, p. 274; ZANOBINI, Guido, *Corso...*, *cit.*, t. I, p. 252.

[2075] ALESSI, Renato, *Instituciones...*, *cit.*, t. I, p. 273.

[2076] Art. 41, inc. 1º, Ley Española de Procedimiento Administrativo de 1958, que prescribe: "Los actos administrativos se producirán o consignarán por escrito cuando su naturaleza o circunstancias no exijan o permitan otra forma más adecuada de expresión y constancia". Este precepto, casi con igual redacción, se encuentra en el art. 55, ley 30/1990, que sustituyó la legislación anterior.

[2077] Art. 8º, LNPA; art. 94, LPA de Córdoba 5350; art. 104, LPA de Buenos Aires 7647; art. 97, LPA de Tierra del Fuego 141.

distintas disposiciones administrativas ha reducido el margen de libertad formal. Ello se advierte en materia de los diferentes procedimientos establecidos para la selección del contratante, donde – por ejemplo– si la norma requiere una forma taxativa (*v.gr.*, licitación pública), la Administración no puede acudir a otro procedimiento selectivo.

En el plano de la excepción al principio de que el acto administrativo debe exteriorizarse por escrito, cabe señalar aún una serie de supuestos (aparte del acto verbal), que no dejan de tener su trascendencia e importancia en la actuación administrativa contemporánea.

En tal sentido, el derecho admite excepcionalmente que la instrumentación de la voluntad administrativa se opere en los siguientes supuestos:

A) Silencio o ambigüedad

En el orden nacional, en línea con lo sostenido por la doctrina, se admite que la conducta omisiva o ambigua de la Administración, cuando se requiera de ella un pronunciamiento concreto, sea interpretada como negativa, reglamentando la ley los distintos términos en que se configura el silencio dentro del procedimiento administrativo[2078]. En este sentido, la norma legal exige la intervención activa del administrado al obligarlo a requerir pronto despacho frente a la inactividad de la Administración como condición para que se opere el silencio, salvo que una norma especial prevea un plazo expreso dentro del cual la Administración deba emitir un pronunciamiento concreto[2079].

B) Signos y señales

La doctrina admite también que la declaración del órgano estatal pueda configurarse mediante signos y señales de distinto carácter: acústicas, telegráficas, luminosas, como asimismo a través de carteles (ej.: indicadores de la velocidad máxima

---

[2078] Art. 10, LNPA, disponiendo que "sólo mediando disposición expresa podrá acordarse al silencio sentido positivo"; MARIENHOFF, Miguel S., *Tratado...*, *cit.*, t. II, ps. 316 y ss.; norma que tiene su fuente en la legislación española de 1958 antes citada (art. 94). Véase: LINARES, Juan F., "El silencio administrativo denegatorio en la ley 19.549", LL 1980-C-768; GRECCO, Carlos M., "Sobre el silencio...", *cit.*, p. 777; GARRIDO FALLA, Fernando, *Tratado...*, *cit.*, t. I, p. 518. La jurisprudencia ha apuntado que: "En el sistema legal argentino, la regla del silencio de la Administración es el silencio negativo. La institución del silencio positivo exige, para su procedencia, la existencia de una cláusula contractual expresa o una norma legal que demuestre en forma indubitada la voluntad tácita de la Administración de acogerse a las consecuencias de su omisión. Tal institución debe ser interpretada en forma restrictiva, toda vez que el silencio positivo es un instrumento peligroso, debido a que, luego de transcurridos los plazos legales, el particular quedaría habilitado para realizar actos sometidos a su control sin que éste se efectivizara". Conf. C. Nac. Cont. Adm. Fed., sala 2ª, 15/7/1992, "Worthington Arg. SAIC s/recurso de apelación".

[2079] El art. 10 *in fine*, LNPA, prescribe lo siguiente: "Si las normas especiales no previeran un plazo determinado para el pronunciamiento, éste no podrá exceder de sesenta días. Vencido el plazo que corresponda, el interesado requerirá pronto despacho y si transcurrieren otros treinta días sin producirse dicha resolución, se considerará que hay silencio de la Administración".

en las rutas, las prohibiciones de estacionamiento, etc.) aceptando la posibilidad de que cuando concurren todos los requisitos pertinentes, la voluntad expresada a través de signos, señales y carteles pueda dar origen a un acto administrativo[2080]. En nuestro concepto, estos diferentes supuestos de actos administrativos configuran declaraciones expresas de la voluntad estatal y no tácitas, en razón de que también se trata de un lenguaje que si bien se halla basado en un sistema de signos o señales cumple la misma función que el lenguaje natural, que se estima comprendido y conocido por todos[2081].

C) Actos tácitos

El acto tácito se configura cuando como consecuencia de la emisión de un acto expreso surgen efectos jurídicos que presuponen la existencia de otro acto. Tal ocurriría – por ejemplo– si luego de haberse aludido al procedimiento de la licitación pública, la Administración, mediante decisión legalmente fundada, dispusiera la contratación directa.

En tal supuesto, habría que considerar, como lo ha hecho la Procuración del Tesoro de la Nación, que la decisión de contratar en otra forma lleva implícita la de dejar sin efecto el llamado a licitación[2082].

8. LA CLASIFICACIÓN DE LAS FORMAS SEGÚN EL CÓDIGO CIVIL Y EL SENTIDO QUE CORRESPONDE ATRIBUIR AL CONCEPTO DE FORMA ESENCIAL

En Derecho Administrativo no rige la clásica distinción que recoge nuestro Código Civil entre formas *ad solemnitatem* y *ad probationem* dada la diferente función que la forma cumple en dicha disciplina. La categoría de las formas solemnes, que el Derecho Civil ha conservado como un resabio (si bien actualizado) del derecho romano, se inspira como lo señala la doctrina, en la necesidad de asegurar de una manera eficaz la conservación de los documentos que acreditan la existencia de determinados actos y en la protección de los terceros[2083]. Aparte de ello es evidente también – aunque esto no es reconocido de una manera generalizada (en el desarrollo actual de la legislación)– que la ley establece la solemnidad del acto para que los otorgantes puedan reflexionar acerca del significado y alcance en ciertas situaciones que se tiene interés en tutelar, tal como ocurre con los actos más importantes del derecho sucesorio y de familia.

Por el contrario, dichas finalidades carecen de trascendencia en las relaciones entre los particulares y el Estado, donde las formas asumen fundamentalmente una función de garantía, de eficacia, de legalidad y de justicia.

[2080] DIEZ, Manuel M., *Derecho Administrativo, cit.*, t. II, p. 270.

[2081] Para Marienhoff, es requisito *sine qua non* para la validez del acto que los signos y señales sean comprensibles por todos (MARIENHOFF, Miguel S., *Tratado...*, *cit.*, t. II, ps. 317/318).

[2082] Dictámenes 117:4.

[2083] SALVAT, Raymundo L., *Tratado de Derecho Civil argentino, Parte general*, t. II, actualizado por Romero del Prado, Víctor N., TEA, Buenos Aires, 1954, p. 246.

Desde otro punto de vista, no puede aceptarse la postura que sostiene que en el Derecho Administrativo toda forma – ya sea que derive de la prescripción legal expresa o de una exigencia de hecho– debe "ser considerada como impuesta *ad sustantiam actus*"[2084], ya que, además de trasladar una regla civilista carente de sentido en el Derecho Administrativo, la categorización carece de consecuencias en el campo de la invalidez del acto, salvo que se sostenga (lo cual sería un absurdo) que todo vicio de forma, cualquiera fuera su gravedad, genera siempre la consecuencia más grave en punto a la nulidad del acto.

En cuanto a la distinción entre formas "esenciales y no esenciales" a pesar de las objeciones que nos merece una calificación de cuño civilista, ella es utilizada por un sector doctrinario[2085] y por el derecho positivo vigente en el orden nacional[2086].

Los conceptos de formas esenciales y no esenciales deben correlacionarse con un criterio aún no desarrollado en el Derecho Administrativo contemporáneo cual es el relativo a la rigidez o flexibilidad de las formas en relación con los distintos tipos de invalidación que pueden afectar al acto como consecuencia de un defecto formal[2087]. Por esta causa, no compartimos la posición que sostiene que la clasificación entre formas esenciales y no esenciales se vincula al hecho de que su vicio afecte o no la validez del acto[2088], ya que el acto siempre será inválido, salvo que la irregularidad sea intrascendente. Lo que ocurre, como veremos al desarrollar el próximo capítulo, es que serán diferentes los efectos de la invalidación.

En consecuencia: la circunstancia de que la forma sea o no esencial incidirá en la gravedad del vicio, y por ende, en los efectos de la invalidación, mientras que la rigidez o flexibilidad repercute sobre el margen de apreciación o valoración que sobre el defecto pueda tener o no el órgano que revise el acto.

9. EL REQUISITO DE LA MOTIVACIÓN

La exigencia de motivar los actos administrativos – o al menos determinados actos– ha sido reconocida por casi toda la doctrina administrativa, pese a existir discrepancias en punto a la ubicación del requisito dentro de los elementos del acto.

Resulta evidente que la motivación aparece como una necesidad tendiente a la observancia del principio de legalidad en la actuación de los órganos estatales y que desde el punto de vista del particular o administrado traduce una exigencia fundada en la idea de una mayor protección de los derechos individuales, ya que de su cumplimiento depende que el administrado pueda conocer de una manera efectiva y expresa los antecedentes y razones que justifiquen el dictado del acto.

[2084] ALESSI, Renato, *Instituciones...*, *cit.*, t. I, p. 274.

[2085] MARIENHOFF, Miguel S., *Tratado...*, *cit.*, t. II, p. 317, si bien con una significación distinta de la que formulamos en el texto. Para Foligno la forma será esencial cuando ella estuviera prescripta en la norma legal o reglamentaria (FOLIGNO, Darío, *L'attività amministrativa*, Milán, 1966, ps. 125/126).

[2086] Art. 14, inc. b), LNPA.

[2087] Conf. nuestro criterio, HUTCHINSON, Tomás, *La Ley Nacional...*, *cit.*, t. I, p. 176.

[2088] CAETANO, Marcello, *Manual di Direito Administrativo*, Lisboa, 1963, ps. 247/248; MARIENHOFF, Miguel S., *Tratado...*, *cit.*, t. II, p. 317.

Acerca de qué debe entenderse por motivación, la Ley Nacional de Procedimientos Administrativos prescribe un concepto amplio[2089].

Así, la motivación comprende la exposición de las razones que han llevado al órgano a emitirlo y, en especial, la expresión de los antecedentes de hecho y de derecho que preceden y justifican el dictado del acto[2090].

No es éste, desde luego, el criterio de un sector de la doctrina que limita la motivación a la enunciación de los antecedentes de hecho y de derecho (es decir a la expresión de la causa)[2091]. Nos parece más adecuado basar el requisito de la motivación en la enunciación de las razones que han determinado el dictado del acto, lo cual permite incluir la exteriorización de otro elemento considerado esencial: la finalidad. Si bien esta conclusión no es reconocida en forma expresa, muchos tratadistas la admiten virtualmente en cuanto afirman que el requisito de la motivación constituye uno de los primeros pasos hacia el reconocimiento del recurso de desviación de poder[2092], pero lo cierto es que al limitar el concepto de motivación a la expresión de la causa, no toda la doctrina advierte la importancia que ella puede tener para acreditar la existencia de un defecto o vicio en el elemento finalidad.

Tampoco puede aceptarse la postura de la doctrina italiana que distingue entre motivación, y justificación, sosteniendo que la justificación radica en la enunciación de la situación de hecho y de derecho, mientras que la motivación consiste en la expresión del motivo, que para dicho autor es el razonamiento que conduce al acto, o en otros términos, la demostración de que el criterio elegido con base en determinadas circunstancias de hecho y de derecho, es el mejor que se podía elegir[2093]. Tal distinción ha sido tildada de artificial pues, en definitiva, se considera que motivación y justificación son términos que coinciden[2094].

En nuestro concepto, la motivación es un requisito que integra el elemento forma[2095] y consiste en la exteriorización de las razones que justifican y fundamentan la

---

[2089] Art. 7°, inc. e), LNPA.

[2090] FRANCO SOBRINHO, Manoel de Oliveira, *Atos administrativos*, San Pablo, 1980, ps. 131 y ss.

[2091] SAYAGUÉS LASO, Enrique, *Tratado...*, *cit.*, t. I, p. 460.

[2092] GARRIDO FALLA, Fernando, *Tratado...*, *cit.*, t. I, p. 516.

[2093] Para Iaccarino la justificación puede contener o no la motivación (conf. IACCARINO, Carlo M., *Studi sulla motivazione con particolare riguardo agli atti amministrativi*, Roma, 1933, p. 35).

[2094] RIVALTA, María, *La motivazione degli atti amministrativi*, Milán, 1960, p. 153.

[2095] Conf. Dictámenes 113:389; MARIENHOFF, Miguel S., *Tratado...*, *cit.*, t. II, p. 330; FIORINI, Bartolomé A., *Teoría...*, *cit.*, t. I, p. 340; DIEZ, Manuel M., *Derecho Administrativo, cit.*, p. 239; MAIRAL, Héctor A., "Los vicios...", *cit.*, ps. 1014 y ss.; GARRIDO FALLA, Fernando, *Tratado...*, *cit.*, t. I, p. 514; SAYAGUÉS LASO, Enrique, *Tratado...*, *cit.*, t. I, ps. 458 y 460; GONZÁLEZ PÉREZ, Jesús - GONZÁLEZ NAVARRO, Francisco, *Comentarios a la Ley de Régimen Jurídico de las Administraciones Públicas y Procedimiento Administrativo Común*, t. I, Civitas, Madrid, 1997, ps. 1038 y ss. Para Alessi, si bien la motivación no se halla comprendida dentro del concepto de forma propia y verdadera, constituye de todos modos un requisito formal (ALESSI, Renato, *Instituciones...*, *cit.*, t. I, p. 275). En Francia, Laubadère entiende que la motivación es una condición de forma del acto administrativo (LAUBADÈRE, André de, *Traité elémentaire...*, *cit.*, t. I, p. 263).

emisión del acto, que versan tanto en las circunstancias de hecho y de derecho (causa) como en el interés público que se persigue con el dictado del acto (finalidad).

La motivación debe efectuarse en el propio texto del acto administrativo ya que este requisito integra el elemento forma. Es por ello que no resultan aceptables aquellas posturas que sostienen que la motivación es suficiente si obran informes o antecedentes que permitan conocerla[2096]. Para justificar esta doctrina – motivación *in aliunde*– se ha dicho que los expedientes administrativos deben ser considerados en su totalidad, y no en forma aislada, ya que se trata de un mismo procedimiento[2097].

En general, a nivel doctrinario, se niega que exista la obligación genérica de motivar todos los actos administrativos[2098], salvo cuando la respectiva exigencia surge de una norma expresa – o bien– de la naturaleza de ciertos actos[2099].

Entre los actos que requieren motivación se han señalado los siguientes:

a) los que traducen un juicio (ej.: la decisión en un concurso)[2100];

b) los actos emitidos en ejercicio de facultades discrecionales[2101];

c) la revocación de un acto cuyo dictado requirió a su vez de motivación[2102];

d) los actos que limiten derechos subjetivos[2103] o intereses legítimos;

e) los que impliquen una modificación de alguna práctica administrativa[2104];

f) los que resuelvan recursos o se separen del criterio seguido en el expediente y aquellos actos que se aparten del dictamen del órgano consultivo[2105];

g) el acto por cuyo mérito se rechace una aprobación o autorización[2106];

[2096] HUTCHINSON, Tomás, *La Ley Nacional...*, *cit.*, p. 323.

[2097] Véase sobre este punto: TAWIL, Guido S. - MONTI, Laura M., *La motivación del acto administrativo*, Depalma, Buenos Aires, 1998, ps. 66 y ss.

[2098] En contra: RIVALTA, María, *La motivazione...*, *cit.*, p. 152, quien cita jurisprudencia del Consejo de Estado italiano (ps. 164/165). Para Bielsa, el principio general es la motivación, salvo que no exista necesidad jurídica de ella (BIELSA, Rafael, *Derecho Administrativo*, *cit.*, t. II, p. 90). Tal resulta ser, a nuestro juicio, también la postura de Fiorini (conf. FIORINI, Bartolomé A., *Manual...*, *cit.*, t. I, p. 340).

[2099] ALESSI, Renato, *Instituciones...*, *cit.*, t. I, p. 275; FOLIGNO, Darío, *L'attività...*, *cit.*, p. 129; JUSSO, Raffaele, *Motivo e motivazione nel procedimento amministrativo*, Milán, 1963, ps. 45 y ss.; RANELLETTI, Oreste, *Teoria...*, *cit.*, ps. 99 y ss.; SAYAGUÉS LASO, Enrique, *Tratado...*, *cit.*, t. I, p. 461; DIEZ, Manuel M., *El acto administrativo*, *cit.*, p. 241. En Francia, la mayoría de la doctrina es contraria a la obligatoriedad de la motivación para todos los actos administrativos: WALINE, Marcel, *Droit Administratif*, *cit.*, p. 462; LAUBADÈRE, André de, *Traité élémentaire...*, *cit.*, t. I, p. 262.

[2100] DIEZ, Manuel M., *El acto administrativo*, *cit.*, ps. 241/242.

[2101] Véase: GARRIDO FALLA, Fernando, *Tratado...*, *cit.*, t. I, p. 516.

[2102] ALESSI, Renato, *La revoca degli atti amministrativi*, Milán, 1956, p. 138.

[2103] Art. 54, inc. a), ley 30/1992, de Régimen Jurídico de las Administraciones Públicas y Procedimiento Administrativo Común (RJAP y PAC).

[2104] MARIENHOFF, Miguel S., *Tratado...*, *cit.*, t. II, p. 333; DIEZ, Manuel M., *El acto administrativo, cit.*, p. 242.

[2105] Art. 54, incs. b) y c), Ley española (RJAP y PAC). Ver asimismo: DIEZ, Manuel M., *El acto administrativo*, *cit.*, p. 242.

h) en general, todos los actos que restringen la esfera jurídica de los particulares[2107].

En el derecho positivo, se observa una evolución favorable a prescribir la obligación genérica de motivar los actos administrativos o al menos cierto tipo de actos, como los que se han señalado precedentemente. En esta última tendencia se hallan enroladas la ley española[2108] y [2109] y las leyes de procedimiento administrativo de las provincias de Buenos Aires y de Córdoba. En el orden local, las normas que contienen los cuerpos normativos sobre el procedimiento administrativo que han dictado las provincias citadas, resultan criticables desde un doble punto de vista: en cuanto limitan la exigencia de motivar el acto que traduzca una decisión final y en razón de que los supuestos mencionados no constituyen una completa enunciación de los casos reconocidos por la doctrina. Por tales razones, entendemos que en dichos ordenamientos locales también existirá la obligación de motivar en todas aquellas situaciones en que la naturaleza del acto lo requiera[2110].

Distinta es la situación que se presenta en el orden nacional, después de la sanción de la Ley de Procedimientos Administrativos, donde en el art. 7°, inc. e), se estatuye como requisito esencial del acto administrativo el siguiente: "Deberá ser

---

[2106] MARIENHOFF, Miguel S., *Tratado...*, *cit.*, t. II, p. 333; ALESSI, Renato, *Instituciones...*, *cit.*, t. I, p. 275.

[2107] ALESSI, Renato, *Instituciones...*, *cit.*, t. I, p. 275.

[2108] El art. 54 de la ley RJAP y PAC, prescribe: 1. Serán motivados, con sucinta referencia de hechos y fundamentos de derecho: a) los actos que limiten derechos subjetivos o intereses legítimos; b) los que resuelvan procedimientos de revisión de oficio de actos administrativos, recursos administrativos, reclamaciones previas a la vía judicial y procedimientos de arbitraje; c) los que se separen del criterio seguido en actuaciones precedentes o del dictamen de órganos consultivos; d) los acuerdos de suspensión de actos, cualquiera sea el motivo de ésta; e) los acuerdos de aplicación de la tramitación de urgencia o de ampliación de plazos; f) los que se dicten en el ejercicio de potestades discrecionales, así como los que deban serlo en virtud de disposición legal o reglamentaria expresa. 2. La motivación de los actos que pongan fin a los procedimientos selectivos y de la concurrencia competitiva se realizará de conformidad con las normas que disponen sus convocatorias, debiendo en todo caso quedar acreditados en el procedimiento los fundamentos de la resolución que se adopte.

[2109] El art. 54 de la ley RJAP y PAC, prescribe: 1. Serán motivados, con sucinta referencia de hechos y fundamentos de derecho: a) los actos que limiten derechos subjetivos o intereses legítimos; b) los que resuelvan procedimientos de revisión de oficio de actos administrativos, recursos administrativos, reclamaciones previas a la vía judicial y procedimientos de arbitraje; c) los que se separen del criterio seguido en actuaciones precedentes o del dictamen de órganos consultivos; d) los acuerdos de suspensión de actos, cualquiera sea el motivo de ésta; e) los acuerdos de aplicación de la tramitación de urgencia o de ampliación de plazos; f) los que se dicten en el ejercicio de potestades discrecionales, así como los que deban serlo en virtud de disposición legal o reglamentaria expresa. 2. La motivación de los actos que pongan fin a los procedimientos selectivos y de la concurrencia competitiva se realizará de conformidad con las normas que disponen sus convocatorias, debiendo en todo caso quedar acreditados en el procedimiento los fundamentos de la resolución que se adopte.

[2110] Provincia de Buenos Aires, ley citada, art. 108; provincia de Córdoba, ley citada, art. 98, que preceptúan la obligación de motivar todo acto administrativo final en los siguientes casos: a) cuando decida sobre derechos subjetivos: b) resuelva recursos, y c) se separe del criterio seguido en actuaciones precedentes o del dictamen de órganos consultivos.

motivado, expresándose en forma concreta las razones que inducen a emitir el acto, consignando, además, los recaudos indicados en el inc. b) del presente artículo".

Una interpretación literal del texto citado conduce a sostener que la obligación genérica de motivar los actos administrativos rige para todos los supuestos, sin excepción[2111].

Pero, no obstante que la redacción de la norma indica en este punto un apartamiento de la fuente doctrinaria[2112], consideramos que, en casos excepcionales, no existirá la obligación de motivar el acto por parte del órgano estatal, tal como lo reconoce inclusive un sector de la doctrina proclive a sostener el requisito de la motivación como principio general, lo cual ocurrirá cuando precisamente no exista la necesidad jurídica de realizarla[2113] (ej.: la emisión de una orden de compra en una licitación pública en virtud de que se trata de un acto de contenido reglado cuya causa se encuentra en otro acto administrativo ya motivado) o bien, cuando la propia naturaleza del acto lo impidiera (v.gr., la orden de paso que da un agente de tránsito).

10. LAS FORMAS DE PUBLICIDAD: PUBLICACIÓN Y NOTIFICACIÓN

La necesidad de que todo acto administrativo sea dado a conocer a quien lo afecta, en sus derechos subjetivos o intereses legítimos, ha hecho nacer la exigencia de la publicidad como una garantía jurídica para la protección de los administrados, la certeza y seguridad de las relaciones jurídicas.

En materia de publicidad del acto administrativo, la postura tradicional considera que ella es un requisito que hace a la eficacia del mismo. Se sostiene, de esta manera, que un acto puede ser válido en el sentido de que reúna todos los elementos esenciales, pero al propio tiempo ineficaz, si no ha sido dado a publicidad[2114].

La distinción entre los requisitos del acto según que los mismos hagan a su validez y eficacia importa utilizar una terminología propia de un problema totalmente distinto que se plantea en la teoría general del derecho, relacionado con la circunstancia de que para que determinado orden normativo o norma particular sea válido es necesario que guarde correspondencia con el principio de efectividad[2115].

La publicidad, en cuanto constituye un requisito de exteriorización de la voluntad administrativa, configura un recaudo inherente, al elemento forma[2116]. Si la pu-

[2111] Ésta es la postura de TAWIL, Guido S. - MONTI, Laura M., *La motivación...*, *cit.*, p. 59.

[2112] MARIENHOFF, Miguel S., *Tratado...*, *cit.*, t. II, p. 334.

[2113] BIELSA, Rafael, *Derecho Administrativo*, *cit.*, t. I, p. 90.

[2114] GARRIDO FALLA, Fernando, *Tratado...*, *cit.*, t. I, p. 525; HALPERIN, David A. - GAMBIER, Beltrán, *La notificación en el procedimiento administrativo*, Depalma, Buenos Aires, 1989, ps. 6 y ss., C. Nac. Cont. Adm. Fed., sala 2ª, 1º/12/1992, "Villa, Alicia v. UBA", LL 1993-A-20; sala 2ª, 5/3/1992, "Preasco, Jorge Ángel v. FN s/nulidad de resolución" y la Corte Suprema de Justicia de la Nación en el caso "Cima, María Cristina v. SA Telam", Fallos 298:172 (1977).

[2115] Véase KELSEN, Hans, *Teoría pura del derecho*, Eudeba, Buenos Aires, 1963, ps. 142/147.

[2116] Conf. FORSTHOFF, Ernst, *Tratado...*, *cit.*, p. 328; FIORINI, Bartolomé A., *Teoría...*, *cit.*, ps. 131 y ss.; GORDILLO, Agustín, *El acto administrativo*, p. 323, quienes empero no se

blicidad aparece exigida por el ordenamiento jurídico y no se cumple con tal requisito, es evidente que el acto como tal, no habrá nacido. Si por el contrario, la publicidad se observa, pero en forma defectuosa, el acto será inválido, siempre que la irregularidad tenga trascendencia jurídica suficiente.

Por ello no es correcto afirmar que la publicidad hace estrictamente a la eficacia del acto y no a su validez, tal como lo postula la doctrina tradicional en la materia seguida por la Corte Suprema[2117]. En efecto, aparte de que el problema de la vigencia de un acto válido puede depender de determinadas circunstancias (ej.: condición y término) resulta evidente que cuando la publicidad aparece exigida por el ordenamiento administrativo y ella se realiza en forma irregular, se configura un vicio o defecto que hace a la validez del acto, no a su eficacia.

En definitiva, la pretendida falta de eficacia del acto administrativo no indica otra consecuencia que la comprobación de que él no ha nacido, en razón de que no ha producido aún efectos jurídicos directos con relación a terceros, lo cual exige que el acto, en principio, sea dado a publicidad.

Las consideraciones expuestas conducen a negar la posibilidad de que alguna especie de publicidad (*v.gr.*, la notificación) constituya un nuevo acto administrativo, como afirma un sector de la doctrina española[2118], ya que siempre la publicidad es un requisito propio del acto que integra. Cuando el particular o administrado impugna – por ejemplo– la notificación defectuosa de un acto, lo que está realmente impugnando es un elemento esencial y autónomo del mismo: su forma.

La publicidad comprende como género dos especies: la publicación y la notificación. La primera de ellas es la regla en materia de reglamentos[2119] y consiste en la transcripción del acto en el *Boletín Oficial* o en cualquier otro boletín público del Estado (según las circunstancias), aunque también se admite que, en ciertos casos, se coloque el texto del acto objeto de publicidad en un lugar en que pueda ser visto por el público (cartelera, pizarra, etc.). Pero nada obsta a que también sean publicados los actos de alcance individual[2120], lo cual constituye una práctica bastante seguida en nuestro país respecto de determinados actos (*v.gr.*, contratos de cierta trascendencia).

---

pronuncian del todo contrarios a la distinción entre requisitos que hacen a la validez y recaudos que se relacionan con la eficacia. De nuestra opinión participa Mertehikian, Eduardo en el comentario al fallo "Frávega" de la sala 1ª de fecha 12/9/1995, RAP, nro. 210, Ciencias de la Administración, Buenos Aires, 1996, ps. 167 y ss. La mayoría del tribunal – con la disidencia de Coviello– sostiene la tesis contraria.

[2117] La Corte ha sostenido que la falta de notificación del acto administrativo no hace a la validez sino a la eficacia: "Cima, María Cristina", Fallos 298:172 (1977) y "Nista, Orlando", Fallos 307:1936 (1985).

[2118] ENTRENA CUESTA, Rafael, *Curso...*, *cit.*, p. 494.

[2119] Art. 11, LNPA. La Corte Suprema de Justicia de la Nación ha sostenido que "la exigencia de la publicación de los decretos emanados del Poder Ejecutivo (...) atañe tan sólo a los que hubiesen sido dictados en uso de la facultad constitucional que acuerda el art. 86, inc. 2º (actualmente el art. 99, inc. 2º) y ciertamente no se extiende a los que carecen de contenido normativo" (conf. Fallos 251:411); véase: BOQUERA OLIVER, José M., "La publicación de disposiciones generales", RAP, nro. 31, Madrid, ps. 57 y ss.

[2120] GARRIDO FALLA, Fernando, *Tratado...*, *cit.*, t. I, p. 528.

La otra especie de publicidad es la notificación, que traduce un efectivo y cierto conocimiento del acto por parte del particular. Ella es propia de los actos de alcance individual[2121], no rigiendo para los reglamentos, donde se exige la publicación a fin de que todos los destinatarios de las normas generales se hallen situados en un pie de igualdad, para no afectar el correspondiente principio constitucional (art. 16, CN).

En cuanto a la forma en que se notifica el acto de alcance individual, la regla es la notificación personal y fehaciente, sistema opuesto al de la notificación ficta o presunta, que rige en el Derecho Procesal.

En el orden nacional, el reglamento de procedimientos administrativos prescribe que la notificación del acto puede realizarse por diferentes medios: a) por la notificación del particular en el expediente administrativo, dejándose constancia expresa con justificación de la identidad del interesado; b) por la presentación espontánea del administrado de la cual surja que se ha tomado conocimiento fehaciente del respectivo acto; c) por cédula diligenciada conforme al procedimiento que prescribe el Código Procesal Civil y Comercial de la Nación; d) por telegrama colacionado, con aviso de entrega; e) por oficio impuesto como certificado expreso con aviso de recepción[2122]; f) por carta documento o por los medios que indique la autoridad postal y g) también en forma verbal, cuando el acto no se encuentre documentado por escrito[2123].

Resulta criticable, por su generalidad, la norma que el reglamento estatuye respecto de la notificación verbal, la cual sólo puede ser admitida cuando la naturaleza del acto lo exigiera (ej.: notificación de la orden de sacar un vehículo irregularmente estacionado en la vía pública) o en casos de necesidad y urgencia.

El Reglamento de la Ley Nacional de Procedimientos Administrativos regla también lo atinente al contenido de los distintos medios de notificación, prescribiendo que en las cédulas y oficios se transcriban íntegramente los fundamentos (nosotros entendemos que la norma se refiere a la motivación) y la parte dispositiva, mientras que, con relación a los edictos, se exige solamente la transcripción íntegra de la parte dispositiva[2124].

11. LA FINALIDAD

El elemento finalidad configura otro requisito esencial del acto administrativo que se relaciona con el aspecto funcional del acto representado en el fin concreto de interés público o bien común que por él se persigue[2125].

Ya sea que, por reproducir lo que acontece en el Derecho Privado, se designe a este requisito bajo el nombre de causa[2126], o bien, se lo ubique dentro de la propia

---

[2121] Art. 11, LNPA.

[2122] Art. 41, incs. a), b), c), d), e), f) y g), RLNPA.

[2123] Art. 45, RLNPA.

[2124] Art. 43, RLNPA.

[2125] SANDULLI, Aldo M., *Manuale di Diritto Amministrativo*, 10ª ed., Jovene, Nápoles, 1970, p. 401; BOQUERA OLIVER, José M., *Estudios...*, cit., p. 82.

[2126] DIEZ, Manuel M. - HUTCHINSON, Tomás (colab.), *Manual de Derecho Administrativo*, t. II, Plus Ultra, Buenos Aires, 1980, p. 257.

voluntad, lo cierto es que prácticamente toda la doctrina, reduciendo las discrepancias terminológicas, reconoce su existencia como una condición de validez del pertinente acto administrativo.

La Ley Nacional de Procedimientos Administrativos en su art. 7°, inc. f), prescribe que la finalidad constituye un requisito esencial del acto, siguiendo la opinión de quienes postulan su admisión como un elemento autónomo y diferente de la causa[2127].

Tal criterio es correcto en virtud de que permite deslindar palmariamente dos aspectos esenciales que hacen a la validez del acto: por una parte, los antecedentes de hecho y de derecho que preceden y justifican el dictado del acto (causa), y por la otra, los fines que se persiguen al emitirlo.

La finalidad que se procura al dictar cualquier acto administrativo debe hallarse en el marco de la función administrativa y el ordenamiento jurídico[2128] apareciendo exigida como un requisito de legalidad del acto, tanto en la actividad reglada como en la discrecional. La confrontación del fin que persigue el acto con el interés público, conforme al ordenamiento jurídico, debe juzgarse en el momento en que el acto cobra vigencia para el derecho. Por ello se ha sostenido que la desarmonía del acto como consecuencia de un cambio posterior del derecho objetivo o de las circunstancias de hecho que motivaron su dictado no convierte al acto en ilegítimo[2129] sino en inoportuno o inconveniente. En tales casos, si la Administración decide extinguir el acto en cuestión por razones de interés público no se trata de una revocación por razones de ilegalidad sino por razones de mérito o conveniencia, lo cual engendra siempre el derecho del particular o administrado a una justa indemnización[2130].

Es por ello que resulta errada la postura de quienes, al referirse a la carencia de interés público suficiente en el acto, mencionan la existencia de vicios de mérito[2131] ya que los vicios o defectos del acto sólo se relacionan con los requisitos de validez, es decir de legitimidad, y no con los referentes a la posibilidad de extinguir el acto por razones de interés público que sobrevengan a su emisión.

[2127] Art. 7°, inc. f), ley 19.549; MARIENHOFF, Miguel S., *Tratado...*, *cit.*, t. II, ps. 347 y ss.; SAYAGUÉS LASO, Enrique, *Tratado...*, *cit.*, t. I, ps. 448 y ss.; GARRIDO FALLA, Fernando, *Tratado...*, *cit.*, t. I, ps. 495 y ss.; ENTRENA CUESTA, Rafael, *Curso...*, *cit.*, ps. 486/489; SANDULLI, Aldo M., *Manuale...*, *cit.*, p. 417; PRAT, Julio A., *De la desviación...*, *cit.*, ps. 117 y ss. Para diferenciar la finalidad de la causa, la doctrina suele dar el ejemplo del acto que dispone la demolición de un edificio que amenaza ruina, donde la causa consiste en la situación ruinosa del inmueble mientras que el fin de interés público es el propósito de evitar el peligro que una finca en ese estado puede ocasionar a sus moradores y transeúntes (GARRIDO FALLA, Fernando, *Tratado...*, *cit.*, t. I, ps. 495/496).

[2128] SANDULLI, Aldo M., *Manuale...*, *cit.*, p. 402; ver también: PRAT, Julio A., *De la desviación...*, *cit.*, p. 114, quien al respecto expresa que en "el Derecho Público, y en especial en Derecho Administrativo, el fin está impuesto expresa o implícitamente por el legislador".

[2129] MARIENHOFF, Miguel S., *Tratado...*, *cit.*, t. II, ps. 462/466 y ps. 605 y ss.

[2130] La jurisprudencia suele confundir ambas situaciones tal como surge de los casos "Hopstein" y "Yarque" resueltos por la sala F de la Cámara Nacional Civil Capital Federal, publicados en ED XLII-175 y ss., y de nuestro comentario CASSAGNE, Juan Carlos, "La revocación de la autorización para construir por razones de interés público", ED 42-175, donde criticamos la fundamentación de ambos fallos.

[2131] ALESSI, Renato, *Instituciones...*, *cit.*, t. I, p. 280.

En consecuencia, el acto no puede perseguir otra finalidad directa o encubierta que el interés público que prescriba la norma en ejercicio de una actividad reglada[2132] o del que surja de la confrontación con la función administrativa que el órgano cumple, si la pertinente actividad fuere discrecional.

Es precisamente en el ejercicio de la actividad discrecional donde se demuestra la importancia que corresponde asignar al elemento finalidad como requisito esencial y autónomo de validez del acto administrativo, ya que cuando la actividad fuera reglada, bastará con confrontar la finalidad del acto con el derecho objetivo para determinar o no su adecuación al interés público.

En cambio, en la actuación discrecional de la Administración se da en grado mayor la oportunidad de dictar actos con fines encubiertos, ya sea que se emitan en interés de beneficiar a la Administración Pública, a un tercero o al propio agente emisor del acto[2133]. Así, nuestra legislación sanciona el acto que sea emitido por razones encubiertas o para eludir la aplicación de una ley[2134].

El concepto de fin violatorio del ordenamiento jurídico comprende no solamente el fin encubierto, sino también el fin que, directa o indirectamente, no responda al interés público concreto exigido para el caso en cuestión, cualquiera sea la índole de la actividad (reglada o discrecional)[2135], teniendo presente que "las medidas que el acto involucre deben ser adecuadas a aquella finalidad"[2136].

12. LAS DENOMINADAS CLÁUSULAS ACCIDENTALES O ACCESORIAS Y EL CONTENIDO DEL ACTO

Dentro del contenido u objeto del acto administrativo es posible, siempre que la Administración disponga de facultades discrecionales para hacerlo, introducir cláusulas que amplíen o restrinjan el contenido normal del acto. A tal tipo de cláusulas, que integran el denominado contenido eventual o accidental del acto[2137], la doctrina le asigna la denominación de elementos accidentales o cláusulas accesorias[2138]. Sin embargo, hay que anotar que las figuras jurídicas que se incluyen por lo común bajo tal denominación (plazo, condición y modo) pueden configurar requisitos de carác-

---

[2132] Supuesto contemplado en el art. 7º, inc. f), LNPA, para cuya interpretación es fundamental averiguar la voluntad del autor del acto.

[2133] LAUBADÈRE, André de, *Traité elémentaire...*, *cit.*, t. I, ps. 503/504; SAYAGUÉS LASO, Enrique, *Tratado...*, *cit.*, t. I, ps. 451/452.

[2134] El art. 7º, inc. f), LNPA, expresa que no se podrán "perseguir encubiertamente otros fines, públicos o privados, distintos que los que justificaren el acto, su causa y objeto".

[2135] Por las razones que exponemos en el texto la redacción de la norma (art. 7º, inc. f], LNPA) resulta incompleta.

[2136] Conf. art. 7º, inc. f), LNPA.

[2137] Particularmente la doctrina italiana: SANDULLI, Aldo M., *Manuale...*, *cit.*, p. 411; LUCIFREDI, Roberto, *L'atto amministrativo...*, *cit.*, ps. 38 y ss.; ZANOBINI, Guido, *Corso...*, *cit.*, t. I, p. 350.

[2138] DIEZ, Manuel M. - HUTCHINSON, Tomás (colab.), *Manual...*, *cit.*, t. II, ps. 262 y ss.; SANDULLI, Aldo M., *Manuale...*, *cit.*, p. 411; GARRIDO FALLA, Fernando, *Tratado...*, *cit.*, t. I, p. 479; ALESSI, Renato, *Instituciones...*, *cit.*, t. I, p. 299.

ter esencial para la validez del acto, situación que ocurrirá siempre que la respectiva cláusula no fuere separable y afectare la esencia del acto dictado[2139].

Con base en tal criterio, se analizarán seguidamente los distintos supuestos que pueden configurar la existencia de cláusulas accesorias, con la advertencia de que resulta difícil realizar una formulación completa de todas las cláusulas de este carácter, dada la variada gama de situaciones que se pueden presentar en el plano de la realidad jurídica.

A) Plazo

El plazo o término – que constituye un concepto propio de la teoría general del derecho– indica el instante de tiempo en que el acto comienza a producir efectos jurídicos, o bien, el momento en que los mismos cesan. Con referencia a estos dos tipos de plazo, se habla de un término inicial, en el primer supuesto, y de un término final en el segundo[2140].

En el Derecho Administrativo, los plazos de los actos administrativos se computan por principio conforme a las reglas contenidas en el título preliminar del Código Civil, o sea, por días corridos, salvo que una norma expresamente dispusiera lo contrario, tal como ocurre en materia de procedimientos administrativos, en el orden nacional, es decir, con los actos relacionados con recursos, reclamaciones y denuncias[2141] al prescribir que los plazos se computarán en días hábiles administrativos.

Dicha conclusión resulta de una interpretación razonable y sistemática de la norma (art. 1°, inc. e], LNPA) acorde con la intención de los redactores, ya que en algunos supuestos el otorgamiento de un plazo no se relaciona con el funcionamiento de dependencias u oficinas de la Administración, como ocurre – por ejemplo– respecto del plazo de cumplimiento de algunos contratos administrativos (ej.: concesión de servicios públicos).

En algunas circunstancias, el plazo o término opera como un requisito esencial del objeto o contenido del acto y un caso típico de este aserto se da en aquellas concesiones de privilegios que por imperio de una norma constitucional (art. 75, inc. 18, CN) deben ser temporales (*v.gr.*, cuando la concesión implicara el conferimiento de un monopolio o el otorgamiento de una exención)[2142].

B) Condición

Por ella se entiende el acontecimiento futuro e incierto al cual se subordina el nacimiento o extinción de los efectos del acto administrativo, lo cual da origen, respectivamente, a la condición suspensiva o resolutoria.

[2139] El criterio del texto es el que sigue la Ley Nacional de Procedimientos Administrativos en el art. 16, para determinar los efectos de la invalidez de una cláusula accesoria.

[2140] ALESSI, Renato, *Instituciones...*, *cit.*, p. 300.

[2141] Véase: art. 1°, inc. e), LNPA.

[2142] Cuya sustancia de acto administrativo resulta indiscutible conforme al criterio que seguimos en la presente obra (material u objetivo) por el cual se admite la posibilidad de que el Congreso dicte actos administrativos.

En la doctrina se ha negado la posibilidad de que un acto se dicte bajo una condición suspensiva, alegando que en el Derecho Administrativo el respectivo acto debe emitirse conforme a una situación de hecho actual y no futura, puesto que de lo contrario existiría un vicio en la causa, al faltar los antecedentes de hecho que justifican su emisión[2143].

Al disentir con tal postura doctrinaria de acuerdo con otro sector de tratadistas[2144], consideramos que la condición suspensiva es procedente en el Derecho Administrativo, donde comúnmente en ciertas relaciones se subordina el comienzo de los efectos del acto al dictado de otro acto futuro e incierto, como acontece en materia de aprobación. En este último caso, si existiera un vicio en el acto que la dispone, tal defecto no incide en la validez del acto aprobado, si bien para que éste produzca efectos jurídicos es necesario que se subsane el vicio o defecto existente en el acto de aprobación.

C) Modo

Consiste en una carga u obligación que se le impone al particular administrado, que la Administración puede discrecionalmente incluir o no, pero que no existiría si la respectiva cláusula accesoria no hubiera sido establecida. Suele ser común la inclusión de cláusulas modales en determinadas contrataciones administrativas (ej.: construcción de un hospital por parte del contratista de una obra pública que se realizara en sitios alejados de los centros urbanos).

La distinción entre el modo y la condición, se basa en lo siguiente:

(i) mientras que el acto condición no produce sus efectos hasta que la condición se cumple (o deja de producirlos en el supuesto de la condición resolutoria), el acto con cláusula modal opera sus efectos hasta tanto la Administración no declare su caducidad;

(ii) la carga u obligación puede exigirse mediante una acción directa de la Administración, no así la condición;

(iii) por lo general, la invalidez de la condición afecta, en mayor grado que la del modo, la validez del acto[2145].

D) Otras cláusulas particulares: reservas de revocación y de rescate

Entre las cláusulas accidentales, suelen incluirse también las denominadas reservas de revocación y de rescate, en una tesitura que no es compartida por otro sector que entiende que, si la facultad de revocar un acto por razones de oportunidad como de proceder al rescate de una concesión de servicios públicos, proceden siempre que concurran razones de interés público, la inclusión de tales cláusulas carecería de sentido[2146].

[2143] MARIENHOFF, Miguel S., *Tratado...*, *cit.*, t. II, ps. 354/355; GORDILLO, Agustín, *El acto administrativo*, ps. 55 y 404.

[2144] ALESSI, Renato, *Instituciones...*, *cit.*, t. I, p. 300; SANDULLI, Aldo M., *Manuale...*, *cit.*, ps. 425/426; ZANOBINI, Guido, *Corso...*, *cit.*, t. I, p. 251.

[2145] Conf. ALESSI, Renato, *Instituciones...*, *cit.*, t. I, p. 301.

[2146] MARIENHOFF, Miguel S., *Tratado...*, *cit.*, t. II, p. 360.

La inserción de tales cláusulas no resulta superflua siempre que la Administración carezca de atribuciones para proceder conforme a la reserva de revocación o rescate, ya que en caso contrario, carecería de utilidad la inclusión de una cláusula que fuera reiterativa de una potestad de la cual goza por prescripción expresa del ordenamiento.

En tal sentido, constituiría un elemento accesorio del acto la cláusula por la cual la Administración se reservase, en forma expresa, el derecho a revocar una concesión de servicios públicos por razones de interés público, siempre que la respectiva cláusula no fuera confiscatoria e irrazonable.

En cuanto al rescate, la inclusión de la cláusula no debe considerarse implícita, sino que debe ser expresamente pactada y dispuesta en sede judicial en atención a que al implicar la posibilidad de incautarse de los bienes del concesionario, se estaría violando no sólo los principios que rigen en materia expropiatoria sino también un límite general puesto a la ejecutoriedad del acto administrativo, cual es el ejercicio de la coacción sobre las personas o bienes[2147].

La tendencia actual se orienta a considerar estas cláusulas como privilegios estatales de signo autoritario cuyo ejercicio genera siempre abusos y contradice la política de los países que procuran atraer inversiones y generar la mayor seguridad jurídica posible.

[2147] CASSAGNE, Juan Carlos, *La ejecutoriedad del acto administrativo*, Abeledo-Perrot, Buenos Aires, 1970, ps. 95 y ss.

CAPÍTULO II

EL CARÁCTER REGLADO O DISCRECIONAL DEL ACTO ADMINISTRATIVO

1. INTRODUCCIÓN

La doctrina argentina sobre la discrecionalidad, desarrollada sobre la base de nociones provenientes del derecho comparado, no había reflejado hasta hace poco tiempo la evolución operada en otros países, sobre todo la acontecida en aquellos que mayor gravitación ejercieron en las principales tendencias seguidas en nuestro medio.

A su vez, algo similar ha sucedido en el ámbito de la jurisprudencia donde los jueces abdican en algunos casos de la potestad de revisar los actos administrativos mediante la técnica de desplazar del eje o centro de la controversia el juzgamiento de la discrecionalidad, o bien, a través de interpretaciones notoriamente erróneas, sin contar los numerosos supuestos en que se han dictado sentencias que adolecen de arbitrariedad. Sin embargo, aunque tal haya sido hasta ahora la tendencia dominante en los distintos tribunales argentinos hay que reconocer también (como se verá más adelante) la existencia de precedentes que implican una mayor apertura judicial hacia el control de la discrecionalidad administrativa.

Por su parte, la circunstancia de no haber dado cabida aún a las más modernas corrientes doctrinarias sobre la discrecionalidad, que han tenido arraigo y despliegue jurisprudencial, especialmente, en Alemania y España, no impide reconocer los avances producidos en la materia[2148] respecto de las concepciones que tuvieron primacía en el pasado y permite, al propio tiempo, vislumbrar un desarrollo más sistemático y razonable del control judicial, a la vista de los errores que muestra aquella evolución y que ahora, después de conocida ésta, se pueden evitar.

En este sentido hay que advertir que las instituciones jurídicas, al aplicarse en otros países o regiones, no suelen recorrer siempre el camino que las condujo a su actual situación sino que – mediante una suerte de salto dialéctico– incorporan o adaptan las nuevas formulaciones doctrinarias que traducen la superación de las concepciones hasta ese momento vigentes.

[2148] MARIENHOFF, Miguel S., *Tratado de Derecho Administrativo*, 4ª ed. act., t. II, Abeledo-Perrot, Buenos Aires, 1993, ps. 428 y ss.; DIEZ, Manuel M., *Derecho Administrativo*, t. II, 1ª ed., Bibliográfica Omeba, Buenos Aires, 1965, p. 266; FIORINI, Bartolomé A., *Derecho Administrativo*, 2ª ed. act., t. I, Abeledo-Perrot, Buenos Aires, 1976, ps. 267 y ss.; LINARES, Juan F., *Derecho Administrativo*, Astrea, Buenos Aires, 1986, ps. 181 y ss.; GORDILLO, Agustín, *Tratado de Derecho Administrativo*, t. I, Macchi, Buenos Aires, 1974, p. VIII-14 y ss.; MAIRAL, Héctor A., *Control judicial de la Administración Pública*, t. II, Depalma, Buenos Aires, 1984, ps. 647 y ss.

Esa peculiaridad que ofrece un régimen, como el nuestro, tan necesitado de actualización doctrinaria y jurisprudencial, y por tanto abierto a la recepción de los avances que se producen en otras latitudes, encuentra indudablemente una traba en la utilización de determinados criterios que matizan la discrecionalidad y hasta llegan a fusionarse conceptualmente, como el aspecto inherente al mérito, oportunidad o conveniencia de los actos administrativos, aspecto éste que, como se verá más adelante, no se identifica necesariamente con el ejercicio de poderes discrecionales.

A continuación vamos a exponer, en forma sucinta, aquellos aspectos de la doctrina argentina sobre la discrecionalidad que suponen un evidente progreso sobre la concepción originaria que, como es sabido, se configuró inicialmente como un espacio libre de vinculación a la ley y al control judicial, y donde la soberanía de la Administración se mantuvo prácticamente sin restricciones[2149].

Dicha evolución doctrinaria se manifiesta, por de pronto, en el parcial abandono de la tesis de la irrevisibilidad judicial de los actos provenientes de facultades discrecionales, completándose más tarde con aspectos fundamentales que han ido reduciendo el ámbito de la discrecionalidad, ampliando el alcance de la revisión que efectúan los jueces. En esa línea cabe anotar desde la negación de un bloque de discrecionalidad o de actos totalmente discrecionales[2150] y de la llamada discrecionalidad técnica[2151] hasta la doctrina que encuentra identidad sustancial de contenido (en el plano de los derechos generados a favor del administrado) entre los actos nacidos en virtud del ejercicio de una actividad reglada y aquéllos provenientes de una actividad discrecional[2152].

La tendencia legislativa y las soluciones articuladas en los últimos proyectos del Código Procesal en lo Contencioso Administrativo para la Nación han elaborado fórmulas que preceptúan la fiscalización judicial de la discrecionalidad limitando el espacio exento de revisión por la justicia[2153].

La jurisprudencia de nuestros tribunales sigue anclada – respecto de algunas materias– en las antiguas concepciones que impedían a los jueces penetrar al examen de los aspectos discrecionales de un acto administrativo, si bien esta posición jurisprudencial no se ha generalizado[2154]. Con ello ha incurrido muchas veces en

---

[2149] BULLINGER, Martín, "La discrecionalidad de la Administración Pública. Evolución, funciones, control judicial", *Revista Jurídica Española La Ley*, del 30/10/1987, p. 1, texto y nota 5 (con citas de Laband y Jellinek).

[2150] En este punto, la doctrina argentina ha seguido a la española que, como señala Garrido Falla, obedeció a la fuerte crítica que recibió el art. 1° de la antigua ley de 1894 por parte, entre otros, de Arias de Velazco, en un trabajo publicado en 1932 (conf. GARRIDO FALLA, Fernando, *Tratado de Derecho Administrativo*, 10ª ed., ts. I y II, Tecnos, Madrid, 1987, p. 392, nota 14). Véase GORDILLO, Agustín, *Tratado de Derecho Administrativo*, 3ª ed., t. I, Macchi, Buenos Aires, 1995, p. X-27 y ss.

[2151] MARIENHOFF, Miguel S., *Tratado...*, *cit.*, t. II, p. 430; GORDILLO, Agustín, *Tratado...*, *cit.*, t. I, p. X-23 y ss.

[2152] MARIENHOFF, Miguel S., *Tratado...*, *cit.*, t. II, ps. 437 y ss.

[2153] *V.gr.*, Proyecto de Código Procesal Contencioso Administrativo para la Nación del año 1981, redactado por la comisión integrada por Marienhoff, Linares y Cassagne, art. 3°, inc. a).

[2154] La sala 3ª de la Cámara Nacional de Apelaciones en lo Contencioso Administrativo Federal (integrada por los Dres. Muñoz, González Arzac y Mordeglia) señaló en un fallo la necesidad

verdaderas denegaciones de justicia al negarse a revisar la legitimidad de actos administrativos que traducen la actividad discrecional o que implican lo que técnicamente se conoce por conceptos jurídicos indeterminados.

2. NECESIDAD DE DESPEJAR LA CONFUSIÓN ENTRE LA DISCRECIONALIDAD Y EL MÉRITO, OPORTUNIDAD O CONVENIENCIA DE UN ACTO ADMINISTRATIVO

Un aspecto, en cierto modo liminar y hasta elemental, es la caracterización del poder discrecional como algo diverso al juicio de mérito, oportunidad o conveniencia que efectúa la Administración.

Esta distinción, que no se perfila nítidamente en la doctrina y jurisprudencia francesas[2155], obedece al hecho de que mientras el poder discrecional aparece como un margen de arbitrio del órgano administrativo que se opone al carácter reglado o vinculado de la respectiva facultad (que surge de este modo predeterminada por el ordenamiento), el juicio de conveniencia o mérito se vincula al poder de apreciar libremente o con sujeción a ciertas pautas del ordenamiento positivo, la oportunidad de dictar un acto administrativo por razones de interés público (*v.gr.*, revocación de un permiso) con prescindencia de razones inherentes a sus vicios o defectos de legitimidad. Si bien la legalidad de un acto emitido en ejercicio de poderes reglados se apoya en normas predeterminadas, la oportunidad de su emisión para satisfacer el interés público puede hallarse tanto vinculada por un concepto jurídico determinado o indeterminado como abierta a varias opciones posibles, todas compatibles con la télesis del acto. En otros términos, es posible que la norma predetermine una pauta de actuación o la conducta a seguir por el órgano estatal para determinar la oportunidad de una decisión administrativa.

En consecuencia, la apreciación y determinación de la oportunidad o mérito puede resultar tanto del ejercicio de potestades regladas como discrecionales, o bien, como acontece en la mayor parte de los casos, de una combinación de ambas[2156].

Con todo, la principal consecuencia que se desprendía de la utilización del concepto técnico de oportunidad por parte de la jurisprudencia francesa, que era la incompetencia del Consejo de Estado para apreciar dicha oportunidad en relación con los actos que juzgaba, se encuentra hoy día morigerada por la característica que

---

de que los jueces cuenten con los datos indispensables para llevar a cabo la revisión de la legalidad y razonabilidad de los actos administrativos y que tal principio impone que en el ejercicio de facultades discrecionales los órganos administrativos satisfagan, con mayor razón aún que en las predominantemente regladas, el imperativo de una motivación suficiente y adecuada de sus decisiones (*in re* "Hughes Tool Company SA v. Gobierno Nacional, Ministerio de Economía", LL 1984-D-360).

[2155] VEDEL, Georges - DELVOLVE, Pierre, *Droit Administratif*, 9ª ed. actual. por Jean-Claude Venezia y Yves Gaudemet, Presses Universitaires de France, París, 1984, nros. 593 y ss., ps. 285/292, quienes prácticamente asimilan el juicio de oportunidad a la facultad discrecional.

[2156] SESÍN, Domingo J., *Administración Pública. Actividad reglada, discrecional y técnica*, 1ª ed., Depalma, Buenos Aires, 1994, ps. 150/151, anota que el ámbito de la discrecionalidad es mucho mayor.

permite controlar la apreciación de los hechos[2157] y por la admisión del control de oportunidad en supuestos de arbitrariedad o de errores manifiestos en la apreciación de los supuestos fácticos[2158].

3. DISTINTOS TIPOS DE DISCRECIONALIDAD

A su vez, la discrecionalidad administrativa puede asumir distintas modalidades, a saber: a) casos en que el margen de arbitrio o libertad no se encuentra limitado por conceptos jurídicos determinados o indeterminados y en los cuales el órgano administrativo está habilitado para escoger una solución entre otras posibilidades igualmente justas (discrecionalidad típica); b) supuestos donde la discrecionalidad se halla acotada por un concepto jurídico indeterminado de valor que si bien, en principio, admite una única solución justa puede en algunas circunstancias suponer un cierto margen de valoración entre varias posibilidades justas (*v.gr.*, la regla de que las tarifas de una concesión sean justas y razonables) aun cuando el concepto jurídico indeterminado viene a limitar el margen de libertad (discrecionalidad atípica)[2159], y c) por último, están aquellos casos donde el espacio de libertad está constreñido a los supuestos predeterminados por la norma objetiva (*v.gr.*, la transacción prevista en el art. 55, inc. b], ley 23.696) donde la discrecionalidad se limitó a la facultad de elegir alguna de las soluciones ya previstas en la ley (discrecionalidad atenuada o restringida).

4. LOS CONCEPTOS JURÍDICOS INDETERMINADOS COMO TÉCNICA DE REDUCCIÓN DE LA DISCRECIONALIDAD

La técnica de los conceptos jurídicos indeterminados, que se afirma en la Alemania de la posguerra, viene a limitar la doctrina de la discrecionalidad, como ámbito exento del control judicial, al permitir el juzgamiento pleno de ciertas decisiones administrativas que consistían en aplicar conceptos definidos genéricamente por el ordenamiento positivo tales como "oferta más conveniente", "enfermedad contagiosa", etc.

[2157] LONG, Marceau - WEIL, Prosper - BRAIBANT, Guy, *Les grands arrêts de la jurisprudence administrative*, 5ª ed., Sirey, París, 1969, ps. 126 y ss.

[2158] AUBY, Jean Marie - DRAGO, Roland, *Traité de Contentieux Administratif*, t. II, LGDJ, París, ps. 392 y ss.

[2159] FORSTHOFF, Ernst, *Tratado de Derecho Administrativo*, trad. del alemán, Centro de Estudios Constitucionales, Madrid, 1958, p. 132, sostiene que si bien frente a los llamados conceptos de valor no es dable, en principio, ninguna potestad discrecional (p. 126) algunos de ellos "son de naturaleza tan general, que su aplicación empírica y, por lo tanto, su interpretación sólo es posible dentro de determinados límites y en el marco de normalidades dadas ya como presupuestas. Aquí no hay que eliminar completamente la facultad discrecional. Conceptos de valor de esta especie son, por ejemplo, el interés público, el interés del Estado, el bien común, etc.". En cambio, el grupo de conceptos – referidos a hechos, situaciones y circunstancias empíricas– no admiten nunca la discrecionalidad sino que su determinación debe realizarse a través de la interpretación (*cit.*, ps. 124/126), lo que aumenta la densidad del control judicial.

A diferencia de la discrecionalidad, esta técnica no implica una libre elección entre dos o varias posibilidades sino un problema de aplicación del Derecho que consiste, esencialmente, en reducir el marco de decisión a una única solución justa[2160].

Por esta circunstancia, si se parte del reconocimiento de que todos los conceptos (sean determinados o indeterminados) presentan un halo de certeza y una zona de penumbra, que contiene siempre algún grado de indeterminación, hay que concluir en que la interpretación se torna siempre necesaria a través del control que realiza el Poder Judicial, puesto que no existe diferencia cualitativa entre ambos[2161]. Esto ocurre tanto con los llamados conceptos empíricos como con respecto a los conceptos de valor[2162].

La aparición de esta categoría de los conceptos jurídicos indeterminados responde al afianzamiento de la concepción que postula que en el Estado de Derecho la Administración debe hallarse siempre vinculada por la ley y controlada por los jueces con las menores lagunas posibles[2163].

Hay que advertir, sin embargo, que las posibilidades de una actividad conformadora (aunque subsidiaria) del orden socio-económico que lleva a cabo la Administración Pública encuentran actualmente un campo propicio para el desarrollo de la discrecionalidad a fin de mantener la vigencia del interés público y proteger los derechos de los particulares. Esto puede notarse en la evolución de la jurisprudencia del Tribunal Constitucional Federal de Alemania que, a través de la aplicación de la "teoría de la esencialidad", actúa en un doble sentido: por una parte, amplía la reserva de ley a nuevos campos de la Administración Pública y, por la otra, restringe su alcance, al exigir directivas generales del Parlamento[2164].

Algunos han pensado que esta categorización perdería su interés si se sometieran a la revisión judicial todas las decisiones dictadas en el marco de la discrecionalidad, cosa que no creemos[2165]. A lo sumo, lo que puede cambiar es la densidad del control y sus consecuencias, ya que frente a un concepto jurídico indeterminado la Administración se encuentra obligada a la adopción de una única decisión justa posible[2166], al menos, en principio. Y aun cuando se acepte que ciertas decisiones

---

[2160] GARCÍA DE ENTERRÍA, Eduardo - FERNÁNDEZ, Tomás R., *Curso de Derecho Administrativo*, 9ª ed., t. I, Civitas, Madrid, 1999, ps. 451 y ss.; SAINZ MORENO, Fernando, *Conceptos jurídicos, interpretación y discrecionalidad administrativa*, 1ª ed., Civitas, Madrid, 1976, esp. ps. 234 y ss.; GARCÍA DE ENTERRÍA, Eduardo, "La lucha contra las inmunidades del poder en Derecho Administrativo", RAP, nro. 38, Instituto de Estudios Políticos, Madrid, 1962; GARRIDO FALLA, Fernando, *Tratado...*, *cit.*, t. I, ps. 183/185; ENTRENA CUESTA, Rafael, *Curso de Derecho Administrativo*, 9ª ed., t. I-1, Tecnos, Madrid, 1986, ps. 176/177.

[2161] SAINZ MORENO, Fernando, *Conceptos...*, *cit.*, p. 249.

[2162] FORSTHOFF, Ernst, *Tratado...*, *cit.*, ps. 124/132.

[2163] BULLINGER, Martín, "La discrecionalidad...", *cit.*, p. 1.

[2164] BULLINGER, Martín, "La discrecionalidad...", *cit.*, p. 1.

[2165] SAINZ MORENO, Fernando, *Conceptos...*, *cit.*, p. 250.

[2166] El primero que propició, entre nosotros, la doctrina de los conceptos jurídicos indeterminados fue Carlos Manuel Grecco ("La doctrina de los conceptos jurídicos indeterminados y su fiscalización judicial", LL 1980-D-1306 y ss.), siendo luego sostenida por nosotros (CASSAGNE, Juan Carlos, *Derecho Administrativo*, 7ª ed., t. I, LexisNexis - Abeledo-

sobre conceptos jurídicos indeterminados admiten dos o más soluciones justas (*v.gr.*, en materia de planificación o en la determinación estatal de la tasa de interés bancaria), es evidente que este marco (el de la solución justa) viene a operar como límite de reducción de la discrecionalidad administrativa aunque, al propio tiempo, permita un cierto margen de elección en la búsqueda de la solución que impone la justicia.

5. LA LLAMADA DISCRECIONALIDAD TÉCNICA

Un intento similar al perseguido por la teoría de los conceptos jurídicos indeterminados para reducir el ámbito de lo discrecional fue el surgimiento, en Italia, de la llamada discrecionalidad técnica, que se configura cuando la norma exige adoptar un juicio científico o técnico por parte de la Administración.

El concepto de discrecionalidad técnica es empleado con gran amplitud por la doctrina italiana y comprende tanto las cuestiones relativas a las ciencias exactas (medicina, ingeniería civil, agronomía, etc.) como aquellas donde la norma exige aplicar cánones provenientes de ciencias no exactas (economía, sociología, etc.). En todos los casos se trata siempre de juicios técnicos jurídicamente distintos de los juicios sobre la oportunidad y de la misma elección que realiza el órgano administrativo en el momento de adoptar una decisión[2167].

En rigor, habida cuenta de que la causa por la que se emplea el concepto de *"discrecionalidad técnica"* deriva de un error histórico[2168] y que ella no comporta una verdadera discrecionalidad sino más bien su negación por cuanto como se ha dicho, a lo sumo, la técnica sólo puede subordinarse a la elección de un método, sistema o procedimiento científico (ya que el juicio técnico no traduce discrecionalidad) creemos que asiste razón a quienes sostienen que no existe tal discrecionalidad técnica[2169].

Perrot, Buenos Aires, 2002, ps. 236 y ss.) y, más tarde, por Barra (BARRA, Rodolfo C., *Contrato de obra pública*, t. II, Ábaco, Buenos Aires, 1986, ps. 230 y ss.), Bianchi (BIANCHI, Alberto B., "El *writ of certiorari* en nuestra Corte Suprema como concepto jurídico indeterminado", ED 125-857), Gambier (GAMBIER, Beltrán, "El concepto de 'oferta más conveniente' en el procedimiento licitatorio público [La doctrina de los conceptos jurídicos indeterminados y el control judicial]", LL 1988-D-744), y Tawil (TAWIL, Guido S., "El proceso de capitalización de deuda. Cuestiones y perspectivas", ED 129-915 y ss., esp. p. 921).

[2167] GIANNINI, Massimo S., *Diritto Amministrativo*, t. I, Giuffrè, Milán, 1970, p. 489.

[2168] GIANNINI, Massimo S., *Diritto Amministrativo*, *cit.*, t. I, p. 488.

[2169] MARIENHOFF, Miguel S., *Tratado...*, *cit.*, t. II, nro. 464, p. 435; GORDILLO, Agustín, *Tratado...*, *cit.*, t. I, p. X-23 y ss.; GAMBIER, Beltrán, "El concepto...", *cit.*, p. 752; SESÍN, Domingo J., *Administración Pública...*, *cit.*, ps. 184/187; FIORINI, Bartolomé A., *Derecho Administrativo*, *cit.*, t. I, ps. 274 y ss. Afirma este autor que: "la concepción de la discrecionalidad administrativa como manifestación inherente a la función administrativa destruye la división que se hace entre discrecionalidad técnica y discrecionalidad administrativa, pues ambas son manifestaciones de apreciación valorativas de la facultad determinativa de la Administración. La discrecionalidad administrativa no se manifiesta en estos casos en forma distinta en su acción de creación y de juicio apreciativo, y aun cuando acontece que uno de los objetos de esta actividad determinante tenga carácter técnico. Si debe apreciarse la clausura de un inmueble por su inseguridad; si debe clausurarse un lugar público por plaga con-

Por lo demás, si la locución "discrecionalidad técnica" resulta contradictoria y confusa pues evoca la aplicación de la antigua concepción de la discrecionalidad como ámbito exento de la revisión y si esto es precisamente lo que esta teoría pretende superar, creemos que resulta mucho más útil entre nosotros utilizar, en su lugar, la doctrina de los conceptos jurídicos indeterminados[2170].

6. LA ADMISIÓN DE UN CÍRCULO O BLOQUE DE DISCRECIONALIDAD Y EL CONTROL DE LOS TRIBUNALES JUDICIALES SOBRE LOS ACTOS DE CONTENIDO PARCIALMENTE DISCRECIONAL

La existencia de actos de contenido discrecional plantea dos interrogantes básicos que consisten en determinar: a) si los jueces pueden controlar tal tipo de actos y b) hasta qué punto es posible que penetren en la revisión de la discrecionalidad.

En nuestro sistema jurídico rige el principio de la plena judiciabilidad de las causas en que son parte las diferentes administraciones públicas (arg. arts. 116 y 117, CN) particularmente cuando se trata del juzgamiento de controversias cuyo objeto central es la revisión de actos y reglamentos administrativos. De otro modo, no existiría la tutela o protección judicial efectiva, que en nuestro sistema constitucional, constituye una verdadera garantía constitucional innominada con fundamento en el precepto contenido en el art. 33, CN. Esta garantía resultaría conculcada si se permitiera la configuración de ámbitos exentos del control judicial (fuera de aquellos supuestos excepcionales donde sólo procede el control político sobre los llamados actos institucionales).

Resuelto este primer interrogante corresponde examinar lo concerniente a la medida o densidad del control que ejercen los tribunales judiciales.

Por de pronto, los jueces conservan siempre una amplia potestad para penetrar en el análisis de todos los elementos que hacen a la validez del acto administrativo cuyos requisitos se encuentran prescriptos en el art. 7º, LNPA, y también, como es obvio, poseen competencia para examinar si el acto sometido a su control contiene

---

tagiosa; si debe decomisarse un alimento peligroso para la salud humana; o si debe suspenderse, por ser peligrosa, la forma de construir un puente, etc., es indiscutible que los elementos que el administrador tomará en cuenta para decidirlo deberán sustentarse en datos de carácter técnico científico. Estos antecedentes de carácter técnico los apreciará por medio de patrones jurídicos, en cuanto a éstos manifiesten equidad, proporcionalidad y justicia. La apreciación discrecional está en función del fin; no hay discrecionalidad técnica sino apreciación técnica y toda apreciación es producto de la razonabilidad. Aquí se repetía el mismo error de antes entre acto discrecional y apreciación discrecional".

[2170] Por todo ello, discrepamos con el criterio que ha sustentado la sala 4ª de la Cámara Nacional de Apelaciones en lo Contencioso Administrativo Federal (integrada por los Dres. Hutchinson, Galli y Miguens) acerca de la mentada discrecionalidad técnica en un caso donde se impugnó la arbitrariedad del puntaje que definió la adjudicación (la oferta más conveniente) en una licitación pública (*in re* "Ipesa, Guía de la Industria SA v. Entel s/ordinario" del 15/10/1985). Allí se expresó que: "Cabe decidir, como principio, que el juzgamiento de los méritos de los participantes en un procedimiento de selección y la fijación de su orden de prioridad, es materia insusceptible de revisión judicial, pues pertenece al ámbito de la discrecionalidad técnica del Poder Administrador que escapa al control del Poder Judicial".

alguna dosis de discrecionalidad (en su forma, objeto o finalidad) o bien, si se trata de enjuiciar aspectos de carácter reglado.

Hay que advertir que la configuración de un círculo o bloque de discrecionalidad (cualquiera sea su extensión) incide sobre la densidad del control el cual se circunscribe a la comprobación de si se configura o no en el caso, el ejercicio del margen de apreciación o libertad preceptuado por la norma, ya que la elección de una posibilidad entre dos o más igualmente justas no compete a los jueces sino a la Administración.

Sin embargo, subsisten los poderes de los tribunales judiciales para penetrar en el juzgamiento de la discrecionalidad cuando los órganos administrativos se apartan del círculo o bloque de discrecionalidad e incurren en el vicio de irrazonabilidad o arbitrariedad pues va de suyo que, en tales casos, no se habría elegido entre dos o más posibilidades igualmente justas (ya fuera que el defecto aparezca en forma ostensible o manifiesta, o que requiera de alguna investigación de hecho)[2171].

En el terreno práctico, la irrazonabilidad o arbitrariedad constituye una cuestión de grado directamente vinculada al caso concreto pero lo cierto es que en este juzgamiento, donde habrá que revisar casi siempre cuestiones de hecho, radica la verdadera función de fiscalización que realizan los jueces sobre la actividad administrativa.

7. REFLEXIONES FINALES

De lo hasta aquí expuesto se desprende que, en principio, no existen zonas de la actividad administrativa que se encuentren fuera del control judicial. Una tesis semejante sólo tendría cabida forzando la concepción del Estado de Derecho, que tiene como eje central la fiscalización de los actos administrativos por un poder imparcial e independiente, ya se trate de conceptos jurídicos determinados o indeterminados como de actos emitidos en ejercicio de facultades discrecionales.

En ese plano, la técnica de los conceptos jurídicos indeterminados, sobre todo en la medida en que postula la existencia de una remisión legal sobre la base de una única solución justa entre varias posibilidades, implica un paso importante hacia la reducción de la discrecionalidad administrativa (aun cuando ésta también resulta siempre objeto de la fiscalización judicial) favoreciendo el control por parte de los jueces, al propio tiempo que desplaza los problemas derivados de las dificultades que provoca el juzgamiento de un margen de arbitrio o de elección entre dos o más soluciones igualmente justas (supuesto que hemos denominado "discrecionalidad típica").

Por otra parte, es evidente que la densidad del control disminuye cuando el Poder Judicial juzga la oportunidad de una decisión administrativa en aquellos casos en

---

[2171] La Corte Suprema, en el caso "Solá, Roberto y otros v. Estado nacional - Poder Ejecutivo s/empleo público" (Fallos 320:2509 [1997] y en ED 178-224) reconoció la amplitud del control judicial sobre los actos administrativos discrecionales admitiendo tanto la verificación de la legalidad respecto de los elementos reglados del acto discrecional como el juicio acerca de la razonabilidad o arbitrariedad de la decisión, ver: CASSAGNE, Juan Carlos, "Una sentencia trascendente de la Corte que declara la nulidad en un decreto del Poder Ejecutivo", ED 178-687.

que, simultáneamente, se confiere a la Administración un poder discrecional para apreciar el mérito de los actos administrativos. Pero, en tales situaciones, no se puede desconocer – sin incurrir en denegación de justicia– que los tribunales judiciales se encuentran habilitados para proceder a la revisión definitiva de esos juicios de oportunidad cuando ellos fueran emitidos mediando irrazonabilidad o arbitrariedad[2172], vicios éstos que operan una suerte de mutación en el tipo de revisión que se transforma en un control de ilegitimidad (*v.gr.*, irrazonabilidad en el objeto del acto o en la finalidad perseguida).

En lo que concierne a la discrecionalidad administrativa y a su control por parte de los tribunales judiciales, hay que partir del hecho de que la libertad de escoger una alternativa entre varias posibilidades igualmente justas no configura independencia[2173] sino una actividad que se desarrolla dentro del marco del ordenamiento jurídico (y por ende limitado por los principios generales del derecho y las normas positivas que reglamentan los requisitos de los actos administrativos, entre los que corresponde ubicar al control sobre los supuestos de hecho).

Hoy día se reconocen una serie de funciones típicas de la discrecionalidad y así se habla, entre otras, de la discrecionalidad tácita (*v.gr.*, decisiones del Banco Central sobre la tasa de interés) de discrecionalidad de dispensa (*v.gr.*, permiso para realizar una actividad prohibida) y hasta se incluye – a raíz del fenómeno de la extensión del Derecho Público a las empresas comerciales o industriales del Estado– la figura de la discrecionalidad de gestión de *management*[2174].

No obstante que se limite la función de la discrecionalidad al campo de las consecuencias jurídicas y no se la aplique para justificar la elección de los supuestos de hecho que constituyen la causa del acto administrativo, lo cierto es que prácticamente todas las decisiones administrativas contienen algún ingrediente discrecional, ya que es imposible que los elementos de un acto jurídico aparezcan predeterminados por la norma y se reflejen en un acto mecánico de aplicación del derecho objetivo.

Otras veces es la propia norma la que concede al órgano administrativo un margen de apreciación discrecional admitiendo la elección entre dos o más soluciones justas establecidas en el ordenamiento positivo (*v.gr.*, las transacciones reguladas en el art. 55, ley 23.696).

[2172] Ver y comparar MAIRAL, Héctor A., "Los vicios del acto administrativo y su recepción por la jurisprudencia", LL 1989-C-1028, si bien respecto al ejercicio de facultades discrecionales; LUQUI, Roberto E., "Examen de la razonabilidad de los actos administrativos por el Poder Judicial", LL 132-383. "Legón, Fernando v. UBA s/nulidad de resolución", Fallos 314:1234 (1991) con nota de CASSAGNE, Juan Carlos, "Un caso de arbitrariedad y el control de los actos administrativos de las universidades por el Poder Judicial", ED 146-114; "Hamilton, Dalton M. v. UBA", Fallos 315:701 (1992) y LL 1993-C-41; "Consejo de Presidencia de la Delegación Bahía Blanca de la Asamblea Permanente de Derechos Humanos", Fallos 315:1361 (1992) y LL 1992-E-101; C. Nac. Cont. Adm. Fed., sala 4ª, 3/10/1991, "Pereyra, Juan Carlos v. Estado nacional s/retiro"; sala 4ª, 15/10/1991, "Mansilla, José César v. DGFM s/nulidad de resolución"; sala 4ª, 15/10/1991, "Sapag Roque, Alicia", LL 1992-A-366; sala 2ª, 24/10/1991, "Organización de Protección Industrial SA v. Gas del Estado s/nulidad de acto administrativo", entre otros.

[2173] Una posición contraria es sostenida por Bullinger ("La discrecionalidad...", *cit.*, p. 1).

[2174] BULLINGER, Martín, "La discrecionalidad...", *cit.*, ps. 6/7.

En ambos casos, la elección sobre el contenido del acto o de la oportunidad para dictarlo – si bien no es totalmente libre al hallarse limitada por el ordenamiento jurídico– [2175] confiere un cierto margen de libertad al órgano administrativo para escoger la solución del caso. A esto denominamos "facultad discrecional", sin que ello implique el reconocimiento de un ámbito exento de la revisión judicial ya que ésta, en un Estado de Derecho, no puede verse cercenada por supuestos espacios de libertad que tendría la Administración.

La pretensión de todas las administraciones públicas[2176] y de algunos tribunales de crear una especie de reserva de discrecionalidad a favor de la Administración – insusceptible de revisión judicial– implica otorgar a ésta un formidable privilegio en detrimento de los particulares que puede dejar a éstos indefensos e inermes frente a las injusticias que, en todas partes del mundo, han cometido y cometen los funcionarios públicos.

Una inmunidad jurisdiccional semejante operaría como escudo cuya principal función consistiría en soslayar el juzgamiento de ciertos actos de los gobernantes o agentes públicos cuando éstos actuasen fuera de la Justicia y del Derecho y esta circunstancia es precisamente la que viene a justificar la más amplia revisión judicial de los actos dictados en ejercicio de poderes discrecionales.

En tal sentido, una de las técnicas más eficaces para la revisión judicial de la discrecionalidad es su limitación por los principios generales del derecho[2177] cuya función rectora y básica del ordenamiento es por todos conocida[2178].

Es cierto que la discrecionalidad no constituye un cuerpo extraño en el Derecho Administrativo de nuestro Estado de Derecho[2179] y hasta puede ser un instrumento imprescindible para la satisfacción del interés público que procura la Administración. Pero de esta premisa no se sigue necesariamente que para alcanzar esa eficacia

---

[2175] Al respecto, se ha señalado que "la discrecionalidad de la actividad de la Administración no significa que ésta posea una esfera de actuación desvinculada del ordenamiento jurídico pues su obrar ha de cumplirse dentro de lo permitido por él" (conf. GUASTAVINO, Elías P., *Tratado de la jurisdicción administrativa y su revisión judicial*, t. I, Biblioteca de la Academia Nacional de Derecho y Ciencias Sociales de Buenos Aires, Buenos Aires, 1987, p. 97).

[2176] González Pérez ha dicho que "la Administración Pública (...) aspira a huir de todo sometimiento a esquemas de Derecho, dotando a su actividad de la máxima discrecionalidad y, por ende, de la imposibilidad de que se deduzcan pretensiones procesales contra los actos en que se concrete. No en balde, la sumisión de la Administración al Derecho y el control de sus actos en general por órganos jurisdiccionales, ha sido el producto de una lenta evolución todavía no consumada. Y, en cuanto puede, intenta restaurar la inmunidad perdida, al menos respecto de ciertas materias o sectores" (conf. GONZÁLEZ PÉREZ, Jesús, *Comentarios a la Ley de Jurisdicción Contencioso Administrativa*, 1ª ed., Civitas, Madrid, 1978, p. 622).

[2177] MOZO SEOANE, Antonio, *La discrecionalidad de la Administración Pública de España*, Montecorvo, Madrid, 1985, ps. 509 y ss.; MAIRAL, Héctor A., *Control judicial...*, cit., t. II, p. 652.

[2178] ALATAMIRA GIGENA, Julio I., Los principios denerales del derecho como fuente del Derecho Administrativo, Astrea, Buenos Aires, 1972; CASSAGNE, Juan Carlos, Los principios generales del derecho en el derecho administrativo, Abeledo-Perrot, Buenos Aires, 1988, ps. 43 y ss.

[2179] BULLINGER, Martín, "La discrecionalidad...", cit., p. 7.

haya que caracterizar a la discrecionalidad administrativa por la configuración de un margen de arbitrio desvinculado del Poder Legislativo y exento del control judicial.

En definitiva, y contrariamente a lo sostenido por alguna jurisprudencia[2180] la discrecionalidad administrativa no configura un ámbito libre del control judicial ni tampoco puede desvincularse del ordenamiento como figura desprovista de toda juridicidad pues, en rigor sólo confiere un mayor margen de arbitrio en la elección de una posibilidad de actuación que no aparece positivamente predeterminada por el legislador. De otra parte, y tal como se advirtió precedentemente, la revisión de los aspectos discrecionales de un acto administrativo resulta compatible con la admisión de un círculo o bloque de discrecionalidad, aun cuando ello puede influir sobre la densidad del control.

Y en un verdadero estado de justicia los jueces no pueden abdicar su potestad para controlar con eficacia el ejercicio de los poderes discrecionales de la Administración ya que la independencia del Poder Judicial es precisamente la que garantiza que los órganos administrativos no utilicen aquellos poderes en perjuicio de los particulares y de los intereses públicos.

[2180] Sobre el control judicial de los actos de las universidades nacionales la Corte ha sentado el criterio de que las decisiones que ellas adoptan "en el orden interno, disciplinario y docente no son, como principio, susceptibles de revisión judicial". Tal criterio, generalizado en la jurisprudencia de nuestro alto tribunal (y que en su momento constituyó causa de grandes injusticias) implica reconocer, en el ámbito universitario, una amplia zona exenta de la revisión judicial, lo que resulta contrario al principio de la separación de poderes y al sistema judicialista prescripto en nuestra Constitución (art. 116, CN). Sin embargo, en los últimos tiempos, la jurisprudencia de la Corte Suprema – no obstante reiterar aquel erróneo criterio– ha evolucionado hacia una mayor apertura del control admitiéndolo en supuestos de ilegalidad, irrazonabilidad o arbitrariedad (*v.gr.*, en el caso "Gil, Fernando Ernesto v. Universidad Nacional de Misiones", Fallos 308:249 [1986] y LL 1986-D-702). A su vez, la posibilidad de controlar la discrecionalidad ha sido expresamente admitida por la Corte cuando media arbitrariedad al señalar que "la circunstancia de que la Administración obrase en ejercicio de facultades discrecionales en manera alguna puede constituir un justificativo de su conducta arbitraria puesto que es precisamente la razonabilidad con que se ejercen tales facultades el principio que otorga validez a los actos de los órganos del Estado y que permite a los jueces, ante planteos concretos de parte interesada, verificar el cumplimiento de dicha exigencia" (conf. "D'Argenio, Inés D. v. Tribunal de Cuentas de la Nación", Fallos 308:727 [1986] y LL 1986-D-770). En otro caso, la Corte reconoció que si bien la ley podía otorgar cierto margen de discrecionalidad al Poder Ejecutivo (...) no parece claro que ello pueda jugar en contra del beneficiario cuando el acto administrativo denegatorio no se funda en razones de oportunidad o conveniencia sino en la aplicación de una norma del decreto reglamentario (...) circunstancia que determina que se trate de una facultad reglada, máxime cuando este tipo de decretos integran la ley respectiva" ("Asencio Cid, Felipe v. Nación Argentina - Ministerio de Bienestar Social", Fallos 308:987 [1986] y LL 1986-E-752).

CAPÍTULO III

EL SISTEMA GENERAL DE LA INVALIDEZ ADMINISTRATIVA

Sección 1ª

EL SISTEMA GENERAL DE LA INVALIDEZ ADMINISTRATIVA

1. PLANTEO Y METODOLOGÍA

Una vez hecho el examen de la teoría de los elementos del acto administrativo como requisitos de su validez, corresponde que tratemos aquí lo relativo al sistema general de las nulidades o de la invalidez del acto administrativo, para luego, en un orden lógico, considerar aquellos aspectos que atañen a los vicios en particular, pues el estudio de los vicios no puede abordarse sin analizar previamente el sistema general de invalidez que los presupone.

Desde otro plano, resulta indispensable, habida cuenta del estado actual de la doctrina, de la jurisprudencia y del derecho positivo, formular un replanteo acerca del sistema general de la invalidez del acto administrativo, el cual, hasta el presente, no se ha podido librar totalmente de la influencia que ha ejercido el sistema francés.

Para ello se hace necesario empalmar este estudio con el sistema de las nulidades de la teoría general, ubicado en el Código Civil, para poder apreciar así las diferencias con el sistema francés y, con aquellos otros, como el español, que también son fuente de nuestro ordenamiento administrativo.

Desde luego que tal tesitura no significa el trasplante de una categorización civilista al campo del Derecho Administrativo, cuya singularidad exige que la aplicación de los conceptos de la teoría general se realice respetando sus peculiaridades propias[2181], las que precisamente permiten sentar las bases para la composición de una teoría de la invalidez administrativa.

El camino que vamos a recorrer para realizar la sistematización del tema parte de una breve reseña de los antecedentes históricos que precedieron al sistema francés, para luego de examinar éste y el que recoge nuestro Código Civil, pasar al análisis de la invalidez administrativa propiamente dicha.

[2181] FERNÁNDEZ, Tomás R., *La doctrina de los vicios de orden público*, Instituto de Estudios de Administración Local, Madrid, 1970, p. 115; "Ganadera Los Lagos SA v. Nación Argentina", Fallos 190:142 (1941).

Es cierto que se puede sostener que constituye un lugar común el desarrollo de la metodología esbozada. Sin embargo, corresponde partir de la teoría general, dado que sólo ella puede proporcionar la base adecuada para una correcta dilucidación de los diversos problemas que componen la cuestión de la invalidez administrativa, al permitir ubicar el origen y fundamento de los criterios que informan a cada sistema y, al propio tiempo, desbrozar equívocos terminológicos.

2. ANTECEDENTES Y LINEAMIENTOS GENERALES DEL SISTEMA DE LAS NULIDADES EN EL CÓDIGO CIVIL FRANCÉS

Para los doctrinarios franceses el sistema que recoge el Código Civil de su país resulta de una combinación de criterios que fluyen de los precedentes históricos del derecho romano y del antiguo derecho francés.

En Roma, el derecho pretoriano hizo surgir en materia de nulidades la siguiente distinción: si el acto adolecía de uno de los requisitos de validez, la sanción era la nulidad de pleno derecho o nulidad absoluta; si, en cambio, el pretor, utilizando un procedimiento especial acordaba la extinción de un contrato celebrado por un menor (por ejemplo), la nulidad resultante se consideraba relativa, en el sentido de que ella requería la promoción de una acción judicial que la declarase[2182].

Para los Mazeaud, fue en el antiguo derecho francés donde se introdujo un criterio distinto, consistente en fundar la clasificación entre nulidades absolutas y relativas sobre la base de que se perjudicara el orden público o el interés privado, agregando que tal criterio no coincidía con el vigente en el derecho romano, en razón de que la carencia de un requisito esencial del acto no en todos los supuestos afectaba el orden público[2183].

Dejando de lado las opiniones de Aubry y Rau, Demolombe y las vertidas por Planiol en las primeras ediciones de su tratado, la doctrina francesa contemporánea ha abandonado, después de una lenta evolución, la clasificación romanista de las nulidades de pleno derecho (criterio procesal) y apoya su teoría en la distinción entre nulidades absolutas y relativas. Las primeras, aparecen fundadas en consideraciones de orden público, cualquier particular puede alegarlas, el acto no es susceptible de saneamiento y la acción se prescribe por el plazo más largo. Las nulidades relativas, en cambio, están fundadas en razones que hacen al interés individual, y por lo tanto:

[2182] RIPERT, Georges - BOULANGER, Jean, *Tratado de Derecho Civil, según el tratado de Planiol*, t. I, "Parte general", trad. del francés, La Ley, Buenos Aires, 1963, ps. 451/452, nota 193; MAZEAUD, Henry - MAZEAUD, Léon - MAZEAUD, Jean, *Lecciones de Derecho Civil, Parte segunda*, trad. del francés, vol. I, Ediciones Jurídicas Europa-América, Buenos Aires, 1959, ps. 338/339. Las sanciones y remedios procesales contra el dolo y la violencia fueron introducidas por el pretor al final de la República, como consecuencia del incremento del comercio y la afinación del sentido jurídico, que llevó a la prevalencia de la esencia sobre la forma del acto (conf. BONFANTE, Pedro, *Instituciones de Derecho Romano*, trad. de la 8ª ed. italiana, Instituto Editorial Reus, Madrid, 1965, ps. 96 y 98).

[2183] MAZEAUD, Henry - MAZEAUD, Léon - MAZEAUD, Jean, *Lecciones...*, *cit.*, vol. I, p. 339.

la acción sólo incumbe a las personas que la ley tiene interés en proteger, es susceptible de saneamiento y la respectiva acción prescribe a los diez años[2184].

El abandono de la clasificación entre nulidades de pleno derecho y nulidades judiciales, es atribuido por Marty y Raynaud al hecho de que, en definitiva, si los interesados no llegasen a un acuerdo sobre la causal de invalidez se hace necesario acudir a la justicia, y a la inversa, porque la intervención del juez en el instante en que las partes se pongan de acuerdo sobre la validez del acto resulta innecesaria[2185].

3. LOS TIPOS DE NULIDAD SEGÚN NUESTRO CÓDIGO CIVIL

El sistema que estructura el Código Civil argentino en materia de nulidades se ha juzgado superior al que consagran otras legislaciones, en cuanto los fundamentos en que reposa permiten aplicar los criterios clasificatorios a las variadas situaciones que se presentan en la práctica[2186].

Si bien hubo quienes como Moyano y Llerena pretendieron refundir las clasificaciones que trae el Código Civil en una sola, sosteniendo la equivalencia entre los actos anulables y de nulidad relativa, lo cierto es que la doctrina contemporánea se ha pronunciado contraria a tal simplificación, por entender que dichas clasificaciones responden a distintos fundamentos, en virtud precisamente de haber seguido el codificador el *Proyecto* de Freitas[2187] y al Código de Bello[2188].

Puede advertirse también que hay una clasificación acerca de cuyo funcionamiento y efectos no existen discrepancias y ella es la distinción entre nulidad absoluta y relativa. El criterio que la preside se basa en que el vicio o defecto del acto transgreda el orden público, en cuyo caso la nulidad es absoluta, mientras que cuando la nulidad es relativa, ésta sólo incluye a aquellos actos viciados que la ley sanciona en protección de intereses de orden individual[2189].

El régimen y funcionamiento de ambos tipos de nulidades aparece reglado en los arts. 1047 y 1048, CCiv., de los cuales resulta:

[2184] Ver entre otros RIPERT, Georges - BOULANGER, Jean, *Tratado...*, *cit.*, t. I, "Parte general", ps. 454 y ss.; MAZEAUD, Henry - MAZEAUD, Léon - MAZEAUD, Jean, *Lecciones...*, *cit.*, vol. I, ps. 335 y ss.; CARBONIER, Jean, *Droit Civil*, 1ª ed., t. II, Presses Universitaires de France, París, 1955, nro. 131.

[2185] MARTY, Gabriel - RAYNAUD, Pierre, *Droit Civil*, t. I, París, 1956, nro. 158.

[2186] BORDA, Guillermo A., *Tratado de Derecho Civil argentino*, t. II, Perrot, Buenos Aires, 1965, p. 382.

[2187] ALSINA ATIENZA, Dalmiro, "Retroactividad de la anulación de los actos jurídicos", JA 1950-II-20, secc. Doctrina; LLAMBÍAS, Jorge J., *Tratado de Derecho Civil, Parte general*, t. II, Perrot, Buenos Aires, 1975, ps. 386 y ss.; LÓPEZ OLACIREGUI, José M., "De la nulidad de los actos jurídicos", Revista *Lecciones y Ensayos*, Fundación de Derecho y Ciencias Sociales, Buenos Aires, 1960, nro. 17, ps. 24 y ss.; SPOTA, Alberto G., *Tratado de Derecho Civil. Parte general*, t. I, Depalma, Buenos Aires, 1967, ps. 663 y ss.

[2188] Véase: BELLUSCIO, Augusto C., "Declaración de oficio de la nulidad", ED 95-785.

[2189] Conf. LLAMBÍAS, Jorge J., *Tratado...*, *cit.*, t. II, ps. 598/599.

A) Nulidad absoluta

(i)   Puede y debe ser pedida por el juez, aun sin petición de parte, *cuando aparece manifiesta en el acto* (art. 1047, 1ª parte, CCiv.).

(ii)   Puede ser alegada por cualquier particular que tenga interés en hacerlo, a excepción de quien ha ejecutado el acto, sabiendo o debiendo saber el vicio que lo invalidaba (art. 1047, 2ª parte, CCiv.).

(iii)   El Ministerio Público puede pedir su declaración en el solo interés de la moral o de la ley (art. 1047, 3ª parte, CCiv.).

(iv)   No es susceptible de confirmación (art. 1047, 3ª parte, CCiv.).

(v)   Es imprescriptible[2190].

B) Nulidad relativa

(i)   No puede ser declarada por el juez sino a pedido de parte (art. 1048, 1ª parte, CCiv.).

(ii)   No la puede alegar el Ministerio Fiscal en el solo interés de la ley (art. 1048, CCiv.).

(iii)   Sólo la pueden aducir aquellos en cuyo beneficio se ha establecido por la ley.

(iv)   Es subsanable[2191].

(v)   Es susceptible de prescripción[2192].

C) Actos nulos y anulables

La segunda clasificación que trae nuestro Código Civil es la que distingue entre actos nulos y anulables, y presenta mayores discrepancias en la doctrina.

Un sector considera (sobre la base de los diferentes supuestos que recoge en forma casuística el Código Civil), que el acto nulo es aquel que adolece de un defecto patente y notorio, cuya nulidad no depende de juzgamiento, por ser manifiesta. En sentido inverso, cuando para descubrir el vicio fuera necesario realizar una investigación el acto sería anulable o de nulidad no manifiesta[2193].

En realidad, puede sostenerse que el carácter visible o notorio del vicio sólo juega para determinar la posibilidad de que el acto pueda ser extinguido de oficio *cuando la nulidad sea absoluta* (art. 1047, 1ª parte, CCiv.) y en lo que realmente descansa el fundamento de la distinción entre actos nulos y anulables es en la naturaleza rígida o fluida de la causal de invalidez. En tal sentido, se ha sostenido que el

---

[2190]   Conf. LLAMBÍAS, Jorge J., Apéndice al tratado de Derecho Civil, con las reformas introducidas por las leyes 17.711 y 17.940, Abeledo-Perrot, Buenos Aires, 1969, p. 92.

[2191]   LÓPEZ OLACIREGUI, José M., "De la nulidad...", *cit.*, p. 25; LLAMBÍAS, Jorge J., Tratado..., *cit.*, t. II, ps. 633 y ss.

[2192]   LLAMBÍAS, Jorge J., Tratado..., *cit.*, t. II, ps. 604/606.

[2193]   BORDA, Guillermo A., Tratado..., *cit.*, t. II, p. 388; LÓPEZ OLACIREGUI, José M., "De la nulidad...", *cit.*, ps. 25 y ss.

acto es nulo "porque adolece de una falla rígida determinada, dosificada por la ley, invariable e idéntica en todos los casos". El acto resulta anulable, por el contrario, cuando la causal de invalidez es fluida e indeterminada, variable, e intrínsecamente dependiente de apreciación judicial[2194].

4. LAS NULIDADES DEL ACTO ADMINISTRATIVO EN LA JURISPRUDENCIA DE LA CORTE SUPREMA DE JUSTICIA DE LA NACIÓN

Hasta el año 1941, la jurisprudencia de la Corte en materia de invalidez del acto administrativo se caracterizaba por aplicar casi literalmente las reglas que sobre las nulidades del acto jurídico prescribe el Código Civil en sus arts. 1037 y ss.

Pero a partir del caso "Los Lagos" se inicia un proceso tendiente a sentar las bases para la construcción de una teoría autónoma de las nulidades del acto administrativo, habida cuenta de las diferencias que separan al Derecho Administrativo del Derecho Civil.

Como veremos seguidamente, la técnica utilizada para ello se apoyó en la analogía, procurando adaptar los conceptos y criterios generales que contiene el Código Civil, a la peculiar naturaleza y modalidades que presenta el Derecho Público, administrativo en la especie.

La mayoría de nuestra doctrina ha creído encontrar en la jurisprudencia que la Corte sentó en el caso "Los Lagos"[2195] la base de sustentación para postular una simplificación excesiva de los tipos de invalidez administrativa en una postura que, por sus contradicciones, resulta totalmente inadecuada en la práctica para proteger los derechos de los administrados.

Antes de formular generalizaciones que pueden conducir a conclusiones equivocadas, hay que analizar el *leading case* procurando desentrañar la doctrina del fallo completándolo con la jurisprudencia posterior sobre la materia, rica en consecuencias jurídicas.

En el caso "Los Lagos" se planteó la nulidad de un decreto del Poder Ejecutivo nacional que en el año 1917 había declarado caducas las ventas efectuadas por el Estado a los antecesores del actor en el dominio, ordenando que el Registro de la Propiedad tomase razón de ello. A raíz de que el procurador fiscal opuso la excepción de prescripción, fundado en los arts. 4023 y 4030, CCiv., y previo fallo de la cámara que acogió la defensa opuesta, la Corte consideró que el punto esencial sobre el que versaba la litis consistía en determinar cuál era la naturaleza o tipo de invalidez que afectaba el acto administrativo que disponía la caducidad de las ventas realizadas.

La doctrina fundamental que fluye del fallo citado puede resumirse así:

(i)   Se extiende la aplicación al Derecho Administrativo de las reglas que prescriben los arts. 1037 y ss., CCiv., "con las discriminaciones impuestas por la

---

[2194]   LLAMBÍAS, Jorge J., *Tratado...*, *cit.*, t. II, p. 595. Cuadra advertir, sin embargo, respecto del criterio de Borda, que este autor utiliza conjuntamente el criterio de Llambías y el de la visibilidad o apariencia del vicio para determinar cuándo un acto es nulo o anulable (LLAMBÍAS, Jorge J., *Tratado...*, *cit.*, t. II, p. 388).

[2195]   "Ganadera Los Lagos SA v. Nación Argentina", Fallos 190:142 (1941), y JA 75-918 y ss.

naturaleza propia de lo que constituye la sustancia de esta última disciplina"[2196]. Hay, por lo tanto, aplicación analógica de normas y no relaciones de subsidiaridad[2197].

(ii)   Las nulidades en el Derecho Administrativo se consideran en relación con los diversos elementos que integran el acto administrativo al igual que en el Derecho Civil (consid. 6°). Y si bien no resulta correcta ni completa la mención que el fallo hace de los elementos (competencia, objeto o finalidad y forma), lo cierto es que la conclusión que allí sienta apunta a sostener que en el Derecho Administrativo hay causas generales de invalidez, que corresponden al tipo de la nulidad absoluta, "aun cuando su declaración sólo pueda pedirse por los particulares interesados en él" (consid. 6° *in fine*).

(iii)   No existe – en el Derecho Civil– correlación entre los actos nulos y los de nulidad absoluta, ni tampoco entre los actos anulables y los de nulidad relativa (consid. 7°).

Para confirmar la conclusión de que se trata de un acto de nulidad absoluta, aun dentro de la aplicación literal del Código Civil, la Corte se apoya en el art. 1045, ap. 2, CCiv.[2198], sosteniendo además, que se trata de un supuesto de acto anulable (en el sentido de que requiere una investigación de hecho, o sea, de un acto de nulidad no manifiesta)[2199].

Con ello, se procura demostrar, como surge de la propia sentencia que "la necesidad de esa investigación previa, para resolver acerca del verdadero carácter de la nulidad, no impide que una vez comprobada la inexistencia de la capacidad o falta de objeto del acto, la nulidad sea tan absoluta y produzca una nulidad de la misma naturaleza que la prevista por los arts. 1044 y 1047, CCiv., es decir, absoluta e insusceptible de confirmación aunque su invalidez sólo pueda ser declarada a petición de parte" (consid. 8° *in fine*).

(iv)   Los actos administrativos tienen presunción de legitimidad. De esta regla se derivan según la Corte una serie de consecuencias, que han sido el principal motivo de confusión de la mayor parte de los intérpretes contemporáneos y posteriores del fallo.

En efecto, allí la Corte sostuvo que de la presunción de validez derivaba como consecuencia que toda invocación contra actos administrativos "debe necesariamente ser alegada y probada en juicio"[2200]. En concordancia con esta afirmación el fallo expresa, más adelante, que en mérito a la presunción de validez que acompaña al

---

[2196]   "Ganadera Los Lagos SA v. Nación Argentina", Fallos 190:142 (1941), y JA 75-918 y ss.; "Roca Wright, Alejandro C. v. Nación", Fallos 205:200 (1946) y "Nación Argentina v. Jacobo Kohan Careya", Fallos 252:334 (1962).

[2197]   Véase lo que hemos expresado al respecto en el cap. I, 1ª Parte, punto 8.

[2198]   Sostiene que cuando fuese desconocida la incapacidad de derecho o la prohibición de la ley por la necesidad de alguna investigación de hecho, indudablemente alude la norma "a causas de nulidad basadas en la violación de la ley y del orden público cuya prueba no resulta del acto mismo" (JA 75-923).

[2199]   JA 75-923.

[2200]   JA 75-924.

acto administrativo será siempre necesaria una investigación del hecho (usando los términos del art. 1045, CCiv.) para determinar su invalidez, es decir, "una demanda en la cual el que ha recibido el agravio proveniente de la transgresión pruebe la validez"[2201].

Pero esta aseveración, de la cual un sector de la doctrina dedujo la eliminación de la categoría de las nulidades manifiestas en Derecho Administrativo[2202], ha perdido vigencia en la jurisprudencia posterior de la Corte[2203].

(v) Se reconoce la existencia en el Derecho Administrativo de nulidades absolutas y relativas, si bien no se aplican literalmente las disposiciones del Código Civil; en tal sentido, el vicio de incompetencia, a causa de una prohibición constitucional, como era en el caso la violación del art. 109 (ex art. 95), CN, configura un supuesto de nulidad absoluta[2204].

Como consecuencia de la categoría de nulidad absoluta que la Corte determinó, surgen las peculiaridades del régimen jurídico de tal tipo de invalidez, que son las siguientes:

(i) el acto no es susceptible de saneamiento[2205];

(ii) no se prescribe la acción para perseguir este tipo de nulidad (absoluta) del acto administrativo, no rigiendo en tales supuestos, el art. 4030, CCiv.[2206].

Pero la Corte apunta, además, otra consecuencia, cual es la relativa a sostener que con arreglo a lo dispuesto en el art. 1050, CCiv. "la declaración de nulidad vuelve las cosas al estado en que se encontraban antes de dictarse el decreto objetado"[2207], es decir, que la invalidación surte efectos *ex tunc*, en sentido contrario a la concepción de la doctrina que vinculaba tal circunstancia a la clasificación entre actos nulos y anulables[2208].

La distinción fundamental entre nulidades absolutas o relativas que la Corte efectuó en el caso "Los Lagos" aparece reiterada en los precedentes jurisprudencia-

---

[2201] JA 75-925.

[2202] BOSCH, Jorge T., "La extinción de los actos administrativos en la jurisprudencia de la Corte Suprema Nacional de Justicia", separata de la *Revista Argentina de Estudios Políticos*, nros. 3 y 4, Buenos Aires, 1946, p. 195.

[2203] CASSAGNE, Juan Carlos, *La ejecutoriedad del acto administrativo*, Abeledo-Perrot, Buenos Aires, 1970, ps. 87 y ss.

[2204] Al respecto puede verse el caso: "De Sezé, Román María José v. Gobierno Nacional", Fallos 241:384 (1958) y en LL 94-242; véase también "Cáceres Cowan, Blas y otros", Fallos 250:491 (1961).

[2205] LINARES, Juan F., *Cosa juzgada administrativa en la jurisprudencia de la Corte Suprema de la Nación*, Kraft, Buenos Aires, 1946, ps. 27/28.

[2206] JA 75-926.

[2207] JA 75-926. Llama la atención que este principio no fuera recogido por la doctrina nacional que, en este punto, ha seguido al sistema francés.

[2208] LLAMBÍAS, Jorge J., *Tratado...*, cit., t. II, ps. 618 y ss.

les posteriores[2209], lo cual no implica adoptar, como se ha visto, todas las consecuencias que tal categorización tiene en el Derecho Civil.

5. ESBOZO ACERCA DE LAS RELACIONES ENTRE VICIOS E INVALIDEZ

El sistema que regula la invalidez y los consecuentes vicios del acto administrativo se encuentra directa y estrechamente enlazado con los elementos o requisitos exigidos por el ordenamiento o por la jurisprudencia – según los distintos regímenes comparados– para que la actividad administrativa pueda considerarse legítima y válida.

La presencia de un vicio revela que el acto ha nacido jurídicamente enfermo, con una patología que, en casos extremos – cuando se halla afectado el orden público– resulta insanable. Otras veces, los vicios actúan en forma similar a los virus y evolucionan con el tiempo, desdibujando su trascendencia en la vida jurídica o su misma vigencia real.

Producto de la creación jurisprudencial francesa, los vicios del acto administrativo fueron regulados en algunos países por el derecho positivo y aunque su sistematización haya sido obra principalmente de la doctrina, no hay que desdeñar el papel que cumplen los fallos judiciales para anclar, definitivamente, las concepciones imperantes en cada sistema.

En los sistemas hispano-americanos y de Europa Continental, la sistematización de los vicios del acto administrativo se basó en dos categorías de invalidez – nulidad y anulabilidad, o bien, nulidad absoluta y nulidad relativa– establecidas en función al grado de transgresión del ordenamiento, con diferentes consecuencias asignadas a cada especie de invalidez.

La propia historia del Derecho Administrativo demuestra que la creación jurisprudencial evolutiva de los vicios se consolidó una vez que se agotaron sus posibilidades en relación con cada elemento del acto administrativo siendo, probablemente, difícil progresar mucho más por ese camino.

Ahora bien, la conexión entre los vicios y el sistema de invalidez aunque hace que aquéllos dependan, en cierto modo, de este último, también, paradójicamente, realimenta el sistema con cambios tanto jurisprudenciales como legislativos, que tratan de corregir o superar las debilidades que exhibe la construcción tradicional en su operatividad real.

Resulta obvio que el papel que desempeña todo sistema de invalidez – en las diversas ramas jurídicas– se vincula con la observancia del clásico principio general del derecho que predica la finalidad de *"afianzar la justicia"*, recepcionado en forma expresa por nuestro Preámbulo constitucional, el cual, en la Convención Americana sobre Derechos Humanos (Pacto de San José de Costa Rica de 1969), se conjuga en el derecho que tiene toda persona a una protección judicial efectiva que la ampare contra actos que violen sus derechos fundamentales reconocidos por la Constitución, la ley o la convención (art. 25).

[2209]   Ver caso "De Sezé, Román María José v. Gobierno Nacional", Fallos 241:384 (1958) y en LL 94-239 y ss., esp. p. 242.

Esa garantía de justicia, que pesa sobre el Poder Ejecutivo y los tribunales judiciales competentes, obliga a las autoridades administrativas a ajustar su actuación al principio de legitimidad (legalidad y razonabilidad), realizándose plenamente en la medida en que se haga realmente efectivo en los respectivos ordenamientos el control jurisdiccional de las actividades de gobierno y administración[2210], a fin de que éstas se desenvuelvan con arreglo a la ley y al derecho[2211].

Como parte del esquema garantístico, la tutela judicial efectiva viene, pues, a asegurar la legitimidad del obrar estatal en un marco de protección de los derechos de las personas en el que encuentran fundamento otros principios generales del Derecho Administrativo, como el relativo a la interdicción de arbitrariedad que, entre otras cosas, obliga a todo órgano público a motivar sus decisiones, en forma razonable y con arreglo a la ley, de modo de hacer posible un adecuado y suficiente control jurisdiccional.

Pero el sistema de invalidez se encuentra no sólo conectado con el principio de legitimidad, sino con un abanico de valores y principios jurídicos (seguridad jurídica, buena fe, eficacia de los fines que persigue la Administración, etc.) cuya dimensión de peso permite establecer, en cada caso, las posibilidades de conservar el acto administrativo, o bien de considerar que se trata de un acto válido, no obstante las ilegalidades de que adolezca.

A su turno, abordaremos la exposición del sistema argentino en el marco del derecho comparado (sobre todo del derecho español e hispano-americano) y de la evolución doctrinaria que, últimamente, ha puesto en duda la utilidad del sistema bipartito[2212] de invalidez, basado en la distinción entre nulidad y anulabilidad.

6. CUESTIONES LIMINARES DE LA TEORÍA DE LA INVALIDEZ

En lo que sigue, vamos a ocuparnos, sucesivamente, de una serie de cuestiones, en cierto modo liminares, de la teoría de la invalidez administrativa, que lejos de perder actualidad, vienen siendo objeto de nuevas investigaciones y desarrollos doctrinarios, especialmente en el derecho español a raíz de la sanción de la Ley de Régimen Jurídico de las Administraciones Públicas y del Procedimiento Administrativo Común de 1992[2213].

[2210] Utilizamos esta terminología acorde con las fórmulas que incorpora la reforma constitucional de 1994; sobre las funciones de gobierno y administración del presidente y del jefe de gabinete, puede verse nuestro CASSAGNE, Juan Carlos, *Derecho Administrativo*, 5ª ed., t. I, Abeledo-Perrot, Buenos Aires, 1996, ps. 327/328.

[2211] De esta fórmula, prescripta en la Constitución española vigente (art. 103.1, Constitución española), la doctrina ha derivado trascendentes principios como la interdicción de arbitrariedad y el principio de juridicidad que hace a la plenitud del control jurisdiccional. Véase: FERNÁNDEZ, Tomás R., "De nuevo sobre el poder discrecional y su ejercicio arbitrario", *Revista Española de Derecho Administrativo*, nro. 80, Civitas, Madrid, 1993, ps. 577 y ss.

[2212] BELADIEZ ROJO, Margarita, "La nulidad y la anulabilidad. Su alcance y significación", RAP, nro. 133, Centro de Estudios Constitucionales, Madrid, 1994, ps. 155 y ss.

[2213] Véase, entre otros: GONZÁLEZ PÉREZ, Jesús - GONZÁLEZ NAVARRO, Francisco, *Comentarios a la Ley de Régimen Jurídico de las Administraciones Públicas y Procedimiento Administrativo Común*, t. I, Civitas, Madrid, 1997, ps. 1111 y ss.; GARRIDO FALLA, Fernando - FERNÁNDEZ PASTRANA, José María, *Régimen jurídico y procedimiento de*

A) El avance que implica la distinción entre ilegitimidad (o ilegalidad), invalidez e ineficacia

Muchas de las contradicciones que se han planteado en torno a la teoría de la invalidez administrativa obedecen, sin duda, al hecho de haberse trasplantado, a veces sin las necesarias adaptaciones, las reglas y principios provenientes de la categorización civilista.

A partir de la poda, es muy poco lo que ha quedado en pie y, aun más, han nacido nuevas concepciones y principios propios de un derecho en formación sin las contaminaciones provenientes del Derecho Civil[2214]. En esa línea, se propugna distinguir entre los conceptos de ilegalidad (para algunos ilegitimidad), invalidez e ineficacia, como un modo de explicar el funcionamiento armónico del sistema y depurarlo de las antinomias que lo rodean, continuando la clara obra de los juristas que abrieron el camino, con lúcidas elaboraciones, en la doctrina española[2215].

Se ha dicho que la legalidad o ilegalidad constituye el resultado de una constatación en la que el operador jurídico contrasta el acto con la norma y verifica si se encuentran o no en concordancia[2216]. Aún siendo ello parcialmente cierto, preferimos desde hace algún tiempo[2217], acudir al concepto de legitimidad (como comprensivo de la norma positiva y de los principios generales del derecho, aun cuando éstos no tengan rango positivo) abarcando así tanto la legalidad como la razonabilidad y justicia, o sea, el derecho y no sólo la ley (que para un sector doctrinario configura el principio de juridicidad).

---

las *Administraciones Públicas (Un estudio de la Ley 30/1992)*, 1ª ed., Civitas, Madrid, 1993, ps. 161 y ss.; PARADA VÁZQUEZ, José R., *Régimen jurídico de las Administraciones Públicas y procedimiento administrativo común (Estudio, comentarios y texto de la ley 30/1992, del 26 de noviembre)*, Marcial Pons, Madrid, 1993, ps. 249 y ss.; LAVILLA RUBIRA, Juan José, "Nulidad y anulabilidad de los actos administrativos", en PENDAS GARCÍA, Benigno (coord.), *Administraciones públicas y ciudadanos. Estudio sistemático de la ley 30/1992*, Praxis, Barcelona, 1993; BELADIEZ ROJO, Margarita, *Validez y eficacia de los actos administrativos*, con un estudio preliminar de A. Nieto, Marcial Pons, Madrid, 1994, ps. 33 y ss.

[2214] En palabras de Nieto: "Las normas, en principio, no clasifican, sino que establecen el régimen de los fenómenos reales. Es la doctrina la que, siguiendo la estela de las normas, agrupa fenómenos que tienen el mismo régimen y con ellos – a posteriori – crea conceptos. Así lo hemos aprendido del derecho romano, cuyo mejor heredero en este punto (al menos hasta hace muy poco) ha sido el Derecho Administrativo, dado que el Derecho Civil moderno nació ya contaminado por las elaboraciones teóricas producidas a lo largo de dos milenios, en notorio contraste con la ingenuidad, auténticamente adánica, con que nació el Derecho Administrativo" (en el Prólogo al libro de BELADIEZ ROJO , Margarita, Validez..., *cit.*, p. 13).

[2215] FERNÁNDEZ, Tomás R., *La doctrina...*, *cit.*, en especial, ps. 101 y ss.; SANTAMARÍA PASTOR, Juan A., *La nulidad de pleno de los actos administrativos*, Madrid, 1972, ps. 39 y ss.

[2216] NIETO, Alejandro, "Prólogo" a la obra de BELADIEZ ROJO, Margarita, *Validez...*, *cit.*, p. 10.

[2217] Véase CASSAGNE, Juan Carlos, *Derecho Administrativo, cit.*, 5ª ed., t. II, p. 29.

El análisis acerca de la validez o invalidez del acto administrativo – a diferencia del que se haga sobre la legitimidad o ilegitimidad– requiere de una valoración o calificación para poderlas declarar por parte de quien aplica el ordenamiento, luego de haber efectuado el juicio de verificación acerca de la legitimidad o ilegitimidad del acto en cuestión, mientras que la eficacia o ineficacia se refieren a la posibilidad de producir efectos.

Y si bien estos conceptos son independientes entre sí (ej.: ilegitimidad, invalidez e ineficacia) hay entre ellos, paradójicamente, determinadas relaciones de interdependencia.

Por eso, con particular agudeza, al referirse a las relaciones entre legalidad o legitimidad y validez, se ha señalado que ellas *"operan como dos círculos concéntricos"*, ocupando la última el círculo interior[2218]. Así, aunque el acto administrativo sólo puede invalidarse cuando es ilegítimo, a la inversa, puede haber actos ilegítimos que no sean susceptibles de una declaración de invalidez (*v.gr.*, las irregularidades intrascendentes o irrelevantes).

De otra parte, hay actos que siendo ilegítimos, aun cuando declarados inválidos, carecen de eficacia respecto de terceros de buena fe que han adquirido derechos sobre el acto que luego resultó invalidado, cuyos derechos se consideran incólumes, no obstante la declaración de invalidez que se hubiera operado respecto de las partes de la relación originaria (que puede dar lugar a las indemnizaciones correspondientes en caso de imposibilidad de cumplimiento o restitución *in natura*)[2219].

Más aun, es posible que un acto inválido adquiera validez a raíz de la confirmación o subsanación, o bien, por la conversión de sus elementos legítimos en un acto distinto, técnicas todas ellas que trasuntan la prelación acordada por el legislador o la jurisprudencia (esto último en el sistema francés) al principio de conservación sobre el de legitimidad.

B) La presunción de legitimidad del acto administrativo

La segunda cuestión que vamos a examinar se vincula con la llamada presunción de validez del acto administrativo, la que, por las razones antes señaladas, re-

---

[2218] NIETO, Alejandro, "Prólogo", *cit.*, p. 11, siguiendo a Beladiez, sostiene que la discordancia entre legalidad y validez se explica por la importancia que, en ciertas ocasiones, se da al fin del acto, en relación con la eficacia administrativa. Por nuestra parte, pensamos que la prevalencia de la eficacia sobre la validez puede ser peligrosa para las garantías del ciudadano y sólo debe proceder ante claras o manifiestas circunstancias del ordenamiento, sin violar los derechos fundamentales, o bien, para proteger los derechos de los terceros de buena fe.

[2219] Es la solución que prescribe nuestro Código Civil (art. 1051). Si bien, seguimos, en buena medida, la postura sostenida por Nieto y Beladiez, en punto a las distinciones efectuadas en el texto, creemos que, en los casos en que se protegen los derechos de los terceros de buena fe, el acto no se convierte en válido sino que carece de eficacia, o sea de efectos frente a ellos, habida cuenta la posibilidad de interpretar que la declaración de invalidez se limita a las partes originarias. Al propio tiempo, la declaración de invalidez de una cesantía producida después del fallecimiento del agente público no produciría el efecto de su reincorporación (caso en que la invalidez no produce sus efectos normales) sin perjuicio de la reparación patrimonial que puedan reclamar los herederos como consecuencia del acto declarado inválido.

sulta más correcto denominar *"presunción de legitimidad"*[2220]. Esta figura, que marca un rasgo diferencial advertible con el Derecho Civil, viene a presumir que el acto administrativo – en razón de las garantías objetivas y subjetivas que rodean su emanación– se ha emitido de conformidad con el ordenamiento jurídico, por lo que, presumiéndose legítimo, posee validez hasta tanto sea declarada su invalidez.

En esta presunción radica la procedencia de la ejecutoriedad[2221] o ejecutividad[2222] del acto administrativo. No obstante, como toda presunción, no tiene carácter absoluto, es *iuris tantum*, en la medida en que cede frente a la presencia de una ilegitimidad manifiesta. En esta situación desaparece el deber del administrado de cumplir el acto administrativo tornando viable la articulación de pretensiones cautelares o la misma acción de amparo, para proteger efectivamente los derechos constitucionales de las personas frente a una ilegitimidad que surge del propio acto[2223], siempre que la ilegalidad o arbitrariedad aparezcan en forma patente y notoria, sin necesidad de una investigación de hecho.

En el derecho argentino, el art. 12, LNPA, prescribe la posibilidad de solicitar la suspensión del acto administrativo ante la Administración – norma que también resulta aplicable a la suspensión en sede judicial[2224]– cuando se alegare fundadamente una nulidad absoluta, habiéndose sostenido, en virtud de que no se exige la prueba de la nulidad sino tan sólo su alegación, que el supuesto contemplado por la norma es el de la nulidad absoluta y manifiesta[2225].

C) La clasificación bipartita de la invalidez: nulidad (nulidad absoluta) y anulabilidad (nulidad relativa). El mito del acto inexistente

El tercer punto que trataremos como parte de las cuestiones liminares que estamos analizando, se vincula con la clásica separación bipartita de la invalidez: nulidad o nulidad absoluta, por una parte, y anulabilidad o nulidad relativa, por la otra; la cual, pese a que originariamente fue tomada del Código Civil, se ha ido apartando de las fórmulas del Derecho Privado, hasta adquirir una fisonomía peculiar a raíz de la recepción de una serie de principios del Derecho Público que le asignan una tipicidad propia y diferenciada.

[2220] Una de las obras clásicas en la doctrina italiana es la de TREVES, Giuseppino, *La presunzione di ligitimitá degli atti amministrativi*, Padua, 1936.

[2221] CASSAGNE, Juan Carlos, *Derecho Administrativo, cit.*, t. II, p. 231.

[2222] DIEZ, Manuel M., *Derecho Administrativo*, t. II, 1ª ed., Bibliográfica Omeba, Buenos Aires, 1965, ps. 279 y ss.

[2223] Art. 1°, ley 16.986, de amparo de Argentina; por su parte, en otros países como Venezuela se han sancionado leyes de amparo con la peculiaridad de que no existe plazo alguno de caducidad para promover el recurso de anulación por esa vía excepcional (art. 5°, Ley Orgánica de Amparo sobre Derechos y Garantías Constitucionales).

[2224] BARRA, Rodolfo C., *Principios de Derecho Administrativo*, Ábaco, Buenos Aires, 1980, ps. 423/424; CASSAGNE, Juan Carlos, *Derecho Administrativo, cit.*, t. II, p. 245.

[2225] HUTCHINSON, Tomás, *La Ley Nacional de Procedimientos Administrativos*. Ley 19.549, comentada, anotada y concordada con normas provinciales, t. I, Astrea, Buenos Aires, 1985, p. 270.

En el Derecho Administrativo, el interés general se encuentra presente en todos los supuestos de invalidez (nulidad absoluta o relativa). Sin embargo, ese interés general puede resultar indisponible y la respectiva acción imprescriptible cuando se halla en juego el orden público administrativo (que sería un tipo de interés general más intenso, jurídicamente protegido con un grado mayor que el principio de conservación)[2226].

Mientras que en el Derecho Civil el interés general coincide con el orden público y su violación genera siempre una nulidad absoluta (a la que se asigna la calidad de insanable e imprescriptible, siendo ésta la regla general); la nulidad relativa se configura sólo cuando está en juego un interés privado, cuya disponibilidad corresponde a las partes legitimadas y no al juez, ni cabe al Ministerio Público solicitarla *"en el interés de la moral o de la ley"*[2227].

Por eso, en el régimen de la invalidez del Derecho Privado la nulidad relativa resulta sólo procedente cuando se protege la autonomía de la voluntad (vicios del consentimiento e incapacidad) por cuya causa la presencia de un interés privado, exclusivamente, viene a justificar la posibilidad de sanear el acto jurídico viciado.

Con todo, un somero análisis de algunos sistemas que exhibe el derecho comparado demuestra que el Derecho Administrativo no siempre ha seguido una misma orientación positiva ni jurisprudencial. En efecto, si se observa el sistema francés lo primero que salta a la vista es la gran trascendencia que allí tiene la nulidad absoluta[2228] que, prácticamente – en el recurso por exceso de poder– ha absorbido a la nulidad relativa[2229], a diferencia del derecho argentino, en el que esta categoría se mantiene no obstante seguir, en este punto, muy de cerca la tipología de los vicios desarrollados por la jurisprudencia del Consejo de Estado francés.

La situación resulta diferente en España[2230] donde el derecho positivo acuñó la figura de la nulidad de pleno derecho, que parece responder a un criterio basado en la apariencia manifiesta y grosera del vicio antes que en la gravedad vinculada con el orden público, lo cual podría ser una consecuencia de la filiación romanista de esta categoría de invalidez.

Pero esta interpretación no es la que han efectuado la doctrina ni la jurisprudencia españolas, que han vinculado la nulidad de pleno derecho con la transgresión del

---

[2226] "Sudamericana de Intercambio v. Nación Argentina", Fallos 306:1138 (1984).

[2227] Como prescribe nuestro art. 1047, CCiv.

[2228] Los juristas franceses se han preguntado acerca de la subsistencia de la nulidad relativa como causal de invalidez del acto administrativo, véase: WALINE, Marcel, *Droit Administratif*, 9ª ed., Sirey, París, 1963, p. 448; LAUBADÈRE, André de, *Traité de Droit Administratif*, 9ª ed. actual. por Venezia, Jean-Claude y Gaudemet, Yves, t. I, LGDJ, París, 1984, p. 275.

[2229] CHAPUS, René, *Droit du Contentieux Administratif*, 3ª ed., Montchrestien, París, 1991, ps. 647 y ss.; la regla general, en el recurso por exceso de poder es la nulidad con efecto retroactivo, aunque hay unas pocas excepciones para supuestos especiales (*v.gr.*, funcionarios *de facto*) que confirman dicha regla (*cit.*, ps. 667/674).

[2230] Orientación que se mantiene en la nueva Ley de Régimen Jurídico de las Administraciones Públicas y del Procedimiento Administrativo Común de 1992 (art. 62); véase: GONZÁLEZ PÉREZ, Jesús - GONZÁLEZ NAVARRO, Francisco, *Comentarios...*, *cit.*, ps. 1111 y ss.

orden público[2231], tal como aconteció en el derecho venezolano que, en este punto, ha seguido la orientación de la ley española de procedimientos administrativos, con el agregado de algunas prescripciones verdaderamente originales[2232].

Lo que ocurre, maguer la interpretación forzada, aunque justa, que ha hecho la doctrina española, es que el sistema, como está estructurado revela grandes contradicciones. Con nulidades tasadas que hay que interpretar que no lo son, con vicios de orden público encuadrados en la categoría de menor gravedad (como la desviación de poder[2233], que se considera un vicio de nulidad relativa) y con defectos de incompetencia manifiesta en razón del territorio y de la materia, que la doctrina interpreta que no se refiere al carácter ostensible, notorio o patente sino a su gravedad, es realmente notable que el desarrollo doctrinario y jurisprudencial haya superado las deficiencias que entrañaba la formulación de la nulidad de pleno derecho inclinándose por una construcción más próxima a la nulidad absoluta del derecho francés.

A la vista de ese cuadro y de otras objeciones que no son menores[2234] un sector de la doctrina española ha formulado serias objeciones al sistema de bipartición de la invalidez proponiendo, lisa y llanamente[2235], su eliminación del mundo jurídico[2236] mientras que parece resurgir, en el seno del derecho comunitario europeo un antiguo mito jurídico, que propugna acudir a la teoría del acto inexistente en reemplazo de la nulidad de pleno derecho[2237], la que sólo podría llegar a tener algún sentido (nosotros seguimos creyendo que ninguno) en el Derecho Administrativo francés, donde en los hechos rige, prácticamente, una sola categoría de invalidez, con efectos siempre retroactivos, a diferencia del sistema que prescribe el Código Civil.

La inexistencia aparece como un verdadero mito del derecho en la medida en que constituye una creación artificiosa e imaginaria que no sólo carece de sustento en la realidad sino que la contradice[2238]. Y, precisamente, para acercarla a la realidad (aunque en sus orígenes fue un auténtico mito) esta concepción ha tratado de injertarse en la teoría de la invalidez, habiéndose procurado aproximarla o identificarla, según las diferentes doctrinas, a la nulidad absoluta. Lo cierto es que se trata de una categoría de escasa precisión y difíciles contornos, que viene a complicar el sistema de las nulidades, especialmente en cuanto no acierta en explicar la razón por la que

---

[2231] FERNÁNDEZ, Tomás R., *La doctrina...*, *cit.*, ps. 101 y ss.; SANTAMARÍA PASTOR, Juan A., *La nulidad...*, *cit.*, ps. 223 y ss.

[2232] Véase: BREWER CARÍAS, Allan R., *Principios del procedimiento administrativo*, Civitas, Madrid, 1990, ps. 109/110.

[2233] Véase: GARCÍA DE ENTERRÍA, Eduardo - FERNÁNDEZ, Tomás R., *Curso de Derecho Administrativo*, 6ª ed., t. II, Civitas, Madrid, 1993, p. 606.

[2234] Se han ocupado de ellas: GARCÍA DE ENTERRÍA, Eduardo - FERNÁNDEZ, Tomás R., *Curso...*, *cit.*, t. II, ps. 606 y ss.

[2235] BELADIEZ ROJO, Margarita, "La nulidad...", *cit.*, ps. 155 y ss.

[2236] Eliminación que parece compartir Nieto aun cuando también podría suponerse más inclinado a sustituir la nulidad por la inexistencia (NIETO, Alejandro, "Prólogo", *cit.*, ps. 12/16).

[2237] Véase: NIETO, Alejandro, "Prólogo", *cit.*, ps. 14/16.

[2238] Sobre la mitología jurídica: ROMANO, Santi, *Fragmentos de un diccionario jurídico*, trad. de Sentís Melendo, Ediciones Jurídicas Europa-América, Buenos Aires, 1964, ps. 225 y ss.

la inexistencia produce efectos similares a los actos existentes, viciados de nulidad absoluta, que precisan ser eliminados del mundo jurídico por contradecir el orden público. En definitiva, el riesgo que se corre, como aconteció en el campo del Derecho Privado, es el acotamiento o reducción del campo de la nulidad para dar paso a una nueva categoría sin utilidad jurídica alguna.

Últimamente, en la incipiente jurisprudencia comunitaria sobre esta cuestión, se ha procurado asimilar la inexistencia a la nulidad de pleno derecho del sistema español y hasta se pretende que existe una cierta unidad entre los regímenes jurídicos de los países comunitarios. Sin embargo, no se puede ir contra una realidad jurídica que indica que la nulidad de pleno derecho del sistema español resulta más limitada y estrecha que la nulidad absoluta del derecho francés y de otros sistemas comparados, en los que constituye el principio o la regla general en la materia.

De otra parte, la crítica orientada a postular la eliminación de la categoría bipartita se funda, principalmente, en que la única diferencia que hoy día subsiste entre la nulidad y anulabilidad estriba en el carácter imprescriptible que se reconoce a la acción para demandar la nulidad[2239].

De ese modo, se borra una de las diferencias específicas más trascendentes del sistema bipartito, cuya distinción hace al carácter indisponible[2240] que caracteriza a la nulidad (nulidad absoluta), en virtud de hallarse afectado el orden público. Incluso, se ha llegado a sostener que cuando el art. 67 de la ley española prescribe la convalidación de los actos anulables, ello no impide la convalidación de los actos nulos[2241]. No sólo en Francia, sino en la Argentina y otros países hispano-americanos, esta interpretación sería inadmisible, al igual de lo que, a nuestro juicio, acontece en el derecho español[2242].

Una tendencia distinta exhiben los sistemas hispano-americanos, en los cuales, la distinción entre nulidad absoluta y relativa – equivalente de nulidad y anulabilidad– surge bastante nítida y se ha considerado esencial[2243], siendo sus principales consecuencias:

(i)   la nulidad absoluta no puede confirmarse, convalidarse ni subsanarse, a diferencia de la nulidad relativa o anulabilidad[2244] salvo la posibilidad de saneamiento que ofrece la figura de la conversión[2245];

[2239]   BELADIEZ ROJO, Margarita, "La nulidad...", *cit.*, p. 183.

[2240]   FERNÁNDEZ, Tomás R., *La doctrina...*, *cit.*, p. 280.

[2241]   BELADIEZ ROJO, Margarita, "La nulidad...", *cit.*, ps. 167/169.

[2242]   Se ha dado como ejemplo (BELADIEZ ROJO, Margarita, "La nulidad...", *cit.*, p. 168) el caso de un acto administrativo por el que un Alcalde (sin competencia material) autoriza la construcción asumiendo las competencias del Pleno, que podría ser ratificado por éste sin resentirse el orden público administrativo. Sin embargo, en el sistema de la ley española y salvo el supuesto de incompetencia jerárquica o de grado, ello no parece posible. Esta situación podría solucionarse con el dictado de un nuevo acto por el Pleno, con efectos retroactivos, sin necesidad de invalidar el acto del Alcalde que, simplemente, no produciría efectos.

[2243]   BREWER CARÍAS, Allan R., *Principios...*, *cit.*, ps. 111/112.

[2244]   Art. 19, LNPA argentina.

[2245]   Sobre la conversión: MARIENHOFF, Miguel S., *Tratado de Derecho Administrativo*, 4ª ed. act., t. II, Abeledo-Perrot, Buenos Aires, 1993, ps. 658 y ss.

(ii)   el acto administrativo afectado de nulidad absoluta y manifiesta carece de presunción de legitimidad sin que pueda promoverse su ejecución ni su ejecutoriedad[2246]. La presunción de legitimidad rige, fundamentalmente, para los actos de nulidad relativa y en los casos de nulidades absolutas no manifiestas;

(iii)   la revocación de los actos de nulidad absoluta se considera procedente[2247], admitiéndose la configuración de un régimen especial para esta especie de invalidez en aquellos supuestos en que el acto administrativo hubiera generado derechos subjetivos que estuvieran en la etapa de cumplimiento, en cuyo caso la Administración precisa acudir a la vía judicial[2248], promoviendo la acción de lesividad;

(iv)   se suma a estas consecuencias, el carácter imprescriptible de la acción de nulidad absoluta[2249].

7.   ¿UNA NUEVA CATEGORÍA? LA ILEGALIDAD O ARBITRARIEDAD MANIFIESTAS COMO VICIO DEL ACTO ADMINISTRATIVO

En nuestro derecho, se ha debatido acerca de la configuración de una categoría de invalidez[2250], que viene a complementar la clasificación tradicional y cuya función es eminentemente procesal al desencadenarse medios específicos y sumarísimos de protección jurisdiccional, como es el proceso de amparo y aun de tutela en sede administrativa, a través de la técnica de suspensión del acto administrativo antes referida.

Se trata de una nueva causal de invalidez que pone el acento no ya en la gravedad del vicio (como la nulidad absoluta) sino en la visibilidad externa del vicio.

Así, ante la lesión que sufre un particular por la violación de sus derechos y garantías constitucionales – con ilegalidad o arbitrariedad manifiestas– procede la

---

[2246]   Aunque sin exigir el carácter manifiesto de la nulidad absoluta: BREWER CARÍAS, Allan R., *Principios...*, *cit.*, p. 112; ver también: arts. 169, 170 y 176, LGAP de Costa Rica.

[2247]   MARIENHOFF, Miguel S., *Tratado...*, *cit.*, t. II, ps. 611 y ss. y BREWER CARÍAS, Allan R., *Principios...*, *cit.*, p. 112.

[2248]   Art. 17, LNPA argentina.

[2249]   La imprescriptibilidad de la acción de nulidad absoluta es una de las características que reúne mayor acuerdo doctrinario. En la Argentina, esa calidad que posee la acción para demandar la nulidad desaparece, prácticamente, por la interpretación que ha hecho la jurisprudencia sobre los plazos de caducidad para promover la acción judicial de nulidad (art. 25, LNPA). La situación es diferente en otros países, como España, donde la nulidad puede plantearse dentro del procedimiento de revisión de oficio en el que la acción de nulidad no está sujeta a plazo y los actos anulables declarativos de derechos pueden invalidarse si se requiere su invalidez dentro de los cuatro (4) años de su emisión (arts. 102 y 103, LRJPA de España). Véase: GONZÁLEZ PÉREZ, Jesús, "La revisión de los actos administrativos" en *Procedimiento administrativo*, ponencias del IV Encuentro Hispano-argentino sobre Derecho Administrativo. Santiago de Compostela, España, 15 y 16/2/1994, Edición de la Escola Galega de Administración Pública (EGAP), ps. 151 y ss.

[2250]   MARIENHOFF, Miguel S., *Tratado...*, *cit.*, t. II, ps. 481 y ss., y CASSAGNE, Juan Carlos, *Derecho Administrativo*, 5ª ed., t. II, ps. 174 y ss. En algún caso la Corte Suprema consideró que una nulidad era manifiesta porque surgía de la lectura del propio contrato y su confrontación con los antecedentes de la licitación que le sirvió de base ("Provincia de Mendoza v. Empresa Constructora F. H. Schmidt SA", Fallos 179:249 [1937]).

acción de amparo tendiente a restablecer, lo más rápidamente posible y de un modo efectivo, los derechos y garantías vulnerados por el obrar de la Administración.

A nuestro juicio, esta categoría de invalidez juega, por una parte, en un plano mucho más amplio que la nulidad absoluta pero, al propio tiempo, también más acotado, al limitarse a los actos que sean lesivos de los derechos y garantías constitucionales, siempre que dicha lesión se lleve a cabo con ilegalidad o arbitrariedad manifiestas, lo que, además, despoja al acto administrativo de la presunción de legitimidad[2251].

La nulidad manifiesta se configura cuando el vicio que porta el acto administrativo, surge en forma patente y notoria del mismo, sin necesidad de que deba realizarse una investigación de hecho para comprobar su existencia[2252]. Por el contrario, si para arribar a tal resultado, fuere preciso efectuar una indagación de hecho en razón de que el vicio no surge palmariamente del propio acto, la nulidad es "no manifiesta"[2253].

Esta clasificación, que funciona en forma paralela a la que se funda en la mayor o menor gravedad del vicio, tiene una mayor trascendencia en el Derecho Administrativo, que en el Derecho Civil.

En efecto, en el Derecho Civil, sirve para determinar cuándo un acto que adolece de nulidad absoluta puede ser extinguido de oficio por los jueces (art. 1047, CCiv.)[2254].

En el Derecho Administrativo argentino, la categoría de las nulidades manifiestas cumple una función básica en orden al mantenimiento del principio de legalidad, y del interés público, representando una eficaz protección contra la ejecución de actos administrativos portadores de vicios notorios, habida cuenta de la existencia de la regla de la ejecutoriedad.

Cabe señalar, sin embargo, que algunos tratadistas, partidarios de un esquema monista que simplifica el sistema de la invalidez administrativa[2255] no admiten la

---

[2251] La pérdida, en tales casos, de la presunción de legitimidad hace caer también el deber del particular de cumplir el acto administrativo, es decir, que opera sobre su ejecutoriedad; véase: BORIO, Fernando R., "El principio de ejecutoriedad del acto administrativo y sus fundamentos", ED 86-750, y CASSAGNE, Juan Carlos, *Derecho Administrativo*, t. II, *cit.*, p. 175.

[2252] En el mismo sentido, HUTCHINSON, Tomás, *La Ley Nacional...*, *cit.*, t. I, p. 306.

[2253] Conf. BORIO, Fernando R., "El principio...", *cit.*, ps. 750/753.

[2254] En el Derecho Civil argentino, la configuración de la nulidad manifiesta como categoría autónoma de invalidez se encuentra controvertida; véase el excelente estudio hecho por SILVA TAMAYO, Gustavo E., "Nulidad manifiesta y vicio no ostensible", ED 138-981, en el que arriba a conclusiones distintas a las que exponemos. En línea con nuestra opinión, se encuentra Belluscio (BELLUSCIO, Augusto C., "Declaración de oficio...", *cit.*, p. 785) pues sostiene que el art. 1047, CCiv., que tienen como fuente al art. 1683, Código chileno, nada tiene que ver con el art. 1038, CCiv. (el que se inspira en el *Esboço* de Freitas) concluyendo que la norma (art. 1047) funciona sólo cuando el vicio fuera advertible a simple vista u ostensible, es decir, que no se requiere la producción de prueba extrínseca para verificar la existencia del vicio. De todas maneras, la nulidad manifiesta cumple, en el Derecho Administrativo, una función garantística de la legalidad y del interés público, que justifica la configuración autónoma de la categoría.

existencia de nulidades manifiestas, fundados en la jurisprudencia que la Corte sentó en el caso "Los Lagos", particularmente en la afirmación allí expuesta en el sentido de que la presunción de validez que tiene el acto administrativo obliga a realizar siempre una investigación de hecho para determinar su nulidad[2256].

Pero aparte de que se ha juzgado que "con estas palabras la Corte ha incurrido en una excesiva generalización"[2257], lo cierto es que la cuestión de las nulidades manifiestas en el Derecho Administrativo – que aparece reconocida en la jurisprudencia anterior al caso "Los Lagos"[2258]– hay que analizarla con relación a la legislación y jurisprudencia posteriores.

Puede advertirse, en efecto, que aun antes del dictado de la Ley de Amparo 16.986, ya la Corte había reconocido en muchos casos la categoría de las nulidades o ilegalidades manifiestas[2259].

El dictado de la legislación sobre amparo en el orden nacional[2260] proporcionó un terminante fundamento normativo a la tesis que postula la existencia de las nulidades manifiestas en el Derecho Administrativo.

La principal consecuencia que se desprende de la jurisprudencia de la Corte elaborada en torno a la acción de amparo[2261] es el abandono del criterio sentado en el caso "Los Lagos" al restringir los alcances de la presunción de legitimidad del acto administrativo, ya que la exigencia de que siempre será necesario efectuar una investigación de hecho para que el órgano judicial pueda disponer la extinción de un acto administrativo, resulta ahora inaplicable en virtud precisamente de que uno de los requisitos que condicionan la procedencia del amparo es la ilegalidad manifiesta,

---

2255   DIEZ, Manuel M., *Derecho Administrativo*, *cit.*, t. II, p. 382; GORDILLO, Agustín, *El acto administrativo*, 1ª ed., Abeledo-Perrot, Buenos Aires, 1963, ps. 90/91.

2256   "Ganadera Los Lagos SA v. Nación Argentina", Fallos 190:142 (1941).

2257   MARIENHOFF, Miguel S., *Tratado...*, *cit.*, t. II, p. 477.

2258   "Provincia de Mendoza v. Empresa Constructora F. H. Schmidt SA", Fallos 179:249 (1937). Fallos 179.276.

2259   "García, Ricardo Néstor", Fallos 248:422 (1960); "Alfieri, Romualdo Daniel", Fallos 249:25 (1961); "Coronel, Alba Gloria y otras v. Dirección Nacional Servicio de Empleo", Fallos 250:682 (1961); "Sociedad de Empleados y Obreros del Comercio de Tucumán", Fallos 250:772 (1961); "Laperne, Pedro Alfredo", Fallos 253:15 (1962). Por su parte, la Suprema Corte de Justicia de Buenos Aires ha aceptado para el Derecho Administrativo, la clasificación entre nulidad absoluta y relativa como categorías diferentes a la de nulidad manifiesta o no manifiesta (conf. caso "Litardo, Miguel A. v. Provincia de Buenos Aires", LL Rep. 30 [año 1970], A-I, p. 56; *Diario de Jurisprudencia - Boletín Judicial de la Provincia de Buenos Aires*, 89-5).

2260   Art. 1°, ley 16.986, que admite la acción de amparo contra todo acto "que en forma actual o inminente, lesione, restrinja, altere o amenace, con arbitrariedad o *ilegalidad manifiesta*, los derechos o garantías explícita o implícitamente reconocidas por la Constitución Nacional". Idéntico criterio ha seguido el art. 43, CN, reformada.

2261   "Laperne, Pedro Alfredo", Fallos 253:15 (1962); "National Carbon Co. Inc. v. Nación Argentina", Fallos 269:261 (1967), y ED 18-407; ED 20-393.

"cuya declaración excluye la posibilidad de realizar una investigación de hecho, bastando la mera comprobación de que la nulidad surge del acto mismo"[2262].

En conclusión, los actos administrativos que adolecen de vicios manifiestos carecen de presunción de legitimidad, circunstancia que, como más adelante se verá, incide de un modo determinante tanto en la suspensión de la ejecución y efectos del acto en sede administrativa o judicial como respecto de la posibilidad de que la Administración disponga la extinción de un acto que adolece de nulidad absoluta[2263].

8. LA CATEGORÍA DEL SISTEMA DE LAS NULIDADES FUNDADA EN EL CARÁCTER RÍGIDO O FLEXIBLE DE LA CAUSAL DE INVALIDEZ

Aunque este tipo de invalidez, que en el Derecho Civil argentino se ha relacionado con la clasificación entre actos nulos y anulables[2264], no tiene en el Derecho Administrativo las mismas consecuencias en punto al régimen jurídico del acto[2265], no por ello deja naturalmente de existir, si bien los alcances de la clasificación quedan reducidos a determinar si la Administración Pública o el órgano judicial, disponen de un amplio o reducido margen de apreciación con respecto a la causal de invalidez.

En efecto, también existen en el Derecho Administrativo casos en que el tipo de sanción se presenta con carácter rígido, tal como acontece con el vicio relacionado con la forma taxativamente requerida por la ley (*v.gr.*, falta de licitación pública) y otros, en que la sanción aparece valorada en atención a las circunstancias del caso, variable en los actos de un mismo grupo y susceptible de una apreciación cuantitativa (*v.gr.*, vicios de error, dolo y violencia).

No obstante las consideraciones apuntadas lo cierto es que en el estado actual del Derecho Administrativo argentino, esta categoría no ha sido recepcionada por el ordenamiento y sus consecuencias prácticas se circunscriben a las facultades de los órganos que decretan la extinción del acto, y en su caso, a la impugnación que se realice respecto del acto que traduzca una valoración defectuosa generadora de la causal de invalidez.

[2262] CASSAGNE, Juan Carlos, *La ejecutoriedad del acto administrativo, cit.*, ps. 87/88.

[2263] Por la aplicación de lo dispuesto en el art. 17, LNPA (modificada por la ley 21.686), que prescribe la obligación de la Administración de revocar el acto afectado de nulidad absoluta. Si el vicio es manifiesto, la Administración está obligada a revocar el acto inmediatamente de advertido el vicio o de alegado por el particular, salvo que como expresa la mencionada norma "el acto estuviera firme y consentido y hubiera generado derechos subjetivos que se estén cumpliendo" en cuyo caso debe acudirse a la vía judicial.

[2264] LLAMBÍAS, Jorge J., *Tratado...*, *cit.*, t. II, p. 558.

[2265] Lo contrario acontece en el Derecho Civil, donde según un sector de la doctrina, esta categoría de invalidez tiene repercusión en lo atinente a los efectos de la declaración de nulidad para consolidar los derechos de los terceros adquirentes de buena fe (LLAMBÍAS, Jorge J., "Estudio de la reforma del Código Civil", JA, Buenos Aires, 1969, ps. 72/73).

9. LA APLICACIÓN DE LAS CLASIFICACIONES PRECEDENTES EN EL SISTEMA DE LA LEY NACIONAL DE PROCEDIMIENTOS ADMINISTRATIVOS

No obstante que la Ley Nacional de Procedimientos Administrativos ha regulado en forma expresa sólo la principal categoría de invalidez (absoluta y relativa) nada obsta a la aplicación, en un plano interdependiente, de las restantes categorías, en especial, la que tiene en cuenta el carácter manifiesto o no del vicio o defecto.

La ley citada, en su art. 14, consagra expresamente un tipo de invalidez que tiene en cuenta la mayor gravedad del vicio, en virtud de que al afectarse gravemente el principio de legalidad que rige la actividad administrativa, se considera violado el orden público[2266].

A tal especie de invalidez corresponde denominarla pura y simplemente *nulidad absoluta*[2267], dado el fundamento sobre el que reposa la clasificación y a fin de no provocar incorrectas aplicaciones de las normas que, en el Código Civil, se refieren a los actos nulos o anulables[2268].

Las características que tipifican el régimen jurídico de la nulidad absoluta en el ordenamiento positivo nacional son las siguientes:

(i)   el acto no es susceptible de saneamiento[2269];

(ii)   la acción para demandar la nulidad absoluta es imprescriptible;

(iii)   el acto afectado de nulidad absoluta debe ser revocado en sede administrativa, excepto si el mismo estuviera firme y consentido y hubiera generado derechos subjetivos que se estén cumpliendo[2270].

La nulidad relativa, en cambio, es susceptible de saneamiento, es prescriptible y tiene un peculiar régimen de estabilidad[2271].

[2266]   Respecto de la nulidad absoluta, en el derecho español, se ha dicho que ella "no sana, ni se convalida por el transcurso del tiempo y no es susceptible de consentimiento, porque, por su naturaleza y gravedad, está fuera del ámbito de la autonomía de la voluntad, es indisponible para las partes a quienes afecta, en cuanto que rebasa la esfera de su propio interés y afecta al interés general, al orden público" (conf. FERNÁNDEZ, Tomás R., *La doctrina...*, *cit.*, p. 209).

[2267]   El art. 14, LNPA, designa indistintamente las expresiones, acto nulo o de nulidad absoluta.

[2268]   Un ejemplo de lo cual lo encontramos en aquellos autores que han seguido afirmando (después de la reforma del Código Civil por las leyes 17.711 y 17.940) que la acción para demandar una nulidad absoluta prescribe a los diez años por aplicación del art. 4030, CCiv., cuando la última reforma del artículo mencionado realizada por la ley 17.940 ha prescripto en forma expresa que dicha prescripción se refiere a los actos nulos o anulables (véase LLAMBÍAS, Jorge J., *Apéndice...*, *cit.*, p. 92). En consecuencia, en el derecho administrativo, la acción para demandar la nulidad absoluta es también imprescriptible.

[2269]   Art. 14, 1ª parte, LNPA.

[2270]   Art. 17, LNPA, modificada por la ley 21.686.

[2271]   Arts. 18 y 19, LNPA.

10. EL CONTROL *EX OFICIO* DE LA INVALIDEZ

En los sistemas judicialistas y más aun en los que existe un sistema de control difuso de inconstitucionalidad sobre los actos administrativos a cargo de los jueces – como es nuestro caso– carece de todo sentido limitar las potestades del Poder Judicial para poder declarar *ex oficio*, por aplicación del principio *iura novit curia*, la inconstitucionalidad o simplemente la invalidez de un acto o contrato emanado de la Administración, ya sea del Poder Ejecutivo, órganos jerárquicamente dependientes o entidades descentralizadas.

Sin embargo, no ha sido ésa la interpretación que sostuvo la doctrina[2272] ni por la tradicional jurisprudencia de la Corte[2273] contraria a la admisión del control *ex oficio* de inconstitucionalidad o meramente de ilegalidad. La razón que se argumentaba para ello consistía en que, de admitirse ese tipo de control, se estaría vulnerando el principio de separación de los poderes, que se halla en la base de nuestro sistema constitucional y de otros sistemas comparados.

En realidad, el control *ex oficio* implica, precisamente, darle una herramienta a los jueces para que éstos puedan ejercer con plenitud – supliendo incluso el derecho alegado por las partes– la función de control y revisión de los actos administrativos que la Constitución les discierne lo que, lejos de alterar el principio divisorio y la independencia del Poder Judicial, viene a reafirmarlo[2274].

Un segundo argumento, que también se sostuvo, se apoyó en la presunción de legitimidad de los actos administrativos[2275], la que nada tiene que ver con el control *ex oficio*, habida cuenta de que sólo puede ser invocada por la Administración hasta tanto sea declarada la invalidez, no importando si esta declaración se opera sobre la base de la alegación de alguna de las partes o que lo resuelva el juez de oficio.

De otra parte, si la presunción de legitimidad es *iuris tantum* esta circunstancia no exime a la norma o al acto del control judicial que, en un Estado de Derecho, siempre debe ser pleno[2276].

Lo que sí tiene que haber es un conflicto o una causa promovida por la Administración o por un particular para que los jueces estén habilitados para conocer en la controversia y ejercer allí el control *ex oficio*[2277].

El tercer argumento que se opone al control judicial *ex oficio* se basa en que esta forma de control implicaría la afectación del derecho de defensa ya que las partes carecerían de la posibilidad de exponer sus razones antes de la declaración de in-

---

[2272] MARIENHOFF, Miguel S., *Tratado...*, *cit.*, t. II, p. 484; GORDILLO, Agustín, *El acto administrativo*, p. 90; doctrina a la que, en su momento, también adherimos (CASSAGNE, Juan Carlos, *Derecho Administrativo*, t. I, p. 173).

[2273] "Ganadera Los Lagos SA v. Nación Argentina", Fallos 190:142 (1941).

[2274] BIANCHI, Alberto B., *Control de constitucionalidad*, 2ª ed., Ábaco, Buenos Aires, 1992, p. 224; anota que lo que le está vedado hacer al juez es suplir al legislador y que el control de constitucionalidad no puede estar a cargo del órgano controlado.

[2275] "Ganadera Los Lagos SA v. Nación Argentina", Fallos 190:142 (1941).

[2276] Conf. BIANCHI, Alberto B., *Control de constitucionalidad*, *cit.*, p. 225.

[2277] La interpretación contraria se basó en la opinión de Cooley y es la que prevalece en la jurisprudencia de la Corte, ver: BIANCHI, Alberto B., *Control de constitucionalidad*, *cit.*, p. 210.

constitucionalidad o invalidez de un acto administrativo. Como afirma BIANCHI[2278] éste es, sin duda, el escollo argumental de mayor entidad que se ha esgrimido en contra de la admisión del control *ex oficio*.

Sin embargo, aparte de que sería posible suplirlo en el proceso planteando la cuestión y concediendo el juez un nuevo traslado antes de la sentencia[2279] nada impide que las partes defiendan o ataquen la constitucionalidad y la invalidez de un acto administrativo[2280] en un proceso en el que el derecho de defensa hubiera tenido la posibilidad y oportunidad procesal de ser ejercido sin cortapisas.

Ahora bien, la declaración *ex oficio* de inconstitucionalidad o invalidez de un acto o reglamento administrativo no debe confundirse con la actividad judicial oficiosa que declara no habilitada la instancia cuando la parte estatal no había planteado la falta de habilitación pues, en tales casos, lo que se encuentra en juego es el carácter renunciable del derecho y el principio de igualdad procesal. En esta materia, si bien la Corte había sentado la buena doctrina en los precedentes "Cohen[2281]" y "Construcciones Taddía[2282]", cambió posteriormente de criterio – por una ajustada mayoría– sosteniendo la posibilidad de que los jueces declaren no habilitada la instancia aun sin pedido de parte[2283], doctrina que fue recogida luego por un plenario de la Cámara Nacional Contencioso Administrativa Federal[2284]. Este cambio jurisprudencial no ha tenido en cuenta el carácter renunciable del derecho del Estado y, sobre todo, la necesidad de no alterar la igualdad de las partes en el proceso.

[2278] BIANCHI, Alberto B., *Control de constitucionalidad, cit.*, ps. 225/226.

[2279] Como lo sostiene VANOSSI, Jorge R., *Recurso extraordinario federal. Control de constitucionalidad*, Universidad, Buenos Aires, 1984, ps. 226 y ss.

[2280] En el mismo sentido: BIANCHI, Alberto B., *Control de constitucionalidad, cit.*, p. 225.

[2281] "Cohen, Rafael v. Instituto Nacional de Cinematografía s/nulidad de resolución", Fallos 313:228 (1990).

[2282] "Construcciones Taddía SA v. Estado nacional (Ministerio de Educación y Justicia) s/cobro", Fallos 315:2217 (1992).

[2283] "Gorordo Hallaría de Kralj, Haydée María", Fallos 322:74 (1999) y "Tajes, Raúl Eduardo", Fallos 322:555 (1999).

[2284] C. Nac. Cont. Adm. Fed., en pleno, 15/4/1999, "Romero, Gerardo", LL 1999-E-192; véase: COMADIRA, Julio R., "El caso 'Gorordo': nueva jurisprudencia de la Corte Suprema en materia de habilitación de la instancia y revisión judicial de la denuncia de ilegitimidad", ED 181-960; JEANNERET DE PÉREZ CORTÉS, María, "La habilitación de la instancia judicial en la doctrina de la Corte Suprema de Justicia de la Nación", REDA, nro. 27/29, Depalma, Buenos Aires, ps. 73 y ss.; MÁNTARAS, Pablo, "¿Corresponde verificar de oficio la habilitación de la instancia en el proceso contencioso administrativo?", LL supl. de Jurisprudencia de Derecho Administrativo del 19/5/2000, p. 20; REJTMAN FARAH, Mario, "Un importante giro jurisprudencial en la revisión de oficio de la llamada habilitación de la instancia", LL 1999-E-185; TORANZO, Alejo, "Declaración de oficio de la caducidad de la acción contencioso administrativa. La Corte Suprema se aparta de sus precedentes menguando su autoridad vertical", LL 1999-E-756, y MONTI, Laura, "Control de la habilitación de la instancia contencioso administrativa (nuevas orientaciones jurisprudenciales)", ED supl. de Derecho Administrativo, serie especial del 31/10/2000.

11. EFECTOS DE LA DECLARACIÓN DE INVALIDEZ

Como lo postula un sector de la doctrina española[2285], no corresponde vincular la cuestión de los efectos que produce la declaración de invalidez (*ex tunc* o *ex nunc*) con la nulidad y la anulabilidad, en su caso. Este punto de vista, que venimos sosteniendo desde tiempo atrás[2286], se basa en que resulta contradictorio, al menos en nuestro derecho, acudir a una técnica proveniente del Derecho Civil francés, máxime cuando no existe norma legal expresa que regule la cuestión.

Por esa causa – aunque no sea una opinión pacífica en la Argentina[2287]– consideramos que la declaración de invalidez de un acto o contrato administrativo tiene, en principio, efectos retroactivos, generando los derechos consiguientes para la parte perjudicada por los efectos que el acto produjo hasta ese momento (*v.gr.*, restituciones patrimoniales).

Pero esa retroactividad no puede afectar a los terceros de buena fe que adquirieron derechos respecto del acto declarado inválido *a posteriori*, para lo cual resulta esencial determinar si el acto adolece de una nulidad absoluta y manifiesta ya que, en tales casos, quedaría excluida la buena fe del tercero[2288].

Con todo, no se puede negar que existe una tendencia, que hunde sus raíces en el derecho norteamericano (donde se aplica en forma casuista), proclive a morigerar o suprimir los alcances retroactivos de la declaración de invalidez[2289], la que en el

---

[2285] BELADIEZ ROJO, Margarita, "La nulidad...", *cit.*, p. 161.

[2286] Criterio que ha sido compartido por Comadira, Julio R.; véase: "El sistema de nulidades del acto administrativo", en *Procedimiento administrativo*, *cit.*, p. 106; Mairal parece inclinarse por dicha interpretación con fundamento en lo prescripto en el art. 1050, CCiv., y también la jurisprudencia de los tribunales federales que cita (MAIRAL, Héctor A., *Control judicial de la Administración Pública*, t. II, Depalma, Buenos Aires, 1984, ps. 904/905).

[2287] MARIENHOFF, Miguel S., *Tratado...*, *cit.*, t. II, p. 490; GORDILLO, Agustín, *Tratado de Derecho Administrativo*, 3ª ed., t. III, Macchi, Buenos Aires, 1979, ps. XI-6 y XI-18; esta doctrina postula que sólo la declaración de invalidez de un acto nulo o de nulidad absoluta produce efectos retroactivos (*ex tunc*).

[2288] En las diferentes ediciones de nuestro *Derecho Administrativo* hemos sostenido que la regla de la retroactividad de los efectos de la declaración de invalidez se aplicaba a las dos especies de invalidez admitiendo dos excepciones: a) si el particular hubiera ejecutado el acto sin conocer la existencia del acto, y b) el vicio o defecto no le fuera imputable, total o parcialmente, a quien se perjudica con la invalidez. Creemos que, en dichas excepciones, encuentra ubicación la situación de los terceros de buena fe, sea el acto de nulidad absoluta o relativa. El carácter manifiesto de la invalidez constituye un obstáculo, al igual que en el Código Civil, para que se configure la buena fe del tercero.

[2289] Uno de los fallos más comentados refleja dicha tendencia: "Linkletter v. Walker" (381 US 618) del año 1965, en el que se declaró que como "la Constitución ni prohíbe ni exige el efecto retroactivo"; los efectos de una sentencia anterior que declaró inconstitucional las pruebas sobre las que se basó el tribunal para condenar al recurrente, operan para el futuro, careciendo de efectos retroactivos. La Suprema Corte norteamericana valoró, en ese fallo, los efectos contraproducentes que ocasionaría la retroactividad, pues la justicia tendría que revisar todos los procesos en que se utilizaron las pruebas que fueron declaradas inconstitucionales, mediante una ponderación de los intereses en juego; véase: GARCÍA DE ENTERRÍA, Eduardo, "Un paso importante para el desarrollo de nuestra justicia constitucional: la doctrina prospectiva en la declaración de ineficacia de las leyes inconstitucionales", *Revista Española de Derecho Administrativo*, nro. 61, Civitas, Madrid, 1989, p. 6; a su vez, uno de los

derecho comunitario europeo encuentra fundamento en el principio de seguridad jurídica[2290].

En el Derecho Administrativo existe un conjunto de circunstancias que reclaman una solución autónoma, diferente que en el Derecho Privado, para el problema de los efectos de la declaración de invalidez. Ellas son la facultad que tiene la Administración para crear unilateralmente vínculos obligatorios, la presunción de que siempre actúa de buena fe y el interés público que persigue.

Dichas razones tornan inaplicable, a nuestro juicio, la temática civilista de los efectos de la declaración de invalidez y nos lleva a sostener la tesis de que en el Derecho Administrativo todo tipo de nulidad (sea absoluta o relativa) opera, en principio, una vez declarada, efectos retroactivos, es decir, *ex tunc*, tanto con relación a los destinatarios originarios del acto como respecto de las transmisiones sucesivas, y ya sea si la estructura del acto resulta unilateral o bilateral en su formación[2291].

Tal es el principio. Sin embargo, excepcionalmente la invalidez carecerá de efectos retroactivos en los siguientes supuestos:

(i)   cuando el administrado o la Administración Pública hubieren ejecutado el acto sin conocer la existencia del vicio;

(ii)   el vicio o defecto no le fuera imputable total o parcialmente a quien se perjudica con la nulidad.

Por otra parte, la Administración puede renunciar – por razones de orden o interés público– a la aplicación retroactiva de la invalidez ya que no existe norma o principio que se oponga a dicha posibilidad.

12. CARACTERÍSTICAS GENERALES DEL SISTEMA ADMINISTRATIVISTA DE LAS NULIDADES Y SUS DIFERENCIAS CON EL RÉGIMEN QUE ESTATUYE EL CÓDIGO CIVIL

En síntesis, el sistema de la invalidez en el Derecho Administrativo presenta las siguientes características generales: a) En primer lugar, como categoría principal, el sistema reposa en la clasificación entre nulidades absolutas y relativas, la cual tiene su fundamento en la mayor o menor gravedad del vicio o defecto del acto administrativo y genera consecuencias diversas en punto a la subsistencia del acto. Tal como se ha visto, los actos que adolecen de nulidad absoluta no son susceptibles de saneamiento y la acción para demandar la invalidez es imprescriptible, a diferencia de lo que acontece respecto de los actos afectados de nulidad relativa. b) En segundo término, existen también en el Derecho Administrativo los tipos denominados nulidad manifiesta y no manifiesta, de acuerdo con la visibilidad del vicio o defecto,

---

pocos precedentes de la Corte Suprema norteamericana donde se realizó una distinción entre los efectos de la invalidez del acto nulo (*void*) y del acto anulable (*voidable*) fue en el caso "Atlantic Coast Line Railroad Co. v. Florida" (295 US 301), del año 1935, citado por MAIRAL, Héctor A., *Control judicial...*, cit., t. II, p. 860, nota 62.

[2290]   Sentencia "Defrenne" del año 1976, citada por BELADIEZ ROJO, Margarita, *Validez...*, cit., p. 351, nota 28.

[2291]   Sobre la unilateralidad o bilateralidad en la formación del acto administrativo, véase MARIENHOFF, Miguel S., *Tratado...*, cit., t. II, ps. 229 y ss.

cuya trascendencia es mayor en nuestra disciplina que en el Derecho Civil, puesto que se vincula con la presunción de legitimidad del acto, su suspensión y la extinción del mismo en sede administrativa, cuando la nulidad es manifiesta y, además, absoluta.

En efecto, el acto que adolece de nulidad manifiesta carece de presunción de legitimidad, torna procedente la suspensión del mismo en sede administrativa y judicial, en el caso de que la nulidad sea absoluta genera el deber de la Administración Pública de revocar el acto de inmediato[2292], salvo que el acto estuviera firme y consentido y hubiera generado derechos subjetivos que se estén cumpliendo, en cuyo caso debe acudirse a sede judicial para lograr la anulación del respectivo acto (art. 17, LNPA, modif. por la ley 21.686). c) Por último, existen causales de invalidez que se presentan en el Derecho Administrativo con un carácter rígido o taxativo, y otras, que otorgan un considerable margen de valoración para apreciar tanto el grado como la existencia del vicio o defecto.

Dada la diferente fundamentación en que se apoyan las clasificaciones expuestas precedentemente cabe advertir, aunque parezca obvio, que ellas no se superponen ni son correlativas pues juegan en planos distintos, siendo posible entonces – por ejemplo– que un acto adolezca de nulidad absoluta, que ella aparezca manifiesta, y que la causal de invalidez sea rígida o taxativa (*v.gr.*, falta de licitación pública en aquellos casos en que es requerida por la norma).

Esa interferencia recíproca que caracteriza al sistema de la invalidez permite, desde el punto de vista normativo y de la realidad, su aplicación armónica en resguardo de la legalidad, a lo cual se añade la circunstancia de que, en punto a su valorización, representa una justa solución que consagra adecuadas garantías para los administrados y el interés público dentro del sistema de equilibrio que debe reinar entre los derechos individuales y las prerrogativas de la Administración Pública.

En cuanto a las diferencias generales que existen entre el sistema del Derecho Administrativo y el que preceptúa el Código Civil en materia de nulidades, pueden señalarse principalmente las siguientes:

(i)   la regla del Derecho Civil por cuyo mérito no se concebía una nulidad sin texto expreso no rige en el Derecho Administrativo, donde se admite la existencia de nulidades implícitas o virtuales[2293];

(ii)   la Administración Pública, a contrario de lo que sucede en el Derecho Privado, puede demandar la nulidad de sus propios actos cuando verifique la presencia de vicios o defectos, pues no se le aplica a ella la interdicción de alegar su propia torpeza para peticionar la extinción del acto[2294];

[2292]   En este sentido, ver dictamen de la Procuración del Tesoro de la Nación del 15/5/1985 (expte. 13.195/83), *RAP*, nro. 94, Ciencias de la Administración, Buenos Aires, 1986, ps. 75 y ss., esp. p. 79.

[2293]   BIELSA, Rafael, *Derecho Administrativo*, 6ª ed., t. II, La Ley, Buenos Aires, 1964-1966, ps. 144/145; DIEZ, Manuel M., *El acto administrativo*, 2ª ed., TEA, Buenos Aires, 1961, p. 424; GORDILLO, Agustín, *El acto administrativo*, 2ª ed., Abeledo-Perrot, Buenos Aires, 1969, p. 359, regla que la doctrina civilista actual ha abandonado en muchos casos.

[2294]   FIORINI, Bartolomé A., *Manual de Derecho Administrativo*, t. I, La Ley, Buenos Aires, 1968, ps. 360/361.

(iii) si bien en el Derecho Administrativo existe, aunque signada con características propias, la clasificación entre nulidades manifiestas y no manifiestas, el principio de la separación de los poderes torna inaplicable la norma del Código Civil que faculta a los jueces para declarar la invalidez de oficio cuando ésta es absoluta y, además, manifiesta[2295];

(iv) en atención a la finalidad pública que orienta la actividad administrativa y la presunción de que no actúa en perjuicio de terceros, la declaración de nulidad de un acto administrativo tiene efectos retroactivos, no rigiendo en principio las distinciones que en tal sentido formula el Código Civil (efectos *ex tunc* o *ex nunc*) con relación a los terceros adquirentes de buena fe (art. 1051, CCiv.).

13. CRÍTICA DE LA TEORÍA DEL ACTO INEXISTENTE COMO CATEGORÍA DE INVALIDEZ. LAS DENOMINADAS VÍAS DE HECHO

Otro de los temas que exhibe divergencias entre los autores nacionales y extranjeros es el relativo a la aplicación de la teoría de la inexistencia y su proyección sobre el sistema de invalidez del acto administrativo. Tanto en nuestro país como en la doctrina comparada[2296], un sector postula la tesis del acto inexistente como una especie particular de invalidez, pretendiendo trasplantar al Derecho Administrativo una típica construcción del Derecho Privado francés.

Pero ocurre que, dentro del proceso histórico de adaptación constante de concepciones civilistas al campo administrativo, quienes sostuvieron en su oportunidad la teoría de la inexistencia lo hicieron sobre la base de las ideas que entonces dominaban al Derecho Privado.

El Derecho Administrativo contemporáneo no puede ignorar la evolución operada en el propio ámbito donde nació la teoría de la inexistencia, sin correr el riesgo de quedar a la zaga de la disciplina civilista y de la realidad jurídica. No se puede desconocer por lo tanto, que en el propio país donde nació la teoría del acto inexistente, ésta ha sufrido considerables embates doctrinarios que han provocado su pérdida de vigencia, o al menos, una suerte de apartamiento del campo de las nulidades, donde se había alojado primitivamente.

El origen de la teoría de la inexistencia – por demás conocido– obedeció a la circunstancia de tener que solucionar algunos supuestos que se presentaban en relación con determinados matrimonios que no podían ser invalidados en virtud de que la ley no sancionaba su nulidad ni tampoco era posible que fueran objeto de convalidación, por cuanto la propia naturaleza lo impedía (*v.gr.*, matrimonio entre personas de igual sexo). Al ser lanzada la idea de que tales actos no precisaban ser anulados en mérito a su "inexistencia", no se imaginó, que la misma, con el correr del tiempo, iba también a ser extendida a otros actos jurídicos (ej.: contrato celebrado por un insano). Como consecuencia de tal evolución, la inexistencia (como categoría

---

[2295] MARIENHOFF, Miguel S., *Tratado...*, *cit.*, t. II, ps. 478 y ss.

[2296] DIEZ, Manuel M., *El acto administrativo*, *cit.*, ps. 390 y ss.; GORDILLO, Agustín, *El acto administrativo*, *cit.*, ps. 361 y ss.; SAYAGUÉS LASO, Enrique, *Tratado de Derecho Administrativo*, t. I, Talleres Gráficos Barreiro, Montevideo, 1963, p. 505; VITTA, Cino, *Diritto Amministrativo*, t. I, Turín, 1955, ps. 451 y ss.; LAUBADÈRE, André de, *Traité de Droit...*, *cit.*, t. I, ps. 225/227; RIVERO, Jean, *Droit Administratif*, Dalloz, París, ps. 96/97.

de invalidez del acto) creció en forma tan desmesurada, que prácticamente vino a dejar sin campo de aplicación a la nulidad absoluta, a tal punto, que algunos autores llegaron a sostener incluso una clasificación bipartita (inexistencia y nulidad relativa). Dicho planteo se apartó así de la formulación inicial de la teoría cuya base esencial concebía a la figura de la inexistencia como una noción autónoma distinta de la nulidad, pero nunca como una categoría especial de invalidez, lo cual, en el fondo, no era más que un mero cambio de denominación para un tipo de nulidad[2297]. Por todo ello, una parte de la doctrina civilista francesa se orientó hacia la supresión de la noción de inexistencia, entendida ésta como la máxima sanción de invalidez del acto[2298].

Interesa, asimismo, resaltar que un sector de tratadistas partidarios de la noción de inexistencia sostienen que ésta no tiene cabida en la teoría de las nulidades, señalando que sólo se configura cuando ha mediado un impedimento "natural" a la formación del acto, o sea, cuando ha existido un obstáculo que se halla en la propia realidad, mientras que la nulidad aparece cuando el impedimento surge de la norma[2299].

Pero fuera de que la teoría del acto inexistente traduce la aplicación de una construcción de neto corte civilista actualmente en crisis, ella – tal como ha pretendido ser trasplantada al Derecho Administrativo nacional[2300]– es susceptible de algunas críticas adicionales:

(i)   en el plano lógico, no resulta correcto asignar apariencia jurídica a lo que en realidad no ha existido[2301];

(ii)   introduce un nuevo elemento de confusión a la clasificación fundada en el grado de gravedad de la invalidez que se añade a las dos categorías conocidas como nulidad absoluta y nulidad relativa (o según algunos autores actos nulos y anula-

---

[2297] Entre las obras de la doctrina francesa que han abordado el tema de la inexistencia se destaca la clásica obra de JAPIOT, René, *Des nullités en matière d'actes juridiques*, Dijon, París, 1909.

[2298] MAZEAUD, Henry - MAZEAUD, Léon - MAZEAUD, Jean, *Lecciones...*, *cit.*, vol. I, "Parte Primera", ps. 524/525, quienes señalan refiriéndose a la inexistencia: "Pero esta teoría no es solamente inútil, es también falsa". Los autores que la preconizan pretenden que algunas diferencias importantes separan a la inexistencia y a la nulidad absoluta. Ante todo, según ellos, la inexistencia no tendría que ser demandada judicialmente. Olvidan que el acto inexistente, crea una apariencia, y habrá que dirigirse desde luego a los tribunales para hacer que desaparezca esa apariencia y restablecer la realidad: "nadie puede hacerse justicia por sí mismo". En el mismo sentido se expresan MARTY, Gabriel - RAYNAUD, Pierre, *Droit Civil*, *cit.*, t. I, nros. 158 y ss.

[2299] LLAMBÍAS, Jorge J., "Diferencia específica entre la nulidad y la inexistencia de los actos jurídicos", LL 50-876; BORDA, Guillermo A., *Tratado...*, *cit.*, t. II, p. 402.

[2300] IMAZ, Esteban, "Teoría del acto inexistente", LL 89-893 y ss.; GORDILLO, Agustín, *El acto administrativo*, *cit.*, 2ª ed., ps. 361 y ss.

[2301] Algunos autores en vez de hablar de acto inexistente, utilizan la expresión "inexistencia del acuerdo" (conf. ALESSI, Renato, *Instituciones de Derecho Administrativo*, trad. a la 3ª ed. italiana del *Sistema Istituzionale di Diritto Amministrativo*, t. I, Bosch, Barcelona, 1970, p. 319). Nosotros entendemos que ello es realmente un juego de palabras y que la teoría debe ser – por las razones que damos en el texto– desterrada del derecho administrativo. Ver también BIELSA, Rafael, *Derecho Administrativo*, *cit.*, t. II, p. 136.

bles). Así, lo que para un sector de intérpretes entrañará una nulidad absoluta, para otro, será un acto inexistente, afectando la certeza que debe reinar en todo sistema jurídico[2302];

(iii) provoca también el error de confundir la categoría del acto inexistente, con la nulidad manifiesta[2303].

En consecuencia, de darse todos los elementos del acto aunque viciados, si el defecto es grave habrá nulidad absoluta; en caso contrario la nulidad será relativa.

En cambio, si no hubiere tenido existencia como acto, y se tratara de un grosero comportamiento material de la Administración Pública, la noción que corresponde utilizar es la de "vía de hecho" administrativa[2304].

Se ha sostenido la posibilidad de que la vía de hecho administrativa pueda derivarse de la irregularidad que ostentan ciertos actos administrativos (inexistencia de competencia e incompetencia absoluta) que constituyen su base, es decir, no del comportamiento material, sino del acto administrativo que se ejecuta[2305].

Aplicando la doctrina que se ha expuesto es evidente que si se está ante uno de los llamados casos de inexistencia, no hay acto administrativo, por lo que la irregularidad que configura la vía de hecho no deriva de acto administrativo alguno y en eso radica precisamente la ilegitimidad grosera del comportamiento material.

Por lo demás, los supuestos de incompetencia absoluta dan siempre lugar – en nuestro sistema jurídico– a la nulidad absoluta (art. 14, inc. b], LNPA).

Al respecto, el ordenamiento positivo nacional recoge la noción de vía de hecho[2306], señalando dos supuestos, que a nuestro parecer han sido establecidos a título enunciativo, como son el comportamiento material lesivo de un derecho o garantía constitucional, y la puesta en ejecución de un acto "estando pendiente algún recurso administrativo de los que en virtud de norma expresa impliquen la suspensión de los efectos ejecutorios de aquél, o que, habiéndose resuelto, no hubiere sido notificado"[2307].

[2302] Conf. PARADA VÁZQUEZ, José R., *Derecho Administrativo*, t. I, Pons, Madrid, 1989, p. 118.

[2303] A pesar de que aun aceptando la noción de inexistencia ello es posible, en virtud de que la clasificación entre nulidades manifiestas y no manifiestas no se funda en el grado de gravedad del vicio, sino en su visibilidad externa.

[2304] MARIENHOFF, Miguel S., *Tratado...*, *cit.*, t. II, ps. 213 y 495; WALINE, Marcel, *Droit Administratif*, *cit.*, ps. 437 y ss.; RIVERO, Jean, *Droit Administratif*, *cit.*, ps. 155/158; BENOIT, Francis P., *Le Droit Administratif français*, Dalloz, París, 1968, ps. 28 y ss.

[2305] Conf. GRECCO, Carlos M., "Vías de hecho administrativas", LL 1980-C-1210.

[2306] Sobre la noción de vía de hecho en el derecho peruano ver: HUAPAYA TAPIA, Ramón, "El objeto del proceso contencioso administrativo en la ley 27.584", en la obra colectiva *Derecho Administrativo*, Jurista Editores, Lima, 2004, ps. 291/293.

[2307] Art. 9º, LNPA; al respecto habíamos sostenido que para la *puesta en ejecución* de un acto en las condiciones a que hace referencia el inc. b) del art. 9º de la ley citada, es necesario que se trate de un comportamiento material de la Administración Pública. La reforma introducida al art. 9º por la ley 21.686 recogió nuestra observación, aclarando que los comportamientos que importen vías de hecho deben ser siempre comportamientos materiales (conf. ESTRADA, Juan Ramón de, "La primera reforma de la Ley Nacional de Procedimiento Administrativos",

Por todo lo expuesto, la teoría del acto inexistente es inaplicable en el Derecho Administrativo argentino[2308] no sólo por carecer de todo sustento lógico sino porque – como se ha visto– incorpora una complicación inútil a la teoría de la invalidez administrativa.

14. CONCLUSIONES

Es cierto que la efectividad de un buen sistema de invalidez administrativa depende más de los mecanismos procesales que de la estructuración normativa del sistema que varía sustancialmente, como se ha visto, de un ordenamiento a otro. Sin embargo, esa variación que exhibe el derecho comparado no impide desconocer el fondo común de la problemática jurídica que enfrentan los diferentes sistemas afectados por similares tensiones en torno de los valores que, en definitiva, tutela cada ordenamiento.

Uno de esos problemas radica en la colisión que se produce entre el principio de legitimidad (o legalidad, según algunos) y el de conservación de los actos jurídicos, en la que, antes de tomar partido por uno u otro, se impone la tarea de armonizarlos en un sistema justo y coherente.

De prevalecer de un modo absoluto el principio de conservación – especialmente para preservar los fines que persigue la Administración– perdería sentido el andamiaje jurídico montado alrededor de las garantías de defensa y razonabilidad o de la tutela judicial efectiva (como estatuye el ordenamiento constitucional español) para hacer que aquélla cumpla sus funciones con arreglo a la ley y al Derecho.

En este aspecto, no se puede menos que coincidir con las concepciones que advierten que los fines de la Administración no pueden constituir un escudo que encubra la ilegalidad y, menos aún, la arbitrariedad, lo que no obsta a que los futuros ordenamientos puedan introducir, en algunos supuestos, como en materia de incompetencia material y vicios de forma, soluciones más favorables a la subsanación de los respectivos actos.

EDLA, nro. 1, Buenos Aires, 1978, p. 956). A su vez, la Ley Nacional de Procedimientos Administrativos permite la impugnación de las vías de hecho (argumento del art. 25, inc. d], de la ley) a efectos de que la Administración se abstenga del comportamiento antijurídico correspondiente.

[2308] Entre la doctrina adversa a la inexistencia como categoría específica de invalidez cabe citar a: BIELSA, Rafael, *Derecho Administrativo*, t. II, ps. 136/138; MARIENHOFF, Miguel S., *Tratado...*, *cit.*, t. II, ps. 492/486; FIORINI, Bartolomé A., *Manual...*, *cit.*, t. I, p. 357; GARRIDO FALLA, Fernando, *Tratado de Derecho Administrativo*, 10ª ed., t. I, Tecnos, Madrid, 1987, ps. 457/459, quien señala que la generalidad de la doctrina española es contraria a la admisión de la inexistencia como un supuesto de invalidez (clasificación tripartita) incluyendo los casos denominados de inexistencia dentro de la nulidad absoluta (*cit.*, t. I, p. 459), que – como hemos dicho– incorpora una complicación inútil a la teoría de la invalidez administrativa, sobre la base de una construcción que se halla en franco retroceso en el Derecho Civil. Tampoco la admiten como categoría de invalidez dentro de la Ley Nacional de Procedimientos Administrativos; HUTCHINSON, Tomás, *La Ley Nacional...*, *cit.*, t. I, p. 302 y COMADIRA, Julio R., *Derecho Administrativo*, Abeledo-Perrot, Buenos Aires, 1996, p. 48.

La concepción de los vicios de orden público para tipificar la nulidad absoluta se encuentra en plena vigencia en los distintos ordenamientos, no sólo por responder a una construcción tradicional sino porque tiene una arraigada inserción en la jurisprudencia de distintos países, posee coherencia lógica y permite mantener incólume el principio de legitimidad y, por tanto de la justicia, y razonabilidad, en el obrar de la Administración. Resulta incuestionable, por otra parte, que los principales rasgos de su régimen jurídico se reflejan en el carácter indisponible e imprescriptible que se atribuye a este tipo de invalidez.

En esa tendencia, la clasificación bipartita de la invalidez administrativa continúa cumpliendo un papel trascendente en los sistemas de Europa continental e hispano-americanos, sin perjuicio de las adaptaciones que van continuamente realizándose de acuerdo con el grado de evolución de la disciplina y la realidad sobre la que opera. En tal sentido, la articulación de fórmulas que protejan a los contratantes y terceros de buena fe puede generar una mayor seguridad jurídica como también la interdicción de la arbitrariedad como vicio autónomo del acto administrativo, dado que constituye uno de los vicios más comunes en que incurren las administraciones modernas, a cuyo amparo suelen cometerse actos de corrupción que resultan, las más de las veces, difíciles de probar por los particulares afectados.

Sección 2ª

LOS VICIOS DEL ACTO ADMINISTRATIVO

1. LA CLASIFICACIÓN DE LAS NULIDADES Y LA REGULACIÓN DE LOS VICIOS EN EL DERECHO COMPARADO

La clasificación más trascendente del sistema de invalidez administrativa en el derecho hispano-americano distingue entre nulidad absoluta (o simplemente nulidad) y la nulidad relativa (anulabilidad). Así, en sus respectivos ordenamientos, Argentina, Venezuela y Costa Rica han prescripto el sistema bipartito tradicional de invalidez (nulidad absoluta y anulabilidad o nulidad relativa), cuya regulación se concreta en la enunciación de los vicios que las leyes consideran de nulidad absoluta. El criterio distintivo radica en la mayor gravedad del vicio que se atribuye a la nulidad absoluta, establecido en función a una prescripción legislativa que estatuye los supuestos en que se configura la afectación del orden público, estableciéndose, también, que esta clase de invalidez es insanable y, en consecuencia, indisponible, tanto por la Administración como por el particular.

La Ley Nacional de Procedimientos Administrativos argentina, no obstante haberse inspirado en la ley española de Procedimiento Administrativo de 1956, en muchas de sus instituciones, ha regulado en materia de vicios un sistema basado en la obra de Marienhoff, que sigue muy de cerca las concepciones imperantes en el Derecho Administrativo francés. Por esta razón, los supuestos de nulidad no constituyen la excepción a la regla general, abarcando la totalidad de los elementos o requisitos de validez del acto administrativo, a diferencia de la legislación española en la que la nulidad de pleno derecho es considerada excepcional[2309], sólo aplicable a supuestos tasados[2310]. En cambio, los vicios de nulidad relativa poseen carácter residual y no se encuentran tasados por la ley sino prescriptos en una fórmula genérica.

Una regulación distinta, aun dentro de la clasificación bipartita, exhibe la legislación venezolana, que ha seguido, en líneas generales, la formulación de la ley española, no obstante lo cual se perfilan algunas diferencias que le confieren originalidad al sistema, al par que lo aproxima a los derechos argentino y francés.

En tal sentido, el ordenamiento venezolano prescribe que se configura la nulidad absoluta en estos supuestos:

– actos que contengan un objeto ilícito, lo que implica una fórmula más amplia que la referida sólo a los actos constitutivos de infracción que prescribe la ley española[2311];

– actos emanados de usurpación de funciones;

– los actos que sean producto de la requisición directa o indirecta de la fuerza, lo cual permite encuadrar la violencia dentro de los vicios de nulidad absoluta[2312].

En el sistema argentino aparecen legislados dos tipos de vicios, a saber:

(i)   vicios de la voluntad; y

(ii) vicios en los restantes requisitos y elementos de carácter subjetivo y objetivo.

En cuanto a los vicios de la voluntad, considerada como presupuesto del acto administrativo[2313], se prescribe la nulidad absoluta para los casos de error excluyente de la voluntad (que no es todo error esencial sino sólo el llamado error radical que excluye totalmente la voluntad de celebrar el acto), como, asimismo, respecto del dolo y la violencia[2314]. La regulación de los vicios de la voluntad, separados de los restantes requisitos o elementos del acto administrativo, constituye otra de las diferencias con el sistema español.

[2309]   Conf. GARRIDO FALLA, Fernando - FERNÁNDEZ PASTRANA, José María, *Régimen jurídico...*, *cit.*, p. 161; CHINCHILLA MARÍN, Carmen, "Nulidad y anulabilidad", en LEGUINA VILLA, Jesús - SÁNCHEZ MORÓN, Miguel (dirs.), *La nueva Ley de Régimen Jurídico de las Administraciones Públicas y del Procedimiento Administrativo Común*, Tecnos, Madrid, 1993, p. 195; BELADIEZ ROJO, Margarita, "La nulidad...", *cit.*, p. 183.

[2310]   PARADA VÁZQUEZ, José R., *Régimen jurídico...*, *cit.*, p. 251.

[2311]   BREWER CARÍAS, Allan R., *Principios...*, *cit.*, p. 109; el art. 62.1., inc. d), LPC, prescribe entre los actos nulos de pleno derecho "los que sean constitutivos de infracción penal o se dicten como consecuencia de ésta".

[2312]   Art. 120, Constitución de Venezuela; por su parte, la Ley de Procedimientos Administrativos incorporó como causal de nulidad absoluta de los actos administrativos los casos en los cuales la Constitución o la ley lo determinen en forma expresa (art. 19.1).

[2313]   MARIENHOFF, Miguel S., *Tratado...*, *cit.*, t. II, ps. 281 y ss.

[2314]   Art. 14, inc. a), LNPA argentina.

A su vez, en la regulación de los vicios de carácter subjetivo y objetivo[2315], la ley argentina prescribe la configuración de la nulidad absoluta en los siguientes supuestos:

– incompetencia en razón de la materia y del territorio[2316];

– falta de causa o falsa causa[2317];

– violación de formas esenciales[2318], entre los que se incluye el requisito de la motivación[2319] de los actos administrativos;

[2315] En el sistema argentino los vicios de la voluntad pueden considerarse en forma autónoma, o bien, respecto de cada uno de los elementos; sobre esta cuestión nos remitimos a lo expuesto en nuestro CASSAGNE, Juan Carlos, *Derecho Administrativo*, t. II, ps. 185 y ss.

[2316] La incompetencia en razón de grado siempre fue considerada, en el derecho argentino, un vicio de nulidad relativa y, como tal, susceptible de ratificación por el superior (MARIENHOFF, Miguel S., *Tratado...*, *cit.*, t. II, p. 527); excepto que la avocación o la delegación no fueran procedentes. En cambio, en la anterior Ley de Procedimientos Administrativos de España, se la consideraba como un caso de nulidad de pleno derecho (art. 47.1, inc. a], LPA) supuesto que la ley actual la excluye (art. 62.1, inc. a]) siguiendo una corriente jurisprudencial existente; ver al respecto: GARCÍA DE ENTERRÍA, Eduardo - FERNÁNDEZ, Tomás R., *Curso de Derecho Administrativo*, 7ª ed., t. I, Civitas, Madrid, 1995, ps. 594/595; critican la nueva regulación legal considerando que la exclusión de la incompetencia jerárquica de las causales de nulidad absoluta resulta apresurada sobre la base de que hay casos en los que la distancia entre el superior y el inferior es tan grande que puede configurar el delito de usurpación de fueros (*cit.*, t. I, ps. 610/611).

[2317] En cuanto a la causa, la ley argentina ha adoptado la concepción objetiva al prescribir que se configura por los antecedentes de hecho y de derecho que precedan y fundamentan el dictado del acto administrativo (art. 7º, inc. b], LNPA). La jurisprudencia de nuestra Corte Suprema, en su momento, también adoptó dicha concepción, inspirada en la doctrina de Hauriou (HAURIOU, Maurice, *Précis de Droit Administratif et de Droit Public général*, Recueil Sirey, París, 1927, p. 430). Véase: caso "Hochbaum, Salomón Isaac", Fallos 277:205 (1970) y nuestro comentario, CASSAGNE, Juan Carlos, "La revisión de la discrecionalidad administrativa por el Poder Judicial", REDA, nro. 3, Depalma, Buenos Aires, 1990, ps. 111 y ss.

[2318] La tendencia de la doctrina se orienta francamente hacia una reducción de los vicios de forma, particularmente en el procedimiento administrativo donde rige el principio del informalismo. Véase: GAMBIER, Beltrán, "El procedimiento administrativo: algunas cuestiones que suscita el principio del informalismo", JA 1992-III-2 y ss., secc. Doctrina, también se ha ocupado del tema GORDILLO, Agustín, "El informalismo y la concurrencia en la licitación pública", REDA, nro. 11, Depalma, Buenos Aires, 1992, ps. 298 y ss.

En el ordenamiento nacional, la ley considera esencial el dictamen proveniente de los servicios permanentes de asesoramiento jurídico cuando el acto pudiere afectar derechos subjetivos o intereses legítimos (art. 7º, inc. d], LNPA); consideramos que resulta excesivo sancionar la falta de dictamen jurídico con la nulidad del acto en tanto no se viole de un modo absoluto la garantía de la defensa ya que, siendo la forma un requisito instrumental, no puede transformarse en un elemento sustancial del acto administrativo vinculado como regla general al orden público.

La Corte Suprema ha admitido la validez de un acto administrativo aun cuando el dictamen jurídico se haya emitido con posterioridad a su dictado pero antes de resolverse el recurso jerárquico ("Duperial SAIC v. Nación", Fallos 301:953 [1979] y en ED 85-627).

En la doctrina española, si bien con una diferente regulación positiva, se ha señalado que se viene operando una reducción progresiva de los vicios de forma, que resultan susceptibles de subsanación en la medida en que no se genere una indefensión absoluta, que sea imposible

– violación de la ley[2320]; y

– desviación de poder[2321].

En una línea distinta se encuentra el derecho norteamericano, en el que los vicios de los actos administrativos constituyen una creación jurisprudencial cuyo gran casuismo dificulta la sistematización.

Aún así, muchos de los vicios que prescriben los derechos administrativos de Europa Continental e Hispanoamérica han encontrado también recepción en los repertorios jurisprudenciales de los tribunales norteamericanos, tales como la irrazonabilidad, falta o error de causa, motivación defectuosa o insuficiente, objeto ilegal, desviación de poder y arbitrariedad[2322] poniendo el acento en las violaciones al derecho de defensa.

Ese camino se advierte también a la hora de establecer el alcance retroactivo de la declaración de invalidez ya que no existe un criterio en esta materia que permita extraer un principio general aplicable, no obstante que la tendencia parece inclinarse hacia el reconocimiento de efectos sólo para el futuro, particularmente en la eliminación del efecto retroactivo de la invalidez de reglamentos[2323].

2. LA DISTINCIÓN ENTRE LOS VICIOS DEL ACTO ADMINISTRATIVO SEGÚN SU CARÁCTER SUBJETIVO U OBJETIVO

El estudio particularizado de los vicios del acto, precisa llevarse a cabo – por razones lógicas y didácticas– en forma independiente de los distintos elementos que concurren a su formación y una vez configuradas las categorías propias de la teoría general de la invalidez administrativa.

Los planteos doctrinarios que utilizan una metodología diferente adolecen ya sea del defecto de tratar en forma promiscua vicios y elementos, o bien de estudiar a continuación del tema de los vicios, el sistema general de la invalidez administrati-

---

de de sanear en otras instancias. Véase: GARCÍA DE ENTERRÍA, Eduardo - FERNÁNDEZ, Tomás R., *Curso...*, *cit.*, ps. 618/623.

[2319] En el derecho argentino la regla general es que el acto administrativo debe ser motivado, lo que resulta un requisito ineludible, máxime en materia de actividad discrecional de la Administración; sobre este tema: FERNÁNDEZ, Tomás R., "De nuevo...", *cit.*, ps. 577 y ss. La ley venezolana de Procedimientos Administrativos ha seguido en este punto la orientación de la ley argentina (art. 9°) exigiendo la motivación excepto para los actos de simple trámite.

[2320] La violación de la ley (art. 14, inc. b], LNPA), típico medio de apertura del recurso por exceso de poder del derecho francés, se refiere a los vicios en el objeto del acto administrativo; con todo, no todos los vicios en dicho elemento provocan la nulidad absoluta (ej.: objeto oscuro o impreciso) sino cuando el acto no se puede subsanar por alterar el orden público administrativo.

[2321] La desviación en la finalidad que debió inspirar el dictado del acto administrativo acarrea como consecuencia, en el ordenamiento argentino, la nulidad absoluta (art. 14, inc. b], LNPA). La situación es diferente en el derecho español, donde este vicio no se encuentra contemplado dentro de las causales de nulidad de pleno derecho (art. 62, LPA).

[2322] MAIRAL, Héctor A., *Control judicial...*, *cit.*, t. II, ps. 590 y ss.

[2323] MAIRAL, Héctor A., *Control judicial...*, *cit.*, t. II, p. 860, considerando que ello podría afectar la seguridad de las relaciones jurídicas nacidas al amparo del acto declarado inválido.

va. Por el contrario, resulta evidente que no se pueden analizar los vicios del acto sin antes examinar a fondo los elementos que lo componen ni sin que previamente se hayan abordado las distintas clasificaciones o tipos de invalidez existentes, que constituyen la base necesaria para después aplicar los conceptos generales del sistema a los vicios en particular, en especial, la clasificación entre nulidades absolutas y relativas, que, por fundarse en la gravedad del vicio, constituye el centro de la problemática que gira en torno a los vicios del acto administrativo.

A su vez, de acuerdo con el criterio que considera a la voluntad como un requisito-presupuesto del acto, que juega en un plano distinto de los elementos, el vicio tendrá una configuración diferente según que se afecte la voluntad (en su carácter estrictamente subjetivo) o algunos de los elementos esenciales.

No puede dejarse de advertir que este planteo es estrictamente didáctico, por cuanto la voluntad se halla presente en todos los elementos del acto, de tal manera, que los típicos vicios que la afectan se refieren siempre a uno o a todos los elementos del mismo.

Puede ocurrir entonces, que si se toma aisladamente un elemento – por ejemplo el objeto– el acto adolezca de un vicio subjetivo (*v.gr.*, error) o que tenga por el contrario un vicio de carácter objetivo (*v.gr.*, objeto ilícito). En el primer supuesto, el objeto puede ser lícito en el plano objetivo, pero como la voluntad se halla afectada porque el acto no ha sido efectivamente querido por el órgano emisor, el acto resulta inválido. En el segundo caso, el acto pudo haber sido plenamente querido por el agente, pero el objeto resulta ilícito en su confrontación con el derecho objetivo.

Ello demuestra que, por razones teóricas y metodológicas, resulta más ventajoso escindir los denominados vicios de la voluntad que aparecen en cada elemento, para no tener que formular repeticiones innecesarias (pues en caso contrario habría que analizar los vicios de error, dolo y violencia respecto de cada elemento), teniendo en cuenta además, que ellos tienen una problemática propia y singular que los caracteriza y, al propio tiempo, los diferencia de los vicios que en definitiva se habrán de considerar como propios de los elementos del acto administrativo.

3. VICIOS DE LA VOLUNTAD

Si la voluntad constituye básicamente una construcción asentada en la voluntad psíquica del agente del cual emana la declaración, los vicios o defectos susceptibles de afectar su exteriorización al plano jurídico repercuten sobre la validez del acto[2324].

En cambio, de aceptarse la tesis que desconoce trascendencia al querer del agente, tal como se advierte en la posición que preconiza la existencia de una "voluntad normativa"[2325], habría que eliminar de la teoría de la invalidez, todo el capítulo de los vicios de la voluntad, a raíz de que se objetiviza la transgresión a cada uno de los elementos esenciales del acto administrativo.

[2324] FRANCO SOBRINHO, Manoel de Oliveira, *Atos administrativos*, San Pablo, 1980, p. 71.

[2325] GARRIDO FALLA, Fernando, *Tratado...*, *cit.*, t. I, p. 470; FORSTHOFF, Ernst, *Tratado de Derecho Administrativo*, trad. del alemán, Centro de Estudios Constitucionales, Madrid, 1958, p. 291, a quien sigue parcialmente Gordillo (GORDILLO, Agustín, *El acto administrativo*, 2ª ed., *cit.*, ps. 269 y ss.); PRAT, Julio A., *De la desviación de poder*, Librería La Facultad, Montevideo, 1957, ps. 50/51.

La denominada "voluntad normativa" no representa nada más que una metáfora, pues indica en todo caso la adecuación de los distintos elementos del acto al ordenamiento jurídico y deja de tener sentido cuando la actividad de la Administración Pública reviste carácter discrecional, donde se carece de una norma que predetermine la actuación del órgano emisor del acto.

Tal tesitura importa un retroceso en la ciencia del derecho, pues es bien conocida la evolución operada en el derecho romano hasta liberarse del formalismo rígido que impedía aceptar la existencia de los vicios de error, dolo y violencia, como consecuencia de que se otorgaba una total y absoluta preminencia a la declaración formal sobre la voluntad real de la persona que emitió el acto[2326].

En lo que concierne al Derecho Administrativo, el problema de la voluntad, si bien tiene una serie de connotaciones propias (tal como la inaplicabilidad del dogma de la autonomía de la voluntad)[2327] no se configura de una manera muy diferente a lo que acontece en Derecho Privado[2328] asignándosele prevalencia a la voluntad real sobre la declarada[2329] por más que esta última no contradiga el ordenamiento jurídico.

Esas razones nos llevan a negar rotundamente la posibilidad de considerar como válidos tanto el acto de un funcionario insano como el acto administrativo conseguido a través del empleo de violencia[2330] pues, en tales casos, la voluntad real se hallará realmente viciada, y el respectivo acto resultará inválido.

En ese marco doctrinario, resulta acertada la postura de quienes, al abordar lo que se ha denominado el "estado patológico" del acto administrativo[2331], separan los típicos vicios de la voluntad, en función de la problemática propia y específica que los caracteriza, de los restantes vicios que corresponden a cada uno de los elementos del acto administrativo objetivamente considerados[2332].

El punto de partida en el Derecho Público es similar al del Derecho Privado; así los vicios que afectan la expresión de la voluntad son el error, el dolo y la violencia,

---

[2326] RIPERT, Georges - BOULANGER, Jean, *Tratado...*, *cit.*, t. IV, vol. 1, ps. 107/108; MAZEAUD, Henry - MAZEAUD, Léon - MAZEAUD, Jean, *Lecciones...*, *cit.*, "Parte Segunda", vol. 1, ps. 182/184.

[2327] Porque la voluntad del particular no se encuentra en el mismo plano jurídico que la voluntad de la Administración.

[2328] MARIENHOFF, Miguel S., *Tratado...*, *cit.*, t. II, p. 504; FRAGA, Gabino, *Derecho Administrativo*, 3ª ed., Porrúa, México, 1944, p. 245; ALESSI, Renato, *Instituciones...*, *cit.*, t. I, ps. 269/270, sostiene que la voluntad tiene en ambos campos (público y privado) igual naturaleza y trascendencia.

[2329] Conf. DIEZ, Manuel M., *Derecho Administrativo*, *cit.*, t. II, p. 245; SAYAGUÉS LASO, Enrique, *Tratado...*, *cit.*, t. I, p. 434; D'ALESIO, Francesco, *Istituzioni di Diritto Amministrativo Italiano*, 2ª ed., Unione Tipografica Editrice Torinense, Turín, 1939, p. 186; ZANOBINI, Guido, *Curso de Derecho Administrativo*, t. I, trad. del italiano, Arayú, Buenos Aires, 1954, ps. 398 y ss.

[2330] Tal como sostienen Garrido Falla (GARRIDO FALLA, Fernando, *Tratado...*, *cit.*, t. I, ps. 470/471, texto y nota 23) y Forsthoff (FORSTHOFF, Ernst, *Tratado...*, *cit.*, p. 291) respecto del acto realizado por un funcionario enfermo mental.

[2331] ALESSI, Renato, *Instituciones...*, *cit.*, t. I, p. 320.

[2332] MARIENHOFF, Miguel S., *Tratado...*, *cit.*, t. II, ps. 504 y ss.

mientras que la simulación constituye un defecto autónomo del acto administrativo que, por sus características específicas, corresponde que sea estudiado a continuación de los vicios de la voluntad.

Los vicios de la voluntad presentan una causal de invalidez cuya flexibilidad deja un amplio margen de valoración para el órgano (administrativo o judicial) que debe revisar el acto, a diferencia de lo que acontece en otros supuestos donde la sanción aparece predeterminada y rígida, insusceptible de más o de menos (ej.: falta de forma expresamente requerida por la ley).

A) Error

El error y la ignorancia que, como es sabido, se identifican en el plano jurídico desde el derecho romano hasta nuestro Código Civil (arts. 922 y 929), traducen respectivamente, un falso o deforme conocimiento, o bien, una ausencia de conocimiento, respecto de uno, varios o todos los elementos del acto[2333].

En el campo del Derecho Administrativo, la teoría del error asume particularidades propias, que tornan inaplicables algunas disposiciones que el Código Civil prescribe en esta materia, pues la expresión de la voluntad no sólo está guiada por la autonomía del sujeto emisor sino también por las normas que predeterminan su actuación, algunas de las cuales pertenecen al orden público administrativo. Así, en primer lugar, no puede aceptarse – al menos en nuestro ordenamiento– la aplicación del criterio que sobre el error esencial trae el Derecho Civil[2334] en virtud de que el codificador ha seguido un criterio casuista[2335], que no se adecua a los distintos elementos que integran el acto administrativo.

En principio, el criterio para apreciar el error debe basarse en la gravedad del vicio, en relación con la manera e intensidad con que se afecten todos o algún elemento esencial del acto administrativo. El error, para que configure la invalidez del acto, debe ser de tal naturaleza y entidad, que si la Administración Pública lo hubiera conocido no habría emitido el acto o lo habría dictado con un contenido esencialmente diverso, siendo éste el sentido que cabe asignar a la expresión "error esencial o sustancial" en el Derecho Administrativo[2336]. De lo contrario, si el error no reúne tales características – lo cual constituye una cuestión que habrá que valorar en cada caso– se configurarán sólo meras irregularidades, que carecen de trascendencia para invalidar el acto.

[2333] SALVAT, Raymundo M., *Tratado de Derecho Civil argentino, Parte General*, t. II, actualizado por López Olaciregui, TEA, Buenos Aires, 1954, p. 528; LLAMBÍAS, Jorge J., *Tratado...*, *cit.*, t. II, p. 452; sin embargo, algunos tratadistas como Zanobini (ZANOBINI, Guido, *Curso...*, *cit.*, t. I, ps. 398/400) y Bielsa (BIELSA, Rafael, *Derecho Administrativo*, *cit.*, t. II, p. 47) no incluyen la ignorancia entre vicios de la voluntad.

[2334] Para Marienhoff, las conclusiones a que los civilistas han arribado acerca del "error esencial" son aplicables en derecho administrativo (MARIENHOFF, Miguel S., *Tratado...*, *cit.*, t. II, p. 506).

[2335] Conf. LLAMBÍAS, Jorge J., *Tratado...*, *cit.*, t. II, p. 453, quien señala que en el Código Civil aparecen refundidos (sobre la base de un criterio enunciativo), "los errores 'radicales'" de la terminología de Planiol, que son excluyentes de la voluntad, y los "errores esenciales" de la doctrina francesa, que constituyen vicios de la voluntad.

[2336] Ver GONZÁLEZ PÉREZ, Jesús - GONZÁLEZ NAVARRO, Francisco, *Comentarios...*, *cit.*, t. I, p. 1023.

La jurisprudencia de la Corte Suprema de Justicia de la Nación exhibe un nutrido repertorio de casos donde se ha calificado el vicio de error[2337] cuya dilucidación es fundamental – por ejemplo– para juzgar acerca de la estabilidad del acto en sede administrativa[2338].

Cuando el error sea de tal gravedad que excluya la voluntad de la Administración (error esencial excluyente) el acto se hallará viciado de nulidad absoluta[2339], mientras que en los otros supuestos, aun cuando el error fuere "esencial", en el sentido de que cabe asignarle a este vocablo en el Derecho Administrativo, el vicio configurará una nulidad relativa, y como tal, susceptible de saneamiento (error meramente esencial)[2340].

Otra de las particularidades propias que presenta la teoría del error, es que a diferencia de lo que acontece en Derecho Privado[2341] se admite como principio general la invocación del error de derecho para invalidar el acto administrativo, solución que a nuestro juicio se funda en la necesidad de mantener el principio de la legalidad administrativa y en la distinta naturaleza de los intereses involucrados[2342].

[2337] "Frías de Vedia, Honorina v. Nación", Fallos 182:267 (1938); "Rodríguez Melero, Francisco v. Nación", Fallos 185:177 (1939); "Britos de Tornessi, Paulina e hijos v. Nación", Fallos 196:422 (1943); "Cáceres Cowan, Blas y otros", Fallos 250:491 (1961); "O'Brien, Walter v. Nación", Fallos 255:231 (1963) y "Puch, Héctor Santos", Fallos 265:349 (1966); la Corte equipara el error grave a la incompetencia "en la medida en que ese error supera lo meramente opinable en cuanto a las normas que rigen el caso" (caso "Puch, Héctor Santos", Fallos 265:349 (1966) y en LL 125-307, consid. 7º). Dichas expresiones de la Corte resultan inapropiadas porque: 1º) El error no es asimilable a la incompetencia, típico vicio objetivo; 2º) En lugar de referirse a lo meramente opinable en cuanto a las normas del caso (frase cuyo sentido resulta confuso) debió haberse concretado al criterio basado en la gravedad de la afectación de todos o algunos de los elementos esenciales del acto.

[2338] Véase el caso "All America Cables and Radio Inc. v. Caja Nacional de Previsión para el Personal de Servicios Públicos", Fallos 277:430 (1970) y en LL 143-226, con nota de FIORINI, Bartolomé A., "Potestad anulatoria de la Administración Pública. Cosa juzgada administrativa y derecho de defensa".

[2339] Tal es también en nuestro concepto la interpretación que resulta de lo prescripto en el art. 14, inc. a), LNPA 19.549, en cuanto estatuye la nulidad absoluta del acto "cuando la voluntad de la Administración resultare *excluida* por error esencial...".

[2340] En la jurisprudencia de la sala 3ª de la Cámara Nacional de Apelaciones en lo Contencioso-Administrativo Federal, se registra un caso en que se resolvió que si el acto administrativo que se impugnó dispuso el retiro obligatorio de un oficial de policía sobre la base de un dictamen de la Junta de Calificaciones que resultó inexistente, el vicio incurrido debe considerarse encuadrado en la causal de nulidad absoluta prescripta en el art. 14, inc. a), LNPA (*in re* "Ahned v. Estado nacional", de fecha 28/4/1988, *cit.* por MAIRAL, Héctor A., *Control judicial...*, *cit.*, p. 2, nota 32).

[2341] BORDA, Guillermo A., *Tratado...*, *cit.*, t. II, p. 307; no puede suponerse – por ejemplo– que la Administración se prevalezca de un error de derecho para perjudicar a los administrados.

[2342] La Corte Suprema de Justicia de la Nación sostuvo que sólo por error grave de derecho pudo una Caja de Previsión aceptar que la devolución de la empresa recurrente comprendiera los aportes realizados con anterioridad a la ley 15.233 "ya que sólo desde la sanción de ésta el personal de 'Segba' quedó incorporado al régimen del dec.-ley 7913/1957, y excluido por lo tanto, de acuerdo con el art. 3º, de los aportes en concepto de asignaciones familiares, en razón de no ser éstas, según el texto, integrantes del salario" ("All America Cables and Radio

B) Dolo

De acuerdo con los términos del art. 931, CCiv., el dolo consiste en "toda aserción de lo que es falso o disimulación de lo verdadero, cualquier artificio, astucia o maquinación que se emplee.." para conseguir la realización de un acto jurídico[2343].

También aquí se aplican las disposiciones que prescribe el Código Civil[2344], con dos salvedades importantes:

(i) el dolo recíproco es causal de invalidez del acto[2345];

(ii) no se requiere que el dolo ocasione un daño importante[2346].

En consecuencia, el dolo, para generar la invalidez del respectivo acto, debe ser grave y determinante de la acción del agente (art. 932, incs. 1° y 2°, CCiv.). Es lo que se conoce en el Derecho Civil como "dolo principal".

Si bien no es común que se presenten en la práctica actos viciados de dolo, lo cierto es que, como señala Jèze (con especial referencia a los contratos) ello puede acontecer[2347].

Dado el fundamento de moralidad que persigue la sanción del dolo, ya sea que el dolo provenga del agente público o del particular[2348] o de ambos[2349] la consecuencia debería ser la nulidad absoluta del acto, sobre todo, teniendo en cuenta la gravedad que se exige para su configuración.

Inc. v. Caja Nacional de Previsión para el Personal de Servicios Públicos", Fallos 277:430 (1970) y en LL 143-232).

[2343] Se ha observado que la imprecisión y vaguedad de la noción que trae la norma citada obedece a que el dolo "se presenta en formas infinitamente variadas y complejas, de tal manera que el legislador no podrá hacer otra cosa que darnos una fórmula general y elástica, dejando librado al criterio de los jueces el cuidado de su aplicación" (SALVAT, Raymundo M., *Tratado...*, *cit.*, t. II, p. 566).

[2344] Conf. HEREDIA, Horacio H., "El contencioso administrativo en el fuero federal de la Capital de la República Argentina", *Revista de la Universidad de Buenos Aires, homenaje al Profesor Rafael Bielsa*, t. I, Buenos Aires, 1979, p. 15.

[2345] Conf. MARIENHOFF, Miguel S., *Tratado...*, *cit.*, t. II, p. 509.

[2346] Ambos requisitos exigidos por el art. 932, CCiv., resultan inaplicables en mérito al fundamento que en el derecho administrativo persigue la sanción del dolo: la moralidad de la actividad de la Administración Pública.

[2347] JÈZE, Gastón, *Principios generales del derecho administrativo*, t. IV, Depalma, Buenos Aires, 1950, ps. 6/7, quien trae la reseña de los casos "Société des grands moulins de Corbeil" y "Etlin", resueltos por el Consejo de Estado en el año 1923.

[2348] La conclusión a que arribamos en el texto no es compartida por un sector de la doctrina: DIEZ, Manuel M., *El acto administrativo*, *cit.*, p. 146; MARIENHOFF, Miguel S., *Tratado...*, *cit.*, t. II, ps. 509/510; GORDILLO, Agustín, *El acto administrativo*, 2ª ed., ps. 303/304; no es tampoco la solución que recoge la Ley Nacional de Procedimientos Administrativos en cuanto sólo prescribe la nulidad absoluta cuando al configurarse el dolo "se tenga como existentes hechos o antecedentes inexistentes o falsos", siguiendo el criterio de Marienhoff (MARIENHOFF, Miguel S., *Tratado...*, *cit.*, t. II, p. 510). Para Hutchinson, la sanción es la nulidad del acto (que equivale a la nulidad absoluta); véase: HUTCHINSON, Tomás, *La Ley Nacional...*, *cit.*, t. I, p. 337.

[2349] Conf. GORDILLO, Agustín, *El acto administrativo*, 2ª ed., p. 304, para el dolo recíproco producto del soborno o cohecho.

C) Violencia

La violencia, que completa el cuadro de los vicios de la voluntad, consiste en la utilización de medios coercitivos sobre el administrado o el agente público para obligarlo a realizar un acto cuyo objeto no resulta – en forma total o parcial– libremente querido por quien lo emite.

Tales medios coercitivos pueden traducirse en violencia física o moral, también conocidas respectivamente bajo el nombre de fuerza y temor o intimidación[2350].

En lo fundamental, si bien el supuesto de la violencia moral puede tener una aplicación mayor en el Derecho Administrativo que en el Derecho Privado[2351], cabe acudir a las prescripciones establecidas en el Código Civil para determinar los requisitos que deben reunir ambos tipos de violencia[2352].

No obstante, existen autores que le niegan trascendencia práctica a la violencia en el Derecho Administrativo[2353] o bien, que consideran que no constituye de por sí un vicio capaz de afectar la legitimidad del acto, por cuanto éste debe apreciarse en su estructuración objetiva[2354].

Pero tales afirmaciones no pueden compartirse, en primer lugar, porque de la circunstancia que los repertorios jurisprudenciales no abunden en casos de violencia, no cabe inferir que, en la práctica administrativa, ellos no puedan presentarse, si bien es cierto que la prueba de la configuración del vicio resulta casi siempre dificultosa.

En segundo término, porque la tesis de una "voluntad normativa u objetiva" no sólo postula la utopía de pretender que toda la actividad administrativa resulta predeterminada, sino que relega el papel de la persona en su condición de protagonista del derecho.

No puede aceptarse, en principio, que el acto administrativo arrancado mediante violencia física o moral pueda significar un acto válido, como lo sostiene un sector de la doctrina[2355], lo contrario sería propiciar el caos en la Administración, en desmedro del orden y la autoridad que deben reinar en todo Estado de Derecho,

---

[2350] El Código Civil emplea los términos fuerza y temor o intimidación en los arts. 936 y 937, mientras que utiliza la expresión "violencia" en los arts. 1045 y 1058.

[2351] ZANOBINI, Guido, *Curso...*, *cit.*, t. I, p. 399, quien se refiere a la intimidación que pueda efectuar un superior jerárquico.

[2352] Arts. 936 y ss., CCiv.

[2353] ALESSI, Renato, *Instituciones...*, *cit.*, t. I, p. 321.

[2354] SANDULLI, Aldo M., *Manuale di Diritto Amministrativo*, 10ª ed., Jovene, Nápoles, 1970, p. 414; la postura de este autor resulta una consecuencia lógica de su concepción estrictamente objetiva acerca de la voluntad en el acto administrativo (*cit.*, p. 390). Por ello juzgamos errada y carente de lógica la posición de quienes sostienen una voluntad objetiva o normativa y luego admiten la existencia de los vicios de error, dolo y violencia.

[2355] GARRIDO FALLA, Fernando, *Tratado...*, *cit.*, t. I, ps. 470/471, nota 23; BIELSA, Rafael, *Derecho Administrativo*, t. II, p. 50; el primero de los autores citados sostiene esta opinión respecto de los actos dictados en ejercicio de una actividad reglada, cuando el agente público empleare la violencia física contra otro para conseguir un ascenso o plaza, a que legalmente tiene derecho. En contra: MARIENHOFF, Miguel S., *Tratado...*, *cit.*, t. II, ps. 511/512.

aparte de la inmoralidad que trasuntaría la admisión de la fuerza o intimidación (injusta – amenaza de sufrir un mal inminente y grave en su persona, libertad, honra o bienes– art. 937, CCiv.) como recurso para conseguir el dictado de un acto.

Tales razones nos llevan también a sostener que el tipo de invalidez que recae sobre el acto administrativo emitido bajo violencia (física o moral), es la nulidad absoluta[2356] en todos los supuestos en que se configura dicho vicio.

4. LA SIMULACIÓN

Nuestro Código Civil utiliza, en el art. 955, una definición de tipo descriptivo para referir las distintas situaciones que configuran la simulación, expresando que ella tiene lugar "cuando se encubre el carácter jurídico de un acto bajo la apariencia de otro, o cuando el acto contiene cláusulas que no son sinceras o fechas que no son verdaderas, o cuando por él se constituyen o transmiten derechos a personas interpuestas, que no son aquéllas para quienes en realidad se constituyen o transmiten".

En el acto simulado, hay falta de correspondencia entre la declaración y la real o efectiva voluntad, sin configurarse un vicio en la determinación volitiva, que permanece encubierta. En realidad, constituye un defecto autónomo del acto cuyas características propias justifican su tratamiento diferenciado, aunque técnicamente siempre será uno o un conjunto de elementos los que se encuentren directamente afectados por la simulación.

La simulación, cuando es ilícita, es causal de invalidez del acto administrativo, puesto que no cabe suponer la vigencia de un acto que altere el principio de la legalidad que impera en toda la actuación administrativa.

No obstante haberse sostenido que en el Derecho Administrativo la simulación siempre genera un acto inválido[2357] ello será así en tanto la simulación sea ilícita, aceptándose la legitimidad de ciertos actos administrativos simulados, cuando razones de urgencia e interés público tornan necesario acudir al expediente de la simulación (ej.: decreto suscripto por el presidente de la República en el interior del país, que aparezca firmado en Buenos Aires).

La simulación puede ser absoluta o relativa, según que el acto carezca de los elementos esenciales o que estos últimos existan, pero viciados; la primera, genera en todos los casos una nulidad absoluta[2358], mientras que la segunda configura una causal de invalidez relativa y como tal, susceptible de saneamiento.

[2356] Conf. MARIENHOFF, Miguel S., *Tratado...*, *cit.*, t. II, ps. 511/512, aunque con distintos fundamentos basados en la satisfacción directa e involuntaria del interés público, en la necesidad de mantener el principio de la "espontaneidad" (para la violencia física) y en el respeto de las reglas de competencia (con relación a la violencia moral, pues considera que el acto proviene en realidad del autor de la coacción).

[2357] Esta postura es sostenida en la doctrina italiana por Alessi (*Instituciones...*, *cit.*, t. I, p. 321) y en nuestro país por Marienhoff (MARIENHOFF, Miguel S., *Tratado...*, *cit.*, t. II, p. 513).

[2358] Conf. MARIENHOFF, Miguel S., *Tratado...*, *cit.*, t. II, ps. 513/514, es también la solución que trae la ley 19.549, art. 14, inc. a) *in fine*.

5. VICIOS EN EL ELEMENTO SUBJETIVO

En cuanto a los vicios en el elemento subjetivo o "sujeto", como algunos autores lo prefieren titular[2359], hay que escindir los dos aspectos que rigen la actuación de quienes intervienen en el acto administrativo: competencia y capacidad; teniendo en cuenta especialmente, que el acto puede ser unilateral o bilateral, tanto en su formación como en los efectos que genera.

A) Incompetencia

El vicio de incompetencia ha tenido históricamente una gran importancia en el Derecho Administrativo clásico como consecuencia de que en él se basaba uno de los recursos primigenios instituidos en Francia como medio de impugnación de los actos que afectaban la competencia del ente u órgano administrativo: el "exceso de poder"[2360].

En la actualidad, este vicio no ha perdido la trascendencia que tuvo en sus orígenes, ya que la competencia sigue constituyendo el basamento donde se apoya la actuación de los sujetos y órganos administrativos, no obstante que la evolución que se opera posteriormente introduce nuevas y no menos importantes causales de impugnación de los actos administrativos.

Para determinar el tipo de invalidez (absoluta o relativa) que afecta a un acto viciado de incompetencia, debe acudirse a la clasificación que subdivide la competencia en relación con los aspectos en que ella se presenta (es decir, en razón del territorio, de la materia, del tiempo y del grado) y luego, vincular el grado de violación del ordenamiento jurídico con el criterio que preside la principal clasificación de la invalidez, que como ya se ha visto, se basa en la gravedad del vicio[2361]. Así, corresponde abordar estas clasificaciones:

a) Incompetencia territorial

Si una entidad u órgano estatal excede el ámbito territorial dentro del cual se circunscribe su competencia, tal actuación genera un acto de nulidad absoluta (ej.: la decisión de un Poder Ejecutivo provincial de dictar medidas de policía sobre actividades que se realizan en la Capital Federal o en otra provincia).

[2359] MARIENHOFF, Miguel S., *Tratado...*, *cit.*, t. II, ps. 516 y ss.

[2360] Véase el meditado estudio realizado por Prat, quien señala que si bien en sus orígenes los vicios que afectan la forma y el fin del acto ("desviación de poder") aparecen confundidos con la competencia, en la actualidad se presentan bajo caracteres propios que les confieren autonomía respecto de la incompetencia (conf. PRAT, Julio A., *De la desviación...*, *cit.*, ps. 160/161).

[2361] Tal es también el criterio que se advierte en el derecho positivo nacional: art. 14, inc. b), LNPA, donde se estatuye que el acto administrativo adolece de nulidad absoluta "cuando fuere emitido mediante incompetencia en razón de la materia, del territorio, del tiempo o del grado, salvo, en este último supuesto, que la delegación o sustitución estuvieran permitidas...". Ver y comparar ARNANZ, Rafael A., *De la competencia administrativa (con especial alusión a la municipal)*, Montecorvo, Madrid, 1967, ps. 32 y ss., esp. ps. 44/45; ANDREA FERREIRA, Sergio de, *Leções de Direito Administrativo*, Río de Janeiro, 1972, ps. 73/76.

b) Incompetencia por razón de la materia

La incompetencia por razón de la materia puede referirse tanto a la circunstancia de que la Administración dicte actos en materias ajenas a su competencia propia, invadiendo la esfera que corresponde a los órganos legislativos o judiciales, como en el supuesto de que se dicten decisiones en materias que correspondan a otros entes u órganos administrativos[2362].

En virtud de que las disposiciones que adjudican la competencia en razón de la materia integran un verdadero orden público administrativo, el acto viciado de este tipo de incompetencia configura una nulidad absoluta, y como tal, es insusceptible de saneamiento[2363].

El fundamento de la competencia no radica en la necesidad de aplicar el principio de la división del trabajo, como han sostenido algunos autores[2364], ya que tal postura trasunta una idea solamente aplicable desde el punto de vista de la organización administrativa. En cambio, ella cobra vigencia como elemento del acto administrativo a raíz de la necesidad de adecuar la actividad administrativa a reglas jurídicas preestablecidas en garantía de los particulares o administrados; en otros términos: el Estado de Derecho.

En el plano externo y objetivo la competencia en razón de la materia importa una delimitación de las atribuciones de los sujetos y órganos estatales establecidos en garantía del administrado y orientadas por el principio de la especialidad, cuya violación da lugar a la nulidad absoluta del acto[2365].

La jurisprudencia de la Corte Suprema de Justicia de la Nación ha considerado – si bien no con una completa ni adecuada sistematización– que cuando el Poder

---

[2362] En sentido similar, DIEZ, Manuel M., *Derecho Administrativo, cit.*, t. II, ps. 342 y ss.; GORDILLO, Agustín, *El acto administrativo*, p. 262; ver también, SAYAGUÉS LASO, Enrique, *Tratado..., cit.*, t. I, p. 433.

[2363] RIVERO, Jean, *Droit Administratif, cit.*, p. 223; MARIENHOFF, Miguel S., *Tratado..., cit.*, t. II, p. 518. Es también el criterio del art. 14, inc. b), LNPA 19.549. Gordillo ha opinado, en cambio, que en algunos supuestos el vicio de incompetencia en razón de la materia puede tener carácter leve (GORDILLO , Agustín, *El acto administrativo, cit.*, p. 263). En España, la Ley de Régimen Jurídico de las Administraciones Públicas y Procedimiento Administrativo Común (30/1992) sólo sanciona con el grado máximo de invalidez los actos dictados por órgano *manifiestamente incompetente*, aquellos cuyo contenido resulte imposible o constitutivo de delito y los dictados con prescindencia total y absoluta del procedimiento legalmente establecido para ello o de las normas que contienen las reglas esenciales para la formación de la voluntad de los órganos colegiados (art. 62.1). Véase asimismo en la doctrina española las críticas que al precepto formula Fernández Rodríguez (FERNÁNDEZ, Tomás R., *La doctrina..., cit.*, ps. 255 y ss.).

[2364] JORDANA DE POZAS - RODRÍGUEZ MORO - GARRIDO FALLA, *cit.* por ARNANZ, Rafael A., *De la competencia..., cit.*, p. 28.

[2365] Arnanz también acepta la aplicación de las nociones de nulidad absoluta y relativa a los vicios de incompetencia (lo cual presupone la aceptación del sistema de las nulidades que nosotros efectuamos, al menos en esta categorización) y critica la solución legislativa española que basada en Forsthoff utiliza la noción de nulidad manifiesta (FORSTHOFF, Ernst, *Tratado..., cit.*, p. 28). Como se ha visto, la nulidad manifiesta juega en forma independiente de la categoría que se apoya en la gravedad del vicio (absoluta y relativa).

Ejecutivo se arroga el ejercicio de facultades judiciales – lo cual constituye un caso de incompetencia en razón de la materia– la nulidad del acto es absoluta[2366].

c) Incompetencia en razón del grado

Cuando el órgano superior dicta un acto que le corresponde al órgano inferior en virtud de su idoneidad específica y viceversa, como cuando el superior efectúa una delegación ilegal[2367] el acto se encuentra afectado por incompetencia en razón del grado, es decir, en relación con la posición que ocupa el órgano en la escala jerárquica.

¿De qué naturaleza es el vicio en cuanto al grado de violación del ordenamiento jurídico? Varias son las posiciones que se han esgrimido sobre esta cuestión en la doctrina administrativa. Desde quienes consideran que un acto administrativo en todos los supuestos (ej.: no obstante hallarse prohibida la delegación) configura una nulidad relativa, susceptible de saneamiento[2368] hasta aquellos que entienden que la sanción pertinente es la nulidad absoluta del acto[2369], caben los matices más diversos[2370].

Si el defecto de incompetencia en razón del grado debe juzgarse sobre la base de la intensidad con que se afecte el ordenamiento jurídico y a la posibilidad de subsanar el vicio sin contradicciones con el sistema administrativo, se requiere establecer primero el principio general, y luego, sus excepciones, en el caso de que las hubiera.

Como las reglas de competencia, en razón de la materia han sido erigidas sobre la base de la idea de que la Administración ajuste su obrar a reglas preestablecidas[2371], hay que analizar si la violación de las reglas de incompetencia en razón del grado traduce una grave violación del fundamento de la propia competencia material.

Habida cuenta de la actual dinámica del Estado, resulta inapropiado aceptar un criterio extremo, como el que postula Forsthoff; la solución correcta, en el plano

---

[2366] "Ganadera Los Lagos SA v. Nación Argentina", Fallos 190:142 (1941)Fallos 190:151, De Sezé, Román María José v. Gobierno Nacional", Fallos 241:384 (1958); otros fallos han recogido el principio de que la incompetencia en razón de la materia genera una invalidez absoluta, que como tal, es insanable: véase, por ejemplo, el publicado en LL 140-616.

[2367] RIVERO, Jean, *Droit Administratif, cit.*, p. 224, para quien en la práctica las delegaciones ilegales son uno de los casos más frecuentes de anulación de los actos por vicio de incompetencia. Al respecto, la Procuración del Tesoro de la Nación ha señalado en algunos casos la improcedencia de la delegación de facultades por parte del Tribunal de Cuentas de la Nación, considerando que su competencia tiene de acuerdo con la Ley de Contabilidad (art. 85) carácter privativo y excluyente, y que frente a observaciones de las delegaciones de dicho tribunal a un decreto del Poder Ejecutivo, no se requiere el dictado del decreto de insistencia, por cuanto dichas observaciones no suspenden el cumplimiento del acto (conf. Dictámenes 98:23).

[2368] GARRIDO FALLA, Fernando, *Tratado...*, *cit.*, t. I, p. 477, fundado en la apariencia jurídica que genera la delegación.

[2369] Conf. FORSTHOFF, Ernst, *Tratado...*, *cit.*, ps. 322/323, con otra terminología.

[2370] GORDILLO, Agustín, *El acto administrativo, cit.*, ps. 258 y ss.

[2371] En garantía de los administrados en forma directa, o indirecta, por lo que implica la observancia del principio de la legalidad.

estrictamente jurídico debe ser que, en principio, un acto viciado por incompetencia en razón del grado, genera una nulidad relativa. Por excepción, en aquellos supuestos en que la avocación o la delegación no estuvieran permitidas por el ordenamiento jurídico, el vicio o defecto configurará una nulidad absoluta[2372].

B) Incapacidad

Este vicio comprende tanto los casos en que se halla afectada la capacidad de hecho del agente público como la del administrado.

En nuestro sistema se aplican – en principio– las reglas establecidas en el Código Civil, por cuya razón, para juzgar el tipo de nulidad (absoluta o relativa) habrá que tener en cuenta también las disposiciones de la legislación común. Ello demuestra, por otra parte, la ventaja de utilizar una clasificación que se articula y armoniza con el sistema del Derecho Civil.

Sin embargo, los requisitos que rigen la capacidad civil pueden resultar modificados por el Derecho Administrativo siempre que no se agrave la situación del administrado, tal como ocurre en el procedimiento administrativo con la capacidad de los menores adultos[2373].

Con respecto a las normas que rigen la capacidad de derecho de los agentes públicos o administrados, en virtud de su carácter local o federal, según los casos, y en mérito a que la regulación de estas situaciones integra su contenido típico y específico, el Derecho Administrativo puede establecer requisitos diferentes, los cuales tienen primacía sobre las disposiciones del Código Civil.

Dada la naturaleza de orden público de las normas que consagran incapacidades de derecho, su violación genera la nulidad absoluta del pertinente acto.

6. VICIOS QUE AFECTAN A LA CAUSA DEL ACTO ADMINISTRATIVO

La ausencia de los antecedentes de hecho y de derecho que preceden y justifican el dictado del acto, así como la circunstancia de que los mismos fueren falsos, determinan la nulidad absoluta del acto[2374]. Así lo ha resuelto frecuentemente la

---

[2372] Un criterio semejante – aunque sin sentar expresamente el principio– se aprecia en Marienhoff (MARIENHOFF, Miguel S., *Tratado...*, *cit.*, t. II, p. 522). La Ley Nacional de Procedimientos Administrativos ha sentado la regla inversa, aunque la consecuencia es la misma (art. 14, inc. b]); tampoco se menciona allí la avocación, si bien ello aparece subsanado más adelante, al tratar la ratificación (art. 19, inc. a]).

[2373] Conf. art. 3° *in fine*, RLNPA, que preceptúa: "Los menores adultos tendrán plena capacidad para intervenir directamente en procedimientos administrativos como parte interesada en la defensa de sus propios derechos subjetivos e intereses legítimos". Anteriormente, el art. 5°, dec. 7520/1940, también facultaba en algunos casos al menor a recurrir administrativamente sin autorización paterna, pero requería la decisión favorable del ministerio correspondiente.

[2374] Conf. MARIENHOFF, Miguel S., *Tratado...*, *cit.*, t. II, ps. 226/227; solución que acoge el art. 14, inc. b), LNPA. La Corte Suprema de Justicia de la Nación ha considerado que el acto en que falten los presupuestos de hecho constituye un acto irregular carente de estabilidad en sede administrativa (véase caso "Hochbaum, Salomón Isaac", Fallos 277:205 (1970) y nuestro comentario, CASSAGNE, Juan Carlos, "La revisión...", *cit.*, ps. 111 y ss.). Para Zanobini se trata de un vicio atinente al procedimiento que no constituye un elemento esencial del ac-

jurisprudencia al declarar que debe considerarse carente de causa la cesantía basada en un delito inexistente y que una multa fundada en hechos falsos configura una nulidad absoluta[2375]. Entre los precedentes de la Corte Suprema corresponde señalar, por su trascendencia, el caso "Solá", en el que declaró la nulidad absoluta de un decreto del Poder Ejecutivo por vicio grave en la causa[2376].

Si hubiere, en cambio, error en la causa, el tipo de nulidad (absoluta o relativa) puede variar según la naturaleza y gravedad del defecto, para lo cual cabe acudir a los principios ya sentados al tratar dicho vicio de la voluntad[2377].

7. DEFECTOS EN EL OBJETO

El vicio en el elemento objeto – cuyas características se han tratado anteriormente– tradicionalmente denominado "violación de la ley"[2378] configura, en principio, una nulidad absoluta, ya que la ilicitud[2379] e irrazonabilidad, como la imposibilidad física o jurídica y la inmoralidad en el objeto, son todas circunstancias cuya gravedad afecta al orden público administrativo.

En cambio, aunque éste no sea el criterio que prevalece en la doctrina[2380], la falta de certeza e indeterminación configuran una nulidad relativa, susceptible de ser saneada por la Administración y los particulares (esto último en el supuesto de que el acto fuera bilateral) en razón de considerar que, en tales casos, no se resienten los principios del orden público administrativo.

8. VICIOS DE FORMA

De acuerdo con la postura que se ha sostenido, al tratar lo relativo a la forma del acto, este elemento se integra no sólo con las formas de la declaración de voluntad sino también con las referentes al procedimiento de formación de dicha voluntad y con las formas de publicidad necesarias para que el acto administrativo pueda surtir efectos frente a terceros.

---

to, postura que no compartimos por las razones expuestas al tratar la causa como un elemento del acto administrativo (ZANOBINI, Guido, *Curso...*, *cit.*, t. I, ps. 401/402).

[2375] C. Nac. Apel. Cont. Adm. Fed., sala 4ª, "Luchina v. Gobierno Nacional", LL 1988-A-209, y la sala 1ª de dicho tribunal, *in re* "Junta Nacional de Granos" del 25/6/1981 (*cit.* por MAIRAL, Héctor A., *Control judicial...*, *cit.*, nota 45).

[2376] Véase: "Una sentencia trascendente de la Corte que declara la nulidad en un decreto del Poder Ejecutivo", ED 178-687, nota a fallo de la Corte Sup., "Solá, Roberto y otros v. Estado nacional - Poder Ejecutivo s/empleo público" (Fallos 320:2509 [1997] y ED 178-224).

[2377] En contra: MARIENHOFF, Miguel S., *Tratado...*, *cit.*, t. II, p. 227, quien considera que en tal caso la nulidad es relativa.

[2378] RIVERO, Jean, *Droit Administratif*, *cit.*, ps. 228 y ss. Asimismo, es la terminología de la Ley Nacional de Procedimientos Administrativos, que en su art. 14, inc. b), considera a la violación de la ley como causal de nulidad absoluta.

[2379] La Corte Suprema de Justicia de la Nación ha sostenido que la realización de un acto prohibido por la ley configura una nulidad absoluta; véase "Rodríguez Blanco de Serrao, I. C.", Fallos 304:898 (1982).

[2380] DIEZ, Manuel M., *El acto administrativo*, *cit.*, p. 46; MARIENHOFF, Miguel S., *Tratado...*, *cit.*, t. II, p. 529; GORDILLO, Agustín, *El acto administrativo*, *cit.*, ps. 244 y ss., quien según las circunstancias, se pronuncia por la nulidad o inexistencia del acto.

También se ha visto que el hecho de que la forma sea o no esencial tiene importancia para determinar la gravedad del vicio (y por ende, si la nulidad es absoluta o relativa) mientras otro criterio, que pugna por abrirse paso en el Derecho Administrativo, versa sobre la rigidez o flexibilidad de las formas, repercutiendo sobre el margen de apreciación que tendrá el órgano que controle o revise el acto en sede administrativa o judicial.

En principio, cuando un defecto formal produce una violación apreciable en el ordenamiento jurídico administrativo y su mantenimiento choca con el orden público, se está en presencia de un vicio sobre una forma esencial, sancionado con la nulidad absoluta del acto administrativo[2381].

En cambio y cuando – por ejemplo– la norma exige taxativamente una forma determinada y el acto administrativo se ha emitido, pero bajo otra forma distinta, lo que se halla en juego por lo general es la rigidez de la forma violada que llevará a quien revise el acto a declarar inexorablemente la nulidad del acto y a aplicar la sanción establecida en la norma, o bien, la que corresponda según el carácter esencial o no, de la forma violada, pues no debe olvidarse que en Derecho Administrativo no rige la exigencia de texto expreso para declarar la invalidez del acto.

Las nociones expuestas, pueden aplicarse a los distintos aspectos que componen el elemento forma del acto administrativo, y así resulta:

A) Vicios relativos a las formas del proceso de integración de la voluntad administrativa

Se refieren a la serie de trámites y requisitos que deben cumplirse previamente a la declaración de la voluntad por parte del órgano administrativo. La jurisprudencia recoge innumerables casos donde se analizan los vicios en el proceso de integración de la voluntad.

En el supuesto de que se hubiere violado el derecho de defensa[2382], no otorgando al administrado una razonable oportunidad de ejercitarlo, el acto resultante se hallará afectado de nulidad absoluta[2383].

[2381] La Corte Suprema ha compartido nuestro criterio en el caso registrado en "Alonso, Héctor v. Chiozza, Mario Pedro y otro", Fallos 306:1115 (1984) al señalar que la inobservancia de requisitos de forma impuestos por principios vinculados al orden público administrativo (garantía de los administrados) es causa de nulidad del acto emitido con tal defecto (argumento de los arts. 7° y 14, ley 19.549).

[2382] Conf. GRAU, Armando E., "La razonabilidad en el procedimiento administrativo argentino", LL 131-1559, con quien coincidimos en que se trata de un verdadero Derecho Constitucional (GORDILLO, Agustín, *Procedimiento y recursos administrativos*, 2ª ed., Macchi, Buenos Aires, 1971, ps. 72 y ss., y LINARES, Juan F., *Razonabilidad de las Leyes*, 2ª ed., Buenos Aires, Astrea, 1970, ps. 8 y ss.). Ver también ALTAMIRA GIGENA, Julio I., "El derecho de defensa en sede administrativa", JA 1967-III-34. La Corte Suprema ha resuelto *in re* "Oddone, Luis Alberto y otros v. res. 236, 328 y 363 del Banco Central s/recurso de apelación", Fallos 310:1129 (1987) que "la posibilidad de producir prueba de descargo constituye uno de los requisitos que integran el concepto de juicio en sentido constitucional, todo lo cual imponía la necesidad de que se asegurara a los recurrentes un adecuado proceso con la posibilidad de ejercer su derecho de defensa".

Por el contrario, si el defecto formal en el procedimiento es subsanable en un proceso judicial posterior se ha considerado que no se ocasiona afectación al derecho de defensa[2384] y por ende, la nulidad se reputa relativa.

Como criterio general, si bien la Procuración del Tesoro de la Nación ha sostenido que la inobservancia de los procedimientos formales genera la nulidad absoluta del acto[2385] los defectos de forma previos a la declaración producen la nulidad relativa del acto, salvo que la forma estuviera impuesta por consideraciones que hacen al orden público administrativo (ej.: moral, intereses superiores del Estado, etc.).

Dicha postura, aunque no expuesta en forma categórica, fluye de uno de los fallos de la Corte Suprema de Justicia de la Nación, donde el alto tribunal expresó lo siguiente: "que si bien nuestro Código no ha hecho una enumeración o una caracterización precisa de las nulidades absolutas, en contraposición con las relativas, de su texto se desprende que, estando en este caso establecida la forma en salvaguardia o seguridad del leal manejo de los intereses del Estado, su violación tiene que causar necesariamente una nulidad absoluta"[2386].

Por su parte, la Ley Nacional de Procedimientos Administrativos prescribe que deben cumplirse los procedimientos esenciales y sustanciales previstos en el ordenamiento jurídico. En tal sentido, considera "esencial" al dictamen proveniente de los servicios permanentes de asesoramiento jurídico cuando el acto pudiere afectar derechos subjetivos e intereses legítimos (art. 7°, inc. d], LNPA). Sin embargo, se ha considerado que el dictamen jurídico no es obligatorio cuando el acto administrativo posee naturaleza discrecional[2387].

[2383] Conforme a la doctrina que ha sentado la Corte en numerosas oportunidades: "Braun y Linder", Fallos 239:51 (1957) y "Secchi, Antonio H. v. Valentín, Eusebio Ricardo", Fallos 239:142 (1957); C. Nac. Cont. Adm. Fed., 14/11/1991, "Argecom SRL y Ortega SRL v. BCRA s/art. 5°, ley 18.924".

[2384] Conf. caso: "Sindicato Argentino de Músicos s/personería gremial", Fallos 253:229 (1962), donde se sostuvo que "las omisiones observables en la tramitación administrativa pueden ser salvadas en la instancia judicial" (consid. 2°) y que "habiendo tenido audiencia en las instancias judiciales los recurrentes (...) el recurso extraordinario con fundamento en el art. 18, CN, no resulta atendible" (consid. 3°). Dicha doctrina aparece reiterada en fallos posteriores ("María Guerrero de García e hijos SRL", Fallos 258:299 [1964]).

[2385] Dictámenes 74:391, aunque con otra terminología (nulidad).

[2386] "Provincia de Mendoza v. Empresa Constructora F. H. Schmidt SA", Fallos 179:249 (1937). La Procuración ha establecido que la falta del dictamen obligatorio que previamente exige la legislación en algunos supuestos, hace que la decisión adoptada adolezca de nulidad absoluta. En el caso, el Fondo Nacional de las Artes había omitido el dictamen previo del Instituto Nacional Sanmartiniano exigido por el art. 15, 1ª parte, ley 15.538, al incluir una obra literaria en los beneficios del régimen de estímulo al libro argentino. Aquí no se trata de la defensa del patrimonio material, sino de que la promoción de las actividades literarias se realice sobre la base del respeto por los valores históricos y la protección de la memoria de nuestros principales próceres que el Estado tiene interés en tutelar.

[2387] Proc. Tesoro Nac., 2/3/1978, "Ford Motor Argentina", expte. 81.757/76. Allí se sostuvo, además, que el dictamen posterior a la emisión del acto administrativo tuvo la virtud de purgar el vicio de dicho acto administrativo.

Resulta excesivo castigar dicho defecto formal (falta de dictamen jurídico) – en tanto no se demuestre la afectación o lesión de la garantía de la defensa– con la sanción de nulidad absoluta del respectivo acto administrativo emitido sin dictamen jurídico[2388]. De ese modo, la forma dejaría de ser un requisito o elemento de naturaleza instrumental para convertirse en la esencia del acto, lo cual carece de sentido[2389].

B) Defectos de la declaración

Si el defecto formal aparece en la declaración de voluntad del órgano administrativo: ¿cuál es la naturaleza o tipo de invalidez? Al respecto, se ha dicho que el criterio para determinar el grado de invalidez (absoluta o relativa) consiste en distinguir los supuestos en que las formas hayan sido omitidas de aquellos en que las formas se han respetado, pero de manera irregular o defectuosa[2390].

En nuestra opinión, la gravedad del vicio se vincula con el carácter esencial o no que revista la forma en relación con las exigencias de orden público que la hubieran establecido. De lo contrario, habría que concluir que la omisión de la fecha en un acto administrativo[2391] siempre ocasiona la nulidad absoluta del acto, conclusión que parece en extremo rigurosa habida cuenta de la posibilidad admitida por la doctrina de subsanar tal defecto de la declaración a través de la publicidad del acto[2392].

Así, pueden señalarse como casos de nulidad absoluta, los siguientes defectos:

(i) falta de motivación, cuando ella fuera exigida expresa y concretamente por la norma[2393] y se afecte el orden público[2394];

(ii) ausencia de firma en el acto administrativo que se pretende ratificar[2395];

(iii) inexistencia de forma escrita, cuando ella es requerida por la ley o la naturaleza del acto[2396];

[2388] La Corte Suprema de Justicia de la Nación ha admitido que un acto es válido aun cuando el dictamen se ha emitido con posterioridad a su dictado, pero antes de resolverse el recurso jerárquico: *in re* "Duperial SAIC v. Nación", Fallos 301:953 (1979) y en ED 85-627.

[2389] Conf. GARCÍA DE ENTERRÍA, Eduardo - FERNÁNDEZ, Tomás R., *Curso...*, *cit.*, t. I, p. 428.

[2390] MARIENHOFF, Miguel S., *Tratado...*, *cit.*, t. II, p. 533.

[2391] Art. 8°, ley 19.549.

[2392] Conf. GORDILLO, Agustín, *El acto administrativo*, *cit.*, 1ª ed., p. 150, quien sostiene que "en tales casos se tendrá por fecha del acto aquella en que ha sido publicado o notificado".

[2393] En contra: MARIENHOFF, Miguel S., *Tratado...*, *cit.*, t. II, p. 534. La Corte Suprema ha interpretado que la exigencia de la motivación no implica sustentar un ritualismo excesivo y que no puede desvincularse de la amplitud de las facultades ejercidas por la Administración para remover a sus agentes (conf. "Piaggio de Valero, María Elena v. Municipalidad de la Ciudad de Buenos Aires", Fallos 311:1206 [1988]). Asimismo, la jurisprudencia de la sala 3ª de la Cámara Nacional de Apelaciones en lo Contencioso Administrativo ha señalado que no se requiere una motivación explícita cuando la decisión no se aparte del dictamen precedente sino que lo apruebe (*in re* "Del Río Baltasar, Jorge v. Estado nacional s/ordinario", de fecha 13/3/1986).

[2394] ESTRADA, Juan Ramón de, "La revocación por ilegitimidad del acto administrativo irregular (El art. 17 de la Ley Nacional de Procedimientos Administrativos)", LL 1976-D-820.

[2395] Dictámenes 99:115.

(iv) falta de licitación pública, cuando la exigencia resulte de una norma legal o reglamentaria[2397].

C) Vicios relativos a la publicidad

La publicidad constituye un requisito esencial para que el acto administrativo cobre validez respecto de terceros. Hasta entonces, no habrá técnicamente acto administrativo, quedando el acto en la esfera de la actividad interna de la Administración cuando el acto fuera unilateral.

En los actos bilaterales, en cambio, si bien pueden existir exigencias en punto a publicación del acto[2398], lo cierto es que la regla es la no publicidad del mismo, salvo que se afecten derechos de terceros, en cuyo caso la Administración tiene el deber de acudir a la forma de publicidad que corresponda[2399].

La integración de la publicidad como un requisito formal[2400] torna necesario averiguar cuál es el tipo de invalidez que afectará al acto administrativo a raíz de un vicio de esta índole. Al respecto, debe distinguirse: a) si el acto no ha sido objeto de publicidad, entendemos que sencillamente no tiene existencia respecto de terceros, por cuya razón no cabe hablar de defecto alguno; b) en cambio, si la publicidad ha sido efectuada pero en forma irregular, el defecto da lugar a una nulidad relativa, susceptible de ser saneada por la Administración, sobre la base de que la corrección del vicio procura completar o corregir el conocimiento que el administrado tenga acerca del contenido de un acto y no puede sostenerse que tal conducta produzca una violación del orden público administrativo, que no agravia por sí misma la posición de los administrados en los intereses que persigue la acción administrativa.

9. LA DESVIACIÓN DEL PODER

El vicio que afecta la finalidad del acto administrativo ha recibido el nombre técnico de "desviación de poder". Tal denominación, que procede de la doctrina y

---

[2396] Ver también: Dictámenes 99:115, cuya doctrina puede sintetizarse en el no reconocimiento de actos administrativos verbales que dispongan "comisiones de servicios" o "asignación de funciones". La forma escrita es considerada esencial en los contratos administrativos. Véase BERÇAITZ, Miguel Á., *Teoría general de los contratos administrativos*, Depalma, Buenos Aires, 1952, p. 226.

[2397] La falta de licitación en tales casos, también traduce un vicio o defecto en el proceso de formación de la voluntad administrativa. Se trata de una causal de invalidez rígida. La jurisprudencia de la Corte Suprema ha seguido el criterio indicado, véase: "Stamei SRL v. Universidad Nacional de Buenos Aires s/ordinario", Fallos 310:2278 (1987).

[2398] Ej.: publicación de un contrato aprobado por decreto del Poder Ejecutivo.

[2399] Puede darse el supuesto de que un contrato contenga disposiciones de carácter general que deban ser objeto de publicación.

[2400] RIVERO, Jean, *Droit Administratif, cit.*, p. 225. En Francia, en general, se considera que el vicio de forma puede ser subsanado por la Administración (LAUBADÈRE, André de, *Traité de Droit..., cit.*, t. I, ps. 500/501).

jurisprudencia francesas[2401], ha tenido una recepción universal, incorporándose al derecho positivo de distintos países[2402].

El fin que el acto persigue configura un requisito que hace a la legalidad del acto y debe hallarse en el marco de la función administrativa y del ordenamiento jurídico. En principio, se aplica la regla de la especialidad que determina que los órganos o entes administrativos no pueden ir más allá de las normas que disponen sus atribuciones.

Sin embargo, la interpretación acerca de la finalidad de interés público que persigue el acto debe juzgarse con sentido dinámico y adecuarse a los fines sociales y económicos que presiden constantemente los grandes cambios en el Estado contemporáneo[2403].

Ello no implica una crisis en cuanto a la "desviación de poder", sino una adaptación de la teoría al plano de la realidad que modifica el contenido del concepto, lo cual no es de extrañar, ya que las teorías e instituciones jurídicas se adaptan continuamente a la realidad[2404].

En tal sentido, el fin debe enmarcarse en el ordenamiento jurídico dentro de una interpretación dinámica, realista y justa, llevada a cabo en el campo de la aplicación de la norma, la cual suele anteponerse en el tiempo al dictado de la legislación positiva, que recoge con mayor permanencia los distintos elementos del mundo jurídico real.

Se ha afirmado que la desviación de poder, cuya tardía aparición en el contencioso administrativo francés se explica por la necesidad de consolidar la autoridad del Consejo de Estado, tiene un carácter subsidiario[2405], el cual se justifica por la naturaleza de las investigaciones que el juez debe realizar para determinar la traición al fin legal.

Esta postura no puede compartirse habida cuenta que no es imprescindible que el acto administrativo sea inobjetable en todos sus elementos para que proceda la investigación judicial acerca de la finalidad que el mismo persigue[2406].

[2401] BONNARD, Roger, *Précis de Droit Administratif*, 3ª ed., LGDJ, París, 1935, p. 228; LAUBADÈRE, André de, *Traité de Droit...*, *cit.*, t. I, ps. 501/506; RIVERO, Jean, *Droit Administratif*, *cit.*, ps. 226/228; BENOIT, Francis P., *Le Droit Administratif...*, *cit.*, p. 544.

[2402] Una reseña muy completa de lo que acontece en el derecho comparado puede verse en la obra de Prat (PRAT, Julio A., *De la desviación...*, *cit.*, ps. 269 y ss.).

[2403] GARRIDO FALLA, Fernando, *Tratado...*, *cit.*, t. I, ps. 72 y ss. Sin embargo, el estatismo, que es la degeneración de la tendencia señalada, es tan pernicioso como librar al hombre a su propia suerte. En tal sentido, las intervenciones del Estado sólo serán justas si responden al principio de subsidiariedad.

[2404] La evolución de la propia teoría de la "desviación de poder" es la demostración más cabal de lo que afirmamos en el texto. Véase PRAT, Julio A., *De la desviación...*, *cit.*, ps. 189 y ss.

[2405] Conf. PRAT, Julio A., *De la desviación...*, *cit.*, p. 214; MARIENHOFF, Miguel S., *Tratado...*, *cit.*, t. II, p. 542.

[2406] Como lo sostiene Sayagués Laso (SAYAGUÉS LASO, Enrique, *Tratado...*, *cit.*, t. I, ps. 456/457) citando un caso donde la Suprema Corte de la República Oriental del Uruguay se negó a analizar el móvil político que persiguió la destitución de un funcionario, en mérito a

La tesis que propiciamos encuentra apoyo en una serie de argumentos: a) en primer término, porque no se comprende cuál es la razón por la cual se admite la investigación judicial acerca del fin del acto en un caso y no se la admite en otro; b) porque el carácter subsidiario responde a una interpretación efectuada sobre la base de lo acontecido en Francia, que si bien resulta explicable por razones históricas, no puede aplicarse sin más a nuestro derecho; c) en mérito a las razones de moralidad y justicia que presiden toda la construcción de la teoría[2407]; d) porque aun aceptando como valederos los argumentos fundados en la conveniencia de que el juez no analice los verdaderos motivos que llevaron al agente a emitir el acto, no puede desconocerse que, en nuestro sistema, el acto puede ser extinguido en sede administrativa por dicha causal, en cuyo caso desaparecen tales objeciones; y e) por último, de acuerdo con la clasificación de la nulidad según el grado de gravedad de la invalidez (absoluta o relativa) bien puede suceder que el acto adolezca de un vicio diferente, según el elemento que se considere afectado[2408].

Ahora bien: ¿cuál es la naturaleza de la invalidez que entraña un acto con desviación de poder? Al respecto, participamos de la opinión de quienes consideran que en tal caso la sanción que corresponde es la nulidad absoluta del acto[2409] en la inteligencia de que la traición al fin que el acto debe perseguir no puede ser saneada, so pena de controvertir principios fundamentales que integran el orden público administrativo (ética, legalidad y justicia) que, como se ha dicho, se encuentran íntimamente conectados con el abuso de derecho[2410], recogido en el art. 1071, CCiv.

La jurisprudencia de nuestros tribunales federales en lo contencioso-administrativo registra pocos casos donde se haya reconocido la configuración del vicio de desviación de poder para invalidar un acto administrativo[2411].

---

que bastaba para invalidar el acto con la demostración de que se había afectado la regla de la inamovilidad.

[2407] HAURIOU, Maurice, *Précis de Droit Administratif*, 12ª ed., p. 266, *cit.* por Prat (PRAT, Julio A., *De la desviación...*, *cit.*, p. 168); FIORINI, Bartolomé A., "Potestad...", *cit.*, t. I, p. 343.

[2408] Por ejemplo, un acto con incompetencia en razón del grado (nulidad, en principio, relativa) afectado también del vicio de desviación de poder (nulidad absoluta).

[2409] MARIENHOFF, Miguel S., *Tratado...*, *cit.*, t. II, p. 542; DIEZ, Manuel M., *El acto administrativo*, *cit.*, p. 126. Véase también el fallo dictado por la justicia civil en el caso "Jorge Antonio v. Municipalidad de la Capital" (LL 40-614 y ss.), donde se confunde el exceso de poder que produce la incompetencia con la desviación de la finalidad (esp. p. 616). La confusión proviene de que en el contencioso administrativo francés, el recurso por exceso de poder era el género y la desviación de poder, uno de los medios de apertura. En cambio, la sala Civil y Comercial de la Cámara Federal de la Capital emplea la denominación más correcta en nuestro ordenamiento jurídico y habla sólo de desviación de poder (LL 141-418 *in fine*).

[2410] Conf. SILVA TAMAYO, Gustavo E., *La desviación de poder como supuesto específico de abuso de derecho*, en prensa, LexisNexis, Buenos Aires, 2006, esp. cap. V.

[2411] *In re* "Pastorino, Juan Alberto v. Ministerio de Trabajo y Seguridad Social s/amparo ley 16.986", sala 3ª de la Capital Federal, causa 26.753/75 de fecha 10/10/1995. En el caso se trató de una acción de amparo promovida por el actor contra una resolución del Ministerio de Trabajo y Seguridad Social que dispuso colocarlo en situación de jubilarse pese a haber sido designado el año anterior, previa selección, en la Dirección Nacional de Relaciones del Trabajo. Mientras en primera instancia la juez reconoció expresamente la existencia de desvia-

Pero esa situación no se mantuvo estática y a comienzos de 1998 la Corte Suprema resolvió un caso[2412] de singular trascendencia en el cual hizo aplicación del precepto contenido en el inc. f) del art. 7°, LNPA, y de la consecuente irregularidad (nulidad absoluta) que engendra el vicio de desviación de poder.

La parte medular de ese fallo (expuesta en los consids. 8°, 9° y 10) sienta el principio según el cual en una contratación administrativa (en el supuesto se trataba del transporte de valijas postales con documentación confidencial y, como consecuencia de la aplicabilidad de la Ley Nacional de Procedimientos Administrativos, la competencia para determinar el precio de las contrataciones debe ejercerse conforme a la finalidad a la cual fue atribuida que es la de contratar al precio más conveniente y razonable.

Esos recaudos no se cumplieron porque habiendo solicitado la empresa la recomposición del precio contractual en 65%, con fundamento en la insuficiencia de la cláusula de reajuste prevista en el contrato, desistió de su pretensión originaria y obtuvo una prórroga del contrato con otro precio básico que significó un aumento del 858% (conf. consid. 1°).

La Corte, en definitiva, consideró que se encontraba afectado el elemento finalidad prescripto para los actos administrativos por la Ley Nacional de Procedimientos Administrativos y que ese vicio (desviación de poder) implicaba un acto irregular que permitía que la Administración solicitase la declaración judicial de su nulidad, aun por vía de reconvención.

10. INVALIDEZ DE CLÁUSULAS ACCESORIAS

La aplicación del sistema de la invalidez a los elementos del acto, se completa con el estudio de los vicios o defectos que hacen al contenido eventual del acto administrativo, es decir, aquellas cláusulas del acto que se conocen con el nombre de "accesorias" y que, en principio, son la condición, el modo y el término.

Por una derivación del principio de la accesoriedad, el defecto o vicio que afecte una cláusula de este tipo no invalida, en principio, la totalidad del acto[2413] produciendo tan sólo su nulidad parcial.

Para que se opere la invalidez parcial de la cláusula accesoria y proceda contemporáneamente la reducibilidad del acto a sus elementos esenciales válidos, tanto la doctrina como la legislación comparada y vernácula han establecido dos requisi-

---

ción de poder para hacer lugar al amparo, la cámara, aunque parece descartarlo por la falta de prueba, arriba a la conclusión (que compartimos) que la norma aplicable al caso (art. 51, dec. 1669/1993) impide extender la aplicación de las causales de remoción previstas en el art. 49, Régimen Jurídico Básico de la Función Pública, cuando "la extinción de la relación de empleo público por reunir el agente las condiciones para jubilarse contradice la exégesis y *finalidad* de aquella norma".

[2412] "SA Organización Coordinadora Argentina v. Secretaría de Inteligencia del Estado", Fallos 321:174 (1998) y en ED 177-749, con nota de COMADIRA, Julio R., "La observancia de la causa y el fin en la contratación administrativa reservada. La revocación por ilegitimidad del contrato administrativo en cumplimiento".

[2413] En contra: STASSINOPOULOS, Michel, *Traité des actes administratifs*, Athènes, 1954, p. 94.

tos fundamentales: a) la independencia o separabilidad de la cláusula accesoria de los restantes elementos del acto, y b) que no constituya la esencia del acto o razón principal que hubiera llevado a la Administración a dictarlo[2414].

Sin embargo, hay autores que sostienen la inexistencia del principio que hemos explicitado en materia de actos discrecionales[2415], salvo que la cláusula no constituya la razón principal que motiva el dictado del acto[2416].

Sin embargo, no parece que puedan darse en la práctica supuestos tan definidos y categóricos como actos totalmente reglados o totalmente discrecionales y si bien a nivel teórico tal posibilidad ha existido, en el Estado de Derecho, donde la Administración debe sujetarse a reglas preestablecidas, ello no puede acontecer. A lo sumo podría hablarse de actos parcialmente reglados y parcialmente discrecionales.

En segundo término, el principio de la accesoriedad que se ha señalado precedentemente unido al de la conservación de los valores jurídicos[2417], conducen a la conclusión de que, en principio, y salvo los casos de excepción que han señalado, la invalidez de la cláusula accidental no tiene influencia sobre el acto administrativo principal que permanece válido.

¿Cuál es el tipo de invalidez del vicio que afecta la cláusula accidental? Dado que tales cláusulas forman parte del contenido del acto administrativo, se aplican, por lógica consecuencia, los criterios que se han establecido al tratar los defectos susceptibles de invalidar el objeto[2418].

Finalmente, la teoría de la invalidez parcial resulta de muy difícil, aplicación en materia contractual, pues al haberse expresado el acuerdo de voluntades con respecto a todo el contenido del contrato, no puede escindirse del mismo una cláusula, que es una parte de algo que ha sido recíprocamente acordado en su totalidad, sin afectar lo querido realmente por los contratantes.

[2414] Ver: LUCIFREDI, Roberto, *L'atto amministrativo nei soui elementi accidentali*, Giuffrè, Milán, 1963, p. 94; ENTRENA CUESTA, Rafael, *Curso de Derecho Administrativo*, 3ª ed. (reimpresión), t. I, Tecnos, Madrid, 1970, p. 485, quien funda su punto de vista en el principio de conservación de los valores jurídicos. Por su parte, en la Ley de Régimen Jurídico de las Administraciones Públicas y del Procedimiento Administrativo Común de España se prescribe lo siguiente: "La nulidad o anulabilidad en parte del acto administrativo no implicará la de las partes del mismo independientes de aquélla salvo que la parte viciada sea de tal importancia que sin ella el acto administrativo no hubiera sido dictado" (art. 64.2). Con un alcance más restringido (sólo respecto de las cláusulas accesorias) nuestra Ley Nacional de Procedimientos Administrativos estatuye que "la invalidez de una cláusula accidental o accesoria de un acto administrativo no importará la nulidad de éste, siempre que fuere separable y no afectare la esencia del acto emitido" (art. 16, LNPA).

[2415] MARIENHOFF, Miguel S., *Tratado...*, *cit.*, t. II, ps. 364/365, critica la postura de Lucifredi y arriba a la solución que indicamos en el texto. Lucifredi sostenía que la invalidez de la cláusula accesoria establecida a favor del particular o administrado no vicia el acto, a contrario de la cláusula accidental puesta en beneficio de la Administración.

[2416] Tal como opina Garrido Falla; sin embargo, cabe advertir que este autor es partidario de la tesis contraria, es decir, de que, en principio, la invalidez de la cláusula accesoria no repercute sobre el acto principal (GARRIDO FALLA, Fernando, *Tratado...*, *cit.*, t. I, p. 483).

[2417] ENTRENA CUESTA, Rafael, *Curso...*, *cit.*, p. 485.

[2418] MARIENHOFF, Miguel S., *Tratado...*, *cit.*, t. II, p. 547.

CAPÍTULO IV

SANEAMIENTO O CONVALIDACIÓN

1. CONCEPTO, TRASCENDENCIA Y TERMINOLOGÍAS EXISTENTES. APLICABILIDAD GENÉRICA DE LAS NOCIONES DEL DERECHO PRIVADO

Cuando el defecto del acto administrativo da lugar a la sanción, en principio, de nulidad relativa, la Administración posee la facultad de subsanar el vicio que lo invalida, cuya causal puede provenir tanto de un comportamiento activo como de una omisión formal o de fondo respecto de uno o más elementos del acto administrativo. La subsanación del defecto que portaba el acto y su correlativa validez es lo que se designa generalmente en doctrina bajo el nombre de saneamiento[2419] o convalidación[2420].

La teoría del saneamiento – escasamente difundida en algunos países como Francia[2421]– posee una importancia decisiva en el Estado contemporáneo, dadas las tendencias actuales que conducen hacia la estabilidad, seguridad y certeza de todas las relaciones jurídicas como un instrumento de solución a los constantes conflictos que se generan entre la Administración y los particulares o administrados.

En esta materia, a las dificultades metodológicas propias de cualquier institución de nuestra disciplina se añade la tendencia a cortar definitivamente los lazos

---

[2419] MARIENHOFF, Miguel S., *Tratado de Derecho Administrativo*, 4ª ed. act., t. II, Abeledo-Perrot, Buenos Aires, 1993, ps. 651/652, término que también utilizan algunos autores italianos modernos: SANDULLI, Aldo M., *Manuale di Diritto Amministrativo*, 10ª ed., Jovene, Nápoles, 1970, ps. 421/422. En nuestro país, la Ley Nacional de Procedimientos Administrativos emplea en su art. 19 dicha terminología.

[2420] GARRIDO FALLA, Fernando, *Tratado de Derecho Administrativo*, t. I, 10ª ed., Tecnos, Madrid, 1987, ps. 522/523; FIORINI, Bartolomé A., *Manual de Derecho Administrativo*, t. I, La Ley, Buenos Aires, 1968, ps. 390 y ss.; ALESSI, Renato, *Instituciones de Derecho Administrativo*, trad. a la 3ª ed. italiana del *Sistema Istituzionale di Diritto Amministrativo*, t. I, Bosch, Barcelona, 1970, ps. 340/341; ZANOBINI, Guido, *Curso de Derecho Administrativo*, t. I, trad. del italiano, Arayú, Buenos Aires, 1954, p. 419; LANDI, Guido - POTENZA, Giuseppe, *Manuale di Diritto Amministrativo*, Giuffrè, Milán, 1971, ps. 286/290; GARCÍA DE ENTERRÍA, Eduardo - FERNÁNDEZ, Tomás R., *Curso de Derecho Administrativo*, 2ª ed. reimp., t. I, Civitas, Madrid, 1977, ps. 433 y ss.

[2421] A quien se adentre en el estudio del saneamiento, debe llamarle la atención el hecho de que en Francia la doctrina no se ocupe del tema o lo haga sólo incidentalmente (ej.: WALINE, Marcel, *Droit Administratif*, 9ª ed., Sirey, París, 1963, p. 448, refiriéndose a la posibilidad de ratificar los actos afectados de nulidad relativa). Para nosotros, tal tesitura obedece a un defecto técnico-metodológico, que lleva inconscientemente a toda la doctrina gala a abordar el tema de los vicios, dentro de los recursos contencioso-administrativos, y como ésta, muchas otras cuestiones fundamentales de la teoría general del acto administrativo.

con el derecho común, sin reparar, por cierto, que la unidad del ordenamiento se resiente como consecuencia del hecho de que en los actos en que participe el particular o administrado, regirán normas privadas en muchos aspectos (ej.: capacidad para celebrar el acto administrativo bilateral).

Ello nos demuestra entonces que el planteo básico en que deben desenvolverse las relaciones entre el Derecho Público y el Derecho Privado no se resuelve con la primacía de un sistema sobre otro, ni con la aplicación subsidiaria y literal de la norma privada a la relación administrativa. Antes bien, por lo común, la aplicación de normas del Código Civil al Derecho Administrativo, no se hace llenando el vacío mediante la aplicación directa de la norma (subsidiariedad) sino a través de la adaptación e integración con los principios y normas del Derecho Administrativo (analogía)[2422].

En consecuencia, en materia de saneamiento o convalidación cuando hubiera carencia normativa se aplican las normas y principios incorporados al Código Civil, realizando las adaptaciones que impone el Derecho Administrativo por su peculiar naturaleza[2423].

Las especies de que se compone el género saneamiento o convalidación son tradicionalmente la ratificación, confirmación[2424] y la conversión[2425]. No aceptamos, en cambio, la posición de un sector de la doctrina italiana[2426] que utiliza la figura de la conservación como otro medio típico de saneamiento o convalidación.

2. LA RATIFICACIÓN: CARÁCTER Y EFECTOS. FORMA DEL ACTO DE RATIFICACIÓN

El acto administrativo viciado de incompetencia en razón del grado[2427], puede ser ratificado por el órgano superior siempre que sean admisibles, en tal supuesto, la avocación y la delegación. Ello es lógico, por una parte, puesto que la entidad de los defectos de incompetencia en razón de la materia y del territorio (nulidad absoluta) torna imposible el saneamiento. Por tal causa, incurren en contradicción aquellos

[2422] En contra: VILLAR PALASI, José L., *Curso de Derecho Administrativo*, t. I, Madrid, 1972, p. 449. En particular, respecto de la convalidación, Fiorini se pronuncia contrario a la aplicación de las normas privatísticas (FIORINI, Bartolomé A., *Manual...*, *cit.*, t. I, p. 396 *in fine*).

[2423] La opinión que sustentamos en el texto ha sido expuesta por la Corte Suprema de Justicia de la Nación en materia de nulidades (caso "Ganadera Los Lagos SA v. Nación Argentina", Fallos 190:142 [1941]).

[2424] Reconocidas por la generalidad de la doctrina vernácula: BIELSA, Rafael, *Derecho Administrativo*, t. II, 6ª ed., La Ley, Buenos Aires, 1964-1966, ps. 116 y ss.; MARIENHOFF, Miguel S., *Tratado...*, *cit.*, t. II, ps. 653 y ss.

[2425] FIORINI, Bartolomé A., *Manual...*, *cit.*, t. I, ps. 391 y ss.; ALTAMIRA GIGENA, Pedro I., *Curso de Derecho Administrativo*, Depalma, Buenos Aires, 1971, p. 431; también en la ley 19.549, art. 19.

[2426] Conf. ZANOBINI, Guido, *Curso...*, *cit.*, t. I, p. 421.

[2427] CRETELLA JUNIOR, José, *Curso de Direito Administrativo*, Río de Janeiro, 1974, p. 358; este autor la define como el acto administrativo por el cual la autoridad competente suple el requisito faltante o sanea el vicio de otro acto anterior, considerándolo íntegro desde su origen.

autores, que habiendo sostenido que la incompetencia *ratione materie* implicaba siempre la no convalidación del acto[2428], terminan aceptando el criterio que en una oportunidad la Corte sostuvo sobre la procedencia de la ratificación legislativa[2429].

Por otra parte, también resulta comprensible la exigencia respecto de la procedencia de la avocación y delegación para que el órgano superior pueda revocar el acto, ya que, en caso contrario, si la avocación no fuere procedente, el acto pertenecería a la competencia exclusiva del inferior (caso que puede presentarse en aquellos supuestos en que la competencia estuviere atribuida en función de una idoneidad especial), mientras que si la delegación no fuere admisible, la competencia correspondería exclusivamente al superior[2430].

La ratificación, que siempre es un acto unilateral[2431], tiene efectos retroactivos[2432] y aunque se haya sostenido que el acto que la disponga no tiene prescripta una forma especial[2433] es evidente que la misma forma debe ser compatible con la del acto ratificado (así, por ejemplo, no se podría ratificar una adjudicación efectuada por un órgano inferior incompetente con una declaración verbal del órgano superior).

Ello no obsta, a que pueda aceptarse la posibilidad de que exista una ratificación tácita del acto, que surja de una conducta inequívoca del superior, expresada por actos o hechos materiales que denoten la exteriorización de la voluntad de ratificar el acto administrativo defectuoso, siempre que sean compatibles con la forma del acto objeto de la ratificación.

[2428] BIELSA, Rafael, *Derecho Administrativo*, *cit.*, t. II, ps. 149/150. En la doctrina italiana, no suele aceptarse la incompetencia en razón del grado como la única posibilidad de ratificar el acto ya sea porque tiene un concepto más amplio de ratificación (ZANOBINI, Guido, *Curso...*, *cit.*, t. I, p. 419) o porque se refieran genéricamente a la incompetencia (FOLIGNO, Darío, *L'attività amministrativa*, Milán, 1966, p. 200).

[2429] BIELSA, Rafael, *Derecho Administrativo*, *cit.*, t. II, p. 117, donde citando en su apoyo un fallo de la Corte Suprema de Justicia de la Nación ("Stramandinolí e hijo v. Gobierno de la Provincia de Jujuy", Fallos 117:304 [1913]) sostiene lo siguiente: "La adjudicación de una obra por el Poder Ejecutivo de una provincia será válida, aun cuando hubiere traspasado los límites acordados por la legislatura local, siempre que ésta, con posterioridad, haya sancionado partidas en el presupuesto con destino al pago de los trabajos efectuados, teniendo en su poder y a la vista los antecedentes respectivos".

[2430] Los principios que exponemos en el texto están actualmente reconocidos en el art. 19, inc. a), LNPA, conf. MARIENHOFF, Miguel S., *Tratado...*, *cit.*, t. II, p. 654.

[2431] DIEZ, Manuel M., *Derecho Administrativo*, t. II, 1ª ed., Bibliográfica Omeba, Buenos Aires, 1965, p. 463.

[2432] Art. 19 *in fine*, LNPA, Gordillo sostiene que es otra demostración de las profundas diferencias entre el acto administrativo y el reglamento (donde la regla es la irretroactividad) posición que compartimos (conf. GORDILLO, Agustín, "Acto, reglamento y contrato administrativo en la ley 19.549", RADA, nro. 3, Universidad del Museo Social Argentino, Buenos Aires, 1972, p. 19). Véase el fallo de la C. Nac. Cont. Adm. Fed., sala 3ª, 14/10/1986, "Zaratiegui Horacio v. Estado nacional - Ministerio de Defensa s/nulidad de decreto", JA 1988-II-672.

[2433] BIELSA, Rafael, *Derecho Administrativo*, *cit.*, t. II, p. 117.

3. LA CONFIRMACIÓN. DIFERENCIAS CON LA RATIFICACIÓN. CRÍTICAS AL CONCEPTO: SU REFUTACIÓN. NATURALEZA Y EFECTOS

Por confirmación del acto se entiende aquella especie de saneamiento por la cual la Administración o el administrado (en el acto administrativo bilateral, por ejemplo) proceden a subsanar el vicio que lo afecta[2434].

De acuerdo con la amplitud del concepto de confirmación se trata de la especie más importante de saneamiento o convalidación del acto administrativo, y hasta casi podría sostenerse, en el plano teórico y metodológico, que ella abarca las otras especies de saneamiento. Sin embargo, bueno es recordar que las otras especies se han impuesto como una necesidad de señalar ciertas características que las tipifican, aunque desde luego nada impide, en el orden lógico, considerar que la ratificación sea una especie particularizada de confirmación, ya que la principal diferencia existente entre ambos institutos es que la confirmación puede efectuarla cualquier órgano, sea superior o inferior, mientras que la ratificación debe ser realizada sólo por el órgano superior con competencia para dictar el acto.

Si se toma en cambio la confirmación, como una especie de saneamiento del mismo rango que la ratificación[2435] sólo cabe explicar su significación sobre la base de una noción residual, es decir, el medio de subsanación del acto que abarca las situaciones que no pueden subsanarse a través de los medios más específicos (ratificación y conversión).

Hay que señalar también que la utilización de este medio de saneamiento del acto administrativo en nuestra disciplina ha sido objeto de críticas. Al respecto se ha sostenido: "1°) que la confirmación es un acto de la persona que puede demandar la nulidad, por el cual se renuncia a invocarla. Ella es inaplicable en Derecho Administrativo, por cuanto "si la confirmación depende de la parte 'damnificada' por la ilegitimidad del acto, mal puede pensarse que sea la propia Administración la que pueda 'confirmar' un acto suyo viciado, ya que no es ella la 'damnificada' directamente por él"[2436], y 2°) que entonces, solamente el particular o administrado estaría en condiciones de revocar el acto administrativo, "pero como las nulidades administrativas no sólo se dan en el interés de las partes sino también en el interés público, resultaría que la Administración tendría, de todos modos, la posibilidad de extinguir o pedir judicialmente la extinción del acto (salvo la doble limitación de la cosa juzgada administrativa y de la prescripción de la acción), si él está viciado, a pesar de que el damnificado haya renunciado a oponer el vicio"[2437].

[2434] Art. 19, inc. b), LNPA.

[2435] MARIENHOFF, Miguel S., *Tratado...*, *cit.*, t. II, ps. 648 y ss.; FIORINI, Bartolomé A., *Manual...*, *cit.*, t. I, p. 396, que la considera una especie del género convalidación, sosteniendo que se aplica un régimen jurídico distinto del que rige en el Derecho Privado.

[2436] GORDILLO, Agustín, *El acto administrativo*, 2ª ed., Abeledo-Perrot, Buenos Aires, 1969, p. 392, apoyándose en un precedente de la Corte (caso "Provincia de Mendoza v. Empresa Constructora F. H. Schmidt SA s/cobro de pesos", Fallos 179:249 [1937]).

[2437] GORDILLO, Agustín, *El acto administrativo*, *cit.*, 2ª ed., ps. 392/393.

Sin embargo, nos parece que nada impide en Derecho Administrativo aceptar la figura de la confirmación como medio de saneamiento, con las adaptaciones propias que la incorporación de la institución exige en el Derecho Público. Las razones que se han esgrimido en contra podemos refutarlas con los argumentos siguientes: 1°) la renuncia a invocar la nulidad no es el objeto del acto sino su consecuencia de acuerdo con el concepto que brinda el Código Civil[2438]; 2°) la afirmación de que la Administración no es la "damnificada" directamente por el acto no rige en materia contractual, ni tampoco para ciertos actos unilaterales que le irroguen un perjuicio económico (ej.: otorgamiento de un haber jubilatorio mayor que el que le corresponde al agente); 3°) porque si la Administración puede obtener la extinción del acto (inclusive de los actos unilaterales) y alegar su propia torpeza, tanto en sede administrativa como en la judicial, cabe reconocerle la posibilidad de que también pueda subsanar el vicio[2439].

En cuanto a la naturaleza del acto de confirmación (acto unilateral), su forma y efectos (que siempre son retroactivos), rigen las mismas reglas aplicables a la ratificación en virtud de las similitudes existentes entre ambas especies de saneamiento que conducen a señalar que, salvo la distinción apuntada (en cuanto a la autoridad que decreta la ratificación y la confirmación, respectivamente), ostentan el mismo régimen jurídico[2440].

4. ACERCA DE SI LA CONFIRMACIÓN PUEDE OPERARSE A TRAVÉS DE LA PRESCRIPCIÓN DEL ACTO

En doctrina se sostiene – siguiendo la jurisprudencia sentada por la Corte[2441] – que la prescripción de la acción produce los efectos de una confirmación tácita[2442].

A nuestro juicio, tal postura y otras que trasuntan el reconocimiento de la prescripción como un medio autónomo de saneamiento o convalidación[2443] han sido refutadas por la doctrina ya que no es necesario "hablar de categoría jurídica alguna para los casos de prescripción de la acción o caducidad del término de impugnación del acto" puesto que no se dicta acto alguno (ni siquiera tácito) que traduzca la vo-

---

[2438] Art. 1059, CCiv.: "La confirmación es el acto jurídico por el cual una persona hace desaparecer los vicios de otro acto que se halla sujeto a una acción de nulidad". Ver también: BORDA, Guillermo A., *Tratado de Derecho Civil argentino*, t. II, Perrot, Buenos Aires, 1965, p. 361; LLAMBÍAS, Jorge J., *Tratado de Derecho Civil, Parte general*, t. II, Perrot, Buenos Aires, 1975, p. 633.

[2439] Es la tesis que en definitiva adopta Gordillo si bien bajo la denominación de "saneamiento" (GORDILLO, Agustín, *El acto administrativo*, 2ª ed., ps. 388/390).

[2440] FRANCO SOBRINHO, Manoel de Oliveira, *Atos administrativos*, San Pablo, 1980, p. 286.

[2441] En el caso "Provincia de Mendoza v. Empresa Constructora F. H. Schmidt SA s/cobro de pesos", Fallos 179:249 (1937), donde el alto tribunal sostuvo que en virtud de la correlación existente entre una y otra institución "quien deja correr el tiempo sin iniciar la acción de nulidad de un acto, se presume que tiene la voluntad de sanearlo. De ahí se deduce que los actos confirmables son los prescriptibles".

[2442] MARIENHOFF, Miguel S., *Tratado...*, *cit.*, t. II, ps. 655/658, si bien su tesitura aparece atemperada al expresar que en tales casos la Administración debe conocer la existencia del vicio, para deducir de su inacción en el tiempo, la voluntad presunta de confirmarlo.

[2443] Tal como lo sostiene Fiorini (FIORINI, Bartolomé A., *Manual...*, *cit.*, t. I, ps. 391 y ss.).

luntad de la Administración de subsanar el vicio, sino que lo que ocurre, es que el acto ya no resulta oponible "bajo ciertas circunstancias"[2444].

Nos parece que no puede hablarse en tal caso de confirmación tácita, porque ella presupone siempre la existencia del pertinente "acto administrativo" del cual se puede deducir la voluntad de la Administración de confirmar el acto[2445].

5. LA CONVERSIÓN COMO MEDIO DE SANEAMIENTO

Otro de los institutos que hacen posible subsanar la invalidez de un acto administrativo es la conversión, que consiste en el dictado de un nuevo acto administrativo a través del cual se declara la voluntad de aprovechar los elementos válidos que contenía el acto viciado[2446], integrándolos en otro acto distinto y extinguiendo los elementos y cláusulas afectados de invalidez (absoluta o relativa).

Esta figura que aparece originariamente en el campo del Derecho Privado[2447] no tarda en extenderse al Derecho Administrativo, donde si bien produce una fisura del principio que consagra la imposibilidad de subsanar un acto afectado de una invalidez erigida en protección del orden público administrativo, tal como es la nulidad absoluta, no ocasiona la quiebra del sistema en virtud de que la transformación del acto se hace aprovechando sólo los elementos válidos del mismo y sin violentar el orden público administrativo, importando siempre un carácter excepcional desde el punto de vista de la realidad, ya que no son muchas las situaciones en que se puede apelar a la conversión en la práctica administrativa.

La conversión constituye un medio autónomo y específico de saneamiento o convalidación[2448] y la mayoría de los autores implícitamente así lo consideran al ubicar su estudio al lado de la ratificación y confirmación[2449].

[2444] Conf. GORDILLO, Agustín, *El acto administrativo*, p. 393, agregando que: "Aun así, si un particular deja transcurrir el término de prescripción de un acto, y lo ataca tardíamente, la administración puede perfectamente hacer lugar al recurso o denuncia de ilegitimidad, aunque haya prescripto la acción: la estabilidad del acto, en efecto, no juega en contra, sino a favor del interesado". Conf. HUTCHINSON, Tomás, *La Ley Nacional de Procedimientos Administrativos. Ley 19.549, comentada, anotada y concordada con normas provinciales*, t. I, Astrea, Buenos Aires, 1985, p. 422.

[2445] El art. 1063, CCiv., preceptúa al respecto: "La confirmación tácita es la que resulta de la ejecución voluntaria, total o parcial, del acto sujeto a una acción de nulidad", criterio que consideramos aplicable al derecho administrativo. LLAMBÍAS, Jorge J., *Tratado...*, *cit.*, t. II, ps. 635/636.

[2446] Conf. FRANCO SOBRINHO, Manoel de Oliveira, *Atos administrativos*, *cit.*, p. 288.

[2447] SPOTA, Alberto G., *Tratado de Derecho Civil. Parte general*, t. I vol. 8, "Hechos y actos jurídicos", Depalma, Buenos Aires, 1967, ps. 753 y ss., quien se refiere a la conversión como un acto por el cual se recompone la voluntad presunta de las partes, "siempre que el acto satisfaga las exigencias de otro negocio jurídico", en función del resultado económico que se persigue. Es evidente pues, que Spota es partidario de la conversión legal y automática del acto, en el mismo sentido que las legislaciones alemana e italiana (art. 140, CCiv., alemán y art. 1424, CCiv. italiano).

[2448] FIORINI, Bartolomé A., *Manual...*, *cit.*, t. II, p. 394.

[2449] DIEZ, Manuel M., *Derecho Administrativo*, *cit.*, t. II, ps. 392 y ss., la aborda junto a la confirmación (a la que denomina "convalidación"); MARIENHOFF, Miguel S., *Tratado...*, *cit.*,

Desde luego que la conversión responde a un tipo específico netamente diferenciado de la ratificación y la confirmación, puesto que mientras en estos últimos supuestos los elementos del acto continúan subsistentes luego del saneamiento, que en tales casos es retroactivo, en la conversión se opera la transformación del acto con efectos para el futuro, dejando sólo subsistentes los elementos válidos. El aprovechamiento de los elementos válidos del acto administrativo, objeto de la conversión, permite utilizar los actos y procedimientos previos a la declaración de voluntad del órgano estatal.

Ahora bien, a los efectos de determinar la procedencia de la conversión como medio de saneamiento del acto administrativo deben deslindarse previamente dos modalidades que presenta la institución: a) conversión legal, y b) conversión como acto bilateral.

A) Conversión legal

Se produce sin intervención de la voluntad de quienes han emitido el acto administrativo, por expresa disposición de la ley. Es lo que acontece en Alemania, donde el art. 140 de su Código Civil prescribe que en el supuesto que un acto jurídico nulo no satisfaga las condiciones de otro acto jurídico, valdrá en calidad de este último, siempre que pueda admitirse que, de haberse conocido la nulidad del primero, las partes hubieran querido la validez del mismo[2450].

También, en España, la Ley de Procedimiento Administrativo estatuye que: "Los actos nulos que, sin embargo, contengan los elementos de otro acto distinto producirán los efectos de éste"[2451].

Entre nosotros, y sin entrar a profundizar las críticas que plantea el sistema de la conversión legal[2452] no existe en nuestro derecho positivo ninguna norma que en forma expresa la autorice genéricamente[2453], sin perjuicio de los supuestos particula-

---

t. II, ps. 658 y ss., esp. p. 659, donde se manifiesta contrario a considerar la conversión como un medio de saneamiento, sosteniendo que lo que acontece es el dictado de un nuevo acto, el reemplazo de una situación por otra. Nosotros entendemos, en cambio, que hay en realidad transformación del acto, que si bien genera una situación distinta, ello ocurre a través de la subsistencia de los elementos válidos del acto transformado. Un ejemplo que menciona la casi totalidad de la doctrina es la designación de profesor ordinario sin concurso (cuando la norma lo exija) que puede convertirse en una designación interina a través de la transformación del acto administrativo.

[2450] SPOTA, Alberto G., *Tratado...*, cit., t. I, vol. 8, p. 754.

[2451] Art. 51. Véase "Procedimiento administrativo", *Boletín Oficial del Estado*, Madrid, 1970, p. 53.

[2452] Al respecto, Marienhoff considera que se trata de un instituto irrazonable y arbitrario (MARIENHOFF, Miguel S., *Tratado...*, cit., t. II, p. 663), postura que compartimos, ya que resulta "arbitrario como principio general atribuirle presuntivamente a las partes interesadas su conformidad para aceptar una situación jurídica en lugar de otra, ello aun en el supuesto de que, desde el punto de vista económico, las situaciones sean iguales o aparentemente iguales. Aun en estos casos, las respectivas situaciones jurídicas pueden ser distintas en su contenido y en sus efectos".

[2453] No obstante lo cual hay autores como Spota que la consideran como un principio general, en una postura absurda e ilógica, ya que para construir la regla se apoya en los supuestos que

res que excepcionalmente admite el Código Civil (ej.: art. 2502, 2ª parte) lo cual demuestra que el principio es su no procedencia, salvo texto que la consagre en forma expresa.

B) La conversión como acto bilateral

También llamada "conversión voluntaria", es el único tipo de conversión que consideramos pertinente en nuestro derecho. Ponemos el acento en señalar que el acto es bilateral, para significar fundamentalmente dos cosas: 1º) Que para que ella se configure se necesita siempre el asentimiento del destinatario (particular o administrado) del acto administrativo[2454]; 2º) Que su fundamentación se apoya en distintas razones según se la analice desde el ángulo de la Administración o del particular o administrado, como seguidamente veremos.

6. SU FUNDAMENTO. TIPO DE INVALIDEZ OBJETO DE LA CONVERSIÓN

Desde el plano de la persona pública Estado, la conversión constituye una facultad que puede o no ejercer la Administración en función al interés público que puede ser de distinta naturaleza (cultural, histórico, económico, social, etc.). Así, se ha dicho que la conversión halla su justificativo en la protección de inmediatos intereses públicos, opinión que en el fondo concuerda con la que sostenemos, aunque nos parece que el rasgo de inmediatez si bien es propio de la actividad administrativa, no lo es respecto del interés público que puede tener un fin mediato (ej.: preservación del ambiente para las generaciones futuras)[2455].

La conversión también puede disponerse a pedido del administrado con fundamento en la afectación que, a los derechos del particular, provoca la subsistencia de la nulidad absoluta.

En nuestro ordenamiento también pueden ser objeto de conversión los actos de nulidad relativa ya que no existen razones que justifiquen un apartamiento del principio general que rige la convalidación o saneamiento, por cuyo mérito, todo acto portador de una nulidad relativa puede ser subsanado. Lo que ocurre es que las posibilidades prácticas de la confirmación son mucho mayores que las de la conversión en mérito al carácter retroactivo que aquélla posee[2456].

---

expresa y excepcionalmente reconoce el Código Civil (SPOTA, Alberto G., *Tratado...*, *cit.*, t. I, vol. 8, p. 756 *in fine*).

[2454] Conf. art. 20, LNPA, que prescribe: "Si los elementos válidos de un acto administrativo nulo permitieran integrar otro que fuere válido, podrá efectuarse su conversión en éste, consintiéndolo el administrado".

[2455] FIORINI, Bartolomé A., *Manual...*, *cit.*, p. 395. Tampoco estamos de acuerdo con fundamentar la conversión en razones de urgencia ni en la exclusión de daños irreparables, puesto que, no obstante la falta de urgencia o inexistencia de daños irreparables, la Administración se halla facultada para convertir el acto por razones de interés público, que deberá motivar en cada caso.

[2456] En España, la actual Ley de Régimen Jurídico de las Administraciones Públicas y Procedimiento Administrativo Común del año 1992 prevé la conversión de los actos nulos y anulables.

7. DOCTRINA QUE CONSIDERA A LA CONSERVACIÓN UNA ESPECIE DE SANEAMIENTO. CRÍTICA. LA INVALIDEZ PARCIAL DEL ACTO

En Italia, un sector de la doctrina erige a la "conservación" como un medio específico de saneamiento o convalidación del acto administrativo. Al respecto, se ha sostenido que ella "presupone que el defecto del acto no hiere a todas sus partes, sino solamente a algunas, y que éstas no tengan carácter de preeminencia con respecto a las otras, de manera que su invalidez pueda no involucrar a estas últimas"[2457]. Como caso típico de conservación, la doctrina suele indicar el acto administrativo por el cual se designan varios empleados, que resulta inválido respecto de algunos, por la carencia de requisitos de tipo personal, sosteniendo que en tal supuesto nada impide que la Administración resuelva mantenerlo firme en lo que respecta a quienes cumplan las condiciones inherentes a su persona[2458].

No compartimos tal postura. En primer lugar, observamos que no hay en la mentada "conservación" acto alguno por el cual se subsanen o purguen los vicios o defectos del acto, que incluso puede ser tácita y que se mantiene inalterable, es decir, sin necesidad de apelar a la transformación o conversión del acto administrativo. En rigor, lo que realmente ocurre en todos los casos, es que la parte separable del acto continúa siendo válida por aplicación de los principios que rigen la invalidez parcial, acogidos expresamente, por otra parte, en nuestro derecho positivo.

No hay necesidad entonces de dictar ningún acto declarando la validez de la parte separable, que resulta válida y exigible por los destinatarios del acto o la Administración Pública.

Esta respuesta al problema que plantea la invalidez parcial del acto administrativo encuentra su confirmación en nuestro derecho positivo, donde el art. 1039, CCiv., dispone que "la nulidad parcial de una disposición en el acto no perjudica a las otras disposiciones válidas, siempre que sean separables".

Dicho criterio, que inspira la solución acerca de la invalidez de las denominadas cláusulas accidentales, tiene sin embargo, una mayor amplitud y resulta aplicable al Derecho Administrativo en aquellos supuestos en que fuere posible separar una parte del acto sin afectar su esencia y procede cualquiera fuere el tipo de su validez: absoluta o relativa, manifiesta y no manifiesta. Con todo, señalamos que, tal como acontece en el Derecho Civil, la invalidez de una parte suele acarrear consigo la de todo el acto, especialmente en materia contractual, donde cada cláusula constituye una de las condiciones acordadas sobre la base de una concesión recíproca de intereses. En tal sentido, se han sentado una serie de reglas tendientes a aminorar las consecuencias de la invalidez de una cláusula contractual, y así se ha propiciado que no se ocasiona la invalidez total del contrato en ciertas situaciones tales como:

[2457] ZANOBINI, Guido, *Curso...*, *cit.*, t. I, p. 421; RANELLETTI, Oreste, *Teoria degli atti amministrativi speciali*, Giuffrè, Milán, 1945, ps. 109 y ss.

[2458] ZANOBINI, Guido, *Curso...*, *cit.*, p. 421.

a) cuando del conjunto del acto surja incuestionablemente que sin esa cláusula el acto se hubiera cumplido; y b) cuando la parte afectada resuelva mantener la validez de las restantes partes del contrato[2459].

[2459] Soluciones que propugnan el Anteproyecto de Reformas al Código Civil del Dr. Bibiloni (art. 382) y el Proyecto de Reformas del año 1936 (art. 211); ver también, art. 139, CCiv., alemán.

CAPÍTULO V

CARACTERES DEL ACTO ADMINISTRATIVO

1. ENFOQUE LIMINAR SOBRE LOS CARACTERES DEL ACTO ADMINISTRATIVO

El análisis del régimen jurídico del acto administrativo no puede divorciarse de los aspectos que hacen a su operatividad, los cuales se concretan en las característi-cas particulares que el acto traduce con respecto a su validez, ejecución y efectos, cuyo tratamiento constituye una demostración más de la autonomía que tiene el acto administrativo frente al acto jurídico del Derecho Privado.

La doctrina tradicional en nuestro país aborda este tema en el capítulo dedicado a los caracteres del acto administrativo, entendiendo por tales la presunción de legi-timidad y ejecutoriedad, inspirándose en la doctrina de los administrativistas italia-nos[2460], a diferencia de los juristas franceses que abordan el estudio de la ejecutorie-dad al tratar los efectos del acto administrativo ("decisión *exécutoire*")[2461]. De otra parte, se ha sostenido que también constituyen sendos caracteres del acto adminis-trativo, su estabilidad e impugnabilidad[2462].

Lo esencial no estriba en la ubicación metodológica del tema ni en la termino-logía – que se presta aquí especialmente a verdaderos rompecabezas semánticos– sino en el enfoque acerca de cuál debe ser la idea central que presida su agrupamien-to o desmembración, ya que en definitiva, tales caracteres aparecen de alguna mane-ra reconocidos por casi todos los juristas, aunque bajo distinto ropaje terminológico.

Pues bien, esa idea básica, que a nuestro juicio determina el tratamiento conjun-to de los caracteres del acto, radica en la necesidad de: 1) destacar aquellos aspectos del acto que presentan rasgos distintivos respecto del acto jurídico de Derecho Pri-vado y que son precisamente los que en mayor medida justifican su autonomía jurí-

---

[2460] MARIENHOFF, Miguel S., *Tratado de Derecho Administrativo*, 4ª ed. act., t. II, Abeledo-Perrot, Buenos Aires, 1993, ps. 371 y ss.; FIORINI, Bartolomé A., *Manual de Derecho Ad-ministrativo*, t. II, La Ley, Buenos Aires, 1968, ps. 273 y ss.; ALTAMIRA GIGENA, Pedro I., *Curso de Derecho Administrativo*, Depalma, Buenos Aires, 1971, p. 391.

[2461] A quienes sigue, entre nosotros, Bielsa (BIELSA, Rafael, *Derecho Administrativo*, t. II, 6ª ed., La Ley, Buenos Aires, 1964-1966, t. II, ps. 99 y ss.); ésta es también la metodología que utiliza un sector de la doctrina francesa actual: RIVERO, Jean, *Droit Administratif*, Dalloz París, 1977, ps. 88 y ss.; WALINE, Marcel, *Droit Administratif*, 9ª ed., Sirey, París, 1963, ps. 547 y ss.; otros autores como Benoit ubican los caracteres dentro del régimen de las sancio-nes administrativas (BENOIT, Francis P., *Le Droit Administratif français*, Dalloz, París, 1968, ps. 550 y ss.).

[2462] GORDILLO, Agustín, *El acto administrativo*, 2ª ed., Abeledo-Perrot, Buenos Aires, 1969, ps. 143 y ss.

dica; y 2) establecer cuáles caracteres del acto administrativo asumen la categoría de principio o regla general del mismo y viceversa[2463]. De acuerdo con lo que se verá en el desarrollo del presente capítulo admitimos sólo dos caracteres del acto administrativo: la presunción de legitimidad y la ejecutoriedad. Los demás caracteres (ejecutividad y retroactividad) son eventuales y asumen un carácter excepcional y, si bien apuntan al reconocimiento de ciertas situaciones que traducen una regulación específica y diferenciada del acto administrativo, no constituyen la regla general del mismo el cual, en principio, no implica un título ejecutivo ni tiene efectos retroactivos.

En lo que concierne a la estabilidad e impugnabilidad, razones metodológicas (en particular para evitar reiteraciones innecesarias), nos llevan a estudiar estos principios al analizar la extinción del acto administrativo y la parte especial que versa sobre el procedimiento administrativo.

Finalmente, con relación a la ubicación del tema de los caracteres del acto administrativo, su estudio no puede realizarse en forma lógica sin antes haber desarrollado la teoría de la invalidez administrativa, presupuesto esencial para poder comprender el funcionamiento de algunos principios tales como la presunción de legitimidad y la ejecutoriedad. Nos ha parecido así que hubiera constituido un defecto metodológico abordar algunos temas, como por ejemplo, las cuestiones relacionadas con la manera en que actúan la presunción de legitimidad y la ejecutoriedad frente a una nulidad manifiesta, sin haberse analizado previamente el sistema general que la presupone y su régimen jurídico.

2. ORIGEN HISTÓRICO Y SENTIDO ACTUAL DE LAS PRERROGATIVAS ESTATALES

Si bien cada régimen político ha tenido una administración configurada de acuerdo con los fines perseguidos en cada época histórica, el análisis acerca de la evolución operada hasta culminar en el estado actual muestra la existencia de un conjunto de privilegios que, fundados en la posición de supremacía del Estado en el campo del Derecho Público, crearon una situación exorbitante respecto de los administrados[2464]. Tales prerrogativas que habilitan a la Administración a avanzar sobre la esfera jurídica de los particulares, cuyos orígenes se remontan al derecho romano, han sido denominadas "privilegios hacia afuera"[2465].

[2463] Se ha sostenido que las reglas básicas que justifican la construcción del derecho administrativo constituyen un conjunto de cánones o principios "que garantizan la autonomía del sistema administrativo dentro del mundo jurídico impidiendo que sean confundidas instituciones del Derecho Privado con las similares del Derecho Público, en primer lugar, e impidiendo – ya dentro del Derecho Público– que se identifiquen confundiéndose instituciones peculiares a dos ramas generales pero distintas" (CRETELLA JUNIOR, José, "Principios fundamentales del Derecho Administrativo", en *Estudios en homenaje al profesor López Rodó*, t. I, Universidad Complutense, Madrid, 1972, p. 50).

[2464] BARRA, Rodolfo C., *Principios de Derecho Administrativo*, Ábaco, Buenos Aires, 1980, ps. 128 y ss.

[2465] GARCÍA TREVIJANO FOS, José A., *Tratado de Derecho Administrativo*, t. I, Revista de Derecho Privado, Madrid, 1972, ps. 34 y 398.

Entre las prerrogativas que corresponde ubicar dentro de dicho grupo se hallan aquellas que, en su configuración actual, constituyen las denominadas presunción de legitimidad, ejecutoriedad y ejecutividad.

Si bien el contenido del Derecho Público, administrativo en la especie, está constituido por las prerrogativas que traducen la supremacía estatal, ellas no agotan en modo alguno su objeto, que se nutre con otros tipos de relaciones jurídicas donde dicha supremacía está ausente (ej.: relaciones interadministrativas) como también de aquellas relaciones que están orientadas por una finalidad de promoción o fomento, donde la técnica utilizada no genera siempre una situación exorbitante de la Administración frente al administrado. Sin embargo, resulta evidente – sin contrariar el reconocimiento del acto administrativo como categoría histórica– que su estudio se apoya fundamentalmente en la situación jurídica exorbitante de la Administración[2466] cuya problemática central procura resolver, según la orientación que se imprima en cada etapa política, económica y social, el antiguo y permanente conflicto entre la autoridad y la libertad. Al respecto, se ha sostenido que allí es donde en realidad se sintetiza toda la dialéctica que envuelve a la Administración, "porque se trata de buscar un equilibrio jurídico entre dos términos aparentemente antitéticos y que a través de la historia han presidido, todos los cambios ideológicos y sociales"[2467]. Con todo, para el Derecho Administrativo el problema recién cobra trascendencia – en el sentido de que comienzan a perfilarse las limitaciones que es necesario consagrar a las prerrogativas de poder público– con el advenimiento del Estado de Derecho, al producirse el traspaso de las funciones jurisdiccionales a órganos separados e independientes de la autoridad ejecutiva, al par que se transfieren algunos privilegios como la presunción de legitimidad y la ejecutividad.

De todo lo expuesto, cabe inferir que no siempre hay que atribuir a estas prerrogativas el carácter de un resabio del Estado de Policía. Antes bien, en muchos casos, se trata de poderes que antaño ha poseído la Administración, algunos de los cuales asumen ahora un carácter residual, cuyas limitaciones se determinan en función de una dinámica histórica en constante evolución, dentro del denominado régimen administrativo que caracteriza al derecho continental europeo[2468] y a nuestro ordenamiento jurídico positivo[2469] y en un sentido contrario al que preconizaron las concepciones del absolutismo.

Al propio tiempo, el reconocimiento de las prerrogativas de poder público sólo puede concebirse en la medida en que coexistan, a través de fórmulas de equilibrio, adecuadas garantías para el administrado.

[2466] ZANOBINI, Guido, *Curso de Derecho Administrativo*, t. I, trad. del italiano, Arayú, Buenos Aires, 1954, p. 38.

[2467] GARCÍA TREVIJANO FOS, José A., *Tratado...*, *cit.*, t. I, p. 397.

[2468] ENTRENA CUESTA, Rafael, *Curso de Derecho Administrativo*, 3ª ed. (reimpresión), t. I, Tecnos, Madrid, 1970, ps. 39 y ss.

[2469] Esta opinión la hemos expuesto anteriormente: CASSAGNE, Juan Carlos, "La Ley Nacional de Procedimientos Administrativos 19.549", ED 42-846.

3. LA PRESUNCIÓN DE LEGITIMIDAD. NOCIÓN Y FUNDAMENTOS

Dentro de las prerrogativas "hacia afuera" de que dispone la Administración uno de los pilares de nuestro régimen administrativo es la presunción de legitimidad[2470], la cual implica la suposición de que éste ha sido dictado en armonía con el ordenamiento jurídico.

Según la jurisprudencia argentina, la presunción de legitimidad produce dos consecuencias importantes: la prohibición de que los jueces decreten de oficio la invalidez del acto administrativo y la necesidad de alegar y probar su ilegitimidad[2471].

En nuestra opinión, las consecuencias señaladas no se relacionan con la presunción de legitimidad del acto administrativo. La prohibición a los jueces de disponer la invalidez del acto administrativo no encuentra andamiaje – como se ha visto– en nuestro régimen constitucional basado en el principio de separación de poderes y en el sistema judicialista de control de los actos administrativos.

En cuanto a la otra consecuencia (necesidad de alegar y probar la ilegitimidad del acto administrativo) cabe hacer dos consideraciones: a) la exigencia de alegar la ilegitimidad del acto no implica una derivación de la presunción de legitimidad; b) el requisito de la prueba, en el sentido procesal, depende de las circunstancias del caso, pues bien puede suceder que se trate únicamente de una cuestión de puro derecho que se somete a la dilucidación de la justicia. Sólo cabría admitir tal efecto en el supuesto de que se pretenda demostrar o probar la ilegitimidad en el sentido lógico jurídico[2472], pero ello es tan obvio que no merece casi la pena puntualizarlo.

La presunción de legitimidad constituye un principio del acto administrativo que encuentra fundamento en la presunción de validez que acompaña a todos los actos estatales[2473], principio en el que se basa a su vez el deber del administrado de cumplir el acto administrativo.

De no existir tal regla, toda la actividad administrativa sería directamente cuestionable, en principio, aunque la legitimidad fuera patente obstaculizando el cumplimiento de los fines públicos al anteponer un interés individual de naturaleza pri-

---

[2470] GARCÍA TREVIJANO FOS, José A., *Tratado...*, *cit.*, t. I, p. 402, señala que la presunción de legitimidad "quiere decir que los actos de los órganos administrativos se presumen legítimos en principio. Es decir, no se presume la arbitrariedad, se presume que todo está hecho con arreglo, no solamente a los cauces formales sino al interés público". Otros autores utilizan un concepto distinto sosteniendo la "presunción de veracidad o de verdad" del acto administrativo que a nuestro juicio nada tiene que ver con la presunción de legalidad del acto (véase CRETELLA JUNIOR, José, "Principios...", *cit.*, t. I, p. 60).

[2471] "Ganadera Los Lagos SA v. Nación Argentina", Fallos 190:142 (1941), en especial, p. 154; ALTAMIRA GIGENA, Pedro I., *Curso...*, *cit.*, p. 391; GORDILLO, Agustín, *El acto administrativo*, *cit.*, ps. 125 y ss.

[2472] Conf. GORDILLO, Agustín, *El acto administrativo*, *cit.*, p. 126.

[2473] BIDART CAMPOS, Germán J., "La interpretación y la integración constitucionales", ED 28-878; CAPUTI, Claudia - SACRISTÁN, Estela, "La caducidad del art. 25 de la ley 19.549, la presunción de legitimidad y la seguridad jurídica", LL 1997-A-78/79.

vada al interés colectivo o social, en definitiva, al interés público[2474]. El derecho positivo argentino en el orden nacional ha consagrado la existencia de la presunción de legitimidad como un principio propio del acto administrativo y lo mismo acontece en los ordenamientos provinciales[2475].

4. ALCANCES DEL PRINCIPIO

La principal crítica que se le ha hecho a la presunción de legitimidad deriva de la incongruencia de sostener que todos los actos administrativos – aun aquellos que adolecen de vicios manifiestos– gozan de tal presunción[2476], pero tal argumentación no sirve a nuestro juicio para negar o criticar el fundamento del principio y su operatividad, por cuanto bastará con negar la presunción de legitimidad en aquellos supuestos en que los vicios surjan patentes y notorios, sin que sea necesario desconocer la existencia de este principio, pilar de nuestro régimen administrativo. Si bien se ha sostenido la tesis de que los actos portadores de vicios manifiestos carecen de presunción de legitimidad[2477], lo cierto es que esa postura queda desprovista de sistemática en cuanto no se acepte la nulidad manifiesta como una categoría diferenciada de invalidez.

Por otra parte, el desarrollo posterior del Derecho Administrativo muestra bien a las claras que la tendencia legislativa y jurisprudencial se inclina a reconocer la posibilidad de que pueda invalidarse un acto administrativo portador de un vicio manifiesto sin necesidad de realizar ninguna investigación de hecho, como lo sostuvo la Corte en el conocido caso "Los Lagos". En efecto, esta última afirmación ha perdido vigencia a raíz de la jurisprudencia existente alrededor de la acción de amparo[2478] ya que la ilegalidad manifiesta excluye la posibilidad de que se realice una investigación de hecho[2479], al ser suficiente que la invalidez surja del acto mismo en forma patente y notoria.

[2474] CRETELLA JUNIOR, José, "Principios...", *cit.*, t. I, ps. 52/53, sostiene que la preponderancia del interés público sobre el interés privado configura un principio que impone todo el derecho administrativo y en general el Derecho Público (penal y constitucional).

[2475] Art. 12, LNPA; Mendoza, art. 79, ley 3909; La Pampa, art. 50, ley 951, etc.

[2476] Como lo entendieron quienes analizaron la jurisprudencia que la Corte sentó en el caso "Los Lagos": LINARES, Juan F., *Cosa juzgada administrativa en la jurisprudencia de la Corte Suprema de la Nación*, Kraft, Buenos Aires, 1946, ps. 26 y ss.; BOSCH, Jorge T., "La extinción de los actos administrativos en la jurisprudencia de la Corte Suprema Nacional de Justicia", separata de la *Revista Argentina de Estudios Políticos*, nros. 3 y 4, Buenos Aires, 1946, ps. 192 y ss. En cuanto a la crítica de tal posición, ver GORDILLO, Agustín, *El acto administrativo, cit.*, ps. 120/121. No creemos, pese a no compartirla en muchos aspectos, que la postura tradicional en esta materia obedeciera a un pensamiento estatista y autoritario, que resultara contrario al liberalismo de la época que también precisaba del ejercicio limitado del poder estatal para cumplir con la finalidad de preservar las libertades (v.gr., en materia de seguridad).

[2477] GORDILLO, Agustín, *El acto administrativo, cit.*, ps. 120 y ss.

[2478] Reglada por la ley 16.986, uno de cuyos presupuestos es la ilegalidad manifiesta del acto que se quiere suspender o extinguir por esta vía excepcional (art. 1º).

[2479] DROMI, José R., *Acto administrativo. Ejecución, suspensión y recursos*, Macchi, Buenos Aires, 1973, p. 44, comparte nuestra postura originariamente sostenida en un trabajo anterior

Así, en muchos casos, la Corte ha aceptado la procedencia del amparo contra verdaderos actos administrativos que adolecían de vicios manifiestos[2480].

En conclusión, la presunción de legitimidad no reviste un carácter absoluto pues cede frente a la aparición de vicios manifiestos en el acto administrativo. En tales casos, el acto administrativo que no posee presunción de legitimidad carece de ejecutoriedad, tornando procedente su suspensión si, no obstante tal circunstancia, la Administración insistiera en su cumplimiento. Cede también en aquellos supuestos en que se decreta la suspensión del acto en sede judicial a raíz de haberse dispuesto la prohibición de innovar, reconocida en el art. 230, CPCCN[2481], cuyo análisis se realizará al abordar la suspensión como vía de excepción al principio de la ejecutoriedad del acto administrativo.

5. EL PRINCIPIO DE LA EJECUTORIEDAD. CONCEPTO Y FUNDAMENTO

El principio de la ejecutoriedad resulta consustancial al ejercicio de la función administrativa. Consiste en la facultad de los órganos estatales que ejercen dicha función administrativa para disponer la realización o cumplimiento del acto, sin intervención judicial, dentro de los límites impuestos por el ordenamiento jurídico[2482].

Tal facultad – que algunos autores denominan autoejecutoriedad[2483]– es característica de aquellos países como el nuestro, cuyas instituciones y regímenes jurídicos se han modelado – en un proceso natural– bajo la influencia del derecho continental europeo (pese a que la normativa constitucional sea también de inspiración norteamericana). Su ejercicio se desarrolla en un marco donde caben ideas tan opuestas como autoridad y libertad, prerrogativa y garantía, generando entre individuo y Estado una tensión casi permanente – en mérito a la naturaleza y gravitación de la actividad administrativa– que requiere una realización constante y continua orientada hacia la satisfacción de los intereses públicos.

(CASSAGNE, Juan Carlos, *La ejecutoriedad del acto administrativo*, Abeledo-Perrot, Buenos Aires, 1970) en el sentido de que los actos con vicios manifiestos carecen de presunción de legitimidad.

[2480] "Daleth SCA", Fallos 269:256 (1967) y en ED 20-123, donde se hizo lugar al amparo contra una resolución de la Administración Nacional de Aduanas que dispuso la venta de mercaderías conforme al art. 106, Ley de Aduanas, por considerarlas perecederas, si ellas no revestían tal condición. Ver también el caso "Empresa Mate Larangeira Méndes SA y otros s/recurso de amparo", Fallos 269:393 (1967), consid. 5°) en el que se concedió el amparo contra una medida del Poder Ejecutivo que prohibía el levantamiento de cosechas ya maduradas por considerar que adolecía de ilegitimidad manifiesta.

[2481] Debe señalarse, empero, que la Corte Suprema de Justicia de la Nación ha limitado en algunos casos la posibilidad de dictar la suspensión del acto administrativo como medida de no innovar en materia de medidas de policía sobre salubridad e higiene (conf. "Hijos de Isidoro Grillo SA", Fallos 207:216 [1965]). Dijo, en tal oportunidad, la Corte: "El principio que no admite las medidas de no innovar respecto de actos administrativos fundado en la presunción de validez de los mismos, es de estricta aplicación cuando se trata de medidas de policía basadas en razones de seguridad e higiene".

[2482] En sentido similar, PARADA VÁZQUEZ, José R., *Derecho Administrativo*, t. I, Pons, Madrid, 1989, ps. 145/146.

[2483] CRETELLA JUNIOR, José, "Principios...", *cit.*, t. I, p. 57.

Sin embargo, la propia flexibilidad de los principios que informan al Derecho Administrativo hace posible integrar de manera equilibrada ideas tan adversas como autoridad y libertad, dentro de una dinámica política, económica y social, que exige una adecuación constante a la realidad influenciando los criterios de justicia de las soluciones que deben adoptarse.

Se ha negado que la ejecutoriedad constituya un principio del acto administrativo[2484] afirmando que "éste es meramente inductivo y contingente. Vale en tanto el derecho positivo del país lo autoriza y con la extensión y medida que lo consagra"[2485].

No obstante que el derecho positivo argentino vigente en el orden nacional ha consagrado la existencia de la ejecutoriedad con categoría de principio del acto administrativo[2486] y que, en tal sentido, el debate sobre esta cuestión resultará estéril en el futuro (de mantenerse las normas que lo reconocen) vamos a reiterar los fundamentos del instituto refutando algunas críticas que se nos han hecho al respecto.

El fundamento del principio de la ejecutoriedad[2487], en nuestro ordenamiento constitucional, encuentra apoyo en los siguientes argumentos:

(i) Tratándose de una facultad que integra el contenido de la función administrativa (en el sentido con que se ha entendido esta función en nuestro sistema) la ejecutoriedad halla su fundamento en el art. 99, inc. 1°, CN, donde se le adjudica la responsabilidad política de la Administración y la Jefatura del Gobierno primordialmente al Poder Ejecutivo.

La objeción que podría surgir como consecuencia de lo dispuesto en el art. 29, CN[2488] – cuya raíz histórica se remonta a la época del gobierno de Rosas– , no puede interpretarse en el sentido de que tal norma obsta al ejercicio de facultades "ordinarias" de administración por parte del Poder Ejecutivo o de los órganos que excepcionalmente ejerzan la función administrativa (judiciales y legislativos). Esta última interpretación, que postula la posibilidad de aceptar la ejecutoriedad de los actos administrativos que dicten excepcionalmente los órganos legislativo y judicial (conforme a la concepción objetiva o material que acogemos), la habíamos reconocido con anterioridad[2489]; pero lo cierto es que nuestra tesis se había desenvuelto teniendo por objeto primordialmente el estudio de lo que acontecía en el seno del Poder Ejecutivo.

[2484] LINARES, Juan F., "Efectos suspensivos de los recursos ante la Administración", LL 85-906 y ss.; GORDILLO, Agustín, *El acto administrativo*, p. 131.

[2485] LINARES, Juan F., "Efectos...", *cit.*, p. 909. Cuadra apuntar que Linares se refiere a la ejecutoriedad coactiva (que la doctrina denomina también ejecutoriedad propia) y que en su obra posterior acepta que constituye una facultad exorbitante cuando lo permite la ley, apoyándose en el art. 12, LNPA, para concluir que no es un principio absoluto (conf. LINARES, Juan F., *Derecho Administrativo*, Astrea, Buenos Aires, 1986, ps. 148/149).

[2486] Art. 12, ley 19.549.

[2487] En nuestra obra: La ejecutoriedad del acto administrativo, *cit.*, ps. 68 y ss.

[2488] Que estatuye: "El Congreso no puede conceder al Ejecutivo nacional, ni las Legislaturas provinciales a los gobernadores de provincia, facultades extraordinarias, ni la suma del poder público, ni otorgarles sumisiones o supremacías por las que la vida, el honor o la fortuna de los argentinos queden a merced de gobiernos o persona alguna. Actos de esta naturaleza llevan consigo una nulidad insanable, y sujetarán a los que los formulen, consientan o firmen, a la responsabilidad y pena de los infames traidores a la patria".

[2489] CASSAGNE, Juan Carlos, La ejecutoriedad del acto administrativo, *cit.*, p. 69.

Se ha afirmado que si la ejecutoriedad del acto administrativo se funda en las facultades y atribuciones incluidas en la zona de reserva de la Administración, que emana del art. 99 (ex art. 86), CN, carecerían de tal carácter los actos administrativos dictados por los otros poderes en ejercicio de la función administrativa, de lo cual obviamente cabría inferir que la ejecutoriedad sería una nota de determinados actos administrativos, salvo que se opte por una caracterización subjetiva[2490].

En primer término, es del caso aclarar que la ejecutoriedad no se funda en la zona de reserva, sino en el art. 99, inc. 1º, lo cual constituye una cuestión distinta, ya que si bien es cierto que esas facultades reservadas encuentran su apoyo normativo en la interpretación de dicha norma constitucional, no todas las facultades que derivan de la función administrativa pertenecen a la zona de reserva; de lo contrario no se podría admitir la posibilidad de que los órganos judicial y legislativo pudieran dictar actos administrativos. Lo esencial de nuestra tesis sobre la ejecutoriedad radica en sostener que se trata de una atribución "inherente" a la función administrativa y no a la zona de reserva[2491], la cual aparece en nuestra concepción sólo para explicar el fundamento de la facultad de proceder a la ejecución coactiva de las decisiones estatales que, en casi todos los sistemas constitucionales del mundo, corresponde exclusivamente al Poder Ejecutivo. En tal sentido, hemos concluido que debe diferenciarse la ejecución coactiva, es decir, la medida de ejecución, de la facultad de disponerla sin intervención judicial; la ejecución coactiva integra uno de los aspectos de la ejecutoriedad, ya que, como veremos seguidamente, no es imprescindible en todos los casos que el acto se cumpla apelando a la coacción[2492].

El hecho de que también los actos administrativos emitidos por los órganos judicial y legislativo posean ejecutoriedad obedece a una particular significación histórica. En efecto, cuando se produjo la transferencia o la aparición de ciertas y limitadas funciones administrativas en los órganos judicial y legislativo – al fraccionarse el ejercicio de la función estatal– los mismos asumieron dichas funciones administrativas con las facultades mínimas indispensables para poderlas ejercitar. Sin embargo, en el proceso de traspaso o aparición de las funciones administrativas hacia o en los órganos legislativo y judicial, el Poder Ejecutivo se ha reservado el uso de la coacción como facultad exclusiva o, al menos, predominante.

(ii)   La dinámica constitucional también impone la vigencia del principio de la ejecutoriedad dentro de una interpretación adaptada a la realidad contemporánea caracterizada por la realización de actividades administrativas de singular gravitación en el orden social y económico, que exigen ser desarrolladas en forma intermitente sin obstáculos formales que la paralicen (aunque siempre dentro de la normativa y la justicia).

(iii)   Además, la propia sistemática constitucional conduce a tal interpretación en cuanto el sistema que instituye la Constitución, apoyado en un equilibrio logrado a través del establecimiento de frenos y contrapesos, podrá verse alterado en perjui-

---

[2490]   CELORRIO, Atanasio H., "El recurso jerárquico en materia tributaria", RADA, nro. 3, Universidad del Museo Social Argentino, Buenos Aires, 1972, ps. 112/113.

[2491]   CASSAGNE, Juan Carlos, *La ejecutoriedad del acto administrativo*, cit., ps. 68 y ss.

[2492]   Para un desarrollo más extenso nos remitimos a CASSAGNE, Juan Carlos, *La ejecutoriedad del acto administrativo*, cit., ps. 21 y ss.

cio del Poder Ejecutivo, al impedirle que cada vez que desee poner en cumplimiento un acto administrativo requiera el acuerdo del particular o administrado o la intervención judicial, en caso de que no fuera posible obtenerlo.

6. CONTINUACIÓN. PRINCIPALES TERMINOLOGÍAS Y NOCIONES EXISTENTES EN LA DOCTRINA COMPARADA

Una de las dificultades que plantea el estudio de la ejecutoriedad, en función de la doctrina existente en otros países, radica en la presencia de diferentes terminologías que, aunque traducen muchas veces idénticos contenidos conceptuales, pueden ser fuente de discrepancias meramente semánticas.

En la Argentina, puede afirmarse que existe uniformidad, al menos en punto a la terminología, aun entre quienes no postulan la figura con categoría de principio ya que, salvo excepciones[2493], la doctrina emplea el término ejecutoriedad[2494].

No ocurre lo mismo en Francia donde las nociones del *privilège du préalable* y de la *action d'office* o *exécution forcée* no se han perfilado con nitidez. Así, entre los autores franceses contemporáneos, tanto Rivero como Laubadère, han coincidido, en líneas generales, en que el privilegio del *préalable* significa la prerrogativa de atenerse a su decisión sin acudir previamente al juez para obtener la comprobación judicial de su derecho[2495], habiéndose sostenido en un sentido más particular que significa que tiene a su favor una presunción de conformidad al derecho[2496]. La ejecución de oficio consiste, en cambio, en la facultad de hacer cumplir un acto administrativo por la fuerza[2497]. Tal es también el significado en el derecho colombiano[2498].

[2493] DIEZ, Manuel M. - HUTCHINSON, Tomás (colab.), *Manual de Derecho Administrativo*, t. II, Plus Ultra, Buenos Aires, 1980, ps. 257 y ss., quien emplea el término "ejecutividad".

[2494] FIORINI, Bartolomé A., *Teoría jurídica del acto administrativo*, Abeledo-Perrot, Buenos Aires, 1969, ps. 139 y ss.; MARIENHOFF, Miguel S., *Tratado...*, *cit.*, t. II, ps. 378 y ss.; BIELSA, Rafael, *Derecho Administrativo*, *cit.*, t. II, ps. 89 y ss.; CASSAGNE, Juan Carlos, *La ejecutoriedad del acto administrativo*, *cit.*, ps. 41 y ss.; BIDART CAMPOS, Germán J., *El Derecho Constitucional del Poder*, t. II, Ediar, Buenos Aires, 1967, p. 86; DROMI, José R., *Acto administrativo...*, *cit.*, ps. 37 y ss.

[2495] LAUBADÈRE, André de, *Traité de Droit Administratif*, 9ª ed. actual. por Venezia, Jean-Claude y Gaudemet, Yves, t. I, LGDJ, París, 1984, ps. 282 y ss.; RIVERO, Jean, *Droit Administratif*, *cit.*, ps. 88 y ss. La distinción también ha sido recogida por Chinot quien diferencia la decisión administrativa (*privilège du préalable*) del procedimiento a través del cual dicha decisión se cumple materialmente (conf. CHINOT, René, *Le privilège d'exécution d'office de l'Administration*, Maurice Lavergne, París, 1945, p. 35).

[2496] RIVERO, Jean, *Droit Administratif*, *cit.*, p. 88.

[2497] LAUBADÈRE, André de, *Traité de Droit...*, *cit.*, t. I, p. 284. A su vez, Benoit y Rivero se refieren a la ejecución de oficio cuando la ejecución del acto no recae sobre la persona del administrado y la Administración puede sustituirlo en caso de desobediencia (ej.: retiro de un vehículo irregularmente estacionado en la vía pública), mientras que cuando se utiliza la fuerza material sobre el administrado que no cumple el acto prefieren hablar de *exécution forcée* (conf. BENOIT, Francis P., *Le Droit Administratif...*, *cit.*, ps. 553 y ss.; RIVERO, Jean, *Droit Administratif*, *cit.*, p. 91).

[2498] VIDAL PERDOMO, Jaime, *Derecho Administrativo*, 5ª ed., Serie Textos Universitarios, Biblioteca Banco Popular, Bogotá, 1977, p. 355.

Por su parte, Waline designa a la acción de oficio bajo la denominación de *action d'office ou préalable* confundiendo ambas situaciones. En realidad, como lo señala el propio Waline, la confusión proviene de Hauriou, quien pretendió destacar que, en tales supuestos, la Administración prescinde de la intervención previa del juez[2499].

En cambio, Vedel se apartó de la doctrina y jurisprudencia francesas dominantes ya que considera que la acción de oficio es la prerrogativa de la Administración de dictar decisiones ejecutorias que en forma unilateral crean derechos y obligaciones respecto de los administrados, designando *exécution forcée* a la ejecución por la fuerza de una decisión ejecutoria[2500].

Por el contrario, en la doctrina italiana existe en general acuerdo acerca del concepto y su terminología considerando que la ejecutoriedad constituye una particular manifestación de la eficacia del acto administrativo, por cuyo mérito, cuando impone deberes y restricciones a los particulares puede ser realizado aun contra su voluntad, sin que sea necesaria la intervención previa de los órganos judiciales, es decir, "la posibilidad para la Administración de realizar el contenido del acto con el uso inmediato de los medios coercitivos"[2501].

En cuanto al panorama doctrinario que existe en España, mientras un sector de autores (en forma correlativa a las nociones del privilegio del *préalable* y de la acción de oficio de la doctrina francesa), designa dichas prerrogativas con los nombres de decisión unilateral y decisión ejecutiva, respectivamente[2502], otros juristas adoptan la terminología de la acción de oficio de la doctrina francesa[2503], algunos prefieren hablar de ejecutividad[2504], como también de privilegio de la decisión ejecutoria[2505], y no faltan quienes pretenden condensar las prerrogativas

---

[2499] WALINE, Marcel, *Droit Administratif*, *cit.*, p. 349.

[2500] VEDEL, Georges, *Droit Administratif*, Presses Universitaires de France, París, 1961, ps. 140 y 161.

[2501] Conf. ZANOBINI, Guido, *Curso...*, *cit.*, t. I, ps. 373/374. Esta postura se encuentra actualmente sostenida por la doctrina italiana, véase: CERULLI IRELLI, Vincenzo, *Corso di Diritto Amministrativo*, Turín, 1999, ps. 589/590; VIRGA, Pietro, *Diritto Amministrativo*, 5ª ed., t. 2, Giuffrè, Milán, 1999, ps. 101/102; SORACE, Domenico, *Diritto delle Amministrazioni Pubbliche*, Il Mulino, Bolonia, 2000, ps. 74/76; ver además: GIANNINI, Massimo S., *Lezioni di Diritto Amministrativo*, Giuffrè, Milán, 1950, p. 422; RANELLETTI, Oreste, *Teoria degli atti amministrativi speciali*, Giuffrè, Milán, 1945, p. 127; VITTA, Cino, *Diritto Amministrativo*, 5ª ed., vol. I, UTHE, Turín, 1962, ps. 439 y ss.; LANDI, Guido - POTENZA, Giuseppe, *Manuale di Diritto Amministrativo*, Giuffrè, Milán, 1971, ps. 250/251; SANDULLI, Aldo M., *Manuale di Diritto Amministrativo*, 10ª ed., Jovene, Nápoles, 1970, p. 355; ALESSI, Renato, *Sistema istituzionale del Diritto Amministrativo italiano*, 2ª ed., Giuffrè, Milán, 1958, p. 206; FOLIGNO, Darío, *L'attività amministrativa*, Milán, 1966.

[2502] GARCÍA TREVIJANO FOS, José A., *Tratado...*, *cit.*, t. I, ps. 398/400.

[2503] GONZÁLEZ PÉREZ, Jesús, *Derecho Procesal Administrativo*, 2ª ed., t. I, Instituto de Estudios Políticos, Madrid, 1964, ps. 104/105.

[2504] GARRIDO FALLA, Fernando, *Tratado de Derecho Administrativo*, t. I, 10ª ed., Tecnos, Madrid, 1987, ps. 533 y ss., excluyendo de la noción a la ejecución forzada o acción de oficio.

[2505] PARADA VÁZQUEZ, José R., "Privilegio de decisión ejecutoria y proceso contencioso", RAP, nro. 55, Instituto de Estudios Políticos, Madrid, 1958, p. 109.

existentes bajo la designación de privilegio de ejecutoriedad de los actos administrativos[2506] o simplemente autotutela[2507].

7. AMPLITUD DE LA NOCIÓN DE EJECUTORIEDAD: EL USO DE LA COACCIÓN NO CONSTITUYE LA ÚNICA ESPECIE

No siempre se ha diferenciado en forma clara la facultad que tiene el Poder Ejecutivo (en todos los países del mundo) para utilizar la coacción estatal, de la facultad de disponer la ejecución coactiva del acto sin intervención judicial, comúnmente denominada ejecutoriedad del acto administrativo en la doctrina italiana.

Tampoco se ha advertido que la coacción no constituye la única manera de cumplir el acto administrativo, aunque sea la especie de ejecutoriedad de mayor trascendencia y gravitación en la esfera jurídica de los administrados. En tal situación se hallan los siguientes supuestos:

(i)   actos cuya realización se opera por su propia virtualidad, como determinadas declaraciones de conocimiento o de juicio que producen efectos jurídicos directos (v.gr., actos de registro y certificaciones);

(ii)   actos que se cumplen en virtud de una norma que preceptúa el cumplimiento previo del acto, aun contra la voluntad del administrado, como condición para accionar contra el Estado por actos ilegítimos de aplicación o recaudación de impuestos (regla *solve et repete*);

(iii)   ejecución directa del acto administrativo por parte de la Administración con obligación para el particular de soportar los gastos que ello demande (ej.: reparación de cercos y veredas).

Los supuestos indicados, que no agotan todos los casos en que el acto administrativo se cumple sin apelar al uso de la coacción material o ejecución coactiva[2508], demuestran la conveniencia y necesidad de utilizar una noción amplia de ejecutoriedad, que englobe todas las formas de cumplimiento del acto por parte del órgano que ejerce la función administrativa, sin intervención judicial[2509].

8. LA LLAMADA EJECUTORIEDAD IMPROPIA. CRÍTICA

Una de las consecuencias que surgen de las posiciones doctrinarias que no encaran la cuestión desde su centro de gravedad (que para nosotros está constituido por el cumplimiento del acto sin intervención judicial) como asimismo de la imprecisión

---

[2506]   ENTRENA CUESTA, Rafael, *Curso...*, *cit.*, t. I, p. 509.

[2507]   GARCÍA DE ENTERRÍA, Eduardo - FERNÁNDEZ, Tomás R., *Curso de Derecho Administrativo*, 1ª ed., t. I, Civitas, Madrid, 1974, ps. 310 y ss.

[2508]   GARCÍA DE ENTERRÍA, Eduardo - FERNÁNDEZ, Tomás R., *Curso...*, *cit.*, t. I, p. 315; estos autores denominan a esta especie de ejecutoriedad "autotutela declarativa".

[2509]   Ampliar en nuestro trabajo "La ejecutoriedad del acto administrativo: la suspensión de sus efectos en el procedimiento administrativo", EDA 2009-703.

terminológica existente es la admisión de otro tipo de ejecutoriedad llamada "impropia" o "indirecta"[2510].

En nuestra opinión, la llamada "ejecutoriedad impropia" es precisamente la negación de la ejecutoriedad, ya que, en tales casos, el acto carece en sede administrativa de fuerza ejecutoria, debiendo acudirse al órgano judicial para obtener su cumplimiento[2511].

La lógica indica que si un sistema postula que ciertos actos de la Administración carecen de ejecutoriedad, en el sentido de que su ejecución debe ser decidida por los jueces, no puede sostenerse al propio tiempo que estos actos gozan de ejecutoriedad impropia pues, en tal caso, la ejecutoriedad surgirá de la sentencia judicial y no del acto administrativo[2512].

9. LÍMITES AL PRINCIPIO

El principal límite que pone coto a la facultad de la Administración Pública y los órganos estatales que ejerzan la función administrativa de ejecutar el acto, surge del principio por el cual toda ejecución coactiva del acto que recaiga sobre la persona o los bienes del administrado debe estar dispuesta por los jueces. Al respecto, cabe recordar que la Constitución Nacional (arts. 19 y 23) constituye un sistema material a favor del administrado[2513] y que la función de disponer las medidas de coacción sobre personas o bienes integra en nuestro régimen jurídico, el contenido de la función judicial[2514]. Tal es el principio, que admite algunas excepciones vinculadas a la necesidad que tiene la Administración en ciertas situaciones de apelar al uso de la coacción para cumplir con las funciones asignadas, las cuales, desde la perspectiva histórica, constituyen facultades inherentes, por el solo hecho – fácil de comprobar– de que siempre le pertenecieron. Entre los casos en que excepcionalmente se acepta que la Administración pueda realizar la ejecución coactiva del acto administrativo corresponde destacar los que se hallan relacionados con:

[2510] BIELSA, Rafael, *Derecho Administrativo*, *cit.*, t. II, p. 95; DIEZ , Manuel M. - HUTCHINSON, Tomás (colab.), *Manual...*, *cit.*, t. II, p. 281; MARIENHOFF, Miguel S., *Tratado...*, *cit.*, t. II, ps. 83/385; FIORINI, Bartolomé A., *Teoría...*, *cit.*, p. 145.

[2511] Conf. ANDREA FERREIRA, Sergio de, *Direito Administrativo didático*, Río de Janeiro, 1979, p. 138; BORIO, Fernando R., "El principio de ejecutoriedad del acto administrativo y sus fundamentos", ED 86-759.

[2512] CASSAGNE, Juan Carlos, *La ejecutoriedad del acto administrativo*, *cit.*, ps. 44/45.

[2513] GOLDSCHMIDT, Werner, *Introducción al Derecho*, 3ª ed., Depalma, Buenos Aires, 1967, ps. 520 y 537; BREWER CARÍAS, Allan R., *Las instituciones fundamentales del Derecho Administrativo y la jurisprudencia venezolana*, Caracas, 1964, ps. 132/133.

[2514] Particularmente, en materia fiscal: véase: HALPERÍN, David A., "La ejecución fiscal ¿virtual o inconstitucional? Un análisis del art. 92 de la ley 11.683 desde la teoría jurídica del acto administrativo", ED, 189-839.

(i)   la protección del dominio público[2515];

(ii)   demolición de un edificio que amenaza ruina[2516];

(iii) incautación de bienes muebles que impliquen un peligro inmediato para la salubridad y moralidad de los habitantes[2517 y2518];

(iv)   la decisión ejecutoria[2519] en la ocupación temporánea anormal[2520].

10. LA SUSPENSIÓN DEL ACTO EN SEDE ADMINISTRATIVA

Como consecuencia de la regla de la ejecutoriedad del acto administrativo la promoción de un recurso en sede administrativa no provoca la suspensión de los efectos del acto recurrido[2521], salvo que una norma expresa dispusiera lo contrario o que el acto no tuviera presunción de legitimidad por adolecer de nulidad manifiesta[2522].

Doctrinariamente se ha sostenido que la suspensión de los efectos del acto administrativo se funda en los criterios del daño y de ilegalidad[2523]. Por el primero de ellos, el acto administrativo se suspende cuando su ejecución genere mayores daños que los que engendre su suspensión. Si bien se trata de un criterio contingente, entendemos que si el administrado demuestra de una manera patente, notoria e indubitable la configuración del daño que acarreará la ejecución del acto, junto al hecho de que ella ocasione mayores perjuicios que su suspensión, esta última debería resultar obligatoria para la Administración[2524].

[2515] MARIENHOFF, Miguel S., *Tratado del dominio público*, TEA, Buenos Aires, 1960, ps. 271 y ss.; DIEZ, Manuel M. - HUTCHINSON, Tomás (colab.), *Manual...*, *cit.*, t. II, ps. 441 y ss.; LAUBADÈRE, André de, *Traité de Droit...*, *cit.*, t. II, p. 175. Los tribunales han aceptado en varios casos la procedencia de la autotutela con el fin de desalojar dependencias dominiales ("Hijos de Isidoro Grillo SA", Fallos 263:477 [1965], y "Mariscal, Luis M. J.", LL 119-242).

[2516] BIELSA, Rafael, *Derecho Administrativo*, *cit.*, t. II, p. 108 *in fine*, nota 131, quien acota: "El Código Civil no admite la *cautio damni infecti* (art. 1332) por considerar que es de incumbencia de la autoridad de policía local lo concerniente al peligro que para los vecinos entrañan los edificios que amenazan ruina".

[2517] BIELSA, Rafael, *Derecho Administrativo*, *cit.*, t. II, p. 108.

[2518] Conf. CASSAGNE, Juan Carlos, *La ejecutoriedad del acto administrativo*, *cit.*, p. 103, criterio que sigue expresamente el art. 12, ley 19.549.

[2519] Conf. BORIO, Fernando R., "El principio...", *cit.*, p. 759.

[2520] MAIORANO, Jorge L., *La expropiación en la ley 21.499*, Astrea, Buenos Aires, 1978, ps. 192/194.

[2521] Criterio que sigue la jurisprudencia, véase C. Nac. Cont. Adm. Fed., sala 3ª, 11/10/1984, "Dirección General de Fabricaciones Militares v. Ecca SA", JA, nro. 5427, p. 36.

[2522] BORIO, Fernando R., "El principio...", *cit.*, p. 763.

[2523] MARIENHOFF, Miguel S., *Tratado...*, *cit.*, t. I, ps. 627/633, anteriormente se invocaba el criterio del perjuicio irreparable el cual ha sido justamente criticado aduciendo que no puede aguardarse a que el daño se produzca para obtener la suspensión del acto jurídico (*cit.*, t. I, ps. 629/630).

[2524] Conf. HUTCHINSON, Tomás, La Ley Nacional de Procedimientos Administrativos. Ley 19.549, comentada, anotada y concordada con normas provinciales, t. I, Astrea, Buenos Aires, 1985, p. 275.

El restante criterio versa sobre la ilegalidad del acto y se relaciona con el carácter manifiesto o no del vicio que posea el acto administrativo, lo cual resulta lógico en atención a que se trata de una medida provisoria que debe adoptarse contemporáneamente a la promoción del recurso, pues de lo contrario la actividad administrativa – por su naturaleza intermitente– no se interrumpiría. Para que la Administración pueda apreciar la necesidad de decretar la suspensión en forma contemporánea a la petición del administrado el vicio debe ser patente y surgir del propio acto administrativo, es decir, que debe tratarse de una invalidez manifiesta.

Un criterio distinto ha sido sostenido por un sector doctrinario, que si bien admite[2525] el principio de que los recursos carecen de efectos suspensivos cuando la ejecución del acto afectare el derecho subjetivo de un particular, acepta la suspensión cuando el administrado se hallare perjudicado en su interés legítimo. En realidad, la diferente naturaleza de la relación no puede servir de base para fundar esa solución distinta convirtiendo a los particulares en jueces del interés legítimo, lo cual no implica desconocer la idea de justicia que anima la postura, pero pensamos que ella puede lograrse a través de los sistemas de suspensión que protegen tanto el derecho subjetivo como el interés legítimo afectado.

11. SISTEMA DE LA LNPA EN MATERIA DE EJECUTORIEDAD Y SUSPENSIÓN DEL ACTO EN SEDE ADMINISTRATIVA. CRÍTICA

El art. 12, LNPA, consagra en forma explícita el principio de la ejecutoriedad del acto administrativo y la no suspensión de sus efectos a raíz de la deducción de un recurso estableciendo claramente que "su fuerza ejecutoria faculta a la Administración a ponerlo en práctica por sus propios medios – a menos que la ley o la naturaleza del acto exigiesen la intervención judicial– e impide que los recursos que interpongan los administrados suspendan su ejecución y efectos, salvo que una norma expresa establezca lo contrario"[2526].

Resta aclarar, sin embargo, cuál es el criterio general para determinar en qué casos la naturaleza del acto exige la intervención judicial, ya que en los supuestos en que la determinación provenga de la ley, en principio, habría que respetar la norma.

Los supuestos en que la naturaleza del acto exige la intervención del juez, se centran – como criterio general– en el principal límite establecido a la facultad de los órganos que ejercen la función administrativa para ejecutar sus propias decisiones, que se refiere a la exigencia (derivada de la CN) de que sea el órgano judicial competente quien disponga – en principio– la ejecución coactiva de un acto administrativo, sobre la persona o los bienes del administrado.

La segunda parte del art. 12, LNPA, dispone que "Sin embargo, la Administración podrá, de oficio o a pedido de parte y mediante resolución fundada, suspender

---

[2525] DIEZ, Manuel M. - HUTCHINSON, Tomás (colab.), *Manual...*, *cit.*, t. V, p. 352.

[2526] Art. 12, 1ª parte, LNPA. Se advierte que la norma transcripta ha seguido la misma tesis principista que formulamos en CASSAGNE, Juan Carlos, *La ejecutoriedad del acto administrativo*, *cit.*, ps. 68 y ss., cuya orientación mantenemos en la presente obra. Véase COZZI, Adalberto E., "El proyecto de Ley Nacional de Procedimientos Administrativos y su reglamentación", Jus, nro. 19, Platense, La Plata, 1971, ps. 167/168, quien señala la adhesión de los autores de la ley a la tesis que sustentamos en el texto.

la ejecución por razones de interés público o para evitar perjuicios graves al interesado o cuando se alegare fundadamente una nulidad absoluta". Sin perjuicio de nuestra postura general favorable a esta regulación legislativa[2527], ella constituye una de las normas más criticables, sobre todo, por la gravitación que importa en las situaciones jurídicas subjetivas del administrado.

En primer lugar, dado el carácter facultativo de la norma (la Administración *podrá...*) ésta va dirigida esencialmente a la Administración, para lo cual no hubiera sido necesario establecerla pues si un órgano tiene facultad para dictar el acto, también se halla habilitado para suspender su ejecución y efectos, y lo mismo cabe decir, en cuanto a las facultades del órgano superior, siempre que la avocación fuere procedente o hubiera delegado en el inferior el dictado del acto.

En cuanto a las causales en sí mismas corresponde puntualizar lo siguiente: 1°) la razón de interés público resulta de una amplitud exagerada, aparte de que carecerá en general de sentido para el administrado, aunque se estableciera la suspensión obligatoria del acto en tales supuestos, por la sencilla razón de que persigue – en la mayor parte de los casos– la satisfacción de un interés privado; 2°) la causal del perjuicio grave, si bien implica el abandono de la fórmula del perjuicio "irreparable", podría haberse sustituido con el criterio del daño que hemos señalado, que concilia de una manera más justa los intereses de la Administración con los del particular o administrado; 3°) el criterio de la invalidez manifiesta para determinar la procedencia obligatoria de la suspensión del acto en sede administrativa resulta superior al de la gravedad del vicio (nulidad absoluta). A los fines de la suspensión no puede exigirse un criterio basado en la entidad del defecto que puede requerir investigaciones de hecho (cuando la invalidez no fuera manifiesta).

Por otra parte, de acuerdo con la sistemática de la ley, si la invalidez absoluta alegada fuere manifiesta, la Administración no puede limitarse a suspender el acto sino que está obligada, en principio, a revocarlo[2528].

Cabe efectuar otro interrogante más. ¿Cómo puede la Administración determinar si una nulidad absoluta ha sido alegada fundadamente? Es evidente que sin analizar la situación fáctica y de derecho será imposible determinar tal circunstancia de antemano, salvo que la invalidez fuera manifiesta o que realice una investigación de hecho, donde recién podría hacerlo *a posteriori* de tal investigación[2529].

[2527] CASSAGNE, Juan Carlos, "La Ley Nacional de Procedimientos Administrativos 19.549", *cit.*, ps. 835 y ss.

[2528] Art. 17, LNPA, con las modificaciones de la ley 21.686.

[2529] En la misma línea interpretativa: HUTCHINSON, Tomás, *La Ley Nacional...*, *cit.*, t. I, p. 270; sostiene que al "hablar la ley de 'alegación' y no de 'alegar y probar' se refiere a un vicio manifiesto".

12. CONTINUACIÓN. LA EJECUTORIEDAD Y EL PROBLEMA DE LA INTERRUPCIÓN DE LOS PLAZOS EN LA LNPA

Frente a la norma del inc. 7° del art. 1°, LNPA, que preceptúa la interrupción del curso de los plazos[2530] corresponde preguntarse cómo se coordina tal disposición con el principio de la ejecutoriedad que consagra el art. 12 de la citada ley.

En nuestra opinión, el inc. 7° del art. 1°, LNPA, se refiere exclusivamente a los plazos estrictamente procedimentales, es decir, a los establecidos para reglar el procedimiento de impugnación de los actos en sede administrativa, pero no comprende a los plazos relacionados con el procedimiento de ejecución del acto administrativo (ej.: el acto administrativo que decreta la clausura de un establecimiento industrial por razones de insalubridad no puede ser suspendido ante la sola promoción de un recurso). En consideración con la interpretación expuesta, la norma de referencia comienza señalando "sin perjuicio de lo establecido en el art. 12...".

13. LA SUSPENSIÓN DEL ACTO ADMINISTRATIVO DISPUESTA EN SEDE JUDICIAL

Pese a que se trata de una materia típica del Derecho Procesal administrativo o contencioso-administrativo (en sentido amplio, según la terminología tradicional), por su vinculación estrecha con el principio de la ejecutoriedad[2531], vamos a abordar el análisis de la suspensión judicial del acto administrativo[2532] en sus grandes lineamientos, en esta parte de la obra[2533], sobre la base del sistema vigente en el orden nacional.

El sistema argentino, si bien es más complejo, por haber distintos ordenamientos procesales en la Nación y en las provincias, presenta en el ordenamiento nacional tres cauces básicos para peticionar la suspensión de los efectos de un acto administrativo, a saber:

[2530] Que dispone lo siguiente: "Sin perjuicio de lo establecido en el art. 12, la interposición de recursos administrativos interrumpirá el curso de los plazos, aunque aquéllos hubieren sido mal calificados, adolezcan de defectos formales insustanciales o fueren deducidos ante órgano incompetente por error excusable". La interpretación que damos en el texto es también la que cabe atribuir a nuestro juicio al art. 75, Ley de Procedimiento 7647 de la provincia de Buenos Aires.

[2531] CASSAGNE, Juan Carlos, "Efectos de la interposición de los recursos y la suspensión de los actos administrativos", ED 153-994.

[2532] DROMI, José R., *Acto administrativo...*, *cit.*, ps. 139 y ss.

[2533] Aparte de ello, la doctrina procesalista no ha efectuado aún el estudio sistemático y completo de la suspensión judicial del acto administrativo; véase PODETTI, José R., *Tratado de las medidas cautelares*, 2ª ed., Buenos Aires, ps. 385 y ss., quien sólo trata la prohibición de innovar, la cual ha sido objeto de numerosos trabajos especiales; LINARES, Juan F., "La prohibición de innovar. Bases para su sistemática", *Revista del Colegio de Abogados de Buenos Aires*, vol. II, Buenos Aires, 1942, p. 821; SPOTA, Alberto G., "Fundamento jurídico de la medida de no innovar", JA II-232; REIMUNDIN, Ricardo, "La suspensión del acto administrativo como medida de 'no innovar'", JA 1967-IV-280 y ss.; GRAU, Emilio, "Suspensión del acto administrativo y medida de no innovar contra el Estado", *Revista Jurídica de Buenos Aires*, t. III, Facultad de Derecho y Ciencias Sociales, Buenos Aires, 1965, ps. 239 y ss. Un completo análisis de la jurisprudencia federal sobre el punto puede verse en GALLEGOS FEDRIANI, Pablo, "Las medidas cautelares contra la Administración Nacional", LL 1996-B-1052.

(i) La medida cautelar autónoma o accesoria dentro de un proceso contencioso-administrativo, con fundamento en el art. 12, LNPA[2534]. La suspensión que se obtenga, en tal caso, no impide, por su naturaleza cautelar, la aplicación analógica de los preceptos del Derecho Procesal[2535].

Las causales que prescribe esta norma son tres:

a.1. *Alegación fundada de una nulidad absoluta.* Si el respectivo vicio fuera manifiesto y la Administración no suspende el acto hallándose obligado a ello (pues el acto carecería, en tal caso, de presunción de legitimidad), el juez puede decretar la suspensión de los efectos del acto administrativo[2536]. En los otros supuestos (nulidad absoluta no manifiesta, actos anulables o de nulidad relativa, omisiones ilegítimas, etc.) se puede acudir, por analogía, a la prohibición de innovar legislada en el art. 230, CPCCN, o a las medidas cautelares genéricas previstas en el art. 232 de dicho Código.

a.2. *Existencia de perjuicios graves al particular.* Aquí el criterio general que hace a la gravedad del perjuicio no exige la demostración estricta de su irreparabilidad refiriéndose a la imposibilidad o a las dificultades que puedan existir para compensar los daños o reponer las cosas a su estado anterior o también, cuando la ejecución del acto durante el tiempo de duración del proceso no resulta adecuadamente compensable con una indemnización[2537].

Finalmente, hay que tener en cuenta la regla según la cual la suspensión procede cuando los daños que provoca la ejecución del acto administrativo resultan, en términos generales, de mayor trascendencia y gravedad que los que ocasiona la suspensión, lo cual debe medirse conforme a las pautas que proporciona el principio de razonabilidad.

a.3. *Razones de interés público.* La ponderación que se haga sobre este requisito para autorizar la suspensión no puede ser negativa, puesto que no cabe exigir la prueba de que no se afecta el interés público sino la demostración de que existen razones de esa índole que justifican la medida suspensiva, cuya fuerza de convicción llevan al juez a concederla.

[2534] BARRA, Rodolfo C., *Principios...*, *cit.*, ps. 423/424; HUTCHINSON, Tomás, "La suspensión de los efectos del acto administrativo como medida cautelar propia del proceso administrativo", ED 124-677 y ss.

[2535] ULLA, Decio C. - LEPENIES, Irmgard E., "La tutela cautelar administrativa", REDA, nro. 4, Depalma, Buenos Aires, 1990, p. 262.

[2536] FONT LLOVET, Tomás, "Nuevas consideraciones en torno a la suspensión judicial de los actos administrativos", *Revista Española de Derecho Administrativo*, nro. 34, Civitas, Madrid, 1982, p. 477, y ss., sostiene que "...cuando fallan los requisitos mínimos, cuando están ausentes las más elementales apariencias externas de legitimidad deja de operar, ya desde el inicio, la regla de la eficacia inmediata de los actos administrativos" (*cit.*, p. 485). Hay que advertir, sin embargo, que en la doctrina española, la nulidad absoluta se asimila a la nulidad manifiesta, lo que no siempre ocurre en el derecho argentino, pues puede haber una causal de nulidad relativa que aparezca de un modo notorio y manifiesto (ej.: incompetencia en razón del grado). Del hecho de que la propia ley española de Procedimiento Administrativo considere como nulidad absoluta el supuesto de incompetencia manifiesta no puede inferirse la asimilación entre ambas categorías de invalidez, distinción que tiene su proyección procesal en materia de la suspensión de los efectos administrativos.

[2537] Conf. MAIRAL, Héctor A., *Control judicial de la Administración Pública*, t. II, Depalma, Buenos Aires, 1984, ps. 818/819.

Debe tratarse, en los distintos supuestos, no del interés público genérico sino de un interés público específico, de singular trascendencia, cuya prevalencia exige la ejecución inmediata del acto[2538].

En todos los casos descriptos, basta la ocurrencia de una sola de las causales para obtener la medida cautelar suspensiva debiéndose peticionar la suspensión primero ante la Administración y luego, si ésta la rechaza o no se expide en el término de diez (10) días[2539], queda expedita la posibilidad de acudir a la justicia. A este respecto, en nuestro sistema constitucional, la potestad de los jueces es plena y no meramente revisora, pudiendo incluso apartarse de los criterios discrecionales que esgrima la Administración (cuando exista un bloque de discrecionalidad en la decisión) y controlar no sólo los elementos reglados y conceptos jurídicos indeterminados, sino la parte propiamente discrecional del acto, en caso de arbitrariedad o irrazonabilidad.

(ii)   Medida cautelar autónoma o accesoria dentro de un proceso contencioso-administrativo, con fundamento en los arts. 230 y 232, CPCCN, aplicables por analogía.

En tales casos, la medida se decreta *inaudita parte*, requiriéndose la concurrencia de dos requisitos simultáneos, que son la verosimilitud del derecho y el peligro en la demora, a los que la jurisprudencia les ha añadido – en alguna circunstancias– otros dos: la existencia de graves perjuicios y la condición de que la medida no afecte el interés público.

b.1.   *La verosimilitud del derecho*. Este requisito, denominado también *fumus bonis juris*, alude a la apariencia de buen derecho que constituye una especie de legitimación que juega como una condición de apertura y fundamentación del procedimiento cautelar. Por ello, pensamos que no resulta imprescindible acreditar la presencia de una nulidad o ilegalidad manifiesta para que este recaudo se dé por cumplido[2540], sino que basta con que el vicio alegado sea verosímil o que la situación jurídica unilateral o contractual[2541] permita inducir, *prima facie*, la configuración del *fumus bonis juris*.

Sin perjuicio de ello, la jurisprudencia del fuero contencioso-administrativo federal ha decidido que existe la apariencia de buen derecho cuando se peticiona la suspensión de los efectos de un decreto del Poder Ejecutivo que notoriamente exce-

---

[2538]   GONZÁLEZ PÉREZ, Jesús, "La suspensión de la ejecución del acto objeto del recurso administrativo", *Revista Española de Derecho Administrativo*, nro. 5, Civitas, Madrid, 1975, p. 254, y FONT LLOVET, Tomás, "Nuevas consideraciones...", *cit.*, p. 482.

[2539]   Por aplicación del plazo general establecido en el art. 1°, inc. e), ap. 4, LNPA.

[2540]   Sin perjuicio de la posibilidad de darlo por cumplido, desde luego, en los casos de nulidad manifiesta, véase: MAIRAL, Héctor A., *Control judicial...*, *cit.*, t. II, ps. 810/812. Ver también: Gallegos Fedriani quien considera necesario que se acredite la manifiesta arbitrariedad del acto recurrido (GALLEGOS FEDRIANI , Pablo, "Las medidas...", *cit.*, p. 2).

[2541]   La jurisprudencia ha señalado que la verificación de este requisito no exige un examen exhaustivo y que corresponde darlo por cumplido cuando surge *prima facie* de los términos del contrato de concesión de servicios públicos y de un convenio posterior celebrado entre las partes (conf. C. Nac. Cont. Adm. Fed., sala 3ª, "Baiter SA v. Estado nacional - Ministerio de Obras y Servicios Públicos", ED 107-419 y ss., con comentario de Barra).

de su competencia constitucional al prescribir el establecimiento de un tributo que sólo puede ser impuesto por el Congreso[2542].

b.2. *El peligro en la demora.* Se refiere al peligro que puede ocasionarse al actor si a la hora de ejecutar la sentencia y de mantenerse o alterarse la situación de hecho o de derecho existente, dicha ejecución se convierta en ineficaz o imposible.

Este recaudo es de naturaleza típicamente procesal pues no hace al fondo de la cuestión, y como tal, tiene que apreciarse como amplitud, debiéndose darlo por cumplimentado en supuestos de duda, dado que se hallan involucradas en esta cuestión la garantía de la defensa y la igualdad de las partes en el proceso.

b.3. *La gravedad del perjuicio.* Aparte de la entidad del daño, que excluye los perjuicios leves, el criterio correcto para establecer la concurrencia de este requisito es el de la proporcionalidad, en cuanto exceda considerablemente el impacto disvalioso o perjudicial que ocasiona la suspensión del acto administrativo[2543].

En lo que atañe a la exigencia de que el perjuicio sea irreparable, pensamos que debe descartarse no sólo porque no es requerida por la ley sino porque conduce a justificar la reparabilidad del daño sobre la base del dogma de la solvencia del Estado, cuya arcaica fundamentación conduce a legitimar verdaderos despojos e injusticias privando de real contenido a la garantía de la propiedad prescripta en el art. 17, CN.

Interesa poner de resalto también que la jurisprudencia viene sosteniendo en forma reiterada, que a mayor verosimilitud del derecho no cabe ser tan exigente en la gravedad e inminencia del daño, y a la inversa, que cuando existe el riesgo de un daño de extrema gravedad, el rigor del *fumus bonis juris* se puede atenuar[2544].

b.4. *El interés público.* Otra jurisprudencia viene exigiendo, desde hace varios años, en determinados casos, que la suspensión ha de otorgarse sin afectar el interés público.

Por su imprecisión y ambigüedad, una interpretación rigurosa sobre este requisito conduce prácticamente a negar casi siempre la procedencia de las medidas cautelares, lo cual traduce *a priori* una suerte de denegación de justicia.

Por ello, resulta necesario partir del principio opuesto, juzgando las situaciones de duda a favor del pretensor (con las debidas contracautelas) sobre la base de una serie de pautas interpretativas que impidan que la tutela judicial efectiva sea, en materia de medidas cautelares, un principio vacuo.

Entre estas pautas interpretativas cabe señalar: 1) la decisión sobre la apreciación si se afecta o no el interés público corresponde al tribunal y no a la Administración, en mérito a que ésta no puede ser al mismo tiempo juez y parte; 2) el interés público a ponderarse no es el del acto en sí mismo sino el que se conculca con la medida suspensiva, debiendo tratarse – como se ha señalado– de un interés específico y concreto que exija la ejecución inmediata del acto, la cual no se puede funda-

---

[2542] C. Nac. Cont. Adm. Fed., sala 3ª, 16/7/1992, "Video Cable Comunicación SA v. Instituto Nacional de Cinematografía y otros s/varios", causa 29.293.

[2543] Conf. MAIRAL, Héctor A., *Control judicial...*, cit., t. II, p. 816.

[2544] C. Nac. Cont. Adm. Fed., sala 1ª, 6/6/1990, "Cas TV SA y otras v. Estado nacional y otro".

mentar en un mero interés público de tipo genérico; 3) frente a una ilegalidad manifiesta no se puede invocar el interés público para denegar la medida precautoria de suspensión de los efectos; 4) el interés público no es siempre el interés que persigue la Administración sino el que representa el interés de la comunidad; y 5) en la ponderación hay que hacer un balance entre el daño a la comunidad y el que se le ocasiona a quien demanda la suspensión.

(iii) Como medida dentro de la acción de amparo, prevista en la ley 16.986, contra actos que adolecen de arbitrariedad o ilegalidad manifiesta y siempre que se lesionen los derechos y las garantías prescriptos en la Constitución[2545], habiéndose admitido dentro de esta vía la posibilidad de suspender actos de alcance general (doctrina de la Corte en el caso "Outón").

Por otra parte deben concurrir los requisitos positivos y negativos que regla la ley 16.986.

Entre los primeros, el art. 1° de dicha ley prescribe los siguientes: 1°) La lesión, restricción o amenaza de un derecho o garantía constitucional, a excepción de la libertad individual tutelada por el *hábeas corpus*; 2°) Que dicha lesión, restricción o amenaza opere en forma actual o inminente; y 3°) Que adolezca de arbitrariedad[2546] o ilegalidad manifiesta. En cuanto a los requisitos negativos, el art. 2° estatuye que no procederá el amparo cuando: 1°) Existan recursos administrativos o judiciales que permitan obtener la protección de los derechos o garantías constitucionales vulneradas; 2°) El acto impugnado emanara de un órgano judicial o hubiera sido dictado por aplicación expresa de la Ley de Defensa Nacional[2547]; 3°) La intervención

---

[2545] La jurisprudencia de la Corte Suprema no ha fijado al respecto líneas muy definidas. Véase: "Lludgar, Norberto", Fallos 267:411 (1967) y "De Felippi, Susana M.", Fallos 299:20 (1977), y LL 127-478, donde se acogieron demandas de amparo en las que la pretensión equivalía a una medida precautoria. Esta postura fue sostenida por la sala 3ª de la Cámara Nacional de Apelaciones en lo Contencioso-Administrativo Federal en el caso: "Hugues Tool Company SA v. Gobierno Nacional - Ministerio de Economía", publicado en LL 1984-D-363, con nota de Vanossi, quien señala que "no hay ninguna disposición legal que prohíba utilizar preventivamente al amparo, como lo hizo la actora, para suspender preventivamente el acto recurrido". Sin embargo, la Corte Suprema de Justicia de la Nación revocó dicha sentencia en un fallo que motivó la acertada crítica de Miguel M. Padilla, ED 113-351). El fallo de la Corte dictado el 7/3/1985 ("Hugues Tool Company SACIFI v. Nación Argentina"; Fallos 307:178 [1985] hace suyo el argumento del procurador general de la Nación, Juan Octavio Gauna, en el sentido de que la solvencia del Estado garantiza la plena cobertura de los daños y deja sin sustento la irreparabilidad de los perjuicios como fundamento de la suspensión. No podemos menos que discrepar con la resurrección de una teoría antigua, hoy superada, que desconoce, en los hechos, una de las conquistas más grandes del derecho administrativo de este siglo que, sin duda, ha sido el reconocimiento de la responsabilidad del Estado por los daños causados por sus funcionarios y empleados.

[2546] Al respecto, la Corte ha expresado que la sola afirmación de arbitrariedad no basta para suspender la ejecutoriedad del acto administrativo (caso "Zavalía, Carlos Norberto", Fallos 271:29 [1968] y en ED 23-12).

[2547] Ver las críticas que formula Robredo al respecto en: ROBREDO, Alberto F., "La acción de amparo y la reciente ley 16.986", LL 124-1296, que compartimos, ya que de acuerdo con el texto de la ley cualquier acto de un organismo creado por dicha ley resulta inatacable por la vía del amparo, lo cual resulta exagerado.

judicial comprometiera la regularidad, continuidad y eficacia de la prestación de un servicio público o el desenvolvimiento de actividades esenciales del Estado[2548].

Finalmente, de cara a los ordenamientos locales surge la necesidad de encarar en el futuro la reforma de los códigos provinciales en lo contencioso-administrativo, ya sea para abandonar el criterio del perjuicio irreparable, autorizando la suspensión cuando se demuestra que la suspensión resulta menos dañosa que el cumplimiento del acto, como asimismo para implantar en todos los sistemas el criterio de la ilegalidad manifiesta como causal genérica de suspensión del acto administrativo por los jueces, sin perjuicio de la facultad que se acuerde a los órganos judiciales para autorizar en casos de urgencia o perjuicios al interés público el levantamiento de la suspensión, declarando a cargo de la Administración la responsabilidad por los daños que pudieran acaecer[2549].

14. LA EJECUTIVIDAD DEL ACTO ADMINISTRATIVO

Precisada la noción de ejecutoriedad resta ahora analizar si cabe reconocer la existencia de otro carácter del acto administrativo: su ejecutividad. Tanto en el campo doctrinario como legislativo y jurisprudencial, el panorama no puede ser más complejo por la diversidad de las terminologías existentes que conspiran contra la dilucidación de una cuestión tan fundamental dentro del régimen jurídico del acto administrativo. En nuestra opinión, no debe perderse de vista la circunstancia de que la noción que se adopte, debe servir para explicar qué acontece en la realidad, es decir, qué sentido tiene en nuestro país hablar de acto administrativo ejecutivo, procurando aclarar en la medida de lo posible los desacuerdos existentes.

Si se analiza qué sucede en la doctrina comparada, observamos que algunos autores se han preocupado de distinguir entre la ejecutoriedad y la ejecutividad. En este sentido, se ha considerado que la ejecutividad se refiere genéricamente a cualquier acto administrativo y es sinónimo de eficiencia del acto, mientras que la ejecu-

---

[2548] La determinación de tales causales corresponde a los jueces, por cuya razón estimamos excesiva la crítica de Robredo (ROBREDO, Alberto F., "La acción de amparo...", *cit.*, p. 1296), pues el interés público debe prevalecer aquí sobre los intereses individuales, que en tales casos deben canalizarse a través de los mecanismos ordinarios de protección.

[2549] Tal como lo preceptúa el art. 14, Código de Corrientes citado. El criterio de ilegalidad manifiesta para tomar procedente la suspensión del acto impugnado aparece recogido en el Código Procesal Contencioso Administrativo de la provincia de La Pampa (art. 62) aprobado por ley 952 de fecha 12/9/1979. A su vez, la ley 11.330 de la provincia de Santa Fe (BO del 29/1/1996) que rige el contenciosoadministrativo local prescribe la facultad de pedir que se decrete la suspensión de la ejecución de la medida administrativa impugnada la que "procederá si *prima facie* apareciese verosímil la ilegitimidad de la resolución cuestionada o cuando su cumplimiento hubiese de ocasionar perjuicios graves o de reparación difícil o imposible si llegase a prosperar el recurso" (art. 14 *in fine*). La solución legislativa santafecina que abandona el criterio del daño irreparable (como exclusivo) resulta técnicamente correcta; distinguiendo, además, las medidas cautelares genéricas (donde exige que se configure el peligro en la demora) de la suspensión de la ejecución de los actos administrativos.

toriedad implica llevar la ejecución adelante hasta sus últimas consecuencias, aun contra la voluntad del administrado[2550].

En el mismo sentido, se ha considerado que la "ejecutividad es propia de cualquier acto administrativo en cuanto significa la condición del acto que pueda ser efectuado.

Ejecutividad equivale por lo tanto a eficacia en general"[2551].

Tal tesitura, que no ha podido lograr uniformidad en los autores ni en la jurisprudencia de esos países, ha pretendido ser trasplantada a nuestro país por un sector de la doctrina[2552] que caracteriza como ejecutivo, exigible u obligatorio al acto que debe cumplirse.

En nuestra opinión, esta postura traduce la aplicación de la antigua concepción entre validez y eficacia del acto administrativo. El acto administrativo que debe cumplirse es aquel que posee presunción de legitimidad, que en principio, será todo acto válido o aquel cuya invalidez no fuera manifiesta.

Tampoco creemos que sea conveniente abandonar la utilización del término ejecutoriedad y emplear en su lugar la palabra ejecutividad, como lo propicia otro sector doctrinario[2553] pues consideramos que no obstante la procedencia italiana del vocablo, se trata de una terminología ya incorporada a nuestro lenguaje jurídico, que recoge un valor entendido por los destinatarios de las normas.

En nuestra opinión, la ejecutoriedad y la ejecutividad actúan en dos planos distintos: la primera hace a las facultades que tiene la Administración para el cumplimiento del acto administrativo, sin intervención judicial, utilizando excepcionalmente la coacción; la ejecutividad en cambio se refiere al título del acto en el plano procesal, siendo ejecutivo – conforme a todo nuestro ordenamiento jurídico procesal– aquel acto que, dictado con todos los recaudos que prescriben las normas legales, otorgue el Derecho Procesal de utilizar el proceso de ejecución[2554]. El título ejecutivo del acto administrativo, no es pues en nuestro país la regla o el principio, sino la

---

[2550]   Así: RODRÍGUEZ MORO, Nemesio, *La ejecutividad del acto administrativo con especiales referencias a lo municipal*, Instituto de Estudios de Administración Local, Madrid, 1949, ps. 32/33; SAYAGUÉS LASO, Enrique, *Tratado de Derecho Administrativo*, t. I, Talleres Gráficos Barreiro, Montevideo, 1963, p. 490.

[2551]   Continúa Zanobini: "...se dice que la vista y la aprobación y en general los actos de contralor, hacen ejecutivos a los actos a los que se refieren, porque con ellos estos últimos adquieren su eficacia y pueden ser realizados. La ejecutoriedad es propia solamente de los actos que imponen deberes positivos y negativos; ella presupone que el acto sea ejecutivo, es decir, eficaz y consiste en un modo particular de comportarse de tal eficacia que no tiene razón de ser sino en los casos de esta categoría: la posibilidad para la Administración de realizar el contenido del acto con el uso inmediato de los medios coercitivos" (ZANOBINI, Guido, *Curso...*, *cit.*, t. I, ps. 373/374).

[2552]   GORDILLO, Agustín, *El acto administrativo*, p. 131. Respecto de las imprecisiones y confusiones en la doctrina y jurisprudencia española véase: GARRIDO FALLA, Fernando, *Tratado...*, *cit.*, t. I, ps. 533/534; en el mismo sentido, Ley de Procedimientos Administrativos de Córdoba 5360, art. 96.

[2553]   DIEZ, Manuel M. - HUTCHINSON, Tomás (colab.), *Manual...*, *cit.*, t. II, p. 279.

[2554]   FIORINI, Bartolomé A., *Teoría...*, *cit.*, p. 143; SORACE, Domenico, *Diritto...*, *cit.*, ps. 74/75.

excepción[2555] y debe hallarse fundado en norma legal. Por otra parte, a diferencia del Derecho Privado, donde la creación del título ejecutivo proviene del obligado, la Administración Pública (cuando la norma legal la autoriza) es quien crea unilateralmente el título ejecutivo, siendo éste el rasgo fundamental que caracteriza la ejecutividad del acto administrativo. Ese acto debe tener forma inequívoca y certeza en el objeto y en el sujeto pasivo, de modo que no requiera una previa interpretación de su alcance[2556].

15. EL ACTO ADMINISTRATIVO Y SU CONDICIÓN INSTRUMENTAL

El problema básico en esta cuestión consiste en determinar si los documentos que emanan de funcionarios públicos en ejercicio de la función administrativa asumen el carácter de instrumentos públicos, con las consecuencias que el Código Civil les asigna en cuanto a su valor probatorio[2557].

Sobre este punto, el art. 979, inc. 2º, CCiv., dispone que constituyen instrumentos públicos los que extendieren los escribanos o funcionarios públicos en la forma que las leyes hubieren determinado.

La cuestión estriba entonces en determinar qué se entiende por instrumento extendido por funcionario público en la forma que las leyes hubieren determinado. La doctrina ha dicho que, por una razón elemental de lógica, tal norma debe ser interpretada en forma restrictiva y que si bien todos los documentos administrativos son susceptibles de integrar, en principio, el género documentos públicos, sólo cuando la ley les atribuya ese carácter (estableciendo las formalidades del caso) podrá atribuirse carácter de instrumento público a tales documentos, en el sentido del art. 979, CCiv., y con las consecuencias previstas en los arts. 993, 994 y 995 de dicho Código en lo que respecta a su fuerza probatoria[2558].

De aceptarse en cambio la tesis amplia, que atribuye condición de instrumento público, a todo documento administrativo, aparecería un obstáculo difícil de soslayar en cuanto al valor probatorio de los hechos pasados ante cualquier funcionario público, ya que conforme al art. 993, CCiv., el instrumento público hace plena fe hasta que sea argüido de falso "de la existencia de los hechos que el oficial público hubiese anunciado como cumplidos por el mismo, o que han pasado en su presencia"[2559].

[2555] *V.gr.*, las boletas de deuda en concepto de impuestos que autorizan el proceso de apremio.

[2556] Conf. GARCÍA DE ENTERRÍA, Eduardo - FERNÁNDEZ, Tomás R., *Curso de Derecho Administrativo*, t. II, 1ª ed., Civitas, Madrid, 1977, p. 545.

[2557] Arts. 993, 994 y 995, CCiv.

[2558] GORDILLO, Agustín, *El acto administrativo, cit.*, p. 181; en el mismo sentido, COUTURE, Eduardo J., *Estudios de Derecho Procesal Civil*, t. II, Depalma, Buenos Aires, 1949, ps. 64 y ss. Ver C. Nac. Esp. Cap., 11/12/1953, "Gobierno Nacional v. Novillo Quiroga, Lilia Menéndez C. de", JA 1955-I-119 y ss., que establece que un documento administrativo revestirá la condición de instrumento público solamente cuando una ley en forma expresa y para el caso particular lo prescriba. En contra: SPOTA, Alberto G., "Carácter de instrumentos públicos de las actuaciones administrativas", comentando el fallo citado.

[2559] Las meras actuaciones administrativas no son "instrumentos públicos", no siendo de aplicación los arts. 993, 994 y 995, CCiv.; sobre las orientaciones jurisprudenciales nos remitimos

Frente a la norma transcripta, no creemos que pueda interpretarse que en tales casos el funcionario sólo certifica el dictado del acto por él pues ello trastocaría toda la teoría general del instrumento público al negar la plena fe que tienen los hechos pasados en presencia de los escribanos o funcionarios públicos (estos últimos cuando la norma legal lo prescriba).

En el ejemplo que se suele citar del acta de infracción levantada por un oficial de policía es evidente que si tal documento fuera instrumento público, haría plena fe de los hechos (es decir, la infracción, datos del choque, lugar y hora) transcurridos en presencia de dicho funcionario público (art. 993, CCiv.)[2560]. Pero ocurre que tal documento no reviste la condición de instrumento público conforme a la interpretación que adoptamos sobre el art. 979, CCiv., y la carencia de autenticación que le atribuya tal carácter[2561].

Por lo demás, debe pensarse también que en la mayoría de los casos, de atribuirse carácter de instrumento público a todos los documentos que acreditan la existencia de actos administrativos, las disposiciones del Código Civil serán aplicables para distintas situaciones jurídicas, tal como la que resulta de la doble calidad que reviste el funcionario público: 1°) como oficial público con las consecuencias del art. 993, CCiv.; 2°) como parte del acto.

Todo ello nos inclina a decidirnos por una interpretación finalista del art. 979, inc. 2°, CCiv., y a exigir como garantía para la fe pública y el sistema probatorio de los documentos administrativos que constituyan instrumentos públicos, el requisito de la norma legal expresa y el cumplimiento de las formas prescriptas por las leyes y reglamentos.

Por de pronto, no siempre un documento público habrá de constituir instrumento público.

En principio, por analogía con lo dispuesto en el inc. 4° del art. 979, los actos de los expedientes administrativos firmados por las partes, en los casos y con las formas que se prescriban, revestirán el carácter de instrumentos públicos cuando tales documentos traduzcan la actividad jurisdiccional de la Administración Pública, que nosotros hemos aceptado, con las limitaciones del caso (v.gr., en la actividad del Tribunal Fiscal de la Nación).

Finalmente, de lo expuesto surge que la condición de instrumento público, que excepcionalmente puede tener el acto administrativo, no puede confundirse con la presunción de legitimidad ni con la ejecutividad del mismo.

En efecto, la presunción de legitimidad – que nunca reviste carácter absoluto– se refiere al acto jurídico administrativo, mientras que la condición de instrumento público hace a la faz instrumental de dicho acto, es decir, al valor probatorio del documento que acredita su existencia, a su autenticidad. En lo que respecta al carácter ejecutivo se trata también de una cuestión totalmente distinta; ella se refiere al título procesal que caracteriza al acto administrativo en algunas circunstancias y que

---

a lo expuesto en CASSAGNE, Juan Carlos, "Sobre la condición de instrumentos públicos de las actuaciones administrativas y su valor probatorio", ED 63-304.

[2560] GORDILLO, Agustín, *El acto administrativo, cit.*, p. 175.

[2561] CASSAGNE, Juan Carlos, "Sobre la condición de instrumentos...", *cit.*, p. 899.

hace posible que la Administración acuda al proceso de ejecución para hacer cumplir el acto contra la voluntad del administrado (en principio, en nuestro régimen jurídico en sede judicial; excepcionalmente por tribunales administrativos que ejercen funciones jurisdiccionales). Por el contrario, el carácter de instrumento público hace fundamentalmente al valor probatorio, a la plena fe, de que goza el documento conforme a las normas del Código Civil a que nos hemos referido.

16. RETROACTIVIDAD DEL ACTO ADMINISTRATIVO. CASOS EN QUE SE ADMITE

Dentro de los principios que mantiene la jurisprudencia del Consejo de Estado francés se halla el referente a la regla de irretroactividad del acto administrativo, considerada un principio general de derecho que desempeña la función de tutelar la seguridad de las relaciones jurídicas[2562]. Tal principio también es reconocido por la doctrina nacional[2563].

Sin embargo, la aplicación retroactiva del acto administrativo puede aceptarse en determinadas situaciones jurídicas, asumiendo siempre un carácter excepcional y sin llegar – por ende– a constituir la regla general en esta materia[2564].

¿Cuál es el fundamento de la irretroactividad del acto administrativo? El principio de no retroactividad[2565] del acto administrativo constituye una consecuencia de la garantía genérica de no afectación de los derechos constitucionales que se han incorporado al patrimonio del administrado[2566]. La irretroactividad del acto administrativo aparece en los otros supuestos impuesta como un principio esencial que hace al equilibrio de las relaciones entre el administrado y la Administración y a la estabilidad de las relaciones jurídicas legítimamente nacidas o extinguidas.

[2562] JEANNEAU, Benoît, Les principes généraux du droit dans la jurisprudence administrative, Sirey, París, 1954, ps. 92 y ss.

[2563] DIEZ, Manuel M., El acto administrativo, cit., ps. 493 y ss.; MARIENHOFF, Miguel S., Tratado..., cit., t. II, ps. 390 y ss.

[2564] FRANCO SOBRINHO, Manoel de Oliveira, Atos administrativos, San Pablo, 1980, p. 197. Desde el enfoque trialista, Goldschmidt ha sostenido en cuanto al objeto de la valoración que, en términos generales resulta lícito estatuir la retroactividad del acto, cuando la medida procura una nueva situación como consecuencia del estado ficticio del acto anterior (conf. GOLDSCHMIDT, Werner, Introducción al Derecho, cit., p. 73).

[2565] Entendemos que la aplicación del art. 3º, CCiv., procede para todo tipo de reglamentos, aun los autónomos. En contra, respecto de los reglamentos autónomos: MARIENHOFF, Miguel S., Tratado..., cit., t. II, ps. 395/396.

[2566] La Corte Suprema de Justicia de la Nación ha rechazado la retroactividad de leyes que afecten derechos adquiridos de orden patrimonial (conf. "Carranza de Lawson, María v. Álvarez Soto y Cía.", Fallos 137:294 [1922]; "Mango, Leonardo v. Traba, Ernesto", Fallos 144:219 [1925]; "Maas de Mihura, Catalina y otra v. Municipalidad de Rosario", Fallos 184:621 [1939]; "Meroño, Francisco Policarpo s/sucesión", Fallos 202:5 [1945]; etc.). Ver la crítica que a la tesis de los derechos adquiridos formula BORDA, Guillermo A., "La reforma del Código Civil. Efectos de la ley con relación al tiempo", ED 28-69. La Corte Suprema de Justicia de la Nación ha sostenido que no se pueden alterar las situaciones jurídicas concretas e individuales que hubiesen generado derechos adquiridos en cabeza de los agentes bajo la vigencia de legislaciones anteriores, véase el caso "De Martín, Alfredo v. Banco Hipotecario Nacional", Fallos 296:723 (1976) y en ED 72-595.

Lo contrario sería postular un principio contrario a la naturaleza de las cosas, injusto e irrazonable[2567].

¿En qué consiste la retroactividad? En general, ella se produce cuando los efectos jurídicos de un acto administrativo que se han generado antes de la vigencia del nuevo acto, aparecen reglados por éste[2568], ya sea que:

(i)   se vuelva sobre la constitución o extinción de una relación jurídica administrativa ya constituida o extinguida;

(ii)   se atribuyan distintos efectos al acto administrativo originario;

(iii)   se reconozcan efectos anteriores a un acto sujeto a aprobación.

Los principales casos en que excepcionalmente se admite la retroactividad del acto administrativo, los cuales reposan sobre distintos fundamentos, se refieren:

1) Un primer grupo de actos donde se admite la retroactividad es en aquellos supuestos en que ella se opera a favor del administrado[2569], ya que al ampliarse la esfera de los derechos de éste, queda sin sentido la garantía que procura tutelar la regla general de la irretroactividad del acto administrativo.

2) La revocación por razones de ilegitimidad[2570]. En este sentido, podría pensarse que la revocación por razones de ilegitimidad no tiene siempre efectos retroactivos (*ex tunc*) y que es necesario analizar caso por caso, a fin de no incurrir en errores[2571]. Sin embargo, dicho criterio resulta casuista y a nuestro juicio no responde a ningún principio jurídico ni norma de derecho positivo, aparte de que procura la consolidación de los efectos ya operados de situaciones jurídicas declaradas inválidas, lo cual no es la finalidad del instituto de la revocación por razones de ilegitimidad que tiende a restablecer el imperio de la ley y del derecho, sino que es propio de la prescripción. Entendemos, en cambio, que el fundamento es por demás claro y deriva del sistema de la invalidez administrativa, donde en atención a la finalidad de interés público que persigue la Administración, finalidad social en suma, los efectos de la declaración de invalidez son en principio retroactivos[2572], salvo supuestos de excepción.

[2567]   Ver BORDA, Guillermo A., "La reforma...", *cit.*, p. 812.

[2568]   SOTO KLOSS, Eduardo, "L'entrée en application de l'acte administratif", en *Homenaje a Enrique Sayagués Laso*, Instituto de Estudios de Administración Local, Madrid, 1969, p. 734. Según García Trevijano Fos, la irretroactividad se aplica a los efectos consumados, pero no para los efectos futuros (GARCÍA TREVIJANO FOS, José A., *Tratado...*, *cit.*, t. II, p. 298).

[2569]   Art. 13 *in fine*, LNPA, que expresamente lo prescribe. Debemos puntualizar que la doctrina nacional no se ha ocupado hasta el presente de sistematizar los principales casos donde resulta procedente la retroactividad del acto administrativo.

[2570]   Conf. GRAU, Armando E., "Resumen sobre la extinción de los actos administrativos", JA 1961-I-40, secc. Doctrina, quien emplea el término anulación para designar la extinción del acto por razones de legalidad, ya sea que ella se decrete en sede administrativa como en sede judicial.

[2571]   GORDILLO, Agustín, *El acto administrativo*, *cit.*, ps. 381/382.

[2572]   Hemos señalado precedentemente otras circunstancias para atribuir efectos retroactivos al acto que declara la invalidez como la presunción de que la Administración siempre actúa de buena fe y la facultad que tiene la Administración para crear unilateralmente vínculos obliga-

3) El saneamiento del acto administrativo, que como se ha visto, sólo procede respecto de los actos que adolecen de nulidad relativa. Aquí el fundamento, aparte de su origen legal[2573] se impone por la necesidad de otorgar validez a efectos ya producidos de un acto inválido, pues de lo contrario no habría saneamiento, sino prácticamente un nuevo acto administrativo.

4) El acto administrativo de aprobación. A través del mismo se confiere retroactividad a los efectos del acto sujeto a tal requisito, ya que se trata de un acto simple (no complejo) de carácter declarativo[2574].

5) La extinción del acto administrativo que dispuso la revocación de un acto que gozaba de estabilidad[2575] ya que la propia naturaleza del acto lo exige para su vigencia, que no se concibe sin el reconocimiento retroactivo de los efectos del acto ilegítimamente revocado.

6) Cuando una ley de orden público prescriba la retroactividad de determinados actos administrativos siempre que no se afecten derechos patrimoniales ya incorporados a la esfera jurídica del administrado[2576].

7) En los supuestos en que la retroactividad haya sido pactada contractualmente siempre que no configure una cláusula abusiva e irrazonable[2577].

---

torios. También dijimos que nada conduce en el derecho administrativo a establecer un criterio contrario (en este punto) a la solución que consagra el Derecho Privado donde la nulidad tiene siempre efectos retroactivos entre partes y donde, la irretroactividad juega para proteger los derechos de terceros de buena fe.

[2573] Art. 19 *in fine*, LNPA.

[2574] Conf. MARIENHOFF, Miguel S., *Tratado...*, *cit.*, t. II, ps. 624/626; quien sostiene que se trata de un acto simple.

[2575] Conf. GORDILLO, Agustín, *El acto administrativo, cit.*, p. 157.

[2576] Por ejemplo, una ley que prescribiera la extinción de todos los permisos de importación otorgados por la Administración con anterioridad a determinada fecha, cuando el administrado no hubiera hecho efectiva la misma dentro del plazo que razonablemente fija la norma.

[2577] Véase al respecto: Diez, quien cita un caso resuelto por el Consejo de Estado francés donde se declaró ilegal la cláusula del pliego de condiciones de una empresa eléctrica que admitía la posibilidad de que la Administración modificara retroactivamente las tarifas (DIEZ, Manuel M., *El acto administrativo, cit.*, ps. 497 y 498 *in fine*, nota 13). Ver también: GARCÍA TREVIJANO FOS, José A., *Tratado...*, *cit.*, p. 339, quien recoge nuestra opinión sosteniendo criterios similares.

CAPÍTULO VI

EXTINCIÓN DEL ACTO ADMINISTRATIVO

1. CONSIDERACIONES TERMINOLÓGICAS Y METODOLÓGICAS ACERCA DE LA EXTINCIÓN DEL ACTO ADMINISTRATIVO. TENDENCIAS ACTUALES

El análisis de las distintas terminologías existentes en materia de extinción del acto administrativo revela que muchas de ellas trasuntan meros desacuerdos semánticos, cuya diferente denominación oculta a veces una gran identidad en cuanto al contenido conceptual del vocablo utilizado.

Tal fenómeno se advierte – por ejemplo– en lo que respecta al empleo del término "revocación", que de acuerdo con un sector de la doctrina nacional y extranjera[2578] sólo comprende la extinción del acto por razones de oportunidad, mérito o conveniencia, reservando el vocablo "anulación" o "invalidación", para nominar la extinción que se decreta en sede administrativa por razones de ilegitimidad, en una postura que si bien no ha sido la predominante, fue acogida a veces por la práctica administrativa argentina[2579].

Del mismo modo, en el plano metodológico, un sector de la doctrina opta por distinguir la "cesación de los efectos" o extinción de los efectos, de la extinción propiamente dicha[2580] sin esgrimirse razones suficientes de régimen jurídico que justifiquen una separación conceptual de las causales de extinción.

Dentro de la metodología que vamos a desarrollar y como consecuencia de la concepción amplia en punto a la estructura del acto administrativo que se ha adoptado, analizaremos seguidamente aquellas causales de extinción que resultan comunes tanto a los actos unilaterales como a los bilaterales en su formación o efectos, dejando de lado las causales específicas de extinción de los contratos, por entender que su estudio corresponde abordarse al tratar su teoría general. Esta postura no excluye pues, el análisis de las causales de extinción que resultan comunes a ambas especies (actos unilaterales y bilaterales) del género acto administrativo[2581].

[2578] LÓPEZ MEIRELLES, Hely, *Direito Administrativo brasileiro*, 6ª ed., San Pablo, 1978, p. 172; FRANCO SOBRINHO, Manoel de Oliveira, *Atos administrativos*, San Pablo, 1980, p. 171.

[2579] En tal sentido, en algunas ocasiones en que se ha extinguido un acto administrativo por razones de ilegitimidad en sede administrativa se ha utilizado la expresión "anúlase (...) etc.".

[2580] MARIENHOFF, Miguel S., *Tratado de Derecho Administrativo*, 4ª ed. act., t. II, Abeledo-Perrot, Buenos Aires, 1993, p. 402; GRAU, Armando E., "Resumen sobre la extinción de los actos administrativos", JA 1961-I-40, secc. Doctrina.

[2581] En contra: FRAGOLA, Umberto, *Gli atti amministrativi*, Turín, 1952, ps. 86 y ss.

Las tendencias imperantes durante gran parte de este siglo proclamaron una mayor concentración del poder estatal en el Poder Ejecutivo como consecuencia del cumplimiento de numerosas funciones sociales por parte del Estado en casi todos los países del mundo, aun los que han sido considerados típicos representantes del sistema capitalista[2582], todo lo cual condujo a un aumento de las prerrogativas públicas para alcanzar el mantenimiento de dos finalidades básicas: la protección de los derechos individuales y el bienestar social[2583].

Pero, el modelo de Estado benefactor o intervencionista está siendo abandonado en la actualidad, advirtiéndose un proceso inverso que supone una mayor participación privada y el retorno de la Administración a sus funciones propias.

Por ello, se advierte una reacción generalizada contra las intervenciones que suele realizar el Estado en el campo económico-social, muchas de las cuales desnaturalizan – cuando no violan abiertamente– el principio de la subsidiariedad[2584].

Se ha dicho que, tanto por su voracidad fiscalista como por sus desordenadas intervenciones, el Estado moderno desorganiza todo lo que toca debilitándose en la medida en que crece por la hipertrofia burocrática que se desarrolla en su propio seno[2585].

Por esa causa, es necesario tener en cuenta la conveniencia de devolverle al Estado su verdadera misión, quitándole aquellas funciones innecesarias o las que puedan llevar a cabo, por sí mismos, los particulares. Pero el Estado debe indudablemente cumplir la función de estimular, proteger, controlar, orientando y coordinando las iniciativas privadas en el plano social y, al propio tiempo, actuar como árbitro sobre los diversos sectores de la sociedad, sin alterar los derechos y autorregulación legítima de los particulares, grupos sociales y comunidades intermedias[2586].

Por lo demás, uno de los instrumentos jurídicos más importantes de que dispone la Administración Pública para mantener la legitimidad y perseguir el bien común, cuando ella no resulta observada, es la extinción del acto a través de sus distintas especies, especialmente por intermedio de la revocación (por razones de mérito y de ilegitimidad) y la caducidad.

[2582] Tal como aconteció en Francia, Alemania y España. Véase al respecto: BOQUERA OLIVER, José M., *Derecho Administrativo y socialización*, 1ª ed., Civitas, Madrid, 1965, ps. 58/67; donde se afirma: "La finalidad social de la legalidad requiere un poder fuerte encargado de su realización. Frente a la actitud liberal de mantener dividido, equilibrado el poder, como garantía de la libertad individual, surge la tesis social de lograr un poder eficaz, capaz de atender las necesidades sociales".

[2583] Que es tan opuesta a la legalidad socialista que propugnan los marxistas como a la vigente en el sistema liberal. Al respecto, Boquera Oliver expresa: "quizás nada sea más urgente que tratar de mantener el equilibrio esencial a la legalidad social y desarrollar sus posibilidades hasta levantar sobre sólidas bases jurídicas en las que el hombre viva dignamente, con seguridad y también en libertad", BOQUERA OLIVER, José M., *Derecho Administrativo...*, *cit.*, p. 41.

[2584] SACHERI, Carlos A., *El orden natural*, Eudeba, Buenos Aires, 1979, ps. 161 y ss.

[2585] THIBON, Gustave, *El equilibrio y la armonía*, trad. del francés, Madrid, 1978, p. 284.

[2586] SACHERI, Carlos A., *El orden natural*, , *cit.*, p. 168.

2. CONCEPTO DE EXTINCIÓN. LA LLAMADA "CESACIÓN O EXTINCIÓN DE EFECTOS"

La eliminación o supresión de los efectos jurídicos del acto administrativo se designa con el término extinción, que comprende a aquellas situaciones en que el acto cesa de operar sus efectos por causas normales o anormales sin que se requiera el dictado de un acto específico, como los supuestos en que la eliminación del acto del mundo jurídico no se produce sino a través de otro acto que trasunte la voluntad administrativa de extinguirlo, ya se trate de actos válidos o de actos afectados de invalidez.

Pero esta postura no es pacífica en la doctrina, donde un sector no acepta que un concepto genérico pueda abrazar todas las causales de extinción. Así, se ha sostenido que es necesario distinguir la "cesación de los efectos" de la extinción del acto administrativo, por cuanto la cesación apareja la idea de algo que ocurre normalmente, de acuerdo con lo previsto de antemano, mientras la extinción se opera por circunstancias que derivan de situaciones surgidas *a posteriori*[2587]. Por su parte, otro sector se enrola en una corriente restrictiva del concepto al distinguir entre "extinción de los efectos" y "extinción del acto", según que se requiera o no el dictado de otro acto, emitido por un órgano administrativo, legislativo o judicial[2588].

No advertimos las ventajas de separar el campo de las causales de extinción; es más, creemos que tales distinciones no trasuntan diferencias que justifiquen su apartamiento del concepto general de extinción pues siempre se opera la supresión de los efectos jurídicos del acto, sea éste válido o inválido o que la extinción se produzca como consecuencia de una causal prevista o que surja con posterioridad al nacimiento del acto.

3. ACLARACIÓN, RECTIFICACIÓN Y MODIFICACIÓN O REFORMA DEL ACTO. DIFERENCIAS CON LA EXTINCIÓN

Cuando el acto administrativo dictado plantea dudas en punto a su interpretación, el órgano que lo dictó (que es el único que puede realizar su interpretación auténtica) se halla facultado para emitir un acto aclaratorio, cuya interpretación tiene efectos retroactivos[2589]. No creemos que quepa distinguir entre acto aclaratorio e interpretación auténtica, en el sentido de que el primero importa una modificación del acto mientras la interpretación "no se incorpora al contenido del acto sino que opera en su funcionamiento"[2590]. Lo que ocurre es otra cosa bien distinta: la interpretación auténtica puede darse tanto en el funcionamiento del acto a través de la conducta que frente al mismo asuma la Administración como por medio de otro acto que aclare aquel sobre el que existan discrepancias de interpretación. El acto aclara-

---

[2587] MARIENHOFF, Miguel S., *Tratado...*, *cit.*, t. II, p. 4028.

[2588] GRAU, Armando E., "Resumen...", *cit.*, ps. 1/2.

[2589] DIEZ, Manuel M. - HUTCHINSON, Tomás (colab.), *Manual de Derecho Administrativo*, t. II, Plus Ultra, Buenos Aires, 1980, ps. 406/407.

[2590] Como lo sostiene GORDILLO, Agustín, *El acto administrativo*, 2ª ed., Abeledo-Perrot, Buenos Aires, 1969, p. 387.

torio no modifica, pues, el acto interpretado, no integra en definitiva su contenido, sino que tan sólo lo interpreta.

La rectificación, en cambio, se refiere a la corrección de un error material del acto administrativo, especialmente cuando tal error sea manifiesto y de fácil verificación, y surja de la confrontación con las constancias del propio acto, pues de lo contrario se estará ante el vicio de error en la voluntad administrativa, el cual, según su entidad, es susceptible o no de saneamiento. Asimismo, la omisión intrascendente da lugar a la rectificación del acto[2591].

La rectificación si bien modifica materialmente el contenido del primer acto, no altera su sustancia. Su procedencia es excepcional y tiene siempre efectos retroactivos[2592].

Por reforma del acto administrativo se entiende la extinción parcial del acto administrativo o la ampliación de su objeto, por razones de ilegitimidad o de mérito, oportunidad o conveniencia, la que puede realizarse por el propio órgano que dictó el acto, o por el órgano superior, cuando se ejercita el control jerárquico, en principio. En el mismo sentido, en la doctrina italiana se habla de modificación del acto administrativo[2593]. Cuando se produzca la extinción parcial del acto administrativo, regirán los principios atinentes a la revocación por razones de ilegitimidad o de mérito, es decir, que existirá o no la obligación de indemnizar al particular o administrado, según los casos.

Ahora bien: ¿cuáles son las diferencias existentes entre dichos conceptos jurídicos y la extinción del acto administrativo? En primer lugar, en la aclaración y en la rectificación no hay supresión o eliminación de ningún efecto, ya que el acto originario se mantiene subsistente. En lo que respecta a la reforma puede ocurrir una extinción parcial de efectos, pero en sí, el acto no se elimina, sino que se transforma. Pero también, puede acontecer que no se extinga ningún efecto del acto, cuando la reforma consista en una ampliación del objeto del acto administrativo (ej.: la ampliación territorial de un uso especial otorgado sobre un bien del dominio público).

4. LAS CAUSALES DE EXTINCIÓN EN PARTICULAR. EL AGOTAMIENTO. LO RELATIVO A LA IMPOSIBILIDAD DE CUMPLIR EL ACTO

En algunos supuestos la existencia del acto cesa sin necesidad de que el órgano estatal emita declaración alguna, es decir, independientemente del órgano que decreta la extinción.

Tal es lo que acontece con el "agotamiento" del acto, que se produce cuando el acto ha sido cumplido produciendo todos sus efectos jurídicos[2594] (v.gr., expiración

---

[2591] ESTRADA, Juan Ramón de, "La primera reforma de la Ley Nacional de Procedimiento Administrativos", EDLA, nro. 1, Buenos Aires, 1978, p. 956.

[2592] FOLIGNO, Darío, *L'attività amministrativa*, Milán, 1966, p. 220.

[2593] Conf. LANDI, Guido - POTENZA, Giuseppe, *Manuale di Diritto Amministrativo*, Giuffrè, Milán, 1971, p. 286.

[2594] Conf. GRAU, Armando E., "Resumen...", *cit.*, JA 1961-I-40. Véase: GONZÁLEZ PÉREZ, Jesús - GONZÁLEZ NAVARRO, Francisco, *Comentarios a la Ley de Régimen Jurídico de*

del término en un permiso de uso de un bien dominial; autorización para construir que se extingue cuando el particular ha realizado la construcción, etc.).

También se opera la extinción de pleno derecho del acto cuando el mismo no puede cumplirse por una imposibilidad física o jurídica de llevarlo a cabo – ya sea que ella surja en el momento de dictarse el acto, o bien, con posterioridad a su emisión– . En el primer supuesto, hay invalidez originaria tanto si falta el sustrato personal (vicio en el elemento sujeto)[2595] como si la carencia se produce en el elemento objeto (imposibilidad física o jurídica)[2596] que provoca la nulidad absoluta del acto. En el segundo caso, cuando la imposibilidad de cumplir el acto administrativo aparece con posterioridad al dictado del mismo, el acto no se convierte en ilegítimo, sino sencillamente de cumplimiento imposible[2597] y su extinción se produce sin necesidad de declaración expresa de parte del órgano estatal.

5. EXTINCIÓN QUE DEPENDE DE LA VOLUNTAD DEL ADMINISTRADO

Otro grupo de situaciones jurídicas en el que se produce la extinción del acto administrativo, se halla constituido por aquellos casos en que la voluntad del administrado desempeña un papel decisivo en la eliminación del acto del mundo jurídico, o bien, cuando la conformidad del particular constituye un presupuesto esencial para la configuración del acto. Así, la extinción del acto administrativo puede operarse tanto a través de la renuncia del administrado (ej.: renuncia a un beneficio promocional otorgado) – siempre que no se trate de un derecho de orden público (que siempre es irrenunciable)– como también en el supuesto de que el particular no aceptara un acto que requiera su asentimiento para su entrada en vigencia (v.gr., otorgamiento de una beca) en cuyo caso el rechazo del administrado tiene efectos retroactivos[2598].

6. EXTINCIÓN DEL ACTO DISPUESTA POR LA ADMINISTRACIÓN. DISTINTOS SUPUESTOS

Los principales medios de extinción del acto en sede administrativa son la revocación y la caducidad.

Sin embargo, debemos puntualizar que en esta materia existen grandes desacuerdos doctrinarios que ocasionan la proliferación de diferentes y variadas termi-

---

las *Administraciones Públicas y Procedimiento Administrativo Común*, t. I, Civitas, Madrid, 1997, p. 1067.

[2595] V.gr., la muerte del beneficiario de un subsidio, antes de su otorgamiento, siempre que el respectivo derecho no fuera transmisible a sus sucesores.

[2596] Tal como sería el caso de una concesión de uso sobre un bien que había sido desafectado del dominio público (imposibilidad jurídica) o un permiso de uso de un puerto que había sido demolido (imposibilidad física).

[2597] Ej.: una multa fiscal —de carácter penal— se extingue por la muerte del sujeto obligado.

[2598] CASSAGNE, Juan Carlos, *El acto administrativo*, 2ª ed., Abeledo-Perrot, Buenos Aires, 1978, p. 378.

nologías, que obstan a que se alcance una mínima uniformidad convencional, tan necesaria a veces para despejar las confusiones semánticas y conceptuales.

A) Revocación

Sin la pretensión de agotar la mención de las nociones que postulan las doctrinas extranjera y nacional, en punto al concepto de revocación, ellas pueden agruparse en tres grandes corrientes doctrinarias.

Un primer criterio es el que postula un calificado sector de la doctrina francesa que ha pensado que lo fundamental es distinguir las especies de extinción conforme a los efectos *ex tunc* o *ex nunc* que la desaparición del acto ocasione. En tal sentido, se habla de *retiro* del acto para señalar la extinción con efectos retroactivos de una decisión administrativa (de alcance individual o general) y de *abrogación* para significar la extinción con efectos *ex nunc* de dicha decisión[2599].

Una segunda corriente, pone en cambio el acento sobre la naturaleza de la causal que promueve la extinción. Si se trata de una extinción por razones de oportunidad, mérito o conveniencia; dicho sector doctrinario emplea el vocablo *revocación*, mientras que prefiere designar bajo el nombre de *anulación*, o *invalidación*, al supuesto en que el acto se extingue por razones de ilegitimidad[2600].

Finalmente, el tercer criterio toma en cuenta el órgano que decreta la extinción del acto administrativo, denominando revocación a la que se opera en sede administrativa, ya sea que fuese originada por razones de mérito o conveniencia o que se funde en la ilegitimidad del acto, como consecuencia de un vicio cuya entidad torne procedente su extinción por el órgano administrativo, y reservando el término "anulación" para nominar la extinción del acto ilegítimo dispuesta en sede judicial[2601].

[2599] BENOIT, Francis P., *Le Droit Administratif français*, Dalloz, París, 1968, ps. 567/570; LAUBADÈRE, André de, *Traité de Droit Administratif*, 9ª ed. actual. por Venezia, Jean-Claude y Gaudemet, Yves, t. I, LGDJ, París, 1984, ps. 292/293; RIVERO, Jean, *Droit Administratif*, Dalloz, París, 1977, ps. 93/95; Waline, en cambio, utiliza una terminología distinta: la revocación constituye el género de extinción, cuyas especies son la abrogación (revocación no retroactiva de un reglamento) y el retiro (referido a los actos individuales exclusivamente). Sobre la anarquía jurisprudencial y doctrinaria que reina en Francia, véase: SOTO KLOSS, Eduardo, "El cambio de circunstancias como causal de modificación o extinción del acto administrativo en el derecho francés", RAP, nro. 64, Instituto de Estudios Políticos, Madrid, 1971, ps. 59/61.

[2600] ALESSI, Renato, *La revoca degli atti amministrativi*, Milán, 1956, ps. 2/5 y del mismo autor, *Instituciones de Derecho Administrativo*, trad. a la 3ª ed. italiana del *Sistema Istituzionale di Diritto Amministrativo*, t. I, Bosch, Barcelona, 1970, ps. 350/351; ÁLVAREZ GENDÍN, Sabino, *Tratado general de Derecho Administrativo*, t. I, Barcelona, 1958, p. 350; DIEZ, Manuel M. - HUTCHINSON, Tomás (colab.), *Manual...*, cit., t. II, p. 304; GARCÍA OVIEDO, Carlos, *Derecho Administrativo*, 9ª ed. act. por Enrique Martínez Useros, t. II, EISA, Madrid, 1968, p. 107; GARRIDO FALLA, Fernando, *Tratado de Derecho Administrativo*, 4ª ed., t. I, Instituto de Estudios Políticos, Madrid, 1966, p. 544.

[2601] Es a nuestro juicio la postura dominante en Argentina; véase: LINARES, Juan F., *Cosa juzgada administrativa en la jurisprudencia de la Corte Suprema de la Nación*, Kraft, Buenos Aires, 1946, ps. 39/40; MARIENHOFF, Miguel S., *Tratado...*, cit., t. II, ps. 574/577; GORDILLO, Agustín, *El acto administrativo*, cit., p. 422; SARRÍA, Félix, *Derecho Administrativo*, Assandri, Córdoba, 1961, ps. 134/135; BIELSA, Rafael, *Sobre lo contencioso-*

Tal postura doctrinaria, que ha sido ya acogida por el derecho positivo nacional[2602] ha contado con nuestra adhesión anterior[2603]. Veamos las razones que justifican el mantenimiento de dicha opinión.

En efecto, el criterio que propugna un sector de la doctrina francesa, al distinguir entre retiro y abrogación peca del defecto de abordar la extinción del acto administrativo (de alcance individual) juntamente con el reglamento, los que se rigen por principios totalmente distintos, ya que mientras los primeros son, en principio, irrevocables, los segundos, son esencialmente revocables. Aparte de ello, la extinción de un acto administrativo opera, entre las partes, en principio, retroactivamente, ya sea que se trate de invalidez absoluta o relativa, sin perjuicio de la prescripción que pueda oponerse cuando el acto se hallare afectado de invalidez relativa.

En cuanto al segundo criterio, es decir, al que pretende distinguir entre la "revocación" por razones de mérito o conveniencia, por un lado, y la "invalidación" o "anulación", por el otro, por razones de ilegitimidad, resulta más adecuado a nuestro régimen jurídico reservar la expresión "anulación" o "invalidación" para indicar que dicha función es propia y exclusiva, en principio, de los jueces, y sobre todo, teniendo en cuenta los distintos efectos (absolutos) de la cosa juzgada judicial frente a la relatividad que entraña la decisión que se adopte en sede administrativa, susceptible de revisión por los órganos judiciales.

B) Caducidad

En cuanto a la caducidad, si bien en nuestro país hubo autores que sostuvieron que se trataba de una especie de revocación[2604], lo cierto es que se ha impuesto la tesis de considerarla como un medio particular de extinción del acto administrativo, distinto de la revocación, a través del cual se sanciona el incumplimiento de una obligación del particular o administrado[2605], criterio que ha recogido el derecho positivo en el orden nacional[2606].

No obstante haberse sostenido que la caducidad constituye un medio de extinción propio y exclusivo de los contratos administrativos en razón de que extinguen

---

administrativo, Castellví, Santa Fe, 1964, p. 46; en el mismo sentido: SAYAGUÉS LASO, Enrique, Tratado de Derecho Administrativo, t. I, Talleres Gráficos Barreiro, Montevideo, 1963, p. 519.

[2602] Arts. 17 y 18, LNPA, con las modificaciones de la ley 21.686.

[2603] CASSAGNE, Juan Carlos, "La revocación del acto administrativo por falta de causa", ED 38-291 y ss.; y "Procedencia de la revocación de un acto administrativo por razones de ilegalidad en sede administrativa", RADA, nro. 3, Universidad del Museo Social Argentino, Buenos Aires, ps. 111 y ss.

[2604] BIELSA, Rafael, Derecho Administrativo, t. II, 6ª ed., La Ley, Buenos Aires, 1964-1966, ps. 134 y 341; BERÇAITZ, Miguel Á., Teoría general de los contratos administrativos, 2ª ed., Depalma, Buenos Aires, 1980, p. 347.

[2605] Conf. MARIENHOFF, Miguel S., Tratado de Derecho Administrativo, 2ª ed. act., t. III-A, Abeledo-Perrot, Buenos Aires, 1978, ps. 564/565 y Tratado del dominio público, TEA, Buenos Aires, 1960, ps. 385/387; SAYAGUÉS LASO, Enrique, Tratado..., cit., t. II, ps. 77/78; DIEZ, Manuel M. - HUTCHINSON, Tomás (colab.), Manual..., cit., t. II, p. 307.

[2606] Art. 21, LNPA.

"relaciones" o "vínculos"[2607], tales relaciones también pueden surgir del acto administrativo unilateral (ej.: caducidad de un beneficio promocional otorgado por incumplimiento de las obligaciones relativas al régimen de promoción industrial)[2608].

7. EL PRINCIPIO DE LA IRREVOCABILIDAD. EVOLUCIÓN Y CRISIS DE LA DENOMINADA "COSA JUZGADA ADMINISTRATIVA"

Vinculado a la revocación por razones de ilegitimidad aparece el principio de la irrevocabilidad o estabilidad del acto en sede administrativa. ¿Cuáles son sus alcances? ¿A qué actos se refiere?

Pero antes de develar estos interrogantes se hace necesario analizar cuál ha sido la evolución operada en este campo, que tanta importancia ha tenido y tiene aún para la seguridad jurídica de los administrados.

Hace un tiempo – aproximadamente hasta la segunda mitad de este siglo– se sostenía la existencia de un principio que caracterizaba al acto administrativo y lo tornaba diferente del acto del Derecho Privado: la regla de la revocabilidad[2609].

Tal principio es contemporáneo a la construcción de la teoría del acto administrativo como acto exclusivamente unilateral, donde al caracterizarlo como producto de un solo sujeto estatal dotado de prerrogativas de poder público, el mismo podía revocar el acto sin necesidad de obtener la conformidad del administrado. De esta manera, a diferencia de los actos de Derecho Privado – que eran en principio irrevocables como regla general puesto que la existencia de los contratos hacía imposible la aceptación del dogma de la revocabilidad– un sector de la doctrina ha sostenido que éste era de la esencia del acto administrativo[2610].

Sin embargo, como reacción contra el autoritarismo que entrañaba la tesis del acto unilateral esencialmente revocable, surgió una suerte de protección contra la posibilidad de extinguir ciertos actos en la Administración Pública, dando origen a la institución denominada "cosa juzgada administrativa" que se impuso a pesar de que su régimen no fuera enteramente similar al de la cosa juzgada judicial.

En efecto, la cosa juzgada administrativa se distingue de la cosa juzgada judicial por dos aspectos esenciales: a) se trata de una inmutabilidad estrictamente formal – no material– en el sentido de que nada impide que el acto que tiene estabilidad en sede administrativa sea después extinguido por el órgano judicial; y b) porque siempre se admite la revocación favorable al administrado.

[2607] MARIENHOFF, Miguel S., *Tratado...*, *cit.*, t. II, ps. 570/571.

[2608] CASSAGNE, Juan Carlos, *El acto administrativo*, *cit.*, p. 382.

[2609] Al respecto Bielsa ha expresado que: "El acto administrativo es, por principio general, revocable. La actividad de la Administración Pública se dirige, según su objeto a la satisfacción de las necesidades públicas, a la protección de los intereses colectivos" (BIELSA, Rafael, *Derecho Administrativo*, *cit.*, t. II, p. 122).

[2610] Aún hoy lo sostienen: FORSTHOFF, Ernst, *Tratado de Derecho Administrativo*, trad. del alemán, Centro de Estudios Constitucionales, Madrid, 1958, ps. 360/361; REAL, Alberto R., "Extinción del acto administrativo creador de derechos", *Revista de la Facultad de Derecho y Ciencias Sociales*, nros. 1-2, Montevideo, 1960, ps. 71 y ss. En contra: ALESSI, Renato, *La revoca...*, *cit.*, ps. 23 y ss.

Pero lo cierto es que por influencia especialmente de los teóricos alemanes[2611] la tesis de la "cosa juzgada administrativa" fue ganando adeptos sin que se advirtieran mayormente las transformaciones que se operaban, en forma contemporánea, en el campo del Derecho Administrativo.

No se advirtió así que, al aceptarse la existencia de los contratos administrativos y las consecuentes prerrogativas de la Administración, como fruto de las cláusulas exorbitantes que aquéllos contenían, quedaba sin fundamentación la categoría del acto unilateral como género distinto del contrato que celebraba la Administración, ya que la atribución de revocar los actos que posee esta última corresponde tanto con respecto a los actos unilaterales como a los contratos.

A ello cabe señalar, todavía, que esta concepción histórica acerca del acto administrativo unilateral (esencialmente revocable y protegido por la "cosa juzgada administrativa"), resulta sólo comprensible en aquellos países como Francia cuyo derecho positivo carece de una teoría general de los actos jurídicos, que tiene en su Código Civil solamente desarrollada una teoría general de los contratos, la cual es sin duda inaplicable al acto administrativo unilateral.

Una situación distinta aconteció entre nosotros – pese a lo cual, muchos tratadistas defendieron y postulan aún la tesis del acto administrativo exclusivamente unilateral– sin reparar en que éste y el contrato constituyen dos especies de un mismo género: el acto administrativo.

Robustece nuestra interpretación la circunstancia de que como resultado de las concepciones que aporta el Estado de Derecho, existe ya coincidencia – al menos en nuestro país– en que la regla en el acto administrativo unilateral es la de la inmutabilidad, irrevocabilidad o estabilidad, como algunos autores prefieren titularla[2612]. La revocación constituye un instituto que sólo procede en circunstancias de excepción; lo normal es la irrevocabilidad del acto.

Si el principio es entonces el de la estabilidad, el planteo clásico de la "cosa juzgada administrativa" pierde toda consistencia, ya que no corresponde examinar las condiciones que deben darse para que un acto pueda ser revocado – sino a la inversa– los requisitos que, constituyendo una excepción al principio de la inmutabilidad, deben configurarse para que proceda su extinción en sede administrativa[2613].

[2611] MAYER, Otto, *Derecho Administrativo alemán, Parte general*, trad. del alemán, t. I, Depalma, Buenos Aires, 1949, ps. 237 y 263 y ss.

[2612] MARIENHOFF, Miguel S., *Tratado...*, *cit.*, t. II, ps. 584/588; LINARES, Juan F., "Inmutabilidad y cosa juzgada en el acto administrativo", *Revista de Derecho y Administración Municipal*, nro. 211, Buenos Aires, 1947, p. 667.

[2613] Lamentablemente no ha sido ese el criterio seguido por la LNPA 19.549, modificada por la ley 21.686, aunque debemos reconocer que en líneas generales mejora la doctrina tradicional de la Corte al recoger algunas críticas que se habían formulado a los requisitos exigidos por la jurisprudencia del alto tribunal para la configuración de la cosa juzgada administrativa.

8. ANÁLISIS DE LA DENOMINADA "COSA JUZGADA ADMINISTRA-TIVA", SEGÚN LA JURISPRUDENCIA DE LA CORTE SUPREMA DE JUSTICIA DE LA NACIÓN

Dentro del planteo tradicional sobre la "cosa juzgada administrativa", la Corte Suprema de Justicia de la Nación ha establecido – en numerosos precedentes sometidos a su decisión– un conjunto de condiciones necesarias para su configuración a partir del caso "Elena Carman de Cantón v. Gobierno Nacional"[2614], fallado en el año 1936[2615].

La lectura de los antecedentes indica que Elena Carman de Cantón promovió una acción contencioso administrativa contra un decreto del Poder Ejecutivo nacional del año 1933, el cual dispuso dejar sin efecto la jubilación otorgada a su marido el Dr. Eliseo Cantón, con fundamento en que existieron errores de hecho en el cómputo de los servicios prestados en su condición de decano y profesor de la Facultad de Medicina de la Universidad de Buenos Aires.

En el año 1912, el Dr. Cantón solicitó su jubilación ante la Caja respectiva, la cual, previo a los trámites de rigor, declaró acreditados los requisitos pertinentes, acordándole la jubilación ordinaria el 7/2/1913, la que resultó finalmente aprobada por decreto del Poder Ejecutivo nacional de fecha 28/2/1913.

Al comprobarse errores de hecho en el cómputo de los servicios y sin valorar los elementos que había aportado el Dr. Cantón cuando en una anterior oportunidad pretendió revisarse su jubilación y pese a la opinión contraria de la Caja y del procurador general de la Nación, el Poder Ejecutivo declaró procedente la revisión y mediante decreto de fecha 20/6/1933 dejó sin efecto el decreto dictado veinte años antes y mandó formular cargo por las sumas percibidas por el beneficiario.

O sea que la viuda del Dr. Cantón, que había gozado en forma pacífica de su jubilación durante dieciocho años, se encontró de pronto no sólo sin derecho a la pensión que había solicitado sino frente a la obligación de tener que restituir las sumas percibidas anteriormente por el causante.

Ello motivó que la actora promoviera una acción contencioso administrativa de nulidad contra el decreto que había revocado la referida jubilación, sosteniendo el carácter irreversible e irrevocable del derecho jubilatorio de que había gozado durante tantos años el Dr. Eliseo Cantón. Así, el fundamento central de su pretensión se basó en la configuración de la llamada "cosa juzgada administrativa".

La Corte Suprema, sobre la base de la serie de fundamentos jurídicos que más adelante analizaremos, hizo lugar a la demanda de la actora declarando "que Elena Carman de Cantón tiene derecho a la pensión que le corresponde como esposa del Dr. Eliseo Cantón y según los términos de la jubilación de que éste gozó en vida de acuerdo con el decreto de 7/2/1913, cuya pensión le debe ser abonada desde el día del fallecimiento de su esposo (art. 48, ley 4349)".

2614 "Carman de Cantón, Elena v. Nación Argentina", Fallos 175:367 (1936).

2615 Véase el comentario sobre el fallo de CATALDO, Juan Vicente, "El principio de estabilidad del acto administrativo", en AA.VV., *Colección de análisis jurisprudencial. Elementos de Derecho Administrativo*, La Ley, Buenos Aires, 2003, ps. 412 y ss.

La sentencia de nuestro alto tribunal, que lleva las firmas de Antonio Sagarna, Luis Linares, Benito A. Nazar Anchorena y Juan B. Terán, plantea la cuestión que debió resolver en los siguientes términos: *"Que sintetizado así, clara y precisamente, el proceso administrativo que determina la litis en examen, corresponde averiguar si en las leyes, en la doctrina o en la jurisprudencia –judicial o administrativa– existen fundamentos para la revisión y revocación del decreto que reconoció al Dr. Eliseo Cantón el derecho a su jubilación en 28/2/1913, por defectos o errores de hecho anotados en 1927 y declarados en 20/6/1933*, o si, como sostiene la actora, el acto administrativo de 1913 es irrevisible e irrevocable por el mismo poder que lo otorgó y a cuyo amparo se hizo efectivo el derecho jubilatorio del que gozó durante 18 años el Dr. Cantón" (consid. 2°).

A partir de este considerando nuestro alto tribunal pasa a exponer los argumentos que fundan la decisión contraria al ejercicio de la potestad revocatoria de la Administración (cuando se trata de actos creadores de derechos subjetivos) cuyos aspectos principales pasamos a sintetizar siguiendo el camino trazado en su momento por Bosch[2616] y, sobre todo, por Linares[2617], cuya interpretación fue adoptada más tarde por la mayoría de la doctrina administrativa vernácula.

En tal sentido, en la parte medular del fallo comienza por afirmarse que "no existe ningún precepto de ley que declare inestables, revisables, revocables o anulables los actos administrativos de cualquier naturaleza y en cualquier tiempo, dejando los derechos nacidos o consolidados a su amparo a merced del arbitrio o del diferente criterio de las autoridades...".

Esta afirmación es de principio y, aunque la Corte no lo haya dicho, siguiendo el estilo de la época (el cual puede advertirse en casi todos los estudios y comentarios que eluden las críticas frontales), lo cierto es que este punto de partida del *leading case* vino a sentar un rumbo jurisprudencial opuesto a la doctrina sustentada por Bielsa, entonces considerado el administrativista de mayor autoridad doctrinaria, a quien muchos le atribuían ser el creador de las principales instituciones del Derecho Administrativo argentino.

Fue, pues, en este precedente, donde se postuló por primera vez el principio de la estabilidad o irrevocabilidad de cierta clase de actos administrativos y siempre que se dieran las características que a continuación pasamos a enumerar:

(i) que se trate de actos dictados en ejercicio de facultades regladas que hubieran dado lugar al nacimiento de derechos subjetivos (consids. 4°, 5° y 6°);

(ii) que no exista una ley que autorice la revocación de esta clase de actos en sede administrativa;

(iii) dichos actos, cuando sean regulares y causen estado, generan una situación de cosa juzgada administrativa que impide su revocación por parte de la Administración Pública (consid. 5°). El concepto de acto regular, que se define como

---

[2616] BOSCH, Jorge T., "La extinción de los actos administrativos en la jurisprudencia de la Corte Suprema Nacional de Justicia", separata de la *Revista Argentina de Estudios Políticos*, nros. 3 y 4, Buenos Aires, 1946, ps. 33/41.

[2617] LINARES, Juan F., Cosa juzgada administrativa en la jurisprudencia de la Corte Suprema de la Nación, Kraft, Buenos Aires, 1946, ps. 25 y ss.

aquel "que reúne las condiciones esenciales de validez (forma y competencia)" constituye también otra innovación en la jurisprudencia de la Corte, que toma directamente de la obra de Félix Sarría, catedrático de la Universidad de Córdoba[2618];

(iv) el acto que contiene un vicio de error en el cómputo de los servicios de una jubilación se considera regular y la acción para demandar su invalidez prescribe a los dos años (art. 4030, CCiv.) afirmándose que la prescripción constituye una institución de orden público que, como tal, es irrenunciable;

(v) se extienden, en definitiva, los efectos de la cosa juzgada judicial a los actos jurisdiccionales administrativos, entre los cuales la Corte ubica al del Poder Ejecutivo que otorga una jubilación o pensión. Aunque, como luego veremos, la calificación del alto tribunal no era compatible con el sistema del Derecho Público argentino, lo cierto es que en la evolución posterior alcanzó a proyectarse a la mayor parte de los actos regulares dictados en ejercicio de funciones materialmente administrativas.

La jurisprudencia de la Corte que se mantuvo en numerosos fallos posteriores al caso señalado[2619] exigía la concurrencia de los siguientes requisitos[2620]:

A) Ausencia de norma legal que autorice a la Administración a revocar el acto

Este requisito se relacionó con la necesidad de que exista una ley que en forma expresa autorice a la Administración a revocar el acto, o bien, que una ley de orden público posterior tornare procedente la revocación del acto administrativo[2621].

En nuestra opinión, se ha confundido – al tratar este punto– la revocación por razones de legitimidad con la revocación del acto por cambio del derecho objetivo, que se rige por idénticos principios que la revocación efectuada por razones de mérito, oportunidad o conveniencia.

En efecto, si la ley autoriza a la Administración a revocar el acto, ya sea que la facultad provenga de una autorización para el caso o que fuera establecida de un modo genérico[2622] no existe en principio problema alguno sobre la procedencia de la revocación, que deberá realizarse de acuerdo con las condiciones que la norma predetermine, en tanto ésta sea constitucional.

[2618] SARRÍA, Félix, *Derecho Administrativo, cit.*, ps. 73/76.

[2619] "Ascasubi, Dolores y otra v. Nación", Fallos 201:329 (1945); "Paz de Uttinger, Ernestina v. Nación", Fallos 210:1071 (1948); "Cáceres Cowan, Blas y otros", Fallos 250:491 (1961); "María Guerrero de García e hijos SRL", Fallos 258:299 (1964).

[2620] Véase nuestro comentario al fallo de la Corte Suprema dictado en la causa "Cerámica San Lorenzo SACI v. Nación" (Fallos 295:1017 [1976]): CASSAGNE, Juan Carlos, "Inmutabilidad del acto administrativo dictado con prescindencia del dictamen jurídico en el procedimiento impositivo", ED 70-376.

[2621] LINARES, Juan F., *Cosa juzgada..., cit.*, ps. 31/34. La facultad para revocar el acto administrativo puede surgir tanto de la ley en cuya virtud se dictó el acto, de una norma que genéricamente atribuya a la Administración tal facultad, o de una disposición legal posterior que autorizara expresamente tal modificación (LINARES, Juan F., *Cosa juzgada..., cit.*, p. 31).

[2622] V.gr., art. 18, LNPA.

En cambio, el motivo de la revocación por cambio del derecho objetivo o causa legal sobreviniente (para emplear una expresión que utiliza la Corte) aparece con posterioridad a la emisión del acto y exige una razón de orden público que justifique la extinción[2623].

De este requisito, algunos autores, desprenden la consecuencia de que la estabilidad o irrevocabilidad impide la revocación del acto administrativo, cualquiera fuera su causa (es decir, inclusive por razones de oportunidad, mérito o conveniencia)[2624], solución que en definitiva postula la prevalecencia del interés individual sobre el interés público, y que privaría a la Administración de su facultad revocatoria aun en aquellos supuestos en que el sacrificio individual resulta indemnizado (revocación por razones de oportunidad, mérito o conveniencia) por el sacrificio que soporta el administrado por su contribución al bien común.

B) Que el acto sea unilateral

El reconocimiento de la estabilidad a los actos unilaterales, no significa empero que los contratos carezcan de estabilidad, dado que éstos tenían – en la época en que se gestó la construcción de la teoría de la cosa juzgada administrativa– una estabilidad mayor que los actos administrativos unilaterales.

En la actualidad, no obstante que la legislación que rige en el orden nacional[2625] se ha adscripto a la antigua tesis del acto administrativo unilateral, la extinción de este tipo de actos y los contratos, se regulan por principios similares.

C) Que se trate de un acto individual o concreto

¿Cuál es el fundamento de este requisito? El mismo se basa en la circunstancia de que los actos de alcance general, es decir, los reglamentos tienen – por tratarse de una actividad materialmente legislativa– un régimen jurídico similar al de las leyes, que se advierte especialmente en materia de publicidad y extinción. Sostener la estabilidad de los reglamentos equivale tanto como postular la inderogabilidad de las leyes[2626].

[2623] En tal sentido la Corte sostuvo que "una resolución administrativa que reconozca derecho a una jubilación o pensión no puede ser derogada por otra de igual naturaleza sino en virtud de una causa legal sobreviniente, porque reconocido el derecho por una decisión formal, causa estado entre las partes", agregando que: "si todo ello es cierto cuando se trata de casos particulares regidos por una ley preexistente, pueden variar las soluciones cuando por razones de orden superior, se dicta una nueva ley, ajustando, reorganizando o reconstruyendo la institución" ("López Tiburcio y otros v. Provincia de Tucumán", Fallos 179:394 [1937]). Véase también: "Editorial Luis Lasserre v. Moly, Alberto", Fallos 192:260 (1942).

[2624] GORDILLO, Agustín, *El acto administrativo*, *cit.*, ps. 157/158. La Ley Nacional de Procedimientos Administrativos, faculta expresamente a la Administración a revocar los actos administrativos por razones de oportunidad, mérito o conveniencia, indemnizando los perjuicios correspondientes al administrado (art. 18 *in fine*).

[2625] Art. 7°, LNPA: No creemos que la norma sea tan categórica ya que de su texto se desprende sólo la exclusión de los contratos regidos por leyes especiales (ej.: contrato de obra pública), sin perjuicio de la aplicación analógica de las normas de dicha ley.

[2626] Véase al respecto: MARIENHOFF, Miguel S., *Tratado...*, *cit.*, t. II, ps. 571/573.

Los reglamentos son por esencia revocables y ello demuestra el error de aquellas posturas doctrinarias y soluciones legislativas[2627] que pretenden unificar el acto de alcance individual (acto administrativo) con el acto de alcance general (reglamento).

Cabe puntualizar que las distinciones existentes entre el acto administrativo y el reglamento conducen a un sector de la doctrina a utilizar los términos "derogación o abrogación" para referirse a la extinción de este último[2628].

D) Que el acto provenga de la Administración activa

De aceptarse la posibilidad de que la Administración realice funciones de naturaleza jurisdiccional este requisito parece obvio, pues en tales casos, la Administración Pública no podrá revocar dichas decisiones, en principio, pues la estabilidad de los respectivos pronunciamientos se rige por principios similares a la cosa juzgada judicial, aunque con algunas limitaciones derivadas de una suerte de "relación jerárquica" atenuada que vincularía a la administración activa con la jurisdiccional[2629].

Sin embargo, corresponde puntualizar que la doctrina que niega la realización de funciones jurisdiccionales por parte de la Administración Pública, fundada en una particular y estrecha interpretación del principio de la separación de los poderes[2630], no analiza el régimen jurídico de este tipo de actos que, como se ha visto ya en otro lugar de esta obra, es sustancialmente distinto.

E) Que declare derechos subjetivos

La noción de derecho subjetivo resulta imprescindible para resolver sobre la procedencia de la revocación del acto en sede administrativa, en virtud precisamente de que la garantía de la estabilidad sólo protege, en principio, los derechos subjetivos del administrado.

Sin el propósito de adentrarnos al estudio pormenorizado de la cuestión deben recogerse dos advertencias previas:

(i) En primer lugar, que el reconocimiento del derecho subjetivo no implica adherirse a una concepción extremadamente liberal[2631], aunque es evidente que la protección que en definitiva le acuerde el ordenamiento jurídico estará influida por las ideas que primen con respecto a las relaciones entre autoridad y libertad, prerro-

---

[2627] Tal como acontece en la sistemática de la Ley Nacional de Procedimientos Administrativos.

[2628] Ver: SAYAGUÉS LASO, Enrique, *Tratado...*, *cit.*, t. I, ps. 139/141.

[2629] De acuerdo con el art. 99, RLNPA, el contralor del superior se limita a los supuestos en que mediare arbitrariedad manifiesta, grave error o gruesa violación de derecho, debiendo abstenerse: a) cuando el administrado hubiera consentido el acto; b) cuando hubiera promovido recursos o acciones ante la justicia u órganos administrativos especiales. Véase asimismo: CELORRIO, Atanasio H., "El recurso jerárquico en materia tributaria", RADA, nro. 3, Universidad del Museo Social Argentino, Buenos Aires, 1972, ps. 33 y ss.

[2630] GORDILLO, Agustín, *El acto administrativo*, *cit.*, ps. 158/159, quien atribuye esta afirmación a un error de lenguaje.

[2631] DABIN, Jean, *El Derecho subjetivo*, trad. del francés, *Revista de Derecho Privado*, Madrid, 1955, ps. 67/68.

gativas y garantías, y a la trascendencia que se le asigne a la naturaleza social y al fin personal del hombre.

(ii) En segundo término, como el derecho subjetivo se impone, por el respeto debido a ciertos valores que pertenecen al hombre como ser individual y social, encuentra su fundamento en la regla de la justicia (particular, conmutativa o distributiva)[2632].

El problema de definir el derecho subjetivo público siempre ha sido de difícil solución por la naturaleza de un tema proclive a un desarrollo imaginativo, y aunque la noción que brindara Jellinek en su momento obtuvo el consenso doctrinario[2633], lo cierto es que han existido sucesivas crisis por las que ha atravesado el concepto que comprenden desde los ataques a la ideología individualista que se supone lo sustenta y las críticas de la concepción realista de la doctrina francesa, hasta la revisión que se intenta sobre el problema de la naturaleza de los derechos subjetivos públicos[2634].

Por su parte, las ideas cristianas, sin desvirtuar el derecho subjetivo, destacan la necesidad de tener en cuenta la naturaleza social y el fin personal del hombre, que se halla fuera del arbitrio individual o colectivo[2635].

La garantía de utilidad sustancial completa la tesis tradicional que definía al derecho subjetivo sobre la idea del poder jurídico referido a un bien o interés, y hace posible la distinción con el interés legítimo sobre bases más sólidas[2636].

En efecto, mientras el derecho subjetivo es el poder jurídico atribuido a un sujeto por el ordenamiento jurídico en garantía de un bien o interés que le proporciona una utilidad sustancial directa e inmediata, el interés legítimo ofrece al particular una garantía de legalidad, lo que importa una utilidad instrumental, donde a través de la observancia de la legalidad puede el particular obtener la tutela indirecta del propio derecho sustancial[2637] señalando que tanto en un caso como en otro, tales derechos se otorgan en función a la naturaleza social y al fin personal del hombre.

[2632] DABIN, Jean, *El Derecho subjetivo, cit.*, ps. 51/52. Señala dicho autor: "Si el ser humano individual es respetable, si tiene derechos subjetivos, si existe una justicia, es porque el ser humano individual, fuerte o débil, próximo o lejano, representa un valor no sólo relativo para sí mismo, para los otros y para la sociedad, sino un valor en sí, absoluto" (conf. p. 53).

[2633] Quien definió al derecho subjetivo como "la potestad de querer que tiene el hombre reconocida y protegida por el ordenamiento jurídico, en cuanto se refiere a un bien o un interés" (conf. JELLINEK, Georg, *Sistema dei Diritti Pubblici subbiettivi*, Società Editrice Libraria, Milán, 1912, p. 49).

[2634] GARRIDO FALLA, Fernando, "Las tres crisis del Derecho Público subjetivo", en AA.VV., *Estudios dedicados al profesor García Oviedo*, t. I, Universidad de Sevilla, Sevilla, 1954, ps. 176 y ss.

[2635] Conf. LLAMBÍAS, Jorge J., *Tratado de Derecho Civil, Parte general*, t. I, Perrot, Buenos Aires, 1961, ps. 30/33.

[2636] ALESSI, Renato, *Instituciones..., cit.*, ps. 451 y ss. En opinión de Garrido Falla, la noción de Alessi no discrepa fundamentalmente de la concepción tradicional del derecho subjetivo como poder jurídico. Sin embargo, la tesis de Alessi tiene el mérito de haber resaltado la importancia de la garantía de utilidad sustancial, que es en definitiva lo que tutela el derecho subjetivo en forma directa e inmediata.

[2637] La vinculación entre el interés legítimo y la garantía de legalidad es una idea que anida en otros autores: RANELLETTI, Oreste, *Teoria degli atti amministrativi speciali*, Giuffrè,

El interés legítimo apareció así como una figura de rango inferior al derecho subjetivo, capaz de satisfacer sólo de un modo eventual y mediato un interés individual o colectivo de tipo sustancial, pero nunca en forma directa o inmediata[2638].

Tal acontece – por ejemplo– con respecto al interés del administrado en que se cumplan las prescripciones establecidas en el procedimiento de la licitación pública o para el ingreso de agentes a la Administración a través del concurso respectivo. El vínculo que caracteriza al interés legítimo en dichos supuestos no confiere un derecho sustancial ni a la adjudicación ni al nombramiento, sino un derecho de naturaleza instrumental: que se observe el procedimiento y el comportamiento prescriptos en la norma, para una eficaz y correcta realización del interés público.

Descartamos, en consecuencia, particularmente aquellas doctrinas que pretenden caracterizar la distinción entre el derecho subjetivo y el interés legítimo en la exclusividad o concurrencia de la relación[2639] ya que si bien tal suele ser la forma externa en que aparece la relación jurídica, ello no impide que puedan existir verdaderos derechos subjetivos otorgados en concurrencia (ej.: derecho de rendir exámenes, en las condiciones legales y reglamentarias, que poseen los estudiantes en las universidades nacionales), ni tampoco es óbice a la existencia de intereses legítimos atribuidos en forma exclusiva[2640].

Dentro de la noción del derecho subjetivo público, caben aquellos derechos debilitados[2641], cuya existencia es reconocida a título precario (ej.: permiso de uso de

Milán, 1945, ps. 159 y ss.; GIUCCIARDI, Enrico, *La giustizia amministrativa*, 2ª ed., Padua, 1943, ps. 23 y ss. A su vez, actualmente, De Fina, no obstante las críticas que le merece la postura de Alessi (en la negación del derecho subjetivo como poder jurídico), concibe al interés legítimo como "un derecho de sustitución procesal del particular a la Administración Pública, para la tutela directa del derecho de aquélla a la legalidad del comportamiento administrativo del funcionario y la tutela indirecta del propio interés legítimo cuando hay limitación en el número de vacantes, y no *interese legittimo e le questione conesse, alla luce della teoria generale del diritto*'", en DE FINA, *Rassegna di Diritto Pubblico*, enero-marzo 1955, ps. 61 y ss., *cit.* por GARRIDO FALLA, Fernando, *Tratado...*, *cit.*, t. 23, p. 378 *in fine*.

2638 ALESSI, Renato, *Instituciones...*, *cit.*, p. 455.

2639 Entre nosotros, Gordillo considera a la exclusividad como nota que tipifica al derecho subjetivo: GORDILLO, Agustín, *El acto administrativo*, *cit.*, ps. 34/37.

2640 Tal como lo admite el propio Gordillo (GORDILLO, Agustín, *El acto administrativo*, *cit.*, ps. 347 y 355/356). No creemos empero (en el ejemplo que da este autor) que el derecho del estudiante a ingresar a la Universidad constituye un interés legítimo cuando hay limitación en el número de vacantes, y no lo sea, cuando la inscripción no se hallare limitada, pues la naturaleza del derecho es la misma en ambos casos y depende de su carácter sustancial o instrumental. En tal caso, el interés legítimo aparecerá reflejado en la observancia de las normas procedimentales tendientes a mantener la igualdad entre los postulantes, mientras que habrá derecho subjetivo —derecho a ingresar— si el estudiante ha cumplido con todas las condiciones y el procedimiento de selección ha sido legal.

2641 Ver y comparar: DIEZ, Manuel M. - HUTCHINSON, Tomás (colab.), *Manual...*, *cit.*, t. V, ps. 308/309; GARRIDO FALLA, Fernando, *Tratado...*, *cit.*, t. I, ps. 379/381; ALESSI, Renato, *Instituciones...*, *cit.*, t. II, ps. 459/463. Compartimos con Garrido Falla la opinión de que el condicionamiento de los derechos al interés público no constituye una base para fundar la categoría del derecho debilitado o condicionado (término que utiliza Zanobini) pues "uno de los principios mismos del régimen administrativo es el condicionamiento de los derechos subjetivos del administrado al interés público", régimen que se caracteriza por la carencia de

un bien del dominio público), que se comportan como los derechos subjetivos en sentido estricto, salvo en lo que respecta a la posibilidad de que la Administración proceda a revocar el acto respectivo, sin que en tal circunstancia corresponda indemnización alguna al titular del derecho[2642].

F) Que cause estado

La terminología existente en esta materia que, por lo demás, ya fue motivo de análisis hace un tiempo[2643], había sido descuidada por la doctrina hasta la sanción de la LNPA 19.549.

Al respecto, no puede ignorarse la clásica terminología española que ha utilizado la jurisprudencia de la Corte Suprema de Justicia de la Nación, cuya influencia en nuestro Derecho Administrativo ha sido grande, al igual que la legislación provincial a través del Código en lo Contencioso Administrativo de la provincia de Buenos Aires[2644].

En tal orientación, se distingue entre "acto definitivo", "acto que causa estado" y "acto firme". Por "acto definitivo" se entendía a aquel que pone término a una cuestión, siendo la figura opuesta el acto preparatorio o de mero trámite. En cambio, el concepto de "acto que causa estado" presuponía el de "acto definitivo" y era aquel que había sido objeto de impugnación agotando la vía administrativa, o bien, que no podía ser objeto de recurso jerárquico alguno[2645].

Dicho sistema, que traducía la facultad del superior de revocar sin limitaciones de plazo un acto administrativo (puesto que no había en tal supuesto "causado estado") se considera hoy carente de sentido en la doctrina española, en cuanto se acepta la posibilidad de que actos administrativos emanados de órganos inferiores adquieran firmeza (y en tal supuesto no pueden ser revocados – en principio– por el superior)[2646].

---

derechos absolutos de orden patrimonial que pueden ser objeto de expropiación a condición de que el sacrificio del administrado sea objeto de una indemnización previa y justa (GARRIDO FALLA, Fernando, *Tratado...*, *cit.*, t. I, ps. 380/381). Entre nosotros este principio tiene rango constitucional (art. 17, CN).

[2642] Conf. REIRIZ, Graciela, "Legitimación para ser parte en el procedimiento administrativo", en DIEZ, Manuel M. (dir.), *Acto y procedimiento administrativo*, Plus Ultra, Buenos Aires, 1975, p. 114.

[2643] Tal como lo recuerda Linares en la I Conferencia de Abogados de la Ciudad de Buenos Aires celebrada en el año 1943 (LINARES, Juan F., *Cosa juzgada...*, *cit.*, p. 23).

[2644] LINARES, Juan F., *Cosa juzgada...*, *cit.*, p. 23.

[2645] LINARES, Juan F., *Cosa juzgada...*, *cit.*, ps. 23/24. Para Garrido Falla, acto definitivo es aquel que trasunta una decisión final cuando es una resolución de la cuestión resuelta en alguno de sus niveles con plenos efectos jurídicos (conf. GARRIDO FALLA, Fernando, *Régimen de impugnación de los actos administrativos*, Instituto de Estudios Políticos, Madrid, 1956, ps. 57 y ss.).

[2646] GARCÍA DE ENTERRÍA, Eduardo, "La configuración del recurso de lesividad", RAP, nro. 15, Instituto de Estudios Políticos, Madrid, ps. 126/127. Dice este autor, que por no haber advertido el origen de la expresión "causar estado", la doctrina española actual encuentra que la misma es inexplicable. Ver también: GONZÁLEZ PÉREZ, Jesús, "La revocación de los

Por otra parte, la condición "acto que causa estado" se vincula al contencioso-administrativo o Derecho Procesal administrativo[2647], donde el derecho positivo de cada país puede exigirla como un requisito para instaurar el proceso administrativo[2648], pero nada tiene que ver actualmente con la revocación de los actos administrativos que se rige por otros principios[2649] donde lo que importa respecto de la Administración es que el acto no haya sido notificado, y con relación al particular (es decir la extinción decretada a instancias del administrado) es que el acto no hubiera adquirido firmeza, en principio.

¿Qué se entiende por acto firme? En general, sobre esta noción existe mayor coincidencia doctrinaria considerándose que adquieren firmeza aquellos actos que resultan irrecurribles por el administrado, ya sea por haberse vencido el plazo para recurrir en sede administrativa, o bien, en virtud de que el acto no es susceptible de revisión judicial[2650].

De acuerdo con nuestro punto de vista, la cuestión esencial se centra en distinguir el supuesto en que la revocación se decreta a instancias de la Administración, del caso en que la extinción se dispone a raíz de un recurso administrativo interpuesto por el administrado[2651].

En el primer supuesto, la Administración no puede en principio revocar el acto una vez notificado (salvo que el acto se hallare afectado de nulidad absoluta), mientras que en el segundo, el acto administrativo recién cobra estabilidad cuando el acto es firme (ej.: revocación del acto de adjudicación en una licitación pública, decidida por la Administración como consecuencia de un recurso interpuesto por un administrado, luego de ser notificado de la decisión y antes de que el acto adquiera firmeza)[2652].

---

actos administrativos en la jurisprudencia española", *Revista de Administración Pública*, nro. 1, Madrid, p. 156.

[2647] COMADIRA, Julio R., La anulación de oficio de los actos administrativos en sede administrativa, Astrea, Buenos Aires, 1981, p. 139.

[2648] DIEZ, Manuel M. - HUTCHINSON, Tomás (colab.), *Manual...*, *cit.*, t. VI, ps. 42 y ss.; en el art. 24, inc. b), LNPA, se exige para impugnar reglamentos que fueran aplicables a través de actos administrativos. Igualmente, para impugnar en forma directa actos administrativos el art. 23, inc. a), LNPA, exige que se agoten las instancias administrativas.

[2649] Por tal causa no aceptamos la postura de quienes pretenden dar otra significación al concepto "acto que causa estado", entendiendo por tal, al que ha sido notificado, aunque aceptamos que, en principio, el acto regular una vez notificado no puede ser objeto de revocación en sede administrativa, salvo que el acto se revoque como consecuencia de un recurso que interponga el administrado.

[2650] LINARES, Juan F., *Cosa juzgada...*, *cit.*, p. 24.

[2651] ESTRADA, Juan Ramón de, "La revocación por ilegitimidad del acto administrativo irregular (El art. 17 de la Ley Nacional de Procedimientos Administrativos)", LL 1976-D-820 y ss.

[2652] En el segundo caso, la Administración puede, no obstante, revocar un acto firme cuando ella hubiere comprobado una nulidad absoluta, sea que se decrete a instancias de la Administración o de una denuncia de ilegitimidad.

G) Que el acto haya sido dictado en ejercicio de facultades regladas

El Derecho Administrativo antiguo postulaba que el acto dictado en ejercicio de facultades discrecionales era esencialmente revocable y este requisito establecido por la Corte para la configuración de la denominada "cosa juzgada administrativa" en el caso "Carman de Cantón"[2653] no hizo más que recoger el criterio imperante en la época, que reitero en fallos posteriores[2654].

Como lo ha afirmado la doctrina, la discrecionalidad nada tiene que ver con la revocación, en cuanto la naturaleza de un derecho no depende ni se altera por el carácter reglado o discrecional del acto administrativo[2655].

Por su parte, la realidad demuestra que no existen actos enteramente reglados ni totalmente discrecionales, sino que tales condiciones que reviste la actividad administrativa, según que la actuación del órgano se hallare o no predeterminada por la norma, se dan siempre en forma parcial[2656].

H) Que se trate de un acto regular

El concepto de acto regular – tomado de la jurisprudencia del Consejo de Estado y de la doctrina de Francia[2657]– traduce un criterio provisorio, en el sentido de que su configuración obsta a que se extinga el acto en sede administrativa, pero no en la judicial.

En un principio la Corte consideró que el acto regular era aquel que reunía las condiciones esenciales de validez, entendiendo por tales, los requisitos de forma y competencia[2658]. En tal orientación, nuestro más alto tribunal sostuvo que el acto que portaba errores de hecho, era un acto regular y como tal se hallaba protegido por la "cosa juzgada administrativa"[2659], posición esta que ha dado origen al defecto de afirmar que el error grave de derecho linda con la incompetencia[2660] ya que así se

---

[2653] "Carman de Cantón, Elena v. Nación Argentina", Fallos 175:367 (1936).

[2654] "O'Brien, Walter v. Nación", Fallos 255:231 (1946); "María Guerrero de García e hijos SRL", Fallos 258:299 (1964); "Puch, Héctor Santos", Fallos 265:349 (1966); "Fernández Moores, Alberto Julián", Fallos 269:181 (1967).

[2655] MARIENHOFF, Miguel S., *Tratado...*, *cit.*, t. II, ps. 623/624.

[2656] GARCÍA DE ENTERRÍA, Eduardo - FERNÁNDEZ, Tomás R., *Curso de Derecho Administrativo*, t. I, 1ª ed., Civitas, Madrid, 1974, ps. 289/299. La distinción de los actos de acuerdo con su carácter reglado o discrecional que, en algunos aspectos de la teoría general del acto administrativo, aplicaba a la doctrina clásica, ha sido abandonada por la LNPA 19.549.

[2657] LINARES, Juan F., *Cosa juzgada...*, *cit.*, p. 26, señala que ello puede advertirse a través de las citas que nuestro más alto tribunal efectuara en el fallo "Carman de Cantón" (Delbez, Laferriere y Lacoste, particularmente la obra del primero: DELBEZ, Louis, "La révocation des actes administratifs", *Revue de Droit Public et de la Science Politique*, t. 45, LGDJ, París, 1928, p. 463).

[2658] "Carman de Cantón, Elena v. Nación Argentina", Fallos 175:367 (1936), apoyándose en la opinión de Félix Sarría.

[2659] En el consid. 6º del caso "Carman de Cantón".

[2660] "Cáceres Cowan, Blas y otros", Fallos 250:491 (1961); "María Guerrero de García e hijos SRL", Fallos 258:299 (1964); "O'Brien, Walter v. Nación", Fallos 255:231 (1963); "Puch, Héctor Santos", Fallos 265:349 (1966).

demostraba la irregularidad del acto como consecuencia de la asimilación que se efectuaba entre el vicio de error y el que afectaba la competencia, la cual, junto con la forma, constituían en la doctrina de la Corte, condiciones esenciales de la validez del acto[2661].

En general, puede reconocerse que desde el caso "Carman de Cantón" la Corte Suprema ha sostenido que la Administración carece de facultades para revocar un acto por razones de ilegitimidad cuando el mismo estuviera afectado de nulidad relativa, al par que ha aceptado la procedencia de la revocación frente a la presencia de vicios de nulidad absoluta. Pero esta conclusión, señalada a nivel doctrinario[2662], no había sido objeto de sistematización en la doctrina del alto tribunal, cuyo criterio era casuístico[2663].

A la luz de la evolución de la nueva concepción que la Corte introdujo en la materia en el caso "Carman de Cantón", Linares escribió su clásica obra acerca de la cosa juzgada administrativa en la jurisprudencia del alto tribunal realizando la construcción dogmática (es decir, de los principios) de la institución. Paralelamente, en el mismo año (1946), apareció el trabajo de Bosch antes citado, en el que describió la situación jurisprudencial en la misma línea. De allí en más, la nueva concepción – que fue evolucionando hasta su consagración en el art. 17, LNPA– se impuso definitivamente en el Derecho Administrativo argentino.

En efecto, la construcción dogmática de Linares fue seguida por casi toda la doctrina posterior[2664] sustancialmente en las obras que estudiaron la figura del acto administrativo como las de Diez, Gordillo y la que nosotros escribimos[2665], las cuales, no obstante algunas disidencias insustanciales y opiniones discordantes sobre determinados aspectos de la institución, representan la línea que finalmente ha prevalecido en el Derecho Público que rige esta materia.

No vamos a efectuar aquí la disección del magnífico libro de Linares habida cuenta que nuestro propósito se limita a exponer los dos puntos esenciales que sirvieron para el ulterior desarrollo de la institución de la cosa juzgada administrativa.

[2661] COMADIRA, Julio R., *La anulación...*, *cit.*, ps. 104 y ss.

[2662] MARIENHOFF, Miguel S., *Tratado...*, *cit.*, t. II, ps. 627 y ss.

[2663] Como ejemplo de la evolución que se opera en la jurisprudencia de la Corte cabe señalar que se ha reconocido que además de los vicios de error grave, incompetencia en razón de la materia y defecto esenciales de forma, el vicio en el elemento causa (falta de causa) autoriza la revocación del acto en sede administrativa. Véase: "Hochbaum, Salomón Isaac", Fallos 277:205 (1970) y nuestro comentario, CASSAGNE, Juan Carlos, "La revisión de la discrecionalidad administrativa por el Poder Judicial", REDA, nro. 3, Depalma, Buenos Aires, 1990, ps. 111 y ss.

[2664] Véase: MARIENHOFF, Miguel S., *Tratado...*, *cit.*, t. II, ps. 615 y ss.; sin embargo Fiorini, aunque sin fundamentar claramente su posición crítica, adhirió a la concepción de la anulación de oficio considerando que la tesis de la cosa juzgada administrativa resulta confusa (FIORINI, Bartolomé A., *Derecho Administrativo*, 2ª ed. act., t. I, Abeledo-Perrot, Buenos Aires, 1976, ps. 557/558), no obstante haberla ponderado en otras partes de su obra (*cit.*, t. I, ps. 550/555) llegándola a calificar como una "conquista de legalidad".

[2665] DIEZ, Manuel M., *El acto administrativo*, 2ª ed., TEA, Buenos Aires, 1961, ps. 334 y ss.; GORDILLO, Agustín, *El acto administrativo*, *cit.*, ps. 143 y ss.; y CASSAGNE, Juan Carlos, *Acto administrativo*, Abeledo-Perrot, Buenos Aires, 1981, ps. 382 y ss.

El primero de esos puntos estriba en la admisión de la cosa juzgada para los actos de la Administración activa (no jurisdiccional), que en la postura tradicional de Bielsa, aferrada al sentido histórico de la institución, era inconcebible extender fuera del ámbito del Derecho Privado.

Al refutar esa postura extrema Linares anota que la posición ecléctica (que hunde sus raíces en la obra de Mayer[2666]) es la que debe preferirse en virtud de que "la institución de la cosa juzgada jurisdiccional constituye un aspecto del derecho que aflora en todo el orden jurídico y que atañe a la validez y vigencia de las normas jurídicas, pero que en las normas individuales, en cuanto son vigentes y generan así una situación de hecho, presentan una modalidad especial"[2667]. Tal era la línea de pensamiento de Merkl[2668], así como de Hauriou, Jèze y Fernández de Velasco que influyeron en la obra de Sarría, con lo que nuestro derecho vino a recibir por esta vía y en esta materia, el aporte de la ciencia jurídica francesa, española y germánica[2669], con las adaptaciones propias al sistema vernáculo, que se llevaba a cabo a través de la aplicación analógica de los preceptos del Código Civil.

El otro punto resaltable, en la descripción jurisprudencial y consecuente construcción dogmática que efectuó Linares, versó sobre el concepto de acto regular como presupuesto para la extensión de la cosa juzgada al Derecho Administrativo y, en consecuencia, de la inmutabilidad que cabe atribuir a los actos administrativos, cuando éstos han dado nacimiento a derechos subjetivos en cabeza de los administrados.

[2666] MAYER, Otto, *Le Droit Administratif allemand*, t. I, V. Giard & E. Brière, París, 1904, p. 52.

[2667] LINARES, Juan F., *Cosa juzgada...*, *cit.*, ps. 51/52.

[2668] MERKL, Adolf, *Teoría general del Derecho Administrativo*, trad. del alemán, Revista de Derecho Privado, Madrid, 1935, ps. 275 y ss., a quien, en lo sustancial, ha seguido Linares.

[2669] Esto es una demostración del pluralismo que existe en las fuentes de nuestro derecho administrativo, que algunos le atribuyen exclusivamente al derecho francés (cuando también ha sido importante la influencia de los derechos español e italiano). Últimamente han surgido opiniones que afirman, sin demostrarlo, que la fuente principal debiera ser el derecho norteamericano dado que nuestra Constitución ha seguido el modelo constitucional de ese país (el cual parece admisible aunque algunas instituciones sean difíciles de trasladar pues resultan incompatibles con nuestra idiosincrasia) y hasta se ha ubicado a Linares en esa línea de pensamiento sin tener en cuenta lo que ha escrito este gran jurista y aun desconociendo, aparentemente, las opiniones de Alberdi, asunto del que nos ocupamos recientemente (véase: CASSAGNE, Juan Carlos, "De nuevo sobre la categoría del contrato administrativo en el derecho administrativo argentino", ED del 30/9/2001, ps. 1/2). En este punto, tanto Linares como Diez y Marienhoff tenían muy claro el panorama de las fuentes de nuestro derecho administrativo. En particular Linares, de quien podría suponerse lo contrario por algunas expresiones incidentales y el buen manejo que hizo siempre de los principios del derecho norteamericano, llegó a decir, luego de señalar la relatividad de la aplicación del derecho europeo, que "también difiere nuestro derecho administrativo del sistema iuspublicista vigente en los Estados Unidos de Norteamérica, pese a cierta similitud de nuestra Constitución con la de aquel país, porque: 1) el sistema federal es distinto; 2) el *common law* americano, pese a regir casi exclusivamente para el Derecho Privado, imprime a su derecho administrativo objetivo, legislado y científico, ciertas valoraciones y criterios interpretativos singulares de difícil aplicación al nuestro" (conf. LINARES, Juan F., *Derecho Administrativo*, Astrea, Buenos Aires, 1986, p. 20).

Así, la estabilidad del acto se conecta con la clasificación de las nulidades, aspecto complejo acerca del cual no existía, en ese momento de la evolución histórica de nuestro Derecho Administrativo, uniformidad doctrinaria ni jurisprudencial. De todas maneras, una cosa resulta clara en la sistematización de los fallos de la Corte que lleva a cabo Linares y es que la protección que brinda la cosa juzgada administrativa a los actos regulares comprende tanto los actos válidos como aquellos que adolecen de un vicio de nulidad relativa (anulables en la terminología al uso). Como Linares y la Corte, a diferencia de Bielsa, no aceptan la categoría de acto inexistente, los actos que pueden revocarse son los "absolutamente nulos"[2670]. En suma, los actos administrativos dictados por error de hecho como son aquellos decretos que conceden jubilaciones o pensiones con base en errores en el cómputo de los servicios de los agentes, entran según la Corte – a partir del *leading case* objeto de este comentario– , dentro de la categoría del acto regular y están protegidos por la garantía de la estabilidad y alcanzados por el instituto de la prescripción. Tal fue también la interpretación que hizo Bosch[2671] en el sentido de que, después del transcurso del plazo de dos años, no era posible interponer la acción judicial de nulidad.

En lo esencial, la cosa juzgada administrativa desarrollada en la tesis de Linares fue adoptada y seguida por la jurisprudencia de la Corte Suprema de Justicia de la Nación[2672] alcanzando su recepción normativa a través del art. 17, LNPA, si bien en forma más amplia al extender la protección debida a los derechos de los particulares nacidos de actos administrativos irregulares, tal como se verá en el punto siguiente[2673].

9. EL SISTEMA DE LA LNPA. CRÍTICA

La Ley Nacional de Procedimientos Administrativos prescribe la revocación del acto administrativo por razones de ilegitimidad separando la extinción del acto irregular (art. 17) de la revocación del acto regular (art. 18), la que no procede, en principio.

En cuanto al campo de aplicabilidad de dichas normas ellas se refieren pura y exclusivamente a los actos administrativos (de alcance individual) sin comprender a los reglamentos, no obstante la asimilación que pretende estatuir la ley. En efecto, aparte de que los reglamentos son por principio revocables – ya que lo contrario conduciría prácticamente a paralizar la actividad administrativa , la propia redac-

---

[2670] Conf. LINARES, Juan F., *Derecho Administrativo, cit.*, ps. 25 y ss.

[2671] Conf. BOSCH, Jorge T., "La extinción...", *cit.*, p. 39.

[2672] "Gómez, Andrés v. Caja de Jubilaciones", Fallos 181:425 (1938); "Abdon, Francia v. Nación", Fallos 186:42 (1940); "Vila, Alejandro v. Nación", Fallos 188:135 (1940); "Marco, Juan José v. Nación Argentina", Fallos 195:59 (1942); "Vivanco, Manuel R. v. Nación", Fallos 194:254 (1942); "Figueroa, Luis L. v. Nación Argentina", Fallos 197:548 (1943); "Ascasubi, Dolores y otra v. Nación", Fallos 201:329 (1945), entre otros.

[2673] Hay autores que se han ocupado en resaltar la falta de coherencia de la doctrina jurisprudencial de la Corte y en tal sentido puede consultarse el estudio de Comadira, uno de los más completos efectuados sobre dicha doctrina (conf. COMADIRA, Julio R., *La anulación...*, *cit.*, ps. 91 y ss.). Cabe apuntar, sin embargo, que la estabilidad del acto regular y, en definitiva, la afirmación de una tendencia garantística, protectora de los derechos de propiedad y de las libertades de los ciudadanos, ha constituido una constante en la jurisprudencia de la Corte y en la mayoría de la doctrina administrativa argentina.

ción de la primera parte del art. 18 confirma esta interpretación, al mencionar "la notificación" como un requisito para la estabilidad del acto regular, la cual constituye una forma típica de publicidad del acto administrativo (de alcance individual).

A) Acto irregular

El art. 17, LNPA (modificada por la ley 21.686), considera acto irregular a aquel afectado por una nulidad absoluta, estableciendo la obligación para la Administración Pública de decretar su extinción o sustitución. Para ello será necesario que el órgano administrativo compruebe debidamente la existencia de un vicio de nulidad absoluta, no bastando la simple alegación por parte del administrado, salvo que la ilegitimidad fuera manifiesta, en cuyo caso, la Administración tendrá la obligación de revocar el acto en forma inmediata[2674].

Sin embargo, la potestad revocatoria respecto del acto irregular no reviste carácter absoluto.

La última parte del art. 17, antes de su reforma por la ley 21.686, consagraba una limitación a las potestades de la Administración para revocar un acto administrativo por razones de ilegitimidad, al prescribir la necesidad de acudir al órgano judicial para obtener la extinción del acto, cuando "éste hubiere generado prestaciones que estuvieren en vías de cumplimiento".

La redacción atribuida a la primera parte de dicha norma, fue motivo de distintas interpretaciones doctrinarias. Una corriente de autores sostuvo, antes de la reforma, que la limitación a la potestad revocatoria del acto administrativo irregular se refería a los actos bilaterales en sus efectos[2675].

La jurisprudencia de la Cámara Federal de esta Capital registra un caso donde se interpretó – por aplicación del art. 17, LNPA (en su anterior redacción)– que la estabilidad del acto administrativo no se configura cuando el respectivo acto adolece de un vicio de nulidad absoluta y el mismo no ha tenido principio de ejecución[2676].

En dicho precedente jurisprudencial se estableció que el acto administrativo, aun cuando había sido notificado al particular, no podía considerarse "en vías de cumplimiento" cuando no comenzó a producir sus efectos, o lo que es igual, no tuvo "principio de ejecución".

[2674] Por tal circunstancia creemos que no existe contradicción con lo estatuido por el art. 12 que faculta a la Administración a suspender la ejecución y efectos del acto administrativo cuando se alegare fundadamente una nulidad absoluta. En consecuencia, la Administración se hallará facultada para decretar la suspensión del acto cuando se invoque una nulidad absoluta, pero se hallará obligada a extinguirlo en tanto dicha nulidad fuera manifiesta, es decir, cuando para su comprobación no se requiera una investigación de hecho, salvo que el acto hubiera generado derechos subjetivos que se estén cumpliendo.

[2675] ESCOLA, Héctor J., "La revocación del acto administrativo afectado de nulidad absoluta (Algo más en torno del art. 17 de la Ley Nacional de Procedimientos Administrativos)", LL 1977-C-816; ESTRADA, Juan Ramón de, "La revocación...", cit., p. 820; CASSAGNE, Juan Carlos, "La ilegitimidad ordinaria de una autorización para edificar: procedencia del acto administrativo que dispuso su revocación", ED 49-893.

[2676] C. Nac. Cont. Adm. Fed., sala 3ª, 13/11/1979, "Rodríguez Blanco de Serrao v. Gobierno Nacional".

Con esa jurisprudencia, la cámara se apartó del criterio de un sector de la doctrina que postulaba la adquisición de la estabilidad del acto irregular a partir de la notificación del acto[2677], inclinándose por la orientación que permite el juego de la potestad revocatoria hasta que el acto hubiera adquirido firmeza[2678] o cuando la revocación es la consecuencia de un recurso administrativo interpuesto por particulares[2679].

La Corte Suprema de Justicia de la Nación, al precisar los alcances del art. 17, señaló que "parece adecuado destacar que *la prestación* aparece, en nuestro derecho positivo, como constituyente del objeto de las obligaciones, ya sean de dar, hacer o no hacer", sosteniendo que el acto administrativo de otorgamiento de la personería jurídica al producir como efecto el comienzo de la existencia de una entidad, no permitía advertir – ni tampoco se había demostrado– que generara obligaciones ni, por lo tanto, prestaciones que se hallaran en vías de cumplimiento al resolverse la revocación en sede administrativa[2680].

La reforma introducida al art. 17, LNPA, por la ley 21.686, prescribe, en la parte pertinente, que "si el acto estuviere firme y consentido y hubiere generado derechos subjetivos que se estén cumpliendo, sólo se podrá impedir su subsistencia y la de los efectos aún pendientes mediante declaración judicial de nulidad".

Dicha modificación introduce dos conceptos que no contenía la anterior redacción. El primero se refiere a la exigencia de que el acto se encuentre firme o consentido. Si bien esta última expresión puede generar equívocos[2681], no tanto cuando se la utiliza como sinónimo de acto firme[2682] sino en cuanto pueda interpretarse como acto que causa estado[2683], una interpretación correcta se impone, pues, mientras es opinable el argumento que postula que el acto firme se reputa consentido tácitamente en sede administrativa, el consentimiento del administrado puede ser prestado antes de que el acto adquiera firmeza. De tal modo la expresión "acto consentido" puede entenderse que se ha referido al "consentimiento expreso" del particular o administrado. De todas maneras, aun cuando la redacción contiene una conjunción impropia debe interpretarse como alternativa, pues de otro modo carecería de sentido.

[2677] BIDART CAMPOS, Germán J., "Inmutabilidad del acto otorgante de un beneficio promocional", trabajo presentado al II Congreso Argentino de Ciencia Política, Buenos Aires, 1960, JA 1960-III-627 y ss.; GORDILLO, Agustín, *Tratado de Derecho Administrativo*, 3ª ed., t. III, Macchi, Buenos Aires, 1979, p. 11. La tesis de este autor es errónea y no se ajusta al contenido del precepto legal ya que el art. 17 sólo impide la revocación del acto irregular cuando el mismo estuviere *firme y consentido* y se hubieren generado derechos subjetivos que se estén cumpliendo.

[2678] CASSAGNE, Juan Carlos, "La Ley de Procedimientos Administrativos y su reciente reforma", *Revista Derecho Empresario*, nro. V, Arindo, Buenos Aires, 1978, p. 722.

[2679] ESTRADA, Juan Ramón de, "La revocación...", *cit.*, ps. 820 y ss., esp. en la nota 17.

[2680] "Movimiento Scout Argentino v. Estado nacional - Ministerio de Justicia s/inconstitucionalidad, nulidad y revocación de acto administrativo", Fallos 302:545 (1980).

[2681] ESTRADA, Juan Ramón de, "La primera reforma...", *cit.*, p. 925.

[2682] PEARSON, Marcelo H., *Manual de procedimiento administrativo*, 1ª ed., Abeledo-Perrot, Buenos Aires, 1976, p. 39.

[2683] ESTRADA, Juan Ramón de, "La primera reforma...", *cit.*, p. 925, aclara que con tal interpretación el acto recién adquiriría estabilidad, en caso de ser recurrido, al hallarse firme la decisión definitiva o final (nota 12).

En lo que concierne al segundo requisito estatuido en el art. 17 *in fine*, LNPA (modificada por la ley 21.686), el mismo impide la revocación del acto administrativo que hubiere generado derechos subjetivos que se estén cumpliendo, sustituyendo así la terminología que se refería a "las prestaciones que estuvieren en vías de cumplimiento" que contenía la anterior fórmula legal.

Esta última formulación normativa resultaba técnicamente superior a la actual[2684] que ha sido objeto de críticas[2685].

No obstante ello, una interpretación justa y armónica del precepto legal debe forzosamente tener en cuenta que el concepto "derechos subjetivos que se estén cumpliendo" es más amplio que el empleado en la norma derogada, en cuanto comprende a cualquier tipo de actos administrativos irregulares, de estructura unilateral o bilateral, en su formación o en sus efectos[2686].

Por otro lado, un derecho subjetivo que se está cumpliendo es algo más que una prestación en vías de cumplimiento; se trata de un derecho que ha comenzado a ejercerse o que ya ha sido ejercido, siempre que queden pendientes efectos que puedan afectarse con la revocación.

Finalmente, la revocación por ilegitimidad no es viable cuando el derecho subjetivo se ejerció o cumplió de manera inmediata, tal como ocurre con ciertas autorizaciones que otorga la Administración Pública, cuando no generan relaciones de tracto sucesivo y el acto se agota con su emisión y sus efectos son instantáneos.

La jurisprudencia de la Corte ha interpretado, correctamente a nuestro juicio que la potestad revocatoria de la Administración debe ceder en los casos en que han surgido del acto administrativo en cuestión derechos subjetivos a favor del particular[2687].

[2684] CASSAGNE, Juan Carlos, "La revocación del acto administrativo afectado del vicio de nulidad absoluta", ED 86-264.

[2685] ESTRADA, Juan Ramón de, "La primera reforma...", *cit.*, ps. 925/953, por considerar que de una nulidad no pueden generarse derechos subjetivos.

[2686] CASSAGNE, Juan Carlos, "La Ley de Procedimientos Administrativos y su reciente reforma", *cit.*, p. 722.

[2687] En el caso "Furlotti Setien Hnos. SA v. Instituto Nacional de Vitivinicultura" (Fallos 314:322 [1991]), REDA, año 3, Depalma, Buenos Aires, 1991, ps. 423 y ss., con comentario de COMADIRA, Julio R., "El caso 'Furlotti': consolidación de una doctrina", quien al criticar lo que nos parece constituye el meollo de la tesis del alto tribunal cuando desconoce la potestad revocatoria (con independencia de la solución particular del caso) sostiene que habría una contradicción con el principio de que de los actos de nulidad absoluta no pueden generarse válidamente derechos subjetivos a favor de los particulares (consid. 7º). En opinión nuestra esa contradicción no existe por cuanto la nulidad absoluta es siempre determinada por el juez, salvo que no haya generado derechos subjetivos que se estén cumpliendo. Con referencia a este último supuesto contemplado en el art. 17, LNPA, la Corte sostiene, en el consid. 9º, que estos actos carecen de la estabilidad de los actos regulares y no pueden generar derechos subjetivos a favor de los particulares. En la inteligencia del fallo es evidente que el derecho subjetivo que no puede generar es el de ampararse en la estabilidad del acto administrativo, sin perjuicio de la revisión judicial que corresponda en cada caso. Pero, si el acto hubiese generado derechos subjetivos que se estén cumpliendo, en el régimen de la Ley Nacional de Procedimientos Administrativos el acto goza de estabilidad en sede administrativa como lo reconoce el consid. 8º del fallo "Furlotti".

Finalmente, el alto tribunal ha ampliado el ámbito de la potestad revocatoria al sostener que las excepciones a la regla de la estabilidad del acto regular en sede administrativa prevista en el art. 18, LNPA – entre ellas el conocimiento del vicio por parte del particular– se aplica igualmente en el supuesto contemplado en la primera parte del art. 17 de dicha ley, conclusión que se apoya en la circunstancia de que una solución contraria haría que "el acto nulo de nulidad absoluta gozaría de mayor estabilidad que el acto regular"[2688]. Sin embargo, hay que tener presente dos reglas interpretativas acerca del "conocimiento del vicio" por parte del particular. La primera, que se trata de una excepción a la estabilidad del acto regular que, como tal, es de interpretación restrictiva. Por ello, en segundo lugar, el conocimiento del vicio debe serle imputable al particular (que actúe con mala fe o dolo) y no limitarse a un mero o simple conocimiento.

De lo contrario, como el particular no puede invocar la ignorancia de la ley o el error de derecho (por aplicación analógica del principio que emerge del art. 20, CCiv.) el conocimiento del vicio jugaría como una presunción en su contra, al menos respecto de los vicios más trascendentes del acto administrativo (competencia, forma, objeto, causa de derecho y finalidad), lo que haría que, en casi todos los supuestos (excepto los defectos vinculados a los antecedentes de hecho) el vicio le fuera imputable. Esta interpretación – que la Corte no ha hecho– además de disvaliosa echa por tierra el sistema de la Ley Nacional de Procedimientos Administrativos y el principio de la estabilidad de los actos que han generado derechos subjetivos que acoge claramente el art. 17, LNPA.

B) Acto regular

Aunque su concepto no ha sido definido expresamente por la fórmula legal[2689] es posible inferirlo por exclusión del acto irregular que se vincula a la nulidad absoluta. Ello permite, con apoyo en la fuente doctrinaria que sirviera de inspiración a la ley, sostener que el acto regular comprende tanto al acto válido como al que padece una nulidad relativa[2690].

En principio, la ley prescribe (art. 18, 1ª parte) la irrevocabilidad del acto administrativo regular que declare derechos subjetivos una vez que haya sido notificado al particular, admitiéndose excepcionalmente la revocación del acto administrativo regular cuando:

(i) el administrado hubiere conocido el vicio[2691];

(ii) la revocación lo favorece sin causar perjuicio a terceros;

[2688] "Almagro, Gabriela y otra v. Universidad Nacional de Córdoba", Fallos 321:169 (1998) y en ED 178-676, con comentario de DIEZ, Horacio P., "El conocimiento del vicio por el administrado y la revocación del acto viciado de nulidad absoluta. La interpretación de la Corte Suprema de Justicia de la Nación en el caso 'Almagro'". En dicho comentario, se desarrolla la tesis opuesta a la sustentada en el texto

[2689] Art. 18, LNPA.

[2690] MARIENHOFF, Miguel S., *Tratado...*, *cit.*, t. II, ps. 627 y ss.

[2691] No basta el mero conocimiento del vicio. Se requiere que el vicio le sea imputable, lo que ocurrirá cuando exista mala fe o colusión dolosa (conf. GORDILLO, Agustín, *Tratado...*, *cit.*, t. III, ps. VI-24/25).

(iii)   el derecho ha sido otorgado expresa y válidamente a título precario[2692].

Sin embargo, la estabilidad del acto regular cede en los siguientes casos:

(i)   cuando la revocación del acto afectado de nulidad relativa hubiera sido pedida por el administrado luego de haber sido notificado el acto pero antes de que el haya adquirido carácter firme[2693];

(ii)   en el supuesto de que del acto afectado de nulidad relativa no hubieran nacido derechos subjetivos[2694].

10. LA FALTA DE CONEXIÓN ENTRE ESTABILIDAD Y REVOCACIÓN POR OPORTUNIDAD, MÉRITO O CONVENIENCIA

La regla de la estabilidad, en cuanto contribuye a la certidumbre del derecho, no puede sufrir cortapisas a través de la invocación del interés público. En otros términos, el interés público que fundamenta la subsistencia de los derechos que nacen de un acto administrativo continúa vigente hasta tanto los jueces decreten su invalidez, y prevalece sobre cualquier invocación *a posteriori* de otro interés público, generalmente ideado por los funcionarios de turno. Por lo demás, en un país que aspira a proteger las inversiones privadas (sean internacionales o nacionales), este principio precisa imponerse si no se quiere frustrar el proceso inversor con argumentos fuera de la realidad, por más respetables que éstos puedan parecer.

No en vano se ha venido sosteniendo el principio que se resume en la fórmula *ex posterior no derogat priori* como justificativo de la estabilidad de los actos administrativos[2695].

Ha de advertirse, por cierto, que no obstante haberse considerado que la estabilidad también comprendía la irrevocabilidad del acto por razones de oportunidad, se trata de dos instituciones distintas en punto a su fundamentación y requisitos. Pero si la construcción de la "cosa juzgada administrativa" sólo tiene sentido en el plano de la revocación por ilegitimidad[2696], ello no implica reconocer que el ordenamiento atribuya a la Administración facultades para extinguir un acto por razones de interés público.

[2692]   Se trata aquí de un verdadero derecho subjetivo público aunque "debilitado" (ej.: permiso de uso sobre un bien del dominio público) cuya noción se postula en la doctrina italiana (ALESSI, Renato, *Instituciones...*, *cit.*, t. II, ps. 460/463) y en un sector de la doctrina española (GARRIDO FALLA, Fernando, *Tratado...*, *cit.*, t. I, ps. 379/381; ENTRENA CUESTA, Rafael, *Curso de Derecho Administrativo*, 3ª ed. (reimpresión), t. I, Tecnos, Madrid, 1970, p. 461). Véase el fallo de la C. Nac. Cont. Adm. Fed., sala 3ª, 23/10/1986, "Cía. Argentina de Estiba y Almacenaje SA v. Administración General de Puertos s/daños y perjuicios".

[2693]   En caso contrario, los actos que portaren vicios de nulidad relativa no serían impugnables en sede administrativa, lo cual implicaría un contrasentido jurídico. Sin embargo, luego de notificado el acto, la Administración carece de potestad para revocarlo de oficio.

[2694]   Ya que de otro modo no tendría sentido la mención a los derechos subjetivos que figura en la 1ª parte del art. 18, LNPA.

[2695]   LINARES, Juan F., *Derecho Administrativo*, *cit.*, ps. 55/56.

[2696]   Conf. MARIENHOFF, Miguel S., *Tratado...*, *cit.*, t. II, ps. 616.

En efecto, tal como lo hemos venido propugnando[2697] en coincidencia con un sector de nuestra doctrina[2698], el art. 18, última parte, LNPA, requiere que, en cada caso, la Administración Pública actúe con base en una habilitación legal concreta que declare la utilidad pública o el interés de esa naturaleza que permite revocar por razones de mérito.

Esto es así por la similitud existente entre revocación y expropiación y, además, por las limitaciones que establece el art. 76, CN – a partir de la reforma constitucional de 1994– para la delegación de atribuciones de naturaleza legislativa en cabeza del Ejecutivo, siendo obvio que a la revocación por oportunidad – en razón de que implica el sacrificio de derechos privados en beneficio del interés público– precisa cumplir con los requisitos del art. 17, CN (declaración legislativa y previa indemnización y, en su caso, sentencia fundada en ley).

11. LA APLICACIÓN DE LA REGLA DE LA ESTABILIDAD A LOS CONTRATOS ADMINISTRATIVOS

La antigua jurisprudencia de la Corte parecía limitar la "cosa juzgada administrativa" a los actos unilaterales de contenido individual, excluyendo a los reglamentos (respecto de esto último la doctrina ha estado siempre de acuerdo).

La razón de esa jurisprudencia se basaba en que los contratos administrativos gozaban, en punto a la revocación por razones de ilegitimidad, de una estabilidad mucho mayor que la que inicialmente poseían los actos administrativos unilaterales en su formación (aunque sus efectos pudieran ser bilaterales).

Lo cierto es que actualmente, como con acierto lo ha señalado Gordillo[2699], los contratos administrativos celebrados con inversores extranjeros no pueden revocarse por razones de oportunidad ni disponerse el rescate de una concesión en virtud de una serie de convenios internacionales que ha suscripto nuestro país, los cuales, como fuentes del Derecho Administrativo, prevalecen sobre las normas del derecho interno en función de lo prescripto en el art. 75, inc. 22, párr. 1°, CN[2700].

Como los diversos convenios de protección de inversiones extranjeras suscriptos por nuestro país contienen la llamada cláusula de la nación más favorecida, que extiende sus normas a los países signatarios de los diferentes tratados internacionales, existe un fondo normativo común, que se caracteriza por los siguientes principios:

– la equiparación entre rescate o revocación por oportunidad de una concesión o licencia y la figura de la expropiación;

[2697] En nuestro CASSAGNE, Juan Carlos, *Derecho Administrativo*, 6ª ed., t. II, p. 294.

[2698] GORDILLO, Agustín, *Tratado...*, *cit.*, t. III, p. VI-25 y ss., nos ubica junto a la doctrina partidaria de una concepción amplia de la revocación por oportunidad (*cit.*, p. VI-26, nota 34), citando una anterior obra nuestra que no representa la postura que venimos sosteniendo en distintas ediciones de nuestro *Derecho Administrativo*.

[2699] GORDILLO, Agustín, *Derecho Administrativo*, *cit.*, t. III, ps. XIII-23 y 24, aunque sin llegar a desarrollar las cláusulas aplicables de los tratados internacionales.

[2700] En tal sentido, el reconocimiento de la potestad revocatoria que prescribe el reciente ordenamiento contractual (art. 12, dec. 1023/2001) resulta inconstitucional.

– la interdicción de la expropiación y actos equiparables salvo el dictado de una ley fundada en causas de utilidad pública o bien común[2701];

– la indemnización ha de ser previa[2702].

Como dichos tratados internacionales (aunque bastaría con que lo prescribiera uno solo de ellos) contienen además cláusulas que requieren el cumplimiento del debido proceso legal[2703], cabe interpretar que esta fórmula se refiere tanto al denominado debido proceso adjetivo (*v.gr.*, derecho a ser oído) como al sustantivo (que en el caso puede resumirse en la exigencia de ley declarativa de la utilidad pública, sentencia judicial e indemnización previa), requisitos estos últimos que tienen rango constitucional (art. 17, CN) y cuya reglamentación, en el orden nacional, se encuentra en la ley 21.499.

Conforme a lo expuesto, no parece compatible con la interdicción expropiatoria (sin ley declarativa de la utilidad pública, sentencia judicial y previa indemnización) la doctrina que sustenta la modificabilidad amplia de determinados contratos administrativos por razones de interés público ya que, en los hechos, puede implicar un sacrificio patrimonial equiparable a la expropiación[2704]. Una posición de esa índole implicaría la afectación del principio de la estabilidad de los actos que rige en nuestro ordenamiento y en los sucesivos convenios internacionales que vedan el rescate de las concesiones y licencias por causales de interés público. Es evidente que el principio que se esconde tras la citada interdicción es el *pacta sunt servanda* que impide utilizar el concepto indeterminado e impreciso de interés público para revocar o modificar el contrato administrativo.

A) REVOCACIÓN POR ILEGITIMIDAD SOBREVINIENTE O CAMBIO DEL DERECHO OBJETIVO

Cuando una ley en sentido material posterior al dictado del acto administrativo modifique las condiciones de legalidad del acto que regían hasta ese momento, tornándolo ilegítimo para el futuro como consecuencia del cambio que se opera en el derecho objetivo, la Administración puede proceder a revocar el acto, siempre que las disposiciones legales o reglamentarias que motivan la extinción revistan carácter de orden público[2705], atribuyéndole la respectiva potestad y estableciendo el régimen indemnizatorio correspondiente.

La similitud que existe entre este tipo de extinción y la que se decreta por razones de interés público en función al cambio de las condiciones de hecho originaria-

---

[2701] Art. 4°, inc. 2°, Tratado sobre Promoción y Protección Recíproca de Inversiones suscripto con la República de Chile, aprobado por ley 24.342.

[2702] Art. 4°, inc. 2°, Tratado con Chile, *cit.*

[2703] V.gr., Tratado con el reino de Suecia, aprobado por ley 24.177, art. 4°, inc. 1.b. A su vez, el Tratado suscripto con Alemania, aprobado por ley 24.098, prescribe que "la legalidad de la expropiación, nacionalización o medida equiparable y el monto de la indemnización, deberán ser revisables en procedimiento judicial ordinario" (art. 4°, inc. 2° *in fine*).

[2704] Tal como lo sostiene Gordillo (GORDILLO, Agustín, *Derecho Administrativo*, *cit.*, t. I, p. XI-39 y 40).

[2705] LINARES, Juan F., *Derecho Administrativo*, *cit.*, ps. 33/34.

mente previstas (ya que también en la revocación por ilegitimidad sobreviniente está de alguna manera comprendido el interés público que aunque aparece de un modo genérico, no por ello pierde su naturaleza), lleva a un sector de la doctrina a incluirla dentro de la revocación por razones de oportunidad, mérito o conveniencia[2706].

En nuestro concepto, pese a que este tipo de revocación se rige – en cuanto al derecho indemnizatorio que genera a favor del particular– por los mismos principios que la extinción por causales de oportunidad, pensamos que no todo cambio del derecho objetivo autoriza a la Administración a revocar retroactivamente el acto por esta causal, que se limita a aquellas situaciones que de continuar presentes den lugar a una invalidez absoluta[2707] y sean incompatibles con el interés público legalmente calificado.

13. LA REVOCACIÓN POR RAZONES DE OPORTUNIDAD, MÉRITO O CONVENIENCIA

No obstante que un sector de la doctrina ha desconocido la existencia de una facultad genérica en la Administración Pública para extinguir un acto por razones de oportunidad[2708], lo cierto es que la jurisprudencia la ha preconizado (no obstante la ausencia de un texto legal expreso que así lo prescribiera)[2709], junto con la doctrina nacional y extranjera.

La revocación por razones de oportunidad aparece como consecuencia de una modificación de la situación de interés público, tenida en cuenta al dictar el acto, al producirse un cambio en las condiciones de hecho existentes. Su fundamento – que es similar a la expropiación, donde el interés privado cede frente al interés público por causa de "utilidad pública"– da origen a la obligación de indemnizar al administrado que haya sufrido el correspondiente menoscabo patrimonial[2710].

El vacío legislativo existente acerca de la facultad de la Administración para proceder a la extinción del acto por razones de mérito resultó cubierto con el art. 18

[2706] Conf. MARIENHOFF, Miguel S., *Tratado...*, *cit.*, t. II, ps. 462 y ss. Diez opina, en cambio, que en tal caso hay revocación por razones de legitimidad (DIEZ, Manuel M., *El acto administrativo*, *cit.*, p. 303).

[2707] Así cabe interpretar a nuestro juicio la exigencia de que la norma que provoca la modificación posea carácter de orden público para que proceda la revocación por ilegitimidad sobreviniente. Pero siempre la situación anterior debe ser incompatible con el interés público. Al respecto, la doctrina sostiene que el cambio de legislación sobreviniente sólo convierte al acto en inoportuno (conf. MARIENHOFF, Miguel S., *Tratado...*, *cit.*, t. II, ps. 462/463).

[2708] LINARES, Juan F., *Derecho Administrativo*, *cit.*, ps. 31 y ss.

[2709] "Carman de Cantón, Elena v. Nación Argentina", Fallos 175:367 (1936); véanse los casos "Hopstein y Yarque", resueltos por la sala F de la Cámara Nacional Civil de esta Capital, ED 42-175 y ss., con nuestra nota: CASSAGNE, Juan Carlos, "La revocación de la autorización para construir por razones de interés público".

[2710] MARIENHOFF, Miguel S., *Tratado...*, *cit.*, t. II, ps. 605 y ss. y p. 634. En materia contractual véase: BERÇAITZ, Miguel Á., *Teoría general...*, *cit.*, p. 345, salvo que se hubiera pactado lo contrario en el contrato.

in fine, LNPA, que autorizó tal revocación en sede administrativa, con la obligación de indemnizar al particular o administrado los perjuicios que se le ocasionen[2711].

La norma citada plantea dos interrogantes:

a) ¿Qué perjuicio corresponde indemnizar? Siempre que no se disponga en forma expresa entendemos que debería indemnizarse el valor objetivo del bien (lo que comprende toda clase de derechos objeto del sacrificio patrimonial) y los daños que sean una consecuencia directa e inmediata (con exclusión del lucro cesante eventual o relativo a otros daños), por aplicación de las reglas que rigen en materia de expropiación[2712].

b) ¿Cuál es el momento en que deben indemnizarse tales perjuicios? Al respecto, consideramos que dadas las similitudes existentes con el instituto de la expropiación, la Administración debe depositar previamente[2713] en sede judicial (en caso de que no hubiera acuerdo con el administrado) el importe de los perjuicios estimados, por aplicación del principio que emerge del art. 17, CN.

Ahora bien, la facultad de revocar un acto en sede administrativa por razones de oportunidad, mérito o conveniencia no es enteramente discrecional. En tal sentido, mientras la norma no exija la concurrencia de condiciones de hecho específicas para que la Administración pueda revocar un acto se exige para su procedencia que el interés público sea de igual orden y naturaleza que el del acto objeto de la revocación[2714] y cuando la Administración disponga de facultades genéricas en orden a la apreciación del interés público a fin de dictar el acto, "conservará una potestad de idéntica amplitud" respecto de la revocación; en cambio, cuando la atribución de emitir el acto se hallare relacionada con el cumplimiento de condiciones de hecho específicas, la amplitud de las facultades de revocación se limitan a la "inexistencia

---

[2711] Art. 18 *in fine*, LNPA. "También podrá ser revocado, modificado o sustituido en sede administrativa por razones de oportunidad, mérito o conveniencia, indemnizando los perjuicios que causare a los administrados".

[2712] Art. 10, ley 21.499. La aplicación analógica de dicho precepto de la Ley de Expropiación a la revocación de un acto administrativo por razones de oportunidad ha sido sostenida en algunos precedentes de la Corte Suprema ("Motor Once SACI v. Municipalidad de la Ciudad de Buenos Aires", Fallos 312:649 [1989] y en LL 1989-D-955) mientras que, en otros casos, ha interpretado que el principio de la reparación integral comprende tanto al daño emergente como al lucro cesante ("Eduardo Sánchez Granel Obras de Ingeniería SAICFI v. Dirección Nacional de Vialidad", Fallos 306:1409 [1984] y "Cachau, Oscar José v. Buenos Aires Provincia de s/daños y perjuicios", Fallos 316:1335 [1993]). Esta última línea jurisprudencial es la que sigue la Corte en el caso "El Jacarandá SA s/juicio de conocimiento", Fallos 328 (2005), con disidencia de la Dra. Elena Highton de Nolasco.

[2713] MARIENHOFF, Miguel S., "Revocación del acto administrativo por razones de oportunidad, mérito o conveniencia", LL 1980-B-817, comparte dicha interpretación formulada anteriormente por nosotros (CASSAGNE, Juan Carlos, *El acto administrativo*, cit., p. 406).

[2714] Cita como ejemplos la autorización para abrir una farmacia que no puede ser revocada sino por razones sanitarias e inherentes al servicio farmacéutico (ALESSI, Renato, *Instituciones...*, cit., t. I, p. 352). Ver también: GARRIDO FALLA, Fernando, *Tratado...*, cit., t. I, p. 549.

o desaparición" (nosotros agregamos modificación) de las condiciones a que estaba vinculado el dictado del acto administrativo[2715].

A su vez, a raíz de la reforma constitucional de 1994 hay que tener en cuenta las limitaciones establecidas para la delegación o habilitación legislativa (art. 76, CN). En tal sentido, si la revocación por oportunidad entraña el ejercicio de una potestad similar a la expropiatoria habrá que cumplir con el requisito constitucional que exige, en tales casos, el dictado de una ley declarativa que califique el interés público que funda la revocación por razones de oportunidad, en virtud de la exigencia que prescribe el art. 17, CN.

14. SUPUESTOS PARTICULARES DE REVOCACIÓN: LA AUTORIZACIÓN PARA CONSTRUIR

A) Revocación por legitimidad

Como se ha visto, la revocación de un acto administrativo por razones de ilegitimidad procede frente a la presencia de un vicio o defecto en el acto administrativo que provoca su invalidez. Pero este vicio – que comprende tanto la legalidad objetiva como la razonabilidad del acto– no siempre tiene la entidad suficiente para tornar viable la revocación del acto.

En efecto, en el sistema de la Ley Nacional de Procedimientos Administrativos, sólo los actos irregulares, que son aquellos portadores de un vicio de nulidad absoluta, permiten el ejercicio de la potestad revocatoria de la Administración Pública[2716].

Aparte de ello, del acto no deben haber nacido derechos subjetivos cuyas respectivas prestaciones se estuvieran cumpliendo[2717] pues en tal caso habrá que acudir a la vía judicial para obtener la extinción del acto administrativo.

En el caso de la autorización para construir la aplicación de ese criterio hace que la revocación por razones de ilegitimidad resulte improcedente en dos supuestos:

(i)   cuando la obra comenzó a ejecutarse, iniciándose – por ejemplo– los trabajos de excavación;

(ii)   si la obra fue levantada, finalizando la pertinente construcción. En tal caso, la autorización se extingue por cumplimiento del objeto y no puede ser revocada por ilegitimidad en sede administrativa. Esta solución se justifica y se concilia con el caso enunciado en el punto anterior ya que no puede existir una solución más rigurosa cuando la prestación ha sido cumplida que cuando está en su etapa de cumplimiento.

[2715]   ALESSI, Renato, *Instituciones...*, *cit.*, t. I, p. 352, y del mismo autor: *La revoca degli atti amministrativi*, *cit.*, ps. 100 y ss. Sostiene que "del conjunto de las condiciones precedentes se desprende claramente la inexactitud de la opinión corriente según la cual la existencia de derechos subjetivos privados constituiría el límite de la revocabilidad de los actos administrativos, opinión que aparece ya desmentida, por otra parte, por la posibilidad de una *revocación con indemnización*, comúnmente admitida por la doctrina, ya que presuponiendo la indemnización, el sacrificio y la conversión de un derecho subjetivo, ello deja sentado que la existencia de un derecho subjetivo no puede constituir una limitación infranqueable para el ejercicio de la potestad de revocación" (*cit.*, t. I, ps. 352/353).

[2716]   Ver arts. 17 y 14, incs. a) y b), LNPA, con las modificaciones introducidas por la ley 21.686.

[2717]   Conf. art. 17, LNPA, con las modificaciones introducidas por la ley 21.686.

A título excepcional, cuando el vicio es de nulidad relativa, el acto administrativo puede ser revocado por ilegitimidad en el supuesto de que el administrado hubiera conocido el vicio[2718].

¿Cómo debe ser ese conocimiento? En nuestra opinión debe tratarse de un conocimiento fehaciente que no es susceptible de presunción (*v.gr.*, el propio reconocimiento del vicio en el expediente administrativo o cuando el vicio le fuera imputable al administrado).

Los efectos del acto de revocación por razones de ilegitimidad son siempre *ex tunc*, es decir, tienen efecto retroactivo, solución que en el derecho brasileño comparte López Meirelles, aun cuando este autor utiliza el término "anulación"[2719].

B) Revocación por razones de interés público

Este tipo o especie de revocación, que a título de excepción permite el ordenamiento jurídico, importa en el caso de la autorización para construir, el sacrificio del derecho del administrado por el interés general, previa indemnización de los perjuicios resultantes, dado que este instituto se rige por las mismas reglas que la expropiación por causa de utilidad pública.

Cuadra distinguir aquí dos supuestos distintos, según que la revocación obedezca a razones de mérito que alega la Administración para un caso particular y concreto, o que la extinción provenga de una conducta reglada a raíz de una modificación operada en el derecho objetivo.

En el primer supuesto se trata de una simple revocación por razones de mérito, oportunidad o conveniencia que decide y ejecuta la propia Administración sobre la base de un criterio administrativo determinado por las modificaciones de hecho existentes al momento de autorizarse la edificación[2720].

Su procedencia debe ajustarse a ciertos requisitos y límites que condicionan la pertinente potestad, a saber:

(i)   los perjuicios deben estimarse previamente por la Administración y consignarse judicialmente a la orden del administrado por aplicación de las reglas imperantes en materia de expropiación;

(ii)   la Administración ha de tener adjudicada la respectiva potestad por norma de rango legislativo;

(iii)   el interés público que motiva la revocación ha de ser de igual orden y naturaleza, que el del acto objeto de la revocación[2721]. En este sentido, una autorización para construir sólo puede ser revocada por razones urbanísticas;

[2718]   Art. 18 *in fine*, LNPA, con las modificaciones introducidas por la ley 21.686.

[2719]   LÓPEZ MEIRELLES, Hely, *Direito Administrativo...*, *cit.*, p. 178.

[2720]   PRAT, Julio A., *Derecho Administrativo*, t. I, Acali, Montevideo, 1977, ps. 190/191, quien sostiene la improcedencia de la revocación en aquellos actos de cumplimiento instantáneo, en virtud de que la producción de sus efectos se opera de una sola vez, posición que adoptara originariamente en Uruguay Sayagués Laso, que nosotros compartimos.

[2721]   Conf. ALESSI, Renato, *Instituciones...*, *cit.*, t. I, p. 352; GARRIDO FALLA, Fernando, *Tratado...*, *cit.*, t. I, p. 359.

(iv) si la autorización para construir ha comenzado a ejecutarse, no se puede revocar la autorización, sin perjuicio de la potestad expropiatoria. Esto es así en virtud de la incorporación del derecho al patrimonio del administrado y en mérito a que ella se ejerce sobre su derecho individual de dominio, donde el efecto principal de la autorización, que era levantar una condición, se ha cumplido.

La otra clase de revocación a que nos referimos es la que opera por cambio del derecho objetivo. Si bien este tipo de extinción se rige por los mismos principios que la revocación por razones de mérito cuadra apuntar que el cambio del derecho objetivo no convierte al acto en ilegítimo[2722] sino en revocable.

En principio, la revocación por razones de interés público, sea por razones de mérito en virtud del cambio operado en la situación de hecho originaria, sea por un cambio del derecho objetivo, tiene efecto *ex nunc*, es decir, opera para el futuro y no puede afectar las autorizaciones que han tenido principio de ejecución, salvo, en este último caso, que la situación resultare incompatible con el orden público o una necesidad pública imperiosa.

15. OTROS CASOS DE REVOCACIÓN

En este acápite incluimos dos tipos de revocación, que juegan un papel en cierto modo independiente de las grandes clasificaciones cuyo régimen hemos descripto.

Estos supuestos están dados por la revocación que favorece al administrado y aquella que se decreta cuando el derecho ha sido concedido a título precario. La primera procede siempre, habida cuenta de que en tal caso la potestad revocatoria no tiene los límites impuestos en orden a la protección de los derechos individuales (*v.gr.*, petición del propio administrado). La segunda, en virtud de la débil naturaleza del derecho emergente, que no ha permitido consolidar una situación jurídica estable.

En ambos tipos de revocación, no procede, en nuestro concepto, indemnizar al administrado, ya que mientras la revocación lo favorece no cabe hablar de indemnizaciones en tanto el administrado solicita la extinción o, al menos, la consiente, la situación de precariedad con que nació el derecho no puede dar lugar a restituciones que sólo se conciben cuando se priva al administrado de un derecho emergente de una situación estable, excepto los daños derivados de una revocación interpretativa.

16. EFECTOS DEL ACTO DE REVOCACIÓN

Lo esencial en nuestro concepto para establecer si el acto de revocación tiene efectos *ex tunc* o *ex nunc* consiste en determinar si la causal que genera la extinción del acto constituye un vicio del acto administrativo. De ocurrir tal supuesto, es decir, la revocación por razones de ilegitimidad, los efectos del acto se retrotraen en principio al momento en que se dictó el acto que se invalida, lo cual constituye una lógica consecuencia de la postura que se ha sustentado al tratar los efectos de la invalidez administrativa[2723].

[2722] Conf. MARIENHOFF, Miguel S., *Tratado..., cit.*, t. II, ps. 462/464.

[2723] DIEZ, Manuel M., *El acto administrativo, cit.*, p. 438. A conclusión similar (aunque denominándole "anulación") arriba Grau (GRAU, Armando E., "Resumen...", *cit.*, p. 3 *in fine*).

En todos los demás supuestos, es decir, revocación de acto regular válido (ej.: revocación de un permiso de uso de un bien del dominio público), revocación por cambio del derecho objetivo (*v.gr.*, nueva ordenanza en materia de edificación) o revocación por razones de oportunidad, el principio es que el acto de extinción produce efectos para el futuro. Sin embargo, a nuestro juicio, el respeto de los derechos incorporados a la esfera jurídica del administrado debe ceder frente a su incompatibilidad con el orden público, y en tal sentido, si bien de una manera excepcional, hay que admitir que una revocación de la naturaleza de las consignadas produzca efectos retroactivos[2724], cuando se afecta, en forma grave, el orden público.

17. LA CADUCIDAD DEL ACTO ADMINISTRATIVO

En un plano distinto – el cumplimiento de las obligaciones que surgen del acto– , aparece el instituto de la caducidad como otro de los importantes medios de extinción. Ella consiste en la eliminación del acto dispuesta unilateralmente por la Administración en razón de que el particular no ha cumplido con las obligaciones que dimanan del acto administrativo. Se trata, pues, de una sanción.

Se ha sostenido que esta figura constituye un medio específico de extinción de los contratos administrativos, no siendo propia de los actos administrativos de alcance individual. Pero, no obstante las autorizadas opiniones expuestas en este sentido[2725] pensamos lo contrario, tal como se desprende de los casos que a continuación se señalan, cuya causal de extinción configura una verdadera caducidad, que no difiere en su esencia de la que se decreta en materia contractual.

Así ocurre con la autorización administrativa para la apertura y funcionamiento de un local de comercio o industria, que impone expresa o implícitamente la obligación de cumplir con las reglamentaciones de higiene; también en materia de promoción industrial, cuyos regímenes suelen establecer determinadas obligaciones para las empresas que se acojan, bajo la sanción de decretar la caducidad de los beneficios otorgados.

Desde luego que donde la caducidad tendrá un mayor campo de aplicación será en materia de contratos administrativos, especialmente en la concesión de servicios públicos[2726].

[2724] Supongamos una prohibición de levantar edificios más allá de cierta altura; si la misma se halla fundada en consideraciones edilicias o arquitectónicas, no podrán revocarse aquellos permisos otorgados cuyos edificios ya se hubieran levantado, máxime cuando la obra no estuviera finalizada; si, en cambio, la prohibición se sanciona en virtud a razones de seguridad para las operaciones aéreas en una zona contigua a un aeropuerto, la Administración podrá prohibir la construcción de la parte del edificio que exceda la altura permitida por las reglamentaciones vigentes.

[2725] BERÇAITZ, Miguel Á., *Teoría general...*, *cit.*, p. 347; MARIENHOFF, Miguel S., *Tratado...*, *cit.*, t. II, ps. 570/571, y *Tratado de Derecho Administrativo*, 2ª ed. act., t. III-A, Abeledo-Perrot, Buenos Aires, 1978, ps. 561 y ss.

[2726] BIELSA, Rafael, *Derecho Administrativo*, *cit.*, t. II, ps. 339 y ss.; MARIENHOFF, Miguel S., *Caducidad y revocación de la concesión de servicios públicos*, Abeledo, Buenos Aires, 1947, ps. 16 y ss.

En el orden nacional[2727] y en la provincia de Buenos Aires[2728] se ha incorporado a la legislación el instituto de la caducidad como medio de extinción de actos administrativos. Al respecto el art. 21, LNPA, exige para su procedencia que la Administración cumpla dos condiciones:

(i)   la constitución en mora del incumplidor;

(ii)   la concesión de un plazo razonable para que se cumpla con la obligación[2729].

Con respecto a la procedencia de la caducidad, entendemos con un sector de la doctrina que la obligación que da origen a la caducidad tiene que ser esencial[2730].

En cuanto a los efectos del acto de extinción por caducidad, consideramos que, en principio, el mismo opera para el futuro, sin efectos retroactivos y que la excepción requiere texto expreso que así lo consagre[2731].

18. CADUCIDAD Y MORA AUTOMÁTICA

La reforma introducida al art. 509, CCiv., por la ley 17.711, prescribió que en las obligaciones a plazo la mora del deudor se opera de pleno derecho. ¿Se aplica tal disposición en el Derecho Administrativo?

La solución que en materia de caducidad estatuye – con carácter general– el art. 21, LNPA, difiere de la prescripta en el Código Civil, que si bien es una norma especial referida al incumplimiento de una categoría de obligaciones (las llamadas obligaciones a plazo) no puede, al no ser una norma administrativa, prevalecer sobre la norma general de la ley que rige la materia administrativa.

Es decir, que en el Derecho Administrativo, aun cuando se tratare de obligaciones a plazo, la Administración debe cumplir con el deber que imperativamente le impone el art. 21, ley 19.549, poniendo en mora al administrado y dándole al mismo un tiempo razonable para que cumpla[2732].

El fundamento de este principio es doble. Por un lado, procura la realización del fin público del acto administrativo, cuyo cumplimiento efectivo no puede quedar librado al mero transcurso del plazo. Por otra parte, del propio principio de la subsidiariedad se desprende que en la función de suplencia el Estado debe ayudar a que los particulares cumplan aquello que pueden realizar por sí mismos y una de esas formas es, precisamente, poniéndolos en mora y otorgándoles (ayuda) un tiempo razonable para el cumplimiento de la obligación.

[2727]   Art. 21, LNPA.

[2728]   Art. 19, ley 7647.

[2729]   Condiciones que habían sido señaladas a nivel doctrinario: MARIENHOFF, Miguel S., *Caducidad...*, *cit.*, p. 38.

[2730]   MARIENHOFF, Miguel S., *Caducidad...*, p. 38.

[2731]   Respecto de la concesión de servicios públicos la Corte ha sostenido que el principal efecto es privar al concesionario de ejercer su actividad futura ("Canal y Puerto del Oeste SA v. Gobierno Nacional", Fallos 141:190 [1924]).

[2732]   Conf. HUTCHINSON, Tomás, "La suspensión de los efectos del acto administrativo como medida cautelar propia del proceso administrativo", ED 124-427/428.

Ateniéndonos a tal fundamentación y al carácter imperativo de la norma, los requisitos establecidos en el art. 21, LNPA, para que la Administración declare la caducidad de un acto administrativo sólo pueden dejar de cumplirse cuando una ley administrativa especial lo prescriba y siempre que se trate de un mandato imperativo o de orden público, lo que conduce a la ilegitimidad de las cláusulas especiales o accesorias de los actos y contratos administrativos que establezcan la caducidad de pleno derecho o automática.

ÍNDICE

CAPÍTULO II

LAS FUNCIONES ESTATALES

CAPÍTULO III

EL CONTENIDO BÁSICO DEL DERECHO ADMINISTRATIVO

CAPÍTULO IV
RELACIONES DEL DERECHO ADMINISTRATIVO

CAPÍTULO V
LAS FUENTES DEL DERECHO ADMINISTRATIVO

712

CAPÍTULO II
PRINCIPIOS JURÍDICOS DE LA
ORGANIZACIÓN ADMINISTRATIVA

CAPÍTULO III
LA ADMINISTRACIÓN CENTRAL

CAPÍTULO IV

ENTIDADES DESCENTRALIZADAS Y EMPRESAS PÚBLICAS

CAPÍTULO V

ENTIDADES AUTÁRQUICAS

CAPÍTULO VI
LOS NUEVOS ENTES REGULADORES

CAPÍTULO VII
LAS EMPRESAS DEL ESTADO

CAPÍTULO VIII
OTRAS FORMAS DE INTERVENCIÓN Y PARTICIPACIÓN ESTATAL
Sección 1ª
LAS FORMAS SOCIETARIAS

Sección 2ª
OTRAS FORMAS DE GESTIÓN

CAPÍTULO IX
LA ADMINISTRACIÓN DE LAS PROVINCIAS Y MUNICIPIOS. EL RÉGIMEN DE LA CIUDAD DE BUENOS AIRES. LAS REGIONES

TÍTULO TERCERO
RESPONSABILIDAD DEL ESTADO Y DE LOS AGENTES PÚBLICOS

CAPÍTULO I
TEORÍA GENERAL DE LA RESPONSABILIDAD DEL ESTADO

CAPÍTULO II

LA RESPONSABILIDAD EXTRACONTRACTUAL DEL ESTADO EN EL
CAMPO DEL DERECHO ADMINISTRATIVO

CAPÍTULO III
SITUACIONES ESPECIALES QUE DETERMINAN LA RESPONSABILIDAD ESTATAL

CAPÍTULO IV
LA RESPONSABILIDAD DE LOS AGENTES PÚBLICOS

CAPÍTULO V
LAS GRANDES LÍNEAS DE LA EVOLUCIÓN DE LA RESPONSABILIDAD PATRIMONIAL DEL ESTADO EN LA JURISPRUDENCIA DE LA CORTE SUPREMA

TÍTULO CUARTO
LA ACTUACIÓN ESTATAL REGULADA POR
EL DERECHO ADMINISTRATIVO

CAPÍTULO I
CARACTERIZACIÓN JURÍDICA DE LA ACTUACIÓN DE LA
ADMINISTRACIÓN PÚBLICA Y DE LA ACTIVIDAD DE LOS ÓRGANOS
LEGISLATIVO Y JUDICIAL

CAPÍTULO II

LAS POTESTADES Y SITUACIONES JURÍDICAS SUBJETIVAS

Seccion 1ª

LOS PODERES O FACULTADES DEL ADMINISTRADO
(SITUACIONES JURÍDICAS SUBJETIVAS DE CARÁCTER ACTIVO)

Sección 2ª

SITUACIONES JURÍDICAS SUBJETIVAS DE CARÁCTER PASIVO

CAPÍTULO III

LA TEORÍA DEL ACTO ADMINISTRATIVO

CAPÍTULO IV
LOS ACTOS DE LA ADMINISTRACIÓN
Sección 1ª
EL ACTO ADMINISTRATIVO

Sección 2ª
LA ACTIVIDAD REGLAMENTARIA

CAPÍTULO V

LAS CUESTIONES POLÍTICAS Y
EL PROCESO DE SU JUDICIALIZACIÓN

Sección 1ª

LAS CUESTIONES POLÍTICAS

Sección 2ª
LA TEORÍA DEL ACTO DE GOBIERNO O POLÍTICO

Sección 3ª
SUPERACIÓN DE LA CATEGORÍA DEL ACTO POLÍTICO O DE GOBIERNO

TÍTULO QUINTO
EL RÉGIMEN JURÍDICO DEL ACTO ADMINISTRATIVO

CAPÍTULO I
LOS ELEMENTOS DEL ACTO ADMINISTRATIVO

CAPÍTULO II

EL CARÁCTER REGLADO O DISCRECIONAL
DEL ACTO ADMINISTRATIVO

CAPÍTULO III

EL SISTEMA GENERAL DE LA INVALIDEZ ADMINISTRATIVA
Sección 1ª
EL SISTEMA GENERAL DE LA INVALIDEZ ADMINISTRATIVA

Sección 2ª
LOS VICIOS DEL ACTO ADMINISTRATIVO

CAPÍTULO IV

SANEAMIENTO O CONVALIDACIÓN

CAPÍTULO V

CARACTERES DEL ACTO ADMINISTRATIVO

CAPÍTULO VI

EXTINCIÓN DEL ACTO ADMINISTRATIVO